시스템 프로그래밍

리눅스&유닉스

지은이 **이종원** jw@ck.ac.kr

서강대학교 컴퓨터공학과에서 박사 학위를 취득했습니다. 1999년부터 현재까지 청강문화산업대학교 게임콘텐츠스쿨 교수로 재직 중이고, 소프트웨어 테스팅·게임 QA·유니티·테스팅툴 분야를 강의하고 있습니다. 주요 저서로는 『게임 제작으로 배우는 유니티』(공저), 『SWedu, 앱 인벤터(2판)』, 『유닉스 이론과 실습(3판)』, 『CentOS 리눅스』, 『우분투 리눅스(개정판)』, 『페도라 리눅스(개정판)』, 『유닉스 시스템 프로그래밍』, 『유닉스 시스템 관리』, 『C 프로그래밍 연습』, 『프로그래밍 입문 with C』 등이 있습니다.

시스템 프로그래밍: 리눅스&유닉스

초판발행 2021년 10월 15일
3쇄발행 2025년 7월 30일

지은이 이종원 / **펴낸이** 전태호
펴낸곳 한빛아카데미㈜ / **주소** 서울시 서대문구 연희로2길 62 한빛아카데미㈜ 2층
전화 02-336-7112 / **팩스** 02-336-7199
등록 2013년 1월 14일 제 2017-000063호 / **ISBN** 979-11-5664-558-0 93000

총괄 박현진 / **책임편집** 김성무 / **교정** 신꽃다미 / **진행** 박하나
디자인 내지 윤혜원 표지 이아란 / **전산편집** 김희정 / **제작** 박성우, 김정우
영업 김호철, 김태진, 김성삼, 이정훈, 임현기, 이성훈, 김주성, 심지연

이 책에 대한 의견이나 오탈자 및 잘못된 내용은 출판사 홈페이지나 아래 이메일로 알려주십시오.
파본은 구매처에서 교환하실 수 있습니다. 책값은 뒤표지에 표시되어 있습니다.
홈페이지 www.hanbit.co.kr / 이메일 question@hanbit.co.kr

Published by HANBIT Academy, Inc. Printed in Korea

System Programming

이종원 지음

시스템 프로그래밍

리눅스&유닉스

한빛아카데미
Hanbit Academy, Inc.

리눅스와 유닉스로 함께 배우는 시스템 프로그래밍의 모든 것

프로그래밍을 크게 두 가지로 구분한다면 일반 응용 프로그램을 작성하는 것과 시스템 프로그램을 작성하는 것으로 나눌 수 있습니다. 시스템 프로그램은 시스템의 여러 자원을 활용해 서비스를 제공하는 프로그램입니다. 이 책에서는 시스템이 제공하는 시스템 호출과 라이브러리 함수를 이용해 시스템 프로그램을 작성하는 방법을 설명합니다. 물론 일반 응용 프로그램을 작성할 때도 필요에 따라 시스템 호출을 이용할 수 있습니다.

ICT 기술을 기반으로 4차 산업혁명 시대에 들어섰습니다. 빅데이터 분석, 인공지능, 사물인터넷 등 4차 산업혁명의 주요 ICT 서비스를 제공하려면 기본 플랫폼인 서버 운영이 필요합니다. 그러므로 서버 운영체제로 널리 사용되고 있는 리눅스에서 프로그래밍을 하는 것은 이제 선택이 아니라 필수입니다. 특히 리눅스 기반으로 다양한 서비스를 제공하는 시스템 프로그램을 개발하려면 시스템 프로그래밍을 반드시 공부해야 합니다.

리눅스를 중심으로 유닉스를 병행하여 시스템 프로그래밍을 공부할 수 있는 이 책의 특징은 다음과 같습니다.

① 리눅스&유닉스 최신 버전 반영

리눅스는 우분투 20.04 LTS(gcc 9.3.0), 유닉스는 솔라리스 11.4(gcc 7.3.0)로 설명합니다.

② 다양한 형식의 연습문제

연습문제를 객관식과 단답식 문제, 프로그래밍을 연습할 수 있는 주관식 문제로 다양하게 구성했습니다. 본문에서 익힌 내용을 문제 형식으로 정리할 수 있습니다.

③ 학습에 필요한 리눅스&유닉스 설치 방법을 온라인 부록으로 제공

시스템 프로그래밍을 학습하는 데 필요한 리눅스&유닉스 설치 방법을 핵심 설정 부분과 주의사항 위주로 소개하는 온라인 부록을 제공합니다.

초등학교부터 코딩(프로그래밍) 교육의 중요성이 강조되고 있습니다. 코딩 역량이 사회생활의 필수 역량으로 자리를 잡아가고 있습니다. 프로그래밍을 배우는 과정은 외국어를 배우는 것과 비슷합니다. 기본 문법을 익히고 반복 연습을 통해 언어가 자연스럽게 나올 수 있도록 하는 과정이 꼭 필요합니다. 시스템 프로그래밍을 익히는 과정도 동일합니다. 기본 지식을 이해하고 예제와 연습문제로 심화 학습을 한 후 스스로 다양한 기능을 구현해보아야 합니다. 쉬운 과정은 아니지만 넘을 수 없는 벽도 아닙니다. 꾸준히 공부하고 연습하면 어느새 그 벽을 넘어설 수 있을 것입니다. 시스템 프로그래밍에 도전하는 여러분의 건투를 빕니다.

이 책을 만드는 과정에서 세심하게 살펴보고 편집해주신 한빛아카데미에 감사드립니다. 어려운 코로나 시기에 모두 새 희망을 찾을 수 있기를 기원하며 사랑하는 가족에게 감사의 마음을 전합니다.

저자 **이종원**

이 책의 사용 설명서

| 강의 보조 자료 | 한빛아카데미 홈페이지에서 '교수회원'으로 가입하신 분은 인증 후 교수용 강의 보조 자료를 제공받을 수 있습니다. 한빛아카데미 홈페이지 상단의 [교수전용공간] 메뉴를 클릭하세요.
http://www.hanbit.co.kr/academy

| 학습 보조 자료 | 학습에 필요한 예제 소스 파일과 온라인 부록은 다음 주소에서 다운로드할 수 있습니다.
http://www.hanbit.co.kr/src/4558

| 연습문제 해답 | 본 도서는 대학 강의용 교재로 개발되었으므로 연습문제 해답은 제공하지 않습니다.

| 본문 구성 |

❶ **시스템 프로그래밍 기본(1~4장)** 디렉터리와 파일을 다루는 것은 시스템의 가장 기본입니다. 시스템 프로그래밍을 위해 디렉터리와 파일의 생성과 삭제, 복사, 이동 및 내용을 읽거나 쓰는 다양한 기능을 알아봅니다.

❷ **시스템과 프로세스 관리(5~7장)** 시스템 프로그래밍에서는 시스템의 자원과 사용자 정보, 프로세스 정보를 처리할 수 있어야 합니다. 이를 위해 시스템의 자원 검색, 사용자 정보 검색, 프로세스 관리 기능을 다루고, 프로그램에서 프로세스를 생성하는 방법을 알아봅니다.

❸ **프로세스 간 통신(8~11장)** 시스템 프로그래밍으로 작성하는 프로그램에는 실행 과정에서 다른 프로세스와 정보를 주고받는 프로세스 간 통신이 필요합니다. 프로세스 간 통신 방법으로 간단한 신호를 보내는 방법, 메모리 매핑을 이용하는 방법, 파이프를 이용하는 방법을 알아보고, 시스템 V에서 처음 제공하기 시작한 메시지 큐, 공유 메모리, 세마포어를 이용하는 방법도 살펴봅니다.

❹ **네트워크를 통한 통신(12~13장)** 네트워크를 이용하는 다양한 프로그램은 기본적으로 TCP/IP 프로토콜을 사용합니다. TCP나 UDP에 대한 구체적인 지식이 없어도 네트워크 프로그램을 쉽게 작성할 수 있도록 소켓을 이용한 TCP/IP 프로그래밍을 알아봅니다. TCP/IP 프로그램을 작성하기 위한 기본 기능과 소켓을 통해 네트워크 프로그램을 작성하는 방법을 살펴봅니다.

구성 요소

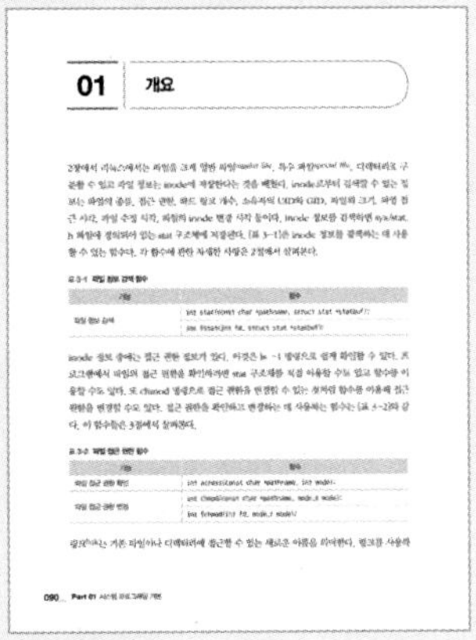

개념 소개

전체 그림을 그릴 수 있도록 각 장에서 배울 내용을 개념 위주로 미리 정리합니다.

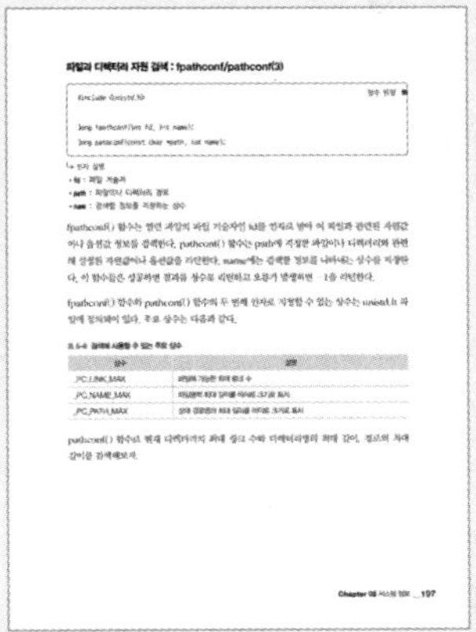

함수 원형

함수의 기능을 알려주고 사용 가능한 인자를 설명합니다.

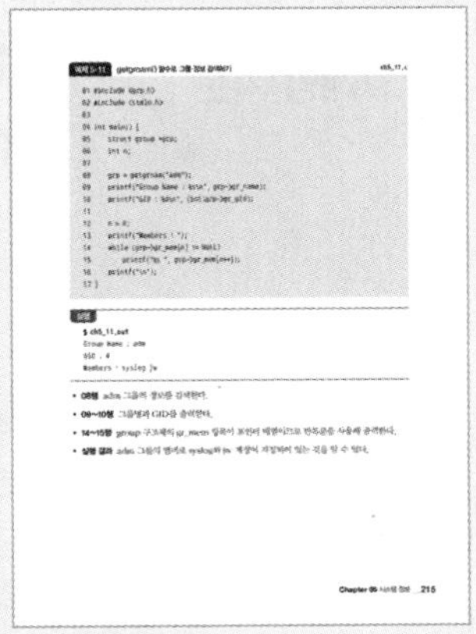

예제

배운 내용을 예제로 구현하고 실행해 결과를 확인합니다.

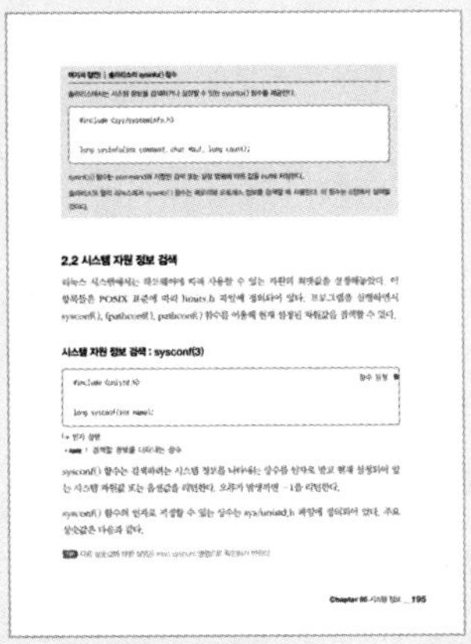

TIP, 여기서 잠깐

본문을 더 깊이 이해할 수 있도록 관련된 개념, 용어 정리, 보충할 내용 등을 담았습니다.

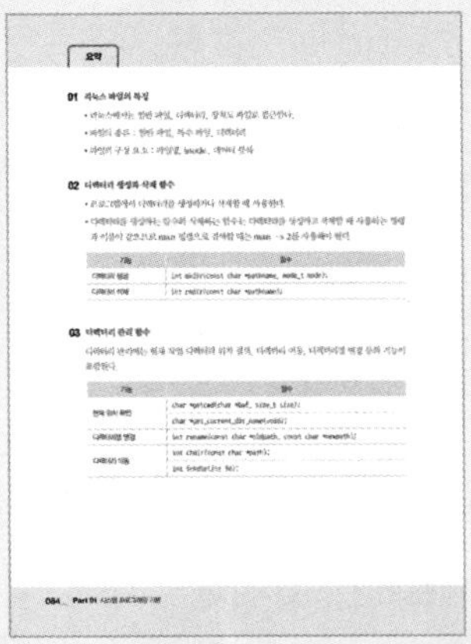

요약

본문의 핵심 내용을 요약해서 정리합니다.

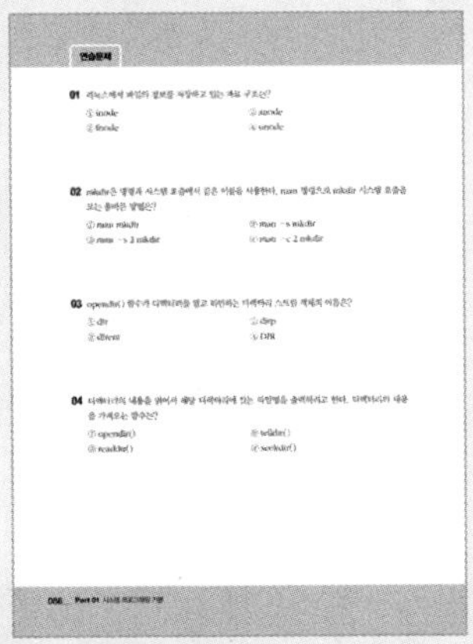

연습문제

본문에서 익힌 내용을 문제 형식으로 정리합니다. 학습 내용을 점검할 수 있는 객관식과 단답식 문항, 프로그래밍을 연습할 수 있는 주관식 문항으로 다양하게 구성했습니다.

차례

Part 01

시스템 프로그래밍 기본

Chapter 01 리눅스/유닉스 시스템 프로그래밍의 이해

Chapter 02 디렉터리 다루기

차례

Part 02 시스템과 프로세스 관리

Chapter 05 시스템 정보

Chapter 06 프로세스 정보

Chapter 07 프로세스 생성과 실행

Part 03

프로세스 간 통신

Chapter 08 시그널

차례

Chapter 09 메모리 매핑

Chapter 10 파이프

Chapter 11 시스템 V의 프로세스 간 통신

Part 04

네트워크를 통한 통신

Chapter 12 소켓 프로그래밍 기초

Part

01

시스템 프로그래밍 기본

Preview

리눅스/유닉스 시스템 프로그래밍Linux/Unix System Programming은 시스템에서 제공하는 시스템 호출System Call과 함수를 사용하여 프로그램을 작성하는 것이다. 리눅스에서 파일은 일반 파일regular file과 특수 파일special file 그리고 디렉터리directory로 구분할 수 있다. 디렉터리와 파일을 다루는 것은 시스템의 가장 기본이라고 할 수 있다. 생성과 삭제, 복사, 이동 및 내용을 읽거나 쓰는 디렉터리와 파일의 다양한 기능을 알아본다.

Chapter 01

리눅스/유닉스 시스템 프로그래밍의 이해

학습목표

- 리눅스/유닉스 시스템과 관련된 표준을 이해한다.
- 리눅스/유닉스 시스템 프로그래밍이 무엇인지 이해한다.
- 시스템 호출과 라이브러리 함수의 차이를 이해한다.
- 리눅스/유닉스 시스템의 기본 명령을 사용할 수 있다.
- C 컴파일러와 make 도구를 사용할 수 있다.

01 리눅스/유닉스 시스템 프로그래밍이란

리눅스와 유닉스는 서버용 운영체제로 주로 사용된다. 유닉스와 호환되는 리눅스는 오픈 소스로 제공되는 운영체제로, 안정성이 높아지고 성능도 향상되면서 다양한 분야에서 사용되고 있다. 최근에는 원조격이라고 할 수 있는 유닉스를 리눅스가 서버 운영체제 시장에서 밀어내고 있다. 특히 금융권에서는 유닉스 시스템을 리눅스 시스템으로 대체하는 U2LUnix to Linux이 확산되고 있다. 리눅스 운영체제가 서버 운영체제의 대세로 발전하고 있는 것이다. 이에 따라 이 책에서는 리눅스와 유닉스 시스템 프로그래밍을 모두 다루며, 특히 리눅스를 중심으로 살펴보고 필요한 경우에 유닉스를 언급할 것이다.

리눅스/유닉스 시스템 프로그래밍Linux/UNIX system programming은 시스템에서 제공하는 시스템 호출을 이용해 프로그램을 작성하는 것이다. 시스템 호출system call은 시스템이 제공하는 서비스를 프로그램에서 이용할 수 있도록 지원하는 프로그래밍 인터페이스programming interface를 의미한다.

리눅스/유닉스에서 동작하는 프로그램을 작성하려면 간단한 프로그램을 제외하고 대부분 시스템 호출을 이용한다. 다른 프로그래머가 개발한 프로그램을 이해하려면 어떤 시스템 호출을 어떻게 사용했는지 알고 있어야 한다. 따라서 리눅스/유닉스 시스템에서 프로그램을 개발하려는 프로그래머는 시스템이 제공하는 시스템 호출에 관해 반드시 학습해야 한다. 이후부터는 리눅스/유닉스 시스템 프로그래밍을 간략하게 '시스템 프로그래밍'으로 표기한다.

이 장에서는 본격적인 시스템 프로그래밍에 들어가기 전에 알아야 할 기본 개념과 프로그래밍 도구에 대해 다룬다. 먼저, 2절에서는 리눅스/유닉스의 발전 과정과 관련 표준을 간략하게 살펴본다. 리눅스는 유닉스와 호환되는 오픈 소스 운영체제로, 명확하게 정해진 표준은 없지만 유닉스와 관련된 표준에 기반하고 있으므로 유닉스 표준을 살펴봐야 한다. 유닉스는 개발된 이후 여러 갈래로 발전했는데, 현재는 대부분 유닉스 시스템 V 릴리즈 4(SVR4System V Release 4)나 BSD 유닉스를 기반으로 한다. 유닉스에서 프로그램 간 호환을 목적으로 정의된 표준도 여러 가지다. 관련 표준에 어떤 것들이 있는지 용어와 기본 개념을 살펴본다.

3절에서는 시스템 프로그래밍이 무엇인지 설명하고 시스템 호출과 라이브러리 함수의 유사점과 차이점을 살펴본다. 시스템 프로그래밍은 운영체제에서 제공하는 시스템 호출과 라이브러리 함수를 사용해 프로그램을 작성한다. 시스템 호출과 라이브러리 함수는 형태는 같지만 내부적으로 실행하는 방법에 차이가 있다. 또, man 명령으로 확인하는 man 페이지(매뉴얼 페이지, 설명서)man(manual) page의 위치가 다르고 오류가 발생할 경우 리턴값도 다르므로 주의해야 한다.

마지막으로 시스템 프로그래밍을 하는 데 필요한 기본 도구를 살펴본다. 먼저 리눅스 기본 명령을 정리한다. 리눅스를 배운 사용자라면 모두 알고 있을 로그인/로그아웃, 파일과 디렉터리 관련 명령, 프로세스 관련 명령 등을 간략하게 짚어본다. 프로그램을 작성하려면 C 언어 컴파일러compiler가 있어야 한다. 이 책에서 사용하는 GNU C 컴파일러와 프로그램을 컴파일compile할 때 도움을 주는 도구인 make 명령의 사용 방법을 설명한다. 또한 시스템 프로그래밍에서 자주 사용하는 오류 처리 함수인 perror() 함수와 동적 메모리 할당dynamic memory allocation 함수, 명령행 인자command-line argument를 처리하는 방법을 설명한다.

이 책에서 테스트한 코드는 리눅스 배포판 중에서 우분투 20.04 LTS 환경에서 실행했고, 유닉스는 솔라리스 11.4 환경에서 실행했다. 우분투는 gcc 9.3.0, 솔라리스는 gcc 7.3.0 버전을 사용했다.

02 리눅스/유닉스 시스템 표준

리눅스는 유닉스 표준에 기반하고 있으므로 이 절에서는 유닉스의 발전 과정과 관련 표준을 간략하게 살펴본다.

유닉스UNIX는 1969년에 미국의 통신 회사인 AT&T 산하의 벨 연구소Bell Laboratory에서 켄 톰슨Ken Thompson과 데니스 리치Dennis Ritchie가 개발한 운영체제(OSOperating System)다. 처음에는 기존 운영체제처럼 어셈블리어assembly language로 개발했으나, 데니스 리치가 개발한 C 언어를 사용해 1973년에 다시 만들면서 고급 언어high-level language로 작성된 최초의 운영체제가 되었다.

유닉스는 초기에 소스 코드가 공개되어 대학교나 기업에서 쉽게 이용할 수 있었고 이에 따라 다양한 기능이 추가되었다. 이후에 AT&T의 상용 유닉스(시스템 V)와 버클리 대학교U.C.Berkeley의 BSDBerkeley Software Distribution 계열로 나뉘어 각각 발전했다. BSD 버전은 버클리 대학교 학생들이 많은 기능을 추가했는데, 그중에서도 TCP/IP 기반의 네트워크 기능을 추가한 것이 가장 주목할 만하다.

[그림 1-1]을 보면 유닉스가 다양한 형태로 발전한 것을 알 수 있다. 특히 1991년에 등장한 리눅스는 오픈 소스로 공개되어 지속적으로 발전하고 있다. 리눅스는 같은 커널을 기반으로 하는 다양한 형태의 배포판을 사용한다. 대표적인 리눅스 배포판에는 레드햇Redhat 계열의 레드햇 리눅스, CentOS, 페도라Fedora 리눅스와 데비안Debian 계열의 우분투Ubuntu 리눅스가 있다. 스마트폰에서 사용하는 대표적인 운영체제인 안드로이드는 리눅스 계열이고, 애플의 iOS는 BSD 계열의 유닉스에서 나왔다.

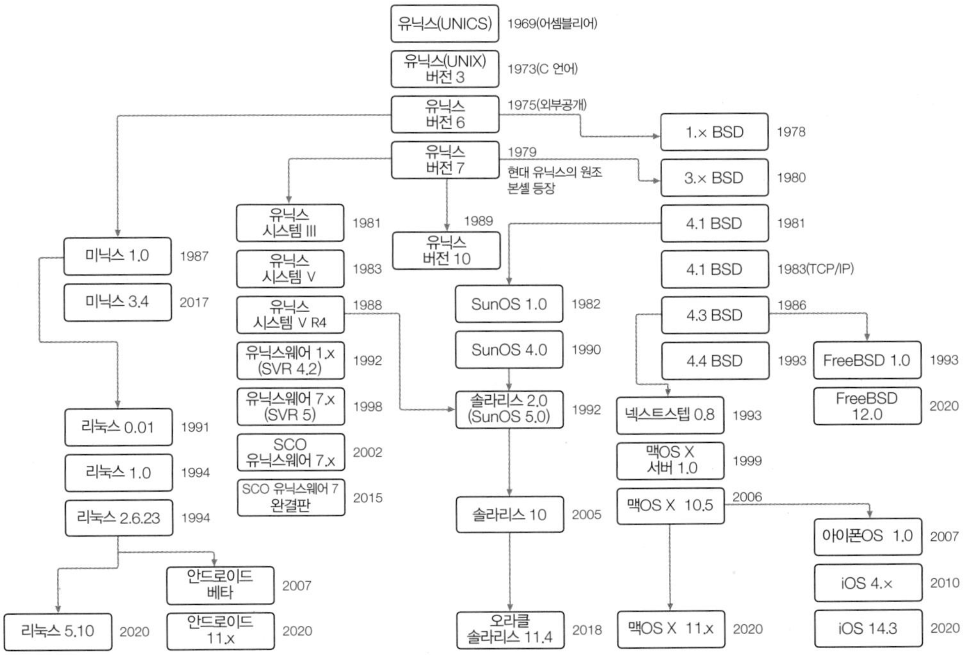

그림 1-1 유닉스와 리눅스의 발전 과정

유닉스 시스템에서 C로 작성한 프로그램의 호환성을 보장하기 위한 여러 가지 표준이 있다. 유닉스를 기반으로 하는 운영체제는 대체로 이러한 표준을 준수하며, 리눅스는 그중에서 POSIX와 단일 유닉스 규격과의 호환성을 유지하기 위해 노력하고 있다. 시스템 프로그래밍에 관련된 주요 표준은 다음과 같다.

ANSI C 표준

ANSI American National Standards Institute는 미국 표준 협회로, 국제적으로 영향력 있는 표준을 정하고 있다. ANSI에서 표준화한 C 언어 명세가 ANSI C 표준으로, C 언어 문법과 라이브러리, 헤더 파일 등을 정의하고 있다. ANSI C는 ANSI X3.159-1989라는 이름으로 등록되었고 이를 국제 표준 기구인 ISO International Standardization Organization에서 받아들여 ISO/IEC 9899:1990(C90)으로 발표해 국제 표준이 되었다. 현재는 ISO/IEC 9899:2018(C18)로 발전했으며 http://www.iso.org에서 비용을 지불하고 표준을 구할 수 있다.

POSIX

POSIX Portable Operating System Interface('파직스'라고 읽는다)는 유닉스에 기반을 두고 있는 표준 운영체제 인터페이스다. 서로 다른 유닉스 시스템 사이에서 상호 이식이 가능한 응용 프로그램을 개발하기 위해 정해진 표준이다. POSIX는 IEEE에서 정의한 규격으로, 유닉스 시스템의 공통 응용 프로그래밍 인터페이스(API Application Programming Interface)를 정리했다. 마지막 글자인 'X'는 유닉스 호환 운영체제에 보통 X가 붙는 데서 유래한 것이다.

POSIX.1 Portable Operating System Interface Part 1은 C 언어 응용 프로그래밍 인터페이스의 표준으로 파일과 디렉터리, 프로세스 관리, 입출력 등 기본 서비스 제공을 위한 인터페이스를 정의한다. POSIX.2 Portable Operating System Interface Part 2는 표준 셸과 유틸리티 프로그램 인터페이스다. POSIX.1은 IEEE Std 1003.1이며 POSIX.2는 IEEE Std 1003.2다. 또한 POSIX.1은 ISO와 IEC에서 ISO/IEC 9945 표준으로 채택했다. 가장 최신 버전은 2017년에 발표한 IEEE Std 1003.1-2017이며 2021년 현재 IEEE Std 1003.1-202x 프로젝트가 진행되고 있다. POSIX.1에 관한 정보는 http://standards.ieee.org에서 확인할 수 있다.

X/Open 가이드

X/Open은 1984년에 유럽의 유닉스 시스템 제조업체를 중심으로 설립된 단체로, 개방 시스템에 관한 표준 정의와 보급을 목적으로 한다. 특히 다양하게 파생되고 있는 유닉스 시스템에서 응용 프로그램의 이식성을 높이는 것이 초기 목표였다. 이를 위해 X/Open 이식성 가이드(XPG X/Open Portability Guide)를 발표했다. XPG에는 운영체제 기본 인터페이스, 국제화, 터미널 인터페이스, 프로세스 간 통신, C 언어를 포함한 프로그래밍 언어, 데이터 관리(ISAM · SQL) 등에 관한 지침이 정의되어 있다. 1988년에 발표한 XPG3에서는 POSIX 표준을 통합했고, XPG의 최종 버전인 XPG4는 1992년에 발표되었다. X/Open은 1996년에 오픈 소프트웨어 재단 Open Software Foundation과 합병해 오픈 그룹 The Open Group으로 새 출발을 했는데, 이 오픈 그룹이 UNIX®의 상표권을 갖고 있다.

단일 유닉스 명세

단일 유닉스 명세(SUS Single Unix Specification)는 운영체제가 유닉스라는 이름을 사용하기 위해 지켜야 하는 표준의 총칭이다. SUS는 IEEE, ISO(JTC 1 SC22), 오픈 그룹의 표준화 작업 결과물에 바탕을 두고 있으며 오스틴 그룹The Austin Group이 개발 및 유지 · 관리를 담당하고 있다. SUS는 1980년대 중반부터 시작된 유닉스의 시스템 인터페이스를 표준화하기 위한 프로젝트에서 출발했다. 1995년에 오픈 그룹이 SUSv1을 발표했으며, 2002년 1월에는 오스틴 그룹이 이전의 여러 표준을 종합한 SUSv3Single Unix Specification Version 3을 발표했다. 2008년에는 SUSv4가, 2018년에는 SUSv4-2018이 발표됐다.

시스템 V 인터페이스 정의

AT&T 유닉스 시스템 V의 인터페이스를 정의하는 SVIDSystem V Interface Definition는 프로그램과 장치에서 이용할 수 있는 시스템 호출과 C 라이브러리에 관한 표준을 포함한다. POSIX나 X/Open 작업은 부분적으로 SVID에 기반을 두고 있다. 1995년에 발표된 SVID 버전 4는 XPG4 및 POSIX 1003.1-1990과 호환성을 유지하고 있다. SVID는 POSIX와 단일 유닉스 명세에 포함되면서 중요도가 떨어졌다.

03 시스템 프로그래밍

리눅스 시스템과 유닉스 시스템은 C 언어로 구현되었다. C 언어를 이용하면 제어문이나 자료형, 배열, 구조체, 포인터 같은 기본 구문으로도 여러 응용 프로그램을 작성할 수 있다. 하지만 많은 경우 쉽게 사용할 수 있는 형태로 제공되는 상위 레벨 함수로 프로그래밍을 한다. 이러한 단계에서는 대부분 리눅스 시스템에서 제공하는 시스템 호출 서비스를 직접 사용하지 않는다.

시스템 프로그래밍이란 일반적인 응용 프로그래밍application programming과 달리 시스템에서 제공하는 시스템 호출(시스템 함수)system call을 사용해 프로그램을 작성하는 것을 말한다. 이 절에서는 시스템 프로그래밍의 핵심이라고 할 수 있는 시스템 호출이 무엇인지 알아보고 일반적인 라이브러리 함수와의 차이를 살펴본다.

3.1 시스템 호출과 라이브러리 함수

리눅스 시스템은 파일 시스템 접근, 사용자 정보, 시스템 정보, 시스템 시간 정보, 네트워킹 등 다양한 서비스를 제공한다. 이러한 서비스를 이용해 프로그램을 구현할 수 있도록 제공되는 프로그래밍 인터페이스를 시스템 호출이라고 한다. 즉, 시스템 호출을 사용하면 리눅스 시스템 서비스를 직접 이용하는 프로그램을 작성할 수 있다.

시스템 호출

시스템 호출은 프로그래밍 인터페이스이며, 기본 형식은 C 언어의 함수와 같다.

```
리턴값 = 시스템 호출명(인자, …);
```

시스템 호출명은 함수명처럼 사용할 이름이 정의되어 있다. 시스템 호출의 종류에 따라 인자는 있을 수도 있고 없을 수도 있다. 시스템 호출은 결괏값을 리턴하는 경우도 있지만 대부분은 시스템 호출의 성공이나 실패를 알려주는 정숫값을 리턴한다.

라이브러리 함수

라이브러리library는 미리 컴파일된 함수를 묶어서 제공하는 특수한 형태의 파일이다. C 언어는 데이터 입출력, 수학 공식, 문자열 처리 등 응용 프로그램 개발에 필요한 함수를 유형별로 분류해 라이브러리로 제공한다.

라이브러리 함수library function는 라이브러리에 포함된 함수를 의미한다. 함수를 묶어서 라이브러리로 만드는 이유는 자주 사용하는 기능을 독립적으로 구현해둠으로써 프로그램 개발과 디버깅을 쉽게 하고 컴파일을 좀 더 빠르게 할 수 있기 때문이다.

리눅스 시스템에서 라이브러리는 보통 /usr/lib에 위치한다. 대부분의 리눅스 시스템에서 /lib는 /usr/lib에 대한 심벌릭 링크다. 라이브러리의 이름은 일반적으로 'lib'로 시작하고, 확장자는 .a나 .so다. lib*.a는 정적 라이브러리static library고, lib*.so는 공유 라이브러리shared library다.

정적 라이브러리는 프로그램을 컴파일할 때 같이 적재되어 실행 파일을 구성한다. 실행 파일에 라이브러리 코드가 포함되므로 그만큼 크기가 커진다. 반면에 공유 라이브러리는 실행 파일에 포함되지 않는다. 공유 라이브러리를 이용해 생성한 실행 파일은 실행 시에 해당 라이브러리가 메모리에 적재된다. 이렇게 적재된 라이브러리는 다른 실행 파일에서도 공유할 수 있다. 최근에는 메모리를 효율적으로 사용하기 위해 공유 라이브러리를 많이 사용한다.

3.2 시스템 호출과 라이브러리 함수 비교

응용 프로그램은 라이브러리 함수나 시스템 호출을 이용해 작성할 수 있다([그림 1-2]). 시스템 호출은 커널의 해당 모듈을 직접 호출해 작업하고 결과를 리턴한다. 커널, 즉 시스템을 직접 호출하기 때문에 시스템 호출이라 한다. 그러나 라이브러리 함수는 커널 모듈을 직접 호출하지 않는다. 라이브러리 함수에서 커널의 서비스를 이용하려면 함수 내부에서 시스템 호출을 사용한다. 물론 프로그래머는 라이브러리 함수가 시스템 호출을 사용하는지 알 필요가 없다.

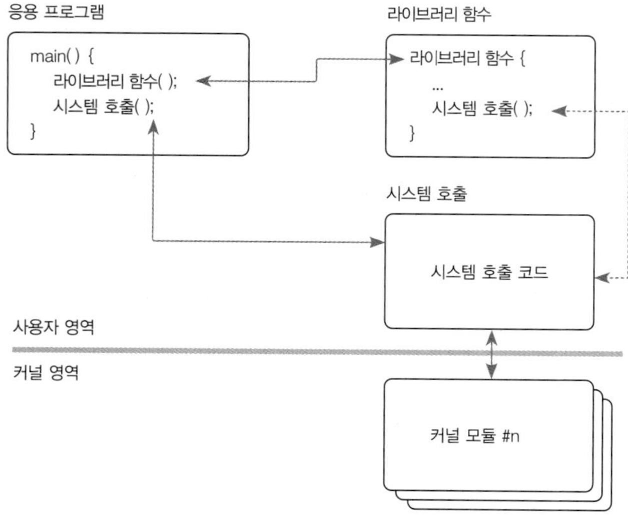

그림 1-2 시스템 호출과 라이브러리 함수의 비교

리눅스 시스템에서 프로그래밍을 할 때 사용하는 시스템 호출과 라이브러리 함수는 기본 형식과 사용 방법이 유사하므로 구별하기 어려울 수 있다. 이때는 리눅스 시스템에서 제공하는 man 페이지의 섹션 번호와 오류 처리 방법을 잘 살펴보면 구별할 수 있다. 그렇다고 이 둘을 엄격하게 구별하느라 신경을 곤두세울 필요는 없다. 시스템 호출이나 라이브러리 함수의 사용 방법을 확인하고 그에 따라 프로그래밍하면 된다.

man 페이지의 섹션 번호

리눅스 시스템에서는 명령이나 함수 등 시스템의 다양한 서비스에 대한 매뉴얼이 제공된다. 매뉴얼을 검색하고 도움을 얻으려면 man 명령을 이용한다.

매뉴얼은 항목의 종류에 따라 섹션이 구분되어 있다. 리눅스에서 사용하는 일반적인 명령에 대한 설명은 섹션 1에 속한다. 시스템 호출은 섹션 2에 속하고, 라이브러리 함수는 섹션 3에 속한다. man 명령으로 검색하면 섹션 번호가 가장 낮은 것이 기본으로 출력된다. 예를 들어, read에 대해 명령도 있고 시스템 호출도 있다면 명령에 대한 매뉴얼이 먼저 출력된다.

man 명령의 결과를 출력하는 형식은 리눅스와 유닉스에서 차이가 있다. 리눅스(우분투 리눅스)와 유닉스(솔라리스)에서 open() 함수를 검색하면 각각 다음과 같이 출력된다.

[리눅스(우분투 리눅스)]

```
OPEN(2)                  Linux Programmer's Manual                  OPEN(2)

NAME
   open, openat, creat - open and possibly create a file

SYNOPSIS
   #include <sys/types.h>
```

[유닉스(솔라리스)]

```
open(2)                          System Calls                        open(2)

NAME
   open, openat - open a file

SYNOPSIS
   #include <sys/types.h>
```

리눅스와 유닉스 모두 상단에 'open(2)'로 표시되므로 open() 함수가 섹션 2에 속함을 알 수 있다. 다만 유닉스에서는 상단에 'System Calls'라고 명시된다는 차이가 있다.

라이브러리 함수도 시스템 호출과 마찬가지로 리눅스와 유닉스에서 차이가 있다. 리눅스와 유닉스에서 fopen() 함수를 검색하면 각각 다음과 같이 출력된다.

[리눅스(우분투 리눅스)]

```
FOPEN(3)                 Linux Programmer's Manual                  OPEN(3)

NAME
   fopen, fdopen, freopen - stream open functions

SYNOPSIS
   #include <stdio.h>
```

[유닉스(솔라리스)]

```
Standard C Library Functions                                    fopen(3C)

NAME
    fopen - open a stream
    fopen_s - open a stream with additional safety checks

SYNOPSIS
    #include <stdio.h>
```

리눅스에서는 'fopen(3)'으로 표시되어 섹션 3에 속한 함수인 것만 알리지만, 유닉스에서는 'fopen(3C)'로 표시되어 C 함수임을 명확히 알리고 있다. 상단 제목에도 'Standard C Library Functions'로 명시되어 있다.

명령과 함수의 이름이 같은 경우도 있다. 명령도 있고 시스템 호출도 있는 uname을 예로 들어보자. 단순히 'man uname'을 입력하면 명령(섹션 1)에 대한 설명만 볼 수 있다.

```
$ man uname

UNAME(1)                    User Commands                    UNAME(1)

NAME
    uname - print system information

SYNOPSIS
    uname [OPTION] …
```

섹션 2의 설명을 보려면 다음과 같이 해당 섹션을 지정해야 한다.

```
$ man -s 2 uname

UNAME(2)               Linux Programmer's Manual               UNAME(2)

NAME
```

```
    uname - get name and information about current kernel

SYNOPSIS
    #include <sys/utsname.h>
```

오류 처리 방법

시스템 호출이 성공적으로 수행되면 0을 리턴한다. 실패하면 −1을 리턴하고 전역 변수 errno에 오류 코드error code(오류의 종류를 나타내는 코드값)를 저장한다. 시스템 호출의 오류 코드는 man 페이지를 참조하면 알 수 있다.

[예제 1−1]은 test.txt 파일이 존재하는지 여부를 access() 함수로 확인하는 코드다(실행 결과에서는 현재 디렉터리에 test.txt 파일이 없는 경우를 보여준다).

예제 1-1 시스템 호출의 오류 처리하기 ch1_1.c

```c
01 #include <stdio.h>
02 #include <unistd.h>
03 #include <errno.h>
04
05 extern int errno;
06
07 int main() {
08     if(access("test.txt", F_OK) == -1) {
09         printf("errno=%d\n", errno);
10     }
11 }
```

실행

```
$ ./ch1_1.out
errno=2
```

- **08~10행** access() 함수의 리턴값을 검사해서 −1이면 오류가 발생한 것이므로 전역 변수 errno의 값을 검사한다.
- **실행 결과** errno 변수에 저장된 값이 2다. 이 값은 해당 시스템 호출에서 발생한 오류가 무엇인지 알려준다.

실행 결과로 나온 errno에 저장된 값 2가 의미하는 바를 해석하려면 헤더 파일을 참조해야 한다. 리눅스는 asm-generic/errno-base.h 파일에 정의되어 있고 유닉스는 sys/errno.h 파일에 정의되어 있다.

```
$ vi /usr/include/asm-generic/errno-base.h
/* SPDX-License-Identifier : GPL-2.0 WITH Linux-syscall-note */
#ifndef _ASM_GENERIC_ERRNO_BASE_H
#define _ASM_GENERIC_ERRNO_BASE_H

#define EPERM           1        /* Operation not permitted */
#define ENOENT          2        /* No such file or directory */
(생략)
```

asm-generic/errno-base.h 파일에서 오류 코드 부분을 보면 상수 2가 ENOENT로 정의되어 있다. ENOENT는 해당 파일이 존재하지 않음을 의미한다. 이외에도 access() 함수에서 발생하는 오류 코드로는 EACCES, ELOOP, ENAMETOOLONG, ENODIR, EROFS 등이 있다. man access 명령으로 access() 함수에서 발생하는 오류 코드와 해당 설명을 확인해보자.

```
$ man access
ACCESS(2)                Linux Programmer's Manual                ACCESS(2)

NAME
   access, faccessat - check user's permissions for a file
(생략)
ERRORS
   access() and faccessat() shall fail if:

   EACCES The requested access would be denied to the file, or search permission is denied
          for one of the directories in the path prefix of pathname.  (See also path_
          resolution(7).)

   ELOOP  Too many symbolic links were encountered in resolving pathname.

   ENAMETOOLONG
          pathname is too long.
```

```
   ENOENT  A component of pathname does not exist or is a dangling symbolic link.
(생략)
```

오류가 발생하면 라이브러리 함수는 NULL을 리턴한다. 물론 함수의 리턴값이 int형일 경우에는 −1을 리턴한다. 그리고 시스템 호출과 마찬가지로 errno 변수에 오류 코드를 저장한다. 라이브러리 함수에서 오류가 발생한 경우에 리턴하는 값을 알아보자.

예제 1-2 라이브러리 함수의 오류 처리하기 ch1_2.c

```
01 #include <stdlib.h>
02 #include <stdio.h>
03 #include <errno.h>
04
05 extern int errno;
06
07 int  main() {
08     FILE *fp;
09
10     if((fp=fopen("test.txt", "r")) == NULL) {
11         printf("errno=%d\n", errno);
12         exit(1);
13     }
14     fclose(fp);
15 }
```

실행

```
$ ./ch1_2.out
errno=2
```

- **10행** 라이브러리 함수인 fopen()을 사용해 test.txt 파일을 연다. 여기서는 파일이 존재하지 않으므로 오류가 발생해 NULL을 리턴한다.
- **실행 결과** errno에 저장된 값이 2임을 알 수 있다. fopen() 함수에서 발생할 수 있는 오류 코드는 man 페이지에서 찾아볼 수 있다.

04 시스템 도구

이 절에서는 시스템 프로그래밍을 할 때 유용하게 사용할 수 있는 기본 도구를 살펴본다. 먼저 시스템을 사용하기 위한 기본 명령을 살펴보고, 컴파일 환경과 오류 처리 함수, 동적 메모리 할당, 명령행 인자 처리 등을 알아본다.

4.1 기본 명령

시스템에서 프로그래밍할 때 반드시 알아야 할 기본 명령은 시스템 접속, 파일, 디렉터리에 관한 것이다. 여기서는 각 명령의 기본적인 사항만 소개하므로 자세한 사용 방법을 알고 싶다면 리눅스 입문서를 찾아보자.

■ 로그인/로그아웃 명령

명령	기능	주요 옵션	예제
telnet	리눅스 시스템에 접속	–	telnet ***.co.kr
ssh			ssh ***.co.kr
exit	리눅스 시스템 접속 해제	–	exit
logout			logout

■ 파일/디렉터리 명령

명령	기능	주요 옵션	예제
pwd	현재 디렉터리 경로 출력	–	pwd
ls	디렉터리 내용 출력	–a : 숨김 파일 출력	ls –a /tmp
		–l : 파일 상세 정보 출력	ls –l
cd	디렉터리 이동	–	cd /tmp
			cd ~han01

cp	파일 복사	–	cp a.txt b.txt
	디렉터리 복사	-r : 디렉터리 복사	cp -r dir1 dir2
mv	파일명/디렉터리명 변경	–	mv a.txt b.txt
			mv dir1 dir2
	파일/디렉터리 이동	–	mv a.txt dir1
rm	파일 삭제	–	rm a.txt
	디렉터리 삭제	-r : 디렉터리 삭제	rm -r dir1
mkdir	디렉터리 생성	–	mkdir dir1
rmdir	빈 디렉터리 삭제	–	rmdir dir1
cat	파일 내용 출력	–	cat a.txt
more	화면 크기 단위로 파일 내용 출력	–	more a.txt
chmod	파일/디렉터리 접근 권한 변경	–	chmod 755 a.exe
			chmod go+x a.exe
grep	패턴 검색	–	grep abcd a.txt

프로세스 명령

명령	기능	주요 옵션	예제
ps	현재 실행 중인 프로세스의 정보 출력	-ef : 모든 프로세스의 상세 정보 출력	ps
			ps -ef
			ps -ef | grep ftp
kill	프로세스 강제 종료	-9 : 강제 종료	kill 5000
			kill -9 5001

기타 명령

명령	기능	주요 옵션	예제
su	사용자 계정 변경	- : 변경할 사용자의 환경 초기화 파일 실행	su
			su -
			su - han02
tar	파일/디렉터리 묶기	cvf : tar 파일 생성	tar cvf a.tar *
		tvf : tar 파일 내용 보기	tar tvf a.tar
		xvf : tar 파일 풀기	tar xvf a.tar

whereis	파일 위치 검색	–	whereis ls
which		–	which telnet

■ **vi 편집기 내부 명령**

vi는 기본 문서 편집기이다. vi로 문서를 편집하려면 다음과 같이 파일명을 지정해 문서를 연다.

```
$ vi test.c
```

vi에서 문서를 편집할 때 사용하는 주요 내부 명령은 다음과 같다.

기능	명령	기능	명령
입력 모드 전환	i, a, o, O	명령 모드 전환	Esc
커서 이동	j, k, h, l 또는 방향키	행 이동	#G(50G, 143G 등) 또는 :행 번호
한 글자 수정	r	여러 글자 수정	#s(5s, 7s 등)
단어 수정	cw	명령 취소	u, U
검색해 수정	:%s/aaa/bbb/g	복사	#yy(5yy, 10yy 등)
붙이기	p	커서 이후 삭제	D(Shift + D)
글자 삭제	x, #x(3x, 5x 등)	행 삭제(잘라내기)	dd, #dd(3dd, 4dd 등)
저장하고 종료	:wq! 또는 ZZ	저장하지 않고 종료	:q!
행 붙이기	J(Shift + J)	화면 다시 표시	Ctrl + l (소문자 L)
행 번호 보이기	:set nu	행 번호 없애기	:set nonu

4.2 컴파일 환경

작성한 프로그램을 실행하려면 컴파일을 해야 한다. 컴파일이란 텍스트로 작성한 프로그램을 시스템이 이해할 수 있는 기계어로 변환하는 과정이다.

'컴파일을 한다'는 말은 보통 컴파일 과정과 라이브러리 링크 과정을 하나로 묶어서 수행하는 것을 의미한다. [그림 1-3]은 컴파일 과정의 예시다.

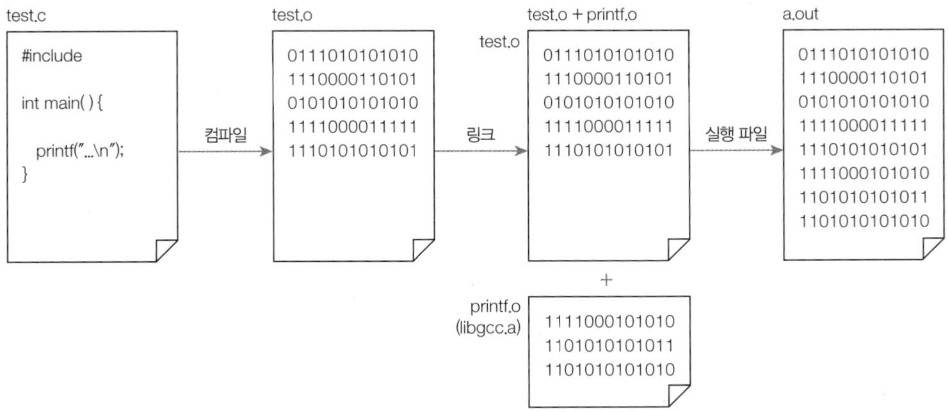

그림 1-3 C 프로그램의 컴파일 과정 예

사용자가 작성한 test.c 파일을 컴파일하면 오브젝트 파일인 test.o가 생성되고, 이를 라이브러리 함수와 링크한 실행 파일이 생성된다. [그림 1-3]에서는 test.c 파일에서 printf() 함수만 사용했으므로 gcc 라이브러리인 libgcc.a에서 printf.o 파일을 찾아 링크한다.

GNU C 컴파일러 : gcc

프로그램을 컴파일하려면 이를 수행하는 컴파일러가 설치되어 있어야 한다. 리눅스에는 기본적으로 gcc 설치가 가능하고 유닉스(솔라리스)에도 gcc 설치가 가능하다(부록 참조). gcc는 ANSI C와 호환성이 있다.

gcc

- 기 능 ◎ C 프로그램을 컴파일해 실행 파일을 생성한다.
- 형 식 ◎ gcc [옵션][파일명]
- 옵 션 ◎ -c : 오브젝트 파일(.o)만 생성한다.
  -o 실행 파일명 : 지정한 이름으로 실행 파일을 생성한다. 기본 실행 파일명은 a.out이다.
- 사용 예 ◎ $ gcc test.c
  $ gcc -c test.c
  $ gcc -o test test.c

gcc는 기본적으로 /usr/bin 디렉터리에 설치되며 별도로 경로 설정을 하지 않아도 된다.

3절에서 다룬 [예제 1-2]를 컴파일해보자. [예제 1-2]의 파일명이 ch1_2.c이므로 다음과 같이 컴파일한다. 파일명을 별도로 지정하지 않았으므로 a.out이라는 이름으로 실행 파일이 생성된다.

```
$ gcc ch1_2.c
$ ls
a.out ch1_2.c
```

실행 파일명을 ch1_2.out이라고 하려면 다음과 같이 -o 옵션을 사용한다.

```
$ gcc -o ch1_2.out ch1_2.c
$ ls
a.out ch1_2.out ch1_2.c
```

실행 파일명을 입력하면 프로그램이 실행된다. 현재 디렉터리(.)가 경로에 설정되어 있지 않다면 현재 디렉터리를 지정해 실행한다. 이후에는 현재 디렉터리가 경로에 있다고 가정하여 ./를 표시하지 않는다.

```
$ ch1_2.out         (현재 디렉터리가 경로에 있을 경우)
(또는)
$ ./ch1_2.out       (현재 디렉터리가 경로에 없을 경우)
```

Makefile과 make

대부분의 경우 프로그램을 작성할 때 소스 파일 여러 개로 구성되고 컴파일할 때 이를 묶어서 하나의 실행 파일을 생성한다. 리눅스 시스템에서는 여러 개의 .c 파일을 컴파일하고 링크해 하나의 실행 파일로 생성하는 데 사용하는 도구로 Makefile과 make 명령을 제공한다.

Makefile은 컴파일 명령, 소스 파일을 컴파일하는 방법, 링크할 파일, 실행 파일명 등을 설정하는 파일이다. make 명령은 Makefile을 읽고 이 파일에서 지정한대로 컴파일을 실행해 실행 파일을 생성한다. 실행 파일을 생성한 후에는 변경사항이 있는 파일만 재컴파일해 실행 파일을 생성한다.

리눅스에 make 명령이 설치되어 있지 않은 경우도 있는데 이때는 make를 먼저 설치해야 한다. 예를 들어 우분투 리눅스의 경우 다음과 같이 설치한다.

```
$ sudo apt install make
```

make 명령을 사용하는 예제를 살펴보자. 소스 파일은 ch1_3_main.c와 ch1_3_addnum.c로 구성되어 있다. ch1_3_main.c 파일은 main() 함수에서 addnum.c 파일에 별도로 구현되어 있는 addnum() 함수를 호출하고 결과를 리턴받아 출력한다.

예제 1-3 make 명령 사용하기 (1) ch1_3_main.c

```
01 #include <stdio.h>
02
03 extern int addnum(int a, int b);
04
05 int main() {
06     int sum;
07
08     sum = addnum(1, 5);
09     printf("Sum 1~5 = %d\n", sum);
10 }
```

- **03행** 외부 파일에 정의된 addnum() 함수를 사용함을 선언한다.
- **08행** addnum() 함수를 호출한다.

ch1_3_addnum.c 파일은 인자로 받은 두 정수 범위의 합을 구하는 addnum() 함수를 정의하고 있다.

예제 1-3 make 명령 사용하기 (2) ch1_3_addnum.c

```
int addnum(int a, int b) {
    int sum = 0;

    for (; a <= b; a++)
        sum += a;
    return sum;
}
```

- addnum() 함수는 사용자 정의 함수user defined function로, 인자로 받은 범위의 합계를 계산해 리턴한다.

다음은 ch1_3_main.c 파일과 ch1_3_addnum.c 파일을 컴파일해 실행 파일을 생성하기 위한 Makefile이다.

예제 1-3 make 명령 사용하기 (3) **Makefile**

```
01 # Makefile
02
03 CC=gcc
04 CFLAGS=
05 OBJS=ch1_3_main.o ch1_3_addnum.o
06 LIBS=
07 all : add.out
08
09 add.out : $(OBJS)
10     $(CC) $(CFLAGS) -o add.out $(OBJS) $(LIBS)
11
12 ch1_3_main.o : ch1_3_main.c
13     $(CC) $(CFLAGS) -c ch1_3_main.c
14 ch1_3_addnum.o : ch1_3_addnum.c
15     $(CC) $(CFLAGS) -c ch1_3_addnum.c
16
17 clean:
18     rm -f $(OBJS) add.out *.o core
```

- **03행** 컴파일 명령을 gcc로 지정한다.
- **04행** 컴파일 옵션이 필요한 경우에 지정한다.
- **05행** 생성할 오브젝트 파일명을 지정한다.
- **06행** 기본 gcc 라이브러리 외에 다른 라이브러리가 필요한 경우 지정한다.
- **07행** 생성할 실행 파일명을 add.out으로 지정한다.
- **09~10행** 실행 파일인 add.out을 어떻게 생성할 것인지 지정한다.
- **12~15행** 각 오브젝트 파일을 어떻게 생성할 것인지 지정한다.
- **17~18행** make clean을 수행할 때 실행할 명령을 지정한다.

make 파일을 실행한 결과를 살펴보자. 아래 실행 결과에서 ch1_3_main.c 파일과 ch1_3_addnum.c 파일을 각각 -c 옵션으로 컴파일해 오브젝트 파일을 생성하고, 이를 다시 -o 옵션을 사용해 링크하고 실행 파일을 만들고 있음을 볼 수 있다.

실행

```
$ ls
Makefile  ch1_3_addnum.c  ch1_3_main.c
$ make
gcc  -c ch1_3_main.c
gcc  -c ch1_3_addnum.c
gcc  -o add.out ch1_3_main.o ch1_3_addnum.o
$ ls
Makefile  add.out  ch1_3_addnum.c  ch1_3_addnum.o  ch1_3_main.c  ch1_3_main.o
$ add.out
Sum 1~5 = 15
```

실행 파일과 오브젝트 파일을 모두 삭제하려면 make clean을 수행한다. 앞서 살펴본 Makefile의 18행에 있는 설정에 따라 실행 파일과 *.o 파일을 모두 삭제한다.

실행

```
$ ls
Makefile  add.out  ch1_3_addnum.c  ch1_3_addnum.o  ch1_3_main.c  ch1_3_main.o
$ make clean
rm -f ch1_3_main.o ch1_3_addnum.o add.out *.o core
$ ls
Makefile  ch1_3_addnum.c  ch1_3_main.c
```

4.3 오류 처리 함수

3절에서 시스템 호출은 오류 발생 시 -1을 리턴하고, 라이브러리 함수는 NULL을 리턴한다는 것을 배웠다. 또한 오류 발생 시 전역 변수 errno에 오류의 종류를 알려주는 코드 값이 저장된다는 것도 살펴봤다. 그러나 errno에 저장되는 값은 상수이므로 이것만으로는 오류의 의미를 파악하기 힘들다. 각 오류가 무엇을 나타내는지 알아보려면 헤더 파일을 열고 해당 상수의 정의를 찾아봐야 한다. 오류 코드를 메시지로 변환해 출력하는 perror(), strerror() 함수를 사용하면 이러한 수고를 덜 수 있다.

오류 메시지 출력 : perror(3)

함수 원형

```
#include <stdio.h>

void perror(const char *s);
```

↳ 인자 설명

• s : 출력할 문자열

perror() 함수는 errno에 저장된 값을 읽어 이에 해당하는 메시지를 표준 오류standard erro(파일 기술자 2번)로 출력한다. perror() 함수의 인자로 지정한 문자열과 콜론(:)을 출력한 후 오류 메시지를 출력하는데, 인자가 NULL이면 콜론은 출력하지 않고 오류 메시지만 출력한다. 이 함수의 인자로는 일반적으로 프로그램 이름을 지정하는 것이 좋다.

[예제 1-4]는 [예제 1-1]을 약간 변형한 것으로, 함수에 오류가 발생하면 perror() 함수를 사용해 메시지를 출력한다.

예제 1-4 perror() 함수로 오류 메시지 출력하기 ch1_4.c

```
01 #include <stdio.h>
02 #include <unistd.h>
03 #include <errno.h>
04 #include <stdlib.h>
05
06 int main() {
07     if(access("test.txt", R_OK) == -1) {
08         perror("test.txt");
09         exit(1);
10     }
11 }
```

실행

```
$ ch1_4.out
test.txt: No such file or directory
```

• **07~08행** access() 함수에서 오류가 발생하면 perror() 함수를 호출한다. 이때 perror() 함수의 인자로 "test.txt"를 지정한다.

- **09행** perror() 함수는 오류 메시지 출력만 하므로 오류의 결과로 프로그램을 종료해야 한다면 exit() 함수를 호출해야 한다.
- **실행 결과** 인자로 전달한 문자열 "test.txt"와 콜론이 출력되고 한 칸 띄어서 메시지가 출력되었다.

오류 메시지 출력 : strerror(3)

함수 원형

```
#include <string.h>

char *strerror(int errnum);
```

↳ 인자 설명

- **errnum** : errno에 저장된 값

strerror() 함수는 ANSI C에서 추가로 정의한 함수다. 함수의 인자로 errno에 저장된 값을 받아 오류 메시지를 리턴한다. 이 경우 리턴된 오류 메시지를 사용자가 적절하게 가공할 수 있다는 장점이 있다.

[예제 1-5]는 strerror() 함수를 사용해 오류 메시지를 출력하는 예다.

예제 1-5 strerror() 함수로 오류 메시지 출력하기 ch1_5.c

```
#include <stdio.h>
#include <unistd.h>
#include <errno.h>
#include <stdlib.h>
#include <string.h>

extern int errno;

int main() {
    char *err;

    if(access("test.txt", R_OK) == -1) {
        err = strerror(errno);
        printf("오류: %s(test.txt)\n", err);
        exit(1);
    }
}
```

실행

```
$ ch1_5.out
오류: No such file or directory(test.txt)
```

- **13행** strerror() 함수는 인자로 받은 errno 변수에 저장된 오류 번호에 따라 오류 메시지가 저장된 문자열을 가리키는 포인터를 리턴한다.
- **14행** 13행에서 리턴한 문자열을 적절한 형태로 가공해 오류 메시지를 출력한다.
- **실행 결과** 14행에서 지정한 대로 출력되었다.

4.4 동적 메모리 할당

배열은 프로그램이 시작될 때 필요한 메모리를 미리 확보한다. 이와 달리 프로그램 실행 도중에 필요한 메모리 공간을 할당하고 더 이상 사용하지 않으면 해당 공간을 해제하는 것이 동적 메모리 할당이다. 동적 메모리 할당을 활용하면 필요한 데이터의 양에 따라 메모리 공간을 효율적으로 사용할 수 있다. 메모리를 할당하는 함수로는 malloc(), calloc(), realloc() 등이 있고, 사용을 마친 메모리를 해제하는 함수로는 free()가 있다.

메모리 할당 : malloc(3)

함수 원형

```
#include <stdlib.h>

void *malloc(size_t size);
```

↳ 인자 설명

- **size** : 할당받을 메모리 크기

malloc() 함수는 인자로 지정한 크기의 메모리를 할당하는 데 성공하면 메모리의 시작 주소를 리턴한다. 만약 메모리 할당에 실패하면 NULL 포인터를 리턴한다. 인자로 지정하는 메모리 크기는 바이트 단위다. 할당된 메모리에는 어떤 형태의 데이터도 저장할 수 있다. 이때 malloc() 함수는 할당된 메모리를 초기화하지 않는다는 데 주의해야 한다.

다음은 malloc() 함수를 사용해 문자 100개를 저장할 수 있는 메모리를 할당하는 예다.

```
char *ptr
ptr = malloc(sizeof(char) * 100);
```

메모리 할당과 초기화 : calloc(3)

함수 원형

```
#include <stdlib.h>

void *calloc(size_t nmemb, size_t size);
```

↳ 인자 설명

- **nmemb** : 배열 요소의 개수
- **size** : 각 배열 요소의 크기(바이트)

calloc() 함수는 nmemb×size바이트 크기의 배열을 저장할 메모리를 할당한다. calloc() 함수는 할당된 메모리를 0으로 초기화한다.

다음은 요소가 10개이고 각 요소의 크기가 20바이트인 배열을 저장할 수 있는 메모리를 할당하는 예다.

```
char *ptr
ptr = calloc(10, 20);
```

메모리 추가 할당 : realloc(3)

함수 원형

```
#include <stdlib.h>

void *realloc(void *ptr, size_t size);
```

↳ 인자 설명

- **ptr** : 할당받은 메모리를 가리키는 포인터
- **size** : 할당할 메모리의 크기

realloc() 함수는 이미 할당받은 메모리에 추가로 메모리를 할당할 때 사용한다. 이전에 할당받은 메모리와 추가할 메모리를 합한 크기의 메모리를 새롭게 할당하고 주소를 리턴한다. 이때 이전 메모리의 내용을 새로 할당된 메모리로 복사한다.

다음은 malloc() 함수로 할당받은 메모리에 추가로 100바이트를 할당하는 예로, 새로운 메모리의 주소는 new 포인터에 저장된다. realloc() 함수로 메모리를 새로 할당받으면 이전 메모리의 주소는 필요 없다.

```
char *ptr, *new;
ptr = malloc(sizeof(char) * 100);
new = realloc(ptr, 100);
```

메모리 해제 : free(3)

```
#include <stdlib.h>

void free(void *ptr);
```

함수 원형

↳ 인자 설명

- **ptr** : 해제할 메모리 주소

free() 함수는 사용을 마친 메모리를 해제하고 반납한다. free() 함수가 성공하면 ptr이 가리키던 메모리는 더 이상 의미가 없다.

4.5 명령행 인자

명령행command-line이란 리눅스 시스템에서 사용자가 명령을 입력하는 행을 말한다. 다시 말해, 프롬프트가 나타나고 커서가 사용자 입력을 기다리고 있는 행이다. 명령행 인자(CLACommand Line Arguments)란 사용자가 명령행에서 명령을 실행할 때 해당 명령(실행 파일명)과 함께 지정하는 인자를 말한다. 명령행 인자는 명령의 옵션, 옵션의 인자, 명령의 인자로 구성된다.

ls 명령을 예로 들어보자. 단순히 ls만 입력할 수도 있고 ls -l과 같이 옵션을 붙일 수도 있는데, 이때 명령 다음에 입력한 -l이 명령행 인자다. ls /tmp와 같이 사용할 수도 있는데, 이때는 /tmp가 명령행 인자다.

명령행 인자의 전달

명령행 인자는 자동으로 프로그램의 main() 함수에 전달된다. 보통 main() 함수는 다음과 같이 정의한다.

```
int main() {…}
(또는)
int main(void) {…}
```

그러나 main() 함수에서 명령행 인자를 전달받으려면 다음과 같이 정의해야 한다.

```
int main(int argc, char *argv[]) {…}
```

첫 번째 인자인 argc는 명령과 인자를 포함한 개수로, 두 번째 인자인 argv 배열의 크기다. 두 번째 인자인 argv는 명령과 각 인자를 담고 있는 배열이다. 명령행 인자는 argv에 문자열 형태로 저장된다. [예제 1-6]을 통해 명령행 인자가 어떻게 전달되는지 확인해보자.

예제 1-6 명령행 인자 출력하기 ch1_6.c

```
#include <stdio.h>

int main(int argc, char *argv[]) {
    int n;

    printf("argc = %d\n", argc);
    for (n = 0; n < argc; n++)
        printf("argv[%d] = %s\n", n, argv[n]);
}
```

실행

```
$ ch1_6.out -h 2000
argc = 3
argv[0] = ch1_6.out
argv[1] = -h
argv[2] = 2000
```

- **03행** 명령행 인자를 받기 위해 main() 함수에 argc와 argv를 선언한다.
- **06행** 인자의 개수를 저장한 argc 값을 출력한다.
- **07~08행** 각 인자를 담은 argv의 내용을 출력한다.
- **실행 결과** 명령행에서 실행 파일명인 ch1_6.out 외에 –h와 2000을 인자로 입력한다. 따라서 main() 함수에 전달된 총 개수를 나타내는 argc 값은 3이다. argv[0]에 실행 파일명이 저장되고, 차례로 인자가 저장됨을 알 수 있다. argv로 전달되는 값은 문자열이므로 printf() 함수로 출력하려면 형식 지정자 %s를 사용해야 한다.

옵션 처리 : getopt(3)

[예제 1–6]과 같이 argc와 argv를 직접 처리할 수도 있지만, argv[1]에 저장된 –h와 같은 옵션을 일일이 분해해서 처리하는 것은 불편한 작업이다. 명령행 인자로 전달된 옵션을 편리하게 처리하도록 getopt() 함수가 제공된다. 유닉스(솔라리스)에서 getopt() 함수의 man 페이지를 보면 표준에 따라 관련 헤더 파일이 다를 수 있음을 알 수 있다. 리눅스는 POSIX를 따라 unistd.h를 선언한다.

```
SVID3, XPG3
   #include <stdio.h>

   int getopt(int argc, char * const argv[], const char *optstring);
   extern char *optarg;
   extern int optind, opterr, optopt;

POSIX.2, XPG4, SUS, SUSv2, SUSv3
   #include <unistd.h>

   int getopt(int argc, char * const argv[], const char *optstring);
   extern char *optarg;
   extern int optind, opterr, optopt;
```

argc와 argv에는 main() 함수에서 받은 것을 그대로 지정하고, optstring에는 해당 실행 파일에서 사용할 수 있는 옵션을 나타내는 문자를 지정한다. 만일 옵션에 인자가 있을 경우에는 문자 뒤에 콜론(:)을 붙여서 지정한다. 예를 들어, 사용 가능한 옵션이 -a, -b, -c라면 optstring에 "abc"로 지정하면 된다. 이 중 -c 옵션에 -c name과 같이 옵션 인자가 있다면 "abc:"로 지정한다.

getopt() 함수는 argv에 optstring에 지정된 옵션과 동일한 옵션 문자가 있으면 해당 문자를 리턴한다. 만일 optstring에서 해당 문자에 콜론이 붙어 있다면 옵션 인자가 있는 경우로, 옵션 인자는 외부 변수인 optarg에 저장된다. 외부 변수 optind는 다음에 처리할 argv의 주소를 저장한다. 초깃값은 1로 설정되어 있다. getopt() 함수는 옵션 문자나 옵션 인자의 지정에 오류가 있을 경우 오류 메시지를 출력하고 물음표(?)를 리턴한다. 오류를 발생시킨 문자는 외부 변수 optopt에 저장된다. 오류 메시지를 출력하지 않으려면 외부 변수 opterr를 0으로 설정한다.

■ **리눅스 명령 기본 규칙**

getopt() 함수로 옵션을 처리하려면 POSIX에서 정의한 명령에 대한 기본 규칙Basic Utility Syntax Guideline을 준수해서 명령행 인자를 입력해야 한다. POSIX에서 정의한 명령에 대한 기본 규칙은 https://pubs.opengroup.org/onlinepubs/9699919799/basedefs/V1_chap12.html을 참조한다. 솔라리스의 경우 man intro 명령으로 확인할 수도 있다.

POSIX에서 정의한 명령에 대한 기본 규칙은 14개 항목(1~14)이다. 솔라리스의 경우 POSIX의 규칙 1~13과 자체적으로 확장한 규칙 8개(14~21)로 총 21개 항목을 적용하고 있다.

이 중 getopt() 함수와 관련이 있는 항목은 3, 4, 5, 6, 7, 9, 10, 15, 16, 17, 18번 항목이다. 각 항목을 간단하게 살펴보자. 먼저 POSIX에서 정한 기본 규칙이다.

[규칙 3] 옵션의 이름은 한 글자여야 한다.

[규칙 4] 모든 옵션의 앞에는 하이픈(-)이 있어야 한다.

[규칙 5] 인자가 없는 옵션은 하나의 - 다음에 묶여서 올 수 있다.

예 -xvf

[규칙 6] 옵션의 첫 번째 인자는 공백이나 탭으로 띄고 입력해야 한다.

예 –l /tmp

[규칙 7] 인자가 있어야 하는 옵션에서 인자를 생략할 수 없다.

[규칙 9] 명령행에서 모든 옵션은 명령의 인자보다 앞에 와야 한다.

예 ls –l /tmp와 같이 입력해야 한다. ls /tmp –l과 같이 입력할 수는 없다.

[규칙 10] 옵션의 끝을 나타내기 위해 ––을 사용할 수 있다.

솔라리스에서 개발한 확장 규칙에는 기본 규칙과 달리 긴 옵션을 사용할 수 있다. 긴 옵션을 사용하는 예는 다음과 같다.

```
명령어 -a --긴 옵션1 -c 옵션 인자 -= 옵션 인자 --긴 옵션2=옵션 인자
      --긴 옵션3 옵션 인자 파일명
```

[규칙 15] 긴 옵션은 –– 다음에 와야 한다. 옵션명으로는 문자, 숫자, –만 사용할 수 있으며, –으로 연결한 1~3개 단어를 사용할 수도 있다.

[규칙 16] '––이름=인자' 형태는 긴 옵션 사용에서 옵션의 인자를 상세하게 지정할 때 사용해야 한다(예에서 긴 옵션2의 경우). '––이름 인자' 형태도 가능하다(예에서 긴 옵션3의 경우).

[규칙 17] 모든 명령은 긴 옵션 ––version(–V도 지원)과 ––help(–?도 지원)를 표준으로 지원해야 한다.

[규칙 18] 모든 짧은 옵션에 대응하는 긴 옵션이 있어야 하고, 긴 옵션에도 대응하는 짧은 옵션이 있어야 한다.

[예제 1–7]을 통해 getopt() 함수로 옵션을 처리하는 예를 살펴보자. 이 예제에서는 –a, –b, –c 세 옵션을 사용한다. 이 중에서 –c 옵션은 옵션 인자를 사용한다.

예제 1-7 getopt() 함수로 옵션 처리하기 ch1_7.c

```c
#include <stdio.h>
#include <unistd.h>

int main(int argc, char *argv[]) {
    int n;
    extern char *optarg;
    extern int optind;

    printf("Current Optind : %d\n", optind);
    while ((n = getopt(argc, argv, "abc:")) != -1) {
        switch (n) {
            case 'a':
                printf("Option : a\n");
                break;
            case 'b':
                printf("Option : b\n");
                break;
            case 'c':
                printf("Option : c, Argument=%s\n", optarg);
                break;
        }
        printf("Next Optind : %d\n", optind);
    }
}
```

실행

```
$ ch1_7.out
Current Optind : 1
$ ch1_7.out -a
Current Optind : 1
Option : a
Next Optind : 2
$ ch1_7.out -c
Current Optind : 1
ch1_7.out : option requires an argument -- 'c'
Next Optind : 2
```

```
$ ch1_7.out -c name
Current Optind : 1
Option : c, Argument=name
Next Optind : 3
$ ch1_7.out -x
Current Optind : 1
ch1_7.out : invalid option -- 'x'
Next Optind : 2
```

- **09행** 외부 변수 optind에 저장된 값을 출력한다.
- **10행** getopt() 함수로 인자가 있는지 확인하고 옵션을 읽어온다.
- **11~21행** switch 문을 이용해 옵션별로 출력한다.
- **19행** −c 옵션의 인자가 저장된 외부 변수 optarg의 값을 출력한다.
- **실행 결과** 실행 시 옵션을 지정하지 않으면 특별한 작업을 하지 않는다. −a와 같은 정상적인 옵션을 지정하면 이를 인식한다. 옵션 인자가 필요한 −c 옵션에 인자를 지정하지 않으면 인자가 필요하다는 오류 메시지가 출력되며 인자를 지정하면 해당 인자가 인식된다. −x와 같이 잘못된 옵션을 지정하면 잘못된 옵션이라는 오류 메시지가 출력된다.

요약

01 시스템 프로그래밍 표준

시스템 프로그래밍 관련 표준에는 ANSI C, IEEE의 POSIX, X/Open 그룹의 XPG3, XPG4, SVID, SUS가 있다.

02 시스템 프로그래밍의 이해

시스템에서 제공되는 파일 시스템, 사용자 정보, 시스템 정보, 시스템 시간 정보, 네트워킹 등 다양한 서비스를 이용해 프로그램을 구현할 수 있도록 제공되는 프로그래밍 인터페이스를 시스템 호출이라고 하며, 이러한 시스템 호출을 사용해 프로그램을 작성하는 일을 시스템 프로그래밍이라고 한다.

03 시스템 호출과 라이브러리 함수

시스템 호출은 기본적으로 C 언어의 함수 형태로 제공된다. 시스템 호출은 커널의 해당 모듈을 직접 호출해 작업을 수행하고 결과를 리턴한다. 라이브러리 함수는 일반적으로 커널 모듈을 직접 호출하지 않는다. 라이브러리 함수가 커널의 서비스를 이용해야 할 경우에는 시스템 호출을 사용한다.

- 시스템 호출은 man 페이지의 섹션 2에 있고, 라이브러리 함수는 섹션 3에 있다. 따라서 시스템 호출의 man 페이지를 확인하려면 'man -s 2 시스템 호출명'과 같이 사용한다.
- 오류 발생 시 시스템 호출은 -1을 리턴하고 라이브러리 함수는 NULL을 리턴한다.

04 시스템 프로그래밍 도구

구분	함수 및 도구
기본 명령	pwd, ls, cd, mkdir, cp, mv, rm, ps, kill, tar, vi
오류 처리 함수	perror(), strerror()
동적 메모리 할당 함수	malloc(), calloc(), realloc(), free()
명령행 인자 처리 함수	getopt()
컴파일	gcc(GNC C 컴파일러)
컴파일 도구	make 명령과 Makefile

연습문제

01 다음 중 리눅스/유닉스 시스템 프로그래밍과 관련이 있는 표준이 아닌 것은?

① ANSC C 표준 ② POSIX
③ 다중 유닉스 명세 ④ 시스템 V 인터페이스 정의

02 man 페이지 번호에서 시스템 호출을 나타내는 섹션 번호는?

① 1 ② 2
③ 3 ④ 5

03 시스템 호출이 실패하면 −1을 리턴한 뒤 오류 코드를 특정 변수에 저장한다. 이 변수명은?

① eno ② error
③ enum ④ errno

04 리눅스 기본 명령 중 패턴을 검색할 때 사용하는 명령은?

① ls ② cat
③ grep ④ which

05 han.c를 컴파일할 때 실행 파일명을 han으로 하려고 한다. gcc의 옵션을 바르게 설정한 것은?

① gcc han.c ② gcc −c han han.c
③ gcc −a han han.c ④ gcc −o han han.c

06 시스템 호출과 라이브러리 함수의 차이점을 동작 과정 비교를 통해 설명하시오.

07 man wrtie 명령을 실행했는데, write() 함수가 아니라 write 명령에 대한 매뉴얼이 출력되었다. write() 함수의 매뉴얼을 보려면 어떻게 해야 할까?

08 시스템 호출에서 오류가 발생하면 errno 변수에 오류의 원인을 설명하는 숫자가 저장된다. 오류 번호가 1이라면 어떤 오류일까?

09 [예제 1-1]을 수정해 errno 번호뿐만 아니라 오류 메시지도 출력되도록 코드를 수정하시오([예제 1-4] 참조).

10 gcc로 소스 코드를 컴파일했더니 실행 파일 a.out이 만들어졌다. 실행 파일을 ex10.exe로 만들려면 어떻게 해야 할까?

11 gcc로 소스 코드를 컴파일해 실행 파일인 ex11.exe를 만들었다. ls 명령으로 확인하면 ex11.exe가 보이는데, ex11.exe를 실행하면 파일을 찾을 수 없다고 한다. 무엇이 문제이고 어떻게 해결할 수 있는지 설명하시오.

12 [예제 1-3]에서 인자로 받은 두 정수의 뺄셈을 계산해 리턴하는 subnum() 함수를 subnum.c 파일로 만들고 Makefile을 수정해 실행 파일을 생성한 뒤 실행 결과를 확인하시오.

13 프로그램을 실행하는 도중에 정숫값 200개를 저장할 수 있도록 메모리를 할당하려면 어떻게 해야 할까?

14 명령행 인자로 정숫값(작은 수, 큰 수) 2개를 받아서 앞의 값부터 뒤의 값까지 합계를 구하는 프로그램을 작성하시오.

15 명령행 인자와 getopt() 함수를 사용해 다음 명령을 처리하는 프로그램을 작성하시오.

1) 명령의 이름 : ex1_15.out

2) 명령의 옵션과 동작

- 인자가 없을 경우 : -h처럼 사용 가능한 옵션의 목록 출력
- -p : "Welcome Linux System Programming!" 출력
- -n 인자 : "Nice to meet 인자" 형태로 출력
- -h : 사용 가능한 옵션의 목록 출력

Chapter

02

디렉터리 다루기

학습목표

- 리눅스 디렉터리와 파일의 특징을 이해한다.
- 함수를 사용해 디렉터리를 생성하고 삭제할 수 있다.
- 함수를 사용해 디렉터리를 관리할 수 있다.
- 함수를 사용해 디렉터리의 내용을 읽을 수 있다.

01 개요

리눅스에서는 디렉터리directory를 파일의 한 종류로 취급한다. 리눅스에서는 파일을 일반 파일regular file과 특수 파일special file, 그리고 디렉터리로 구분한다. 일반 파일은 텍스트 파일, 실행 파일 등 텍스트나 바이너리 형태의 데이터를 저장하고 있는 파일이다. 리눅스에서 파일은 장치를 구동하는 데도 사용되는데, 장치 관련 특수 파일을 다른 파일과 구분해 장치 파일device file이라고도 한다. 디렉터리는 해당 디렉터리에 속한 파일을 관리하는 특별한 파일이다.

리눅스에서 파일은 파일명, inode, 데이터 블록data block으로 구성된다. 파일명은 사용자가 파일에 접근할 때 사용한다. inode는 외부적으로는 번호로 표시되며, 파일의 소유자나 크기 등의 정보와 실제 데이터를 저장하고 있는 데이터 블록의 위치를 나타내는 주소들이 저장되어 있다. 데이터 블록은 실제로 데이터가 저장되는 하드디스크의 공간이다. 리눅스의 파일 구조에 관한 자세한 사항은 2절에서 다룬다.

리눅스에서 디렉터리에는 디렉터리에 속한 파일의 inode 번호와 이에 매핑된 파일명 목록이 들어 있다. 디렉터리도 함수를 사용해 생성하고 삭제할 수 있다. [표 2-1]은 디렉터리를 생성하고 삭제할 때 사용하는 함수다. 각 함수에 관해서는 3절에서 자세히 설명한다.

표 2-1 디렉터리 생성과 삭제 함수

기능	함수
디렉터리 생성	`int mkdir(const char *pathname, mode_t mode);`
디렉터리 삭제	`int rmdir(const char *pathname);`

디렉터리를 관리하기 위해 자주 사용하는 기능은 현재 작업 디렉터리의 위치 확인, 디렉터리 이동, 디렉터리명 변경이다. 이 작업에 사용할 수 있는 함수는 [표 2-2]와 같다. 자세한 사항은 4절에서 다룬다.

표 2-2 디렉터리 관리 함수

기능	함수
현재 위치 확인	`char *getcwd(char *buf, size_t size);`
	`char *get_current_dir_name(void);`
디렉터리명 변경	`int rename(const char *oldpath, const char *newpath);`
디렉터리 이동	`int chdir(const char *path);`
	`int fchdir(int fd);`

디렉터리는 하위 디렉터리나 파일의 목록을 가지고 있는 파일이다. 디렉터리에 어떤 파일 또는 하위 디렉터리가 있는지 확인하려면 디렉터리를 열고 내용을 확인해야 한다. 이 작업에 사용할 수 있는 함수는 [표 2-3]과 같다. 자세한 사항은 5절에서 다룬다.

표 2-3 디렉터리 읽기 함수

기능	함수
디렉터리 열기	`DIR *opendir(const char *name);`
디렉터리 닫기	`int closedir(DIR *dirp);`
디렉터리 내용 읽기	`struct dirent *readdir(DIR *dirp);`
디렉터리 오프셋	`long telldir(DIR *dirp);`
	`void seekdir(DIR *dirp, long loc);`
	`void rewinddir(DIR *dirp);`

02 리눅스 파일의 특징

리눅스에서 파일은 데이터 저장, 장치 구동, 프로세스 간 통신 등에 사용한다. 디렉터리를 이해하기 위해 먼저 파일의 종류와 구성 요소에 대해 알아보자.

2.1 파일의 종류

리눅스에서 파일은 크게 일반 파일, 특수 파일, 디렉터리로 구분할 수 있다.

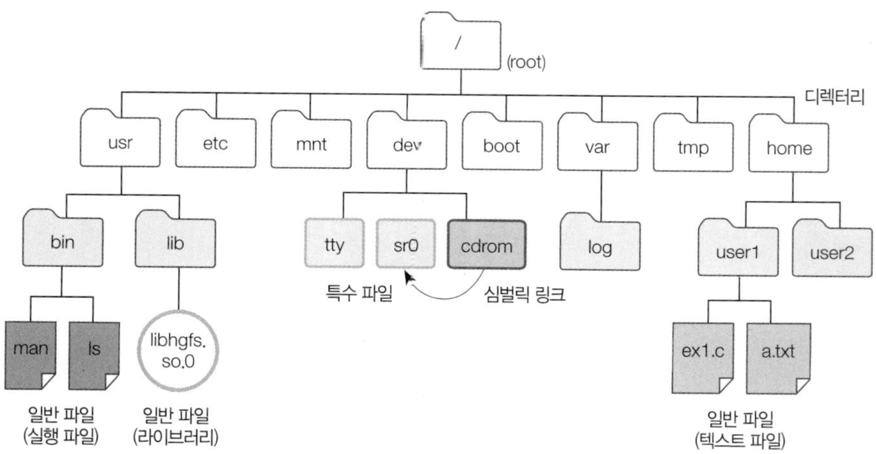

그림 2-1 리눅스 파일의 종류

일반 파일

텍스트 파일, 실행 파일, 라이브러리, 이미지 등 리눅스에서 사용하는 대부분의 파일이 일반 파일에 해당한다. 일반 파일은 데이터 블록에 텍스트나 바이너리 형태의 데이터를 저장하고 있다. vi 같은 편집기를 사용해 만들기도 하고 컴파일러나 다른 응용 프로그램에서 생성할 수도 있다. 예를 들어 /usr/bin 디렉터리에 있는 파일을 살펴보면 다음과 같다.

```
$ ls -l /usr/bin
합계 177456
lrwxrwxrwx 1 root root        11  1월 27 16:12 GET -> lwp-request
lrwxrwxrwx 1 root root        11  1월 27 16:12 HEAD -> lwp-request
lrwxrwxrwx 1 root root        11  1월 27 16:12 POST -> lwp-request
-rwxr-xr-x 1 root root    141856  6월 22  2020 VGAuthService
lrwxrwxrwx 1 root root         4  1월 17 18:13 X -> Xorg
lrwxrwxrwx 1 root root         1  1월 27 16:12 X11 -> .
-rwxr-xr-x 1 root root   2434568  1월 17 18:13 Xephyr
-rwxr-xr-x 1 root root       274  1월 17 18:13 Xorg
-rwxr-xr-x 1 root root   2324456  1월 17 18:13 Xwayland
(생략)
```

특수 파일

리눅스에서 통신을 하거나 터미널 또는 디스크 등의 장치를 사용하려면 연관된 특수 파일을 이용해야 한다. 장치 관련 특수 파일을 다른 파일과 구분해 장치 파일이라고도 한다. 장치 파일은 데이터 블록을 사용하지 않는다. 대신 장치의 종류를 나타내는 장치 번호를 inode에 저장한다. 장치 파일의 예를 살펴보자.

```
$ ls -l /dev
합계 0
crw-------  1 root root    10, 175  2월 14 20:19 agpgart
crw-r--r--  1 root root    10, 235  2월 14 20:19 autofs
drwxr-xr-x  2 root root        360  2월 14 20:19 block
drwxr-xr-x  2 root root         80  2월 14 20:19 bsg
crw-------  1 root root    10, 234  2월 14 20:19 btrfs-control
drwxr-xr-x  3 root root         60  2월 14 20:19 bus
lrwxrwxrwx  1 root root          3  2월 14 20:19 cdrom -> sr0
lrwxrwxrwx  1 root root          3  2월 14 20:19 cdrw -> sr0
drwxr-xr-x  2 root root       3720  2월 14 20:19 char
crw--w----  1 root tty      5,   1  2월 14 20:20 console
(생략)
```

장치 파일에는 블록 장치block device 파일과 문자 장치character device 파일이 있다. 블록 장치 파일은 블록 단위로 데이터를 읽고 쓴다. 리눅스에서 블록 크기block size는 1~8KB 사이에서 조정할 수 있다. 문자 장치 파일은 하드 디스크인 경우 섹터sector 단위로 읽고 쓰는데, 리눅스에서 기본 크기는 512bytes다. 문자 장치 파일을 로우 디바이스raw device라고도 한다.

장치 파일은 ls -l 명령의 결과에서 파일의 크기를 나타내는 부분이 일반 파일과 달리 10, 175 형태로 출력된다. 이는 장치 파일의 크기가 아니라 장치의 종류와 번호를 나타낸다. 앞의 10은 장치의 종류, 뒤의 175는 해당 장치의 개체 번호를 의미한다. 장치의 종류를 나타내는 숫자를 주 장치 번호major device number라 하고, 장치의 개체 번호를 의미하는 숫자를 부 장치 번호minor device number라 한다. 기본적인 장치 파일은 처음 리눅스를 설치할 때 생성되며 추가로 장착하는 장치의 장치 파일은 장치 추가 절차에 따라 생성된다.

디렉터리

리눅스에서는 디렉터리도 파일로 취급한다. 디렉터리와 연관된 데이터 블록은 해당 디렉터리에 속한 파일의 목록과 inode를 저장한다. 디렉터리를 생성하려면 mkdir, 삭제하려면 rmdir 또는 rm -r, 복사하려면 cp -r 명령을 사용한다.

```
$ ls -l /
합계 1190428
lrwxrwxrwx   1 root root          7  1월 27 16:12 bin -> usr/bin
drwxr-xr-x   4 root root       4096  2월 11 17:02 boot
drwxrwxr-x   2 root root       4096  1월 27 16:15 cdrom
drwxr-xr-x  19 root root       4180  2월 14 20:19 dev
drwxr-xr-x 130 root root      12288  2월 20 09:26 etc
drwxr-xr-x   3 root root       4096  1월 27 16:18 home
(생략)
```

파일의 종류 구분

ls -l 명령을 사용하면 파일의 종류를 알 수 있다. ls -l 명령의 결과로 나온 첫 글자가 장치의 종류를 나타낸다. 다음 실행 예를 보자.

```
$ ls -l /usr/bin/cp
-rwxr-xr-x 1 root root 153976  9월  5  2019 /usr/bin/cp
```

명령의 결과 중 파일의 권한을 표시하는 부분인 -rwxr-xr-x에서 맨 앞의 하이픈(-)이 파일의 종류를 나타낸다. 이 부분에 올 수 있는 값의 종류는 [표 2-4]와 같다. [표 2-4]를 참조하면 위 예시의 cp는 일반 파일임을 알 수 있다.

표 2-4 파일의 종류 식별 문자

문자	파일의 종류
-	일반 파일
d	디렉터리
b	블록 장치 특수 파일
c	문자 장치 특수 파일
l	심벌릭 링크

파일의 종류 식별 문자를 사용한 예제를 살펴보자.

```
$ ls -l /dev
합계 0
(생략)
drwxr-xr-x  2 root root        60  2월 14 20:19 lightnvm
lrwxrwxrwx  1 root root        28  2월 14 20:19 log -> /run/systemd/journal/dev-log
crw-rw----  1 root disk    10, 237  2월 14 20:19 loop-control
brw-rw----  1 root disk     7,   0  2월 14 20:19 loop0
(생략)
```

2.2 파일의 구성 요소

리눅스에서 파일은 파일명, inode, 데이터 블록으로 구성된다.

파일명

파일명은 사용자가 파일에 접근할 때 사용하며 파일명과 관련된 inode가 반드시 있어야 한다. 유닉스의 경우 예전에는 시스템 파일명으로 최대 14자까지 사용할 수 있었지만, 현재는 모든 유닉스 시스템에서 255바이트까지 사용할 수 있다. 리눅스에서는 255바이트보다 긴 파일명도 사용할 수 있다. 리눅스에서 파일명이나 디렉터리명은 디렉터리를 구분하는 /와 경로 이름의 끝을 나타내는 null 문자를 제외하고 아무 문자나 사용할 수 있다. 그러나 출력이 가능한 문자를 사용하고 혼동을 줄 수 있는 특수문자는 사용을 자제하는 것이 관례이다. 파일명을 정할 때 주의할 사항은 다음과 같다.

- 파일명과 디렉터리명에 사용하는 알파벳은 대소문자를 구분한다.
- 파일명과 디렉터리명이 '.'으로 시작하면 숨김 파일로 간주한다.

inode

inode는 파일에 대한 정보를 저장하고 있는 객체로, 실제로 디스크에 저장되어 있다. 리눅스 커널의 입장에서는 파일의 정보를 관리하는 자료 구조로 사용된다. inode는 외부적으로는 번호로 표현하며, 내부적으로는 두 부분으로 나누어 정보를 저장한다.

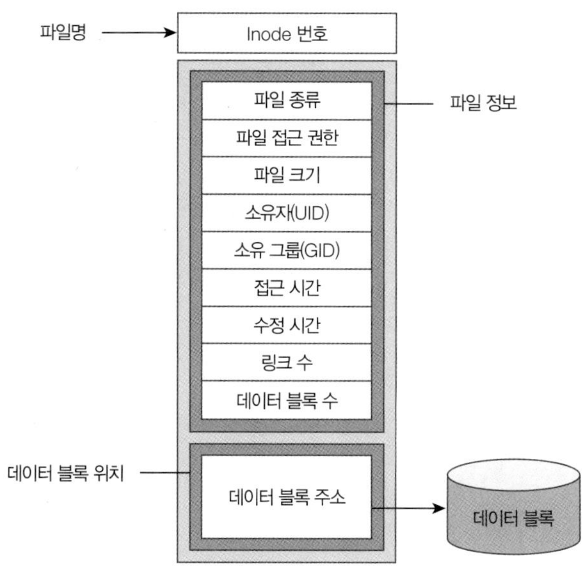

그림 2-2 inode의 구조

inode의 첫 번째 부분에는 파일에 관한 정보가 저장된다. 파일에 관한 정보에는 파일 종류, 파일 접근 권한, 파일 크기, 소유자, 소유 그룹, 파일 변경 시각, 하드 링크 수, 데이터 블록 수 등이 있다. ls -l 명령은 inode의 정보를 읽어서 출력한다. 두 번째 부분에는 파일의 실제 데이터가 저장되어 있는 데이터 블록의 위치를 나타내는 주소들이 저장된다. 파일의 inode 번호는 ls -i 명령으로 알 수 있다. 다음 예를 보면 '문서' 디렉터리의 inode 번호는 1073160이다.

```
$ ls -i
1048595 src     1073157 다운로드   1073156 바탕화면   1073162 사진     1073158 템플릿
1073159 공개    1073160 문서       1073163 비디오     1073161 음악
```

데이터 블록

데이터 블록data block은 실제로 데이터가 저장되는 하드 디스크의 공간이다. 일반 파일이나 디렉터리, 심벌릭 링크는 데이터 블록에 관련 내용을 직접 저장하지만, 장치 파일은 데이터 블록을 사용하지 않고 장치에 관한 정보를 inode에 저장한다.

03 디렉터리 생성과 삭제

이제 디렉터리에 대해 본격적으로 살펴보자. 디렉터리를 생성할 때는 mkdir() 함수를 사용하고 삭제할 때는 rmdir() 함수를 사용한다. 이 함수들은 디렉터리를 생성하고 삭제할 때 사용하는 명령과 이름이 같으므로 man 명령으로 검색할 때는 man –s 2를 사용해야 한다.

디렉터리 생성 : mkdir(2)

함수 원형

```
#include <sys/stat.h>
#include <sys/types.h>

int mkdir(const char *pathname, mode_t mode);
```

↳ 인자 설명

- **pathname** : 디렉터리가 포함된 경로
- **mode** : 접근 권한

mkdir() 함수는 생성하려는 디렉터리명을 포함한 경로를 받고, 생성하는 디렉터리의 기본 접근 권한을 지정한다. mkdir() 함수는 수행에 성공하면 0을, 실패하면 –1을 리턴한다.

예제 2-1 디렉터리 생성하기 ch2_1.c

```
#include <sys/stat.h>
#include <stdlib.h>
#include <stdio.h>

int main() {
    if (mkdir("han", 0755) == -1) {
        perror("han");
        exit(1);
    }
}
```

실행

```
$ ch2_1.out
jw@jw09:~/src/ch2$ ls
ch2_1.c  ch2_1.out  han
```

- **06행** 접근 권한을 755로 지정해 han 디렉터리를 생성한다.
- **실행 결과** han 디렉터리가 생성되었다.

디렉터리 삭제 : rmdir(2)

함수 원형

```
#include <unistd.h>

int rmdir(const char *pathname);
```

↳ 인자 설명

- **pathname** : 삭제할 경로

디렉터리를 삭제하는 함수인 rmdir()은 명령인 rmdir과 동일한 기능을 수행한다. rmdir() 함수는 삭제하려는 디렉터리명을 포함한 경로를 인자로 받는다. rmdir() 함수로 삭제하려는 디렉터리는 .과 ..을 제외하고 비어 있어야 한다. rmdir() 함수는 수행에 성공하면 0을, 실패하면 -1을 리턴한다.

예제 2-2 디렉터리 삭제하기 ch2_2.c

```
#include <unistd.h>
#include <stdlib.h>
#include <stdio.h>

int main() {
    if (rmdir("han") == -1) {
        perror("han");
        exit(1);
    }
}
```

실행

```
$ ls
ch2_1.c  ch2_2.c  ch2_2.out  han
$ ch2_2.out
$ ls
ch2_1.c  ch2_2.c  ch2_2.out
```

- **06행** 현재 디렉터리에서 han 디렉터리를 찾아 삭제한다.
- **실행 결과** han 디렉터리가 삭제되었다.

04 디렉터리 관리

디렉터리 관리에는 현재 작업 디렉터리의 위치 검색, 디렉터리명 변경, 디렉터리 이동 등의 기능이 포함된다.

4.1 현재 작업 디렉터리의 위치 검색

현재 작업 디렉터리의 위치를 알아낼 때 사용하는 함수는 getcwd(), get_current_dir_name(), getwd()이다. 이 중에서 getcwd()와 get_current_dir_name() 함수를 살펴보자.

TIP 현재 디렉터리의 위치를 알려주는 명령은 pwd다.

현재 작업 디렉터리의 위치 검색 1 : getcwd(3)

getcwd() 함수는 현재 디렉터리의 절대 경로를 리턴한다.

함수 원형

```
#include <unistd.h>

char *getcwd(char *buf, size_t size);
```

↳ 인자 설명

- **buf** : 현재 디렉터리의 절대 경로를 저장할 버퍼 주소
- **size** : 버퍼의 크기

getcwd() 함수는 경로를 저장할 버퍼의 주소와 버퍼의 크기를 인자로 받는다. 인자를 지정하는 방법은 다음 세 가지 중에서 선택한다.

❶ buf에 경로를 저장할 만큼 충분한 메모리를 할당하고 그 크기를 size에 지정한다.

❷ buf에 NULL을 지정하고 할당이 필요한 메모리 크기를 size에 지정한다.

❸ buf에 NULL을 지정하고 size는 0으로 지정한다.

❶의 경우 사용자가 지정한 버퍼에 경로를 저장한다. ❷의 경우 size에 지정한 크기로 버퍼를 할당하고 이 버퍼에 경로를 저장한다. ❸의 경우 저장할 경로의 크기에 맞게 시스템이 알아서 버퍼를 할당하고 경로를 저장한다. ❷와 ❸의 경우 시스템 내부에서 malloc() 함수로 버퍼가 할당되므로 사용이 끝나면 free() 함수를 이용해 메모리를 해제해야 하며, 이 책임은 사용자에게 있다. getcwd() 함수에서 저장할 경로가 버퍼의 크기를 넘으면 NULL을 리턴한다.

예제 2-3 현재 디렉터리의 위치 검색하기 1 ch2_3.c

```
#include <unistd.h>
#include <stdlib.h>
#include <stdio.h>

int main() {
    char *cwd;
    char wd1[BUFSIZ];
    char wd2[10];

    getcwd(wd1, BUFSIZ);
    printf("wd1 = %s\n", wd1);

    cwd = getcwd(NULL, BUFSIZ);
    printf("cwd1 = %s\n", cwd);
    free(cwd);

    cwd = getcwd(NULL, 0);
    printf("cwd2 = %s\n", cwd);
    free(cwd);

    if(getcwd(wd2, 10) == NULL) {
        perror("getcwd");
        exit(1);
    }
}
```

실행

```
$ ch2_3.out
wd1 = /home/jw/src/ch2
cwd1 = /home/jw/src/ch2
cwd2 = /home/jw/src/ch2
getcwd: Numerical result out of range
```

- **06행** 시스템이 할당하는 버퍼의 주소를 저장하기 위한 포인터 변수이다.
- **07행** 경로를 저장하기 위한 배열로, 크기는 BUFSIZ이다. BUFSIZ는 stdio.h 파일에 8192로 정의되어 있다. 따라서 wd1은 8KB 크기의 배열이다.
- **08행** 경로를 저장하기 위한 배열로, 크기는 10바이트이다.
- **10~11행** wd1 배열에 현재 경로를 저장하고 이를 출력한다.
- **13~15행** cwd 포인터에 BUFSIZ만큼 메모리를 할당하고 이 메모리에 경로를 저장한다. 15행에서는 free() 함수를 사용해 메모리를 해제한다.
- **17~19행** getcwd() 함수의 인자로 NULL과 0을 지정한다. 이 경우 시스템이 자동으로 경로에 필요한 메모리를 할당하고 주소를 리턴한다. 19행에서 사용이 끝난 메모리를 해제한다.
- **21~24행** getcwd() 함수의 인자로 저장할 경로보다 크기가 작은 버퍼를 지정한다. getcwd() 함수 처리에서 오류가 발생하면 NULL을 리턴한다.
- **실행 결과** 11행, 14행, 18행에서는 경로를 정상적으로 출력했고, 22행에서 오류 메시지를 출력했다. 오류 메시지는 결과가 메모리의 범위를 벗어났다는 뜻이다.

현재 작업 디렉터리 위치 검색 2 : get_current_dir_name(3)

get_current_dir_name() 함수는 현재 디렉터리의 절대 경로를 리턴한다.

함수 원형

```
#include <unistd.h>

char *get_current_dir_name(void);
```

↳ 인자 설명

- **void** : 함수로 전달할 인자가 없다는 뜻이다.

get_current_dir_name() 함수는 인자로 아무것도 전달하지 않으며, 시스템이 메모리를 자동으로 할당해 경로를 저장하고 리턴한다. getcwd(NULL, 0)과 같은 방식으로 동작한다고 생각하면 된다. get_current_dir_name() 함수를 사용하려면 다음 예제와 같이 _GNU_SOURCE를 먼저 정의한다.

예제 2-4 현재 디렉터리의 위치 검색하기 2 ch2_4.c

```
01 #define _GNU_SOURCE
02 #include <unistd.h>
03 #include <stdlib.h>
04 #include <stdio.h>
05
06
07 int main() {
08     char *cwd;
09
10     cwd = get_current_dir_name();
11     printf("cwd = %s\n", cwd);
12     free(cwd);
13 }
```

실행

```
$ ch2_4.out
cwd = /home/jw/src/ch2
```

- **01행** #define문을 사용해 _GNU_SOURCE를 정의한다.
- **10행** get_current_dir_name() 함수를 사용해 경로를 검색한다. 시스템이 메모리를 자동으로 할당하고 경로를 저장해 리턴한다.
- **11행** 10행에서 리턴한 경로를 출력한다.
- **12행** 메모리 사용이 끝났으므로 free() 함수로 메모리를 해제한다.

4.2 디렉터리명 변경

rename() 함수는 이전 디렉터리명을 새로운 디렉터리명으로 바꾼다.

디렉터리명 변경 : rename(2)

함수 원형

```
#include <stdio.h>

int rename(const char *oldpath, const char *newpath);
```

↳ 인자 설명

- **oldpath** : 변경할 파일/디렉터리명
- **newpath** : 새 파일/디렉터리명

만약 두 번째 인자로 지정한 이름이 이미 있으면 해당 디렉터리를 지운다. 실행 도중 오류가 발생하면 원본과 새로운 디렉터리명이 모두 남는다. rename() 함수는 수행에 성공하면 0을, 실패하면 −1을 리턴한다. rename() 함수는 파일명을 변경하는 데도 사용할 수 있다. 그런데 리눅스에서는 파일명이나 디렉터리명을 바꾸는 명령으로 mv 명령 외에 rename 명령도 제공한다. 따라서 rename() 함수의 매뉴얼을 보려면 man −s 2 rename을 이용해야 한다.

예제 2-5 디렉터리명 변경하기 ch2_5.c

```c
#include <sys/stat.h>
#include <stdlib.h>
#include <stdio.h>

int main() {
    if (rename("han", "bit") == -1) {
        perror("rename");
        exit(1);
    }
}
```

실행

```
$ ls
ch2_5.c   ch2_5.out   han
$ ch2_5.out
$ ls
bit   ch2_5.c   ch2_5.out
```

- **06행** 디렉터리명을 han에서 bit로 바꾼다.
- **실행 결과** 디렉터리명이 han에서 bit로 바뀐 것을 알 수 있다.

4.3 디렉터리 이동

프로그램에서 디렉터리를 이동할 때는 chdir() 함수와 fchdir() 함수를 사용한다.

TIP 디렉터리를 이동하려면 cd 명령을 사용한다.

디렉터리 이동 1 : chdir(2)

함수 원형

```
#include <unistd.h>

int chdir(const char *path);
```

↳ 인자 설명

- **path**: 이동하려는 디렉터리 경로

chdir() 함수는 이동하려는 디렉터리의 경로를 인자로 받으며, 절대 경로absolute path와 상대 경로relative path 모두 사용할 수 있다. chdir() 함수는 수행에 성공하면 0을, 실패하면 −1을 리턴한다.

예제 2-6 디렉터리 이동하기 1 ch2_6.c

```
#include <unistd.h>
#include <stdio.h>
#include <stdlib.h>

int main() {
    char *cwd;

    cwd = getcwd(NULL, BUFSIZ);
    printf("1.Current Directory: %s\n", cwd);

    chdir("bit");

    cwd = getcwd(NULL, BUFSIZ);
```

```
14     printf("2.Current Directory: %s\n", cwd);
15
16     free(cwd);
17 }
```

실행

```
$ ch2_6.out
1.Current Directory: /home/jw/src/ch2
2.Current Directory: /home/jw/src/ch2/bit
$ pwd
/home/jw/src/ch2
```

- **08~09행** 현재 디렉터리의 경로를 getcwd() 함수로 읽어 출력한다.
- **11행** bit 디렉터리로 이동한다.
- **13~14행** 현재 디렉터리의 경로를 getcwd() 함수로 읽어 출력한다.
- **실행 결과** 디렉터리가 이동되었다. 그런데 디렉터리 이동은 프로그램 내부에서만 진행된 것으로, pwd 명령으로 확인하면 현재 디렉터리가 바뀐 것은 아님을 알 수 있다.

디렉터리 이동 2 : fchdir(2)

함수 원형

```
#include <unistd.h>

int fchdir(int fd);
```

↳ 인자 설명

- **fd** : 이동하려는 디렉터리의 파일 디스크립터

프로그램에서 디렉터리를 이동할 때 사용할 수 있는 또 다른 함수로 fchdir() 함수가 있다. fchdir() 함수는 파일 디스크립터를 인자로 받는다. 파일 디스크립터는 3장에서 배울 open() 함수로 디렉터리를 열고 돌려받는 것이다. fchdir() 함수를 사용하려면 open() 함수로 해당 디렉터리를 먼저 열어야 한다. fchdir() 함수는 수행에 성공하면 0을, 실패하면 -1을 리턴한다. 사용 방법은 [예제 2-7]을 참조한다. open() 함수와 관련된 자세한 사항은 3장에서 다룬다.

예제 2-7 디렉터리 이동하기 2 ch2_7.c

```
01 #include <fcntl.h>
02 #include <unistd.h>
03 #include <stdio.h>
04 #include <stdlib.h>
05
06 int main() {
07     char *cwd;
08     int fd;
09
10     cwd = getcwd(NULL, BUFSIZ);
11     printf("1.Current Directory: %s\n", cwd);
12
13     fd = open("bit", O_RDONLY);
14     fchdir(fd);
15
16     cwd = getcwd(NULL, BUFSIZ);
17     printf("2.Current Directory: %s\n", cwd);
18
19     close(fd);
20     free(cwd);
21 }
```

실행

```
$ ch2_7.out
1.Current Directory: /home/jw/src/ch2
2.Current Directory: /home/jw/src/ch2/bit
$ pwd
/home/jw/src/ch2
```

- **01행** O_RDONLY는 fcntl.h 파일에 정의되어 있다.
- **10~11행** 현재 디렉터리의 경로를 getcwd() 함수로 읽어 출력한다.
- **13행** open() 함수로 bit 디렉터리를 연다.
- **14행** fchdir() 함수를 사용해 디렉터리를 이동한다. open() 함수가 리턴한 파일 디스크립터를 인자로 지정한다.

- **16~17행** 현재 디렉터리의 경로를 getcwd() 함수로 읽어 출력한다.
- **19~20행** close() 함수로 열린 디렉터리를 닫고 free() 함수로 메모리를 해제한다.
- **실행 결과** 디렉터리가 이동되었다. pwd 명령으로 확인해보면 프로그램 내부에서만 디렉터리가 바뀐 것을 알 수 있다.

05 디렉터리 내용 읽기

디렉터리의 내용을 읽으려면 해당 디렉터리를 열고 정보를 읽을 수 있어야 한다. 이를 위해 디렉터리를 열고 닫는 함수, 디렉터리의 내용을 읽는 함수, 디렉터리의 오프셋을 이동하는 함수를 이용할 수 있다.

디렉터리 열기 : opendir(3)

함수 원형

```
#include <sys/types.h>
#include <dirent.h>

DIR *opendir(const char *name);
```

↳ 인자 설명

- **name** : 열고자 하는 디렉터리명

opendir() 함수는 인자로 지정된 디렉터리를 열고 해당 디렉터리에 대한 디렉터리 스트림을 생성, 이 스트림의 포인터를 리턴한다. opendir() 함수가 디렉터리 열기에 성공했을 때 리턴하는 DIR 객체에는 열린 디렉터리의 정보가 있으며 dirent.h 파일에 typedef struct __dirstream DIR로 정의되어 있다. opendir() 함수는 디렉터리 열기에 실패하면 NULL을 리턴한다.

TIP dirstream 구조체의 세부 내용은 시스템 내부적으로 관리하고 사용자에게는 알려주지 않는다.

디렉터리 닫기 : closedir(3)

함수 원형

```
#include <sys/types.h>
#include <dirent.h>

int closedir(DIR *dirp);
```

↳ 인자 설명

- **dirp** : 닫으려는 디렉터리를 가리키는 포인터

closedir() 함수는 인자로 지정한 DIR 객체가 가리키는 디렉터리를 닫는다. closedir() 함수는 수행에 성공하면 0을, 실패하면 −1을 리턴한다.

디렉터리 내용 읽기 : readdir(3)

함수 원형

```
#include <dirent.h>

struct dirent *readdir(DIR *dirp);
```

↳ 인자 설명

- **dirp** : 정보를 읽어올 디렉터리를 가리키는 DIR 객체

readdir() 함수는 인자로 지정한 DIR 객체가 가리키는 디렉터리의 내용을 한 번에 하나씩 읽는다. 디렉터리 내용을 차례로 읽고 더 이상 읽을 것이 없으면 NULL을 리턴한다. readdir() 함수는 디렉터리에 있는 항목의 정보를 가리키는 dirent 구조체의 포인터를 리턴한다. dirent 구조체는 sys/dirent.h 파일에 정의되어 있다.

```
struct dirent {
    ino_t          d_ino;
    off_t          d_off;
    unsigned short d_reclen;
    unsigned char  d_type;
    char           d_name[256];
};
```

- **d_ino** : 해당 항목의 inode 번호
- **d_off** : 디렉터리 오프셋의 위치
- **d_reclen** : 해당 항목의 레코드 길이
- **d_type** : 파일의 종류
- **d_name** : 항목의 이름

readdir() 함수를 사용해 현재 디렉터리의 내용을 읽어보자.

예제 2-8 디렉터리 내용 읽기 ch2_8.c

```
#include <stdio.h>
#include <stdlib.h>
#include <dirent.h>

int main() {
    DIR *dp;
    struct dirent *dent;

    dp = opendir(".");

    while ((dent = readdir(dp))) {
        printf("Name : %s ", dent->d_name);
        printf("Inode : %d\n", (int)dent->d_ino);
    }

    closedir(dp);
}
```

실행

```
$ ls
bit      ch2_2.c  ch2_4.c  ch2_6.c  ch2_8.c
ch2_1.c  ch2_3.c  ch2_5.c  ch2_7.c  ch2_8.out
$ ch2_8.out
Name : ch2_2.c Inode : 1057556
Name : ch2_1.c Inode : 1056653
Name : ch2_5.c Inode : 1057566
Name : ch2_7.c Inode : 1056650
(생략)
```

- **09행** 현재 디렉터리를 연다.
- **11~14행** readdir() 함수로 현재 디렉터리의 내용을 읽어 이름과 inode를 출력한다.
- **실행 결과** 현재 디렉터리의 내용이 출력되었다.

디렉터리의 내용을 읽는 위치 변경하기 : telldir/seekdir/rewinddir(3)

디렉터리를 열고 내용을 읽으면 디렉터리 스트림에서 현재 내용을 읽고 있는 위치를 나타내는 오프셋 값이 이동한다. 이 오프셋의 현재 위치를 읽고 이동시키는 함수로 telldir(), seekdir(), rewinddir()이 있다.

함수 원형

```
#include <sys/types.h>
#include <dirent.h>

long telldir(DIR *dirp);
void seekdir(DIR *dirp, long loc);
void rewinddir(DIR *dirp);
```

telldir() 함수는 인자가 가리키는 디렉터리 스트림에서 현재 위치를 리턴하며, 오류가 발생하면 -1을 리턴한다. seekdir() 함수는 디렉터리 스트림에서 readdir() 함수가 다음 항목을 읽을 수 있는 위치로 오프셋을 이동시킨다. 인자 loc에 지정하는 값은 telldir() 함수가 리턴한 값이어야 한다. seekdir() 함수는 아무 값도 리턴하지 않는다. rewinddir() 함수는 디렉터리 스트림의 위치를 디렉터리 시작 지점으로 이동시킨다. rewinddir() 함수도 아무 값도 리턴하지 않는다.

예제 2-9 디렉터리의 내용을 읽는 위치 파악하기 ch2_9.c

```
#include <stdio.h>
#include <stdlib.h>
#include <dirent.h>

int main() {
    DIR *dp;
    struct dirent *dent;
```

```c
    long loc;

    dp = opendir(".");

    printf("Start Position : %ld\n", telldir(dp));
    while ((dent = readdir(dp))) {
        printf("Read : %s -> ", dent->d_name);
        printf("Cur Position : %ld\n", telldir(dp));
    }

    printf("** Directory Position Rewind **\n");
    rewinddir(dp);
    printf("Cur Position : %ld\n", telldir(dp));

    printf("** Move Directory Pointer **\n");
    readdir(dp);
    loc = telldir(dp);
    seekdir(dp, loc);
    printf("Cur Position : %ld\n", telldir(dp));

    dent = readdir(dp);
    printf("Read : %s \n", dent->d_name);

    closedir(dp);
}
```

실행

```
$ ch2_9.out
Start Position : 0
Read : ch2_9_1.c -> Cur Position : 216790469681228906
Read : ch2_9.out -> Cur Position : 924654860703974355
Read : ch2_2.c -> Cur Position : 3034506938176788278
(생략)
** Directory Position Rewind **
Cur Position : 0
** Move Directory Pointer **
Cur Position : 216790469681228906
Read : ch2_9.out
```

- **10행** 디렉터리를 연다.
- **12행** 디렉터리 스트림에서 현재 위치를 출력한다.
- **13~16행** 디렉터리의 내용을 차례대로 읽어 파일명과 디렉터리 스트림에서 현재 위치를 출력한다. 디렉터리 내용을 읽은 후에 위치를 출력하는 것이므로 다음에 읽을 위치를 출력한다.
- **19행** 디렉터리 스트림의 시작 위치로 이동한다.
- **23행** 항목을 하나 읽는다. 항목을 하나 읽었으므로 디렉터리 스트림에서 위치가 이동한다.
- **24행** 디렉터리 스트림에서 현재 위치 정보를 가져온다.
- **25행** 24행에서 읽어온 위치로 이동한다. 23행에서 readdir()로 항목을 읽으면서 이미 위치를 이동했으므로 이 행은 큰 의미는 없다고 할 수 있다.
- **28~29행** 현재 위치의 항목을 읽고 파일명을 출력한다.
- **31행** 열린 디렉터리를 닫는다.
- **실행 결과** 디렉터리 스트림의 시작 위치는 0이고, 항목을 읽을 때마다 위치가 바뀌는 것을 알 수 있다. 디렉터리의 전체 내용을 읽은 다음 rewinddir() 함수로 위치를 다시 처음으로 되돌리고 두 번째 항목을 읽어 출력한다.

요약

01 리눅스 파일의 특징

- 리눅스에서는 일반 파일, 디렉터리, 장치도 파일로 접근한다.
- 파일의 종류 : 일반 파일, 특수 파일, 디렉터리
- 파일의 구성 요소 : 파일명, inode, 데이터 블록

02 디렉터리 생성과 삭제 함수

- 프로그램에서 디렉터리를 생성하거나 삭제할 때 사용한다.
- 디렉터리를 생성하는 함수와 삭제하는 함수는 디렉터리를 생성하고 삭제할 때 사용하는 명령과 이름이 같으므로 man 명령으로 검색할 때는 man -s 2를 사용해야 한다.

기능	함수
디렉터리 생성	`int mkdir(const char *pathname, mode_t mode);`
디렉터리 삭제	`int rmdir(const char *pathname);`

03 디렉터리 관리 함수

디렉터리 관리에는 현재 작업 디렉터리 위치 검색, 디렉터리 이동, 디렉터리명 변경 등의 기능이 포함된다.

기능	함수
현재 위치 확인	`char *getcwd(char *buf, size_t size);` `char *get_current_dir_name(void);`
디렉터리명 변경	`int rename(const char *oldpath, const char *newpath);`
디렉터리 이동	`int chdir(const char *path);` `int fchdir(int fd);`

04 디렉터리 내용 읽기 함수

- 디렉터리의 내용을 읽으려면 디렉터리를 열고 닫는 함수가 있어야 한다.
- 디렉터리의 내용을 읽는 함수, 디렉터리의 오프셋을 이동하는 함수가 포함된다.

기능	함수
디렉터리 열기	DIR *opendir(const char *name);
디렉터리 닫기	int closedir(DIR *dirp);
디렉터리 내용 읽기	struct dirent *readdir(DIR *dirp);
디렉터리 오프셋	long telldir(DIR *dirp);
	void seekdir(DIR *dirp, long loc);
	void rewinddir(DIR *dirp);

연습문제

01 리눅스에서 파일의 정보를 저장하고 있는 자료 구조는?

① inode ② anode

③ fnode ④ unode

02 mkdir은 명령과 시스템 호출에서 같은 이름을 사용한다. man 명령으로 mkdir 시스템 호출을 보는 올바른 방법은?

① man mkdir ② man -s mkdir

③ man -s 2 mkdir ④ man -c 2 mkdir

03 opendir() 함수가 디렉터리를 열고 리턴하는 디렉터리 스트림 객체의 이름은?

① dir ② dirp

③ dirent ④ DIR

04 디렉터리의 내용을 읽어서 해당 디렉터리에 있는 파일명을 출력하려고 한다. 디렉터리의 내용을 가져오는 함수는?

① opendir() ② telldir()

③ readdir() ④ seekdir()

05 디렉터리의 정보를 읽으면 디렉터리의 내용을 읽는 위치가 변경된다. 디렉터리의 특정 위치로 바로 이동할 때 사용하는 함수는?

① telldir() ② seekdir()

③ readdir() ④ godir()

06 mkdir() 함수를 사용해 디렉터리를 2개(dir1, dir2) 만들고, 이 중 dir1은 rmdir() 함수로 삭제하고 dir2는 rename() 함수를 사용해 hanbit으로 바꾸는 프로그램을 작성하시오.

07 rmdir() 함수를 사용해 존재하지 않는 디렉터리를 삭제하려고 하면 어떤 오류 메시지가 출력되는지 확인하시오.

08 현재 디렉터리를 기억하고 있다가 다른 디렉터리로 이동해 작업한 후 원래 디렉터리로 돌아오도록 프로그램을 작성하시오.

09 [예제 2-6]에는 getcwd() 함수가 오류를 리턴할 때 처리하는 코드가 없다. 오류가 발생할 경우 처리하는 코드를 추가해 예제를 작성하시오.

10 디렉터리가 비어 있는지 확인한 후 디렉터리가 비어 있다는 메시지를 출력하고 해당 디렉터리를 삭제하는 프로그램을 작성하시오.

11 디렉터리명을 명령행 인자로 입력받아 생성하고, 작업 디렉터리를 새로 생성한 디렉터리로 이동시키는 프로그램을 작성하시오.

12 '.'과 '..' 항목을 제외하고 디렉터리에 있는 파일이나 하위 디렉터리명을 출력하는 myls 프로그램을 작성하시오.

13 현재 디렉터리에 파일의 전체 목록을 출력한 후 seekdir()로 디렉터리 스트림의 위치를 바꿔서 세 번째 파일명을 바로 출력하는 프로그램을 작성하시오.

14 파일명을 명령행 인자로 입력받고 이 파일이 현재 디렉터리에 있는지 확인하는 프로그램을 작성하시오.

15 파일명과 디렉터리 경로명을 명령행 인자로 입력받고 인자로 입력한 파일이 해당 디렉터리에 있는지 확인하는 프로그램을 작성하시오.

Chapter

03

파일 다루기

학습목표

- 함수를 사용해 파일에 관한 정보를 검색할 수 있다.
- 하드 링크와 심벌릭 링크 파일을 이해하고 관련 함수를 사용할 수 있다.
- 함수를 사용해 파일 사용 권한을 검색하고 조정할 수 있다.

01 개요

2장에서 리눅스에서는 파일을 크게 일반 파일regular file, 특수 파일special file, 디렉터리로 구분할 수 있고 파일 정보는 inode에 저장한다는 것을 배웠다. inode로부터 검색할 수 있는 정보는 파일의 종류, 접근 권한, 하드 링크 개수, 소유자의 UID와 GID, 파일의 크기, 파일 접근 시각, 파일 수정 시각, 파일의 inode 변경 시각 등이다. inode 정보를 검색하면 sys/stat.h 파일에 정의되어 있는 stat 구조체에 저장된다. [표 3-1]은 inode 정보를 검색하는 데 사용할 수 있는 함수다. 각 함수에 관한 자세한 사항은 2절에서 살펴본다.

표 3-1 파일 정보 검색 함수

기능	함수
파일 정보 검색	`int stat(const char *pathname, struct stat *statbuf);`
	`int fstat(int fd, struct stat *statbuf);`

inode 정보 중에는 접근 권한 정보가 있다. 이것은 ls -l 명령으로 쉽게 확인할 수 있다. 프로그램에서 파일의 접근 권한을 확인하려면 stat 구조체를 직접 이용할 수도 있고 함수를 이용할 수도 있다. 또 chmod 명령으로 접근 권한을 변경할 수 있는 것처럼 함수를 이용해 접근 권한을 변경할 수도 있다. 접근 권한을 확인하고 변경하는 데 사용하는 함수는 [표 3-2]와 같다. 이 함수들은 3절에서 살펴본다.

표 3-2 파일 접근 권한 함수

기능	함수
파일 접근 권한 확인	`int access(const char *pathname, int mode);`
파일 접근 권한 변경	`int chmod(const char *pathname, mode_t mode);`
	`int fchmod(int fd, mode_t mode);`

링크link는 기존 파일이나 디렉터리에 접근할 수 있는 새로운 이름을 의미한다. 링크를 사용하

면 복잡한 파일명에 간단한 파일명으로 접근할 수 있다. 또 플랫폼에 따라 달라지는 특수 파일에 같은 링크 파일명을 제공해 동일한 방식으로 접근할 수 있다는 장점이 있다. 이렇게 링크를 만들 수 있는 기능으로 하드 링크hard link와 심벌릭 링크symbolic link가 있다. 하드 링크는 기존 파일과 동일한 inode를 사용한다. 심벌릭 링크는 기존 파일에 접근할 수 있는 다른 파일을 만드는데, 기존 파일과 다른 inode를 사용하며 기존 파일의 경로를 저장한다. 하드 링크와 심벌릭 링크를 생성하고 심벌릭 링크에 저장된 내용을 검색할 때는 [표 3-3]의 함수를 사용한다. 소개한 함수에 대한 자세한 사항은 4절에서 다룬다.

표 3-3 링크 함수

기능	함수
하드 링크 생성	`int link(const char *oldpath, const char *newpath);`
심벌릭 링크 생성	`int symlink(const char *target, const char *linkpath);`
심벌릭 링크 정보 검색	`int lstat(const char *pathname, struct stat *statbuf);`
심벌릭 링크 내용 읽기	`ssize_t readlink(const char *pathname, char *buf, size_t bufsiz);`
심벌릭 링크 원본 파일의 경로 검색	`char *realpath(const char *path, char *resolved_path);`
링크 끊기	`int unlink(const char *pathname);`

02 파일 정보 검색

리눅스에서 파일 정보를 검색하려면 ls 명령을 사용한다. 파일에 관한 자세한 정보는 2장에서 살펴본 것처럼 inode에 저장되어 있다. inode의 정보를 검색하려면 stat(), lstat(), fstat() 함수를 사용한다. 이 중 lstat()은 심벌릭 링크 파일의 inode를 검색하는 함수로, 4절에서 다룬다.

파일명으로 파일 정보 검색 : stat(2)

함수 원형

```
#include <sys/types.h>
#include <sys/stat.h>
#include <unistd.h>

int stat(const char *pathname, struct stat *statbuf);
```

↳ 인자 설명

- **pathname** : 정보를 알고자 하는 파일명
- **statbuf** : 검색한 파일 정보를 저장할 구조체 주소

파일 정보를 검색하는 데 가장 많이 사용하는 함수는 stat()이다. stat() 함수는 pathname에 지정한 파일의 정보를 검색한다. stat() 함수로 파일의 정보를 검색할 때 파일에 대한 읽기/쓰기/실행 권한이 반드시 있어야 하는 것은 아니다. 다만 파일에 이르는 경로의 각 디렉터리에 대한 읽기 권한은 있어야 한다. stat() 함수는 성공하면 0을 반환하고 stat 구조체에 파일 정보를 저장한다. 오류가 발생하면 −1을 리턴한다.

■ stat 구조체

stat() 함수로 검색한 inode 정보는 stat 구조체에 저장되어 리턴된다. stat 구조체(struct stat)의 정의와 stat.h 파일의 위치는 리눅스 배포판이나 유닉스 종류에 따라 약간씩 차이가

있다. man으로 stat() 함수를 검색하면 앞에서 살펴본 함수의 형식처럼 sys/stat.h 파일을 선언하라고 나온다. 솔라리스에서는 stat.h 파일이 /usr/include/sys 디렉터리에 위치한다. 우분투에서는 stat.h 파일이 /usr/include/linux 디렉터리와 /usr/include/asm-generic 디렉터리에 있지만 stat() 함수를 사용할 때 sys/stat.h라고 정의하면 gcc가 내부적으로 처리한다. 이 책에서는 함수의 정의에 따라 sys/stat.h라고 사용한다.

stat 구조체의 세부 구조는 man -s 2 stat으로 확인할 수 있다.

```
struct stat {
    dev_t           st_dev;
    ino_t           st_ino;
    mode_t          st_mode;
    nlink_t         st_nlink;
    uid_t           st_uid;
    gid_t           st_gid;
    dev_t           st_rdev;
    off_t           st_size;
    blksize_t       st_blksize;
    blkcnt_t        st_blocks;
    struct timespec st_atim;
    struct timespec st_mtim;
    struct timespec st_ctim;

    #define st_atime st_atim.tv_sec
    #define st_mtime st_mtim.tv_sec
    #define st_ctime st_ctim.tv_sec
};
```

- **st_dev** : 파일이 저장되어 있는 장치의 번호를 저장한다.
- **st_ino** : 파일의 inode 번호를 저장한다.
- **st_mode** : 파일의 종류와 접근 권한을 저장한다.
- **st_nlink** : 하드 링크의 개수를 저장한다.
- **st_uid** : 파일 소유자의 UID를 저장한다.
- **st_gid** : 파일 소유 그룹의 GID를 저장한다.

- **st_rdev** : 장치 파일이면 주 장치 번호와 부 장치 번호를 저장한다. 장치 파일이 아니면 아무 의미가 없다.
- **st_blksize** : 파일 내용을 입출력할 때 사용하는 버퍼의 크기를 저장한다.
- **st_blocks** : 파일에 할당된 파일 시스템의 블록 수로, 블록의 크기는 512바이트다.
- 리눅스 커널 2.6부터 커널은 나노초 수준의 정밀도를 지원해 타임스탬프 항목이 timespec 구조체를 사용하도록 변경되었다. timespec은 초와 나노초를 저장하기 위한 구조체다.

```
struct timespec {
    __kernel_time_t tv_sec;         /* 초 (seconds) */
    long            tv_nsec;        /* 나노초(nanoseconds) */
};
```

- **st_atime** : 마지막으로 파일을 읽거나 실행한 시각을 timespec 구조체로 저장한다. 저장 가능한 시각은 1970년 1월 1일 이후로 한다. 시간을 다루는 자세한 방법은 5장에서 다룬다.
- **st_mtime** : 마지막으로 파일의 내용을 변경(쓰기)한 시각을 저장한다. 이 값도 timespec 구조체로 저장한다.
- **st_ctime** : 마지막으로 inode의 내용을 변경한 시각을 저장한다. inode의 내용은 소유자/그룹 변경, 파일 크기 변경, 링크 개수 변경 등을 수행할 때 변경된다. timespec 구조체로 저장한다.
- 리눅스 커널 2.6 이전 버전과의 호환성을 위해 #define으로 타임스탬프 값을 초 단위 값으로 매핑해 정의했다.

```
#define st_atime st_atim.tv_sec
#define st_mtime st_mtim.tv_sec
#define st_ctime st_ctim.tv_sec
```

stat() 함수를 사용해 linux.txt 파일의 정보를 검색하고 출력해보자. linux.txt 파일은 /etc/hosts 파일을 복사해 미리 만들어둔다.

예제 3-1 파일명으로 inode 정보 검색하기 ch3_1.c

```c
#include <sys/types.h>
#include <sys/stat.h>
#include <unistd.h>
#include <stdio.h>

int main() {
    struct stat statbuf;

    stat("linux.txt", &statbuf);

    printf("Inode = %d\n", (int)statbuf.st_ino);
    printf("Mode = %o\n", (unsigned int)statbuf.st_mode);
    printf("Nlink = %o\n",(unsigned int) statbuf.st_nlink);
    printf("UID = %d\n", (int)statbuf.st_uid);
    printf("GID = %d\n", (int)statbuf.st_gid);
    printf("SIZE = %d\n", (int)statbuf.st_size);
    printf("Blksize = %d\n", (int)statbuf.st_blksize);
    printf("Blocks = %d\n", (int)statbuf.st_blocks);

    printf("** timespec Style\n");
    printf("Atime = %d\n", (int)statbuf.st_atim.tv_sec);
    printf("Mtime = %d\n", (int)statbuf.st_mtim.tv_sec);
    printf("Ctime = %d\n", (int)statbuf.st_ctim.tv_sec);
    printf("** old Style\n");
    printf("Atime = %d\n", (int)statbuf.st_atime);
    printf("Mtime = %d\n", (int)statbuf.st_mtime);
    printf("Ctime = %d\n", (int)statbuf.st_ctime);
}
```

실행

```
$ ch3_1.out
Inode = 1048600
Mode = 100644
Nlink = 1
UID = 1000
GID = 1000
SIZE = 219
Blksize = 4096
```

```
Blocks = 8
** timespec Style
Atime = 1614502459
Mtime = 1614502459
Ctime = 1614502459
** old Style
Atime = 1614502459
Mtime = 1614502459
Ctime = 1614502459
```

- **09행** stat() 함수로 linux.txt 파일의 정보를 읽어온다.
- **11~12행** inode 번호는 1048600, st_mode의 값은 100644로 출력되었다. st_mode 값을 해석하는 방법은 3절에서 다룬다.
- **13행** 하드링크의 개수는 1이다.
- **14~15행** UID와 GID가 1000으로 출력되었다. UID 1000이 어떤 사용자인지 알고 싶다면 /etc/passwd 파일을 참조한다.
- **16~18행** 파일의 크기는 219바이트, 블록의 크기는 4096바이트다. 이를 512바이트 블록으로 계산해 출력한 블록 수는 8개다.
- **21~23행** 타임스탬프 값을 timespec 구조체의 tv_sec 값을 출력했다.
- **25~27행** 타임스탬프 값을 이전 형식의 변수명을 사용해 출력했다.

파일 기술자로 파일 정보 검색 : fstat(2)

함수 원형

```
#include <sys/types.h>
#include <sys/stat.h>
#include <unistd.h>

int fstat(int fd, struct stat *statbuf);
```

↳ 인자 설명
- **fd** : 열려 있는 파일의 파일 기술자
- **statbuf** : 검색한 파일 정보를 저장할 구조체 주소

fstat() 함수는 파일 경로 대신 현재 열려 있는 파일의 파일 기술자를 인자로 받아 파일 정보를

검색한 후 statbuf로 지정한 구조체에 저장한다. fstat() 함수를 사용해 파일의 정보를 검색해 보자.

예제 3-2 **파일 기술자로 파일 정보 검색하기** ch3_2.c

```
01 #include <sys/types.h>
02 #include <sys/stat.h>
03 #include <fcntl.h>
04 #include <unistd.h>
05 #include <stdlib.h>
06 #include <stdio.h>
07
08 int main() {
09     int fd;
10     struct stat statbuf;
11
12     fd = open("linux.txt", O_RDONLY);
13     if (fd == -1) {
14         perror("open: linux.txt");
15         exit(1);
16     }
17
18     fstat(fd, &statbuf);
19
20     printf("Inode = %d\n", (int)statbuf.st_ino);
21     printf("UID = %d\n", (int)statbuf.st_uid);
22     close(fd);
23 }
```

실행

```
$ ch3_2.out
Inode = 1048600
UID = 1000
```

- **12행** fstat() 함수는 파일 기술자를 인자로 받으므로 파일을 열어 파일 기술자를 리턴받는다.
- **18행** fstat() 함수로 파일 정보를 읽어온다.
- **실행 결과** [예제 3-1]과 동일한 파일의 정보를 검색한 것이므로 Inode와 UID의 출력 결과가 동일하다.

03 파일 접근 권한 제어

stat 구조체의 st_mode 항목에는 파일의 종류와 접근 권한 정보가 저장된다. [예제 3-1]에서 살펴본 것처럼 st_mode에 저장된 값은 100644와 같이 숫자로 출력된다. st_mode 항목의 값을 해석하려면 sys/stat.h 파일에 정의된 상수와 매크로를 이용해야 한다.

3.1 st_mode의 구조

먼저, st_mode 항목에 저장되는 값의 구조를 알아보자. 이 구조를 알아야 상수와 매크로의 역할을 이해할 수 있다. st_mode 항목의 데이터형인 mode_t는 unsigned int로 정의되어 있다. 실제로는 16비트를 사용하며 [그림 3-1]과 같은 구조로 되어 있다.

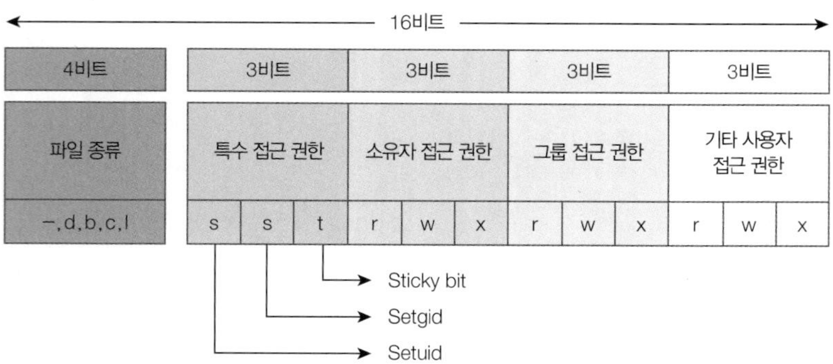

그림 3-1 st_mode의 비트 구조

sys/stat.h 파일에 정의된 상수와 매크로는 [그림 3-1]에 표현한 구조로 저장된 값과 상수를 AND 연산한 값을 추출하는 것이다.

3.2 파일의 종류 검색

파일의 종류를 검색하는 데 상수와 매크로를 이용할 수 있다.

상수를 이용한 파일 종류 검색

sys/stat.h에 파일의 종류 검색과 관련해 정의되어 있는 상수는 [표 3-4]와 같다.

표 3-4 파일의 종류 검색 상수

상수명	상숫값(8진수)	기능
S_IFMT	0170000	파일의 종류 비트를 가져오기 위한 비트 마스크
S_IFSOCK	0140000	소켓 파일
S_IFLNK	0120000	심벌릭 링크 파일
S_IFREG	0100000	일반 파일
S_IFBLK	0060000	블록 장치 특수 파일
S_IFDIR	0040000	디렉터리
S_IFCHR	0020000	문자 장치 특수 파일
S_IFIFO	0010000	FIFO 파일

S_IFMT 상수의 값이 0170000이므로 st_mode의 값과 AND 연산을 하면 [그림 3-1]의 파일 종류 부분만 남는다. 이 값을 다른 상수와 비교하면 해당 파일의 종류를 알 수 있다.

예제 3-3 상수를 이용해 파일 종류 검색하기 ch3_3.c

```c
#include <sys/types.h>
#include <sys/stat.h>
#include <stdio.h>

int main() {
    struct stat statbuf;
    int kind;

    stat("linux.txt", &statbuf);

    printf("Mode = %o\n", (unsigned int)statbuf.st_mode);

```

```
13     kind = statbuf.st_mode & S_IFMT;
14     printf("Kind = %o\n", kind);
15
16     switch (kind) {
17         case S_IFLNK:
18             printf("linux.txt: Symbolic Link\n");
19             break;
20         case S_IFDIR:
21             printf("linux.txt: Directory\n");
22             break;
23         case S_IFREG:
24             printf("linux.txt: Regular File\n");
25             break;
26     }
27 }
```

실행

```
$ ch3_3.out
Mode = 100644
Kind = 100000
linux.txt: Regular File
```

- **09행** stat() 함수로 파일의 정보를 읽어온다.
- **11행** st_mode의 값을 8진수로 출력한다. 실행 결과를 보면 100644임을 알 수 있다.
- **13~14행** st_mode와 S_IFMT를 AND(&) 연산하고 결과를 출력한다. 실행 결과를 보면 100000임을 알 수 있다.
- **16~26행** switch 문으로 AND 연산의 결과와 상숫값을 비교해 파일의 종류를 출력한다.
- **실행 결과** AND 연산의 결과가 100000인데, [표 3-4]를 보면 이 값은 S_IFREG로 일반 파일임을 알 수 있다. 실행 결과에서도 24행을 실행해 'Regular File'이라고 출력했다.

매크로를 이용한 파일 종류 검색

sys/stat.h 파일에는 상수 외에 매크로도 정의되어 있다. 파일의 종류 검색과 관련해 정의되어 있는 매크로는 [표 3-5]와 같다. 이 매크로들은 POSIX 표준이다.

표 3-5 파일의 종류 검색과 관련된 매크로

매크로명	매크로 정의	기능
S_ISLNK(m)	(((m) & S_IFMT) == S_IFLNK)	참이면 심벌릭 링크 파일
S_ISREG(m)	(((m) & S_IFMT) == S_IFREG)	참이면 일반 파일
S_ISDIR(m)	(((m) & S_IFMT) == S_IFDIR)	참이면 디렉터리
S_ISCHR(m)	(((m) & S_IFMT) == S_IFCHR)	참이면 문자 장치 특수 파일
S_ISBLK(m)	(((m) & S_IFMT) == S_IFBLK)	참이면 블록 장치 특수 파일
S_ISFIFO(m)	(((m) & S_IFMT) == S_IFIFO)	참이면 FIFO 파일
S_ISSOCK(m)	(((m) & S_IFMT) == S_IFSOCK)	참이면 소켓 파일

[표 3-5]의 각 매크로는 인자로 받은 mode 값을 0xF000과 AND 연산한다. AND 연산의 결과를 파일의 종류별로 정해진 값과 비교해 참인지 여부로 파일의 종류를 판단한다. 여기서 파일의 종류를 판단할 때 비교하는 값은 [표 3-4]에서 정의한 상수와 같다. [예제 3-3]을 매크로를 이용해 다시 구현해보자. 실행 결과는 [예제 3-3]과 동일하다.

예제 3-4 매크로를 이용해 파일 종류 검색하기 ch3_4.c

```c
#include <sys/types.h>
#include <sys/stat.h>
#include <stdio.h>

int main() {
    struct stat statbuf;
    int kind;

    stat("linux.txt", &statbuf);

    printf("Mode = %o\n", (unsigned int)statbuf.st_mode);

    if(S_ISLNK(statbuf.st_mode))
        printf("linux.txt : Symbolic Link\n");
    if(S_ISDIR(statbuf.st_mode))
        printf("linux.txt : Directory\n");
    if(S_ISREG(statbuf.st_mode))
        printf("linux.txt : Regualr File\n");
}
```

실행

```
$ ch3_4.out
Mode = 100644
linux.txt : Regualr File
```

- **09행** stat() 함수로 파일의 정보를 읽어온다.
- **13~18행** st_mode를 S_ISLNK, S_ISDIR, S_ISREG 매크로로 확인해 파일의 종류를 검색한다.
- **실행 결과** st_mode의 값이 8진수 100644이므로 S_ISREG(statbuf.st_mode)의 처리 결과는 100644 & 0170000 = 100000이다. 따라서 일반 파일임을 알 수 있다.

3.3 파일 접근 권한 검색

파일의 접근 권한도 st_mode의 값으로 알 수 있다. 이외에도 사용자가 파일에 대한 접근 권한이 있는지 확인할 수 있는 access()와 같은 함수가 제공된다.

상수를 이용한 파일 접근 권한 검색

st_mode의 값에서 파일의 접근 권한을 검색할 때도 sys/stat.h 파일에 정의된 상수를 이용한다. [표 3-6]은 접근 권한 검색에 사용하는 상수를 정리한 것이다.

표 3-6 파일의 접근 권한 검색 상수

상수명	상숫값	기능
S_ISUID	0x800	st_mode 값과 AND 연산으로 setuid 설정 확인
S_ISGID	0x400	st_mode 값과 AND 연산으로 setgid 설정 확인
S_ISVTX	0x200	st_mode 값과 AND 연산으로 sticky 비트 설정 확인
S_IREAD	00400	st_mode 값과 AND 연산으로 소유자의 읽기 권한 확인
S_IWRITE	00200	st_mode 값과 AND 연산으로 소유자의 쓰기 권한 확인
S_IEXEC	00100	st_mode 값과 AND 연산으로 소유자의 실행 권한 확인

[표 3-6]에서 읽기/쓰기/실행 권한을 추출하는 상숫값이 8진수라는 점에 주의한다. 표를 보면 소유자의 접근 권한은 추출할 수 있지만 그룹이나 기타 사용자의 접근 권한에 해당하는 상

수는 별도로 정의되어 있지 않다. 그럼 소유자 외의 사용자에 대한 접근 권한은 어떻게 알 수 있을까? st_mode의 값을 왼쪽으로 3비트 이동시키거나 상숫값을 오른쪽으로 3비트 이동시킨 후 AND 연산을 수행하면 그룹의 접근 권한을 알 수 있다. 예를 들면, 다음과 같이 한다.

```
st_mode & (S_IREAD >> 3)
```

기타 사용자의 경우 st_mode의 값을 왼쪽으로 6비트 이동시키거나 상숫값을 오른쪽으로 6비트 이동시킨 후 AND 연산을 수행한다.

POSIX에서는 이와 같이 번거롭게 시프트shift 연산을 하는 대신 직접 AND 연산이 가능한 다른 상수를 정의했다. [표 3-7]을 보면 읽기/쓰기/실행 권한에 대한 상수가 소유자, 그룹, 기타 사용자별로 각각 정의되어 있음을 알 수 있다.

표 3-7 파일의 접근 권한 검색 상수(POSIX)

상수명	상숫값	기능
S_IRWXU	00700	소유자에게 읽기/쓰기/실행 권한
S_IRUSR	00400	소유자에게 읽기 권한
S_IWUSR	00200	소유자에게 쓰기 권한
S_IXUSR	00100	소유자에게 실행 권한
S_IRWXG	00070	그룹에게 읽기/쓰기/실행 권한
S_IRGRP	00040	그룹에게 읽기 권한
S_IWGRP	00020	그룹에게 쓰기 권한
S_IXGRP	00010	그룹에게 실행 권한
S_IRWXO	00007	기타 사용자에게 읽기/쓰기/실행 권한
S_IROTH	00004	기타 사용자에게 읽기 권한
S_IWOTH	00002	기타 사용자에게 쓰기 권한
S_IXOTH	00001	기타 사용자에게 실행 권한

상수를 이용해 linux.txt 파일의 읽기 권한을 검색해보자.

예제 3-5 상수를 이용해 파일의 접근 권한 검색하기 ch3_5.c

```c
01 #include <sys/types.h>
02 #include <sys/stat.h>
03 #include <stdio.h>
04
05 int main() {
06     struct stat statbuf;
07
08     stat("linux.txt", &statbuf);
09     printf("Mode = %o\n", (unsigned int)statbuf.st_mode);
10
11     if ((statbuf.st_mode & S_IREAD) != 0)
12         printf("linux.txt: User has a read permission\n");
13
14     if ((statbuf.st_mode & (S_IREAD >> 3)) != 0)
15         printf("linux.txt: Group has a read permission\n");
16
17     if ((statbuf.st_mode & S_IROTH) != 0)
18         printf("linux.txt: Other have a read permission\n");
19 }
```

실행

```
$ ch3_5.out
Mode = 100644
linux.txt: User has a read permission
linux.txt: Group has a read permission
linux.txt: Other have a read permission
```

- **08~09행** stat() 함수로 파일의 정보를 검색하고 st_mode 값을 출력한다.
- **11~12행** st_mode의 값을 S_IREAD와 AND 연산해 소유자의 읽기 권한을 확인한다.
- **14~15행** S_IREAD 상숫값을 오른쪽으로 3만큼 이동시켜 그룹의 읽기 권한을 확인한다.
- **17~18행** POSIX가 정의한 상수 S_IROTH를 이용해 기타 사용자의 읽기 권한을 검색한다.

함수를 이용한 접근 권한 검색 : access(2)

함수 원형

```
#include <unistd.h>

int access(const char *pathname, int mode);
```

↳ 인자 설명

- **pathname** : 접근 권한을 알고자 하는 파일의 경로
- **mode** : 접근 권한

파일의 접근 권한을 검색할 수 있는 시스템 호출로 access() 함수가 있다. access() 함수는 pathname에 지정된 파일이 mode로 지정한 권한을 지니고 있는지 확인하고 리턴한다. 단, 유효 사용자 ID(EUID[Effetive User Id])가 아닌 실제 사용자 ID(RUID[Real User Id])에 대한 접근 권한만 확인할 수 있다.

두 번째 인자인 mode에 사용할 수 있는 상수는 다음과 같으며 unistd.h 파일에 정의되어 있다. 필요에 따라 이 상수들을 OR 연산자(|)로 연결해 사용할 수도 있다.

- **R_OK** : 읽기 권한 확인
- **W_OK** : 쓰기 권한 확인
- **X_OK** : 실행 권한 확인
- **F_OK** : 파일이 존재하는지 확인

access() 함수는 접근 권한이 있으면 0을, 오류가 있으면 −1을 리턴한다. 오류 메시지가 ENOENT일 경우 해당 파일이 존재하지 않거나 심벌릭 링크의 경우 원본 파일이 없어서 발생한 오류다. 오류 메시지가 EACCES일 경우 접근 권한이 없어서 발생한 오류다.

access() 함수를 사용해 파일의 존재 여부와 읽기 권한 여부를 확인해보자.

예제 3-6 함수를 이용해 접근 권한 검색하기 ch3_6.c

```
01 #include <sys/errno.h>
02 #include <unistd.h>
03 #include <stdio.h>
04
05 extern int errno;
06
07 int main() {
08     int perm;
09
10     if (access("linux.bak", F_OK) == -1 && errno == ENOENT)
11         printf("linux.bak: File not exist.\n");
12
13     perm = access("linux.txt", R_OK);
14
15     if (perm == 0)
16         printf("linux.txt: Read permmission is permmitted.\n");
17     else if (perm == -1 && errno == EACCES)
18         printf("linux.txt: Read permmission is not permmitted.\n");
19 }
```

실행

```
$ ls -l linux.*
-rw-r--r-- 1 jw jw 219  2월 28 17:54 linux.txt
$ ch3_6.out
linux.bak: File not exist.
linux.txt: Read permmission is permmitted.
```

- **10행** access() 함수의 mode에 F_OK를 지정해 linux.bak 파일이 존재하는지 확인한다. errno 변수에 저장된 메시지가 ENOENT면 파일이 없다는 의미다.
- **13행** R_OK로 읽기 권한 여부를 검색한다.
- **15행** 읽기 권한 검색 결과가 0이면 읽기 권한이 있다는 의미다.
- **17행** 읽기 권한 검색 결과가 −1이고 errno에 저장된 오류 메시지가 EACCES면 접근 권한이 없다는 의미다.
- **실행 결과** linux.bak 파일은 없으므로 오류 메시지가 출력되고, linux.txt 파일에 대한 읽기 권한은 있으므로 권한이 있음을 알리는 메시지가 출력된다.

3.4 파일 접근 권한 변경

파일의 접근 권한을 변경할 때 사용하는 명령은 chmod고, 이에 해당하는 시스템 호출도 chmod()다. chmod() 함수를 사용해 프로그램에서 파일의 접근 권한을 변경할 수 있다. fchmod() 함수로도 접근 권한을 변경할 수 있다.

파일명으로 접근 권한 변경 : chmod(2)

함수 원형

```
#include <sys/stat.h>

int chmod(const char *pathname, mode_t mode);
```

↳ 인자 설명

- **pathname** : 접근 권한을 변경하려는 파일의 경로
- **mode** : 접근 권한

chmod() 함수는 접근 권한을 변경할 파일의 경로를 받아 mode에 지정한 상숫값으로 권한을 변경한다. 특수 접근 권한을 변경할 때는 [표 3-6]에 정리한 S_ISUID, S_ISGID, S_ISVTX를 이용한다. 소유자/그룹/기타 사용자의 접근 권한을 변경할 때는 [표 3-7]에 정리한 상수를 이용한다. 기존 접근 권한과 관계없이 접근 권한을 모두 새로 지정하려면 상수를 이용해 권한을 생성한 후 인자로 지정한다. 예를 들면, 다음과 같이 사용한다.

```
chmod(pathname, S_IRWXU);
chmod(pathname, S_IRWXU | S_IRGRP | S_IXGRP | S_IROTH);
```

기존 접근 권한을 변경해 권한을 조정할 수도 있다. 이때 stat() 함수로 기존 접근 권한을 읽고 더하거나 뺄 수 있다. 접근 권한을 더할 때는 OR 연산자를 사용한다. 예를 들어, 그룹 쓰기 권한을 추가하려면 다음과 같이 한다.

```
mode |= S_IWGRP;
```

접근 권한을 제거하려면 제거하려는 권한의 상숫값을 NOT 연산한 후 AND 연산을 실행한다. 예를 들어, 기타 사용자의 읽기 권한을 제거하려면 다음과 같이 한다.

```
mode &= ~(S_IROTH);
```

물론 mode 값을 변경한 후 chmod() 함수를 호출해야 변경된 접근 권한이 적용된다.

```
chmod(pathname, mode);
```

chmod() 함수를 사용해 linux.txt 파일의 권한을 변경해보자.

예제 3-7 파일명으로 접근 권한 변경하기 ch3_7.c

```
#include <sys/types.h>
#include <sys/stat.h>
#include <stdio.h>

int main() {
    struct stat statbuf;

    chmod("linux.txt", S_IRWXU|S_IRGRP|S_IXGRP|S_IROTH);

    stat("linux.txt", &statbuf);
    printf("1.Mode = %o\n", (unsigned int)statbuf.st_mode);

    statbuf.st_mode |= S_IWGRP;
    statbuf.st_mode &= ~(S_IROTH);

    chmod("linux.txt", statbuf.st_mode);

    stat("linux.txt", &statbuf);
    printf("2.Mode = %o\n", (unsigned int)statbuf.st_mode);
}
```

실행

```
$ ls -l linux.txt
-rw-r--r-- 1 jw jw 219  2월 28 17:54 linux.txt
$ ch3_7.out
1.Mode = 100754
2.Mode = 100770
$ ls -l linux.txt
-rwxrwx--- 1 jw jw 219  2월 28 17:54 linux.txt
```

- **08행** 기존 권한에 관계없이 linux.txt 파일의 권한을 변경한다. 소유자는 읽기/쓰기/실행 권한, 그룹은 읽기/실행 권한, 기타 사용자는 읽기 권한(754)으로 변경한다.
- **10~11행** stat() 함수로 파일의 정보를 읽고 st_mode 값을 출력한다.
- **13~14행** 10행에서 읽은 st_mode의 현재 값에 그룹의 쓰기 권한을 추가하고 기타 사용자의 읽기 권한을 제거하도록 설정한다.
- **16행** 앞서 설정한 값으로 chmod() 함수를 실행한다.
- **실행 결과** linux.txt 파일의 접근 권한이 변경되었음을 알 수 있다.

파일 기술자로 접근 권한 변경 : fchmod(2)

함수 원형

```
#include <sys/stat.h>

int fchmod(int fd, mode_t mode);
```

↳ 인자 설명

- **fd** : 열려 있는 파일의 파일 기술자
- **mode** : 접근 권한

fchmod() 함수는 접근 권한을 변경할 파일의 파일 기술자를 받아 mode에 미리 정의한 상숫값으로 변경할 권한을 지정한다. chmod() 함수는 파일의 경로를 받지만 fchmod() 함수는 이미 열려 있는 파일의 파일 기술자를 받아 접근 권한을 변경한다. 접근 권한 지정 방법은 chmod() 함수와 같다. 보통 chmod() 함수를 많이 사용한다.

04 링크 파일 생성

링크link는 이미 있는 파일이나 디렉터리에 접근할 수 있는 새로운 이름을 의미한다. 같은 파일이나 디렉터리지만 여러 이름으로 접근할 수 있게 하는 것이다. 예를 들어, 루트 디렉터리(/) 아래의 lib 디렉터리는 예전 시스템과의 호환을 위해 필요한데, 현재는 실제 디렉터리가 있는 것이 아니라 /usr/lib 디렉터리에 대한 심벌릭 링크로 유지하고 있다. 이와 같이 링크 기능을 이용하면 이전 시스템과의 호환성을 유지하거나 경로가 복잡한 파일에 간단한 경로를 제공하는 등 사용자 편의성을 높일 수 있다. 링크에는 하드 링크와 심벌릭 링크가 있다. 두 가지 모두 ln 명령으로 생성하며, 프로그램에서도 함수를 사용해 하드 링크와 심벌릭 링크를 생성할 수 있다.

4.1 하드 링크

하드 링크hard link는 파일에 접근할 수 있는 파일명을 새로 생성하는 것으로, 기존 파일과 동일한 inode를 사용한다. 하드 링크를 생성하면 inode에 저장된 링크 개수link count가 증가한다.

하드 링크 생성 : link(2)

함수 원형

```
#include <unistd.h>

int link(const char *oldpath, const char *newpath);
```

↳ 인자 설명

- **oldpath** : 기존 파일의 경로
- **newpath** : 새로 생성할 링크의 경로

하드 링크를 생성할 때는 link() 함수를 사용한다. link() 함수는 기존 파일의 경로를 첫 번째 인자인 oldpath로 받고, 새로 생성할 하드 링크 파일의 경로를 두 번째 인자인 newpath로 받는다. 하드 링크는 같은 파일 시스템에 있어야 하므로 두 경로를 반드시 같은 파일 시스템으로 지정해야 한다. link() 함수는 수행에 성공하면 0을, 실패하면 −1을 리턴한다.

link() 함수를 사용해 linux.txt 파일의 하드 링크인 linux.ln 파일을 생성해보자.

예제 3-8 link() 함수로 하드 링크 생성하기 ch3_8.c

```
#include <sys/types.h>
#include <sys/stat.h>
#include <unistd.h>
#include <stdio.h>

int main() {
    struct stat statbuf;

    stat("linux.txt", &statbuf);
    printf("Before Link Count = %d\n", (int)statbuf.st_nlink);

    link("linux.txt", "linux.ln");

    stat("linux.txt", &statbuf);
    printf("After Link Count = %d\n", (int)statbuf.st_nlink);
}
```

실행

```
$ ls -l linux.*
-rwxrwx--- 1 jw jw 219  2월 28 17:54 linux.txt
$ ch3_8.out
Before Link Count = 1
After Link Count = 2
$ ls -l linux.*
-rwxrwx--- 2 jw jw 219  2월 28 17:54 linux.ln
-rwxrwx--- 2 jw jw 219  2월 28 17:54 linux.txt
$ ls -i linux.*
1048600 linux.ln  1048600 linux.txt
```

- **09~10행** 하드 링크를 생성하기 이전의 링크 개수를 확인한다.
- **12행** linux.txt 파일의 하드 링크로 linux.ln을 생성한다.
- **14~15행** 하드 링크를 생성한 이후의 링크 개수를 확인한다.
- **실행 결과** linux.ln 파일이 생성되었고, 링크 개수가 변경되었다. linux.txt와 linux.ln 파일의 inode가 1048600으로 동일하다는 것도 알 수 있다.

4.2 심벌릭 링크

심벌릭 링크symbolic link는 기존 파일에 접근할 수 있는 다른 파일을 만든다. 기존 파일과 다른 inode를 사용하며, 기존 파일의 경로를 저장한다. 심벌릭 링크를 생성할 때는 symlink() 함수를 사용한다. 심벌릭 링크의 정보를 검색할 때는 stat() 함수가 아니라 lstat() 함수를 사용한다. 심벌릭 링크 자체가 담고 있는 내용은 readlink() 함수로 읽을 수 있다.

심벌릭 링크 생성 : symlink(2)

함수 원형

```
#include <unistd.h>

int symlink(const char *target, const char *linkpath);
```

↳ 인자 설명

- **target** : 기존 파일의 경로
- **linkpath** : 새로 생성할 심벌릭 링크의 경로

symlink() 함수는 기존 파일의 경로를 첫 번째 인자인 target으로 받고 새로 생성할 심벌릭 링크의 경로를 두 번째 인자인 linkpath로 받는다. 심벌릭 링크는 기존 파일과 다른 파일 시스템에도 생성할 수 있다. symlink() 함수는 수행에 성공하면 0을, 실패하면 -1을 리턴한다.

예제 3-9 symlink() 함수로 심벌릭 링크 생성하기 ch3_9.c

```
01 #include <unistd.h>
02
03 int main() {
04     symlink("linux.txt", "linux.sym");
05 }
```

실행

```
$ ls -l linux.*
-rwxrwx--- 2 jw jw 219  2월 28 17:54 linux.ln
-rwxrwx--- 2 jw jw 219  2월 28 17:54 linux.txt
$ ch3_9.out
$ ls -l linux.*
-rwxrwx--- 2 jw jw 219  2월 28 17:54 linux.ln
lrwxrwxrwx 1 jw jw   9  3월  4 20:12 linux.sym -> linux.txt
-rwxrwx--- 2 jw jw 219  2월 28 17:54 linux.txt
```

- **04행** linux.txt 파일의 심벌릭 링크인 linux.sym을 생성한다.
- **실행 결과** linux.sym 파일이 생성된다. 심벌릭 링크를 생성했지만 기존 파일에는 아무 변화가 없음을 알 수 있다.

심벌릭 링크의 정보 검색 : lstat(2)

함수 원형

```
#include <sys/types.h>
#include <sys/stat.h>
#include <unistd.h>

int lstat(const char *pathname, struct stat *statbuf);
```

↳ 인자 설명

- **pathname** : 심벌릭 링크의 경로
- **statbuf** : 새로 생성할 링크의 경로

lstat() 함수는 심벌릭 링크 자체의 파일 정보를 검색한다. 심벌릭 링크를 stat() 함수로 검색하면 원본 파일에 대한 정보가 검색된다는 점에 주의해야 한다. 첫 번째 인자로 심벌릭 링크가 온다는 것을 제외하면 stat() 함수와 동일한 방식으로 사용한다.

심벌릭 링크를 대상으로 stat() 함수와 lstat() 함수를 사용한 결과를 비교해보자.

예제 3-10 심벌릭 링크의 정보 검색하기 ch3_10.c

```c
#include <sys/types.h>
#include <sys/stat.h>
#include <unistd.h>
#include <stdio.h>

int main() {
    struct stat statbuf;

    printf("1. stat : linux.txt ---\n");
    stat("linux.txt", &statbuf);
    printf("linux.txt : Link Count = %d\n", (int)statbuf.st_nlink);
    printf("linux.txt : Inode = %d\n", (int)statbuf.st_ino);

    printf("2. stat : linux.sym ---\n");
    stat("linux.sym", &statbuf);
    printf("linux.sym : Link Count = %d\n", (int)statbuf.st_nlink);
    printf("linux.sym : Inode = %d\n", (int)statbuf.st_ino);

    printf("3. lstat : linux.sym ---\n");
    lstat("linux.sym", &statbuf);
    printf("linux.sym : Link Count = %d\n", (int)statbuf.st_nlink);
    printf("linux.sym : Inode = %d\n", (int)statbuf.st_ino);
}
```

실행

```
$ ls -li linux.*
1048600 -rwxrwx--- 2 jw jw 219  2월 28 17:54 linux.ln
1048710 lrwxrwxrwx 1 jw jw   9  3월  4 20:12 linux.sym -> linux.txt
1048600 -rwxrwx--- 2 jw jw 219  2월 28 17:54 linux.txt
$ ch3_10.out
1. stat : linux.txt ---
linux.txt : Link Count = 2
linux.txt : Inode = 1048600
```

```
2. stat : linux.sym ---
linux.sym : Link Count = 2
linux.sym : Inode = 1048600
3. lstat : linux.sym ---
linux.sym : Link Count = 1
linux.sym : Inode = 1048710
```

- **10~12행** 기존 linux.txt 파일의 정보를 stat() 함수로 검색해 링크 개수와 inode 번호를 출력한다.
- **15~17행** stat() 함수를 사용해 심벌릭 링크 파일인 linux.sym의 정보를 검색하고 링크 개수와 inode 번호를 출력한다.
- **20~22행** lstat() 함수를 사용해 심벌릭 링크 파일인 linux.sym의 정보를 검색하고 링크 개수와 inode 번호를 출력한다.
- **실행 결과** 10행과 15행에서 검색한 정보가 동일하다. 즉, 심벌릭 링크의 정보를 stat() 함수로 검색하면 원본 파일의 정보가 검색되는 것을 알 수 있다. 20행에서 lstat() 함수로 검색한 심벌릭 링크의 정보는 링크 파일 자체에 대한 정보로, 15행과 다른 값이 출력되었다.

심벌릭 링크의 내용 읽기 : readlink(2)

함수 원형

```
#include <unistd.h>

ssize_t readlink(const char *pathname, char *buf, size_t bufsiz);
```

↳ 인자 설명

- **pathname** : 심벌릭 링크의 경로
- **buf** : 읽어온 내용을 저장할 버퍼
- **bufsiz** : 버퍼의 크기

vi 편집기로 심벌릭 링크를 열면 원본 파일이 열린다. 그렇다면 심벌릭 링크의 데이터 블록에 저장된 내용은 무엇일까? 심벌릭 링크 자체의 데이터를 읽으려면 readlink() 함수를 사용한다. readlink() 함수는 심벌릭 링크의 경로를 받아 해당 파일의 내용을 읽는다. 호출시 읽은 내용을 저장할 버퍼와 해당 버퍼의 크기를 인자로 지정한다. readlink() 함수는 수행에 성공하면 읽어온 데이터의 크기(바이트 수)를, 실패하면 -1을 리턴한다.

readlink() 함수를 사용해 심벌릭 링크의 데이터 블록에 저장된 내용을 확인해보자.

예제 3-11 readlink() 함수로 심벌릭 링크의 내용 읽기 ch3_11.c

```
01 #include <sys/stat.h>
02 #include <unistd.h>
03 #include <stdlib.h>
04 #include <stdio.h>
05
06 int main() {
07     char buf[BUFSIZ];
08     int n;
09
10     n = readlink("linux.sym", buf, BUFSIZ);
11     if (n == -1) {
12         perror("readlink");
13         exit(1);
14     }
15
16     buf[n] = '\0';
17     printf("linux.sym : READLINK = %s\n", buf);
18 }
```

실행

```
$ ch3_11.out
linux.sym : READLINK = linux.txt
$ ls -l linux.sym
lrwxrwxrwx 1 jw jw 9  3월  4 20:12 linux.sym -> linux.txt
```

- **10행** linux.sym 파일의 내용을 readlink() 함수로 읽어 buf에 저장한다.
- **16~17행** buf의 끝에 널을 추가하고 저장된 내용을 출력한다.
- **실행 결과** 심벌릭 링크를 ls -l 명령으로 확인했을 때 '->' 다음에 오는 원본 파일의 경로가 심벌릭 링크의 데이터 블록에 저장된 내용이다. 심벌릭 링크의 크기는 'linux.txt'의 바이트 수인 9임을 알 수 있다.

심벌릭 링크 원본 파일의 경로 읽기 : realpath(3)

함수 원형

```
#include <limits.h>
#include <stdlib.h>

char *realpath(const char *path, char *resolved_path);
```

↳ 인자 설명

- **path** : 심벌릭 링크의 경로명
- **resolved_path** : 경로명을 저장할 버퍼 주소

심벌릭 링크가 가리키는 원본 파일의 실제 경로명은 realpath() 함수로 확인한다. realpath() 함수는 심벌릭 링크명을 받아 실제 경로명을 resolved_name에 저장한다. 성공하면 실제 경로명이 저장된 곳의 주소를, 실패하면 널 포인터를 리턴한다.

realpath() 함수를 사용해 linux.sym의 원본 파일의 절대 경로를 찾아보자.

예제 3-12 realpath() 함수로 원본 파일의 경로 읽기 ch3_12.c

```
01 #include <sys/stat.h>
02 #include <stdlib.h>
03 #include <stdio.h>
04
05 int main() {
06     char buf[BUFSIZ];
07
08     realpath("linux.sym", buf);
09     printf("linux.sym : REALPATH = %s\n", buf);
10 }
```

실행

```
$ ch3_12.out
linux.sym : REALPATH = /home/jw/src/ch3/linux.txt
```

- **08~09행** realpath() 함수를 사용해 심벌릭 링크인 linux.sym의 원본 파일 경로를 얻고 출력한다.

4.3 링크 끊기

링크 끊기란 파일 시스템에서 링크를 삭제하는 것이다. unlink() 함수를 사용해 실행한다. unlink() 함수는 호출에 성공하면 0을 반환한다.

링크 끊기 : unlink(2)

함수 원형

```
#include <unistd.h>

int unlink(const char *pathname);
```

↳ 인자 설명

- **pathname** : 삭제할 링크의 경로

unlink() 함수에서 연결을 끊은 경로명이 그 파일을 참조하는 마지막 링크라면 파일은 삭제된다. 만약 인자로 지정한 경로명이 심벌릭 링크이면 링크가 가리키는 원본 파일이 아니라 심벌릭 링크 파일이 삭제된다.

unlink() 함수를 사용해 linux.ln 파일과 linux.sym 파일을 삭제해보자.

예제 3-13 unlink() 함수로 링크 끊기 ch3_13.c

```
#include <sys/stat.h>
#include <unistd.h>
#include <stdio.h>

int main() {
    struct stat statbuf;

    stat("linux.ln", &statbuf);
    printf("1.linux.ln : Link Count = %d\n", (int)statbuf.st_nlink);

    unlink("linux.ln");

    stat("linux.txt", &statbuf);
    printf("2.linux.txt: Link Count = %d\n", (int)statbuf.st_nlink);
```

```
15
16    unlink("linux.sym");
17 }
```

실행

```
$ ls -l linux.*
-rwxrwx--- 2 jw jw 219 2월 28 17:54 linux.ln
lrwxrwxrwx 1 jw jw   9 3월  4 20:12 linux.sym -> linux.txt
-rwxrwx--- 2 jw jw 219 2월 28 17:54 linux.txt
$ ch3_13.out
1.linux.ln: Link Count = 2
2.linux.txt: Link Count = 1
$ ls -l linux.*
-rwxrwx--- 1 jw jw 219 2월 28 17:54 linux.txt
```

- **08~09행** stat() 함수로 linux.ln 파일의 정보를 검색해 링크 개수를 출력한다.
- **11행** unlink() 함수를 사용해 하드 링크 파일인 linux.ln의 링크를 끊어 삭제한다.
- **13~14행** stat() 함수로 원본 파일인 linux.txt 파일의 정보를 검색해 링크 개수를 출력한다.
- **16행** unlink() 함수를 사용해 심벌릭 링크 파일인 linux.sym의 링크를 끊어 삭제한다.
- **실행 결과** 09행에서 검색한 하드 링크 파일의 링크 개수는 2이다. 11행에서 unlink() 함수로 하드 링크를 삭제한 뒤 원본 파일의 링크 개수를 확인한 결과 1로 바뀌었다. 심벌릭 링크 파일이 삭제된 것을 알 수 있다.

요약

01 파일 정보 검색 함수

리눅스에서 파일의 정보는 inode에서 읽어오며 inode에서 정보를 검색할 수 있는 함수들이 제공된다.

기능	함수
파일 정보 검색	`int stat(const char *pathname, struct stat *statbuf);`
	`int fstat(int fd, struct stat *statbuf);`

- 파일 정보 검색을 위한 구조체 : struct stat(stat.h에 정의됨)

02 파일 접근 권한 함수

파일에 대한 접근 권한 확인과 변경을 위해 사용할 수 있는 함수들이 제공된다.

기능	함수
파일 접근 권한 확인	`int access(const char *pathname, int mode);`
파일 접근 권한 변경	`int chmod(const char *pathname, mode_t mode);`
	`int fchmod(int fd, mode_t mode);`

- 파일 접근 권한 : stat 구조체의 st_mode 항목에 저장된다. 미리 정의된 상수와 매크로를 이용해 st_mode 항목의 값을 해석한다.

03 링크 파일 함수

- 링크는 이미 있는 파일이나 디렉터리에 접근할 수 있는 새로운 이름을 뜻한다.
- 하드 링크는 기존의 파일과 같은 inode를 사용한다.
- 심벌릭 링크는 기존의 파일에 접근할 수 있는 다른 파일을 만든다. 기존 파일과 다른 inode를 사용하며, 기존 파일의 경로를 저장한다.

기능	함수
하드 링크 생성	`int link(const char *oldpath, const char *newpath);`
심벌릭 링크 생성	`int symlink(const char *target, const char *linkpath);`

심벌릭 링크 파일 정보 검색	`int lstat(const char *pathname, struct stat *statbuf);`
심벌릭 링크 파일 내용 읽기	`ssize_t readlink(const char *pathname, char *buf, size_t bufsiz);`
심벌릭 링크 원본 파일 경로 검색	`char *realpath(const char *path, char *resolved_path);`
링크 끊기	`int unlink(const char *pathname);`

연습문제

01 파일명으로 파일 정보를 검색할 때 사용하는 함수는?

① fstat() ② stat()
③ inode() ④ fopen()

02 매크로를 이용해 파일의 종류를 검색하려고 한다. 일반 파일인지 알아내는 매크로는?

① S_ISLNK(m) ② S_ISCHR(m)
③ S_ISFIFO(m) ④ S_ISREG(m)

03 access() 함수를 사용해 han.txt 파일이 존재하는지 확인하려고 한다. 올바르게 사용한 것은?

① access("han.txt", R_OK) ② access("han.txt", W_OK)
③ access("han.txt", IS_OK) ④ access("han.txt", F_OK)

04 chmod() 함수를 사용해 han.txt 파일의 권한을 소유자만 읽고 쓸 수 있도록 설정하려고 한다. 올바르게 설정한 것은?

① chmod("han.txt", S_IRUSR | S_IWGRP)
② chmod("han.txt", S_IRGRP | S_IWGRP)
③ chmod("han.txt", S_IRUSR | S_IWUSR)
④ chmod("han.txt", S_IRWXU | S_IWUSR)

05 han.txt 파일의 하드 링크로 han.ln 파일을 만들려고 한다. 맞게 사용한 것은?

① symlink("han.txt", "han.ln") ② link("han.txt", "han.ln")
③ lin("han.ln", "han.txt") ④ symlink("han.ln", "han.txt")

06 명령행 인자로 받은 파일의 크기를 알려주는 프로그램을 작성하시오.

07 명령행 인자로 받은 파일의 종류를 출력하는 프로그램을 작성하시오.

08 명령행 인자로 받은 파일의 정보를 추출해 다음 예와 같이 출력하는 프로그램을 작성하시오.

실행 예
```
파일명: a.c
inode 번호: 1020400
파일 종류: 일반 파일
접근 권한: 100644
UID: 1000
```

09 명령행 인자로 받은 파일의 UID와 접근 권한을 다음 예와 같이 출력하는 프로그램을 작성하시오.

실행 예
```
a.c  1000  rw-r--r--
```

10 현재 디렉터리에 있는 모든 파일 및 하위 디렉터리의 이름과 inode를 출력하는 프로그램을 작성하시오.

11 현재 디렉터리에서 '.'과 '..' 항목을 제외하고 하위 디렉터리만 출력하는 mydir 프로그램을 작성하시오.

12 명령행 인자로 받은 파일의 기존 접근 권한을 출력하고 접근 권한을 변경하는 프로그램을 작성하시오(문자 모드 기능 구현).

실행 예
```
$ mychmod g+w a.c
```

13 명령행 인자로 받은 파일의 기존 접근 권한을 출력하고 접근 권한을 변경하는 프로그램을 작성하시오(숫자 모드 기능 구현).

실행 예 `$ mychmod 777 a.c`

14 현재 디렉터리의 파일을 지정한 디렉터리로 이동시키는 프로그램을 작성하시오.

실행 예 파일 a.c를 디렉터리 dir1로 이동

```
mymv a.c dir1
```

15 다른 파일 시스템에 있는 파일의 하드 링크를 생성하려면 어떤 오류 메시지가 발생하는지 확인하시오.

16 명령행 인자로 받은 파일의 심벌릭 링크를 생성하고 심벌릭 링크 파일의 내용과 원본 파일의 경로를 출력하는 프로그램을 작성하시오.

실행 예 심벌릭 링크인 a.sym 생성

```
mysym a.c
```

17 현재 디렉터리에서 inode가 같은 파일을 검색해 파일명을 출력하는 프로그램을 작성하시오.

18 현재 디렉터리에 어떤 파일의 하드 링크가 여러 개 있을 때 그중에 한 파일만 남기고 링크를 모두 끊는 프로그램을 작성하시오.

Chapter

04

파일 입출력

학습목표

- 파일 입출력의 특징을 이해한다.
- 저수준의 파일 입출력 함수를 사용할 수 있다.
- 고수준의 파일 입출력 함수를 사용할 수 있다.
- 임시 파일을 생성해 파일 입출력을 할 수 있다.

01 개요

파일file은 관련 있는 데이터의 집합으로, 저장 장치에 일정한 형태로 저장된다. 파일은 데이터를 저장하는 데는 물론 데이터를 전송하거나 장치에 접근하는 데도 사용된다. 리눅스에서 파일은 크게 일반 파일regular file과 특수 파일special file로 구분할 수 있다([표 4-1] 참고).

표 4-1 파일의 종류

종류	용도
일반 파일	텍스트나 바이너리 형태의 자료를 저장하는 파일
특수 파일	데이터 전송 또는 장치 접근에 사용하는 파일

특수 파일의 생성과 삭제 및 입출력은 특수 파일별로 약간씩 차이가 있다. 특수 파일에 대한 입출력 방법은 다른 장에서 살펴보고, 이 장에서는 일반 파일을 중심으로 데이터를 쓰거나 읽는 방법을 알아본다.

리눅스에서 파일을 읽고 쓰는 방법은 저수준low-level 파일 입출력과 고수준high-level 파일 입출력으로 구분할 수 있다. 저수준 파일 입출력은 리눅스 커널의 시스템 호출을 이용해 파일 입출력을 수행한다. 시스템 호출을 이용하므로 파일에 좀 더 빠르게 접근할 수 있는 장점이 있다. 또한 바이트 단위로 파일의 내용을 다루므로 일반 파일뿐만 아니라 특수 파일도 읽고 쓸 수 있다. 하지만 바이트 단위로만 입출력을 수행하므로 이를 이용해 응용 프로그램을 작성하려면 바이트를 적당한 형태의 데이터로 변환하는 여러 가지 기능을 함수 등으로 추가 구현해야 하는 단점이 있다.

저수준 파일 입출력의 불편함을 해결하기 위해 제공하는 것이 바로 고수준 파일 입출력이다. 고수준 파일 입출력은 C 언어의 표준 함수로 제공되며, 데이터를 바이트 단위로 한정하지 않고 버퍼를 이용해 한꺼번에 읽기와 쓰기를 수행한다. 다양한 입출력 데이터 변환 기능도 이미 구현되어 있어 자료형에 따라 편리하게 이용할 수 있다. 고수준 파일 입출력은 표준 입출력 라이브러리standard input/output library라고도 한다.

저수준 파일 입출력은 열린 파일을 참조할 때 파일 기술자file descriptor를 사용하지만, 고수준 파일 입출력은 파일 포인터file pointer를 사용한다. 파일 포인터는 열린 파일의 특성에 관한 정보를 저장하는 구조체struct를 가리키는 포인터다. 이 파일 포인터 구조체의 항목 중 하나가 파일 기술자다. 파일 포인터에 관한 자세한 내용은 3절에서 살펴본다.

[표 4-2]는 저수준 파일 입출력과 고수준 파일 입출력을 비교한 것이다. 실제로 데이터를 읽고 쓰는 함수의 경우 저수준 파일 입출력은 read(), write()뿐이지만 고수준 파일 입출력은 fread(), fwrite(), fgets(), fputs(), fprintf(), fscanf() 등으로 다양하다. 고수준 파일 입출력이 사용자의 편의를 고려하고 있음을 알 수 있다.

표 4-2 저수준 파일 입출력과 고수준 파일 입출력 비교

	저수준 파일 입출력	고수준 파일 입출력
파일 지시자	`int fd`	`FILE *fp;`
특징	– 훨씬 빠름 – 바이트 단위로 읽고 쓰기 – 특수 파일에 대한 접근 가능	– 사용하기 쉬움 – 버퍼 단위로 읽고 쓰기 – 데이터의 입출력 동기화가 쉬움 – 여러 가지 형식을 지원
주요 함수	`open(), close(), read(), write(), dup(), dup2(), fcntl(), lseek(), fsync()`	`fopen(), fclose(), fread(), fwrite(), fputs(), fgets(), fprintf(), fscanf(), freopen(), fseek()`

고수준 파일 입출력 함수는 C 언어의 표준 함수로 제공되기 때문에 일반적으로 C 언어 과정에서 다룬다. 따라서 저수준 파일 입출력에 비해 친숙할 것이다. 이 장에서는 저수준 파일 입출력 함수를 중심으로 다룬다. 고수준 파일 입출력 함수는 상대적으로 가볍게 정리하고, 저수준 파일 입출력 함수와의 차이를 살펴본다.

저수준 파일 입출력에서 사용하는 파일 기술자와 고수준 파일 입출력에서 사용하는 파일 포인터는 상호 변환할 수 있다. 파일 기술자로부터 파일 포인터를 생성하는 데는 fdopen() 함수를 사용하며, 파일 포인터로부터 파일 기술자 정보를 추출하는 데는 fileno() 함수를 사용한다. 파일 기술자와 파일 포인터 사이의 변환은 4절에서 다룬다.

프로그램 수행 과정에서 데이터를 파일에 임시로 저장해야 할 때가 있다. 이때 기존 파일과 중복되지 않는 임시 파일명을 만들어주는 함수로 tmpnam(), mktemp()가 있다. 이 함수들은 파일명만 리턴하므로 저수준이나 고수준 파일 생성 함수로 파일을 실제 생성해서 사용해야 한다. 임시 파일 관련 함수의 사용 방법은 5절에서 다룬다.

02 저수준 파일 입출력

저수준 파일 입출력은 바이트 단위로 입출력을 수행하므로 해당 함수 자체의 구조는 대부분 단순하다. 저수준 파일 입출력을 이용하면 일반 파일뿐만 아니라 특수 파일도 읽고 쓸 수 있으므로 파일 입출력의 기본이 된다고 할 수 있다. 이 절에서는 저수준 파일 입출력 함수를 사용해서 파일을 읽고 쓰는 방법을 배운다.

2.1 파일 기술자

모든 저수준 파일 입출력 함수는 파일 기술자file descriptor를 사용한다. 파일 기술자는 현재 열려 있는 파일을 구분할 목적으로 시스템에서 붙여놓은 번호로, 저수준 파일 입출력에서는 열린 파일을 참조하는 데 사용하는 지시자 역할을 한다. 파일 기술자는 정숫값으로, open() 함수를 사용해 파일을 열 때 부여된다.

파일 기술자는 0번부터 시작한다. 0번, 1번, 2번 파일 기술자에는 기본적인 용도가 지정되어 있다. 0번은 표준 입력standard input, 1번은 표준 출력standard output, 2번은 표준 오류standard error 출력을 의미한다. 표준 입력, 표준 출력, 표준 오류 출력은 리눅스에서 입출력 방향 전환redirection을 배울 때 학습했을 것이다. 보통 0번 파일 기술자는 키보드, 1번과 2번 파일 기술자는 모니터 화면을 의미한다. 물론 0번, 1번, 2번 파일 기술자를 다른 파일에 지정할 수도 있다. 이에 관해서는 조금 뒤에서 살펴본다.

프로세스가 파일을 열 때 파일 기술자에는 0번부터 순서대로 가장 작은 번호가 자동 할당된다. 프로세스가 처음 동작할 때 세 파일 기술자(0, 1, 2)는 기본적으로 할당되므로 프로세스가 파일을 처음 열면 3번 파일 기술자가 할당된다. 물론 0번이나 1번, 2번 파일 기술자를 닫아놓았을 경우에는 이 번호들도 할당될 수 있다. [그림 4-1]은 0~2번 파일 기술자가 자동으로 할당되고, 3번부터 open() 함수에 대응해 할당된 모습을 나타낸 것이다.

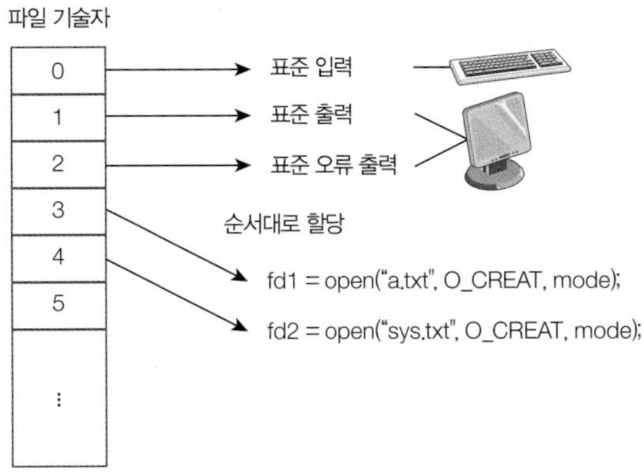

그림 4-1 파일 기술자 할당

2.2 파일 생성과 열고 닫기

파일을 읽고 쓰려면 먼저 파일을 열어야 한다. 파일을 연다는 것은 파일의 내용을 읽거나 파일에 내용을 쓸 수 있는 상태로 변경하는 일을 의미한다. 작업을 완료하면 파일을 닫아야 한다. 그래야 파일의 내용을 하드 디스크에 온전히 기록하고 파일이 사용한 버퍼 등을 반납할 수 있다.

파일 열기 : open(2)

함수 원형

```
#include <sys/types.h>
#include <sys/stat.h>
#include <fcntl.h>

int open(const char *pathname, int flags);
int open(const char *pathname, int flags, mode_t mode);
```

↳ 인자 설명

- **pathname** : 열려는 파일이 있는 경로
- **flags** : 파일 상태 플래그
- **mode** : 접근 권한

파일을 여는 데는 open() 함수를 사용한다. open() 함수는 pathname에 지정한 파일을

flags에 지정한 상태 플래그의 값에 따라 열고 파일 기술자를 반환한다. 파일의 상태를 조정하는 flags 값은 man 명령으로 확인할 수 있다. flags의 주요 플래그는 다음과 같다.

표 4-3 flags에 사용하는 주요 플래그

종류	기능
O_RDONLY	파일을 읽기 전용으로 연다.
O_WRONLY	파일을 쓰기 전용으로 연다.
O_RDWR	파일을 읽기/쓰기용으로 연다.
O_CREAT	파일이 없으면 생성한다. 파일을 생성할 권한은 당연히 있어야 한다. 파일이 이미 있다면 아무 의미 없는 옵션이다.
O_EXCL	O_CREAT 옵션과 함께 사용할 경우 기존에 없는 파일이면 파일을 생성하고, 이미 있으면 파일을 생성하지 않고 오류 메시지를 출력한다.
O_APPEND	이 옵션을 지정하면 파일의 맨 끝에 내용을 추가한다.
O_TRUNC	파일을 생성할 때 이미 있는 파일이고 쓰기 옵션으로 열었으면 내용을 모두 지우고 파일 길이를 0으로 변경한다.
O_SYNC/ O_DSYNC	파일에 쓰기 동작을 할 때는 보통 버퍼에만 쓰고 나중에 디스크와 같은 저장 장치로 옮겨 쓰는데, 이 옵션이 설정되어 있으면 저장 장치에 쓰기를 마쳐야 쓰기 동작을 완료한다. O_SYNC 플래그는 파일의 수정 시각 속성도 수정할 때까지 기다린다. 이 옵션을 설정하면 프로그램 실행 속도는 느려질 수 있지만 디스크에 확실하게 저장됨을 보장한다.

플래그는 OR(|) 연산자로 연결해 지정할 수 있다. 예를 들어, 다음과 같이 파일의 용도에 따라 플래그를 지정한다.

• 쓰기 전용으로 열 때(이미 파일이 있는 경우)

```
O_WRONLY | O_TRUNC
```

• 쓰기 전용으로 열 때(파일이 없는 경우)

```
O_WRONLY | O_CREAT | O_TRUNC
```

• 읽기/쓰기/추가용으로 열 때

```
O_RDWR | O_APPEND
```

mode는 파일의 접근 권한을 설정하는 것으로, O_CREAT 플래그를 지정해 파일을 생성할 때만 사용한다. mode는 일반적으로 파일 권한을 설정하듯이 '0644'와 같이 지정할 수도 있고, [표 3-7]에서 살펴본 상숫값을 사용할 수도 있다.

[표 3-7]의 상수를 이용해 0644 권한을 지정하려면 다음과 같이 OR 연산자로 묶는다.

```
mode = S_IRUSR | S_IWUSR | S_IRGRP | S_IROTH;
```

open() 함수는 파일 열기에 성공하면 파일 기술자를 리턴한다. 실패하면 -1을 리턴하고 외부 변수 errno에 실패 이유를 설명하는 오류 코드를 저장한다. 오류 코드는 perror() 함수로 출력해 메시지를 확인할 수 있다.

파일 생성 : creat(2)

함수 원형

```
#include <sys/types.h>
#include <sys/stat.h>
#include <fcntl.h>

int creat(const char *pathname, mode_t mode);
```

↳ 인자 설명

- **pathname** : 파일을 생성할 경로
- **mode** : 접근 권한

파일을 생성하는 전용 함수로 creat()가 있는데, open() 함수에 파일 생성 기능이 없던 구 버전 유닉스에서 사용하던 것이다. creat() 함수는 open() 함수와 달리 플래그를 지정하는 부분이 없다. 다음에서 creat() 함수와 open() 함수는 같은 의미다.

```
creat(pathname, mode);
open(pathname, O_CREAT | O_WRONLY | O_TRUNC, mode);
```

creat() 함수로 파일을 생성하면 파일 기술자가 리턴되므로 별도로 open() 함수를 호출해 파일을 열 필요가 없다.

파일 닫기 : close(2)

```
#include <unistd.h>

int close(int fd);
```

함수 원형

↳ 인자 설명

- **fd** : 파일 기술자

파일을 닫는 데는 close() 함수를 사용한다. 파일 입출력 작업을 모두 완료하면 반드시 파일을 닫아야 한다. 한 프로세스가 열 수 있는 파일 개수에 제한이 있으므로 파일을 제대로 닫지 않으면 최대 허용 개수를 초과해 더 이상 파일을 열지 못할 수 있다.

TIP 우분투에서 한 프로세스가 열 수 있는 최대 파일 개수는 ulimit –n 명령으로 확인할 수 있다.

close() 함수는 파일을 성공적으로 닫으면 0을 리턴한다. 파일 닫기에 실패하면 −1을 리턴하고 오류 코드를 외부 변수 errno에 저장한다.

open() 함수를 사용해 test.txt 파일을 생성해보자.

예제 4-1 새 파일 생성하기 ch4_1.c

```c
#include <sys/types.h>
#include <sys/stat.h>
#include <fcntl.h>
#include <unistd.h>
#include <stdlib.h>
#include <stdio.h>

int main() {
    int fd;
    mode_t mode;

    mode = S_IRUSR | S_IWUSR | S_IRGRP | S_IROTH;

```

```
14     fd = open("test.txt", O_CREAT, mode);
15     if (fd == -1) {
16         perror("Creat");
17         exit(1);
18     }
19     close(fd);
20 }
```

실행

```
$ ls test.txt
ls: 'test.txt'에 접근할 수 없습니다: 그런 파일이나 디렉터리가 없습니다
$ ch4_1.out
$ ls -l test.txt
-rw-r--r-- 1 jw jw 0  3월  6 22:57 test.txt
```

- **12행** 파일 접근 권한을 OR 연산으로 지정한다.
- **14행** test.txt 파일을 12행에서 지정한 권한(0644)으로 생성한다.
- **15~18행** 파일 생성 도중 오류가 발생하면 리턴값이 −1이 되므로 16행에서 perror() 함수를 사용해 오류 메시지를 출력한다. 17행에서는 exit() 함수를 사용해 프로그램의 실행을 종료한다.
- **실행 결과** test.txt 파일이 생성되었고 접근 권한이 0644임을 알 수 있다.

이번에는 파일을 생성할 때 O_EXCL 플래그를 지정해보자. O_EXCL 플래그는 파일이 이미 있으면 해당 파일을 생성하지 않고 오류 메시지를 출력한다.

예제 4-2 O_EXCL 플래그 사용하기 ch4_2.c

```
#include <sys/types.h>
#include <sys/stat.h>
#include <fcntl.h>
#include <unistd.h>
#include <stdlib.h>
#include <stdio.h>

int main() {
```

```
09     int fd;
10
11     fd = open("test.txt", O_CREAT | O_EXCL, 0644);
12     if (fd == -1) {
13         perror("Excl");
14         exit(1);
15     }
16     close(fd);
17 }
```

실행

```
$ ls test.txt
test.txt
$ ch4_2.out
Excl: File exists
```

```
$ rm test.txt
$ ch4_2.out
$ ls test.txt
test.txt
```

- **11행** 모드를 0644와 같이 숫자로 지정하고 O_EXCL 플래그를 같이 지정한다. 이 경우 test.txt 파일이 이미 있으면 오류 메시지를 출력한다.
- **12~15행** 파일 생성 도중 오류가 발생하면 오류 메시지를 출력하고 프로그램의 실행을 종료한다.
- **첫 번째 실행 결과** 파일이 있을 경우 "Excl: File exists"라는 오류 메시지를 출력한다. test.txt 파일은 [예제 4-1]에서 이미 생성했으므로 오류가 발생한 것이다.
- **두 번째 실행 결과** 파일을 지운 후 다시 실행하면 파일을 생성한다.

[예제 4-2]의 16행에서 파일을 닫기 전에 다음과 같은 printf 문을 추가해 파일 기술자를 출력해보자. test.txt 파일을 삭제하고 실행해야 한다.

```
printf("test.txt : fd = %d\n", fd);
```

실행

```
$ rm test.txt
$ ch4_2.out
test.txt: fd = 3
```

test.txt 파일의 파일 기술자가 3임을 알 수 있다. 이는 위의 프로그램에서 처음으로 연 파일이기 때문에 기본적으로 할당되는 0, 1, 2번 외에 가장 작은 숫자가 할당된 것이다. 하지만 기본적으로 할당된 0~2번을 닫고 파일을 열면 결과가 달라진다.

0번 파일 기술자를 닫으면 파일을 열 때 어떤 파일 기술자가 할당되는지 [예제 4-3]에서 확인해보자.

예제 4-3 **파일 기술자 할당하기** ch4_3.c

```
01 #include <sys/types.h>
02 #include <sys/stat.h>
03 #include <fcntl.h>
04 #include <unistd.h>
05 #include <stdlib.h>
06 #include <stdio.h>
07
08 int main() {
09     int fd;
10
11     close(0);
12
13     fd = open("test.txt", O_RDWR);
14     if (fd == -1) {
15         perror("Open");
16         exit(1);
17     }
18
19     printf("test.txt : fd = %d\n", fd);
20     close(fd);
21 }
```

실행

```
$ ch4_3.out
test.txt : fd = 0
```

- **11행** 0번 파일 기술자를 닫는다.
- **13행** 남아 있는 파일 기술자 중 가장 작은 숫자가 0이므로 test.txt 파일을 열고, 할당되는 파일 기술자는 실행 결과와 같이 0이 된다.

2.3 파일 읽기와 쓰기

파일의 내용을 읽으려면 read() 함수를 사용하고, 파일에 내용을 쓰려면 write() 함수를 사용한다. read() 함수와 write() 함수의 리턴값의 자료형인 ssize_t는 sys/types.h 파일에 int(환경에 따라 long)로 정의되어 있다.

파일 읽기 : read(2)

함수 원형

```
#include <unistd.h>

ssize_t read(int fd, void *buf, size_t count);
```

인자 설명

- **fd** : 파일 기술자
- **buf** : 파일에 기록할 데이터를 저장한 메모리 영역
- **count** : buf의 크기(기록할 데이터의 크기)

read() 함수는 파일 기술자가 가리키는 파일에서 count에 지정한 크기만큼 바이트를 읽어 buf로 지정한 메모리 영역에 저장한다. read() 함수는 실제로 읽은 바이트 수를 리턴하며, 오류가 발생하면 −1을 리턴한다. 만일 리턴값이 0이면 파일의 끝에 도달해 더 이상 읽을 내용이 없음을 의미한다. 파일을 열면 읽을 위치를 나타내는 오프셋이 파일의 시작을 가리키지만, read() 함수를 실행할 때마다 읽은 크기만큼 오프셋이 이동해 다음 읽을 위치를 가리킨다. 이 함수는 파일에 저장된 데이터가 텍스트든 이미지든 상관없이 무조건 바이트 단위로 읽는다. 읽은 데이터를 종류에 따라 처리하는 작업은 온전히 프로그래머의 몫이다.

파일을 열고 지정한 크기만큼 파일에서 바이트를 읽어 출력해보자.

예제 4-4 파일 읽기 ch4_4.c

```
#include <fcntl.h>
#include <unistd.h>
#include <stdlib.h>
#include <stdio.h>

int main() {
```

```
07     int fd, n;
08     char buf[10];
09
10     fd = open("linux.txt", O_RDONLY);
11     if (fd == -1) {
12         perror("Open");
13         exit(1);
14     }
15
16     n = read(fd, buf, 5);
17     if (n == -1) {
18         perror("Read");
19         exit(1);
20     }
21
22     buf[n] = '\0';
23     printf("n=%d, buf=%s\n", n, buf);
24     close(fd);
25 }
```

실행

```
$ cat linux.txt
Linux System Programming
$ ch4_4.out
n=5, buf=Linux
```

- **10행** linux.txt 파일을 읽기 전용으로 연다.
- **16행** 5바이트를 읽어 buf에 저장하고 read() 함수의 리턴값을 저장한다(출력 결과를 보면 5임을 알 수 있다).
- **22행** read() 함수는 읽어온 데이터의 끝에 자동으로 널을 추가하지 않기 때문에 buf에 널 문자('\0')를 추가한다. buf를 문자열로 출력하려면 널 문자를 추가해야 한다.
- **23행** linux.txt 파일에서 읽어온 바이트 수와 buf의 내용을 출력한다(실행 결과를 보면 linux.txt 파일의 처음 5바이트를 읽어왔음을 알 수 있다).
- 처음 파일의 오프셋은 'L'을 나타내지만(오프셋 0) read() 함수를 실행한 다음에는 5바이트 이동해 S 앞의 공백 문자(' ')를 가리킨다(오프셋 5). 따라서 계속 읽어오면 ' '부터 읽는다. 이와 관련된 것은 [예제 4-5]에서 살펴본다.

파일 쓰기 : write(2)

함수 원형

```
#include <unistd.h>

ssize_t write(int fd, const void *buf, size_t count);
```

↳ 인자 설명

- **fd** : 파일 기술자
- **buf** : 파일에 기록할 데이터를 저장한 메모리 영역
- **count** : buf의 크기(기록할 데이터의 크기)

write() 함수는 read() 함수와 인자의 구조는 같지만 의미가 다르다. 파일 기술자는 쓰기를 수행할 파일을 가리키고, buf는 파일에 기록할 데이터를 저장하고 있는 메모리 영역을 가리킨다. buf가 가리키는 메모리 영역에서 count로 지정한 크기만큼 읽어 파일에 쓰기를 수행한다. write() 함수도 실제로 쓰기를 수행한 바이트 수를 리턴하며, 오류가 발생하면 –1을 리턴한다.

파일을 읽어서 다른 파일에 쓰기를 수행해보자. 이때 파일 기술자는 2개가 필요하다.

예제 4-5 파일 쓰기 ch4_5.c

```
#include <fcntl.h>
#include <unistd.h>
#include <stdlib.h>
#include <stdio.h>

int main() {
    int rfd, wfd, n;
    char buf[10];

    rfd = open("linux.txt", O_RDONLY);
    if(rfd == -1) {
        perror("Open linux.txt");
        exit(1);
    }

```

```
16     wfd = open("linux.bak", O_CREAT | O_WRONLY | O_TRUNC, 0644);
17     if (wfd == -1) {
18         perror("Open linux.bak");
19         exit(1);
20     }
21
22     while ((n = read(rfd, buf, 6)) > 0) {
23         if (write(wfd, buf, n) != n) perror("Write");
24     }
25
26     if (n == -1) perror("Read");
27
28     close(rfd);
29     close(wfd);
30 }
```

실행

```
$ ls linux.bak
ls: 'linux.bak'에 접근할 수 없습니다: 그런 파일이나 디렉터리가 없습니다
$ ch4_5.out
$ cat linux.bak
Linux System Programming
```

- **10행** linux.txt 파일을 읽기 전용으로 열고, 파일 기술자를 rfd에 저장한다.
- **16행** linux.bak 파일을 쓰기 전용으로 생성하고, 기존 파일이 있으면 내용을 비운다.
- **22~24행** while 문을 사용해 linux.txt 파일을 6바이트씩 읽고 출력한다. 22행에서 read() 함수가 리턴한 값이 buf에 저장된 데이터의 크기이므로 이를 23행에서 write() 함수의 세 번째 인자로 사용할 수 있다. write() 함수의 리턴값이 출력할 데이터의 크기인 n과 다르면 쓰기 동작에 문제가 있다는 의미이므로 오류 메시지를 출력한다.
- **실행 결과** linux.bak 파일이 생성되고 데이터가 저장되었다. 즉, linux.txt 파일이 linux.bak 파일로 복사되었다.

2.4 파일 오프셋 지정

파일의 내용을 읽거나 쓰면 현재 읽을 위치나 쓸 위치를 알려주는 오프셋offset이 자동으로 변경된다. 오프셋은 파일의 시작 지점에서 현재 위치까지의 바이트 수다. 파일을 열면 읽을 위치를 나타내는 오프셋이 파일의 시작인 0이지만, read() 함수를 실행할 때마다 읽은 크기만큼 오프셋이 이동해 다음 읽을 위치를 가리킨다. 이와 마찬가지로 write() 함수도 파일에 내용을 쓸 때마다 오프셋이 변경되며, 다음에 쓸 위치를 가리킨다. 한 파일에서 파일 오프셋은 오직 하나다. 다시 말해, 파일을 읽기/쓰기 모드로 열었을 때 파일 읽기 오프셋과 쓰기 오프셋이 별도로 있는 것이 아니므로 주의해야 한다.

오프셋을 원하는 위치로 바꾸고 위치를 확인하려면 lseek() 함수를 사용한다.

파일 오프셋 위치 지정 : lseek(2)

함수 원형

```
#include <sys/types.h>
#include <unistd.h>

off_t lseek(int fd, off_t offset, int whence);
```

↳ 인자 설명

- **fd** : 파일 기술자
- **offset** : 이동할 오프셋 위치
- **whence** : 오프셋의 기준 위치

lseek() 함수는 파일 기술자가 가리키는 파일에서 offset으로 지정한 크기만큼 오프셋을 이동시킨다. 이때 offset의 값은 whence의 값을 기준으로 해석한다. whence 부분에 사용할 수 있는 값은 [표 4-4]와 같다.

표 4-4 오프셋의 기준 위치를 나타내는 whence 값

값	설명
SEEK_SET	파일의 시작을 기준으로 계산
SEEK_CUR	현재 위치를 기준으로 계산
SEEK_END	파일의 끝을 기준으로 계산

간단한 예를 들어보자.

- 파일의 시작에서 다섯 번째 위치로 이동

```
lseek(fd, 5, SEEK_SET);
```

- 파일의 끝에서 0번째이므로 파일 끝으로 이동

```
lseek(fd, 0, SEEK_END);
```

파일 오프셋의 현재 위치를 알려면 어떻게 할까? 다음과 같이 현재 위치를 기준으로 0만큼 이동한 값을 구한다.

```
cur_offset = lseek(fd, 0, SEEK_CUR);
```

반대 방향으로 오프셋을 이동하려면 offset 값을 음수로 지정한다. lseek() 함수는 실행에 성공하면 새로운 오프셋을 리턴하고, 실패하면 −1을 리턴한다. lseek() 함수 리턴값의 자료형인 off_t는 sys/types.h 파일에 long으로 정의되어 있다.

lseek() 함수를 사용해 파일에서 데이터를 읽어들이는 위치를 임의로 변경하는 예제를 살펴보자.

예제 4-6 파일 오프셋 사용하기 ch4_6.c

```
#include <sys/types.h>
#include <fcntl.h>
#include <unistd.h>
#include <stdlib.h>
#include <stdio.h>

int main() {
    int fd, n;
    off_t start, cur;
    char buf[256];

```

```
12     fd = open("linux.txt", O_RDONLY);
13     if (fd == -1) {
14         perror("Open linux.txt");
15         exit(1);
16     }
17
18     start = lseek(fd, 0, SEEK_CUR);
19     n = read(fd, buf, 255);
20     buf[n] = '\0';
21     printf("Offset start=%d, n=%d, Read Str=%s", (int)start, n, buf);
22     cur = lseek(fd, 0, SEEK_CUR);
23     printf("Offset cur=%d\n", (int)cur);
24
25     start = lseek(fd, 6, SEEK_SET);
26     n = read(fd, buf, 255);
27     buf[n] = '\0';
28     printf("Offset start=%d, Read Str=%s", (int)start, buf);
29
30     close(fd);
31 }
```

실행

```
$ ch2_6.out
Offset start=0, n=25, Read Str=Linux System Programming
Offset cur=25
Offset start=6, Read Str=System Programming
```

- **12행** linux.txt 파일을 읽기 전용으로 연다.
- **18행** 파일의 현재 오프셋 위치를 파악해보면 0임을 알 수 있다.
- **19~21행** 파일을 읽고 마지막에 널 값을 넣어 출력한다. n의 값이 25로 출력되었는데, 이는 '읽은 글자 수 + 널 문자 개수'이다.
- **22행** 파일에서 데이터를 읽은 후 현재 위치를 확인한다(이 예제에서는 오프셋이 start + n 위치로 이동한다).
- **25~28행** 파일의 시작을 기준으로 오프셋이 6인 위치로 이동한 후 데이터를 읽고 널 값을 채워 출력한다.
- **실행 결과** 오프셋의 위치에 따라 읽어온 데이터가 다름을 알 수 있다.

2.5 파일 기술자 복사

파일을 열면 파일 기술자가 할당된다. 이 파일 기술자를 복사해 같은 파일을 가리키는 두 번째 파일 기술자를 생성할 수 있다. 파일 기술자를 복사하는 데는 dup() 함수와 dup2() 함수를 사용한다.

파일 기술자 복사 : dup(2)

함수 원형

```
#include <unistd.h>

int dup(int oldfd);
```

↳ 인자 설명

- **oldfd** : 복사할 파일 기술자

dup() 함수는 기존 파일 기술자를 인자로 받아 새로운 파일 기술자를 리턴한다. 이때 새로 할당되는 파일 기술자는 현재 할당할 수 있는 파일 기술자 중 가장 작은 값으로 자동 할당된다. 파일 기술자의 복사는 입출력 방향 전환에 많이 사용된다. 출력 방향을 표준 출력에서 파일로 전환하는 예제를 살펴보자.

예제 4-7 파일 기술자 복사하기 ch4_7.c

```
#include <fcntl.h>
#include <unistd.h>
#include <stdlib.h>
#include <stdio.h>

int main() {
    int fd, fd1;

    fd = open("tmp.aaa", O_CREAT | O_WRONLY | O_TRUNC, 0644);
    if (fd == -1) {
        perror("Create tmp.aaa");
        exit(1);
    }
```

```
14
15     close(1);
16
17     fd1 = dup(fd);
18     printf("DUP FD=%d\n", fd1);
19     printf("Standard Output Redirection\n");
20
21     close(fd);
22 }
```

실행

```
$ ch4_7.out
$ cat tmp.aaa
DUP FD=1
Standard Output Redirection
```

- **9행** tmp.aaa 파일을 생성한다.
- **15행** 파일 기술자 1번을 닫는다. 1번은 표준 출력이다. 즉, 화면으로 출력되는 것을 닫은 것이다.
- **17행** dup(fd)를 실행하면 파일 기술자 fd가 가리키는 파일에 새로운 파일 기술자가 지정된다. 15행에서 1번을 닫았기 때문에 현재 가장 작은 값은 1이고, 이 값이 새로운 파일 기술자로 할당된다.
- **18~19행** printf 문으로 출력하면 현재 1번 파일 기술자가 가리키는 파일인 tmp.aaa로 출력된다.
- **실행 결과** 18행과 19행에서 출력한 내용이 tmp.aaa 파일에 저장되었다.

파일 기술자 복사 : dup2(3)

함수 원형

```
#include <unistd.h>

int dup2(int oldfd, int newfd);
```

↳ 인자 설명

- **oldfd** : 복사할 파일 기술자
- **newfd** : 파일 기술자를 복사할 곳

dup() 함수는 새로운 파일 기술자를 자동으로 할당한다. 이와 달리 dup2() 함수는 새로운 파일 기술자를 지정할 수 있게 해준다. dup2() 함수는 파일 기술자 oldfd를 newfd로 복사한다.

다음은 [예제 4-7]을 dup2() 함수를 사용해 수정한 것이다.

예제 4-8 dup2() 함수로 파일 기술자 복사하기 ch4_8.c

```
01 #include <fcntl.h>
02 #include <unistd.h>
03 #include <stdlib.h>
04 #include <stdio.h>
05
06 int main() {
07     int fd;
08
09     fd = open("tmp.bbb", O_CREAT | O_WRONLY | O_TRUNC, 0644);
10     if (fd == -1) {
11         perror("Create tmp.bbb");
12         exit(1);
13     }
14
15     dup2(fd, 1);
16     printf("DUP2: Standard Output Redirection\n");
17
18     close(fd);
19 }
```

실행

```
$ ch4_8.out
$ cat tmp.bbb
DUP2: Standard Output Redirection
```

- **15행** dup2() 함수를 사용해 기존 파일 기술자(fd)를 1번 파일 기술자로 복사한다. 이제 1번 파일 기술자로 출력하면 더 이상 표준 출력(화면)이 아닌 fd가 가리키는 파일로 출력된다.

2.6 파일 기술자 제어

현재 열려 있는 파일에 대한 파일 기술자의 속성을 확인하고 제어할 수 있다. fcntl(2) 함수를 사용하면 파일을 열 때 설정한 플래그를 조정할 수 있다.

함수 원형

```
#include <unistd.h>
#include <fcntl.h>

int fcntl(int fd, int cmd, ... /* arg */ );
```

↳ 인자 설명

- **fd**: 파일 기술자
- **cmd** : 명령
- **arg** : cmd에 따라 필요시 지정하는 인자들

fcntl() 함수는 파일 기술자가 가리키는 파일에 cmd로 지정한 명령을 수행한다. cmd의 종류에 따라 인자를 지정해야 할 수도 있다.

fcntl() 함수의 두 번째 인자인 명령은 fcntl.h 파일에 정의되어 있으며 다음 두 가지를 자주 사용한다.

- **F_GETFL** : 상태 플래그 정보를 읽어온다.
- **F_SETFL** : 상태 플래그 정보를 설정한다. 설정할 수 있는 것은 대부분 open() 함수에서 지정하는 플래그다.

예제 4-9 fcntl() 함수로 파일 기술자 제어하기 ch4_9.c

```
#include <sys/types.h>
#include <fcntl.h>
#include <unistd.h>
#include <stdlib.h>
#include <stdio.h>

int main() {
    int fd, flags;

```

```
10     fd = open("linux.txt", O_RDWR);
11     if (fd == -1) {
12         perror("open");
13         exit(1);
14     }
15
16     if ((flags = fcntl(fd, F_GETFL)) == -1) {
17         perror("fcntl");
18         exit(1);
19     }
20
21     flags |= O_APPEND;
22
23     if (fcntl(fd, F_SETFL, flags) == -1) {
24         perror("fcntl");
25         exit(1);
26     }
27
28     if (write(fd, "Hanbit Academy\n", 15) != 15) perror("write");
29
30     close(fd);
31 }
```

실행

```
$ cat linux.txt
Linux System Programming
$ ch4_9.out
$ cat linux.txt
Linux System Programming
Hanbit Academy
```

- **10행** linux.txt 파일을 읽기/쓰기용으로 연다.
- **16행** F_GETFL 명령을 설정해 fcntl() 함수를 호출하면 현재 설정된 플래그 값이 리턴된다.
- **21행** 리턴된 플래그 값에 변경할 플래그를 OR로 연결해 새로운 플래그로 저장한다.
- **23행** 저장된 플래그를 F_SETFL 명령으로 설정해 fcntl() 함수를 호출하면 기존 플래그가 새로운 플래그로 변경된다.

- **28행** 파일 설정을 O_APPEND로 변경했기 때문에 파일에 출력하면 내용이 파일 끝부분에 추가된다. 이는 실행 결과에서 확인할 수 있다.

2.7 파일 삭제

파일을 삭제하려면 unlink(2) 함수를 사용한다. 같은 기능을 하는 함수로 remove(3)가 있다. remove() 함수도 path에 지정한 파일이나 디렉터리를 삭제한다. remove() 함수는 내부적으로 삭제 대상이 파일이면 unlink() 함수를 호출하고, 삭제 대상이 디렉터리면 rmdir() 함수를 호출한다. 따라서 디렉터리는 비어 있을 때만 삭제된다.

TIP unlink() 함수는 3장에서 하드 링크를 끊을 때 사용했다. 자세한 내용은 118쪽을 참조한다.

함수 원형

```
#include <stdio.h>

int remove(const char *pathname);
```

remove() 함수를 사용해 tmp.bbb 파일을 삭제해보자.

예제 4-10 remove() 함수로 파일 삭제하기 ch4_10.c

```
#include <stdlib.h>
#include <stdio.h>

int main() {
    int ret;

    ret = remove("tmp.bbb");
    if (ret == -1) {
        perror("Remove tmp.bbb");
        exit(1);
    }

    printf("Remove tmp.bbb success!!!\n");
}
```

실행

```
$ ls tmp.*
tmp.aaa  tmp.bbb
$ ch4_10.out
Remove tmp.bbb success!!!
$ ls tmp.*
tmp.aaa
```

- **07행** remove() 함수를 이용해 tmp.bbb 파일을 삭제한다.
- **13행** 파일을 성공적으로 삭제하면 "Remove tmp.bbb success!!!" 메시지를 출력한다.
- **실행 결과** tmp.bbb 파일이 삭제되었다.

2.8 파일과 디스크 동기화 함수

fsync(3) 함수는 메모리에 위치하고 있는 파일의 내용을 디스크로 보내 메모리와 디스크의 내용을 동기화한다. fsync() 함수는 메모리의 내용이 디스크로 모두 기록되기 전에는 리턴하지 않는다.

함수 원형

```
#include <unistd.h>

int fsync(int fd);
```

↳ 인자 설명

- **fd** : 디스크로 저장할 파일의 파일 기술자

03 고수준 파일 입출력

고수준 파일 입출력은 표준 입출력 라이브러리standard IO(Input/Output) library라고도 하며, C 언어의 표준 함수로 제공된다. 2절에서 살펴본 것처럼 저수준 파일 입출력은 바이트 단위로만 입출력을 수행하므로 읽은 데이터를 가공하는 추가 작업이 필요하다. 이와 달리 고수준 파일 입출력에서는 문자 단위, 행 단위, 버퍼 단위, 형식 기반 입출력 등 편리한 기능이 제공되므로 프로그램의 용도에 맞게 적당한 함수를 선택할 수 있다.

3.1 파일 포인터

열린 파일을 가리킬 때 저수준 파일 입출력에서는 파일 기술자를 사용하지만, 고수준 파일 입출력에서는 파일 포인터file pointer를 사용한다. 파일 포인터는 디스크에서 메모리로 읽어온 파일의 위치(주소)에 관한 정보를 담고 있는 포인터다. 또한 파일 기술자는 정수형이지만 파일 포인터는 시스템 헤더 파일에 정의되어 있는 FILE 포인터(FILE *)형이다.

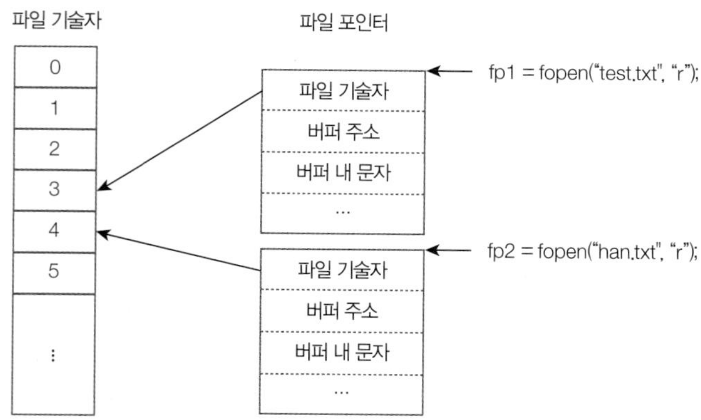

그림 4-2 파일 포인터와 파일 기술자

파일 포인터는 FILE 구조체를 가리키는 주소로, [그림 4-2]에서 볼 수 있듯이 이 구조체는 파일 기술자 항목을 포함한다. 이 파일 기술자를 이용해 파일 포인터와 파일 기술자 사이에서 변환할 수 있다. 파일 포인터는 플랫폼 독립적인 구조이므로 어느 플랫폼에서든 동일한 동작을 수행한다는 장점이 있다.

3.2 파일 열기와 닫기

파일 열기 : fopen(3)

고수준 파일 입출력에서 파일을 여는 함수는 fopen()이다. fopen() 함수는 파일 포인터를 리턴한다.

함수 원형

```
#include <stdio.h>

FILE *fopen(const char *pathname, const char *mode)
```

↳ 인자 설명

- **pathname** : 파일의 경로
- **mode** : 파일 열기 모드

fopen() 함수는 pathname으로 지정한 파일을 mode에서 지정한 모드로 열고 파일 포인터를 리턴한다. 두 번째 인자인 mode에 사용할 수 있는 값은 [표 4-5]와 같다.

표 4-5 fopen( ) 함수의 열기 모드

모드	의미
r	읽기 전용으로 텍스트 파일을 연다.
w	새로 쓰기용으로 텍스트 파일을 연다. 기존 내용은 삭제된다.
a	기존 내용의 끝에 추가해서 쓰기용으로 텍스트 파일을 연다.
rb	읽기 전용으로 바이너리 파일을 연다.
wb	새로 쓰기용으로 바이너리 파일을 연다. 기존 내용은 삭제된다.
ab	추가해서 쓰기용으로 바이너리 파일을 연다.
r+	읽기와 쓰기용으로 텍스트 파일을 연다.

w+	쓰기와 읽기용으로 텍스트 파일을 연다.
a+	추가 쓰기와 읽기용으로 텍스트 파일을 연다.
rb+	읽기와 쓰기용으로 바이너리 파일을 연다.
wb+	쓰기와 읽기용으로 바이너리 파일을 연다.
ab+	추가해서 쓰기와 읽기용으로 바이너리 파일을 연다.

fopen() 함수가 성공적으로 수행되면 열린 파일의 주소를 파일 포인터로 리턴하고, 실패하면 0을 리턴한다. 다음은 fopen() 함수의 사용 예다.

```
FILE *fp;
fp = fopen("test.txt", "r");
```

이 경우 test.txt 파일을 읽기 전용으로 열고 파일 포인터 주소를 파일 포인터 변수인 fp에 저장한다.

파일 닫기 : fclose(3)

fopen() 함수로 연 파일을 사용한 후에는 닫아야 한다. 열린 파일을 닫는 함수는 fclose()다.

함수 원형

```
#include <stdio.h>

int fclose(FILE *stream);
```

↳ 인자 설명

- **stream** : fopen()에서 리턴한 파일 포인터

fclose() 함수는 fopen() 함수에서 리턴한 파일 포인터를 인자로 지정한 후 메모리에 있는 파일 내용을 디스크에 저장하고 종료한다. 파일 닫기를 정상적으로 완료하면 0을, 도중에 오류가 발생하면 EOF(−1)를 리턴한다. 다음은 fclose() 함수의 사용 예다.

```
FILE *fp;
fp = fopen("test.txt", "r");
fclose(fp);
```

3.3 문자 기반 입출력

고수준 파일 입출력에서 가장 간단한 방법은 저수준 파일 입출력처럼 바이트 단위로 입출력을 하는 것이다. 문자 기반 입출력에서는 데이터를 바이트 스트림byte stream으로 이해하고 한 바이트씩 처리하는 함수를 제공한다.

문자 기반 입력 함수 : fgetc(3), getc(), getchar(), getw(3)

파일에서 바이트를 읽어오는 함수는 다음과 같다.

함수 원형

```
#include <stdio.h>

int fgetc(FILE *stream);
int getc(FILE *stream);
int getchar(void);
int getw(FILE *stream);
```

↳ 인자 설명

- **stream** : 파일 포인터

fgetc() 함수는 파일 포인터가 가리키는 파일로부터 문자 한 개를 unsigned char 형태로 읽어온다. getc() 함수는 매크로로 구현되어 있어 실행 속도는 약간 빠르지만 실행 코드가 확장되므로 메모리를 조금 더 차지한다. 그 외에는 fgetc() 함수와 동일한 기능을 수행한다. getchar() 함수는 표준 입력에서 문자 한 개를 읽어오는 매크로로, getc(stdin)과 같다. getw() 함수는 파일에서 워드word 단위로 읽어온다. 워드의 크기는 int형의 크기로, 시스템에 따라 달라질 수 있다.

문자 입출력 함수의 동작에서 오류가 발생하면 EOF(−1)를 리턴한다. 이 함수들의 리턴형을 char가 아닌 int로 정의한 이유는 char형으로 처리할 경우 값의 범위에 제한이 있어 EOF와 십진수 255를 구별할 수 없기 때문이다(EOF는 −1로 정의되어 있는 상수로, 이를 2진수로 표현하면 11111111이다. 그런데 십진수 255도 char로 이해하면 11111111이다).

문자 기반 출력 함수 : fputc(3), putc(), putchar(), putw(3)

문자를 파일에 출력하는 함수와 매크로는 다음과 같다.

함수 원형

```
#include <stdio.h>

int fputc(int c, FILE *stream);
int putc(int c, FILE *stream);
int putchar(int c);
int putw(int w, FILE *stream);
```

↳ 인자 설명

- **c, w** : 출력할 문자
- **stream** : 파일 포인터

fputc() 함수는 인자로 받은 int형 데이터 c를 unsigned char로 변환해 파일에 쓴다. putc() 함수는 fputc() 함수와 같은 동작을 수행한다. putc()는 getc()와 마찬가지로 매크로로 구현되어 있다. putchar() 함수는 표준 출력으로 한 문자를 출력하는 매크로이며 putc(c, stdout)와 같다. putw() 함수는 워드 단위로 파일에 출력한다. 워드의 크기는 getw()와 마찬가지로 int 자료형의 크기이다.

문자 출력에 성공하면 해당 문잣값을 리턴하고, 오류가 발생하면 EOF를 리턴한다. 문자 기반 입출력 함수를 사용해 한 파일의 내용을 다른 파일로 복사해보자.

예제 4-11 문자 기반 입출력 함수 사용하기 ch4_11.c

```
#include <stdlib.h>
#include <stdio.h>

int main() {
    FILE *rfp, *wfp;
    int c;

    if ((rfp = fopen("linux.txt", "r")) == NULL) {
        perror("fopen: linux.txt");
        exit(1);
```

```
11     }
12
13     if ((wfp = fopen("linux.out", "w")) == NULL) {
14         perror("fopen: linux.out");
15         exit(1);
16     }
17
18     while ((c = fgetc(rfp)) != EOF) {
19         fputc(c, wfp);
20     }
21
22     fclose(rfp);
23     fclose(wfp);
24 }
```

실행

```
$ cat linux.txt
Linux System Programming
Hanbit Academy
$ ch4_11.out
$ cat linux.out
Linux System Programming
Hanbit Academy
```

- **08행, 13행** 08행에서 읽어올 파일을 열고, 13행에서 출력할 파일을 연다. 파일 열기에 실패하면 NULL이 리턴된다.
- **18~20행** fgetc() 함수를 이용해 EOF를 만날 때까지 한 문자씩 읽어들인다. 읽은 문자를 19행에서 fputc() 함수를 사용해 파일에 기록한다.
- **22~23행** 모든 작업을 완료하면 열려 있는 두 파일을 파일 포인터를 사용해 닫는다.
- **실행 결과** linux.txt 파일과 linux.out 파일의 내용이 같음을 알 수 있다.

3.4 문자열 기반 입출력

고수준 파일 입출력에서는 한 번에 여러 문자, 즉 문자열을 입출력하는 방법을 제공한다.

문자열 기반 입력 함수 : gets(3), fgets(3)

함수 원형

```
#include <stdio.h>

char *gets(const char *s);
char *fgets(char *s, int size, FILE *stream);
```

↳ 인자 설명

- **s** : 문자열을 저장한 버퍼의 시작 주소
- **size** : 버퍼의 크기
- **stream** : 파일 포인터

gets() 함수는 표준 입력에서 문자열을 읽어들인다. 문자열은 엔터키를 입력하거나 파일의 끝을 만날 때까지 읽는다. gets() 함수는 읽어들인 문자열의 끝에서 개행 문자(엔터키 값)를 제외하고 널 문자('\0')를 채워 인자 s가 가리키는 영역에 저장하고 리턴한다. gets() 함수는 인자 s가 확보하고 있는 메모리의 크기를 알 수 없기 때문에 s가 가득 찬 후에도 계속 읽을 수 있다. 이 때문에 보안 침해 문제가 발생할 수 있으므로 가능하면 gets() 함수는 사용하지 않는 것이 좋다.

fgets() 함수는 파일 포인터가 가리키는 파일에서 변수 size에 지정한 길이보다 하나 적게 문자열을 읽어 s에 저장한다. size의 길이만큼 읽는 도중에 개행 문자를 만나거나 파일의 끝을 만나면 해당 지점까지만 읽어온다. fgets() 함수는 gets() 함수와 달리 개행 문자도 s에 저장하고, 버퍼의 마지막 문자 다음에 널 문자를 저장한다. 두 함수 모두 오류인 경우와 파일의 끝에 도달한 경우에는 읽어올 수 없으므로 NULL을 반환한다. 정상적으로 입력을 수행하면 s의 시작 주소를 리턴한다.

문자열 기반 출력 함수 : puts(3), fputs(3)

함수 원형

```
#include <stdio.h>


int puts(const char *s);
int fputs(const char *s, FILE *stream);
```

↳ 인자 설명

- **s** : 문자열 주소
- **stream** : 파일 포인터

puts() 함수는 s가 가리키는 문자열을 표준 출력으로 출력한다. 이때 개행 문자를 추가해 출력한다. fputs() 함수는 s가 가리키는 문자열을 파일 포인터가 가리키는 파일로 출력한다. fputs() 함수는 출력할 때 개행 문자를 추가하지 않는다. 두 함수 모두 성공하면 음수가 아닌 수를 리턴하고, 파일의 끝이면 오류를 리턴한다.

[예제 4-11]에서 생성한 linux.out 파일의 끝에 내용을 추가해보자.

예제 4-12 문자열 기반 입출력 함수 사용하기 ch4_12.c

```
#include <stdlib.h>
#include <stdio.h>

int main() {
    FILE *rfp, *wfp;
    char buf[BUFSIZ];

    if ((rfp = fopen("linux.txt", "r")) == NULL) {
        perror("fopen: linux.txt");
        exit(1);
    }

    if ((wfp = fopen("linux.out", "a")) == NULL) {
        perror("fopen: linux.out");
        exit(1);
    }

```

```
18     while (fgets(buf, BUFSIZ, rfp) != NULL) {
19         fputs(buf, wfp);
20     }
21
22     fclose(rfp);
23     fclose(wfp);
24 }
```

실행

```
$ ch4_12.out
$ cat linux.out
Linux System Programming
Hanbit Academy
Linux System Programming
Hanbit Academy
```

- **13행** 출력할 파일(linux.out)을 추가 모드로 연다.
- **18행** fgets() 함수를 이용해 리턴값이 NULL이 될 때까지 한 행씩 buf로 읽어온다. fgets() 함수의 리턴값이 NULL이 되는 경우는 파일이 비어 있거나 파일의 끝을 만났을 때다.
- **19행** 18행에서 읽어온 문자열을 파일에 출력한다.
- **실행 결과** linux.out 파일에 내용이 추가되었다.

3.5 버퍼 기반 입출력

고수준 파일 입출력에서는 한 번에 입출력하는 버퍼의 크기를 지정해 버퍼 단위로 파일 입출력을 수행하는 방법을 제공한다.

버퍼 기반 입력 함수 : fread(3)

함수 원형

```
#include <stdio.h>

size_t fread(void *ptr, size_t size, size_t nmemb, FILE *stream);
```

↳ 인자 설명

- **ptr** : 버퍼 주소
- **size** : 버퍼 크기
- **nmemb** : 읽어올 항목 수
- **stream** : 파일 포인터

fread() 함수는 항목의 크기가 size인 데이터를 nmemb에서 지정한 개수만큼 읽어 ptr이 가리키는 버퍼에 저장한다. 성공적으로 수행하면 읽어온 항목 수를 리턴한다. 읽을 항목이 없으면 0을, 파일의 끝을 만나면 EOF를 리턴한다.

fread() 함수를 사용해 linux.txt 파일을 읽어 표준 출력으로 출력해보자.

예제 4-13 fread() 함수로 파일 읽기 ch4_13.c

```
#include <stdlib.h>
#include <stdio.h>

int main() {
    FILE *rfp;
    char buf[BUFSIZ];
    int n;

    if ((rfp = fopen("linux.txt", "r")) == NULL) {
        perror("fopen: linux.txt");
        exit(1);
    }

    while ((n=fread(buf, sizeof(char)*2, 4, rfp)) > 0) {
        buf[8] = '\0';
        printf("n=%d, buf=%s\n", n, buf);
    }

    fclose(rfp);
}
```

실행

```
$ ch4_13.out
n=4, buf=Linux Sy
n=4, buf=stem Pro
n=4, buf=gramming
n=4, buf=
Hanbit
n=4, buf=Academy
```

- **14행** 항목의 크기를 sizeof(char)의 2배로 하고 한 번에 읽어올 개수를 4로 지정한다. char의 크기는 1이므로 실제로는 8(=2×4)바이트씩 읽어온다.
- **15행** 문자열로 출력하기 위해 끝에 널 문자를 추가한다.
- **실행 결과** 한 번에 8바이트씩 끊어서 읽어왔다. 리턴값을 저장한 n의 출력값을 보면 한 번에 4개 항목을 읽었음을 알 수 있다.

버퍼 기반 출력 함수 : fwrite(3)

함수 원형

```
#include <stdio.h>

size_t fwrite(const void *ptr, size_t size, size_t nmemb, FILE *stream);
```

↳ 인자 설명

- **ptr** : 버퍼 주소
- **size** : 항목의 크기
- **nmemb** : 항목 수
- **stream** : 파일 포인터

fwrite() 함수는 항목의 크기가 size인 데이터를 nmemb에서 지정한 개수만큼 ptr에서 읽어 stream으로 지정한 파일에 출력한다. 성공적으로 수행하면 출력한 항목의 수를, 오류가 발생하면 EOF를 리턴한다.

fwrite() 함수를 사용해 [예제 4-13]에서 읽어온 내용을 linux.out 파일에 출력해보자.

예제 4-14 fwrite() 함수로 파일 출력하기 ch4_14.c

```c
01 #include <stdlib.h>
02 #include <stdio.h>
03
04 int main() {
05     FILE *rfp, *wfp;
06     char buf[BUFSIZ];
07     int n;
08
09     if ((rfp = fopen("linux.txt", "r")) == NULL) {
10         perror("fopen: linux.txt");
11         exit(1);
12     }
13
14     if ((wfp = fopen("linux.out", "a")) == NULL) {
15         perror("fopen: linux.out");
16         exit(1);
17     }
18
19     while ((n = fread(buf, sizeof(char)*2, 4, rfp)) > 0) {
20         fwrite(buf, sizeof(char)*2, n, wfp);
21     }
22
23     fclose(rfp);
24     fclose(wfp);
25 }
```

실행

```
$ ch4_14.out
$ cat linux.out
Linux System Programming
Hanbit Academy
Linux System Programming
Hanbit Academy
Linux System Programming
Hanbit Academy
```

- **14행** 출력할 파일을 추가로 연다. 따라서 실행하면 [예제 4-12]의 실행 결과 파일(linux.out)

에 덧붙어 출력된다.

- **19행** 항목의 크기를 sizeof(char)의 2배로 하고 한 번에 읽어올 개수를 4로 지정한다. char의 크기는 1이므로 실제로는 2×4=8바이트씩 읽는다.
- **20행** 항목의 크기가 sizeof(char)×2인 항목을 19행에서 fread() 함수가 리턴한 항목 수인 n 만큼씩 wfp가 가리키는 파일에 출력한다. fwrite() 함수는 출력할 때 별도로 개행 문자를 추가하지 않는다.
- **실행 결과** [예제 4-12]의 실행 결과 파일(linux.out)에 덧붙어 출력되었다.

3.6 형식 기반 입출력

fgets()와 같은 함수는 문자열의 형식을 고려하지 않고 한 행씩 읽어온다. 예를 들어, 다음과 같은 성적 파일을 한 행씩 읽어온다고 가정하면 과목별 점수를 구분해 떼어내는 번거로운 작업을 해야 한다.

```
학번     영어   리눅스   게임   C 언어
2021001  80     95       80     95
2021002  85     90       90     80
```

고수준 파일 입출력은 이처럼 정해진 형식이 있는 파일을 읽을 때 유용하게 사용할 수 있는 형식 기반 입출력 함수를 제공한다.

형식 기반 입력 함수 : scanf(3), fscanf(3)

함수 원형

```
#include <stdio.h>

int scanf(const char *format, ...);
int fscanf(FILE *stream, const char *format, ...);
```

↳ 인자 설명

- **format** : 입력 형식(%d, %s 등)
- **stream** : 파일 포인터

대표적인 형식 기반 입력 함수는 C 언어에서 다루는 scanf() 함수다. scanf() 함수는 표준 입력에서 입력을 받고, fscanf() 함수는 지정한 파일에서 입력을 받는다. fscanf() 함수도 scanf() 함수가 사용하는 형식 지정 방법을 그대로 사용하므로 여기서 다시 설명하지 않는다. 두 함수 모두 성공적으로 수행하면 읽은 항목의 개수를 리턴한다. 입력값이 형식에 맞지 않거나 너무 빨리 파일의 끝에 도달하면 0을 리턴한다. 형식에 맞는지 확인하기 전에 파일의 끝을 만나면 EOF를 리턴한다.

앞에서 예로 든 성적 파일(linux.dat)에서 성적을 읽어 평균을 구해보자. 아울러 fscanf() 함수로 형식 기반 입력 방법을 살펴보자.

예제 4-15 fscanf() 함수로 파일 내용 읽기 ch4_15.c

```c
#include <stdlib.h>
#include <stdio.h>

int main() {
    FILE *rfp;
    int id, s1, s2, s3, s4, n;

    if ((rfp = fopen("linux.dat", "r")) == NULL) {
        perror("fopen: linux.dat");
        exit(1);
    }

    printf("학번     평균\n");
    while ((n=fscanf(rfp, "%d %d %d %d %d", &id,&s1,&s2,&s3,&s4)) != EOF) {
        printf("%d : %d\n", id, (s1+s2+s3+s4)/4);
    }
    fclose(rfp);
}
```

실행

```
$ cat linux.dat
2021001 80 95 80 95
2021002 85 90 90 80
$ ch4_15.out
```

```
학번     평균
2021001 : 87
2021002 : 86
```

- **14행** 파일의 끝을 만날 때까지 입력 파일의 형식에 따라 학번과 성적을 한 행씩 읽는다. 읽어온 데이터는 이미 분리되어 있으므로 15행과 같이 별도의 작업 없이 바로 계산해 출력할 수 있다.

형식 기반 출력 함수 : printf(3), fprintf(3)

함수 원형

```c
#include <stdio.h>

int printf(const char *format, ...);
int fprintf(FILE *stream, const char *format, ...);
```

↳ 인자 설명

- **stream** : 파일 포인터
- **format** : 출력 형식

형식 기반 파일 출력도 C 언어에서 다룬 printf() 함수를 기반으로 한다. printf() 함수는 표준 출력으로 출력하고, fprintf() 함수는 지정한 파일로 출력한다. 출력 대상이 파일이기 때문에 첫 번째 인자가 파일 포인터가 된다는 점이 다를 뿐이다. fprintf() 함수도 printf() 함수가 사용하는 형식 지정 방법을 그대로 사용한다. 두 함수 모두 성공적으로 수행하면 출력한 문자 수를, 오류가 발생하면 EOF를 리턴한다.

[예제 4-15]의 결과를 표준 출력이 아닌 파일로 출력해보자. 실행 결과는 파일로 저장되므로 파일 내용을 확인해야 한다.

예제 4-16 fprintf() 함수를 사용해 지정한 파일로 출력하기 ch4_16.c

```c
#include <stdlib.h>
#include <stdio.h>

int main() {
    FILE *rfp, *wfp;
    int id, s1, s2, s3, s4, n;
```

```
07
08     if ((rfp = fopen("linux.dat", "r")) == NULL) {
09         perror("fopen: linux.dat");
10         exit(1);
11     }
12
13     if ((wfp = fopen("linux.scr", "w")) == NULL) {
14         perror("fopen: linux.scr");
15         exit(1);
16     }
17
18     fprintf(wfp, "학번      평균\n");
19     while ((n=fscanf(rfp, "%d %d %d %d %d", &id,&s1,&s2,&s3,&s4)) != EOF) {
20         fprintf(wfp, "%d : %d\n", id, (s1+s2+s3+s4)/4);
21     }
22
23     fclose(rfp);
24     fclose(wfp);
25 }
```

실행

```
$ ch4_16.out
$ cat linux.scr
학번      평균
2021001 : 87
2021002 : 86
```

- **13행** linux.scr 파일을 쓰기 모드로 생성한다
- **18행** 항목의 제목을 파일에 출력한다.
- **19행** 파일의 끝을 만날 때까지 입력 파일의 형식에 따라 학번과 성적을 한 행씩 읽는다. 읽어 온 데이터는 이미 분리되어 있으므로 20행과 같이 별도의 작업 없이 바로 계산해 파일 포인터 wfp가 가리키는 파일에 출력한다.
- **실행 결과** linux.scr 파일에 학번과 평균이 저장되었다.

3.7 파일 오프셋 지정

앞서 저수준 파일 입출력에서 lseek() 함수는 파일의 내용을 읽거나 쓰면 현재 읽을 위치나 쓸 위치를 알려주는 오프셋을 지정하는 기능을 제공한다는 것을 배웠다. 고수준 파일 입출력에서도 이와 같은 기능을 제공한다.

파일 오프셋 이동 : fseek(3)

함수 원형

```
#include <stdio.h>

int fseek(FILE *stream, long offset, int whence);
```

↳ 인자 설명

- **stream** : 파일 포인터
- **offset** : 이동할 오프셋
- **whence** : 오프셋의 기준 위치

fseek() 함수는 lseek() 함수와 유사하게 동작한다. fseek() 함수는 stream이 가리키는 파일에서 offset에 지정한 크기만큼 오프셋을 이동시킨다. whence는 offset 값을 해석하는 방법을 결정하는 상수로, lseek() 함수에서와 같은 의미를 지닌다. whence에 사용할 수 있는 값은 다음과 같다.

- SEEK_SET : 파일의 시작을 기준으로 계산
- SEEK_CUR : 현재 위치를 기준으로 계산
- SEEK_END : 파일의 끝을 기준으로 계산

lseek() 함수는 성공하면 변경된 오프셋을 리턴하지만 fseek() 함수는 성공하면 0을, 실패하면 EOF를 리턴한다. 따라서 현재 오프셋을 구할 때 다음과 같이 하면 안 된다.

```
cur = fseek(fp, 0, SEEK_CUR);          (×)
```

현재 오프셋을 구하려면 ftell() 함수를 사용해야 한다.

현재 오프셋 구하기 : ftell(3)

```
#include <stdio.h>

long ftell(FILE *stream);
```
함수 원형

↳ 인자 설명

- **stream** : 파일 포인터

ftell() 함수는 인자로 지정한 파일의 현재 오프셋을 리턴한다. ftell() 함수가 리턴하는 오프셋은 파일의 시작에서 현재 오프셋 위치까지의 바이트 수다. ftell() 함수는 수행에 실패하면 EOF를 리턴한다. 따라서 현재 오프셋 값을 구하려면 ftell() 함수를 다음과 같이 사용한다.

```
long cur;
cur = ftell(fp);
```

처음 위치로 오프셋 이동 : rewind(3)

rewind() 함수는 오프셋 위치를 파일의 시작으로 즉시 이동시킨다.

```
#include <stdio.h>

void rewind(FILE *stream);
```
함수 원형

↳ 인자 설명

- **stream** : 파일 포인터

파일 오프셋을 이동하며 linux.txt에 있는 내용의 첫 행 세 단어를 분리해 읽어보자. [예제 4-17]에서는 원하는 길이만큼 읽기 위해 fread() 함수를 사용하고, 화면으로 출력하기 위해 printf() 함수를 사용한다.

예제 4-17 오프셋 이동하며 읽어서 출력하기 ch4_17.c

```c
#include <stdlib.h>
#include <stdio.h>

int main() {
    FILE *fp;
    int n;
    long cur;
    char buf[BUFSIZ];

    if ((fp = fopen("linux.txt", "r")) == NULL) {
        perror("fopen: linux.txt");
        exit(1);
    }

    cur = ftell(fp);
    printf("Offset cur=%d\n", (int)cur);

    n = fread(buf, sizeof(char), 5, fp);
    buf[n] = '\0';
    printf("-- Read Str=%s\n", buf);

    fseek(fp, 1, SEEK_CUR);

    cur = ftell(fp);
    printf("Offset cur=%d\n", (int)cur);

    n = fread(buf, sizeof(char), 6, fp);
    buf[n] = '\0';
    printf("-- Read Str=%s\n", buf);

    fseek(fp, 1, SEEK_CUR);

    cur = ftell(fp);
    printf("Offset cur=%d\n", (int)cur);

    n = fread(buf, sizeof(char), 11, fp);
    buf[n] = '\0';
```

```
38     printf("-- Read Str=%s\n", buf);
39
40     rewind(fp);
41     cur = ftell(fp);
42     printf("Rewind Offset cur=%d\n", (int)cur);
43
44     fclose(fp);
45 }
```

실행

```
$ ch4_17.out
Offset cur=0
-- Read Str=Linux
Offset cur=6
-- Read Str=System
Offset cur=13
-- Read Str=Programming
Rewind Offset cur=0
```

- **15행, 24행, 33행, 41행** ftell() 함수로 현재 오프셋을 확인한다.
- **16행, 25행, 34행, 42행** ftell() 함수로 확인한 오프셋을 출력한다.
- **22행, 31행** 현재 오프셋을 기준으로 1만큼 이동한다. 18행에서 5바이트를 읽어 현재 오프셋이 5였는데, 22행을 실행한 결과 오프셋이 6으로 이동한다. 이 오프셋은 "Linux System Programming"에서 'S'에 해당하는 위치다. 31행의 경우 'P'로 이동한다.
- **40행** 첫 행을 출력한 후 rewind() 함수를 사용해 오프셋을 다시 시작 위치로 이동시킨다.
- **실행 결과** 오프셋이 이동하면서 단어별로 출력되는 것을 확인할 수 있다.

3.8 파일과 디스크 동기화 함수

고수준 파일 입출력 함수는 기본적으로 버퍼의 내용을 디스크로 옮겨 쓴다. 그러나 이를 항상 보장할 수는 없으므로 필요할 경우 강제로 수행하도록 해야 한다. 이를 위해 고수준 파일 입출력에서는 fflush(3) 함수를 제공한다.

```
#include <stdio.h>

int fflush(FILE *stream);
```
함수 원형

↳ 인자 설명

- **stream** : 파일 포인터

fflush() 함수는 버퍼에 있는 데이터를 파일에 기록한다. 파일을 읽기 전용으로 연 경우 버퍼에 있는 내용을 모두 비운다. 파일 포인터가 NULL이면 쓰기 전용으로 연 모든 파일에 데이터를 쓴다.

04 파일 기술자와 파일 포인터 변환

앞서 설명했듯이 저수준 파일 입출력에서는 열린 파일을 가리킬 때 파일 기술자를 사용하고, 고수준 파일 입출력에서는 파일 포인터를 사용한다. 파일 기술자와 파일 포인터는 상호 변환할 수 있다. 파일 기술자에서 파일 포인터를 생성하려면 fdopen() 함수를 사용하고, 파일 포인터에서 파일 기술자 정보를 추출하려면 fileno() 함수를 사용한다.

표 4-6 파일 기술자와 파일 포인터 변환

기능	함수
파일 기술자 → 파일 포인터	`FILE *fdopen(int fd, const char *mode);`
파일 포인터 → 파일 기술자	`int fileno(FILE *stream);`

파일 포인터 생성 : fdopen(3)

함수 원형

```
#include <stdio.h>

FILE *fdopen(int fd, const char *mode);
```

↳ 인자 설명

- **fd** : 파일 기술자
- **mode** : 열기 모드

fdopen() 함수는 파일 기술자와 모드(읽기, 쓰기 등)를 인자로 받아 파일 포인터를 생성한다. 두 번째 인자인 mode에 사용할 수 있는 값은 fopen()에서 사용한 값으로, [표 4-5]를 참조한다. mode에 값을 지정할 때는 파일 기술자를 열 때와 같은 종류의 값으로 지정해야 한다. 저수준에서는 읽기 전용(O_RDONLY)으로 열었는데, 고수준으로 변환하면서 쓰기(w)로 지정하면 정상적으로 동작하지 않는다. fdopen() 함수는 성공하면 파일 포인터를, 실패하면 널 포인터를 리턴한다.

open() 함수로 파일을 열어 리턴받은 파일 기술자를 fdopen() 함수에 전달해 파일 포인터를 생성하고, fgets() 함수를 사용해 파일을 읽어보자.

예제 4-18 fdopen() 함수로 파일 포인터 생성하기 ch4_18.c

```
01 #include <fcntl.h>
02 #include <stdlib.h>
03 #include <stdio.h>
04
05 int main() {
06     FILE *fp;
07     int fd;
08     char str[BUFSIZ];
09
10     fd = open("linux.txt", O_RDONLY);
11     if (fd == -1) {
12         perror("open");
13         exit(1);
14     }
15
16     fp = fdopen(fd, "r");
17
18     fgets(str, BUFSIZ, fp);
19     printf("Read : %s\n", str);
20
21     fclose(fp);
22 }
```

실행

```
$ ch4_18.out
Read : Linux System Programming
```

- **10행** 저수준 파일 입출력 함수인 open()으로 파일을 연다.
- **16행** fdopen() 함수를 사용해 파일 포인터를 생성한다.
- **18행** 16행에서 생성한 파일 포인터를 통해 고수준 파일 입출력 함수로 데이터를 읽는다.
- **실행 결과** fgets() 함수에 파일 포인터가 정상적으로 전달되어 데이터를 읽고 출력했음을 알 수 있다.

파일 기술자 생성 : fileno(3)

fileno() 함수는 파일 포인터를 인자로 받아 파일 기술자를 리턴한다.

함수 원형

```
#include <stdio.h>

int fileno(FILE *stream);
```

↳ 인자 설명

- **stream** : 파일 포인터

fopen() 함수로 파일을 열고 리턴받은 파일 포인터를 fileno() 함수로 전달해 파일 기술자를 추출해보자.

예제 4-19 fileno() 함수로 파일 기술자 추출하기 ch4_19.c

```
#include <unistd.h>
#include <fcntl.h>
#include <stdlib.h>
#include <stdio.h>

int main() {
    FILE *fp;
    int fd, n;
    char str[BUFSIZ];

    fp = fopen("linux.txt", "r");
    if (fp == NULL) {
        perror("fopen");
        exit(1);
    }

    fd = fileno(fp);
    printf("fd : %d\n", fd);

    n = read(fd, str, BUFSIZ);
    str[n] = '\0';
    printf("Read : %s\n", str);
```

```
23
24     close(fd);
25 }
```

실행

```
$ ch4_19.out
fd : 3
Read : Linux System Programming
Hanbit Academy
```

- **17행** 11행에서 fopen() 함수로 파일을 열고 리턴받은 파일 포인터에서 파일 기술자를 추출한다. 실행 결과에서 볼 수 있듯이 파일 기술자는 3이다.
- **20행** 파일 기술자를 이용해 저수준 파일 입출력 함수로 데이터를 읽는다.
- **21~22행** 20행에서 읽은 데이터에는 문자열의 끝을 표시하는 널이 포함되지 않으므로 강제로 널 값을 삽입하고 출력한다.
- **실행 결과** 파일 기술자가 3번으로 할당되고, linux.txt 파일의 내용을 모두 읽고 출력했음을 알 수 있다.

05 임시 파일 사용

프로그램을 수행하는 과정에서 데이터를 파일에 임시로 저장해야 할 때가 있다. 그런데 같은 프로그램을 여러 사용자가 동시에 사용하는 경우 임시 파일명이 동일하면 문제가 발생할 수 있다. 따라서 임시 파일명이 중복되지 않도록 생성해야 한다.

5.1 임시 파일명 생성

기존 파일과 중복되지 않는 임시 파일명을 만드는 함수로 tmpnam(), mktemp()가 있다. 이 함수들은 파일명만 리턴하므로 저수준이나 고수준 파일 생성 함수로 파일을 생성해 사용한다.

임시 파일명 생성 : tmpnam(3)

함수 원형

```
#include <stdio.h>

char *tmpnam(char *s);
```

↳ 인자 설명

- s : 파일명을 저장할 버퍼의 시작 주소

tmpnam() 함수를 사용하면 임시 파일명을 시스템이 알아서 지정한다. 인자가 있으면 경우 해당 인자가 가리키는 곳에 임시 파일명을 저장하고, 인자가 NULL이면 임시 파일명을 리턴한다.

템플릿을 지정한 임시 파일명 생성 : mktemp(3)

함수 원형

```
#include <stdlib.h>

char *mktemp(char *template);
```

↳ 인자 설명

- **template** : 임시 파일명의 템플릿

mktemp() 함수는 임시 파일의 템플릿을 인자로 받아 이를 임시 파일명으로 변환해 리턴한다. 인자로 지정하는 템플릿은 대문자 X 6개로 마쳐야 한다. 예를 들면 다음과 같다.

```
/tmp/hanbitXXXXXX
```

mktemp() 함수는 대문자 X 부분을 다른 문자로 대체해 임시 파일명을 만든다. 임시 파일명 생성에 실패하면 널 문자열을 리턴한다. [예제 4-20]은 임시 파일명을 생성하는 예다.

예제 4-20 임시 파일명 만들기 ch4_20.c

```c
#include <stdio.h>
#include <stdlib.h>
#include <string.h>

int main() {
    char *fname;
    char fntmp[BUFSIZ];
    char template[32];

    fname = tmpnam(NULL);
    printf("1. TMP File Name(tmpnam) : %s\n", fname);

    tmpnam(fntmp);
    printf("2. TMP File Name(tmpnam) : %s\n", fntmp);

    strcpy(template, "/tmp/hanbitXXXXXX");
    fname = mktemp(template);
    printf("3. TMP File Name(mktemp) : %s\n", fname);
}
```

실행

```
$ ch4_20.out
1. TMP File Name(tmpnam) : /tmp/fileZslWTk
2. TMP File Name(tmpnam) : /tmp/file04AVOo
3. TMP File Name(mktemp) : /tmp/hanbitVtWCZk
```

- **10행** tmpnam() 함수에 인자를 NULL로 지정해 임시 파일명을 리턴값으로 받는다.
- **13행** 인자로 지정한 배열에 임시 파일명을 저장한다.
- **16~20행** 임시 파일명의 템플릿을 생성하고 mktemp()로 임시 파일명을 생성한다.
- **실행 결과** 임시 파일은 모두 /tmp 디렉터리 아래에 생성되었다. [예제 4-20]을 컴파일해보면 경고 메시지가 나올 수 있는데, 이는 이 함수들이 보안이 취약할 수 있기 때문이다.

5.2 임시 파일의 파일 포인터와 파일 기술자 생성

tmpnam(), mktemp() 함수는 임시 파일의 이름만 생성한다. 따라서 해당 임시 파일을 대상으로 입출력을 수행하려면 파일을 열어야 한다. 대부분의 경우 프로그램을 수행할 때 임시 파일명을 반드시 알아야 하는 것은 아니다. 임시 파일명은 알 필요가 없고 임시 파일에 대한 파일 포인터만 필요하면 tmpfile() 함수를 사용하고, 파일 기술자가 필요하면 mkstemp() 함수를 사용한다. tmpfile() 함수는 자동으로 w+ 모드로 열린 파일 포인터를 리턴한다. mkstemp() 함수는 템플릿으로 임시 파일명을 지정해 열고 파일 기술자를 리턴한다. 템플릿은 mktemp() 함수에서 사용한 방식과 동일하다. 이 함수들로 생성한 파일 포인터와 파일 기술자는 바로 입출력에 사용할 수 있다.

함수 원형

```
#include <stdio.h>

FILE *tmpfile();
```

함수 원형

```
#include <stdlib.h>

int mkstemp(char *template);
```

↳ 인자 설명

- **template** : 임시 파일명의 템플릿

예제 4-21 tmpfile(), mkstemp() 함수로 임시 파일 생성하기 ch4_21.c

```
01 #include <string.h>
02 #include <unistd.h>
03 #include <stdlib.h>
04 #include <stdio.h>
05
06 int main() {
07     FILE *fp;
08     int fd;
09     char template[32];
10     int ret;
11
12     fp = tmpfile();
13     fputs("Temp File", fp);
14     fclose(fp);
15
16     strcpy(template, "/tmp/hanbitXXXXXX");
17     fd = mkstemp(template);
18     write(fd, "Temp File", 10);
19     close(fd);
20 }
```

- **12행** 임시 파일을 생성하고 파일 포인터를 리턴한다.
- **13행** 생성한 임시 파일에 fputs() 함수를 사용해 "Temp File"이라는 문자열을 출력한다.
- **16행** 임시 파일명의 템플릿을 지정한다.
- **17행** 템플릿을 사용해 임시 파일을 생성하고 파일 기술자를 리턴한다.
- **18행** write() 함수를 사용해 임시 파일에 "Temp File"이라는 문자열을 출력한다.
- **실행 결과** 프로그램 내부에서 임시로 파일을 생성했다가 종료하는 것이므로 결과로 확인할 수 없다. 프로그램 내에서 문자 그대로 임시로 사용하는 것이다.

요약

01 저수준 파일 입출력

- 저수준 파일 입출력은 리눅스 커널의 시스템 호출을 사용해 파일 입출력을 실행한다. 일반 파일뿐 아니라 특수 파일도 읽고 쓸 수 있다.
- 저수준 파일 입출력 함수

기능	함수
파일 열기/생성	int open(const char *pathname, int flags);
	int open(const char *pathname, int flags, mode_t mode);
파일 생성	int creat(const char *pathname, mode_t mode);
파일 닫기	int close(int fd);
데이터 읽기	ssize_t read(int fd, void *buf, size_t count);
데이터 쓰기	ssize_t write(int fd, const void *buf, size_t count);
파일 오프셋 변경	off_t lseek(int fd, off_t offset, int whence);
파일 기술자 복사	int dup(int oldfd);
	int dup2(int oldfd, int newfd);
파일 삭제	int remove(const char *pathname);
파일 기술자 제어	int fcntl(int fd, int cmd, ... /* arg */);
디스크 동기화	int fsync(int fd);

02 파일 접근 권한 함수

- 고수준 파일 입출력은 '표준 입출력 라이브러리'라고도 부르며, C 언어의 표준 함수로 제공된다. 데이터를 바이트 단위로 읽거나 쓰지 않고 버퍼를 이용해 한꺼번에 읽거나 쓴다.
- 고수준 파일 입출력 함수

기능	함수
파일 열기/생성	FILE *fopen(const char *pathname, const char *mode)
파일 닫기	int fclose(FILE *stream);
문자 기반 읽기	int fgetc(FILE *stream);
	int getc(FILE *stream);
	int getchar(void);
	int getw(FILE *stream);
문자 기반 쓰기	int fputc(int c, FILE *stream);
	int putc(int c, FILE *stream);
	int putchar(int c);
	int putw(int w, FILE *stream);
문자열 기반 읽기	char *gets(const char *s);
	char *fgets(char *s, int size, FILE *stream);
문자열 기반 쓰기	int puts(const char *s);
	int fputs(const char *s, FILE *stream);
버퍼 기반 읽기	size_t fread(void *ptr, size_t size, size_t nmemb, FILE *stream);
버퍼 기반 쓰기	size_t fwrite(const void *ptr, size_t size, size_t nmemb, FILE *stream);
형식 기반 읽기	int scanf(const char *format, ...);
	int fscanf(FILE *stream, const char *format, ...);
형식 기반 쓰기	int printf(const char *format, ...);
	int fprintf(FILE *stream, const char *format, ...);
파일 오프셋 지정	int fseek(FILE *stream, long offset, int whence);
	long ftell(FILE *stream);
	void rewind(FILE *stream);
디스크 동기화	int fflush(FILE *stream);

03 저수준 파일 입출력과 고수준 파일 입출력 비교

구분	저수준 파일 입출력	고수준 파일 입출력
파일 지시자	int fd(파일 기술자)	FILE *fp(파일 포인터)
특징	· 빠르다. · 바이트 단위로 읽고 쓴다. · 특수 파일에 접근이 가능하다.	· 사용하기 쉽다. · 버퍼 단위로 읽고 쓴다. · 데이터의 입출력 동기화가 쉽다. · 여러 형식을 지원한다.

04 파일 기술자와 파일 포인터 변환

저수준 파일 입출력에서 사용하는 파일 기술자와 고수준 파일 입출력에서 사용하는 파일 포인터를 서로 바꿀 수 있다.

기능	함수
파일 기술자 → 파일 포인터	`FILE *fdopen(int fd, const char *mode);`
파일 포인터 → 파일 기술자	`int fileno(FILE *stream);`

05 임시 파일 생성

프로그램을 수행하는 과정에서 데이터를 파일에 임시로 저장할 필요가 있다면 임시 파일의 이름이 중복되지 않도록 생성해야 한다.

기능	함수
임시 파일명 생성	`char *tmpnam(char *s);` `char *mktemp(char *template);`
임시 파일 포인터 생성	`FILE *tmpfile();`
임시 파일 기술자 생성	`int *mkstemp(char *template);`

연습문제

01 open() 함수를 사용해 han.txt 파일을 생성하고, 이미 파일이 있으면 오류 메시지를 출력하려고 한다. 올바르게 작성한 것은?

① open("han.txt", O_CREAT, 0644)

② open("han.txt", O_CREAT | O_EXCL, 0644)

③ open("han.txt", O_CREAT | O_TRUNC, 0644)

④ open("han.txt", O_CREAT | O_APPEND, 0644)

02 lseek() 함수를 사용해 파일 오프셋의 현재 위치를 검색하려고 한다. 맞게 사용한 것은?

① lseek(fd, 0, SEEK_SET)

② lseek(fd, 0, SEEK_END)

③ lseek(fd, 1, SEEK_CUR)

④ lseek(fd, 0, SEEK_CUR)

03 고수준 파일 입출력에서 한 번에 한 문자씩 읽어올 때 사용하는 함수는?

① read()　　② fputc()

③ fgetc()　　④ fgets()

04 파일 기술자 fd를 파일 포인터로 변환하려고 한다. 맞게 사용한 것은?

① fdopen(fd,"r")　　② fileno(fd)

③ fopen(fd)　　④ ftell(fd)

05 /tmp 디렉터리에 접두어로 "han"을 지정해 임시 파일을 생성하려고 한다. 맞게 사용한 것은?

① tmpnam("han")　　② tmpnam("/tmp", "han")

③ tempnam("/tmp", "han")　　④ tempnam("han")

06 저수준 파일 입출력을 이용해 'newcat' 프로그램을 작성하시오. 이때 행 번호를 붙여서 출력하고 파일명은 명령행 인자로 받는다.

실행 예 `$ newcat han.c`

07 저수준 파일 입출력을 이용해 파일을 복사하는 프로그램을 작성하시오. 이때 파일명은 명령행 인자로 받는다.

실행 예 han.c를 bit.c로 복사

```
$ newcp han.c bit.c
```

08 저수준 파일 입출력을 이용해 현재 디렉터리 아래에 새로운 디렉터리를 생성하고 파일을 이동시키는 프로그램을 작성하시오. 이때 생성할 디렉터리명과 파일명은 명령행 인자로 받는다.

실행 예 `$ newmv 디렉터리명 파일명`

09 파일의 내용을 읽고 세 글자씩 분리해 출력하는 프로그램을 작성하시오.

파일 내용 123456789

출력 형태 123 456 789

10 lseek() 함수를 이용해 다음 데이터 파일을 읽어 출력 형태와 같이 출력하는 프로그램을 작성하시오.

데이터 파일 abcdefghijklmnopqrstuvwxyz

출력 형태 acegikmoqsuwy

11 10번 문제를 fseek() 함수를 이용해 구현하시오.

12 10번 문제를 fread()와 fwrite() 함수를 사용해 동일한 결과가 출력되도록 작성하시오.

13 fgetc() 함수를 사용해 특정 문자가 해당 파일에 있는지 확인하는 프로그램을 작성하시오.

14 고수준 파일 입출력을 이용해 파일명을 바꾸는 프로그램을 작성하시오. 이때 파일명은 명령행 인자로 받는다.

실행 예 han.c를 bit.c로 이름 변경

```
$ newname han.c bit.c
```

15 다음 데이터 파일을 읽고 학번과 평균을 출력하는 프로그램을 작성하시오. 데이터 입력은 저수준 파일 입출력을 이용하고, 형식 기반의 고수준 입출력을 사용할 때와 달리 추가로 필요한 작업은 무엇인지 적으시오.

학번	철학	음악	미술
2021001	98	99	97
2021002	88	90	89

16 임시 파일을 생성해 파일명을 출력하고 이 파일에 학번과 학생 이름을 출력하는 프로그램을 작성하시오.

Part 02

시스템과 프로세스 관리

Preview

리눅스/유닉스 시스템은 기본적으로 여러 사용자가 시스템을 동시에 사용하는 다중 사용자 시스템이다. 따라서 시스템에는 다양한 서비스를 제공하는 시스템 프로세스와 사용자가 실행하는 여러 프로세스가 함께 동작하고 있다. 시스템 프로그래밍에서는 시스템의 자원과 사용자 정보, 프로세스 정보를 처리할 수 있어야 한다. 여기서는 시스템의 자원 검색, 사용자 정보 검색, 프로세스 관리 기능을 다루고, 프로그램에서 프로세스를 생성하는 방법을 알아본다.

Chapter

05

시스템 정보

학습목표

- 함스를 사용해 리눅스 시스템 정보를 검색할 수 있다.
- 함수를 이용해 사용자 정보를 검색할 수 있다.
- 함스를 사용해 시스템 시간을 관리할 수 있다.

01 개요

이 장에서는 리눅스 시스템과 관련된 기본 정보 및 사용자 정보를 검색하고 시스템의 시간을 관리하는 함수를 다룬다.

리눅스 시스템의 기본 환경 정보를 검색할 수 있는 함수는 기본 환경과 관련된 구조체나 상수를 사용해 정보를 검색한다. 대상 정보는 하드웨어와 운영체제의 종류 정보, 메모리 페이지의 크기나 최대 패스워드 길이와 같은 시스템 환경 설정 정보다.

[표 5-1]은 시스템 정보 검색 함수를 정리한 것이다. uname() 함수를 사용하면 설치된 운영체제 정보와 같은 시스템 기본 정보를 검색할 수 있다. sysconf() 함수를 사용하면 시스템 자원 정보를 검색할 수 있고, fpathconf() 함수와 pathconf() 함수를 사용하면 파일과 디렉터리 자원 정보를 검색할 수 있다.

표 5-1 시스템 정보 검색 함수

종류	함수
운영체제 정보 검색	`int uname(struct utsname *buf);`
시스템 자원 정보 검색	`long sysconf(int name);`
파일/디렉터리 자원 검색	`long fpathconf(int fd, int name);`
	`long pathconf(const char *path, int name);`

리눅스 시스템의 사용자 정보에는 사용자 계정 정보, 그룹 정보, 로그인 기록 정보가 있다. 사용자 정보 검색 함수는 로그인명, UID, 패스워드 파일(/etc/passwd)이나 섀도우 파일(/etc/shadow)에서 사용자 정보를 읽어오는 함수로 구성되어 있다. 그룹 정보 검색 함수도 GID 검색과 그룹 파일(/etc/group)에서 그룹 정보를 읽어오는 함수로 구성되어 있다. 로그인 기록 검색 함수는 /var/log/utmp 파일에서 로그인 기록을 읽어온다.

표 5-2 사용자 정보 검색 함수

종류	함수
로그인명 검색	`char *getlogin(void);`
UID 검색	`uid_t getuid(void);`
	`uid_t geteuid(void);`
패스워드 파일 검색	`struct passwd *getpwuid(uid_t uid);`
	`struct passwd *getpwnam(const char *name);`
	`struct passwd *getpwent(void);`
	`void setpwent(void);`
	`void endpwent(void);`
	`struct passwd *fgetpwent(FILE *stream);`
섀도우 파일 검색	`struct spwd *getspnam(const char *name);`
	`struct spwd *getspent(void);`
	`void setspent(void);`
	`void endspent(void);`
	`struct spwd *fgetspent(FILE *stream);`
그룹 정보 검색	`gid_t getgid(void);`
	`gid_t getegid(void);`
	`struct group *getgrnam(const char *name);`
	`struct group *getgrgid(gid_t gid);`
	`struct group *getgrent(void);`
	`void setgrent(void);`
	`void endgrent(void);`
	`struct group *fgetgrent(FILE *stream);`
로그인 기록 검색	`struct utmp *getutent(void);`
	`void setutent(void);`
	`void endutent(void);`
	`int utmpname(const char *file);`

리눅스 시스템에서는 파일이나 디렉터리의 생성, 사용자 정보 변경 등 다양한 부분에서 시간 정보가 필요하다. 리눅스에서는 시간 정보 함수로 현재 시간 정보를 검색하는 함수, 시간대를

설정하는 함수, 시간 정보를 분해해 구조체로 리턴하는 함수, 시간 정보의 출력 형식을 지정하는 함수를 제공한다.

표 5-3 시간 관리 함수

종류	함수
기본 시간 읽기	time_t time(time_t *tloc);
	int gettimeofday(struct timeval *tv, struct timezone *tz);
	int settimeofday(const struct timeval *tv, const struct timezone *tz);
시간대 설정	void tzset(void);
시간 정보 분해	struct tm *gmtime(const time_t *timep);
	struct tm *localtime(const time_t *timep);
초 단위 시간 생성	time_t mktime(struct tm *tm);
형식 지정 시간 출력	char *ctime(const time_t *timep);
	char *asctime(const struct tm *tm);
	size_t strftime(char *s, size_t max, const char *format, const struct tm *tm);

02 시스템 정보 검색

리눅스 시스템 정보에는 시스템에 설치된 운영체제에 관한 정보, 호스트명 정보, 하드웨어 종류에 관한 정보가 있다. 리눅스 시스템에는 하드웨어에 따라 사용할 수 있는 자원의 최댓값이 설정되어 있는데, 함수를 사용해 자원값을 검색하거나 수정할 수 있다. 자원값에는 최대 프로세스 개수, 프로세스 하나가 열 수 있는 최대 파일 개수, 메모리 페이지 크기 등이 있다.

리눅스 시스템에서는 시스템의 기본 환경을 검색하는 데 사용하는 다양한 구조체와 매개변수를 제공한다. 적절한 매개변수와 함수를 활용해 시스템의 기본 환경 정보를 검색할 수 있다.

2.1 운영체제 기본 정보 검색

시스템에 설치된 운영체제의 이름과 버전, 호스트명, 하드웨어 종류 등을 검색하려면 uname 명령을 사용한다. uname 명령에 -a 옵션을 지정하면 현재 시스템에 설치되어 있는 운영체제 정보가 출력된다.

```
$ uname -a
Linux   jw09   5.8.0-44-generic #50~20.04.1-Ubuntu SMP Wed Feb 10 21:07:30 UTC 2021
커널명 호스트명    커널 릴리즈                      커널 버전
 x86_64    x86_64    x86_64  GNU/Linux
하드웨어명 프로세서명 플랫폼명 운영체제명
```

결과를 보면 현재 이 시스템에는 인텔 64비트 하드웨어에 리눅스 커널 5.8.0을 기반으로 한 우분투 리눅스가 설치되어 있으며 호스트명은 jw09임을 알 수 있다. 솔라리스에서 같은 명령을 수행하면 다음과 같이 출력된다.

[솔라리스]

```
$ uname -a
SunOS solaris 5.11 11.4.0.15.0 i86pc i386 i86pc
```

uname 명령과 이름이 같은 uname() 함수가 있다. uname() 함수를 사용하면 현재 시스템에 설치되어 있는 운영체제 정보를 검색할 수 있다.

운영체제 정보 검색 : uname(2)

함수 원형

```
#include <sys/utsname.h>

int uname(struct utsname *buf);
```

↳ 인자 설명

- **buf** : utsname 구조체 주소

uname() 함수는 운영체제 정보를 검색해 utsname 구조체에 저장한다. utsname 구조체는 sys/utsname.h 파일에 정의되어 있고 man -s 2 uname으로 확인할 수 있다.

```
struct utsname {
    char sysname[];
    char nodename[];
    char release[];
    char version[];
    char machine[];
};
```

utsname 구조체의 각 항목은 문자형 배열이며, 각 값은 널 종료 문자열null terminated string로 저장된다. 각 항목에 저장되는 값은 다음과 같다.

표 5-4 utsname 구조체의 항목

항목	설명
sysname	현재 운영체제의 이름을 저장한다.
nodename	네트워크를 통해 통신할 때 사용하는 시스템의 이름을 저장한다.
release	운영체제의 릴리즈 번호를 저장한다.
version	운영체제의 버전 번호를 저장한다.
machine	운영체제가 동작하는 하드웨어의 표준 이름(아키텍처)을 저장한다.

uname() 함수는 성공하면 0을 리턴한다. 실패하면 −1을 리턴하고 errno 변수에 오류 코드를 지정한다.

uname() 함수로 시스템의 운영체제 정보를 검색하고 출력해보자.

예제 5-1 uname() 함수로 운영체제 정보 검색하기 ch5_1.c

```
#include <sys/utsname.h>
#include <stdlib.h>
#include <stdio.h>

int main() {
    struct utsname uts;

    if (uname(&uts) == -1) {
        perror("uname");
        exit(1);
    }

    printf("OSname : %s\n", uts.sysname);
    printf("Nodename : %s\n", uts.nodename);
    printf("Release : %s\n", uts.release);
    printf("Version : %s\n", uts.version);
    printf("Machine : %s\n", uts.machine);
}
```

실행

```
$ ch5_1.out
OSname : Linux
Nodename : jw09
Release : 5.8.0-44-generic
Version : #50~20.04.1-Ubuntu SMP Wed Feb 10 21:07:30 UTC 2021
Machine : x86_64
```

- **06행** utsname 구조체 변수를 선언한다.
- **08행** utsname 구조체 주소를 인자로 지정한다. uname() 함수가 수행에 성공하면 utsname 구조체 변수인 uts에 시스템 정보가 저장된다.
- **13~17행** 구조체에 저장된 운영체제 정보를 문자열로 출력한다. 실행 결과에서 출력 내용을 확인할 수 있다.

여기서 잠깐! | BSD 계열 유닉스의 호스트명 검색 함수

BSD 계열의 유닉스에서는 호스트 이름을 검색하고 설정하기 위한 별도의 함수를 제공한다. 이 함수들은 SVR4에도 이식되었다.

TIP POSIX.1-2001과 POSIX.1-2008은 gethostname() 함수는 정의하였지만 sethostname() 함수는 정의하지 않았다.

```
#include <unistd.h>

int gethostname(char *name, size_t len);
int sethostname(const char *name, size_t len);
```

gethostname() 함수는 현재 시스템에 설정된 호스트 이름을 검색하여 name에 저장하고, sethostname() 함수는 새로 설정할 호스트 이름을 name에 지정한다. len은 name의 길이다.

여기서 잠깐! | 솔라리스의 sysinfo() 함수

솔라리스에서는 시스템 정보를 검색하거나 설정할 수 있는 sysinfo( ) 함수를 제공한다.

```
#include <sys/systeminfo.h>

long sysinfo(int command, char *buf, long count);
```

sysinfo() 함수는 command에 지정한 검색 또는 설정 명령에 따른 값을 buf에 저장한다.

솔라리스와 달리 리눅스에서 sysinfo( ) 함수는 메모리와 프로세스 정보를 검색할 때 사용한다. 이 함수는 6장에서 살펴볼 것이다.

2.2 시스템 자원 정보 검색

리눅스 시스템에서는 하드웨어에 따라 사용할 수 있는 자원의 최댓값을 설정해놓았다. 이 항목들은 POSIX 표준에 따라 limits.h 파일에 정의되어 있다. 프로그램을 실행하면서 sysconf(), fpathconf(), pathconf() 함수를 이용해 현재 설정된 자원값을 검색할 수 있다.

시스템 자원 정보 검색 : sysconf(3)

함수 원형

```
#include <unistd.h>

long sysconf(int name);
```

↳ 인자 설명

- **name** : 검색할 정보를 나타내는 상수

sysconf() 함수는 검색하려는 시스템 정보를 나타내는 상수를 인자로 받고 현재 설정되어 있는 시스템 자원값 또는 옵션값을 리턴한다. 오류가 발생하면 –1을 리턴한다.

sysconf() 함수의 인자로 지정할 수 있는 상수는 sys/unistd.h 파일에 정의되어 있다. 주요 상숫값은 다음과 같다.

TIP 다른 상숫값에 대한 설명은 man sysconf 명령으로 확인하기 바란다.

표 5-5 POSIX.1에서 정의한 주요 상수

상수	설명
_SC_ARG_MAX	exec() 계열 함수에 사용하는 인자의 최대 크기
_SC_CHILD_MAX	한 UID에 허용되는 최대 프로세스 개수
_SC_HOST_NAME_MAX	호스트명의 최대 길이
_SC_LOGIN_NAME_MAX	로그인명의 최대 길이
_SC_CLK_TCK	초당 클록 틱 수
_SC_OPEN_MAX	프로세스당 열 수 있는 최대 파일 수
_SC_PAGESIZE	시스템 메모리의 페이지 크기
_SC_VERSION	시스템이 지원하는 POSIX.1의 버전

sysconf() 함수로 인자의 최대 길이와 클록 틱 수, 한 프로세스가 최대로 열 수 있는 파일 개수, 로그인명의 최대 길이를 검색해보자.

예제 5-2 **sysconf() 함수로 시스템 자원 정보 검색하기** ch5_2.c

```
01 #include <unistd.h>
02 #include <stdio.h>
03
04 int main() {
05     printf("Arg Max : %ld\n", sysconf(_SC_ARG_MAX));
06     printf("Clock Tick : %ld\n", sysconf(_SC_CLK_TCK));
07     printf("Max Open File : %ld\n", sysconf(_SC_OPEN_MAX));
08     printf("Max Login Name Length : %ld\n", sysconf(_SC_LOGIN_NAME_MAX));
09 }
```

실행

```
$ ch5_2.out
Arg Max : 2097152
Clock Tick : 100
Max Open File : 1024
Max Login Name Length : 256
```

- **05~08행** 검색하고 싶은 명령을 sysconf() 함수의 인자로 지정한다.

- **실행 결과** 인자의 최대 길이는 2097152바이트, 클릭은 초당 100번, 열 수 있는 최대 파일 개수는 1024개, 로그인명은 최대 256바이트임을 알 수 있다.

파일과 디렉터리 자원 검색 : fpathconf(3)/pathconf(3)

함수 원형

```
#include <unistd.h>

long fpathconf(int fd, int name);
long pathconf(const char *path, int name);
```

↳ 인자 설명

- **fd** : 파일 기술자
- **path** : 파일이나 디렉터리 경로
- **name** : 검색할 정보를 지정하는 상수

fpathconf() 함수는 열린 파일의 파일 기술자인 fd를 인자로 받아 이 파일과 관련된 자원값이나 옵션값 정보를 검색한다. pathconf() 함수는 path에 지정한 파일이나 디렉터리와 관련해 설정된 자원값이나 옵션값을 리턴한다. name에는 검색할 정보를 나타내는 상수를 지정한다. 이 함수들은 성공하면 결과를 정수로 리턴하고 오류가 발생하면 –1을 리턴한다.

fpathconf() 함수와 pathconf() 함수의 두 번째 인자로 지정할 수 있는 상수는 unistd.h 파일에 정의되어 있다. 주요 상수는 다음과 같다.

표 5-6 검색에 사용할 수 있는 주요 상수

상수	설명
_PC_LINK_MAX	파일에 가능한 최대 링크 수
_PC_NAME_MAX	파일명의 최대 길이를 바이트 크기로 표시
_PC_PATH_MAX	상대 경로명의 최대 길이를 바이트 크기로 표시

pathconf() 함수로 현재 디렉터리의 최대 링크 수와 디렉터리명의 최대 길이, 경로의 최대 길이를 검색해보자.

예제 5-3 pathconf() 함수로 디렉터리 자원 검색하기 ch5_3.c

```
01 #include <unistd.h>
02 #include <stdio.h>
03
04 int main() {
05     printf("Link Max : %ld\n", pathconf(".", _PC_LINK_MAX));
06     printf("Name Max : %ld\n", pathconf(".", _PC_NAME_MAX));
07     printf("Path Max : %ld\n", pathconf(".", _PC_PATH_MAX));
08 }
```

실행

```
$ ch5_3.out
Link Max : 65000
Name Max : 255
Path Max : 4096
```

- **05~07행** 현재 디렉터리(.)의 최대 링크 수(_PC_LINK_MAX)와 최대 파일명 길이(_PC_NAME_MAX), 최대 경로 길이(_PC_PATH_MAX)를 검색해 리턴값을 출력한다.
- **실행 결과** 링크는 최대 65000개, 파일명은 255바이트, 경로명은 4096바이트까지 사용할 수 있음을 알 수 있다.

03 사용자 정보 검색

리눅스 시스템에서 알 수 있는 사용자 정보에는 각 사용자에 관한 정보, 그룹에 관한 정보, 로그인 기록 정보가 있다. 이 정보들과 직접 관련이 있는 파일은 패스워드 파일(/etc/passwd)과 섀도우 파일(/etc/shadow), 그룹 파일(/etc/group), 로그인 기록 파일(/var/run/utmp)이다. 관련 함수와 구조체를 사용해 이러한 정보를 검색하는 방법을 알아본다.

3.1 로그인명과 UID 검색

사용자 정보 중 가장 기본적인 것은 로그인명login name이다. 로그인명마다 지정되는 사용자 ID 또한 기본적인 정보다. 사용자 계정을 등록할 때 로그인명과 사용자 ID(UIDUser ID)가 지정된다. 리눅스 시스템에서는 현재 사용자의 로그인명과 UID를 검색할 수 있는 함수를 제공한다.

로그인명 검색 : getlogin(3)

함수 원형

```
#include <unistd.h>

char *getlogin(void);
```

getlogin() 함수는 /var/run/utmp 파일을 검색해 현재 프로세스를 실행한 사용자의 로그인명을 찾아 리턴한다(void는 인자로 아무것도 지정하지 않음을 의미한다). 만약 이 프로세스를 실행한 사용자가 로그아웃logout했거나 rshremote shell 등으로 원격에서 실행한 프로세스에서 getlogin() 함수를 호출하면 사용자명을 찾지 못하고 널 포인터를 리턴하므로 주의해야 한다. /var/run/utmp 파일의 구조는 뒤쪽에 나오는 '로그인 기록 검색'에서 살펴본다.

UID 검색 : getuid(2)/geteuid(2)

함수 원형

```
#include <unistd.h>
#include <sys/types.h>

uid_t getuid(void);
uid_t geteuid(void);
```

getuid() 함수는 현재 프로세스의 실제 사용자 ID를, geteuid() 함수는 유효 사용자 ID를 리턴한다. 두 함수 모두 인자를 받지 않는다.

리눅스 시스템에서 프로세스와 관련된 UID는 두 가지다.

- **실제 사용자 ID(RUID[Real User ID])** : 로그인할 때 사용한 로그인명에 대응하는 UID로, 프로그램을 실행하는 사용자를 나타낸다.
- **유효 사용자 ID(EUID[Effective User ID])** : 프로세스에 대한 접근 권한을 부여할 때 사용한다. 처음 로그인할 때는 실제 사용자 ID와 유효 사용자 ID가 같지만, setuid가 설정된 프로그램을 실행하거나 다른 사용자 ID로 변경할 경우 유효 사용자 ID는 달라진다.

getuid(), geteuid() 함수를 사용해 로그인명과 UID, EUID를 검색하고 getlogin() 함수로 로그인명을 검색한 후 출력해보자.

예제 5-4 getuid(), geteuid() 함수로 UID, EUID 검색하기 ch5_4.c

```
#include <sys/types.h>
#include <unistd.h>
#include <stdio.h>

int main() {
    uid_t uid, euid;
    char *name;

    uid = getuid();
    euid = geteuid();
    name = getlogin();
```

```
12
13     printf("Login Name=%s, UID=%d, EUID=%d\n", name, (int)uid, (int)euid);
14 }
```

실행

```
$ ch5_4.out
Login Name=jw, UID=1000, EUID=1000
```

- **09~10행** getuid() 함수와 geteuid() 함수를 사용해 UID, EUID를 검색한다.
- **12~13행** getlogin() 함수를 사용해 로그인명을 검색한다.
- **실행 결과** 로그인명과 UID, EUID가 출력되었다.

[예제 5-4]의 실행 결과를 보면 UID와 EUID가 모두 1000임을 알 수 있다. 사용자를 변경하지 않았으므로 UID와 EUID의 값이 같다. 만약 이 실행 파일에 setuid가 설정되어 있고 일반 사용자가 실행한다면 결과가 달라질 것이다.

먼저 실행 파일에 setuid를 설정한다.

```
$ chmod 4755 ch5_4.out
$ ls -l ch5_4.out
-rwsr-xr-x 1 jw jw 16888  3월 15 20:39 ch5_4.out
$ grep user1 /etc/passwd
user1:x:1001:1001:sample user:/home/user1:/bin/bash
```

이제 일반 사용자 user1로 로그인해 ch5_4.out 파일을 실행해보자. UID는 프로그램을 실행한 일반 사용자 user1의 UID인 1001이지만, EUID는 setuid가 설정되어 있으므로 ch5_4.out 파일의 소유자 jw의 UID인 1000으로 나온다. UID와 EUID가 달라진 것이다.

```
$ ch5_4.out
Login Name=user1, UID=1001, EUID=1000
```

3.2 패스워드 파일 검색

/etc/passwd 파일에는 로그인명, UID, GID, 사용자의 홈 디렉터리, 로그인 셸 등 사용자에 관한 기본적인 정보가 들어 있다. 이 정보들을 검색하려면 /etc/passwd 파일 관련 구조체와 함수를 알아야 한다.

/etc/passwd 파일의 구조

/etc/passwd 파일은 사용자 정보를 각 행에 저장하며, 각 행에는 콜론(:)으로 구분된 정보가 있다. /etc/passwd 파일의 예를 보면 다음과 같다.

```
$ cat /etc/passwd
root:x:0:0:root:/root:/bin/bash
daemon:x:1:1:daemon:/usr/sbin:/usr/sbin/nologin
bin:x:2:2:bin:/bin:/usr/sbin/nologin

(중략)

user1:x:1001:1001:sample user:/home/user1:/bin/bash
```

마지막 행에 위치한 user1 사용자 정보를 구체적으로 살펴보면 다음과 같다.

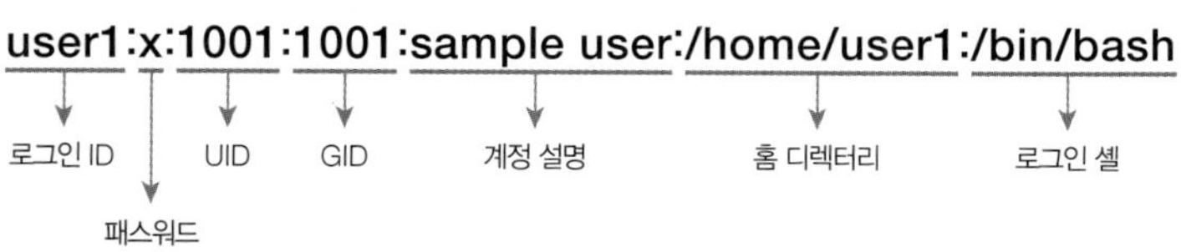

그림 5-1 사용자 기본 정보의 예

로그인 ID가 user1이고 UID는 1001이다. user1 사용자가 속한 그룹의 ID는 1001인데 리눅스에서는 사용자 계정을 등록할 때 UID와 같은 값으로 GID를 생성한다. /etc/group 파일을 보면 GID 1001은 user1 그룹이다. user1 사용자에 대한 설명을 보면 'sample test'로 샘플 계정임을 알 수 있고, 홈 디렉터리는 /home/user1이다. 로그인 셸은 배시 셸로 지정되어 있다.

passwd 구조체

/etc/passwd 파일의 정보를 읽어오려면 passwd 구조체를 사용해야 한다. passwd 구조체는 pwd.h 파일에 정의되어 있으며, passwd 구조체의 각 항목은 /etc/passwd 파일의 내용에 대응한다.

```
struct passwd {
    char    *pw_name;
    char    *pw_passwd;
    uid_t   pw_uid;
    gid_t   pw_gid;
    char    *pw_gecos;
    char    *pw_dir;
    char    *pw_shell;
};
```

- **pw_name** : 로그인명을 저장한다.
- **pw_passwd** : 암호를 저장한다. 그러나 요즘은 거의 대부분의 리눅스 시스템이 암호를 별도의 파일(/etc/shadow)에 저장하므로 의미 없는 항목이다.
- **pw_uid** : UID를 저장한다.
- **pw_gid** : 기본 그룹 ID를 저장한다.
- **pw_gecos** : 사용자 실명이나 기타 정보를 저장한다.
- **pw_dir** : 홈 디렉터리를 저장한다.
- **pw_shell** : 로그인 셸을 저장한다.

UID로 /etc/passwd 파일 읽기 : getpwuid(3)

함수 원형

```
#include <sys/types.h>
#include <pwd.h>

struct passwd *getpwuid(uid_t uid);
```

↳ 인자 설명

- **uid** : 검색할 UID

getpwuid() 함수는 /etc/passwd 파일에서 uid를 찾아 passwd 구조체에 결과를 저장하고 주소를 리턴한다. 만약 uid에 해당하는 사용자를 찾지 못하면 널 포인터를 리턴한다.

현재 프로세스를 실행한 사용자의 UID를 검색하고 이 UID를 사용해 패스워드 파일에서 정보를 검색해보자.

예제 5-5 getpwuid() 함수로 사용자 이름 검색하기 ch5_5.c

```
01 #include <unistd.h>
02 #include <sys/types.h>
03 #include <pwd.h>
04 #include <stdio.h>
05
06 int main() {
07     struct passwd *pw;
08
09     pw = getpwuid(getuid());
10     printf("UID : %d\n", (int)pw->pw_uid);
11     printf("Login Name : %s\n", pw->pw_name);
12 }
```

실행

```
$ ch5_5.out
UID : 1000
Login Name : jw
```

- **09행** getuid() 함수로 UID를 얻은 후 해당 UID에 관한 자세한 정보를 getpwuid() 함수로 검색한다.
- **10~11행** 검색 결과 중 UID와 로그인명만 출력한다.

이름으로 passwd 파일 읽기 : getpwnam(3)

함수 원형

```
#include <sys/types.h>
#include <pwd.h>

struct passwd *getpwnam(const char *name);
```

↳ 인자 설명

- **name** : 로그인명

getpwnam() 함수는 로그인명을 받아 /etc/passwd 파일에서 사용자 정보를 검색한 후 검색 결과를 passwd 구조체에 저장하고 주소를 리턴한다. 만일 로그인명에 해당하는 사용자를 찾지 못하면 널 포인터를 리턴한다.

로그인명이 user1인 사용자 정보를 패스워드 파일에서 검색해보자.

예제 5-6 getpwnam() 함수로 사용자 정보 검색하기 ch5_6.c

```
01 #include <sys/types.h>
02 #include <pwd.h>
03 #include <stdio.h>
04
05 int main() {
06     struct passwd *pw;
07
08     pw = getpwnam("user1");
09     printf("UID : %d\n", (int)pw->pw_uid);
10     printf("Home Directory : %s\n", pw->pw_dir);
11 }
```

실행

```
$ ch5_6.out
UID : 1001
Home Directory : /home/user1
```

- **08행** getpwnam() 함수를 사용해 user1 사용자 정보를 검색한다.
- **09~10행** 검색 결과 중 UID와 홈 디렉터리만 출력한다.

- 예제 실행 시 시스템에 user1 사용자가 없으면 코어 덤프가 발생하므로 주의해야 한다.

/etc/passwd 파일을 순차적으로 읽기 : getpwent(3), setpwent(3), endpwent(3), fgetpwent(3)

getpwuid() 함수와 getpwnam() 함수는 인자로 지정한 특정 사용자의 정보를 읽어온다. /etc/passwd 파일을 순차적으로 읽어오려면 다른 함수를 사용해야 한다.

함수 원형

```
#include <sys/types.h>
#include <pwd.h>

struct passwd *getpwent(void);
void setpwent(void);
void endpwent(void);
struct passwd *fgetpwent(FILE *stream);
```

↳ 인자 설명

- **stream** : 파일 포인터

getpwent() 함수는 /etc/passwd 파일에서 사용자 정보를 순차적으로 읽어온다. /etc/passwd 파일의 끝을 만나면 널 포인터를 리턴한다. setpwent() 함수는 /etc/passwd 파일의 오프셋을 파일의 처음에 놓는다. endpwent() 함수는 /etc/passwd 파일을 닫는다.

fgetpwent() 함수는 파일 포인터를 인자로 받는다. 즉, /etc/passwd 파일이 아닌 파일 포인터가 가리키는 파일에서 사용자 정보를 읽어온다. 따라서 파일 포인터가 가리키는 파일의 내부 구조는 /etc/passwd 파일과 동일해야 한다.

getpwent() 함수로 /etc/passwd 파일에서 사용자 정보 3개를 읽어 출력해보자.

예제 5-7 getpwent() 함수로 특정 사용자 정보 읽기 ch5_7.c

```
#include <pwd.h>
#include <stdio.h>

int main() {
```

```
05      struct passwd *pw;
06      int n;
07
08      for (n = 0; n < 3; n++) {
09          pw = getpwent();
10          printf("UID: %d, LoginName: %s\n", (int)pw->pw_uid, pw->pw_name);
11      }
12 }
```

실행

```
$ ch5_7.out
UID: 0, LoginName: root
UID: 1, LoginName: daemon
UID: 2, LoginName: bin
```

- **08~11행** /etc/passwd 파일에서 사용자 정보 3개를 읽어와 UID와 로그인명을 출력한다.
- **실행 결과** 사용자 정보 3개가 출력되었다. 만일 읽어온 사용자 정보를 저장하고 다른 처리를 하려면 passwd 구조체 변수를 별도로 선언하고 복사해야 한다.

3.3 섀도우 파일 검색

초기 유닉스 시스템은 사용자 계정의 패스워드 정보를 /etc/passwd 파일에 저장했다. 그러나 /etc/passwd 파일은 누구나 읽을 수 있기 때문에 보안 문제가 발생할 수 있어서 현재 대부분의 리눅스와 유닉스 시스템은 사용자 패스워드를 /etc/shadow 파일에 별도로 저장하고 있다. /etc/passwd 파일처럼 /etc/shadow 파일을 검색할 때 사용하는 구조체와 함수가 제공된다. 물론 이 함수들은 root 사용자만 실행할 수 있다.

/etc/shadow 파일의 구조

/etc/shadow 파일은 사용자의 패스워드 정보를 각 행에 저장한다. 각 행에는 콜론(:)으로 구분된 정보가 있다. 다음은 /etc/shadow 파일의 예다.

```
# cat /etc/shadow
root:!:18654:0:99999:7:::
daemon:*:18474:0:99999:7:::
bin:*:18474:0:99999:7:::

(중략)

user1:$6$9sCxeX5lXRBE3gq8$rgaw2d0SB3nM6dqir1D05u6JtLxIoLQUFaakcaviHvzDPNpPHrFHgWOozDhUj12
1f0rTTUtLs2FwKm91FiPoo/:18705:0:99999:7:::
```

마지막 행에 있는 user1 사용자 정보를 구체적으로 살펴보면 다음과 같다.

TIP 각 항목에 관한 설명은 spwd 구조체의 항목 설명을 참조한다.

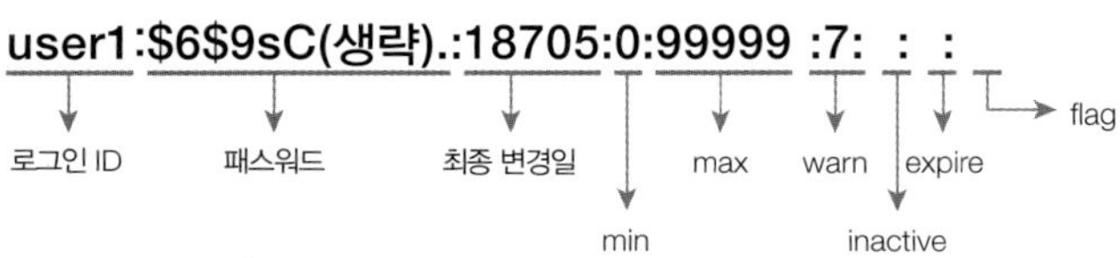

그림 5-2 사용자 패스워드 정보의 예

spwd 구조체

/etc/shadow 파일은 사용자 패스워드 정보와 패스워드의 주기 정보를 저장한다. 사용자 계정별로 한 행씩 저장하며, 각 행에는 콜론(:)으로 구분된 정보가 있다. 이를 읽어오려면 spwd 구조체를 사용해야 한다. spwd 구조체는 shadow.h 파일에 있다.

```
struct spwd {
    char *sp_namp;
    char *sp_pwdp;
    int sp_lstchg;
    int sp_min;
    int sp_max;
    int sp_warn;
    int sp_inact;
```

```
    int sp_expire;
    unsigned int sp_flag;
};
```

spwd 구조체의 각 항목은 /etc/shadow 파일의 내용에 대응된다.

- **sp_namp** : 로그인명을 저장한다.
- **sp_pwdp** : 사용자 계정의 패스워드를 암호화해 저장한다.
- **sp_lstchg** : 패스워드를 변경한 날짜 정보로, 1970년 1월 1일부터 일 수로 계산해 저장한다.
- **sp_min** : 변경된 패스워드를 사용해야 하는 최소 일 수다.
- **sp_max** : 현재 패스워드를 사용할 수 있는 최대 일 수다.
- **sp_warn** : 패스워드를 변경할 날이 되기 전에 경고를 시작하는 일 수다.
- **sp_inact** : 패스워드가 만료된 이후 사용자 계정이 정지될 때까지의 일 수다.
- **sp_expire** : 사용자 계정이 만료되는 날짜 정보로, 1970년 1월 1일부터 일 수로 표시한다.
- **sp_flag** : 나중에 사용하기 위해 예약된 공간으로, 현재는 사용하지 않는다.

/etc/shadow 파일 검색 : getspnam(3)

함수 원형

```
#include <shadow.h>

struct spwd *getspnam(const char *name);
```

↳ 인자 설명

- **name** : 검색할 사용자명

getspnam() 함수는 인자로 지정한 사용자의 패스워드 정보를 읽어온다. getspnam() 함수로 user1 사용자의 패스워드 정보를 검색해보자.

예제 5-8 getspnam() 함수로 사용자의 패스워드 정보 검색하기 ch5_8.c

```
01 #include <shadow.h>
02 #include <stdio.h>
03
04 int main() {
05     struct spwd *spw;
06
07     spw = getspnam("user1");
08     printf("Login Name : %s\n", spw->sp_namp);
09     printf("Passwd : %s\n", spw->sp_pwdp);
10     printf("Last Change : %ld\n", spw->sp_lstchg);
11 }
```

실행

```
$ sudo ./ch5_8.out
Login Name : user1
Passwd : $6$9sC(생략)
Last Change : 18705
```

- **07행** user1 사용자의 패스워드 정보를 검색한다.
- **08~10행** 검색 결과 중 로그인명, 패스워드, 패스워드를 마지막으로 변경한 날짜를 출력한다.
- **실행** /etc/shadow 파일은 root 사용자만 읽을 수 있으므로 sudo 명령으로 실행해야 한다.
- **실행 결과** 패스워드 정보가 검색되었다. 여기서 18705는 1970년 1월 1일부터 패스워드를 변경한 2021년 3월 19일까지가 18,705일임을 의미한다.

/etc/shadow 파일을 순차적으로 읽기 : getspent(3), setspent(3), endspent(3), fgetspent(3)

함수 원형

```
#include <shadow.h>

struct spwd *getspent(void);
void setspent(void);
void endspent(void);
struct spwd *fgetspent(FILE *stream);
```

↳ 인자 설명

- **stream** : 파일 포인터

getspent() 함수는 /etc/shadow 파일에서 패스워드 정보를 순차적으로 읽어오며, /etc/shadow 파일의 끝을 만나면 널 포인터를 리턴한다. setspent() 함수는 /etc/shadow 파일의 오프셋을 파일의 처음으로 위치시키고, endspent() 함수는 /etc/shadow 파일을 닫는다. fgetspent() 함수는 /etc/shadow 파일이 아닌 파일 포인터로 지정한 다른 파일에서 패스워드 정보를 읽어온다. 당연히 이 파일의 구조는 /etc/shadow 파일과 동일해야 한다.

getspent() 함수를 사용해 /etc/shadow 파일에서 패스워드 정보 3개를 읽고 출력해보자. 이 예제는 root 사용자 권한으로 실행해야 한다.

예제 5-9 getspent() 함수로 패스워드 정보 검색하기 ch5_9.c

```c
01 #include <shadow.h>
02 #include <stdio.h>
03
04 int main() {
05     struct spwd *spw;
06     int n;
07
08     for (n = 0; n < 3; n++) {
09         spw = getspent();
10         printf("LoginName: %s, Passwd: %s\n", spw->sp_namp, spw->sp_pwdp);
11     }
12 }
```

실행

```
$ sudo ./ch5_9.out
LoginName: root, Passwd: !
LoginName: daemon, Passwd: *
LoginName: bin, Passwd: *
```

- **08~11행** /etc/shadow 파일에서 패스워드 정보 3개를 읽어와 로그인명과 패스워드를 출력한다.
- **실행 결과** 패스워드 정보 3개가 출력되었다.

3.4 그룹 정보 검색

리눅스 시스템에서 사용자는 하나 이상의 그룹에 속한다. 그룹도 사용자와 마찬가지로 그룹명, 그룹 ID(GID[Group ID])가 있다. GID를 검색하는 함수로는 getgid()와 getegid()가 있다.

그룹 ID 검색하기 : getgid(2), getegid(2)

함수 원형

```
#include <unistd.h>
#include <sys/types.h>

gid_t getgid(void);
gid_t getegid(void);
```

getgid() 함수는 실제 그룹 ID를, getegid() 함수는 유효 그룹 ID를 리턴한다. UID와 마찬가지로 프로세스와 관련된 GID의 종류도 두 가지다. 실제 그룹 ID(RGID[Real Group ID])는 로그인할 때 사용한 사용자 계정의 기본 그룹이다. 유효 그룹 ID(EGID[Effective Group ID])는 프로세스 접근 권한을 부여할 때 사용한다.

getgid(), getegid() 함수를 사용해 GID와 EGID를 검색해보자.

예제 5-10 getgid(), getegid() 함수로 GID, EGID 검색하기 ch5_10.c

```
#include <sys/types.h>
#include <unistd.h>
#include <stdio.h>

int main() {
    gid_t gid, egid;

    gid = getgid();
    egid = getegid();

    printf("GID=%d, EGID=%d\n", (int)gid, (int)egid);
}
```

실행

```
$ ch5_10.out
GID=1000, EGID=1000
```

- **08행** 해당 프로세스를 실행한 사용자의 GID를 검색한다.
- **09행** 해당 프로세스를 실행한 사용자의 EGID를 검색한다.
- **실행 결과** GID와 EGID 모두 1000으로 검색되었다.

3.5 그룹 정보 파일 검색

리눅스에서는 그룹 정보를 /etc/group 파일에 별도로 저장한다. 사용자가 속한 그룹 중 /etc/passwd 파일의 GID 항목에 지정된 그룹이 기본 그룹이며, 2차 그룹은 /etc/group 파일에서 지정한다.

/etc/group 파일의 구조

/etc/passwd 파일처럼 그룹 정보는 /etc/group 파일에 한 행씩 저장되며, 항목은 콜론(:)으로 구분된다. 다음은 /etc/group 파일의 예다.

```
$ cat /etc/group
root:x:0:
daemon:x:1:
bin:x:2:
sys:x:3:
adm:x:4:syslog,jw
tty:x:5:syslog

(하략)
```

group 구조체

/etc/group 파일에 저장된 그룹 정보를 읽어오려면 group 구조체를 사용해야 한다. group 구조체는 grp.h 파일에 정의되어 있다.

```
struct  group {
    char    *gr_name;
    char    *gr_passwd;
    gid_t   gr_gid;
    char    **gr_mem;
};
```

group 구조체의 각 항목은 /etc/group 파일의 내용에 대응된다.

- **gr_name** : 그룹명을 저장한다.
- **gr_passwd** : 그룹 패스워드를 저장한다. 보통은 공백이다. 그룹 패스워드를 지정하면 사용자 패스워드처럼 암호화된 문자가 저장된다. 그룹 패스워드를 설정하는 명령은 없으므로 사용자 패스워드 파일에서 복사해 삽입해야 한다. 그룹 패스워드가 지정되어 있으면 사용자는 newgrp 명령을 사용해 다른 그룹으로 변경할 때 이 패스워드를 입력해야 한다.
- **gr_gid** : 그룹 ID 번호를 저장한다.
- **gr_mem** : 그룹의 멤버인 로그인명을 저장한다. 문자열을 가리키는 포인터다.

/etc/group 파일 검색 : getgrnam(3), getgrgid(3)

함수 원형

```
#include <sys/types.h>
#include <grp.h>

struct group *getgrnam(const char *name);
struct group *getgrgid(gid_t gid);
```

↳ 인자 설명

- **name** : 검색하려는 그룹명
- **gid** : 검색하려는 그룹의 ID

getgrnam() 함수는 검색하려는 그룹명을 읽어오고, getgrgid() 함수는 검색하려는 그룹의 ID를 읽어온다. 검색한 그룹 정보는 group 구조체에 저장하고 주소를 리턴한다.

getgrnam() 함수를 사용해 adm 그룹의 정보를 검색해보자.

예제 5-11 getgrnam() 함수로 그룹 정보 검색하기 ch5_11.c

```
01 #include <grp.h>
02 #include <stdio.h>
03
04 int main() {
05     struct group *grp;
06     int n;
07
08     grp = getgrnam("adm");
09     printf("Group Name : %s\n", grp->gr_name);
10     printf("GID : %d\n", (int)grp->gr_gid);
11
12     n = 0;
13     printf("Members : ");
14     while (grp->gr_mem[n] != NULL)
15         printf("%s ", grp->gr_mem[n++]);
16     printf("\n");
17 }
```

실행

```
$ ch5_11.out
Group Name : adm
GID : 4
Members : syslog jw
```

- **08행** adm 그룹의 정보를 검색한다.
- **09~10행** 그룹명과 GID를 출력한다.
- **14~15행** group 구조체의 gr_mem 항목이 포인터 배열이므로 반복문을 사용해 출력한다.
- **실행 결과** adm 그룹의 멤버로 syslog와 jw 계정이 지정되어 있는 것을 알 수 있다.

/etc/group 파일을 순차적으로 읽기 : getgrent(3), setgrent(3), endgrent(3), fgetgrent(3)

함수 원형

```
#include <sys/types.h>
#include <grp.h>

struct group *getgrent(void);
void setgrent(void);
void endgrent(void);
struct group *fgetgrent(FILE *stream);
```

↳ 인자 설명

- **stream** : 파일 포인터

getgrent() 함수는 /etc/group 파일에서 그룹 정보를 순차적으로 읽어오며 /etc/group 파일의 끝을 만나면 널 포인터를 리턴한다. setgrent() 함수는/etc/group 파일의 오프셋을 파일의 처음으로 위치시키고, endgrent() 함수는/etc/group 파일을 닫는다. fgetgrent() 함수는 /etc/group 파일이 아닌 파일 포인터로 지정한 다른 파일에서 그룹 정보를 읽어온다. 물론 이 파일의 구조는/etc/group 파일과 동일해야 한다.

getgrent() 함수를 사용해 /etc/group 파일에서 그룹 정보 3개를 읽고 출력해보자.

예제 5-12 getgrent() 함수로 그룹 정보 읽기 ch5_12.c

```
#include <grp.h>
#include <stdio.h>

int main() {
    struct group *grp;
    int n,m;

    for (n = 0; n < 3; n++) {
        grp = getgrent();
        printf("GroupName: %s, GID: %d ", grp->gr_name, (int)grp->gr_gid);

        m = 0;
```

```
13        printf("Members : ");
14        while (grp->gr_mem[m] != NULL)
15            printf("%s ", grp->gr_mem[m++]);
16        printf("\n");
17    }
18 }
```

실행

```
$ ch5_12.out
GroupName: root, GID: 0 Members :
GroupName: daemon, GID: 1 Members :
GroupName: bin, GID: 2 Members :
```

- **09행** 그룹 정보를 하나 읽어온다.
- **14~15행** group 구조체의 gr_mem 항목이 포인터 배열이므로 반복문을 사용해 출력한다.
- **실행 결과** root, daemon, bin이라는 세 그룹의 정보를 읽어 그룹명, GID를 출력했다. 멤버는 없어서 출력하지 않았다.

3.6 로그인 기록 검색

who 명령으로 현재 시스템에 로그인한 사용자 정보를 검색할 수 있다. last 명령으로는 시스템의 부팅 시각 정보나 사용자 로그인 기록 등을 검색할 수 있다. 우분투 리눅스에서는 이러한 정보를 /var/run/utmp와 /var/log/wtmp 파일에 저장한다. 솔라리스의 경우 버전 2.7까지는 utmpx, wtmpx 파일 외에 utmp, wtmp 파일에도 정보를 저장했지만, 2.8부터는 utmpx와 wtmpx 파일만 사용한다. 이 두 파일은 바이너리 형태로 저장되기 때문에 vi와 같은 텍스트 편집기로 내용을 확인할 수 없다. 이 파일에서 정보를 읽어오려면 파일의 구조와 관련된 구조체와 함수가 필요하다. 시스템에 따라 utmp/wtmp를 사용하거나 utmpx/wtmpx를 사용할 수 있다. 여기서는 우분투 리눅스를 기준으로 설명한다.

utmp 구조체

utmp 파일과 wtmp 파일은 구조가 같다. 이 두 파일을 읽으려면 utmp 구조체를 사용한다. utmp 구조체는 utmp.h 파일에 있다.

```
struct utmp {
    short    ut_type;
    pid_t    ut_pid;
    char     ut_line[UT_LINESIZE];
    char     ut_id[4];
    char     ut_user[UT_NAMESIZE];
    char     ut_host[UT_HOSTSIZE];
    struct   exit_status ut_exit;
    long     ut_session;
    struct   timeval ut_tv;
    int32_t  ut_addr_v6[4];
    char     __unused[20];
};
```

- **ut_type** : 현재 읽어온 항목에 저장된 데이터 형식을 나타낸다. ut_type에 올 수 있는 값은 utmp.h 파일에 다음과 같이 상수로 정의되어 있다.

표 5-7 ut_type에 사용할 수 있는 상수

이름	상수	의미
EMPTY	0	빈 항목
RUN_LVL	1	시스템의 런레벨이 변경되었음을 나타냄
BOOT_TIME	2	시스템 부팅 시각
NEW_TIME	3	시스템 클럭이 변경된 다음의 시간 정보
OLD_TIME	4	시스템 클럭이 변경되기 전의 시간 정보
INIT_PROCESS	5	init이 생성한 프로세스임을 나타냄
LOGIN_PROCESS	6	사용자 로그인을 위한 세션 리더 프로세스
USER_PROCESS	7	일반 프로세스
DEAD_PROCESS	8	종료한 프로세스
ACCOUNTING	9	사용하지 않는 항목

- **ut_pid** : 로그인 프로세스의 PID이다.

- **ut_line** : 사용자가 로그인한 장치명을 나타낸다.
- **ut_id** : 터미널 이름이거나 /etc/inittab 파일에서 읽어온 ID다.
- **ut_user** : 사용자명을 저장한다.
- **ut_exit** : 프로세스가 DEAD_PROCESS인 경우 프로세스의 종료 상태를 저장한다. 정보는 exit_status 구조체에 저장하며 다음과 같이 정의되어 있다. man -s 5 utmp에서 확인할 수 있다.

```
struct exit_status {
    short e_termination;
    short e_exit;
};
```

- **ut_session** : 해당 정보의 세션 번호다.
- **ut_tv** : 해당 정보를 마지막으로 변경한 시각이다.
- **ut_addr_v6** : 원격 접속한 경우 원격 호스트의 인터넷 주소를 저장한다.
- **_unused** : 추후 사용을 위해 예약해둔 부분이다.

/var/log/utmp 파일 순차적으로 읽기 : getutent(3), setutent(3), endutent(3), utmpname(3)

함수 원형

```
#include <utmp.h>

struct utmp *getutent(void);
void setutent(void);
void endutent(void);
int utmpname(const char *file);
```

↳ 인자 설명

- **file** : 지정할 파일명

getutent() 함수는 /var/run/utmp 파일에서 로그인 정보를 순차적으로 읽어오며, /var/run/utmp 파일의 끝을 만나면 널 포인터를 리턴한다. setutent() 함수는 /var/run/utmp

파일의 오프셋을 파일의 시작에 위치시키며, endutent() 함수는 /var/run/utmp 파일을 닫는다. utmpname() 함수는 로그인 정보 파일을 file로 지정한 다른 파일로 변경한다. 예를 들어, last 명령에서 사용하는/var/adm/wtmp 파일로 변경할 때 사용한다.

getutent() 함수를 사용해 /var/run/utmp 파일을 읽고 로그인명과 터미널 정보를 출력해 보자.

예제 5-13 getutent() 함수로 로그인명과 터미널 정보 출력하기 ch5_13.c

```
01 #include <sys/types.h>
02 #include <utmp.h>
03 #include <stdio.h>
04
05 int main() {
06     struct utmp *ut;
07
08     printf("LoginName Line\n");
09     printf("---------------\n");
10
11     while ((ut=getutent()) != NULL) {
12         if (ut->ut_type != USER_PROCESS)
13             continue;
14         printf("%s         %s\n", ut->ut_user, ut->ut_line);
15     }
16 }
```

실행

```
$ ch5_13.out
LoginName Line
---------------
jw         pts/0
jw         :0
```

- **08~09행** 항목의 이름을 출력한다.
- **11~15행** /var/log/utmp 파일의 내용을 한 행씩 읽어서 사용자 프로세스(USER_PROCESS)인 경우에 로그인명과 터미널 번호를 출력한다.
- **실행 결과** jw 계정으로 터미널 2개를 사용 중임을 알 수 있다.

04 시간 관리 함수

리눅스 시스템은 1970년 1월 1일 0시 0분 0초(그리니치 표준시, UTC 시간대)부터 현재까지 경과한 시간을 초 단위로 저장하고 이를 기준으로 시간 정보를 관리한다. 이렇게 초 단위로 저장된 시간을 그대로 활용하기도 하지만 사람이 보기 편한 형태로 바꿔야 할 때도 있다. 리눅스는 시간을 관리하는 다양한 함수를 제공한다. 시간 정보 활용 구조체와 함수에 대해 알아본다.

4.1 기본 시간 정보 확인

리눅스에서 현재 시간 정보를 구하는 기본 함수는 time()이다. BSD에서 도입한 gettimeofday() 함수도 시간을 초 단위로 알려준다.

초 단위로 현재 시간 정보 얻기 : time(2)

함수 원형

```
#include <time.h>

time_t time(time_t *tloc);
```

↳ 인자 설명

- **tloc** : 검색한 시간 정보를 저장할 주소

time() 함수는 1970년 1월 1일 0시 0분 0초(UTC)부터 현재까지 경과된 시간을 초 단위로 알려준다. tloc가 널이 아니면 tloc가 가리키는 주소에 시간 정보를 저장하고, 널이면 시간 정보를 리턴한다. time() 함수는 실패하면 −1을 리턴한다.

time() 함수를 사용해 시간 정보를 읽어보자.

예제 5-14 time() 함수로 초 단위 시간 정보 얻기 ch5_14.c

```
01 #include <sys/types.h>
02 #include <time.h>
03 #include <stdio.h>
04
05 int main() {
06     time_t tloc;
07
08     time(&tloc);
09     printf("Time(sec) : %d\n", (int)tloc);
10 }
```

실행

```
$ ch5_14.out
Time(sec) : 1616158138
```

- **08행** 시간 정보를 읽어 변수 tloc에 저장한다.
- **실행 결과** 1970년 1월 1일 0시 0분 0초부터 현재(2021년 3월 19일 19:50)까지 경과한 시간이 1616158138초임을 알 수 있다(실행 시점에 따라 결괏값은 달라진다).

마이크로초 단위로 시간 정보 얻기 : gettimeofday(3)

함수 원형

```
#include <sys/time.h>

int gettimeofday(struct timeval *tv, struct timezone *tz);
int settimeofday(const struct timeval *tv, const struct timezone *tz);
```

↳ 인자 설명

- **tv** : 시간 정보 구조체 주소
- **tz** : 시간대 정보 구조체 주소

gettimeofday() 함수는 시간 정보를 timeval 구조체에 저장해 리턴한다. tz는 시간대를 나타내는 구조체이지만 사용하지 않으므로 NULL로 지정해도 된다. timeval 구조체는 다음과 같이 초와 마이크로초 단위로 시간 정보를 알려준다.

```
struct timeval {
    time_t        tv_sec;        /* 초 */
    suseconds_t   tv_usec;       /* 마이크로초 */
};
```

만일 tv가 널이면 시간 정보를 읽어올 수 없다. gettimeofday() 함수는 성공하면 0을, 실패하면 −1을 리턴한다. settimeofday() 함수는 반대로 시간을 설정한다. 시간을 설정하려면 root 권한으로 실행해야 한다.

gettimeofday() 함수를 사용해 시간 정보를 읽어보자.

예제 5-15 gettimeofday() 함수로 마이크로초 단위 시간 정보 얻기 ch5_15.c

```
01 #include <sys/time.h>
02 #include <stdio.h>
03
04 int main() {
05     struct timeval tv;
06
07     gettimeofday(&tv, NULL);
08     printf("Time(sec) : %d\n", (int)tv.tv_sec);
09     printf("Time(micro-sec) : %d\n", (int)tv.tv_usec);
10 }
```

실행

```
$ ch5_15.out
Time(sec) : 1616158693
Time(micro-sec) : 499205
```

- **07행** gettimeofday() 함수의 두 번째 인자는 NULL로 지정한다.
- **08~09행** 07행에서 검색한 시간 정보를 초와 마이크로초 단위로 출력한다.
- **실행 결과** 마이크로초의 값은 소수점 아래 값이다. 따라서 현재 시각은 1616158693.499205이다.

4.2 시간대 정보

전 세계 사람이 동일한 시간대를 사용할까? 아니다. 지역의 시간은 각기 다르다. 영국의 그리니치 표준시를 기준으로 각 지역의 시차가 정해진다. 우리나라는UTC보다 9시간 빠른 시간을 사용한다. 리눅스는 기본 시간대 정보를 환경 변수 TZ에 설정한다. 시스템의 기본 시간대 정보는 /etc/default/init 파일에 'TZ=ROK'와 같은 형태로 지정되어 있다. 리눅스에서는 현재 지역의 시간대를 설정하는 함수를 제공한다.

시간대 설정 : tzset(3)

함수 원형

```
#include <time.h>

void tzset(void);
```

tzset() 함수는 현재 지역의 시간대로 설정한다. 이 함수를 호출하면 전역 변수에 정보가 설정된다.

```
extern char *tzname[2];
extern long timezone;
extern int daylight;
```

- **tzname** : 지역 시간대와 보정된 시간대명을 약어로 저장한다.
- **timezone** : UTC와 지역 시간대와의 시차를 초 단위로 저장한다.
- **daylight** : 서머타임제를 시행하면 0이 아니고, 그렇지 않으면 0이다.

tzset() 함수를 사용해 시스템의 시간대를 현재 지역의 시간대로 설정하고, 설정된 시간대 정보를 출력해보자.

예제 5-16 tzset() 함수로 시간대 설정하기 ch5_16.c

```c
01 #include <time.h>
02 #include <stdio.h>
03
04 int main() {
05     tzset();
06
07     printf("Timezone : %d\n", (int)timezone);
08     printf("Daylight : %d\n", daylight);
09     printf("TZname[0] : %s\n", tzname[0]);
10     printf("TZname[1] : %s\n", tzname[1]);
11 }
```

실행

```
$ ch5_16.out
Timezone : -32400
Daylight : 1
TZname[0] : KST
TZname[1] : KDT
```

- **05행** 현재 지역 시간대로 설정한다.
- **07~10행** 전역 변수에 설정된 시간대 정보를 출력한다.
- **실행 결과** 우리나라의 표준시는 UTC와 32,400초(9시간) 차이가 난다. 1987년과 1988년에 1시간 서머타임제를 시행한 적이 있는데, 서머타임제를 실시할 경우 UTC와 1시간 더 차이가 난다. 표준 시간대의 이름은 KST다.

4.3 시간의 형태 변환

time() 함수나 gettimeofday() 함수가 알려주는 시간은 초 단위라서 사람이 현재 시간을 쉽게 파악할 수 없다. 따라서 초 단위 시간을 사람이 이해할 수 있는 형태로 변환해서 출력해야 한다. 리눅스는 시간의 출력 형태를 변환할 수 있는 다양한 함수를 제공한다.

시간 정보 분해 : tm 구조체

초 단위 시간 정보를 연, 월, 일로 분해해 저장할 때 tm 구조체를 사용한다. tm 구조체는 time.h 파일에 정의되어 있다.

```
struct  tm {
    int tm_sec;
    int tm_min;
    int tm_hour;
    int tm_mday;
    int tm_mon;
    int tm_year;
    int tm_wday;
    int tm_yday;
    int tm_isdst;
};
```

- **tm_sec** : 초(0~60)
- **tm_min** : 분(0~59)
- **tm_hour** : 시(0~23)
- **tm_mday** : 일(1~31)
- **tm_mon** : 월(0~11). 0은 1월, 11은 12월을 의미한다.
- **tm_year** : 연도. '연도- 1900' 값을 리턴한다. 즉 리턴값에 1900을 더해야 실제 연도를 출력할 수 있다.
- **tm_wday** : 요일(0~6). 0은 일요일, 6은 토요일을 의미한다.
- **tm_yday** : 일 수(0~365)
- **tm_isdst** : 서머타임제 시행 여부. 1이면 서머타임제 실시 중임을 의미한다.

tm 구조체는 시간을 연, 월, 일, 분, 시, 초로 나누어 저장하므로 사용자가 원하는 형태로 출력할 수 있다. 단지 구조체 항목별 설명에서 보듯 연도, 월, 요일 정보를 그대로 출력할 경우 사용자에게 혼동을 줄 수 있다. 예를 들어, 2021년은 121, 1월은 2, 금요일은 5로 출력한다.

따라서 월이나 요일, 연도는 출력 시 적절한 처리 과정을 거치는 것이 좋다.

초 단위 시간 정보 분해 : gmtime(3), localtime(3)

함수 원형

```
#include <time.h>

struct tm *gmtime(const time_t *timep);
struct tm *localtime(const time_t *timep);
```

↳ 인자 설명

- **timep** : 초 단위 시간 정보를 저장한 주소

gmtime() 함수와 localtime() 함수 모두 초 단위 시간 정보를 인자로 받아 tm 구조체 형태로 리턴한다. gmtime() 함수는 UTC 시간대를 기준으로 시간을 분해한다. localtime() 함수는 gmtime()과 같은 결과를 산출하지만, UTC 대신 지역 시간대를 기준으로 시간을 처리한다.

time() 함수로 초 단위 시간을 구한 후 이를 gmtime(), localtime() 함수로 분해해서 출력한 후, 실행 결과를 보고 두 함수를 비교해보자.

예제 5-17 gmtime(), localtime() 함수로 초 단위 시간 분해하기 ch5_17.c

```
#include <time.h>
#include <stdio.h>

int main() {
    struct tm *tm;
    time_t timep;

    time(&timep);
    printf("Time(sec) : %d\n", (int)timep);

    tm = gmtime(&timep);
    printf("GMTIME=Y:%d ", tm->tm_year);
    printf("M:%d ", tm->tm_mon);
    printf("D:%d ", tm->tm_mday);
```

```
15     printf("H:%d ", tm->tm_hour);
16     printf("M:%d ", tm->tm_min);
17     printf("S:%d\n", tm->tm_sec);
18
19     tm = localtime(&timep);
20     printf("LOCALTIME=Y:%d ", tm->tm_year);
21     printf("M:%d ", tm->tm_mon);
22     printf("D:%d ", tm->tm_mday);
23     printf("H:%d ", tm->tm_hour);
24     printf("M:%d ", tm->tm_min);
25     printf("S:%d\n", tm->tm_sec);
26 }
```

실행

```
$ ch5_17.out
Time(sec) : 1616160426
GMTIME=Y:121 M:2 D:19 H:13 M:27 S:6
LOCALTIME=Y:121 M:2 D:19 H:22 M:27 S:6
```

- **08행** time() 함수로 초 단위 시간을 구한다.
- **11~17행** 초 단위 시간을 gmtime() 함수로 분해해 출력한다.
- **19~25행** 초 단위 시간을 localtime() 함수로 분해해 출력한다.
- **실행 결과** 연도(Y)가 121이므로 1900+121=2021년임을 알 수 있다. 월(M)이 2이면 3월을 의미한다. 시간(H)을 보면 gmtime() 함수의 결과는 13, localtime() 함수의 결과는 22로 9시간 차이가 나는 것을 알 수 있다.

초 단위 시간으로 역산 : mktime(3)

함수 원형

```
#include <time.h>

time_t mktime(struct tm *tm);
```

↳ 인자 설명

- **tm** : 시간 정보를 저장한 tm 구조체 주소

mktime() 함수는 gmtime()이나 localtime() 함수와 반대 역할을 수행한다. mktime() 함수는 tm 구조체 형태의 시간을 인자로 받아 이를 1970년 1월 1일 0:0:0(UTC)부터 얼마나 지났는지 초 단위로 계산해 리턴한다.

tm 구조체에 2021년 5월 1일 23:59:00을 지정하고 이를 mktime() 함수를 사용해 초 단위로 변환해보자.

예제 5-18 mktime() 함수로 시간을 초 단위로 변환하기 ch5_18.c

```
01 #include <time.h>
02 #include <stdio.h>
03
04 int main() {
05     struct tm tm;
06     time_t timep;
07
08     time(&timep);
09     printf("Current Time(sec) : %d\n", (int)timep);
10
11     tm.tm_year = 121;
12     tm.tm_mon = 4;
13     tm.tm_mday = 1;
14     tm.tm_hour = 23;
15     tm.tm_min = 59;
16     tm.tm_sec = 0;
17
18     timep = mktime(&tm);
19     printf("2021/05/01 23:59:00 Time(sec) : %d\n", (int)timep);
20 }
```

실행

```
$ ch5_18.out
Current Time(sec) : 1616160948
2021/05/01 23:59:00 Time(sec) : 1619881140
```

- **08~09행** time() 함수로 현재 시각(2021년 3월 19일 22시 39분)의 초 단위 시각을 구해 출력한다.

- **11~16행** tm 구조체에 2021년 5월 1일 23:59:00을 지정한다. 연도는 2021−1900=121로 설정하고 월은 4가 5월에 해당하므로 4로 설정한다.
- **18~19행** mktime() 함수를 사용해 초 단위로 변환해 출력한다.
- **실행 결과** tm 구조체에 설정한 시각이 초로 변환되었다.

4.4 형식 지정 시간 출력

time() 함수로 구한 초 단위 시간 정보나 gmtime(), localtime() 함수로 구한 tm 구조체 시간 정보를 사람이 알아보기 쉬운 형태로 변환하는 함수를 살펴보자.

초 단위 시간을 변환해 출력하기 : ctime(3)

함수 원형

```
#include <time.h>

char *ctime(const time_t *timep);
```

↳ 인자 설명

- **timep** : 초 단위 시간 정보를 저장한 주소

ctime() 함수는 초 단위 시간을 인자로 받아 사람이 보기 편한 형태로 변환해 문자열로 리턴한다. 출력되는 형태는 다음과 같다.

```
요일 월 일 시:분:초 연도
```

time() 함수로 구한 시간을 ctime() 함수로 변환하고 출력해보자.

예제 5-19 ctime() 함수로 초 단위 시간 변환하기 ch5_19.c

```
#include <time.h>
#include <stdio.h>

int main() {
```

```
05    time_t timep;
06
07    time(&timep);
08
09    printf("Time(sec) : %d\n", (int)timep);
10    printf("Time(date) : %s", ctime(&timep));
11 }
```

실행

```
$ ch5_19.out
Time(sec) : 1616161531
Time(date) : Fri Mar 19 22:45:31 2021
```

- **07행** time() 함수로 초 단위 시간을 검색한다.
- **09행** 초 단위 시간을 출력한다.
- **10행** 초 단위 시간을 ctime() 함수로 변환해 출력한다.
- **실행 결과** 초 단위 시간이 사람이 이해할 수 있는 형태로 출력되었다.

tm 구조체 시간을 변환하여 출력하기 : asctime(3)

함수 원형

```
#include <time.h>

char *asctime(const struct tm *tm);
```

↳ 인자 설명

- **tm** : 시간 정보를 저장한 tm 구조체 주소

asctime() 함수는 tm 구조체로 분해된 시간을 인자로 받고 사람이 보기 편한 형태로 변경해 문자열로 리턴한다. 출력되는 형태는 ctime() 함수의 출력 형태와 동일하다.

time() 함수로 구한 시간을 asctime() 함수로 출력해보자.

예제 5-20 asctime() 함수로 시간 변환하기 ch5_20.c

```
01 #include <time.h>
02 #include <stdio.h>
03
04 int main() {
05     struct tm *tm;
06     time_t timep;
07
08     time(&timep);
09     tm = localtime(&timep);
10
11     printf("Time(sec) : %d\n", (int)timep);
12     printf("Time(date) : %s", asctime(tm));
13 }
```

실행

```
$ ch5_20.out
Time(sec) : 1616161760
Time(date) : Fri Mar 19 22:49:20 2021
```

- **08행** time() 함수로 초 단위 시간을 구한다.
- **09행, 12행** localtime() 함수로 변환해 tm 구조체에 저장하고, 이를 asctime() 함수로 출력한다.
- **실행 결과** ctime() 함수와 동일한 형태로 출력되었다.

출력 형식 기호를 사용하여 출력하기 : strftime(3)

ctime()과 asctime() 함수는 사람이 보기 편한 형태로 시간을 출력하지만, 출력 형식은 사용자가 마음대로 지정할 수 없다. 이 경우 strftime() 함수를 사용하면 printf 문처럼 형식 지정자를 사용해 시간 정보를 출력할 수 있다.

함수 원형

```
#include <time.h>

size_t strftime(char *s, size_t max, const char *format, const struct tm *tm);
```

↳ 인자 설명

- **s** : 출력할 시간 정보를 저장할 배열 주소
- **max** : 배열 s의 크기
- **format** : 출력 형식을 지정한 문자열
- **tm** : 출력할 시간 정보를 저장한 구조체 주소

strftime() 함수는 총 4개의 인자를 받는다. tm이 가리키는 tm 구조체에 저장된 시간 정보를 format에 지정한 출력 형식에 따라 변환해 s가 가리키는 배열에 저장한다. max는 배열 s의 크기다. format에 사용할 수 있는 시간 정보 출력 형식 지정자는 [표 5-14]와 같다.

표 5-8 시간 정보 출력 형식 지정자

기호	기능	기호	기능
%a	지역 시간대의 요일명 약자	%A	지역 시간대의 요일명
%b	지역 시간대의 월 이름 약자	%B	지역 시간대의 월 이름
%c	지역 시간대에 적합한 날짜와 시간 표시 형태	%C	세기를 두 자리로 표시(연도/100)
%d	날짜(1~31)	%D	날짜(%m/%d/%y)
%e	날짜(1~31). 한 자릿수는 앞에 공백 추가	%F	%Y-%m-%d 형태로 표현
%g	연도(00~99)	%G	연도(0000~9999)
%h	지역 시간대 월 이름 약자	%j	일 년 중 날 수(001~365)
%H	24시간 기준 시간(00~23)	%I	12시간 기준 시간(01~12)
%k	24시간 기준 시간(0~23). 한 자릿수는 앞에 공백 추가	%l	12시간 기준 시간(1~12). 한 자릿수는 앞에 공백 추가
%m	월(01~12)	%M	분(00~59)
%p	AM, PM 표시	%P	am, pm 표시
%r	시간 표시하고 %p 수행	%R	%H:%M 형태로 시간 표시
%s	1970.1.1. 00:00:00 기준으로 현재 시간을 초로 표시	%S	초를 10진수로 표시(00~60)
%t	탭 추가	%T	%H:%M:%S 형태로 시간 표시
%n	줄 바꿈	%U	연중 주간 수 표시(00~53). 첫 번째 일요일을 01주의 첫날로 설정
%u	요일(1~7, 1은 월요일)	%V	ISO 8601 표준으로 연중 주간 수 표시(01~53)
%w	요일(0~6, 0은 일요일)	%W	연중 주간 수 표시(00~53). 첫 번째 월요일을 01주의 첫 날로 설정
%x	지역 시간대에 적합한 날짜 표시	%X	지역 시간대에 적합한 시간 표시
%y	연도(00~99)	%Y	네 자릿수 연도
%z	UTC와의 시차 표시	%Z	시간대 이름 약자

예제 5-21 strftime() 함수로 시간 출력 형식 지정하기 ch5_21.c

```
01 #include <time.h>
02 #include <stdio.h>
03
04 char *output[] = {"%x %X", "%G년 %m월 %d일 %U주 %H:%M", "%r"};
05
06 int main() {
07     struct tm *tm;
08     int n;
09     time_t timep;
10     char buf[257];
11
12     time(&timep);
13     tm = localtime(&timep);
14
15     for (n = 0; n < 3; n++) {
16         strftime(buf, sizeof(buf), output[n], tm);
17         printf("%s = %s\n", output[n], buf);
18     }
19 }
```

실행

```
$ ch5_21.out
%x %X = 03/19/21 23:16:09
%G년 %m월 %d일 %U주 %H:%M = 2021년 03월 19일 11주 23:16
%r = 11:16:09 PM
```

- **04행** 여러 가지 형태를 시험해보기 위해 output 배열에 출력 형식 지정자를 미리 지정한다.
- **12~13행** time() 함수로 초 단위 시간을 구하고, 이를 localtime() 함수를 사용하여 tm 구조체로 변환한다.
- **15~17행** 미리 정의된 출력 형식 지정자에 따라 buf에 문자열을 생성하고 출력한다.
- **실행 결과** 출력 형식 지정자별로 어떻게 출력되었는지 알 수 있다.

요약

01 시스템 정보 검색

- 시스템에 설치된 운영체제에 대한 정보, 호스트 이름에 대한 정보, 하드웨어 종류에 대한 정보를 검색할 수 있다.
- 최대 프로세스 개수나 프로세스당 열 수 있는 최대 파일 개수, 메모리 페이지 크기 등 하드웨어에 따라 사용할 수 있는 자원의 최댓값을 검색할 수 있다.
- 시스템 정보 검색 함수

기능	함수
운영체제 정보 검색	`int uname(struct utsname *buf);`
시스템 자원 정보 검색	`long sysconf(int name);`
파일/디렉터리 자원 검색	`long fpathconf(int fd, int name);`
	`long pathconf(const char *path, int name);`

02 사용자 정보

- 리눅스 시스템에는 각 사용자에 대한 정보, 그룹에 대한 정보, 로그인 기록 정보가 있다.
- 관련 파일 : 패스워드 파일(/etc/passwd)과 섀도우 파일(/etc/shadow), 그룹 파일(/etc/group), 로그인 기록 파일(/var/log/utmp)
- 사용자 정보 검색 함수

기능	함수
로그인명 검색	`char *getlogin(void);`
UID 검색	`uid_t getuid(void);`
	`uid_t geteuid(void);`
패스워드 파일 검색	`struct passwd *getpwuid(uid_t uid);`
	`struct passwd *getpwnam(const char *name);`
	`struct passwd *getpwent(void);`
	`void setpwent(void);`
	`void endpwent(void);`
	`struct passwd *fgetpwent(FILE *stream);`

섀도우 파일 검색	struct spwd *getspnam(const char *name);
	struct spwd *getspent(void);
	void setspent(void);
	void endspent(void);
	struct spwd *fgetspent(FILE *stream);
그룹 정보 검색	gid_t getgid(void);
	gid_t getegid(void);
	struct group *getgrnam(const char *name);
	struct group *getgrgid(gid_t gid);
	struct group *getgrent(void);
	void setgrent(void);
	void endgrent(void);
	struct group *fgetgrent(FILE *stream);
로그인 기록 검색	struct utmp *getutent(void);
	void setutent(void);
	void endutent(void);
	int utmpname(const char *file);

03 시간 관리 함수

1970년 1월 1일 0시 0분 0초(그리니치 표준시, UTC 시간대)부터 현재까지 경과된 시간을 초 단위로 저장하고 이를 기준으로 시간 정보를 관리하며, 시간 정보를 관리하는 다양한 함수를 제공한다.

기능	함수
기본 시간 읽기	time_t time(time_t *tloc);
	int gettimeofday(struct timeval *tv, struct timezone *tz);
	int settimeofday(const struct timeval *tv, const struct timezone *tz);
시간대 설정	void tzset(void);

시간 정보 분해	`struct tm *gmtime(const time_t *timep);`
	`struct tm *localtime(const time_t *timep);`
초 단위 시간 생성	`time_t mktime(struct tm *tm);`
형식 지정 시간 출력	`char *ctime(const time_t *timep);`
	`char *asctime(const struct tm *tm);`
	`size_t strftime(char *s, size_t max, const char *format, const struct tm *tm);`

연습문제

01 다음과 같이 uname() 함수를 사용해 운영체제 정보를 검색했다. 운영체제 이름을 출력할 수 있도록 올바르게 작성한 것은?

```
struct utsname uts;
uname(&uts);
```

① printf("%s\n", uts.nodename)

② printf("%s\n", uts.osname)

③ printf("%s\n", uts.sysname)

④ printf("%s\n", uts.uname)

02 sysconf() 함수를 사용해 로그인명의 최대 길이를 알아보려고 한다. 올바르게 작성한 것은?

① sysconf(_SC_NAME_MAX)

② sysconf(_SC_LOGIN_NAME_MAX)

③ sysconf(_SC_LOGINNAME_MAX)

④ sysconf(_SC_LOGIN_MAX)

03 로그인명이 "hanbit"인 사용자 정보를 패스워드 파일에서 읽어오려고 한다. 올바르게 작성한 것은?

① getspname("hanbit")

② getspnam("hanbit")

③ getpwname("hanbit")

④ getpwnam("hanbit")

04 /etc/group 파일을 순차적으로 읽다가 파일의 오프셋을 처음으로 위치시키려고 한다. 이때 사용하는 함수는?

① getgrent()

② lseek()

③ setgrent()

④ fseek()

05 localtime() 함수로 시간 정보를 분해하고 출력했더니 연도가 120으로 나왔다. 이것은 몇 년을 나타내는가?

① 2020 ② 2030
③ 2010 ④ 1200

06 uname() 함수를 사용하여 myuname 명령을 만드시오. myuname 명령은 시스템의 호스트명, 운영체제 릴리스 및 버전, 하드웨어 아키텍처 정보를 출력한다. myuname의 옵션은 다음과 같다.

명령 myuname

옵션
-a : 전체 정보
-k : 커널 릴리즈 출력
-r : 커널 버전 번호 출력
-n : 호스트 이름 출력
-h : 하드웨어명 출력
-s : 운영체제명 출력

07 uname()과 gethostname() 함수로 호스트 이름을 검색해 출력하시오. 이때 두 함수가 출력하는 이름이 같은지 다른지 적으시오.

08 sysconf() 함수를 사용해 호스트명의 최대 길이, 최대 프로세스 개수, 로그인명의 최대 길이, 프로세스당 열 수 있는 최대 파일 수, 시스템이 지원하는 POSIX.1의 버전 정보를 출력하는 mysys 명령을 작성하시오. 이때 mysys의 옵션은 다음과 같다.

명령 mysys

옵션
-a : 전체 정보
-h : 호스트명의 최대 길이
-p : 최대 프로세스 개수
-l : 로그인명의 최대 길이
-x : POSIX 버전

09 sysconf() 함수를 사용해 사용자가 입력한 로그인 ID의 길이가 시스템의 로그인 이름의 최대 길이보다 큰지 확인하는 프로그램을 작성하시오.

10 사용자 ID를 입력받아 홈 디렉터리와 로그인 셸을 출력하는 프로그램을 작성하시오.

11 사용자 ID를 입력받아 패스워드 에이징(min, max, warn, inactive) 정보를 출력하는 프로그램을 작성하시오.

12 사용자 이름을 입력받아 해당 사용자의 1차 그룹과 2차 그룹을 모두 검색하여 출력하는 프로그램을 작성하시오.

13 사용자 이름을 입력받아 해당 사용자의 암호 변경 시간을 연, 월, 일 형태로 출력하는 프로그램을 작성하시오.

14 /var/log/wtmp 파일의 정보를 읽어 로그인명과 터미널 정보, 로그아웃 시각, 원격 접속 정보를 출력하는 프로그램을 작성하시오.

15 날짜와 시간을 출력하는 명령 mydate를 작성하시오. 이때 mydate의 옵션은 다음과 같다.

명령	mydate	
옵션	-a : 연, 월, 일, 요일, 시, 분, 초 출력	-y : 연도만 출력
	-m : 월만 출력	-d : 일만 출력
	-w : 요일만 출력	-h : 시. 분, 초 출력

Chapter

06

프로세스 정보

학습목표

- 리눅스 시스템에서 프로세스가 무엇인지 이해한다.
- 함수를 사용해 프로세스의 속성을 검색할 수 있다.
- 프로세스의 실행 시간을 측정할 수 있다.
- 환경 변수를 설정하고 사용할 수 있다.

01 개요

프로세스process는 현재 실행 중인 프로그램을 의미한다. 리눅스 시스템에서는 동시에 여러 프로세스가 실행된다. 프로세스가 계속 실행 상태에 있는 것은 아니며, 실행, 수면sleep, 실행 대기 등 규칙에 따라 여러 상태로 변한다. 현재 리눅스 시스템에서 실행 중인 프로세스를 확인하려면 ps, top 명령을 사용한다.

시스템에서 프로세스를 식별하는 데는 프로세스 ID(PIDProcess ID)를 사용하고, 관련 프로세스들이 모여 프로세스 그룹process group을 구성한다. 세션session은 POSIX 표준에서 제안한 개념으로, 사용자가 로그인해서 작업하는 터미널terminal 단위로 프로세스 그룹을 묶은 것이다. 시스템의 메모리와 스왑 상태를 검색하고 프로세스와 프로세스 그룹, 세션을 식별할 때 사용할 수 있는 함수는 [표 6-1]과 같다.

표 6-1 프로세스 식별 함수

기능	함수
메모리와 스왑 상태 검색	`int sysinfo(struct sysinfo *info);`
PID 검색	`pid_t getpid(void);`
부모 PID 검색	`pid_t getppid(void);`
프로세스 그룹 ID 검색	`pid_t getpgrp(void);`
	`pid_t getpgid(pid_t pid);`
프로세스 그룹 ID 변경	`int setpgid(pid_t pid, pid_t pgid);`
세션 리더 ID 검색	`pid_t getsid(pid_t pid);`
세션 생성	`pid_t setsid(void);`

시간 정보를 이용해 프로세스 실행 시간을 측정할 수 있다. 프로세스 실행 시간 측정은 시스템 사용 요금을 결정하는 데 활용할 수 있다. 또한 프로그램에서 특히 시간을 많이 소비하는 부분을 찾는 데 활용할 수도 있다.

프로세스 실행 시간은 시스템 실행 시간과 사용자 실행 시간으로 구분할 수 있다. 시스템 실행 시간은 프로세스에서 커널의 코드를 수행한 시간이고, 사용자 실행 시간은 사용자 모드에서 프로세스를 실행한 시간이다. 프로세스 실행 시간을 측정하려면 times( ) 함수를 사용한다.

표 6-2 프로세스 실행 시간 측정 함수

기능	함수
프로세스 실행 시간 측정	`clock_t times(struct tms *buf);`

모든 프로세스는 부모 프로세스parent process로부터 기본 환경을 물려받는다. 환경 변수environment variable를 사용하면 프로세스 환경을 설정하거나 설정된 환경을 검색할 수 있다.

프로그램에서 환경 변수를 사용하는 방법에는 전역 변수를 사용하는 방법, main( ) 함수의 인자로 받는 방법, getenv( ), putenv( ), setenv( ) 함수를 사용하는 방법이 있다. 환경 변수를 삭제할 때는 unsetenv( ) 함수를 사용한다.

표 6-3 프로세스 환경 설정 함수

기능	전역 변수와 함수
환경 설정 전역 변수 사용	`extern char **environ;`
환경 변수 검색	`char *getenv(const char *name);`
환경 변수 설정 및 삭제	`int putenv(char *string);`
	`int setenv(const char *name, const char *value, int overwrite);`
	`int unsetenv(const char *name);`

02 프로세스의 개념

일반적으로 리눅스 시스템에는 여러 사용자가 접속해 다양한 프로그램을 사용한다. 한편 리눅스 운영체제 커널 같은 시스템 프로그램도 동작한다. 이렇게 현재 시스템에서 실행되고 있는 프로그램을 프로세스라고 한다. 이 절에서는 프로세스의 기본 정의와 구조를 알아본다. 또한 프로세스는 실행할 때 고정되어 있지 않고 상태가 변하는데, 상태가 변하는 과정과 시스템에서 실행되고 있는 프로세스를 검색하는 함수도 살펴보자.

2.1 프로세스의 정의

프로세스process는 실행 중인 프로그램을 의미한다. 프로세스를 프로그램이나 프로세서와 혼동하지 않아야 한다. 프로세서processor는 인텔 코어 등과 같은 중앙 처리 장치(CPUCentral Processing Unit)를 의미한다. 프로그램program은 사용자가 컴퓨터에 작업을 시키기 위한 명령어의 집합으로, C 언어 같은 고급 언어나 셸 스크립트shell script 같은 스크립트 언어로 작성한다. 고급 언어로 작성한 프로그램은 컴파일러를 통해 시스템이 이해할 수 있는 기계어machine language 프로그램으로 변환해야 한다. 기계어로 변환된 프로그램을 실행 프로그램 혹은 실행 파일이라고 한다. 스크립트 언어로 작성한 프로그램은 사전에 실행 파일을 만들어놓지 않고 실행 시 코드를 읽고 해석해 실행한다. 이렇게 실행하는 것을 인터프리터interpreter 방식이라고 한다.

컴파일 방식으로 생성된 실행 파일이든, 인터프리터 방식으로 동작하는 스크립트 파일이든 상관없이 이들을 실행하면 프로세스가 된다. 즉, 프로세스는 프로세서가 처리 중인 프로그램을 의미한다. [그림 6-1]은 프로그램, 프로세스, 프로세서의 관계를 설명하고 있다. 먼저 프로그램 소스 파일을 작성한 후 컴파일해서 실행 파일을 생성한다. 실행 파일을 메모리에 적재load해 실행하면 프로세스가 된다. 이 프로세스를 처리하는 것이 바로 프로세서다.

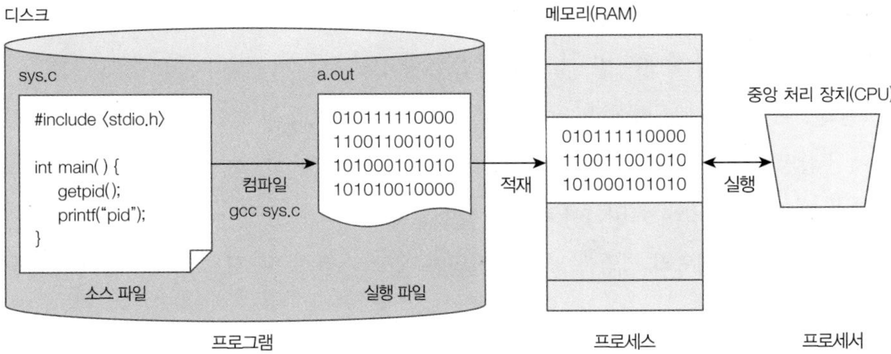

그림 6-1 프로그램과 프로세스, 프로세서의 관계

2.2 프로세스의 구조

프로그램을 실행하면 프로세스가 생성되는데, 메모리에 적재된 프로세스는 기본적으로 [그림 6-2]와 같이 메모리가 할당된다.

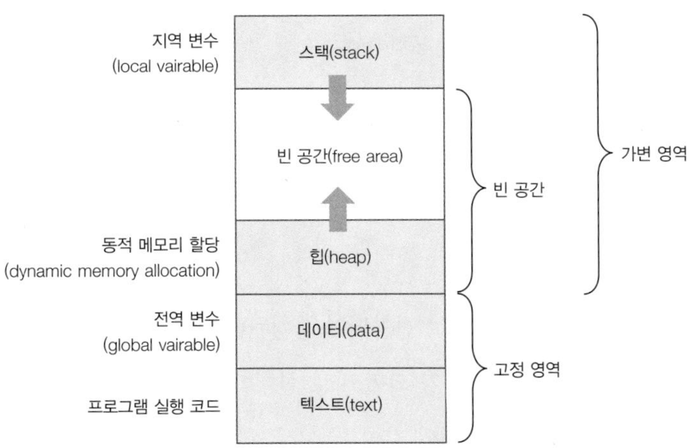

그림 6-2 프로세스의 기본 구조

- **텍스트**text **영역** : 실행 코드를 저장한다. 텍스트 영역은 프로세스 실행 중에 크기가 변하지 않는 고정 영역에 속한다.
- **데이터**data **영역** : 프로그램에서 정의한 전역 변수를 저장한다. 전역 변수는 프로그램을 작성할 때 크기가 고정되므로 고정 영역에 할당된다.

- **힙heap 영역** : 프로그램 실행 중에 동적으로 메모리를 요청하는 경우에 할당되는 영역으로, 빈 영역→할당→할당 해제처럼 상태가 변하는 가변 영역이다.
- **스택stack 영역** : 프로그램에서 정의한 지역 변수를 저장하는 메모리 영역으로, 지역 변수를 정의한 부분에서 할당해 사용한다.
- **빈 공간** : 스택이나 힙과 같이 가변적인 메모리 할당을 위해 유지하고 있는 빈 메모리 영역이다. 프로세스에 할당된 빈 메모리 영역이 모두 소진되면 메모리 부족으로 프로그램 실행이 중단될 수도 있다.

2.3 프로세스 상태 변화

프로세스는 실행되는 동안 계속 실행 상태로 있는 것은 아니다. 프로세스의 상태는 규칙에 따라 여러 가지로 변한다. 프로세스의 상태 중 중요한 것만 나열하면 [그림 6-3]과 같다.

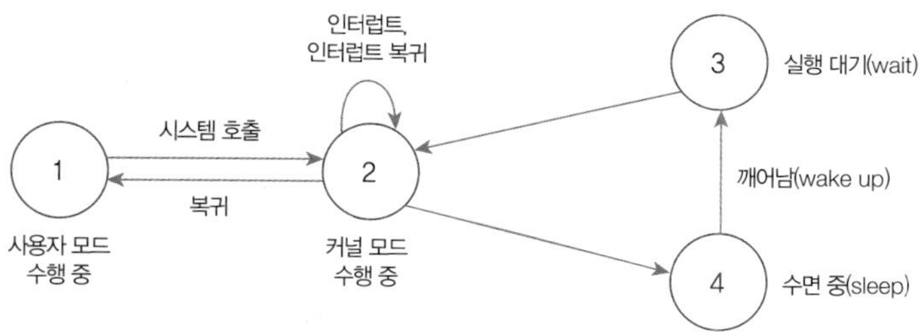

그림 6-3 프로세스의 상태 및 전이

❶ 프로세스는 사용자 모드에서 먼저 실행된다.

❷ 사용자 모드에서 시스템 호출을 하면 커널 모드로 전환되어 실행된다.

❸ 수면 중이던 프로세스가 깨어나 실행 대기 상태가 되면 바로 실행할 수 있도록 준비한다.

❹ 커널 모드에서 실행 중 입출력 완료를 기다릴 때와 같이 더 이상 실행을 계속할 수 없을 때 수면 상태로 전환된다.

프로세스의 상태는 [그림 6-3]에 있는 상태 중 하나가 된다. CPU는 한 번에 프로세스 하나만 실행할 수 있으므로 실제로는 시스템에서 실행 중인 많은 프로세스 중 하나만 ❶이나 ❷의 상태에 있고 나머지는 ❸이나 ❹의 상태에 있게 된다. 만약 어떤 사건event이 발생하기를 기다릴 때, 즉 입출력을 완료했을 때 혹은 다른 프로세스가 종료되기를 기다릴 때는 프로세스가 잠든다. 이를 수면sleep 상태라고 한다. 수면 상태에서 기다리다가 해당 사건이 발생하면 깨어나 실행 대기 상태로 전환된다. 실행 대기 상태는 CPU를 사용할 수 있을 때까지 기다리는 상태로, 스케줄링에 따라 실행된다. 프로세스의 상태를 적절히 전환하는 일은 커널의 프로세스 관리 기능에 해당한다.

2.4 프로세스 목록 보기

현재 실행 중인 프로세스의 목록을 보려면 ps 명령을 사용한다. 아무 옵션 없이 ps 명령을 사용하면 현재 터미널에서 실행한 프로세스만 출력된다. 다음 실행 예는 1번 가상 터미널pseudo terminal에서 배시 셸bash shell 프로세스와 ps 프로세스가 동작하고 있음을 보여준다.

```
$ ps
    PID TTY          TIME CMD
   9423 pts/1    00:00:00 bash
  17762 pts/1    00:00:00 ps
```

시스템에서 동작하고 있는 전체 프로세스를 보려면 -ef 옵션을 지정한다.

```
$ ps -ef ¦ more
UID          PID    PPID  C STIME TTY          TIME CMD
root           1       0  0  3월19 ?      00:00:10 /sbin/init splash
root           2       0  0  3월19 ?      00:00:00 [kthreadd]
root           3       2  0  3월19 ?      00:00:00 [rcu_gp]
root           4       2  0  3월19 ?      00:00:00 [rcu_par_gp]
root           6       2  0  3월19 ?      00:00:00 [kworker/0:0H-kblockd]
root           9       2  0  3월19 ?      00:00:00 [mm_percpu_wq]
(하략)
```

2.5 시스템 메모리 정보 보기

ps 명령 외에도 프로세스를 검색하는 top 명령이 있다. 이 명령은 현재 실행 중인 프로세스를 주기적으로 확인해 출력한다. 다음은 top 명령을 실행한 결과다.

```
$ top
top - 16:32:02 up 1 day, 10:27,  2 users,  load average: 0.00, 0.00, 0.00
Tasks: 286 total,   1 running, 285 sleeping,   0 stopped,   0 zombie
%Cpu(s):  0.0 us,  0.0 sy,  0.0 ni,100.0 id,  0.0 wa,  0.0 hi,  0.0 si,  0.0 st
MiB Mem :   3907.0 total,   1253.5 free,    886.3 used,   1767.2 buff/cache
MiB Swap:   1162.4 total,   1162.4 free,      0.0 used.   2735.7 avail Mem

    PID USER      PR  NI    VIRT    RES    SHR S  %CPU  %MEM     TIME+ COMMAND
    711 root      20   0  242144   8160   6836 S   0.3   0.2   2:58.05 vmtoolsd
  17664 root      20   0       0      0      0 I   0.3   0.0   0:04.33 kworker+
  17770 jw        20   0   13296   4076   3312 R   0.3   0.1   0:00.04 top
      1 root      20   0  167832  11996   8556 S   0.0   0.3   0:10.50 systemd
      2 root      20   0       0      0      0 S   0.0   0.0   0:00.11 kthreadd
      3 root       0 -20       0      0      0 I   0.0   0.0   0:00.00 rcu_gp
      4 root       0 -20       0      0      0 I   0.0   0.0   0:00.00 rcu_par+
      6 root       0 -20       0      0      0 I   0.0   0.0   0:00.00 kworker+
      9 root       0 -20       0      0      0 I   0.0   0.0   0:00.00 mm_perc+
(하략)
```

top 명령은 단순히 프로세스 목록만 보여주는 것이 아니다. 상단에 시스템 부하 평균 정보 load average를 메모리, 스왑, 현재 실행 중인 프로세스 수 등의 정보로 보여준다.

top 명령으로 확인할 수 있는 정보 중에서 메모리와 스왑 등에 관한 정보를 직접 검색하려면 sysinfo() 함수를 사용한다. 이 함수는 리눅스와 솔라리스에서 용도가 서로 다르므로 주의한다. 우분투 리눅스와 달리 솔라리스에서는 sysinfo() 함수가 uname() 함수와 유사한 기능을 수행한다.

메모리와 스왑 상태 검색 : sysinfo(2)

함수 원형

```
#include <sys/sysinfo.h>

int sysinfo(struct sysinfo *info);
```

↳ 인자 설명

- **info** : 검색 결과를 리턴하는 sysinfo 구조체의 주소

sysinfo() 함수는 sysinfo 구조체에 검색 결과를 저장해 리턴한다. sysinfo 구조체는 다음과 같이 정의되어 있다.

```
struct sysinfo {
    long uptime;
    unsigned long loads[3];
    unsigned long totalram;
    unsigned long freeram;
    unsigned long sharedram;
    unsigned long bufferram;
    unsigned long totalswap;
    unsigned long freeswap;
    unsigned short procs;
    unsigned long totalhigh;
    unsigned long freehigh;
    unsigned int mem_unit;
    char _f[20-2*sizeof(long)-sizeof(int)];
};
```

- **uptime** : 시스템 부팅 후 경과된 시간을 초 단위로 저장한다.
- **loads** : 시스템 부하 평균을 저장하는 배열로, 1분, 5분, 15분 기준으로 계산해 저장한다.
- **totalram** : 사용 가능한 총 메모리 크기를 저장한다.
- **freeram** : 사용 가능한 메모리의 크기를 저장한다.
- **sharedram** : 공유 메모리의 크기를 저장한다.
- **bufferram** : 버퍼가 사용하는 메모리의 크기를 저장한다.
- **totalswap** : 스왑 영역의 총 크기를 저장한다.
- **freeswap** : 사용 가능한 스왑 영역의 크기를 저장한다.
- **procs** : 현재 실행 중인 프로세스 수를 저장한다.
- **totalhigh** : 사용자에 할당된 메모리high memory의 총 크기를 저장한다.
- **freehigh** : 사용 가능한 사용자 메모리의 크기를 저장한다.

- **mem_unit** : 메모리 크기를 바이트 단위로 저장한다.
- **_f** : 64바이트 크기를 맞추기 위한 패딩이다.

sysinfo() 함수가 성공하면 sysinfo 구조체에 정보를 저장한 후 0을 리턴하고 오류가 발생하면 -1을 리턴한다.

sysinfo() 함수를 사용해 총 메모리 크기와 사용 가능한 메모리 크기를 검색해보자.

예제 6-1 sysinfo() 함수로 메모리 크기 검색하기 ch6_1.c

```
01 #include <sys/sysinfo.h>
02 #include <stdio.h>
03
04 int main() {
05     struct sysinfo info;
06
07     sysinfo(&info);
08
09     printf("Total Ram: %ld\n", info.totalram);
10     printf("Free Ram: %ld\n", info.freeram);
11     printf("Num of Processes: %d\n", info.procs);
12 }
```

실행

```
$ ch6_1.out
Total Ram: 4096770048
Free Ram: 1307561984
Num of Processes: 505
```

- **07행** sysinfo() 함수로 정보를 읽어온다.
- **09행** 시스템의 총 메모리 크기를 출력한다.
- **10행** 시스템에서 현재 사용 가능한 메모리의 크기를 출력한다.
- **11행** 현재 실행 중인 프로세스 수를 출력한다.
- **실행 결과** 시스템의 총 메모리는 4096770048바이트(약 4GB)이고, 사용 가능한 메모리는 1307561984바이트(약 1GB), 현재 실행 중인 프로세스는 총 505개 임을 알 수 있다.

03 프로세스 식별

사용자 계정에서 사용자를 식별하는 번호로 UID가 있는 것처럼 프로세스도 프로세스를 식별하기 위한 프로세스 ID(PID Process ID)가 있다. 그리고 관련 프로세스가 모여 프로세스 그룹process group을 구성한다. 여기서는 프로세스를 식별할 때 사용할 수 있는 PID와 프로세스 그룹 및 세션 함수를 살펴본다.

3.1 PID 검색

PID는 0번부터 시작한다. 0번 프로세스는 스케줄러sched로, 프로세스에 CPU 시간을 할당하는 역할을 한다. 0번 프로세스는 커널의 일부분이므로 별도의 실행 파일은 없다. 1번 프로세스는 init이다. 프로세스가 새로 생성될 때마다 기존 PID와 중복되지 않은 번호가 할당된다. 현재 프로세스의 PID를 검색하려면 getpid() 함수를 사용한다.

PID 검색 : getpid(2)

함수 원형

```
#include <sys/types.h>
#include <unistd.h>

pid_t getpid(void);
```

getpid() 함수는 이 함수를 호출한 프로세스의 PID를 리턴한다.

PPID 검색 : getppid(2)

0번 프로세스를 제외한 모든 프로세스에는 자신을 생성한 프로세스가 있다. 이를 부모 프로세스parent process라고 한다. 부모 프로세스에도 당연히 PID가 있다. 부모 프로세스의 PID를 PPIDParent Process ID라고 한다.

다음 예를 보자. 1번 프로세스의 PPID가 0인데, 이는 init 프로세스의 부모 프로세스가 0번 프로세스임을 뜻한다. 0번 프로세스가 부모인 프로세스로 [kthreadd]가 있는데 이 프로세스는 쓰레드를 관리한다. 711번 프로세스인 vmtoolsd는 PPID가 1번이다. 즉, init 프로세스가 vmtoolsd 프로세스를 생성한 것이다.

```
# ps -ef | more
UID         PID   PPID  C STIME TTY          TIME CMD
root          1      0  0  3월19 ?      00:00:10 /sbin/init splash
root          2      0  0  3월19 ?      00:00:00 [kthreadd]
root          3      2  0  3월19 ?      00:00:00 [rcu_gp]
root          4      2  0  3월19 ?      00:00:00 [rcu_par_gp]
(생략)
root        709      1  0  3월19 ?      00:00:00 /usr/bin/VGAuthService
root        711      1  0  3월19 ?      00:02:58 /usr/bin/vmtoolsd
root        729      1  0  3월19 ?      00:00:00 /usr/sbin/acpid
(생략)
```

부모 프로세스의 PID를 검색하려면 getppid() 함수를 사용한다.

함수 원형

```
#include <sys/types.h>
#include <unistd.h>


pid_t getppid(void);
```

getpid(), getppid() 함수로 현재 프로세스의 PID와 PPID를 검색해 출력해 보자.

예제 6-2 getpid(), getppid() 함수로 PID와 PPID 검색하기 ch6_2.c

```
#include <unistd.h>
#include <stdio.h>

```

```
04 int main() {
05     printf("PID : %d\n", (int)getpid());
06     printf("PPID : %d\n", (int)getppid());
07 }
```

실행

```
$ ch6_2.out
PID : 17826
PPID : 9423
```

- **05행** getpid() 함수로 현재 프로세스의 ID를 검색해 출력한다.
- **06행** getppid() 함수로 현재 프로세스의 부모 프로세스 ID를 검색해 출력한다.
- **실행 결과** PID는 17826고 PPID는 9423임을 알 수 있다.

[예제 6–2]의 실행 결과에서 PID가 9423인 프로세스는 무엇일까? ps 명령으로 이 터미널에서 실행 중인 프로세스를 보면 알 수 있다.

```
$ ps
   PID TTY          TIME CMD
  9423 pts/1    00:00:00 bash
 17832 pts/1    00:00:00 ps
```

ps 명령으로 살펴보면 PID 9423은 bash(배시 셸)이다. 사용자가 프롬프트에서 실행 파일을 실행하면 셸이 자식 프로세스child process를 생성하고, 이 프로세스가 실행 파일을 실행하도록 한다. 따라서 배시 셸이 부모 프로세스가 되는 것이다. 프로세스 생성과 관련된 자세한 내용은 7장에서 살펴본다.

3.2 프로세스 그룹

프로세스 그룹process group은 관련 있는 프로세스를 묶은 것으로, 프로세스 그룹 ID (PGIDProcess Group ID)를 부여받는다. 프로세스는 프로세스 그룹을 구성하는 멤버가 된다. 프로세스 그룹은 BSD 계열 유닉스에서 작업job 제어를 구현하면서 도입했다. 작업 제어job control 기능을 제공하는 C 셸이나 배시 셸은 명령을 파이프pipe로 연결함으로써 프로세스 그룹으로 묶어 한 작업으로 처리할 수 있다.

프로세스 그룹 리더

프로세스 그룹을 구성하는 프로세스 중 하나가 그룹 리더가 되고 프로세스 그룹 리더의 PID가 PGID가 된다. 프로세스의 그룹 리더는 변경될 수 있으며, 리더 프로세스가 변경되면 PGID도 변경된다.

PGID 검색 : getpgrp(2), getpgid(2)

함수 원형

```
#include <sys/types.h>
#include <unistd.h>

pid_t getpgrp(void);
pid_t getpgid(pid_t pid);
```

↳ 인자 설명

- **pid** : PGID를 구하려는 프로세스의 ID

getpgrp( ) 함수는 이 함수를 호출하는 프로세스가 속한 그룹의 PGID를 리턴한다. getpgid() 함수는 pid 인자로 지정한 프로세스가 속한 그룹의 PGID를 리턴한다. 만일 인자가 0이면 getpgid() 함수를 호출한 프로세스의 PID를 리턴한다. getpgrp(), getpgid() 함수를 사용해 PGID를 검색해보자.

예제 6-3 getpgrp(), getpgid() 함수로 PGID 검색하기 ch6_3.c

```
#include <unistd.h>
#include <stdio.h>

int main() {
    printf("PID : %d\n", (int)getpid());
    printf("PGRP : %d\n", (int)getpgrp());
    printf("PGID(0) : %d\n", (int)getpgid(0));
    printf("PGID(18020) : %d\n", (int)getpgid(18020));
}
```

실행

```
$ ps
    PID TTY          TIME CMD
   9423 pts/1    00:00:00 bash
  17900 pts/1    00:00:00 ps
$ ch6_3.out
PID : 18028
PGRP : 18028
PGID(0) : 18028
PGID(18020) : 18018
```

- **05행** PID를 검색해 출력한다.
- **06~07행** 현재 프로세스의 PGID를 두 가지 방법으로 검색한다.
- **08행** PID가 18020인 프로세스가 속한 그룹의 PGID를 검색한다. 18020번 프로세스는 다음과 같이 파이프로 연결해 실행한 프로세스 중 마지막 프로세스인 sleep의 PID다. 즉, 파이프로 연결한 프로세스 그룹 중 마지막 프로세스의 PID로 PGID를 검색한 것이다.

```
$ ps -ef | more | sleep 300 &
$ ps
    PID TTY          TIME CMD
   9423 pts/1    00:00:00 bash
  18020 pts/1    00:00:00 sleep
  18021 pts/1    00:00:00 ps
```

- **실행 결과** PID와 PGID가 같음을 알 수 있다. 이는 현재 프로세스가 단독 프로세스여서 프로세스 그룹에 홀로 속해 있기 때문이다. 파이프로 연결해 생성한 프로세스 그룹의 PGID를 검색한 결과는 18018로, 인자로 지정한 PID 18020과는 다른 프로세스임을 알 수 있다.

pgid 변경 : setpgid(2)

함수 원형

```
#include <sys/types.h>
#include <unistd.h>

int setpgid(pid_t pid, pid_t pgid);
```

↳ 인자 설명

- **pid** : 프로세스 그룹에 속한 프로세스의 ID
- **pgid** : 새로 지정할 PGID

setpgid() 함수는 pid가 가리키는 프로세스의 PGID를 pgid로 지정한 값으로 지정한다. pid와 pgid가 같다면 pid에 해당하는 프로세스가 그룹 리더가 된다. 만일 pid가 0이면 이 함수를 호출하는 현재 프로세스의 PID를 사용한다. pgid가 0이면 pid로 지정한 프로세스가 PGID가 된다.

3.3 세션

세션session은 POSIX 표준에서 제안한 개념으로, 사용자가 로그인해 작업하고 있는 터미널 단위로 프로세스 그룹을 묶은 것이다. 프로세스 그룹이 관련 있는 프로세스를 그룹으로 묶은 개념이라면, 세션은 관련 있는 프로세스 그룹을 모은 개념이다. 프로세스, 프로세스 그룹, 세션의 관계를 그림으로 나타내면 [그림 6-4]와 같다. 세션은 프로세스 그룹 단위로 작업 제어를 수행할 때 사용한다.

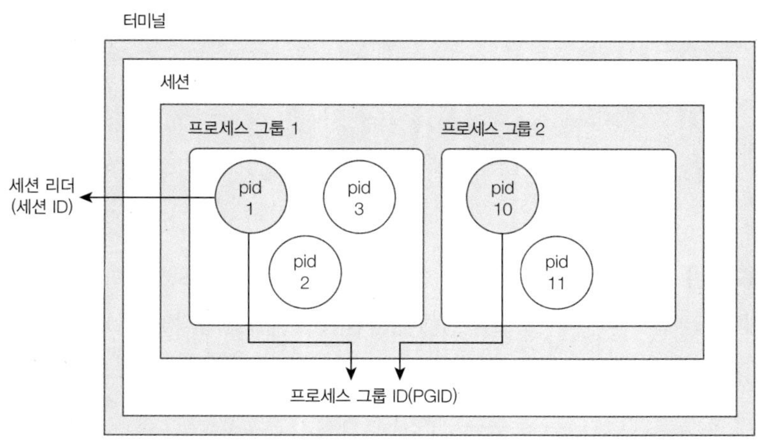

그림 6-4 프로세스, 프로세스 그룹, 세션의 관계

세션 검색 : getsid(2)

세션에도 ID가 할당된다. 프로세스가 새로운 세션을 생성하면 해당 프로세스는 세션 리더

session leader가 되고 세션 리더의 PID는 세션 ID가 된다. 현재 세션의 ID는 getsid() 함수로 얻을 수 있다.

함수 원형

```
#include <sys/types.h>
#include <unistd.h>

pid_t getsid(pid_t pid);
```

↳ 인자 설명

- **pid** : 자신이 속한 세션의 ID를 구하려는 프로세스의 ID

setsid() 함수는 pid로 지정한 프로세스가 속한 세션의 ID를 리턴한다. 만일 pid가 0이면 현재 프로세스의 세션 ID를 리턴한다.

프로세스의 PID와 PGID, 세션 ID를 검색해 출력해보자.

예제 6-4 getsid() 함수로 세션 ID 검색하기 ch6_4.c

```
#include <unistd.h>
#include <stdio.h>

int main() {
    printf("PID : %d\n", (int)getpid());
    printf("PGID : %d\n", (int)getpgrp());
    printf("SID : %d\n", (int)getsid(0));
}
```

실행

```
$ ch6_4.out
PID : 18094
PGID : 18094
SID : 9423
$ ps
   PID TTY          TIME CMD
  9423 pts/1    00:00:00 bash
 18095 pts/1    00:00:00 ps
```

- **05행** 현재 프로세스의 ID를 검색해 출력한다.
- **06행** 현재 프로세스가 속한 그룹의 ID를 검색해 출력한다.
- **07행** 현재 프로세스가 속한 세션의 ID를 검색해 출력한다.
- **실행 결과** PID와 PGID가 같다는 사실을 알 수 있다. 세션 ID는 배시 셸의 PID이다. 이 세션의 리더가 배시 셸임을 알 수 있다.

세션 생성 : setsid(2)

setsid() 함수를 사용하면 새로운 세션을 만들 수 있다. setsid() 함수를 호출하는 프로세스가 프로세스 그룹 리더가 아니면 새로운 세션을 만들어 세션 리더가 되고 새로운 세션에서 프로세스 그룹 리더가 된다. setsid() 함수를 호출한 프로세스가 새로운 세션과 프로세스 그룹의 유일한 프로세스가 된다. 호출에 성공하면 새로운 세션 ID를 리턴하고 오류가 발생하면 -1을 리턴한다.

함수 원형

```
#include <sys/types.h>
#include <unistd.h>

pid_t setsid(void);
```

04 프로세스 실행 시간 측정

프로세스를 실행하면 CPU나 메모리 같은 시스템 자원system resource을 사용한다. 시간 정보를 이용해 프로세스 실행 시간을 측정할 수 있으며, 이것은 시스템 사용 요금을 결정하는 데 활용할 수 있다. 또한 프로그램에서 많은 시간을 소비하는 부분을 찾아 개선하는 데도 활용할 수 있다.

프로세스 실행 시간은 times() 함수를 사용해 측정할 수 있다. 프로세스 실행 시간은 커널 모드에서 실행한 시간과 사용자 모드에서 실행한 시간을 합해 구할 수 있다. times() 함수는 커널 모드에서 실행한 시간과 사용자 모드에서 실행한 시간을 구분해서 알려준다.

4.1 프로세스 실행 시간의 구성

프로세스 실행 시간은 시스템 실행 시간과 사용자 실행 시간으로 구분할 수 있다. 시스템 실행 시간은 프로세스에서 커널의 코드를 수행한 시간으로, 시스템 호출로 소비한 시간을 의미한다. 사용자 실행 시간은 사용자 모드에서 프로세스를 실행한 시간으로, 프로그램 내부의 함수나 반복문처럼 사용자가 작성한 코드를 실행하는 데 걸린 시간이다.

```
프로세스 실행 시간 = 시스템 실행 시간 + 사용자 실행 시간
```

4.2 프로세스 실행 시간 측정

프로세스 실행 시간을 측정하는 데는 times() 함수를 사용한다. times() 함수를 사용하면 프로세스 실행에 소요된 사용자 실행 시간과 시스템 실행 시간을 알 수 있다. 특히 모든 자식 프로세스의 실행 시간을 함께 알 수 있다. times() 함수는 실행 결과를 tms 구조체에 저장하고 클록 틱을 리턴한다.

tms 구조체

tms 구조체는 sys/times.h 파일에 다음과 같이 정의되어 있다.

```
struct tms {
    clock_t tms_utime;
    clock_t tms_stime;
    clock_t tms_cutime;
    clock_t tms_cstime;
};
```

tms 구조체의 항목별 의미는 다음과 같다.

- **tms_utime** : times() 함수를 호출한 프로세스가 사용한 사용자 모드 실행 시간이다.
- **tms_stime** : times() 함수를 호출한 프로세스가 사용한 시스템(커널) 모드 실행 시간이다.
- **tms_cutime** : times() 함수를 호출한 프로세스의 모든 자식 프로세스가 사용한 사용자 모드 실행 시간과 tms_utime의 합계 시간이다.
- **tms_cstime** : times() 함수를 호출한 프로세스의 모든 자식 프로세스가 사용한 시스템 모드 실행 시간과 tms_stime의 합계 시간이다.

실행 시간 측정 : times(2)

함수 원형

```
#include <sys/times.h>

clock_t times(struct tms *buf);
```

↳ 인자 설명

- **buf** : 실행 시간을 저장할 tms 구조체의 주소

times() 함수는 프로세스 실행 시간을 인자로 지정한 tms 구조체에 저장한다. times() 함수가 알려주는 시간 단위는 시계의 클록 틱clock ticks이다. times() 함수는 임의의 시점으로부터 경과된 클록 틱 수를 리턴하고 오류가 발생하면 –1을 리턴한다.

프로세스 실행 시간을 측정하고 전체 시간, 사용자 모드 실행 시간, 시스템 모드 실행 시간으로 나눠 출력해보자.

예제 6-5 times() 함수로 실행 시간 측정하기 ch6_5.c

```
#include <sys/types.h>
#include <sys/times.h>
#include <time.h>
#include <unistd.h>
#include <stdlib.h>
#include <stdio.h>

int main() {
    int i;
    time_t t;
    struct tms buf;
    clock_t ct, t1, t2;

    ct = sysconf(_SC_CLK_TCK);
    printf("Clock tick : %ld\n", ct);

    if ((t1 = times(&buf)) == -1) {
        perror("times 1");
        exit(1);
    }

    for (i = 0; i < 99999999; i++)
        time(&t);
    sleep(1);

    if ((t2 = times(&buf)) == -1) {
        perror("times 2");
        exit(1);
    }

    printf("t1: %ld\n", t1);
    printf("t2: %ld\n", t2);
    printf("utime : %ld\n", buf.tms_utime);
    printf("stime : %ld\n", buf.tms_stime);
```

```
35     printf("Real time : %.1f sec\n", (double)(t2 - t1) / ct);
36     printf("User time : %.1f sec\n", (double)buf.tms_utime / ct);
37     printf("System time : %.1f sec\n", (double)buf.tms_stime / ct);
38 }
```

실행

```
$ ch6_5.out
Clock tick : 100
t1: 1731809110
t2: 1731809250
utime : 39
stime : 0
Real time : 1.4 sec
User time : 0.4 sec
System time : 0.0 sec
```

- **14행** sysconf(_SC_CLK_TCK) 함수로 클록 틱 값을 검색한다. 15행의 출력 결과를 보면 초당 클록 틱 값은 100이다.
- **17행** times() 함수를 호출해 리턴받은 현재 클록 틱 값을 저장한다.
- **22~24행** 실제 작업을 수행하는 부분으로, time() 함수를 9,999,999번 호출하고 sleep(1) 함수를 호출해 1초간 대기한다.
- **26행** 다시 times() 함수를 호출해 클록 틱 값을 측정한다.
- **31~32행** 17행과 26행에서 times() 함수를 호출해 리턴받은 클록 틱 값을 출력한다. 실행 결과를 보면 두 값의 차이는 100이다.
- **33~34행** times() 함수가 검색해 저장한 tms 구조체의 값 중에서 tms_utime과 tms_stime 값을 출력한다. 실행 결과를 보면 tms_utime이 39, tms_stime이 0이다.
- **35행** 함수 실행 결과인 클록 틱 값을 초당 클록 틱으로 나누어 프로그램 실행에 소요된 전체 시간을 출력한다.
- **36~37행** 사용자 실행 시간, 시스템 실행 시간을 초 단위로 환산해 출력한다.
- **실행 결과** 전체 실행 시간이 1.4초, 사용자 실행 시간이 0.4초, 시스템 실행 시간이 0초임을 알 수 있다. 전체 실행 시간과 사용자 실행 시간이 차이 나는 이유는 sleep() 함수로 1초 대기했기 때문이다.

[예제 6-5]에서는 클록 틱의 값이 초당 100으로 검색되었다. 따라서 times() 함수로 검색한 결과를 클록 틱으로 나누면 초 단위로 계산할 수 있다. 또한 times() 함수는 일정한 기준 시점(일반적으로 부팅 시점)부터 이 함수를 호출한 시점까지 경과한 시간을 클록 틱으로 리턴한다. 따라서 이 함수를 두 번 호출해서 차이를 계산하면 프로세스가 실행된 전체 시간을 계산할 수 있다.

05 환경 변수의 활용

프로세스가 실행되는 기본 환경이 있다. 이 환경은 사용자의 로그인명login name, 로그인 셸login shell, 터미널에 설정된 언어, 경로명pathname 등을 포함한다. 기본 환경은 환경 변수로 정의되어 있다. 모든 프로세스는 부모 프로세스에서 기본 환경을 물려받는다. 셸은 환경 변수를 검색 · 추가 · 수정할 수 있도록 한다. 환경 변수는 전역 변수 environ이나 getenv() 함수로 검색하고 putenv() 함수로 수정하거나 추가할 수 있다.

5.1 환경 변수의 이해

환경 변수는 '환경 변수명=값' 형태로 구성되며, 환경 변수명은 관례적으로 대문자를 사용한다. 환경 변수는 셸에서 값을 설정하거나 변경할 수 있으며 함수를 이용해 읽거나 설정할 수도 있다.

현재 셸의 환경 설정을 보려면 env 명령을 사용한다. env 명령을 실행한 결과는 다음과 같다. 셸의 종류, 현재 디렉터리 위치, 로그인 ID, 홈 디렉터리 등의 정보가 환경 변수에 정의되어 있음을 확인할 수 있다.

```
$ env
SHELL=/bin/bash
PWD=/home/jw
LOGNAME=jw
XDG_SESSION_TYPE=tty
MOTD_SHOWN=pam
HOME=/home/jw
LANG=ko_KR.UTF-8
LS_COLORS=rs=0:di=01;34:ln=01;36:mh=00:pi=40;33:so=01;35:do=01;35:bd=40;33;01:cd
(생략)
```

5.2 환경 변수 사용

프로그램에서 환경 변수를 사용하는 방법에는 전역 변수를 사용하는 방법, main() 함수의 인자를 사용하는 방법, getenv() 함수를 사용하는 방법이 있다.

전역 변수 사용 : environ

```
#include <unistd.h>

extern char **environ;
```

전역 변수 environ은 환경 변수 전체에 대한 포인터로, 이 변수를 사용해 환경 변수를 검색할 수 있다. [예제 6-6은]는 전역 변수 environ을 사용해 환경 변수 전체를 출력하는 예다.

예제 6-6 environ 전역 변수로 환경 변수 검색하기 ch6_6.c

```
#include <unistd.h>
#include <stdio.h>

extern char **environ;

int main() {
    char **env;

    env = environ;
    while (*env) {
        printf("%s\n", *env);
        env++;
    }
}
```

실행

```
$ ch6_6.out
SHELL=/bin/bash
PWD=/home/jw/src/ch6
LOGNAME=jw
```

```
XDG_SESSION_TYPE=tty
MOTD_SHOWN=pam
HOME=/home/jw
LANG=ko_KR.UTF-8
LS_COLORS=rs=0:di=01;34:ln=01;36:mh=00:pi=40;33:so=01;35:do=01;35:bd=40;33;01:cd
(생략)
```

- **09행** environ의 주소를 임시 포인터인 env에 저장한다.
- **10~13행** env의 주소를 증가시키며 환경 변수를 출력한다.
- **실행 결과** 실행 결과가 env 명령의 결과와 동일함을 알 수 있다.

main() 함수 인자 사용

main() 함수는 아무 인자 없이 사용할 수도 있고 인자를 지정해 사용할 수도 있다. 리눅스에서는 환경 변수를 다음과 같이 main() 함수의 세 번째 인자로 지정해 사용할 수 있다.

```
int main(int argc, char **argv, char **envp)
```

사용 방법은 전역 변수 environ과 같다. [예제 6-7]에서 main() 함수의 세 번째 인자로 환경 변수에 대한 포인터를 받아 환경 변수 전체를 출력해보자.

예제 6-7 main() 함수 인자로 환경 변수 검색하기 ch6_7.c

```c
#include <stdio.h>

int main(int argc, char **argv, char **envp) {
    char **env;

    env = envp;
    while (*env) {
        printf("%s\n", *env);
        env++;
    }
}
```

실행

```
$ ch6_7.out
SHELL=/bin/bash
PWD=/home/jw/src/ch6
LOGNAME=jw
XDG_SESSION_TYPE=tty
MOTD_SHOWN=pam
HOME=/home/jw
LANG=ko_KR.UTF-8
LS_COLORS=rs=0:di=01;34:ln=01;36:mh=00:pi=40;33:so=01;35:do=01;35:bd=40;
33;01:cd
(생략)
```

- **03행** main() 함수의 인자로 환경 변수에 대한 포인터를 받는다.
- **06~10행** 인자로 받은 환경 변수의 값을 차례로 출력한다.
- **실행 결과** [예제 6-6]과 동일하다.

전역 변수 environ이나 main() 함수의 인자로 환경 변수를 활용할 때 특정 환경 변수의 값만 검색하는 일은 매우 불편하다. 따라서 특정 환경 변수의 값만 검색하거나 설정할 수 있는 별도의 함수가 있어야 한다.

환경 변수 검색 : getenv(3)

함수 원형

```
#include <stdlib.h>

char *getenv(const char *name);
```

↳ 인자 설명

- **name** : 환경 변수명

getenv() 함수는 인자로 지정한 환경 변수가 설정되어 있는지 검색해 결괏값을 저장하고 주소를 리턴한다. 검색에 실패하면 널 포인터를 리턴한다.

getenv() 함수로 환경 변수 SHELL을 검색해보자.

예제 6-8 getenv() 함수로 환경 변수 검색하기 ch6_8.c

```
01 #include <stdlib.h>
02 #include <stdio.h>
03
04 int main() {
05     char *val;
06
07     val = getenv("SHELL");
08     if (val == NULL)
09         printf("SHELL not defined\n");
10     else
11         printf("SHELL = %s\n", val);
12 }
```

실행

```
$ ch6_8.out
SHELL = /bin/bash
```

- **07행** getenv() 함수를 호출해 환경 변수 SHELL을 검색하고 결괏값을 문자형 포인터 val에 저장한다.
- **08~11행** getenv() 함수의 리턴값이 널이면 SHELL 변수가 정의되어 있지 않은 것이다. 리턴값이 널이 아니면 리턴한 결과를 출력한다.
- **실행 결과** SHELL의 값이 /bin/bash임을 알 수 있다.

환경 변수 설정 : putenv(3)

함수 원형

```
#include <stdlib.h>

int putenv(char *string);
```

↳ 인자 설명

- **string** : 설정할 환경 변수와 값으로 구성한 문자열

putenv() 함수를 사용해 프로그램에서 환경 변수를 설정할 수 있다. 설정할 환경 변수를 '환경 변수명=값' 형태로 지정하면 된다. putenv() 함수는 기존의 환경 변숫값은 변경하고, 새

로운 환경 변수는 malloc()으로 메모리를 할당해 추가한다. 수행에 성공하면 0을 리턴한다.

putenv() 함수로 환경 변수 TERM의 값을 변경해보자.

예제 6-9 putenv() 함수로 환경 변수 설정하기 ch6_9.c

```
01 #include <stdlib.h>
02 #include <stdio.h>
03
04 int main() {
05     char *val;
06
07     val = getenv("TERM");
08     if (val == NULL)
09         printf("TERM not defined\n");
10     else
11         printf("1. TERM = %s\n", val);
12
13     putenv("TERM=vt100");
14
15     val = getenv("TERM");
16     printf("2. TERM = %s\n", val);
17 }
```

실행

```
$ ch6_9.out
1. TERM = xterm
2. TERM = vt100
```

- **07~11행** getenv() 함수를 호출해 환경 변수 TERM의 값을 검색하고 출력한다.
- **13행** putenv() 함수를 이용해 TERM의 값을 vt100으로 바꾼다.
- **15~16행** getenv() 함수를 이용해 TERM의 값을 다시 확인한다.
- **실행 결과** 환경 변수 TERM의 값이 변경되었다.

[예제 6-9]와 같이 프로그램 안에서 변경한 환경 변수의 값이 부모 프로세스인 셸에서도 유효한 것은 아니다. [예제 6-9]를 실행한 후 다시 env 명령으로 검색해보면 TERM의 값이 예제를 실행하기 이전 상태로 남아 있음을 알 수 있다.

```
$ env | grep TERM
TERM=xterm
```

환경 변수 설정 : setenv(3)

함수 원형

```c
#include <stdlib.h>

int setenv(const char *name, const char *value, int overwrite);
```

↳ 인자 설명

- **name** : 환경 변수명
- **value** : 환경 변숫값
- **overwrite** : 덮어쓰기

setenv() 함수도 putenv() 함수처럼 환경 변수를 설정한다. putenv() 함수와 다른 점은 환경 변수와 환경 변숫값을 각각 인자로 지정한다. setenv() 함수는 name에 지정한 환경 변수에 value의 값을 설정한다. overwrite는 name으로 지정한 환경 변수에 이미 값이 설정되어 있을 경우 덮어쓰기 여부를 지정한다. overwrite 값이 0이 아니면 덮어쓰기를 하고 0이면 덮어쓰기를 하지 않는다.

[예제 6-10]에서는 [예제 6-9]를 setenv() 함수를 사용해 구현해보자.

예제 6-10 setenv() 함수로 환경 변수 설정하기 ch6_10.c

```c
#include <stdlib.h>
#include <stdio.h>

int main() {
    char *val;

    val = getenv("TERM");
    if (val == NULL)
        printf("TERM not defined\n");
    else
        printf("1. TERM = %s\n", val);

```

```
13     setenv("TERM","vt100", 0);
14     val = getenv("TERM");
15     printf("2. TERM = %s\n", val);
16
17     setenv("TERM","vt100", 1);
18     val = getenv("TERM");
19     printf("3. TERM = %s\n", val);
20 }
```

실행

```
$ ch6_10.out
1. TERM = xterm
2. TERM = xterm
3. TERM = vt100
```

- **07~11행** getenv() 함수를 호출해 환경 변수 TERM의 값을 검색해 출력한다.
- **13행** setenv() 함수로 TERM의 값을 vt100으로 변경하고, overwrite 값을 0으로 지정한다.
- **14~15행** 다시 getenv() 함수로 TERM의 값을 확인한다.
- **17행** setenv() 함수로 TERM의 값을 vt100으로 바꾼다. overwrite 값은 1로 지정한다.
- **18~19행** 다시 getenv() 함수로 TERM의 값을 확인한다.
- **실행 결과** 13행과 같이 overwrite 값이 0일 때는 TERM의 값이 변경되지 않고, 17행과 같이 overwrite의 값이 1일 때 변경됨을 알 수 있다.

환경 변수 설정 삭제 : unsetenv(3)

함수 원형

```
#include <stdlib.h>

int unsetenv(const char *name);
```

↳ 인자 설명

- **name** : 환경 변수명

unsetenv() 함수는 name에 지정한 환경 변수를 삭제한다. 현재 환경에 name으로 지정한 환경 변수가 없으면 기존 환경을 변경하지 않는다.

요약

01 프로세스의 개념

- 프로세스란 현재 실행 중인 프로그램을 의미한다.
- 프로세스는 텍스트 영역, 데이터 영역, 힙 영역, 스택 영역, 빈 공간으로 구성된다.
- 프로세스 목록을 보려면 ps 명령을 사용하고, 프로세스와 시스템 메모리 정보를 함께 보려면 top 명령을 사용한다.
- 메모리와 스왑 상태 검색 함수 : sysinfo(2)

02 프로세스 식별 함수

기능	함수
메모리와 스왑 상태 검색	`int sysinfo(struct sysinfo *info);`
PID 검색	`pid_t getpid(void);`
부모 PID 검색	`pid_t getppid(void);`
프로세스 그룹 ID 검색	`pid_t getpgrp(void);`
	`pid_t getpgid(pid_t pid);`
프로세스 그룹 ID 변경	`int setpgid(pid_t pid, pid_t pgid);`
세션 리더 ID 검색	`pid_t getsid(pid_t pid);`
세션 생성	`pid_t setsid(void);`

03 프로세스 실행 시간 측정

- 프로세스 실행 시간 = 시스템 실행 시간 + 사용자 실행 시간
- 프로세스 실행 시간 측정 함수 : clock_t times(struct tms *buf);

04 환경 변수 활용 방법

- 프로세스가 실행되는 기본 환경에는 사용자의 로그인명, 로그인 셸, 경로명 등이 포함되며, 환경 변수로 정의되어 있다.

- 환경 변수는 '환경 변수명=값'의 형태로 구성되며, 환경 변수명은 관례적으로 대문자를 사용한다. 환경 변수는 셸에서 값을 설정하거나 변경할 수 있으며, 함수를 이용해 값을 읽거나 설정할 수도 있다.
- 전역 변수 사용 : extern char **environ;
- main() 함수의 인자 : int main(int argc, char **argv, char **envp);
- 함수 사용

기능	전역 변수와 함수
환경 변수 검색	`char *getenv(const char *name);`
환경 변수 설정 및 삭제	`int putenv(char *string);`
	`int setenv(const char *name, const char *value, int overwrite);`
	`int unsetenv(const char *name);`

01 프로세스 그룹의 PID를 읽거나 설정하는 함수가 아닌 것은?

① getpgrp() ② getpdid()
③ getppid() ④ setpgid()

02 ps -f 명령의 결과가 다음과 같다. 실행 파일 a.out에서 PID와 PPID를 출력하는데 a.out 프로세스의 PPID는 무엇이며 이는 어떤 명령을 실행하고 있는가?

```
$ ps -f
UID        PID   PPID  C STIME TTY         TIME CMD
jw        2785   2774  0 14:45 pts/0   00:00:00 bash
jw       46875   2785  0 20:20 pts/0   00:00:00 a.out
```

① 46875, a.out ② 2785, bash
③ 2774, bash ④ 2785, a.out

03 times() 함수는 시간을 측정해 클록 틱 값으로 돌려준다. 현재 시스템의 클록 틱 값이 얼마인지 알 수 있는 것은?

① sysconf(_SC_CLK_TCK) ② times(_SC_CLK_TCK)
③ time(_SC_CLK_TCK) ④ sysinfo(_SC_CLK_TCK)

04 시스템은 환경 변수 전체에 대한 포인터로 전역 변수를 지정했다. 이 전역 변수를 사용하려면 코드에서 어떻게 선언해야 하는가?

① char **environ ② char *environ
③ extern char *environ ④ extern char **environ

05 C 언어의 main() 함수는 인자로 환경 변수를 받을 수 있다. 올바르게 선언한 것은?

① main(char **envp) ② main(int argc, char **envp)
③ main(int argc, char **argv, char **envp) ④ main(char **argv, char **envp)

06 sysinfo() 함수를 사용해 시스템을 부팅하고 경과된 시간을 시간, 분 단위로 환산해 출력하는 프로그램을 작성하시오.

07 sysinfo() 함수를 사용해 시스템의 메모리와 스왑 영역의 상태를 출력하는 프로그램을 작성하시오.

08 명령행 인자로 PID를 입력받아 해당 프로세스가 속한 프로세스 그룹 ID(PGID), 세션 ID를 출력하는 프로그램을 작성하시오. 명령행 인자로 지정한 PID가 0이면 현재 프로세스를 대상으로 PPID와 PGID, 세션 ID를 구한다.

09 다음과 같이 파이프로 엮인 프로세스 그룹에서 PGID는 어떤 프로세스인지 프로그램을 작성해 확인하시오.

```
ps -ef | grep ssh | more | sleep 200 &
```

10 다음과 같이 프로그램 내에서 sleep() 함수를 사용해 5초간 잠들게 했을 때 전체 수행 시간은 어떻게 되는지 프로그램을 작성해 확인하시오.

```
#include <stdio.h>

int main() {
    sleep(5);
}
```

11 반복문을 사용해 저수준 파일 입출력 함수인 open()과 close()를 반복적으로 100000번 실행하는 프로그램을 작성하고, 사용자 모드 실행 시간과 시스템 모드 실행 시간을 출력해 비교하시오.

12 1~100000까지 더하면서 결괏값을 반복적으로 출력하는 프로그램을 작성하고, 이 프로그램의 전체 실행 시간, 사용자 모드 실행 시간, 시스템 모드 실행 시간을 측정하시오.

13 명령행 인자로 입력 받은 환경 변수의 값을 출력하는 프로그램을 작성하시오.

14 putenv() 함수를 사용해 환경 변수 SHELL의 값을 변경하는 프로그램을 작성하시오. 이때 변경할 값은 명령행 인자로 받는다.

15 setenv() 함수를 사용해 환경 변수 TESTENV를 새로 정의하고 그 값을 ubuntu로 설정, getenv() 함수로 검색해 출력하는 프로그램을 작성하시오.

16 15번에서 만든 프로그램에 환경 변수 TESTENV를 삭제하는 기능을 넣어 수정하시오.

17 명령행 인자로 환경 변수명과 변숫값을 입력받아 환경 변수를 설정하는 프로그램을 작성하시오.

Chapter

07

프로세스 생성과 실행

학습목표

- 프로세스를 생성할 수 있다.
- 프로세스를 종료할 수 있다.
- exec 함수군으로 새로운 프로그램을 실행할 수 있다.
- 프로세스를 동기화할 수 있다.

01 개요

리눅스에서 프로세스process는 사용자가 명령행에서 직접 프로그램을 실행해 생성하는 경우도 있지만, 프로그램 안에서 다른 프로그램을 실행해 생성하는 경우도 있다. 이렇게 프로그램 안에서 다른 프로그램을 실행해 새로운 프로세스를 생성할 때는 system(), fork(), vfork() 함수를 사용한다.

표 7-1 프로세스 생성 함수

기능	함수
프로그램 실행	`int system(const char *command);`
프로세스 생성	`pid_t fork(void);`
	`pid_t vfork(void);`

리눅스는 프로세스가 종료되면 해당 프로세스가 어떻게 종료되었는지를 나타내는 종료 상태exit status를 저장한다. 자식 프로세스는 부모 프로세스에 자신이 어떻게 종료되었는지를 알리는 종료 상탯값을 리턴할 수 있다. 일반적으로 종료 상탯값이 0이면 정상적으로 종료했음을 의미하고, 0이 아니면 오류가 발생했음을 의미한다. 프로그램을 종료할 때는 exit(), atexit(), on_exit(), _exit() 함수를 사용한다.

표 7-2 프로세스 종료 함수

기능	함수
프로세스 종료	`void exit(int status);`
	`void _exit(int status);`
종료시 수행할 작업 지정	`int atexit(void (*function)(void));`
	`int on_exit(void (*function)(int , void *), void *arg);`

함수명이 'exec'로 시작하는 exec 함수군은 인자로 받은 다른 프로그램을 자신을 호출한 프로세스의 메모리에 덮어쓴다. 따라서 프로세스가 수행 중이던 기존 프로그램은 중지되어 없어지고 새로 덮어쓴 프로그램이 실행된다. exec 함수군은 fork() 함수와 연결해 fork() 함수로 생성한 자식 프로세스가 새로운 프로그램을 실행하도록 할 때도 사용한다.

표 7-3 exec 함수군

기능	함수
프로세스 실행	`int execl(const char *pathname, const char *arg, … /* (char *) NULL */);`
	`int execlp(const char *file, const char *arg, … /* (char *) NULL */);`
	`int execle(const char *pathname, const char *arg, … /* (char *) NULL, char *const envp[] */);`
	`int execv(const char *pathname, char *const argv[]);`
	`int execvp(const char *file, char *const argv[]);`
	`int execvpe(const char *file, char *const argv[], char *const envp[]);`

fork() 함수로 자식 프로세스를 생성하면 부모 프로세스와 자식 프로세스는 순서에 관계없이 실행되고, 먼저 실행을 마친 프로세스는 종료된다. 이때 좀비 프로세스zombie process 같은 불안정 상태의 프로세스가 발생한다. 이를 방지하려면 [표 7-4]의 함수를 사용해 부모 프로세스와 자식 프로세스를 동기화해야 한다.

표 7-4 프로세스 동기화 함수

기능	함수
프로세스 동기화	`pid_t wait(int *wstatus);`
특정 자식 프로세스와 동기화	`pid_t waitpid(pid_t pid, int *wstatus, int options);`
	`int waitid(idtype_t idtype, id_t id, siginfo_t *infop, int options);`

02 프로세스 생성

1절에서 설명했듯이 프로세스는 프로그램 안에서 다른 프로그램을 실행해 생성하기도 한다. 예를 들어, 기능별로 별도의 프로그램으로 구성되어 있는 업무용 소프트웨어에서 보고서 작성을 위해 출력 프로그램을 실행할 수 있다. 또한 인터넷을 통해 서비스를 제공하도록 다른 서비스 프로그램을 동작시키려면 새로운 프로세스를 생성해야 한다. 이렇게 새로운 프로세스를 생성할 때 system(), fork(), vfork() 함수를 사용한다. 이 절에서는 이 함수들을 사용해 새 프로세스를 생성하는 방법을 살펴보자.

2.1 system() 함수로 프로그램 실행하기

system() 함수는 프로그램 안에서 새로운 프로그램을 실행시키는 가장 간단한 방법이다. 그러나 명령을 실행하기 위해 셸까지 동작시키므로 비효율적이다. 따라서 system() 함수를 남용하는 것은 바람직하지 않다.

프로그램 실행 : system(3)

함수 원형

```
#include <stdlib.h>

int system(const char *command);
```

↳ 인자 설명

- **command** : 실행할 명령이나 실행 파일명

system() 함수는 기존 명령이나 실행 파일명을 인자로 받아 셸에 전달한다. 셸은 내부적으로 새 프로세스를 생성해 인자로 받은 명령을 실행하고, 해당 명령의 실행이 끝날 때까지 기다렸다가 종료 상태를 리턴한다.

system() 함수를 사용해 프로그램을 실행해보자.

예제 7-1 system() 함수로 프로그램 실행하기 ch7_1.c

```
01 #include <stdlib.h>
02 #include <stdio.h>
03
04 int main() {
05     int ret;
06     ret = system("ps -ef | grep sshd > sshd.txt");
07     printf("Return Value : %d\n", ret);
08 }
```

실행

```
$ ch7_1.out
Return Value : 0
$ cat sshd.txt
root    869      1  0  3월21 ?      00:00:00 sshd: /usr/sbin/sshd -D [listener] 0 of 10-100 startups
root  22689    869  0  21:50 ?      00:00:00 sshd: jw [priv]
jw    22770  22689  0  21:50 ?      00:00:00 sshd: jw@pts/1
jw    22938  22937  0  22:18 pts/1  00:00:00 sh -c ps -ef | grep sshd > sshd.txt
jw    22940  22938  0  22:18 pts/1  00:00:00 grep sshd
```

- **06행** 파이프로 연결된 ps -ef | grep sshd 〉 sshd.txt 명령을 실행하도록 system() 함수를 호출한다. 인자로 전달된 명령은 현재 실행 중인 프로세스에서 'sshd'를 포함한 내용을 찾아 sshd.txt 파일에 저장한다.
- **실행 결과** cat 명령을 사용해 han.txt 파일의 내용을 살펴본다. system() 함수로 실행한 명령인 sh -C ps -ef | grep sshd 〉 sshd.txt가 실행되고 있다. system() 함수로 명령을 실행하면 본 셸로 실행되고 -C 옵션이 지정된다. 본 셸에서 -C 옵션은 문자열에서 명령을 읽어오라는 뜻이다.

2.2 프로세스 생성

리눅스에서 프로세스를 생성해 프로그램을 실행하는 대표적인 방법은 fork() 함수를 사용하는 것이다. fork() 함수는 부모 프로세스를 거의 그대로 복제해 새로운 프로세스를 생성한다.

fork() 함수가 생성한 새로운 프로세스를 자식 프로세스child process라고 한다.

fork() 함수를 호출한 프로세스는 부모 프로세스parent process가 된다. fork() 함수가 리턴하면 부모 프로세스와 자식 프로세스가 동시에 동작하는데, 어느 프로세스가 먼저 실행될지는 알 수 없다. 처리 순서는 시스템의 스케줄링scheduling에 따라 달라진다.

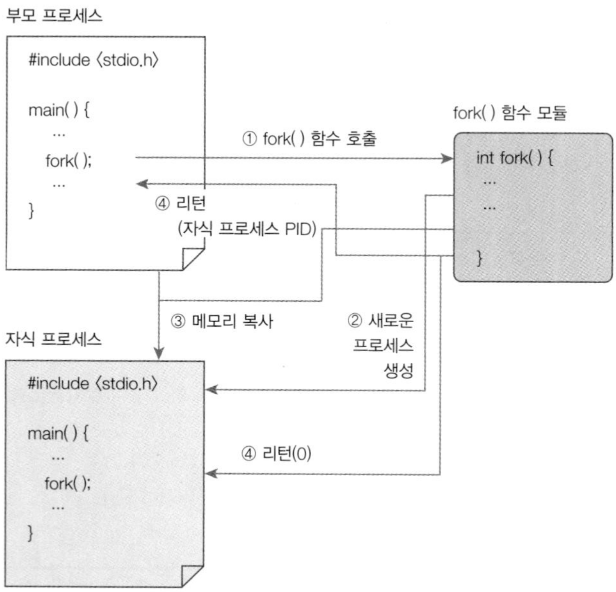

그림 7-1 fork() 함수를 이용한 새로운 프로세스 생성

fork() 함수의 특징

[그림 7-1]에서 볼 수 있듯이 부모 프로세스에서 ❶ fork() 함수를 호출하면 ❷ 새로운 프로세스(자식 프로세스)를 생성한다. ❸ fork() 함수로 생성한 자식 프로세스의 메모리 공간은 부모 프로세스의 메모리 공간을 그대로 복사해서 만든다. ❹ fork() 함수는 부모 프로세스에는 자식 프로세스의 PID를 리턴하고 자식 프로세스에는 0을 리턴한다.

자식 프로세스는 부모 프로세스의 메모리를 복사할 뿐만 아니라 다양한 속성을 상속받는다. 자식 프로세스가 상속받는 대표적인 속성은 다음과 같다.

- 실제 사용자 IDRUID, 유효 사용자 IDEUID, 실제 그룹 IDRGID, 유효 그룹 IDEGID

- 환경 변수
- 열린 파일 기술자
- 시그널 처리 설정
- setuid, setgid 설정
- 현재 작업 디렉터리
- umask 설정값
- 사용 가능한 자원 제한

자식 프로세스는 부모 프로세스의 속성을 대부분 상속받지만, 부모 프로세스와 다른 점도 있다.

- 자식 프로세스는 새로 할당된 프로세스 ID를 갖는다.
- 자식 프로세스는 부모 프로세스의 PPID와 다른 자신만의 PPID를 갖는다. 즉, 자식 프로세스를 호출한 부모 프로세스가 자식 프로세스의 PPID로 설정된다.
- 자식 프로세스는 부모 프로세스가 연 파일 기술자에 대한 복사본을 갖고 있다. 따라서 부모 프로세스와 자식 프로세스가 같은 파일의 오프셋을 공유하고 있는 상태가 되므로 읽거나 쓸 때 주의해야 한다.
- 자식 프로세스는 부모 프로세스가 설정한 프로세스 잠금, 파일 잠금, 기타 메모리 잠금 등은 상속하지 않는다.
- 처리되지 않은 시그널은 자식 프로세스로 상속되지 않는다.
- 자식 프로세스의 tms 구조체 값은 0으로 초기화된다. 즉, 프로세스 실행 시간을 측정하는 기준값이 새로 설정된다.

프로세스 생성 : fork(2)

함수 원형

```
#include <sys/types.h>
#include <unistd.h>

pid_t fork(void);
```

fork() 함수는 인자를 받지 않는다. fork() 함수는 수행에 성공하면 부모 프로세스에는 자식 프로세스의 PID를, 자식 프로세스에는 0을 리턴한다. 실패하면 -1을 리턴한다.

fork() 함수를 사용해 자식 프로세스를 생성하고 PID와 PPID를 출력해보자.

예제 7-2 fork() 함수로 프로세스 생성하기 ch7_2.c

```c
#include <sys/types.h>
#include <unistd.h>
#include <stdlib.h>
#include <stdio.h>

int main() {
    pid_t pid;

    switch (pid = fork()) {
        case -1 : /* fork failed */
            perror("fork");
            exit(1);
            break;
        case 0 : /* child process */
            printf ("Child Process - My PID:%d, My Parent's PID:%d\n",
                    (int)getpid(), (int)getppid());
            break;
        default : /* parent process */
            printf("Parent process - My PID:%d, My Parent's PID:%d,
                    My Child's PID:%d\n", (int)getpid(), (int)getppid(), (int)pid);
            break;
    }

    printf("End of fork\n");
}
```

실행

```
$ ch7_2.out
Parent process - My PID:1663, My Parent's PID:1564, My Child's PID:1664
End of fork
Child Process - My PID:1664, My Parent's PID:1663
End of fork
```

- **09행** fork() 함수를 호출한다.
- **10~13행** 리턴값이 -1이면 오류가 발생한 것이므로 10행의 case -1절에서 처리하고 프로그램을 종료한다.
- **14~16행** 리턴값이 0이면 자식 프로세스에 리턴한 것이므로 14행의 case 0절에서 처리한다. 15~16행은 자식 프로세스에서 수행되며 자신의 PID와 부모 프로세스의 PID(PPID)를 검색해 출력한다.
- **18~21행** 리턴값이 -1이나 0이 아니면 부모 프로세스에 리턴한 것이므로 18행의 default 항목에서 처리한다. 자식 프로세스와 부모 프로세스 모두 자신의 PID와 부모 프로세스의 PID를 출력한다.
- **24행** 자식 프로세스와 부모 프로세스가 각각 실행하므로 두 번 출력된다.
- **실행 결과** 자식 프로세스에서 출력한 부모 프로세스의 PID와 부모 프로세스에서 출력한 자신의 PID가 동일함을 알 수 있다. 또한 부모 프로세스는 fork() 함수의 리턴값으로 자식 프로세스의 PID를 받는데, 이를 출력하면 자식 프로세스가 출력한 PID와 같음을 알 수 있다. 이번 실행 결과에서는 부모 프로세스가 먼저 실행되었지만 다시 실행했을 때는 자식 프로세스가 먼저 실행될 수도 있다.

프로세스 생성 : vfork(2)

함수 원형

```
#include <unistd.h>

pid_t vfork(void);
```

vfork() 함수도 fork() 함수처럼 새로운 프로세스를 생성하지만 부모 프로세스의 메모리 공간을 모두 복사하지는 않는다. vfork() 함수로 생성한 자식 프로세스는 4절에서 다루는 exec 함수군을 사용해 새로운 작업을 수행할 때 효율적이다. 그러나 vfork() 함수는 과거의 유물로 버그가 발생할 우려도 있어 리눅스에서 제공은 하지만 사용을 추천하지는 않는다.

03 프로세스 종료

리눅스는 프로세스가 종료되면 해당 프로세스가 어떻게 종료되었는지를 나타내는 종료 상태 exit status를 저장한다. 부모 프로세스는 저장된 종료 상태 정보를 사용해 자식 프로세스가 어떻게 종료되었는지 알 수 있다. 자식 프로세스는 부모 프로세스에 자신이 어떻게 종료되었는지 알리는 종료 상태값을 리턴할 수 있다. 일반적으로 종료 상탯값이 0이면 프로세스가 정상 종료했음을 의미한다(종료 상탯값 0으로 exit() 함수를 호출했거나 main() 함수에서 0을 리턴). 함수 종료 상탯값이 0이 아니면 오류가 발생했음을 의미한다. 보통 오류가 발생하면 1을 리턴한다. 프로그래머에 따라 다양한 상탯값을 사용해 어떻게 종료되었는지 나타내기도 한다. 이 절에서는 프로그램을 종료할 때 사용하는 함수를 살펴본다.

exit(), atexit(), _exit() 함수는 프로세스 종료와 관련이 있다. exit() 함수는 프로세스를 종료할 때 사용하는 기본 함수다. atexit() 함수를 사용하면 프로세스를 종료할 때 수행할 작업을 지정할 수 있다. _exit() 함수는 일반적으로 프로그램에서 직접 호출하지 않는다.

프로그램 종료 : exit(3)

함수 원형

```
#include <stdlib.h>

void exit(int status);
```

↳ 인자 설명

- **status** : 종료 상탯값

exit( ) 함수는 프로세스를 종료시키고 부모 프로세스에 종료 상탯값을 전달한다. 이때 atexit() 함수로 예약한 함수를 지정된 순서와 역순으로 모두 실행한다. 만일 atexit() 함수로 예약한 함수가 수행 도중에 문제가 발생해 리턴하지 못하면 exit() 함수의 나머지 과정도 수행되지 않는다.

exit() 함수는 프로세스가 사용 중이던 모든 표준 입출력 스트림에 데이터가 남아 있으면 이를 모두 기록하고 열려 있는 스트림을 모두 닫는다. 그 다음 tmpfile() 함수로 생성한 임시 파일을 모두 삭제하고 _exit() 함수를 호출한다. _exit() 함수는 시스템 호출인데 프로세스가 사용하던 모든 자원을 반납한다. 이는 exit() 함수가 C 표준 함수이기 때문에 시스템에 독립적인 기능만 수행하고 시스템과 관련된 기능은 시스템 호출에서 처리하도록 해야 하기 때문이다.

프로그램 종료 시 수행할 작업 예약 : atexit(3)

함수 원형

```
#include <stdlib.h>

int atexit(void (*function)(void));
int on_exit(void (*function)(int , void *), void *arg);
```

↳ 인자 설명

- **function** : 종료 시 수행할 작업을 지정한 함수명

atexit()와 on_exit() 함수는 프로세스가 종료할 때 수행할 기능을 예약한다. atexit() 함수는 인자로 함수의 포인터를 받고 on_exit() 함수는 함수의 포인터와 이 함수의 인자의 포인터를 받는다. atexit() 함수에 인자로 지정하는 함수는 인자와 리턴값이 없는 함수다.

on_exit() 함수는 SunOS 4.0에서 추가되었으나 솔라리스(SunOS 5.0)로 바뀌면서 더 이상 지원하지 않으므로 솔라리스에서는 사용할 수 없다. 리눅스의 경우 gcc 라이브러리에서 on_exit() 함수를 지원하므로 함수에 인자를 지정할 필요가 있을 경우에 사용하면 된다. 이 함수로 예약할 수 있는 함수의 개수는 여유 메모리에 따라 달라지며 sysconf() 함수의_SC_ATEXIT_MAX 항목으로 검색할 수 있다.

atexit()와 on_exit() 함수로 종료 시 수행할 함수 2개를 예약한 후 exit() 함수를 호출해 보자.

예제 7-3 exit(), atexit(), on_exit() 함수 사용하기 ch7_3.c

```c
01 #include <stdlib.h>
02 #include <stdio.h>
03
04 void cleanup1() {
05     printf("Cleanup 1 is called.\n");
06 }
07
08 void cleanup2(int status, void *arg) {
09     printf("Cleanup 2 is called: %ld.\n", (long) arg);
10 }
11
12 int main() {
13     atexit(cleanup1);
14     on_exit(cleanup2, (void *) 20);
15
16     exit(0);
17 }
```

실행

```
$ ch7_3.out
Cleanup 2 is called: 20.
Cleanup 1 is called.
```

- **04~10행** 프로세스 종료 시 수행할 작업을 지정한 함수들의 정의다. 여기서는 간단하게 출력문 하나뿐이지만 실제로는 프로세스를 종료할 때 반드시 수행해야 할 작업을 지정해야 한다. 예를 들어, 로그를 남기거나 관리자에게 메시지를 보내거나 데이터를 저장하는 등의 작업을 수행할 수 있다.
- **13행** atexit() 함수를 사용해 종료 시 수행할 함수를 등록한다.
- **14행** on_exit() 함수를 사용해 종료 시 수행할 함수를 등록하고 인자로 숫자 20을 보낸다.
- **16행** exit() 함수로 프로세스를 종료한다.
- **실행 결과** 함수가 예약 순서와 반대로 호출되었고 on_exit() 함수로 등록한 함수에서 인자로 받은 20을 출력했다.

프로그램 종료 : _exit(2)

함수 원형

```
#include <unistd.h>

void _exit(int status);
```

↳ 인자 설명

- **status** : 종료 상탯값

일반적으로 _exit() 함수는 프로그램에서 직접 사용하지 않고 exit() 함수 내부에서 호출한다. _exit() 함수는 시스템 호출로 프로세스를 종료할 때 다음과 같은 과정을 통해 시스템 관련 자원을 정리한다.

❶ 모든 파일 기술자를 닫는다.

❷ 부모 프로세스에 종료 상태를 알린다.

❸ 자식 프로세스에 SIGHUP 시그널을 보낸다(시그널은 8장에서 다룬다).

❹ 부모 프로세스에 SIGCHLD 시그널을 보낸다.

❺ 프로세스 간 통신에 사용한 자원을 반납한다.

04 exec 함수군 활용

함수명이 exec로 시작하는 함수들이 있는데, 이를 exec 함수군이라고 한다. exec 함수군을 사용해 명령이나 실행 파일을 실행할 수 있다. exec 함수군은 인자로 받은 다른 프로그램을 자신을 호출한 프로세스의 메모리에 덮어쓴다. 따라서 프로세스가 수행 중이던 기존 프로그램은 중지되어 없어지고 새로 덮어쓴 프로그램이 실행된다. exec 함수군을 호출한 프로세스 자체가 바뀌므로 exec 함수를 호출해 성공하면 리턴값은 없다. exec 함수군은 fork() 함수와 연결해 fork() 함수로 생성한 자식 프로세스가 새로운 프로그램을 실행하도록 할 때 유용하다. exec 함수군의 종류와 사용 방법을 알아보자.

4.1 exec 함수군의 형태

exec 함수군은 다음과 같이 여섯 가지 함수 형태가 있다. 각 형태에 따라 지정하는 인자가 약간씩 차이가 있으므로 주의해야 한다.

```
#include <unistd.h>

int execl(const char *pathname, const char *arg, … /* (char  *) NULL */);
int execlp(const char *file, const char *arg, … /* (char  *) NULL */);
int execle(const char *pathname, const char *arg, …
                  /*, (char *) NULL, char *const envp[] */);
int execv(const char *pathname, char *const argv[]);
int execvp(const char *file, char *const argv[]);
int execvpe(const char *file, char *const argv[], char *const envp[]);
```

exec 함수군은 인자로 전달한 pathname이나 file에 설정한 명령이나 실행 파일을 실행한다.

이때 arg나 envp로 시작하는 인자를 pathname이나 file에 지정한 파일의 main() 함수에 전달한다. 각 함수별로 경로명까지 지정하거나 단순히 실행 파일명만 지정하는 등 차이가 있고 인자를 전달하는 형태에도 차이가 있다. 각 함수별로 기능을 살펴보자.

- **execl()** : pathname에 지정한 경로명의 파일을 실행하며 arg0~argn을 인자로 전달한다. 첫 인자인 arg0에는 실행 파일명을 지정한다. execl() 함수의 마지막 인자로는 인자의 끝을 의미하는 NULL 포인터((char *)0)를 지정해야 한다. pathname에 지정하는 경로명은 절대 경로나 상대 경로 모두 사용할 수 있다.
- **execlp()** : file에 지정한 파일을 실행하며 arg0~argn만 인자로 전달한다. 이 함수를 호출한 프로세스의 검색 경로(환경 변수 PATH에 정의된 경로)에서 파일을 찾는다. arg0~argn은 포인터로 지정한다. execlp() 함수의 마지막 인자는 NULL 포인터로 지정해야 한다.
- **execle()** : pathname에 지정한 경로명의 파일을 실행하며 arg0~argn과 envp를 인자로 전달한다. envp에는 새로운 환경 변수를 설정할 수 있다. arg0~argn을 포인터로 지정하므로 마지막 값은 NULL 포인터로 지정해야 한다. envp는 포인터 배열이다. 이 배열의 마지막에는 NULL 문자열을 저장해야 한다.
- **execv()** : pathname에 지정한 경로명에 있는 파일을 실행하며 argv를 인자로 전달한다. argv는 포인터 배열이다. 이 배열의 마지막에는 NULL 문자열을 저장해야 한다. 함수명에 v가 들어간 함수는 명령행 인자를 포인터 배열로 지정한다.
- **execvp()** : file에 지정한 파일을 실행하며 argv를 인자로 전달한다. argv는 포인터 배열이다. 이 배열의 마지막에는 NULL 문자열을 저장해야 한다.
- **execvpe()** : pathname에 지정한 경로명의 파일을 실행하며 argv, envp를 인자로 전달한다. argv와 envp는 포인터 배열이다. 이 배열의 마지막에는 NULL 문자열을 저장해야 한다.

4.2 exec 함수군의 활용

exec 함수군을 사용해 새로운 프로세스를 실행하는 방법을 예제를 통해 살펴보자. 다음은 execlp() 함수를 사용해 현재 프로그램을 다른 명령(ls -a)으로 바꿔서 실행하는 예제다.

예제 7-4 execlp() 함수로 명령을 바꿔 실행하기 ch7_4.c

```c
01 #include <unistd.h>
02 #include <stdlib.h>
03 #include <stdio.h>
04
05 int main() {
06     printf("--> Before exec function\n");
07
08     if (execlp("ls", "ls", "-a", (char *)NULL) == -1) {
09         perror("execlp");
10         exit(1);
11     }
12
13     printf("--> After exec function\n");
14 }
```

실행

```
$ ch7_4.out
--> Before exec function
.  ..  ch7_1.c  ch7_2.c  ch7_3.c  ch7_4.c  ch7_4.out  sshd.txt
```

- **08행** execlp() 함수를 호출할 때 ls –a 명령을 실행하도록 지정한다. pathname 자리에 파일명인 "ls"를 지정했고, 첫 번째 인자에는 실행할 명령인 "ls"를, 마지막 인자로 NULL 포인터를 지정한다.
- **실행 결과** 06행의 결과가 출력된 후 ls –a 명령의 결과가 출력되었음을 알 수 있다. 08행에서 execlp() 함수를 만나 프로세스 이미지가 ls 명령의 이미지로 바뀌었으므로 13행은 실행되지 않는다.

이번에는 execv() 함수를 사용해 현재 프로그램을 다른 명령(ls –a)으로 바꿔 실행해보자. execv() 함수는 argv를 포인터 배열로 정의해야 한다.

예제 7-5 execv() 함수로 명령을 바꿔 실행하기 ch7_5.c

```
01 #include <unistd.h>
02 #include <stdlib.h>
03 #include <stdio.h>
04
05 int main() {
06     char *argv[3];
07
08     printf("Before exec function\n");
09
10     argv[0] = "ls";
11     argv[1] = "-a";
12     argv[2] = NULL;
13     if (execv("/usr/bin/ls", argv) == -1) {
14         perror("execv");
15         exit(1);
16     }
17
18     printf("After exec function\n");
19 }
```

실행

```
$ ch7_5.out
Before exec function
.  ..  ch7_1.c  ch7_2.c  ch7_3.c  ch7_4.c  ch7_5.c  ch7_5.out  sshd.txt
```

- **06행** 인자를 저장할 포인터 배열을 선언한다.
- **10~12행** 포인터 배열의 각 요소에 값을 저장한다. argv[0]에는 관례에 따라 실행 파일명을 저장하고 argv[1]에는 옵션을 저장한다. 더 이상 옵션이나 인자가 없으므로 argv[2]에는 NULL을 지정한다.
- **13행** execv() 함수로 명령의 경로와 포인터 배열 argv를 인자로 지정한다.
- **실행 결과** 08행의 결과를 출력한 후 ls –a 명령의 결과를 출력하고 18행을 실행하지 않았음을 알 수 있다.

이번에는 argv와 envp를 모두 지정해 execve() 함수를 호출해보자.

예제 7-6 (1) execve() 함수 호출하기 ch7_6.c

```
01 #include <unistd.h>
02 #include <stdlib.h>
03 #include <stdio.h>
04
05 int main() {
06     char *argv[3];
07     char *envp[2];
08
09     printf("Before exec function\n");
10
11     argv[0] = "arg.out";
12     argv[1] = "100";
13     argv[2] = NULL;
14
15     envp[0] = "MYENV=hanbit";
16     envp[1] = NULL;
17
18     if (execve("./arg.out", argv, envp) == -1) {
19         perror("execve");
20         exit(1);
21     }
22
23     printf("After exec function\n");
24 }
```

- **11~13행** argv 배열에 실행 파일명과 인자를 지정하고 마지막에 NULL을 추가한다.
- **15~16행** envp 배열에 환경 변수를 지정하고 NULL을 추가한다.
- **18행** argv와 envp 인자를 모두 지정해 execve() 함수를 호출한다. 이 값들이 제대로 전달되는지 확인하기 위해 arg.out 파일을 별도로 작성한다.

arg.out은 다음의 ch7_6_arg.c 파일을 컴파일해 만든다. arg.out은 인자로 받은 argv와 envp 값을 출력한다.

예제 7-6 (2) ch7_6_arg.c 파일 ch7_6_arg.c

```
#include <stdio.h>

int main(int argc, char **argv, char **envp) {
    int n;
    char **env;

    printf("\n--> In ch7_6_arg.c Main\n");
    printf("argc = %d\n", argc);
    for (n = 0; n < argc; n++)
        printf("argv[%d] = %s\n", n, argv[n]);

    env = envp;
    while (*env) {
        printf("%s\n", *env);
        env++;
    }
}
```

실행

```
$ ch7_6.out
Before exec function

--> In ch7_6_arg.c Main
argc = 2
argv[0] = arg.out
argv[1] = 100
MYENV=hanbit
```

- **실행 결과** [예제 7-6] (1)에서 지정한 값이 모두 정확하게 전달되었음을 알 수 있다.

4.3 exec 함수군과 fork() 함수

앞서 fork() 함수로 새로운 프로세스를 생성하는 방법을 배웠다. [예제 7-2]에서는 fork() 함수로 생성한 자식 프로세스에서도 부모 프로세스와 같은 코드를 수행했다. 물론 case로 부모 프로세스와 자식 프로세스가 수행할 코드를 분리하기는 했지만 기본적으로 같은 프로그램이다.

그러나 자식 프로세스에서 exec 함수군을 호출하면 자식 프로세스는 부모 프로세스로부터 복사한 프로그램과는 다른 명령이나 프로그램을 실행할 수 있다. 예를 들어, 셸에서 어떤 명령이나 파일을 실행하면 셸은 fork() 함수로 자식 프로세스를 만들고 사용자가 입력한 명령이나 파일을 exec 함수군을 사용해 자식 프로세스에서 실행한다. 이렇게 부모 프로세스와 자식 프로세스가 각기 다른 작업을 수행해야 할 때 fork() 함수와 exec 함수를 함께 사용한다.

fork() 함수로 자식 프로세스를 만들고 execlp() 함수를 사용해 자식 프로세스는 [예제 7-7]의 코드가 아닌 ls -a 명령을 실행하도록 만들어보자.

예제 7-7 fork()와 execlp() 함수 사용하기 ch7_7.c

```
#include <sys/types.h>
#include <unistd.h>
#include <stdlib.h>
#include <stdio.h>

int main() {
    pid_t pid;

    switch (pid = fork()) {
        case -1 : /* fork failed */
            perror("fork");
            exit(1);
            break;
        case 0 : /* child process */
            printf("--> Child Process\n");
            if (execlp("ls", "ls", "-a", (char *)NULL) == -1) {
                perror("execlp");
                exit(1);
            }
            exit(0);
            break;
        default : /* parent process */
            printf("--> Parent process - My PID:%d\n", (int)getpid());
            break;
    }
}
```

실행

```
$ ch7_7.out
--> Parent process - My PID:2222
--> Child Process
.  arg.out  ch7_2.c  ch7_4.c  ch7_5.out  ch7_6_arg.c  ch7_7.out
.. ch7_1.c  ch7_3.c  ch7_5.c  ch7_6.c    ch7_7.c      sshd.txt
```

- **09행** fork() 함수를 호출해 새로운 프로세스를 생성한다.
- **14~19행** 자식 프로세스가 수행할 부분으로 execlp() 함수를 호출한다. 이렇게 하면 자식 프로세스가 가지고 있던 부모 프로세스 이미지를 ls 명령의 이미지가 덮어쓴다. 즉, 부모 프로세스와 자식 프로세스는 각기 다른 프로그램을 실행한다.
- **실행 결과** 자식 프로세스가 15행의 결과를 출력한 후 ls -a 명령을 수행했음을 알 수 있다. 자식 프로세스가 실행되기 전에 부모 프로세스가 먼저 실행되었지만 다시 실행하면 실행 순서가 달라질 수 있다.

05 프로세스 동기화

fork() 함수로 자식 프로세스를 생성하면 부모 프로세스와 자식 프로세스는 순서에 관계없이 실행되고, 먼저 실행을 마친 프로세스는 종료한다. 그런데 부모 프로세스와 자식 프로세스 사이의 종료 절차가 제대로 진행되지 않을 때가 있다. 이때 좀비 프로세스zombie process 같은 불안정 상태의 프로세스가 발생하는데, 이를 방지하려면 부모 프로세스와 자식 프로세스를 동기화해야 한다. 이 절에서는 좀비 프로세스가 발생하는 경우를 살펴보고, 좀비 프로세스 발생을 방지하는 프로세스 동기화 방법에 대해 살펴본다.

5.1 좀비 프로세스

정상적인 프로세스 종료 과정이라면, 자식 프로세스가 종료를 위해 부모 프로세스에 종료 상태 정보를 보내고 이 정보를 받은 부모 프로세스는 프로세스 테이블에서 자식 프로세스를 삭제한다. 그러나 자식 프로세스가 모든 자원을 반납했어도 부모 프로세스가 종료 상태 정보를 받지 않거나 자식 프로세스보다 먼저 종료하는 경우가 발생한다.

실행을 종료한 후 자원을 반납한 자식 프로세스의 종료 상태 정보를 부모 프로세스가 받지 않는 경우에는 좀비 프로세스가 발생한다. 좀비 프로세스는 프로세스 테이블에만 존재한다. 좀비 프로세스는 일반적인 방법으로 제거할 수 없으며, 부모 프로세스가 wait() 함수를 호출해야 사라진다.

만일 자식 프로세스보다 부모 프로세스가 먼저 종료되면 자식 프로세스는 고아 프로세스가 된다. 고아 프로세스는 init(PID 1) 프로세스의 자식 프로세스로 등록된다.

5.2 프로세스 동기화

부모 프로세스와 자식 프로세스를 동기화하려면 부모 프로세스는 자식 프로세스가 종료될 때까지 기다려야 한다. 자식 프로세스의 실행이 완전히 끝나기를 기다렸다가 종료 상태를 확인하는 함수는 wait(), waitpid()다.

프로세스 동기화 : wait(2)

함수 원형

```
#include <sys/types.h>
#include <sys/wait.h>

pid_t wait(int *wstatus);
```

↳ 인자 설명

- **wstatus** : 상태 정보를 저장할 주소

wait() 함수는 자식 프로세스가 종료할 때까지 부모 프로세스를 기다리게 한다. 자식 프로세스의 종료 상태는 wstatus에 지정한 주소에 저장된다. wstatus에 NULL을 지정할 수도 있다. 만약 부모 프로세스가 wait() 함수를 호출하기 전에 자식 프로세스가 종료되면 wait() 함수는 즉시 리턴한다. wait() 함수의 리턴값은 자식 프로세스의 PID다. wait() 함수의 리턴값이 −1이면 살아있는 자식 프로세스가 하나도 없다는 의미다.

fork() 함수로 자식 프로세스를 생성하고 wait() 함수를 사용해 자식 프로세스가 종료될 때까지 부모 프로세스를 기다리게 해보자.

예제 7-8 wait() 함수 사용하기 ch7_8.c

```
#include <sys/types.h>
#include <sys/wait.h>
#include <unistd.h>
#include <stdlib.h>
#include <stdio.h>

int main() {
    int status;
    pid_t pid;

    switch (pid = fork()) {
```

```
12        case -1 : /* fork failed */
13            perror("fork");
14            exit(1);
15            break;
16        case 0 : /* child process */
17            printf("--> Child Process\n");
18            exit(2);
19            break;
20        default : /* parent process */
21            while (wait(&status) != pid)
22                continue;
23            printf("--> Parent process\n");
24            printf("Status: %d, %x\n", status, status);
25            printf("Child process Exit Status:%d\n", status >> 8);
26            break;
27    }
28 }
```

실행

```
$ ch7_8.out
--> Child Process
--> Parent process
Status: 512, 200
Child process Exit Status:2
```

- **11행** fork() 함수를 호출해 새로운 프로세스를 생성한다.
- **16~19행** 자식 프로세스는 출력을 하나 하고 바로 exit() 함수를 호출해 종료한다. 종료 상탯값으로 2를 지정한다.
- **21~22행** 부모 프로세스가 수행되는 부분에 wait() 함수를 추가한다. 이렇게 하면 자식 프로세스가 17행을 수행하고 종료할 때까지 부모 프로세스가 기다린다. 자식 프로세스가 보낸 종료 상탯값은 status에 저장된다.
- **23~25행** 21행에서 자식 프로세스가 종료할 때까지 기다리므로 항상 자식 프로세스의 결과가 먼저 출력되고 23~25행의 결과가 출력된다.
- **실행 결과** 24행의 결과는 512(10진수), 0x0200(16진수)으로 출력됨을 알 수 있다. 자식 프로세스가 전달한 값은 부모 프로세스에 왼쪽으로 한 바이트 이동해 전달된다. 이를 제대로 출력하

려면 25행처럼 오른쪽으로 8비트 이동시켜야 한다. 25행을 출력한 결과는 종료 상탯값이 2가 된다.

특정 자식 프로세스와 동기화 : waitpid(2)

함수 원형

```
#include <sys/types.h>
#include <sys/wait.h>

pid_t waitpid(pid_t pid, int *wstatus, int options);
```

↳ 인자 설명

- **pid** : 종료를 기다리는 PID
- **status** : 종료 상탯값을 저장할 주소
- **options** : waitpid() 함수의 리턴 조건

wait() 함수는 자식 프로세스가 여러 개일 경우 아무 자식 프로세스나 종료하면 리턴하지만 waitpid() 함수는 특정 PID의 자식 프로세스가 종료하기를 기다린다. waitpid() 함수는 pid로 지정한 자식 프로세스가 종료하기를 기다리며, 자식 프로세스의 종료 상탯값을 status에 저장하고 options의 조건에 따라 리턴한다.

첫 번째 인자인 pid에 지정할 수 있는 값과 그 의미는 다음과 같다.

- **–1보다 작은 경우** : pid의 절댓값과 같은 프로세스 그룹 ID에 속한 자식 프로세스 중 임의의 프로세스의 상탯값을 요청한다.
- **–1인 경우** : wait() 함수처럼 임의의 자식 프로세스의 상탯값을 요청한다.
- **0인 경우** : 함수를 호출한 프로세스와 같은 프로세스 그룹에 속한 임의의 프로세스의 상탯값을 요청한다.
- **0보다 큰 경우** : 지정한 pid에 해당하는 프로세스의 상탯값을 요청한다.

세 번째 인자인 options에 지정할 수 있는 값은 sys/wait.h 파일에 정의되어 있으며, OR 연산으로 연결해 지정할 수 있다.

- **WCONTINUED** : 수행 중인 자식 프로세스의 상탯값을 리턴한다.
- **WNOHANG** : pid로 지정한 자식 프로세스의 상탯값을 즉시 리턴받을 수 없어도 이를 호출한

프로세스의 실행을 블로킹하지 않고 다른 작업을 수행하게 한다.

- **WNOWAIT** : 상탯값을 리턴한 프로세스가 대기 상태로 머물 수 있도록 한다.
- **WUNTRACED** : 실행을 중단한 자식 프로세스의 상탯값을 리턴한다. 실행이 중단되었으므로 더 이상 상탯값을 리턴하지 않는다.

waitpid() 함수를 사용해 fork() 함수로 생성한 자식 프로세스가 종료하기를 기다리게 만들어보자.

예제 7-9 waitpid() 함수 사용하기 ch7_9.c

```c
#include <sys/types.h>
#include <sys/wait.h>
#include <unistd.h>
#include <stdlib.h>
#include <stdio.h>

int main() {
    int status;
    pid_t pid;

    if ((pid = fork()) < 0) { /* fork failed */
        perror("fork");
        exit(1);
    }

    if (pid == 0) { /* child process */
        printf("--> Child process\n");
        sleep(3);
        exit(3);
    }

    printf("--> Parent process\n");

    while (waitpid(pid, &status, WNOHANG) == 0) {
        printf("Parent still wait...\n");
        sleep(1);
    }
```

```
28
29     printf("Child Exit Status : %d\n", status>>8);
30 }
```

실행

```
$ ch7_9.out
--> Parent process
Parent still wait...
--> Child process
Parent still wait...
Parent still wait...
Child Exit Status : 3
```

- **11행** fork() 함수를 호출해 자식 프로세스를 생성한다.
- **18행** 자식 프로세스에서 sleep() 함수를 호출해 곧바로 종료하지 않고 시간을 지연하도록 한다.
- **24~27행** 부모 프로세스는 waitpid() 함수를 수행해 자식 프로세스가 종료하기를 기다린다. 이때 WNOHANG 옵션을 지정했으므로 waitpid() 함수는 블로킹되지 않고 25~26행을 반복적으로 실행한다.
- **실행 결과** 25행이 반복적으로 출력되고 있음을 알 수 있다. 자식 프로세스의 종료 상탯값으로 3이 출력된다.

특정 자식 프로세스와 동기화 : waitid(2)

함수 원형

```
#include <sys/types.h>
#include <sys/wait.h>

int waitid(idtype_t idtype, id_t id, siginfo_t *infop, int options);
```

↳ 인자 설명

- **idtype** : 종료를 기다리는 자식 프로세스 유형 정의
- **id** : 식별 번호
- **infop** : siginfo_t 구조체 포인터
- **options** : waitid() 함수의 리턴 조건

waitid() 함수는 POSIX 표준으로 리눅스에서 제공한다. 유닉스 시스템에서는 제공하지 않을 수도 있다. waitid() 함수는 waitpid() 함수와 마찬가지로 특정 자식 프로세스가 종료하기를 기다리게 할 수 있다. waitpid() 함수가 기다리는 자식 프로세스의 PID만 인자로 지정하는 것과 달리 waitid() 함수는 좀 더 세부적으로 정의할 수 있다. waitid() 함수의 인자를 살펴보자.

- **idtype** : 기다리는 자식 프로세스를 지정하며, 다음 값 중 하나를 지정한다.
  - P_PID : pid가 id와 일치하는 자식 프로세스를 기다린다.
  - P_GID : gid가 id와 일치하는 자식 프로세스를 기다린다.
  - P_ALL : 모든 자식 프로세스를 기다린다. 이 경우 id 값은 무시한다.
- **id** : pid나 gid 등 자식 프로세스를 구분할 수 있는 식별 번호를 지정한다.
- **infop** : waitid() 함수가 성공하면 결괏값을 채워서 돌려주는 siginfo_t 구조체이다. 이 구조체는 다음 값을 돌려준다.
  - si_pid : 자식 프로세스의 PID
  - si_uid : 자식 프로세스의 UID
  - si_signo : 시그널로 항상 SiGCHLD로 설정
  - si_status : 자식 프로세스의 종료 상탯값
  - si_code : 자식 프로세스가 종료된 이유 코드 저장
    - CLD_EXITED : 자식 프로세스가 _exit() 함수를 호출해 종료
    - CLD_KILLED : 자식 프로세스가 시그널을 받고 종료
    - CLD_DUMPED : 자식 프로세스가 시그널을 받고 종료하고 코어 덤프 수행
    - CLD_STOPPED : 자식 프로세스가 시그널을 받고 중단된 상태
    - CLD_CONTINUE : SIGCONT 시그널을 받고 자식 프로세스가 계속 실행
- **options** : waitid() 함수의 리턴 조건은 다음 값을 OR로 연결할 수 있다.
  - WEXITED : 자식 프로세스가 종료될 때까지 기다린다.
  - WSTOPPED : 시그널을 받아 중단된 자식 프로세스를 기다린다.
  - WCONTINUED : 시그널을 받아 다시 수행 중인 자식 프로세스를 기다린다.

– WNOHANG : waitpid()에서와 같다.

– WNOWAIT : 상탯값을 리턴한 프로세스가 대기 상태로 머물 수 있도록 한다.

waitid() 함수가 성공하면 0을 반환하고 오류가 발생하면 –1을 리턴한다.

waitid() 함수를 사용해 fork() 함수로 생성한 자식 프로세스가 종료하기를 기다리도록 [예제 7–9]를 수정해보자.

예제 7-10 waitid() 함수 사용하기 ch7_10.c

```
#include <sys/types.h>
#include <sys/wait.h>
#include <unistd.h>
#include <stdlib.h>
#include <stdio.h>

int main() {
    int status;
    pid_t pid;
    siginfo_t infop;

    if ((pid = fork()) < 0) { /* fork failed */
        perror("fork");
        exit(1);
    }

    if (pid == 0) { /* child process */
        printf("--> Child process\n");
        sleep(2);
        exit(2);
    }

    printf("--> Parent process\n");

    while (waitid(P_PID, pid, &infop, WEXITED) != 0) {
        printf("Parent still wait...\n");
    }
```

```
28
29     printf("Child's PID: %d\n", infop.si_pid);
30     printf("Child's UID: %d\n", infop.si_uid);
31     printf("Child's Code: %d\n", infop.si_code);
32     printf("Child's Status: %d\n", infop.si_status);
33 }
```

실행

```
$ ch7_10.out
--> Parent process
--> Child process
Child's PID: 2466
Child's UID: 1000
Child's Code: 1
Child's Status: 2
```

- **12행** fork() 함수를 호출해 자식 프로세스를 생성한다.
- **17~21행** 자식 프로세스에서 sleep() 함수를 호출해 곧바로 종료하지 않고 시간을 지연하도록 한다.
- **25~26행** 부모 프로세스는 waitid() 함수를 수행해 자식 프로세스가 종료하기를 기다린다. 이때 WEXITED 옵션을 지정했으므로 waitid() 함수는 자식 프로세스가 exit()를 호출해 종료할 때까지 기다린다.
- **29~32행** waitid() 함수가 리턴한 infop의 값을 출력한다.
- **실행 결과** 자식 프로세스의 PID는 2466이고 UID는 1000임을 알 수 있다. 자식 프로세스의 종료 상탯값 2도 출력했다.

요약

01 프로세스 생성

- 함수를 호출해 프로그램 내에서 다른 프로그램을 실행시켜 프로세스를 생성할 수 있다.
- system() 함수는 새로 실행시킬 명령을 인자로 지정해 호출한다.
- fork() 함수는 리눅스에서 프로세스를 생성하는 대표적인 방법으로 부모 프로세스를 복사해 자식 프로세스를 생성한다.

기능	함수
프로그램 실행	`int system(const char *command);`
프로세스 생성	`pid_t fork(void);`
	`pid_t vfork(void);`

02 프로세스 종료

- 리눅스는 프로세스가 종료되면 어떻게 종료되었는지를 나타내는 종료 상태exit status를 저장한다.
- 자식 프로세스는 부모 프로세스에 자신이 어떻게 종료되었는지를 알려주는 종료 상탯값을 리턴할 수 있다.
- 일반적으로 종료 상탯값이 0이면 정상적으로 종료되었음을, 0이 아니라면 오류가 발생했음을 의미한다.

기능	함수
프로세스 종료	`void exit(int status);`
	`void _exit(int status);`
종료 시 수행할 작업 지정	`int atexit(void (*function)(void));`
	`int on_exit(void (*function)(int , void *), void *arg);`

03 exec 함수군

- exec 함수군은 함수를 호출한 프로세스의 메모리에 인자로 지정한 다른 프로그램을 덮어써 새로운 프로그램을 실행시킨다.
- exec 함수군은 fork() 함수와 연결해 fork() 함수로 생성한 자식 프로세스가 새로운 프로그램을 실행하도록 할 때 유용하다.

기능	함수
프로세스 실행	`int execl(const char *pathname, const char *arg, … /* (char *) NULL */);`
	`int execlp(const char *file, const char *arg, … /* (char *) NULL */);`
	`int execle(const char *pathname, const char *arg, … /* (char *) NULL, char *const envp[] */);`
	`int execv(const char *pathname, char *const argv[]);`
	`int execvp(const char *file, char *const argv[]);`
	`int execvpe(const char *file, char *const argv[], char *const envp[]);`

04 프로세스 동기화

부모 프로세스와 자식 프로세스 사이의 종료 절차가 제대로 진행되지 않으면 좀비 프로세스 zombie process 같은 불안정한 상태의 프로세스가 발생한다. 이를 막으려면 부모 프로세스와 자식 프로세스를 동기화해야 한다.

기능	함수
프로세스 동기화	`pid_t wait(int *wstatus);`
특정 자식 프로세스와 동기화	`pid_t waitpid(pid_t pid, int *wstatus, int options);`
	`int waitid(idtype_t idtype, id_t id, siginfo_t *infop, int options);`

연습문제

01 다음과 같이 fork( ) 함수로 자식 프로세스를 생성했다. 이 중 자식 프로세스가 수행하는 부분은?

```
int main() {
    pid_t pid;

    switch (pid = fork()) {
        case -1 :
            printf("-1\n");
            break;
        case 1 :
            printf("1\n");
            break;
        case 0 :
            printf("0\n");
            break;
        default :
            printf("default\n");
        break;
    }
}
```

① case −1 ② case 1
③ case 0 ④ default

02 프로세스가 종료할 때 clear_file() 함수를 실행하도록 지정하려면 어떤 함수를 사용해야 하는가?

① _exit(clear_file) ② atexit(clear_file)
③ clear_file(atexit) ④ clear_file(exit)

03 현재 프로그램을 ls –l 명령으로 바꿔서 실행하려고 한다. 올바른 것은?

① execv("ls", "/usr/bin/ls –l", (char *)NULL)

② execve("/usr/bin/ls", "–l", argv)

③ execlp("/usr/bin/ls", "–l", (char *)NULL)

④ execlp("ls","ls","–l",(char *)NULL)

04 fork() 함수로 자식 프로세스를 만들고 이 프로세스에서 execl() 함수를 사용해 pwd 명령을 실행하려고 한다. 올바른 것은?

① execl("/usr/bin/pwd", "pwd", (char *)NULL)

② execl("pwd", "pwd", (char *)NULL);

③ execl("/usr/bin/pwd", (char *)NULL);

④ execl("pwd", (char *)NULL);

05 특정 자식 프로세스가 종료하기를 기다리려면 어떤 함수를 사용해야 하는가?

① waitch() ② waitpid()

③ pidwait() ④ waits()

06 system() 함수를 사용해 현재 디렉터리의 절대 경로와 파일 목록을 출력하는 프로그램을 작성하시오.

07 system() 함수를 사용해 시스템에 로그인한 사용자 정보를 출력하는 프로그램을 작성하시오.

08 fork() 함수를 사용해 자식 프로세스에서는 현재 디렉터리의 절대 경로를 출력하고 부모 프로세스에서는 현재 디렉터리의 내용을 출력하는 프로그램을 작성하시오.

09 vfork() 함수를 사용해 자식 프로세스에서는 로그인한 사용자의 정보를 출력하고 부모 프로세스에서는 현재 시간을 출력하도록 하는 프로그램을 작성하시오.

10 한 프로그램은 fork() 함수를 여러 번 호출할 수 있고 fork() 함수로 생성된 자식 프로세스도 자식 프로세스를 가질 수 있다. 부모 프로세스는 자식 프로세스의 PID를 출력한다. 프로그램을 작성해 이것이 가능함을 보이시오.

11 10번에서 작성한 프로그램에서 자식 프로세스는 부모 프로세스의 PID를 출력하도록 수정하시오. 실행 결과 부모 프로세스의 PID는 무엇인가? 만약 1이라면 이유는 무엇인가? 부모 프로세스의 PID를 제대로 출력하려면 어떻게 해야 하는가?

12 atexit() 함수를 사용해 프로그램이 종료할 때 현재 디렉터리의 내용을 출력하고 종료하도록 작성하시오.

13 fork() 함수로 생성한 자식 프로세스에서 execl() 함수를 사용해 who 명령을 실행하도록 프로그램을 작성하시오.

14 execvp() 함수를 사용해 vi를 실행하고 /etc/hosts 파일을 열도록 프로그램을 작성하시오.

15 13번에서 생성한 자식 프로세스가 종료하기를 기다리도록 waitpid() 함수를 사용해 작성하시오.

16 15번을 waitid() 함수를 사용해 작성하시오.

Part

03

프로세스 간 통신

Preview

리눅스/유닉스 시스템 프로그래밍으로 작성하는 프로그램에는 실행 과정에서 다른 프로세스와 정보를 주고받는 프로세스 간 통신이 필요할 수 있다. 프로세스 간 통신 방법에는 간단한 신호를 보내는 방법과 메모리 매핑을 이용하는 방법, 파이프를 이용하는 방법이 있으며, 시스템 V에서 처음 제공하기 시작한 메시지 큐, 공유 메모리, 세마포어를 이용하는 방법이 있다. 다양한 프로세스 간 통신의 기본 개념과 함수의 사용 방법을 알아본다.

Chapter

08

시그널

학습목표

- 시그널의 기본 개념을 이해한다.
- 시그널을 보내고 받아서 처리할 수 있다.
- 시그널 집합의 개념과 사용 방법을 이해한다.
- sigaction() 함수를 사용해 시그널을 처리할 수 있다.
- 알람 시그널을 처리할 수 있다.
- 그 외 시그널 처리 함수를 사용할 수 있다.

01 개요

시그널signal은 소프트웨어 인터럽트software interrupt로 프로세스에 뭔가 발생했음을 알리는 간단한 메시지를 비동기적으로 보내는 것을 말한다. 시그널은 0으로 나누기처럼 프로그램에서 예외적인 상황이 일어나는 경우나 프로세스가 함수를 사용해 다른 프로세스에 시그널을 보내는 경우에 발생한다. 보통 시그널로 전달되는 메시지는 무엇이 발생했는지를 표시하는 미리 정의된 상수를 사용한다. 시그널을 받은 프로세스는 시그널에 따른 기본 동작을 수행하거나, 시그널을 무시하거나, 시그널 처리를 위해 특별히 지정된 함수를 수행할 수 있다.

프로그램에서 시그널을 보내려면 [표 8-1]의 함수를 사용한다. 이 중 kill() 함수를 가장 많이 사용한다.

표 8-1 시그널 보내기 함수

기능	함수
시그널 보내기	`int kill(pid_t pid, int sig);`
	`int raise(int sig);`
	`void abort(void);`

프로세스가 시그널을 받을 때의 기본 처리 방법은 프로세스를 종료하는 것이다. 그러나 프로세스를 종료하기 전에 처리할 작업이 남아 있거나 특정 시그널은 종료하고 않고자 하는 경우에는 시그널을 처리하는 함수를 지정할 수 있다. 이런 함수를 시그널 핸들러signal handler라고 한다. [표 8-2]의 함수를 사용해 시그널 핸들러를 지정할 수 있다.

표 8-2 시그널 핸들러 지정 함수

기능	함수
시그널 핸들러 지정	`sighandler_t signal(int signum, sighandler_t handler);`
	`sighandler_t sigset(int sig, sighandler_t disp);`

리눅스 표준 중 하나인 POSIX에서는 시그널을 개별적으로 처리하지 않고 복수의 시그널을 처리할 수 있다. POSIX에서 복수의 시그널을 처리하기 위해 도입한 개념을 시그널 집합signal set이라고 한다. 시그널 집합을 사용하면 여러 시그널을 지정해 처리할 수 있다. 시그널 집합 함수는 [표 8-3]과 같다.

표 8-3 시그널 집합 함수

기능	함수
시그널 집합	int sigemptyset(sigset_t *set);
	int sigfillset(sigset_t *set);
	int sigaddset(sigset_t *set, int signum);
	int sigdelset(sigset_t *set, int signum);
	int sigismember(const sigset_t *set, int signum);

signal() 함수나 sigset() 함수가 단순히 시그널 핸들러만 지정할 수 있는 것과 달리 sigaction() 함수는 시그널을 받아 이를 처리할 시그널 핸들러를 지정할 뿐만 아니라 플래그를 설정해 시그널 처리 과정을 제어할 수도 있다. 또한 시그널 핸들러가 수행되는 동안 다른 시그널을 블록할 수도 있다.

표 8-4 시그널 제어 함수

기능	함수
시그널 제어	int sigaction(int signum, const struct sigaction *act, struct sigaction *oldact);
시그널 발생 원인 출력	void psiginfo(const siginfo_t *pinfo, const char *s);

알람 시그널alarm signal은 일정 시간이 지난 후에 자동으로 시그널이 발생하도록 한다. 일정 시간 후에 한 번 발생시킬 수도 있고, 일정한 시간 간격을 두고 주기적으로 알람 시그널을 발생시킬 수도 있다. [표 8-5]는 알람 시그널 함수다.

표 8-5 알람 시그널 함수

기능	함수
알람 시그널	`unsigned int alarm(unsigned int seconds);`
인터벌 타이머	`int getitimer(int which, struct itimerval *curr_value);`
	`int setitimer(int which, const struct itimerval *value, struct itimerval *ovalue);`

이 외에 시그널 처리와 관련해 시그널 정보를 출력하고, 시그널을 블로킹하거나 해제하는 함수와 시그널을 받을 때까지 기다리는 함수를 살펴보자. [표 8-6]에 기타 시그널 함수를 정리해놓았다.

표 8-6 기타 시그널 함수

기능	함수
시그널 정보 출력	`void psignal(int sig, const char *s);`
	`char *strsignal(int sig);`
시그널 블로킹과 해제	`int sighold(int sig);`
	`int sigrelse(int sig);`
	`int sigprocmask(int how, const sigset_t *set, sigset_t *oldset);`
시그널 기다리기	`int pause(void);`
	`int sigpause(int sig);`
	`int sigsuspend(const sigset_t *mask);`
시그널 보내기	`int sigsend(idtype_t idtype, id_t id, int sig);`
시그널 무시 처리	`int sigignore(int sig);`

02 시그널의 개념

시그널signal은 프로세스에 뭔가 발생했음을 알리는 간단한 메시지를 비동기적으로 보내는 것이다. 이 메시지는 무엇이 발생했는지를 표시하는 미리 정의된 상수를 사용한다. 시그널을 받은 프로세스는 시그널의 종류에 따라 적절한 처리 방법을 지정할 수 있다. 시그널의 기본 개념과 종류를 알아본다.

2.1 시그널의 발생

시그널은 소프트웨어 인터럽트software interrupt다. 시그널은 비동기적으로 발생하며, 리눅스 운영체제가 프로세스에 전달한다. 시그널은 다음과 같은 세 가지 경우에 발생한다.

- 0으로 나누기처럼 프로그램에서 예외적인 상황이 일어나는 경우
- 프로세스가 kill() 함수와 같이 시그널을 보낼 수 있는 함수를 사용해 다른 프로세스에 시그널을 보내는 경우
- 사용자가 Ctrl + C 같은 인터럽트 키를 입력한 경우

2.2 시그널 처리 방법

시그널을 받은 프로세스가 이를 처리하는 방법은 다음과 같이 네 가지로 정리할 수 있다.

- **기본 동작default action 수행** : 각 시그널에는 기본 동작이 지정되어 있다. 대부분 시그널의 기본 동작은 프로세스를 종료하는 것이다. 이 외에 시그널을 무시하거나 프로세스 수행 일시 중지suspend/재시작resume 등을 기본 동작으로 수행한다.
- **시그널 무시** : 프로세스가 시그널을 무시하기로 지정하면 시스템은 프로세스에 시그널을 전달하지 않는다.
- **지정된 함수 호출** : 프로세스는 시그널의 처리를 위해 미리 함수를 지정해놓고 시그널을 받으면

해당 함수를 호출해 처리한다. 시그널 처리를 위해 지정하는 함수를 시그널 핸들러signal handler라고 한다. 시그널을 받으면 기존 처리 작업을 중지한 후 시그널 핸들러를 호출하며, 시그널 핸들러의 동작이 완료되면 기존 처리 작업을 계속 수행한다.

- **시그널 블록** : 프로세스는 특정 부분이 실행되는 동안 시그널이 발생하지 않도록 블로킹할 수 있다. 블로킹된 시그널은 큐에 쌓여 있다가 시그널 블록이 해제되면 전달된다.

2.3 시그널의 종류

시그널은 signal.h 파일에 정의되어 있다. 현재 리눅스에 정의된 시그널은 [표 8-7]과 같다. 솔라리스의 경우 일부 시그널 번호가 다를 수 있다. 기본 처리 중 종료는 프로세스가 그냥 종료되는 것이고, 코어 덤프core dump는 코어 파일을 만들고 종료하는 것이다.

표 8-7 현재 정의된 시그널

시그널	번호	기본 처리	발생 요건
SIGHUP	1	종료	행업으로 터미널과 연결이 끊어졌을 때 발생
SIGINT	2	종료	인터럽트로 사용자가 Ctrl + C 를 입력하면 발생
SIGQUIT	3	코어 덤프	종료 신호로 사용자가 Ctrl + \ 를 입력하면 발생
SIGILL	4	코어 덤프	잘못된 명령 사용
SIGTRAP	5	코어 덤프	추적(trace)이나 브레이크 지점(break point)에서 트랩 발생
SIGABRT	6	코어 덤프	abort() 함수에 의해 발생
SIGIOT	6	코어 덤프	SIGABRT와 동일
SIGBUS	7	코어 덤프	버스 오류로 발생
SIGFPE	8	코어 덤프	산술 연산 오류로 발생
SIGKILL	9	종료	강제 종료로 발생
SIGUSR1	10	종료	사용자가 정의해 사용하는 시그널 1
SIGSEGV	11	코어 덤프	세그먼테이션 오류로 발생
SIGUSR2	12	종료	사용자가 정의해 사용하는 시그널 2
SIGPIPE	13	종료	잘못된 파이프 처리로 발생
SIGALRM	14	종료	alarm() 함수에 의해 발생
SIGTERM	15	종료	소프트웨어 종료로 발생
SIGSTKFLT	16	종료	보조 프로세서의 스택 오류로 발생(리눅스에서는 지원 안 함)

SIGCHLD	17	무시	자식 프로세스의 상태가 바뀌었을 때 발생
SIGCONT	18	무시	중지된 프로세스를 재시작할 때 발생
SIGSTOP	19	중지	중지(stop) 시그널로, 이 시그널을 받으면 SIGCONT 시그널을 받을 때까지 프로세스 수행 중단
SIGTSTP	20	중지	사용자가 Ctrl + z 로 중지시킬 때 발생
SIGTTIN	21	중지	터미널 입력을 기다리기 위해 중지시킬 때 발생
SIGTTOU	22	중지	터미널 출력을 위해 중지시킬 때 발생
SIGURG	23	무시	소켓에 긴급한 상황이 생기면 발생
SIGXCPU	24	코어 덤프	CPU 시간 제한을 초과할 때 발생
SIGXFSZ	25	코어 덤프	파일 크기 제한을 초과할 때 발생
SIGVTALRM	26	종료	가상 타이머가 종료할 때 발생
SIGPROF	27	종료	프로파일 타이머가 종료할 때 발생
SIGWINCH	28	무시	윈도우 크기가 바뀌었을 때 발생
SIGIO	29	종료	비동기식 입출력 이벤트로 발생
SIGPOLL	SIGIO	종료	SIGIO와 동일
SIGPWR	30	무시	전원이 중단되거나 재시작할 때 발생
SIGSYS	31	코어 덤프	잘못된 시스템 호출로 발생
SIGUNUSED	31	무시	향후 사용을 위해 예약된 번호

03 시그널 보내기

프로그램에서 시그널을 보내려면 kill(), raise(), abort() 함수를 사용한다. 이 중 가장 많이 사용하는 것은 kill() 함수다. kill() 함수 외에 kill 명령도 있는데, 프로세스를 종료할 때 주로 사용한다. 예를 들어, PID가 3255인 프로세스를 강제로 종료하려면 다음과 같이 사용한다.

```
# kill -9 3255
```

kill 명령은 인자로 지정한 프로세스에 시그널을 보낸다. 위의 예는 PID가 3255인 프로세스에 9번 시그널을 보내라는 의미다. [표 8-7]을 참조하면 9번 시그널은 SIGKILL이고 프로세스를 강제로 종료한다. 이 절에서는 시그널을 보낼 때 사용하는 함수를 살펴본다.

시그널 보내기 : kill(2)

함수 원형

```
#include <sys/types.h>
#include <signal.h>

int kill(pid_t pid, int sig);
```

↳ 인자 설명

- **pid_t pid** : 시그널을 받을 프로세스의 PID
- **int sig** : pid로 지정한 프로세스에 보내는 시그널

kill() 함수는 pid에 대응하는 프로세스에 sig로 지정한 시그널을 보낸다. pid는 특정 프로세스 또는 프로세스 그룹을 의미한다. sig에 0(널 시그널)을 지정하면 실제로 시그널을 보내지 않고 오류를 확인한다. 예를 들면, pid가 정상인지 검사한다.

kill() 함수는 pid에 지정한 값에 따라 시그널을 어떻게 보낼 것인지를 결정한다.

- **pid가 0**보다 큰 수 : pid로 지정한 프로세스에 시그널을 보낸다.
- **pid가 -1**이 아닌 음수 : 프로세스 그룹 ID가 pid의 절댓값인 프로세스 그룹에 속하고 시그널을 보낼 권한이 있는 모든 프로세스에 시그널을 보낸다.
- **pid가 0** : 특별한 프로세스(스케줄러 등)를 제외하고 프로세스 그룹 ID가 시그널을 보내는 프로세스의 프로세스 그룹 ID와 같은 모든 프로세스에 시그널을 보낸다.
- **pid가 -1** : 시그널을 보내는 프로세스의 유효 사용자 ID가 root(수퍼 유저)가 아니면, 특별한 프로세스를 제외하고 프로세스의 실제 사용자 ID가 시그널을 보내는 프로세스의 유효 사용자 ID와 같은 모든 프로세스에게 시그널을 보낸다.

다음은 부모 프로세스와 자신에게 시그널을 보내고 기본 처리 동작을 확인하는 예제다.

예제 8-1 **kill() 함수로 시그널 보내기** ch8_1.c

```
01 #include <sys/types.h>
02 #include <unistd.h>
03 #include <signal.h>
04 #include <stdio.h>
05
06 int main() {
07     printf("Before SIGCONT Signal to parent.\n");
08     kill(getppid(), SIGCONT);
09
10     printf("Before SIGQUIT Signal to me.\n");
11     kill(getpid(), SIGQUIT);
12
13     printf("After SIGQUIT Signal.\n");
14 }
```

실행

```
$ ch8_1.out
Before SIGCONT Signal to parent.
Before SIGQUIT Signal to me.
끝내기 (코어 덤프됨)
```

- **08행, 11행** 08행에서 부모 프로세스에 SIGCONT 시그널을 보내고, 11행에서 자신에게 SIGQUIT 시그널을 보낸다. [표 8-7]에 따르면 SIGCONT 시그널의 기본 처리는 무시이므로

특별한 처리를 하지 않는다. 하지만 SIGQUIT 시그널은 코어 덤프를 발생시키며 프로세스를 종료한다. 따라서 11행을 수행한 후 종료되므로 13행은 실행되지 않는다.

- **실행 결과** 07행과 10행은 출력되었지만 13행은 출력되지 않고 코어 덤프를 생성한 뒤 종료했음을 알 수 있다.

시그널 보내기 : raise(3)

함수 원형

```
#include <signal.h>

int raise(int sig);
```

↳ 인자 설명

- **int sig** : 보내려는 시그널 번호

raise() 함수는 호출한 프로세스에 인자로 지정한 시그널을 보낸다. 만약 시그널 핸들러가 호출되면 시그널 핸들러의 수행이 끝날 때까지 raise() 함수는 리턴하지 않는다. raise() 함수는 수행에 성공하면 0을, 실패하면 −1을 리턴한다.

시그널 보내기 : abort(3)

```
#include <stdlib.h>

void abort(void);
```

abort() 함수는 호출한 프로세스에 SIGABRT 시그널을 보낸다. SIGABRT 시그널은 프로세스를 비정상적으로 종료시키고 코어 덤프 파일을 생성한다. SIGABRT 시그널은 최소한 해당 프로세스가 연 파일은 모두 닫는다. abort() 함수는 raise(SIGABRT)와 같은 동작을 수행하지만 프로세스를 종료시키므로 리턴하지 않는다.

04 시그널 기본 처리

프로세스가 시그널을 받을 때 수행하는 기본적인 처리는 프로세스를 종료하는 것이지만 만일 프로세스를 종료하기 전에 처리할 작업이 남아 있거나 특정 시그널은 종료하지 않으려면 시그널을 받을 때 수행할 함수(시그널 핸들러signal handler)를 지정하면 된다. 이렇게 시그널을 확인해 처리하는 일을 시그널 붙잡기catching a signal라고 한다.

시그널 핸들러를 지정할 때는 signal()과 sigset() 함수를 사용한다.

시그널 핸들러 지정 : signal(3)

함수 원형

```
#include <signal.h>

typedef void (*sighandler_t)(int);
sighandler_t signal(int signum, sighandler_t handler);
```

↳ 인자 설명

- **signum** : 시그널 핸들러로 처리하려는 시그널
- **handler** : 시그널 핸들러의 함수명

signal() 함수는 시그널을 처리하는 가장 단순한 함수로, 시그널을 받을 때 해당 시그널을 처리할 함수나 상수를 지정할 수 있다. 첫 번째 인자인 signum에는 SIGKILL과 SIGSTOP 시그널을 제외한 모든 시그널을 지정할 수 있다. 두 번째 인자인 handler에는 signum으로 지정한 시그널을 받았을 때 처리할 방법을 지정한다. handler에는 다음 세 가지 중 하나를 설정해야 한다.

- **시그널 핸들러 주소**
- **SIG_IGN** : 시그널을 무시하도록 지정

• **SIG_DFL** : 시그널의 기본 처리 방법을 수행하도록 지정

handler에 지정하는 함수는 void를 리턴한다. 이 함수의 리턴값을 받아서 처리할 수가 없기 때문이다. signal() 함수는 성공하면 시그널 핸들러의 주소를 리턴하고, 실패하면 SIG_ERR를 리턴한다. 만약 두 번째 인자인 handler가 함수 주소이고 signum이 SIGKILL이나 SIGSTOP이 아니라면 signal() 함수의 동작은 시스템에 따라 달라진다.

• **시스템 V** : 시그널을 처리한 후 시그널 처리 방법을 기본 처리 방법(SIG_DFL)으로 재설정한다. 따라서 시그널 처리를 계속하려면 signal() 함수를 호출해 시그널을 처리한 후 다시 signal() 함수를 설정해야 한다.
• **BSD** : 시그널을 처리한 후 시그널 처리 방법을 기본 처리 방법(SIG_DFL)으로 재설정하지 않는다. 따라서 시그널 핸들러가 계속 동작한다.
• **리눅스** : 커널의 signal(2) 시스템 콜은 시스템 V와 같은 방식으로 동작한다. 그러나 gcc의 glibc 2부터 signal(3) 함수는 signal(2)를 호출하지 않고 sigaction(2)를 호출해 BSD 형식으로 동작한다.

이와 같이 signal() 함수는 리눅스나 유닉스 버전에 따라 여러 가지로 동작하므로 시스템 버전에 따라 확인이 필요하다.

[예제 8-2]에서 SIGINT 시그널을 받을 경우 이를 처리할 시그널 핸들러를 sigint_handler라는 이름의 함수로 지정해보자.

예제 8-2 signal() 함수 사용하기 ch8_2.c

```
#include <unistd.h>
#include <signal.h>
#include <stdlib.h>
#include <stdio.h>

void sig_handler(int signo) {
    printf("Signal Handler signum: %d\n", signo);
    psignal(signo, "Received Signal");
}

```

```
11 int main() {
12     void (*hand)(int);
13 
14     hand = signal(SIGINT, sig_handler);
15     if (hand == SIG_ERR) {
16         perror("signal");
17         exit(1);
18     }
19 
20     printf("Wait 1st Ctrl+C... : SIGINT\n");
21     pause();
22     printf("After 1st Signal Handler\n");
23     printf("Wait 2nd Ctrl+C... : SIGINT\n");
24     pause();
25     printf("After 2nd Signal Handler\n");
26 }
```

실행

```
$ ch8_2.out
Wait 1st Ctrl+C... : SIGINT
^CSignal Handler signum: 2
Received Signal: Interrupt
After 1st Signal Handler
Wait 2nd Ctrl+C... : SIGINT
^CSignal Handler signum: 2
Received Signal: Interrupt
After 2nd Signal Handler
```

- **06~09행** 시그널 핸들러로 sig_handler() 함수를 정의한다. psignal() 함수는 시그널 번호를 이름으로 바꿔서 출력하는 함수로 8절에서 다룬다.
- **12행** signal() 함수의 리턴값인 함수 포인터를 저장할 변수를 선언한다.
- **14행** signal() 함수로 SIGINT 시그널의 시그널 핸들러를 지정한다.
- **15~18**행 signal() 함수가 오류를 리턴하면 처리한다.
- **21**행 pause() 함수는 시그널이 입력될 때까지 기다리는 함수로 8절에서 다룬다. 여기서는 사용자가 Ctrl + C 를 입력하기를 기다린다.

- **22행** 21행에서 호출된 pause() 함수 때문에 대기하고 있다가 사용자가 Ctrl + C 를 입력하면 sig_handler() 함수가 호출되어 수행한 후 22행으로 복귀한다.
- **24행** pause() 함수를 호출해 사용자가 다시 Ctrl + C 를 입력하기를 기다린다.
- **실행 결과** 20행을 출력한 후 대기하다가 Ctrl + C 를 입력받고 sig_handler() 함수의 07~08행을 출력한 후 복귀해 22~23행을 출력한다. 다시 Ctrl + C 를 입력받으면 sig_handler() 함수를 호출해 처리한 후 25행을 출력한다.

[예제 8-2]에서는 SIGINT 시그널이 들어올 때마다 시그널 핸들러가 호출되었다. 그러나 [예제 8-2]를 솔라리스에서 실행하면 다음과 같이 두 번째 Ctrl + C 를 처리하지 못하고 종료된다.

실행

[솔라리스]

```
$ ./ch8_2.out
Wait 1st Ctrl+C... : SIGINT
^CSignal Handler Signal Number : 2
Received Signal: Interrupt
After 1st Signal Handler
Wait 2nd Ctrl+C... : SIGINT
^C
$
```

솔라리스는 signal() 함수를 시스템 V 형식으로 처리해 시그널 처리를 기본값으로 재설정하기 때문이다. 솔라리스에서 SIGINT 시그널이 들어올 때마다 시그널 핸들러를 호출하려면 매번 시그널 핸들러를 재지정해야 한다.

[예제 8-3]에서는 시그널 핸들러인 sig_handler() 함수에서 signal() 함수를 호출해 다시 시그널 핸들러를 지정하도록 했다. 즉, SIGINT 시그널을 받을 때마다 sig_handler() 함수를 수행할 수 있다.

[예제 8-3]에서 생략된 main() 함수는 [예제 8-2]와 같다.

예제 8-3 시그널 핸들러 재지정하기(솔라리스) ch8_3.c

```
01 #include <unistd.h>
02 #include <signal.h>
03 #include <stdlib.h>
04 #include <stdio.h>
05
06 void sig_handler(int signo) {
07     void (*hand)(int);
08
09     hand = signal(SIGINT, sig_handler);
10     if (hand == SIG_ERR) {
11         perror("signal");
12         exit(1);
13     }
14     printf("Signal Handler Signal Number : %d\n", signo);
15     psignal(signo, "Received Signal");
16 }
17
18 int main() {
(생략)
```

실행

```
[Solaris]
$ ./ch8_3.out
Wait 1st Ctrl+C... : SIGINT
^CSignal Handler Signal Number : 2
Received Signal: Interrupt
After 1st Signal Handler
Wait 2nd Ctrl+C... : SIGINT
^CSignal Handler Signal Number : 2
Received Signal: Interrupt
After 2nd Signal Handler
```

- **09행** signal() 함수로 시그널 핸들러를 다시 지정한다.
- **실행 결과** 두 번째 SIGINT를 받아도 sig_handler() 함수가 호출된다. 그러나 [예제 8-3]과 같이 시그널 핸들러를 재지정한다고 해도 이것이 100% 동작한다는 보장은 없다. 시스템에 많은 부하가 걸려 있는 경우에는 시그널 핸들러를 재지정하기 전에 SIGINT 시그널을 받으면 그

냥 종료될 수도 있다.

시그널 핸들러 지정 : sigset()

함수 원형

```
#include <signal.h>

sighandler_t sigset(int sig, sighandler_t disp);
```

↳ 인자 설명

- **sig** : 시그널 핸들러로 처리하려는 시그널
- **disp** : 시그널 핸들러의 함수명

sigset() 함수의 인자 구조는 signal() 함수와 동일하다. sigset() 함수도 첫 번째 인자인 sig에 SIGKILL과 SIGSTOP 시그널을 제외한 어떤 시그널이든 지정할 수 있다. 두 번째 인자인 disp에도 signal() 함수처럼 시그널 핸들러 함수의 주소나 SIG_IGN, SIG_DFL 중 하나를 지정해야 한다. 리턴값은 시그널 핸들러 함수의 주소다. sigset() 함수가 실패하면 SIG_ERR을 리턴한다.

리눅스에서는 sigset() 함수를 제공하지만 사용을 권하지는 않는다. 솔라리스에서 sigset() 함수가 signal() 함수와 다른 점은 시그널 핸들러가 한 번 호출된 후에 기본 동작으로 재설정하지 않고 시그널 핸들러를 자동으로 재지정한다는 것이다. 따라서 [예제 8-3]처럼 시그널 핸들러를 재지정할 필요가 없다.

다음은 sigset() 함수를 사용해 시그널 핸들러를 지정하는 예제로, 솔라리스에서 실행했다.

예제 8-4 sigset() 함수로 시그널 핸들러 지정하기 ch8_4.c

```
#include <unistd.h>
#include <signal.h>
#include <stdlib.h>
#include <stdio.h>

void sig_handler(int signo) {
    printf("Signal Handler Signal Number : %d\n", signo);
    psignal(signo, "Received Signal");
```

```
09 }
10
11 int main() {
12     void (*hand)(int);
13
14     hand = sigset(SIGINT, sig_handler);
15     if (hand == SIG_ERR) {
16         perror("signal");
17         exit(1);
18     }
19
20     printf("Wait 1st Ctrl+C... : SIGINT\n");
21     pause();
22     printf("After 1st Signal Handler\n");
23     printf("Wait 2nd Ctrl+C... : SIGINT\n");
24     pause();
25     printf("After 2nd Signal Handler\n");
26 }
```

실행 [솔라리스]

```
$ ./ch8_4.out
Wait 1st Ctrl+C... : SIGINT
^CSignal Handler Signal Number : 2
Received Signal: Interrupt
After 1st Signal Handler
Wait 2nd Ctrl+C... : SIGINT
^CSignal Handler Signal Number : 2
Received Signal: Interrupt
After 2nd Signal Handler
```

- **14행** sigset() 함수를 사용해 시그널 핸들러를 지정한다.
- **실행 결과** 시그널 핸들러가 한 번 호출된 후에 재지정하지 않아도 됨을 알 수 있다.

05 시그널 집합

시그널은 보통 개별적으로 처리된다. 하지만 POSIX 표준에서 시그널과 관련해 정의한 함수 중 상당수는 시그널을 개별적으로 처리하지 않고 복수의 시그널을 처리할 수 있게 한다. POSIX에서 복수의 시그널을 처리하기 위해 도입한 개념을 시그널 집합signal set이라고 한다. 이 절에서는 시그널 집합의 개념과 이를 활용하기 위한 함수를 살펴본다.

5.1 시그널 집합의 개념

시그널 집합은 시그널을 비트 마스크bit mask로 표현한 것으로, 시그널 하나가 비트 하나를 가리킨다. 각 비트가 특정 시그널과 1:1로 연결되어 있다. 비트값이 1이면 해당 시그널이 설정된 것이고 0이면 시그널이 설정되지 않은 것이다.

시스템에서는 시그널 집합의 처리를 위해 sigset_t라는 구조체를 제공한다. 리눅스의 경우 sigset_t 구조체에 unsigned long 배열이 요소로 있고, 솔라리스의 경우 sigset_t 구조체에 unsigned int 배열이 요소로 있다. 여기서는 리눅스를 기준으로 예제를 코딩한다.

[리눅스]

```
typedef struct {
    unsigned long __val[_NSIG_WORDS];
} sigset_t;
```

[솔라리스]

```
typedef struct {
    unsigned int __sigbits[4];
} sigset_t;
```

5.2 시그널 집합 처리 함수

시그널 집합을 처리할 때 사용하는 sigemptyset(), sigfillset(), sigaddset(), sigdelset(), sigismember() 함수에 관해 살펴보자.

시그널 집합 비우기 : sigemptyset(3)

함수 원형

```
#include <signal.h>

int sigemptyset(sigset_t *set);
```

↳ 인자 설명

- **set** : 비우려는 시그널 집합의 주소

sigemptyset() 함수는 시스템에서 정의한 모든 시그널을 배제해 인자로 지정한 시그널 집합을 빈 집합empty set으로 만든다. 즉, 시그널 집합의 모든 비트를 0으로 설정한다. sigemptyset() 함수는 수행에 성공하면 0을, 실패하면 −1을 리턴한다.

시그널 집합에 모든 시그널 설정 : sigfillset(3)

함수 원형

```
#include <signal.h>

int sigfillset(sigset_t *set);
```

↳ 인자 설명

- **set** : 설정하려는 시그널 집합의 주소

sigfillset() 함수는 인자로 받은 시그널 집합을 시스템에서 정의한 모든 시그널을 포함하는 집합으로 만든다. 즉, 시그널 집합의 모든 비트를 1로 설정한다. sigfillset() 함수는 수행에 성공하면 0을, 실패하면 −1을 리턴한다.

시그널 집합에 시그널 설정 추가 : sigaddset(3)

함수 원형

```
#include <signal.h>

int sigaddset(sigset_t *set, int signum);
```

↳ 인자 설명
- **set** : 시그널을 추가하려는 시그널 집합의 주소
- **signum** : 시그널 집합에 추가로 설정하려는 시그널

sigaddset() 함수는 signum으로 지정한 시그널을 set으로 지정한 시그널 집합에 추가한다. sigaddset() 함수는 수행에 성공하면 0을, 실패하면 –1을 리턴한다.

시그널 집합에서 시그널 설정 삭제 : sigdelset(3)

함수 원형

```
#include <signal.h>

int sigdelset(sigset_t *set, int signum);
```

↳ 인자 설명
- **set** : 시그널을 삭제하려는 시그널 집합의 주소
- **signum** : 시그널 집합에서 삭제하려는 시그널

sigdelset() 함수는 signum으로 지정한 시그널을 set으로 지정한 시그널 집합에서 제거한다. sigdelset() 함수는 수행에 성공하면 0을, 실패하면 –1을 리턴한다.

시그널 집합에 설정된 시그널 확인 : sigismember(3)

함수 원형

```
#include <signal.h>

int sigismember(const sigset_t *set, int signum);
```

↳ 인자 설명
- **set** : 확인하려는 시그널 집합의 주소
- **signum** : 시그널 집합에 설정되었는지 확인하려는 시그널

sigismember() 함수는 signum으로 지정한 시그널이 set으로 지정한 시그널 집합에 포함되어 있으면 1을, 포함되어 있지 않으면 0을 리턴한다.

다음은 시그널 집합을 정의하고 SIGINT, SIGQUIT 시그널을 추가한 후 설정되었는지 확인하는 예제다.

예제 8-5 **시그널 집합 처리 함수 사용하기** ch8_5.c

```
01 #include <signal.h>
02 #include <stdio.h>
03
04 int main() {
05     sigset_t st;
06
07     sigemptyset(&st);
08
09     sigaddset(&st, SIGINT);
10     sigaddset(&st, SIGQUIT);
11
12     if (sigismember(&st, SIGINT))
13         printf("SIGINT has been set.\n");
14
15     printf("** Bit Pattern: %lx\n",st.__val[0]);
16 }
```

실행

```
$ ch8_5.out
SIGINT has been set.
** Bit Pattern: 6
```

- **07행** 시그널 집합을 모두 비운다.
- **09~10행** 시그널 집합에 SIGINT와 SIGQUIT 시그널을 추가한다.
- **12행** SIGINT가 현재 시그널 집합에 설정되어 있는지 확인해 결과를 출력한다.
- **15행** 시그널 집합에 설정된 값을 16진수로 출력한다.
- **실행 결과** 시그널 집합에 SIGINT가 설정되어 있음을 알 수 있다. 시그널 집합의 값은 0x06으로 출력되었다. 0x06을 2진수로 표현하면 0000 0110으로, 오른쪽에서 두 번째와 세 번째

비트가 1로 설정되어 있다. [표 8-7]에 따르면 SIGINT는 2번, SIGQUIT은 3번 시그널이므로 2번, 3번 비트가 이에 대응하고 있음을 알 수 있다. 시그널 집합을 사용할 때는 07행처럼 sigemptyset() 함수를 호출해 시그널 집합을 모두 비우거나 sigfillset() 함수를 호출해 시그널 집합을 모두 1로 초기화해 사용해야 한다.

06 sigaction() 함수의 활용

sigaction() 함수는 signal() 함수나 sigset() 함수처럼 시그널을 받았을 때 이를 처리할 수 있는 함수를 지정할 수 있다. signal() 함수와 sigset() 함수가 단순히 시그널 핸들러만 지정할 수 있는 것과 달리 sigaction() 함수는 훨씬 다양하게 시그널을 제어할 수 있다. sigaction() 함수의 활용법을 살펴보자.

6.1 sigaction 구조체

sigaction() 함수의 인자로 정의된 sigaction 구조체의 구조는 다음과 같다. 리눅스에서 sigaction 구조체의 멤버는 시그널 처리를 위한 시그널 핸들러 주소, 시그널 핸들러가 수행하는 동안 블로킹될 시그널, 추가 기능을 설정할 수 있는 플래그로 구성된다.

```
struct sigaction {
    void (*sa_handler)(int);
    void (*sa_sigaction)(int, siginfo_t *, void *);
    sigset_t        sa_mask;
    int    sa_flags;
    void (*sa_restorer)(void);
};
```

sa_handler와 sa_sigaction

sa_handler와 sa_sigaction은 시그널을 처리할 동작을 지정한다. 일부 시스템의 경우 다음과 같이 sigaction 구조체에서 sa_handler와 sa_sigaction이 공용체union로 정의되어 메모리가 중첩되므로 둘 중 하나만 값을 설정하도록 한다.

```
struct sigaction {
    int sa_flags;
    union {
        void (*sa_handler)();
        void (*sa_sigaction)(int, siginfo_t *, void *);
    } _funcptr;
    sigset_t sa_mask;
};
```

만일 sa_flags에 SA_SIGINFO가 설정되어 있지 않으면 sa_handler에는 시그널을 처리할 동작을 지정한다. sa_flags에 SA_SIGINFO가 설정되어 있으면 sa_sigaction 멤버를 사용한다.

sa_mask

sa_mask에는 시그널 핸들러가 동작 중일 때 블로킹할 시그널을 시그널 집합으로 지정한다. 시그널 핸들러가 시작되어 시그널을 전달할 때 이미 블로킹된 시그널 집합에 sa_mask로 지정한 시그널 집합을 추가한다. sa_flags에 SA_NODEFER를 설정하지 않으면 시그널 핸들러를 호출하게 한 시그널도 블로킹된다.

sa_flags

sa_flags에는 시그널 전달 방법을 수정할 플래그를 지정한다. sa_flags에 지정할 수 있는 값은 다음과 같다. sa_flags는 [표 8-8]의 값을 논리 OR 연산으로 연결해 지정한다.

표 8-8 sa_flags에 지정할 수 있는 플래그

플래그	설명
SA_NOCLDSTOP	이 값이 설정되어 있고 signum이 SIGCHLD라면 자식 프로세스를 중지하거나 재시작할 때 부모 프로세스에 전달하지 않는다.
SA_NOCLDWAIT	이 값이 설정되어 있고 시그널이 SIGCHLD라면 시스템은 자식 프로세스를 종료할 때 좀비 프로세스로 만들지 않는다.
SA_NODEFER	만약 이 값을 설정하고 시그널을 받으면 시그널 핸들러가 처리하는 동안 해당 시그널은 시스템 커널에 의해 자동으로 블로킹되지 않는다.

SA_ONSTACK	sigaltstack() 시스템 호출로 생성한 대체 시그널 스택에 있는 시그널 핸들러를 호출한다. 만약 대체 스택이 없으면 기본 스택이 사용된다. 이 값은 시그널 핸들러가 설정되어 있는 경우에만 유효하다.
SA_RESETHAND	시그널의 기본 처리 방법은 SIG_DFL로 재설정된다.
SA_RESTART	이 플래그는 BSD 형식으로 시그널 처리를 하도록 하여 시그널 처리와 관련된 시스템 호출을 재시작하게 한다.
SA_SIGINFO	이 플래그가 설정되어 있으면 시그널 핸들러는 인자를 3개 받는다. 이 경우 sa_sigaction을 사용해야 한다. 첫 번째 인자는 시그널 번호, 두 번째 인자는 NULL이나 시그널이 발생한 이유가 저장된 siginfo_t 구조체를 가리킨다. 세 번째 인자는 시그널이 전달될 때 시그널을 받는 프로세스의 상태를 나타내는 ucontext_t 구조체를 가리킨다. ucontext_t 구조체는 man getcontext로 확인할 수 있다.

6.2 sigaction() 함수

sigaction() 함수는 시그널을 받아 이를 처리할 시그널 핸들러를 지정할 뿐만 아니라 플래그를 설정해 시그널을 처리하는 과정을 제어할 수도 있다. 또한 시그널 핸들러가 수행되는 동안 다른 시그널을 블로킹할 수도 있다. sigaction(2) 함수의 원형은 다음과 같다.

함수 원형

```
#include <signal.h>

int sigaction(int signum, const struct sigaction *act, struct sigaction *oldact);
```

↳ 인자 설명

- **signum** : 처리할 시그널
- **act** : 시그널을 처리할 방법을 지정한 구조체 주소
- **oldact** : 기존에 시그널을 처리하던 방법을 저장할 구조체 주소

sigaction() 함수는 signum에 지정한 시그널을 받았을 때 처리할 방법을 sigaction 구조체인 act로 받는다. 첫 번째 인자로 SIGKILL과 SIGSTOP 시그널을 제외한 어떤 시그널도 사용할 수 있다. 두 번째와 세 번째 인자는 sigaction 구조체를 사용해 지정한다. 두 번째 인자에는 NULL 또는 signum에 지정된 시그널을 받았을 때 처리할 방법을 지정한 구조체 주소를 저장한다. 세 번째 인자에는 NULL 또는 기존 처리 방법을 저장한다. sigaction() 함수는 수행에 성공하면 0을, 실패하면 –1을 리턴한다.

다음은 sigaction() 함수로 SIGINT 시그널을 처리하는 시그널 핸들러를 지정한 예제다. 특정 플래그를 지정하지 않고 SIGQUIT 시그널만 블로킹했다.

예제 8-6 sigaction() 함수로 시그널 핸들러 지정하기 ch8_6.c

```
#include <unistd.h>
#include <signal.h>
#include <stdlib.h>
#include <stdio.h>

void sig_handler(int signo) {
    psignal(signo, "Received Signal:");
    sleep(5);
    printf("In Signal Handler, After Sleep\n");
}

int main() {
    struct sigaction act;

    sigemptyset(&act.sa_mask);
    sigaddset(&act.sa_mask, SIGQUIT);
    act.sa_flags = 0;
    act.sa_handler = sig_handler;
    if(sigaction(SIGINT, &act, (struct sigaction *)NULL) < 0) {
        perror("sigaction");
        exit(1);
    }

    fprintf(stderr, "Input SIGINT: ");
    pause();
    fprintf(stderr, "After Signal Handler\n");
}
```

실행

```
$ ch8_6.out
Input SIGINT: ^CReceived Signal:: Interrupt
^\In Signal Handler, After Sleep
끝내기 (코어 덤프됨)
```

- **06~10행** 시그널 핸들러를 지정한다. sleep(5)를 호출해 5초간 실행을 대기한다.
- **16행** 시그널 핸들러가 동작하는 중에 SIGQUIT 시그널을 블로킹하기 위해 sa_mask에 SIGQUIT 시그널을 설정한다.
- **17행** sa_flags에는 아무 플래그도 지정하지 않는다.
- **19행** sigaction() 함수를 호출해 SIGINT 시그널을 받을 경우의 동작을 지정한다.
- **25행** pause() 함수를 사용해 시그널을 기다린다. 사용자가 Ctrl + C 를 입력해 SIGINT 시그널을 보내면 즉시 시그널 핸들러인 sig_handler() 함수가 호출된다. sig_handler() 함수는 08행에서 사용한 sleep() 함수로 인해 잠시 기다리고 있는데, 이때 SIGQUIT(Ctrl + \ ) 시그널을 보내면 블로킹되어 기다리고 있다가 sig_handler() 함수의 동작이 끝난 후 처리된다.
- **실행 결과** sig_handler() 함수의 동작이 끝나고 곧바로 SIGQUIT 시그널의 기본 처리대로 코어 덤프를 생성하고 종료했음을 알 수 있다. 따라서 26행은 실행되지 않는다.

[예제 8-6]을 바탕으로 sa_flags에 SA_RESETHAND 플래그를 지정해 시그널 처리가 어떻게 달라지는지 알아보자. 먼저 이 플래그를 지정하지 않은 경우를 살펴본다. [예제 8-6]을 실행한 상태에서 SIGINT 시그널을 보내면 sig_handler() 함수가 호출된다. 08행의 sleep() 함수에서 기다리는 동안 다시 SIGINT 시그널을 보내면 시그널은 블로킹되어 있다가 시그널 핸들러의 동작이 끝난 후 다시 시그널 핸들러 함수를 호출해 처리한다. 다음 실행 결과를 보면 상자 부분이 두 번째 SIGINT 시그널과 관련된 부분이다. 처음 sigaction() 함수로 지정한 시그널 처리 방법이 계속 유지되고 있어 sig_handler() 함수가 다시 호출된 것이다.

실행

```
$ ch8_6.out
Input SIGINT: ^CReceived Signal:: Interrupt
^CIn Signal Handler, After Sleep

Received Signal:: Interrupt
In Signal Handler, After Sleep

After Signal Handler
```

이제 17행의 sa_flags에 SA_RESETHAND 플래그를 지정하면 시그널 핸들러가 한 번 호출된 후에 시그널 처리 방법이 기본 처리 방법(SIG_DFL)으로 재설정된다. 따라서 두 번째 SIGINT 시그널을 받으면 위의 실행 결과와 달리 프로세스를 종료한다. [예제 8-7]에서 살펴보자.

예제 8-7 sigaction() 함수 사용하기(SA_RESETHAND 플래그 설정) ch8_7.c

```
...
17      act.sa_flags = SA_RESETHAND;
...
```

실행

```
$ ch8_7.out
Input SIGINT: ^CReceived Signal:: Interrupt
^CIn Signal Handler, After Sleep
$
```

- **17행** [예제 8-6]과 달리 sa_flags에 SA_RESETHAND 플래그를 설정한다.
- **실행 결과** 두 번째 SIGINT(^C)에 의해 프로세스가 종료되었다. 이는 SA_RESETHAND 플래그가 설정되어 SIGINT 시그널의 처리 방법이 기본 처리 방법으로 재설정되었기 때문이다.

6.3 시그널 발생 원인 검색

sa_flags에 SA_SIGINFO 플래그를 지정하면 시그널이 발생한 원인을 알 수 있다. SA_SIGINFO를 지정하면 sigaction 구조체에서 시그널 핸들러를 지정할 때 sa_handler 대신 sa_sigaction을 사용한다. SA_SIGINFO 플래그를 설정하면 시그널 핸들러는 다음과 같이 인자 3개를 받는 형태로 정의된다.

함수 원형

```
void handler(int sig, siginfo_t *info, void *ucontext) {
    ...
}
```

↳ 인자 설명

- **sig** : 시그널 핸들러를 호출할 시그널

- **info** : 시그널이 발생한 원인을 담은 siginfo_t 구조체 포인터
- **ucontext** : 시그널이 전달될 때 시그널을 받는 프로세스의 내부 상태를 나타내는 ucontext_t 구조체 포인터

ucontext_t는 프로세스의 내부 상태를 나타내는 구조체다. 이 책에서는 siginfo_t 구조체만 살펴본다.

siginfo_t 구조체

siginfo_t 구조체는 sys/siginfo.h 파일에 정의되어 있으며, 다음 항목으로 구성되어 있다.

```
typedef struct {
    int      si_signo;
    int      si_errno;
    int      si_code;
    union {
        int      si_trapno;
        pid_t    si_pid;
        uid_t    si_uid;
        int      si_status;
        clock_t  si_utime;
        clock_t  si_stime;
        sigval_t si_value;
        int      si_int;
        void    *si_ptr;
        int      si_overrun;
        int      si_timerid;
        void    *si_addr;
        long     si_band;
        int      si_fd;
        short    si_addr_lsb;
        void    *si_lower;
        void    *si_upper;
        int      si_pkey;
```

```
        void        *si_call_addr;
        int          si_syscall;
        unsigned int si_arch;
    }
} siginfo_t;
```

- **si_signo** : 관련된 시그널 번호이다.
- **si_errno** : 0 또는 시그널과 관련된 오류 번호이다.
- **si_code** : 시그널 발생 원인을 정의하는 코드이다. si_code의 값이 SI_NOINFO이면 si_signo만 의미가 있고 siginfo_t 구조체의 나머지 멤버는 사용되지 않는다.

이 세 값을 제외한 나머지는 공용체union로 묶여 있어 각각 특정 시그널에서만 의미가 있다. 자세한 것은 man sigaction을 참조하기 바란다.

사용자 프로세스에 의한 시그널 발생 원인 코드

si_code의 값이 0과 같거나 작다면 사용자 프로세스가 kill(), raise(), abort() 등의 함수로 시그널을 생성한 것이다. 사용자 프로세스에서 시그널을 생성하면 si_code에는 [표 8-9]에 정의된 주요 값이 저장된다.

표 8-9 사용자 프로세스가 시그널을 생성할 때 si_code의 주요 값

코드	값	의미
SI_USER	0	kill() 또는 raise() 함수로 시그널을 보냄
SI_KERNEL	0x80(128)	커널이 시그널을 보냄
SI_QUEUE	–1	sigqueue() 함수로 시그널을 보냄
SI_TIMER	–2	timer_settime() 함수가 생성한 타이머가 만료되어 시그널을 보냄
SI_MESGQ	–3	POSIX 메시지 큐의 상태가 변해서 시그널을 보냄
SI_ASYNCIO	–4	비동기 입출력이 완료되어 시그널을 보냄
SI_SIGIO	–5	SIGIO 시그널이 큐에 들어와서 시그널을 보냄

[표 8-9] 이외에 특정 시그널이 발생한 경우에 유효한 코드들이 있다. 자세한 것은 여기서 다

루지 않지만 man sigaction으로 확인할 수 있다.

시그널 발생 원인 출력 함수 : psiginfo(3)

함수 원형

```
#include <siginfo.h>

void psiginfo(const siginfo_t *pinfo, const char *s);
```

↳ 인자 설명

- **pinfo** : 시그널 발생 원인에 관한 정보를 저장하고 있는 구조체 포인터
- **s** : 출력할 문자열

psiginfo() 함수는 siginfo_t 구조체 포인터를 인자로 받아 시그널이 발생한 원인을 표준 오류로 출력한다. 첫 번째 인자인 pinfo에는 시그널 핸들러의 두 번째 인자로 받은 siginfo_t 구조체의 주소를 지정한다. 함수를 실행하면 두 번째 인자인 s에 지정한 문자열이 먼저 출력되고 시그널 정보가 출력된다.

다음은 SA_SIGINFO 플래그를 설정해 시그널이 발생한 원인을 검색하는 예제다.

예제 8-8 시그널 발생 원인 검색하기(SA_SIGINFO 플래그 설정) ch8_8.c

```
#include <sys/ucontext.h>
#include <unistd.h>
#include <signal.h>
#include <stdlib.h>
#include <stdio.h>

void sig_handler(int signo, siginfo_t *sf, ucontext_t *uc) {
    psiginfo(sf, "Received Signal:");
    printf("si_code : %d\n", sf->si_code);
}

int main() {
    struct sigaction act;

    act.sa_flags = SA_SIGINFO;
```

```
16     act.sa_sigaction = (void (*)(int, siginfo_t *, void *))sig_handler;
17     sigemptyset(&act.sa_mask);
18     if (sigaction(SIGUSR1, &act, (struct sigaction *)NULL) < 0) {
19         perror("sigaction");
19         perror("sigaction");
20         exit(1);
21     }
22     pause();
23 }
```

실행

```
$ ch8_8.out
[1] 15072
$ kill -USR1 15072
$ Received Signal:: User defined signal 1 (Signal sent by kill() 13651 1000)
si_code : 0

[1]+  완료                    ch8_8.out
```

- **08행** 시그널 핸들러 함수에서 psiginfo() 함수를 호출해 시그널 정보를 출력한다.
- **15행** SA_SIGINFO 플래그를 지정한다.
- **16행** sa_handler 대신 sa_sigaction 멤버를 사용해 시그널 핸들러를 지정한다.
- **17행** sa_mask 값을 모두 비운다.
- **18행** SIGUSR1 시그널을 지정해 sigaction() 함수로 시그널 처리를 등록한다.
- **실행 결과** 실행 파일을 백그라운드로 실행한 후 kill 명령으로 SIGUSR1 시그널을 보냈다. 15072는 [예제 8-8]을 실행한 프로세스의 PID다. 시그널 핸들러에서 pisinfo() 함수가 "Received Signal: : User defined signal 1 (Signal sent by kill() 13651 1000)"을 출력했다. PID 13651인 프로세스가 SIGUSR1 시그널을 보냈다는 의미다. 13651은 kill 명령을 실행한 셸의 PID다. 1000은 시그널을 보낸 사용자의 UID이다.
- 추가로 출력한 si_code의 값은 0이다. 이는 SI_USER로, kill -USR1 명령으로 인해 시그널이 발생했음을 의미한다.

07 알람 시그널

일정 시간이 지난 후에 자동으로 시그널이 발생하게 하려면 알람 시그널alarm signal을 사용한다. 알람 시그널은 일정 시간 후에 한 번 발생시킬 수도 있고 일정한 간격을 두고 주기적으로 발생시킬 수도 있다. 알람 시그널의 개념을 알아보고, 알람 시그널과 타이머를 생성하고 관리하는 함수를 살펴보자.

7.1 알람 시그널 함수

정해진 시간에 한 번 시그널을 보내는 알람 시그널 함수에 대해 살펴보자.

알람 시그널 생성 : alarm(2)

함수 원형

```
#include <unistd.h>

unsigned int alarm(unsigned int seconds);
```

↳ 인자 설명

- **seconds** : 알람을 발생시킬 때까지 남은 시간(초 단위)

alarm() 함수는 인자로 초 단위 시간을 받는다. 인자로 지정한 시간이 지나면 SIGALRM 시그널이 생성되어 프로세스에 전달된다. 프로세스별로 알람시계가 하나밖에 없으므로 알람은 하나만 설정할 수 있다. 따라서 알람 시그널을 생성하기 전에 다시 alarm() 함수를 호출하면 이전 설정은 없어지고 재설정된다. 인자로 0을 지정하면 이전에 설정한 알람 요청은 모두 취소된다. alarm() 함수는 이전에 호출한 alarm() 함수의 시간이 남아 있으면 해당 시간을, 그렇지 않으면 0을 리턴한다.

다음은 alarm() 함수를 사용해 프로그램 실행 2초 후에 알람 시그널이 발생하게 하는 예제다.

예제 8-9 alarm() 함수로 알람 시그널 생성하기 ch8_9.c

```
01 #include <unistd.h>
02 #include <signal.h>
03 #include <stdio.h>
04
05 void sig_handler(int signo) {
06     psignal(signo, "Received Signal");
07 }
08
09 int main() {
10     signal(SIGALRM, sig_handler);
11
12     alarm(2);
13     printf("Wait...\n");
14     sleep(3);
15 }
```

실행

```
$ ch8_9.out
Wait...
Received Signal: Alarm Clock
```

- **10행** SIGALRM 시그널 처리를 위한 시그널 핸들러를 지정한다.
- **12행** alarm() 함수의 인자로 2초를 지정해 함수를 호출한다.
- **14행** 3초 동안 sleep하고 있는 중에 2초가 지나면 SIGALRM 시그널이 발생해 시그널 핸들러가 호출된다.
- **실행 결과** 프로그램이 종료되기 전에 시그널 핸들러를 호출한 사실을 알 수 있다.

7.2 인터벌 타이머

알람 시그널은 정해진 시간에 한 번 시그널을 보낸다. 이를 좀 더 개선해 일정 시간 간격을 두고 타이머 역할을 하도록 할 수 있는데, 타이머 기능을 제공하려면 getitimer()와 setitimer() 함수를 사용한다.

타이머의 종류

리눅스 시스템은 프로세스별로 타이머 3개를 제공한다. 타이머에 관한 정보는 sys/time.h 파일에 정의되어 있다. 각 타이머가 사용하는 시간 유형에 따라 각기 다른 시그널이 생성된다.

- **ITIMER_REAL** : 실제 시간을 사용한다. 이 타이머가 만료되면 SIGALRM 시그널이 생성된다.
- **ITIMER_VIRTUAL** : 프로세스가 사용하는 사용자 모드 CPU 시간을 사용한다. 이 시간은 프로세스가 동작 중일 때만 작동하며, 만료되면 SIGVTALRM 시그널이 생성된다.
- **ITIMER_PROF** : 프로세스가 사용하는 시스템 모드와 사용자 모드 CPU 시간을 합해 사용한다. 이 타이머가 만료되면 SIGPROF 시그널이 생성된다. ITIMER_VIRTUAL과 함께 사용하면 프로세스 사용한 사용자 모드 CPU 시간과 시스템 모드 CPU 시간을 알 수 있다.

타이머 정보 검색 : getitimer(2)

함수 원형

```
#include <sys/time.h>

int getitimer(int which, struct itimerval *curr_value);
```

↳ 인자 설명

- **which** : 검색할 타이머의 종류
- **curr_value** : 타이머 정보를 저장할 구조체 포인터

getitimer() 함수는 타이머 정보를 검색하는 함수로, which에는 검색할 타이머의 종류를 지정하고 curr_value에는 타이머의 현재 시간과 타이머 간격 정보를 저장할 itimerval 구조체 포인터를 지정한다. itimerval 구조체는 sys/time.h 파일에 다음과 같이 정의되어 있다.

```
struct  itimerval {
    struct  timeval it_interval;
    struct  timeval it_value;
};
```

itimerval 구조체의 첫 번째 멤버인 it_interval에는 타이머의 간격 정보가 저장되고, it_

value에는 타이머가 만료될 때까지 남은 시간이 저장된다. it_value의 값이 0이면 타이머 기능이 멈춘다. it_interval의 값이 0이면 다음에 타이머가 만료될 때 타이머 기능이 멈춘다. 이 시간 정보들은 timeval 구조체에 정의된다.

```
struct timeval {
    time_t          tv_sec;
    suseconds_t     tv_usec;
};
```

timeval 구조체에는 초와 마이크로초 단위로 시간을 저장한다. 즉, 타이머에 1/1,000,000초 단위 정확도를 부여할 수 있다.

타이머 설정 : setitimer(2)

```
#include <sys/time.h>

int setitimer(int which, const struct itimerval *value, struct itimerval *ovalue);
```

함수 원형

↳ 인자 설명

- **which** : 설정할 타이머의 종류
- **value** : 설정할 타이머의 정보를 저장한 구조체 포인터
- **ovalue** : 이전 타이머의 정보를 저장할 구조체 포인터

setitimer()는 타이머를 설정하는 함수로, which에는 설정할 타이머의 종류를 지정하고 value에는 설정할 타이머 정보를 저장해 인터벌 타이머interval timer를 설정한다. ovalue는 NULL 또는 이전 설정값을 저장한다. value와 ovalue는 itimerval 구조체를 가리키는 포인터다.

[예제 8-10]은 실제 시간 기준 2초 간격으로 타이머가 작동하도록 만든 예제다.

예제 8-10 인터벌 타이머 설정하기 ch8_10.c

```c
#include <sys/time.h>
#include <unistd.h>
#include <signal.h>
#include <stdlib.h>
#include <stdio.h>

void sig_handler() {
    printf("Timer Invoked..\n");
}

int main() {
    struct itimerval it;

    signal(SIGALRM, sig_handler);
    it.it_value.tv_sec = 3;
    it.it_value.tv_usec = 0;
    it.it_interval.tv_sec = 2;
    it.it_interval.tv_usec = 0;

    if (setitimer(ITIMER_REAL, &it, (struct itimerval *)NULL) == -1) {
        perror("setitimer");
        exit(1);
    }

    while (1) {
        if (getitimer(ITIMER_REAL, &it) == -1) {
            perror("getitimer");
            exit(1);
        }
        printf("%d sec, %d msec.\n", (int)it.it_value.tv_sec, (int)it.it_value.tv_usec);
        sleep(1);
    }
}
```

실행

```
$ ch8_10.out
2 sec, 999997 msec.
1 sec, 999581 msec.
0 sec, 998459 msec.
Timer Invoked..
1 sec, 999053 msec.
0 sec, 998805 msec.
Timer Invoked..
1 sec, 997331 msec.
0 sec, 996291 msec.
Timer Invoked..
1 sec, 999570 msec.
^C
```

- **14행** SIGALRM 시그널에 대한 시그널 핸들러를 지정한다.
- **15~18행** 타이머의 간격을 2초로 설정하고 타이머에 현재 남은 시간을 3초로 설정한다. 즉, 최초의 시그널은 3초 후에 발생하고 이후로 2초 간격으로 타이머가 동작하게 설정하는 것이다.
- **25~33행** 반복문으로 1초 동안 sleep했다가 getitimer() 함수를 호출해 남은 시간 정보를 출력하게 한다.
- **실행 결과** 처음 남은 시간이 3초였으므로 while문을 세 번 반복한 후에 타이머가 만료되어 SIGALRM 시그널을 생성하고 이후에는 2초 간격으로 타이머가 작동함을 알 수 있다. 무한 반복문이므로 Ctrl + C 로 종료해야 한다.

08 기타 시그널 처리 함수

리눅스에서는 시그널 정보를 출력하거나, 시그널이 올 때까지 기다리거나, 시그널을 보내는 등의 시그널 처리를 위한 기타 함수를 제공한다. 이 함수 들을 자세히 살펴보자.

8.1 시그널 정보 출력

시그널 정보를 출력하려면 앞서 다룬 예제에서 사용한 psignal() 함수나 strsignal() 함수를 사용한다.

시그널 정보 출력 : psignal(3)

함수 원형

```
#include <signal.h>

void psignal(int sig, const char *s);
```

↳ 인자 설명

- **sig** : 정보를 출력할 시그널
- **s** : 출력할 문자열

psignal() 함수는 두 번째 인자인 s로 지정한 문자열을 출력한 후 첫 번째 인자인 sig로 지정한 시그널을 가리키는 이름을 붙여 표준 오류로 출력한다.

시그널 정보 출력 : strsignal(3)

함수 원형

```
#include <string.h>

char *strsignal(int sig);
```

↳ 인자 설명

- **sig** : 정보를 출력할 시그널

strsignal() 함수는 인자로 받은 시그널을 가리키는 이름을 문자열로 리턴한다. 인자로 받은 시그널이 없으면 NULL을 리턴한다.

8.2 시그널 블로킹과 해제

시그널 블로킹signal blocking 함수를 사용하면 프로세스가 동작하는 동안에 특정 시그널을 받지 않도록 블로킹하거나 해제할 수 있다.

시그널 블로킹과 해제 : sighold(3), sigrelse(3)

함수 원형

```
#include <signal.h>

int sighold(int sig);
int sigrelse(int sig);
```

↳ 인자 설명

- **sig** : 블로킹하거나 해제할 시그널

sighold() 함수는 인자로 받은 시그널을 프로세스의 시그널 마스크signal mask에 추가한다. 시그널 마스크에 추가된 시그널은 블로킹되어 해당 시그널을 받지 않는다. sigrelse() 함수는 프로세스의 시그널 마스크에서 시그널을 해제한다. 이 함수들은 시스템 V 유닉스에서 유래된 것으로, 리눅스에서는 이 함수 대신 POSIX 표준인 sigaction(), sigprocmask() 함수를 사용할 것을 권한다.

다음은 sighold() 함수를 사용해 SIGINT 시그널을 블로킹하는 예제다.

예제 8-11 sighold() 함수로 시그널 블로킹하기 ch8_11.c

```
#include <unistd.h>
#include <signal.h>
#include <stdlib.h>
#include <stdio.h>
#include <string.h>

```

```
07 void sig_handler(int signo) {
08     char *s;
09
10     s = strsignal(signo);
11     printf("Received Signal : %s\n", s);
12 }
13
14 int main() {
15     if (signal(SIGINT, sig_handler) == SIG_ERR) {
16         perror("signal");
17         exit(1);
18     }
19
20     sighold(SIGINT);
21
22     pause();
23 }
```

실행

```
$ ch8_11.out
^C^C^C^C^C^C^\끝내기 (코어 덤프됨)
```

- **20행** sighold() 함수를 사용해 SIGINT 시그널을 블로킹한다. 사용자가 Ctrl + C 를 입력해도 프로세스가 종료되거나 시그널 핸들러가 호출되지 않는다. Ctrl + \ 로 강제 종료한다.

시그널 집합 블로킹과 해제 : sigprocmask(2)

sigprocmask() 함수는 POSIX 표준 함수이며 sighold(), sigrelse() 함수와 기능이 유사하지만 시그널 집합을 사용해 한 번에 여러 시그널을 블로킹할 수 있다.

함수 원형

```
#include <signal.h>

int sigprocmask(int how, const sigset_t *set, sigset_t *oldset);
```

↳ 인자 설명

- **how** : 시그널을 블로킹할 것인지 해제할 것인지 여부
- **set** : 블로킹하거나 해제할 시그널 집합의 주소
- **oldset** : NULL 또는 이전 설정값을 저장할 시그널 집합의 주소

sigprocmask() 함수는 set에 지정한 시그널 집합을 블로킹할 것인지 해제할 것인지를 how에 지정해 호출한다. 첫 번째 인자인 how에 올 수 있는 값은 다음과 같다.

- **SIG_BLOCK** : set에 지정한 시그널 집합을 시그널 마스크에 추가한다.
- **SIG_UNBLOCK** : set에 지정한 시그널 집합을 시그널 마스크에서 제거한다.
- **SIG_SETMASK** : set에 지정한 시그널 집합으로 현재 시그널 마스크를 대체한다.

두 번째 인자인 set은 블로킹하거나 해제할 시그널 집합을 가리키고, 세 번째 인자인 oldset에는 NULL이 아니면 이전 설정값이 저장된다.

다음은 sigprocmask() 함수를 사용해 SIGINT와 SIGQUIT 시그널을 블로킹한 후 다시 해제하는 예제다.

예제 8-12 sigprocmask() 함수로 시그널 블로킹/해제하기 ch8_12.c

```
#include <unistd.h>
#include <signal.h>
#include <stdio.h>

int main() {
    sigset_t new;

    sigemptyset(&new);
    sigaddset(&new, SIGINT);
    sigaddset(&new, SIGQUIT);
    sigprocmask(SIG_BLOCK, &new, (sigset_t *)NULL);

    printf("Blocking Signals : SIGINT, SIGQUIT\n");
    printf("Send SIGQUIT\n");
    kill(getpid(), SIGQUIT);

    printf("UnBlocking Signals\n");
    sigprocmask(SIG_UNBLOCK, &new, (sigset_t *)NULL);
}
```

실행

```
$ ch8_12.out
Blocking Signals : SIGINT, SIGQUIT
Send SIGQUIT
UnBlocking Signals
끝내기 (코어 덤프됨)
```

- **08~10행** 시그널 집합에 SIGINT와 SIGQUIT 시그널을 설정한다.
- **11행** sigprocmask() 함수를 사용해 SIGINT 시그널과 SIGQUIT 시그널을 블로킹한다.
- **15행** SIGQUIT 시그널을 보낸다.
- **18행** 블로킹된 SIGQUIT와 SIGINT 시그널을 해제한다.
- **실행 결과** 15행에서 보낸 SIGQUIT 시그널에 의해 바로 종료되지 않았다. 18행에서 블록이 해제되자 기다리고 있던 SIGQUIT 시그널을 받아 프로세스가 코어 덤프를 생성하며 종료된다.

8.3 시그널 기다리기

시그널이 도착하기를 기다릴 때 사용할 수 있는 함수에는 앞에서 사용해본 pause() 함수와 sigpause(), sigsuspend() 함수가 있다.

시그널 대기 : pause(2)

함수 원형

```
#include <unistd.h>

int pause(void);
```

pause() 함수는 프로세스가 종료하거나 시그널 잡기 함수를 호출하는 시그널을 받을 때까지 프로세스를 대기시킨다. pause() 함수는 시그널 잡기 함수로, 시그널을 잡았을 때만 -1을 리턴한다.

시그널 대기 : sigpause(3)

```
#include <signal.h>                                     함수 원형

int sigpause(int sigmask);  /* BSD */
int sigpause(int sig);      /* System V */
```

↳ 인자 설명

- **sigmask** : 블록을 해제하고 대기할 시그널을 지정한 시그널 마스크
- **sig** : 시그널이 올 때까지 대기할 시그널

sigpause() 함수는 인자로 지정한 시그널을 프로세스의 시그널 마스크에서 제거하고 프로세스가 시그널을 받을 때까지 기다린다. 시스템 V와 BSD 유닉스에서 함수 형식이 다르므로 주의한다. 리눅스에서는 스팍spaec 아키텍처에서만 지원하며, 이 함수 대신 sigsuspend() 함수를 사용할 것을 권고한다.

시그널 기다리기 : sigsuspend(2)

```
#include <signal.h>                                     함수 원형

int sigsuspend(const sigset_t *mask);
```

↳ 인자 설명

- **mask** : 기다리려는 시그널을 지정한 시그널 집합의 주소

sigsuspend() 함수는 인자로 지정한 시그널 집합에 설정된 시그널들로 프로세스의 시그널 마스크를 교체하고, 블로킹되지 않은 시그널이 도착할 때까지 프로세스의 수행을 멈추고 기다린다. 시그널이 도착하면 프로세스의 시그널 마스크는 이전 설정으로 되돌아간다.

다음은 sigsuspend() 함수를 사용해 SIGALRM을 제외한 모든 시그널을 블로킹한 후 시그널을 기다리게 하는 예제다.

예제 8-13 sigsuspend() 함수 사용하기 ch8_13.c

```c
01 #include <unistd.h>
02 #include <signal.h>
03 #include <stdio.h>
04
05 void sig_handler(int signo) {
06     psignal(signo, "Received Signal:");
07 }
08
09 int main() {
10     sigset_t set;
11
12     signal(SIGALRM, sig_handler);
13
14     sigfillset(&set);
15     sigdelset(&set, SIGALRM);
16
17     alarm(3);
18
19     printf("Wait...\n");
20
21     sigsuspend(&set);
22 }
```

실행

```
$ ch8_13.out
Wait...
^C^CReceived Signal:: Alarm Clock
```

- **12행** 알람 시그널을 받으면 시그널 핸들러를 호출하도록 설정한다.
- **14~15행** 시그널 마스크에서 모든 시그널을 블로킹한 후 SIGALRM만 해제한다.
- **17행** 3초 후에 알람 시그널이 발생하도록 설정한다.
- **21행** sigsuspend() 함수를 사용해 시그널이 도착하기를 기다린다.
- **실행 결과** 알람 시그널이 발생하기 전에 SIGINT 시그널을 보내도 모두 블로킹되고 3초 후에 알람 시그널만 처리됨을 알 수 있다.

8.4 기타 시그널 함수

앞에서 설명한 kill(), raise(), abort() 함수 외에 시그널을 보낼 때 사용할 수 있는 함수로 sigsend()가 있다. 다만, 우분투 등 일부 리눅스에서는 sigsend() 함수를 지원하지 않으므로 사용 전에 man sigsend 명령으로 확인해야 한다. 시그널 처리를 무시하도록 설정할 때 sigignore() 함수를 사용할 수도 있다. 이 함수들의 사용법을 살펴보자.

시그널 보내기 : sigsend(2)

함수 원형

```
#include <signal.h>

int sigsend(idtype_t idtype, id_t id, int sig);
```

↳ 인자 설명

- **idtype** : id에 지정한 값의 종류
- **id** : 시그널을 받을 프로세스나 프로세스 그룹
- **sig** : 보내려는 시그널

sigsend() 함수는 sig로 지정한 시그널을 id에 지정한 프로세스나 프로세스 그룹에 보낸다. idtype은 id에 지정한 값의 의미를 알려준다. idtype에는 [표 8-10]에 나타낸 값을 사용할 수 있다. sigsend() 함수가 kill() 함수와 다른 점은 특정 프로세스뿐만 아니라 프로세스 그룹 등 시그널을 받을 대상을 다양하게 지정할 수 있다는 것이다.

표 8-10 sigsend() 함수의 인자로 사용할 수 있는 값

값	의미
P_PID	PID가 id인 프로세스에 시그널을 보낸다.
P_PGID	프로세스 그룹 ID가 id인 모든 프로세스에 시그널을 보낸다.
P_SID	세션 ID가 id인 모든 프로세스에 시그널을 보낸다.
P_TASKID	태스크 ID가 id인 모든 프로세스에 시그널을 보낸다.
P_UID	유효 사용자 ID(euid)가 id인 모든 프로세스에 시그널을 보낸다.
P_GID	유효 그룹 ID(egid)가 id인 모든 프로세스에 시그널을 보낸다.
P_PROJID	프로젝트 ID가 id인 모든 프로세스에 시그널을 보낸다.
P_CID	스케줄러 클래스 ID가 id인 모든 프로세스에 시그널을 보낸다.

P_CTID	프로세스 콘트랙트 ID가 id인 모든 프로세스에 시그널을 보낸다.
P_ALL	id를 무시하고 모든 프로세스에 시그널을 보낸다.
P_MYID	함수를 호출하는 자신에게 시그널을 보낸다.

PID가 0인 프로세스는 시그널을 보내는 대상에서 항상 제외된다. P_PID로 직접 지정할 때를 제외하고는 PID가 1인 프로세스에 시그널을 보내는 것도 제외된다.

시그널 무시 처리 : sigignore(3)

함수 원형

```
#include <signal.h>

int sigignore(int sig);
```

↳ 인자 설명

- **sig** : 무시할 시그널

sigignore() 함수는 인자로 지정한 시그널의 처리 방법을 SIG_IGN으로 설정함으로써 시그널을 무시하도록 한다.

요약

01 시그널의 개념

시그널은 소프트웨어 인터럽트로, 프로세스에 뭔가 발생했음을 알리는 간단한 메시지를 비동기적으로 보내는 것이다.

02 시그널의 처리 방법

- 프로세스가 받은 시그널에 따라 프로세스를 종료한다.
- 프로세스가 받은 시그널을 무시한다.
- 프로세스가 시그널을 처리하도록 함수를 미리 지정한다.
- 프로세스가 특정 부분이 실행되는 동안 시그널이 발생하지 않도록 블로킹한다.

03 시그널 핸들러

프로세스를 종료하기 전에 처리할 작업이 남아 있거나 특정 시그널은 종료하지 않으려면 수행할 함수를 지정할 수 있다. 이런 함수를 시그널 핸들러signal handler라고 한다.

04 시그널 집합

POSIX에서 복수의 시그널을 처리할 목적으로 도입한 개념을 시그널 집합signal set이라고 한다. 시그널 집합을 사용하면 여러 시그널을 지정해 처리할 수 있다.

05 알람 시그널

알람 시그널alarm signal은 일정 시간이 지난 후에 자동으로 시그널이 발생하도록 한다. 일정 시간 후에 한 번 발생시킬 수도 있고 일정한 시간 간격을 두고 주기적으로 발생시킬 수도 있다.

06 시그널 함수

기능	함수
시그널 보내기	int kill(pid_t pid, int sig);
	int raise(int sig);
	void abort(void);
	int sigsend(idtype_t idtype, id_t id, int sig);
시그널 핸들러 지정	sighandler_t signal(int signum, sighandler_t handler);
	sighandler_t sigset(int sig, sighandler_t disp);
	int sigignore(int sig);
시그널 집합	int sigemptyset(sigset_t *set);
	int sigfillset(sigset_t *set);
	int sigaddset(sigset_t *set, int signum);
	int sigdelset(sigset_t *set, int signum);
	int sigismember(const sigset_t *set, int signum);
시그널 제어	int sigaction(int signum, const struct sigaction *act, struct sigaction *oldact);
알람 시그널	unsigned int alarm(unsigned int seconds);
인터벌 타이머	int getitimer(int which, struct itimerval *curr_value);
	int setitimer(int which, const struct itimerval *value, struct itimerval *ovalue);
시그널 정보 출력	void psiginfo(const siginfo_t *pinfo, const char *s);
	void psignal(int sig, const char *s);
	char *strsignal(int sig);
시그널 블록과 해제	int sighold(int sig);
	int sigrelse(int sig);
	int sigprocmask(int how, const sigset_t *set, sigset_t *oldset);
시그널 기다리기	int pause(void);
	int sigpause(int sig);
	int sigsuspend(const sigset_t *mask);

01 실행 중인 프로세스를 Ctrl + C 로 종료시켰다. 이때 프로세스에 전달되는 시그널은?

① SIGHUP ② SIGINT
③ SIGQUIT ④ SIGKILL

02 시그널 집합 sigst에 SIGQUIT 시그널을 추가하려고 한다. 올바르게 작성한 것은?

① signal(&sigst, SIGQUIT) ② sigset(&sigst, SIGQUIT)
③ sigsetadd(&sigst, SIGQUIT) ④ sigaddset(&sigst, SIGQUIT)

03 시그널 집합 sigst에 모든 시그널을 설정하려면 어떤 함수를 사용해야 하는가?

① sigfemptyset(&sigst) ② sigfillset(&sigst)
③ sigaddset(&sigst) ④ sigsetadd(&sigst)

04 시스템에서 알람 시그널과 관련해 타이머를 제공한다. 이 중 SIGALRM 시그널을 발생시키는 타이머는?

① ITIMER_VIRTUAL ② ITIMER_PROF
③ ITIMER_REAL ④ ITIMER_REALPROF

05 특정 시그널을 블로킹하거나 해제하는 함수가 아닌 것은?

① sighold() ② sigrelse()
③ sigprocmask() ④ strsignal()

06 자신에게 SIGUSR1 시그널을 보내는 프로그램을 작성하시오. 시그널을 보낸 후 출력문을 넣어 출력이 되는지, 프로그램을 실행하면 어떤 메시지가 출력되는지 확인하시오.

07 SIGILL 시그널의 기본 처리는 코어 덤프다. SIGILL 시그널을 처리하는 시그널 핸들러를 작성해 실행하면 코어 덤프가 발생하지 않는지 확인하시오.

08 리눅스는 시그널 핸들러가 한 번 실행된 후에 다시 기본 처리로 리셋하지 않는다. 7번 문제를 수정해 두 번째 SIGILL 시그널을 받으면 기본 처리로 실행하도록 작성하시오.

09 시그널 집합을 정의하고 여기에 SIGQUIT, SIGILL, SIGTRAP 시그널을 설정한 다음 SIGILL 시그널이 설정되었는지 확인하는 프로그램을 작성하시오.

10 시그널 집합을 이용해 모든 시그널을 집합에 설정하고, SIGBUS가 설정되었는지 확인하고 삭제하는 프로그램을 작성하시오.

11 sigaction() 함수를 이용해 SIQUIT 시그널을 붙잡고 이에 대한 처리 함수를 작성하시오. SIGQUIT 시그널을 한 번 처리한 다음에는 다시 기본 처리 방법으로 설정이 바뀌게 하시오.

12 sigaction() 함수를 이용해 SIQINT 시그널을 붙잡고 이를 처리하는 시그널 핸들러를 작성하시오. sa_flags에 SA_SIGINFO를 설정하고 sa_sigaction을 사용하며 시그널 핸들러 함수에서 si_code 값을 출력해 시그널이 발생한 원인을 확인하시오.

13 반복문과 sleep(1) 함수를 사용해 1초 간격으로 "Hanbit Books"를 출력하는 프로그램을 작성하시오. 작성된 프로그램이 Ctrl + C 로 종료되지 않도록 sigprocmask() 함수를 이용해 블로킹하시오.

14 alarm() 함수를 이용해 1초마다 "Wake up" 메시지를 출력하는 프로그램을 작성하시오. SIGALRM 시그널의 핸들러가 실행되는 동안 SIGINT를 제외하고 모든 시그널을 블로킹하시오.

15 인터벌 타이머를 이용해 프로세스 실행 시간이 1초가 될 때마다 메시지를 출력하는 프로그램을 작성하시오.

Chapter

09

메모리 매핑

학습목표

- 통신 프로그램의 개념을 이해한다.
- 메모리 매핑을 이용한 IPC 기법을 이해한다.
- 메모리 매핑 함수를 사용해 프로그램을 작성할 수 있다.

01 개요

지금까지 작성한 프로그램은 대부분 단일 파일로 구성된 매우 간단한 것이다. 하지만 업무 처리나 게임 등 실제 사용하는 응용 프로그램은 이렇게 간단하지 않다. 보통 하나 이상의 실행 파일이 생성되고 이를 실행한 프로세스 사이에서 시그널이나 데이터를 주고받으며 작업을 처리한다. 이렇게 프로세스 사이에서 데이터를 주고받으려면 통신 프로그래밍이 있어야 한다. 통신 프로그래밍을 이용하면 리눅스 시스템에서 제공하는 다양한 통신 기능을 이용하는 응용 프로그램을 만들 수 있다.

리눅스 시스템이 제공하는 통신 기능은 크게 두 가지로 구분할 수 있다. 첫 번째는 동일한 시스템 안에 있는 프로세스 사이에서 통신을 수행하는 것이고, 두 번째는 서로 다른 시스템에서 수행하고 있는 프로세스 사이에서 통신으로 데이터를 주고받는 것이다. 이를 간략하게 살펴보자.

프로세스 간 통신

프로세스 간 통신(IPC InterProcess Communication)은 동일한 시스템 안에서 수행 중인 프로세스끼리 데이터를 주고받는 것이다. IPC에는 파이프pipe 같은 특수 파일을 이용하거나, 메모리 매핑이나 공유 메모리 같은 메모리 영역을 이용하는 방법이 있다. 또한 메시지 큐, 공유 메모리, 세마포어 등 유닉스 시스템 V에서 제공하는 IPC 방법이 있다.

넓은 의미에서 프로세스 간 통신에는 종료 상태exit status와 시그널 같은 정숫값을 주고받는 것도 포함된다. 자식 프로세스가 종료하면서 부모 프로세스에 종료 상태를 알리는 값을 보내는 것은 가장 간단한 형태의 프로세스 간 통신이다. 종료 상탯값은 대개 0이나 1이지만 프로그래머의 의도에 따라 다양한 정숫값을 사용할 수 있다.

8장에서 살펴본 시그널도 프로세스 사이에서 데이터를 주고받으므로 프로세스 간 통신 방법의 하나로 간주할 수 있다. 시그널은 미리 정의된 상수를 주고받는다. 이 상수들은 프로세스를 수행하는 도중에 프로세스에 알려야 할 다양한 이벤트를 정의해놓은 것이다. 시그널을 받은 프로세스는 시그널의 종류에 따라 적절히 대응해 작업할 수 있다.

네트워크를 이용한 통신

네트워크 환경이 발전하면서 메일이나 파일, 클라이언트/서버 형태의 응용 프로그램 등 서로 다른 시스템 간의 네트워크를 이용한 통신이 증가하고 있다. 시스템에서 네트워크를 이용한 통신은 TCP/IP 프로토콜을 기본으로 하며, 소켓 라이브러리를 이용한다. 이외에도 TLI[Transport Layer Interface]가 있지만 소켓 라이브러리에 밀려 거의 사용하지 않는다. 소켓을 이용한 네트워크 프로그래밍은 12장과 13장에서 다룬다.

이 장에서는 다양한 프로세스 간 통신 방법 중 메모리 매핑을 이용한 통신 프로그래밍을 배운다. 파일을 프로세스의 가상 메모리로 매핑하고 해제하는 함수, 파일 크기를 조정하는 방법, 매핑된 메모리의 크기와 위치를 변경하는 방법, 매핑된 메모리의 동기화 및 이를 이용해 데이터를 주고받는 방법을 다룬다. 메모리 매핑 함수에는 mmap(), munmap(), truncate(), ftruncate(), mremap(), msync() 등이 있다.

표 9-1 메모리 매핑 함수

기능	함수
메모리 매핑	`void *mmap(void *addr, size_t length, int prot, int flags, int fd, off_t offset);`
메모리 매핑 해제	`int munmap(void *addr, size_t length);`
메모리 보호 모드 변경	`int mprotect(void *addr, size_t len, int prot);`
파일 크기 조정	`int truncate(const char *path, off_t length);`
	`int ftruncate(int fd, off_t length);`
메모리 매핑 변경	`void *mremap(void *old_address, size_t old_size, size_t new_size, int flags);`
매핑된 메모리 동기화	`int msync(void *addr, size_t length, int flags);`

02 메모리 매핑과 해제

메모리 매핑memory mapping은 파일을 프로세스의 메모리에 매핑하는 것이다. 즉, 프로세스에 전달할 데이터를 저장한 파일을 직접 프로세스의 가상 주소 공간으로 매핑한다. 따라서 read() 함수나 write() 함수를 사용하지 않고도 프로그램 내부에서 정의한 변수를 사용해 파일에서 데이터를 읽거나 쓸 수 있다. 파일을 메모리에 매핑하는 방법과 매핑된 메모리를 해제하는 방법을 살펴본다.

2.1 메모리 매핑 함수

mmap() 함수를 사용하면 파일을 프로세스의 가상 메모리에 매핑할 수 있다. mmap() 함수는 매핑할 메모리의 위치와 크기를 인자로 받는다. 메모리에 매핑된 데이터는 파일 입출력 함수를 사용하지 않고 직접 읽고 쓸 수 있다는 장점이 있다.

메모리 매핑 : mmap(2)

함수 원형

```
#include <sys/mman.h>

void *mmap(void *addr, size_t length, int prot, int flags, int fd, off_t offset);
```

인자 설명

- **addr** : 매핑할 메모리의 주소
- **length** : 메모리 공간의 크기
- **prot** : 보호 모드
- **flags** : 매핑된 데이터의 처리 방법 지정 상수
- **fd** : 파일 기술자
- **offset** : 파일 오프셋

mmap() 함수는 fd가 가리키는 파일에서 offset으로 지정한 오프셋부터 length 크기만큼 데이터를 읽어 addr이 가리키는 메모리 공간에 매핑한다. prot에는 읽기, 쓰기 등 보호 모드를 지정하고 flags에는 읽어온 데이터를 처리하기 위한 정보를 지정한다.

첫 번째 인자인 addr에는 매핑하려는 주소를 직접 지정하거나 그렇지 않을 경우 NULL을 사용한다. NULL을 지정하면 시스템이 가장 적합한 메모리로 데이터를 매핑한다. addr이 NULL이 아닐 경우 커널은 addr에 지정된 값의 근처 메모리 영역을 페이지 단위로 사용한다. 두 번째 인자인 length에는 매핑할 메모리 공간의 크기를 지정한다. 이 값은 반드시 0보다 커야 한다. 예를 들어, 파일 전체를 매핑할 경우 파일 크기를 지정한다. 세 번째 인자인 prot에는 매핑한 데이터를 읽기만 할지, 쓰기나 실행도 허용할지 등 보호 모드를 지정한다.

prot에 사용할 수 있는 값은 상수로 정의되어 있으며, OR 연산자로 연결해 지정할 수 있다. prot 인자에 사용할 수 있는 상수는 다음과 같다.

- **PROT_READ** : 매핑된 파일을 읽기만 한다.
- **PROT_WRITE** : 매핑된 파일에 쓰기를 허용한다.
- **PROT_EXEC** : 매핑된 파일을 실행할 수 있다.
- **PROT_NONE** : 매핑된 파일에 접근할 수 없다.

prot에 PROT_WRITE를 지정하려면 flags 인자에 MAP_PRIVATE를 지정하거나 파일을 쓰기 가능 상태로 열어야 한다

네 번째 인자인 flags에는 매핑된 데이터를 처리하기 위한 다른 정보를 지정한다. flags에 지정할 수 있는 값도 상수로 정의되어 있으며 OR 연산자로 연결해 지정할 수 있다.

- **MAP_SHARED** : 다른 프로세스와 데이터 변경 내용을 공유한다. 이 플래그가 설정되어 있으면 쓰기 동작은 매핑된 메모리의 내용을 변경한다. 따라서 MAP_SHARED를 지정한 다른 사용자는 내용을 변경하며 작업할 수 있다.
- **MAP_SHARED_VALIDATE** : MAP_SHARED와 같으나 전달받은 플래그를 커널이 모두 확인하고 모르는 플래그가 있을 경우 오류로 처리한다. 이 플래그는 리눅스 4.15부터 지원한다.
- **MAP_PRIVATE** : 데이터의 변경 내용을 공유하지 않는다. 이 플래그가 설정되어 있으면 최초의 쓰기 동작에서 매핑된 메모리의 사본을 생성하고 매핑 주소는 사본을 가리킨다. MAP_

SHARED와 MAP_PRIVATE 플래그 중 하나는 반드시 지정해야 하며, 두 플래그를 같이 지정할 수는 없다.

- **MAP_ANONYMOUS** : fd를 무시하고 할당된 메모리 영역을 0으로 초기화한다. offset은 0이어야 한다. 일부 시스템에서는 fd 대신 -1을 지정해야 할 수도 있다.
- **MAP_ANON** : 이 플래그는 MAP_ANONYMOUS와 동일한 플래그로 다른 시스템과의 호환성을 위해 제공한다.
- **MAP_FIXED** : 매핑할 주소를 정확히 지정한다. MAP_FIXED 플래그를 지정하고 mmap() 함수가 성공하면 해당 메모리 영역의 내용은 매핑된 내용으로 변경된다. 해당 메모리 영역에 매핑된 파일이 있다면 이 파일의 매핑은 해제되고 새 파일이 매핑된다. 지정된 주소를 사용할 수 없으면 mmap() 함수는 실패한다. 이 플래그는 시스템의 종류나 커널 버전, C 라이브러리 버전에 따라 다를 수 있으므로 매우 신중하게 사용해야 한다.
- **MAP_NORESERVE** : MAP_PRIVATE를 지정하면 시스템은 매핑에 할당된 메모리 공간만큼 스왑 영역을 할당한다. 이 스왑 영역은 매핑된 데이터의 사본을 저장하는 데 사용한다. MAP_NORESERVE를 지정하면 스왑 영역을 할당하지 않는다. 스왑 영역을 할당하지 않은 상태에서 매핑된 데이터를 수정할 경우 물리적 메모리에 빈 공간이 없으면 세그먼트 오류가 발생할 수 있다.

mmap() 함수의 다섯 번째 인자인 fd는 매핑할 파일의 파일 기술자이고, 여섯 번째 인자인 offset은 매핑할 파일의 파일 오프셋이다. mmap() 함수는 페이지 단위로 메모리 매핑을 실행한다. 매핑된 영역의 마지막 페이지에 남는 부분은 0으로 채운다. 매핑된 메모리 영역을 벗어난 공간에 접근하려고 하면 SIGBUS 혹은 SIGSEGV 시그널이 발생한다.

mmap() 함수는 수행에 성공하면 매핑된 메모리의 시작 주소를 리턴한다. 매핑된 영역의 크기는 [시작 주소 + length]가 된다. 실패하면 상수 MAP_FAILED를 리턴한다.

mmap() 함수와 기존 방식의 비교

파일을 읽고 쓰는 데는 4장에서 배운 파일 입출력 함수를 사용할 수도 있다. 하지만 파일 입출력 함수로 파일에 접근하는 것과 mmap() 함수를 사용하는 것은 분명 다르다. 다음 예를 통해 살펴보자.

먼저 파일 입출력 함수는 보통 다음과 같이 사용한다.

```
fd = open(...);
lseek(fd, offset, whence);
read(fd, buf, len);
```

파일을 열고 필요에 따라 파일의 오프셋을 이동시키고 read() 함수를 호출해 데이터를 buf로 읽어와 작업한다. mmap() 함수를 사용하는 경우에는 이 작업을 다음과 같이 할 수 있다.

```
fd = open(...);
address = mmap((caddr_t) 0, len, (PROT_READ | PROT_WRITE), MAP_PRIVATE, fd, offset);
```

일단 파일을 여는 것은 같다. 이후 열린 파일의 내용을 mmap() 함수를 사용해 메모리에 매핑하고, 이후의 작업은 address가 가리키는 메모리 영역의 데이터를 대상으로 수행한다. 즉, 매번 read() 함수로 데이터를 읽어올 필요가 없다.

명령행 인자로 파일명을 입력받아 해당 파일을 열고 메모리에 매핑해보자.

예제 9-1 mmap() 함수로 메모리 매핑하기 ch9_1.c

```
#include <sys/mman.h>
#include <sys/stat.h>
#include <fcntl.h>
#include <unistd.h>
#include <stdlib.h>
#include <stdio.h>

int main(int argc, char *argv[]) {
    int fd;
    caddr_t addr;
    struct stat statbuf;

    if (argc != 2) {
        fprintf(stderr, "Usage : %s filename\n", argv[0]);
        exit(1);
```

```
16     }
17
18     if (stat(argv[1], &statbuf) == -1) {
19         perror("stat");
20         exit(1);
21     }
22
23     if ((fd = open(argv[1], O_RDWR)) == -1) {
24         perror("open");
25         exit(1);
26     }
27
28     addr = mmap(NULL, statbuf.st_size, PROT_READ|PROT_WRITE,
29                 MAP_SHARED, fd, (off_t)0);
30     if (addr == MAP_FAILED) {
31         perror("mmap");
32         exit(1);
33     }
34     close(fd);
35
36     printf("%s", addr);
37 }
```

실행

```
$ cat mmap.dat
Hanbit
Academy
$ ch9_1.out
Usage : a.out filename
$ ch9_1.out mmap.dat
Hanbit
Academy
```

- **13행** 명령행 인자로 파일명을 제대로 지정했는지 확인한다.
- **18행** 파일 크기를 알아내기 위해 stat() 함수로 파일 정보를 검색한다.
- **23행** 명령행 인자로 지정한 파일을 연다.
- **28행** 열린 파일의 내용을 mmap() 함수로 메모리 매핑한다. 매핑된 메모리 영역의 읽기와 쓰

기가 가능하도록 PROT_READ|PROT_WRITE로 지정하고 MAP_SHARED 플래그를 지정한다.

- **34행** 파일 내용을 메모리에 매핑했으므로 파일을 닫는다. 열린 파일을 닫아도 매핑된 메모리 주소인 addr을 이용해 데이터를 읽거나 쓸 수 있다.
- **36행** addr이 가리키는 주소에 저장된 내용을 모두 출력한다.
- **실행 결과** 먼저 명령행 인자로 지정한 파일인 mmap.dat의 내용을 살펴본 후 실행 결과를 보면 파일을 닫은 후에도 파일 내용이 모두 출력되었음을 확인할 수 있다.

2.2 메모리 매핑 해제 함수

munmap() 함수는 mmap() 함수를 사용해 매핑한 메모리 영역을 해제한다. 메모리 매핑이 해제된 메모리 영역에 다시 접근하려 하면 오류가 발생하므로 주의해야 한다.

메모리 매핑 해제 : munmap(2)

함수 원형

```
#include <sys/mman.h>

int munmap(void *addr, size_t length);
```

↳ 인자 설명

- **addr** : 매핑된 메모리의 시작 주소
- **length** : 메모리 영역의 크기

munmap() 함수는 addr이 가리키는 영역에 length 크기만큼 할당해 매핑한 메모리를 해제한다. 즉, munmap() 함수는 메모리에 매핑된 [addr + length] 크기만큼 메모리 영역을 해제한다. 첫 번째 인자인 addr이 가리키는 메모리 주소가 mmap() 함수에서 지정한 위치가 아니면 어떻게 동작할지 정의되어 있지 않다. munmap() 함수로 매핑을 해제한 메모리 영역에 접근하면 SIGSEGV 시그널이 발생한다. munmap() 함수는 수행에 성공하면 0을, 실패하면 -1을 리턴한다.

[예제 9-1]에 메모리 매핑을 해제하는 부분을 추가해 사용을 마친 메모리를 해제하는 프로그램을 만들어보자.

예제 9-2 munmap() 함수로 메모리 매핑 해제하기 ch9_2.c

```
#include <sys/mman.h>
#include <sys/stat.h>
#include <fcntl.h>
#include <unistd.h>
#include <stdlib.h>
#include <stdio.h>

int main(int argc, char *argv[]) {
    int fd;
    caddr_t addr;
    struct stat statbuf;

    if (argc != 2) {
        fprintf(stderr, "Usage : %s filename\n", argv[0]);
        exit(1);
    }

    if (stat(argv[1], &statbuf) == -1) {
        perror("stat");
        exit(1);
    }

    if ((fd = open(argv[1], O_RDWR)) == -1) {
        perror("open");
        exit(1);
    }

    addr = mmap(NULL, statbuf.st_size, PROT_READ|PROT_WRITE,
                MAP_SHARED, fd, (off_t)0);
    if (addr == MAP_FAILED) {
        perror("mmap");
        exit(1);
    }
    close(fd);

    printf("%s", addr);

    if (munmap(addr, statbuf.st_size) == -1) {
```

```
39          perror("munmap");
40          exit(1);
41      }
42
43      printf("%s", addr);
44  }
```

실행

```
$ ch9_2.out mmap.dat
Hanbit
Academy
세그멘테이션 오류 (코어 덤프됨)
```

- **38~41행** 매핑된 메모리 영역을 munmap() 함수로 해제한다.
- **43행** 이미 해제된 메모리 영역에 접근을 시도한다.
- **실행 결과** 36행에서 출력한 메모리 내용을 43행에서 다시 출력하려고 하면 SIGSEGV 시그널이 발생해 코어 덤프core dump를 생성하고 프로세스가 종료됨을 알 수 있다. 이미 메모리 매핑이 해제되어 사용 권한이 없는 메모리에 접근했기 때문에 세그먼테이션 오류가 발생한 것이다.

2.3 메모리 매핑의 보호 모드 변경 함수

메모리로 매핑된 영역의 보호 모드를 변경하려면 mprotect() 함수를 사용한다.

보호 모드 변경 : mprotect(2)

함수 원형

```
#include <sys/mman.h>

int mprotect(void *addr, size_t len, int prot);
```

↳ 인자 설명

- **addr** : 매핑된 메모리의 시작 주소
- **len** : 메모리 영역의 크기
- **prot** : 보호 모드

매핑된 메모리의 보호 모드는 mmap() 함수로 메모리 매핑을 수행할 때 초깃값을 설정한다. mprotect() 함수는 addr로 지정한 주소에 len 크기만큼 매핑된 메모리의 보호 모드를 prot에 지정한 값으로 변경한다. prot 인자에는 앞서 mmap() 함수에서 설명한 PROT_READ, PROT_WRITE, PROT_EXEC, PROT_NONE을 사용한다. mprotect() 함수는 수행에 성공하면 0을, 실패하면 −1을 리턴한다.

03 파일 확장과 메모리 매핑

존재하지 않는 파일이나 크기가 0인 파일은 mmap() 함수를 사용해 메모리에 매핑할 수 없다. 프로그램에서 빈 파일을 생성했다면 mmap() 함수로 메모리에 매핑시키기 전에 함수를 이용해 파일의 크기를 확장해야 한다.

파일 크기를 변경할 때는 truncate() 함수나 ftruncate() 함수를 사용한다. 두 함수 모두 파일 크기를 확장하거나 줄이는 데 사용할 수 있다.

경로명을 사용한 파일 크기 확장 : truncate(2)

함수 원형

```
#include <unistd.h>
#include <sys/types.h>

int truncate(const char *path, off_t length);
```

↳ 인자 설명

- **path** : 크기를 변경할 파일의 경로
- **length** : 변경하려는 크기

truncate() 함수를 사용하면 path에 지정한 파일의 크기를 length로 지정한 크기로 변경할 수 있다. 파일의 원래 크기가 length보다 크면 length 길이를 초과하는 부분은 버리고, length보다 작으면 파일의 크기를 증가시키고 해당 부분을 널 바이트('\0')로 채운다.

truncate() 함수를 사용하려면 경로로 지정한 파일에 대한 쓰기 권한이 있어야 한다. 이 함수는 파일의 오프셋을 변경하지는 않지만 파일의 상태 정보에서 st_ctime과 st_mtime을 수정한다. truncate() 함수는 수행에 성공하면 0을, 실패하면 −1을 리턴한다.

파일 기술자를 사용한 파일 크기 확장 : ftruncate(2)

함수 원형

```
#include <unistd.h>
#include <sys/types.h>

int ftruncate(int fd, off_t length);
```

↳ 인자 설명

- **fd** : 크기를 변경할 파일의 파일 기술자
- **length** : 변경하려는 크기

ftruncate() 함수는 파일의 경로명 대신 파일 기술자를 받는다. 즉, fd에 지정한 파일의 크기를 length로 지정한 크기로 변경한다. 이때 파일 기술자는 크기를 변경할 파일을 열고 리턴받은 값이어야 한다. 파일의 원래 크기가 length보다 크면 length 길이를 초과하는 부분은 버린다. length보다 작으면 파일의 크기를 증가시키고 해당 부분을 널 바이트('\0')로 채운다.

ftruncate() 함수는 일반 파일regular file과 공유 메모리shared memory에만 사용할 수 있다. 이 함수는 파일의 오프셋을 변경하지 않지만 파일의 상태 정보에서 st_ctime과 st_mtime을 수정한다. ftruncate() 함수로 디렉터리에 접근하거나 쓰기 권한이 없는 파일에 접근하면 오류가 발생한다. ftruncate() 함수는 수행에 성공하면 0을, 실패하면 –1을 리턴한다.

새로 생성한 m.dat 파일의 크기를 페이지 크기만큼 증가시켜 메모리 매핑을 하고 매핑된 메모리에 문자열을 출력해보자.

예제 9-3 ftruncate() 함수로 파일 크기 확장하기 ch9_3.c

```
#include <sys/types.h>
#include <sys/mman.h>
#include <fcntl.h>
#include <stdio.h>
#include <unistd.h>

main() {
    int fd, pagesize, length;
    caddr_t addr;

    pagesize = sysconf(_SC_PAGESIZE);
```

```
12     length = 1 * pagesize;
13
14     if((fd = open("m.dat", O_RDWR | O_CREAT | O_TRUNC, 0666)) == -1) {
15         perror("open");
16         exit(1);
17     }
18
19     if(ftruncate(fd, (off_t) length) == -1) {
20         perror("ftruncate");
21         exit(1);
22     }
23
24     addr = mmap(NULL, length, PROT_READ|PROT_WRITE, MAP_SHARED, fd, (off_t)0);
25     if(addr == MAP_FAILED) {
26         perror("mmap");
27         exit(1);
28     }
29
30     close(fd);
31
32     strcpy(addr, "ftruncate Test\n");
33 }
```

실행

```
$ ls m.dat
ls: 'm.dat'에 접근할 수 없습니다: 그런 파일이나 디렉터리가 없습니다
$ ch9_3.out
$ cat m.dat
ftruncate Test
```

- **11행** sysconf() 함수를 사용해 시스템에 설정된 페이지 크기를 구한다. 이는 mmap() 함수에서 페이지 단위로 메모리를 매핑하기 때문이다.
- **14행** m.dat 파일을 읽기, 쓰기 가능 상태로 생성한다.
- **19행** 새로 생성해 비어 있는 파일은 mmap() 함수로 매핑할 수 없으므로 ftruncate() 함수를 사용해 파일 크기를 페이지 크기로 증가시킨다.
- **24행** mmap() 함수로 m.dat 파일을 메모리에 매핑한다.

- **32행** 매핑된 메모리에 문자열 "ftruncate Test"를 출력한다.
- **실행 결과** m.dat 파일이 생성되고 문자열을 출력해 저장되었음을 확인할 수 있다.

메모리 주소를 다시 매핑하기 : mremap(2)

함수 원형

```
#define _GNU_SOURCE
#include <sys/types.h>

void *mremap(void *old_address, size_t old_size, size_t new_size, int flags);
```

↳ 인자 설명

- **old_address** : 크기를 변경할 메모리 주소
- **old_size** : 현재 메모리 크기
- **new_size** : 바꾸려는 메모리 크기
- **flags** : 0 또는 MREMAP_MAYMOVE

mremap() 함수는 리눅스에서만 제공하는 것으로, 매핑된 메모리의 크기와 위치를 변경할 수 있다. old_address에 현재 매핑된 메모리 주소를 지정하고 old_size에는 현재 메모리 크기를 지정한다. new_size에는 다시 매핑할 메모리 크기를 지정한다. 이 값은 old_size보다 크거나 작을 수 있다. flasg에는 0을 지정하거나 MREMAP_MAYMOVE를 지정한다. MREMAP_MAYMOVE를 지정하면 크기를 변경할 때 매핑의 위치를 이동해도 된다는 뜻이다. mremap() 함수를 사용하는 방법은 연습문제를 통해 알아본다.

04 매핑된 메모리 동기화와 데이터 교환

시스템은 메모리에 매핑된 파일의 내용을 백업 공간에 복사해둔다. 따라서 매핑된 메모리의 내용과 백업 내용이 일치하도록 동기화해야 한다. 메모리 매핑 기능을 사용해 매핑한 데이터를 부모 프로세스와 자식 프로세스가 공유하도록 할 수 있다. 공유를 사용하면 부모 프로세스와 자식 프로세스가 데이터를 주고받을 수 있다. 즉, 프로세스 간 통신에 메모리 매핑을 이용할 수 있는 것이다. 메모리 동기화와 데이터 교환 함수를 살펴본다.

4.1 매핑된 메모리의 동기화 함수

mmap() 함수로 메모리에 매핑된 파일의 내용은 백업 공간에 복사된다. MAP_SHARED 모드로 매핑한 메모리 영역의 백업 저장 장치는 파일이고, MAP_PRIVATE 모드로 매핑한 영역의 백업 저장 장치는 스왑 공간이다. 매핑된 메모리 영역과 백업 저장 장치의 내용이 일치하도록 동기화하는 데는 msync() 함수를 사용한다.

매핑된 메모리 동기화 : msync(2)

함수 원형

```
#include <sys/mman.h>

int msync(void *addr, size_t length, int flags);
```

↳ 인자 설명

- **addr** : 매핑된 메모리의 시작 주소
- **length** : 메모리 영역의 크기
- **flags** : 동기화 동작

msync() 함수는 인자로 지정한 addr로 시작하는 메모리 영역에서 [addr + length]만큼의 내용을 백업 저장 장치로 기록한다. 이 함수를 사용하지 않으면 munmap() 함수가 호출되기 전에 변경된 메모리 내용이 저장되는지 보장할 수 없다. flags는 msync() 함수의 동작을 지시하는 값으로, MS_ASYNC와 MS_SYNC 중 하나를 지정한다. MS_INVALIDATE는 부가적으로 같이 지정할 수 있다.

- **MS_ASYNC** : 비동기 쓰기 작업을 수행한다. msync() 함수는 즉시 리턴하고, 함수가 리턴한 후 적절한 시점에 쓰기 작업을 수행한다.
- **MS_SYNC** : 쓰기 작업을 완료할 때까지 msync() 함수가 리턴하지 않는다. 메모리의 크기가 클 경우 비교적 시간이 걸릴 수 있다.
- **MS_INVALIDATE** : 메모리에 있는 기존 내용을 무효화할 것인지 확인한다.

msync() 함수는 수행에 성공하면 0을, 실패하면 −1을 리턴한다.

[예제 9−1]의 뒷부분을 약간 변형해 매핑된 메모리의 내용을 일부 수정하고 동기화 함수를 사용해 백업 파일과 동기화해보자.

예제 9-4 msync() 함수로 메모리 동기화하기 ch9_4.c

```c
#include <sys/mman.h>
#include <sys/stat.h>
#include <fcntl.h>
#include <unistd.h>
#include <stdlib.h>
#include <stdio.h>

int main(int argc, char *argv[]) {
    int fd;
    caddr_t addr;
    struct stat statbuf;

    if (argc != 2) {
        fprintf(stderr, "Usage : %s filename\n", argv[0]);
        exit(1);
    }

    if (stat(argv[1], &statbuf) == -1) {
        perror("stat");
        exit(1);
    }
```

```
22
23     if ((fd = open(argv[1], O_RDWR)) == -1) {
24         perror("open");
25         exit(1);
26     }
27
28     addr = mmap(NULL, statbuf.st_size, PROT_READ|PROT_WRITE, MAP_SHARED, fd, (off_t)0);
29     if (addr == MAP_FAILED) {
30         perror("mmap");
31         exit(1);
32     }
33     close(fd);
34
35     printf("%s", addr);
36
37     printf("---------\n");
38     addr[0] = 'D';
39     printf("%s", addr);
40
41     msync(addr, statbuf.st_size, MS_SYNC);
42 }
```

실행

```
$ cat mmap.dat
Hanbit
Academy
$ ch9_4.out mmap.dat
Hanbit
Academy
---------
Danbit
Academy
$ cat mmap.dat
Danbit
Academy
```

- **35행** 매핑한 메모리의 내용을 출력한다.

- **38행** 매핑한 메모리 영역의 첫 번째 바이트를 수정한다. 메모리 매핑 기능을 이용하면 데이터의 내용을 배열로 처리할 수 있다.
- **39행** 변경된 내용을 출력한다.
- **41행** msync() 함수를 MS_SYNC 모드로 실행해 동기화 작업을 수행한다.
- **실행 결과** mmap.dat 파일의 내용이 변경되었다.

4.2 메모리 매핑을 사용한 데이터 교환

메모리 매핑 함수를 사용하면 매핑된 파일을 부모 프로세스와 자식 프로세스가 공유하도록 만들 수 있다. 즉, 부모 프로세스나 자식 프로세스가 매핑된 메모리의 내용을 변경하면 다른 프로세스도 변경 내용을 알 수 있다.

메모리에 매핑된 파일을 두 프로세스가 공유해 데이터를 주고받게 만들어보자.

예제 9-5 데이터 교환하기 ch9_5.c

```
#include <sys/types.h>
#include <sys/mman.h>
#include <sys/stat.h>
#include <fcntl.h>
#include <unistd.h>
#include <stdlib.h>
#include <stdio.h>

int main(int argc, char *argv[]) {
    int fd;
    pid_t pid;
    caddr_t addr;
    struct stat statbuf;

    if (argc != 2) {
        fprintf(stderr, "Usage : %s filename\n", argv[0]);
        exit(1);
    }

    if (stat(argv[1], &statbuf) == -1) {
```

```
        perror("stat");
        exit(1);
    }

    if ((fd = open(argv[1], O_RDWR)) == -1) {
        perror("open");
        exit(1);
    }

    addr = mmap(NULL, statbuf.st_size, PROT_READ|PROT_WRITE, MAP_SHARED, fd, (off_t)0);
    if (addr == MAP_FAILED) {
        perror("mmap");
        exit(1);
    }
    close(fd);

    switch (pid = fork()) {
        case -1 : /* fork failed */
            perror("fork");
            exit(1);
            break;
        case 0 : /* child process */
            printf("1. Child Process : addr=%s", addr);
            sleep(1);
            addr[0] = 'x';
            printf("2. Child Process : addr=%s", addr);
            sleep(2);
            printf("3. Child Process : addr=%s", addr);
            break;
        default : /* parent process */
            printf("1. Parent process : addr=%s", addr);
            sleep(2);
            printf("2. Parent process : addr=%s", addr);
            addr[1] = 'y';
            printf("3. Parent process : addr=%s", addr);
            break;
    }
}
```

실행

```
$ cat mmap.dat
Hanbit Academy
$ ch9_5.out mmap.dat
1. Parent process : addr=Hanbit Academy
1. Child Process : addr=Hanbit Academy
2. Child Process : addr=xanbit Academy
2. Parent process : addr=xanbit Academy
3. Parent process : addr=xynbit Academy
3. Child Process : addr=xynbit Academy
$ cat mmap.dat
xynbit Academy
```

- **20행** : stat() 함수로 파일의 속성 정보를 검색해 파일 크기를 알아낸다.
- **25행** : 메모리에 매핑할 데이터 파일을 연다.
- **30행** : 파일을 메모리에 매핑한다.
- **37행** : fork() 함수를 실행해 자식 프로세스를 생성한다. 자식 프로세스는 부모 프로세스를 상속하므로 매핑된 메모리의 시작 주소인 addr을 공유한다.
- **45행** : 자식 프로세스가 addr[0]의 내용을 'x'로 변경한다. 53행에 해당하는 출력 내용을 보면 자식 프로세스가 변경한 값을 부모 프로세스에서 읽을 수 있다.
- **54행** : 부모 프로세스가 addr[1]의 내용을 'y'로 변경한다. 48행에 해당하는 출력 내용을 보면 부모 프로세스가 변경한 값을 자식 프로세스에서 읽을 수 있다.
- **실행 결과** : 변경 내용을 부모 프로세스와 자식 프로세스가 각각 읽고 있음을 알 수 있다. 이 예제에서는 부모 프로세스와 자식 프로세스가 간단하게 출력만 수행하기 때문에 sleep() 함수를 사용해 실행 시간을 조정했다. 실제로는 wait() 함수를 사용하거나 시그널을 사용해 읽고 쓰는 순서를 조정할 수 있다.

요약

01 통신 프로그래밍

2개 이상의 프로세스 사이에 신호나 데이터를 주고받으며 작업을 처리하려면 통신 기능을 이용해 프로그래밍을 해야 한다. 리눅스 시스템이 제공하는 통신 기능은 크게 두 가지로 구분할 수 있다.

- **프로세스 간 통신** : 하나의 시스템 안에서 프로세스 사이에 통신을 수행한다.
- **네트워크를 이용한 통신** : 서로 다른 시스템에서 수행되는 프로세스 사이에 통신을 수행한다.

02 프로세스 간 통신

프로세스 간 통신(IPC InterProcess Communication)은 동일한 시스템 안에서 수행 중인 프로세스끼리 데이터를 주고받는 것이다. IPC에는 메모리 매핑, 파이프, 시스템 V에서 제공하는 메시지 큐, 공유 메모리, 세마포어 등의 방법이 있다.

03 네트워크를 이용한 통신

리눅스 시스템에서 서로 다른 시스템 간에 네트워크를 이용한 통신은 TCP/IP 프로토콜을 기본으로 한다. TCP/IP 프로토콜을 이용한 프로그램을 작성할 수 있도록 제공되는 인터페이스에는 소켓 인터페이스와 TLI가 있으며, 주로 소켓 인터페이스를 사용한다.

04 메모리 매핑 함수

메모리 매핑 기능은 파일을 프로세스의 가상 주소 공간으로 매핑하는 것이다. 따라서 read() 함수나 write() 함수를 사용하지 않고도 프로그램에서 데이터를 읽거나 쓸 수 있다. 메모리 매핑 함수를 사용하면 매핑된 파일을 부모 프로세스와 자식 프로세스에서 공유하도록 만들고 이를 이용해 통신할 수 있다.

기능	함수
메모리 매핑	`void *mmap(void *addr, size_t length, int prot, int flags, int fd, off_t offset);`
메모리 매핑 해제	`int munmap(void *addr, size_t length);`
메모리 보호 모드 변경	`int mprotect(void *addr, size_t len, int prot);`
파일 크기 조정	`int truncate(const char *path, off_t length);`
	`int ftruncate(int fd, off_t length);`
메모리 매핑 변경	`void *mremap(void *old_address, size_t old_size, size_t new_size, int flags);`
매핑된 메모리 동기화	`int msync(void *addr, size_t length, int flags);`

연습문제

01 mmap() 함수로 메모리를 매핑할 때 지정하는 인자 중에서 플래그로 메모리를 공유하도록 지정하기 위해 사용하는 값은?

① MAP_PRIVATE ② MAP_NONPRIVATE
③ MAP_SHARED ④ MAP_ANONYMOUS

02 mmap() 함수로 메모리를 매핑할 때 보호 모드로 PROT_WRITE를 지정하기 위해 플래그에 설정해야 하는 값은?

① MAP_PRIVATE ② MAP_NONPRIVATE
③ MAP_SHARED ④ MAP_ANONYMOUS

03 munmap() 함수로 매핑을 해제한 메모리 영역에 접근하면 발생하는 시그널은?

① SIGINT ② SIGSEGV
③ SIGHUP ④ SIGQUIT

04 mmap() 함수는 크기가 0인 파일을 매핑할 수 없다. 파일을 메모리에 매핑하기 위해 파일 크기를 키우는 함수는?

① truncate() ② madd()
③ mremap() ④ mprotect()

05 매핑된 메모리의 보호 모드는 mmap() 함수로 메모리 매핑을 수행할 때 초깃값을 설정한다. 이 보호 모드를 변경할 때 사용하는 함수는?

① msync() ② ftruncate()
③ mremap() ④ mprotect()

06 프로세스 간 통신이란 무엇이며 왜 필요한지 설명하시오.

07 프로세스 간 통신과 네트워크를 이용한 통신의 차이점을 설명하시오.

08 메모리 매핑이란 파일을 메모리 공간으로 매핑하는 것이다. 이를 어떻게 프로세스 간 통신에서 활용할 수 있는지 설명하시오.

09 다음 데이터 파일을 메모리에 읽기 전용 모드로 지정하고 MAP_PRIVATE로 매핑한 후 매핑된 데이터를 출력하는 프로그램을 작성하시오.

```
$ cat a.dat
  abcde
  12345
```

10 9번에서 매핑한 데이터 내용을 수정하려고 시도하면 어떤 현상이 발생하는지 프로그램을 작성해 확인하시오.

11 10번에서 메모리에 매핑한 내용 중 'abcde'를 'book'으로 변경하고 매핑된 내용을 출력하도록 보호 모드 변경 함수를 사용해 프로그램을 수정하시오.

12 파일명이 a.txt인 빈 파일을 생성하고 이를 메모리에 매핑하려고 한다. 파일 경로명을 사용해 파일 크기를 확장한 후 메모리 매핑을 수행하고 파일에 "Linux System Programming"을 기록하시오.

13 명령행 인자로 받은 파일을 메모리에 매핑한 후 mremap() 함수를 사용해 매핑된 메모리 크기를 페이지 크기의 두 배로 늘리고 파일 내용을 "Linux System Programming"으로 수정하는 프로그램을 작성하시오. msync() 함수를 사용해 메모리와 파일의 내용을 동기화한다. 명령행 인자로 지정한 파일의 초기 내용은 12345로 설정한다.

14 13번에서 작성한 프로그램에서 파일에 "Linux System Programming"이 제대로 저장되었는지 확인하시오. 저장이 안 되었다면 ftruncate() 함수를 사용해 파일 크기를 늘리는 소스 코드를 추가해 메모리 내용이 파일에 저장되도록 하시오.

15 SIGUSR1 시그널을 이용해 자식 프로세스가 보낸 메시지를 부모 프로세스에서 받을 수 있도록 [예제 9-5]를 수정하시오.

Chapter

10

파이프

학습목표

- 파이프를 이용한 IPC 기법을 이해한다.
- 이름 없는 파이프를 이용해 통신 프로그램을 작성할 수 있다.
- 이름 있는 파이프를 이용해 통신 프로그램을 작성할 수 있다.

01 개요

파이프pipe는 두 프로세스 사이에서 한 방향으로 통신할 수 있도록 지원하는 것이다. 셸에서 | 기호가 파이프를 의미한다. 셸에서 파이프 기능은 한 명령의 표준 출력을 다음 명령에서 표준 입력으로 받아 수행하는 것을 의미한다. 예를 들어보자.

```
$ cat test.c | more
```

앞에 있는 명령인 cat test.c의 표준 출력을 다음 명령인 more의 표준 입력으로 사용한다. 위 예를 실행하면 test.c를 화면 단위로 출력(more)한다. 파이프는 이름 없는 파이프(익명 파이프)anonymous pipe와 이름 있는 파이프named pipe로 구분된다.

이름 없는 파이프 : pipe

특별한 수식어 없이 그냥 파이프라고 하면 일반적으로 이름 없는 파이프(익명 파이프)를 의미한다. 이름 없는 파이프는 부모-자식 프로세스 간에 통신을 할 수 있게 해준다. 부모 프로세스에서 fork() 함수를 통해 자식 프로세스를 생성하고, 부모 프로세스와 자식 프로세스 간에 통신하는 것이다. 따라서 '부모 프로세스→자식 프로세스' 또는 '자식 프로세스→부모 프로세스' 중 한 방향을 선택해야 한다. 파이프를 이용해 양방향 통신을 원할 경우 파이프를 2개 생성해야 한다. 파이프 생성 함수는 [표 10-1]과 같다.

표 10-1 이름 없는 파이프 생성 함수

기능	함수
간단한 파이프 생성	FILE *popen(const char *command, const char *type);
	int pclose(FILE *stream);
복잡한 파이프 생성	int pipe(int pipefd[2]);

이름 있는 파이프 : FIFO

부모-자식 프로세스 관계가 아닌 독립적인 프로세스들이 파이프를 이용하려면 파일처럼 이름이 있어야 한다. 이렇게 이름 있는 파이프는 특수 파일의 한 종류로, FIFO라고도 한다. 모든 프로세스가 이름 있는 파이프를 이용해 통신할 수 있다. 이름 있는 파이프 생성 명령과 함수는 [표 10-2]와 같다.

표 10-2 이름 있는 파이프 생성 명령과 함수

기능	명령과 함수
FIFO 생성 명령	`mknod 파일명 p`
	`mkfifo [-m mode] … NAME …`
FIFO 생성 함수	`int mknod(const char *pathname, mode_t mode, dev_t dev);`
	`int mkfifo(const char *pathname, mode_t mode);`

02 이름 없는 파이프

파이프는 두 프로세스 간에 통신을 할 수 있도록 인터페이스를 제공한다. 수식어가 없는 파이프, 즉 이름 없는 파이프는 부모-자식 프로세스 간에 통신을 할 수 있게 한다.

파이프는 기본적으로 단방향이다. 따라서 부모 프로세스가 출력한 내용을 자식 프로세스에서 읽을 것인지, 자식 프로세스가 출력한 내용을 부모 프로세스에서 읽을 것인지 둘 중 한 방향을 선택해야 한다. 수도관에 물을 보낼 때 양쪽에서 서로 보낼 수 없는 것과 같은 이치다. 파이프 관련 함수인 popen(), pclose(), pipe() 함수를 살펴보자.

2.1 간단한 파이프 생성

파이프를 만드는 가장 간단한 방법은 popen() 함수를 사용하는 것이다. 사용을 마친 파이프는 pclose() 함수를 사용해 닫는다.

파이프 만들기 : popen(3)

함수 원형

```
#include <stdio.h>

FILE *popen(const char *command, const char *type);
```

↳ 인자 설명

- **command** : 셸 명령
- **type** : "r" 또는 "w"

popen() 함수는 다른 프로세스와 통신하기 위해 파이프를 생성한다. 첫 번째 인자인 command에는 셸 명령을, 두 번째 인자인 type에는 "r"이나 "w"를 지정한다. "r"은 파이프를 읽기 전용으로, "w"는 쓰기 전용으로 연다. popen() 함수는 내부적으로 fork() 함수를 실행해 자식 프로세스를 만들고, command에서 지정한 명령을 exec() 함수로 실행해 자식 프로세스가 수행하도록 한다. 자식 프로세스가 실행하는 exec() 함수는 다음과 같은 형태가 된다.

```
execl("/bin/sh", "sh", "-c", command, (char *)0);
```

popen() 함수는 자식 프로세스와 파이프를 만들고 mode의 값에 따라 표준 입출력을 연결한다. 리턴값은 파일 포인터다. 파일 입출력 함수에서 이 파일 포인터를 사용하면 파이프를 읽거나 쓸 수 있다. popen() 함수는 파이프 생성에 실패하면 널 포인터를 리턴한다.

파이프 닫기 : pclose

함수 원형

```
#include <stdio.h>

int pclose(FILE *stream);
```

pclose() 함수는 파일 입출력 함수처럼 인자로 지정한 파이프를 닫는다. 관련된 waitpid() 함수를 수행하며 자식 프로세스들이 종료하기를 기다렸다가 리턴한다. pclose() 함수의 리턴값은 자식 프로세스의 종료 상태exit status다. 이 함수는 파이프를 닫는 데 실패하면 -1을 리턴한다.

popen() 함수를 쓰기 전용 모드로 사용해 파이프를 생성해보자.

예제 10-1 popen() 함수로 쓰기 전용 파이프 생성하기 ch10_1.c

```
#include <stdlib.h>
#include <stdio.h>

int main( ) {
    FILE *fp;
    int a;

```

```c
08     fp = popen("wc -l", "w");
09     if (fp == NULL) {
10         fprintf(stderr, "popen failed\n");
11         exit(1);
12     }
13
14     for (a = 0; a < 100; a++)
15         fprintf(fp, "test line\n");
16
17     pclose(fp);
18 }
```

- **08행** "w" 모드를 사용해 쓰기 전용 파이프를 생성하고 자식 프로세스는 wc –l 명령을 수행하도록 한다. wc –l은 입력되는 데이터의 행 수를 출력하는 명령이다.
- **14~15행** 부모 프로세스에서는 반복문을 사용해 문자열을 파이프로 출력한다. 앞서 언급했듯이 자식 프로세스는 파이프로 입력되는 문자열을 읽어서 wc –l 명령을 수행한다. 결과를 보는 대신 이 예제의 실행 결과가 무엇일지 예측해보자.

이번에는 popen() 함수를 읽기 전용 모드로 사용해 파이프를 생성해보자. 자식 프로세스가 파이프에 기록한 데이터를 부모 프로세스가 읽어서 처리한다.

예제 10-2 popen() 함수로 읽기 전용 파이프 생성하기 ch10_2.c

```c
#include <stdlib.h>
#include <stdio.h>

int main( ) {
    FILE *fp;
    char buf[256];

    fp = popen("date", "r");
    if (fp == NULL) {
        fprintf(stderr, "popen failed\n");
        exit(1);
    }

```

```
14     if (fgets(buf, sizeof(buf), fp) == NULL) {
15         fprintf(stderr, "No data from pipe!\n");
16         exit(1);
17     }
18
19     printf("line : %s\n", buf);
20     pclose(fp);
21 }
```

실행

```
$ ch10_2.out
line : 2021. 04. 18. (일) 21:02:46 KST
```

- **08행** 자식 프로세스에서는 date 명령을 수행한다.
- **14행, 19행** 부모 프로세스에서는 자식 프로세스가 기록한 데이터를 14행에서 읽고 저장해 19행에서 출력한다.
- **실행 결과** 현재 날짜와 시각이 출력되었다. 자식 프로세스가 실행한 date 명령의 결과를 부모 프로세스가 읽어서 출력한 것이다.

2.2 복잡한 파이프 생성

popen() 함수를 사용해 파이프를 생성하는 일은 간단하지만, 셸을 실행해야 하므로 비효율적이고 주고받을 수 있는 데이터도 제한적이다. popen() 함수 대신 pipe() 함수를 사용하면 과정은 복잡해지지만 파이프를 좀 더 효율적으로 생성할 수 있다.

파이프 만들기 : pipe(2)

함수 원형

```
#include <unistd.h>

int pipe(int pipefd[2]);
```

↳ 인자 설명

- **pipefd[2]** : 파이프로 사용할 파일 기술자(2개)

pipe() 함수는 인자로 크기가 2인 정수형 배열을 받는다. pipe() 함수는 이 배열에 파일 기술자 2개를 저장한다. pipefd[0]은 읽기 전용으로 열고 pipefd[1]은 쓰기 전용으로 연다. pipe() 함수는 파이프를 생성하는 데 성공하면 0을, 실패하면 -1을 리턴한다.

pipe() 함수로 통신하는 과정

pipe() 함수로 생성한 파이프로 통신하는 과정을 살펴보자. 파이프를 생성하면 일반적으로 fork() 함수를 호출해 자식 프로세스를 생성한다. 자식 프로세스는 부모 프로세스가 pipe() 함수로 생성한 파일 기술자도 복사한다. 이 파이프를 이용해 한 프로세스에서는 쓰기를 수행하고 다른 프로세스에서는 읽기를 수행하면 통신이 된다. 이 과정을 단계적으로 살펴보자.

❶ pipe() 함수를 호출해 파이프에 사용할 파일 기술자를 얻는다. 파이프도 파일의 일종이므로 파일(파이프)을 읽고 쓸 수 있는 파일 기술자가 필요한데, 이를 pipe() 함수가 생성해준다. [그림 10-1]과 같이 프로세스에 fd[0]과 fd[1]이 생성된다.

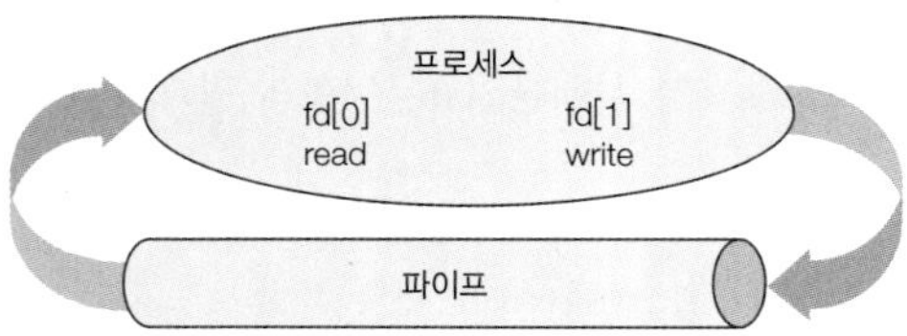

그림 10-1 pipe() 함수를 이용한 파이프 생성

❷ fork() 함수를 수행해 자식 프로세스를 생성한다. 이때 pipe() 함수에서 생성한 파일 기술자도 자식 프로세스로 복사된다. [그림 10-2]에서 보는 것처럼 같은 파일 기술자를 부모 프로세스와 자식 프로세스가 모두 가지고 있다.

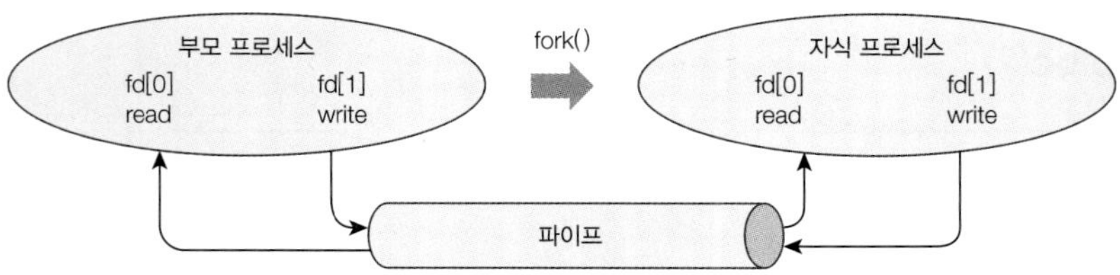

그림 10-2 자식 프로세스로 파일 기술자 복사

❸ 파이프는 단방향 통신이므로 통신 방향을 결정한다. 예를 들어, 부모 프로세스는 쓰기를

하고 자식 프로세스는 읽기를 한다고 가정하자. 그러면 자식 프로세스는 읽기만 할 것이므로 쓰기용 파일 기술자인 fd[1]을 닫는다. 반대로 부모 프로세스는 쓰기만 할 것이므로 읽기용 파일 기술자인 fd[0]을 닫는다. [그림 10-3]과 같이 부모 프로세스에서 자식 프로세스로 통신할 수 있도록 파일 기술자들이 정리되었다. 이제 부모 프로세스가 fd[1]에 쓴 내용을 자식 프로세스가 fd[0]에서 읽으면 된다.

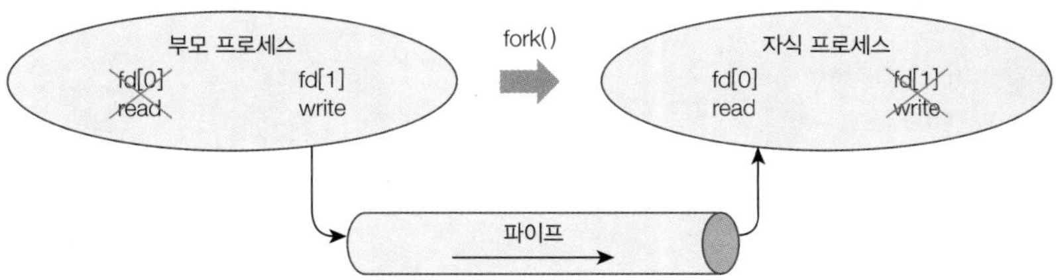

그림 10-3 부모 → 자식 방향으로 통신

만약 파이프의 쓰기 부분이 닫혀 있다면 파이프에서 읽으려고 할 때 0이나 EOF가 리턴된다. 파이프의 읽기 부분이 닫혀 있다면 파이프에 쓰려고 할 때 SIGPIPE 시그널이 발생한다.

파이프를 생성한 후 fork() 함수로 자식 프로세스를 생성해 파이프로 부모-자식 프로세스를 연결하고, 부모 프로세스가 파이프에 출력한 문자열을 자식 프로세스가 파이프에서 읽어들이는 프로그램을 만들어보자.

예제 10-3 pipe() 함수로 통신하기 ch10_3.c

```c
#include <sys/wait.h>
#include <unistd.h>
#include <stdlib.h>
#include <stdio.h>

int main( ) {
    int fd[2];
    pid_t pid;
    char buf[257];
    int len, status;

    if (pipe(fd) == -1) {
        perror("pipe");
```

```
14         exit(1);
15     }
16
17     switch (pid = fork( )) {
18         case -1 :
19             perror("fork");
20             exit(1);
21             break;
22         case 0 : /* child */
23             close(fd[1]);
24             write(1, "Child Process:", 15);
25             len = read(fd[0], buf, 256);
26             write(1, buf, len);
27             close(fd[0]);
28             break;
29         default :
30             close(fd[0]);
31             write(fd[1], "Test Message\n", 14);
32             close(fd[1]);
33             waitpid(pid, &status, 0);
34             break;
35     }
36 }
```

실행

```
$ ch10_3.out
Child Process:Test Message
```

- **12행** pipe() 함수를 사용해 파이프를 생성한다. pipe() 함수의 인자로는 파일 기술자를 저장할 배열을 지정한다.
- **17행** fork() 함수를 사용해 자식 프로세스를 생성한다.
- **22~28행** 자식 프로세스의 동작 부분이다. 23행에서 fd[1]을 닫는다. 이는 자식 프로세스에서 파이프를 읽기용으로 사용하겠다는 의미다. 25행의 파이프 입력 부분인 fd[0]에서 문자열을 읽어들이고, 이를 26행에서 write() 함수를 사용해 화면에 출력한다.
- **29~34행** 부모 프로세스의 동작 부분이다. 30행에서 fd[0]을 닫는다. 이는 파이프를 출력용으

로 사용하겠다는 의미다. 31행에서 fd[1]로 문자열을 출력한다. 33행에서는 자식 프로세스가 종료하기를 기다린다.

- **실행 결과** 부모 프로세스가 출력한 문자열을 자식 프로세스가 받아 출력하고 있음을 알 수 있다.

이번에는 셸에서 많이 사용하는 명령 형태인 ps -ef | grep ssh의 동작을 구현해보자.

예제 10-4 pipe() 함수로 명령 실행하기 ch10_4.c

```
#include <sys/wait.h>
#include <unistd.h>
#include <stdlib.h>
#include <stdio.h>

int main( ) {
    int fd[2];
    pid_t pid;

    if (pipe(fd) == -1) {
        perror("pipe");
        exit(1);
    }

    switch (pid = fork( )) {
        case -1 :
            perror("fork");
            exit(1);
            break;
        case 0 : /* child */
            close(fd[1]);
            if (fd[0] != 0) {
                dup2(fd[0], 0);
                close(fd[0]);
            }
            execlp("grep", "grep", "ssh", (char *)NULL);
            exit(1);
            break;
        default :
            close(fd[0]);
```

```
31              if (fd[1] != 1) {
32                  dup2(fd[1], 1);
33                  close(fd[1]);
34              }
35              execlp("ps", "ps", "-ef", (char *)NULL);
36              wait(NULL);
37              break;
38      }
39 }
```

실행

```
$ ch10_4.out
root        907      1  0  4월14 ?       00:00:00 sshd: /usr/sbin/sshd -D
                                         [listener] 0 of 10-100 startups
root      41326    907  0 20:02 ?        00:00:00 sshd: jw [priv]
jw        41498  41326  0 20:02 ?        00:00:00 sshd: jw@pts/0
jw        41748  41747  0 21:32 pts/0    00:00:00 grep ssh
```

- **10행** 파이프를 생성한다.
- **15행** fork() 함수를 사용해 자식 프로세스를 생성한다. ps 명령의 결과는 기본으로 표준 출력으로 출력되고, grep 명령은 표준 입력을 통해 입력받는다. 따라서 부모 프로세스와 자식 프로세스 간의 통신이 표준 입출력 대신 파이프를 통해 이루어지도록 만들어야 한다.
- **21행** 자식 프로세스가 할 일은 부모 프로세스가 파이프로 출력하는 ps −ef 명령의 결과를 받아 grep ssh 명령을 수행하는 것이다. 따라서 파이프의 출력 부분이 필요 없으므로 fd[1]을 닫는다.
- **22~25행** fd[0]의 값이 0이 아니면, 즉 표준 입력이 아니면 fd[0]의 값을 표준 입력으로 복사한 후 fd[0]을 닫는다. 이제 자식 프로세스에서는 표준 입력을 fd[0]이 가리키는 파이프에서 읽는다.
- **26행** 자식 프로세스가 grep 명령을 exec() 함수로 호출한다. 이렇게 하면 grep 명령은 표준 입력을 통해 데이터를 읽어들이려 한다. 이미 23행에서 표준 입력으로 파이프의 입력 파일 기술자를 복사했으므로 결과적으로 파이프를 통해 데이터를 읽어들인다.
- **30행** 부모 프로세스의 동작을 살펴보면 자식 프로세스와 크게 다를 것이 없음을 알 수 있다. 우선 파이프의 입력 부분이 필요 없으므로 닫는다.

- **31~34행** 파이프의 출력 부분을 표준 출력으로 복사한다. 따라서 부모 프로세스에서 표준 출력으로 무언가를 출력하면 파이프를 통해 출력된다.
- **35행** exec() 함수를 사용해 ps −ef 명령을 실행한다. ps −ef 명령은 기본으로 표준 출력으로 출력하므로 결과가 파이프로 출력된다. 이 출력 결과를 자식 프로세스가 읽어들인다.
- **실행 결과** ps −ef | grep ssh 명령이 실행되었다. 즉, 부모 프로세스에서 자식 프로세스로 ps −ef 명령의 실행 결과가 전달되었고 자식 프로세스는 여기서 grep ssh 명령을 실행한 것이다.

2.3 양방향 파이프의 활용

파이프는 기본적으로 단방향 통신을 수행한다고 했다. 따라서 파이프를 이용해 양방향 통신을 하려면 파이프를 2개 생성하면 된다. 상수도와 하수도가 각각 별도의 파이프로 구성되어 있는 것과 같은 이치다. 예제를 통해 양방향 파이프를 활용하는 방법을 알아보자.

[예제 10−5]에서는 파이프 2개를 생성해 부모 프로세스와 자식 프로세스 간에 양방향 통신을 수행해본다.

예제 10-5 양방향 통신하기 ch10_5.c

```
#include <sys/wait.h>
#include <unistd.h>
#include <stdlib.h>
#include <stdio.h>
#include <string.h>

int main( ) {
    int fd1[2], fd2[2];
    pid_t pid;
    char buf[257];
    int len, status;

    if (pipe(fd1) == -1) {
        perror("pipe");
        exit(1);
    }

    if (pipe(fd2) == -1) {
```

```
19         perror("pipe");
20         exit(1);
21     }
22
23     switch (pid = fork( )) {
24         case -1 :
25             perror("fork");
26             exit(1);
27             break;
28         case 0 : /* child */
29             close(fd1[1]);
30             close(fd2[0]);
31             len = read(fd1[0], buf, 256);
32             write(1, "Child Process:", 15);
33             write(1, buf, len);
34
35             strcpy(buf, "Good\n");
36             write(fd2[1], buf, strlen(buf));
37             break;
38         default :
39             close(fd1[0]);
40             close(fd2[1]);
41             write(fd1[1], "Hello\n", 6);
42
43             len = read(fd2[0], buf, 256);
44             write(1, "Parent Process:", 15);
45             write(1, buf, len);
46             waitpid(pid, &status, 0);
47             break;
48     }
49 }
```

실행

```
$ ch10_5.out
Child Process:Hello
Parent Process:Good
```

- **08행** 파이프 2개를 생성할 것이므로 파일 기술자 배열을 2개 선언한다.

- **13행** 파이프를 하나 생성한다. 생성된 파일 기술자 fd1은 부모 프로세스에서 자식 프로세스로 데이터를 보낼 때 사용할 것이다.
- **18행** 또 다른 파이프를 생성한다. 파일 기술자 fd2는 자식 프로세스에서 부모 프로세스로 데이터를 보낼 때 사용할 것이다.
- **29~30행** 자식 프로세스는 부모 프로세스에서 오는 데이터를 읽는 데 사용할 fd1[0]을 남겨두고 fd1[1]을 닫는다. 또한 부모 프로세스로 데이터를 보내는 데 사용할 fd2[1]을 남겨두고 fd2[0]을 닫는다.
- **39~40행** 부모 프로세스는 자식 프로세스와 반대다. 자식 프로세스에 데이터를 보내는 데 사용할 fd1[1]을 남겨두고, 자식 프로세스에서 오는 데이터를 읽는 데 사용할 fd2[0]을 남겨둔다. 이를 그림으로 정리하면 [그림 10-4]와 같다.

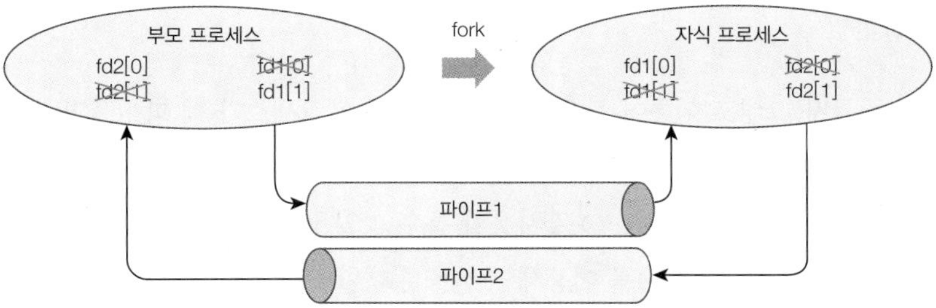

그림 10-4 양방향 통신 개념도

- **31행, 41행** 41행에서 부모 프로세스가 쓴 데이터(Hello)를 31행에서 자식 프로세스가 읽어온다.
- **32~33행** 31행에서 읽은 데이터를 화면으로 출력한다.
- **35~36행, 43행** 부모 프로세스에 대한 응답으로 36행에서 자식 프로세스가 쓴 데이터(Good)를 43행에서 부모 프로세스가 읽는다.
- **44~45행** 43행에서 읽은 데이터를 화면으로 출력한다.
- **실행 결과** 부모 프로세스와 자식 프로세스가 데이터를 주고받았음을 알 수 있다. 파일 기술자를 여닫는 과정이 다소 복잡하지만 이와 같이 파이프를 2개 생성하면 양방향 통신이 가능하다.

03 이름 있는 파이프

이름 없는 파이프는 부모-자식 프로세스 간에만 통신할 수 있다는 단점이 있다. 부모-자식 프로세스는 서로의 존재를 알고 있기 때문에 파이프에 별도의 이름을 붙여 구별하지 않아도 된다. 하지만 부모-자식 프로세스 관계가 아닌 독립적인 프로세스들은 서로의 존재를 알 수 없기 때문에 파이프명이 있어야 파이프를 이용할 수 있다. 이런 기능을 제공하는 파이프를 이름 있는 파이프named pipe라고 한다. 이름 있는 파이프는 특수 파일의 한 종류로 FIFOFirst-In First-Out라고도 한다.

이름 있는 파이프는 글자 그대로 이름이 붙은 파이프로, 모든 프로세스가 이 파이프명을 이용해 통신할 수 있다. FIFO로 통신하려면 우선 FIFO 특수 파일을 생성하고 파일 입출력 함수를 사용하면 된다. 즉, 한 프로세스가 FIFO로 사용할 특수 파일을 생성하면 이 파일의 이름을 알고 있는 다른 프로세스가 같은 FIFO를 이용해 통신을 수행할 수 있다.

3.1 명령으로 FIFO 파일 생성하기

명령으로 FIFO 파일을 생성하려면 mknod나 mkfifo 명령을 사용한다.

FIFO 특수 파일 생성 : mknod 명령

mknod 명령은 FIFO 파일뿐만 아니라 특수 파일도 생성하는 명령이다. mknod 명령으로 FIFO 파일을 생성할 때는 다음과 같은 형식을 사용한다.

```
mknod 파일명 p
```

mknod 명령을 사용할 때는 FIFO 파일의 이름과 FIFO 파일을 생성하라는 의미인 p를 지정한다. 예를 들어, mknod 명령으로 HAN_FIFO라는 FIFO 파일을 생성하려면 다음과 같이 한다.

```
$ mknod HAN_FIFO p
$ ls -l HAN_FIFO
prw-rw-r-- 1 jw jw 0  4월 19 20:47 HAN_FIFO
$ ls -F HAN_FIFO
HAN_FIFO|
```

mknod 명령의 결과로 HAN_FIFO 파일이 생성되었다. ls -l 명령으로 확인해보면 HAN_FIFO 파일의 종류를 나타내는 문자가 p임을 알 수 있다. p는 FIFO 파일을 의미한다. ls -F 명령으로 확인해보면 HAN_FIFO 파일의 뒤에 | 기호가 추가되었음을 알 수 있다. | 기호도 이 파일이 FIFO 파일임을 표시한다.

FIFO 파일 생성 : mkfifo 명령

mkfifo 명령은 FIFO 파일만 생성하는 명령이다. mkfifo 명령으로 FIFO 파일을 생성할 때는 다음과 같은 형식으로 사용한다.

```
mkfifo [-m mode] … NAME …
```

-m 옵션은 새로 생성되는 FIFO 파일의 접근 권한을 지정한다. 이 옵션을 생략하면 umask 값에 따라 기본 권한을 설정한다.

예를 들어, mkfifo 명령으로 BIT_FIFO라는 FIFO 파일을 생성할 경우 다음과 같이 하면 된다. mknod 명령으로 생성한 파일과 같은 형태임을 알 수 있다.

```
$ mkfifo -m 0644 BIT_FIFO
$ ls -l BIT_FIFO
prw-r--r-- 1 jw jw 0  4월 19 20:51 BIT_FIFO
```

3.2 함수로 FIFO 파일 생성하기

함수로 FIFO 파일을 생성하려면 mknod() 또는 mkfifo() 함수를 사용한다. 명령과 함수의 이름이 같다.

특수 파일 생성 : mknod()

함수 원형

```
#include <sys/types.h>
#include <sys/stat.h>
#include <fcntl.h>
#include <unistd.h>

int mknod(const char *pathname, mode_t mode, dev_t dev);
```

↳ 인자 설명

- **pathname** : 특수 파일을 생성할 경로
- **mode** : 특수 파일의 종류와 접근 권한 지정
- **dev** : 블록/문자 장치 설정값

mknod() 함수는 첫 번째 인자인 pathname으로 지정한 경로에 특수 파일을 생성한다. 두 번째 인자인 mode에는 특수 파일의 종류와 접근 권한을 지정한다. mode에 지정하는 특수 파일의 종류는 다음 중 하나다.

- **S_IFIFO** : FIFO 특수 파일
- **S_IFCHR** : 문자 장치 특수 파일
- **S_IFBLK** : 블록 장치 특수 파일
- **S_IFREG** : 일반 파일
- **S_IFSOCK** : 유닉스 도메인 소켓 파일

mode에 지정하는 접근 권한은 0777과 같이 숫자 모드를 직접 사용하는 것이 편하다. 세 번째 인자인 dev는 생성하려는 특수 파일이 블록 장치 특수 파일이나 문자 장치 특수 파일일 때만 의미가 있다. mknod() 함수는 수행에 성공하면 0을, 실패하면 -1을 리턴한다. 만일 pathname에 지정한 파일이 이미 있거나 심벌릭 링크일 경우 함수는 실패하고 오류를 리턴한다.

FIFO 파일 생성 : mkfifo(3)

mkfifo() 함수는 pathname으로 지정한 경로에 접근 권한을 지정해 FIFO 파일을 생성한다.

함수 원형

```
#include <sys/types.h>
#include <sys/stat.h>

int mkfifo(const char *pathname, mode_t mode);
```

↳ 인자 설명

- **pathname** : FIFO 파일을 생성할 경로
- **mode** : 접근 권한 지정

mknod()와 mkfifo() 함수를 사용해 FIFO 파일을 생성해보자.

예제 10-6 함수로 FIFO 파일 생성하기 ch10_6.c

```
01 #include <sys/types.h>
02 #include <sys/stat.h>
03 #include <stdlib.h>
04 #include <stdio.h>
05
06 int main( ) {
07     if (mknod("HAN-FIFO", S_IFIFO | 0644, 0) == -1) {
08         perror("mknod");
09         exit(1);
10     }
11
12     if (mkfifo("BIT-FIFO", 0644) == -1) {
13         perror("mkfifo");
14         exit(1);
15     }
16 }
```

실행

```
$ ch10_6.out
$ ls -l *FIFO
prw-r--r-- 1 jw jw 0  4월 19 21:02 BIT-FIFO
prw-r--r-- 1 jw jw 0  4월 19 21:02 HAN-FIFO
```

- **07행** mknod() 함수로 파일의 종류를 S_IFIFO로 지정한다.
- **07행, 12행** 접근 권한은 두 함수 모두 0644로 지정한다.
- **실행 결과** FIFO 파일이 생성되었다.

3.3 FIFO로 데이터 주고받기

명령이나 함수로 FIFO 파일을 생성하면 저수준 파일 입출력 함수로 이 파일을 읽거나 쓸 수 있다. open() 함수로 FIFO 파일을 열 때는 O_NONBLOCK 옵션의 영향을 받는다. O_NONBLOCK 옵션이 설정되어 있지 않으면 다른 프로세스가 읽기 위해 열 때까지, 쓰기 위한 open() 함수는 블로킹된다. 반대의 경우도 마찬가지다. O_NONBLOCK 옵션이 설정되어 있으면 open() 함수는 즉시 리턴한다. FIFO에서 데이터를 읽으려는 프로세스가 없는데 쓰기 위해 open() 함수를 호출하면 오류가 발생한다.

FIFO도 파이프와 마찬가지로 단방향 통신이다. 따라서 FIFO 파일을 읽거나 쓰기 위해 열 경우에는 반드시 읽기 전용(O_RDONLY)이나 쓰기 전용(O_WRONLY)으로만 열어야 한다. 읽고 쓰기용(O_RDWR)으로는 열 수 없다. FIFO 파일은 양쪽이 같이 열려야 읽거나 쓸 수 있다. 한 프로세스가 FIFO를 읽기 위해 열면 다른 프로세스가 같은 FIFO 파일을 쓰기 위해 열 때까지 기다린다. 반대의 경우도 마찬가지다.

예제를 통해 FIFO 파일을 이용한 통신 방법을 살펴보자. 이번 예제는 서버 프로그램인 [예제 10-7] (1)과 클라이언트 프로그램인 [예제 10-7] (2)로 구분되어 있다. 서버 프로세스에서 보낸 문자열을 클라이언트 프로세스가 받아서 출력하는 예제다.

예제 10-7 (1) 서버 프로그램 ch10_7.c

```
#include <sys/stat.h>
#include <fcntl.h>
#include <unistd.h>
#include <stdlib.h>
#include <stdio.h>
#include <string.h>

int main() {
    int pd, n;
    char msg[] = "Hello, FIFO";

    printf("Server =====\n");

    if (mkfifo("./HAN-FIFO", 0666) == -1) {
        perror("mkfifo");
```

```c
16         exit(1);
17     }
18 
19     if ((pd = open("./HAN-FIFO", O_WRONLY)) == -1) {
20         perror("open");
21         exit(1);
22     }
23 
24     printf("To Client : %s\n", msg);
25 
26     n = write(pd, msg, strlen(msg)+1);
27     if (n == -1) {
28         perror("write");
29         exit(1);
30     }
31     close(pd);
32 }
```

- **14행** mkfifo() 함수로 HAN–FIFO라는 FIFO 파일을 생성한다.
- **19행** 서버에서 클라이언트로 데이터를 전송할 것이므로 HAN–FIFO 파일을 쓰기 전용으로 연다.
- **26행** 클라이언트로 "Hello, FIFO"라는 메시지를 전송한다.

예제 10-7 (2) 클라이언트 프로그램 ch10_7c.c

```c
#include <fcntl.h>
#include <unistd.h>
#include <stdlib.h>
#include <stdio.h>

int main() {
    int pd, n;
    char inmsg[80];

    if ((pd = open("./HAN-FIFO", O_RDONLY)) == -1) {
        perror("open");
```

```
12          exit(1);
13      }
14
15      printf("Client =====\n");
16      write(1, "From Server :", 13);
17
18      while ((n=read(pd, inmsg, 80)) > 0)
19          write(1, inmsg, n);
20
21      if (n == -1) {
22          perror("read");
23          exit(1);
24      }
25
26      write(1, "\n", 1);
27      close(pd);
28  }
```

실행

```
$ ch10_7s.out
Server =====
To Client : Hello, FIFO
```

```
$ ch10_7c.out
Client =====
From Server : Hello, FIFO
```

- **10행** HAN-FIFO 파일을 읽기 전용으로 연다. 클라이언트 프로그램은 이미 HAN-FIFO 파일이 있다고 가정하고 파일을 열고 있으므로 서버 프로그램을 먼저 실행해야 한다.
- **18~19행** 반복문을 수행하며 FIFO 파일에서 데이터를 읽어와 출력한다.
- **실행 결과** 서버에서 보낸 메시지를 클라이언트가 정확히 받아 출력하고 있다. 서버 프로세스를 먼저 실행하면 클라이언트 프로세스가 실행할 때까지 기다리고 있다가 실행된다.

요약

01 파이프

- 파이프는 두 프로세스 사이에서 한 방향으로 통신할 수 있도록 지원하는 특수 파일을 의미한다.
- 파이프는 이름 없는 파이프(익명 파이프)anonymous pipe와 이름 있는 파이프named pipe로 구분된다.

02 이름 없는 파이프

- 이름 없는 파이프는 부모-자식 프로세스 간에 통신할 수 있도록 한다.
- 파이프는 기본적으로 단방향으로 통신을 수행한다.
- 파이프를 이용해 양방향 통신을 하려면 파이프를 2개 만들어야 한다.

기능	함수
간단한 파이프 생성	`FILE *popen(const char *command, const char *type);`
	`int pclose(FILE *stream);`
복잡한 파이프 생성	`int pipe(int pipefd[2]);`

03 이름 있는 파이프

- 부모-자식 프로세스 관계가 아닌 독립적인 프로세스들은 서로의 존재를 알 수 없기 때문에 파이프 이름이 있어야 파이프를 이용할 수 있다. 이런 기능을 제공하는 파이프를 이름 있는 파이프라고 한다.
- 이름 있는 파이프는 특수 파일의 한 종류로, FIFOFirst-In First-Out라고도 한다.
- FIFO는 명령으로 생성할 수도 있고, 프로그램 안에서 함수로 생성할 수도 있다.

기능	명령과 함수
FIFO 생성 명령	`mknod 파일명 p`
	`mkfifo [-m mode] … NAME …`
FIFO 생성 함수	`int mknod(const char *pathname, mode_t mode, dev_t dev);`
	`int mkfifo(const char *pathname, mode_t mode);`

연습문제

01 자식 프로세스가 pwd 명령을 수행한 결과를 부모 프로세스가 읽어서 처리하기 위해 popen( ) 함수로 파이프를 생성하도록 올바르게 작성한 것은?

① popen("pwd", "w") ② popen("w", "pwd")
③ popen("pwd", "r") ④ popen("r", "pwd")

02 pipe(fd) 함수로 파이프를 생성했다. 이 파이프에서 데이터를 읽어오기 위해 올바르게 작성한 것은?

① read(fd[0], buf, 256) ② read(fd[1], buf, 256)
③ fread(fd[0], buf, 256) ④ fread(fd[1], buf, 256)

03 pipe(fd) 함수로 파이프를 생성했다. 부모 프로세스에서 자식 프로세스로 정보가 전달되도록 부모와 자식 프로세스에서 파일 기술자를 올바르게 정리한 것은?

	부모 프로세스	자식 프로세스
①	close(fd[0])	close(fd[0])
②	close(fd[0])	close(fd[1])
③	close(fd[1])	close(fd[0])
④	close(fd[1])	close(fd[1])

04 이름 있는 파이프로 사용하기 위해 FIFO 파일을 명령으로 만들려고 한다. FIFO 파일명을 EXFIFO로 생성하기 위한 명령을 잘못 실행한 것은?

① mknod EXFIFO p ② mkfifo EXFIFO
③ mkfifo -m 0664 EXFIFO ④ mknod EXFIFO

05 mknod() 함수를 사용해 FIFO 파일을 생성하려고 한다. FIFO 파일명은 EXFIFO로, 접근 권한은 0664로 지정하기 위해 올바르게 작성한 것은?

① mknod("EXFIFO", S_IFCHR | 0664, 0)

② mknod("EXFIFO", S_IFDIR | 0664, 0)

③ mknod("EXFIFO", S_IFIFO | 0664, 0)

④ mknod("EXFIFO", S_IFREG | 0664, 0)

06 popen(), pclose() 함수를 사용해 자식 프로세스가 보낸 man 명령의 결과를 부모 프로세스가 출력하는 프로그램을 작성하시오. 출력할 명령은 명령행 인자로 받으시오.

실행 예 `ex10_06.out 명령`

07 popen(), pclose() 함수를 사용해 부모 프로세스가 보낸 파일의 내용을 자식 프로세스가 페이지 단위로 출력하는 프로그램을 작성하시오. 출력할 파일명은 명령행 인자로 받으시오.

실행 예 `ex10_07.out /etc/services`

08 6번 문제를 변형해 명령행 인자로 받은 명령을 자식 프로세스가 부모 프로세스에 보내고 부모 프로세스가 man 명령을 수행하도록 pipe() 함수를 사용해 구현하시오.

09 7번 문제를 pipe() 함수를 사용해 구현하시오.

10 pipe() 함수를 사용해 자식 프로세스가 부모 프로세스에 메시지를 보내는 프로그램을 작성하시오.

11 [예제 10-1]을 pipe() 함수를 사용해 구현하시오. 자식 프로세스에서 execlp() 함수를 사용하시오.

12 pipe() 함수를 사용해 부모 프로세스와 자식 프로세스 간에 대화가 가능한 양방향 통신이 되도록 프로그램을 작성하시오.

13 FIFO를 사용해 클라이언트 프로세스가 보내는 파일 내용을 보내주면 부모 프로세스가 해당 내용을 화면으로 출력하고 파일로도 저장하는 프로그램을 작성하시오. 클라이언트 프로세스는 명령행 인자로 파일명을 받으시오.

14 FIFO를 사용해 일대일 대화가 가능한 양방향 프로그램을 작성하시오. 대화의 시작은 서버와 클라이언트 중 한쪽에서 먼저 시작하도록 하시오.

Chapter
11

시스템 V의 프로세스 간 통신

학습목표

- 유닉스 시스템 V에서 제공하는 IPC 기법을 이해한다.
- 메시지 큐를 이용해 통신 프로그램을 작성할 수 있다.
- 공유 메모리를 이용해 통신 프로그램을 작성할 수 있다.
- 세마포어를 이용한 IPC 기법을 이해한다.

01 개요

유닉스는 처음 개발된 이래 다양한 형태로 발전했는데, 크게 BSD 계열과 시스템 V 계열로 구분할 수 있다. 이중 시스템 V 계열 유닉스에서 개발해 제공하는 프로세스 간 통신 방법이 메시지 큐, 공유 메모리, 세마포어다. 흔히 이 세 가지를 묶어서 시스템 V IPC라고 한다. 시스템 V IPC는 SVR2에서 처음 개발되었고, SVR4에서도 제공하고 있으며 현재는 대부분의 유닉스와 리눅스 시스템에서 제공하고 있다.

시스템 V IPC를 사용하려면 IPC 객체를 생성해야 한다. 이를 위해 공통으로 사용하는 기본 요소가 키와 식별자(ID IDentifier)다. 또한 객체를 생성하고 현재 사용 중인 각 IPC의 상태를 확인하고 사용을 마친 객체는 삭제할 수 있도록 관리 명령을 제공한다. 키 생성 및 IPC 관리 명령을 [표 11-1]에 정리했다.

표 11-1 키 생성 및 IPC 관리 명령

기능	함수 및 명령
상수	IPC_PRIVATE
키 생성	key_t ftok(const char *pathname, int proj_id);
IPC 정보 검색	ipcs [-ihVmqsaclptu]
IPC 생성	ipcmk [options]
IPC 삭제	ipcrm [options]

메시지 큐message queue는 파이프와 유사하다. 단, 파이프는 스트림 기반으로 동작하고 메시지 큐는 메시지(또는 패킷) 단위로 동작한다. 메시지 큐는 우편함과 비슷하다고 생각하면 된다. 우편함처럼 메시지 큐를 만든 후 이를 통해 메시지를 주고받는다. 메시지 큐에서 제공하는 함수는 [표 11-2]와 같다.

표 11-2 메시지 큐 함수

기능	함수
메시지 큐 식별자 생성	`int msgget(key_t key, int msgflg);`
메시지 전송	`int msgsnd(int msqid, const void *msgp, size_t msgsz, int msgflg);`
메시지 수신	`ssize_t msgrcv(int msqid, void *msgp, size_t msgsz, long msgtyp, int msgflg);`
메시지 제어	`int msgctl(int msqid, int cmd, struct msqid_ds *buf);`

공유 메모리shared memory는 한 프로세스의 일부분을 다른 프로세스와 공유하는 것을 의미한다. 즉, 메모리의 일부 공간을 두 독립적인 프로세스에서 공유하고 해당 메모리를 통해 데이터를 주고받을 수 있다. 공유 메모리 함수는 [표 11-3]과 같다.

표 11-3 공유 메모리 함수

기능	함수
공유 메모리 식별자 생성	`int shmget(key_t key, size_t size, int shmflg);`
공유 메모리 연결	`void *shmat(int shmid, const void *shmaddr, int shmflg);`
공유 메모리 연결 해제	`int shmdt(const void *shmaddr);`
공유 메모리 제어	`int shmctl(int shmid, int cmd, struct shmid_ds *buf);`

세마포어semaphore는 프로세스 사이의 동기synchronization를 맞추는 기능을 제공한다. 공유 메모리에 여러 프로세스가 동시에 쓰기를 시도하면 데이터가 손상되는 현상이 발생한다. 따라서 여러 프로세스 사이에서 동작 순서를 지정해줘야 하는데, 바로 세마포어가 프로세스 간 공유 영역에 대한 접근 순서를 정하는 방법을 제공한다. 세마포어 함수는 [표 11-4]와 같다.

표 11-4 세마포어 함수

기능	함수
세마포어 생성	`int semget(key_t key, int nsems, int semflg);`
세마포어 제어	`int semctl(int semid, int semnum, int cmd, …);`
세마포어 연산	`int semop(int semid, struct sembuf *sops, size_t nsops);`

02 시스템 V IPC의 공통 요소

시스템 V IPC에서 공통적으로 사용하는 기본 요소는 키와 식별자다. 메시지 큐, 공유 메모리, 세마포어를 사용하려면 식별자가 있어야 한다. 또한 시스템 V IPC에서는 현재 사용 중인 각 통신 방법의 상태를 확인하고 불필요한 것은 정리할 수 있는 관리 명령을 제공한다. 시스템 V IPC의 기본 요소인 키와 식별자의 용도를 알아보고 관련 함수와 명령을 살펴본다.

2.1 키와 식별자(ID)

시스템 V IPC에서 사용하는 키는 key_t형으로 sys/types.h 파일에 선언되어 있으며, 32비트 정수형이다. IPC를 사용하기 위해 새로운 IPC 자원을 생성할 때 키를 지정하는데, 키가 다르면 서로 다른 자원이 생성된다. 각 IPC 방법의 자원 생성 함수에서 키를 받아 새로운 IPC 자원을 생성하고 이를 식별하는 식별자를 리턴한다. 이 식별자를 사용해 통신할 수 있다.

키의 생성

시스템 V IPC에서 사용하는 키는 다음과 같이 생성할 수 있다.

- **키로 IPC_PRIVATE 지정** : 식별자를 알아야 통신할 수 있으므로 IPC_PRIVATE를 키로 지정해 생성된 식별자를 서버와 클라이언트 모두 알 수 있게 해야 한다. fork() 함수로 생성된 부모-자식 프로세스 간 통신에서 유용하게 사용할 수 있다.
- **ftok() 함수로 키 생성** : ftok() 함수는 경로명과 숫잣값을 받아서 키를 생성한다. 따라서 서버와 클라이언트가 같은 경로명과 숫잣값을 지정하면 공통 식별자를 생성할 수 있다.

같은 키로 생성된 식별자는 통신에 사용할 수 있다. 따라서 미리 정해진 키를 서버와 클라이언트 프로세스가 공유할 수 있게 해야 한다. 헤더 파일이나 환경 설정 파일에 키를 저장해 공유할 수 있다. 단, 이 키를 제3의 프로세스가 먼저 사용하고 있으면 안 된다.

키 생성하기 : ftok(3)

함수 원형

```
#include <sys/types.h>
#include <sys/ipc.h>

key_t ftok(const char *pathname, int proj_id);
```

↳ 인자 설명

- **pathname** : 파일 시스템에 이미 존재하는 임의의 파일 경로명
- **proj_id** : 키값을 생성할 때 지정하는 임의의 번호(1~255)

ftok() 함수는 pathname에 지정한 경로명과 proj_id에 지정한 정숫값을 조합해 새로운 키를 생성한다. 경로명은 파일 시스템에 존재해야 하며 접근 권한이 있어야 한다. 이 키는 IPC 객체를 생성할 때 사용한다. ftok() 함수는 성공하면 생성한 키값을 리턴하고, 실패하면 –1을 리턴한다.

키를 구성하는 32비트 중 처음 12비트에는 stat 구조체의 st_dev 값, 다음 12비트에는 st_ino 값이 저장된다. 마지막 8비트에는 ftok() 함수의 두 번째 인자로 지정한 정숫값이 저장된다. 따라서 같은 경로명과 정숫값을 지정하면 같은 식별자가 리턴되고, 경로명은 같지만 정숫값이 다르면 다른 식별자가 리턴된다. 정숫값이 같더라도 경로명이 다르면 다른 식별자가 리턴된다. 이는 [그림 11–1]에 나타낸 구조를 보면 알 수 있다.

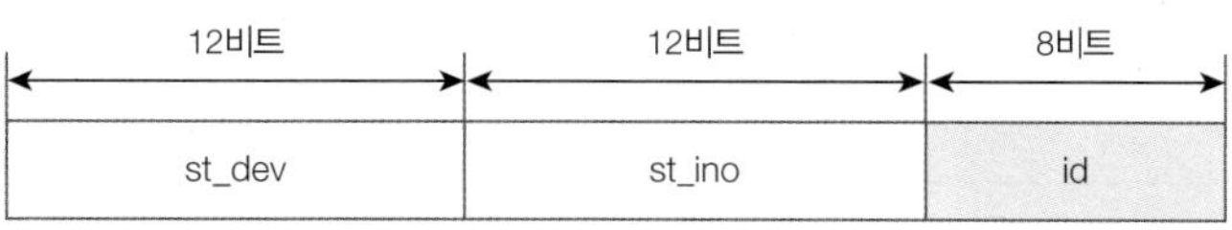

그림 11-1 키 값의 구조

경로명으로 지정한 파일이 실제로 존재하고 접근 권한이 있어서 stat() 함수를 실행할 수 있어야 한다. 따라서 키가 참조하고 있는 경로의 파일이 삭제되면 ftok() 함수는 오류를 발생시킨다. 삭제된 파일을 다시 생성하고 같은 숫자를 id로 지정한 후 ftok() 함수로 키를 생성해도 다른 키가 생성된다. [그림 11–1]에 나타낸 키의 구성 요소 중 inode(st_ino) 값이 달라지기 때문이다.

키의 마지막 8비트에는 정숫값이 저장되므로 1~255 사이의 값을 지정해야 한다. 이 값을 0

으로 지정하면 안 된다. ftok() 함수는 다음과 같은 형태로 사용한다. 다음 예는 경로명으로 /home/keyfile을 지정하고 정숫값으로 1을 지정한 것이다.

```
key_t key;
key = ftok("/home/keyfile", 1);
```

2.2 IPC 공통 구조체

시스템 V IPC를 사용하기 위해 해당 IPC의 자원을 생성하면 IPC 공통 구조체가 정의된다. 시스템 V IPC에서 공통으로 사용하는 IPC 공통 구조체는 sys/ipc.h 파일에 다음과 같이 정의되어 있다. 리눅스에서는 이전 시스템과의 호환성을 위해 이 구조체를 유지하고 있다.

```
struct ipc_perm {
        key_t           __key;
        uid_t           uid;
        gid_t           gid;
        uid_t           cuid;
        gid_t           cgid;
        unsigned short  mode;
        unsigned short  __seq;
};
```

각 항목의 의미는 다음과 같다.

- **__key** : 키값이다.
- **uid** : 구조체의 소유자 ID다.
- **gid** : 구조체의 소유 그룹 ID다.
- **cuid** : 구조체를 생성한 사용자 ID다.
- **cgid** : 구조체를 생성한 그룹 ID다.
- **mode** : 구조체에 대한 접근 권한이다.
- **__seq** : 일련번호이다.

> **여기서 잠깐! | IPC 구조체를 사용할 때 주의할 점**
>
> IPC 구조체는 사용이 끝나면 반드시 프로그램 안에서 삭제해야 한다. IPC 구조체를 삭제하지 않으면 계속 남아 있게 된다. 그런데 시스템에서 제공 가능한 IPC 구조체의 총 개수가 한정되어 있으므로, 사용하지도 않는 IPC 구조체가 계속 남아 있으면 시스템 자원을 낭비하는 결과가 되고 정작 IPC를 이용해야 하는 프로세스가 사용하지 못하게 될 수도 있다.

2.3 시스템 V IPC 정보 검색

시스템 V IPC의 정보를 검색하고 현재 상태를 확인하는 명령은 ipcs다. ipcs 명령을 실행하는 동안에도 IPC의 상태가 변경될 수 있다. ipcs 명령은 검색하는 순간의 정확성만 보장한다. 상태가 변경된 정보를 보려면 ipcs 명령을 다시 수행해야 한다.

ipcs 명령의 기본 형식

ipcs 명령의 기본 형식과 사용할 수 있는 옵션의 종류와 의미는 다음과 같다.

```
ipcs [-ihVmqsaclptu]
```

❶ 일반 옵션

- **−i id** : id로 지정한 특정 요소에 대한 상세 정보를 출력한다. 이 옵션은 −m, −q, −s 중 하나와 결합해 사용한다.
- **−h** : 도움말을 출력한다.
- **−V** : 버전 정보를 출력한다.

❷ 자원 옵션

- **−m** : 공유 메모리 정보만 검색한다.
- **−q** : 메시지 큐 정보만 검색한다.
- **−s** : 세마포어 정보만 검색한다.
- **−a** : 공유 메모리, 메시지 큐, 세마포어 모두의 정보를 검색한다. 이 옵션이 기본값이다.

❸ 출력 옵션 : 출력 옵션은 하나만 지정한다. 여러 개를 지정하면 마지막에 지정한 옵션이 적

용된다.

- **–c** : IPC 자원을 생성한 사용자와 소유자 정보를 출력한다.
- **–l** : 사용할 수 있는 메시지 큐, 공유 메모리, 세마포어의 제한값을 출력한다.
- **–p** : 자원의 생성자와 마지막 운영자의 PID를 출력한다.
- **–t** : 시간 정보를 출력한다. 전체 IPC 자원에서 접근 권한을 변경한 마지막 제어 동작 수행 시각, 메시지 큐에서 마지막으로 메시지를 보낸 시각과 마지막으로 메시지를 받은 시각, 공유 메모리에서 마지막으로 연결과 해제 동작을 한 시각, 세마포어에서 마지막 세마포어 동작을 수행한 시각 정보가 검색된다.
- **–u** : 요약 정보를 출력한다.

④ **표현 형식** : –l 옵션에만 적용된다.

- **–b** : 크기 정보를 바이트 단위로 출력한다.
- **––human** : 크기 정보를 사용자가 읽기 편한 형식으로 출력한다.

ipcs 명령의 사용

ipcs 명령의 다양한 옵션을 적절히 조합해 원하는 정보를 검색할 수 있다. 아무 옵션 없이 ipcs 명령을 사용하면 현재 동작 중인 메시지 큐와 공유 메모리, 세마포어에 대한 간단한 정보를 검색한다. 다음 예는 현재 동작 중인 IPC 자원이 하나도 없음을 의미한다.

```
$ ipcs

------ Message Queues --------
key        msqid      owner      perms      used-bytes   messages

------ Shared Memory Segments --------
key        shmid      owner      perms      bytes      nattch     status

------ Semaphore Arrays --------
key        semid      owner      perms      nsems
```

ipcs 명령의 옵션에 따라 출력되는 항목은 다음과 같다.

표 11-5 ipcs 명령의 출력 항목

항목 이름	관련 자원	관련 옵션	의미
key	전체	a	IPC 자원을 생성할 때 인자로 지정하는 키
msqid shmid semid	각 자원	전체	IPC 자원의 식별자 표시
perms	전체		자원의 접근 권한 표시
owner	전체	전체	IPC 자원 소유자의 로그인명
creator			IPC 자원을 생성한 사용자의 로그인명
used-bytes	메시지 큐	a, q	현재 메시지 큐에 있는 메시지의 바이트 수
messages	메시지 큐	a, q	현재 메시지 큐에 있는 메시지의 개수
bytes	공유 메모리	a, m	현재 공유 메모리의 크기
nattach	공유 메모리	a, m	공유 메모리 세그먼트에 연결된 프로세스의 수
status	공유 메모리	a, m	공유 메모리의 상태 표시
nsems	세마포어	a, s	세마포어 항목의 집합에 현재 남아 있는 세마포어 수
send	메시지 큐	t	마지막 메시지가 관련 큐로 보내진 시각
recv	메시지 큐	t	마지막 메시지를 읽은 시각
change	메시지 큐	t	메지지 큐의 항목이 변경된 시각
attached	공유 메모리	t	공유 메모리가 연결된 시각
detached	공유 메모리	t	공유 메모리의 연결이 해제된 시각
changed	공유 메모리	t	공유 메모리의 내용이 변경된 시각
last-op	세마포어	t	세마포어 항목의 집합에서 마지막 세마포어 동작이 끝난 시각
last-changed	세마포어	t	세마포어 항목의 집합에서 마지막 세마포어 변경이 끝난 시각
lspid	메시지 큐	p	메시지 큐에 메시지를 보낸 마지막 프로세스의 PID
lrpid	메시지 큐	p	메시지 큐의 메시지를 마지막으로 읽은 프로세스의 PID
cpid	공유 메모리	p	공유 메모리를 생성한 생성자 프로세스의 PID
lpid	공유 메모리	p	공유 메모리 세그먼트를 연결하거나 해제한 마지막 프로세스의 PID
cuid	전체	c	자원을 생성한 사용자의 로그인 ID
cgid	전체	c	자원을 생성한 그룹 ID
uid	전체	c	자원을 소유한 사용자의 로그인 ID
gid	전체	c	자원을 소유한 그룹 ID

2.4 시스템 V IPC 자원의 생성과 삭제

시스템 V IPC 자원을 명령으로 생성할 때는 ipcmk 명령을 사용하고, 불필요한 IPC 자원을 삭제할 때는 ipcrm 명령을 사용한다. 여기서는 명령의 기본 형식만 살펴본다.

ipcmk 명령

ipcmk 명령의 기본 형식과 사용할 수 있는 옵션은 다음과 같다.

```
ipcmk [options]
```

- **-M size** : size에 지정한 바이트 크기로 공유 메모리를 생성한다. KB, MB, GB 단위를 사용한다.
- **-Q** : 메시지 큐를 생성한다.
- **-S number** : number에 지정한 개수의 요소를 갖는 세마포어를 생성한다.
- **-p mode** : 자원의 접근 권한을 지정한다. 기본값은 0644다.

ipcrm 명령

ipcrm 명령은 IPC 자원과 관련된 자료 구조를 모두 제거한다. IPC 자원을 제거하기 위해서는 root 계정이거나 자원의 생성자 또는 사용자여야 한다.

ipcrm 명령의 기본 형식과 사용할 수 있는 옵션은 다음과 같다.

```
ipcrm [options]
```

- **-a** : 모든 자원을 제거한다. 이 옵션은 자원을 모두 삭제하므로 주의해서 사용해야 한다.
- **-M shmkey** : shmkey로 생성한 공유 메모리의 마지막 연결이 해제된 후 공유 메모리를 제거한다.
- **-m shmid** : shmid로 지정한 공유 메모리를 삭제한다. 공유 메모리에 대한 마지막 해제 동작 이후에 관련된 메모리 세그먼트가 제거된다.

- **–Q msgkey** : msgkey로 생성한 메시지 큐를 제거한다.
- **–q msgid** : msgid로 지정한 메시지 큐를 삭제한다.
- **–S semkey** : semkey로 생성한 세마포어를 삭제한다.
- **–s semid** : semid로 지정한 세마포어를 삭제한다.

03 메시지 큐

메시지 큐message queue는 파이프pipe와 유사하다. 단, 파이프는 스트림 기반으로 동작하고, 메시지 큐는 메시지(또는 패킷) 단위로 동작한다. 각 메시지의 최대 크기는 제한되어 있다. 메시지 큐는 우편함과 비슷하다고 생각하면 된다. 우편함처럼 메시지 큐를 만든 후 이를 통해 메시지를 주고받는다. 각 메시지에는 메시지 유형message type이 있으므로 수신 프로세스는 어떤 유형의 메시지를 받을 것인지 선택할 수 있다. 이 절에서는 메시지 큐 함수를 살펴보자.

메시지 큐와 관련해 메시지 큐 생성, 메시지 전송, 메시지 수신, 메시지 큐 제어 함수가 제공된다. 메시지 큐 제어 함수는 메시지 큐를 제거하거나 상태 정보를 설정하고 읽어오는 등 메시지 큐에 대한 제어 기능을 수행한다.

메시지 큐 식별자 생성 : msgget(2)

메시지 큐를 사용하려면 메시지 큐 식별자를 생성해야 한다. msgget() 함수를 사용하면 메시지 큐 식별자를 생성할 수 있다.

함수 원형

```
#include <sys/types.h>
#include <sys/ipc.h>
#include <sys/msg.h>

int msgget(key_t key, int msgflg);
```

인자 설명

- **key** : 메시지 큐를 구별하는 키
- **msgflg** : 메시지 큐의 속성을 설정하는 플래그

msgget() 함수는 인자로 키와 플래그를 받아 메시지 큐 식별자를 리턴한다. 첫 번째 인자인 key에는 IPC_PRIVATE나 ftok() 함수로 생성한 키를 지정한다. 두 번째 인자인 msgflg에

는 플래그와 접근 권한을 지정한다. 사용할 수 있는 플래그는 다음과 같으며 sys/ipc.h 파일에 정의되어 있다.

- **IPC_CREAT(0001000)** : 새로운 키면 식별자를 새로 생성한다.
- **IPC_EXCL(0002000)** : 이미 존재하는 키면 오류가 발생한다.

메시지 큐 식별자와 관련된 메시지 큐와 IPC 구조체가 새로 생성되는 경우는 다음 두 가지다.

- key가 IPC_PRIVATE다.
- key가 IPC_PRIVATE이 아니며 key에 지정한 식별자와 관련된 다른 메시지 큐가 없고 플래그(msgflg)에 IPC_CREAT가 설정되어 있다.

이 두 가지 경우가 아니면 msgget() 함수는 기존 메시지 큐의 식별자를 리턴한다. 만약 msgflg에 IPC_CREAT와 IPC_EXCL이 둘 다 설정되어 있고 key와 관련된 메시지 큐가 이미 존재한다면 msgget() 함수는 오류를 리턴한다.

메시지 큐의 정보를 담고 있는 구조체는 msqid_ds로, man msgctl에서 확인할 수 있다.

```
struct msqid_ds {
    struct ipc_perm msg_perm;
    time_t          msg_stime;
    time_t          msg_rtime;
    time_t          msg_ctime;
    unsigned long   __msg_cbytes;
    msgqnum_t       msg_qnum;
    msglen_t        msg_qbytes;
    pid_t           msg_lspid;
    pid_t           msg_lrpid;
};
```

각 항목의 의미는 다음과 같다.

- **msg_perm** : IPC 공통 구조체(ipc_perm)이다.

- **msg_stime** : 마지막으로 메시지를 보낸 시각이다.
- **msg_rtime** : 마지막으로 메시지를 읽은 시각이다.
- **msg_ctime** : 마지막으로 메시지 큐의 권한을 바꾼 시각이다.
- **__msg_cbytes** : 현재 메시지 큐에 있는 메시지의 총 바이트 수다.
- **msg_qnum** : 메시지 큐에 있는 메시지의 개수다.
- **msg_qbytes** : 메시지 큐의 최대 크기(바이트 수)다.
- **msg_lspid** : 마지막으로 메시지를 보낸 프로세스의 PID다.
- **msg_lrpid** : 마지막으로 메시지를 읽은 프로세스의 PID다.

식별자가 리턴할 때 메시지 큐 구조체의 값은 다음과 같이 설정된다.

- **msg_perm.cuid, msg_perm.uid** : 함수를 호출한 프로세스의 유효 사용자 ID로 설정한다.
- **msg_perm.cgid, msg_perm.gid** : 함수를 호출한 프로세스의 유효 그룹 ID로 설정한다.
- **msg_perm.mode의 하위 9비트** : msgflg 값의 하위 9비트로 설정한다.
- **msg_qnum, msg_lspid, msg_lrpid, msg_stime, msg_rtime** : 0으로 설정한다.
- **msg_ctime** : 현재 시간으로 설정한다.
- **msg_qbytes** : 시스템의 제한값으로 설정한다.

msgget() 함수는 수행에 성공하면 메시지 큐 식별자를 음수가 아닌 정수로 리턴하고, 실패하면 −1을 리턴한다. 다음은 msgget() 함수로 메시지 큐 식별자를 생성하는 예다.

```
key_t key;
int id

key = ftok("keyfile", 1);
id = msgget(key, IPC_CREAT|0640);
```

위의 예는 메시지 큐의 식별자를 새로 생성하고 있으며, 접근 권한은 0640(rw−r−−−−−)이다.

메시지 전송 : msgsnd(2)

메시지 큐로 메시지를 보낼 때는 msgsnd(2) 함수를 사용한다.

함수 원형

```
#include <sys/types.h>
#include <sys/ipc.h>
#include <sys/msg.h>

int msgsnd(int msqid, const void *msgp, size_t msgsz, int msgflg);
```

↳ 인자 설명

- **msqid** : msgget 함수로 생성한 메시지 큐 식별자
- **msgp** : 메시지를 담고 있는 메시지 버퍼의 주소
- **msgsz** : 메시지의 크기(0~시스템이 정한 최댓값)
- **msgflg** : 블록 모드(0)/비블록 모드(IPC_NOWAIT)

msgsnd() 함수는 msgget() 함수가 리턴한 메시지 큐(msqid)를 통해 크기가 msgsz인 메시지를 메시지 버퍼(msgp)에 담아 전송한다. msgflg에는 메시지 큐가 가득 찼을 때의 동작을 지정한다. 메시지를 담고 있는 메시지 버퍼는 msgbuf 구조체를 사용한다. msgbuf 구조체는 sys/msg.h 파일에 정의되어 있고, man msgsnd에서 확인할 수 있다.

```
struct msgbuf {
    long    mtype;
    char    mtext[1];
};
```

- **mtype** : 메시지 유형으로 양수를 지정한다.
- **mtext** : msgsnd() 함수의 msgsz로 지정한 크기의 버퍼로 메시지 내용이 저장된다.

msgbuf 구조체는 메시지 큐를 생성할 때 앞의 형식대로 사용자가 정의해 사용한다. 이는 [예제 11-1]에서 확인해본다.

세 번째 인자인 msgsz에는 전송하는 메시지의 크기를 지정한다. 마지막 인자인 msgflg에는 0이나 IPC_NOWAIT을 지정한다. 메시지 큐가 가득 찬 경우, msgflg가 0이면 기다리고,

IPC_NOWAIT이면 기다리지 않고 바로 오류를 리턴한다. msgsnd() 함수가 수행에 성공하면 msqid_ds 구조체의 항목에서 msg_qnum 값이 1 증가하고 msg_lspid는 msgsnd() 함수를 호출한 프로세스의 ID로 설정된다. msg_stime은 현재 시각으로 설정된다. msgsnd() 함수는 수행에 실패하면 −1을 리턴하고 메시지는 전송하지 않는다.

[예제 11−1]을 통해 메시지 큐를 생성하고 간단한 메시지를 전송한 예를 살펴보자.

예제 11 - 1 **메시지 큐를 생성하고 메시지 전송하기** ch11_1.c

```c
#include <sys/msg.h>
#include <stdlib.h>
#include <stdio.h>
#include <string.h>

struct mymsgbuf {
    long mtype;
    char mtext[80];
};

int main() {
    key_t key;
    int msgid;
    struct mymsgbuf mesg;

    key = ftok("keyfile", 1);
    msgid = msgget(key, IPC_CREAT|0644);
    if (msgid == -1) {
        perror("msgget");
        exit(1);
    }

    mesg.mtype = 1;
    strcpy(mesg.mtext, "Message Q Test");

    if (msgsnd(msgid, (void *)&mesg, 80, IPC_NOWAIT) == -1) {
        perror("msgsnd");
        exit(1);
    }
}
```

실행

```
$ ipcs -q

------ Message Queues --------
key        msqid      owner      perms      used-bytes   messages

$ ch11_1.out
$ ipcs -q

------ Message Queues --------
key        msqid      owner      perms      used-bytes   messages
0xffffffff 1          jw         644        80           1
```

- **06~09행** 메시지 버퍼로 사용할 구조체를 문법에 따라 정의한다. 메시지를 저장할 배열의 크기는 송수신할 메시지의 크기에 따라 적절하게 조절하면 된다.
- **16~17행** 16행에서 키를 정의하고 17행에서 메시지 식별자를 생성한다.
- **23~24행** 전송한 메시지 버퍼를 설정한다. 23행에서는 메시지 유형을 1로 정의하고, 24행에서는 메시지 버퍼의 배열에 문자열을 복사한다.
- **26행** msgsnd() 함수를 사용해 메시지를 전송한다.
- **실행 결과** 생성된 메시지 큐를 ipcs –q 명령으로 확인한 실행 결과를 보면 생성된 메시지 큐의 식별자는 1이다. 접근 권한은 0644로 나오고 messages의 값은 1로 증가하며 메시지의 바이트 수는 80바이트임을 알 수 있다.

여기서는 생성된 메시지 큐를 제거하는 코드는 지정하지 않았다. 메시지 큐 제거는 msgctl() 함수에서 다룬다. ipcrm 명령으로 메시지 큐를 삭제할 수도 있다. 이 경우 다음과 같이 작성한다.

```
ipcrm -q 1
```

메시지 수신 : msgrcv() 함수

msgrcv() 함수는 메시지 큐로 메시지를 수신하는 데 사용한다.

```
#include <sys/types.h>
#include <sys/ipc.h>
#include <sys/msg.h>

ssize_t msgrcv(int msqid, void *msgp, size_t msgsz, long msgtyp, int msgflg);
```
함수 원형

↳ 인자 설명

- **msqid** : msgget() 함수로 생성한 메시지 큐 식별자
- **msgp** : 메시지를 담고 있는 메시지 버퍼의 주소
- **msgsz** : 메시지 버퍼의 크기
- **msgtyp** : 읽어올 메시지의 유형
- **msgflg** : 블록 모드(0)/비블록 모드(IPC_NOWAIT)

msqid가 가리키는 메시지 큐에서 msgtyp이 지정하는 메시지를 읽어 msgp가 가리키는 메시지 버퍼에 저장한다. 메시지 버퍼의 크기는 msgsz에 지정하고, msgtflg는 메시지 큐가 비었을 때 어떻게 동작할 것인지 알려준다.

네 번째 인자인 msgtyp에 지정할 수 있는 값은 다음과 같다.

- **0** : 메시지 큐의 가장 앞에 있는 메시지를 읽어온다.
- **양수** : 메시지 큐에서 msgtyp로 지정한 유형과 같은 메시지를 읽어온다.
- **음수** : 메시지 유형이 msgtyp로 지정한 값의 절댓값과 같거나 작은 메시지를 읽어온다.

다섯 번째 인자인 msgflg에는 msgsnd() 함수처럼 블록 모드/비블록 모드를 지정한다. msgflg가 0이면 메시지 큐에 메시지가 올 때까지 기다린다. msgflg가 IPC_NOWAIT이면 메시지 큐가 비었을 때 기다리지 않고 즉시 오류를 리턴한다. 리눅스 커널 3.8부터 추가된 플래그는 다음과 같다.

- **MSG_COPY** : 메시지 큐에서 메시지를 복사해오고 원본은 큐에 그대로 둔다. 이 플래그는 IPC_NOWAIT와 같이 사용한다.
- **MSG_EXCEPT** : msgtyp의 값이 양수일 때 msgtyp에서 지정한 유형과 다른 유형의 메시지 중 첫 번째 메시지를 가져온다.
- **MSG_NOERROR** : 메시지가 msgsz에 지정한 바이트보다 크면 메시지 내용을 잘라낸다.

msgrcv() 함수의 수행이 성공하면 msqid_ds 구조체 항목에서 msg_qnum 값이 1 감소하고 msg_lrpid는 msgrcv() 함수를 호출한 프로세스의 ID로 설정된다. msg_rtime은 현재

시각으로 설정된다. msgrcv() 함수는 수행에 성공하면 읽어온 메시지의 바이트 수를 리턴한다. 실패하면 −1을 리턴하고 메시지를 읽어오지 않는다.

[예제 11−2]는 [예제 11−1]에서 보낸 메시지를 읽어서 출력한 예다.

예제 11 - 2 **메시지 수신하기** ch11_2.c

```c
#include <sys/msg.h>
#include <stdlib.h>
#include <stdio.h>

struct mymsgbuf {
    long mtype;
    char mtext[80];
};

int main() {
    struct mymsgbuf inmsg;
    key_t key;
    int msgid, len;

    key = ftok("keyfile", 1);
    if ((msgid = msgget(key, 0)) < 0) {
        perror("msgget");
        exit(1);
    }

    len = msgrcv(msgid, &inmsg, 80, 0, 0);
    printf("Received Msg = %s, Len=%d\n", inmsg.mtext, len);
}
```

실행

```
$ ch11_2.out
Received Msg = Message Q Test, Len=80
$ ipcs -q
------ Message Queues --------
key        msqid      owner      perms      used-bytes    messages
0xffffffff 3          jw         644        0             0
```

- **05~08행** [예제 11-1]에서처럼 메시지 버퍼로 사용할 구조체를 문법에 따라 정의한다.
- **15행** [예제 11-1]과 같은 경로명과 정숫값을 사용해 같은 키를 생성한다.
- **16행** msgget() 함수의 두 번째 인자를 0으로 지정해 기존 메시지 큐의 식별자를 리턴한다.
- **21행** msgrcv() 함수를 사용해 메시지를 읽어온다. 버퍼의 크기는 80바이트로 하고, 큐가 비었을 경우에 기다리도록 지정한다.
- **실행 결과** [예제 11-1]에서 보낸 메시지를 제대로 읽어왔음을 알 수 있다. ipcs -q 명령으로 메시지 큐의 상태를 보면 큐의 메시지 개수가 1에서 0으로 감소했음을 알 수 있다. 메시지 큐 내의 총 바이트 수도 0으로 감소했다.

메시지 제어 : msgctl(2)

msgctl() 함수는 메시지 큐를 제거하거나 상태 정보를 설정하고 읽어오는 메시지 큐에 대한 제어 기능을 수행한다.

함수 원형

```
#include <sys/types.h>
#include <sys/ipc.h>
#include <sys/msg.h>

int msgctl(int msqid, int cmd, struct msqid_ds *buf);
```

↳ 인자 설명

- **msqid** : msgget() 함수로 생성한 메시지 큐 식별자
- **cmd** : 수행할 제어 기능
- **buf** : 제어 기능에 사용되는 메시지 큐 구조체의 주소

msgctl() 함수는 msqid로 지정한 메시지 큐에서 cmd에 지정한 제어를 수행한다. buf는 cmd의 종류에 따라 제어값을 지정하거나 읽어오는 데 사용한다. cmd에는 다음 중 하나를 지정한다.

- **IPC_STAT** : 현재 메시지 큐의 정보를 buf로 지정한 메모리에 저장한다.
- **IPC_SET** : 메시지 큐의 정보 중 msg_perm.uid, msg_perm.gid, msg_perm. mode, msg_qbytes 값을 세 번째 인자로 지정한 값으로 바꾼다. 이 명령은 root 권한이 있거나 유효 사용자 ID인 경우만 사용할 수 있다. msg_qbytes는 root 권한이 있어야 변경할 수 있다.

- **IPC_RMID** : msqid로 지정한 메시지 큐를 제거하고 관련된 데이터 구조체를 제거한다.
- **IPC_INFO** : 리눅스에서만 사용할 수 있으며 메시지 큐의 제한값을 buf에 저장한다. 이때 buf는 msginfo 구조체로 형 변환을 해야 한다.

msginfo 구조체는 다음과 같으며 man msgctl에서 확인할 수 있다. 이 명령을 이용한 프로그램은 연습문제에서 작성해본다.

```
struct msginfo {
    int msgpool;
    int msgmap;
    int msgmax;
    int msgmnb;
    int msgmni;
    int msgssz;
    int msgtql;
    unsigned short msgseg;
};
```

- **msgpool** : 메시지 데이터를 저장할 수 있는 버퍼 공간의 크기(KB)다.
- **msgmap** : 메시지 맵의 최대 항목 수다.
- **msgmax** : 한 메시지에 저장할 수 있는 메시지의 최대 크기(바이트)다.
- **msgmnb** : 메시지 큐에 작성할 수 있는 최대 크기(바이트)로, msgget() 함수로 메시지 큐를 생성할 때 msg_qbytes 값 초기화에 사용한다.
- **msgmni** : 메시지 큐의 최대 개수다.
- **msgssz** : 메시지 세그먼트 크기다.
- **msgtql** : 시스템에 있는 모든 메시지 큐의 최대 메시지 개수다.
- **msgseg** : 세그먼트의 최대 개수다.

msgctl() 함수는 수행에 성공하면 0을, 실패하면 −1을 리턴한다.

[예제 11-3]에서는 수행할 제어 기능으로 IPC_RMID를 지정해 [예제 11-1]에서 생성한 메시지 큐를 삭제한다.

예제 11-3 메시지 큐 삭제하기 ch11_3.c

```c
#include <sys/msg.h>
#include <stdlib.h>
#include <stdio.h>

int main() {
    key_t key;
    int msgid;

    key = ftok("keyfile", 1);
    msgid = msgget(key, IPC_CREAT|0644);
    if (msgid == -1) {
        perror("msgget");
        exit(1);
    }

    printf("Before IPC_RMID\n");
    system("ipcs -q");
    msgctl(msgid, IPC_RMID, (struct msqid_ds *)NULL);
    printf("After IPC_RMID\n");
    system("ipcs -q");
}
```

실행

```
$ ch11_3.out
Before IPC_RMID

------ Message Queues --------
key        msqid      owner      perms      used-bytes   messages
0xffffffff 3          jw         644        0            0

After IPC_RMID

------ Message Queues --------
key        msqid      owner      perms      used-bytes   messages
```

- **09~10행** [예제 11-1]과 같은 키를 생성해 메시지 큐 식별자를 리턴받는다.
- **18행** 메시지 큐 식별자를 IPC_RMID 명령으로 제거한다.
- **실행 결과** msgctl() 함수를 호출하기 전인 17행에서 출력했을 때는 메시지 큐 3이 있었는데, 20행에서 실행한 명령에서는 메시지 큐가 제거되어 보이지 않는다. 메시지 큐 사용을 마치면 이처럼 msgctl() 함수를 사용해 반드시 메시지 큐를 삭제해야 한다.

04 공유 메모리

공유 메모리shared memory는 같은 메모리 공간을 2개 이상의 프로세스가 공유하는 것이다. 같은 메모리 공간을 사용하므로 이를 통해 데이터를 주고받을 수 있다. 여러 프로세스가 메모리를 공유하고 있으므로 당연히 읽고 쓸 때 동기화가 필요하다. 공유 메모리를 동기화하지 않으면 데이터가 손실될 수 있다. 공유 메모리를 생성하고 사용하는 데 필요한 함수를 살펴보자.

4.1 공유 메모리 함수

공유 메모리와 관련해 제공되는 함수는 공유 메모리를 생성하고 생성된 공유 메모리와 연결하며 사용을 마친 공유 메모리는 해제하는 함수, 그리고 공유 메모리를 제어하는 함수다. 공유 메모리 제어 함수는 메시지 큐 제어 함수와 마찬가지로 공유 메모리 제거, 잠금 설정, 잠금 해제 등의 제어 기능을 수행한다.

공유 메모리 식별자 생성 : shmget(2)

공유 메모리를 사용하려면 공유 메모리 식별자를 생성해야 한다. 공유 메모리 식별자는 shmget() 함수를 사용해 생성한다.

함수 원형

```
#include <sys/ipc.h>
#include <sys/shm.h>

int shmget(key_t key, size_t size, int shmflg);
```

↳ 인자 설명

- **key** : IPC_PRIVATE 또는 ftok() 함수로 생성한 키
- **size** : 공유할 메모리의 크기
- **shmflg** : 공유 메모리의 속성을 지정하는 플래그

shmget() 함수는 인자로 키, 공유할 메모리의 크기, 플래그를 받아 공유 메모리 식별자를 리턴한다. key에는 IPC_PRIVATE나 ftok() 함수로 생성한 키를 지정한다. size에는 공유할 메모리의 크기를 지정한다. 이미 공유된 메모리의 식별자를 읽어오는 것이라면 무시한다. shmflg에는 플래그와 접근 권한을 지정한다. 사용할 수 있는 플래그는 msgget() 함수와 마찬가지로 IPC_CREAT와 IPC_EXCL이다. 리눅스의 경우 커널 버전에 따라 큰 메모리 페이지를 공유할 때 사용하는 SHM_HUGELB, SHM_HUGE_2MB, SHM_HUGE_1GB를 제공한다. 이 플래그들은 man msgget으로 세부 내용을 확인하고 사용한다.

공유 메모리 식별자와 관련된 공유 메모리와 데이터 구조체가 새로 생성되는 경우는 다음 두 가지다.

- key가 IPC_PRIVATE다.
- key가 0이 아니며 다른 식별자와 관련되어 있지 않고, 플래그(msgflg)에 IPC_CREAT가 설정되어 있다.

이 두 가지 경우가 아니면 shmget() 함수는 기존 공유 메모리의 식별자를 리턴한다.

공유 메모리 정보를 담고 있는 구조체는 shmid_ds로, sys/shm.h 파일에 다음과 같이 정의되어 있다. man shmctl에서도 확인할 수 있다.

```
struct shmid_ds {
        struct ipc_perm msg_perm;
        size_t          shm_segsz;
        time_t          shm_atime;
        time_t          shm_dtime;
        time_t          shm_ctime;
        pid_tt_t        shm_lpid;;
        pid_t           shm_cpid;
        shmatt_t        shm_nattch;
        ...
};
```

shmid_ds 구조체 주요 항목의 의미는 다음과 같다.

- **shm_perm** : IPC 공통 구조체(ipc_perm)다.
- **shm-segsz** : 공유 메모리 세그먼트의 크기를 바이트 단위로 나타낸다.
- **shm_atime** : 마지막으로 공유 메모리를 연결(shmat)한 시간이다.
- **shm_dtime** : 마지막으로 공유 메모리의 연결을 해제(shmdt)한 시간이다.
- **shm_ctime** : 마지막으로 공유 메모리의 접근 권한을 변경한 시간이다.
- **shm_lpid** : 마지막으로 shmop 동작을 한 프로세스의 PID다.
- **shm_cpid** : 공유 메모리를 생성한 프로세스의 PID다.
- **shm_nattch** : 공유 메모리를 연결하고 있는 프로세스의 개수다.

새로운 공유 메모리 식별자가 리턴할 때 구조체의 값은 다음과 같이 설정된다.

- **shm_perm.cuid, shm_perm.uid** : 함수를 호출한 프로세스의 유효 사용자 ID로 설정한다.
- **shm_perm.cgid, shm_perm.gid** : 함수를 호출한 프로세스의 유효 그룹 ID로 설정한다.
- **shm_perm.mode의 하위 9비트** : msgflg 값의 하위 9비트로 설정한다.
- **shm_segsz** : size 값으로 설정한다.
- **shm_lpid, shm_nattch, shm_atime, shm_dtime** : 0으로 설정한다.
- **shm_ctime** : 현재 시각으로 설정한다.

[예제 11-4]는 공유할 메모리의 크기가 1KB인 공유 메모리를 생성하는 예제다. 예제를 살펴본 다음 생성한 공유 메모리를 활용하는 함수를 살펴보자.

예제 11-4 공유 메모리 생성하기 ch11_4.c

```
#include <sys/ipc.h>
#include <sys/shm.h>
#include <stdlib.h>
#include <stdio.h>

int main() {
    key_t key;
    int shmid;

    key = ftok("shmfile", 1);
```

```
11     shmid = shmget(key, 1024, IPC_CREAT|0644);
12     if (shmid == -1) {
13         perror("shmget");
14         exit(1);
15     }
16 }
```

실행

```
$ ch11_4.out
$ ipcs -m

------ Shared Memory Segments --------
key        shmid      owner      perms      bytes      nattch     status
0xffffffff 2          jw         644        1024       0
```

- **10행** ftok() 함수를 사용해 키를 생성한다.
- **11행** shmget() 함수를 사용해 공유 메모리를 생성한다.
- **실행 결과** 공유 메모리가 생성되었고 nattach의 값이 0이므로 아직 이 메모리에 연결한 프로세스가 없음을 알 수 있다.

공유 메모리 연결 : shmat(2)

생성된 공유 메모리를 사용하려면 공유 메모리를 프로세스의 데이터 영역과 연결해야 한다. 공유 메모리를 연결하려면 shmat() 함수를 사용한다.

함수 원형

```
#include <sys/types.h>
#include <sys/shm.h>

void *shmat(int shmid, const void *shmaddr, int shmflg);
```

↳ 인자 설명

- **shmid** : shmget() 함수로 생성한 공유 메모리 식별자
- **shmaddr** : 공유 메모리를 연결할 주소
- **shmflg** : 공유 메모리에 대한 읽기/쓰기 권한

shmget() 함수로 생성한 공유 메모리의 식별자를 shmid에 지정하고, shmaddr에 공유 메모리를 연결할 주소를 지정한다. shmaddr에는 특별한 경우가 아니면 NULL을 지정한다. 값이 NULL이면 시스템이 알아서 적절한 주소에 공유 메모리를 연결한다. 만약 shmaddr의 값이 NULL이 아니고 shmflg에 SHM_RND가 지정되어 있으면 메모리는 SHMLBA의 가장 가까운 배수의 주소에 연결한다. SHMLBA는 메모리 세그먼트의 하위 경계 주솟값이다. 이외의 경우는 메모리 페이지 크기에 맞춰서 연결된다.

shmflg는 플래그로, 0이면 공유 메모리에 대해 읽기와 쓰기가 가능하고, SHM_RDONLY면 읽기만 가능하다. 리눅스의 경우 공유된 메모리 세그먼트의 내용을 실행할 수 있도록 SHM_EXEC 플래그를 제공한다. shmat() 함수는 수행에 성공하면 연결된 공유 메모리의 시작 주소를 리턴한다. shmat() 함수의 사용 예는 [예제 11-5]에서 살펴본다.

공유 메모리 연결 해제 : shmdt(2)

공유 메모리의 사용이 끝나면 shmdt() 함수를 사용해 공유 메모리의 연결을 해제해야 한다.

함수 원형

```
#include <sys/types.h>
#include <sys/shm.h>

int shmdt(const void *shmaddr);
```

↳ 인자 설명

- **shmaddr** : 연결을 해제할 공유 메모리의 시작 주소

shmaddr에 공유 메모리의 시작 주소를 지정한다. 이 시작 주소는 shmat() 함수의 리턴값이다. shmdt() 함수의 사용 예는 [예제 11-5]에서 살펴본다.

공유 메모리 제어 : shmctl(2)

함수 원형

```
#include <sys/ipc.h>
#include <sys/shm.h>

int shmctl(int shmid, int cmd, struct shmid_ds *buf);
```

↳ 인자 설명

- **shmid** : shmget() 함수로 생성한 공유 메모리 식별자
- **cmd** : 수행할 제어 기능
- **buf** : 제어 기능에 사용되는 공유 메모리 구조체의 주소

shmctl() 함수는 shmid가 가리키는 공유 메모리에 cmd로 지정한 제어 기능을 수행한다. buf에는 제어 기능에 따라 사용되는 공유 메모리 구조체의 주소를 지정한다. cmd에 지정할 수 있는 값은 다음과 같다.

- **IPC_STAT** : 현재 공유 메모리의 정보를 buf로 지정한 메모리에 저장한다.
- **IPC_SET** : 공유 메모리의 정보 중 shm_perm.uid, shm_perm.gid, shm_perm.mode 값을 세 번째 인자로 지정한 값으로 바꾼다. 이 명령은 root 권한이 있거나 유효 사용자 ID인 경우만 사용할 수 있다.
- **IPC_RMID** : shmid로 지정한 공유 메모리를 제거하고 관련된 데이터 구조체를 제거한다.
- **IPC_INFO** : 리눅스에서만 사용할 수 있으며, 공유 메모리의 시스템 제한값을 buf에 저장한다. 이때 buf는 shminfo 구조체로 형 변환을 해야 한다. shminfo 구조체는 다음과 같으며, man shmctl에서 확인할 수 있다. 이 명령을 이용한 프로그램은 연습문제에서 작성해본다.

```
struct shminfo {
        unsigned long shmmax;
        unsigned long shmmin;
        unsigned long shmmni;
        unsigned long shmseg;
        unsigned long shmall;
};
```

  - shmmax : 세그먼트의 최대 크기다.
  - shmmin : 세그먼트의 최소 크기로, 항상 1이다.
  - shmmni : 세그먼트의 최대 개수다.
  - shmseg : 한 프로세스에 연결될 수 있는 세그먼트의 최대 개수다.
  - shmall : 시스템 전체에서 공유 메모리로 사용할 수 있는 페이지의 최대 개수다.

- **SHM_INFO** : 리눅스에서만 사용할 수 있으며 공유 메모리가 사용하는 자원의 정보를 shm_info 구조체에 저장한다. shm_info 구조체는 sys/shm.h 파일에 정의되어 있고 man shmctl에서도 확인할 수 있다.

```
struct shm_info {
    int      used_ids;
    unsigned long shm_tot;
    unsigned long shm_rss;
    unsigned long shm_swp;
    unsigned long swap_attempts;
    unsigned long swap_successes;
};
```

  - used_ids : 현재 생성된 세그먼트의 개수다.
  - shm_tot : 공유 메모리 페이지의 전체 개수다.
  - shm_rss : 사용 중인 공유 메모리 페이지의 개수다.
  - shm_swp : 스왑된 공유 메모리 페이지의 개수다.
  - swap_attempts, swap_successes : 리눅스 2.4부터는 사용하지 않는다.
- **SHM_LOCK** : 공유 메모리 세그먼트를 잠근다.
- **SHM_UNLOCK** : 공유 메모리 세그먼트의 잠금을 해제한다.

IPC_INFO와 SHM_INFO는 연습문제에서 다뤄본다.

4.2 공유 메모리 사용 예제

부모-자식 프로세스 간 공유 메모리 사용 예

[예제 11-5]는 부모 프로세스와 자식 프로세스 사이에서 공유 메모리를 사용해 데이터를 주고받도록 한 예제다.

예제 11-5 공유 메모리 사용하기 ch11_5.c

```c
#include <sys/ipc.h>
#include <sys/shm.h>
#include <sys/wait.h>
#include <unistd.h>
#include <stdlib.h>
#include <stdio.h>

int main() {
    int shmid, i;
    char *shmaddr, *shmaddr2;

    shmid = shmget(IPC_PRIVATE, 20, IPC_CREAT|0644);
    if (shmid == -1) {
        perror("shmget");
        exit(1);
    }

    switch (fork()) {
        case -1:
            perror("fork");
            exit(1);
            break;
        case 0:
            shmaddr = (char *)shmat(shmid, (char *)NULL, 0);
            printf("Child Process =====\n");
            for (i=0; i<10; i++)
                shmaddr[i] = 'a' + i;
            shmdt((char *)shmaddr);
            exit(0);
            break;
        default:
            wait(0);
            shmaddr2 = (char *)shmat(shmid, (char *)NULL, 0);
            printf("Parent Process =====\n");
            for (i=0; i<10; i++)
                printf("%c ", shmaddr2[i]);
            printf("\n");
            sleep(5);
```

```
39          shmdt((char *)shmaddr2);
40          shmctl(shmid, IPC_RMID, (struct shmid_ds *)NULL);
41          break;
42    }
43 }
```

실행

```
$ ch11_5.out
Child Process =====
Parent Process =====
a b c d e f g h i j
```

- **12행** 키를 IPC_PRIVATE로 지정해 공유 메모리를 20바이트 크기로 생성한다.
- **18행** fork() 함수로 자식 프로세스를 생성한다.
- **24~30행** 자식 프로세스가 수행하는 부분이다. 자식 프로세스는 24행에서 공유 메모리를 연결하고, 26~27행에서는 반복문으로 공유 메모리에 'a'~'j'까지 문자 10개를 기록한다. 28행에서는 공유 메모리를 해제한다.
- **32행** 부모 프로세스는 일단 자식 프로세스가 종료하기를 기다린다.
- **33행, 35~36행** 33행에서는 공유 메모리를 연결하고, 35~36행에서는 공유 메모리의 내용을 읽어서 출력한다.
- **39행** 공유 메모리의 연결을 해제한다.
- **40행** shmctl() 함수를 사용해 공유 메모리를 제거한다.
- **실행 결과** 부모 프로세스가 데이터를 제대로 받아서 출력했음을 알 수 있다.

38행에서 sleep() 함수를 사용한 이유는 다른 터미널에서 ipcs 명령으로 공유 메모리의 상태를 확인하기 위해서다. 물론 메시지 큐에서처럼 system() 함수를 사용할 수도 있다. 다음과 같이 공유 메모리가 생겼다가 프로세스가 종료된 후에는 삭제되는 것을 알 수 있다.

```
$ ipcs -m
------ Shared Memory Segments --------
key        shmid      owner      perms      bytes      nattch   status
0x00000000 4          jw         644        20         1
$ ipcs -m
------ Shared Memory Segments --------
key        shmid      owner      perms      bytes      nattch   status
```

독립적인 프로세스 간 공유 메모리 사용 예

[예제 11-6]은 독립적인 두 프로세스를 서버(listener)와 클라이언트(talker)로 역할을 나누어 공유 메모리를 통해 데이터를 주고받도록 한 예다.

먼저 서버 역할을 하는 listener에서는 공유 메모리를 생성하고 talker가 공유 메모리에 데이터를 기록하고 시그널을 보낼 때까지 기다린다. 시그널을 받으면 공유 메모리에서 데이터를 읽어오고 응답 데이터를 공유 메모리에 기록한다.

예제 11-6 (1) Listener(서버 역할) ch11_6s.c

```c
#include <sys/mman.h>
#include <signal.h>
#include <sys/ipc.h>
#include <sys/shm.h>
#include <unistd.h>
#include <stdio.h>
#include <string.h>

void handler(int dummy) {
    ;
}

int main() {
    key_t key;
    int shmid;
    void *shmaddr;
```

```
17    char buf[1024];
18    sigset_t mask;
19
20    key = ftok("shmfile", 1);
21    shmid = shmget(key, 1024, IPC_CREAT|0666);
22
23    sigfillset(&mask);
24    sigdelset(&mask, SIGUSR1);
25    signal(SIGUSR1, handler);
26
27    printf("Listener wait for Talker\n");
28    sigsuspend(&mask);
29
30    printf("Listener Start =====\n");
31    shmaddr = shmat(shmid, NULL, 0);
32    strcpy(buf, shmaddr);
33    printf("Listener received : %s\n", buf);
34
35    strcpy(shmaddr, "Have a nice day\n");
36    sleep(3);
37    shmdt(shmaddr);
38 }
```

- **20~21행** 공유 메모리를 생성한다.
- **23~25행** SIGUSR1 시그널을 제외하고 모든 시그널을 블로킹한다.
- **28행** SIGUSR1 시그널을 받을 때까지 기다린다.
- **31~33행** 시그널을 받으면 공유 메모리를 연결하고 talker가 공유 메모리에 저장한 데이터를 읽어서 출력한다.
- **35~36행** 다시 공유 메모리에 응답 데이터를 저장한 후 잠시 sleep() 함수를 실행한다. 공유 메모리의 연결을 끊기 전에 sleep() 함수를 실행하는 이유는 talker가 ipcs를 실행할 시간을 주기 위해서다.
- **37행** 공유 메모리와의 연결을 해제한다.

클라이언트 역할을 하는 talker에서는 listener가 생성한 공유 메모리의 식별자를 읽어서 공유 메모리를 연결하고 데이터를 기록한 후 listener에 시그널을 보낸다. 잠시 기다렸다가

listener가 기록한 데이터를 읽어서 출력하고 공유 메모리를 해제한 후 삭제한다.

예제 11-6 (2) Talker(클라이언트 역할) ch11_6c.c

```
01 #include <signal.h>
02 #include <sys/mman.h>
03 #include <sys/ipc.h>
04 #include <sys/shm.h>
05 #include <unistd.h>
06 #include <stdlib.h>
07 #include <stdio.h>
08 #include <string.h>
09
10 int main(int argc, char **argv) {
11     key_t key;
12     int shmid;
13     void *shmaddr;
14     char buf[1024];
15
16     key = ftok("shmfile", 1);
17     shmid = shmget(key, 1024, 0);
18
19     shmaddr = shmat(shmid, NULL, 0);
20     strcpy(shmaddr, "Hello, I'm talker\n");
21
22     kill(atoi(argv[1]), SIGUSR1);
23     sleep(2);
24     strcpy(buf, shmaddr);
25
26     printf("Listener said : %s\n", buf);
27     system("ipcs -mo");
28     shmdt(shmaddr);
29     shmctl(shmid, IPC_RMID, NULL);
30 }
```

- **16행** talker는 listener와 같은 파일과 정숫값을 사용해 키를 생성한다.
- **17행** 키값으로 listener가 만든 공유 메모리의 식별자를 읽어온다.
- **19~20행** 공유 메모리와 연결하고 해당 메모리에 인사말을 복사한다.

- **22행** 명령행 인자로 받은 listener의 PID를 지정하고 SIGUSR1 시그널을 보낸다.
- **23~24행** sleep() 함수를 수행해 잠시 기다렸다가 공유 메모리에서 listener가 보낸 응답을 읽어 출력한다.
- **27~29행** 현재 공유 메모리의 상태 정보를 검색한 후 28행에서 공유 메모리 연결을 해제하고 29행에서 공유 메모리를 제거한다.

[예제 11-6]을 실행할 때는 먼저 listener를 백그라운드로 실행한 후 talker를 실행한다. talker를 실행할 때는 listener 프로세스의 ID를 명령행 인자로 지정해야 하기 때문이다. listener는 talker가 시그널을 보낼 때까지 기다렸다가 데이터를 읽어 출력한다.

talker는 실행할 때 listener의 PID를 명령행 인자로 받는다. talker는 listener가 보낸 데이터를 읽어서 출력하고 공유 메모리의 상태 정보를 출력한다. 아직 listener가 공유 메모리와의 연결을 해제하지 않았으므로 nattch 값은 2가 된다. 최종적으로 ipcs 명령으로 확인해보면 공유 메모리가 제거되었음을 알 수 있다.

실행

```
$ listener &
[1] 46587
$ Listener wait for Talker
$ talker 46587
Listener Start =====
Listener received : Hello, I'm talker

Listener said : Have a nice day

------ Shared Memory Segments --------
key        shmid      owner      perms      bytes      nattch   status
0xffffffff 6          jw         666        1024       2

$ ipcs -m
------ Shared Memory Segments --------
key        shmid      owner      perms      bytes      nattch   status
```

05 세마포어

세마포어semaphore는 프로세스 사이의 동기synchronization를 맞추는 기능을 제공한다. 예를 들어, 공유 메모리에 여러 프로세스가 동시에 쓰기를 시도한다면 데이터가 손상되는 현상이 발생하므로 여러 프로세스 사이의 동작 순서를 지정해야 한다. 프로세스들이 공유 영역에 접근하는 순서를 정하는 방법 중 하나가 세마포어다. 세마포어의 기본 개념을 살펴보고 관련 함수와 예제를 다뤄보자.

5.1 세마포어의 기본 개념

세마포어는 한 번에 한 프로세스만 작업을 수행하는 부분에 접근해 잠그거나(lock) 다시 잠금을 해제하는 기능을 제공하는 정수형 변수다. 이 정수형 변수는 함수를 통해 값을 변경한다. 세마포어라는 개념을 처음 제안한 네덜란드의 에츠허르 데이크스트라Edsger Wybe Dijkstra가 사용한 용어에 따라 잠금 함수는 p()로, 잠금 해제 함수는 v()로 표시한다.

세마포어의 기본 동작 구조

세마포어는 중요한 처리 부분critical section에 들어가기 전에 p() 함수를 실행해 잠금 기능을 수행하고, 처리를 마치면 다시 v() 함수를 실행해 잠금을 해제한다. 잠금 기능을 수행 중인 동안에는 다른 프로세스가 처리 부분의 코드를 실행할 수 없다. sem은 세마포어 값을 의미한다.

```
p(sem);   /* 잠금 */
중요한 처리 부분(critical section)
v(sem);   /* 잠금 해제 */
```

p( ) 함수의 기본 동작 구조

p() 함수의 기본적인 동작은 다음과 같다.

```
p(sem) {
        while sem == 0 do wait;
        sem 값을 1 감소;
}
```

초기 sem 값은 1이다. p() 함수는 sem이 0이면 다른 프로세스가 처리 부분을 수행하고 있다는 의미이므로 값이 1이 될 때까지 기다려야 한다. sem이 0이 아니면 0으로 만들어 다른 프로세스가 들어오지 못하게 한다.

v( ) 함수의 기본 동작 구조

v() 함수의 기본 동작은 다음과 같다. v() 함수는 sem을 1만큼 증가시키고, 처리 부분을 수행하려고 대기 중인 프로세스가 있으면 첫 번째 대기 프로세스를 동작시킨다.

```
v(sem) {
        sem 값을 1 증가;
        if(대기 중인 프로세스가 있으면)
                대기 중인 첫 번째 프로세스를 동작시킨다.
}
```

5.2 세마포어 함수

세마포어와 관련해 세마포어를 생성하는 함수, 생성된 세마포어를 이용해 잠금과 해제 등의 동작을 수행하는 함수, 세마포어 제어 기능을 수행하는 함수가 제공된다.

세마포어 생성 : semget(2)

세마포어를 사용하려면 세마포어 식별자를 생성해야 한다. 세마포어 식별자는 semget() 함수를 사용해 생성한다.

```
#include <sys/types.h>
#include <sys/ipc.h>
#include <sys/sem.h>

int semget(key_t key, int nsems, int semflg);
```

함수 원형

↳ 인자 설명

- **key** : IPC_PRIVATE 또는 ftok() 함수로 생성한 키
- **nsems** : 생성할 세마포어 개수
- **semflg** : 세마포어 접근 속성

semget() 함수는 인자로 키와 생성할 세마포어 개수, 플래그를 받고 세마포어 식별자를 리턴한다. 첫 번째 인자인 key에는 IPC_PRIVATE나 ftok() 함수로 생성한 키를 지정한다. 두 번째 인자인 nsems에는 생성할 세마포어의 개수를 지정한다. 세마포어는 집합 단위로 처리되므로 한 식별자에 여러 세마포어가 생성된다. 세 번째 인자인 semflg에는 플래그와 접근 권한을 지정한다. 플래그는 msgget() 함수와 마찬가지로 IPC_CREAT와 IPC_EXCL을 사용한다.

세마포어 식별자와 관련된 세마포어와 데이터 구조체가 새로 생성되는 경우는 다음 두 가지다.

- key가 IPC_PRIVATE다.
- key와 관련된 다른 세마포어 집합이 없고 플래그(semflg)에 IPC_CREAT가 설정되어 있다.

이 두 가지 경우가 아니면 semget() 함수는 기존 세마포어의 식별자를 리턴한다.

세마포어 정보를 담고 있는 구조체는 semid_ds로, sys/sem.h 파일에 다음과 같이 정의되어 있다. man semctl로도 확인할 수 있다.

```
struct semid_ds {
        struct ipc_perm sem_perm;
        ushort_t         sem_nsems;
        time_t           sem_ctime;
        time_t           sem_otime;
};
```

semid_ds 구조체 항목의 의미는 다음과 같다.

- **sem_perm** : IPC 공통 구조체(ipc_perm)다.
- **sem_otime** : 세마포어 연산을 수행한 마지막 시간이다.
- **sem_ctime** : 세마포어의 접근 권한을 변경한 마지막 시간이다.
- **sem_nsems** : 세마포어 집합의 세마포어 개수다.

새로운 세마포어 식별자를 리턴할 때 구조체는 다음과 같이 설정된다.

- **sem_perm.cuid, sem_perm.uid** : 함수를 호출한 프로세스의 유효 사용자 ID로 설정된다.
- **sem_perm.cgid, sem_perm.gid** : 함수를 호출한 프로세스의 유효 그룹 ID로 설정된다.
- **sem_perm.mode** : semflg 값으로 설정된다.
- **sem_nsems** : nsems 값으로 설정된다. 세마포어 집합이 생성되지 않으면 0으로 설정될 수도 있다.
- **sem_otime** : 0으로 설정된다.
- **sem_ctime** : 현재 시각으로 설정된다.

세마포어 제어 : semctl(2)

semctl() 함수로 세마포어의 기능을 제어할 수 있다.

함수 원형

```
#include <sys/types.h>
#include <sys/ipc.h>
#include <sys/sem.h>

int semctl(int semid, int semnum, int cmd, …);
```

↳ 인자 설명

- **sedmid** : semget() 함수로 생성한 세마포어 식별자
- **semnum** : 기능을 제어할 세마포어 번호
- **cmd** : 수행할 제어 명령
- … : 제어 명령에 따라 필요시 사용할 세마포어 공용체의 주소(선택 사항)

semctl() 함수는 semid로 식별되는 세마포어 집합에서 semnum으로 지정한 세마포어에 cmd로 지정한 제어 기능을 수행한다. cmd에 따라 선택적으로 네 번째 인자가 있을 수 있다.

세 번째 인자인 cmd에 지정할 수 있는 값은 다음과 같다.

- **IPC_STAT** : 현재 세마포어의 정보를 arg.buf로 지정한 메모리에 저장한다.
- **IPC_SET** : 세마포어 정보 중 sem_perm.uid, sem_perm.gid, sem_perm.mode 값을 네 번째 인자로 지정한 값으로 변경한다. 이 명령은 root 권한이 있거나 유효 사용자 ID일 경우만 사용할 수 있다.
- **IPC_RMID** : semid로 지정한 세마포어와 관련된 데이터 구조체를 제거한다.
- **IPC_INFO** : 리눅스에서만 사용할 수 있으며 공유 메모리의 시스템 제한값을 buf에 저장한다. 이때 buf는 seminfo 구조체로 형 변환을 해야 한다. seminfo 구조체는 다음과 같으며 man semctl에서 확인할 수 있다. 이 명령을 이용한 프로그램은 연습문제에서 작성해본다.

```
struct seminfo {
    int semmap;
    int semmni;
    int semmns;
    int semmnu;
    int semmsl;
    int semopm;
    int semume;
    int semusz;
    int semvmx;
    int semaem;
};
```

  - semmap : 세마포어 맵에 있는 항목의 개수다.
  - semmni : 세마포어 집합의 최대 개수다.
  - semmns : 전체 세마포어 집합에서 세마포어의 최대 개수다.
  - semmnu : 시스템 전체에서 undo 구조체의 최대 개수다.
  - semmsl : 한 집합에서 세마포어의 최대 개수다.

- semopm : semop()에 가능한 최대 연산 개수다.
- semume : 프로세스 당 가능한 undo 항목의 최대 개수다.
- semusz : sem_undo 구조체의 크기다.
- semmx : 세마포어의 최댓값이다.
- semaem : 세마포어 재정리(SEM_UNDO)를 위해 기록할 수 있는 최댓값이다.

- **GETALL** : 세마포어 집합에 있는 모든 세마포어의 semval 값을 arg.array가 가리키는 배열에 저장한다.
- **GETNCNT** : 세마포어의 semncnt 값을 읽어온다.
- **GETVAL** : 세마포어의 semval 값을 읽어온다.
- **SETVAL** : 세마포어의 semval 값을 arg.val로 설정한다.
- **GETPID** : 세마포어의 sempid 값을 읽어온다.
- **GETZCNT** : 세마포어의 semzcnt 값을 읽어온다.
- **SETALL** : 세마포어 집합에 있는 모든 세마포어의 semval 값을 arg.array가 가리키는 배열값으로 설정한다.

semctl() 함수의 리턴값은 cmd에 따라 달라진다. cmd가 GETVAL이면 semval 값을, GETPID면 sempid 값을 리턴한다. cmd가 GETNCNT면 semncnt 값을, GETZCNT면 semzcnt 값을 리턴한다. semctl() 함수는 수행에 성공하면 0을, 오류가 발생하면 모든 경우에 -1을 리턴한다.

네 번째 인자는 제어 명령에 따른 선택 사항이다. 네 번째 항목이 필요할 경우 다음과 같은 공용체union를 사용한다. 이 공용체는 프로그램에서 명시적으로 선언하고 사용해야 한다.

```
union semun {
      int             val;
      struct semid_ds *buf;
      unsigned short  *array;
      struct seminfo  *__buf;  /* 리눅스에서만 사용 */
};
```

세마포어 연산 : semop(2)

잠금과 해제와 같은 세마포어 연산을 수행하려면 semop() 함수를 사용한다.

함수 원형

```
#include <sys/types.h>
#include <sys/ipc.h>
#include <sys/sem.h>

int semop(int semid, struct sembuf *sops, size_t nsops);
```

↳ 인자 설명

- **sedmid** : semget() 함수로 생성한 세마포어 식별자
- **sops** : sembuf 구조체의 주소
- **nsops** : sops가 가리키는 구조체의 크기

semop() 함수는 semid가 가리키는 세마포어에 크기가 nsops인 sembuf 구조체로 지정한 연산을 실행한다. sembuf 구조체는 sys/sem.h 파일에 정의되어 있다.

```
struct sembuf {
      unsigned short  sem_num;
      short           sem_op;
      short           sem_flg;
};
```

- **sem_num** : 세마포어 번호다.
- **sem_op** : 세마포어 연산이다.
- **sem_flg** : 연산을 위한 플래그로, IPC_NOWAIT나 SEM_UNDO를 지정한다.
  - SEM_UNDO : 프로세스가 비정상적으로 갑자기 종료될 때 세마포어 동작을 취소시킨다.

세마포어 연산은 sembuf 구조체의 sem_op 항목에 지정한다. sem_op 항목은 semop 함수가 수행할 기능을 정수로 나타낸다. 다음과 같은 세 가지 경우가 있다.

```
if (sem_op < 0) {   /* 세마포어 잠금 */
    wait until semval >= | sem_op |;
    semval -= | sem_op |;
}
else if (sem_op > 0)         /* 세마포어 잠금 해제 */
    semval += sem_op;
else
    wait until semval is 0;
```

위의 코드를 자세히 살펴보자.

❶ sem_op가 음수면 세마포어 잠금 기능을 수행한다. 이는 공유 자원을 사용하려는 것이다.

- semval 값이 sem_op의 절댓값과 같거나 크면 semval 값에서 sem_op의 절댓값을 뺀다.
- semval 값이 sem_op 값보다 작고 sem_flg에 IPC_NOWAIT이 설정되어 있으면 semop() 함수는 즉시 리턴한다.
- semval 값이 sem_op 값보다 작은데 sem_flg에 IPC_NOWAIT이 설정되어 있지 않으면 semop() 함수는 semncnt 값을 증가시키고 다음 상황을 기다린다.
- semval 값이 sem_op의 절댓값보다 같거나 커진다. 이 경우 semncnt 값은 감소하고 semval 값에서 sem_op의 절댓값을 뺀다.
- 시스템에서 semid가 제거된다. 이 경우 errno가 EIDRM으로 설정되고 −1을 리턴한다.
- semop() 함수를 호출한 프로세스가 시그널을 받는다. 이 경우 semncnt 값은 감소하고 시그널 처리 함수를 수행한다.

❷ sem_op가 양수면 이는 세마포어의 잠금을 해제하고, 사용 중이던 공유 자원을 돌려준다. 이 경우 sem_op 값이 semval 값에 더해진다.

❸ sem_op 값이 0인 경우

- semval 값이 0이면 semop() 함수는 즉시 리턴한다.
- semval 값이 0이 아니고 sem_flg에 IPC_NOWAIT이 설정되어 있으면 semop() 함수는 즉시 리턴한다.
- semval 값이 0이 아니고 sem_flg에 IPC_NOWAIT이 설정되어 있지 않으면 semop() 함

수는 semzcnt 값을 증가시키고 semval 값이 0이 되기를 기다린다.

5.3 세마포어 사용 예제

[예제 11-7]은 세마포어를 사용해 여러 프로세스 사이에서 동기화 작업을 수행하는 예제다. 전체 프로그램은 하나지만 길고 복잡하기 때문에 각 기능별로 나누어 설명할 것이다.

[예제 11-7] (1)은 initsem() 함수를 사용해 세마포어를 생성하고 초기화하는 부분이다.

예제 11 - 7 (1) 세마포어 생성과 초기화 ch11_7.c

```c
#include <errno.h>
#include <sys/types.h>
#include <sys/ipc.h>
#include <sys/sem.h>
#include <unistd.h>
#include <stdlib.h>
#include <stdio.h>

union semun {
    int val;
    struct semid_ds *buf;
    unsigned short *array;
};

int initsem(key_t semkey) {
    union semun semunarg;
    int status = 0, semid;

    semid = semget(semkey, 1, IPC_CREAT | IPC_EXCL | 0600);
    if (semid == -1) {
        if (errno == EEXIST)
            semid = semget(semkey, 1, 0);
    }
    else {
        semunarg.val = 1;
        status = semctl(semid, 0, SETVAL, semunarg);
    }
```

```
29    if (semid == -1 || status == -1) {
30        perror("initsem");
31        return (-1);
32    }
33
34    return semid;
35 }
36
```

- **09~13행** 세마포어 공용체를 정의한다.
- **19~23행** initsem() 함수의 인자로 받은 키를 지정해 세마포어 식별자를 생성한다. 리턴값이 −1이고 errno 값이 EEXIST면 이미 존재하는 세마포어 식별자라는 의미이므로 기존 식별자를 읽어온다.
- **24~27행** semctl() 함수를 사용해 세마포어 값을 1로 초기화한다. 즉, 잠금이 해제되어 있는 초기 상태다.

[예제 11−7] (2)는 세마포어를 잠그고 해제하는 부분이다.

예제 11 - 7 (2) 세마포어 연산 ch11_7.c

```
int semlock(int semid) {
    struct sembuf buf;

    buf.sem_num = 0;
    buf.sem_op = -1;
    buf.sem_flg = SEM_UNDO;
    if (semop(semid, &buf, 1) == -1) {
        perror("semlock failed");
        exit(1);
    }
    return 0;
}
int semunlock(int semid) {
    struct sembuf buf;

    buf.sem_num = 0;
    buf.sem_op = 1;
```

```
55     buf.sem_flg = SEM_UNDO;
56     if (semop(semid, &buf, 1) == -1) {
57         perror("semunlock failed");
58         exit(1);
59     }
60     return 0;
61 }
62
```

- **37~48행** semlock() 함수는 sem_op 값을 −1로 설정해 공유 자원을 얻고 잠금 기능을 수행한다. initsem() 함수에서 세마포어 값의 초깃값을 1로 설정했으므로 처음 semlock() 함수를 실행하는 프로세스는 세마포어 값에서 1을 빼면 0이 되어 잠금 기능을 수행한다.
- **50~61행** semunlock() 함수는 sem_op 값을 1로 설정해 사용 중인 공유 자원의 잠금 기능을 해제하고 되돌려주려 한다. 처음 semunlock() 함수를 호출하면 세마포어 값이 0이므로 여기에 1을 더하면 세마포어 값이 양수가 되어 잠금을 해제한다.
- **42행, 55행** sem_flg를 SEM_UNDO로 설정해 문제가 발생하면 동작을 취소할 수 있게 한다.

[예제 11−7] (3)은 세마포어 생성 함수를 호출해 세마포어를 생성하고 잠금 함수를 호출해 잠근 후 작업을 수행하고 해제 함수를 호출해 잠금을 해제한다.

예제 11 - 7 **(3) 세마포어 호출** ch11_7.c

```
63 void semhandle() {
64     int semid;
65     pid_t pid = getpid();
66
67     if ((semid = initsem(1)) < 0)
68         exit(1);
69
70     semlock(semid);
71     printf("Lock : Process %d\n", (int)pid);
72     printf("** Lock Mode : Critical Section\n");
73     sleep(1);
74     printf("Unlock : Process %d\n", (int)pid);
75     semunlock(semid);
```

```
76
77     exit(0);
78 }
79
80 int main() {
81     int a;
82     for (a = 0; a < 3; a++)
83         if (fork() == 0) semhandle();
84 }
```

- **80~84행** main() 함수에서는 fork() 함수를 세 번 호출해 자식 프로세스 3개를 생성하고, 각 자식 프로세스는 semhandle() 함수를 실행한다. 즉, 자식 프로세스가 모두 semhandle() 함수를 같이 실행한다.
- **63~78행** semhandle() 함수는 세마포어를 생성해(67행) 잠금을 수행하고(70행) 작업한 후(71~74행) 다시 잠금을 해제한다(75행).
- **71~74행** 여기에 있는 printf() 문이 실제 수행 부분이다. 이 예제에서는 간단한 출력문이지만 실제 상황에서는 중요한 처리 부분이 위치한다.

만일 70행과 75행을 제거해 세마포어 기능을 사용하지 않고 실행하면 어떻게 될까? 다음의 실행 결과를 보면 Lock이 모두 출력된 후 Unlock이 출력된 것을 알 수 있다. 이는 한 프로세스가 71~74행을 실행하는 동안 다른 프로세스도 이 부분을 실행했기 때문이다.

실행

```
$ ch11_7.out
Lock : Process 47609
** Lock Mode : Critical Section
Lock : Process 47608
** Lock Mode : Critical Section
Lock : Process 47607
** Lock Mode : Critical Section
Unlock : Process 47607
Unlock : Process 47609
Unlock : Process 47608
```

다시 70행과 75행을 넣어 세마포어 기능을 되살린 후 실행해보자. 실행 결과를 보면 생성된 자식 프로세스들이 한 번에 한 프로세스만 잠금 부분에 들어가는 것을 알 수 있다. 세마포어는 이렇게 프로세스 사이에서 동기를 맞출 수 있도록 도와준다.

실행

```
$ ch11_7.out
Lock : Process 47618
** Lock Mode : Critical Section
Unlock : Process 47618
Lock : Process 47620
** Lock Mode : Critical Section
Unlock : Process 47620
Lock : Process 47619
** Lock Mode : Critical Section
Unlock : Process 47619
```

예제 실행을 마치면 ipcs 명령으로 세마포어의 정보를 확인하고 ipcrm 명령(ipcrm -s #)으로 삭제한다.

실행

```
$ ipcs -s

------ Semaphore Arrays --------
key        semid      owner      perms      nsems
0x00000001 0          jw         600        1

$ ipcrm -s 0
$ ipcs -s

------ Semaphore Arrays --------
```

요약

01 시스템 V IPC

시스템 V 계열 유닉스에서 개발해 제공하는 프로세스 간 통신 방법을 시스템 V IPC라고 한다. 시스템 V IPC에는 메시지 큐message queue, 공유 메모리shared memory, 세마포어semaphore가 있다. 시스템 V IPC를 사용하려면 IPC 객체를 생성해야 하고 키를 지정해야 한다. 현재 사용 중인 각 IPC의 상태를 확인하고 사용을 마친 객체는 삭제할 수 있도록 관리 명령을 제공한다.

기능	함수 및 명령
상수	IPC_PRIVATE
키 생성	key_t ftok(const char *pathname, int proj_id);
IPC 정보 검색	ipcs [-ihVmqsaclptu]
IPC 생성	ipcmk [options]
IPC 삭제	ipcrm [options]

02 메시지 큐

메시지 큐는 메시지(또는 패킷) 단위로 동작한다. 각 메시지의 최대 크기는 제한되어 있다. 각 메시지는 메시지 유형message type이 있다. 수신 프로세스는 어떤 유형의 메시지를 받을 것인지 선택할 수 있다.

기능	함수
메시지 큐 식별자 생성	int msgget(key_t key, int msgflg);
메시지 전송	int msgsnd(int msqid, const void *msgp, size_t msgsz, int msgflg);
메시지 수신	ssize_t msgrcv(int msqid, void *msgp, size_t msgsz, long msgtyp, int msgflg);
메시지 제어	int msgctl(int msqid, int cmd, struct msqid_ds *buf);

03 공유 메모리

공유 메모리는 같은 메모리 공간을 2개 이상의 프로세스가 공유해 데이터를 주고받을 수 있게 한다.

기능	함수
공유 메모리 식별자 생성	int shmget(key_t key, size_t size, int shmflg);
공유 메모리 연결	void *shmat(int shmid, const void *shmaddr, int shmflg);
공유 메모리 연결 해제	int shmdt(const void *shmaddr);
공유 메모리 제어	int shmctl(int shmid, int cmd, struct shmid_ds *buf);

04 세마포어

세마포어는 프로세스 사이의 동기synchronization를 맞춘다. 세마포어는 한 번에 한 프로세스만 작업을 수행하는 부분에 접근해 잠그거나 다시 잠금을 해제하는 기능을 제공하는 정수형 변수다.

기능	함수
세마포어 생성	int semget(key_t key, int nsems, int semflg);
세마포어 제어	int semctl(int semid, int semnum, int cmd, …);
세마포어 연산	int semop(int semid, struct sembuf *sops, size_t nsops);

연습문제

01 시스템 V IPC에서는 키를 지정해 통신 상대를 구분한다. 함수를 사용해 키를 정상적으로 생성한 것은?

① ftok(1, "./key")　　② ftok("./key")

③ ftok(1)　　④ ftok("./key", 1)

02 ipcrm 명령으로 시스템 V IPC 중에서 공유 메모리를 삭제할 때 어떤 옵션을 지정해야 하는가?

① −m　　② −s

③ −q　　④ −a

03 msgget() 함수를 사용해 메시지 큐 식별자를 생성하려고 한다. 올바르게 작성한 것은?

① msgget(key, 0664)

② msgget(key, IPC_CREAT | 0664)

③ msgget(IPC_CREAT | 0664, key)

④ msgget(key)

04 공유 메모리를 사용하려면 프로세스의 데이터 영역과 공유 메모리를 연결해야 한다. 이때 사용하는 함수는?

① shmget()　　② shmtl()

③ shmat()　　④ shmdt()

05 세마포어를 잠그기 위한 sembuf 구조체의 sem_op 값으로 올바른 것은?

① 1　　② 0

③ −1　　④ 2

06 ipcmk 명령으로 다음과 같은 IPC 객체를 생성하고 ipcs 명령으로 확인하시오.

- 메시지 큐 생성
- 크기가 1KB인 공유 메모리
- 요소가 5개인 세마포어

07 6번에서 생성한 IPC 객체를 ipcrm 명령으로 삭제하시오.

08 msgctl() 함수에서 IPC_INFO 플래그를 설정하고 msginfo 구조체에 정보를 읽어와 출력하는 프로그램을 작성하시오.

09 [예제 11-1]과 [예제 11-2]를 참조해 메시지를 주고받는 프로그램을 작성하고 다음 질문에 답하시오. 메시지 유형을 1, 2, 2로 지정해 보내고 2번 유형의 첫 번째 메시지를 수신하는 프로그램을 작성하되 각 메시지는 다음과 같이 지정하시오.

- 1번 메시지 : Hanbit Message 1
- 2번 메시지 : Hanbit Message 2-1
- 2번 메시지 : Hanbit Message 2-2

① send 프로그램을 실행하고 ipcs -q를 실행한 결과는?

② receive 프로그램을 실행하고 ipcs -q를 실행한 결과를 ①의 결과와 비교했을 때 변경된 값은?

10 shmctl() 함수에서 IPC_INFO 플래그를 설정하고 shminfo 구조체에 정보를 읽어와 출력하는 프로그램을 작성하시오.

11 shmctl() 함수에서 SHM_INFO 플래그를 설정하고 shm_info 구조체에 정보를 읽어와 출력하는 프로그램을 작성하시오.

12 [예제 11-6]을 참조해 talker가 listener에 문자열을 연속으로 보내는 프로그램을 작성하시오. 이때 listener는 talker로부터 받은 문자열을 출력하고 응답은 보내지 않으며 문자열 내용이 q라면 프로그램을 종료한다.

13 [예제 11-6]과 12번 문제를 참조해 listener에서 'OK'라고 응답하도록 프로그램을 작성하시오. 이때 talker가 q를 입력하면 종료한다.

14 두 프로그램이 같은 공유 메모리에 문자열(HANBIT, BOOK)을 읽고 쓰는 프로그램을 작성하시오. 이때 문자열은 읽고 쓰기를 10번 반복하고 터미널을 2개 동작시켜 두 프로그램을 동시에 실행한다. 프로그램 실행 결과를 확인하고 원인을 분석하시오. 공유 메모리에 문자열을 기록하고 다시 읽어 출력하기 전에 sleep(1)을 실행하시오.

15 14번 문제에서 만든 프로그램을 세마포어를 사용해 두 프로그램이 동시에 공유 메모리에 접근하지 않도록 수정하시오. 이때 문자열 읽고 쓰기를 20번 반복하도록 반복문을 사용하고, 출력 결과는 두 프로그램의 값이 섞이지 않고 자신이 기록한 문자열을 정확히 출력하도록 한다. 공유 메모리에 문자열을 기록하고 다시 읽어 출력하기 전에 sleep(1)을 실행하시오.

Part 04

네트워크를 통한 통신

Preview

인터넷이 보편화되면서 네트워크를 이용하는 다양한 서비스가 등장하고 있다. 네트워크를 이용하는 프로그램은 기본적으로 TCP/IP 프로토콜을 사용하며, IP 주소와 포트 정보에 대한 이해가 필요하다. TCP/IP 프로그래밍을 하는 대표적인 방법은 소켓을 이용하는 것이다. 소켓을 이용하면 TCP나 UDP에 대한 구체적인 지식이 없어도 네트워크 프로그램을 쉽게 작성할 수 있다. TCP/IP 프로그램을 작성하는 기본 기능을 알아보고, 소켓을 통해 네트워크 프로그램을 작성하는 방법을 알아본다.

Chapter

12

소켓 프로그래밍 기초

학습목표

- TCP/IP 프로토콜의 기본 개념을 이해한다.
- IP 주소와 포트 번호의 개념을 이해한다.
- 소켓 관련 구조체와 함수를 이해한다.
- 소켓을 이용한 통신 프로그램을 작성할 수 있다.

01 개요

인터넷의 확산으로 산업 표준으로 자리 잡은 TCP/IP 프로토콜TCP/IP Protocol은 개발 초기부터 유닉스 시스템에 통합되어 서비스를 제공하고 있으며 리눅스에서도 기본적으로 제공된다.

TCP/IP 프로토콜은 계층 구조로 구성되어 있다. 네트워크 계층 구조의 기준이라고 할 수 있는 ISOInternational Standardization Organization의 OSIOpen System Interconnection 7계층과 달리 TCP/IP는 5개 계층으로 이루어져 있다. 이 5개 계층은 [그림 12-1]과 같은데, 이 중 하드웨어 계층과 네트워크 접속 계층을 묶어서 4개 계층으로 구분하기도 한다.

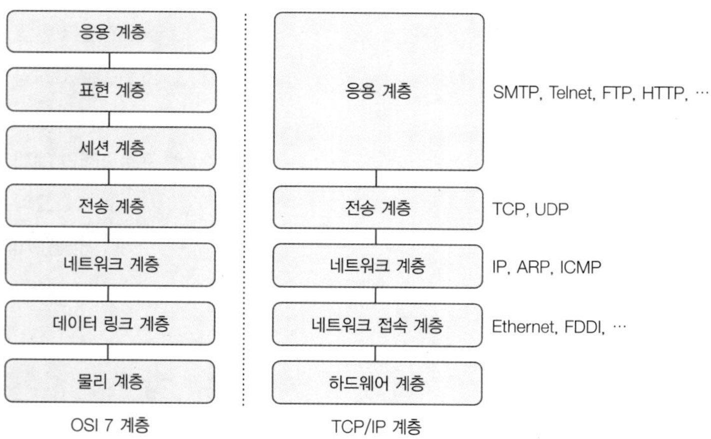

그림 12-1 OSI 7 계층과 TCP/IP 계층 구조 비교

- **응용 계층**application layer : 사용자에게 서비스를 제공하기 위한 계층이다. 응용 계층의 대표적인 프로토콜은 Telnet, FTP, HTTP, SMTP, DNS 등이다.
- **전송 계층**transport layer : 패킷의 전송을 담당하는 계층이다. 전송 계층의 대표적인 프로토콜에는 TCPTransmission Control Protocol와 UDPUser Datagram Protocol가 있다.
- **네트워크 계층**network layer : 인터넷 계층이라고도 하며 패킷이 전달되는 경로를 담당한다. 통

상 TCP/IP라고 부르는 프로토콜에서 IP Internet Protocol가 네트워크 계층에 속한다. IP 외에 ICMP, ARP 등이 있다.

- **네트워크 접속 계층** network access layer, **하드웨어 계층** hardware layer : 물리적인 네트워크와의 연결을 담당한다. 일반적으로 이더넷 카드나 랜 카드라고 하는 부분이 이 계층에 해당한다.

TCP/IP 중 전송 계층에서는 TCP와 UDP를 제공한다. 이 두 프로토콜의 차이점은 [표 12-1]과 같다. TCP/IP 계층 구조를 구성하는 다양한 프로토콜 중에서 전송 계층의 TCP와 네트워크 계층의 IP가 대표적인 프로토콜이어서 TCP/IP 프로토콜이라고 부른다.

표 12-1 TCP와 UDP의 차이점

TCP	UDP
연결지향형(connection-oriented)	비연결형(connectionless)
신뢰성(reliability) 보장	신뢰성을 보장하지 않음
흐름 제어 기능(flow-control) 제공	흐름 제어 기능 없음
순서(sequenced) 보장	순서를 보장하지 않음(No sequence)

TCP는 전화를 걸 때처럼 데이터를 주고받기 전에 송신측과 수신측이 연결되어 있어야 한다. 그리고 송신한 데이터가 수신측에 도착했는지 확인하는 과정을 거친다. 또한 데이터를 주고받는 속도를 조절해 통신 효율이 떨어지거나 데이터가 손실되는 일을 방지할 수도 있다.

UDP는 TCP와 달리 사전에 목적지와 연결을 설정하지 않고 상대방이 데이터를 제대로 수신했는지도 확인하지 않는다. 단순히 목적지 주소를 지정해 네트워크로 전송하는 것이다. 중도에 데이터가 분실되어도 신경 쓰지 않는다. 따라서 신뢰성보다는 속도가 중요한 서비스에 주로 이용한다. 예를 들어, ping 서비스의 경우 대상 호스트가 동작하고 있는지를 빨리 알아내는 것이 중요하므로 UDP를 이용한다.

TCP/IP 프로토콜을 이용해 데이터를 주고받으려면 주소가 있어야 한다. 일반 우편으로 편지를 보낼 때 주소를 적는 것과 마찬가지다. TCP/IP 프로토콜에서 주소 관련 프로토콜은 IP다. TCP/IP 프로토콜을 이용하는 네트워크에서 주소는 IP 주소를 의미하며, IPv4에서는 점(.)으로 구분된 4바이트 정수로 표시한다. 예를 들어, 192.168.100.1과 같이 쓴다.

IP 주소는 데이터가 전송될 목적지 호스트 destination host를 알려주는 역할을 한다. 그런데 목적지 호스트에는 여러 기능을 수행하는 프로세스들이 동시에 동작하고 있을 수 있다. 따라서 전송되어오는 데이터를 어느 프로세스가 수신해 서비스를 제공할 것인지를 알려줘야 한다. 이때 사용하는 것이 포트 번호port number다. 포트 번호는 2바이트 정수로 되어 있으므로 0~65535까지 사용할 수 있다. 인터넷에서 자주 사용하는 서비스는 이미 포트 번호가 지정되어 있다. 이를 잘 알려진 포트well-known port라고 하며 0~1023까지 사용한다. 대표적인 포트 번호는 Telnet 프로토콜이 23, FTP가 21, HTTP가 80 등이다. 일반 프로그램에서는 0~1023을 제외한 1024~65535를 사용한다.

TCP/IP 프로토콜을 이용해 응용 프로그램을 작성할 때 TCP 계층에서 제공하는 인터페이스 함수를 직접 사용해 프로그래밍하면 매우 복잡할 뿐만 아니라 관련 프로토콜의 내부 구조를 잘 알고 있어야 한다. 이런 복잡한 작업을 간편하게 해주는 것이 소켓socket 인터페이스다. 소켓 인터페이스는 응용 계층에서 전송 계층의 기능을 사용할 수 있도록 제공하는 응용 프로그래밍 인터페이스(APIApplication Programming Interface)다.

[그림 12-2]에서 보는 것처럼 소켓 인터페이스는 응용 프로그램과 TCP 계층을 연결하는 역할을 한다. 소켓 인터페이스를 이용하면 전송 계층이나 네트워크 계층의 복잡한 구조를 몰라도 네트워크 프로그램을 쉽게 작성할 수 있다. 이 장에서는 소켓을 이용해 프로그래밍하는 데 필요한 구조체와 함수를 살펴본다.

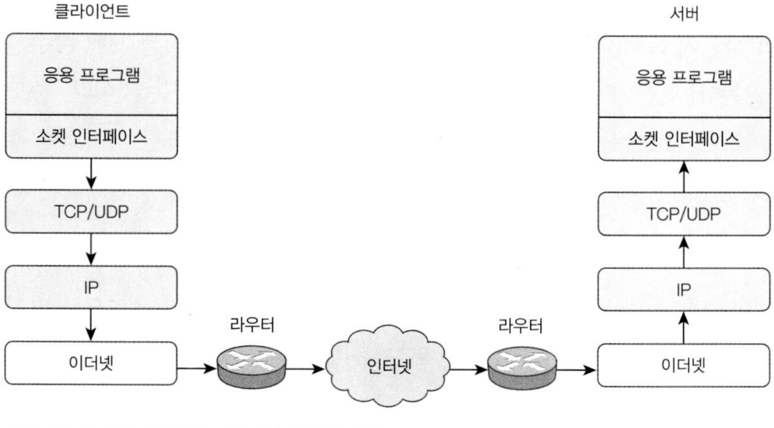

그림 12-2 소켓 인터페이스를 이용한 통신 구조

02 IP 주소와 포트 번호

TCP/IP 프로토콜을 이용해 통신하려면 IP 주소가 있어야 한다. 또한 인터넷에서 동작하는 각종 서비스를 구분하기 위한 포트 번호를 지정해야 한다. 이 절에서는 IP 주소와 포트 번호의 기본 개념을 살펴보고 관련 함수의 사용법을 배운다.

2.1 IP 주소와 호스트명

IP 주소IP address는 인터넷을 이용할 때 사용하는 주소로, 점(.)으로 구분된 32비트 숫자로 표시한다. 예를 들면 192.168.100.51과 같다. IP 주소를 네트워크 주소(인터넷 주소)network address(internet address)라고도 한다.

TIP IP 주소는 A~C 클래스로 구분되는데 자세한 사항은 여기서 다루지 않으므로 네트워크 관련 책을 참고하기 바란다.

시스템은 주소를 숫자로 구분하는 것이 효율적이지만, 사람은 이름으로 구분하는 것이 더 편하다. 따라서 시스템에는 IP 주소 외에 호스트명hostname을 지정한다. 예를 들어, 호스트명이 www.hanbit.co.kr인 시스템의 IP 주소는 218.38.58.195다. 인터넷에서 사용하는 호스트명은 '호스트명+도메인명' 형태로 구성된다. www.hanbit.co.kr의 경우 www는 호스트명, hanbit.co.kr은 도메인명이다. 도메인명domain name은 도메인을 관리하는 기관에 등록하고 사용해야 한다. 국내에서는 한국인터넷진흥원에서 kr 도메인을 관리한다. 호스트명은 같은 도메인 안에서 중복되지 않게 시스템 관리자가 정해서 사용하면 된다. 호스트명과 도메인명을 관리하는 시스템을 DNSDomain Name System라고 한다.

2.2 호스트명과 IP 주소 변환

호스트명과 IP 주소를 등록해놓은 파일이나 데이터베이스를 검색하면 호스트명이나 IP 주소를 찾을 수 있다. 이와 관련된 파일은 /etc/hosts며, 데이터베이스로는 제공하는 서비스에 따라 DNS일 수도 있고 NIS[Network Information Service]일 수도 있다. /etc/nsswitch.conf 파일에 어떤 데이터베이스를 어떤 순서로 활용하는지 지정하고 있다. 예를 들어, /etc/nsswitch.conf 파일에 지정된 값이 다음과 같다고 하자.

```
hosts: files dns
```

이 설정의 의미는 호스트명과 IP 주소를 먼저 파일에서 찾고, 파일에서 찾지 못하면 DNS 서비스를 이용한다는 의미다. 여기서 파일이란 /etc/hosts 파일을 의미한다. 리눅스에서는 호스트명과 IP 주소를 변환하는 여러 가지 함수를 제공한다.

호스트명과 IP 주소 읽어오기 : gethostent(3), sethostent(3), endhostent(3)

함수 원형

```
#include <netdb.h>

struct hostent *gethostent(void);
void sethostent(int stayopen);
void endhostent(void);
```

↳ 인자 설명

- **stayopen** : IP 주소 데이터베이스를 열어둘 것인지 여부를 나타내는 값

gethostent(), sethostent(), endhostent() 함수는 호스트명과 IP 주소를 차례로 읽어온다. gethostent() 함수는 호스트명과 IP 주소를 읽어서 hostent 구조체에 저장하고 그 주소를 리턴한다. sethostent() 함수는 데이터베이스의 현재 읽기 위치를 시작 부분으로 재설정한다. sethostent() 함수는 gethostent() 함수를 처음 사용하기 전에 호출해야 한다. sethostent() 함수의 인자인 stayopen 값이 0이 아니면 데이터베이스가 열린 채로 둔다. endhostent() 함수는 데이터베이스를 닫는다. gethostent() 함수는 데이터베이스의 끝을 만나면 널을 리턴한다. sethostent() 함수와 endhostent() 함수는 수행에 성공하면 0을 리턴한다.

hostent 구조체는 다음과 같으며, netdb.h 파일에 정의되어 있다.

```
struct hostent {
      char    *h_name;
      char    **h_aliases;
      int     h_addrtype;
      int     h_length;
      char    **h_addr_list;
};
```

- **h_name** : 호스트명을 저장한다.
- **h_aliases** : 호스트를 가리키는 다른 이름들을 저장한다.
- **h_addrtype** : 호스트 주소의 형식을 지정한다.
- **h_length** : 주소의 길이를 저장한다.
- **h_addr_list** : 해당 호스트의 주소 목록을 저장한다. 이 항목의 값을 해석하려면 2절에서 배우는 함수들이 필요하다.

gethostent() 함수를 사용해 /etc/hosts 파일의 내용을 읽어 출력하는 간단한 프로그램을 작성해보자.

예제 12-1 **호스트명 읽어오기** ch12_1.c

```c
#include <netdb.h>
#include <stdio.h>

int main() {
    struct hostent *hent;

    sethostent(0);

    while ((hent = gethostent()) != NULL)
        printf("Name=%s\n", hent->h_name);

    endhostent();
}
```

- **07행** 호스트 파일의 처음으로 읽기 위치를 설정한다.
- **09~10행** 호스트 파일에서 차례로 읽은 호스트명(h_name)을 출력한다.
- **12행** 호스트 파일을 닫는다.

여기서 잠깐! | 네트워크 라이브러리 지정

[예제 12-1]과 같은 네트워크 프로그램을 그냥 컴파일하면 운영체제에 따라 네트워크 라이브러리를 포함하지 않아 오류가 발생할 수 있으므로 네트워크 라이브러리를 지정해야 한다. 네트워크 라이브러리는 시스템의 종류에 따라 다를 수 있다. 솔라리스의 경우 다음과 같이 지정한다. 여기서 -lnsl은 libnsl.a나 libnal.so 파일을 의미한다. 우분투의 경우 자동으로 설정되므로 별도의 지정이 필요없다.

```
# gcc -o ch12_1.out ch12_1.c -lnsl
```

/etc/hosts 파일의 내용이 다음과 같다고 하자.

```
$ cat /etc/hosts
127.0.0.1       localhost
127.0.1.1       jw09

# The following lines are desirable for IPv6 capable hosts
::1     ip6-localhost ip6-loopback
fe00::0 ip6-localnet
ff00::0 ip6-mcastprefix
ff02::1 ip6-allnodes
ff02::2 ip6-allrouters
```

이 상태에서 [예제 12-1]을 실행하면 다음과 같이 호스트명 부분이 출력된다.

실행

```
$ ch12_1.out
Name=localhost
Name=jw09
Name=ip6-localhost
```

호스트명으로 정보 검색 : gethostbyname(3)

함수 원형

```
#include <netdb.h>

struct hostent *gethostbyname(const char *name);
```

↳ 인자 설명

- **name** : 검색하려는 호스트명

gethostbyname() 함수는 호스트명을 인자로 받아 데이터베이스에서 해당 항목을 검색해 hostent 구조체에 저장하고 그 주소를 리턴한다.

IP 주소로 정보 검색 : gethostbyaddr(3)

함수 원형

```
#include <netdb.h>
#include <sys/socket.h>

struct hostent *gethostbyaddr(const void *addr, socklen_t len, int type);
```

↳ 인자 설명

- **addr** : 검색하려는 IP 주소
- **len** : addr 길이
- **type** : IP 주소 형식

gethostbyaddr() 함수는 IP 주소를 인자로 받아 데이터베이스에서 해당 항목을 검색해 hostent 구조체에 저장하고 그 주소를 리턴한다. 첫 번째 인자인 addr에는 IP 주소가 저장된다. addr에 저장되는 주소는 변환을 수행한 것이다. 두 번째 인자인 len은 addr의 길이다. 세 번째 인자인 type에 사용하는 주소 형식은 다음과 같으며, 이 중에서 AF_UNIX와 AF_INET을 주로 사용한다.

```
AF_UNIX          호스트 내부 통신
AF_LOCAL         AF_UNIX와 동일
AF_INET          IPv4 인터넷 프로토콜
AF_AX25          아마추어 라디오 AX.25 프로토콜
```

AF_IPX	노벨 프로토콜(IPX)
AF_APPLETALK	애플토크 프로토콜
AF_X25	ITU-T X.25 / ISO-8208 프로토콜
AF_INET6	IPv6 인터넷 프로토콜
AF_KEY	보안 키 관리 프로토콜(IPsec)
AF_NETLINK	커널 사용자 인터페이스 장치
AF_PACKET	저수준 패킷 인터페이스
AF_RDS	신뢰할 수 있는 데이터그램 소켓(RDS) 프로토콜
AF_PPPOX	일반적인 PPP 전송 계층(L2TP, PPPoE)
AF_LLC	논리적 링크 제어 프로토콜(IEEE 802.2 LLC)
AF_IB	인피니밴드 주소
AF_MPLS	멀티프로토콜 레이블 스위칭
AF_CAN	컨트롤러 영역 네트워크 자동 버스 프로토콜
AF_TIPC	클러스터 도메인 소켓 프로토콜
AF_BLUETOOTH	블루투스 저수준 소켓 프로토콜
AF_ALG	커널 암호 API 인터페이스
AF_VSOCK	VMware VSockets 프로토콜
AF_KCM	커널 연결 멀티플렉서 인터페이스
AF_XDP	XDP(express data path) 인터페이스

gethostbyname() 함수와 gethostbyaddr() 함수의 사용 예는 다음 절에서 살펴본다.

2.3 포트 번호

IP 주소는 데이터가 전송될 목적지 호스트를 알려주는 역할을 한다. 그런데 목적지 호스트에는 여러 가지 기능을 수행하는 서비스 프로세스들이 동시에 동작하고 있을 수 있다. 예를 들면, 웹 서비스, 메일 서비스, FTP 서비스, 텔넷 서비스 등을 수행하는 프로세스가 동시에 동작하고 있는 것이다. 따라서 전송되어오는 데이터를 어느 서비스 프로세스에 전달할 것인지 구분할 수 있어야 한다. 회사 주소로 배달된 우편물을 전산실 김대리에게 전달하려면 회사 주소뿐만 아니라 수신자명이 정확하게 있어야 하는 것과 마찬가지다.

인터넷에서도 IP 주소 외에 서비스를 구분하는 다른 정보가 필요하다. 이때 사용하는 것이 포트 번호다. 포트 번호port number는 2바이트 정수로 되어 있으므로 0~65535까지 사용할 수 있다. 인터넷에서 자주 사용하는 서비스에는 이미 포트 번호가 지정되어 있다. 이를 잘 알려진 포트well-known port라고 하며, 0~1023까지 사용한다. 대표적인 포트 번호는 SSH 프로토콜이 22, FTP가 21, HTTP가 80 등이다. 일반 프로그램에서는 0~1023을 제외한 1024~65535를 사용한다. 이미 정해진 포트 번호는 /etc/services 파일에 등록되어 있다. 물론 시스템은 /etc/service 파일에서 정보를 검색하는 함수를 제공한다.

포트 정보 읽어오기 : getservent(3), setservent(3), endservent(3)

함수 원형

```
#include <netdb.h>


struct servent *getservent(void);
void setservent(int stayopen);
void endservent(void);
```

↳ 인자 설명

- **stayopen** : 포트 정보 데이터베이스를 열어둘 것인지 여부를 나타내는 값

getservent( ), setservent( ), endservent( ) 함수는 포트 정보를 차례로 읽어온다. 이 함수들은 gethostent( ), sethostent( ), endhostent( ) 함수와 같은 형태로 동작한다. getservent( ) 함수는 포트 정보를 읽어서 servent 구조체에 저장하고 그 주소를 리턴한다. setservent( ) 함수는 데이터베이스의 현재 읽기 위치를 시작 부분으로 재설정한다. setservent() 함수는 getservent() 함수를 처음 사용하기 전에 호출해야 한다. setservent() 함수의 인자인 stayopen 값이 0이 아니면 데이터베이스를 연 채로 둔다. endservent() 함수는 데이터베이스를 닫는다.

getservent( ) 함수는 데이터베이스의 끝을 만나면 널을 리턴한다. setservent( )와 endservent() 함수는 성공하면 0을 리턴한다.

servent 구조체는 다음과 같으며, netdb.h 파일에 정의되어 있다.

```
struct  servent {
      char    *s_name;
      char    **s_aliases;
      int     s_port;
      char    *s_proto;
};
```

- **s_name** : 포트명을 저장한다.
- **s_aliases** : 해당 서비스를 가리키는 다른 이름들을 저장한다.
- **s_port** : 포트 번호를 저장한다.
- **s_proto** : 서비스에 사용하는 프로토콜의 종류를 나타낸다.

getservent() 함수를 사용해 /etc/services 파일의 내용을 읽어 출력하는 간단한 프로그램을 작성해보자. getservent() 함수는 socket 라이브러리에 정의되어 있다. 만약 컴파일에서 함수 오류가 발생하면 다음과 같이 -lsocket으로 지정한다.

```
# gcc -o ch12_2.out ch12_2.c -lsocket
```

예제 12-2 getservent() 함수로 포트 정보 읽어오기 ch12_2.c

```
#include <netdb.h>
#include <stdio.h>

int main() {
    struct servent *port;
    int n;

    setservent(0);

    for (n = 0; n < 5; n++) {
        port = getservent();
        printf("Name=%s, Port=%d\n", port->s_name, port->s_port);
    }
```

```
14
15     endservent();
16 }
```

실행

```
$ ch12_2.out
Name=tcpmux, Port=256
Name=echo, Port=1792
Name=echo, Port=1792
Name=discard, Port=2304
Name=discard, Port=2304
```

- **08행** 포트 정보 데이터베이스에서 현재 읽기 위치를 시작으로 이동시킨다.
- **10~13행** 처음 5개의 포트 정보를 차례로 읽어서 출력한다.
- **15행** 포트 정보 데이터베이스를 닫는다.
- **실행 결과** /etc/services 파일의 내용과 실행 결과를 비교해보면 포트 번호가 다르다. 이는 servent 구조체에 저장되는 포트 번호의 바이트 순서가 다르기 때문이다. 바이트 순서 관련 내용은 다음 절에서 다룰 것이므로 여기서는 결과가 조금 이상하더라도 일단 넘어간다.

서비스명으로 정보 검색 : getservbyname(3)

함수 원형

```
#include <netdb.h>

struct servent *getservbyname(const char *name,  const  char *proto);
```

↳ 인자 설명

- **name** : 검색할 포트명
- **proto** : "tcp" 또는 "udp"

getservbyname() 함수는 포트명을 인자로 받아 데이터베이스에서 해당 항목을 검색해 servent 구조체에 저장하고 그 주소를 리턴한다. 두 번째 인자인 proto에는 "tcp"나 "udp" 또는 NULL을 지정한다. 같은 서비스 포트가 TCP 서비스를 위한 번호와 UDP 서비스를 위한 번호로 구분되기 때문이다.

포트 번호로 정보 검색 : getservbyport(3)

함수 원형

```
#include <netdb.h>

struct servent *getservbyport(int port, const char *proto);
```

↳ 인자 설명

- **port** : 검색할 포트 번호
- **proto** : "tcp" 또는 "udp"

getservbyport() 함수는 포트 번호를 인자로 받아 데이터베이스에서 해당 항목을 검색해 servent 구조체에 저장하고 그 주소를 리턴한다. 두 번째 인자인 proto에는 "tcp"나 "udp" 또는 NULL을 지정한다.

getservbyname() 함수와 getservbyport() 함수의 예제는 다음 절에서 바이트 순서를 배운 다음에 살펴본다.

03 소켓 프로그래밍

소켓은 응용 계층과 전송 계층을 연결하는 기능을 제공하는 프로그래밍 인터페이스다. 소켓을 이용해 TCP/IP 환경에서 프로그래밍할 경우 TCP나 UDP의 세부 내용에 대한 지식이 없어도 통신 프로그램을 작성할 수 있다. 이 절에서는 소켓 프로그래밍을 할 때 알아야 할 구조체와 함수 등 기본적인 사항을 살펴본다.

3.1 소켓의 종류

소켓socket은 크게 두 가지로 구분하는데, 같은 호스트에서 프로세스 사이에 통신할 때 사용하는 유닉스 도메인 소켓unix domain socket과 인터넷을 통해 다른 호스트와 통신할 때 사용하는 인터넷 소켓internet socket이 있다. 이 소켓들을 표시하는 이름으로는 다음과 같은 주소 패밀리명을 사용한다.

- **AF_UNIX** : 유닉스 도메인 소켓
- **AF_INET** : 인터넷 소켓

3.2 소켓의 통신 방식

TCP/IP 프로토콜의 전송 계층에서 사용하는 프로토콜에는 TCP와 UDP가 있다. 소켓을 이용할 때도 하부 프로토콜로 TCP를 사용할 것인지 UDP를 사용할 것인지 지정해야 한다. 이때 미리 정의되어 있는 상수를 사용한다.

- **SOCK_STREAM** : TCP 사용
- **SOCK_DGRAM** : UDP 사용

따라서 소켓을 이용할 때는 소켓의 종류와 통신 방식에 따라 네 가지 통신 유형이 나타난다.

- AF_UNIX – SOCK_STREAM
- AF_UNIX – SOCK_DGRAM
- AF_INET – SOCK_STREAM
- AF_INET – SOCK_DGRAM

3.3 소켓 주소 구조체

소켓을 이용한 프로그래밍에서는 소켓의 종류와 IP 주소, 포트 번호 등을 지정하기 위한 구조체를 사용한다. 소켓 구조체는 유닉스 도메인 소켓과 인터넷 소켓에서 각기 다른 형태를 사용한다.

유닉스 도메인 소켓의 주소 구조체

유닉스 도메인 소켓에 사용하는 주소 구조체는 다음과 같다. sockaddr_un 구조체는 sys/un.h 파일에 정의되어 있다. sockaddr_un 구조체에는 주소 패밀리명과 경로명이 항목으로 들어있다. 이 중 sun_family에는 AF_UNIX를 지정한다.

```
struct sockaddr_un {
    __kernel_sa_family_t  sun_family;                /* AF_UNIX */
    char                  sun_path[UNIX_PATH_MAX];   /* 경로명 */
};
```

인터넷 소켓의 주소 구조체

인터넷 소켓에 사용하는 주소 구조체는 다음과 같다. 주소 패밀리명과 포트 번호, IP 주소가 구조체 항목으로 들어 있다.

```
struct sockaddr_in {
    __kernel_sa_family_t  sin_family;        /* 주소 패밀리명 */
    __be16                sin_port;          /* 포트 번호 */
    struct in_addr        sin_addr;          /* 인터넷 주소 */
};
struct in_addr {
    __be32  s_addr;                          /* 32비트 주소 */
};
```

3.4 바이트 순서 함수

컴퓨터에서 정수를 저장하는 방식(바이트 순서byte ordering)은 두 가지이다. 각각 바이트를 순서대로 저장하는 빅 엔디언big endian과 거꾸로 저장하는 리틀 엔디언little endian이다.

빅 엔디언 방식은 메모리의 낮은 주소에 정수의 첫 바이트를 위치시킨다. 예를 들어, 0x1234를 저장할 경우 빅 엔디언은 0x12, 0x34의 순서로 저장한다(최상위 바이트 우선most significant byte first). 반면 리틀 엔디언의 경우 메모리의 높은 주소에 정수의 첫 바이트를 위치시킨다. 따라서 0x1234를 저장하면 0x34, 0x12의 순서와 같이 거꾸로 저장한다(최하위 바이트 우선least significant byte first). 인텔 계열 CPU는 리틀 엔디언 방식을, 썬 SPARC은 빅 엔디언 방식을 사용한다. ARM은 둘 중 하나를 선택할 수 있도록 한다.

이렇게 컴퓨터마다 바이트를 저장하는 순서가 다르기 때문에 네트워크를 이용한 통신에서는 바이트 순서가 중요한 문제가 된다. 데이터를 보내는 컴퓨터와 받는 컴퓨터의 정수 저장 방식이 다르면 같은 값을 서로 다르게 해석하기 때문이다. 따라서 TCP/IP에서는 데이터를 전송할 때 무조건 빅 엔디언을 사용하기로 결정했다. 이를 네트워크 바이트 순서(NBONetwork Byte Order)라고 한다.

반면 호스트에서 사용하는 바이트 순서는 호스트 바이트 순서(HBOHost Byte Order)라고 한다. 시스템에서 통신을 통해 데이터를 내보낼 때는 HBO에서 NBO로 데이터 순서를 바꿔서 전송하고, 데이터를 받으면 NBO에서 HBO로 변환한 후 처리해야 한다. NBO와 HBO 간에 바이트 순서를 변환해주는 함수를 사용해 이 작업을 수행할 수 있다.

함수 원형

```
#include <arpa/inet.h>


uint32_t htonl(uint32_t hostlong);
uint16_t htons(uint16_t hostshort);
uint32_t ntohl(uint32_t netlong);
uint16_t ntohs(uint16_t netshort);
```

↳ 인자 설명

- **hostlong, hostshort** : 호스트 바이트 순서로 저장된 값
- **netlong, netshort** : 네트워크 바이트 순서로 저장된 값

htonl() 함수는 32비트 HBO를 32비트 NBO로 변환한다. htons() 함수는 16비트 HBO를 16비트 NBO로 변환한다. ntohl() 함수는 32비트 NBO를 32비트 HBO로 변환하고, ntohs() 함수는 16비트 NBO를 16비트 HBO로 변환한다. 이 함수들은 socket 라이브러리에 정의되어 있다.

[예제 12-2]를 다시 살펴보자. servent 구조체는 통신과 관련된 정보를 저장하는 구조체이므로 포트 번호를 NBO 형태로 저장한다. 따라서 호스트에서 이 값을 출력하려면 ntohs() 함수로 변환해야 한다. ntohs() 함수를 사용하는 이유는 포트 번호가 16비트 정수(short)기 때문이다. [예제 12-3]에서 이를 확인해보자.

예제 12-3 NBO를 HBO로 변환하기 ch12_3.c

```c
#include <netdb.h>
#include <stdio.h>

int main() {
    struct servent *port;
    int n;

    setservent(0);

    for (n = 0; n < 5; n++) {
        port = getservent();
        printf("Name=%s, Port=%d\n", port->s_name, ntohs(port->s_port));
    }
```

```
14
15     endservent();
16 }
```

실행

```
$ ch12_3.out
Name=tcpmux, Port=1
Name=echo, Port=7
Name=echo, Port=7
Name=discard, Port=9
Name=discard, Port=9
```

- **12행** s_port의 값을 ntohs() 함수로 변환해 출력하도록 수정한다.
- **실행 결과** /etc/services 파일에 정의된 값과 동일함을 알 수 있다.

getservbyname()과 getservbyport() 함수를 사용해 포트 정보를 검색하는 예제를 살펴보자. 포트 번호를 정확하게 처리하려면 NBO와 HBO 사이의 변환이 필요하다.

예제 12-4 HBO를 NBO로 변환하기 ch12_4.c

```
#include <netdb.h>
#include <stdio.h>

int main() {
    struct servent *port;

    port = getservbyname("ssh", "tcp");
    printf("Name=%s, Port=%d\n", port->s_name, ntohs(port->s_port));

    port = getservbyport(htons(21), "tcp");
    printf("Name=%s, Port=%d\n", port->s_name, ntohs(port->s_port));
}
```

실행

```
$ ch12_4.out
Name=ssh, Port=22
Name=ftp, Port=21
```

- **07행** 포트명을 검색하려면 getservbyname() 함수에 서비스명을 인자로 지정한다.
- **10행** 포트 번호로 검색하려면 포트 번호를 NBO로 지정해야 한다. getservbyport() 함수의 첫 번째 인자는 htons() 함수를 사용해 포트 번호를 HBO에서 NBO로 변환해 지정한다.
- **08행, 11행** ntohs() 함수를 사용해 검색 결과를 출력한다.
- **실행 결과** ssh 서비스는 22번 포트를, FTP 서비스는 21번 포트를 사용하고 있음을 알 수 있다.

3.5 IP 주소 변환 함수

IP 주소는 192.168.10.1과 같이 점(.)으로 구분되는 형태다. 이 주소를 저장하는 방법은 두 가지다. 시스템 내부적으로는 앞에서와 같은 형태의 주소를 이진값으로 바꿔서 저장하고, 외부적으로 사용할 때는 문자열로 사용한다. 따라서 이진값과 문자열로 표시되는 IP 주소를 서로 변환할 수 있는 함수를 제공한다.

문자열 IP 주소를 숫자로 변환 : inet_addr(3)

함수 원형

```
#include <sys/socket.h>
#include <netinet/in.h>
#include <arpa/inet.h>

in_addr_t inet_addr(const char *cp);
```

↳ 인자 설명

• **cp** : 문자열 형태의 IP 주소

inet_addr() 함수는 IP 주소를 문자열로 받아 이를 이진값으로 바꿔서 리턴한다. in_addr_t는 long형이다.

구조체 IP 주소를 문자열로 변환 : inet_ntoa(3)

함수 원형

```
#include <sys/socket.h>
#include <netinet/in.h>
```

```
#include <arpa/inet.h>

char *inet_ntoa(const struct in_addr in);
```

↳ 인자 설명

- **in** : in_addr 구조체 형태의 IP 주소

inet_ntoa() 함수는 IP 주소를 in_addr 구조체 형태로 받아 점으로 구분된 문자열로 리턴한다.

IP 주소 변환 함수인 gethostbyaddr() 함수를 사용해 호스트 정보를 검색하는 예제를 살펴보자.

예제 12-5 IP 주소 변환하기 ch12_5.c

```
#include <sys/socket.h>
#include <arpa/inet.h>
#include <netdb.h>
#include <stdlib.h>
#include <stdio.h>
#include <string.h>

int main() {
    in_addr_t addr;
    struct hostent *hp;
    struct in_addr in;

    if ((addr = inet_addr("8.8.8.8")) == (in_addr_t)-1) {
        printf("Error : inet_addr(8.8.8.8\n");
        exit(1);
    }

    hp = gethostbyaddr((char *)&addr, 4, AF_INET);
    if (hp == NULL) {
        printf("Host information not found\n");
        exit(2);
    }

```

```
24     printf("Name=%s\n", hp->h_name);
25
26     memcpy(&in.s_addr, *hp->h_addr_list, sizeof (in.s_addr));
27     printf("IP=%s\n", inet_ntoa(in));
28 }
```

실행

```
$ ch12_5.out
Name=dns.google
IP=8.8.8.8
```

- **13행** 문자열로 된 IP 주소를 이진 형태로 변환한다.
- **18행** gethostbyaddr() 함수에 정수형으로 변환된 IP 주소를 인자로 지정하고 호스트 정보를 검색한다. gethostbyaddr() 함수의 첫 번째 인자는 char*이므로 형 변환을 수행해 지정한다. 주소는 4바이트 크기고 인터넷 주소이므로 AF_INET를 지정한다.
- **24행** 검색된 호스트명을 출력한다.
- **26~27행** hostent 구조체의 항목으로 리턴된 IP 주소를 출력한다. 이 IP 주소는 이진값으로 hostent 구조체 항목에서 in_addr 구조체로 복사한 후 문자열 형태로 변환해야 한다. 26행에서 in_addr 구조체에 값을 지정하고, 27행에서 inet_ntoa() 함수로 in_addr 구조체를 인자로 받아 문자열로 변환하고 출력한다.
- **실행 결과** 호스트명과 IP 주소가 출력되었다.

04 소켓 인터페이스 함수

소켓socket도 특수 파일special file의 하나다. 따라서 소켓을 이용해 네트워크 프로그래밍을 할 때는 소켓을 생성해 IP 주소와 연결한 후 서버와 클라이언트가 연결되면 소켓을 통해 읽고 쓰면 된다. 소켓을 이용해 데이터를 주고받으려면 다양한 소켓 함수가 필요하며, 이 함수들을 순서에 맞게 호출해야 한다. 소켓 인터페이스 함수의 종류와 호출 순서를 살펴본다.

4.1 소켓 인터페이스 함수의 종류

소켓을 이용해 네트워크 프로그래밍을 할 때 필요한 함수는 다음과 같다.

- **socket()** : 소켓 파일 기술자 생성
- **bind()** : 소켓 파일 기술자를 지정된 IP 주소/포트 번호와 결합bind
- **listen()** : 클라이언트의 연결 요청 대기
- **connect()** : 클라이언트가 서버에 접속 요청
- **accept()** : 클라이언트의 연결 요청 수락
- **send()** : 데이터 송신(SOCK_STREAM)
- **recv()** : 데이터 수신(SOCK_STREAM)
- **sendto()** : 데이터 송신(SOCK_DGRAM)
- **recvfrom()** : 데이터 수신(SOCK_DGRAM)
- **close()** : 소켓 파일 기술자 종료

이 중에서 bind(), listen(), accept() 함수는 서버 측에서만 사용하고, connect() 함수는 클라이언트 측에서만 사용한다. 나머지 socket(), recv(), send(), recvfrom(), sendto(), close() 함수는 서버와 클라이언트에서 모두 사용한다. 각 함수의 형식과 사용 방법을 알아보자.

소켓 파일 기술자 생성 : socket(2)

```
#include <sys/types.h>
#include <sys/socket.h>

int socket(int domain, int type, int protocol);
```

함수 원형

↳ 인자 설명

- **domain** : 소켓 종류(유닉스 도메인 또는 인터넷 소켓)
- **type** : 통신 방식(TCP 또는 UDP)
- **protocol** : 소켓에 이용할 프로토콜

socket() 함수는 domain에 지정한 소켓의 형식과 type에 지정한 통신 방식을 지원하는 소켓을 생성한다. protocol은 소켓에서 이용할 프로토콜로, 보통은 0을 지정한다. 이 경우 시스템이 protocol 값을 결정한다. domain에는 도메인 또는 주소 패밀리를 지정한다. 유닉스 도메인 소켓을 생성할 경우 AF_UNIX를 지정하고, 인터넷 소켓을 생성할 경우 AF_INET을 지정한다. type에는 통신 방식에 따라 SOCK_STREAM이나 SOCK_DGRAM을 지정한다. socket() 함수는 성공하면 소켓 기술자를, 실패하면 −1을 리턴한다. 다음은 인터넷 소켓을 생성하는 예다.

```
int sd;
sd = socket(AF_INET, SOCK_STREAM, 0);
```

소켓 파일 기술자를 지정된 IP 주소/포트 번호와 결합: bind(2)

```
#include <sys/types.h>
#include <sys/socket.h>

int bind(int sockfd, const struct sockaddr *addr, socklen_t addrlen);
```

함수 원형

↳ 인자 설명

- **sockfd** : socket() 함수가 생성한 소켓 기술자
- **addr** : 소켓의 이름을 표현하는 구조체
- **addrlen** : addr의 크기

socket() 함수로 생성한 소켓을 사용하려면 소켓을 특정 IP 및 포트 번호와 연결해야 한다. bind() 함수는 socket() 함수가 생성한 소켓 기술자 sockfd에 sockaddr 구조체인 addr에 지정한 정보를 연결하는데, 이 작업은 '소켓에 이름을 할당하기'라고 한다. sockaddr 구조체에 지정하는 정보는 소켓의 종류, IP 주소, 포트 번호다. bind() 함수는 수행에 성공하면 0을, 실패하면 −1을 리턴한다. 다음은 bind() 함수로 소켓에 주소를 붙이는 예다. IP 주소를 192.168.100.1로 지정하고 포트 번호를 9000번으로 지정했다.

```
int sd;
struct sockaddr_in sin;
memset((char *)&sin, '\0', sizeof(sin));
sin.sin_family = AF_INET;
sin.sin_port = htons(9000);
sin.sin_addr.s_addr = inet_addr("192.168.100.1");
memset(&(sin.sin_zero), 0, 8);
bind(sd, (struct sockaddr *)&sin, sizeof(struct sockaddr));
```

클라이언트의 연결 요청 대기 : listen(2)

함수 원형

```
#include <sys/types.h>
#include <sys/socket.h>

int listen(int sockfd, int backlog);
```

↳ 인자 설명

- **sockfd** : socket 함수가 생성한 소켓 기술자
- **backlog** : 최대 허용 클라이언트 수

listen() 함수는 소켓 sockfd에서 클라이언트의 연결을 받을 준비를 마쳤음을 알린다. 접속이 가능한 클라이언트 수는 backlog에 지정한다. listen() 함수는 소켓이 SOCK_STREAM 방식으로 통신할 때만 필요하다. 다음은 클라이언트의 연결 요청을 받아들일 준비를 마쳤고 최대 10개까지만 연결을 받겠다고 표현한 예다.

```
listen(sd, 10);
```

클라이언트가 서버에 접속 요청 : connect(2)

함수 원형

```
#include <sys/types.h>
#include <sys/socket.h>

int connect(int sockfd, const struct sockaddr *addr, socklen_t addrlen);
```

↳ 인자 설명

- **sockfd** : socket() 함수가 생성한 소켓 기술자
- **addr** : 접속하려는 서버의 IP 정보
- **addrlen** : addr의 크기

connect() 함수는 클라이언트가 서버에 연결을 요청할 때 사용한다. connect() 함수는 소켓 sockfd를 통해 addr에 지정한 서버에 연결을 요청하는데, 이는 SOCK_STREAM 방식으로 통신할 때만 필요하다. connect() 함수는 첫 번째 인자인 sockfd가 가리키는 소켓을 두 번째 인자인 addr이 가리키는 주소로 연결한다. 연결에 성공하면 0을, 실패하면 -1을 리턴한다. 다음은 IP 주소가 192.168.100.1인 서버에 9000번 포트로 연결하는 예다.

```
int sd;
struct sockaddr_in sin;
memset((char *)&sin, '\0', sizeof(sin));
sin.sin_family = AF_INET;
sin.sin_port = htons(9000);
sin.sin_addr.s_addr = inet_addr("192.168.100.1");
memset(&(sin.sin_zero), 0, 8);
connect(sd, (struct sockaddr *)&sin, sizeof(struct sockaddr));
```

클라이언트의 연결 요청 수락 : accept(2)

함수 원형

```
#include <sys/types.h>
#include <sys/socket.h>

int accept(int sockfd, struct sockaddr *addr, socklen_t *addrlen);
```

↳ 인자 설명

- **sockfd** : socket() 함수가 생성한 소켓 기술자
- **addr** : 접속을 수락한 클라이언트의 IP 정보
- **addrlen** : addr 크기

accept() 함수는 클라이언트의 연결 요청을 수락한다. 서버는 accept() 함수를 사용해 소켓 sockfd를 통해 요청한 클라이언트와의 연결을 수락한다. 이때 addr에 클라이언트의 주소가 저장된다. addrlen에는 addr의 크기가 저장된다. 클라이언트의 연결 요청이 오면 새로운 소켓 기술자를 리턴한다. 서버는 이 새로운 소켓 기술자를 사용해 클라이언트와 데이터를 주고받을 수 있다. sockfd가 가리키는 소켓 기술자는 추가 연결 요청을 기다리는 데 사용한다.

다음은 accept() 함수를 사용하는 예다. 기존 소켓 기술자 sd를 통해 연결이 수락되면 새로운 기술자 new_sd가 리턴된다. clisin에는 클라이언트 주소가 저장된다.

```
int sd, new_sd;
struct sockaddr_in sin, clisin;
new_sd = accept(sd, &clisin, &sizeof(struct sockaddr_in));
```

데이터 송신 : send() 함수

함수 원형

```
#include <sys/types.h>
#include <sys/socket.h>

ssize_t send(int sockfd, const void *buf, size_t len, int flags);
```

↳ 인자 설명

- **sockfd** : socket() 함수가 생성한 소켓 기술자
- **buf** : 전송할 메시지를 저장한 메모리 주소
- **len** : 메시지의 크기
- **flags** : 데이터를 주고받는 방법을 지정한 플래그

send() 함수는 소켓 sockfd를 통해 크기가 len인 메시지 buf를 flags에 지정한 방법으로 전송한다. 마지막 인자인 flags에는 데이터를 주고받는 방법을 지정한다. 이 플래그에 지정할 수 있는 값은 다음과 같다.

- **MSG_OOB** : 영역 밖의 데이터out-of-band data로 처리한다. 이는 SOCK_STREAM에서만 사용할 수 있다. 영역 밖의 데이터란 중요한 메시지가 아니라는 의미다. 이 플래그를 설정한 메시지를 보내고 수신 확인을 받지 않아도 다른 메시지를 계속 전송한다.
- **MSG_DONTROUTE** : 데이터의 라우팅 설정을 해제한다. 이 플래그는 진단 프로그램이나 라우팅 프로그램에서 사용한다.

send() 함수는 실제로 전송한 데이터의 바이트 수를 리턴한다. 리턴값이 지정한 크기보다 작으면 데이터를 모두 보내지 못했음을 의미한다. send() 함수의 리턴값이 –1이면 데이터 전송 자체를 실패했다는 의미다. 다음은 간단한 메시지를 전송하는 예다.

```
char *msg = "Send Test\n";
int len = strlen(msg) + 1;
if (send(sd, msg, len, 0) == -1) {
    perror("send");
    exit(1);
}
```

데이터 수신 : recv(2)

함수 원형

```
#include <sys/types.h>
#include <sys/socket.h>

ssize_t recv(int sockfd, void *buf, size_t len, int flags);
```

↳ 인자 설명

- **sockfd** : socket() 함수가 생성한 소켓 기술자
- **buf** : 전송받은 메시지를 저장할 메모리 주소
- **len** : buf의 크기
- **flags** : 데이터를 주고받는 방법을 지정한 플래그

recv() 함수는 소켓 sockfd를 통해 전송받은 메시지를 크기가 len인 버퍼 buf에 저장한다. 마지막 인자인 flags는 send() 함수에서 사용하는 플래그와 같다. recv() 함수는 실제로 수신한 데이터의 바이트 수를 리턴한다. 다음은 버퍼의 크기를 80으로 설정하고 데이터를 수신하는 예다. 실제 수신한 데이터의 크기는 rlen 변수에 저장된다.

```
char buf[80];
int len, rlen;
if ((rlen = recv(sd, buf, len, 0)) == -1) {
    perror("recv");
    exit(1);
}
```

데이터 송신 : sendto(2)

함수 원형

```
#include <sys/types.h>
#include <sys/socket.h>

ssize_t sendto(int sockfd, const void *buf, size_t len, int flags,
               const struct sockaddr *dest_addr, socklen_t addrlen);
```

↳ 인자 설명

- **sockfd** : socket() 함수가 생성한 소켓 기술자
- **buf** : 전송할 메시지를 저장한 메모리 주소
- **len** : 메시지의 크기
- **flags** : 데이터를 주고받는 방법을 지정한 플래그
- **dest_addr** : 메시지를 받을 호스트의 주소
- **addrlen** : dest_addr의 크기

sendto() 함수는 UDP로 데이터를 전송한다. 따라서 목적지까지 미리 경로를 설정하지 않고 데이터를 전송한다. 데이터그램 기반 소켓(SOCK_DGRAM)으로 통신할 때는 listen()이나 accept() 함수를 호출하지 않는다. 첫 번째 인자인 sockfd로 지정한 소켓을 통해 buf가 가리키는 데이터를 dest_addr이 가리키는 목적지의 주소로 전송한다. send() 함수와 달리 매번 목적지 주소를 지정해야 한다. sendto() 함수는 실제로 전송한 데이터의 바이트 수를 리턴한다. 다음은 IP 주소가 192.168.10.1인 서버로 데이터를 전송하는 예다.

```
char *msg = "Send Test\n";
int len = strlen(msg) + 1;
struct sockaddr_in sin;
int size = sizeof(struct sockaddr_in);
memset((char *)&sin, '\0', sizeof(sin));
sin.sin_family = AF_INET;
sin.sin_port = htons(9000);
sin.sin_addr.s_addr = inet_addr("192.168.10.1");
memset(&(sin.sin_zero), 0, 8);
if (sendto(sd, msg, len, 0, (struct sockaddr *)&sin, size) == -1) {
    perror("sendto");
    exit(1);
}
```

데이터 수신 : recvfrom(2)

함수 원형

```
#include <sys/types.h>
#include <sys/socket.h>

ssize_t recvfrom(int sockfd, void *buf, size_t len, int flags,
                 struct sockaddr *src_addr, socklen_t *addrlen);
```

↳ 인자 설명

- **sockfd** : socket() 함수가 생성한 소켓 기술자
- **buf** : 전송받은 메시지를 저장할 메모리 주소
- **len** : 메시지의 크기
- **flags** : 데이터를 주고받는 방법을 지정한 플래그
- **src_addr** : 메시지를 보내는 호스트의 주소
- **addrlen** : src_addr의 크기

recvfrom() 함수는 UDP로 전달된 데이터를 수신하는 데 사용한다. 따라서 어디에서 메시지를 보내온 것인지 주소 정보도 함께 전달받는다. 다섯 번째 인자인 src_addr에는 메시지를 발신한 시스템의 주소 정보가 저장된다. recvfrom() 함수는 실제로 읽어온 데이터의 바이트 수를 리턴한다. 다음은 서버에서 전송한 데이터를 읽어오는 예다.

```
char buf[80];
int len, size;
struct sockaddr_in sin;
if (recvfrom(sd, buf, len, 0, (struct sockaddr *)&sin, &size) == -1) {
    perror("recvfrom");
    exit(1);
}
```

4.2 소켓 인터페이스 함수의 호출 순서

소켓 함수를 호출하는 일반적인 순서는 [그림 12-3]과 같다. 서버 측에서는 socket() 함수로 먼저 소켓을 생성한 후 bind() 함수를 사용해 특정 포트와 연결한다. 그 후 클라이언트에서 오는 요청을 받을 준비를 마쳤다는 사실을 listen() 함수를 통해 운영체제에 알리고 요청이 들어오기를 기다린다. 클라이언트의 요청이 오면 accept() 함수로 요청을 받고 send()와 recv() 함수를 통해 데이터를 주고받는다.

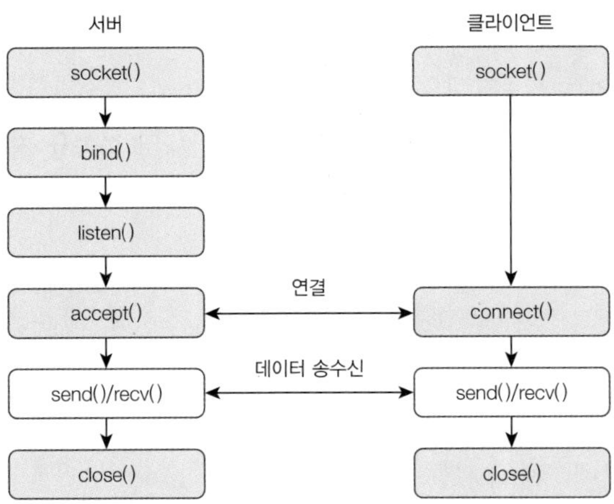

그림 12-3 소켓 함수의 호출 순서

클라이언트의 경우 socket() 함수로 소켓을 만든 뒤 connect() 함수로 서버와 연결을 요청한다. 서버에서 연결 요청을 받아들이면 send()와 recv() 함수로 데이터를 주고받는다. 서버와 클라이언트 모두 close() 함수를 사용해 통신을 종료한다.

05 소켓 프로그래밍 예제

이 절에서는 소켓을 이용한 간단한 예제 프로그램을 작성해본다. 소켓에는 같은 시스템에 있는 프로세스끼리 데이터를 주고받을 때 사용하는 유닉스 도메인 소켓과 다른 시스템의 프로세스와 통신을 하는 인터넷 소켓이 있다. 예제를 통해 각각의 사용 방법을 알아본다.

5.1 유닉스 도메인 소켓 예제

유닉스 도메인 소켓unix domain socket은 같은 시스템에서 통신이 일어나므로 TCP/IP 프로토콜을 직접 이용할 필요가 없다. 따라서 유닉스 도메인 소켓에서 사용하는 소켓 주소 구조체의 항목도 IP 주소가 아닌 경로명을 지정하도록 되어 있다. 이는 파이프나 시스템 V IPC에서 특수 파일을 통신에 사용하는 것과 같다고 생각하면 된다. 소켓 주소 구조체의 항목이 다른 것을 제외하면 유닉스 도메인 소켓이든 인터넷 소켓이든 소켓 함수를 사용하는 방식은 동일하다.

유닉스 도메인 소켓 예제는 서버와 클라이언트 프로그램으로 나뉜다. [예제 12-6] (1)에 나타낸 서버 프로그램은 "hbsocket"이라는 이름으로 소켓을 생성한 후 클라이언트의 접속을 기다리다가 클라이언트가 접속하면 보내온 메시지를 읽어 출력하는 간단한 구조로 되어 있다.

예제 12-6 (1) 유닉스 도메인 소켓(서버) ch12_6s.c

```c
#include <sys/socket.h>
#include <sys/un.h>
#include <unistd.h>
#include <stdlib.h>
#include <stdio.h>
#include <string.h>

#define SOCKET_NAME "hbsocket"

int main() {
```

```
    char buf[256];
    struct sockaddr_un ser, cli;
    int sd, nsd, len, clen;

    if ((sd = socket(AF_UNIX, SOCK_STREAM, 0)) == -1) {
        perror("socket");
        exit(1);
    }

    memset((char *)&ser, 0, sizeof(struct sockaddr_un));
    ser.sun_family = AF_UNIX;
    strcpy(ser.sun_path, SOCKET_NAME);
    len = sizeof(ser.sun_family) + strlen(ser.sun_path);

    if (bind(sd, (struct sockaddr *)&ser, len)) {
        perror("bind");
        exit(1);
    }

    if (listen(sd, 5) < 0) {
        perror("listen");
        exit(1);
    }

    printf("Waiting ...\n");
    if ((nsd = accept(sd, (struct sockaddr *)&cli, &clen)) == -1) {
        perror("accept");
        exit(1);
    }

    if (recv(nsd, buf, sizeof(buf), 0) == -1) {
        perror("recv");
        exit(1);
    }

    printf("Received Message: %s\n", buf);
    close(nsd);
    close(sd);
}
```

- **15행** 소켓을 생성한다.
- **20행** 소켓 주소 구조체를 초기화한다.
- **21~22행** 소켓 주소 구조체에서 소켓 패밀리를 AF_UNIX로 지정하고 소켓 경로명을 지정한다.
- **25행** bind() 함수로 소켓 기술자를 소켓 주소 구조체와 연결해 이름을 등록한다.
- **30행** listen() 함수를 호출해 통신할 준비를 마쳤음을 알린다.
- **36행** accept() 함수를 호출해 클라이언트의 접속 요청을 수락하고 새로운 소켓 기술자를 생성해 nsd에 저장한다. 클라이언트와는 nsd를 통해 통신을 하게 된다.
- **41행** 클라이언트가 보낸 메시지를 recv() 함수로 받아서 출력한다.
- **47~48행** 출력을 완료했으므로 소켓을 닫는다.

[예제 12-6] (2)에 나타낸 클라이언트도 "hbsocket"이라는 이름으로 소켓을 생성한 후 서버 측과 연결해 메시지를 전송하는 프로그램이다.

예제 12-6 **(2) 유닉스 도메인 소켓(클라이언트)** ch12_6c.c

```c
#include <sys/socket.h>
#include <sys/un.h>
#include <unistd.h>
#include <stdlib.h>
#include <stdio.h>
#include <string.h>

#define SOCKET_NAME "hbsocket"

int main() {
    int sd, len;
    char buf[256];
    struct sockaddr_un ser;

    if ((sd = socket(AF_UNIX, SOCK_STREAM, 0)) == -1) {
        perror("socket");
        exit(1);
    }

    memset((char *)&ser, '\0', sizeof(ser));
```

```
21     ser.sun_family = AF_UNIX;
22     strcpy(ser.sun_path, SOCKET_NAME);
23     len = sizeof(ser.sun_family) + strlen(ser.sun_path);
24
25     if (connect(sd, (struct sockaddr *)&ser, len) < 0) {
26         perror("bind");
27         exit(1);
28     }
29
30     strcpy(buf, "Unix Domain Socket Test Message");
31     if (send(sd, buf, sizeof(buf), 0) == -1) {
32         perror("send");
33         exit(1);
34     }
35     close(sd);
36 }
```

실행

[서버]

```
$ ch12_6s.out
Waiting ...
Received Message: Unix Domain Socket Test Message
```

[클라이언트]

```
$ ch12_6c.out
```

- **15행** 소켓을 생성한다.
- **20~23행** 소켓 주소 구조체를 초기화하고 값을 지정한다.
- **25행** 소켓 주소 구조체에 지정한 서버로 connect() 함수를 사용해 연결을 요청한다.
- **31행** 서버로 메시지를 전송한다.
- **실행 결과** 클라이언트가 보낸 메시지를 서버에서 받아 출력했음을 알 수 있다. 실행 시에는 서버를 먼저 실행한다.

여기서 잠깐! | bind 오류 처리

[예제 12-6]을 한 번 실행한 뒤 다시 실행하면 다음과 같은 메시지가 출력된다.

```
$ ch12_6s.out
bind: Address already in use
```

이는 소켓 파일이 이미 사용 중이라는 뜻이다. 따라서 소켓 파일([예제 12-6]의 경우 hbsocket)을 미리 삭제하거나, 서버 프로그램에서 소켓을 생성(서버 프로그램인 [예제 12-6] 15행)하기 전에 다음을 호출해 파일을 지우도록 해야 한다.

```
unlink(SOCKET_NAME);
```

5.2 인터넷 소켓 예제

인터넷 소켓internet socket은 서로 다른 시스템 사이에 통신하므로 TCP/IP 프로토콜을 직접 이용한다. 따라서 소켓 주소 구조체의 항목에 IP 주소와 포트 번호를 지정해야 한다.

[예제 12-7]은 [예제 12-6]처럼 간단한 메시지를 주고받는 프로그램이다. [예제 12-6]과 달리 서버에서 클라이언트로 메시지를 보내도록 했다. 메시지의 내용은 서버에 접속한 클라이언트의 주소를 알려주는 것이다.

[예제 12-7] (1)의 서버 프로그램은 소켓을 생성한 후 IP 주소와 연결하고 클라이언트의 접속을 기다리다가 클라이언트가 접속하면 클라이언트의 주소를 읽어 메시지를 작성한 후 클라이언트에 전송한이다. 이 예제에서는 서버 시스템의 IP 주소는 192.168.162.129이고 클라이언트 시스템의 IP 주소는 192.168.162.128이라고 가정한다.

예제 12-7 (1) 인터넷 소켓(서버) ch12_7s.c

```c
#include <sys/socket.h>
#include <sys/un.h>
#include <unistd.h>
#include <arpa/inet.h>
#include <stdlib.h>
```

```
#include <string.h>
#include <stdio.h>

#define PORTNUM 9000

int main() {
    char buf[256];
    struct sockaddr_in sin, cli;
    int sd, ns, clientlen = sizeof(cli);

    if ((sd = socket(AF_INET, SOCK_STREAM, 0)) == -1) {
        perror("socket");
        exit(1);
    }

    memset((char *)&sin, '\0', sizeof(sin));
    sin.sin_family = AF_INET;
    sin.sin_port = htons(PORTNUM);
    sin.sin_addr.s_addr = inet_addr("192.168.147.129");

    if (bind(sd, (struct sockaddr *)&sin, sizeof(sin))) {
        perror("bind");
        exit(1);
    }

    if (listen(sd, 5)) {
        perror("listen");
        exit(1);
    }

    if ((ns = accept(sd, (struct sockaddr *)&cli, &clientlen)) == -1) {
        perror("accept");
        exit(1);
    }

    sprintf(buf, "Your IP address is %s", inet_ntoa(cli.sin_addr));
    if (send(ns, buf, strlen(buf) + 1, 0) == -1) {
        perror("send");
        exit(1);
```

```
45     }
46     close(ns);
47     close(sd);
48 }
```

- **16행** socket() 함수의 인자로 AF_INET과 SOCK_STREAM을 지정해 소켓을 생성한다.
- **21~24행** 서버의 IP 주소(192.168.147.129)를 지정하고 포트 번호는 9000으로 지정해 소켓 주소 구조체를 설정한다.
- **26행, 31행** bind() 함수로 소켓의 이름을 정하고 listen() 함수를 호출해 접속 요청을 받을 준비를 마쳤음을 알린다.
- **36행** accept() 함수로 클라이언트의 요청을 수락한다.
- **41행** 접속한 클라이언트의 IP 주소를 읽어 메시지를 작성한다.
- **42행** send() 함수로 메시지를 전송한다.
- **46~47행** 사용을 마친 소켓을 모두 닫는다.

예제 12-7 **(2) 인터넷 소켓(클라이언트)** ch12_7c.c

```
#include <sys/un.h>
#include <sys/socket.h>
#include <unistd.h>
#include <arpa/inet.h>
#include <stdlib.h>
#include <stdio.h>
#include <string.h>

#define PORTNUM 9000

int main() {
    int sd;
    char buf[256];
    struct sockaddr_in sin;

    if ((sd = socket(AF_INET, SOCK_STREAM, 0)) == -1) {
        perror("socket");
```

```
18          exit(1);
19      }
20
21      memset((char *)&sin, '\0', sizeof(sin));
22      sin.sin_family = AF_INET;
23      sin.sin_port = htons(PORTNUM);
24      sin.sin_addr.s_addr = inet_addr("192.168.147.129");
25
26      if (connect(sd, (struct sockaddr *)&sin, sizeof(sin))) {
27          perror("connect");
28          exit(1);
29      }
30
31      if (recv(sd, buf, sizeof(buf), 0) == -1) {
32          perror("recv");
33          exit(1);
34      }
35      close(sd);
36      printf("From Server : %s\n", buf);
37  }
```

실행

[서버]

```
$ ch12_7s.out
```

[클라이언트]

```
$ ch12_7c.out
From Server : Your IP address is 192.168.147.128
```

- **16행** 서버와 마찬가지로 소켓을 생성한다.
- **21~24행** 소켓 주소 구조체를 설정한다. 이때 IP 주소는 서버의 주소로 설정해야 한다.
- **26행** connect() 함수로 서버에 연결을 요청한다.
- **31행** 연결되면 서버에서 오는 메시지를 받는다.
- **실행 결과** 서버에서 보낸 메시지를 클라이언트에서 출력함을 알 수 있다. 서버 프로그램을 먼저 실행한 다음 클라이언트를 실행한다.

요약

01 TCP/IP 프로토콜 개요

- TCP/IP 프로토콜은 네트워크를 통해 호스트 사이에서 통신할 수 있도록 하며, 응용 계층application layer, 전송 계층transport layer, 네트워크 계층network layer, 네트워크 접속 계층network access layer, 하드웨어 계층hardware layer의 5개 계층으로 이루어져 있다.
- 이 중 하드웨어 계층과 네트워크 접속 계층을 묶어서 4개 계층으로 구분하기도 한다.
- TCP/IP 프로토콜 중 전송 계층에서는 TCP와 UDP를 제공한다. 두 프로토콜의 차이점을 요약하면 다음과 같다.

TCP	UDP
연결지향형(connection-oriented)	비연결형(connectionless)
신뢰성(reliability) 보장	신뢰성을 보장하지 않음
흐름 제어 기능(flow-control) 제공	흐름 제어 기능 없음
순서(sequenced) 보장	순서를 보장하지 않음(No sequence)

02 TCP/IP 프로그래밍을 위한 준비 사항

① IP 주소와 호스트명

- IP 주소 : 인터넷을 이용할 때 사용하는 주소로, 점(.)으로 구분된 32비트 숫자로 표시한다.
- 호스트명 : 사람이 시스템을 구분하기 위해 붙이는 이름으로, '호스트명+도메인명' 형태로 구성된다.
- 호스트명과 IP 주소 파일 : /etc/nsswitch.conf, /etc/hosts
- 호스트명과 IP 주소 함수

기능	함수
호스트명과 IP 주소 읽어오기	struct hostent *gethostent(void);
	void sethostent(int stayopen);
	void endhostent(void);
호스트명으로 정보 검색	struct hostent *gethostbyname(const char *name);
IP 주소로 정보 검색	struct hostent *gethostbyaddr(const void *addr, socklen_t len, int type);

② 포트 번호

- 호스트를 구별하는 IP 주소 외에 서비스를 구분하는 번호로, 2바이트 정수이며 0~65535까지 사용할 수 있다.
- 인터넷에서 자주 사용하는 서비스에는 이미 포트 번호가 지정되어 있다. 이를 잘 알려진 포트 well-known port라고 하며, 0~1023까지 사용한다.
- 포트 번호 등록 파일 : /etc/services
- 포트 번호 함수

기능	함수
포트 정보 읽어오기	`struct servent *getservent(void);`
	`void setservent(int stayopen);`
	`void endservent(void);`
서비스명으로 정보 검색	`struct servent *getservbyname(const char *name, const char *proto);`
포트 번호로 정보 검색	`struct servent *getservbyport(int port, const char *proto);`

③ 바이트 순서 : 정수를 저장하는 순서

- 네트워크 바이트 순서(NBO Network Byte Order), 호스트 바이트 순서(HBO Host Byte Order)

기능	함수
바이트 순서 변환	`uint32_t htonl(uint32_t hostlong);`
	`uint16_t htons(uint16_t hostshort);`
	`uint32_t ntohl(uint32_t netlong);`
	`uint16_t ntohs(uint16_t netshort);`

④ IP 주소 변환 함수

- 이진값과 문자열로 표시되는 IP 주소를 서로 변환할 수 있는 함수

기능	함수
IP 주소 변환	`in_addr_t inet_addr(const char *cp);`
	`char *inet_ntoa(const struct in_addr in);`

03 소켓 인터페이스

TCP/IP 프로토콜을 이용한 응용 프로그램 작성을 편리하게 해주는 인터페이스다. 소켓 인터페이스를 이용하려면 소켓의 종류와 통신 방식을 지정해야 한다.

- 소켓 종류 : AF_UNIX(유닉스 도메인 소켓), AF_INET(인터넷 소켓)
- 소켓 통신 방식 : SOCK_STREAM(TCP 사용), SOCK_DGRAM(UDP 사용)
- 소켓 인터페이스 함수

기능	함수
소켓 파일 기술자 생성	int socket(int domain, int type, int protocol);
소켓 파일 기술자를 IP 주소, 포트 번호와 결합	int bind(int sockfd, const struct sockaddr *addr, socklen_t addrlen);
클라이언트의 연결 요청 대기	int listen(int sockfd, int backlog);
클라이언트가 서버에 연결 요청	int connect(int sockfd, const struct sockaddr *addr, socklen_t addrlen);
클라이언트의 연결 요청 수락	int accept(int sockfd, struct sockaddr *addr, socklen_t *addrlen);
데이터 송신(SOCK_STREAM)	ssize_t send(int sockfd, const void *buf, size_t len, int flags);
데이터 수신(SOCK_STREAM)	ssize_t recv(int sockfd, void *buf, size_t len, int flags);
데이터 송신(SOCK_DGRAM)	ssize_t sendto(int sockfd, const void *buf, size_t len, int flags, const struct sockaddr *dest_addr, socklen_t addrlen);
데이터 수신(SOCK_DGRAM)	ssize_t recvfrom(int sockfd, void *buf, size_t len, int flags, struct sockaddr *src_addr, socklen_t *addrlen);

연습문제

01 호스트 정보를 읽어오는 함수가 아닌 것은?

① gethostent()
② gethostbyaddr()
③ getostbyname()
④ gethostbyip()

02 데이터를 전송하기 위해 바이트 순서를 빅 엔디언으로 변환하려고 한다. 이 때 사용할 수 있는 함수는?

① ntohl()
② htonl()
③ ntohs
④ hton()

03 문자열 형태의 IP 주소를 숫자 형태로 변환하려고 한다. 올바르게 작성한 것은?

① inet_ntoa(“192.168.0.1”)
② inet_ntoa(192.168.0.1)
③ inet_addr(“192.168.0.1”)
④ inet_addr(192.168.0.1)

04 소켓 파일 기술자를 지정된 IP 주소와 연결하는 함수는??

① socket()
② connect()
③ accept()
④ bind()

05 소켓을 사용해 통신을 하려고 한다. 서버 측에서 소켓 함수를 호출하는 순서를 바르게 나열한 것은?

① socket()->bind()->listen()->accept()->close()
② socket()->listen()->bind()->accept()->close()
③ socket()->bind()->->accept()->listen()->close()
④ socket()->accept()->bind()->listen()->close()

06 TCP와 UDP의 차이점은 무엇이며 용도는 어떻게 구별하는가?

07 TCP/IP로 통신을 할 때 IP 주소 외에 포트 번호가 필요한 이유?

08 TCP/IP로 통신을 할 때 바이트 순서에 주의해야 하는 이유는?

09 호스트 이름과 IP 주소를 모두 사용하는 이유는?

10 accept() 함수가 클라이언트의 접속을 허용할 때 socket() 함수가 생성한 소켓을 놔두고 새로운 소켓을 리턴하는 이유는?

* 다음 문제를 해결하기 위한 적절한 프로그램을 작성하시오.

11 잘 알려진 포트 번호를 입력받아 이에 해당하는 서비스 이름을 출력하는 프로그램을 작성하시오.

12 잘 알려진 서비스 이름을 입력받아 포트 번호를 출력하는 프로그램을 작성하시오.

13 호스트 이름을 입력받아 이에 해당하는 IP 주소를 출력하는 프로그램을 작성하시오.

14 IP 주소를 입력받아 이에 해당하는 호스트 이름을 출력하는 프로그램을 작성하시오.

15 클라이언트가 접속하면 ID를 입력하라는 메시지를 보내고 클라이언트의 입력을 전달받아 유효한 ID인지 확인해 결괏값을 리턴하는 프로그램을 작성하시오.

16 사용자가 입력한 메시지를 서버로 전달하고 적절한 응답을 받아 출력하는 프로그램을 작성하시오. 사용자가 q를 입력할 때까지 서버는 계속 동작하고 있어야 한다.

17 같은 시스템에서 클라이언트가 보낸 파일명을 읽어 해당 파일을 열고 파일 내용을 출력하는 프로그램을 작성하시오.

Chapter

13

소켓 프로그래밍 활용

학습목표

- TCP 기반으로 반복 서버 형태의 프로그램을 작성할 수 있다.
- TCP 기반으로 동시 동작 서버 형태의 프로그램을 작성할 수 있다.
- UDP 기반의 서버/클라이언트 프로그램을 작성할 수 있다.

01 개요

12장에서는 TCP/IP 프로토콜이 무엇인지 알아보고, 이를 이용해 네트워크 프로그래밍을 하는 데 필요한 기본 개념을 배웠다. TCP와 UDP의 차이점과 IP 주소와 포트 번호의 역할도 알아봤다. 또한 TCP/IP 프로토콜 기반 프로그램 작성에 필수적인 소켓 인터페이스 함수와 구조체를 살펴보고 간단한 프로그램도 작성했다.

네트워크를 통해 데이터를 주고받으며 동작하는 네트워크 프로그램은 일반적으로 서버와 클라이언트로 역할을 구분할 수 있다. 서버는 클라이언트의 요청에 따라 다양한 서비스를 제공하는 프로그램으로, 보통 데몬daemon 프로세스라고 한다. 예를 들어, 브라우저를 통해 웹사이트에 접속할 경우 서버에는 웹 서비스를 제공하는 HTTP 데몬이 동작하고 있어 사용자들이 웹 페이지를 볼 수 있다.

데몬 프로세스는 크게 두 가지 형태로 나눌 수 있다. 첫 번째는 반복 서버로, 데몬 프로세스가 직접 클라이언트의 요청을 처리하는 형태다. 두 번째는 데몬 프로세스가 직접 서비스를 제공하지 않고 서비스와 관련 있는 다른 프로세스를 fork() 함수로 생성한 후 이 프로세스를 클라이언트와 연결해 서비스를 제공하는 동시 동작 서버다.

네트워크 프로그램을 처음 도입한 당시에는 반복 서버 형태로 서비스를 제공했다. 그런데 다양한 네트워크 서비스가 등장하면서 데몬 프로세스의 개수가 너무 많아졌다. 이런 문제를 해결할 목적으로 슈퍼 데몬 프로세스가 동작하면서 클라이언트의 요청에 적합한 서비스 프로그램을 동작시키는 동시 동작 서버를 도입한 것이다. 대표적인 예가 inetd 또는 xinetd 데몬인데, 클라이언트의 요청에 따라 자식 프로세스를 생성하고 해당 요청을 서비스할 프로세스를 실행한다. 리눅스 시스템에 따라 이 슈퍼 데몬을 기본으로 설치하지 않는 경우도 있다.

이 장에서는 TCP/IP 프로토콜을 이용해 프로그램을 작성할 때 도움이 될 수 있도록 소켓 인터페이스를 이용한 다양한 예제를 다룬다. 또한 TCP 기반 네트워크 프로그램과 UDP 기반 네트워크 프로그램으로 나누어 살펴보고 반복 서버와 동시 동작 서버의 예제를 살펴볼 것이다.

02 TCP 기반 프로그래밍

네트워크를 기반으로 하는 통신 프로그램은 일반적으로 서버와 클라이언트로 역할을 구분할 수 있다. 그중 서버 컴퓨터에서 동작하며 서비스를 제공하는 프로그램을 데몬daemon 프로세스라고 한다. 데몬 프로세스는 크게 두 가지 형태로 나눌 수 있다.

- **반복 실행 서버**iterative server: 데몬 프로세스가 직접 모든 클라이언트의 요청을 차례로 처리한다.
- **동시 동작 서버**concurrent server: 데몬 프로세스가 직접 서비스를 제공하지 않고 서비스와 관련 있는 다른 프로세스를 fork() 함수로 생성해 클라이언트와 연결한다.

이 절에서는 TCP 기반으로 두 가지 형태의 예제를 살펴본다. 특히 같은 시스템 안에서 동작하는 유닉스 도메인 소켓이 아닌 인터넷을 통해 다른 시스템과 연결하는 인터넷 소켓(AF_INET)을 사용한 예제다.

2.1 반복 실행 서버

반복 실행 서버는 서버 프로그램이 클라이언트의 요청을 직접 처리한다. 따라서 한 번에 한 클라이언트의 요청만 처리할 수 있고 여러 클라이언트가 서비스를 요청할 경우 순차적으로 처리되므로 클라이언트가 자기 순서를 기다려야 한다. 이를 방지하기 위해 반복 실행 서버 프로세스를 여러 개 동작시킬 수 있다.

반복 실행 서버는 인터넷 소켓과 TCP(SOCK_STREAM)를 이용해 통신한다. 서버는 계속 동작하면서 클라이언트가 요청하는 서비스를 받아 처리한다.

[예제 13-1]은 반복 실행 서버 프로세스와 이에 접속하는 클라이언트 프로그램이다. [예제 13-1]이 올바른 결과를 얻으려면 서버와 클라이언트가 통신을 해야 한다. 따라서 서버 프로세스(ch13_1s.out)를 먼저 실행해 클라이언트의 요청을 기다리고 클라이언트 프로세스(ch13_1c.out)를 실행해야 한다.

[예제 13-1]의 서버 프로그램은 다음과 같다.

예제 13-1 (1) 반복 실행 서버(서버) ch13_1s.c

```
#include <sys/socket.h>
#include <unistd.h>
#include <netinet/in.h>
#include <arpa/inet.h>
#include <stdlib.h>
#include <stdio.h>
#include <string.h>

#define PORTNUM 9001

int main() {
    char buf[256];
    struct sockaddr_in sin, cli;
    int sd, ns, clientlen = sizeof(cli);

    memset((char *)&sin, '\0', sizeof(sin));
    sin.sin_family = AF_INET;
    sin.sin_port = htons(PORTNUM);
    sin.sin_addr.s_addr = inet_addr("192.168.147.129");

    if ((sd = socket(AF_INET, SOCK_STREAM, 0)) == -1) {
        perror("socket");
        exit(1);
    }

    if (bind(sd, (struct sockaddr *)&sin, sizeof(sin))) {
        perror("bind");
        exit(1);
    }

    if (listen(sd, 5)) {
        perror("listen");
        exit(1);
    }

    while (1) {
```

```
37          if ((ns = accept(sd, (struct sockaddr *)&cli,
38                      &clientlen)) == -1) {
39              perror("accept");
40              exit(1);
41          }
42          sprintf(buf, "%s", inet_ntoa(cli.sin_addr));
43          printf("*** Send a Message to Client(%s)\n", buf);
44
45          strcpy(buf, "Welcome to Network Server!!!");
46          if (send(ns, buf, strlen(buf) + 1, 0) == -1) {
47              perror("send");
48              exit(1);
49          }
50
51          if (recv(ns, buf, sizeof(buf), 0) == -1) {
52              perror("recv");
53              exit(1);
54          }
55          printf("** From Client : %s\n", buf);
56          close(ns);
57      }
58      close(sd);
59 }
```

- **09행** 9001번 포트를 사용한다.
- **16~19행** 서버 주소 구조체에 소켓의 종류를 AF_INET으로 지정하고 포트 번호와 서버의 IP 주소를 설정한다.
- **21행** 소켓 생성 시 SOCK_STREAM으로 지정해 TCP를 사용한다.
- **26행** 21행에서 생성한 소켓을 bind() 함수를 사용해 16~19행에서 설정한 IP주소/포트 번호와 연결한다.
- **31행** listen() 함수를 호출해 클라이언트의 요청을 받을 준비가 끝났음을 운영체제에 알린다. 한 번에 5개의 클라이언트가 접속할 수 있도록 설정한다.
- **36행** while 문으로 무한 반복하게 한다(이 서버는 무한 반복하면서 서비스를 제공해야 한다).
- **37행** accept() 함수를 사용해 클라이언트의 요청이 올 때까지 기다린다. 클라이언트의 접속 요청이 오면 새로운 소켓 기술자 ns가 생성되고 이를 통해 클라이언트와 통신한다.

- **42행** accept() 함수를 통해 알아낸 클라이언트의 IP 주소를 문자열로 변환해 버퍼에 저장한다.
- **43행** 어떤 클라이언트가 서버로 접속했는지를 출력한다.
- **45행** 서버에서 클라이언트로 보낼 간단한 환영 메시지를 작성한다.
- **46~49행** send() 함수를 사용해 클라이언트로 메시지를 보낸다.
- **51~54행** 클라이언트가 보낸 메시지를 recv() 함수로 받아서 출력한다.
- **56행** 작업이 끝나면 클라이언트와 접속할 때 사용한 소켓 기술자를 닫고 다시 37행의 accept() 함수를 수행해 클라이언트의 접속 요청을 기다린다.

[예제 13-1]의 클라이언트 프로그램은 다음과 같다.

예제 13-1 (2) 반복 실행 서버(클라이언트) ch13_1c.c

```
#include <sys/socket.h>
#include <unistd.h>
#include <netdb.h>
#include <netinet/in.h>
#include <arpa/inet.h>
#include <stdlib.h>
#include <stdio.h>
#include <string.h>

#define PORTNUM 9001

int main() {
    int sd;
    char buf[256];
    struct sockaddr_in sin;

    memset((char *)&sin, '\0', sizeof(sin));
    sin.sin_family = AF_INET;
    sin.sin_port = htons(PORTNUM);
    sin.sin_addr.s_addr = inet_addr("192.168.147.129");

    if ((sd = socket(AF_INET, SOCK_STREAM, 0)) == -1) {
        perror("socket");
        exit(1);
```

```
25     }
26 
27     if (connect(sd, (struct sockaddr *)&sin, sizeof(sin))) {
28         perror("connect");
29         exit(1);
30     }
31 
32     if (recv(sd, buf, sizeof(buf), 0) == -1) {
33         perror("recv");
34         exit(1);
35     }
36 
37     printf("** From Server : %s\n", buf);
38 
39     strcpy(buf, "I want a HTTP Service.");
40     if (send(sd, buf, sizeof(buf) + 1, 0) == -1) {
41         perror("send");
42         exit(1);
43     }
44 
45     close(sd);
46 }
```

- **10행** 클라이언트도 서버와 같은 포트 번호를 사용한다.
- **20행** 접속할 서버의 주소를 지정한다.
- **22~25행, 27~30행** 소켓을 생성하고 서버와 접속한다.
- **32~35행, 37행** 서버에 접속한 후 서버에서 보낸 메시지를 받아 37행에서 출력한다.
- **39~43행** 서버로 보낼 메시지를 복사한 후 메시지를 서버로 전송한다.

다음은 [예제 13-1]을 실행한 결과다. 먼저 서버를 실행하면 서버는 클라이언트의 요청을 기다린다.

실행

```
$ ch13_1s.out
```

클라이언트를 실행하면 서버와 접속하고 서버가 보낸 메시지를 받아 출력한다.

실행

```
$ ch13_1c.out
** From Server : Welcome to Network Server!!!
```

서버는 클라이언트의 접속을 요청받으면 어떤 클라이언트에서 요청했는지 출력하고 클라이언트는 메시지를 서버로 보낸다. 그 후 서버는 클라이언트가 보낸 메시지를 받아 출력한다. 다음 실행 결과에서 클라이언트의 IP 주소가 192.168.147.128임을 알 수 있다.

실행

```
$ ch13_1s.out
*** Send a Message to Client(192.168.147.128)
** From Client : I want a HTTP Service.
```

다른 시스템에서 접속을 요청해도 같은 결과를 출력한다. 다음 실행 결과에서 클라이언트는 IP 주소가 192.168.147.131이고 FTP 서비스를 요청하고 있음을 알 수 있다.

실행

```
$ ch13_1s.out
*** Send a Message to Client(192.168.147.131)
** From Client : I want a FTP Service.
```

2.2 동시 동작 서버

[예제 13-1]은 서버 프로그램이 클라이언트의 요청을 직접 처리한다. 그러나 클라이언트의 요청에 따라 수행해야 할 작업이 많은 경우에는 클라이언트가 대기하는 시간이 길어진다는 단점이 있다. 이를 해결하기 위해 동시 동작 서버 구조를 이용한다.

서버 프로그램은 클라이언트의 서비스를 대신 처리할 프로세스를 fork() 함수로 생성하고 이 프로세스를 클라이언트와 연결한 다음 다시 클라이언트의 접속을 기다린다. 이렇게 하면 동시에 여러 클라이언트에 서비스를 제공할 수 있다.

[예제 13-2]의 서버 클라이언트는 [예제 13-1]을 수정한 것이다.

예제 13-2 동시 동작 서버(서버) ch13_2s.c

```c
#include <sys/socket.h>
#include <unistd.h>
#include <netinet/in.h>
#include <arpa/inet.h>
#include <stdlib.h>
#include <stdio.h>
#include <string.h>

#define PORTNUM 9002

int main() {
    char buf[256];
    struct sockaddr_in sin, cli;
    int sd, ns, clientlen = sizeof(cli);

    if ((sd = socket(AF_INET, SOCK_STREAM, 0)) == -1) {
        perror("socket");
        exit(1);
    }

    memset((char *)&sin, '\0', sizeof(sin));
    sin.sin_family = AF_INET;
    sin.sin_port = htons(PORTNUM);
    sin.sin_addr.s_addr = inet_addr("192.168.147.129");

    if (bind(sd, (struct sockaddr *)&sin, sizeof(sin))) {
        perror("bind");
        exit(1);
    }

    if (listen(sd, 5)) {
        perror("listen");
        exit(1);
    }
    while (1) {
        if ((ns = accept(sd, (struct sockaddr *)&cli,
                        &clientlen)) == -1) {
            perror("accept");
```

```
40             exit(1);
41         }
42         switch (fork()) {
43             case 0:
44                 strcpy(buf, "Welcome to Server");
45                 if (send(ns, buf, strlen(buf) + 1, 0) == -1) {
46                     perror("send");
47                     exit(1);
48                 }
49 
50                 if (recv(ns, buf, sizeof(buf), 0) == -1) {
51                     perror("recv");
52                     exit(1);
53                 }
54                 printf("** From Client: %s\n", buf);
55                 close(ns);
56                 sleep(5);
57                 exit(0);
58         }
59     }
60     close(sd);
61 }
```

실행

```
$ ch13_2s.out
** From Client: I want a HTTP Service.
```

- **16~34행** socket() 함수로 소켓을 생성하고 26행에서 특정 IP 주소와 연결한 후 31행에서 listen() 함수로 클라이언트의 접속을 5개까지 처리하도록 설정한다.
- **37행** accept() 함수를 사용해 클라이언트의 접속 요청을 받는다.
- **42행** fork() 함수를 수행해 자식 프로세스를 생성하고, 자식 프로세스가 클라이언트의 응답을 처리하게 한다.

클라이언트는 [예제 13-1]의 클라이언트 프로그램을 그대로 사용하는데, 포트 번호만 9001에서 9002로 수정하고 다시 컴파일한다.

실행 결과는 위와 같지만, 클라이언트가 접속했을 때 서버의 실행 상태를 보면 다음과 같이 서버 프로그램이 하나 더 동작하고 있음을 알 수 있다. 최초의 서버 프로세스 ID는 6353이고 클라이언트가 접속해 생성된 자식 프로세스 ID는 6354이다.

```
$ ps -ef | grep pts/0
jw        5888   5887  0 19:13 pts/0    00:00:00 -bash
jw        6353   5888  0 21:14 pts/0    00:00:00 ch13_2s.out
jw        6354   6353  0 21:14 pts/0    00:00:00 ch13_2s.out
```

2.3 동시 동작 서버 : exec() 함수로 서비스 프로세스 호출

[예제 13-2]의 서버 프로그램은 fork() 함수로 생성한 자식 프로세스가 클라이언트와 통신하게 한다. 이때 클라이언트에서 수행하는 부분이 부모 프로세스와 같은 파일에 작성되어 있다. 따라서 [예제 13-2]의 실행 결과를 보면 ch13_2s.out 프로세스가 2개 동작하고 있음을 알 수 있다.

[예제 13-3]에서는 서버 프로세스가 클라이언트의 요청을 받으면 fork() 함수를 호출해 자식 프로세스를 생성한 후 exec() 함수로 다른 프로세스를 실행한다. 이는 inetd 같은 대표 데몬 프로세스가 텔넷이나 FTP 같은 서비스 요청을 받아 해당 서비스 프로세스를 호출하는 것과 유사하다. [예제 13-3]에서는 자식 프로세스가 han이라는 프로그램을 호출한다.

[예제 13-3]의 서버 프로그램은 다음과 같다.

예제 13-3 (1) 동시 동작 서버 – exec() 함수 사용하기(서버) ch13_3s.c

```
#include <sys/socket.h>
#include <unistd.h>
#include <netinet/in.h>
#include <arpa/inet.h>
#include <stdlib.h>
#include <stdio.h>
#include <string.h>

#define PORTNUM 9003

```

```c
int main() {
    struct sockaddr_in sin, cli;
    int sd, ns, clientlen = sizeof(cli);

    if ((sd = socket(AF_INET, SOCK_STREAM, 0)) == -1) {
        perror("socket");
        exit(1);
    }

    printf("** Create Socket\n");

    memset((char *)&sin, '\0', sizeof(sin));
    sin.sin_family = AF_INET;
    sin.sin_port = htons(PORTNUM);
    sin.sin_addr.s_addr = inet_addr("192.168.147.129");

    if (bind(sd, (struct sockaddr *)&sin, sizeof(sin))) {
        perror("bind");
        exit(1);
    }
    printf("** Bind Socket\n");

    if (listen(sd, 5)) {
        perror("listen");
        exit(1);
    }
    printf("** Listen Socket\n");

    while (1) {
        if ((ns = accept(sd, (struct sockaddr *)&cli,
                        &clientlen)) == -1) {
            perror("accept");
            exit(1);
        }
        printf("** Accept Client\n");

        switch (fork()) {
            case 0:
                printf("** Fork Client\n");
```

```
50                 close(sd);
51                 dup2(ns, STDIN_FILENO);
52                 dup2(ns, STDOUT_FILENO);
53                 close(ns);
54                 execl("./han", "han", (char *)0);
55         }
56         close(ns);
57     }
58 }
```

- **15~36행** 15행에서 socket() 함수로 소켓을 생성하고, 22~25행에서 설정한 특정 IP 주소와 27행에서 연결한 다음, 33행에서 listen() 함수로 클라이언트의 접속을 5개까지 처리하도록 설정한다.
- **40행** accept() 함수를 사용해 클라이언트의 접속 요청을 받는다.
- **47행** fork() 함수로 자식 프로세스를 생성해 클라이언트의 응답을 처리하게 한다.
- **48~54행** 클라이언트는 [예제 13-2]와 달리 클라이언트와 통신할 수 있는 소켓 기술자(ns)를 표준 입력과 표준 출력으로 복사한 후(51~52행) 54행에서 execl() 함수로 han 프로세스를 실행한다. han은 표준 출력으로 간단한 메시지를 출력하는 프로세스다.

[예제 13-3]의 서버 프로세스에서 실행하는 han 프로세스는 출력문을 실행하고 5초 동안 sleep() 함수를 호출하여 대기하는 기능을 수행하는 간단한 프로그램이다.

예제 13-3 **(2) 동시 동작 서버 – han 프로그램** han.c

```
01 #include <unistd.h>
02 #include <stdio.h>
03
04 int main() {
05     printf("Welcome to Server, from Han!");
06     sleep(5);
07 }
```

- **05행** han 프로세스에서 표준 출력으로 메시지를 출력하면 기본 표준 출력인 모니터가 아닌 클라이언트 프로세스로 전달된다. 이는 부모 프로세스인 서버 프로그램에서 exec() 함수를 호출하기 전에 소켓 기술자를 표준 출력으로 복제했기 때문이다([예제 13-3] (1)의 51~52행).

- **06행** sleep() 함수는 프로세스 목록을 확인할 수 있도록 시간을 지연시킨다.

[예제 13-3]의 클라이언트 프로그램은 다음과 같다. 서버 측에서 보낸 메시지를 받아 출력한다.

예제 13-3 (3) exec() 함수 사용(클라이언트) ch13_3c.c

```
#include <sys/socket.h>
#include <unistd.h>
#include <netdb.h>
#include <netinet/in.h>
#include <arpa/inet.h>
#include <stdlib.h>
#include <stdio.h>
#include <string.h>

#define PORTNUM 9003

int main() {
    int sd, len;
    char buf[256];
    struct sockaddr_in sin;

    memset((char *)&sin, '\0', sizeof(sin));
    sin.sin_family = AF_INET;
    sin.sin_port = htons(PORTNUM);
    sin.sin_addr.s_addr = inet_addr("192.168.147.129");

    if ((sd = socket(AF_INET, SOCK_STREAM, 0)) == -1) {
        perror("socket");
        exit(1);
    }

    printf("==> Create Socket\n");
    if (connect(sd, (struct sockaddr *)&sin, sizeof(sin))) {
        perror("bind");
        exit(1);
    }

    printf("==> Connect Server\n");
```

```
34     if ((len = recv(sd, buf, sizeof(buf), 0)) == -1) {
35         perror("recv");
36         exit(1);
37     }
38     buf[len] = '\0';
39
40     printf("==> From Server : %s\n", buf);
41
42     close(sd);
43 }
```

- **22행** 서버와 연결하기 위해 서버 주소를 지정하고 소켓을 생성한다.
- **28행** connect() 함수를 호출해 서버와 연결을 요청한다.
- **34~40행** 서버에서 메시지를 받아 출력한다.
- **42행** 소켓을 닫는다.

[예제 13-3]의 서버를 실행한 다음 클라이언트를 실행하면 다음과 같은 메시지가 출력된다. 서버에서 온 메시지가 han 프로그램에서 보낸 것임을 알 수 있다.

실행

```
$ ch13_3c.out
==> Create Socket
==> Connect Server
==> From Server : Welcome to Server, from Han!
```

[예제 13-3]을 실행한 후 프로세스 목록을 확인해보면 다음과 같이 ex12_3s 외에 han 프로세스가 동작하고 있음을 알 수 있다.

```
# ps
  PID TTY          TIME CMD
  5888 pts/0    00:00:00 bash
  6447 pts/0    00:00:00 ch13_3s.out
  6448 pts/0    00:00:00 han
```

2.4 동시 동작 서버 : 명령행 인자로 소켓 기술자 전달

[예제 13-3]에서는 fork() 함수로 생성한 자식 프로세스에서 소켓 기술자를 표준 출력으로 복사해 서비스 프로세스가 클라이언트와 통신하게 했다. 이와 달리 소켓 기술자를 서비스 프로세스의 명령행 인자로 전달할 수도 있다.

[예제 13-4]에서는 서버 프로그램에서 클라이언트와 연결하는 소켓 기술자를 exec() 함수로 호출하는 프로세스에 명령행 인자로 전달하도록 지정한다. 따라서 exec() 함수로 실행한 서비스 프로세스는 명령행 인자로 전달받은 소켓 기술자로 클라이언트와 통신한다.

예제 13-4 (1) 명령행 인자로 소켓 기술자 전달(서버) ch13_4s.c

```
#include <sys/socket.h>
#include <unistd.h>
#include <netinet/in.h>
#include <arpa/inet.h>
#include <stdlib.h>
#include <stdio.h>
#include <string.h>

#define PORTNUM 9004

int main() {
    char buf[256];
    struct sockaddr_in sin, cli;
    int sd, ns, clientlen = sizeof(cli);

    if ((sd = socket(AF_INET, SOCK_STREAM, 0)) == -1) {
        perror("socket");
        exit(1);
    }

    printf("** Create Socket\n");

    memset((char *)&sin, '\0', sizeof(sin));
    sin.sin_family = AF_INET;
    sin.sin_port = htons(PORTNUM);
    sin.sin_addr.s_addr = inet_addr("192.168.147.129");
```

```
27
28     if (bind(sd, (struct sockaddr *)&sin, sizeof(sin))) {
29         perror("bind");
30         exit(1);
31     }
32     printf("** Bind Socket\n");
33
34     if (listen(sd, 5)) {
35         perror("listen");
36         exit(1);
37     }
38     printf("** Listen Socket\n");
39
40     while (1) {
41         if ((ns = accept(sd, (struct sockaddr *)&clI, &clientlen)) == -1) {
42             perror("accept");
43             exit(1);
44         }
45         printf("** Accept Client\n");
46
47         switch (fork()) {
48             case 0:
49                 printf("** Fork Client\n");
50                 close(sd);
51                 sprintf(buf, "%d", ns);
52                 execlp("./bit", "bit", buf, (char *)0);
53                 close(ns);
54         }
55         close(ns);
56     }
57 }
```

- **16~19행** socket() 함수로 소켓을 생성한다.
- **28~31행** 23~26행에서 설정한 특정 IP 주소와 연결한다. IP 주소는 실습 환경에 맞춰 지정한다.
- **34~37행** listen() 함수로 클라이언트의 접속을 5개까지 처리하도록 설정한다.
- **41행** accept() 함수를 사용해 클라이언트의 접속 요청을 받는다.
- **47행** fork() 함수로 자식 프로세스를 생성하고 해당 자식 프로세스가 클라이언트의 응답을 처리하게 한다.

- **51행** 클라이언트와 통신할 수 있는 소켓을 버퍼에 저장한다.
- **52행** execlp() 함수를 사용해 bit 프로세스를 호출할 때 51행에서 저장한 소켓 정보를 인자로 함께 전송한다. bit 프로세스가 클라이언트와 연결되어 서비스를 제공할 것이다. [예제 13-3]의 서버 프로그램과 다른 점은 52행에서 execlp() 함수를 호출하면서 소켓 기술자를 인자로 지정한다는 점이다. execlp() 함수를 호출했으므로 자식 프로세스는 bit 프로세스 이미지로 바뀌고 buf로 지정한 인자는 bit 프로세스의 명령행 인자로 전달된다.

execlp() 함수로 호출한 bit 프로세스가 명령행 인자로 받은 소켓 기술자로 클라이언트와 통신하며 간단한 환영 메시지를 클라이언트로 전송하고 응답 메시지를 받아 출력하는 간단한 프로그램이다.

예제 13-4 (2) 명령행 인자로 소켓 기술자 전달 – bit 프로그램 `bit.c`

```c
#include <sys/socket.h>
#include <unistd.h>
#include <stdlib.h>
#include <stdio.h>
#include <string.h>

int main(int argc, char *argv[]) {
    char buf[256];
    int len, ns;

    ns = atoi(argv[1]);

    strcpy(buf, "Welcome to Server, from Bit");
    if ((send(ns, buf, strlen(buf) + 1, 0)) == -1) {
        perror("send");
        exit(1);
    }

    if ((len=recv(ns, buf, sizeof(buf), 0)) == -1) {
        perror("recv");
        exit(1);
    }
    printf("@@ [Bit] From Client: %s\n", buf);
    close(ns);
}
```

- **11행** 명령행 인자(문자열)로 전달받은 소켓 기술자를 정수형으로 변환한다.
- **13~17행** 간단한 환영 메시지를 클라이언트로 전송한다.
- **19~23행** 클라이언트에서 보낸 메시지를 받아서 출력한다.

[예제 13-4]의 클라이언트 프로그램은 다음과 같다.

예제 13-4 **(3) 명령행 인자로 소켓 기술자 전달(클라이언트)** ch13_4c.c

```c
#include <sys/socket.h>
#include <unistd.h>
#include <netdb.h>
#include <netinet/in.h>
#include <arpa/inet.h>
#include <stdlib.h>
#include <stdio.h>
#include <string.h>

#define PORTNUM 9004

int main() {
    int sd, len;
    char buf[256];
    struct sockaddr_in sin;

    memset((char *)&sin, '\0', sizeof(sin));
    sin.sin_family = AF_INET;
    sin.sin_port = htons(PORTNUM);
    sin.sin_addr.s_addr = inet_addr("192.168.147.129");

    if ((sd = socket(AF_INET, SOCK_STREAM, 0)) == -1) {
        perror("socket");
        exit(1);
    }

    printf("==> Create Socket\n");
    if (connect(sd, (struct sockaddr *)&sin, sizeof(sin))) {
        perror("connect");
        exit(1);
    }

```

```
33     printf("==> Connect Server\n");
34     if ((len = recv(sd, buf, sizeof(buf), 0)) == -1) {
35         perror("recv");
36         exit(1);
37     }
38     buf[len] = '\0';
39 
40     printf("==> From Server : %s\n", buf);
41 
42     strcpy(buf, "I want a SSH Service.");
43     if (send(sd, buf, sizeof(buf) + 1, 0) == -1) {
44         perror("send");
45         exit(1);
46     }
47 
48     close(sd);
49 }
```

실행

```
$ ch13_4s.out
** Create Socket
** Bind Socket
** Listen Socket
** Accept Client
** Fork Client
@@ [Bit] From Client: I want a SSH Service.
```

```
$ ch13_4c.out
==> Create Socket
==> Connect Server
==> From Server : Welcome to Server, from Bit
```

- **22행, 28행** 소켓을 생성하고 이 소켓을 통해 서버와 연결한다.
- **34행, 42~46행** 서버에서 메시지를 전달받고 42행에서 답장 메시지를 작성해 43행의 send() 함수를 통해 서버로 전송한다.
- **실행 결과** 클라이언트는 bit 프로세스가 보낸 메시지를 받고 bit 프로세스도 클라이언트가 보낸 메시지를 받아 출력함을 확인할 수 있다.

다음은 클라이언트 프로그램이다.

예제 13-5 (2) UDP 프로그래밍(클라이언트) ch13_5c.c

```
#include <sys/socket.h>
#include <netinet/in.h>
#include <arpa/inet.h>
#include <stdlib.h>
#include <stdio.h>
#include <string.h>

#define PORTNUM 9005

int main() {
    int sd, n;
    char buf[256];
    struct sockaddr_in sin;

    if ((sd = socket(AF_INET, SOCK_DGRAM, 0)) == -1) {
        perror("socket");
        exit(1);
    }

    memset((char *)&sin, '\0', sizeof(sin));
    sin.sin_family = AF_INET;
    sin.sin_port = htons(PORTNUM);
    sin.sin_addr.s_addr = inet_addr("192.168.147.129");

    strcpy(buf, "I am a client.");
    if (sendto(sd, buf, strlen(buf)+1, 0, (struct sockaddr *)&sin, sizeof(sin)) == -1) {
        perror("sendto");
        exit(1);
    }

    n = recvfrom(sd, buf, sizeof(buf), 0, NULL, NULL);
    buf[n] = '\0';
    printf("** From Server : %s\n", buf);
}
```

실행

```
$ ch13_5s.out
** From Client : I am a client.
```

```
$ ch13_5c.out
** From Server : Hello Client
```

- **15행** 소켓을 생성한다. TCP 기반 프로그램과 달리 connect() 함수를 호출하지 않는다.
- **20~23행** 서버의 주소를 소켓 주소 구조체에 설정한다.
- **26행** sendto() 함수를 호출해 메시지를 서버로 전송한다.
- **31~33행** 서버에서 전송한 응답 메시지를 recvfrom() 함수로 읽어 출력한다.
- **실행 결과** 서버와 클라이언트가 메시지를 주고받았음을 알 수 있다.

요약

01 서버 프로세스의 동작 형태

- 반복 실행 서버iterative server: 데몬 프로세스가 직접 모든 클라이언트의 요청을 차례로 처리한다.
- 동시 동작 서버concurrent server: 데몬 프로세스가 직접 서비스를 제공하지 않고 서비스와 관련 있는 다른 프로세스를 fork() 함수로 생성해 클라이언트와 연결한다.

02 TCP/UDP 기반 프로그래밍의 차이점

항목	TCP 기반 프로그래밍	UDP 기반 프로그래밍
통신 방식	• SOCK_STREAM으로 지정	• SOCK_DGRAM으로 지정
서버	• bind(), listen(), accept() 함수를 차례로 사용	• bind() 함수 수행 후 listen() 함수를 사용하지 않음
클라이언트	• connect() 함수를 사용하여 명시적으로 서버 지정 • 서버 연결을 확보한 후 recv() 함수나 send() 함수를 통해 데이터를 주고받음	• connect() 함수를 사용하지 않음 • 클라이언트의 연결 요청이 별도로 없으므로 서버가 클라이언트로 데이터를 보낼 때 클라이언트 주소를 구조체로 지정해야 함

03 TCP와 UDP 기반 프로그래밍에서 주의할 점

- 서버와 클라이언트가 주고받을 데이터가 어떤 형태인지 얼마나 중요한 것인지를 결정한다. 그에 따라 TCP를 사용할 것인지 UDP를 사용할 것인지 결정할 수 있다.
- TCP는 신뢰성이 중요한 응용 프로그램에 사용하는 것이 바람직하고, UDP는 신뢰성보다는 빠르게 전달하고 응답을 받는 것이 중요한 응용 프로그램에 사용하는 것이 좋다.
- 서버 프로세스를 반복 서버 형태로 구현해도 클라이언트의 요청을 충분히 처리할 수 있는지 아니면 동시 동작 서버 형태로 구현하는 것이 필요한지 신중하게 판단해야 한다.

01 인터넷 소켓과 TCP를 이용해 통신하려고 한다. socket() 함수를 바르게 호출한 것은?

① socket(AF_INET, SOCK_DGRAM, 0)
② socket(SOCK_DGRAM, AF_INET, 0)
③ socket(AF_INET, SOCK_STREAM, 0)
④ socket(SOCK_STREAM, AF_INET, 0)

02 TCP로 통신할 때 네트워크에서 데이터를 읽어오기 위한 함수는?

① listen() ② accept()
③ recvfrom() ④ recv()

03 UDP로 통신할 때 클라이언트 측에서 사용하지 않는 함수는?

① socket() ② connect()
③ listen() ④ recvfrom()

04 인터넷 소켓과 UDP를 이용해 통신하려고 한다. socket() 함수를 바르게 호출한 것은?

① socket(AF_INET, SOCK_DGRAM, 0)
② socket(SOCK_DGRAM, AF_INET, 0)
③ socket(AF_INET, SOCK_STREAM, 0)
④ socket(SOCK_STREAM, AF_INET, 0)

05 UDP로 통신할 때 네트워크에서 데이터를 보내기 위한 함수는?

① bind() ② accept()

③ sendto() ④ send()

06 클라이언트에서 보낸 메시지를 그대로 되돌려주는 에코 서버와 클라이언트를 작성하시오. 클라이언트가 메시지로 quit를 보내면 프로그램이 종료되도록 하시오.

07 서버에 접속한 클라이언트 정보를 돌려주는 서비스 프로그램을 작성하시오. 돌려줄 정보는 호스트명, IP 주소, 포트 번호다.

08 TCP/IP 프로토콜을 이용해 1:1 대화가 가능하도록 프로그램을 작성하시오. 단, 한 시스템 안에서 동작하도록 유닉스 도메인 소켓을 사용하시오.

09 TCP/IP 프로토콜을 이용해 1:1 대화가 가능하도록 프로그램을 작성하시오. 단, 다른 시스템과도 대화가 가능하도록 인터넷 소켓을 사용하시오.

10 UDP 프로토콜을 이용해 서버에서 시간 정보를 읽어오는 프로그램을 작성하시오.

11 은행에서 사용하는 보안 카드와 유사하게 클라이언트가 접속하면 서버는 임의의 번호를 전송하고 클라이언트에서 이에 해당하는 보안 번호를 입력하는 프로그램을 작성하시오.

12 12장의 연습문제 10번을 좀 더 발전시켜서 클라이언트가 접속하면 ID를 입력하라는 메시지를 보내고 클라이언트의 입력을 전달받아 유효한 ID면 암호를 입력받아 확인하는 프로그램을 작성하시오. 아이디와 암호가 유효하면 환영 메시지를 출력하도록 하시오.

13 클라이언트에서 서버로 파일을 전송하는 프로그램을 작성하시오. 클라이언트에서 파일명은 명령행 인자로 받으며, 서버로 파일의 크기를 먼저 전송하고 파일 내용을 전송한다.

14 6번에서 작성한 에코 프로그램을 UDP 프로토콜을 이용하여 작성하시오.

15 inetd를 모방한 동시 동작 서버로 myinetd를 작성하시오. 단, myinetd는 다음과 같은 서비스를 제공하도록 하시오.

- echo 서비스
- 클라이언트 정보 출력 서비스
- 시간 정보 출력 서비스

[그림 2-3]과 같이 시나리오를 완성하면 페르소나의 니즈와 동기에 맞는 기능과 콘텐츠를 추출하고 사용자의 동기를 달성하기 위해 필요한 일을 분석한다. 사용자의 행동 패턴을 엮어 서비스와 서비스 간의 정보를 찾아가는 과정을 일련의 연결고리로 구성하고 그루핑하여 사용자의 이동 동선도 파악한다. 이렇게 파악한 모든 정보를 바탕으로 정보 구조를 설계한다.

3
정보 구조 설계

1 정보 구조 설계 방법

정보 구조 설계란 사용자가 원하는 정보를 불편 없이 사용할 수 있도록 앱의 뼈대를 만드는 작업이다. 실제 앱 화면 안에서는 내비게이션 체계나 레이블링 체계 등을 세우는 것을 의미한다. 그런데 이렇게 만든 정보 구조는 사용자가 직접 보지 않는다. 사용자는 앱 안에서 불편 없이 콘텐츠 간을 이동하고 제공되는 정보를 이용하기만 하면 된다. 정보 구조information architecture는 업무 처리를 쉽게 하기 위해 기획자, 개발자, 디자이너 간에 워크플로를 공유하고 파일명이나 화면 또는 파일의 용어를 공용화하는 데 목적이 있다.

정보 구조를 설계하려면 앱의 전체 구성을 한눈에 파악할 수 있는 '메뉴 트리'와 메뉴 계층 간의 구조와 파일명 및 간략한 기능을 정리한 '정보 구조 기능 정의서'를 함께 작성하는 것이 좋다.

(a) 메뉴 트리 예

Code	INTRO	1Depth	2Depth	Memo	Status
A001	Intro			로고 타이틀	로딩 상태 알림
A002		My List		즐겨찾기	아이콘 구분
A003		Talk	LIST	채팅방별 구분	
A004		친구 찾기	푸시 알림	ON/OFF	
A005			새로 고침 주기	일정 간격 유지	시간 단위 설정
A006		계정	로그인	아이디가 있는 경우	
A007			회원 등록	아이디가 없는 경우	
A008			프로필 설정	이름/사진	이미지 등록
A009		공지사항		공지 알림	숫자 알림

(b) 정보 구조 기능 정의서 예(SNS 사례의 경우)

그림 2-4 정보 구조 설계의 예

4
플로우차트

1 플로우차트의 기능과 표준 기호

플로우차트flowchart는 사용자에게 앱을 어떻게 이용할지 동선을 알려 주는 순서도이다. 플로우차트에는 정보 구조 설계에 표시하기 어려운 구체적인 동선을 작성할 수 있기 때문에, 개발자와 앱의 상세한 부분을 논의할 때 용이하다. 디자이너 대부분은 플로우차트를 그리는 일이 익숙지 않아 메뉴 트리와 같은 형태로 그룹과 페이지를 나열한 후 화살표로 이동 동선을 연결하는 경우가 많은데, 플로우차트를 그릴 때는 전 세계적으로 통용되는 표준 기호를 준수해서 그려야 한다.

표 2-1 플로우차트 표준 기호

기호	이름	기호	이름
	진행process		종이테이프paper tape
	종결terminator	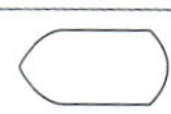	디스플레이display
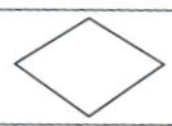	결정decision	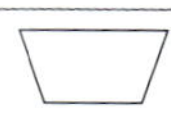	수동 조작manual operation
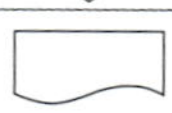	문서document	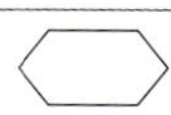	예비preparation
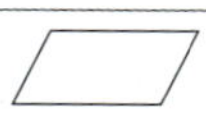	데이터data	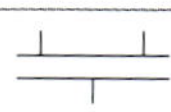	병렬 모드parallel mode
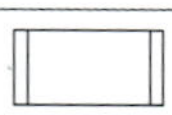	사전에 정의된 프로세스predefined process	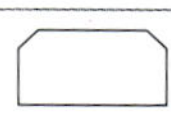	반복 제한loop limit
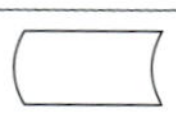	저장된 데이터stored data		페이지의 참조on-page reference
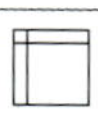	내부 저장소internal storage		오프 페이지의 참조 형태off-page reference shapes
	순차적 데이터sequential data	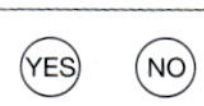	예/아니요 결정 기호yes/no decision indicators
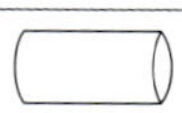	직접 데이터direct data	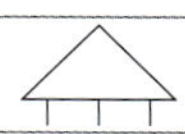	조건condition
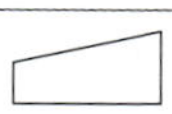	수동 입력manual input	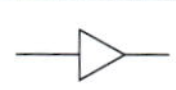	제어 전송control transfer
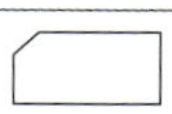	카드card	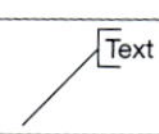	주석annotation

개발자 대부분은 정보 구조 기능 정의서보다 플로우차트를 더 편하게 사용한다. 앱의 각 단계 또는 페이지에서 제공하는 기능과 조건에 따른 이동 방향을 Yes 또는 No를 따라가며 살펴봄으로써 최종 목적에 달성했는지 한눈에 볼 수 있기 때문이다.

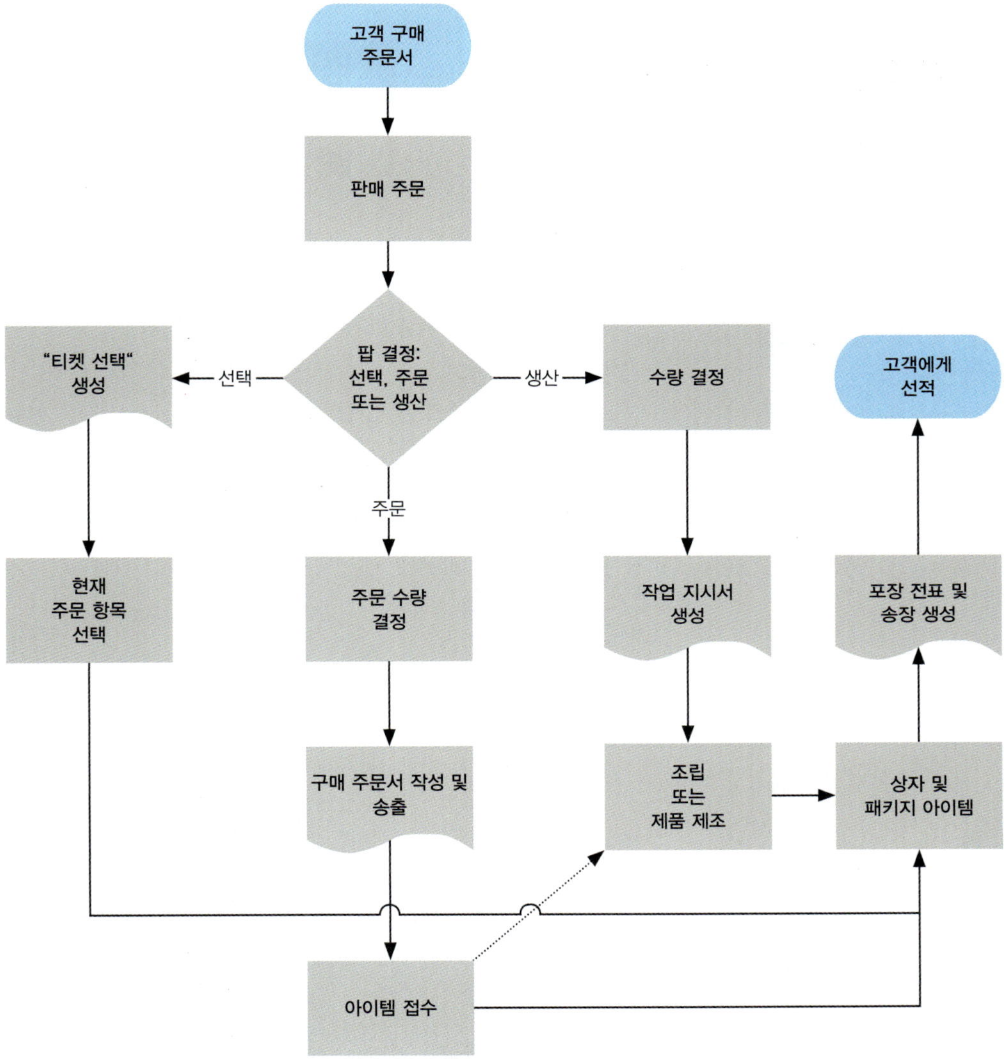

그림 2-5 **플로우차트 예**

그러나 메뉴 트리menu tree와 같은 형태에 익숙해져 있는 디자이너들은 플로우차트의 표준 기호를 준수하면서 플로우차트를 그리는 게 어려울 수 있다. 또한 최근의 앱들이 한 페이지 안에 많은 기능을 포함하고 있어 와이어 프레임과 플로우차트를 복합적으로 활용한 '와이어 플로우차트'를 더 선호하기도 한다. 플로우차트를 표준 기호에 맞게 작성하지 못한다고 실망할 필요는 없다. 체계적인 팀을 갖춘 조직이라면 대부분 플로우차트를 기획자가 구성하기 때문이다. 개인 또는 소규모 기업 또는 스타트업 기업이라 해도 와이어 프레임에 기능 정의를 추가하고 코어 기능을 정의하여 조직원 간에 충분히 대화한 후 메모를 곁들이면 플로우차트를 대신할 수 있다.

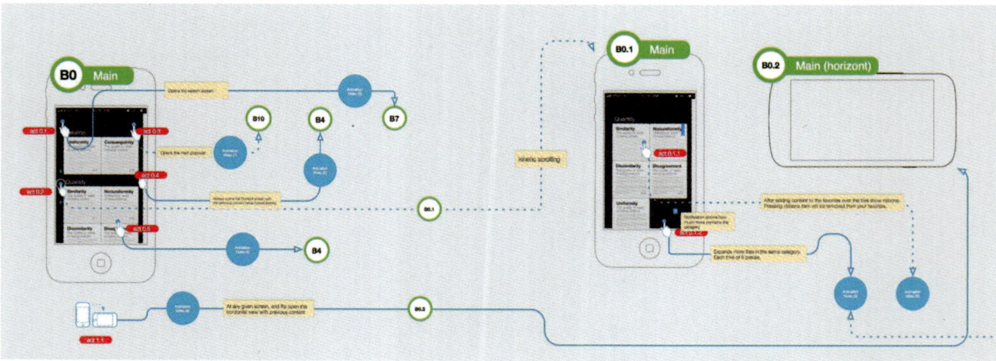

그림 2-6 세부 기능에 따른 와이어 플로우차트 예

플로우차트가 완성되면 1차적으로 프로토타이핑 테스트를 해 보는 게 좋다. 러프 스케치를 활용해 스마트폰 화면에 올려놓고 실제 화면이 어떻게 작동하는지 등을 살펴보는 것인데, 실제 메뉴를 탭하여 콘텐츠 간의 이동이 이루어지는 것처럼 테스트해 보는 것이다. 프로토타이핑 테스트를 단계별로 진행하다 보면 오류를 발견할 수도 있고 필요한 기능이 누락된 경우도 찾을 수 있다.

5
와이어 프레임

1 와이어 프레임의 개념과 와이어 프레임을 작성할 때 유의점

와이어 플로우차트를 만들려면 우선 와이어 프레임을 제작해야 한다. 와이어 프레임wire frame은 기획자나 디자이너의 아이디어를 화면 안에 러프하게 구성한 화면 디자인이다. 프로토타입이 앱의 핵심 기능에 대한 최소한의 검증이라면 와이어 프레임은 각 화면 단위의 UI를 설계하는 것으로 화면의 설계와 화면 간의 관계 및 이동까지 모두 포함한다.

와이어 프레임은 핸드 드로잉으로 스케치하기도 하고 파워포인트나 어도비의 그래픽 소프트웨어를 이용해 그리기도 한다. 디자이너들은 세부 화면의 디자인을 와이어 프레임을 바탕으로 실제 그래픽 소프트웨어로 제작하기 때문에 와이어 프레임을 중요한 요소로 생각하지만, 개발자들은 와이어 프레임을 불필요한 부분에 시간을 허비하는 작업이라며 불평하기도 한다. 개발자 중에는 더러 손으로 쓱쓱 그려서 기능 워크플로를 상의해 주길 바라는 사람도 있지만, 핸드 드로잉한 와이어 프레임은 소프트웨어로 제작한 와이어 프레임보다 수정하기가 어렵고 글자가 악필인 경우 자신이 쓴 핵심 기능조차 알아보기 힘든 경우도 많으므로 그래픽 소프트웨어로 와이어 프레임을 작성하는 데 정성을 기울이는 것이 결코 시간 낭비가 아니다.

비슷한 일은 디자이너 쪽에서도 벌어진다. 디자이너가 와이어 프레임에 한껏 창의적인 요소를 배치하고 다른 앱과 차별적인 디자인을 구성한다 해도 각 운영체제의 가이드라인을 준수하지 않으면 개발자가 해당 페이지를 구성하는 것이 불가능하다. 앱 디자인은 혼자서 하는 작업이 아니다. 여러 명의 전문가가 협업하는 작업이니 만큼 각 분야의 전문가가 하는 일에 대해 충분히 이해한 상태에서 대화를 통해 문제를 해결해 나가야 한다.

2 와이어 프레임 작성 방법

와이어 프레임은 개략적인 페이지를 그려 보는 것부터 시작하는 것이 좋다. 정보 구조 설계도를 바탕으로 모든 화면을 스케치한 뒤 기본적인 상호작용과 흐름을 작성하는 것이 전체 내용을 이해하는 데 도움이 된다.

기초 드로잉이 끝나면 사용자의 행동 흐름을 검토하고 불필요한 요소와 기능을 감추거나 제거하여 흐름을 재정비한다. 이 과정에서 상세한 동선과 기본 레이아웃을 정의한다. 마지막으로 전체적인 페이지의 룩 앤드 필look and feel을 고려하여 세부 페이지별 콘텐츠의 크기 및 위치를 배치한다. 이 단계에서는 디자인의 디테일에 집착할 필요가 없다. 어떠한 방법으로든 페이지의 내용을 이해할 수 있는 아이디어만 전달하면 된다.

와이어 프레임은 앱의 전체 서비스를 명백하게 예측할 수 있도록 돕고 시각적인 문서 작업이나 업무의 방향성은 물론 팀 구성원에게 개발하려는 앱이 어떻게 동작하고 어떻게 상호작용하는지 예측하게 하는 게 목적이다.

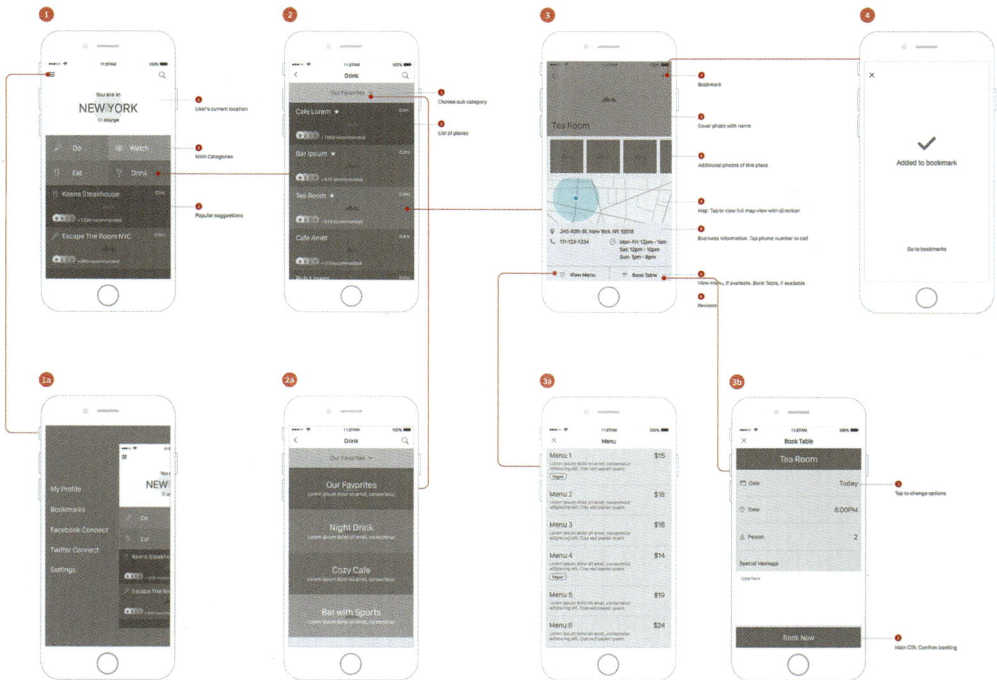

그림 2-7 상세 페이지 와이어 프레임

와이어 프레임을 작성할 때는 iOS와 안드로이드의 화면 구성이 다르기 때문에 각각 디자인해야 하며 운영체제별 가이드라인을 준수하는 것이 좋다. 앞에서 말한 것처럼 디자이너의 독창적인 UI 설계가 운영체제별로 충돌이 나서 구현되지 않는 경우도 있기 때문이다. 각 운영체제의 가이드라인을 준수하면서 특정 기능에 대해서는 개발자와 상의하면서 작성해야 한다.

또 안드로이드의 UI를 iOS의 UI에 적용하거나 반대로 iOS의 UI를 안드로이드의 UI에 적용하는 것은 바람직하지 않다. 사용자의 경험에 자연스럽게 스며들려면 기본 가이드라인을 준수해야 한다. 구동되는 앱의 UI는 대부분 가이드라인을 지켰다고 여길 수 있으므로 기존의 앱 화면을 참고하는 것도 좋다. 이는 가장 쉽고 안전한 방법이다. 사용자는 새롭게 배워야 하는 화면보다 익숙한 기능을 자유자재로 사용할 수 있는 화면을 더 좋아한다.

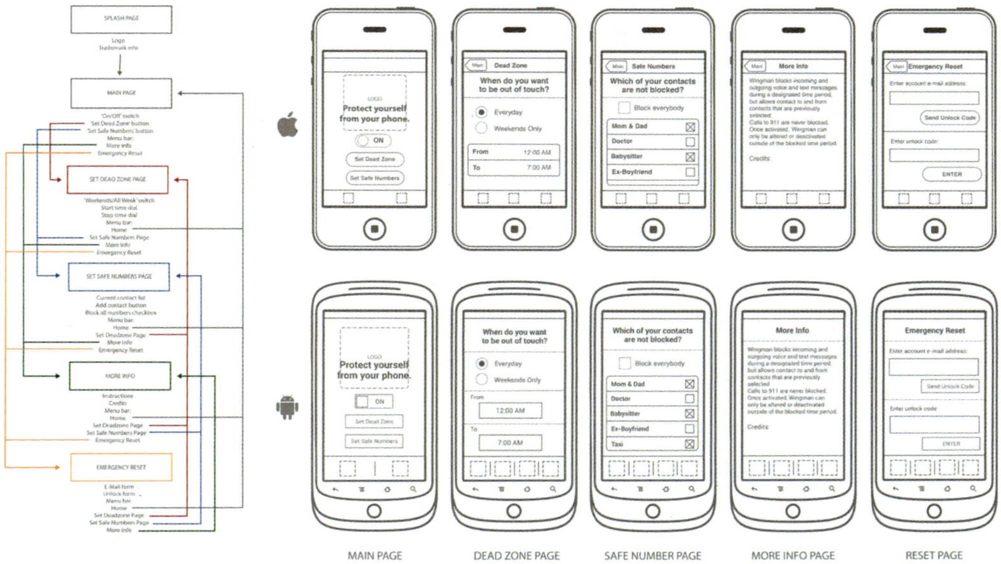

그림 2-8 iOS와 안드로이드의 와이어 프레임

6

프로토타이핑

1 프로토타이핑의 효과

플로우차트를 작성하고 프로토타이핑 테스트를 하는 것처럼 와이어 프레임을 작성한 후에도 프로토타이핑 테스트를 해 보는 것이 좋다. 프로토타이핑prototyping은 사전적으로 원형이나 견본을 의미하는데, 앱 개발에서는 실제 원하는 방식으로 서비스가 작동하고 구현되는지를 테스트하는 과정을 말한다. 프로토타이핑은 코딩을 하지 않고도 앱을 테스트해 볼 수 있으므로 디자이너와 개발자 사이의 상호 이해를 높이고 의사소통을 원활하게 할 수 있도록 돕는다. 또한 성능과 구현 가능성 등을 테스트하기 위해 전체 기능을 간편하게 만들어 보기 때문에 시행착오를 줄일 수 있다.

2 프로토타이핑 방법

2.1 종이 프로토타이핑

일반적으로 제품이나 서비스가 동작하는 방식을 보여 주는 가장 빠른 방법은 종이 위에 디자인의 특정한 순간을 담아 스케치하고 숫자를 작성한 후에 숫자 순서대로 프로토타입prototype을 넘겨 가며 세부 페이지를 테스트하는 것이다. 프로토타입은 최종 제품이 아니므로 테스트하는 동안 발견된 오류를 피드백하고 수정하기가 용이하다. 따라서 테스트를 하는 동안 프로토타입에 부연 설명을 작성하는 것도 필요하다.

종이 프로토타이핑paper prototyping을 쉽게 시작하려면 우선 사용자가 수행할 수행 목록을 작성해야 한다. 즉, 수행에 필요한 버튼이나 메뉴 같은 화면 세트를 스케치해 사용자가 수행 목록에 따라 다음 페이지로 진행할 수 있도록 하는 것이다. 스케치가 어렵다면 유사한 스크린 샷을 인쇄해서 써도 된다. 그런 다음 구성 요소를 조각으로 나누고 메인 화면에 위치시켜 동료와 함께 사용자의 역할과 스마트폰의 역할을 나누어 화면 메뉴의 인터페이스를 수행 순서에 따라 변경하며 진행한다.

그림 2-9 종이 프로토타이핑과 태스크 수행

2.2 디지털 프로토타이핑

과거에는 비용과 시간이 많이 든다는 이유로 종이 프로토타이핑을 진행하거나 클라이언트의 요구에 따라 파워포인트 등으로 최소한의 기능만 구현하기도 했다. 하지만 최근에는 프로토타입을 테스트할 수 있는 많은 툴이 나와 있다. 따라서 실제 개발한 앱을 실행한 것처럼 보이는 다양한 동작을 테스트할 수 있다.

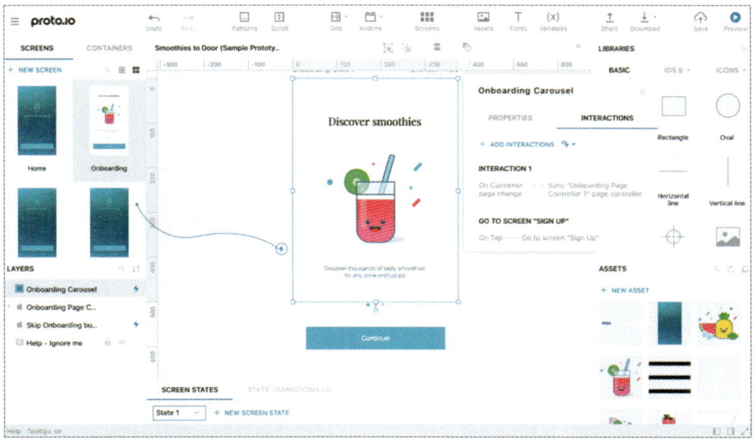

그림 2-10 디지털 프로토타이핑 제작 과정

디지털 프로토타이핑digital prototyping은 앞에서 설명한 프로토타입 툴을 사용하여 실제와 비슷한 느낌으로 페이지를 이동시켜 준다. 테스트를 하는 동안 사용자는 시스템과 상호작용하면서 최종 제품에서 얻을 수 있는 사용자 경험을 할 수 있다. 시각적으로 디자인을 정교하게 만든 다음에 프로토타입을 작성하면 최종 결과물을 테스트하는 듯한 착각이 들 수도 있다. 종이 프로토타입과 달리 상호작용이 가능한 것이 가장 큰 장점이다.

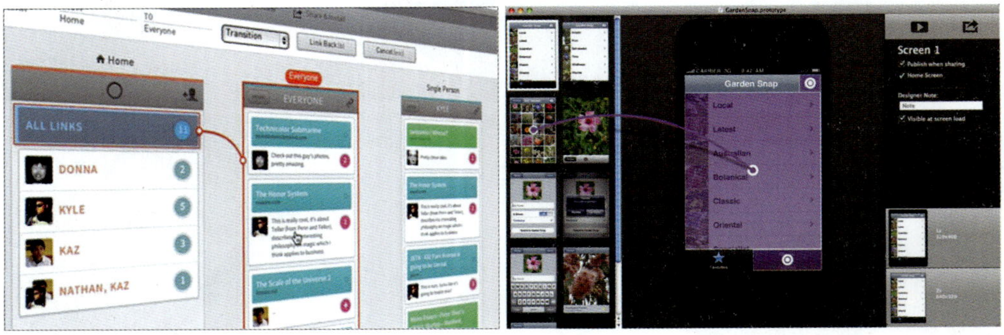

그림 2-11 디지털 프로토타이핑

7
와이어 프레임 툴과 프로토타이핑 툴

이 절에서는 대표적으로 많이 사용되는 와이어 프레임 툴과 프로토타이핑 툴을 소개한다. 소개한 툴 중에서 한두 개만 능숙하게 다룰 수 있어도 작업 시간을 많이 줄일 수 있고 더 나은 작업 결과물을 얻을 수 있을 것이다.

1 파워목업

파워목업PowerMockup은 설치한 후에 파워포인트에서 사용한다. 목업은 와이어 프레임과 유사하거나 같은 의미로 사용되곤 하는데, 파워목업을 설치하고 파워포인트를 실행하면 파워포인트에 PowerMockup 메뉴가 생성된다. 파워목업을 이용하면 미리 제작해 놓은 레이아웃이나 컴포넌트 등을 드래그하여 사용하거나 파워포인트에서 직접 그려서 사용할 수 있다. 파워목업은 윈도에서만 실행 가능하며 구입 비용은 59.99달러이다. 공식 사이트에서는 무료 시험 버전도 제공한다.

- **공식 사이트_ http://www.powermockup.com**

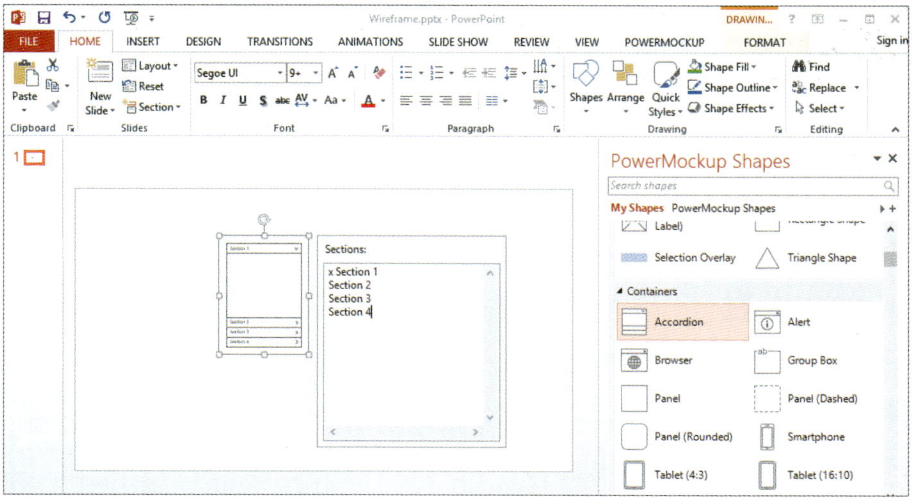

그림 2-12 **파워목업**

2 발사믹

발사믹Balsamiq은 핸드 드로잉한 느낌으로 UI를 디자인할 수 있지만 디테일한 화면을 구성하기에는 무리가 있는 프로그램으로 종이 프로토타이핑을 위한 러프 스케치 정도로 사용할 수 있다. 배우기 쉬운 반면 개인도 89달러를 내고 써야 하므로 저렴하지는 않다. 윈도와 맥에서 모두 사용 가능하며 발사믹 사이트에서 무료 시험 버전도 제공한다.

- **공식 사이트_ https://balsamiq.com**

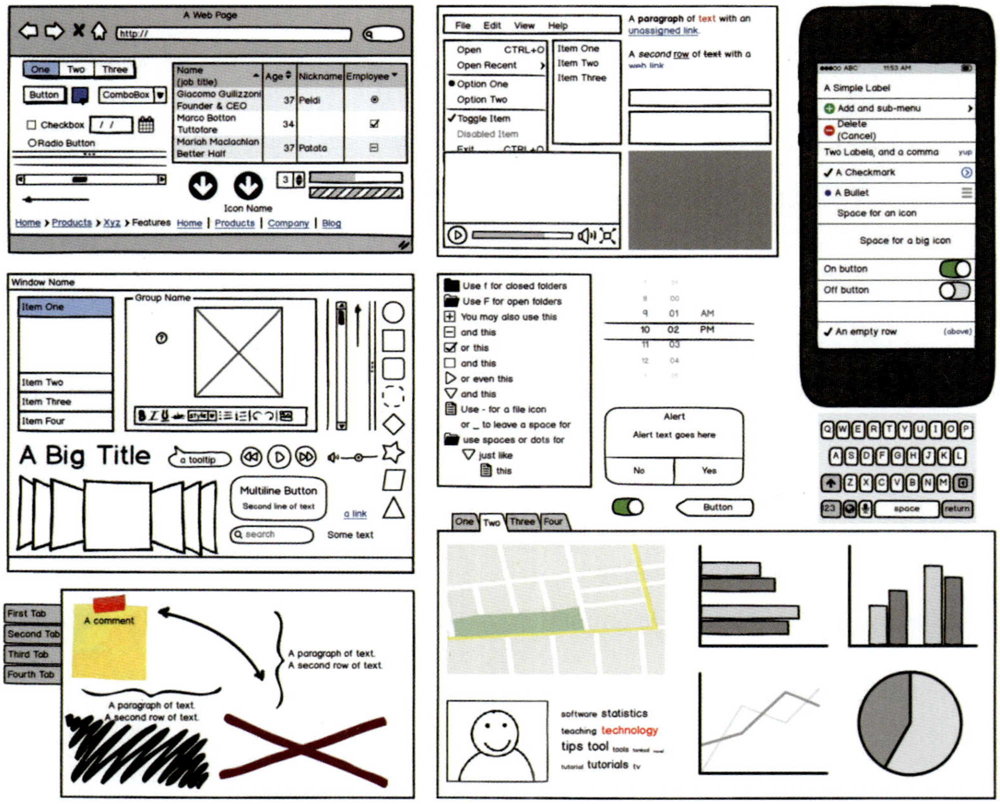

그림 2-13 **발사믹**

3 인비전

인비전InVision은 쉽게 배울 수 있고 협업을 위한 공유 기능을 제공하기 때문에 간단한 프로토타입 용도로 사용하기에 좋다. 웹 화면에서 구현할 수 있고 간단한 인터랙션도 제공한다. 단, 여러 화면을 연결해서 보려면 모든 화면을 제작해야 해서 번거롭다. 인비전 웹 사이트에서는 무료 엔터프라이즈 시험 버전을 제공한다.

• **공식 사이트_ https://www.invisionapp.com**

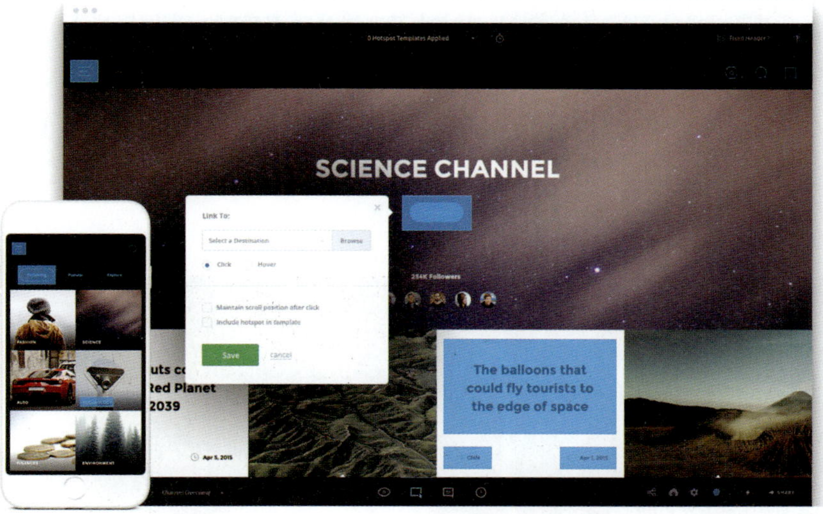

그림 2-14 인비전

4 프로토파이

프로토파이ProtoPie는 사용하기에는 조금 난이도가 높지만 실제 앱처럼 구현해 볼 수 있어 디자이너들 사이에서 관심을 끌고 있다. 프로토파이에서 제공하는 트리거를 활용하면 다양한 인터랙션을 시험해 볼 수 있고 사운드 센서가 작동하는지도 구현해 볼 수 있다. 구입 비용은 99달러이고 무료 시험 버전도 제공한다.

• **공식 사이트_ https://my.protopie.io**

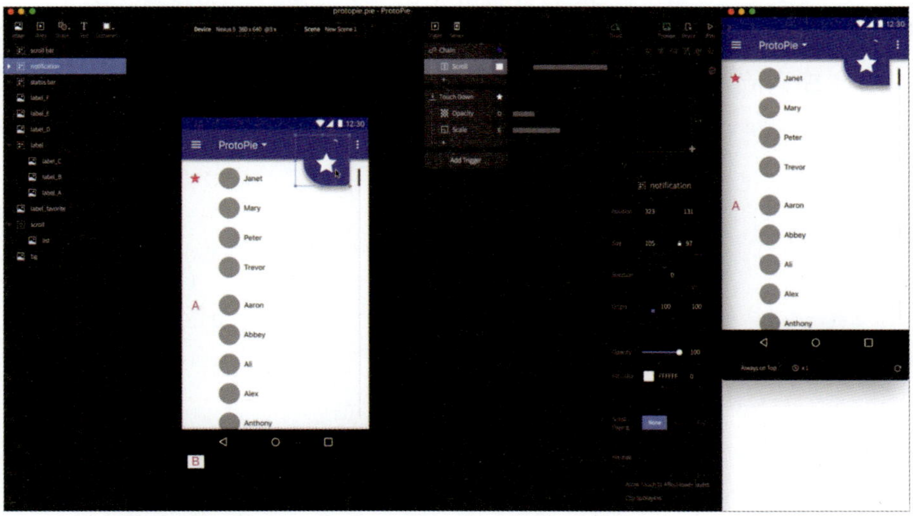

그림 2-15 프로토파이

5 UX핀

UX핀UXPin은 웹 브라우저에서 구동할 수 있고 와이어 프레임과 프로토타이핑 작업에 둘 다 사용할 수 있다. 정액제로 월 29달러를 지불해야 하지만 무료 시험 버전을 제공하므로 무료로 사용해 볼 수 있다. 사이트 디자인 패턴과 다양한 컴포넌트를 제공하며 유료 버전을 사용하면 UX-Book을 서비스로 제공해 준다.

- **공식 사이트_ https://www.uxpin.com**

그림 2-16 **UX핀**

6 액슈어

액슈어axure는 윈도와 맥 버전을 모두 제공하며 매월 29달러를 내거나 일시불로 495달러에 살 수 있다. 와이어 프레임은 물론 프로토타이핑 작업에도 사용할 수 있고 팀원 간에 공유 기능도 제공한다. 다양한 애니메이션을 제공하는 만큼 전문가 집단에서 많이 사용한다.

• **공식 사이트_ https://www.axure.com**

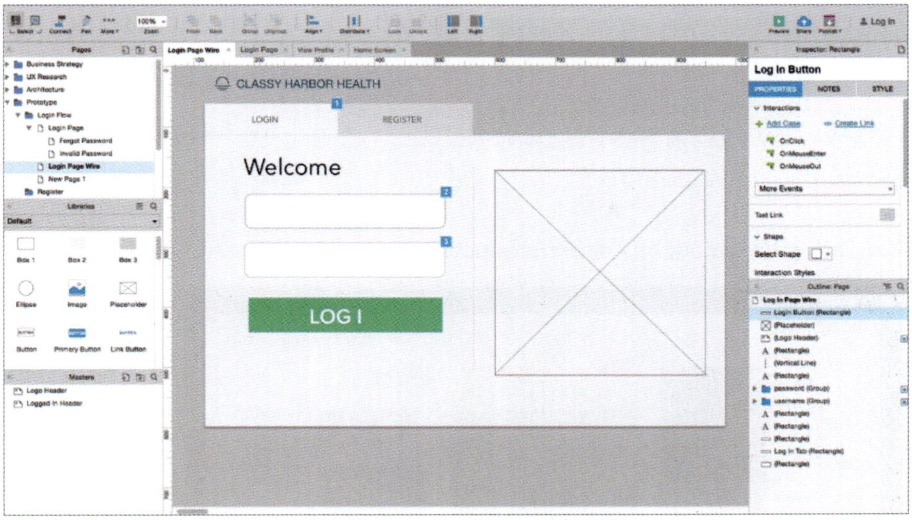

그림 2-17 **액슈어**

7 스케치

스케치Sketch는 해외에서 가장 많이 사용하는 프로토타이핑 툴이다. 99달러를 내면 내려받아 설치할 수 있다. 플러그인을 사용하면 가이드라인도 자동으로 배치되지만 맥 버전만 있고 윈도 버전은 따로 제공하지 않는다.

• **공식 사이트_ https://www.sketchapp.com**

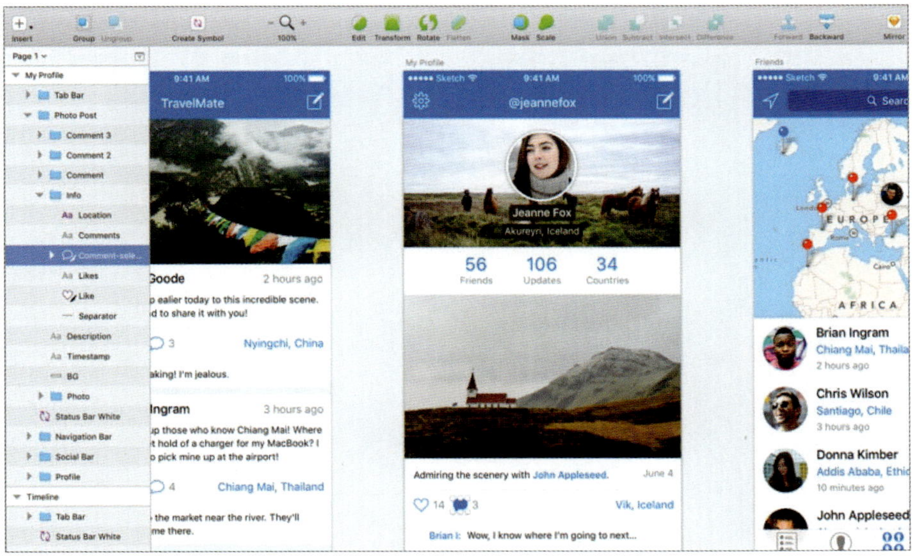

그림 2-18 **스케치**

8 어도비 XD

어도비 XD Adobe XD는 어도비 사에서 스케치에 대응하기 위해 만든 프로그램으로 와이어 프레임은 물론 인터랙티브한 프로토타입까지 테스트해 볼 수 있다. 벡터와 래스터 아트워크를 그리거나 재사용할 수도 있으며 윈도와 맥 버전을 모두 제공한다. 스케치가 윈도 버전을 제공하지 않으므로 향후 더 많이 사용될 가능성이 높다.

- **공식 사이트_ https://www.adobe.com/kr/products/experience-design.html**

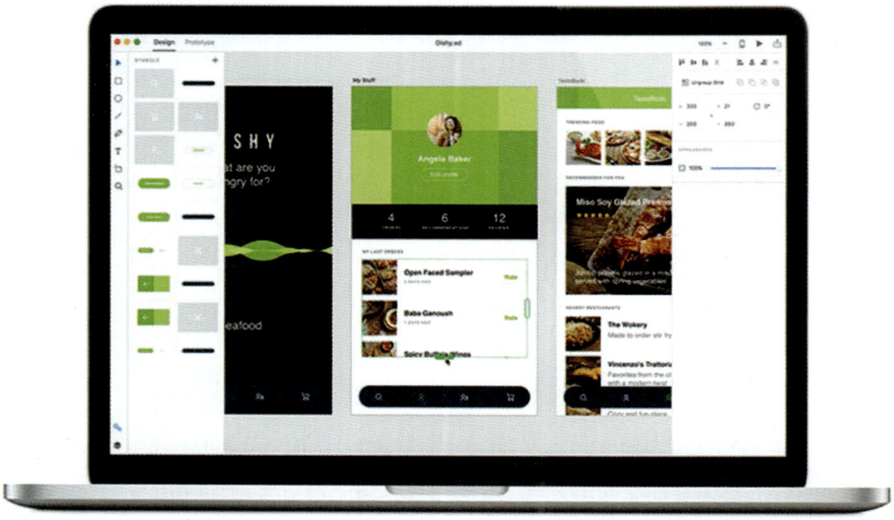

그림 2-19 **어도비 XD**

요약

1 앱 디자인 설계 프로세스

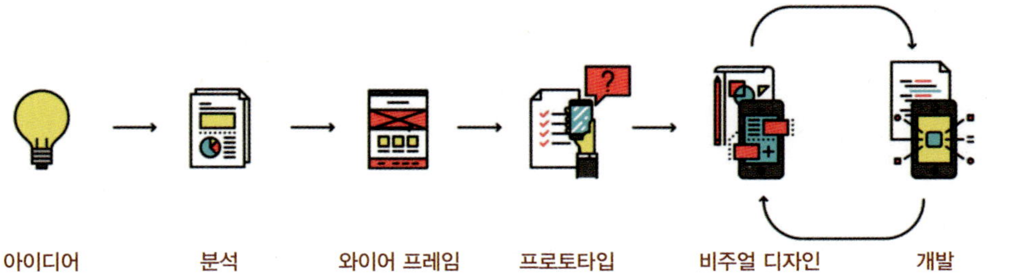

(a) 자체 개발할 때

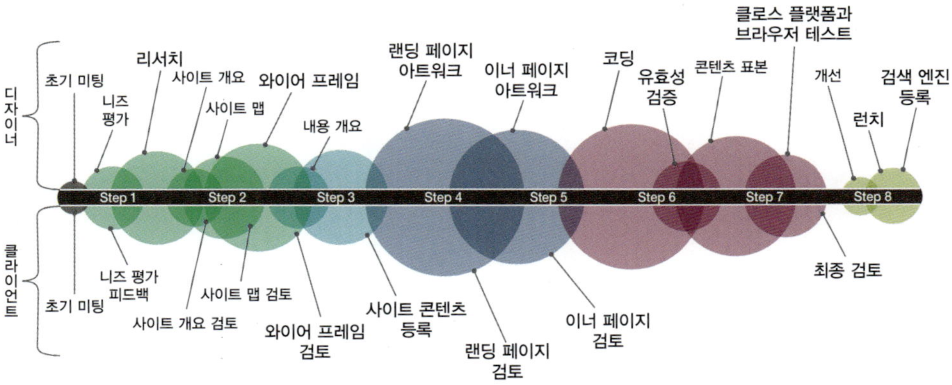

(b) 클라이언트의 요구가 있을 때

2 유저 시나리오

사용자 그룹, 시놉시스, 니즈, 불편 사항, 대안 마련, 서비스 구성, 감성 요소 등을 작성하는 것을 말한다. 유저 시나리오를 작성하면 페르소나의 니즈와 앱의 사용 동기를 부여해 서비스의 구성안을 마련할 수 있다.

3 정보 구조 설계

사용자가 원하는 정보를 불편 없이 사용할 수 있도록 앱의 뼈대를 만드는 작업이다. 실제 앱 화면 안에서는 내비게이션 체계나 레이블링 체계 등을 세우는 것을 의미한다.

4 플로우차트

사용자에게 앱을 어떻게 이용할지 동선을 알려 주는 순서도이다. 플로우차트에는 정보 구조 설계에 표시하기 어려운 구체적인 동선을 작성할 수 있다.

5 와이어 프레임

기획자나 디자이너의 아이디어를 화면 안에 러프하게 구성한 화면 디자인이다. 각 화면 단위의 UI는 물론 화면 간의 관계와 이동까지 모두 포함한다.

6 프로토타이핑

앱을 미리 만들어 테스트해 보는 행위이다. 실제로 코딩을 하지 않고도 앱을 테스트해 볼 수 있어 디자이너와 개발자 사이의 상호 이해를 높이고 의사소통을 원활하게 할 수 있도록 돕는다.

7 와이어 프레임 툴과 프로토타이핑 툴

대표적으로 많이 사용되는 와이어 프레임 툴 및 프로토타이핑 툴에는 파워목업, 발사믹, 인비전, 프로토파이, UX핀, 액슈어, 스케치, 어도비 XD가 있다.

Chapter 03

iOS와 안드로이드의 이해

1
iOS와 안드로이드의 개요

1 모바일 UI 디자인 패턴

모바일은 하드웨어가 지속적으로 발전하고 있지만, 작은 화면이라는 특수성 때문에 그에 맞는 화면을 설계하는 동시에 사용자를 배려하는 서비스도 뒷받침되어야 한다. 어떤 문제를 처음 맞닥트렸을 때는 다양한 시행착오를 거치며 해결하지만, 비슷한 문제를 다시 만나면 이전의 경험을 바탕으로 문제를 손쉽게 해결하기도 한다. 이처럼 개개인의 머릿속에 가지고 있는 해결 방법을 추상화하여 폭넓게 적용할 수 있는 패턴 형태로 만들어 두면 그 문제를 만나본 적이 없는 사람도 패턴을 이용해 문제를 적절히 풀 수 있다.

모바일 UI 디자인 패턴은 매일 발생할 수 있는 공통적인 문제를 해결하는 방법임과 동시에 모바일 애플리케이션 또는 시스템을 설계할 때 공통적인 문제를 해결하는 데 사용할 수 있는 최상의 가이드라인 또는 템플릿template이다. 모바일 UI를 디자인한다는 것은 모바일 UI 패턴을 디자인하는 것이다. 이는 사용자가 설계된 정보 구조에 따라 화면을 이동하면서 앱을 총체적으로 이용하는 내비게이션 패턴을 파악하는 일에서부터 시작한다. 따라서 앱의 구조와 명칭, 제작할 때 주의할 사항과 역할 등을 운영체제별로 잘 파악하고 있어야 한다.

2 iOS와 안드로이드의 개발자 가이드라인

iOS와 안드로이드는 지향하는 디자인 콘셉트뿐만 아니라 UI 컴포넌트component의 명칭, 위치, 사용법도 조금씩 다르다. UI 컴포넌트란 사용자를 위한 온 스크린 인터페이스on-screen interface를 구성하는 기본 단위 즉, 앱의 구성 요소를 말한다. UI 컴포넌트는 다양한 사용자와 기기의 사양이 요구하는 사항을 충족시키고, 기기와 사람이 원활히 소통할 수 있도록 돕는 매우 중요한 역할을 한다. 또한 향후에 유지 보수를 하거나 기능을 확장할 때도 크게 도움을 준다.

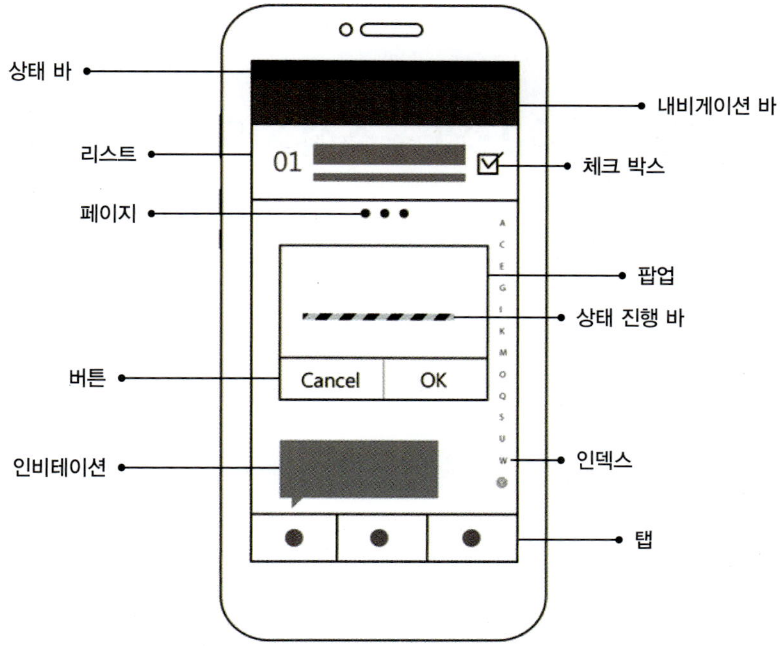

그림 3-1 UI 컴포넌트

단, 운영체제마다 UI 컴포넌트의 종류, 표현, 사용 상황이 조금씩 다르기 때문에 어떤 운영체제의 애플리케이션을 구축하느냐에 따라 각각의 UI 컴포넌트 특성을 인지하고 배치하는 것이 중요하다. 시장에 출시되는 모바일 기기는 운영체제와 더불어 운영체제에 기본으로 포함된 각각의 UI 컴포넌트를 사람들이 좀 더 쉽게 사용할 수 있도록 업그레이드하고 있다. 따라서 운영체제별 개발자 사이트를 자주 방문하여 필요한 정보를 열람하는 것이 좋다.

- **애플 개발자 사이트_** https://developer.apple.com
- **안드로이드 개발자 사이트_** http://developer.android.com

개발자 또는 디자이너 자신이 iOS를 사용한다고 해서 iOS 디자인이나 개발만 할 수는 없다. 개인적으로는 한 가지 시스템을 선호하더라도 앱을 설계하고 디자인하고 개발하는 일은 iOS와 안드로이드를 모두 아울러야 하므로 두 제품을 병행하여 사용해 보는 것이 좋다.

2
iOS와 안드로이드의 구조적 차이

1 iOS 앱의 구조

iOS 환경에서 앱을 제작하면 UI 키트에 정의된 UI 요소component를 적어도 한 개 이상은 사용하게 된다. 이런 요소의 이름, 역할, 기능 등을 알고 있으면 앱의 UI를 디자인할 때 올바른 결정을 내릴 수 있다. UI 키트에 정의된 UI 요소는 크게 세 가지로 분류된다.

- **바**bar 사용자가 현재 어느 화면에 있는지 콘텍스트context 정보를 표시한다. 다른 화면으로 이동하거나 액션을 수행할 수 있는 컨트롤을 삽입할 수도 있다.
- **뷰**views 앱에 특화된 콘텐츠를 보여 준다. 이곳에서 아이템을 스크롤, 추가, 삭제, 정렬할 수 있다.
- **컨트롤**controls 액션action을 수행하거나 정보를 표시한다.

iOS의 UI 키트는 UI 요소를 정의할 뿐만 아니라 사용자의 제스처를 인식하거나 드로잉, 접근성, 프린트 지원 등의 기능을 담당하는 객체를 정의하기도 한다.

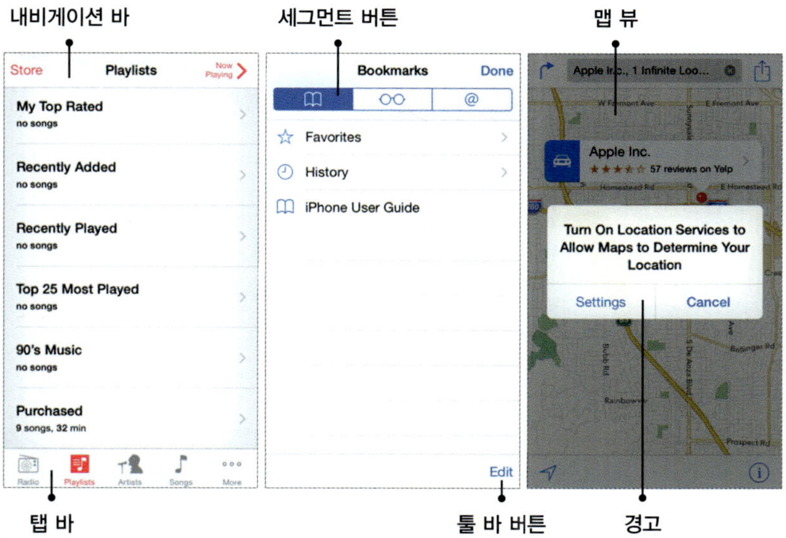

그림 3-2 iOS UI 키트에서 UI의 구조

[그림 3-3]은 뷰와 뷰 컨트롤러를 조합하여 iOS 앱의 UI를 구성한 것이다. 기술적으로 보면 iOS의 UI 요소는 UI 뷰UI view 클래스를 상속하므로 일종의 뷰view로 볼 수 있다. 뷰는 화면에 자신을 어떻게 그릴지 알고 있으며, 사용자가 자신의 영역 안을 터치하는 것도 알 수 있다. 뷰 컨트롤러는 앱에서 사용하는 뷰와 그 계층 구조를 관리하기 위해 사용한다. 뷰 컨트롤러는 뷰를 배치해서 보여 주고, 사용자와의 상호작용에 반응하는 기능을 구현하거나 한 화면에서 다른 화면으로 전환하는 효과를 관리한다.

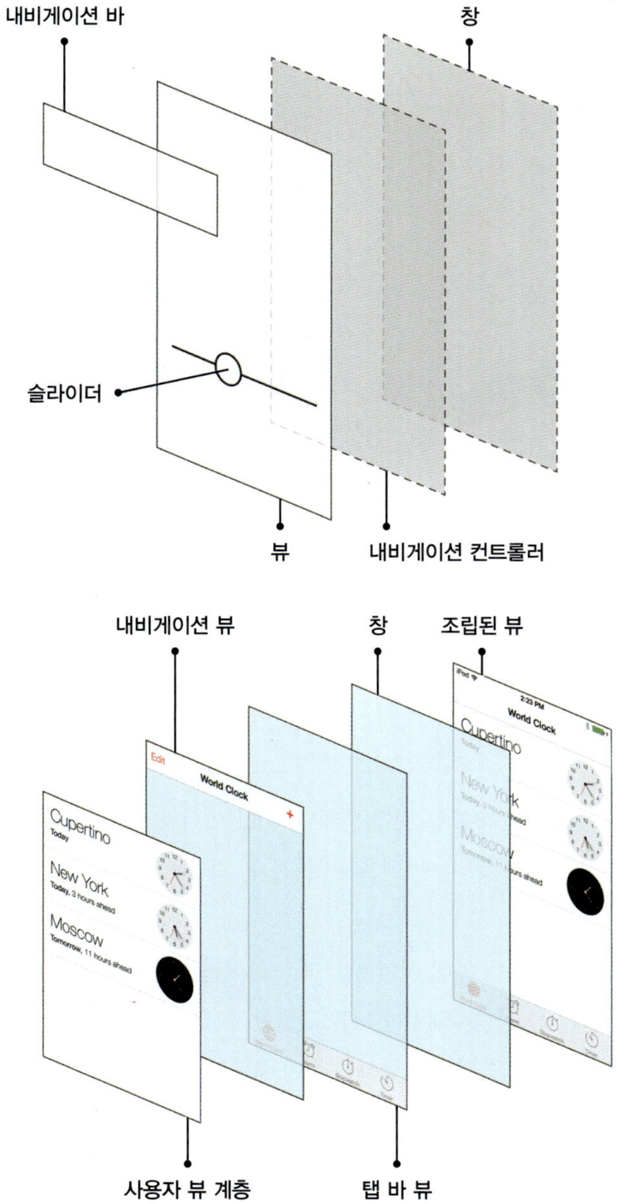

그림 3-3 뷰와 뷰 컨트롤러를 조합한 iOS의 UI 구조

2 안드로이드 앱의 구조

안드로이드는 플랫폼과 장치에 걸쳐 시각, 운동, 상호작용 설계를 위한 머티리얼 디자인material design을 바탕으로 최상위 수준 뷰와 세부 편집 뷰로 구성된다. 계층 구조가 복잡해지고 이동 경로가 깊어지면 최상위 수준 뷰와 세부 편집 뷰를 연결하는 카테고리 뷰를 사용하기도 한다.

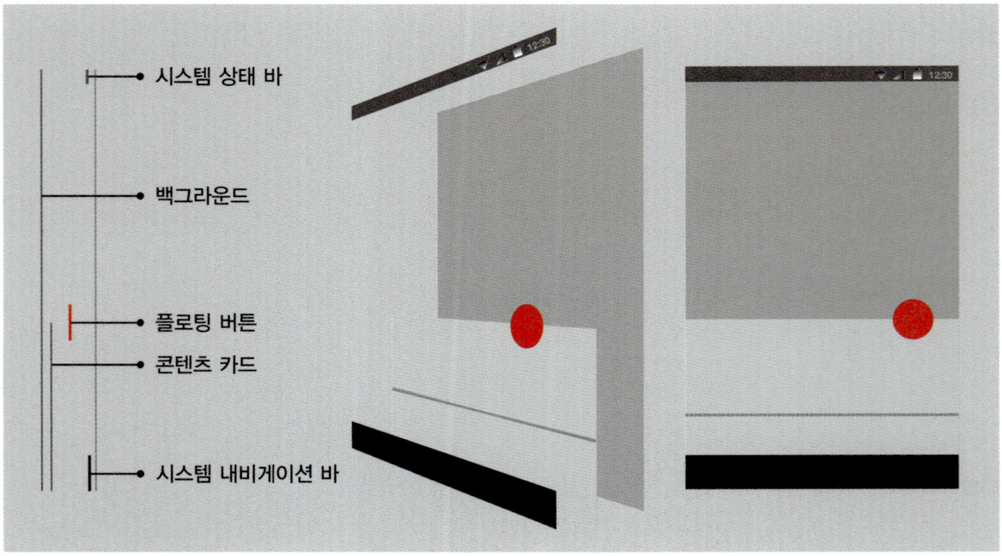

그림 3-4 안드로이드 앱의 구조

최상위 수준 뷰는 앱이 지원하는 다양한 뷰로 구성되는데, 각 뷰는 같은 데이터를 어떻게 표현하는지와 앱이 어떠한 기능을 표현하는지에 따라 다양한 모양을 가진다. 카테고리 뷰는 특정 데이터를 세부 편집 뷰와 최상위 수준 뷰로 연결하는 구조를 갖고 있다. 세부 편집 뷰는 데이터를 편집하여 보여 준다.

■ **최상위 수준 뷰**

앱 시작 화면 레이아웃으로 앱이 시작하면 사용자가 보는 첫 화면이다. 이 뷰에서는 특히 콘텐츠를 표시하는 데 집중해야 하므로 이동이 가능한 화면이 아닌 콘텐츠를 배치하는 것이 좋다.

■ **카테고리 뷰**

정보 계층 구조를 가지고 있는 앱은 카테고리 뷰를 통해 데이터를 보고 조작할 수 있는 상태 편집 뷰로 이동한다. 카테고리 뷰에서는 카테고리를 선택하고 데이터를 표현할 수 있도록 해야 하는데, 카테고리가 유사하거나 개수가 적을 때는 탭을 이용하여 표현하는 것이 좋다.

■ **세부 편집 뷰**

세부 편집 뷰는 사용자가 데이터를 보거나 사용하고 직접 정의할 수 있는 공간이다. 여기에서는 사용자가 여러 항목을 순차적으로 볼 수 있도록 이동 화면을 제공하는 것이 좋다. 또한 주로 뷰 스와이프를 사용하도록 유도하는 것이 좋다.

iOS와 안드로이드는 구조도 다르고 UI 구성 요소의 명칭도 다르기 때문에 사용하는 방법에 대한 가이드라인도 다르다. iOS는 각 구성 요소를 바bar, 뷰views, 컨트롤controls로 구분하지만 안드로이드는 그와 관련된 요소를 모두 컴포넌트component와 패턴pattern으로 구분한다. 물론 중복 요소도 있다. iOS와 안드로이드에서 많이 사용하는 중복 요소에는 바bar, 뷰views, 컨트롤controls이 있다.

3
iOS와 안드로이드의 바

바bars는 상태 바, 내비게이션 바, 탭 바, 툴 바, 액션 바, 앱 바 등 종류가 다양하지만 사용 방법은 대부분 유사하다. 이러한 바들은 같은 영역 안에서 함께 사용되기도 한다.

1 상태 바

상태 바status bar는 신호 세기, 현재 네트워크 접속 상태, 배터리 잔량 등과 같은 기기의 현재 환경에 대한 정보를 표시한다. 화면의 최상단에 고정된 채로 배치되며 높이 값이 iOS에서는 20pt, iOS X에서는 44pt, 안드로이드에서는 24pt이다. 사용자들은 상태 바가 시스템 전체에서 일관되게 자리 잡고 있길 기대하므로 사용자 지정 상태 바로 변경하지 않도록 주의한다.

(a) iOS (b) iOS X (c) 안드로이드

그림 3-5 기기별 상태 바

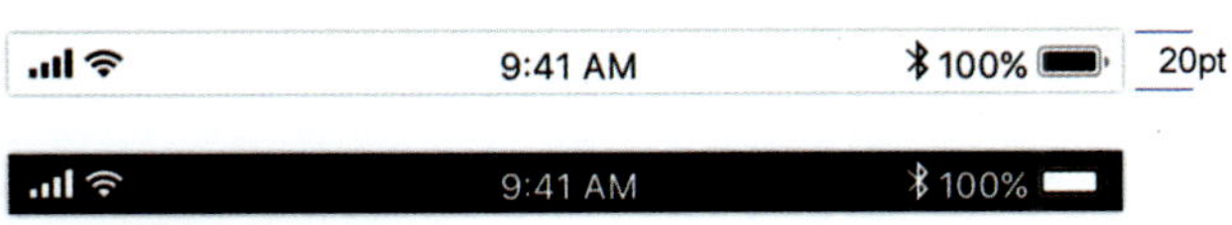

(a) iOS X 이전

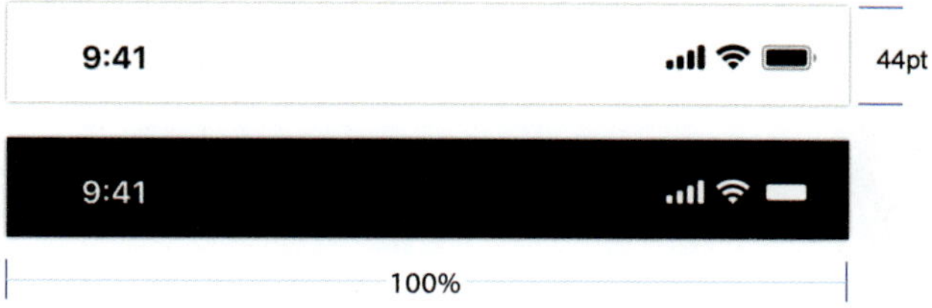

(b) iOS X

그림 3-6 iOS의 상태 바 크기

2 내비게이션 바

내비게이션 바navigation bar는 iOS에서 부르는 이름이고 안드로이드에서는 내비게이션 패턴이라고 부른다. 내비게이션 바는 정보의 위계적 또는 수평적 화면 이동을 돕는 역할을 한다. iOS에서는 상태 바 바로 아래 앱 상단, 안드로이드에서는 화면 하단에 배치된다.

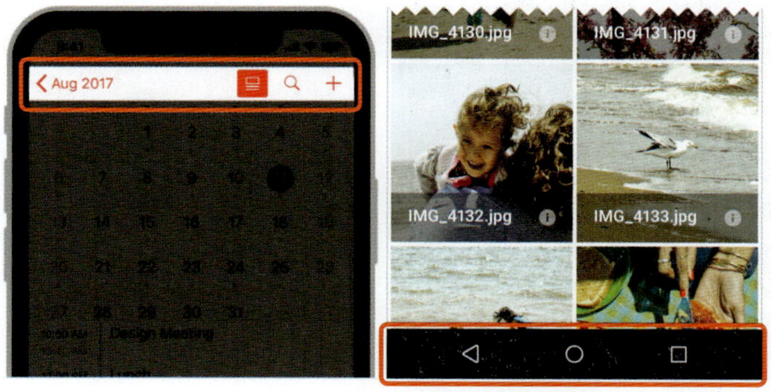

(a) iOS (b) 안드로이드

그림 3-7 내비게이션 바

안드로이드에서는 주로 내비게이션 바가 물리적인 하드웨어 버튼으로 구현되다가 최근에 출시된 기기부터는 원래 물리적 버튼이 있던 자리의 화면 내부를 터치해 사용하는 소프트웨어 버튼 방식으로 바뀌고 있다. 그러나 이전 페이지로의 이동 등 역할은 바뀌지 않았다. 다만 화면을 더 넓게 볼 수 있는 자동 숨김 옵션이 있다. 드물기는 하지만 웹 뷰 화면에서는 앱 자체의 내비게이션 바를 제공하기도 한다. 내비게이션 바는 키보드가 화면에 나타나거나 크기가 조정될 때 자동으로 숨겨지도록 구성할 수 있다.

(a) 아이폰의 하드웨어 버튼(좌)과 소프트웨어 버튼(우)

(b) 안드로이드의 하드웨어 버튼(좌)과 소프트웨어 버튼(우)

그림 3-8 **하드웨어 버튼과 소프트웨어 버튼**

3 탭 바

탭 바tab bar는 iOS에서는 화면 내부 작업을 수행하는 데 사용되고, 안드로이드에서는 버튼이나 메뉴 같은 구성 요소로 사용된다. 탭 바는 iOS에서는 하단, 안드로이드에서는 상단에 위치한다.

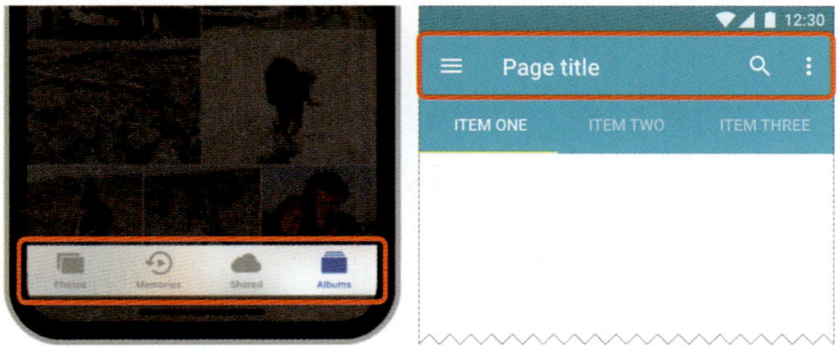

(a) iOS (b) 안드로이드

그림 3-9 탭 바

안드로이드에서 탭 바는 앱 바app bar나 액티비티activity를 포함한 액션 바action bar 등과 구분 없이 사용되며 사용자의 특정 목적에 따라 내비게이션의 중요한 요소로서 작동한다. iOS에서는 내비게이션 바가 상단에 위치하고 있기 때문에 탭 바의 위치가 하단에 배치된 것으로 보인다. 하지만 인터넷의 역사를 되짚어 보면 메인 메뉴는 대개 상단 로고 근처에 배치되었으므로 주요한 내비게이션 요소인 탭 바는 상단에 배치하는 것이 더 좋다. 하지만 사용자들은 익숙한 형태의 UI를 추구하고 자신의 경험에 따라 판단한다. 따라서 탭 바를 계속 하단에 배치한 iOS 기기를 사용한 사람이라면 별다른 차이를 느끼지 못할 수도 있다.

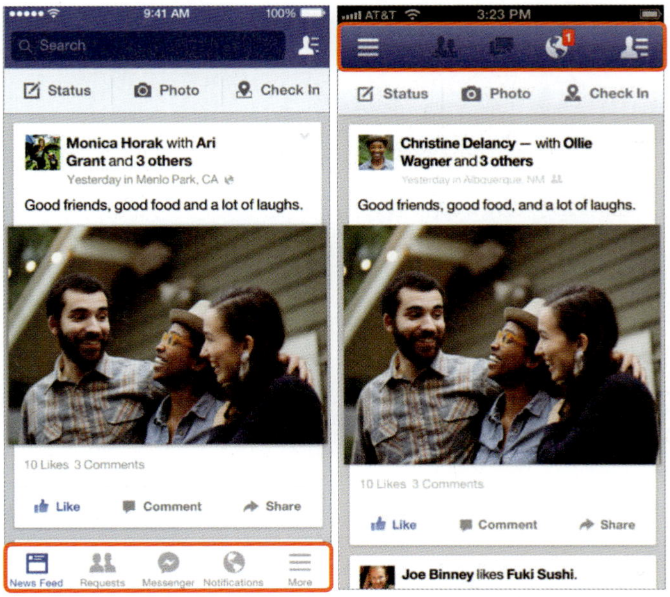

(a) iOS (b) 안드로이드

그림 3-10 페이스북의 탭 바

4 툴 바

툴 바tool bar는 운영체제별로 탭 바의 위치와 같지만 역할이 다르다. 탭 바가 콘텐츠를 탐색하기 위한 장치라면 툴 바는 특정 화면 안에서 사용자가 취하고자 하는 행동을 돕기 위한 도구 모음이다. 예를 들면 공유하기, 저장하기, 카메라의 셔터 같은 컨트롤을 모아서 보여 준다.

툴 바와 액션 바를 혼동하기도 한다. 툴 바와 액션 바가 배치되는 위치가 같고 개발자 도구에서 처음 만들어지는 영역이 액션 바이기 때문이다. 그러나 액션 바는 특정 액션을 주기 위해 제작된 바로 툴 바와는 성격이 다르다. 최근에는 액션 바를 거의 사용하지 않고 개발자가 마음대로 모양을 바꾸고 다양한 기능을 추가할 수 있는 툴 바로 대체되는 추세이다.

(a) iOS (b) 안드로이드

그림 3-11 툴 바

4
iOS와 안드로이드의 디자인 차이

1 iOS와 안드로이드의 디자인 원칙

과거 iOS는 스큐어모피즘skeuomorphism을 표방했고 아이콘이나 세부적인 디자인 역시 입체적이고 현실 세계와 유사한 디자인 환경을 지향했다. 그러나 iOS 7 이후부터는 플랫flat(평평한)한 디자인 스타일을 유지하고 있다. 또 가이드라인을 명확하게 제시하면서 그 가이드라인에 맞춰 디자인할 것을 요구한다. 이로 인해 디자이너들은 가이드라인만 충실히 따르면 되므로 편리해진 반면 다양한 창의적인 작업을 할 때는 제약을 받는다.

안드로이드는 초창기에 가이드라인을 명확히 제시하지 않아 다양한 시도가 여기저기서 일어났다. 그만큼 창의적인 화면이 많이 만들어졌지만 산만하고 깔끔하지 못하다는 비판을 받기도 했다. 지금은 구글의 머티리얼 디자인material design 가이드라인을 통해 계층화된 종이 방식의 가이드라인을 제공하고 있다.

2 뒤로 가기

뒤로 가기는 iOS와 안드로이드 디자인의 가장 큰 차이로 꼽을 수 있다. 뒤로 가는 방식의 차이로 인해 두 운영체제의 구성 요소별 위치나 명칭 및 내비게이션 UI가 달라졌을 정도이다. 일반적으로 안드로이드 기기 하단에는 이전 화면으로 돌아갈 수 있는 뒤로 가기back 버튼이 물리적으로 배치되어 있다. 하지만 최근에 출시된 기기에서는 소프트웨어로 화면 안에 삽입한 버튼이 이 버튼의 역할을 대신한다. 반면 iOS에서는 뒤로 가기 버튼이 없다. 이전 화면으로 돌아가려면 화면 왼쪽 상단에 있는 뒤로 가기 버튼을 사용해야 한다.

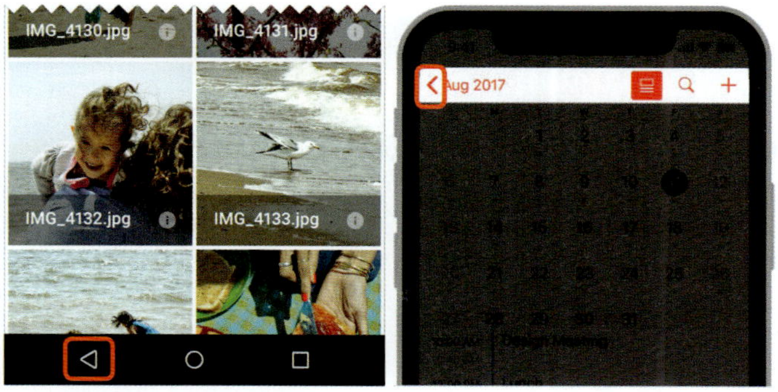

(a) 안드로이드　　(b) iOS

그림 3-12 뒤로 가기

3 기본 내비게이션

최근에 가장 논란이 되고 있는 햄버거 메뉴를 이용한 드로워drawer는 안드로이드의 기본 내비게이션basic navigation 패턴으로 가이드라인이 명확하게 존재한다. 하지만 iOS에서는 드로워 메뉴를 권장하지 않고 대신 화면 하단의 탭 바를 통해 앱의 최상위 영역에 접근하도록 하고 있다. 이처럼 앱의 정보 구조를 결정할 때는 두 운영체제의 차이를 알고 개별 메뉴 계획을 수립해야 한다.

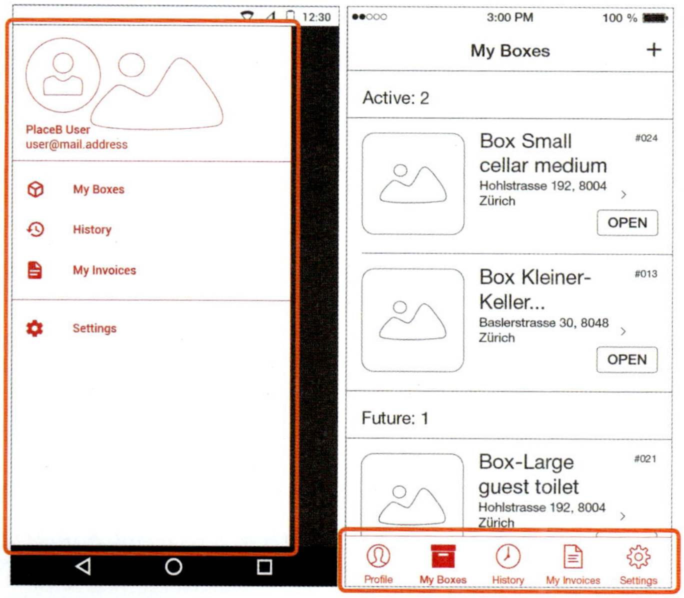

(a) 안드로이드의 드로워　　(b) iOS의 탭 바

그림 3-13 기본 내비게이션

4 지도

안드로이드에서는 지도maps 화면에서 선택한 핀이 맵 내부에 표시되지만 실제 핀에 대한 세부 사항은 아래쪽 하단에 배치된다. 세부 정보에 대한 인터랙션을 알려 주지 않는 경우 사용자들은 세부 정보를 놓칠 가능성이 있다. iOS는 클릭한 직후에 핀과 상세 정보가 해당 자리에 표시되기 때문에 해당 핀에 대한 정보를 즉각적으로 얻을 수 있어 편리하다. 그러나 세부 정보로 인해 주변 환경을 살펴보기가 어렵다는 단점이 있다.

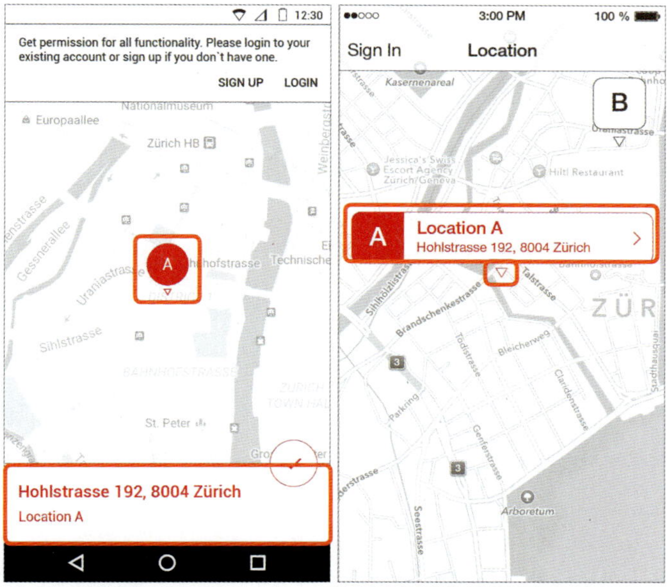

(a) 안드로이드 (b) iOS

그림 3-14 지도

5 폼

스마트폰 화면에는 다양한 폼form 형태가 존재한다. 안드로이드에서는 일반적으로 머티리얼 디자인의 가이드라인에 따라 약간 떠 있는 버튼 형태를 취하고, 선택 항목은 드롭다운 메뉴로 제공한다. iOS에서는 텍스트 형태의 버튼 링크를 사용하며, 버튼과 콘텐츠를 색상으로 구분한다. 선택 항목에 대해서는 선택 가능한 값을 하나 이상 가진 리스트를 피커pickers 형태로 선택하도록 하고 있다. 달력이나 시계 등에서 날짜와 시간 등을 설정하는 피커가 대표적이다.

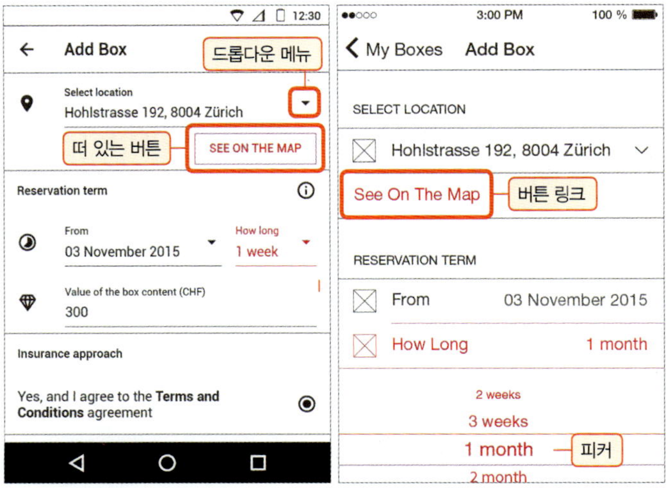

(a) 안드로이드 (b) iOS

그림 3-15 폼

6 리스트

리스트list는 테이블 리스트와 그리드 리스트가 대표적이며, 안드로이드에서는 카드 리스트도 많이 활용하는 편이다. 카드 리스트는 섹션별로 다양한 사진, 텍스트, 동영상 등의 콘텐츠를 포함할 수 있고 카드별로 다른 주제를 제공할 수 있어 활용 범위가 넓다.

안드로이드에서는 리스트 안에 영구 바닥글 버튼을 텍스트 형태로 제공하는데, 이 버튼은 세부 콘텐츠를 보기 위한 탐색 수단으로 사용된다. 또 플로팅 버튼을 화면 내부의 특정 위치 또는 하단에 배치할 수 있다. iOS에서는 리스트에서 제공하는 세부 콘텐츠를 보기 위한 탐색 수단으로 오른쪽 방향 화살표 아이콘을 사용한다. 해당 아이콘이 있는 열 모두가 탐색 이동을 위한 장치로 사용된다. 또한 리스트에 항목을 추가하는 버튼은 상단 내비게이션 바 오른쪽에 배치한다.

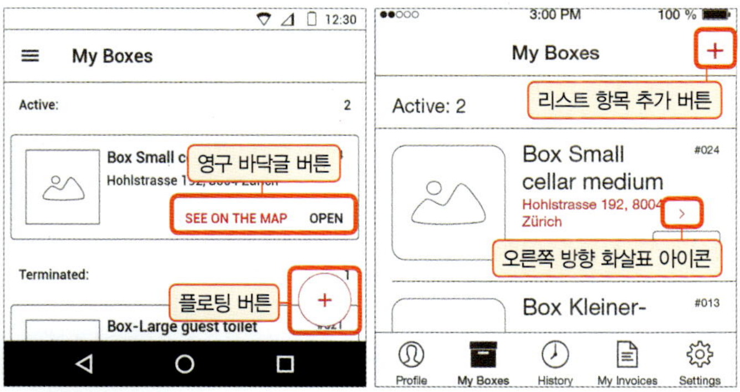

(a) 안드로이드 (b) iOS

그림 3-16 리스트

7 필터

필터 filter에서 선택된 항목에 대한 상세 내용을 보여 주는 방법은 지도와는 정반대이다. 안드로이드는 해당 항목에 직접 팝업을 표시해 보여 주는 반면 iOS는 화면 하단의 액션 시트에서 보여 준다. 액션 시트를 통해 사용자는 UI 하나로 다양한 액션을 선택할 수 있다. 예를 들어 이미지를 길게 누르면 복사, 삭제, 공유, 저장 등을 할 수 있다. 안드로이드는 오버레이 overlay 되는 액션 시트에 그림자를 약간 넣어 깊이감이 생기도록 하고 뒤로 가기 버튼을 눌러 액션 시트를 사라지게 한다. iOS는 그림자를 사용하지 않지만 배경에 투명도를 약간 적용하며 뒤로 가기 버튼이 없기 때문에 취소 버튼을 별도로 제공한다.

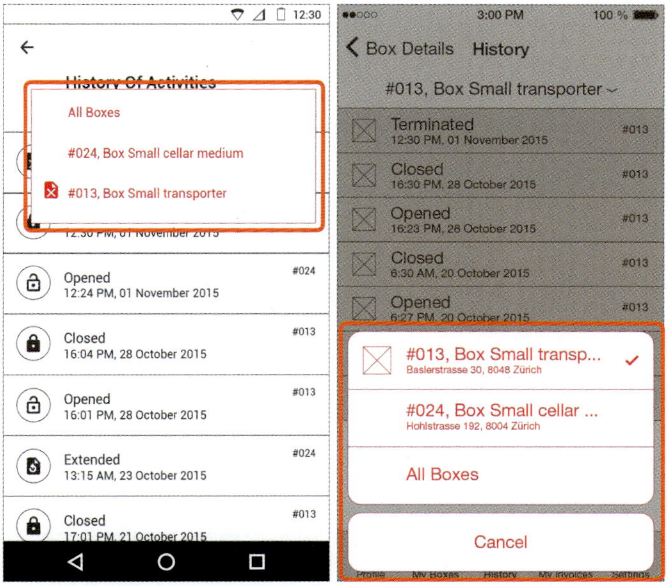

(a) 안드로이드 (b) iOS

그림 3-17 **필터**

8 상세 페이지

여기서 설명하는 상세 페이지 detail page는 지도가 포함된 상세 페이지를 예로 든 것이다. 지도가 화면 상단에 배치되고 지도 내부에 핀을 보여 주는 안드로이드에서는 테이블 형태의 상세 페이지를 제공하며 구분 선으로 세부 콘텐츠를 구분한다. iOS에서는 상세 페이지의 지도를 툴 바 버튼으로 표시하며 핀의 내용을 지도 대신 해당 이미지로 대체하고 이미지 위에 텍스트를 배치한다. 또 테두리가 있는 고스트 버튼을 사용하며 세부 콘텐츠는 기본 테이블 행으로 구분 선을 그어 제공한다. 또한 추가 콘텐츠를 보여 주기 위해 오른쪽 방향 화살표 아이콘을 배치한다.

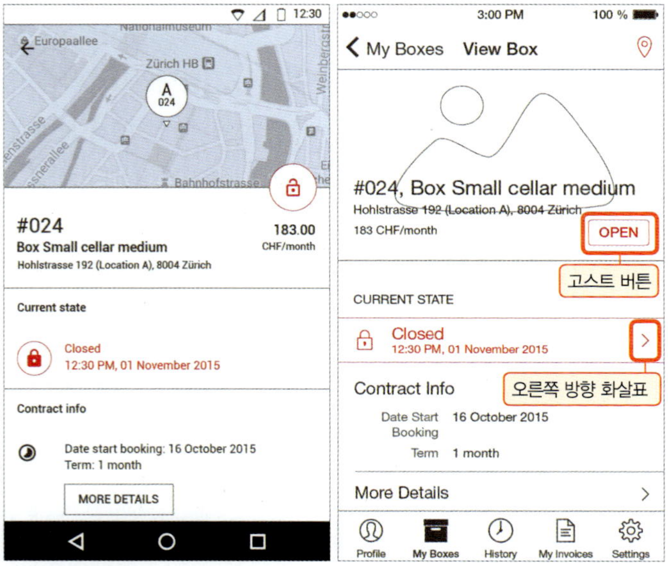

(a) 안드로이드　　(b) iOS

그림 3-18 상세 페이지

9 입력

안드로이드에서는 레이블링을 텍스트 입력 창 상단에 배치하고, 힌트 단어 또는 문장을 텍스트 필드 내부에 표시한다. 힌트 문장은 레이블보다 밝은 회색으로 처리하고, 텍스트 필드를 탭하는 순간 힌트 문장이 사라지게 한다. 텍스트를 입력하다가 오류가 발생하면 즉각 텍스트 필드의 색상을 전환하거나 텍스트 필드 하단에 오류가 났음을 알려 주기도 한다. iOS에서는 왼쪽으로 정렬한 텍스트 레이블을 기본 테이블 형태로 나열하며, 항목 레이블을 터치하면 텍스트 입력 창으로 전환되면서 문자 키보드가 등장한다.

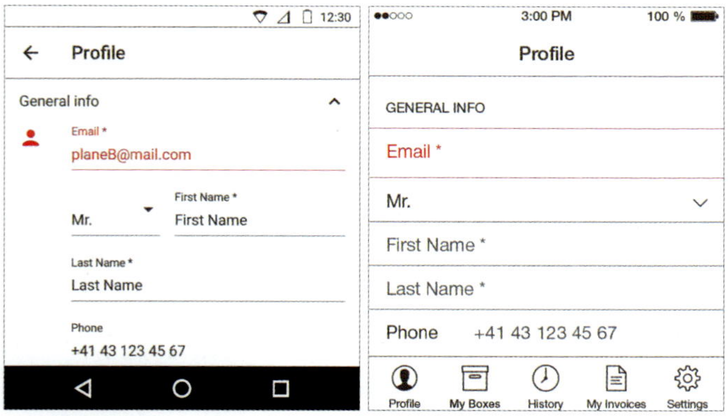

(a) 안드로이드　　(b) iOS

그림 3-19 입력

10 제목

모든 페이지에 나타나는 상태 바나 제목title을 살펴보면 안드로이드는 제목 텍스트가 왼쪽으로 정렬되고, iOS는 중앙으로 정렬된다. iOS에서는 제목 부분을 회사의 메인 페이지 로고logo로 바꾸기도 하지만 안드로이드에서는 권장하지 않는다.

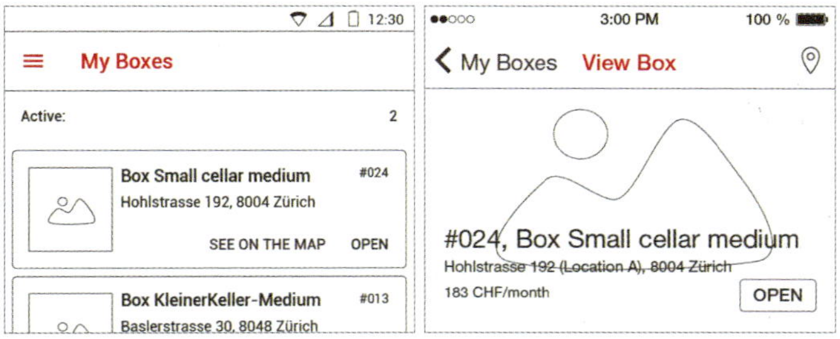

(a) 안드로이드 (b) iOS

그림 3-20 제목

11 시스템 글꼴

iOS의 시스템 글꼴system typography은 San Francisco Pro이다. 이는 iOS의 Resources 페이지의 패키지를 내려받으면 포함되어 있다. 안드로이드의 시스템 글꼴은 Roboto이며 Google Meteral Design Resource 메뉴에서 별도로 내려받아 설치할 수 있다. 두 글꼴은 산세리프지만 각기 다른 운영체제에서 사용되기 때문에 중복해서 사용하는 것은 좋지 않다. 안드로이드에서 타이포그래피는 충분한 여백을 두고 글자 크기를 다양하게 활용하여 계층 구조를 표시하도록 하는 반면, iOS에서는 크기 조정만 약간 허용한다.

(a) 안드로이드	(b) iOS
ABCDEFGHIJKLMN	ABCDEFGHIJKLM
OPQRSTUVWXYZ	NOPQRSTUVWXYZ
abcdefghijklmn	abcdefghijklm
opqrstuvwxyz	nopqrstuvwxyz
1234567890	1234567890

그림 3-21 시스템 글꼴

12 시스템 아이콘

시스템 아이콘system icons은 일반적으로 각 운영체제에서 제공하기 때문에 별도로 제작할 일이 많지 않다. 그러나 꼭 필요한 경우에는 두 운영체제의 디자인 차이를 고려하여 직접 만들어야 한다. 안드로이드의 시스템 아이콘은 굵은 선을 사용하고 닫힌 면은 안쪽을 단색으로 채워 줘야 한다. 반면 iOS의 시스템 아이콘은 가는 선만으로 만들어야 한다.

(a) 안드로이드 (b) iOS

그림 3-22 시스템 아이콘

5
iOS와 안드로이드의 내비게이션 방식 차이

1 내비게이션의 역할

사용자가 앱을 실행시키면 스플래시splash나 코치마크coach-mark 또는 워크스루walk-through를 지나 처음으로 진정한 앱의 본 화면을 마주하게 된다. 앱 페이지를 디자인할 때 가장 오래 고민해야 할 부분은 이때의 내비게이션이다. 사용자들은 자연스럽고 친숙한 느낌이 드는 인터페이스를 선호하고, 이를 바탕으로 앱을 탐색한다. UI가 아무리 아름답게 디자인되어 있더라도 사용자가 원하는 걸 찾기 힘든 방식으로 구성되어 있다면 기본적인 기능조차 사용자를 만족시키기 어렵다. 따라서 앱의 UI를 설계하려면 운영체제별 컴포넌트component와 더불어 내비게이션에 대한 이해가 필수이다.

내비게이션은 화면 이동을 담당하는 UI로 운영체제별로 다른 UI를 사용한다. 내비게이션 UI는 정보 구조의 설정에 따라 디자인되어야 하며 사용성이나 중요도에 따라 그 속성을 잘 알 수 있도록 디자인되어야 한다. 내비게이션은 정보의 구조에 따라 계층적 내비게이션, 평면 내비게이션, 콘텐츠나 경험 기반 내비게이션이라는 세 가지 패턴으로 구분된다.

■ **계층적 내비게이션**

계층적 내비게이션hierarchical navigation은 위계 구조가 존재하기 때문에 사용자가 목적지에 도달할 때까지 메뉴 하나당 화면 하나를 제공한다. 다른 목적지로 가거나 단계를 되돌리려면 처음부터 다시 시작하거나 다른 선택을 해야 한다. 주로 리스트 형태로 제시된 메뉴를 탭하여 하위 메뉴로 진입하는 방식의 UI가 사용되며 설정 및 메일 화면에서 많이 사용한다.

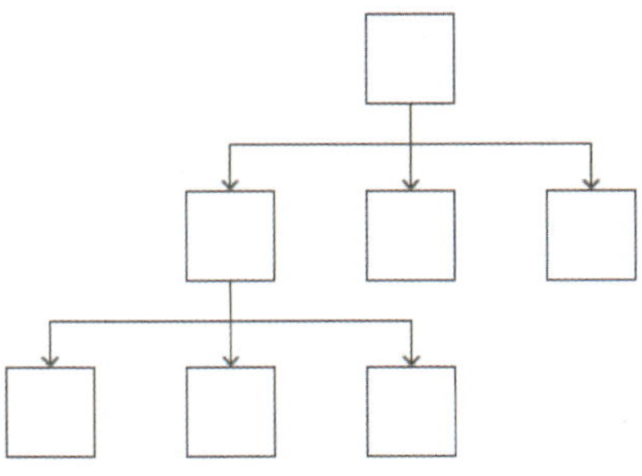

그림 3-23 계층적 내비게이션의 구조

■ **평면 내비게이션**

평면 내비게이션flat navigation은 평면의 정보 구조를 바탕으로 메인 화면에 항상 메뉴가 보이기 때문에 사용자가 하나의 메뉴에서 다른 콘텐츠로 이동하는 것이 즉시 가능한 구조이다. 주로 탭 바의 형태이며 음악 및 앱 스토어에서 많이 사용한다.

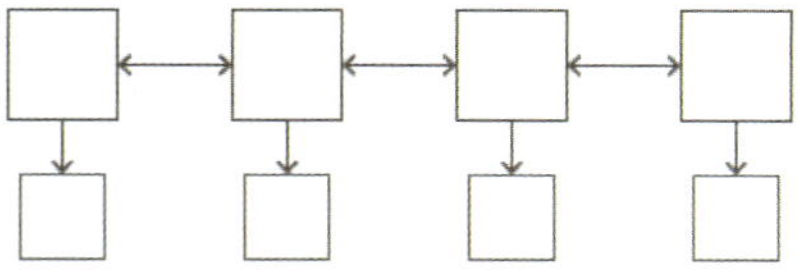

그림 3-24 **평면 내비게이션의 구조**

■ **콘텐츠나 경험 기반 내비게이션**

콘텐츠나 경험 기반 내비게이션content-driven or experience-driven navigation은 콘텐츠 자체가 내비게이션의 역할을 한다. 게임이나 E-book에 적합하다.

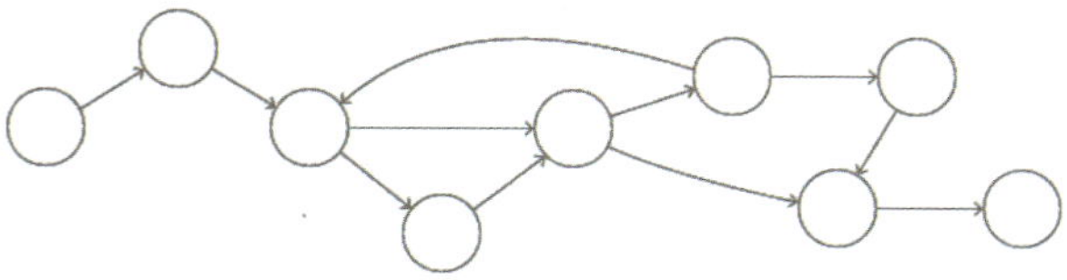

그림 3-25 **콘텐츠나 경험 기반 내비게이션의 구조**

세 가지 내비게이션 외에도 일부 앱은 복합적인 내비게이션 UI를 제공하기도 한다. 예를 들어 기본적으로 평면 내비게이션 구조지만 설정 등의 카테고리에는 다른 구조의 내비게이션을 구현하는 식이다.

2 내비게이션 디자인을 할 때 유의할 점

내비게이션을 구성할 때는 항상 명확한 경로를 제공하여 사용자들이 앱에서 어느 위치에 있는지 인지할 수 있도록 해야 하고, 다음 목적지로 이동하는 방법도 제시해야 한다. 내비게이션의 스타일과 상관없이 콘텐츠를 통한 경로는 논리적이고 예측 가능해야 하며, 각 화면에 하나의 경로를 제공하는 것이 좋다. 복잡한 상황이라면 경고alert나 팝업pop-up 또는 모달 뷰modal view를 사용하는 것도 좋은 방법이다.

이러한 내비게이션을 구성하려면 당연히 선행되어야 하는 것이 정보 구조의 설계이다. 정보 구조는 화면에 필요한 방식으로 구성하되 탭 수를 최소로 사용하는 것이 바람직하다. 또 사용자가 예측 가능한 터치 제스처를 사용하여 내비게이션을 예측할 수 있도록 도와야 한다. 그 밖에도 탭 바, 컨트롤, 테이블 등의 구성 요소를 사용하고 적절한 페이지 컨트롤도 제시해야 한다.

3 내비게이션의 분류

내비게이션은 앞에서 살펴본 것과 같이 정보 구조에 따라 분류하는 것 이외에도 항상 그 위치를 준수하는 지속적 내비게이션persist navigation, 일시적으로 나타나는 일시적 내비게이션temporary navigation, 터치 제스처와 같은 보조 내비게이션supportive navigation으로 나눌 수 있다.

지속적 내비게이션에는 스프링보드, 리스트, 갤러리, 탭 메뉴 등과 같이 명시적인 메뉴 구조를 가지고 있는 요소가 포함된다. 일시적 내비게이션에는 드로어, 토글, 팝업, 모달 뷰 등과 같이 특정 제스처를 통해 접근하는 요소가 포함된다. 최근에는 스마트폰이 가진 공간적 크기의 한계 때문에 지속적 내비게이션보다는 일시적 내비게이션을 많이 사용하며, 그에 따른 모바일 패턴에 대한 논의가 활발하게 이루어지고 있다.

3.1 지속적 내비게이션

■ **스프링보드**

스프링보드springboard는 애플리케이션으로 진입하기 위해 사용하는 아이콘 모음이다. 런치 패드 또는 대시보드라고도 부르며 주로 4×5, 4×4, 4×3 형태의 그리드를 가진다. 개수가 많아지면 한 화면에 표시하기가 어렵기 때문에 여러 페이지로 나누기도 하며 아이콘 형태를 띤다. 스프링보드의 화면은 꼭 그리드 레이아웃에 따라 일정한 규격의 크기로 디자인할 필요는 없다. 중요도에 따라 다른 항목보다 더 크거나 작게 디자인할 수도 있다.

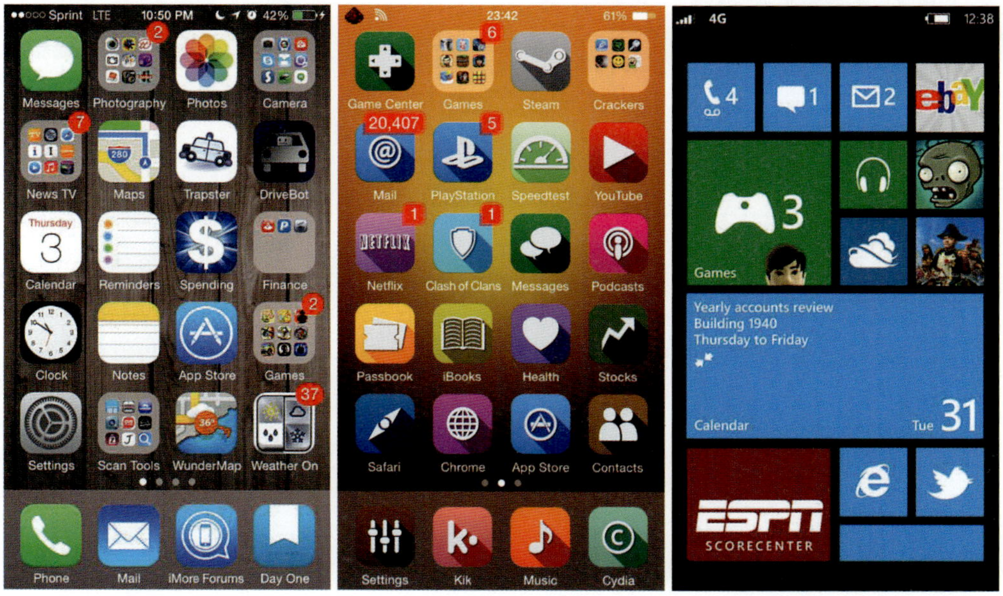

그림 3-26 스프링보드

■ **리스트**

리스트list는 스크롤할 수 있는 콘텐츠의 목록을 표시하는 요소이다. 결과 값에 따라 한 줄에서 여러 줄까지 구성할 수 있고 아이콘이나 섬네일thumbnail 항목을 추가할 수도 있다. 그 밖에도 배지badge나 토글toggle 같은 구성 요소를 함께 삽입할 수 있다. 항목을 추가할 때는 가독성이 떨어지지 않도록 보기 쉽게 배열하는 것이 중요하다. 또 리스트 사이 간격과 조합을 고려하여 규칙적인 화면으로 구성해야 하는데, 보통은 구분 선을 사용하여 세부 항목을 구분한다. 또한 선택한 항목은 색상이나 투명도를 다르게 표시한다.

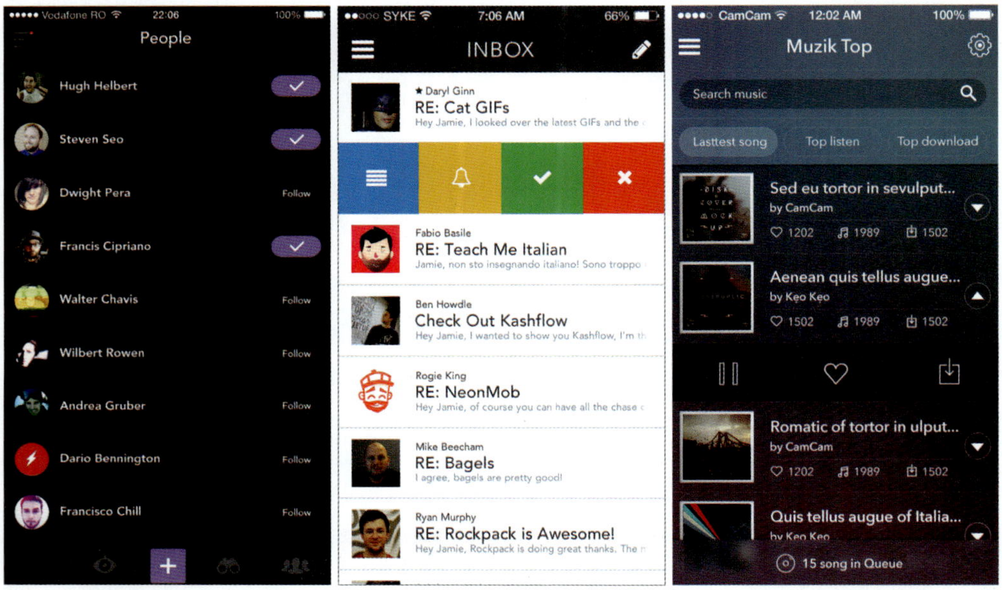

그림 3-27 **리스트**

■ **갤러리**

갤러리gallery는 탐색을 위한 개별 콘텐츠를 스프링보드와 비슷하게 바둑판 모양의 표 형태로 정렬하여 보여 준다. 콘텐츠는 이미지 크기에 따라 같은 크기의 모듈을 반복하여 표 형태로 보여 주거나 중요도에 따라 이미지 크기를 다르게 하여 배치한다. 보통 갤러리나 쇼핑몰의 리스트 화면에 자주 사용하는데, 이미지만 보여 주는 것보다 텍스트를 함께 사용하여 사용자의 이해를 돕는 것이 좋다.

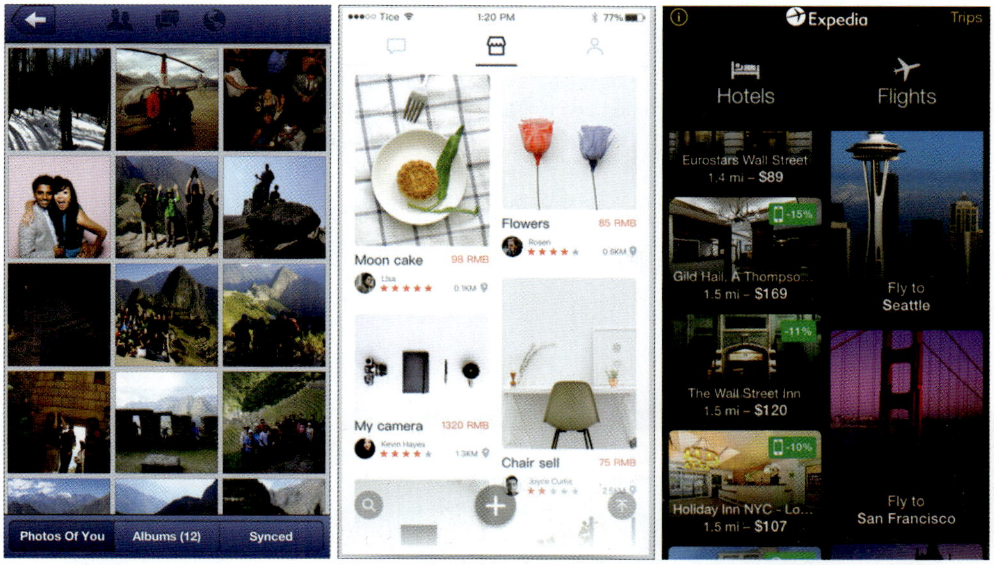

그림 3-28 갤러리

■ **탭 메뉴**

탭 메뉴tab menu는 가장 많이 사용되는 모바일 UI 구성 요소 중 하나이다. 안드로이드에서는 화면 상단에 배치하고 iOS에서는 화면 하단에 배치한다. 탭 메뉴는 내비게이션 바와 유사하게 연관된 화면 그룹을 보여 줄 때 사용하며, 메뉴는 대부분 메타포metaphor를 사용한 아이콘을 이용하여 구성한다. 한 세트의 탭 안에 있는 모든 내용은 서로 관련이 있어야 하고 탭의 내용은 색상이나 음영을 통해 상호 배타적으로 보여 줘야 한다. 사용자가 탭을 선택했을 때는 자신이 찾으려는 것을 쉽게 예측할 수 있도록 논리적인 콘텐츠의 집합으로 묶어 레이블링labelling하는 것이 좋다.

(a) 안드로이드

(b) iOS

그림 3-29 탭 메뉴

3.2 일시적 내비게이션

■ **드로워**

드로워drawer는 메뉴가 바로 보이지 않으므로 특정 제스처를 통해 접근할 수 있다. 주로 리스트형 메뉴가 오른쪽 또는 왼쪽에서 화면의 절반 이상을 덮으면서 나타난다. 대표적으로 햄버거 메뉴라고 불리는 버튼을 탭했을 때 반응한다. 드로워 방식에는 드로워가 원래 화면을 덮거나 겹치면서 나타나는 오버레이overlay 방식과 원래 화면을 돌출하는 방향으로 밀어내는 형태로 나타나는 인레이inlay 방식이 있다. iOS에서는 주로 인레이 드로워를 사용하고 안드로이드에서는 오버레이 드로워를 사용한다.

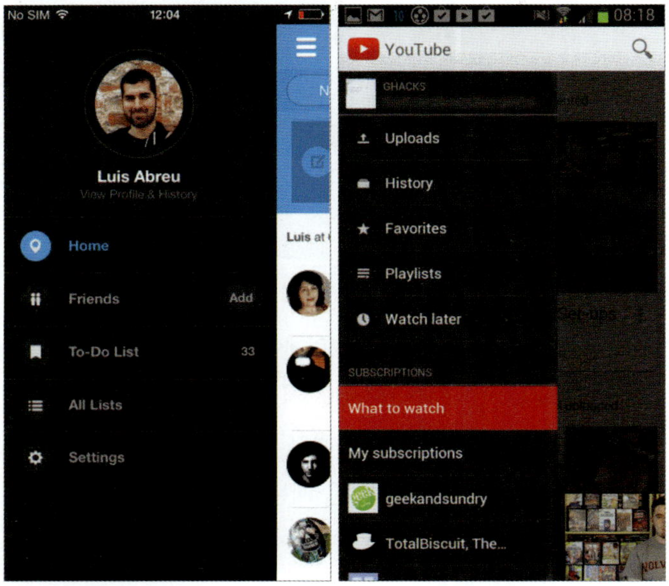

(a) 인레이 드로워 (b) 오버레이 드로워

그림 3-30 드로워

■ **토글 메뉴**

토글 메뉴toggle menu는 사이드 드로워와 비슷하게 인레이 방식과 오버레이 방식 디자인으로 나뉜다. 주로 위에서 아래로 내려오거나 메뉴의 일부가 아래로 열리기도 한다. 안드로이드에서는 스피너 형태로 사용된다. 토글 메뉴는 메뉴 전체가 화면을 덮어서는 안 되며, 백그라운드에서 아무 곳이나 누르면 메뉴가 숨겨진다.

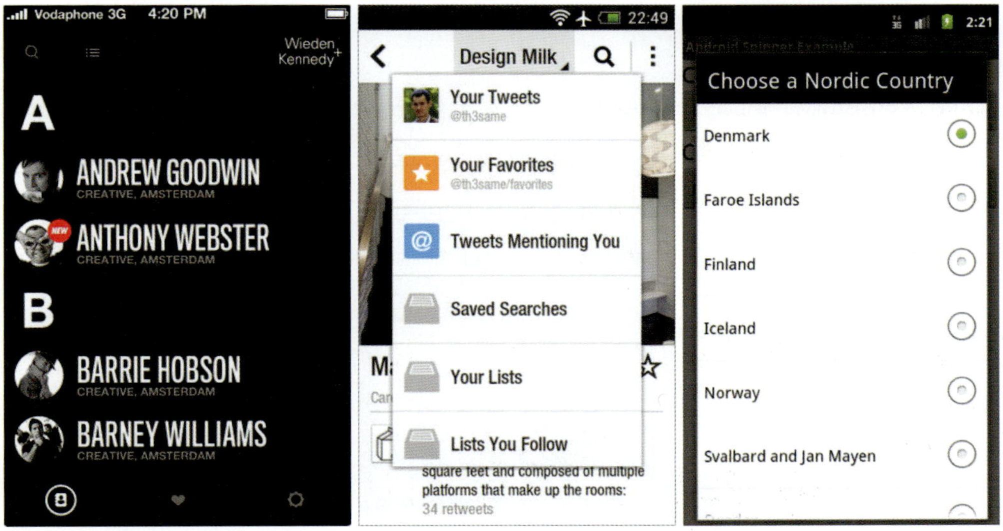

그림 3-31 토글 메뉴

■ **파이 메뉴**

파이 메뉴pie menu는 원형 메뉴 또는 방사형 메뉴라고도 하며 주로 게임의 세부 메뉴를 보여 줄 때 사용한다. 파이 메뉴는 최근 안드로이드의 오픈소스로 제공되는데 표준으로 채택되지 않는 한 운영체제 사이의 충돌로 인해 앱 내 기본 내비게이션으로 사용되기는 어려울 듯하다. 파이 메뉴는 다중 계층을 가진 경우도 있으며 탭하고 누르면 가변적인 크기로 나타난다. 최근에는 트리거trigger를 사용하여 나타나게 하는 경우가 많다.

그림 3-32 파이 메뉴

3.3 보조 내비게이션

■ 페이지 스와이핑

페이지 스와이핑page swiping은 스와이프 제스처를 사용하여 콘텐츠를 빠르게 탐색하는 데 사용한다. 방식에 따라 전체 페이지가 스와이프되는 경우와 일부분만 스와이프되는 경우로 나뉜다. 전체 페이지가 스와이프되는 경우는 페이지 표시 없이 화면이 왼쪽 혹은 오른쪽으로 전환되고, 일부분만 스와이프되는 경우는 페이지의 숫자를 표시하거나 작은 점의 형태로 콘텐츠의 존재를 알린다.

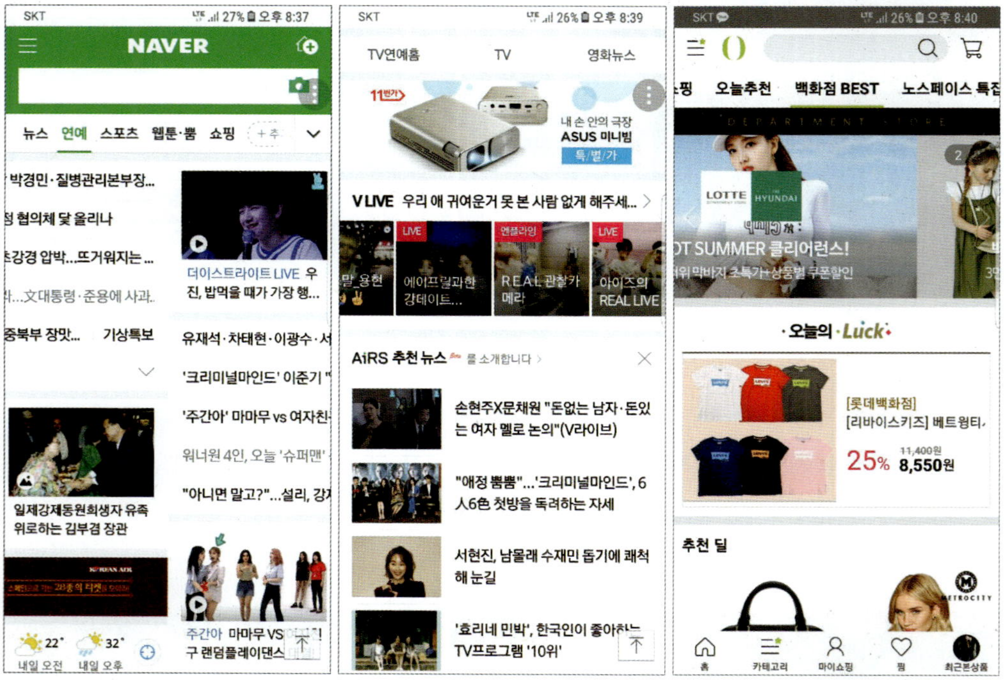

그림 3-33 페이지 스와이핑

■ 스크롤링 탭

스크롤링 탭scrolling tab은 특정 모듈 안에서 여러 범주를 보려고 할 때 사용한다. 스크롤링 탭은 터치 대상이 아니므로 일반적으로 표준 탭 바보다 얇으며, 가로 방향으로 스와이프하는 수단으로 사용한다.

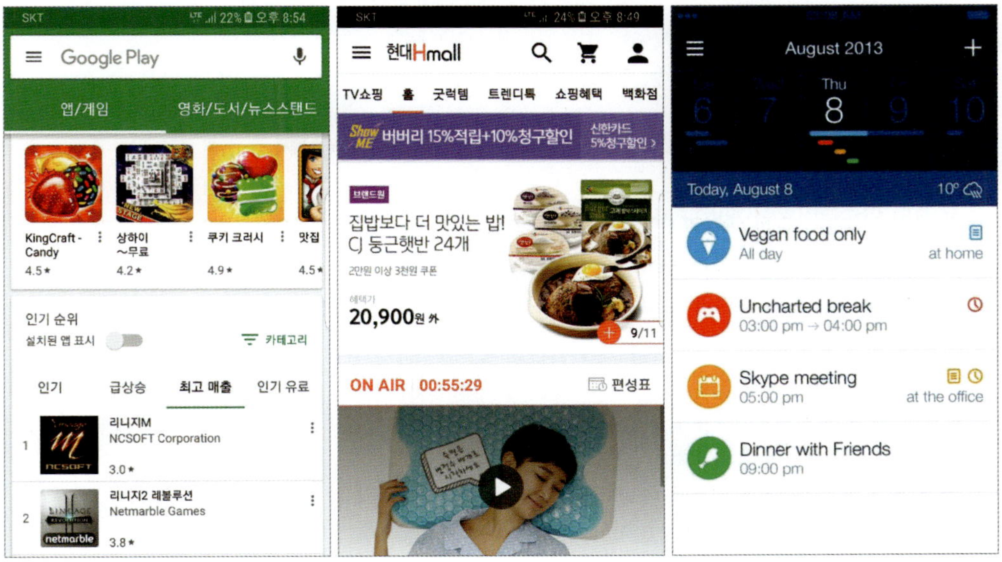

그림 3-34 스크롤링 탭

■ **아코디언 메뉴**

아코디언 메뉴accordion menu는 동일한 화면 안에서 더 많은 정보를 볼 수 있도록 돕는다. 아코디언 메뉴를 사용하면 새 화면으로 이동해서 다시 탐색하지 않아도 되므로 훨씬 효율적이다. 아코디언 메뉴는 열리고 닫히는 형태로 이루어져 있기 때문에 화살표, 더하기, 빼기 등의 부호를 사용해 패널의 확장과 축소 상태에 대한 팁을 제공해야 한다.

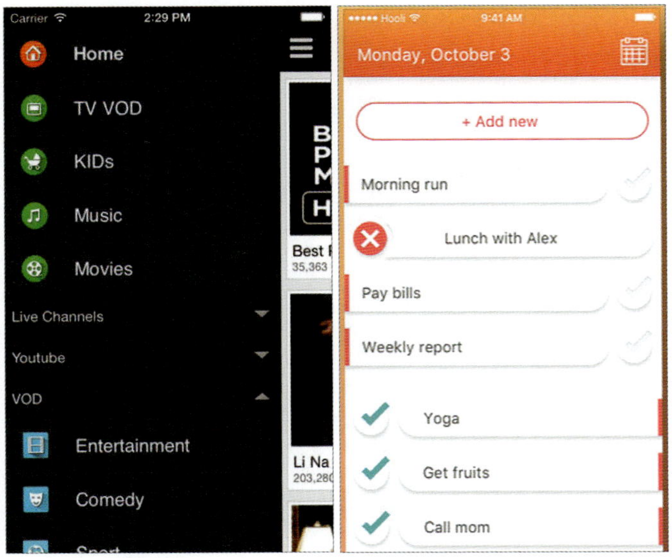

그림 3-35 아코디언 메뉴

요약

1 iOS와 안드로이드의 개발자 사이트

- **애플 개발자 사이트** https://developer.apple.com
- **안드로이드 개발자 사이트** http://developer.android.com

2 iOS 앱의 구조

- **바** 사용자가 현재 어느 화면에 있는지 콘텍스트 정보를 표시한다. 다른 화면으로 이동하거나 액션을 수행할 수 있는 컨트롤을 삽입할 수도 있다.
- **뷰** 앱에 특화된 콘텐츠를 보여 준다. 이곳에서 아이템을 스크롤, 추가, 삭제, 정렬할 수 있다.
- **컨트롤** 액션을 수행하거나 정보를 표시한다.

3 안드로이드 앱의 구조

- **최상위 수준 뷰** 앱 시작 화면 레이아웃으로 앱이 시작하면 사용자가 보는 첫 화면이다.
- **카테고리 뷰** 최상위 수준 뷰와 세부 편집 뷰를 연결하는 뷰로 계층 구조가 복잡해지고 이동 경로가 깊어지면 사용한다.
- **세부 편집 뷰** 사용자가 데이터를 보거나 사용하고 직접 정의할 수 있는 공간이다.

4 iOS와 안드로이드의 바

iOS와 안드로이드의 바에는 상태 바, 내비게이션 바, 탭 바, 툴 바, 액션 바, 앱 바 등이 있다.

5 iOS와 안드로이드의 디자인 원칙

- **iOS** iOS 7 이후부터는 플랫(평평한)한 디자인 스타일을 유지하고 있다. 또 가이드라인을 명확하게 제시하면서 그 가이드라인에 맞춰 디자인할 것을 요구한다.
- **안드로이드** 구글의 머티리얼 디자인 가이드라인을 통해 계층화된 종이 방식의 가이드라인을 제공하고 있다.

6 내비게이션

내비게이션은 화면 이동을 담당하는 UI로 운영체제별로 다른 UI를 사용한다. 내비게이션 UI는 정보 구조의 설정에 따라 디자인되어야 하며 사용성이나 중요도에 따라 그 속성을 잘 알 수 있도록 디자인되어야 한다.

Chapter 04
아이콘

1
아이콘의 개요

1 아이콘의 역할

21세기를 대표하는 스마트 혁명 시대의 대표 주자는 누가 뭐래도 스마트폰이다. 스마트폰을 포함한 다양한 기기에서 아이콘은 데이터 또는 작업 처리 프로세스 등의 대상을 픽토그램pictogram 형태의 그래픽 심벌로 표현한다. 아이콘은 시각 이미지로서 형태와 색상 등의 그래픽 요소를 포함하여 앱이 가진 속성과 역할을 대변한다.

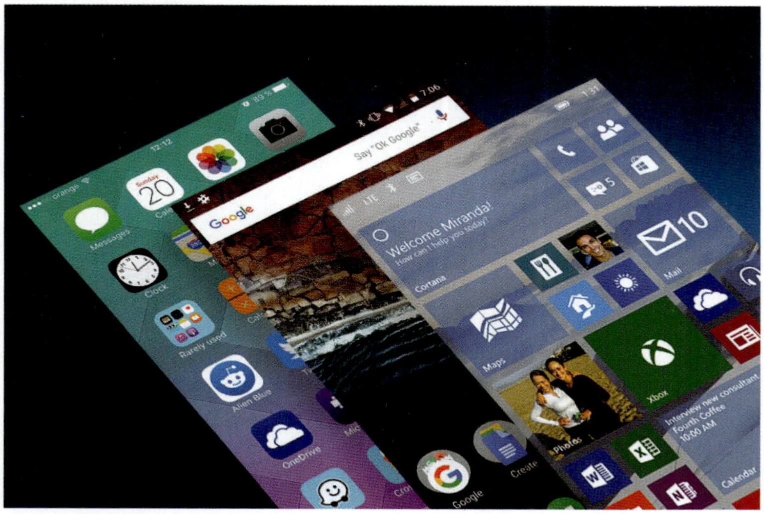

그림 4-1 iOS, 안드로이드, 윈도 홈 화면의 아이콘

스마트폰에서 앱은 아이콘 형태로 보이며 앱 아이콘을 클릭하여 실행함으로써 역할을 수행한다. 스마트폰에서 앱은 기존에 설치되어 있는 아이콘뿐만 아니라 운영체제별 앱 스토어에서 사용자가 마음대로 내려받아 설치할 수 있다. 그런 의미로 보면 아이콘은 단순히 애플리케이션을 실행시킨다는 의미뿐만 아니라 사용자가 선택하고 마주치는 첫 번째 요소로서의 의미도 포함하고 있다.

스마트폰에서 앱이 실행되면 앱의 목적과 역할에 맞는 메뉴가 PC 화면과 달리 아이콘의 형태와 문자 정보를 동시에 제공하면서 나타난다. 아이콘은 주로 iOS에서는 하단, 안드로이드에서는 상단에 탭 메뉴 형태로 제공된다.

2 아이콘 디자인의 특성

아이콘은 대상의 의미를 문자처럼 구체적이고 정확하게 전달하기가 쉽지 않다. 또한 동일한 아이콘을 보고도 사용자마다 다르게 예측할 수 있어 의도하지 않은 결과를 초래할 수 있다. 하지만 대체적으로 다음과 같은 특성을 고려하여 디자인하면 원하는 결과를 얻을 수 있다.

■ 신속하고 정확한 정보 전달

아이콘은 사용자에게 전달하려는 정보의 의미를 그래픽 요소를 통해 문자 정보보다 더 빨리 전달한다. 문자 정보를 이해하려면 그 문자를 익히고 분석하고 생각한 후 해석해야 하지만, 그래픽 정보는 문자 정보에 비해 많은 양의 정보를 신속하고 정확하게 전달할 수 있어 효과적이다. 예를 들면 한글로 '배'라고 적혀 있다면 이것이 먹는 배인지, 사람의 배인지, 물 위를 떠다니는 배인지 구분하기 힘들다. 그러나 배를 이미지로 보여 주면 의미를 명확하게 이해할 수 있다. 특히 대부분의 아이콘은 형태와 색상을 포함한 그래픽 요소와 함께 문자 요소를 동시에 제공하기 때문에 의미가 조금 애매한 그래픽 요소라 해도 크게 문제 되지 않는다.

■ 공간의 효율성

아이콘은 문자보다 좁은 공간에서 표현할 수 있으므로 스마트폰과 같이 한정된 좁은 화면에서 더 많은 정보를 효과적으로 전달할 수 있다. 그러나 한정되고 좁은 화면 안에 제한된 크기로 제공되기 때문에 아이콘에 담을 수 있는 그래픽 요소는 주제에 맞는 핵심만 부각해야 한다. 세부적인 요소를 상세하게 표현하는 것은 바람직하지 않다.

■ 기억의 용이성

아이콘이 갖고 있는 시각 정보는 쉽게 기억되고 인지될 수 있도록 디자인해야 한다. 사용자들은 새로운 정보를 접할 때 형태를 먼저 인지하고 그 후에 내용을 인지하므로 인지적인 측면에서도 시각 정보가 문자 정보보다 훨씬 효과적이다. 우리가 새로운 모임에서 만난 사람을 다음번에 만났을 때 이름을 기억하지 못해도 얼굴은 정확히는 아니더라도 만난 적이 있는 사람인지 아니면 같은 모임의 사람인지 정도는 인지하는 것과 같은 이치이다.

■ 국제성과 범용성

아이콘은 본질적으로 표현 대상의 형태를 기본 전달 수단으로 하기 때문에 언어, 연령, 교육 정도, 문화적 배경 등과 같은 특성에 영향을 덜 받는다. 아이콘은 동일한 언어를 사용하는 사람 간의 커뮤니케이션처럼 분명한 정보를 제공하지는 않지만 형태 또는 형태가 내포하는 함축적 의미를 형상화하므로 타 언어권의 사람과도 커뮤니케이션할 수 있는 범용성이 있다. 대표적인 예로 SNS Social

Network Service에 자주 등장하는 감정 이모티콘emotional emoticon을 들 수 있다. 웃는 모습이나 화난 모습은 전 세계 남녀노소 가릴 것 없이 동일하다.

■ 상태 변화의 제시

대부분의 스마트 기기에서 아이콘은 사용자가 원하는 역할을 수행하는 기능도 하지만, 현재 무슨 일이 일어나고 있는지 알려 주는 역할을 하며 다음 진행 과정을 예측하게 한다. 뮤직 플레이어나 동영상 플레이어의 재생 버튼이나 일시 정지 버튼 또는 로딩 대기 화면의 아이콘이나 다운로드의 진행 사항을 알려 주는 아이콘이 여기에 해당한다. 이때 아이콘은 시각적 형태의 변화를 주거나 애니메이션 기능을 추가하여 상태 변화를 알려 준다.

■ 시각적 주목성

아이콘은 문자 정보와 달리 보는 것만으로도 객관적 해석이 가능하며 문자 정보보다 주의를 끌기에도 적합하다. 대부분의 그래픽 요소는 시각적 주목도를 높이기 위해 크기 대비, 면적 대비, 색상 대비 등의 효과를 사용한다. 그러나 스마트폰의 아이콘은 주변 환경에 놓인 아이콘이 고정적이지 않아 색상 대비로 주목도를 높이기는 어렵다. 또한 크기도 고정적이라 많은 아이콘 중에 시선을 끄는 장치를 넣기가 쉽지 않다. 하지만 아이콘 자체에 시각적 즐거움을 주는 요소를 추가하고 사용자의 감성을 자극하여 사용 동기를 유발시키려는 노력은 꾸준히 필요하다.

2
아이콘의 종류

아이콘은 스마트폰의 운영체제에 따라 위치와 명칭이 다르지만 크게 런처 아이콘, 시스템 아이콘, 커스텀 아이콘으로 구분된다.

1 런처 아이콘

실행 아이콘이라 불리는 런처 아이콘launcher icons은 주로 사용자의 홈 화면에 위치하며 애플리케이션을 열 때 사용한다. 앱 아이콘으로 더 자주 사용되기 때문에 앱 아이콘이라고도 부른다. 런처 아이콘은 운영체제에 따라 기본으로 설치되어 있는 시스템과 관련된 역할을 하는 시스템 애플리케이션 아이콘과 사용자가 직접 내려받아 설치하는 타사 애플리케이션 아이콘으로 구분할 수 있다.

(a) 시스템 애플리케이션 아이콘 (b) 타사 애플리케이션 아이콘

그림 4-2 런처 아이콘의 종류

런처 아이콘을 디자인할 때는 앱의 목적과 성격을 잘 나타내는 아름다운 그래픽으로 구성하는 것도 중요하지만 사용자가 즉시 식별할 수 있는 디자인을 적용해야 더 효과적이다. 런처 아이콘을 제작할 때 유의할 사항은 다음과 같다.

■ **단순하고 특별한 모양 추구**

아이콘은 앱의 본질을 파악하여 그 요소가 가진 특징을 단순하고 특별한 모양으로 표현하는 것이 좋다. 세부 사항을 디자인할 때는 지나치게 복잡하고 정밀하게 만들 필요가 없다. 런처 아이콘은 종종 기기에 따라 매우 작게 보일 수 있으므로 복잡하고 정교하게 만들면 사용자가 인식하기 어렵고 세부 정보도 구분하기 어렵다.

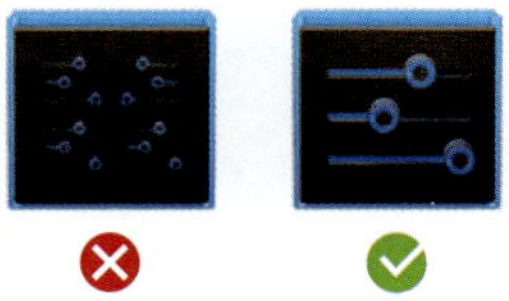

그림 4-3 단순하고 특별한 모양 추구

■ **분명한 목적 추구**

사용자가 아이콘을 시각적으로 인지한 후에 이것이 무엇을 나타내는지 분석하게 하면 곤란하다. 아이콘을 디자인할 때는 그 형태가 잘리지 않도록 만들어야 한다. 또한 일반적으로 누구나 공감하고 인지할 수 있는 대상을 선정하여 아이콘의 목적을 알 수 있도록 해야 한다.

그림 4-4 분명한 목적 추구

■ **적당한 무게감**

아이콘은 지나치게 얇지 않아야 하며, 다른 아이콘과 비슷한 무게감을 가져야 한다. 지나치게 얇은 아이콘은 눈에 띄지 않을 수 있다.

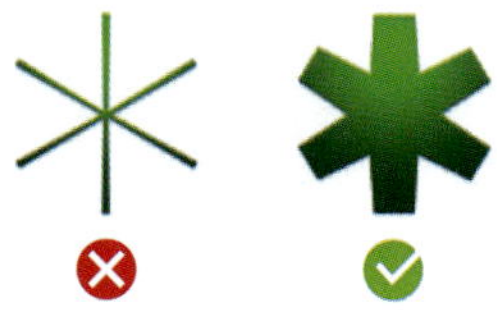

그림 4-5 적당한 무게감

■ **알파 채널 활용**

아이콘은 알파 채널을 활용해 제작할 것을 권장한다. 단순한 풀 프레임 이미지로 제작하는 것은 권장하지 않는다. 미묘한 시각적 차이가 사용자에게 매력적으로 보이느냐 보이지 않느냐를 결정한다.

그림 4-6 알파 채널 활용

■ **식별 용이성 추구**

일반적으로 런처 아이콘은 스마트폰 또는 앱 스토어에서 다른 많은 아이콘과 함께 존재한다. 아이콘을 선택하는 사람은 대부분 앱 사용자이다. 이들은 수많은 애플리케이션 중에서 하나를 골라 자신의 스마트 기기에 설치한다. 따라서 아이콘 디자인은 앱을 가능한 빨리 식별하고 찾을 수 있도록 하는 데 중점을 두어야 한다. 사용자는 특정 앱을 선택할 때 화면에서 무의식적으로 검색하는 경향이 있다. 예를 들어 페이스북을 찾고 있다면 파란색 아이콘에 시선이 먼저 가고 네이버를 찾고 있다면 녹색 아이콘에 시선이 먼저 간다. 어떤 이유로든 앱을 실행할 때는 형태나 그림보다 색상이 가장 먼저 인식되는 경향이 있다. 따라서 디자인하고자 하는 앱의 아이콘이 특정 색상을 브랜드 컬러로 사용하고 있다면 그 색상을 조금 더 강조할 수 있는 방안을 모색하는 것이 좋다.

그림 4-7 브랜드 컬러 중 눈에 가장 잘 띄는 색상을 배경색으로 사용

■ **앱 이름은 분리**

런처 아이콘을 디자인할 때는 앱 이름을 아이콘 안에 포함하거나 일부만 확대하여 사용하는 것은 피해야 한다. 앱 이름은 각 앱 아래에 표시되기 때문에 아이콘에 삽입하면 디자인이 혼란스럽고 복잡해지며 사용자와의 인터랙션을 방해하는 불필요한 정보를 포함하게 된다. 이미지를 확대하여 일부만 보이게 하는 것 역시 피해야 한다. 회사 이름을 넣어야 한다면 회사 브랜드와 통일감이 느껴지는 이니셜을 사용하는 것이 좋다.

그림 4-8 아이콘 안에 이름을 삽입하거나 아이콘의 일부를 확대하지 말 것

2 시스템 아이콘

시스템 아이콘system icons은 명령, 파일, 장치, 디렉터리를 나타내거나 인쇄, 저장과 같은 일반적인 작업을 나타내는 데 사용된다. 세부적으로는 콘텐츠 유형을 나타낼 수 있는 내비게이션 바, 툴바, 퀵 액션 아이콘 등으로 구분할 수 있다.

시스템 아이콘의 디자인은 단순하고 현대적이며 친근하고 익숙해야 한다. 또 크기가 작기 때문에 가독성과 명확성을 분명히 해야 하고 전체 유형에 대해 일관성을 유지해야 하며 흑백 모드로 제공되어야 한다.

시스템 아이콘은 이름 그대로 운영체제에서 기본으로 제공하는 아이콘이다. 하지만 기본 아이콘에 필요한 아이콘이 없다면 직접 제작하여 사용해도 된다. 다만 기존의 시스템 아이콘과 이질감이 생기지 않도록 선의 굵기와 크기는 물론 형태도 일관성을 유지해야 한다. 또한 각 시스템 아이콘은 쓰임새에 따라 크기가 다르기 때문에 사용 용도에 따라 크기를 주의해서 제작해야 한다. 이때 다른 운영체제의 시스템 아이콘과는 혼용하지 말아야 한다. 즉 iOS의 시스템 아이콘에 안드로이드 시스템 아이콘을 가져와서 사용하는 우를 범하지 말아야 하며 반대의 경우도 마찬가지이다.

그림 4-9 **시스템 아이콘**

3 커스텀 아이콘

커스텀 아이콘custom icons은 이름 그대로 사용자가 임의로 만들어서 사용하는 아이콘이다. 스마트폰의 운영체제에 따라 위치가 다르고, 앱의 목적에 따라 각 메뉴로 이동하는 것을 도와주는 동시에 앱의 개성을 나타내는 데도 기여한다. 주로 탭 메뉴 또는 리스트 메뉴 등에 사용한다. 시스템 아이콘과 달리 아이콘에 색상을 사용할 수 있으며, 이러한 색상을 적용하여 사용 중인 메뉴의 위치를 표시한다.

그림 4-10 iOS의 탭 메뉴(커스텀 아이콘)

탭 메뉴는 아이콘과 문자 정보가 함께 제공되는 것이 일반적이었다. 하지만 최근에는 탭 메뉴에 문자 정보를 제공하지 않는 형태로 트렌드가 바뀌고 있다. 특히 2017년 7월에 공개된 iOS 11에서는 홈 화면의 도크 영역에도 문자 정보를 제공하지 않는다. 이는 앱의 성격과 목적에 맞는 아이콘으로 만드는 것도 중요하지만 객관성과 범용성을 갖춘 아이콘으로 만드는 것이 더욱 중요해졌음을 시사한다.

(a) iOS 10 (b) iOS 11 (c) iOS X

그림 4-11 탭 메뉴와 문자 정보의 표기

커스텀 아이콘으로 탭 메뉴를 제작할 때는 탭 메뉴의 개수를 다섯 개 이하로 선정하는 것이 좋다. 메뉴 수가 많아지면 아이콘 사이 간격이 좁아져 화면이 복잡해 보이고 스마트폰의 특징인 터치 제스처의 영역이 좁아져 사용자가 불편해 할 수 있다. 부득이하게 다섯 개 이상을 배치해야 할 때는 화면 끝부분에 부분적으로 숨겨진 아이콘으로 보여 줘서 사용자에게 추가 메뉴가 더 있음을 알려 줘야 한다.

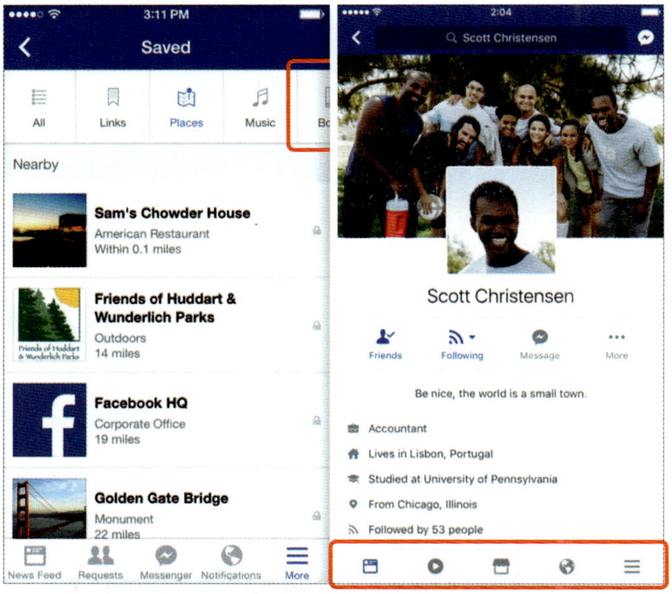

그림 4-12 페이스북의 탭 메뉴

3

iOS의 아이콘

1 아이콘 디자인의 가이드라인

애플 사의 개발자 사이트에 있는 휴먼 인터페이스 가이드라인에 따르면 '모든 앱은 앱 스토어에서 주목을 끌 수 있도록 아름답고 인상적인 아이콘을 가져야 하며, 아이콘은 사용자에게 앱의 목적을 보여 주고 그들과 의사소통하는 첫 번째 단계로서의 역할을 다해야 한다'고 한다. iOS 아이콘의 구체적인 디자인 가이드라인은 다음과 같다.

- 앱의 본질을 파악하고 그 요소를 특별한 모양으로 표현해야 하며, 배경은 심플하게 만들고 투명도를 적용하지 말아야 한다.
- 사진이나 스크린 샷 또는 인터페이스 요소를 포함하지 말아야 한다.
- 앱 전체에서 다양한 용도로 사용되는 아이콘으로는 구성하지 말아야 한다.
- 아이콘을 제작한 후에는 사용자의 다양한 홈 화면 배경을 고려하여 여러 바탕화면에서 테스트해야 한다.

2 앱 아이콘

모든 앱은 크고 작은 앱 아이콘을 모두 제공해야 한다. 작은 아이콘은 홈 화면과 앱이 설치된 후 시스템 전체에서 사용되며 큰 아이콘은 앱 스토어에서 사용된다.

표 4-1 iOS 앱 아이콘의 크기

기기	큰 아이콘 (작은 아이콘)
아이폰	180×180px (60×60pt @3x)
	120×120px (60×60pt @2x)
아이패드 프로	167×167px (83.5×83.5pt @2x)
아이패드, 아이패드 미니	152×152px (76×76pt @2x)
앱 스토어	1024×1024px

3 스포트라이트, 설정, 알림 아이콘

모든 앱 아이콘은 스포트라이트 검색에 노출되는 작은 아이콘을 제공해야 한다. 또 설정이 있거나 알림을 지원하는 앱 역시 이를 표시할 작은 아이콘을 제공해야 한다. 앱 아이콘이 작아져도 모든 아이콘은 크기별로 명확하게 식별할 수 있어야 하며 앱 아이콘과 일치해야 한다. iOS에 설정이나 알림 아이콘을 제공하지 않은 경우에는 iOS가 자체적으로 앱 아이콘을 축소하여 해당 위치에 표시한다.

표 4-2 iOS 스포트라이트 아이콘의 크기

기기	큰 아이콘 (작은 아이콘)
아이폰	120×120px (40×40pt @3x)
	80×80px (40×40pt @2x)
아이패드 프로, 아이패드, 아이패드 미니	80×80px (40×40pt @2x)

표 4-3 iOS 설정 아이콘의 크기

기기	큰 아이콘 (작은 아이콘)
아이폰	87×87px (29×29pt @3x)
	58×58px (29×29pt @2x)
아이패드 프로, 아이패드, 아이패드 미니	58×58px (29×29pt @2x)

표 4-4 iOS 알림 아이콘의 크기

기기	큰 아이콘 (작은 아이콘)
아이폰	60×60px (20×20pt @3x)
	40×40px (20×20pt @2x)
아이패드 프로, 아이패드, 아이패드 미니	40×40px (20×20pt @2x)

4 사용자 정의 아이콘

앱에 시스템 아이콘으로 표시할 수 없는 작업이나 모드가 포함되어 있거나 시스템 아이콘이 앱의 스타일과 일치하지 않는 경우에는 사용자 정의 아이콘을 제작하는 것이 가능하다. 이때는 템플릿 아이콘이라고도 하는 글리프glyphs로 디자인할 것을 권장한다. 글리프는 투명도와 안티에일리어

싱 및 마스크를 사용하여 모양을 정의하는 그림자가 없는 단색 이미지이다. iOS의 표준 인터페이스 요소는 글리프를 지원한다.

그림 4-13 앱 아이콘과 글리프의 적용

이때 아이콘에는 텍스트를 포함하지 말아야 한다. 텍스트를 꼭 넣어야 한다면 아이콘 아래에 레이블로 표시한다. 또 앱의 아이콘끼리 시각적으로 일관성 있게 보이도록 개별 아이콘 디자인의 무게가 다른 경우에는 일부 아이콘을 다른 아이콘보다 크거나 작게 조정한다.

그림 4-14 디자인 무게에 따른 아이콘 크기 조정

내비게이션 바와 툴 바에 들어가는 사용자 정의 아이콘의 타깃 크기는 다음 표와 같다.

표 4-5 내비게이션 바와 툴 바 아이콘의 타깃 크기

내비게이션 바와 툴 바 아이콘의 타깃 크기	타깃 크기 (최대 크기)
72×72px (24×24pt @3x)	84×84px (28×28pt @3x)
48×48px (24×24pt @2x)	56×56px (28×28pt @2x)

또 탭 바에 사용되는 사용자 정의 아이콘은 기기가 세로 방향일 때는 레이블이 아이콘 아래에, 가로 방향일 때는 아이콘과 레이블이 나란히 표시된다. 즉, 기기 및 방향에 따라 시스템에 일반 탭 또는 소형 탭 바가 표시되므로 앱에는 두 크기의 맞춤 탭 아이콘이 포함되어야 한다.

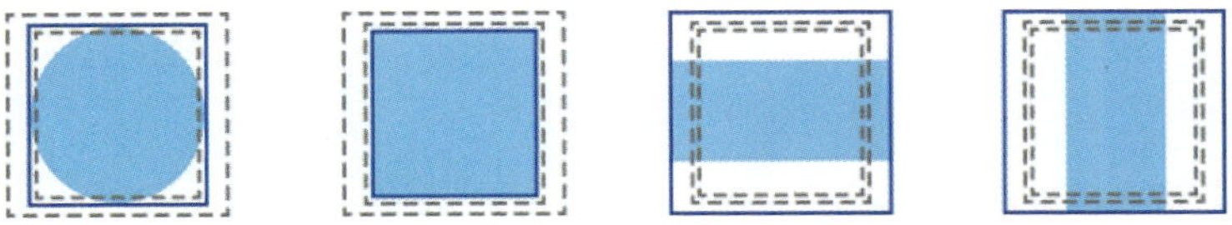

그림 4-15 형태에 따른 탭 아이콘의 크기

표 4-6 탭 바 아이콘의 크기

속성	일반 탭 바	소형 탭 바
대상 너비 및 높이 (원형 형태 포함)	75×75px (25×25pt @3x)	54×54px (18×18pt @3x)
	50×50px (25×25pt @2x)	36×36px (18×18pt @2x)
대상 너비 및 높이 (사각 글리프)	69×69px (23×23pt @3x)	51×51px (17×17pt @3x)
	46×46px (23×23pt @2x)	34×34px (17×17pt @2x)
대상 너비 (넓은 글리프)	93px (31pt @3x)	69px (23pt @3x)
	62px (31pt @2x)	46px (23pt @2x)
대상 높이 (높은 글리프)	84px (28pt @3x)	60px (20pt @3x)
	56px (28pt @2x)	40px (20pt @2x)

iOS에서 사용되는 전체 아이콘의 크기는 다음 그림과 같다. 이는 애플 개발자 사이트에서 내려받을 수 있는 소스에 포함되어 있다.

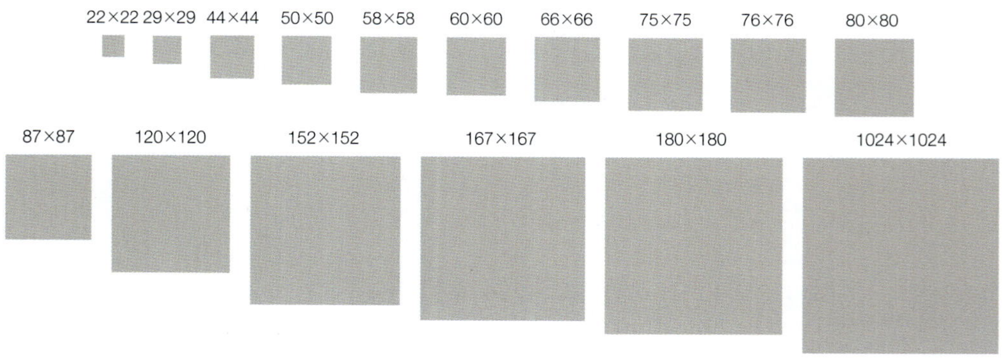

그림 4-16 iOS 플랫폼의 아이콘에 필요한 모든 크기

5 아이콘의 모서리 처리와 그리드

iOS 아이콘은 크기에 맞게 사각형 형태로 디자인해야 한다. 모서리가 둥글게 보인다고 둥글게 디자인하면 안 된다. 우리가 홈 화면에서 보는 아이콘은 모서리가 둥글게 보인다. 아이콘이 화면에서 균일한 형태로 보이도록 iOS 시스템이 그래픽에 자동으로 마스크를 적용했기 때문이다. 따라서 아이콘을 만들 때는 모서리를 둥글게 만들 필요가 없다.

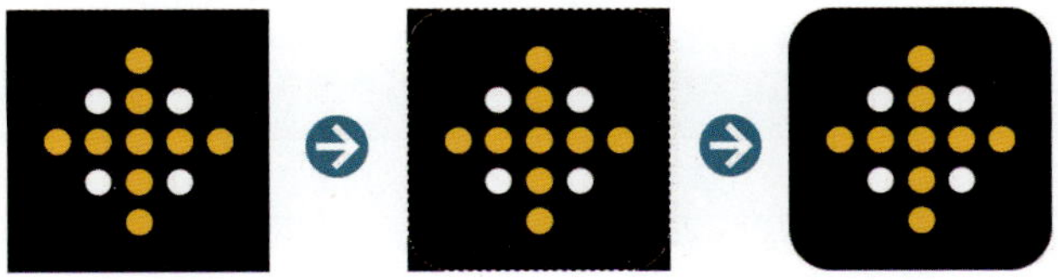

그림 4-17 iOS의 아이콘 디자인

다만 모서리의 둥근 부분의 디자인을 예측하기 위해 아이콘 그리드를 활용하는 것이 좋다. iOS 6와 이후 버전은 그리드 모서리의 둥근 영역이 조금 다르다. 또 앱 아이콘의 배경이 1픽셀인 경우 회색 테두리가 적용되어 아이콘의 테두리 선을 쉽게 인식할 수 있도록 해 주는데, 이것 역시 아이콘을 디자인할 때 작업하는 것이 아니라 앱 스토어에 등록할 때 설정해 주면 된다.

그림 4-18 iOS 6와 iOS 7의 둥근 모서리 영역의 차이

iOS 아이콘의 그리드는 iOS 개발자 사이트에서 내려받을 수 있다. 이 자료에는 아이콘의 그리드뿐만 아니라 포토샵이나 스케치는 물론 어도비 XD 템플릿과 함께 iOS의 애플리케이션을 신속하게 설계할 수 있는 다른 UI도 포함되어 있다.

- **iOS 리소스_ https://developer.apple.com/design/resources/**

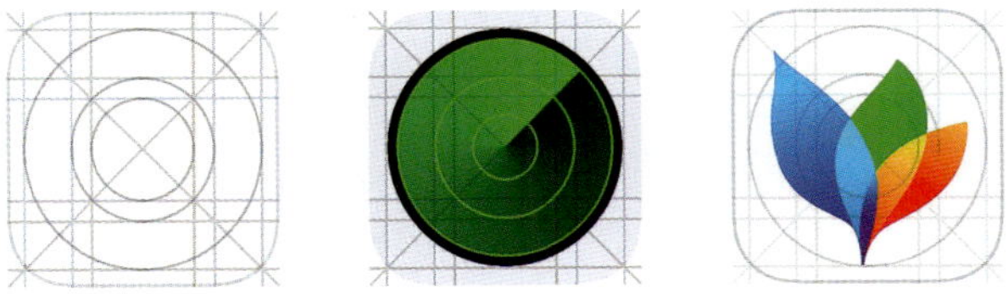

그림 4-19 iOS 아이콘의 그리드

6 아이콘 저장 방법과 파일명

iOS의 모든 아이콘 이미지는 png 형식으로 저장해야 한다. 저장한 아이콘 이미지에는 알파 채널이 포함될 수 있지만 투명 영역은 없어야 한다. 이를 무시하고 테두리 영역을 투명으로 저장하면 검은색으로 렌더링되어 표시되므로 주의해야 한다. iOS에서는 아이콘의 크기별 파일명이 지정되어 있으며 각 아이콘은 대문자로 시작해야 한다. iTunesArtwork 아이콘 이미지는 png 형식이어야 하지만 .png 확장자 없이 이름을 지정해야 한다. 아이콘의 크기별 파일명은 다음 표와 같다.

표 4-7 iOS 아이콘의 크기별 파일명

이미지 크기 (px)	파일명	사용
512×512	iTunesArtwork	아이튠즈의 앱 리스트
1024×1024	iTunesArtwork@2x	아이튠즈 레티나 디스플레이의 앱 리스트
180×180	Icon-60@3x.png	아이폰 고화질 레티나 디스플레이의 홈 화면
167×167	Icon-83.5@2x.png	아이패드 프로의 홈 화면
152×152	Icon-76@2x.png	아이패드 프로 레티나 디스플레이의 홈 화면
120×120	Icon-60@2x.png	아이폰/아이팟 터치 레티나 디스플레이의 홈 화면
120×120	Icon-Small-40@3x.png	고화질 레티나 디스플레이의 스포트라이트
87×87	Icon-Small@3x.png	고화질 레티나 디스플레이의 설정
80×80	Icon-Small-40@2x.png	레티나 디스플레이의 스포트라이트
76×76	Icon-76.png	아이패드 레티나 디스플레이의 홈 화면
58×58	Icon-Small@2x.png	레티나 디스플레이의 설정
40×40	Icon-Small-40.png	스포트라이트
29×29	Icon-Small.png	설정

iOS의 앱 아이콘 세트 만들기

1 실습 전 확인 사항

앱 아이콘을 iOS의 개발자 가이드라인에 맞춰 크기별로 제작해 본다. 앱 아이콘을 만들 때는 앱의 성격에 맞도록 디자인하는 것은 물론 스마트 오브젝트를 이용해 한 번에 디자인이 모든 크기의 앱 아이콘에 적용되도록 작업한다.

실제 앱의 크기는 다양하지만 이 실습에서는 일부 크기만 만들어 볼 것이다. 따라서 책을 본 후에 개인적으로 작업할 때는 [실습]-[4장] 폴더에서 제공하는 Template-AppIcons-iOS_11.psd 파일을 활용하여 나머지 크기도 제작하길 권장한다. Template-AppIcons-iOS_11.psd 파일에는 iOS 시스템에 필요한 모든 아이콘의 크기가 담겨 있다.

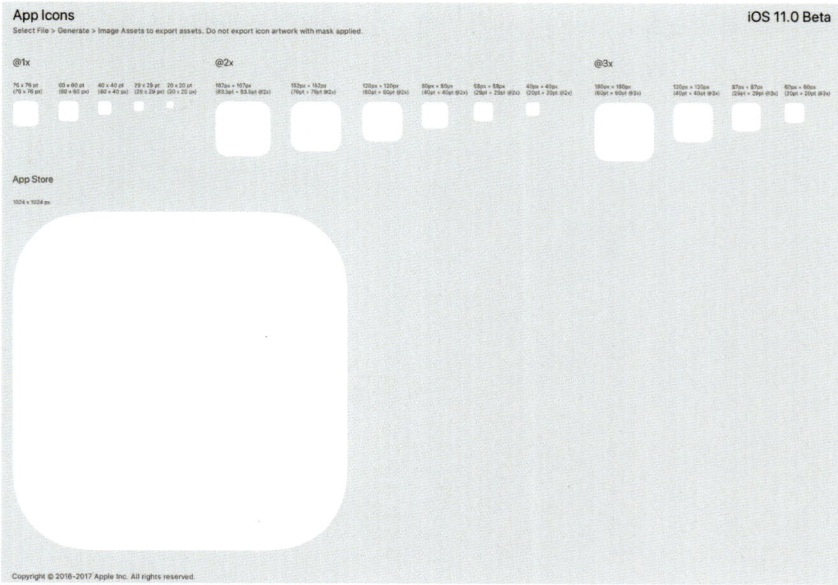

그림 4-20 Template-AppIcons-iOS_11 파일 모습

아이콘을 디자인하면서 주의해야 할 점은 앞에서 설명한 것처럼 아이콘의 모서리를 각지게 처리하는 것이다. iOS의 시스템이 완성 이미지에 자동으로 마스크를 적용하기 때문에 아이콘의 모서리를 둥글게 만들지 않아도 된다. 또한 어차피 모서리가 둥글게 처리될 것이므로 모서리에 입체 효과를 넣지 않도록 한다. iOS에서 권장하는 것은 플랫 디자인이다.

2 채팅 앱 아이콘 세트 만들기

완성 이미지

준비 파일 없음

완성 파일 iOS_icon1_result.psd

01 [File]-[New] 메뉴를 선택하여 너비와 높이가 각각 1024픽셀인 새 화면을 만든다.

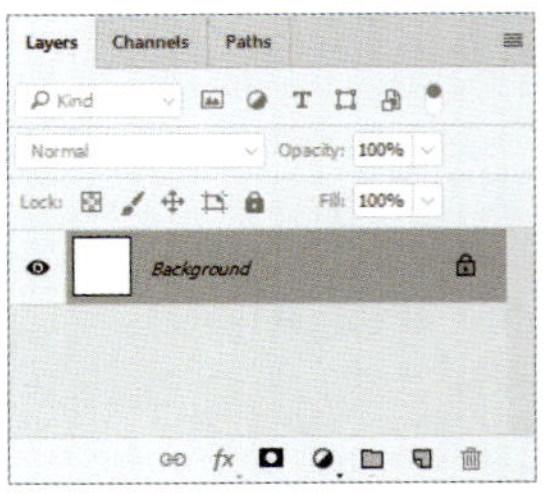

02 모서리가 둥근 사각형 툴(▢)로 옵션을 Shape로 설정한 후 화면을 드래그한다. 속성 패널에서 너비와 높이를 각각 1024픽셀, 상하좌우 Radius를 220픽셀로 설정한다.

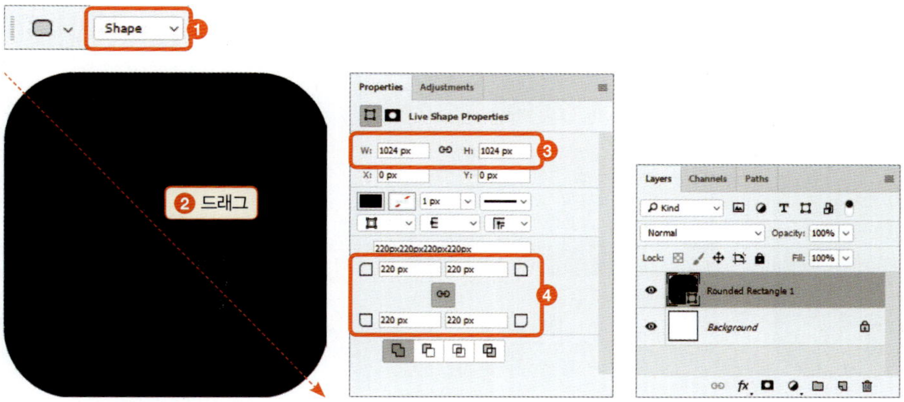

03 레이어 패널의 보정 레이어 버튼(◑)을 클릭하고 [Gradient]를 선택한다. Gradient 옵션의 색상 바를 클릭한 후 전경색과 배경색을 초록색(#267d03)과 연두색(#adff01), Angle을 125°로 설정하고 〈OK〉를 클릭한다.

04 Gradient Fill 1 레이어를 마우스 오른쪽 버튼으로 누르고 [Create Clipping Mask]를 선택한다. 클리핑 마스크를 적용하여 모서리의 둥근 선이 보이도록 한다.

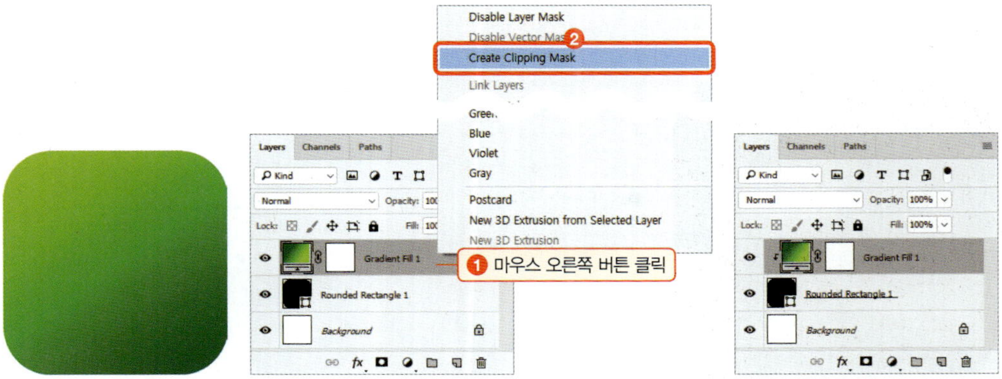

05 Shift를 누른 채로 Rounded Rectangle 1 레이어와 Gradient Fill 1 레이어를 선택한 후 마우스 오른쪽 버튼을 누르고 [Convert to Smart Object]를 선택하여 스마트 오브젝트로 전환한다.

06 크롭 툴( )로 다음과 같이 상하좌우 바운딩 박스를 드래그하여 추가분의 아이콘을 그릴 영역을 만든다. Background 레이어를 선택하고 배경을 초록색(#00290f)으로 채운다.

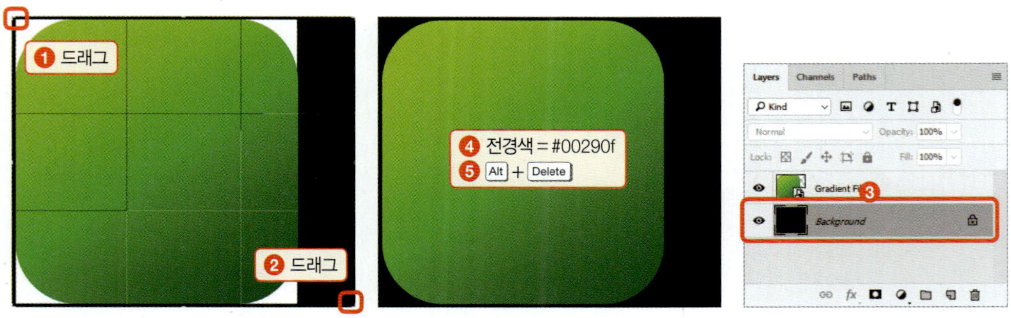

Tip 크롭 툴( )의 옵션에서 Delete Cropped Pixels가 체크되어 있지 않으면 Background 레이어가 일반 레이어인 Layer 1 레이어로 바뀐다. 실습하는 데는 큰 차이가 없으므로 그냥 진행해도 된다.

07 Gradient Fill 1 레이어를 선택하고 Ctrl+J를 눌러 레이어를 복제한다. Ctrl+T를 눌러 옵션 바에서 너비와 높이를 각각 180픽셀로 설정하고 다음과 같이 위치를 오른쪽 위로 옮긴다.

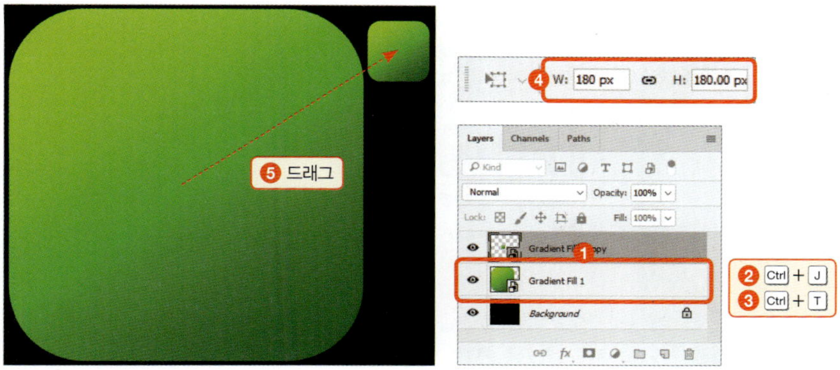

08 같은 방법으로 계속해서 레이어를 복제하고 각각 167픽셀, 152픽셀, 120픽셀, 76픽셀 크기의 모서리가 둥근 사각형을 만들어 다음과 같이 배치한다.

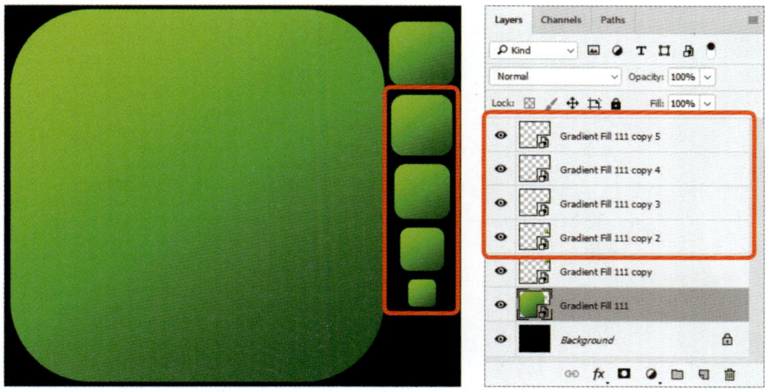

09 Gradient Fill 1 레이어의 섬네일을 더블클릭하면 Smart Object로 전환한 레이어 두 개가 새 창에서 열린다. 이때 파일의 확장자는 psb이다.

10 새 레이어를 추가하고 원형 선택 툴(◯)로 너비와 높이가 각각 890픽셀인 원을 화면의 중앙에 만든다. 원을 흰색(#ffffff)으로 채운다.

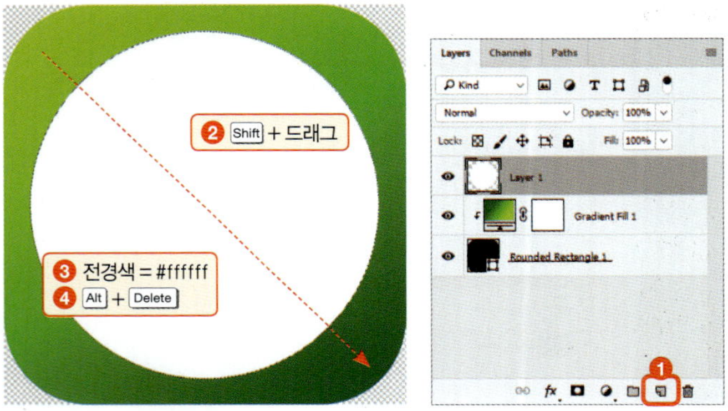

11 원형 선택 툴(◯)로 너비와 높이가 각각 380픽셀인 원을 화면의 중앙에 만든 후 Delete 를 눌러 선택 영역을 삭제한다.

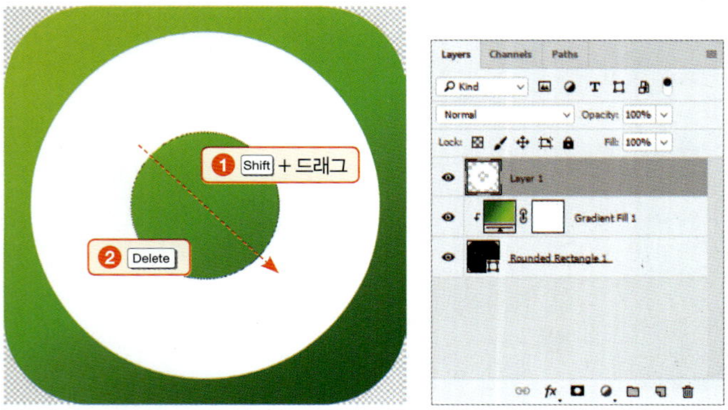

12 다각형 올가미 툴()로 원 오른쪽 아래에 45° 각도로 삼각형을 그린다. Delete 를 눌러 선택 영역을 삭제하여 말풍선 느낌이 나도록 한다.

13 Ctrl+S를 눌러 psb 화면을 저장하고 원래 화면으로 돌아가면 psb 화면에서 작업한 결과가 모든 레이어에 적용된 것을 볼 수 있다.

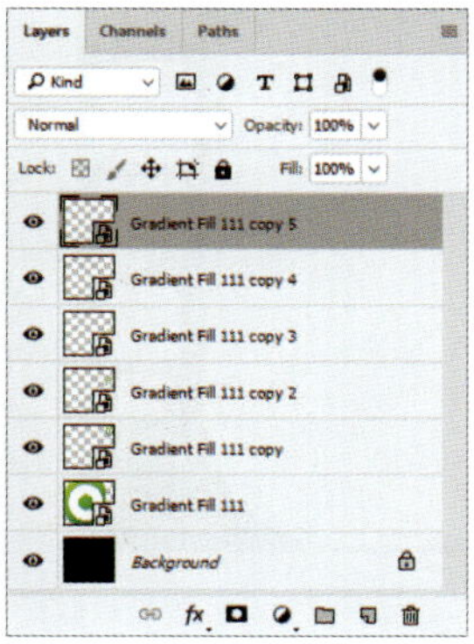

3 지도 앱 아이콘 세트 만들기

완성 이미지

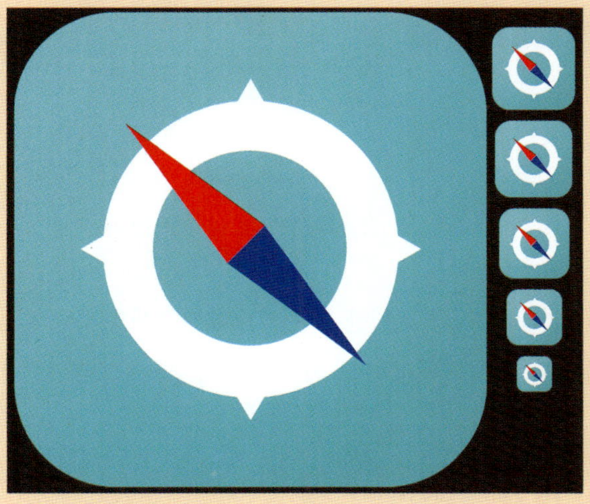

준비 파일 iOS_icon_resource.psd

완성 파일 iOS_icon2_result.psd

01 [실습]–[4장] 폴더에서 iOS_icon_resource.psd 파일을 불러온다. 각 레이어마다 필요한 아이콘의 크기가 빈 화면으로 준비되어 있다.

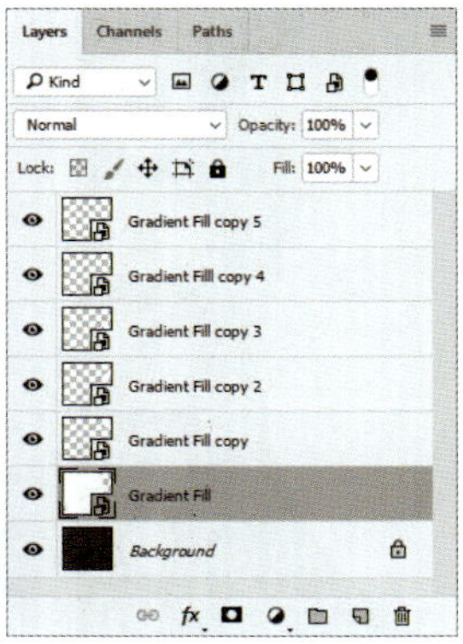

02 Gradient Fill 레이어의 섬네일을 더블클릭하여 Gradient Fill 1111.psb 창을 연다.

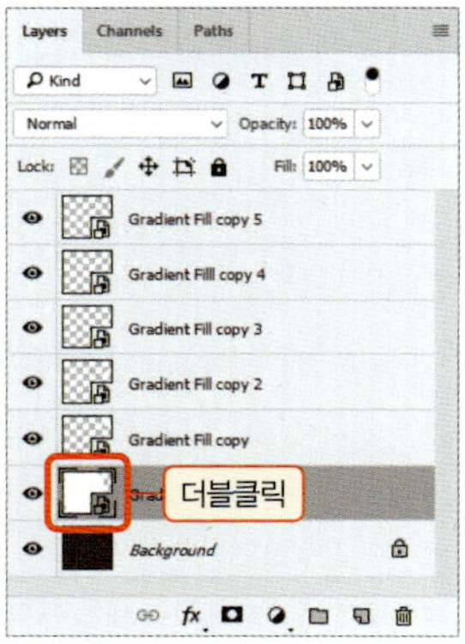

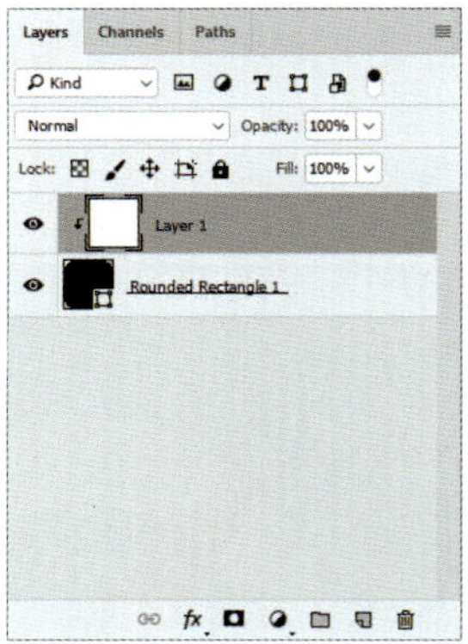

03 Ctrl + A를 눌러 Layer 1에 담긴 이미지 전체를 선택한 후 전경색과 배경색을 하늘색 계열(#80d4de, #53bfcc)로 설정한다. 그레이디언트 툴(■)을 이용해 대각선 방향으로 드래그한다.

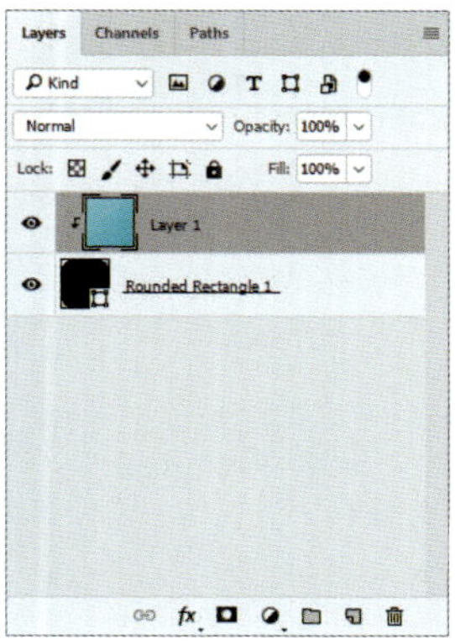

04 원형 툴(◎)로 너비와 높이가 각각 640픽셀인 흰색 정원을 화면 중앙에 배치한다.

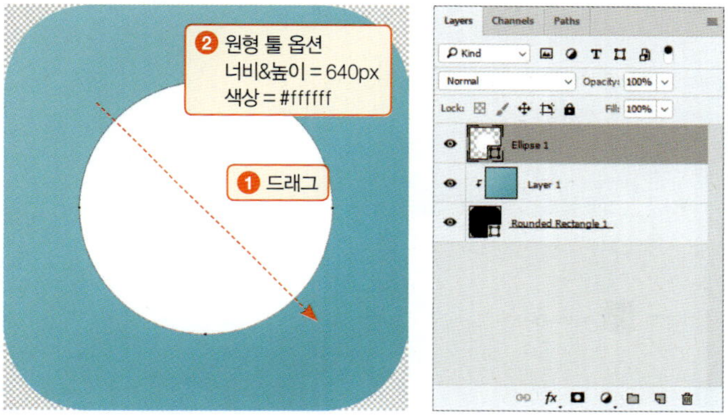

05 Alt를 누른 채로 원형 툴(◎)로 너비와 높이가 각각 420픽셀인 원을 만든다. 패스 선택 툴(▶)로 다음과 같이 화면 중앙에 배치하여 도넛 형태로 만든다.

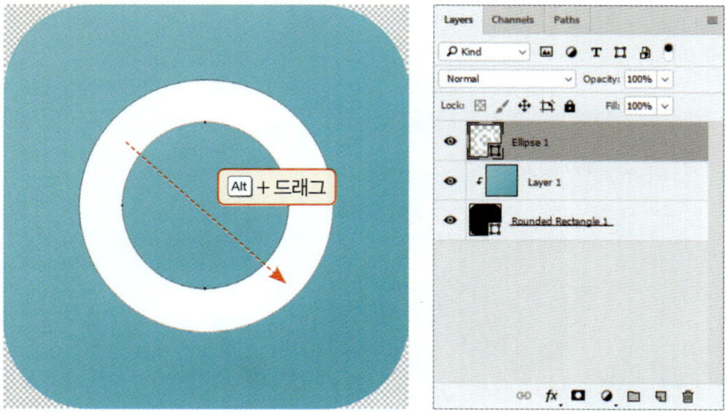

06 다각형 툴(◎)의 Sides 옵션을 3으로 설정하고 다음과 같이 작은 삼각형을 만든 후 원의 위쪽 중앙에 배치한다.

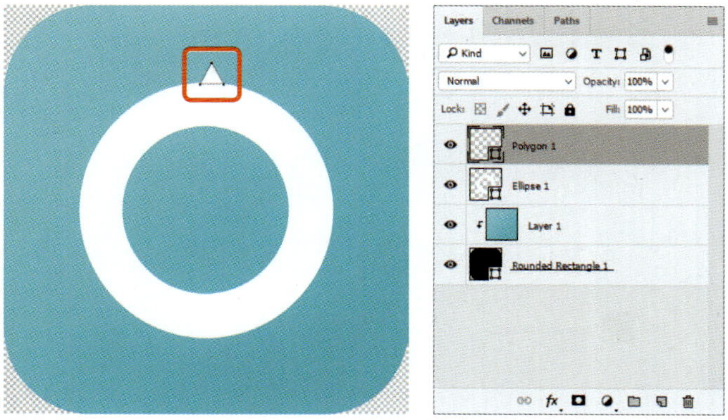

07 삼각형을 패스 선택 툴( )로 Alt를 누른 채로 아래쪽으로 드래그하여 복제한다. 복제된 삼각형은 Ctrl+T를 누르고 바운딩 박스가 나타나면 180°로 회전시켜 원의 하단 중앙에 배치한다.

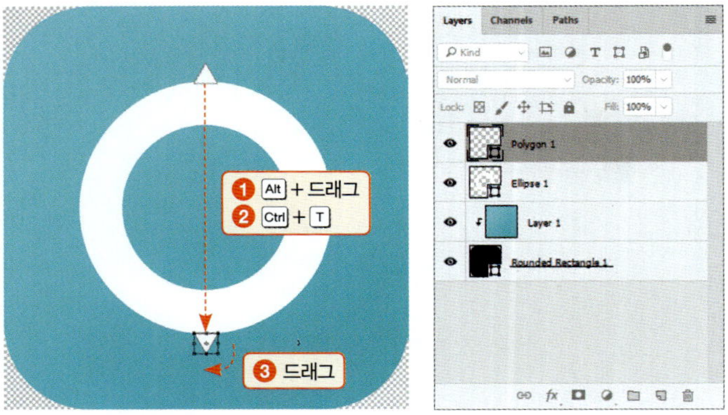

08 Shift를 누른 채로 패스 선택 툴( )로 위아래 삼각형을 함께 선택한다. Alt를 누른 채로 드래그하여 위아래 삼각형을 복제한다. 복제된 삼각형은 Ctrl+T를 눌러 바운딩 박스가 나타나면 90°로 회전시키고 원의 중앙 좌우에 배치한다.

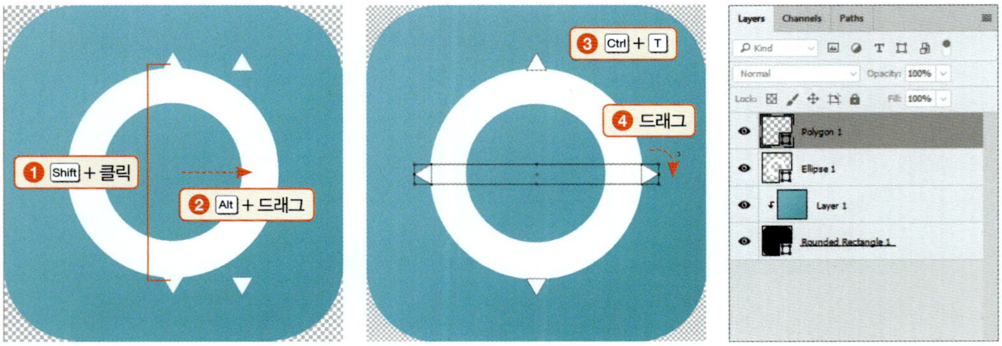

09 다각형 툴( )의 Sides 옵션을 3으로 설정하고 삼각형을 하나 그린다.

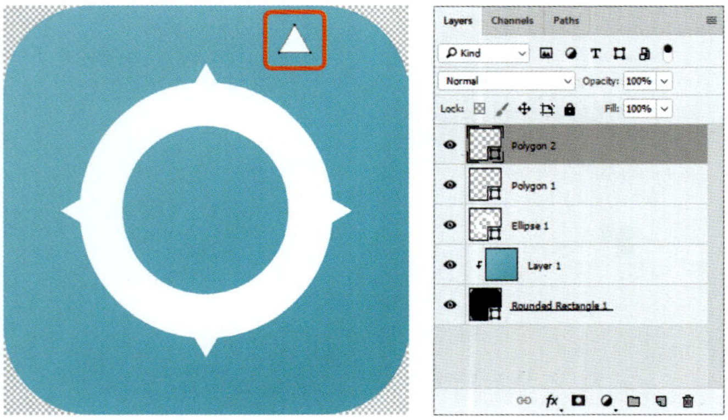

10 Ctrl+T를 눌러 바운딩 박스가 나타나면 원의 절반보다 조금 더 길게 삼각형을 늘려 주고 45°로 회전시킨 다음 다음과 같이 배치한다. 면을 붉은색(#fe1717)으로 채운다.

11 Ctrl+J를 눌러 Polygon 2 레이어를 복제한다. Ctrl+T를 눌러 180°로 회전시키고 다음과 같이 반대쪽에 배치한 후 면을 파란색(#0068b7)으로 채운다.

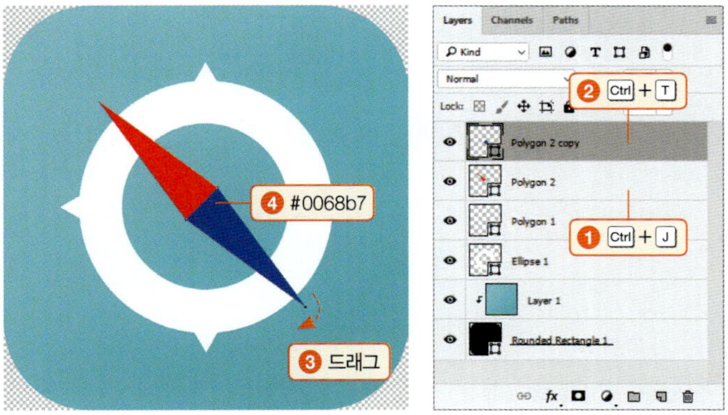

12 Ctrl+S를 눌러 Gradient Fill.psb 파일을 저장하고 iOS_icon_resource.psd 화면으로 돌아오면 다음과 같이 전체 아이콘 세트가 완성된 것을 볼 수 있다.

5
안드로이드의 아이콘

1 아이콘 디자인의 가이드라인

안드로이드의 개발자 사이트에서는 아이콘을 디자인할 때 깔끔하고 현대적이며 촉감과 질감을 잘 살려 만들 것을 주문한다. 안드로이드 아이콘의 구체적인 가이드라인은 다음과 같다.

- 심플하고 상징적으로 디자인하되 지나치게 복잡하지 않아야 한다.
- 아이콘 크기가 작기 때문에 앱의 용도와 목적에 맞는 상징적인 오브젝트를 과장되게 표현해야 한다.
- iOS의 앱 아이콘과 달리 균일한 테두리를 유지하지 않아도 되며, 지정된 크기 안에서 다양한 형태로 제작 가능하다.

2 앱 아이콘

안드로이드에서도 모든 앱은 크고 작은 앱 아이콘을 모두 제공해야 한다. 작은 아이콘은 홈 화면과 앱이 설치된 후 시스템 전체에서 사용되고, 큰 아이콘은 플레이 스토어에서 사용된다. 각 아이콘은 화면 픽셀 밀도에 따라 크기를 다섯 개 만들어야 하는데, 플레이 스토어에 등록하기 위해 한 개가 더 필요하므로 총 여섯 개를 만들어야 한다.

표 4-8 해상도별 앱 아이콘의 크기

기기 해상도	크기 비율	DPI
mdpi Baseline 1DP = 1PX = 1SP	1 ×	160
hdpi	1.5 ×	240
xhdpi	2 ×	320
xxhdpi	3 ×	480
xxxhdpi	4 ×	640

표 4-9 안드로이드 런처 아이콘의 크기

기기 해상도	아이콘 크기	기기 해상도	아이콘 크기
mdpi	48×48px	xxhdpi	144×144px
hdpi	72×72px	xxxhdpi	192×192px
xhdpi	96×96px	플레이 스토어	512×512px

3 메뉴 아이콘

메뉴 아이콘은 메뉴 버튼을 누르면 사용자의 옵션 메뉴에 배치되는 아이콘이다. 평면의 그레이 스케일로 디자인하되 3D 입체 형태로 시각화하지 않는다. 메뉴 아이콘은 기기의 해상도를 고려하여 다양한 크기로 제작하고, 배경에는 색상을 포함시키지 않는다. 화면 픽셀 밀도에 따라 외곽 크기, 아이콘 크기, 사각형 아이콘의 세 가지 크기를 고려하여 제작한다.

그림 4-21 hdpi 화면 밀도에서의 메뉴 아이콘

표 4-10 안드로이드 메뉴 아이콘의 크기

기기 해상도	아이콘 크기
mdpi baseline 1DP=1PX=1SP	48×48px full asset 32×32px icon 30×30px square icon
hdpi	72×72px full asset 48×48px icon 44×44px square icon
xhdpi	96×96px full asset 64×64px icon 58×58px square icon
xxhdpi	144×144px full asset 96×96px icon 87×87px square icon
xxxhdpi	144×144px full asset 128×128px icon 116×116px square icon

4 액션 바, 탭 아이콘

액션 바와 탭 아이콘은 애플리케이션의 테마에 따라 평면의 그레이 스케일로 제작한다. 메뉴 아이콘과 마찬가지로 3D 입체 형태로 시각화하지 않는다. 모든 액션 바의 일관성을 유지하기 위해 동일한 그레이 스케일 색상과 효과를 사용한다.

표 4-11 안드로이드 액션 바와 탭 아이콘의 크기

기기 해상도	아이콘 크기
mdpi	24×24px
hdpi	36×36px
xhdpi	48×48px
xxhdpi	72×72px
xxxhdpi	96×96px

5 상태 표시 아이콘

상태 표시 아이콘은 상태 표시줄이 밝거나 어두운 상황에 따라 두 가지 아이콘이 필요하다. 아이콘 배경은 반드시 투명으로 작업하고 png 파일로 저장한다. 마찬가지로 3D 입체 형태로 시각화하지 않는다.

표 4-12 안드로이드 상태 표시 아이콘의 크기

기기 해상도	아이콘 크기
mdpi	24×24px
hdpi	36×36px
xhdpi	48×48px
xxhdpi	72×72px
xxxhdpi	96×96px

6 탭 아이콘

탭 아이콘은 탭 인터페이스에서 개별 탭을 나타내는 데 사용하는 그래픽 요소이다. 아이콘 배경을 투명하게 처리한다.

표 4-13 안드로이드 탭 아이콘의 크기

기기 해상도	아이콘 크기
mdpi	32×32px Full Asset 28×28px Icon
hdpi	48×48px Full Asset 42×42px Icon
xhdpi	64×64px Full Asset 56×56px Icon
xxhdpi	96×96px Full Asset 84×84px Icon
xxxhdpi	128×128px Full Asset 112×112px Icon

7 대화형 아이콘

대화형 아이콘은 사용자의 인터페이스에 팝업 형태로 제공된다. 아이콘에 그레이디언트와 내부 그림자를 사용할 수 있다.

표 4-14 안드로이드 대화형 아이콘의 크기

기기 해상도	아이콘 크기
mdpi	32×32px
hdpi	48×48px
xhdpi	64×64px
xxhdpi	96×96px
xxxhdpi	128×128px

8 리스트 뷰 아이콘

리스트 뷰 아이콘은 대화형 아이콘과 비슷하지만 아이콘 내부에 그림자 효과를 사용한다는 점이 대화형 아이콘과 다르다. 설정 아이콘과 같이 제한적으로 사용된다.

표 4-15 안드로이드 리스트 뷰 아이콘의 크기

기기 해상도	아이콘 크기
mdpi	32×32px
hdpi	48×48px
xhdpi	64×64px
xxhdpi	96×96px
xxxhdpi	128×128px

안드로이드 기기에서 사용되는 전체 아이콘의 크기는 다음 그림과 같다.

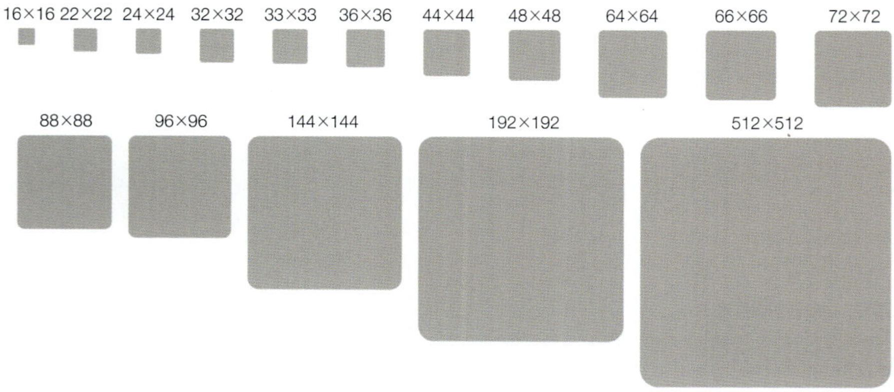

그림 4-22 안드로이드 플랫폼의 아이콘에 필요한 모든 크기

9 아이콘 그리드

안드로이드 아이콘의 그리드는 안드로이드 개발자 사이트에서 내려받을 수 있다. 이 자료에는 아이콘의 그리드뿐만 아니라 글꼴, 장치, 레이아웃, 템플릿과 같은 다양한 UI도 포함되어 있다.

- **안드로이드 리소스_** https://material.io/guidelines/resources/sticker-sheets-icons.html

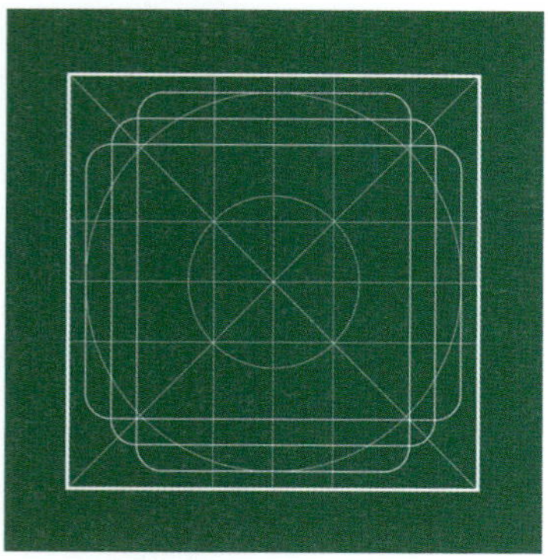

그림 4-23 안드로이드 아이콘의 그리드

10 아이콘 저장 방법과 파일명

안드로이드에서는 화면 해상도에 따라 서로 다른 이미지를 로딩할 수 있다. 프로젝트를 처음 만들면 /res/drawable 폴더만 있기 때문에 각 해상도에 맞는 폴더를 /res/drawable-mdpi, /res/drawable-hdpi, /res/drawable-xhdpi 등으로 만들어 각 해상도에 맞는 이미지를 넣어 줘야 한다. 제작한 아이콘은 디렉터리 안에 알파벳순으로 정렬되므로 각 아이콘 유형에 공용 접두사를 붙여 주면 도움이 된다. 이때 각 아이콘 이름은 iOS와 달리 대문자를 사용하지 말아야 한다. 이를 표로 정리하면 다음과 같다.

표 4-16 안드로이드 아이콘의 저장 방법과 파일명

아이콘	접두사	파일명의 예
icons	ic_	ic_star.png
launcher icons	ic_launcher	ic_launcher_calendar.png
menu icons and action bar icons	ic_menu	ic_menu_archive.png
status bar icons	ic_stat_notify	ic_stat_notify_msg.png
tab icons	ic_tab	ic_tab_recent.png
dialog icons	ic_dialog	ic_dialog_info.png

실습

6

안드로이드의 앱 아이콘 세트 만들기

1 실습 전 확인 사항

안드로이드의 개발자 가이드라인에 맞춰 앱 아이콘을 크기별로 제작해 본다. 안드로이드의 앱 아이콘 역시 스마트 오브젝트를 이용해 디자인 작업 한 번으로 모든 크기의 앱 아이콘에 적용할 수 있도록 한다.

안드로이드에서는 머티리얼 디자인material design을 추구하므로 빛, 재질, 그림자가 포함된 3D 환경을 구성하도록 권장한다. 흔히 3D라고 하면 입체적인 형상을 떠올리기 쉬운데 안드로이드에서 말하는 3D는 소재 내에서 1dp의 자료 두께를 설정하고 겹치는 재료 사이는 음영을 통해 입체감을 표현하는 것을 말한다.

그림 4-24 안드로이드가 제공하는 소재

이러한 머티리얼 환경에서는 두 가지 광원인 핵심 조명과 주변 조명으로 디자인 요소를 렌더링한다. 핵심 조명은 방향성이 있는 그림자를 만들고, 주변 조명은 모든 각도에서 부드러운 그림자를 만든다. 또 각 아이콘은 종이처럼 자르거나 접거나 하는 식으로 단순한 그래픽 요소로 표현하며 일관된 그림자를 통해 빛과 상호작용하도록 만든다.

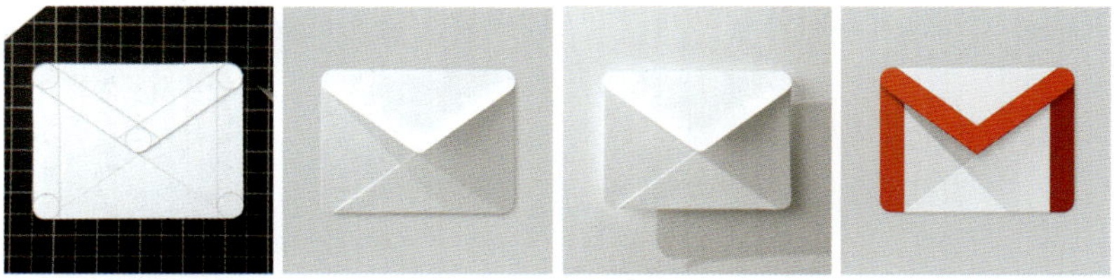

그림 4-25 종이접기 형식을 차용한 디자인 접근법

안드로이드의 아이콘은 외곽선이 규격화되어 있지 않으며 오브젝트 형태를 그대로 표현할 수 있기 때문에 그리드 이외에 키 라인을 제공한다. 키 라인의 핵심 모양을 준수하면 아이콘 전체에서 시각적 비율을 일관되게 유지할 수 있다.

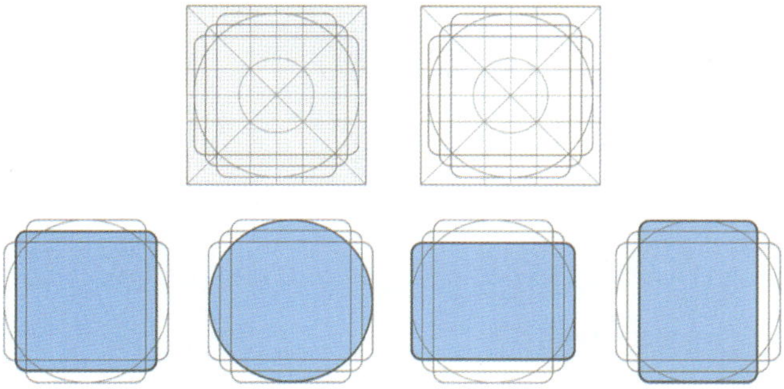

그림 4-26 안드로이드의 그리드와 키 라인

2 채팅 앱 아이콘 세트 만들기

완성 이미지

준비 파일 없음

완성 파일 Android_icon1_result.psd

01 [File]–[New] 메뉴를 선택하여 너비와 높이가 각각 512픽셀인 새 화면을 만든다.

02 모서리가 둥근 사각형 툴(▢)의 옵션을 Shape로 설정한다. 화면을 드래그하고 너비와 높이를 각각 512픽셀, 상하좌우 Radius를 32픽셀로 설정한다.

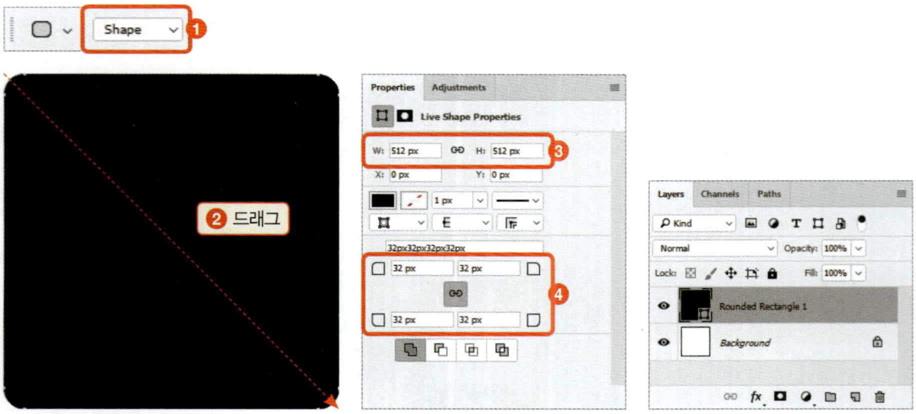

03 레이어 패널의 보정 레이어 버튼(◑)을 클릭하고 [Gradient]를 선택한다. Gradient Fill 창이 나타나면 Gradient의 색상 바를 클릭한 후 그레이디언트 시작 색과 끝 색을 어두운 빨강(#c50505)과 밝은 빨강(#ff0000)으로 설정하고 〈OK〉를 클릭한다. Angle을 125°로 설정하고 〈OK〉를 클릭한다.

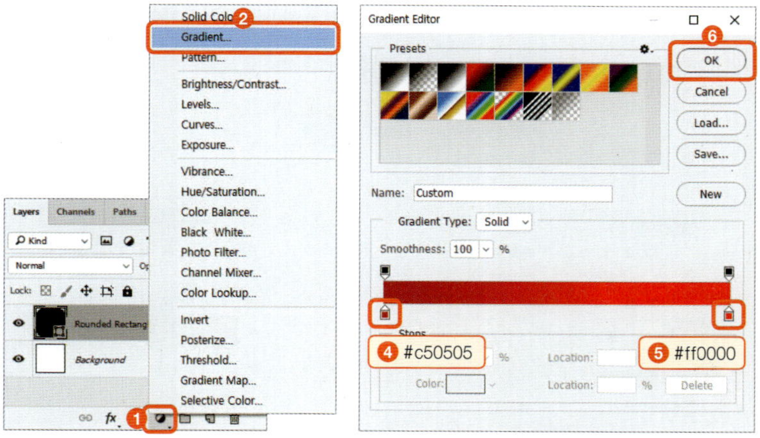

04 Gradient Fill 1 레이어를 마우스 오른쪽 버튼으로 누르고 [Create Clipping Mask]를 선택하여 둥근 모서리 선이 보이도록 한다.

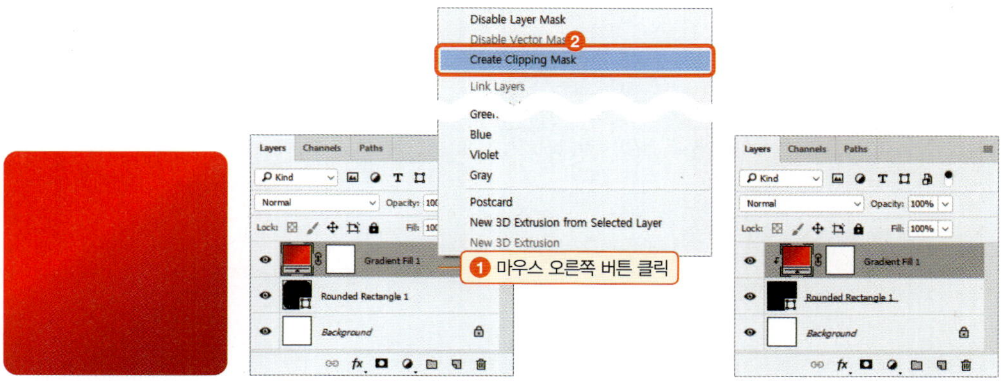

05 Shift를 누른 채로 Rounded Rectangle 1 레이어와 Gradient Fill 1 레이어를 선택한 후 마우스 오른쪽 버튼을 눌러 [Convert to Smart Object]로 전환한다.

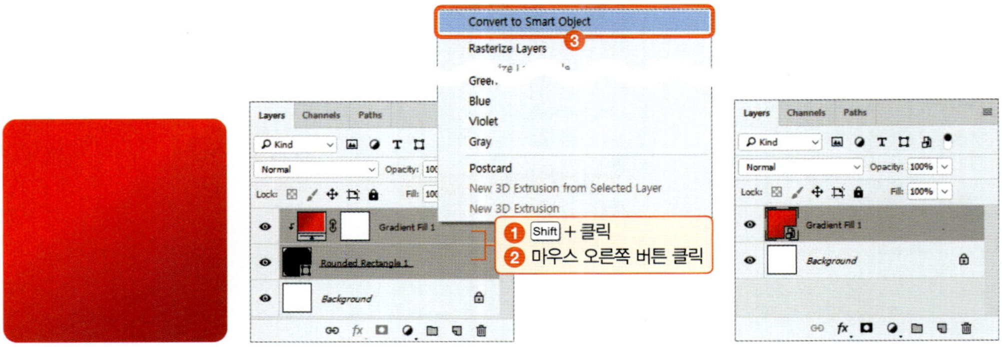

06 크롭 툴(⊡)을 선택하고 다음과 같이 상하좌우 바운딩 박스를 드래그하여 추가분의 아이콘을 그릴 영역을 만든다. Background 레이어를 선택하고 진회색(#b5b5b5)으로 채운다.

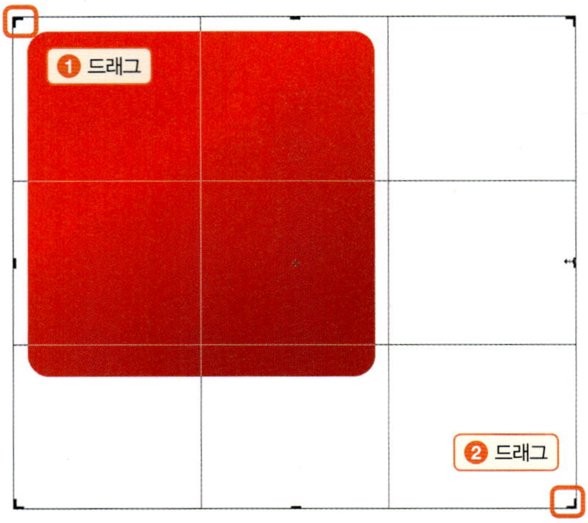

07 Gradient Fill 1 레이어를 선택하고 Ctrl+J를 눌러 레이어를 복제한다. Ctrl+T를 누르고 옵션 바에서 너비와 높이를 각각 192픽셀로 설정한 다음 위치를 오른쪽 위로 옮긴다.

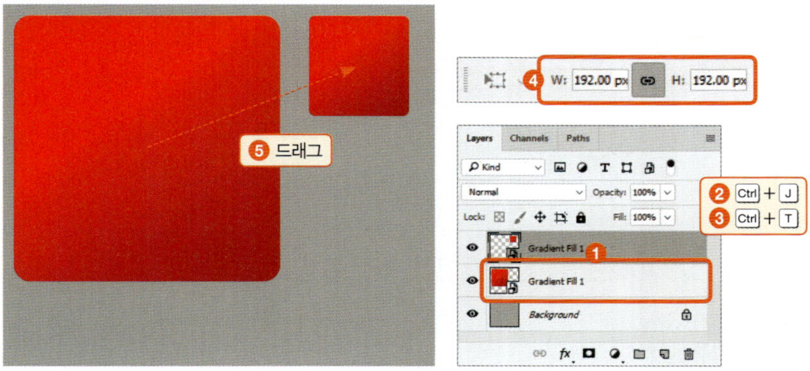

08 같은 방법으로 계속해서 레이어를 복제한 후 모서리가 둥근 사각형을 각각 144픽셀, 96픽셀, 72픽셀, 48픽셀 크기로 만들고 다음과 같이 배치한다.

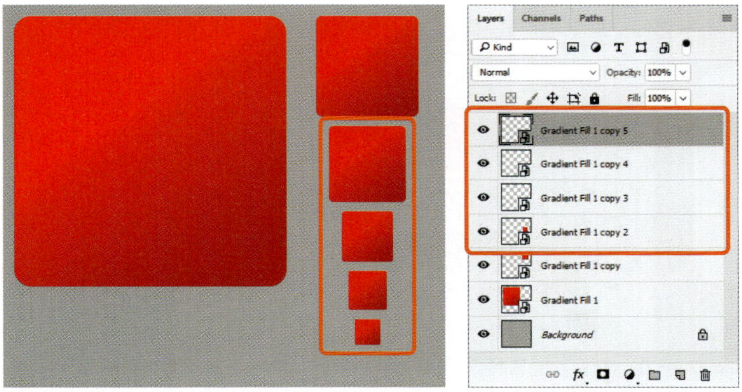

09 Gradient Fill 1 레이어의 섬네일을 더블클릭하면 스마트 오브젝트로 전환된 레이어 두 개가 새 창에서 열린다. 이때 파일의 확장자는 psb이다.

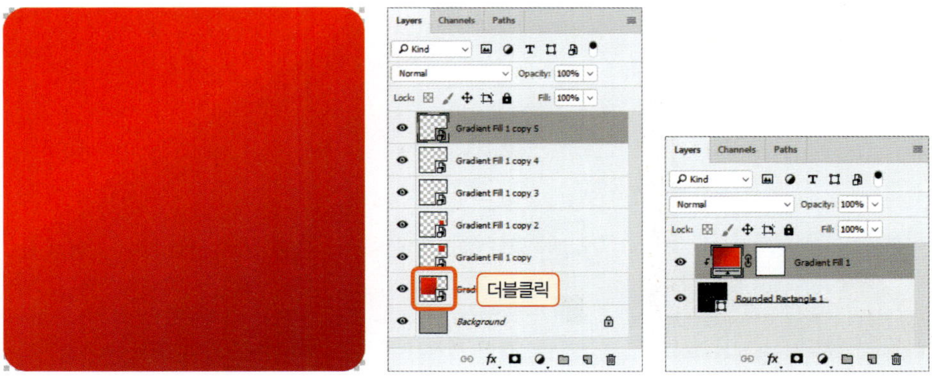

10 모서리가 둥근 사각형 툴(□)로 화면을 드래그하고 너비를 400픽셀, 높이를 300픽셀, 색상을 흰색, 상하좌우 Radius를 44픽셀로 설정한다.

11 Shift를 누른 채로 원형 툴(○)로 화면의 왼쪽 하단에 너비와 높이가 각각 20픽셀인 원을 그린다.

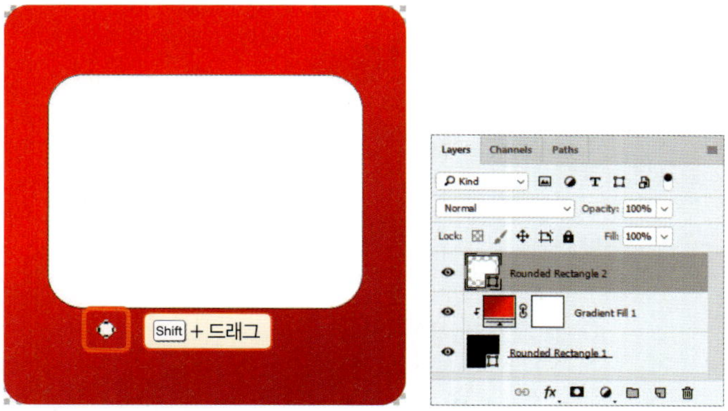

12 Shift를 누른 채로 펜 툴(✐)로 방금 그린 작은 원과 큰 사각형을 다음과 같이 말풍선의 말꼬리처럼 보이도록 잇는다.

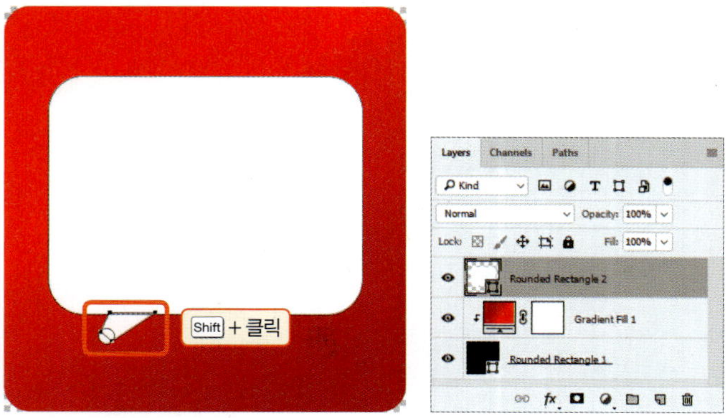

Tip 왼쪽 그림과 같지 않다면 펜 툴의 옵션 바에서 Pick tool mode를 Shape, Path operations를 Combine Shape로 설정한 다음 따라한다.

13 패스 선택 툴(▶)로 Shift를 누른 채로 말풍선 형태의 셰이프를 모두 선택한 후 옵션 바의 병합 모드를 [Merge Shape Components]로 선택한다.

14 텍스트 툴(T)로 말풍선 중앙에 TALK를 붉은색으로 입력한다.

15 Gradient Fill 1 레이어 바로 위에 새 레이어를 추가한다. Layer 1 레이어를 마우스 오른쪽 버튼으로 눌러 [Create Clipping Mask]를 적용한다. 사각형 선택 툴(⬚)로 말풍선 오른쪽 아래를 다음과 같이 드래그하여 사각형 선택 영역을 만든다.

16 [Select]-[Transform Section] 메뉴를 선택하여 선택 영역을 다음과 같이 말풍선의 대각선 방향으로 회전시킨다. 이때 왼쪽 하단 모서리와 오른쪽 상단 모서리의 중앙 지점을 잘 맞춰 주는 것이 중요하다. 그리고 각도가 55°인 것을 기억해 두길 바란다. 이 각도를 기억하면 그림자를 생성할 때 방향을 일정하게 적용할 수 있다.

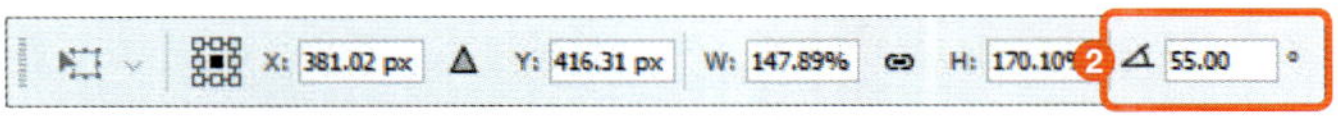

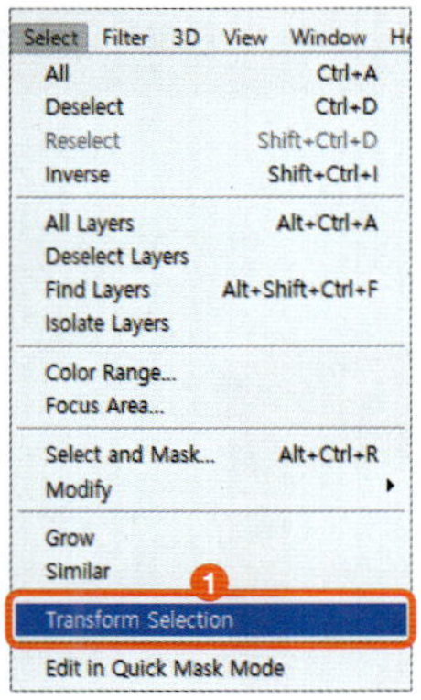

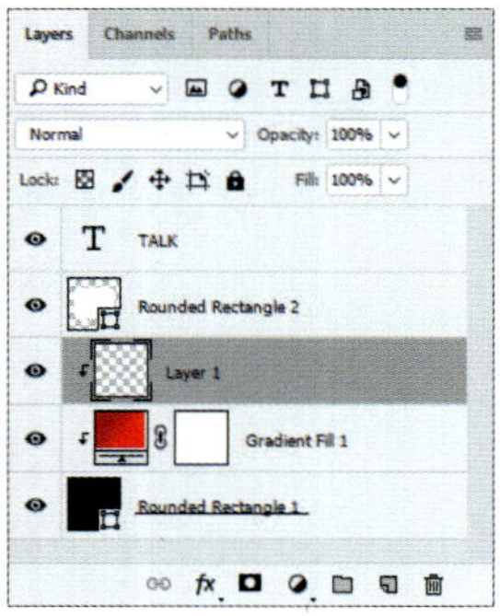

17 전경색을 배경보다 약간 어두운 붉은색(#950000)으로 설정하고 그레이디언트 툴(■)로 다음과 같이 55° 방향으로 드래그하여 그림자를 적용한다.

18 **15~17**번과 같은 방법으로 사각형 선택 영역을 만들고 55°로 회전시킨다. 말풍선의 튀어 나온 부분을 선택하고 그레이디언트를 적용한다.

19 Ctrl + S를 눌러 psb 화면을 저장하고 원래 작업 화면으로 돌아오면 전체 아이콘 세트가 완성된 것을 볼 수 있다.

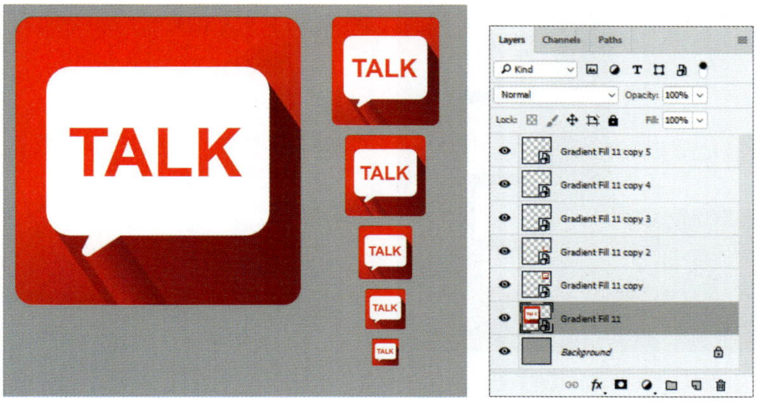

3 카메라 앱 아이콘 세트 만들기

완성 이미지

준비 파일 Android_icon_resource.psd

완성 파일 Android_icon2_result.psd

01 [실습]–[4장] 폴더에서 Android_icon_resource.psd 파일을 불러온다. 각 레이어마다 필요한 아이콘의 크기가 빈 화면으로 준비되어 있다.

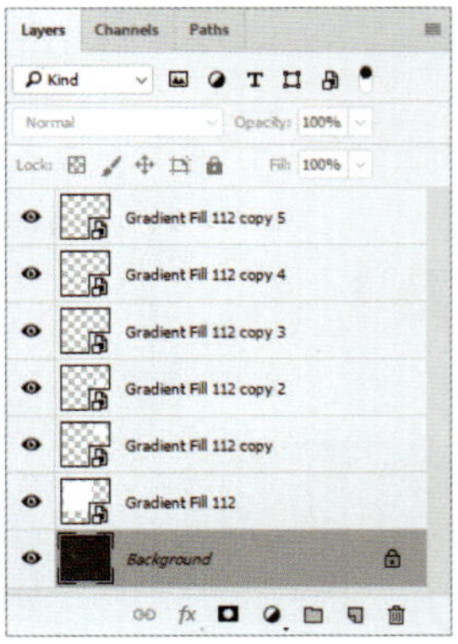

02 Gradient Fill 112 레이어의 섬네일을 더블클릭하여 Gradient Fill 112.psb 작업 화면을 연다.

03 전경색과 배경색을 푸른색 계열(#009de9, #0052e9)로 설정하고 그레이디언트 툴(■)의 옵션을 Radial(□)로 변경하고 화면 중앙에서 바깥쪽으로 드래그하여 다음과 같이 그레이디언트를 적용한다.

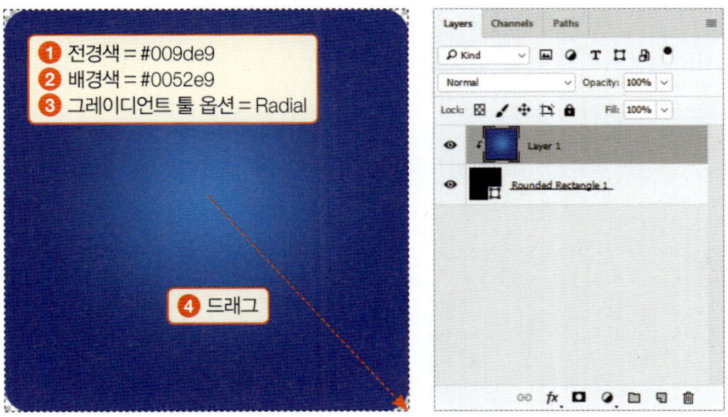

04 모서리가 둥근 사각형 툴(□)로 너비가 360픽셀이고 높이가 320픽셀, 상하좌우 Radius가 60픽셀인 사각형을 만든 후 면을 주황색(#ff8916)으로 채우고 화면 중앙에 배치한다.

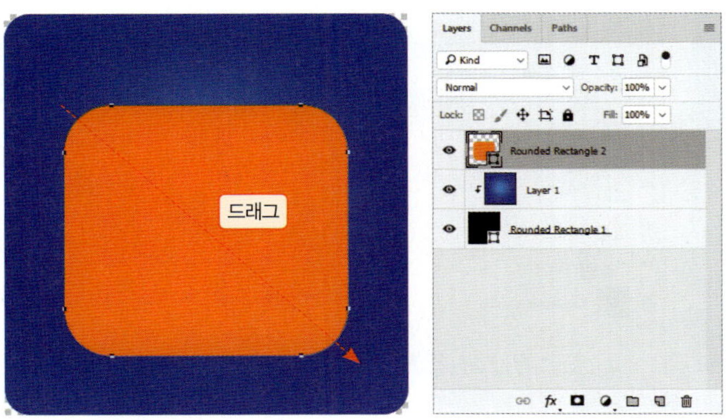

05 모서리가 둥근 사각형 툴(▢)로 너비가 360픽셀이고 높이가 310픽셀, 상하좌우 Radius가 60픽셀인 사각형을 만들고 면을 밝은 노란색(#fff897)으로 채운다. 위치는 윗부분을 아래 레이어와 맞춰 아래쪽으로 주황색이 10픽셀만 보이도록 배치한다.

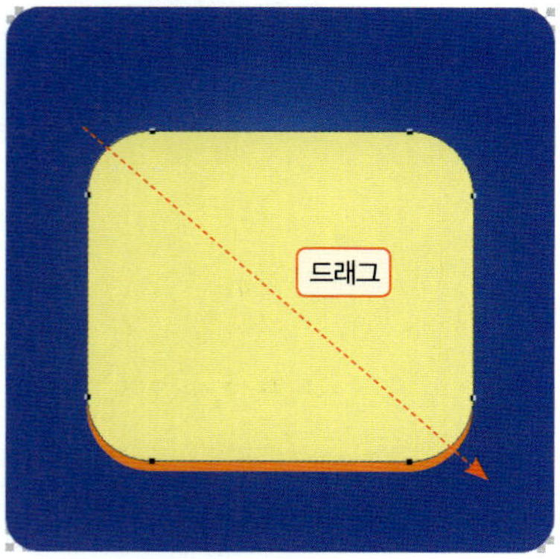

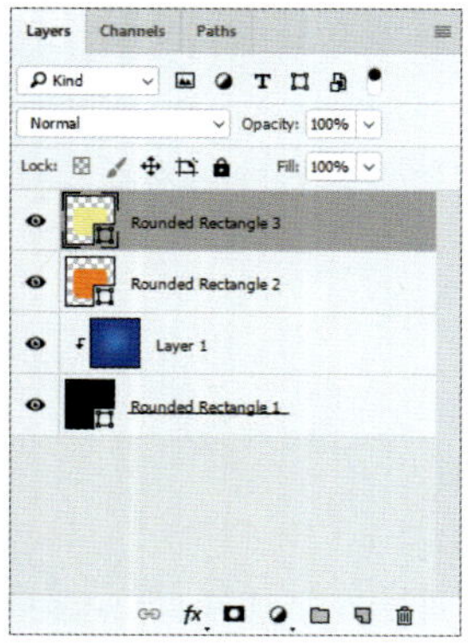

06 모서리가 둥근 사각형 툴(▢)로 너비가 360픽셀이고 높이가 308픽셀, 상하좌우 Radius가 60픽셀인 사각형을 만들고 아래 레이어와 상단이 맞닿도록 배치한다. 레이어 패널의 레이어 스타일 추가 버튼(fx)을 클릭해 [Gradient Overlay]를 선택한 후 Layer Style 창이 나타나면 세부 옵션을 다음과 같이 설정하여 입체감을 약간만 넣는다.

Blend Mode: Normal, Opacity: 100%, Color: #ffd200(Location 6%), #ffff00, Angle: 94°

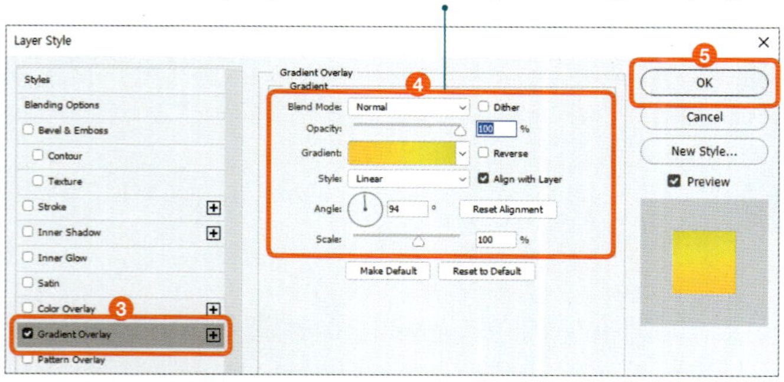

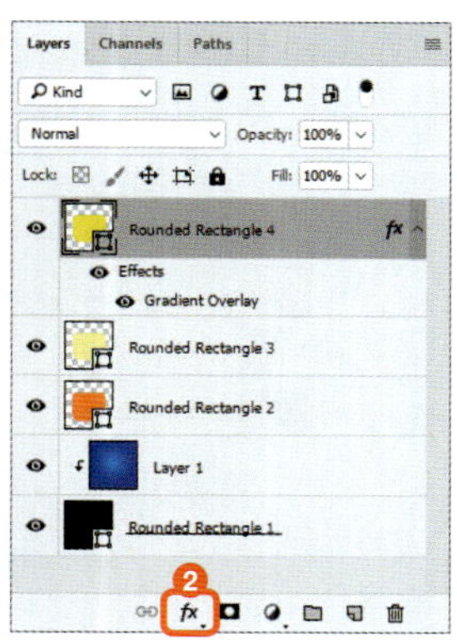

07 원형 툴( )로 너비와 높이가 각각 240픽셀인 원을 만들어 중앙에 배치한다. 레이어 패널의 레이어 스타일 추가 버튼(fx)을 클릭해 [Gradient Overlay]를 선택한 후 세부 옵션을 다음과 같이 설정한다.

Blend Mode: Normal, Opacity: 100%, Color: #9a9a9a, #ffffff(location 49%), Angle: 90˚

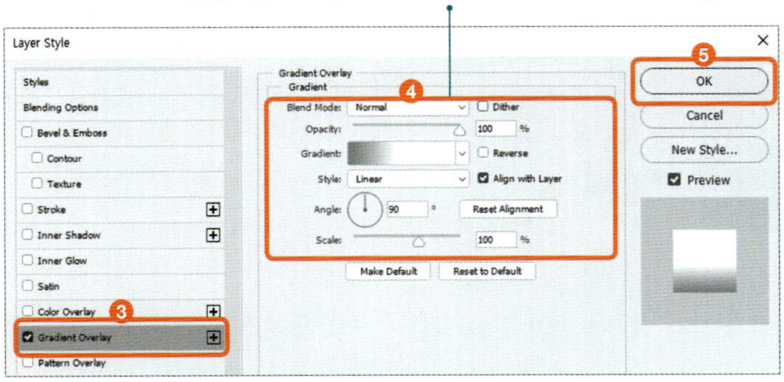

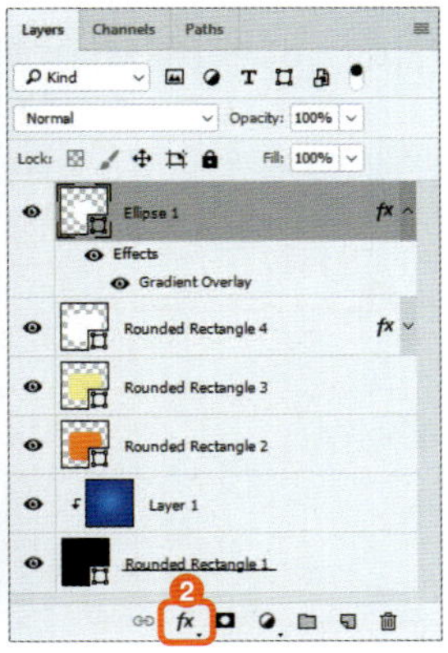

08 원형 툴( )로 너비와 높이가 각각 210픽셀인 원을 만들어 중앙에 배치한다. 레이어 패널의 레이어 스타일 추가 버튼(fx)을 클릭해 [Gradient Overlay]를 선택한 후 세부 옵션을 **07**과 반대로 적용해 입체감을 살린다.

Blend Mode: Normal, Opacity: 100%, Color: #ffffff(location 49%), #9a9a9a, Angle: 90˚

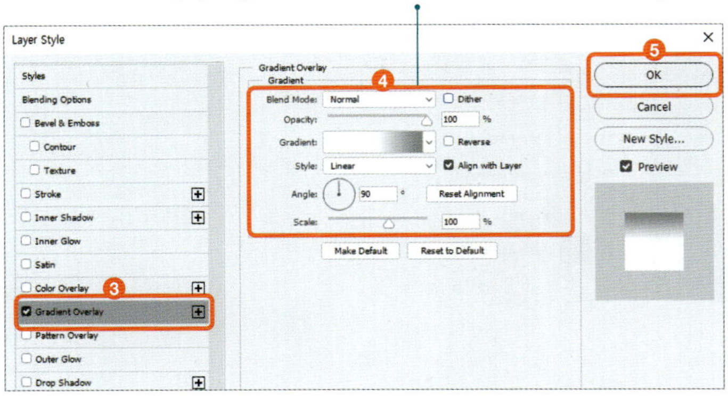

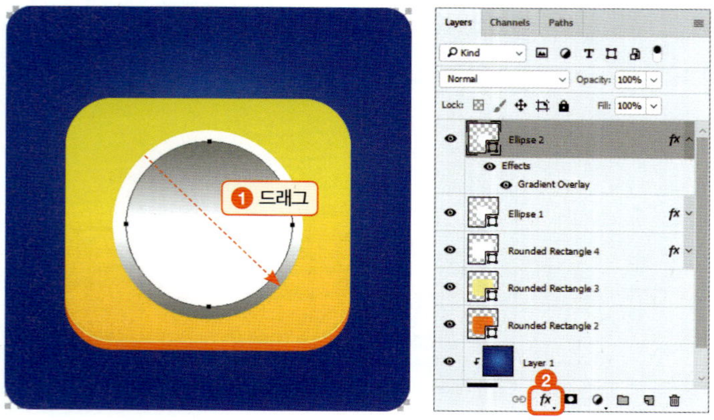

09 원형 툴(◯)로 너비와 높이가 각각 160픽셀인 원을 만들어 중앙에 배치하고 면을 하늘색으로 채운다. 레이어 패널의 레이어 스타일 추가 버튼(fx)을 클릭해 [Inner Glow]를 선택한 후 세부 옵션의 색을 푸른색으로 지정하여 깊이감이 느껴지도록 한다.

Blend Mode: Difference, Opacity: 30%, Color: #0183e7, Source: Edge, Choke: 0%, Size: 7px

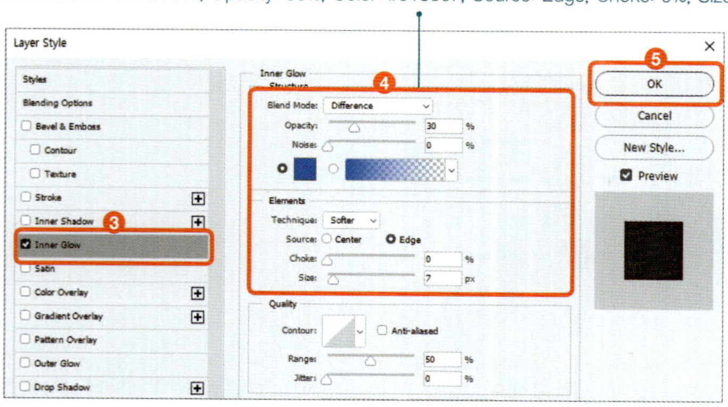

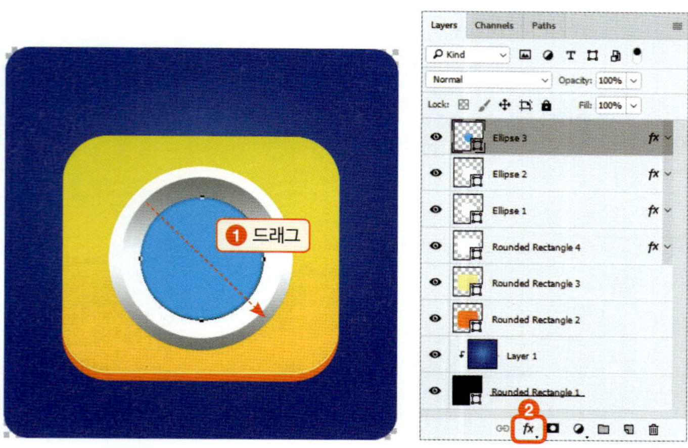

10 원형 툴( )로 너비와 높이가 각각 114픽셀인 원을 만든 후 밝은 진청색(#00479d)으로 면을 채우고 중앙에 배치한다. Ellipse 3 레이어를 마우스 오른쪽 버튼으로 눌러 [Copy Layer Style]을 선택한다. Ellipse 4 레이어를 마우스 오른쪽 버튼으로 눌러 [Paste Layer Style]을 선택한다. Ellipse 3 레이어에 적용된 Inner Glow 스타일이 Ellipse 4 레이어에 복제된다.

Tip Ellipse 3 레이어 오른쪽에 붙어 있는 레이어 스타일 아이콘(fx)을 Alt를 누른 채로 Ellipse 4 레이어로 드래그해도 레이어 스타일이 복제된다.

11 원형 툴( )로 너비와 높이가 각각 80픽셀인 원을 만든 후 어두운 진청색(#000d29)으로 면을 채우고 중앙에 배치한다.

12 원형 툴()로 너비와 높이가 각각 35픽셀인 작은 원을 만들어 흰색으로 채우고 레이어의 Opacity를 40%로 변경한다. 같은 방법으로 너비와 높이가 각각 50픽셀인 큰 원을 만들고 레이어의 Opacity를 50%로 변경한 후 작은 원의 오른쪽 아래와 겹치도록 배치한다.

13 원형 툴()로 너비와 높이가 각각 80픽셀인 원을 만든 후 면을 밝은 하늘색(#00ffff)으로 채우고 레이어의 Opacity를 30%로 조절한다. 다음과 같이 렌즈 부분 왼쪽 상단에 배치시켜 카메라 렌즈를 완성한다.

14 원형 툴(⊙)로 너비와 높이가 각각 36픽셀인 원을 만들고 화면의 오른쪽 상단에 배치한다. 레이어 패널의 레이어 스타일 추가 버튼(fx)을 클릭하고 [Gradient Overlay]를 선택한 후 세부 옵션을 다음과 같이 설정한다.

Blend Mode: Normal, Opacity: 100%, Color: #ffffff(Location 49%), #9a9a9a, Angle: 120˚

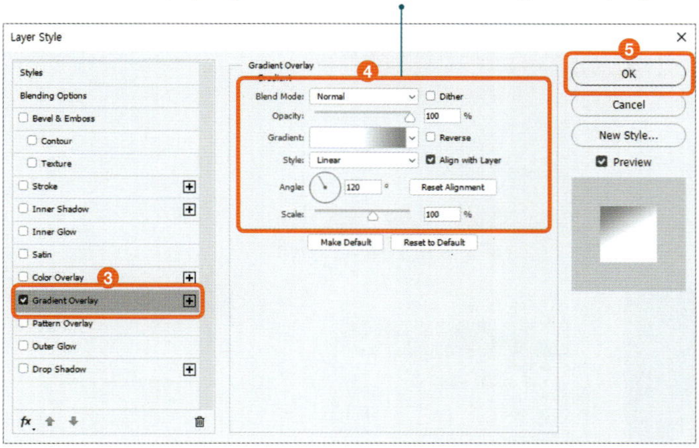

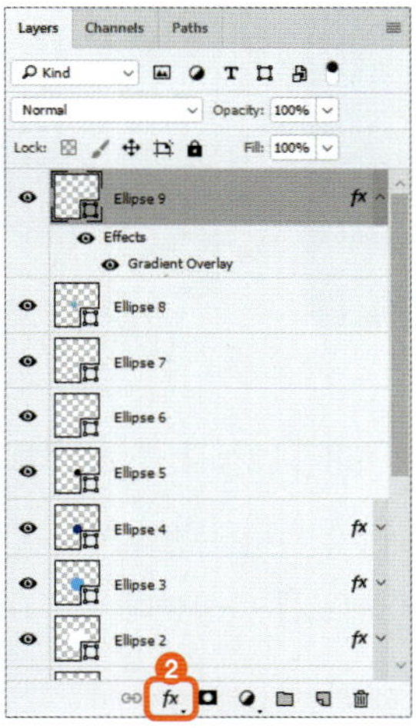

15 방금 그린 원의 내부에 원형 툴(⊙)로 너비와 높이가 각각 26픽셀인 원을 그려 배치한다. 레이어 패널의 레이어 스타일 추가 버튼(fx)을 클릭해 [Gradient Overlay]를 선택한다. 세부 옵션을 다음과 같이 설정하여 카메라 아이콘을 완성한다.

Blend Mode: Normal, Opacity: 100%, Color: #ffff00, #9ff6d00, Style: Radial, Angle: 120°

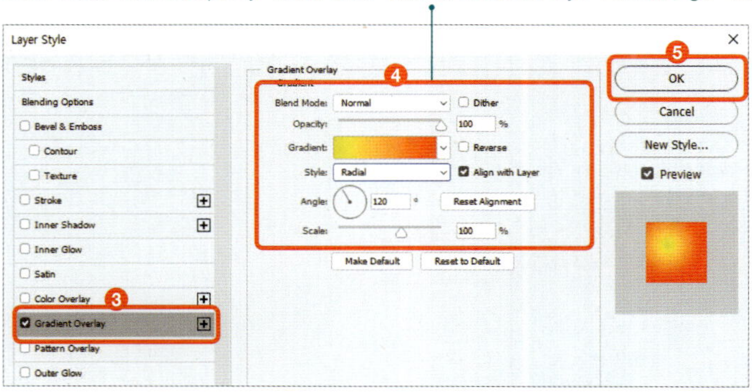

16 Ctrl + S 를 눌러 Gradient Fill 112.psb를 저장하고 작업 중인 Android_icon_resource.psd 화면으로 돌아오면 모든 아이콘에 디자인이 적용된 것을 볼 수 있다. 배경색을 조금 밝은 색(#fbb2b5)으로 변경하여 아이콘 세트를 완성한다.

요약

1 아이콘의 역할

아이콘은 단순히 앱을 실행시키는 것뿐만 아니라 사용자가 선택하고 마주하는 첫 번째 요소로서의 의미도 포함하고 있다. 첫인상을 결정할 뿐만 아니라 사용자와의 첫 번째 커뮤니케이션 통로 역할을 한다.

2 아이콘 디자인의 특성

- 신속하고 정확한 정보 전달
- 공간의 효율성
- 기억의 용이성
- 국제성과 범용성
- 상태 변화의 제시
- 시각적 주목성

3 아이콘의 종류

- **런처 아이콘** 주로 사용자의 홈 화면에 위치하며 애플리케이션의 바로가기 역할을 한다. 실행 아이콘 또는 앱 아이콘이라고도 한다.
- **시스템 아이콘** 명령, 파일, 장치, 디렉터리를 나타내거나 인쇄, 저장과 같은 일반적인 작업을 나타내는 데 사용한다.
- **커스텀 아이콘** 사용자가 임의로 만들어서 사용하는 아이콘이다. 특정 앱 안에서 각 메뉴로 이동하는 역할을 한다. 주로 탭 메뉴나 리스트 메뉴 등에 사용된다.

4 iOS 아이콘의 가이드라인

- 앱의 본질을 파악하고 그 요소를 특별한 모양으로 표현해야 하며, 배경은 심플하게 만들되 투명도를 사용하지 말아야 한다.
- 사진이나 스크린 샷 또는 인터페이스 요소를 포함하지 말아야 한다.
- 앱 전체에서 다양한 용도로 사용되는 아이콘으로는 구성하지 말아야 한다.
- 아이콘을 제작한 후에는 사용자의 다양한 홈 화면 배경을 고려하여 여러 바탕화면에서 테스트해야 한다.

5 안드로이드 아이콘의 가이드라인

- 심플하고 상징적으로 디자인하되 지나치게 복잡하지 않아야 한다.
- 아이콘 크기가 작기 때문에 앱의 용도와 목적에 맞는 상징적인 오브젝트를 과장되게 표현해야 한다.
- iOS의 앱 아이콘과 달리 균일한 테두리를 유지하지 않아도 되며, 지정된 크기 안에서 다양한 형태로 제작 가능하다.

6 iOS 플랫폼의 아이콘에 필요한 모든 크기

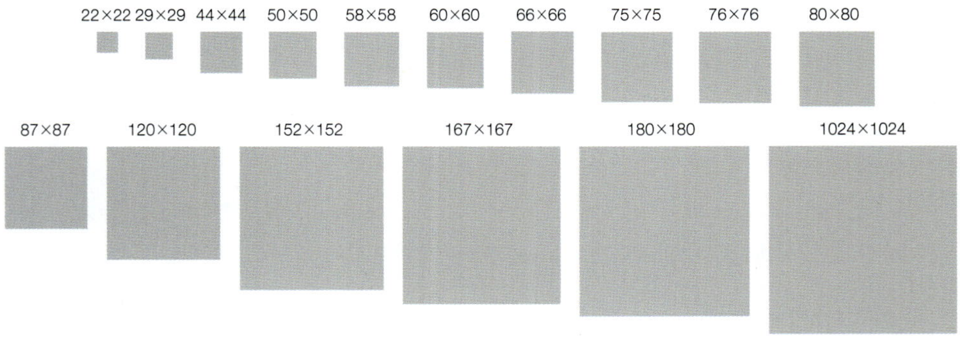

7 안드로이드 플랫폼의 아이콘에 필요한 모든 크기

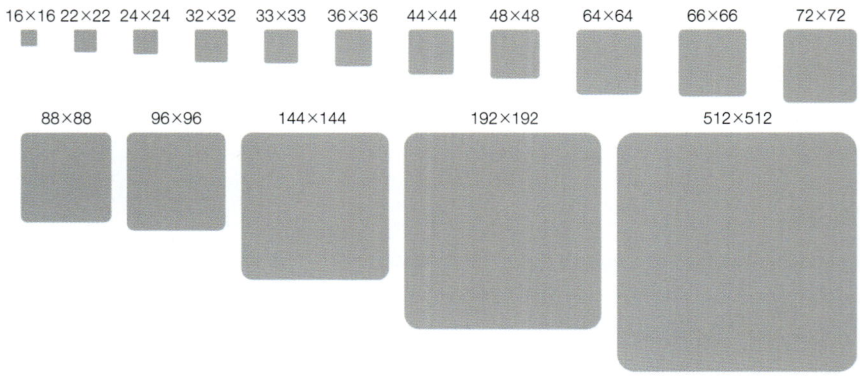

Chapter 05

스플래시 스크린, 코치마크, 워크스루

1
스플래시 스크린, 코치마크, 워크스루의 개요

1 앱의 준비 화면

스마트폰의 성능이 눈에 띄게 향상되면서 최근에는 앱을 시작할 때 보였던 흰색 준비 화면이 거의 보이지 않는다. 그럼에도 불구하고 혹시 모를 상황에 대비해 흰색 화면에 로고를 삽입해 두거나 앱의 성격에 맞는 이벤트 페이지를 삽입하기도 하고, 코치마크나 워크스루로 구성하기도 한다. 이런 방법은 표현의 제약이 없고 도움말 같은 부가적인 기능까지 포함하고 있어 사용 비중이 높아지고 있다.

스플래시 스크린splash screen은 앱을 구동시켰을 때 앱의 본 화면이 켜지기 전에 나오는 화면이다. 이 화면을 사용하면 기본으로 흰색 화면을 보여 주는 것보다 사용자가 대기 시간을 덜 지루하게 여기므로 효과적이다. 스플래시 스크린은 iOS와 안드로이드 가이드라인에서 런치 스크린으로 불린다. 하지만 앱의 시작 화면에 로고나 브랜딩을 위한 요소를 사용하는 경향이 굳어짐에 따라 이를 지칭하는 명확한 표현인 스플래시 스크린으로 더 많이 불린다.

스플래시 스크린은 다음 그림에서 알 수 있듯이 화면 전체를 가득 채우는 UI로 제작한다. 그러므로 스마트폰의 운영체제와 기기에 맞는 크기와 해상도에 대해 먼저 이해해야 제작할 수 있다.

그림 5-1 다양한 스플래시 스크린

2

해상도

1 해상도의 개념

해상도란 화면 또는 인쇄물 등에서 이미지 하나가 픽셀pixel(또는 도트dot) 몇 개로 표현되는지를 나타내는 정밀도의 지표이다. 예를 들어 '내 휴대폰의 해상도가 480×800이다'라고 하면 휴대폰 화면에 가로에 480개의 픽셀과 세로에 800개의 픽셀(점) 즉, 384,000개의 픽셀이 서로 다른 색을 내며 빛나고 있다는 뜻이다. 이미지는 당연히 해상도가 높을수록 선명하다.

해상도 단위에는 1인치당 픽셀을 몇 개 넣을 수 있는지를 나타내는 ppi pixels per inch와 1인치당 도트를 몇 개 찍을 수 있는지를 나타내는 dpi dots per inch가 있다. 픽셀 또는 도트의 수가 많을수록 고해상도의 정밀한 이미지를 표현할 수 있다. 해상도는 용도와 사용 방법에 따라 다음에 소개하는 개념으로 나누어진다.

1.1 dpi와 ppi

dpi dots per inch는 인쇄할 때 사용되는 공간 밀도의 측정값을 나타내는 단위이다. 프린터가 1인치에 넣을 수 있는 잉크 방울의 수를 말한다. 당연히 인치당 도트 수가 많을수록 이미지는 선명하게 출력된다. 어떤 이미지가 72dpi라면 가로 1인치에 72개의 점과 세로 1인치에 72개의 점 즉, 1인치 공간이 총 5,184개의 점으로 채워질 수 있다는 뜻이다.

ppi pixels per inch는 dpi의 개념이 컴퓨터 화면으로 옮겨와 적용된 것으로 모니터 화면의 인치당 표시되는 픽셀 수를 말한다. 모니터의 해상도는 한 화면에 픽셀이 몇 개나 포함되어 있는지를 말하는데, 대개 가로 픽셀 수와 세로 픽셀 수를 곱한 형태로 나타낸다. 예를 들어 1024×768은 해당 모니터가 가로 1024개, 세로 768개의 픽셀로 구성되어 있다는 말이다. 따라서 같은 해상도라면 17인치 모니터와 27인치 모니터에서 보이는 이미지는 선명도가 다르다. 즉, 같은 해상도라면 크기가 큰 모니터일수록 면적이 넓어지므로 선명도가 떨어진다. 참고로 스마트폰에서 인치란 물리적 화면 크기의 대각선 길이를 말한다.

1.2 pt

아이폰은 레티나 디스플레이retina display를 장착하면서부터 픽셀을 두 배로 늘려 매우 선명한 화면으로 출력하는 그래픽을 구현하였다. 레티나 디스플레이에서 UI가 레티나 디스플레이 이전의 디스플레이와 동일한 물리적 크기를 유지하려면 같은 요소라도 픽셀 크기를 두 배로 키워서 디자인해야 한다. 예를 들어 터치 타깃 영역의 기본 크기인 가로와 세로가 각각 44px인 크기는 레티나 디스플레이에서 88px로 키워서 디자인해야 한다. 이를 위해 디자이너들은 원래 버전인 @ 1x 크기와 새로운 크기인 @ 2x, @ 3x의 디자인 결과물을 함께 제공하게 되었다. 이는 더 이상 UI 안에서 보이는 버튼의 크기가 가로와 세로가 각각 44px이라고 말할 수 없는 상대적 개념이 되었다는 뜻이다. pt(points)는 이를 위해 사용하는 개념이다. 1pt는 레티나 디스플레이 이전의 기기에서 1px을 뜻하고, @ 2x인 레티나 디스플레이에서는 2px을 뜻한다. 즉 44pt의 버튼은 @ 2x에서는 88px이며, @ 3x에서는 132px이 된다.

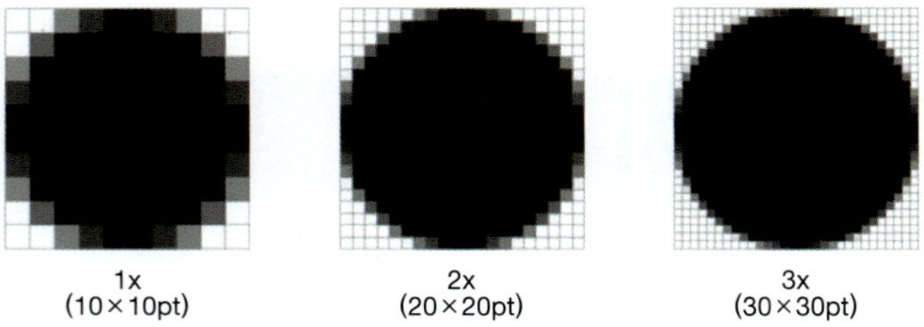

그림 5-2 pt 해상도

1.3 dp

밀도 독립적 픽셀이라고 불리는 dp(dip density independent pixels)는 안드로이드의 여러 화면 크기를 지원한다. 안드로이드는 기기의 크기가 매우 다양해서 픽셀을 기준으로 작업하면 각 화면마다 보이는 크기가 달라진다. 따라서 모든 크기의 기기에서 레이아웃이 제대로 보이게 하려면 dp를 사용하여 화면 크기를 기준으로 어떤 화면 크기에서도 동일하게 보이도록 해야 한다. dp는 화면 밀도density가 변해도 이미지 크기가 변하지 않는다. 화면 밀도가 변해도 일정 비율에 따라 이미지의 픽셀을 조정해 큰 이질감 없이 동일한 크기의 이미지로 보여 주는 해상도 개념이다.

안드로이드는 160dpi를 기준으로 하는데, 이는 320×480px 화면의 밀도를 나타낸다. 또한 화면 밀도의 비율을 정하는 기준은 mdpi로 160dpi에서 1dp는 그냥 1px이다. 하지만 hdpi(240dpi)에서 1dp는 1.5px이다. 마찬가지로 xhdpi(320dpi)에서 1dp는 2px이 된다. 예를 들어 480×800(240dpi)의 화면을 dp로 나타내면 320×533(480÷1.5, 800÷1.5)이 된다. 이를 계산 공식으로 나타내면 dp=pixel÷(density÷160)이 된다.

디자이너들은 항상 px 개념으로 디자인을 하는데 파일을 개발자에게 넘겨줄 때 개발자는 dp 단위의 파일을 요구하기 때문에 px를 dp로 변환하기 위한 계산을 하느라 어려움을 겪기도 한다. http://angrytools.com/android/pixelcalc/에 접속하면 dp, sp, px, mm, pt, inch 단위를 해상도별로 자동으로 계산해 준다. 안드로이드의 화면 밀도는 다음 표와 같이 다섯 가지 유형으로 나눠진다.

표 5-1 안드로이드의 화면 밀도 유형

기기 해상도	dpi
mdpi	160dpi
hdpi	240dpi
xhdpi	320dpi
xxhdpi	480dpi
xxxhdpi	640dpi

2 iOS의 해상도

iOS의 화면 크기에 맞는 디자인을 하려면 다음의 크기 값을 고려해야 한다.

- **화면 크기**points 화면의 좌표 시스템을 이용해 화면에 콘텐츠를 배치하기 위한 값이다.
- **렌더링된 픽셀**rendered pixels 실제 이미지의 해상도이다.
- **물리적 픽셀**physical pixels 화면에서의 해상도이다.
- **디스플레이 크기**inch 화면 모서리를 대각선으로 측정한 값이다.

레티나 디스플레이 이전에 3.5인치 화면이었던 아이폰에서는 디스플레이 크기의 1dpi와 1px이 일치했기 때문에 큰 문제가 없었다. 하지만 레티나 디스플레이가 출시된 이후에는 화면 크기를 두 배로 키워 디자인한 후 그 크기를 다시 절반으로 줄여 깔끔하게 출력돼 보이도록 작업하는 방식으로 바뀌었다.

오리지널 아이폰의 디스플레이 크기는 너비가 1.94인치, 높이가 2.91인치, 해상도가 320×480px이므로 ppi는 약 163이다. ppi가 163이라는 것은 64×64px의 이미지가 물리적으로 0.4×0.4inch=1×1cm 정도의 크기가 된다는 의미이다. 레티나 디스플레이가 처음으로 장착된 아이폰 4에서는 물리적인 크기는 유지하면서도 해상도를 두 배로 늘려 ppi가 약 326이 되었다. 즉, 아이폰 4에서 1×1cm로 이미지를 표현하려면 128×128px이 필요했다. 하지만 iOS의 시스템은 좌표 시스템을 이용해 화면에 콘텐츠를 배치하고 좌표계 지점의 측정값을 기반으로 오리지널 아이폰과 동일하게 64×64px을 가지도록 하여 디스플레이의 픽셀에 매핑되기 때문에 별도로 작업하지 않아도 된다.

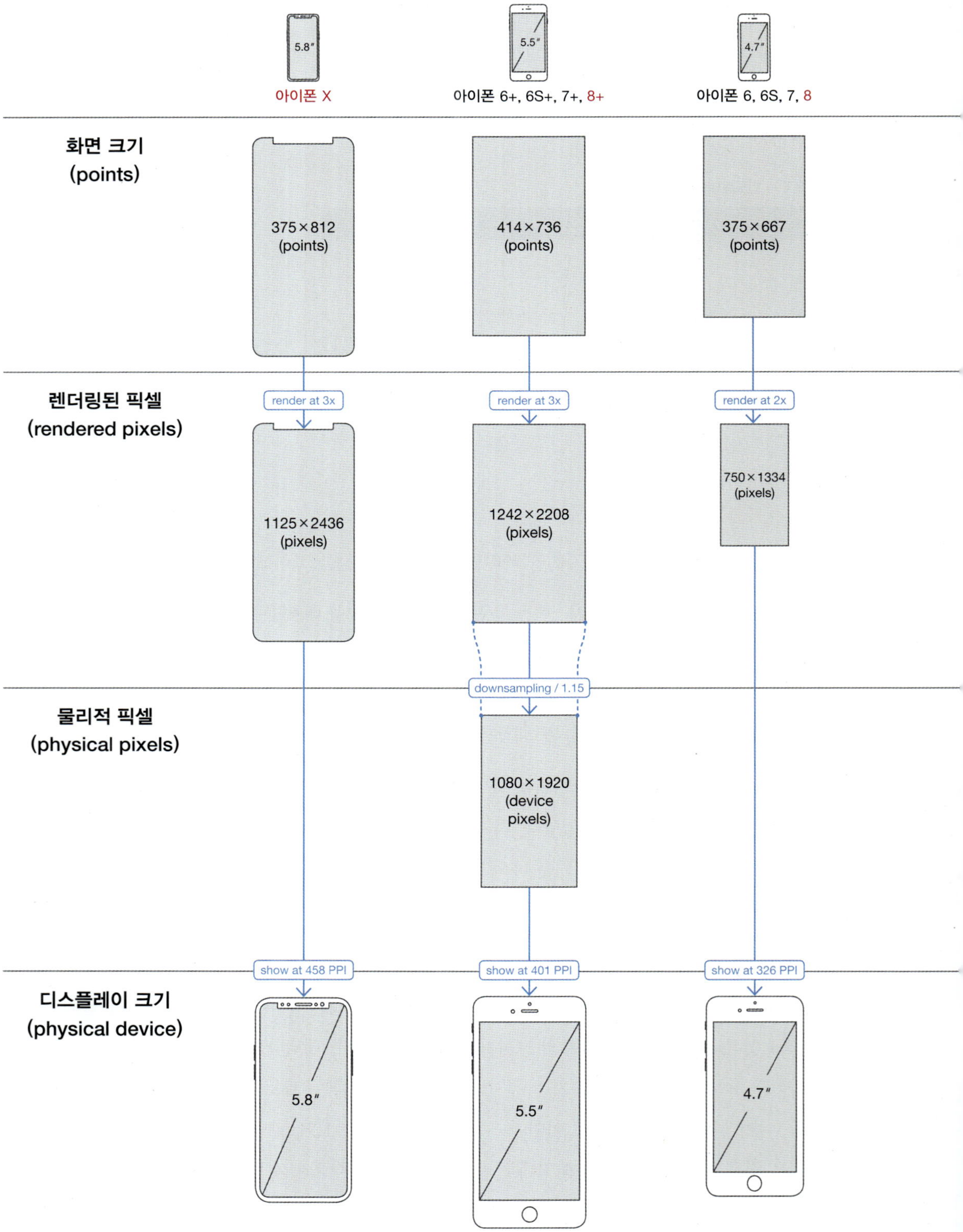

그림 5-3 iOS의 해상도별 화면 크기

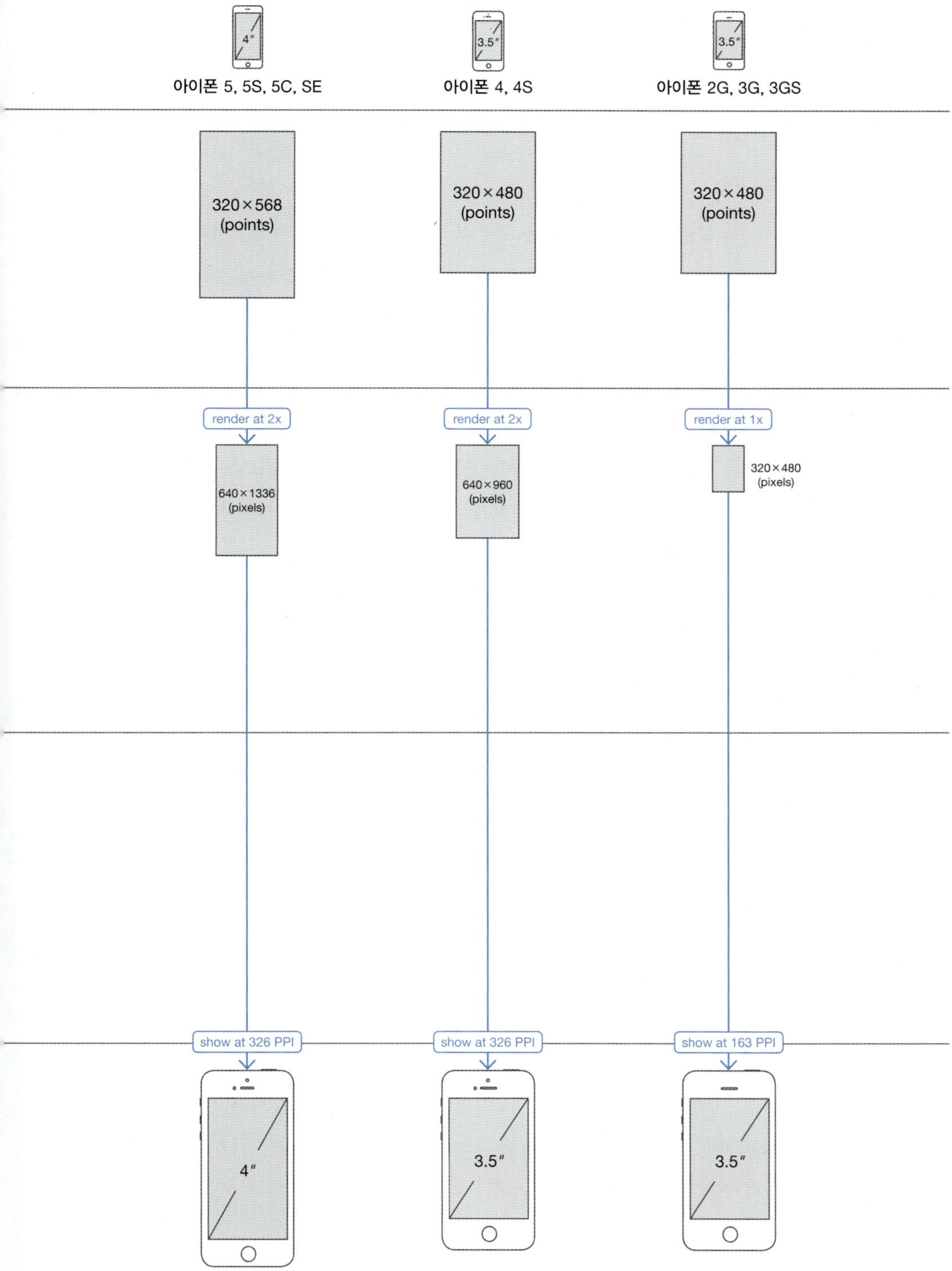
4"
아이폰 5, 5S, 5C, SE
3.5"
아이폰 4, 4S
3.5"
아이폰 2G, 3G, 3GS
320×568 (points)
320×480 (points)
320×480 (points)
render at 2x
render at 2x
render at 1x
640×1336 (pixels)
640×960 (pixels)
320×480 (pixels)
show at 326 PPI
show at 326 PPI
show at 163 PPI
4"
3.5"
3.5"

아이폰 5에서는 해상도가 320×568px로 커졌지만 디스플레이 크기도 1.94×3.49inch로 늘어서 ppi는 아이폰 4와 동일하게 326이 되었다. 즉, 오리지널 아이폰부터 아이폰 5S까지 기기의 해상도만 업그레이드되었다. 아이폰 5는 디스플레이 높이가 커졌지만 딱 그만큼 해상도도 높아졌기 때문에 이미지를 크게 만들어서 절반으로 줄이는 작업만으로도 레티나 디스플레이에 표현하기에 충분했다.

이후 애플은 아이폰 6, 아이폰 6 플러스, 아이폰 7, 아이폰 7 플러스를 출시하면서 아이폰 시리즈로는 처음으로 화면 크기가 커져 dpi를 조정해야 했다. 기존처럼 밀도만 올려 더 선명하게 보이게 하는 게 아니라, 실제 물리적인 화면 크기에 따른 정보량을 달리해야 할 필요가 생긴 것이다.

아이폰 6 플러스와 아이폰 7 플러스는 @×3을 하면 해상도가 1242×2208px이 되지만 엄밀히 말해 아이폰 6 플러스와 아이폰 7 플러스는 @×2.61이다. 디자이너는 아이폰 6 플러스와 아이폰 7 플러스에 맞춰 1242×2208px로 디자인해야 하지만 화면 구성은 아이폰 6를 기준으로 한다. 즉, 1242×2208px로 작업하지만 화면 크기는 4.7인치 화면에서 클릭하기 쉬운 크기의 아이콘, 읽기 쉬운 크기의 글자를 사용한다는 뜻이다. 그렇게 작업한 결과물을 1242×2208px과 750×1334px로 저장하여 사용하면 아이폰 6에서는 당연히 750×1334px이 정상적으로 잘 보인다. 이렇게 하면 크기가 5.5인치인 아이폰 6 플러스에서 약간 크게 보일 것 같지만 아이폰 6 플러스와 아이폰 7 플러스는 시스템에서 자동으로 1080×1920px로 크기를 줄여서 보여 주기 때문에 모든 것이 실제보다는 작게 보인다. 따라서 아이폰 6와 아이폰 6 플러스는 클릭과 가독성 측면에서 차이가 없다.

3 아이폰 X의 화면

3.1 아이폰 X의 화면 크기

아이폰 X 화면은 디자인할 때 각별히 신경 써야 한다. 아이폰 X는 다른 iOS 기기와 달리 모서리가 둥근 디스플레이로 출시되었고 화면 상단에 전면 카메라, 센서, 스피커 등을 포함한 컷아웃cutout이 있다. 너비는 아이폰 6, 아이폰 7, 아이폰 8의 4.7인치 디스플레이의 너비와 일치하지만 높이는 기존의 디스플레이보다 145pt가 더 늘어나면서 콘텐츠 디자인을 할 수 있는 수직 공간이 20% 더 생겼다. 따라서 아이폰 X는 @ 3x의 배율로 디자인하되 래스터화된 아트워크인 경우 @ 2x와 @ 3x의 디자인 결과물을 모두 제공해야 한다.

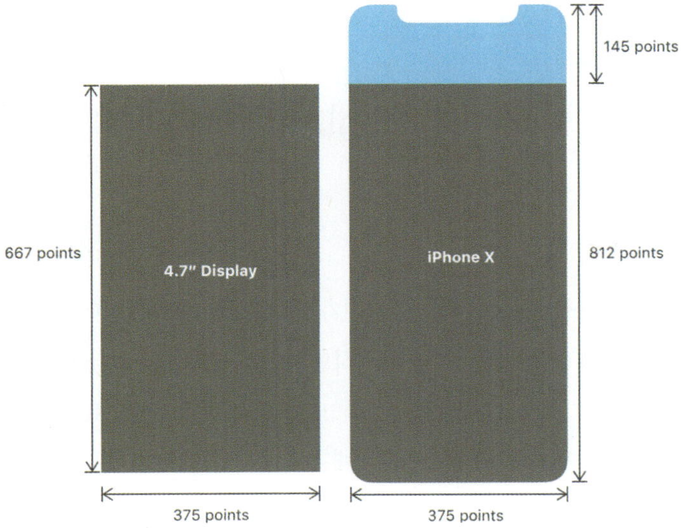

그림 5-4 아이폰 X의 화면 크기

3.2 아이폰 X의 폼 팩터

아이폰 X용 디자인을 할 때는 둥근 모서리 공간까지 포함하여 전체 화면이 꽉 채워지도록 디자인해야 한다. 또한 둥근 모서리 공간에 디자인 요소를 배치하지 않도록 주의해야 한다. 즉, 상단 센서 등의 위치에 다른 화면으로 이동하는 버튼 등을 배치하지 말아야 한다. iOS 시스템에서 제공하는 표준 UI를 사용하는 대부분의 애플리케이션은 아이폰 X의 새로운 폼 팩터form factor에 자동으로 적용될 뿐만 아니라 배경 또한 가장자리까지 확장된다.

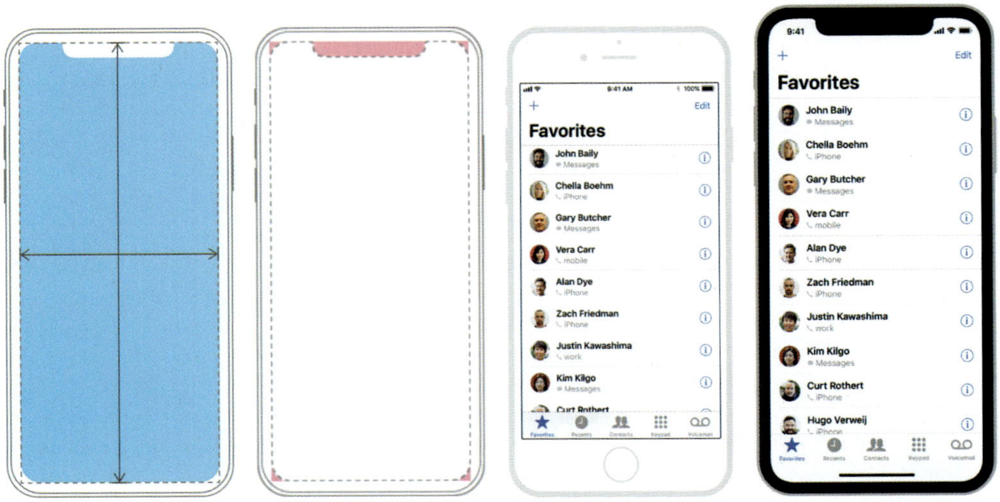

그림 5-5 아이폰 X의 폼 팩터

아이폰 X에서는 클리핑을 방지하기 위해 필요한 내용을 삽입할 필요도 있다. 일반적으로 콘텐츠는 중앙에 대칭으로 삽입되어야 어느 방향에서 보더라도 보기 좋고, 모서리나 장치의 센서 하우징에 가려지지 않도록 해야 한다. 최상의 결과를 얻으려면 시스템이 제공하는 표준 인터페이스 요소와 자동 레이아웃을 사용해야 한다.

3.3 아이폰 X의 종횡비

아이폰 X에서 기존의 아트워크를 재사용할 때는 종횡비에 차이가 있으므로 주의해야 한다. 아이폰 X에 기존의 4.7인치 아이폰용으로 제작된 아트워크를 표시하면 아트워크가 잘리거나 레터 박스로 나타난다. 마찬가지로 아이폰 X를 기준으로 제작된 아트워크를 4.7인치 아이폰으로 가져 가면 잘려 보일 수 있다. 따라서 전체 화면으로 디자인을 표시할 때는 두 디스플레이에서 제대로 보이는지 반드시 확인해야 한다.

그림 5-6 4.7인치 아이폰 화면과 아이폰 X 화면의 종횡비 차이

3.4 아이폰 X의 안전 영역

안전 영역은 콘텐츠의 주요 내용이 상태 바, 내비게이션 모음, 도구 모음, 탭 표시줄 등에 부분적으로 겹치는 것을 방지해 주는 영역이다.

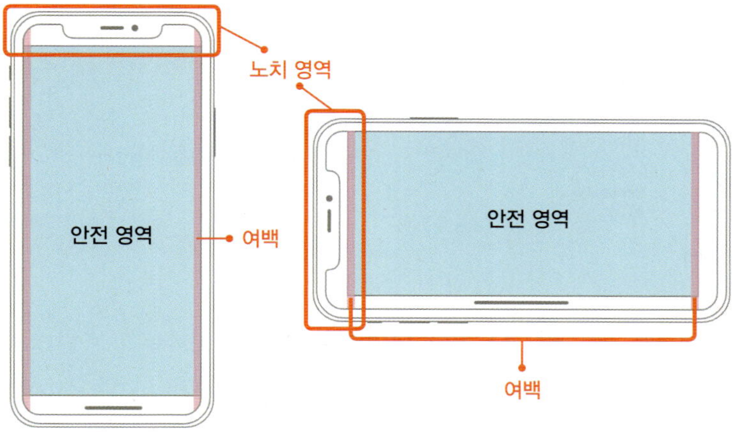

그림 5-7 아이폰 X의 안전 영역

아이폰 X는 다른 iOS 기기와 달리 둥근 모서리가 있는 디스플레이이고 화면 상단에 전면 카메라, 센서, 스피커 등을 포함한 컷아웃이 있다. 안전 영역 레이아웃 가이드라인을 사용하면 이 컷아웃 영역의 노치notch가 없는 위치로 내용을 배치할 수 있어 클리핑이 발생하지 않는다.

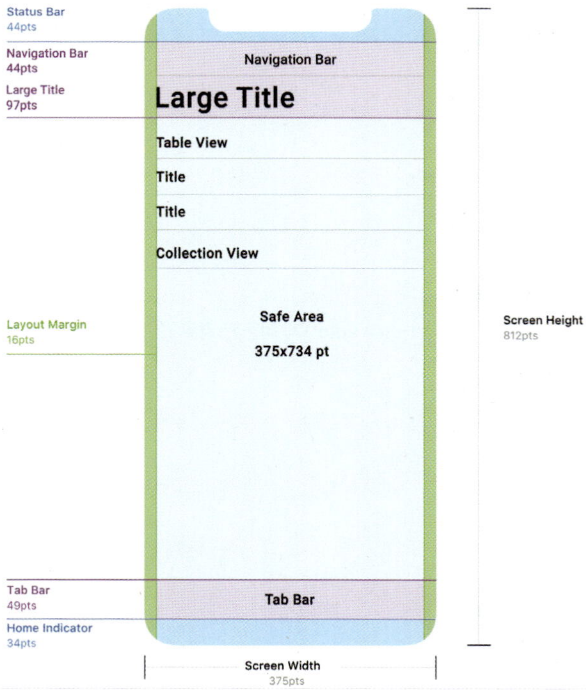

그림 5-8 아이폰 X의 세로 방향 안전 영역

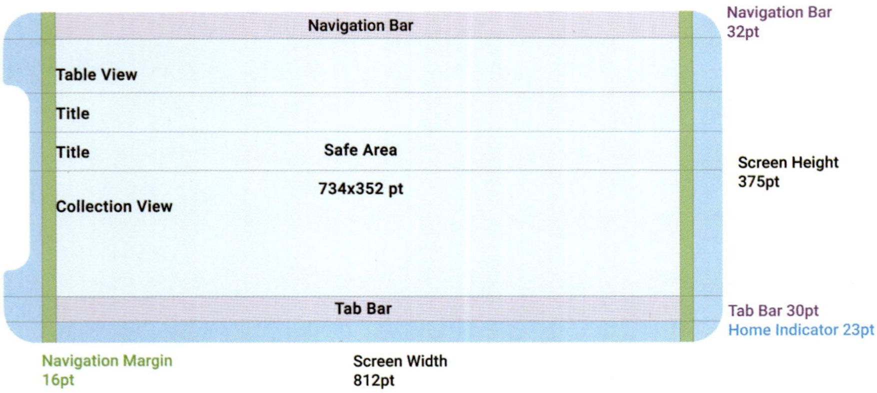

그림 5-9 아이폰 X의 가로 방향 안전 영역

일반적으로 텍스트, 이미지, 버튼과 같은 콘텐츠는 안전 영역 가이드라인을 따라야 하는 반면 배경은 안전 영역 가이드라인을 따라서는 안 된다. 배경마저 안전 영역을 적용하면 빈 공간이 생기므로 iOS에서 새롭게 제공하는 이벤트 함수를 적용해야 해서 번거롭다.

기존의 viewport 메타 태그는 viewport-fit으로 확장되어 auto 또는 cover로 사용할 수 있다. cover 기능을 사용하면 노치 영역에서 클리핑되지 않고 화면을 꽉 채울 수 있지만, 페이지의 일부 내용이 컷아웃 영역의 센서 하우징에 가려지고 하단 탐색 표시줄 역시 사용하기가 어려워진다. auto 값을 지정하면 크게 문제가 없을 것 같지만 하단 탐색 바의 내용 역시 사용하기가 어려워진다.

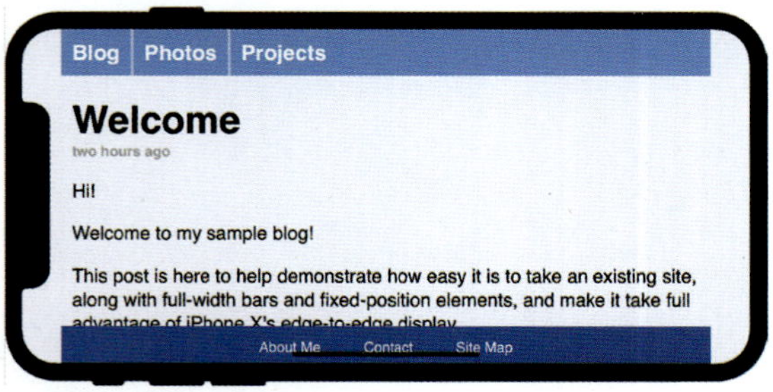

(a) <meta name='viewport' content='initial-scale=1, viewport-fit=auto'>가 적용된 경우

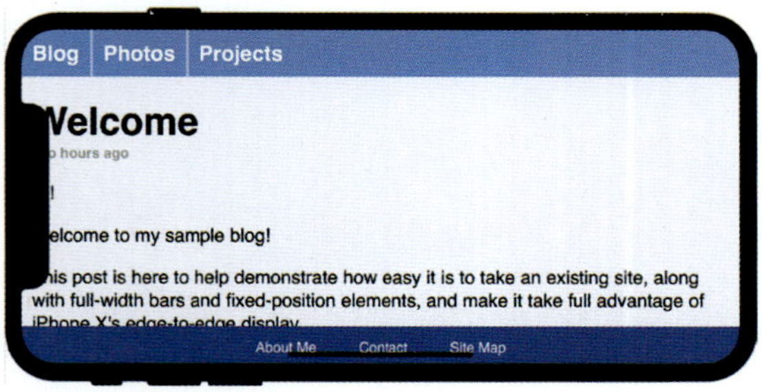

(b) <meta name='viewport' content='initial-scale=1, viewport-fit=cover'>가 적용된 경우

그림 5-10 viewport 메타 태그 적용 예시

따라서 안전 영역 안에서도 적절한 여백이 확보되도록 env( )의 safe-area-inset-left, safe-area-inset-right, safe-area-inset-top, safe-area-inset-bottom을 사용해 여백 값을 조절해야 한다. env( )는 지원하지 않는 브라우저에서 스타일 규칙이 무시되므로 iOS11의 아이폰 X에 함수 값을 사용하는 것을 주저할 필요는 없다. 이전에 사용했던 constant( )가 env( )로 대체되었다고 보면 된다.

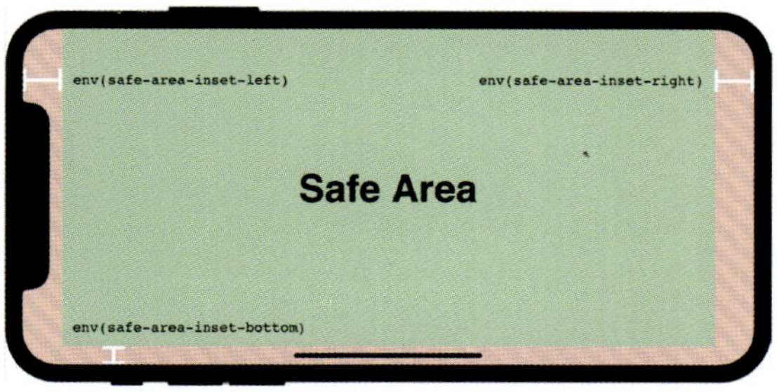

(a) 아이폰 X의 안전 영역

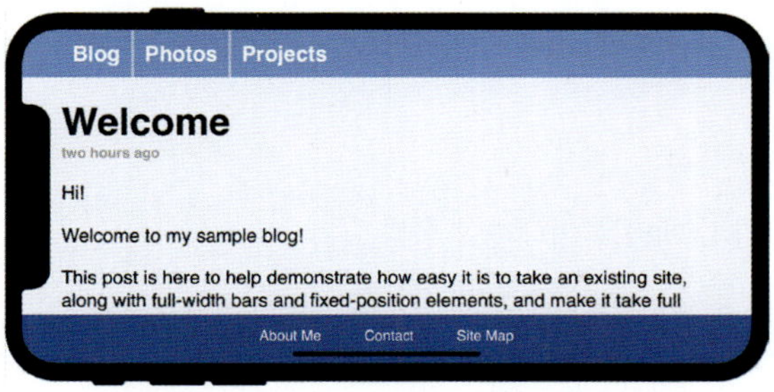

(b) env( )의 결과

그림 5-11 아이폰 X의 안전 영역과 env( ) 적용

그 밖에 검은 배경을 사용해 노치 영역을 숨기면 화면이 좁아 보일 수 있으므로 배경 화면이나 지도처럼 색상이 같은 배경 요소는 둥근 모서리와 노치로 약간 잘려도 문제없도록 준비한다.

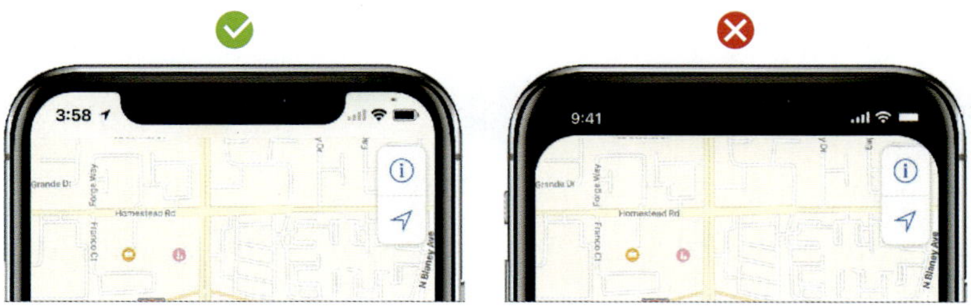

그림 5-12 노치 영역의 사용

또 아이폰 X의 모서리에서 발생할 수 있는 콘텐츠의 클리핑 현상을 고려하여 앱의 모서리에 여백을 충분히 확보하고 디자인하는 것이 바람직하다. 둥근 모서리에서 적용하기에도 적당한 아이콘의 모서리 Radius 값은 16pt이다.

그림 5-13 iOS 아이콘의 여백

4 안드로이드의 해상도

안드로이드의 해상도를 이해하려면 다음 세 가지 개념을 이해해야 한다.

- **화면 크기** screen size 화면의 실제 물리적인 크기이다.
- **화면 해상도** screen resolution 화면에 표시되는 전체 픽셀(가로×세로)의 수이다.
- **화면 밀도** screen density 실제 일정 크기의 화면 안에 얼마나 많은 픽셀이 존재하는지 나타내는 단위이다.

아이폰과 같은 iOS 기기는 애플에서 운영체제와 단말기를 함께 제조하여 출시한다. 반면 안드로이드 기기는 구글에서 운영체제를 개발하여 배포하고 각 제조사에서 단말기를 다양한 크기로 출시하므로 제조사에 따라 화면의 크기와 해상도가 다르다. 따라서 자신이 만든 앱 디자인을 여러 기기의 화면과 해상도에 맞추려면 dp를 고려해야 한다.

안드로이드는 mdpi가 160dpi를 기준으로 각 dpi 배율 값이 구성된다. 안드로이드에서 1px은 1dp(mdpi)이다. dp는 mdpi의 화면(일반적으로 320×480px 해상도에 2.8~4.3인치 화면)에서의 픽셀 수를 dpi로 정의한 것이다. 기기 크기가 320×480px이면서 160dpi(mdpi)라면 320×480px이 되지만 같은 크기에 dpi가 320dpi(mdpi)라면 두 배의 크기인 640×960px로 제작해야 한다. 화면의 밀도가 높아지거나(도트가 작아지거나) 밀도가 낮아지면(도트가 커지면) 자동으로 dpi에 일정 비율을 곱하여 출력하기 때문에 물리적으로 보이는 크기를 동일하게 유지한다.

dpi 값을 측정해서 GUI 가이드라인에 적용하려면 dp = px × (160 ÷ density) 수식에 값을 대입하면 된다. 일반적으로 안드로이드의 화면 크기는 xhdpi인 720 × 1280px을 기준으로 작업하고, 각 dpi에 맞춰 크기를 조절하여 저장한 후 각 폴더에 넣으면 된다.

dpi는 화면의 크기와 해상도에 따라 달라진다. 예를 들어 화면 크기가 같더라도 해상도가 다르면 dpi는 다를 수밖에 없다. 반대로 해상도가 같더라도 화면 크기가 다르면 dpi는 달라진다.

3 스플래시 스크린(런치 스크린)

1 스플래시 스크린과 로딩 화면

스플래시 스크린splash screen은 앱을 구동시켰을 때 앱의 본 화면이 켜지기 전에 나오는 화면이다. 앱을 실행할 때마다 짧은 시간 동안 반복해서 노출되므로 사용자에게 앱에 대한 이미지를 각인시키는 역할을 한다. 대부분은 앱의 아이콘, 로고, 스크린 샷 등을 활용하여 디자인한다.

스플래시 스크린은 앱을 실행한 직후 보이기 때문에 로딩 화면과 혼동하기 쉬운데 엄밀히 말하면 로딩 화면과는 다르다. 스플래시 스크린은 말 그대로 기업이나 앱의 브랜드를 사용자에게 노출하는 화면이다. 반면 로딩 화면은 앱을 실행하기 위해 데이터를 로딩하는 데 걸리는 시간을 표시하는 화면이다. 실제 대부분의 앱이 로딩 화면 대신 스플래시 스크린을 화면에 띄우기 때문에 두 화면을 혼동하는 것이다.

그림 5-14 포켓몬고의 스플래시 스크린(좌)과 로딩 화면(우)

2 스플래시 스크린 사례

스플래시 스크린을 사용하면 흰색 빈 화면을 사용하는 것보다 사용자가 앱의 작동 여부를 분명하게 알 수 있고, 앱이 구동되는 동안 기다리는 시간을 덜 지루하게 여긴다. 또한 스플래시 스크린에 브랜드 로고를 노출하면 홍보 효과도 누릴 수 있다.

iOS에서는 사용자에게 이 앱이 빠르게 반응한다는 인상을 주기 위해 플레이스홀더 UI placeholder UI를 사용하라고 권장한다. 하지만 이는 잘 지켜지지는 않는 가이드라인 중 하나이다. 안드로이드에서는 앱이 구동될 때 빈 화면을 보여 주면 사용자는 앱의 로딩이 느리다고 생각하기 때문에 플레이스홀더 UI 혹은 브랜디드 런치 스크린 branded launch screens을 사용할 것을 권장한다.

- **플레이스홀더 UI** 상태 바나 앱 바를 앱이 로딩되기 전에 보여 주는 방식이다. 로딩이 완료되었을 때 띄워질 화면과 비슷한 그리드의 화면을 보여 준다.
- **브랜디드 런치 스크린** 로고나 브랜딩 요소를 앱이 로딩되기 전에 먼저 보여 주는 방식이다.

최근에는 대부분 신규 사용자를 확보하거나 기존 사용자에게 인지도 및 신뢰도를 얻기 위해 앱의 로고나 슬로건을 포함한다. 또한 회사에서 진행하는 이벤트 정보를 제공하는 브랜디드 런치 스크린으로 스플래시 스크린을 만드는 경우가 많다.

(a) 로고를 활용한 사례

(b) 그래픽 배경을 활용한 사례

(c) 다양한 그래픽 요소를 활용한 사례

(d) 사진을 활용한 사례

(e) 마케팅 요소를 활용한 사례

그림 5-15 스플래시 스크린의 사례

실습

4 iOS의 런치 스크린 만들기

iOS에서는 스플래시 스크린을 런치 스크린이라고 한다. iOS의 런치 스크린 만드는 방법을 알아보자.

1 iOS의 런치 스크린

런치 스크린launch screen은 앱을 실행한 후 본 화면으로 넘어가기 전에 보여 주는 준비 화면이다. 런치 스크린을 사용하면 사용자에게 앱이 빠르게 반응한다는 인상을 줄 수 있다. iOS에서는 런치 스크린으로 예술적 표현을 발산할 게 아니라며 다음 가이드라인에 맞춰 제작할 것을 권장한다.

- 최근 제작된 앱을 보면 대부분 런치 스크린에 브랜드를 노출시켜 광고로 활용하고 있다. 그러나 iOS에서는 정적인 페이지가 아닌 경우 로고나 브랜딩 요소를 사용하지 말고 시작 화면과 비슷한 그리드를 가진 플레이스홀더 UI를 사용할 것을 권장한다. 앱이 구동되었을 때 런치 스크린과 앱의 첫 화면에 서로 다르게 보일 만한 요소를 포함하지 말라는 뜻인데 실제로 거의 지켜지지 않는다.
- 런치 스크린은 정적이므로 화면에 표시된 모든 텍스트가 현지 언어로 변경되지 않는다. 따라서 텍스트를 포함하지 말아야 한다.
- 사람들은 스마트폰을 사용할 때 앱을 자주 전환해 가며 사용한다. 따라서 앱을 실행하면 나타나는 런치 스크린에 너무 많은 주의를 끌지 않도록 디자인한다.

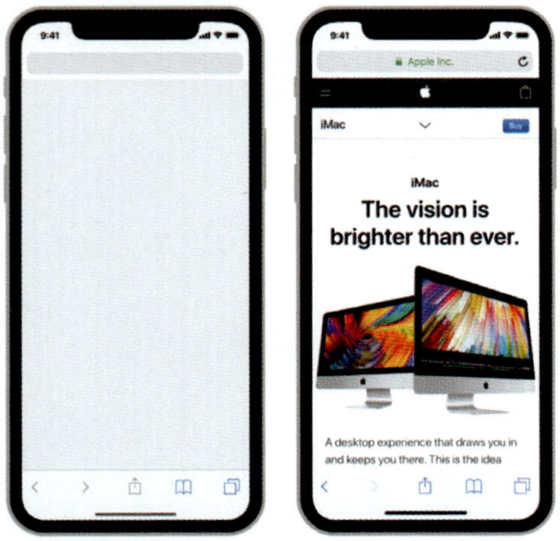

그림 5-16 iOS의 런치 스크린(좌)과 첫 페이지(우)

2 런치 스크린의 크기와 파일명

런치 스크린은 전체 화면의 UI 크기로 제작한다. 예를 들어 아이폰 5에서는 640×1136px로 작업 화면의 크기를 설정하고 디자인한 후 1242×2208px로 확대하여 파일을 두 개 저장한다. 이때 파일명의 앞 글자는 반드시 대문자를 사용한다. 또 런치 스크린에 상태 바 영역도 반드시 포함시켜 제작한다. 참고로 상태 바의 높이는 20pt이다. iOS를 사용하는 기기별 런치 스크린의 크기와 파일명은 다음 표와 같다.

표 5-2 iOS의 기기별 런치 스크린의 크기와 파일명

기기	세로 방향 기준 크기	파일명
아이폰 4 (non-retina)	320×480px	Default.png
아이폰 4, 4S	640×960px	Default@2x.png
아이폰 5, 5C, 5S	640×1136px	Default-568h@2x.png
아이폰 6, 7, 8	750×1334px	Default-375w-667h@2x.png
아이폰 6+, 7+, 8+	1242×2208px	Default-414w-736h@3x.png
아이폰 X	1125×2436px	Default-375w-812h@3x.png

3 실습 전 확인 사항

iOS의 개발자 가이드라인에서는 런치 스크린의 디자인을 플레이스홀더 UI 방식으로 만들도록 권장한다. 이 방식을 따르려면 런치 스크린의 상단에는 상태 바를 배치하고 하단에는 툴 바를 배치해야 한다. 그런데 대부분은 이러한 가이드라인을 무시하고 런치 스크린에 브랜드 로고를 활용한 브랜딩 요소를 배치하거나 상태 바와 툴 바 대신 전체 이미지를 배치한다.

iOS의 상태 바는 https://developer.apple.com/design/resources/에서 내려받은 파일 중 [iOS-11-Photoshop]-[UI Elements] 폴더의 UIElements-Bars.psd 파일을 가져다 사용할 수 있고 직접 제작해서 사용해도 상관없다. 상태 바는 화면이 밝은 경우와 어두운 경우를 대비해 블랙 앤 화이트 버전으로 제공되며, 이미지 위에 사용하는 경우에는 주로 흰색의 시스템 아이콘이 제공된다. 어차피 상태 바는 앱이 실행되면 운영체제에서 자동으로 넣어 주므로 이번 실습에서는 상태 바를 직접 제작하지 않고 UIElements-Bars.psd 파일을 이용해 제작한다. 단, UIElements-Bars.psd 파일에는 다른 옵션 파일이 함께 배치되어 있어 복잡하므로 별도로 저장한 파일인 Status_bars_iOS.psd 파일을 이용하여 실습한다.

4 아이콘을 활용한 런치 스크린 만들기

완성 이미지

준비 파일 iOS_icon1_result.psd, Status_bars_iOS.psd

완성 파일 iOS_launch1_result.psd

01 [File]–[New] 메뉴를 선택하여 너비가 750픽셀이고 높이가 1334픽셀인 새 화면을 만든다.

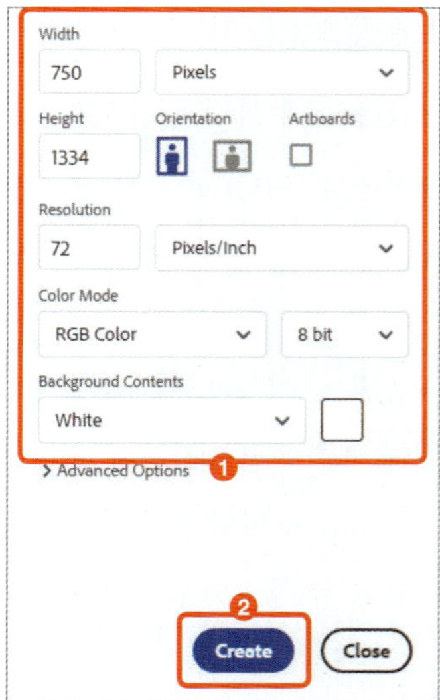

02 Background 레이어의 전체 화면을 노란색(#ffff00)으로 채운다.

03 Background 레이어의 눈 아이콘을 클릭하여 배경을 숨기고 새 레이어를 추가한다. 전경색을 연초록(#bfe035)으로 설정하고 연필 툴( )을 선택한 후 옵션 바에서 Size를 3픽셀로 설정한다. 화면을 확대하고 점을 한 개 찍는다. 사각형 선택 툴( )로 너비와 높이가 각각 12픽셀인 선택 영역을 지정한다. 선택 영역이 유지된 상태에서 [Edit]-[Define Pattern] 메뉴를 선택하여 선택 영역을 패턴으로 등록한다.

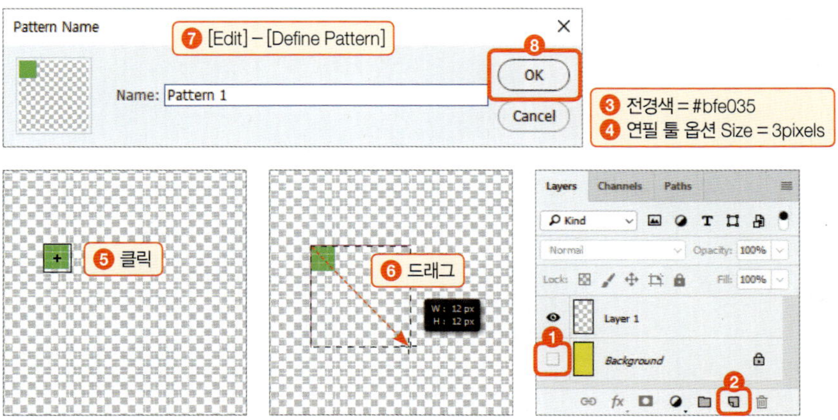

Tip 화면에 보이는 단위가 px이 아니라면 [Edit]-[Preference]-[Unit & Rulers] 메뉴에서 단위를 px로 설정한다.

04 Delete를 눌러 선택 영역의 연두색 점을 삭제한다. Background 레이어의 눈 아이콘을 클릭하여 숨긴 배경을 드러낸다. Layer 1 레이어에서 Ctrl+A를 눌러 전체 화면을 선택한다.

05 [Edit]–[Fill] 메뉴를 선택하고 Contents 옵션을 Pattern, Custom Pattern 옵션을 방금 등록한 패턴으로 선택한 후 〈OK〉를 클릭한다. Layer 1 레이어의 Opacity를 50%로 조절한다.

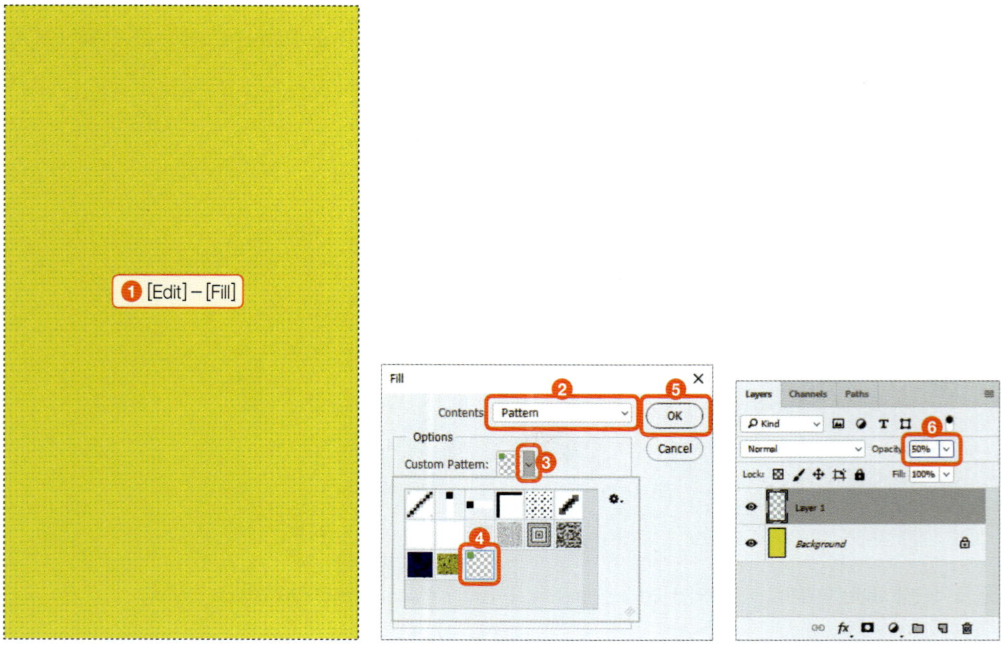

06 4장에서 만든 iOS_icon1_result.psd 파일을 불러와 Gradient Fill 111 copy 2 레이어를 선택하고 Ctrl+A를 눌러 이미지를 선택한 다음 Ctrl+C를 눌러 복사한다. 작업 화면으로 돌아와 Ctrl+V를 눌러 복사한 아이콘을 화면 중앙에 붙여 넣는다.

07 사각형 선택 툴([⬚])로 화면 상단에 너비가 750픽셀이고 높이가 40픽셀인 선택 영역을 만든 다음 검은색으로 채운다(@ 2x 크기에서 상태 바의 높이가 40픽셀이다).

08 Status_bars_iOS.psd 파일을 불러와 레이어 패널에서 검은색 상태 바의 아이콘이 있는 Status Bar 레이어를 클릭한 다음 작업 중인 화면으로 드래그 앤 드롭한다. 이동 툴(✥)로 상태 바 자리에 배치시켜 런치 스크린을 완성한다.

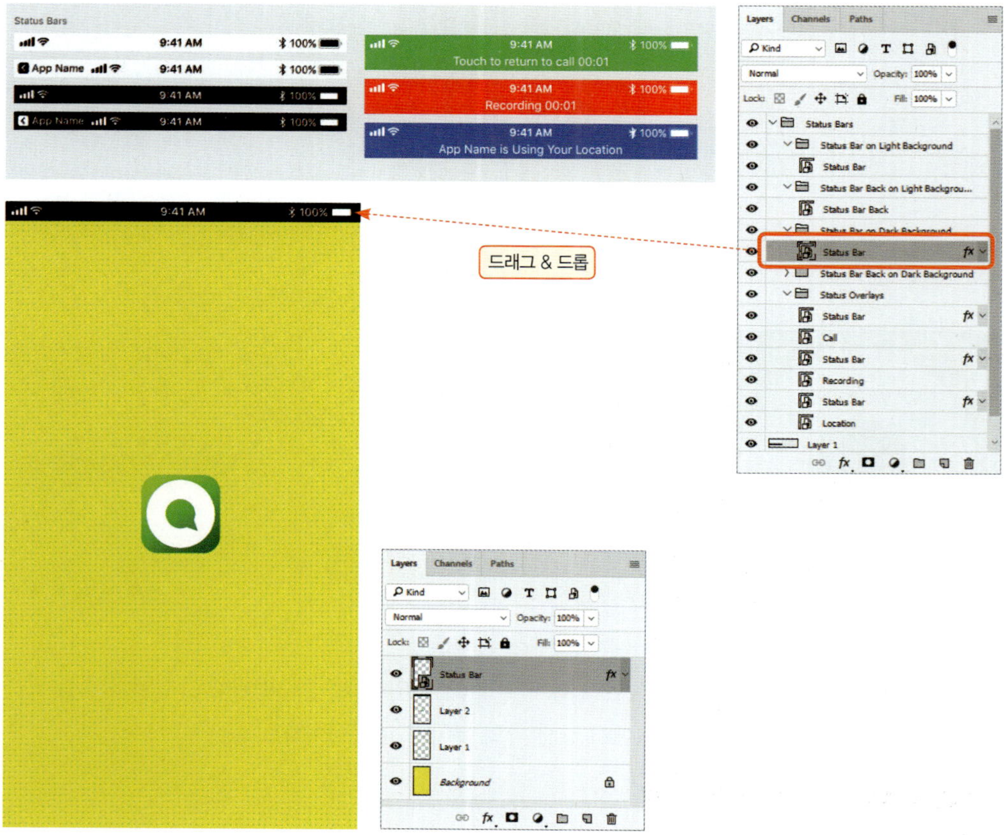

5 로고를 활용한 런치 스크린 만들기

완성 이미지

준비 파일 iOS_launch_resource.psd

완성 파일 iOS_launch2_result.psd

01 [실습]-[5장] 폴더에서 iOS_launch_resource.psd 파일을 불러온다. 너비가 750픽셀이고 높이가 1334픽셀인 빈 화면 상단에 높이가 40픽셀인 상태 바가 미리 만들어져 있다.

02 새 레이어를 추가하고 그레이디언트 툴(◧)의 옵션 바에서 옵션 창을 연다. Gradient Type을 Noise로 변경하고 Restrict Colors를 체크한 후 원하는 색상이 나올 때까지 〈Randomize〉를 클릭한다. 다음과 같이 상단에서 하단으로 드래그하여 그레이디언트를 적용한다.

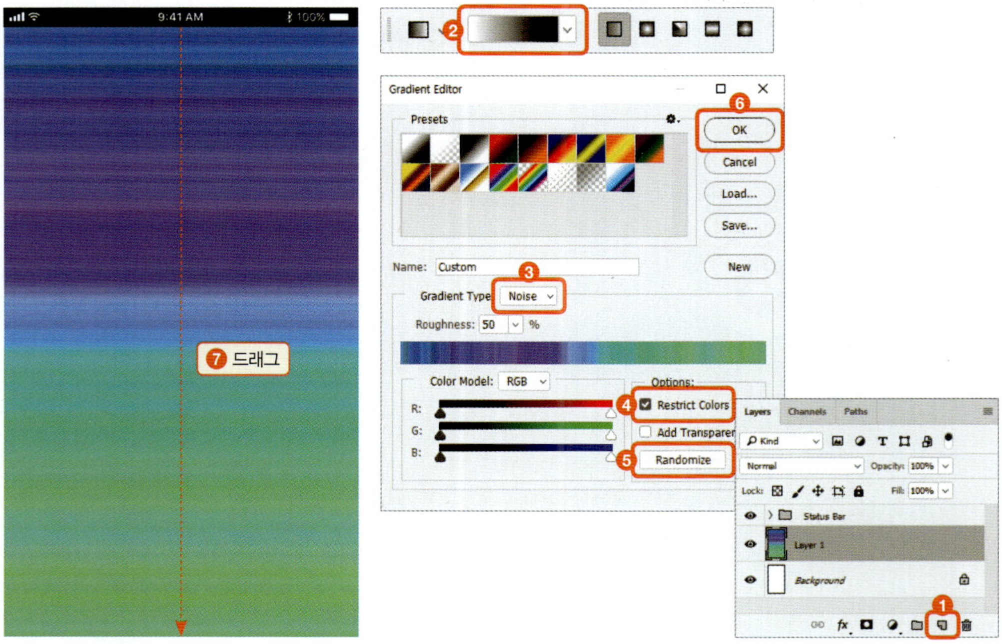

03 [Filter]−[Blur]−[Gaussian Blur] 메뉴를 선택하고 Radius를 60으로 설정한 후 〈OK〉를 클릭한다.

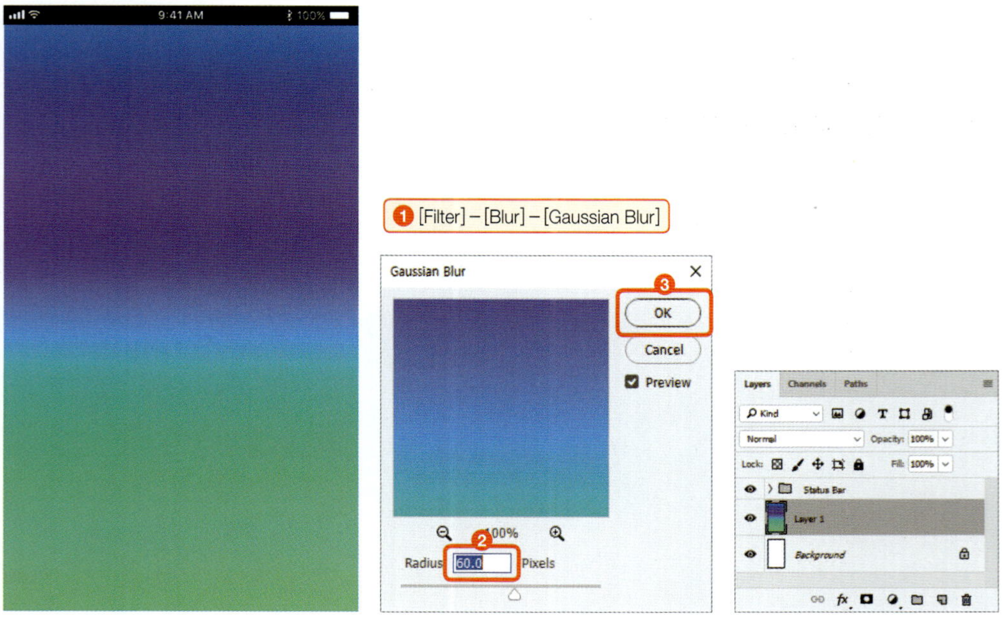

04 [Filter]–[Distort]–[Wave] 메뉴를 선택하고 옵션을 다음과 같이 설정한 후 〈OK〉를 클릭한다.

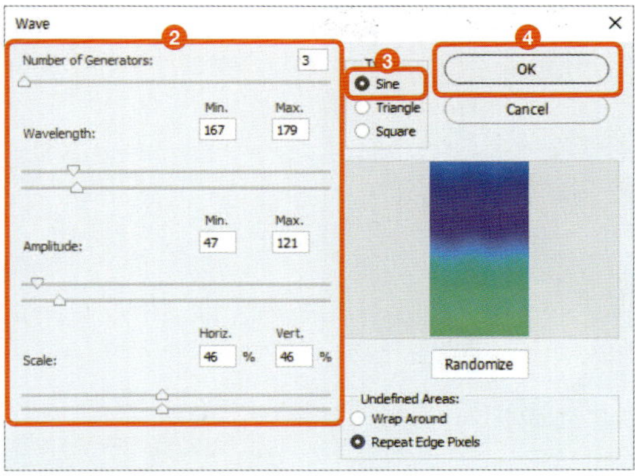

05 Alt + Ctrl + F 를 세 번 눌러 방금 적용한 Wave 필터를 세 번 더 적용하여 다음과 같이 자연스런 흐름이 생기도록 한다.

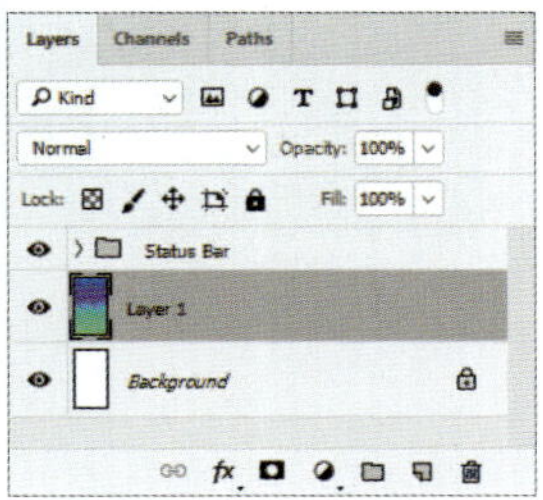

06 원형 툴(◎)을 선택하고 너비와 높이가 각각 200픽셀인 원을 만들고 면을 흰색으로 채운 후 화면 중앙에 배치한다.

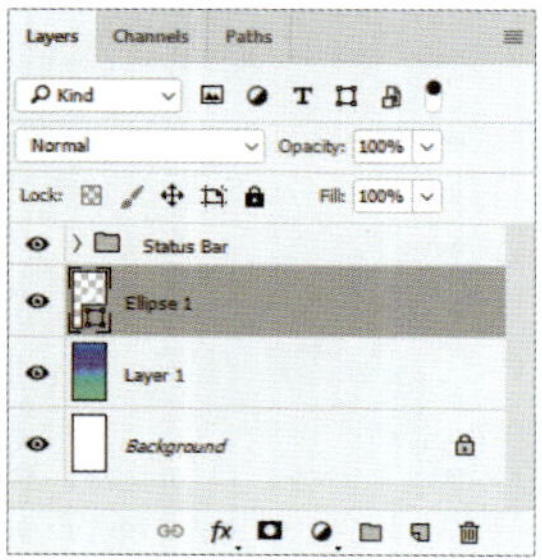

07 Alt를 누른 채로 원형 툴(◎)로 너비와 높이가 각각 120픽셀인 원을 그려 겹쳐진 부분의 면의 색상이 보이지 않도록 한 후 패스 선택 툴(▶)로 기존 원의 중앙에 배치한다. Shift를 누른 채로 원형 툴(◎)로 너비와 높이가 각각 60픽셀인 원을 추가한다.

Tip Alt나 Shift를 누른 채로 셰이프를 추가하거나 빼면 레이어가 추가로 생성되지 않는다.

08 사각형 툴(□)을 선택하고 Alt를 누른 채로 맨 바깥에 있는 원의 상단 부분을 드래그한다. 다음과 같이 원의 윗부분이 열린 상태인 로고가 완성된다.

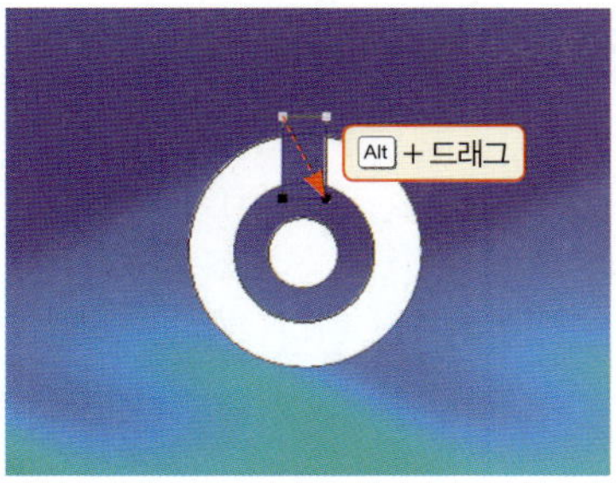

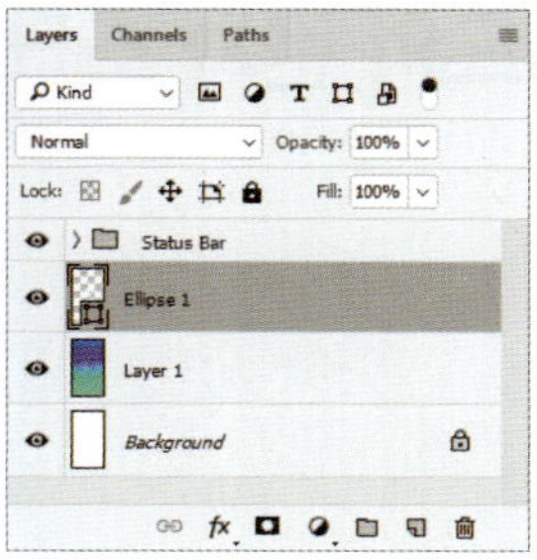

09 텍스트 툴(T)로 로고 하단에 로고의 이름을 입력하여 런치 스크린을 완성한다.

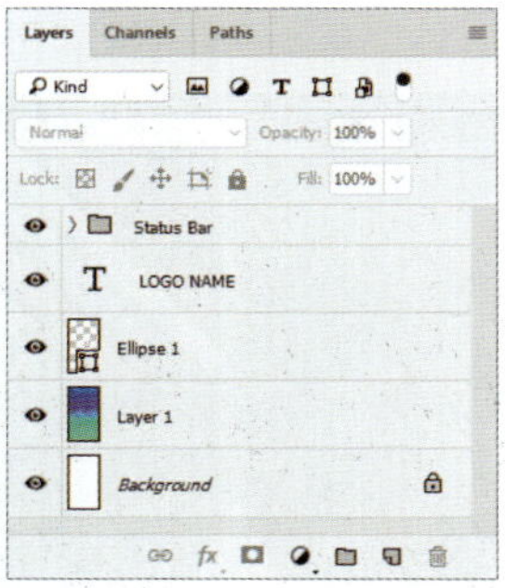

실습

5

안드로이드의 런치 스크린 만들기

안드로이드에서도 iOS와 마찬가지로 스플래시 스크린을 런치 스크린이라고 한다. 안드로이드의 런치 스크린을 만드는 방법을 알아보자.

1 안드로이드의 런치 스크린

안드로이드에서는 런치 스크린을 디자인할 때 플레이스홀더 UI와 브랜디드 런치 스크린 방식을 사용할 것을 권장한다.

- **플레이스홀더 UI** 앱의 구동 시간이 매우 짧은 앱에 많이 사용된다. 화면에 상태 바와 앱 바 등을 삽입하여 앱의 본 화면과 같은 구조를 유지하고, 앱의 본 화면이 켜질 때까지 다른 내용은 표시하지 않는다.
- **브랜디드 런치 스크린** 브랜드의 인지도를 높이는 로고 또는 기타 요소를 사용한다. 이때 화면에는 텍스트를 사용하지 않도록 권장한다. 애플리케이션이 실행 중이거나 다른 애플리케이션에서 시작한 경우에는 표시하지 않는다.

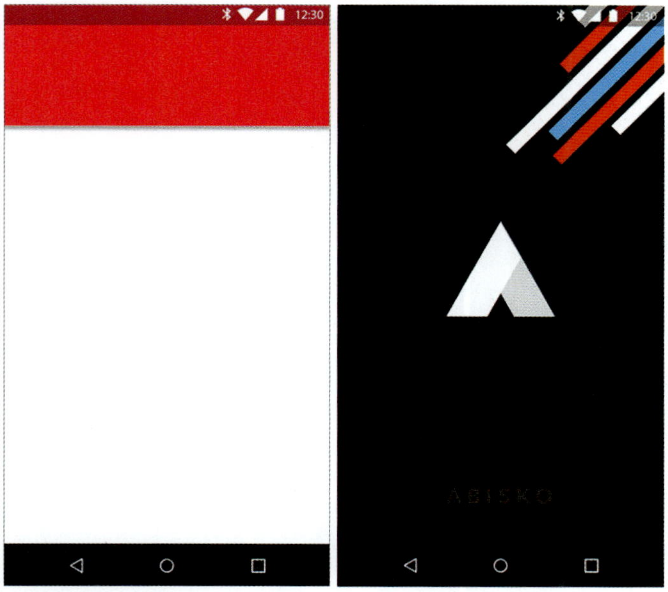

(a) 플레이스홀더 UI (b) 브랜디드 런치 스크린

그림 5-17 안드로이드의 런치 스크린

2 런치 스크린의 크기와 파일명

안드로이드의 런치 스크린 크기는 다음 표와 같다. 예를 들어 기기 해상도가 xhdpi라면 720×1280px을 기준으로 화면을 제작한 후 splash.png 파일로 저장하고, 각 dpi에 맞는 비율로 조절하여 각 폴더 안에 저장한다. 이때 파일명에는 대문자를 사용할 수 없다. 상태 바를 배치하는 경우라면 상태 바의 높이를 24dp로 설정한다.

표 5-3 안드로이드의 런치 스크린 크기

기기 해상도	세로 방향 기준 크기
mdpi	320×480px
hdpi	480×800px
xhdpi	720×1280px
xxhdpi	960×1600px
xxxhdpi	1080×1920px

3 실습 전 확인 사항

안드로이드는 iOS와 달리 런치 스크린을 디자인할 때 플레이스홀더 UI 방식과 브랜디드 런치 스크린 방식을 둘 다 권장한다. 따라서 어떤 방식으로 제작해도 무방하다. 상태 바는 머티리얼 가이드라인 사이트에서 내려받을 수 있지만 일러스트레이터 형식인 ai 파일이고 크기도 360×640dp로 제작되어 있어 xhdpi 기준의 pdf 파일로 전환한 후 두고두고 사용하는 것이 좋다.

4 아이콘을 활용한 런치 스크린 만들기

완성 이미지

준비 파일 Android_icon1_result.psd, Status_bars_Android.psd

완성 파일 Android_launch1_result.psd

01 [File]−[New] 메뉴를 선택하여 너비가 720픽셀이고 높이가 1280픽셀인 새 화면을 만든다.

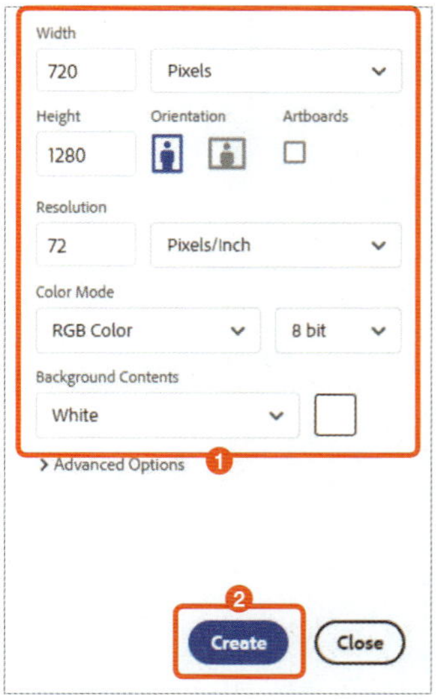

02 화면 전체를 붉은색(#a40000)으로 채운다.

03 Background 레이어의 눈 아이콘을 클릭하여 배경을 숨기고 새 레이어를 추가한다. 전경색을 배경보다 짙은 붉은색(#660101)으로 설정하고 연필 툴( )을 선택한 후 옵션 바에서 Size를 2픽셀로 설정한다. 화면을 확대하고 다음과 같이 대각선 방향으로 점을 세 개 찍는다. 사각형 선택 툴( )로 대각선 방향의 점 세 개가 포함되도록 너비와 높이가 각각 6픽셀인 선택 영역을 지정한다. [Edit]–[Define Pattern] 메뉴를 선택하여 선택 영역을 패턴으로 등록한다.

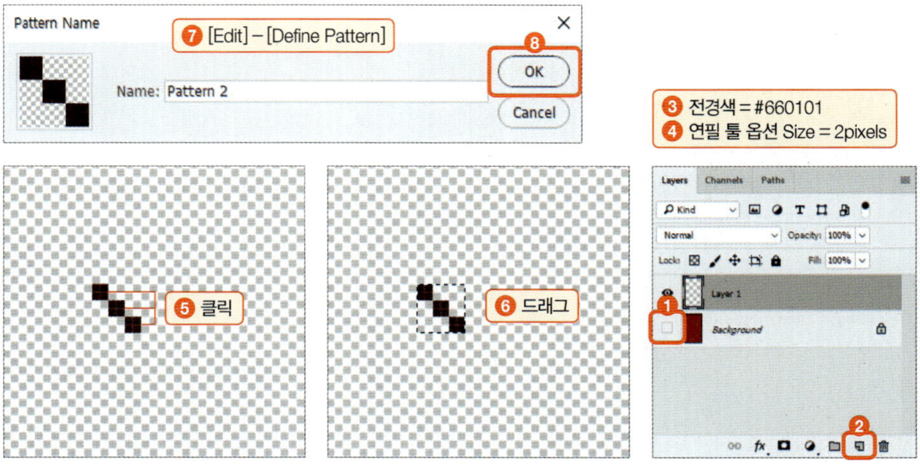

04 Delete 를 눌러 선택 영역의 대각선 점 세 개를 삭제한 후 Background 레이어의 눈 아이콘을 클릭하여 숨긴 배경을 드러낸다. Layer 1 레이어에서 Ctrl + A 를 눌러 전체 화면을 선택한다.

05 [Edit]–[Fill] 메뉴를 선택하고 Contents 옵션을 Pattern, Custom Pattern 옵션을 방금 등록한 패턴으로 선택한 후 〈OK〉를 클릭한다.

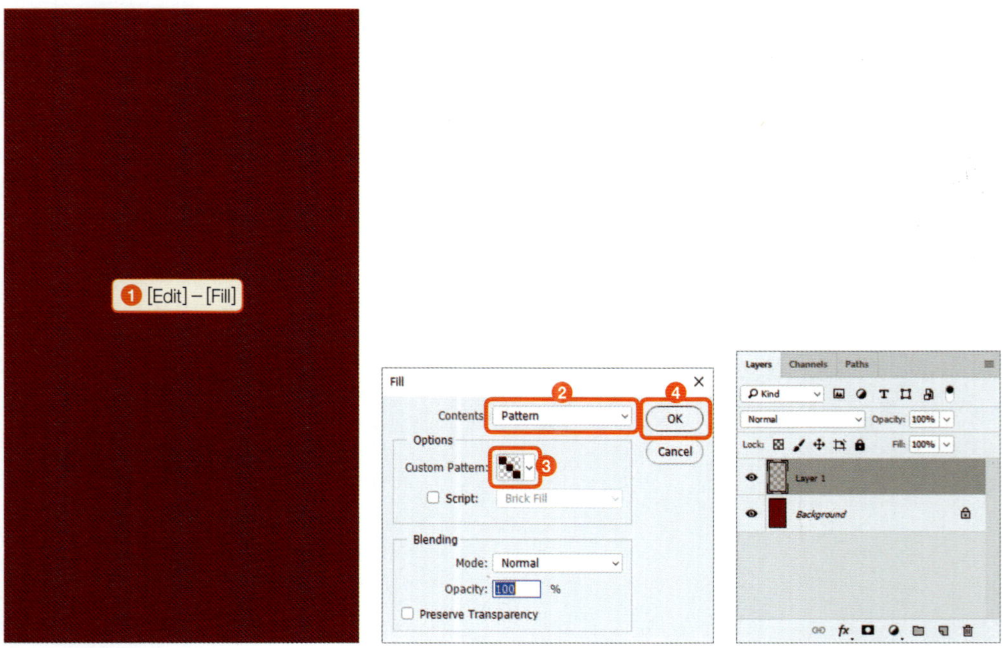

06 4장에서 만든 Android_icon1_result.psd 파일을 불러와 Gradient Fill 11 레이어의 섬네일 더블클릭하여 psb 화면을 연다. Shift를 누른 채 Rounded Rectangle 2 레이어와 텍스트 레이어를 선택하고 마우스 오른쪽 버튼을 눌러 [Duplicate Layers]를 선택한 후 Document를 작업 중인 파일로 선택한다. 작업 화면으로 돌아와 복사된 말풍선과 텍스트 부분의 크기를 조절하고 화면의 중앙에 배치한다.

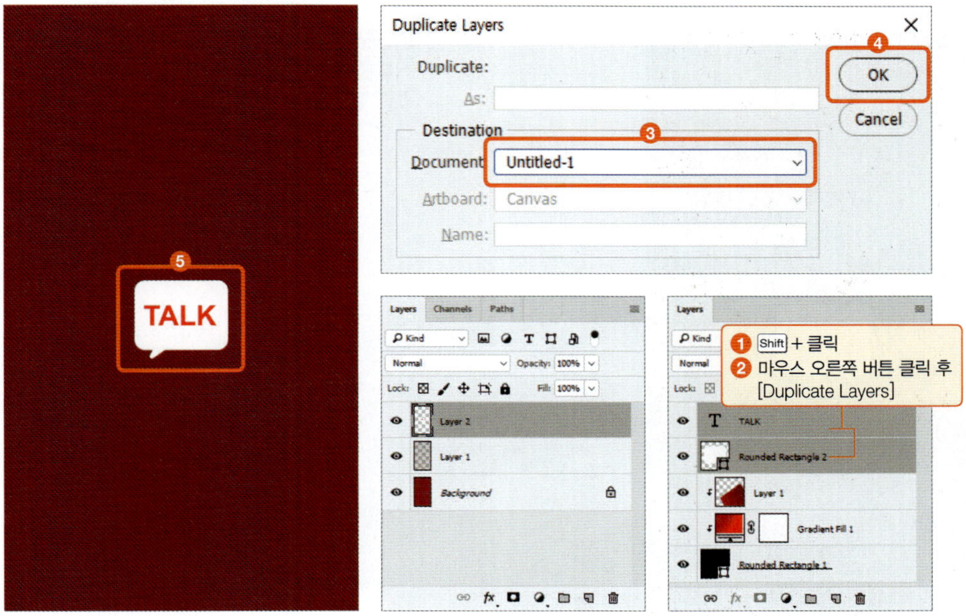

07 새 레이어를 추가한 후 사각형 선택 툴([⬚])로 너비가 720픽셀이고 높이가 48픽셀인 영역을 만들고 검은색으로 채운다(xhdpi 크기에서 상태 바의 높이는 48픽셀이다).

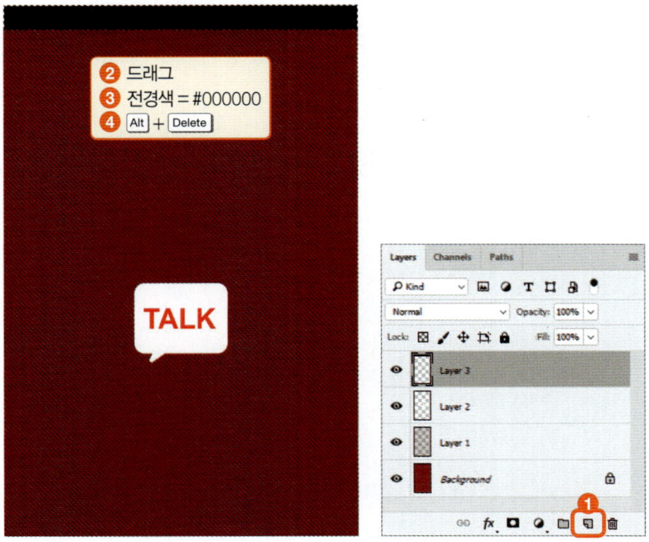

08 Status_bars_Android.psd 파일을 불러와 검은색 상태 바의 아이콘이 있는 Layer 1 레이어를 클릭하여 작업 중인 화면으로 드래그 앤 드롭한다. 이동 툴(✥)을 이용해 상태 바의 아이콘을 맨 위로 배치시켜 런치 스크린을 완성한다.

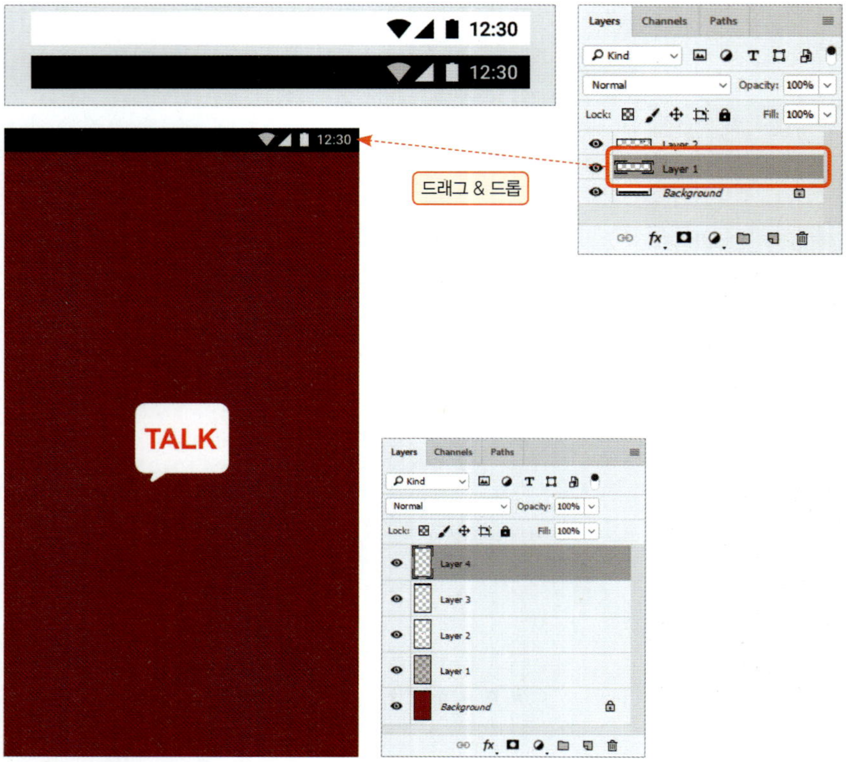

5 로고를 활용한 런치 스크린 만들기

완성 이미지

준비 파일 Android_launch_resource.psd

완성 파일 Android_launch2_result.psd

01 [실습]-[5장] 폴더에서 Android_launch_resource.psd 파일을 불러온다. 너비가 720픽셀이고 높이가 1280픽셀인 빈 화면의 상단에 높이가 48픽셀인 상태 바가 미리 만들어져 있다.

02 [Edit]−[Preferences]−[Guides, Grid & Slices] 메뉴를 선택하고 Grid 옵션에서 Gridline Every를 10밀리미터로 변경한 후 〈OK〉를 클릭한다. [View]−[Show]−[Grid] 메뉴를 선택하여 작업 화면에 그리드가 보이도록 한다.

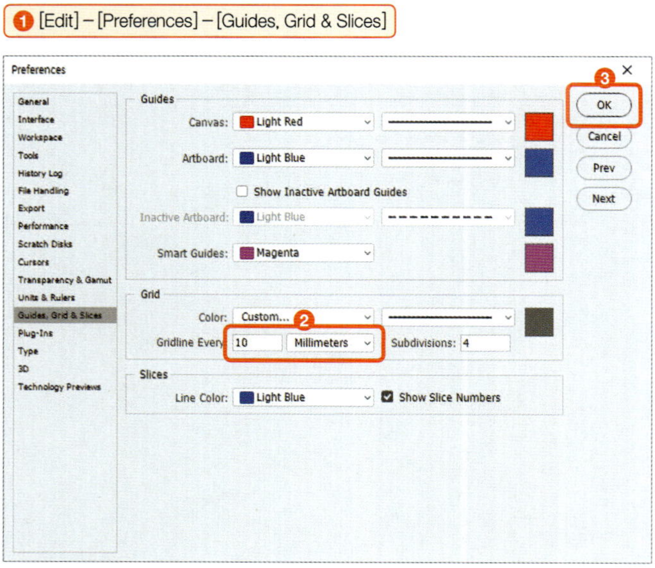

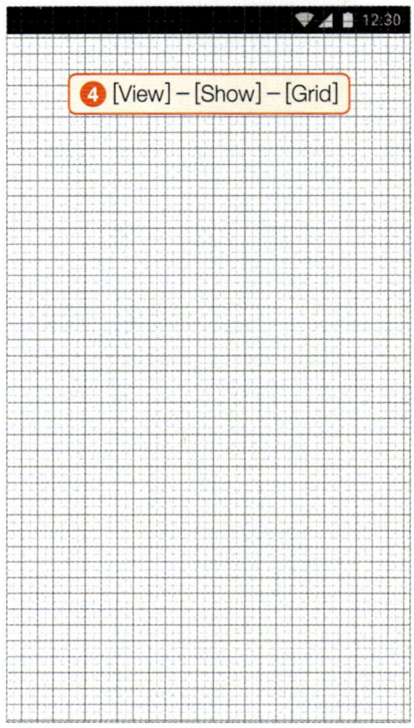

03 Background 레이어를 선택하고 화면을 확대한다. 펜 툴(![pen])을 선택하고 옵션을 Shape, Fill을 회색(#ededed)으로 설정한다. 다음과 같이 대각선 방향은 2칸씩, 직선 방향은 4칸씩 이동하여 기울어진 ㄱ자 모양을 만든다.

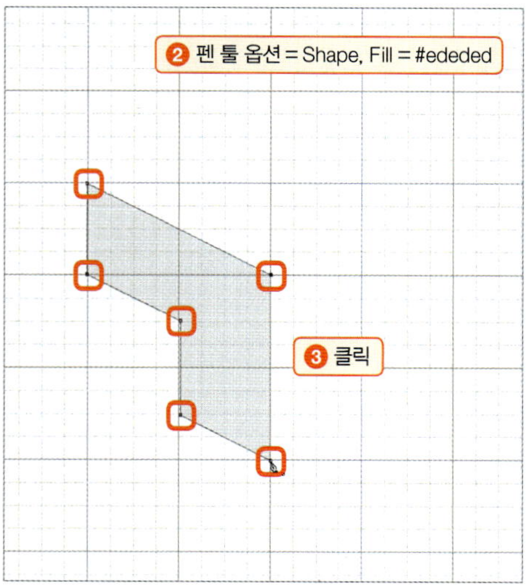

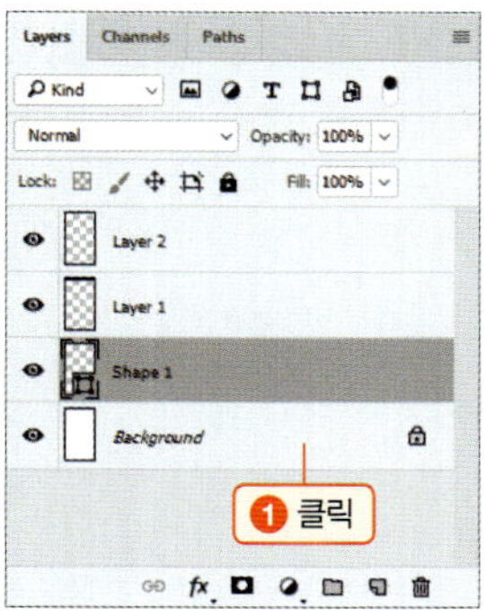

04 같은 방법으로 반대쪽으로 반전된 셰이프를 그리고 밝은 회색(#f3f3f3)으로 채운다.

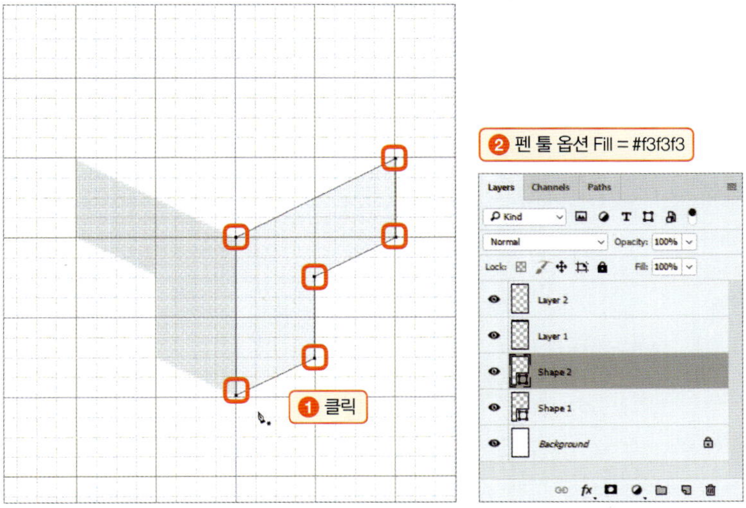

05 같은 방법으로 다음과 같이 그리드의 꼭짓점의 위치를 잘 파악하여 입체적인 느낌이 나도록 셰이프를 만들고 어두운 회색(#d2d2d2)으로 채운다. 이렇게 만든 셰이프 세 개는 각각 다른 색상으로 면을 채우려고 Shift나 Alt를 사용하지 않고 만들었다. 따라서 셰이프 레이어가 별도로 만들어진 것을 볼 수 있다. 레이어 패널에서 Shift를 누른 채로 앞에서 만든 셰이프 레이어 세 개를 선택한 다음 Ctrl+G를 눌러 그룹으로 묶는다.

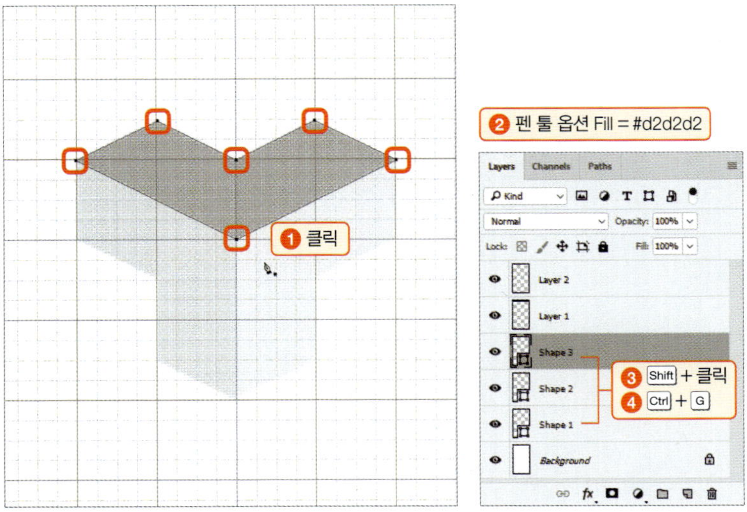

06 Ctrl+J를 눌러 그룹을 복제한다. 복제한 Group 1 copy 그룹이 선택된 상태에서 Shift를 누른 채로 아래로 드래그하여 다음과 같이 두 셰이프를 나란히 배치한다.

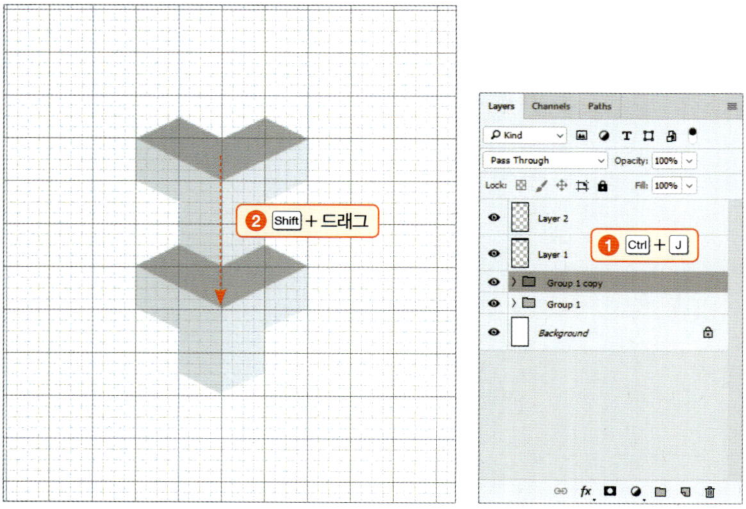

07 Ctrl+J를 눌러 그룹을 한 번 더 복제하고 다음과 같이 나란히 배치한다.

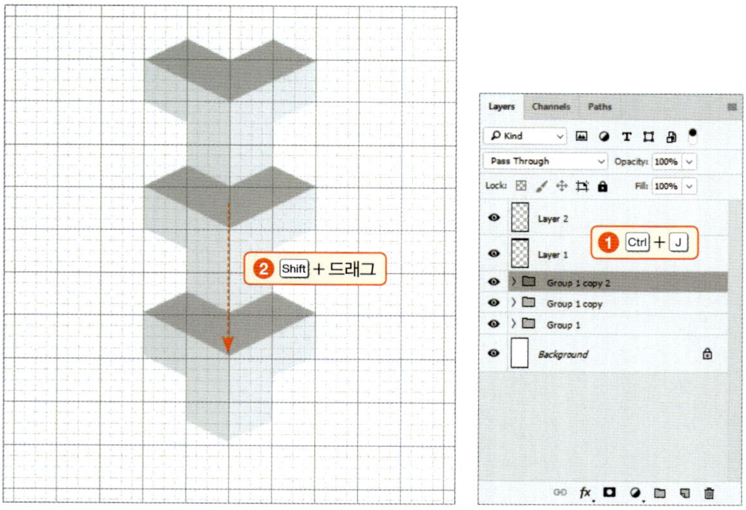

08 Shift를 누른 채로 그룹 세 개를 모두 선택하고 Ctrl+J를 눌러 한꺼번에 그룹 세 개를 복제한다. 복제된 그룹 세 개가 모두 선택된 상태에서 다음과 같이 오른쪽 하단으로 옮겨 무늬가 연결되도록 배치한다.

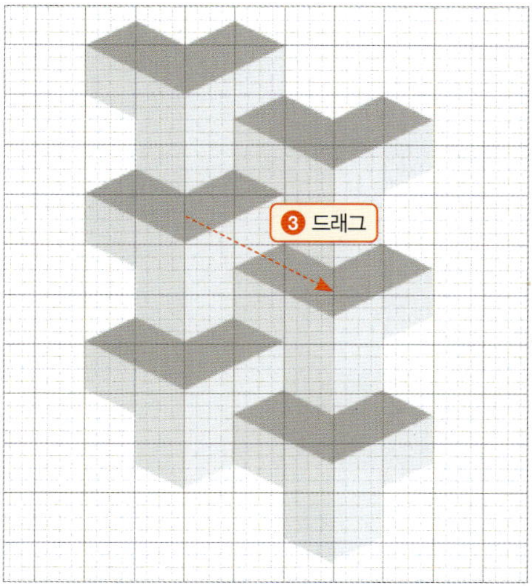

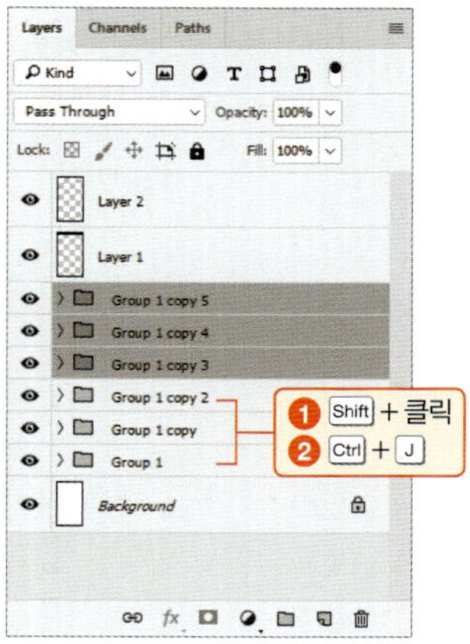

09 앞에서 복제한 그룹 세 개가 선택된 상태에서 다시 Ctrl+J를 눌러 복제한다. 다음과 같이 왼쪽 수평으로 이동시켜 무늬가 연결되도록 배치한다.

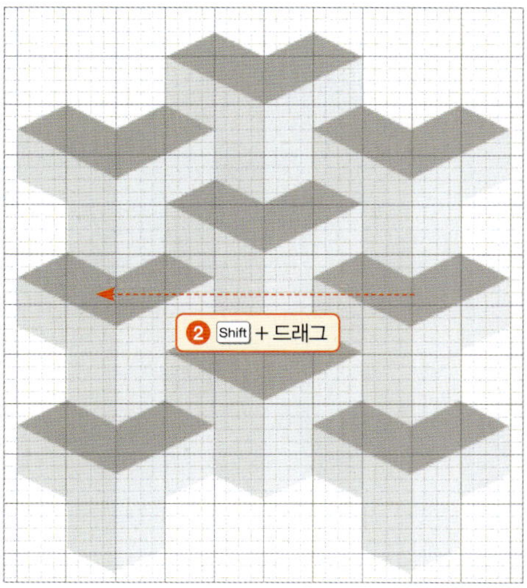

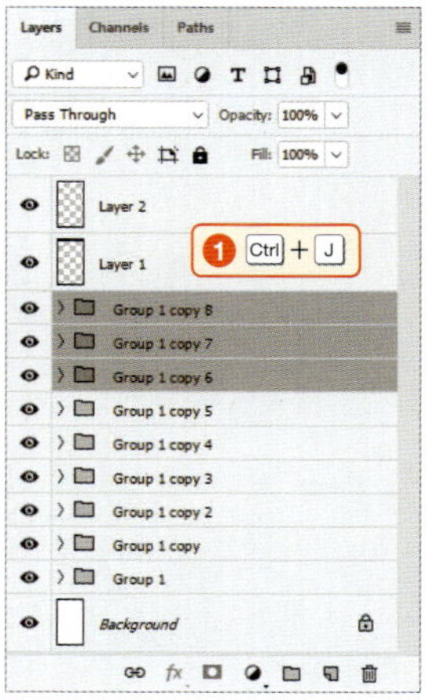

10 복제된 그룹 중 하나만 선택하고 Ctrl+J를 눌러 복제한 후 레이어의 눈 아이콘을 클릭하여 숨긴다. 나머지 그룹을 Shift를 누른 채로 모두 선택한다. Ctrl+T를 눌러 바운딩 박스가 나타나면 옵션 창에 너비와 높이를 각각 30%로 입력하여 크기를 줄인다.

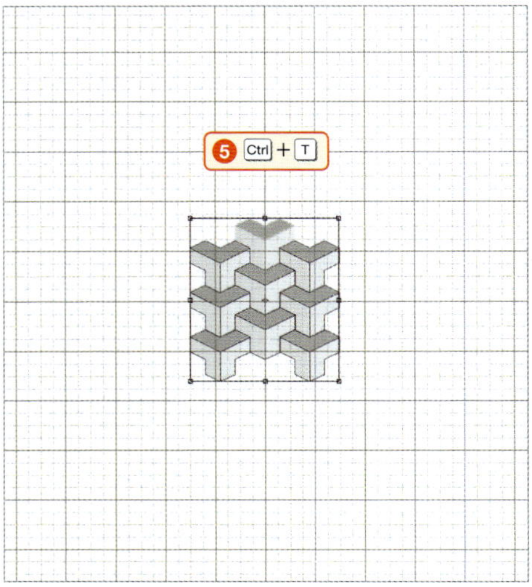

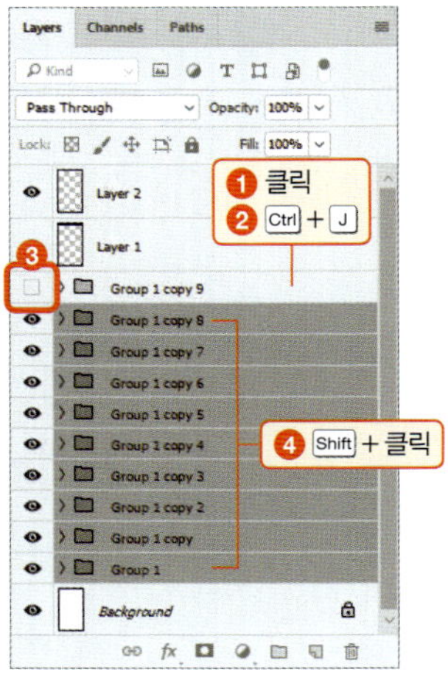

11 다음과 같이 가이드라인을 배치하고 사각형 선택 툴(⬚)로 가이드라인이 겹치는 내부 사각형 부분을 선택한다. [Edit]−[Define Pattern] 메뉴를 선택하여 선택 영역을 패턴으로 등록한다.

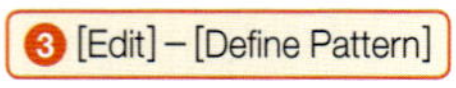

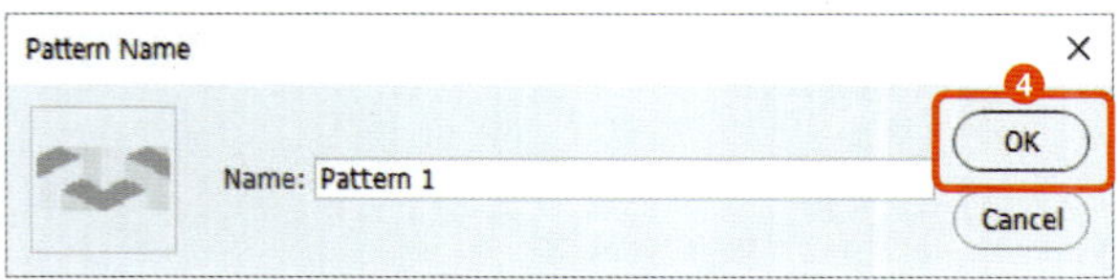

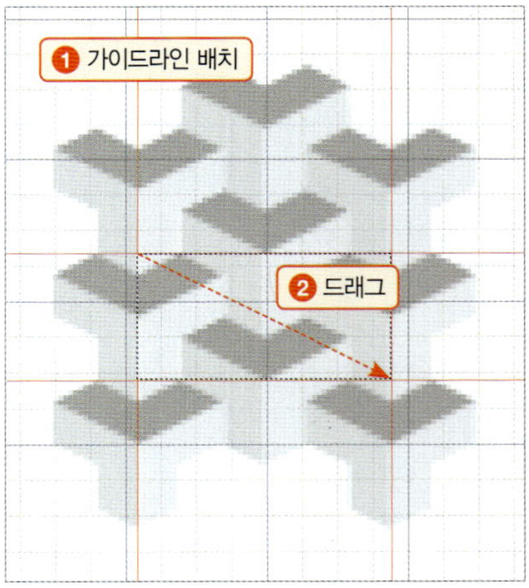

12 마지막으로 복제한 그룹 하나만 남기고 축소한 그룹을 모두 삭제한다. 새 레이어를 추가하고 [View]–[Show]–[Grid] 메뉴를 선택하여 작업 화면에 보이는 그리드를 숨긴다.

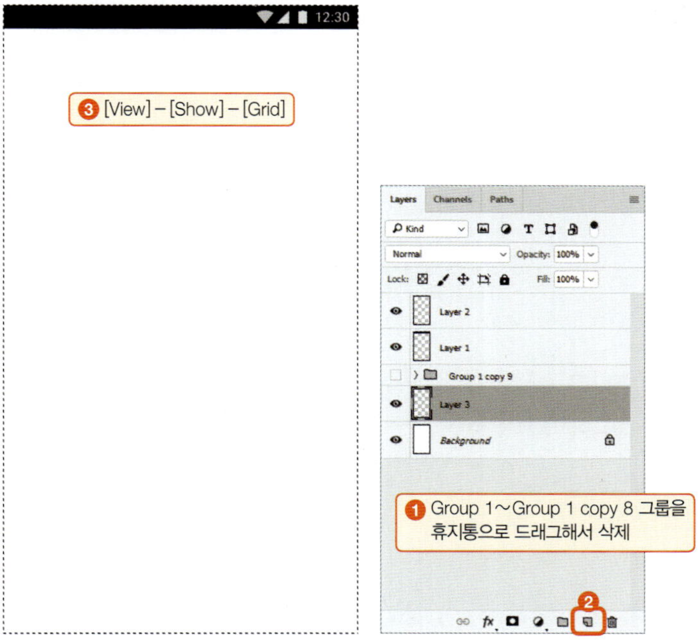

13 새 레이어가 선택된 상태에서 Ctrl+A를 눌러 전체 영역을 선택하고 [Edit]–[Fill] 메뉴를 선택하여 Contents 옵션을 Pattern, Custom Pattern 옵션을 방금 등록한 패턴으로 선택한 후 〈OK〉를 클릭한다. Layer 3 레이어의 Opacity를 70%로 조절한다.

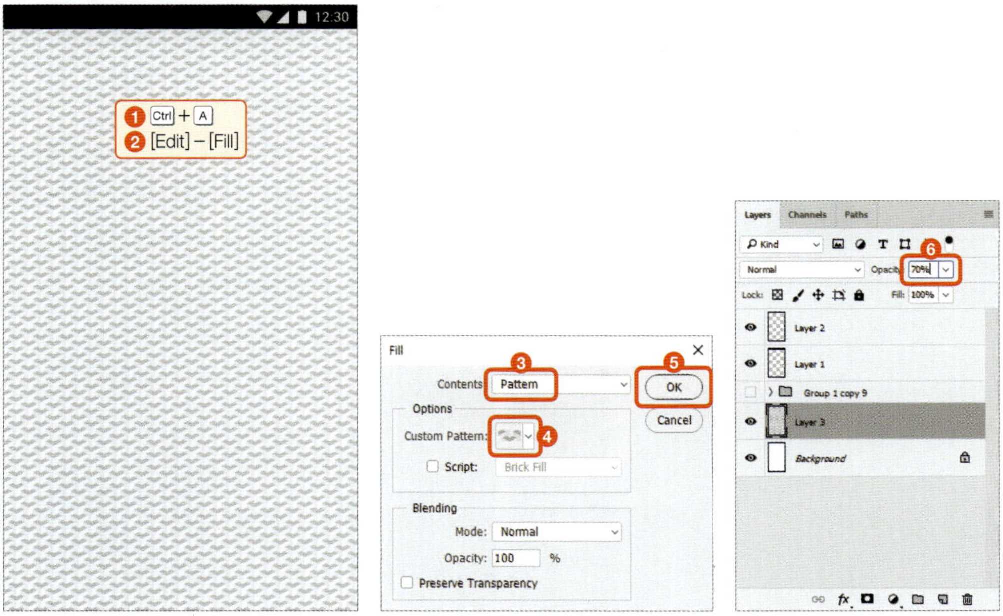

14 그룹의 눈 아이콘을 클릭하여 셰이프가 보이도록 하고 Ctrl + T를 눌러 너비와 높이를 각각 200%로 확대한 후 화면 중앙에 배치한다.

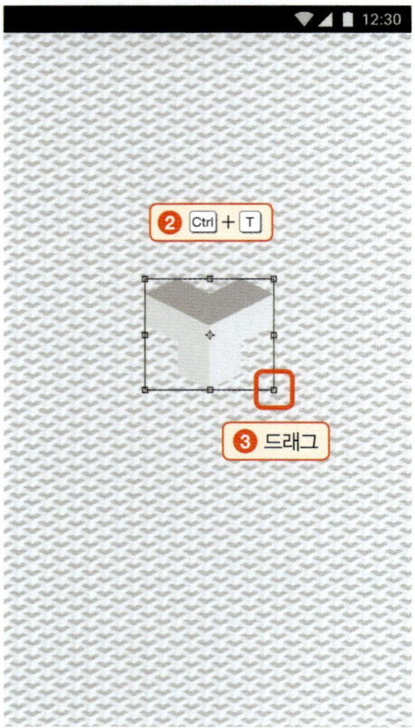

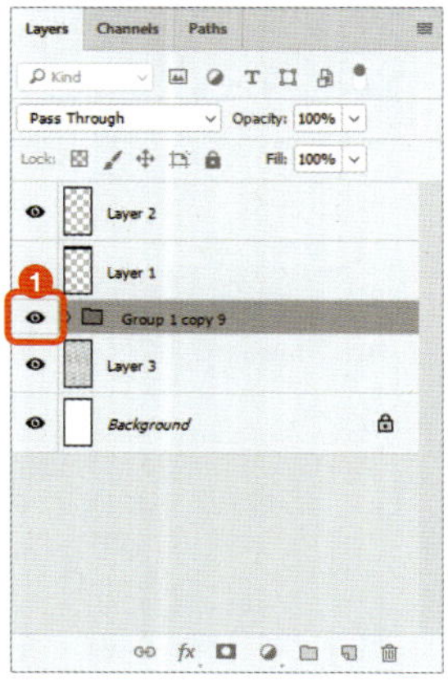

15 그룹을 열어 각 셰이프 레이어를 선택하고 다음과 같이 면의 색상을 변경하여 런치 스크린을 완성한다.

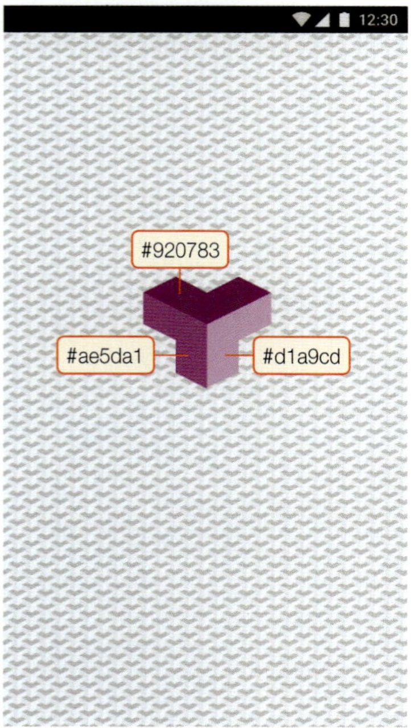

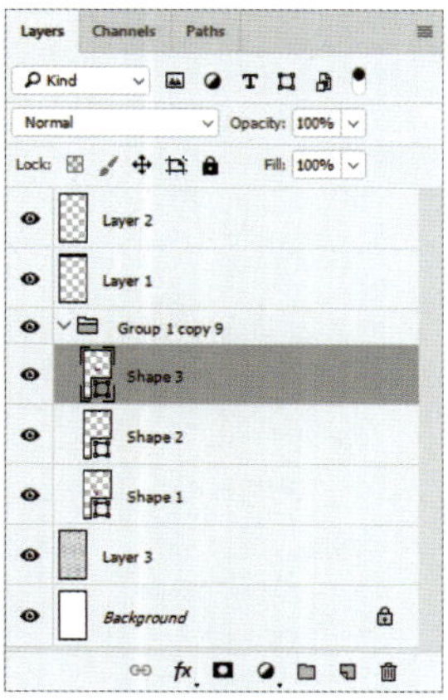

6 스플래시 스크린과 로딩 화면의 인터랙션

스플래시 스크린과 로딩 화면에 애니메이션 효과를 적용하면 사용자가 앱의 본 화면이 뜰 때까지 대기하는 시간을 덜 지루하게 보낼 수 있다. 예제 소스의 [ux]-[loading] 폴더에서 다양한 인터랙션 사례를 확인해 보자.

1 스플래시 스크린과 로딩 화면의 인터랙션 사례

[그림 5-18]은 로고의 뜻에 맞춰 기하학적 무늬 전체가 나타났다 사라졌다를 반복하는 스플래시 스크린이다.

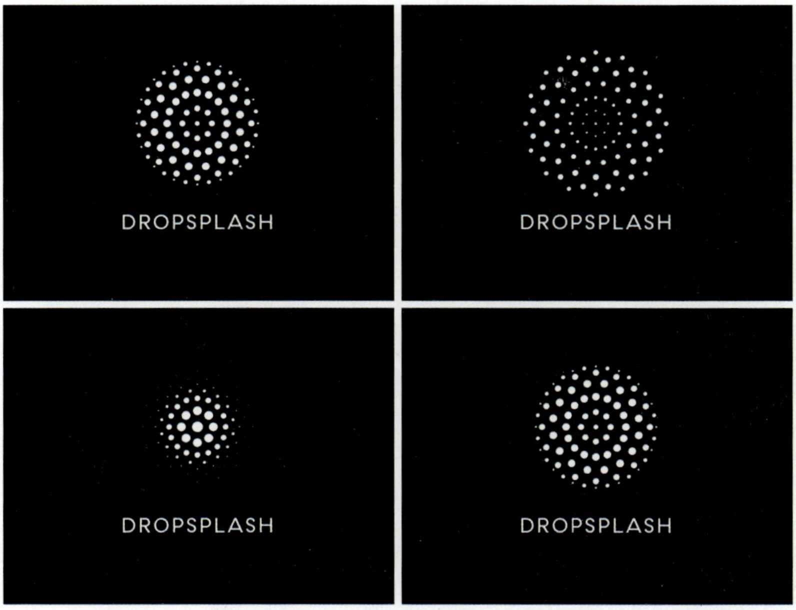

그림 5-18 loding_refresh (28).gif

[그림 5-19]는 음식과 관련된 로딩 화면이다. 면과 토핑 오브젝트가 그릇 속으로 사라진 후 다시 올라왔다 내려가는 과정을 반복한다.

그림 5-19 loding_refresh (29).gif

[그림 5-20]은 로고가 순간적으로 사라지고 대표 앞글자인 A가 원을 크게 그리며 나타나 다시 원래 로고 크기로 변하면서 텍스트에 섬광 효과를 만들어 내는 과정을 반복하는 로고 화면이다.

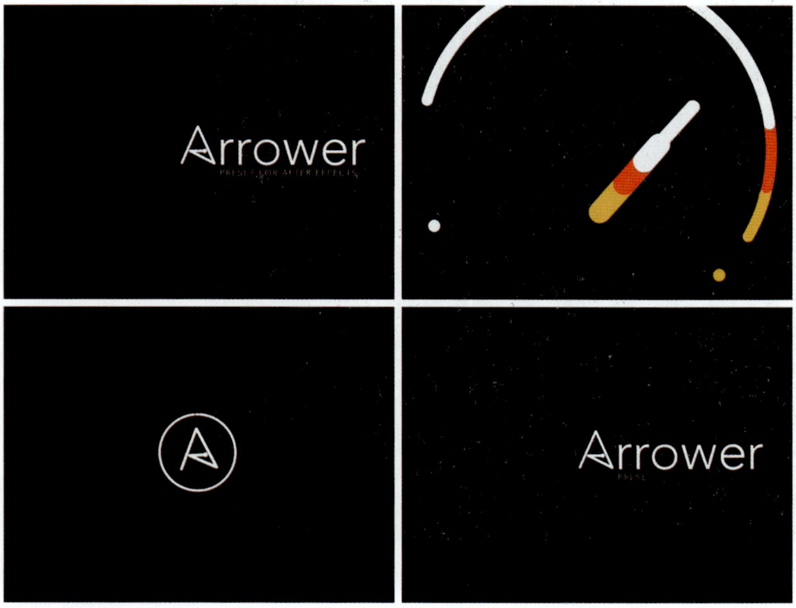

그림 5-20 loding_refresh (31).gif

[그림 5-21]은 로고가 선을 따라 서서히 사라졌다 나타나는 과정을 반복하는 로고 화면으로 율동감이 느껴진다.

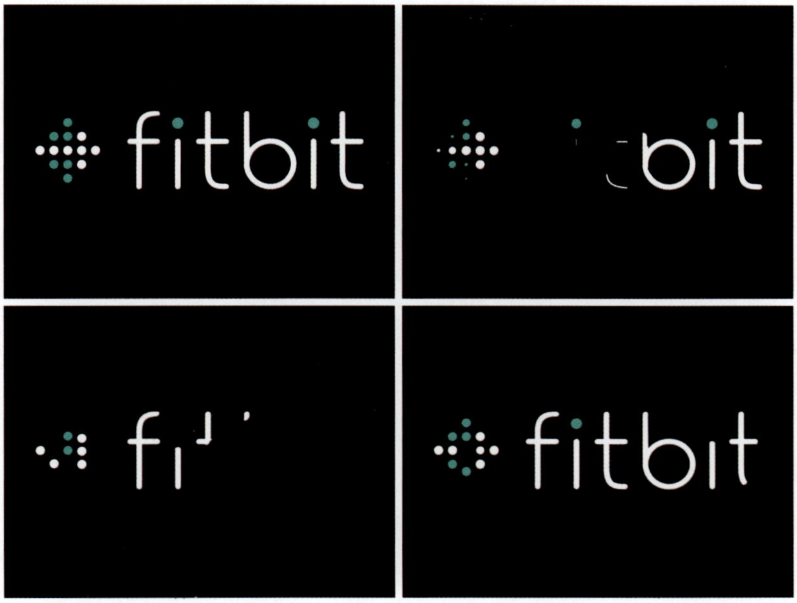

그림 5-21 loding_refresh (35).gif

7
코치마크

1 코치마크의 개념

코치마크coach-mark는 1995년에 애플이 처음 사용한 용어로 사용자에게 모바일 화면의 GUI를 알려 주기 위해 고안된 방법이다. 코치마크는 앱의 아이콘이나 메뉴 등의 이용 방법을 도움말 형태로 제공하는데, 대부분의 영역을 어둡게dim 처리한 후 해당 부분만 하이라이트를 넣고 텍스트 혹은 이미지 형태의 도움말을 덧붙인다. 앱 고유의 기능을 설명하기 위한 힌트와 팁의 다른 형태라 할 수 있다.

코치마크는 앱의 각 화면이 최초로 실행될 때 나타나고 사용자가 터치하면 사라진다. 경우에 따라 '다시 보지 않음'을 체크하여 처음 한 번만 나타나도록 설정할 수도 있다. 또 화면 안에 도움말 버튼을 두어 사용자가 이 버튼을 누를 때마다 볼 수 있도록 설정할 수도 있다.

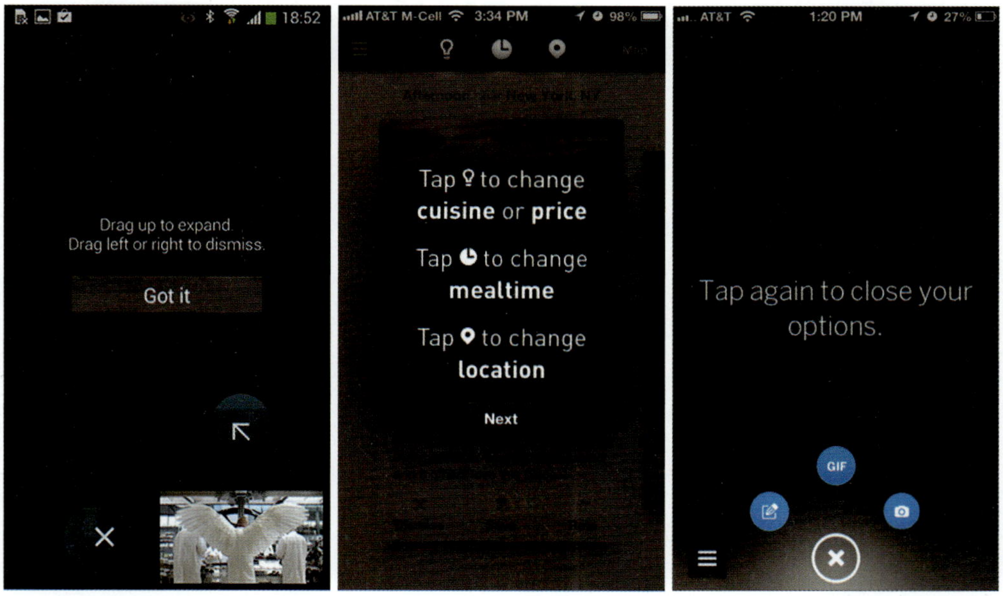

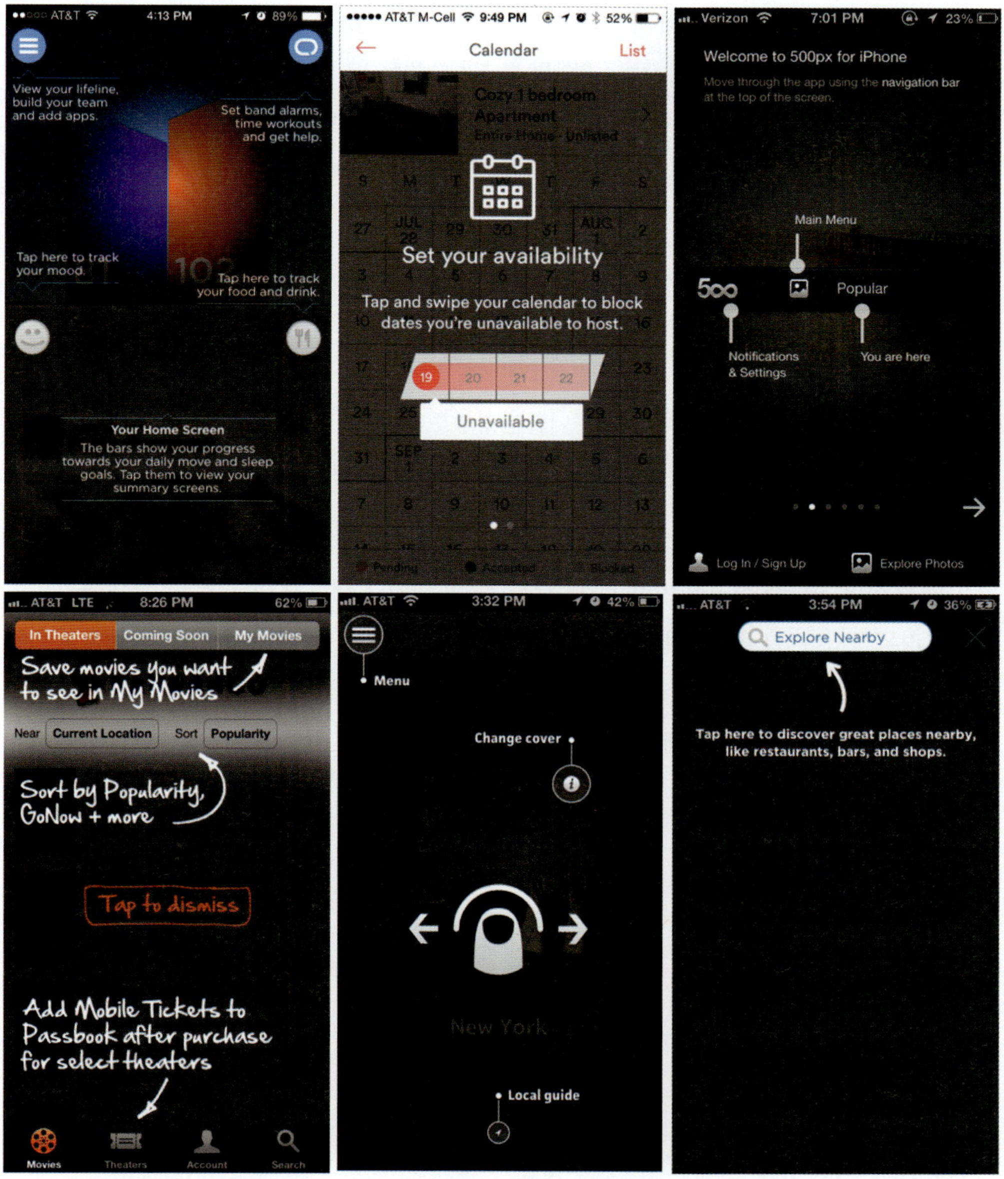

그림 5-22 **다양한 종류의 코치마크**

2 코치마크를 제작할 때 유의할 사항

사용자는 실제로 앱을 사용하기 전까지 사용법을 전혀 알 수 없다. 그리고 인터페이스를 익히는 데 시간을 허비하기보다 최대한 적은 노력으로 가능한 한 짧은 시간에 작업을 완료하길 바란다. 따라서 코치마크를 제작할 때는 다음과 같은 유의 사항을 염두에 두고 제작해야 한다.

① 앱의 모든 영역을 설명하려 하지 말고 핵심적인 상호작용에만 집중하는 것이 효과적이다. 지침의 양을 최소화하면 사용자는 단일한 기본 작업에만 집중할 수 있다.
② 전반적으로 사용자는 텍스트가 적을수록 그것을 읽고 실제 지시를 따를 가능성이 높다.
③ 종종 특정 기능을 시도하여 지시 사항을 올바르기 이해했는지 확인을 유도하는 방법을 제시하는 것도 좋다.
④ 모든 것을 한꺼번에 보여 주기보다는 적절한 시점에 힌트를 하나씩 제시하면 사용자가 지침을 더 쉽게 이해하고 배울 수 있다. 예를 들어 생소한 상호작용이 나타나면 코치마크를 표시하여 힌트를 제공하면 좋다. 사용자가 앱의 관련 섹션에 도달할 때마다 한 번에 하나씩 표시하는 것이 바람직하다.
⑤ 코치마크의 팁이나 힌트는 대부분 텍스트 기반인 경우가 많으므로 사용자가 탭의 정보를 기억하는 것이 쉽지 않을 수도 있다. 이때는 시각적 요소를 함께 사용하여 정보를 더 빨리 습득할 수 있도록 도와야 한다.

일부 앱은 화면 하나에 설명이 여러 개 필요한 기능이 있거나 새로운 섹션마다 일련의 도움말이 필요한 경우가 있다. 그럴 때마다 팁이나 힌트를 사용하면 사용자는 앱이 지나치게 복잡하고 어렵다고 느낄 수 있다. 또 얼마나 많은 팁이나 힌트가 있는지 알 수 없기 때문에 지레 겁을 먹기도 한다. 정보량이 많다면 다음에 소개할 워크스루를 활용하는 것이 더 나을 수도 있다.

8
워크스루

1 워크스루의 개념

앱은 사용법이 직관적이어야 하며 사용자가 손쉽게 탐색할 수 있어야 한다. 그러나 최근의 앱들은 새로운 기술이 접목되면서 기능이 복잡하고 다양해져 일반적인 워크플로를 따르기가 쉽지 않다. 이로 인해 워크스루가 주요 UX 전략으로 채택되고 있다.

워크스루walk-through는 해당 앱을 어떻게 사용하는지 안내하는 튜토리얼 성격을 가진 구성 요소이다. 코치마크보다 다양한 콘텐츠를 담을 수 있고 페이지도 여러 개로 늘릴 수 있다. 앱의 스크린 샷에서 표현하지 못했던 그래픽을 강조하기도 하고, 앱의 콘셉트나 기능 또는 강조하고 싶은 점을 사용자에게 광고할 수 있는 배너로서의 역할도 한다. 최근에는 워크스루를 시도하는 앱이 많아지고 있다.

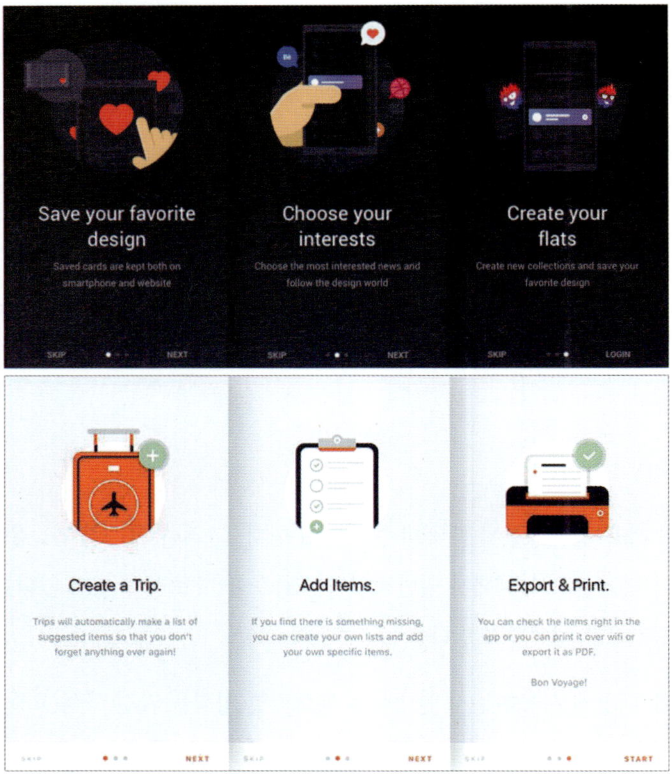

그림 5-23 **다양한 워크스루**

2 워크스루를 제작할 때 유의할 사항

워크스루는 정적 워크스루와 동적 워크스루로 구분된다. 정적 워크스루는 이미지 여러 장과 페이지 컨트롤을 이용하는 방식이다. 동적 워크스루는 동일한 행동을 여러 번 경험하게 하여 학습을 유도하거나 애니메이션이나 동영상을 활용하는 방식이다. 동적 워크스루는 페이지 컨트롤을 이용하지 않으므로 이전 화면이나 다음 화면으로 사용자가 마음대로 이동하지 못하고, 실제 기능하는 제스처와는 별개로 워크스루에 해당하는 제스처를 따로 학습해야 한다. 또한 학습 실패에 대한 기능도 모두 구현해야 한다. 워크스루를 제작할 때 유의할 사항은 다음과 같다.

① 여러 페이지로 구성하는 경우가 많으므로 사용자가 따라야 하는 패턴을 고려해 순차적으로 제작한다.

② 항상 앱의 핵심 부분이 일관되게 보이도록 디자인하고 사용자에게 즐거움을 줄 수 있도록 재미있게 만든다.

③ 워크스루를 별도 메뉴로 만들어 제공하면 사용자는 유용하지 않은 도구로 느껴 외면할 수 있으므로 주의한다. 반면 워크스루를 앱의 인터페이스 화면이 진행되는 동안 같이 제공하면 사용자는 무의식적으로 사용하게 된다.

④ 너무 길지 않게 제작한다. 페이지가 길어지면 사용자는 앱의 기능이 복잡하고 어렵다고 여긴다. 결과적으로 워크스루가 제공하는 정보를 모두 기억하기 어려워한다.

⑤ 이미 옵션에 대해 알고 있거나 연습을 원하지 않는 사용자를 고려해 워크스루를 건너뛸 수 있는 옵션을 제공한다. 또 아예 보고 싶어 하지 않는 사용자를 위해 취소 옵션도 제공한다.

그림 5-24 흥미를 더해 주는 그래픽이 가미된 워크스루

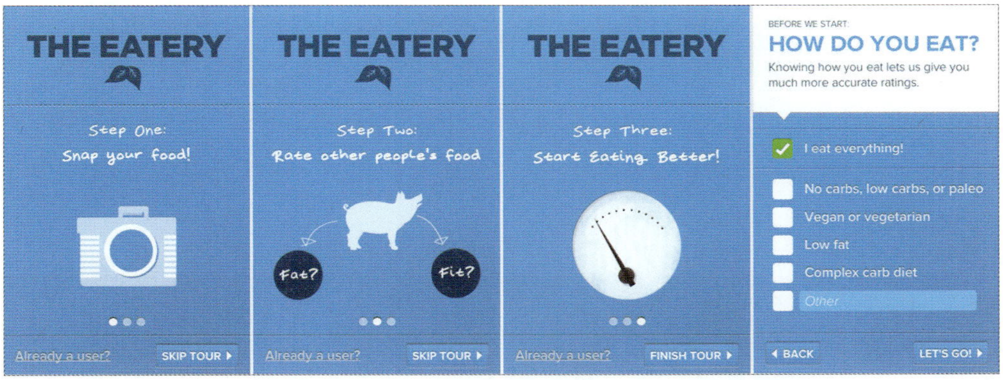

그림 5-25 기존 사용자와 워크스루를 건너뛰고 싶어 하는 사용자를 모두 배려한 워크스루

3 워크스루의 인터랙션 사례

워크스루에 애니메이션을 제공하면 사용자가 워크스루를 무시하고 넘어가거나 앱을 사용하다가 중도에 포기할 가능성을 낮출 수 있다. 예제 소스의 [ux]–[walkthrough] 폴더에서 워크스루의 인터랙션 사례를 확인해 보자.

[그림 5–26]은 트럭이 지구 안으로 들어가고 패키지가 원에서 다시 돌출된다. 그 패키지가 다시 스마트폰 안으로 들어가고 사라진 패키지를 사람이 다시 들고 나오는 순서로 진행된다. 보통 다음

단계를 위한 페이지네이션은 상단보다 하단에 배치하는 것이 낫다. 그러나 이 경우에는 계정을 만들어야만 해당 과정이 진행된다는 것을 알려 주기 위해 계정 만들기 버튼을 하단에 배치했고 페이지네이션을 상단에 배치했다. 여기서 안내하는 계정 만들기 과정은 꼭 거쳐야 하는 과정이므로 워크스루 화면에 스킵 버튼이나 다음 단계 버튼이 존재하지 않는다. 계정 만들기에 해당하는 Create an account 버튼을 눌러야만 해당 워크스루가 종료된다. 필수 요소가 포함된 단계에서 사용하면 좋은 워크스루이다.

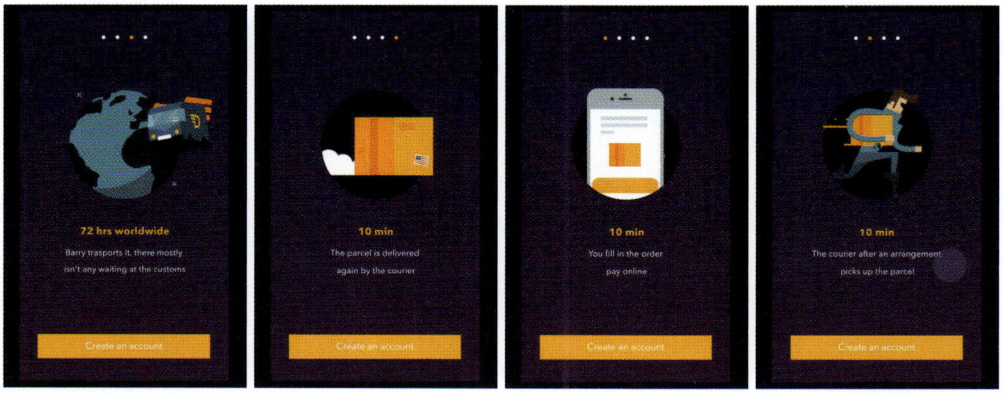

그림 5-26 **walkthrough (1).gif**

[그림 5-27]은 일련의 과정을 컬러로 구분하여 다음 단계로 넘어가고 있음을 표시하는 워크스루이다. 하단에 SKIP 버튼과 다음 단계로 넘어갈 수 있는 버튼을 제공한다. 사용자가 해당 페이지의 내용을 충분히 읽은 후 다음 단계로 넘어갈 수 있도록 구성했다. 페이지에 머무는 동안에도 각 오브젝트의 움직임이 사용자를 즐겁게 만든다.

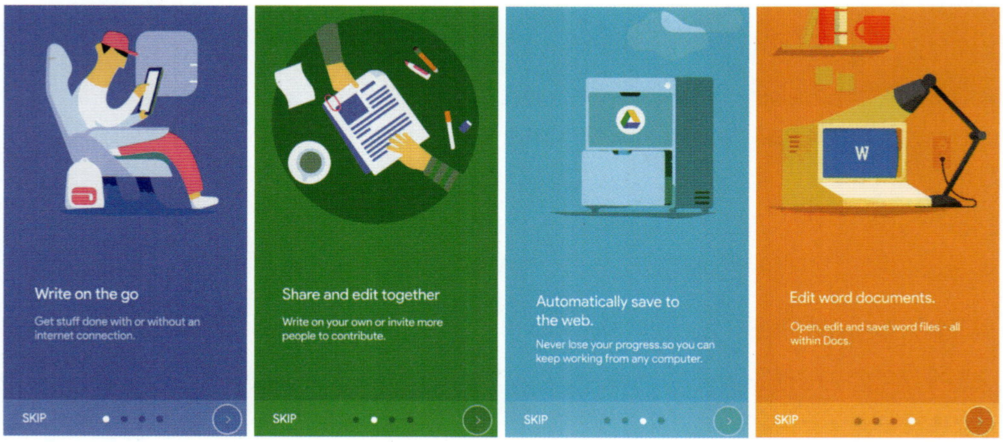

그림 5-27 **walkthrough (2).gif**

[그림 5-28]은 페이지 세 개를 이동하는 동안 페이지에 해당하는 애니메이션이 실행되고 마지막 페이지에 도착하면 Skip 버튼과 Next 버튼이 사라지는 워크스루이다. 마지막으로 체크 버튼을 클릭하면 체크 버튼의 컬러가 화면을 덮으면서 앱이 실행된다.

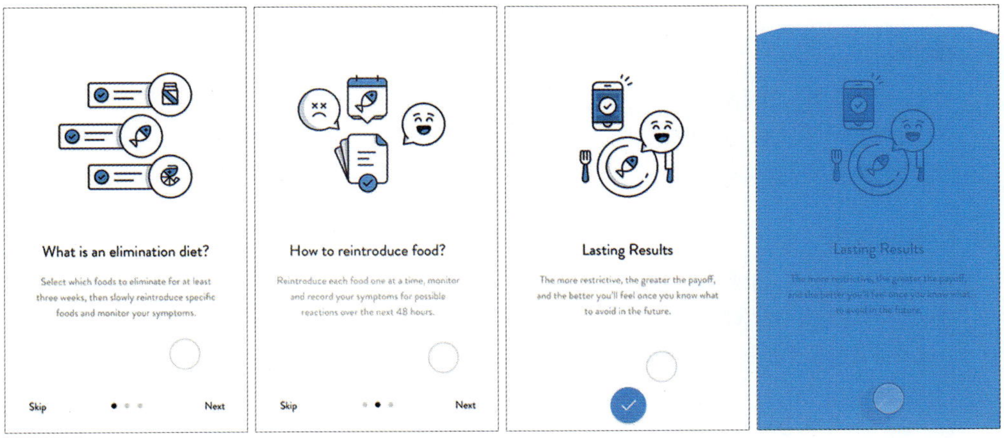

그림 5-28 walkthrough (3).gif

[그림 5-29]는 세 단계로 이루어져 있는 워크스루이다. 페이지네이션이 겹쳐지면서 단계마다 진행 사항을 보여 준다. 사용자가 START 버튼을 누르기 전까지 페이지가 멈춰 있고 스와이프 제스처를 하면 좌우 페이지로 이동할 수 있다.

그림 5-29 walkthrough (6).gif

요약

1 해상도

해상도란 화면 또는 인쇄물 등에서 이미지 하나가 픽셀(또는 도트) 몇 개로 표현되는지를 나타내는 정밀도의 지표이다. 해상도 단위에는 1인치당 픽셀을 몇 개 넣을 수 있는지를 나타내는 ppi와 1인치당 도트를 몇 개 찍을 수 있는지를 나타내는 dpi가 있다.

2 iOS의 해상도

애플은 아이폰 4부터 레티나 디스플레이를 장착하면서 픽셀을 두 배로 늘려 매우 선명한 화면으로 출력하는 그래픽을 구현하였다. 레티나 디스플레이에서 UI가 레티나 디스플레이 이전의 디스플레이와 동일한 물리적 크기를 유지하려면 같은 요소라도 픽셀 크기를 두 배로 늘려서 디자인해야 한다.

3 안드로이드의 해상도

안드로이드 기기는 구글에서 운영체제를 개발하여 배포하고 각 제조사에서 단말기를 다양한 크기로 출시하므로 제조사에 따라 화면의 크기와 해상도가 다르다. 따라서 여러 기기의 화면과 해상도에서 자신이 만든 앱 디자인을 맞추려면 dp를 고려해야 한다.

4 스플래시 스크린

스플래시 스크린은 앱을 구동시켰을 때 앱의 본 화면이 켜지기 전에 나오는 화면이다. 이 화면을 사용하면 흰색 빈 화면을 표시하는 것보다 사용자가 대기 시간을 덜 지루하게 여기므로 효과적이다. 스플래시 스크린은 iOS와 안드로이드 가이드라인에서 런치 스크린으로 불린다.

5 코치마크

코치마크는 1995년에 애플이 처음 사용한 용어로 사용자에게 모바일 화면의 GUI를 알려 주기 위해 고안된 방법이다. 앱 고유의 기능을 설명하기 위해 제공하는 일종의 힌트와 팁이다.

6 워크스루

워크스루는 해당 앱의 사용법을 알려 주는 튜토리얼 성격을 가진 구성 요소이다. 코치마크보다 다양한 콘텐츠를 담을 수 있고 페이지도 여러 개로 늘릴 수 있다. 앱의 스크린 샷에서 표현하지 못했던 그래픽을 강조하기도 하고, 앱의 콘셉트나 기능 또는 강조하고 싶은 점을 사용자에게 광고할 수 있는 배너로서의 역할도 한다.

Chapter 06
탭 메뉴와 툴 바

1
탭 메뉴

1 탭 메뉴의 개요

탭 메뉴tab menu는 사용자가 앱의 여러 섹션을 신속하게 전환할 때 사용하는 중요한 내비게이션 수단으로 가장 많이 사용되는 모바일 UI 구성 요소 중 하나이다. 잘 디자인된 탭 메뉴는 사용자에게 현재 위치를 알려 주고, 화면 내부에 보이는 콘텐츠와 활성화된 탭을 연결시켜 주기 때문에 사용자가 앱의 내부 콘텐츠로 쉽게 이동할 수 있도록 돕는다.

탭 메뉴는 사용자들의 경험을 반영한 현실 속 대상을 메타포로 정의하고 이를 아이콘 또는 직관적인 단어로 보여 준다. 탭 메뉴를 디자인할 때는 사용자가 원하는 콘텐츠에 손쉽게 접근할 수 있도록 도와야 하고, 앱 내부에서 디자인 일관성이 유지되도록 신경 써야 한다. 탭 메뉴는 운영체제에 따라 화면의 상단 또는 하단에 배치된다.

2 iOS의 탭 바

iOS에서는 탭 메뉴를 탭 바tab bar라고 부른다. 탭 바는 화면 하단에 위치하기 때문에 툴 바와 혼동하는 경우가 많다. 그러나 탭 바와 툴 바는 용도가 다르다. 탭 바는 서로 밀접하게 관련있는 메뉴로 구성되어 있으므로 현재 콘텐츠 내용과 관련이 있는 화면으로 전환할 때 사용한다. 반면 툴 바는 항목 만들기, 항목 삭제, 주석 추가, 사진 찍기 등과 같이 현재 화면 내부에서 어떤 조작을 할 때 사용한다.

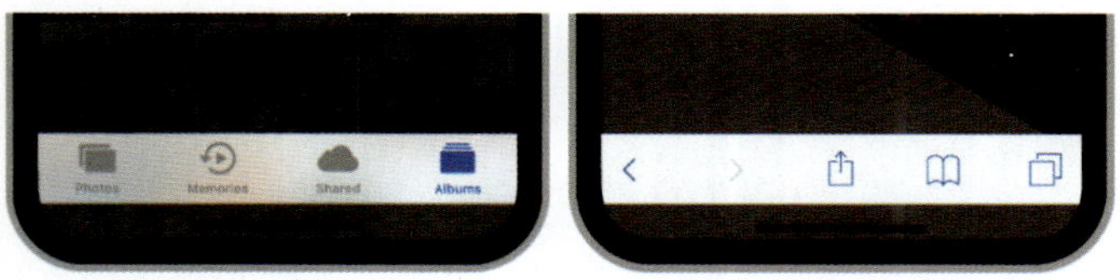

(a) 탭 바 (b) 툴 바

그림 6-1 iOS의 탭 바와 툴 바

탭 바의 메뉴는 텍스트만으로 구성하는 경우는 드물고 아이콘 또는 아이콘과 함께 레이블링된 텍스트를 조합하여 구성한다. 또한 가로와 세로 어느 방향에서 보더라도 동일한 높이를 유지하고 키보드가 표시되면 숨겨지도록 구성한다.

탭 바의 메뉴는 최소 세 개부터 최대 다섯 개까지 사용하는 것이 적당하다. 공간이 제한적이라 일부 탭을 표시할 수 없다면 마지막으로 표시되는 탭은 다른 탭의 리스트에 있는 추가 탭이 되어야 한다. 또한 각 메뉴와 연결된 화면에 새 정보가 있다면 배지를 달아 알려 주는 것이 좋다. 탭 바의 인터페이스는 항상 예측 가능한 상태로 유지되어야 한다.

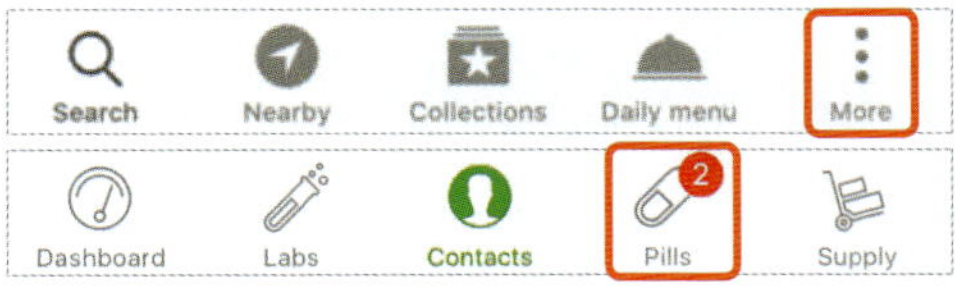

그림 6-2 **탭 바의 추가 탭과 배지**

액션이 있는 메뉴는 탭 바가 아닌 툴 바로 구성해야 한다. 또한 탭 바의 메뉴 중 기능을 사용할 수 없는 메뉴가 있더라도 화면에서는 생략하지 말고 표시하여 왜 사용할 수 없는지 이유를 알려 줘야 한다. iOS 탭 바의 아이콘 크기와 가이드라인은 다음과 같다.

표 6-1 **iOS 탭 바의 아이콘 크기**

기기	아이콘 크기
추천 크기	75×75px (25×25pt @ 3x)
	50×50px (25×25pt @ 2x)
최대 크기	144×96px (48×32pt @ 3x)
	96×64px (48×32pt @ 2x)

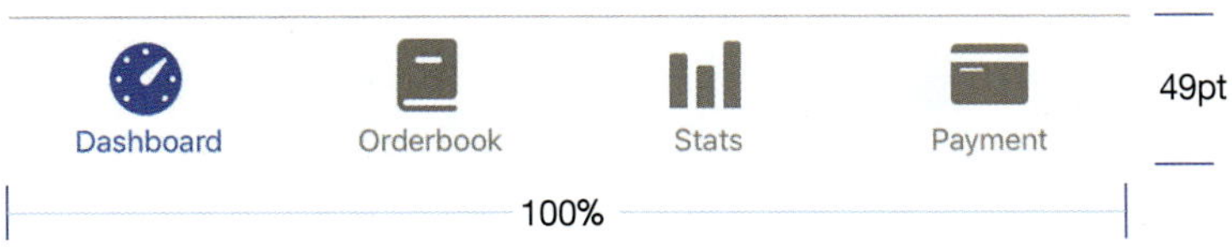

그림 6-3 **iOS 탭 바의 가이드라인**

3 안드로이드의 탭 메뉴

화면 상단에 배치되는 안드로이드의 탭 메뉴tab menu는 터치하는 것만으로도 다양한 화면을 쉽게 탐색하고 전환할 수 있다. 안드로이드에서는 탭 메뉴를 보기, 데이터 세트, 앱 기능 간의 전환 등과 같이 상위 수준의 콘텐츠로 구성하도록 권장한다. 또 현재 화면과 관련된 탭은 선으로 구분하고, 텍스트 레이블링을 사용할 경우 내용 설명 레이블을 간결하게 붙이도록 권장한다.

안드로이드의 탭 메뉴에서 스와이프 동작은 탭 사이를 탐색하는 데 사용한다. 따라서 스와이프를 지원하는 내용으로 탭을 페어링하지 않도록 주의해야 한다. [그림 6-4]와 [그림 6-5]는 안드로이드의 탭 메뉴와 관련된 다양한 옵션과 탭 메뉴의 색상 사용 방법을 정리한 것이다. 안드로이드의 탭 메뉴는 화면 상단에 고정하고 스크롤 가능한 아이콘과 텍스트를 포함할 수 있다.

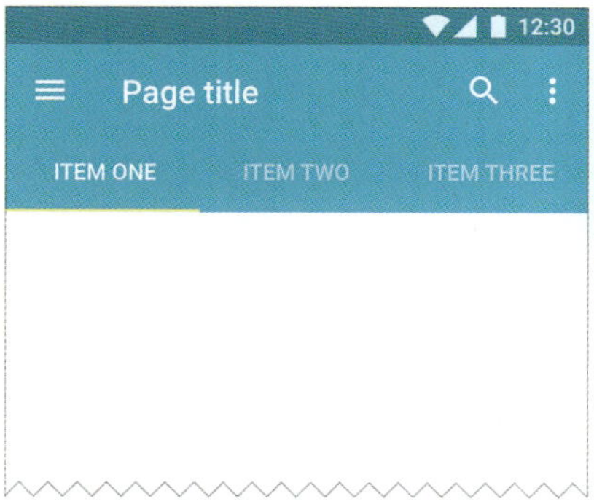

(a) 기본 앱 바 및 고정 탭 바

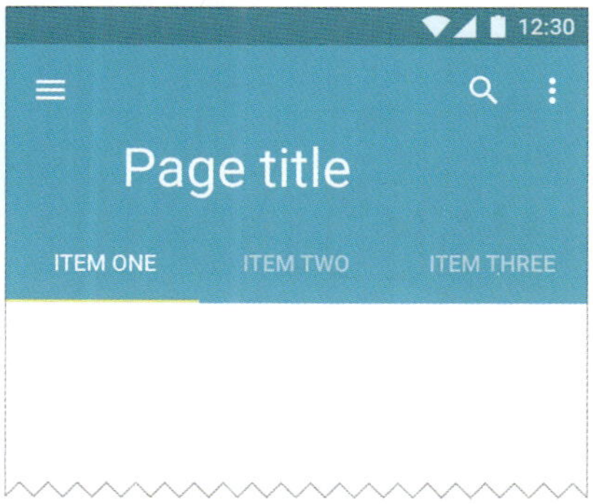

(b) 확장된 앱 바 및 고정 탭 바

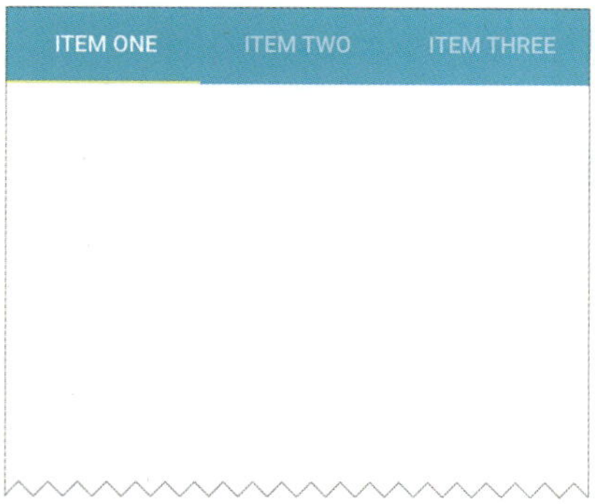

(c) 스크롤바가 있는 탭 바의 상단 고정

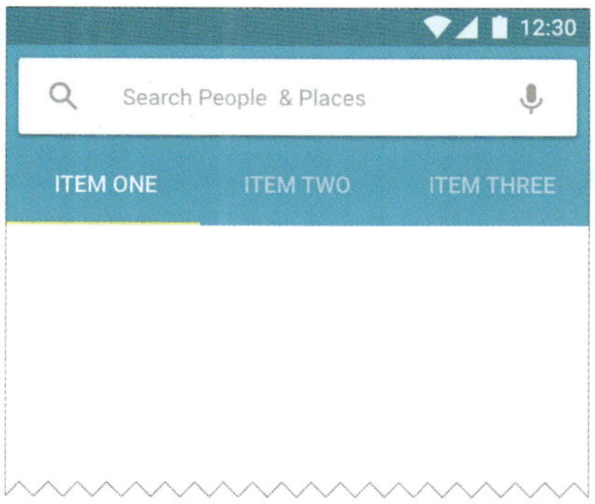

(d) 검색 창 및 고정 탭 바

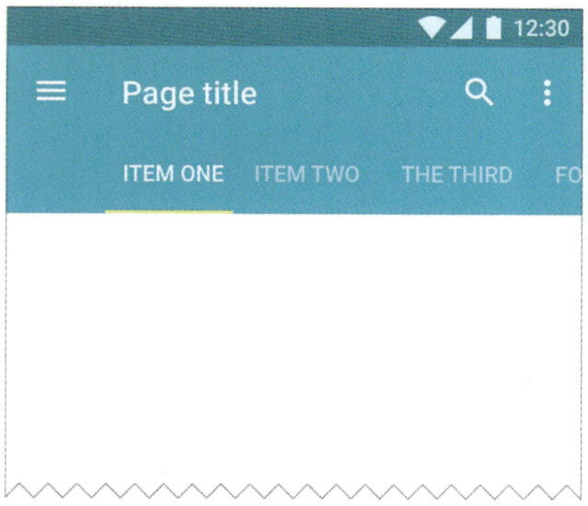

(e) 기본 앱 바 및 스크롤 가능한 탭 바

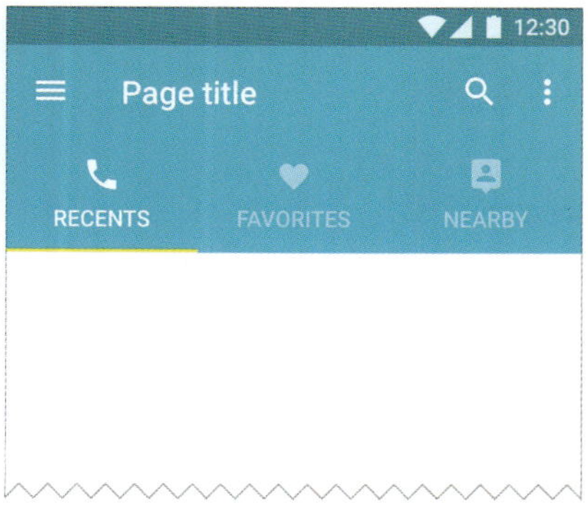

(f) 기본 앱 바 및 아이콘이 있는 고정 탭 바

그림 6-4 안드로이드 탭 메뉴의 다양한 옵션

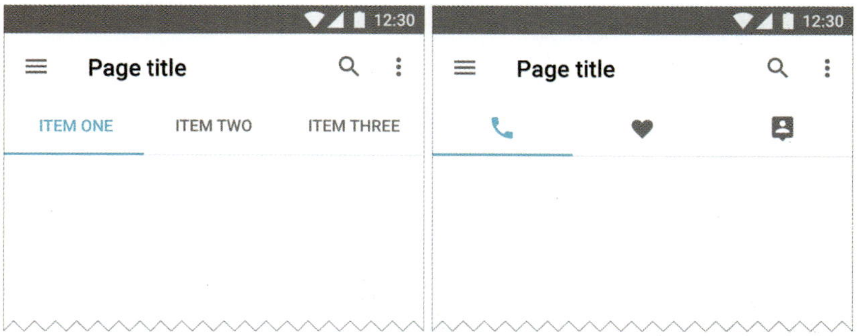

(a) 텍스트 색상 (b) 아이콘 색상

그림 6-5 텍스트와 아이콘 색상은 탭 메뉴와 동일하게 사용

탭 안에 있는 내용은 전체 앱의 정보 구조에 따라 서로 관련된 그룹으로 구성되어야 하며 각 탭의 내용은 상호 배타적이어야 한다. 사용자가 탭 메뉴를 선택할 때 쉽게 예측이 가능하도록 논리적인 콘텐츠 그룹이어야 하고 정보 구조의 깊이에 맞는 그룹으로 구성되어야 한다.

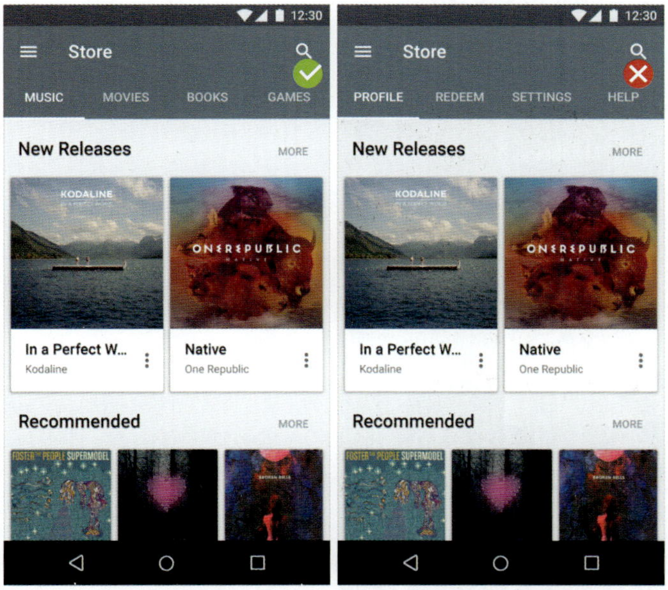

(a) 콘텐츠 내부 그룹으로 전환 가능한 탭 (b) 스토어 안에서 다른 목적지로 전환되는 탭

그림 6-6 탭 메뉴와 내부 정보 구조

탭 메뉴의 탭은 단일 행으로 표시하고 [그림 6-7]의 (b)와 같이 단일 열로 표시하지 않는다. 또한 탭 안에 탭으로 구성된 집합을 포함시켜서도 안 된다. 그럴 때에는 현재 페이지에 해당하는 탭에 강조 표시를 하고 탭을 계층적으로 그룹화해야 한다. 이러한 내용은 비단 안드로이드에만 해당하는 것은 아니다. iOS에서는 사용자가 찾고자 하는 콘텐츠가 분명하게 정의되었거나 전형적인 카테고리가 있을 때 화면 상단에 스코프 바를 이용하기도 한다.

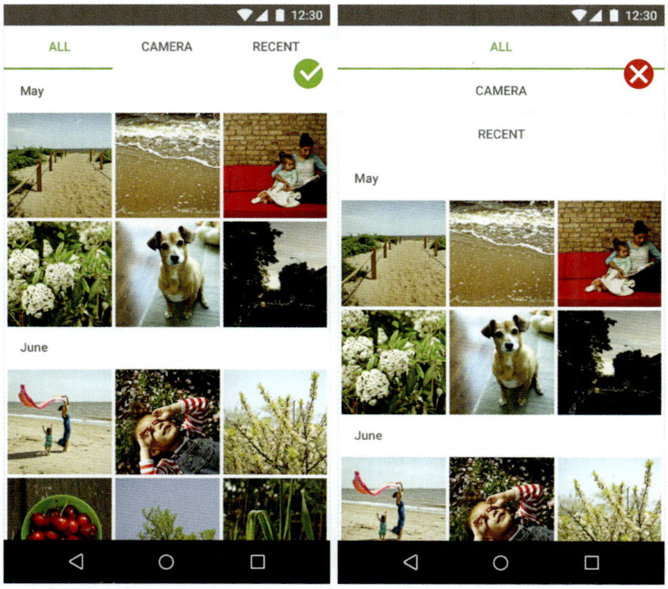

(a) 단일 행으로 표시 (b) 단일 열로 표시하지 않음

그림 6-7 탭 메뉴의 표시

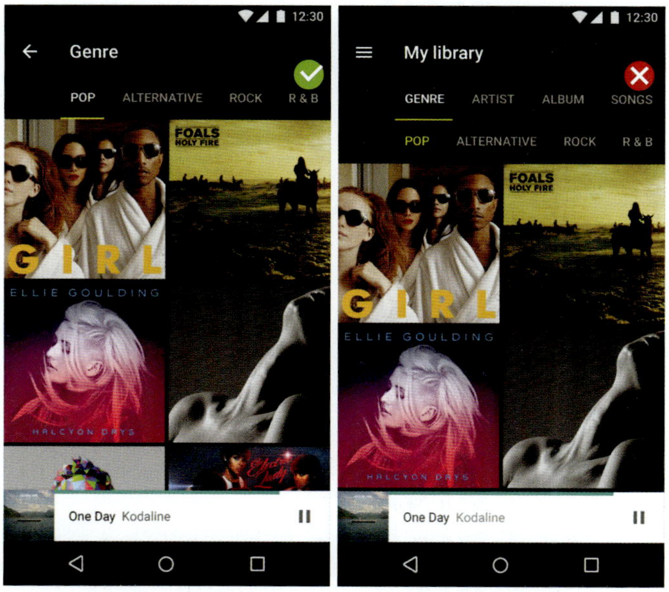

(a) 현재 페이지와 관련된 계층 구조 탭 (b) 탭의 중첩 사용은 권장하지 않음

그림 6-8 탭 메뉴의 계층화

비록 탭 메뉴는 운영체제에 따라 상단 또는 하단에 배치되지만 사용자의 UX를 고려하면 상단에 배치하는 것이 계층 구조 면에서는 자연스럽다. 또한 디자인적으로 활성화된 탭은 강조되어야 하

며 언제나 미리 선택된 탭이 하나는 있어야 한다. 그렇지 않으면 사용자가 현재 페이지에 보이는 콘텐츠가 무엇인지 가늠하기 어렵고, 심하면 방향을 잃을 수 있기 때문이다. 또 텍스트 레이블을 사용하든 아이콘을 사용하든 사용자가 탭 메뉴를 선택했을 때는 어떤 일이 일어날지 정확히 예측할 수 있도록 해야 한다.

탭 메뉴에 텍스트 레이블을 사용할 때는 의미가 충분히 전달되는 쉬운 단어를 사용해야 한다. 또 텍스트 레이블이 잘리지 않도록 긴 텍스트는 피해야 한다. 불가피하게 긴 텍스트를 사용해야 한다면 2단으로 배치하는 것은 가능하다. 탭 메뉴는 텍스트 레이블이면 텍스트 레이블, 아이콘이면 아이콘만 사용해야 한다. 텍스트 레이블과 아이콘을 혼합해서 사용하지 말아야 한다. 아이콘을 사용할 경우 디자이너의 창의성이 담긴 형태보다는 사용자가 쉽게 이해할 수 있도록 사용자의 경험을 바탕으로 의미를 전달하는 데 주력해야 한다.

(a) 긴 텍스트 레이블은 2단으로 배치

(b) 말줄임표를 너무 일찍 써서 텍스트 레이블의 뜻을 이해하기 어려움

(c) 모든 텍스트 레이블의 크기는 동일하게 유지

(d) 텍스트 레이블과 아이콘의 결합은 지양

그림 6-9 텍스트 레이블과 아이콘을 디자인할 때 유의점할 점

안드로이드에서는 iOS와 달리 스크롤 가능한 탭을 사용할 수 있다. 스크롤 가능한 탭은 사용자가 탭 메뉴를 직접 비교할 필요가 없을 때 터치 인터페이스에서 맥락을 탐색하는 데 적합하다. 스크롤 가능한 탭 사이를 이동하려면 탭을 터치하거나 왼쪽이나 오른쪽으로 스와이프하면 된다. 스크롤 가능한 탭을 사용할 때는 반드시 텍스트 레이블의 일부가 보이도록 배치하여 추가 메뉴가 더 있다는 사실을 사용자가 인지할 수 있도록 해야 한다.

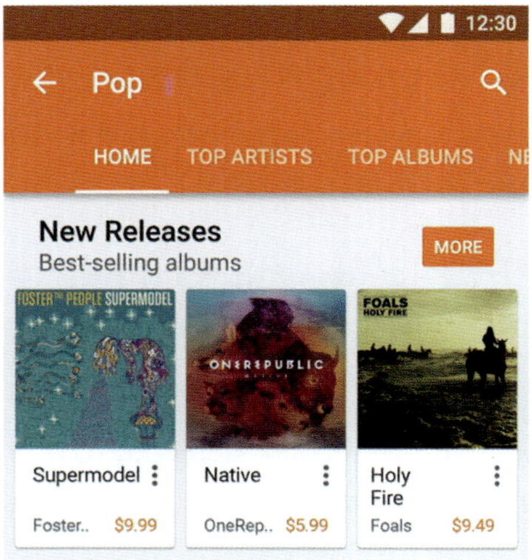

그림 6-10 좌우로 스크롤 가능한 탭

안드로이드의 탭 메뉴에 사용되는 아이콘과 각 탭의 형태별 가이드라인은 다음과 같다.

표 6-2 안드로이드 탭 메뉴의 아이콘 크기

기기 해상도	아이콘 크기
mdpi	24×24px
hdpi	36×36px
xhdpi	48×48px
xxhdpi	72×72px
xxxhdpi	96×96px

■ **고정 탭**

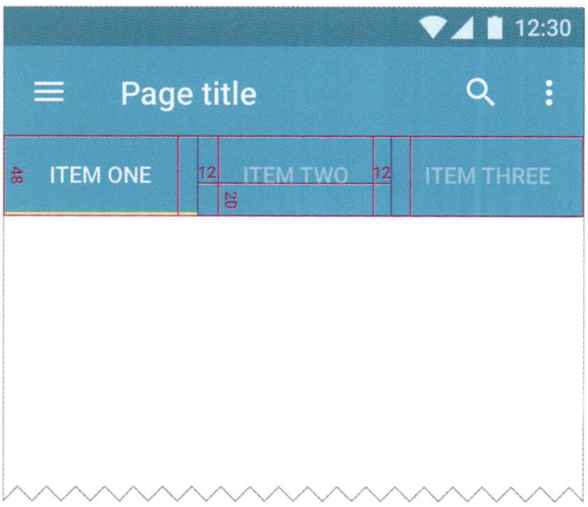

- 탭의 최대 너비: 264dp
- 탭의 최소 너비: 160dp 또는 72dp
- 높이: 48dp
- 텍스트의 오른쪽과 왼쪽 여백: 12dp
- 한 줄 텍스트의 아래 여백: 20dp
- 두 줄 텍스트의 아래 여백: 12dp
- 하단 바: 2dp

■ 아이콘과 텍스트 레이블 탭

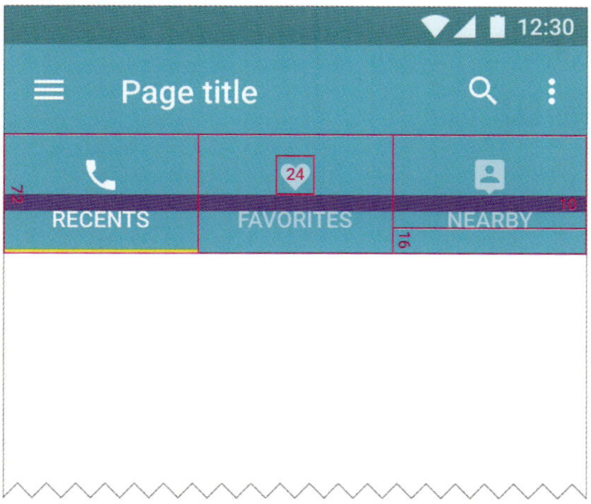

- 높이: 72dp
- 아이콘: 24×24dp
- 아이콘과 텍스트 사이 여백: 10dp
- 텍스트 아래 여백: 16dp
- 하단 바: 2dp

■ 아이콘 탭

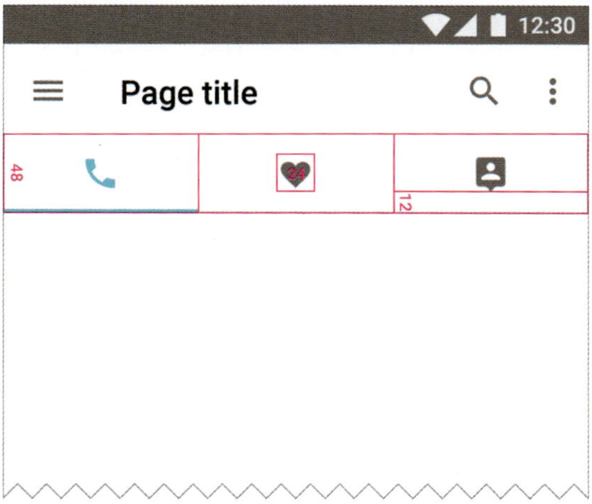

- 높이: 48dp
- 아이콘: 24×24dp
- 콘텐츠 정렬: 탭 중앙
- 아이콘 아래 여백: 12dp

■ 스크롤 탭

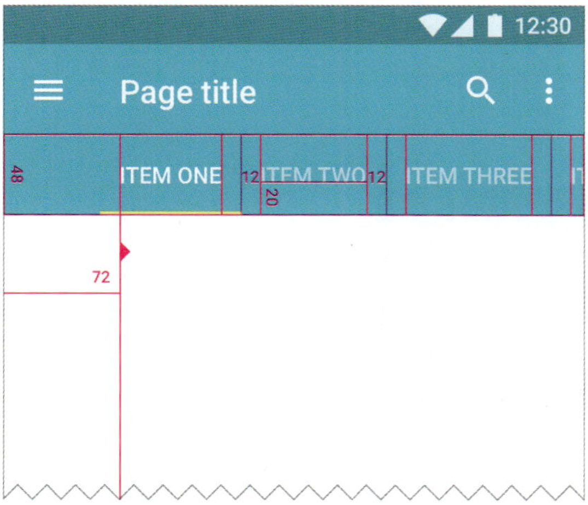

- 맨 왼쪽 탭은 키 라인에 정렬: 72dp
- 탭 너비: 유동적
- 높이: 48dp
- 텍스트 왼쪽과 오른쪽 여백: 12dp
- 한 줄 텍스트의 아래 여백: 20dp
- 두 줄 텍스트의 아래 여백: 12dp
- 하단 바: 2dp

2
툴 바

1 툴 바와 내비게이션 바의 개요

iOS에서는 툴 바를 화면의 하단에 배치하고 내비게이션 바를 화면의 상단에 배치한다. iOS의 내비게이션 바는 안드로이드의 탭 메뉴와 비슷한 역할을 하며 주로 세그먼트 버튼으로 구분되는 경우가 많다. 안드로이드의 툴 바는 화면 타이틀 오른쪽에 액션 버튼으로 구성되는 경우가 많아 액션 바라고도 불리지만 툴 바와 액션 바는 서로 다른 코딩을 사용하므로 같은 요소로 보기 힘들다. 안드로이드에서는 iOS의 툴 바와 유사한 용도로 하단 내비게이션을 사용하기도 한다.

2 iOS의 툴 바

iOS의 툴 바tool bar는 탭 바와 같이 화면 하단에 표시되며 현재 보기 또는 화면의 콘텐츠 내용과 관련된 작업을 수행하기 위한 버튼을 포함하고 있다. 툴 바는 배경색을 반투명으로 처리하고, 키보드가 화면에 있을 때는 나타나지 않도록 한다. 필요하지 않을 때는 숨길 수도 있는데 숨겨진 툴 바는 화면 하단을 살짝 터치하면 다시 나타난다.

툴 바에 배치할 버튼이 세 개 이상이면 아이콘을 사용하는 것이 좋고, 세 개 이하이면 텍스트 레이블을 사용하는 것이 좋다. 예를 들어 달력에서는 아이콘을 사용하면 더 혼란스럽기 때문에 텍스트 레이블을 사용하는 것이 좋다.

(a) 아이콘을 사용한 경우

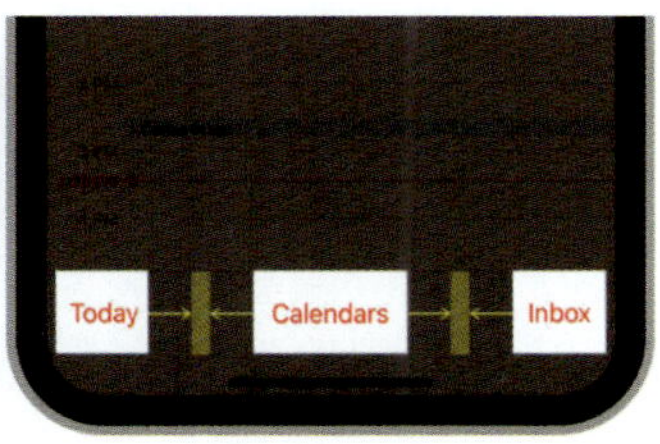

(b) 텍스트 레이블을 사용한 경우

그림 6-11 iOS의 툴 바

iOS의 툴 바에는 세분화된 컨트롤을 사용하지 않는 것이 원칙이다. 툴 바는 현재 화면에만 적용되므로 맥락을 전환해야 할 때는 탭 바를 사용하는 것이 좋다. 툴 바에 버튼이 여러 개 포함되었다면 버튼 사이에 고정 공간을 삽입하여 터치 영역이 중복되지 않도록 해야 한다.

iOS 툴 바의 가이드라인은 다음과 같다.

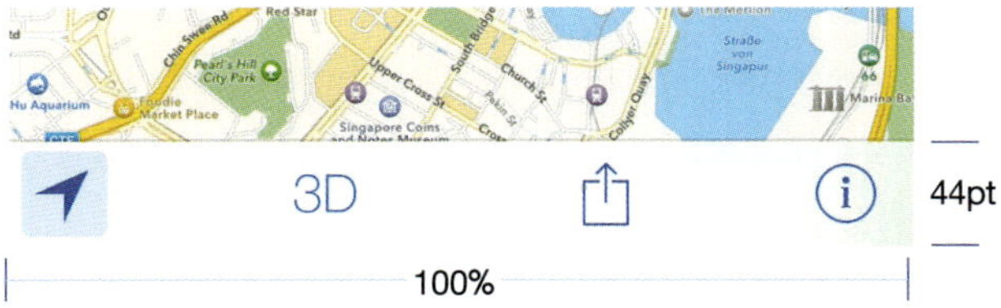

그림 6-12 iOS 툴 바의 가이드라인

3 iOS의 내비게이션 바

iOS의 내비게이션 바navigation bar는 앱 화면의 상단에 있는 상태 바 바로 아래에 배치되며 일련의 계층적 앱 화면을 탐색할 때 사용한다. 새 화면이 표시되면 [그림 6-13]의 (a)와 같이 내비게이션 바의 왼쪽에는 이전 화면의 제목으로 레이블된 뒤로 가기 버튼, 오른쪽에는 현재 페이지 내용을 관리하기 위한 편집 버튼이나 완료 버튼 같은 컨트롤을 배치한다. 내비게이션 바 역시 배경색을 반투명으로 처리하며 키보드가 화면에 나타나거나 제스처가 발생하면 크기를 조정하거나 아예 숨길 수 있다.

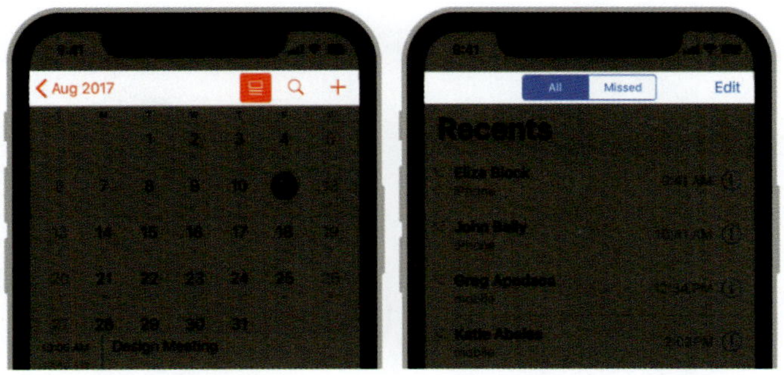

(a) 컨트롤 내비게이션 바 (b) 분할 세그먼트 내비게이션 바

그림 6-13 iOS의 내비게이션 바

앱의 최상위 수준에 있는 내비게이션 바에는 [그림 6-13]의 (b)와 같이 분할 컨트롤을 사용할 수 있다. 이는 내비게이션 바 내부에 세분화된 컨트롤을 배치하는 방식인데, 각 컨트롤은 상호 배타적인 버튼으로 각각 기능하는 두 개 이상의 세그먼트로 구성된다. 이때 세그먼트의 너비는 동일해야 하며 세그먼트에 텍스트나 이미지를 포함시킬 수 있다. 각 세그먼트는 같은 너비를 유지해야

하므로 다섯 개 이하로 구성하는 것이 바람직하다. 내비게이션 바의 뒤로 가기 버튼은 항상 단일 작업을 수행하여 이전 화면으로 돌아간다. 따라서 세그먼트 여러 개의 이동 경로를 포함하면 사용자가 화면 안에서 길을 잃을 수 있으므로 내비게이션 바에 포함하지 말아야 한다.

내비게이션 바에 컨트롤 기능보다 현재 페이지의 타이틀title이 표시되는 경우가 많다 보니 일부에서는 내비게이션 바를 타이틀 바로 부르는 경우가 많다. 타이틀은 상황에 따라 비워 둘 수도 있고 앨범, 아티스트, 재생 목록 같은 콘텐츠 영역을 차별화하기 위해 큰 타이틀을 사용할 수도 있는데 큰 타이틀은 스크롤하면 더욱 명확히 구분된다. 시계 같은 앱에는 탭 레이아웃이 있지만 각 탭마다 고유하게 인식 가능한 레이아웃이 있기 때문에 큰 타이틀은 필요하지 않다.

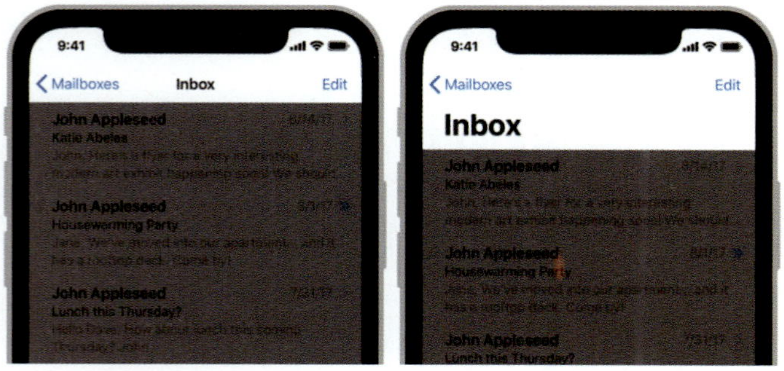

그림 6-14 내비게이션 바의 타이틀

iOS 내비게이션 바의 가이드라인은 다음과 같다.

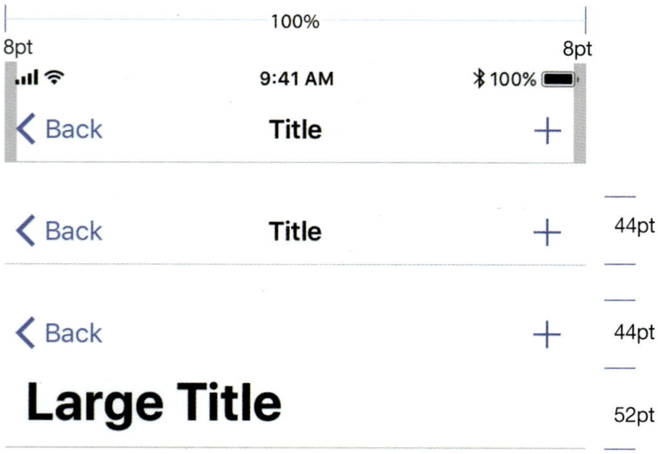

(a) 컨트롤 내비게이션 바

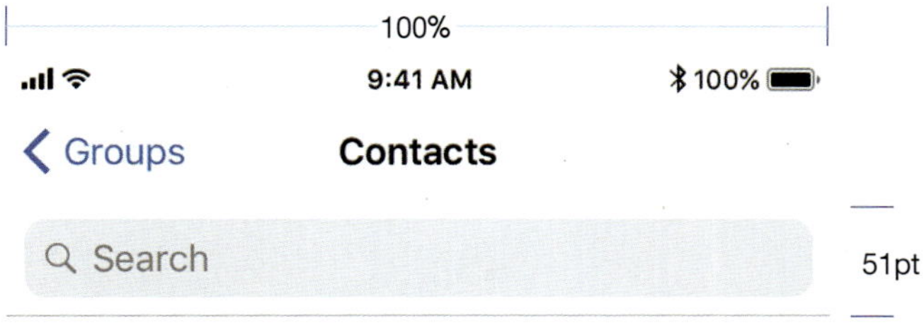

(b) 최소 검색 창이 있는 내비게이션 바

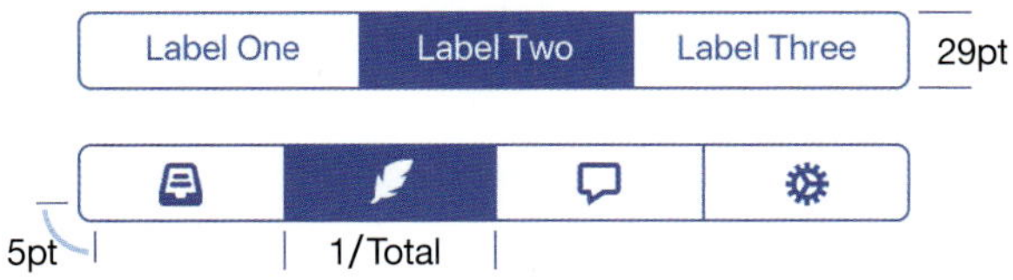

(c) 분할 세그먼트

그림 6-15 iOS 내비게이션 바의 가이드라인

4 안드로이드의 툴 바

꽤 많은 개발자들이 안드로이드의 툴 바를 액션 바라고 부른다. 하지만 툴 바와 액션 바는 위치만 비슷할 뿐 용도가 다르다. 액션 바는 개발자가 처음에 빈 액티비티 프로젝트를 만들 때 기본적으로 생성되는데, 프로그래밍을 할 때 여러 가지 제약이 있기 때문에 잘 사용하지 않는다. 대신 개발자들은 툴 바를 자주 사용한다. 즉, 툴 바와 액션 바는 시각적으로는 큰 차이가 없지만 개발자가 툴 바로 선언하느냐 액션 바로 선언하느냐에 따라 차이가 생긴다. 사용자들은 툴 바와 액션 바의 차이를 크게 느끼지 못하므로 당연히 명칭도 신경 쓰지 않는다.

그림 6-16 안드로이드의 툴 바

시각적으로 차이가 없음에도 불구하고 개발자들이 툴 바로 선언하는 이유는 툴 바가 애니메이션을 적용하기 쉽고 스크롤에 따라 위치가 변경될 때 위치에 구애 받지 않고 프로그래밍을 할 수 있기 때문이다. 디자인적으로는 탭 메뉴와 같은 위치와 가이드라인을 사용하고, 안드로이드의 머티리얼 디자인에 따라 해당 작업의 영향을 받는 뷰view 위에 단계적으로 나타나게 할 수 있다. 또 화면을 이동시키면 툴 바를 화면 밖으로 나가게 할 수도 있다.

(a) 툴 바는 다른 시트보다 한 단계 위에 위치

(b) 툴 바가 화면에서 벗어날 때까지 유지되며 끝내 화면 밖으로 나감

그림 6-17 툴 바의 위치

5 안드로이드의 하단 내비게이션

안드로이드의 하단 내비게이션bottom navigation은 탭 한 번으로 최상위 보기를 쉽게 탐색하고 전환할 수 있다. 내비게이션 아이콘을 누르면 연결된 보기로 전환할 수 있고, 현재 보기의 새로 고침도 할 수 있다.

다음 그림은 하단 내비게이션을 디자인할 때 유의할 사항을 나타낸 것이다. 하단 내비게이션에는 직접 이동이 필요한 다섯 개 이내의 목적지를 배치시킬 수 있다. 목적지가 세 개 이하라면 탭 메뉴를 사용해야 하고, 목적지가 세 개뿐이라면 아이콘과 텍스트 레이블을 항상 함께 표시해야 한다. 또한 스크롤 가능한 내비게이션을 사용해서는 안 된다. 목적지가 네다섯 개라면 비활성 보기 아이콘으로 표시해 주는 것이 좋다.

안드로이드에서는 화면 상단에 탭 메뉴가 배치되고 하단에 하단 내비게이션이 배치되기 때문에 앱의 어느 곳에서나 직접 접속이 필요한 목적지 또는 최상위 목적지로 이동할 수 있다. 이때 하단 내비게이션에는 상단의 탭 메뉴와 중복되는 내용이 배치되면 안 된다. 하단 내비게이션의 색상은 앱의 기본 색상만 사용하여 간결하게 적용해야 한다. 내비게이션 바에 색상을 적용하는 경우에는 아이콘과 텍스트 레이블을 검은색 또는 흰색으로 설정해야 한다. 텍스트 레이블은 길어지더라도 두 줄을 사용할 수 없고 말줄임표를 사용해서도 안 되며 글꼴 크기를 조절해서도 안 된다.

(a) 최대 다섯 개 배치

(b) 다섯 개 이상 사용 금지

(c) 세 개 이상일 때 사용

(d) 세 개 이하일 때는 사용 금지

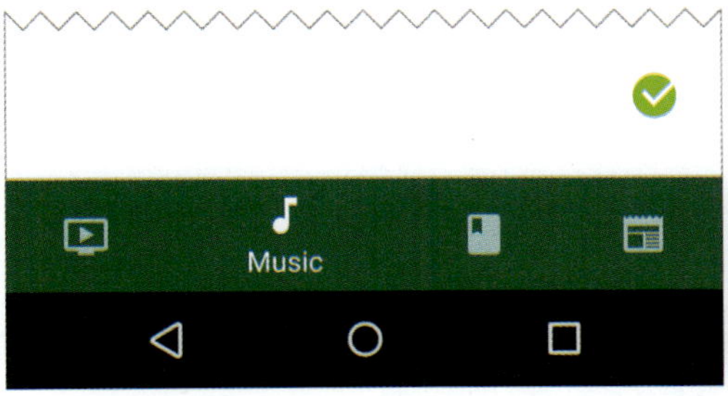

(e) 하단 내비게이션 고정

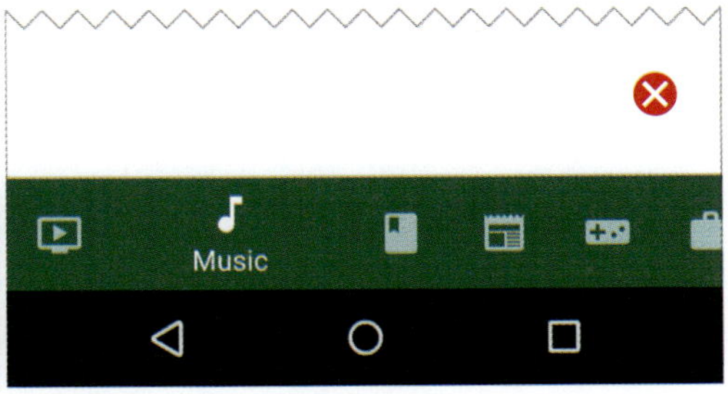

(f) 스크롤 가능한 리스트 사용 금지

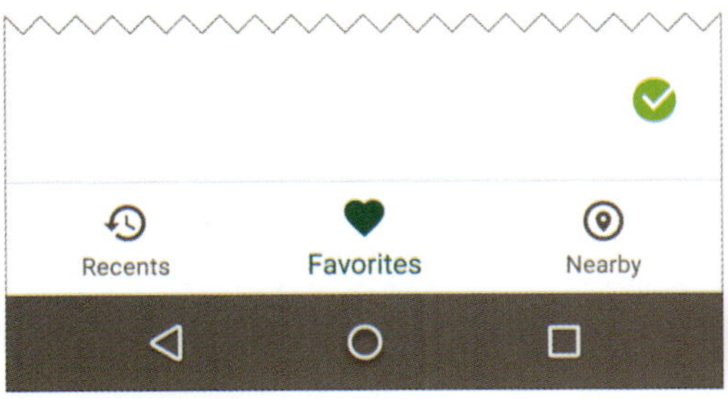

(g) 앱의 기본 색상 적용

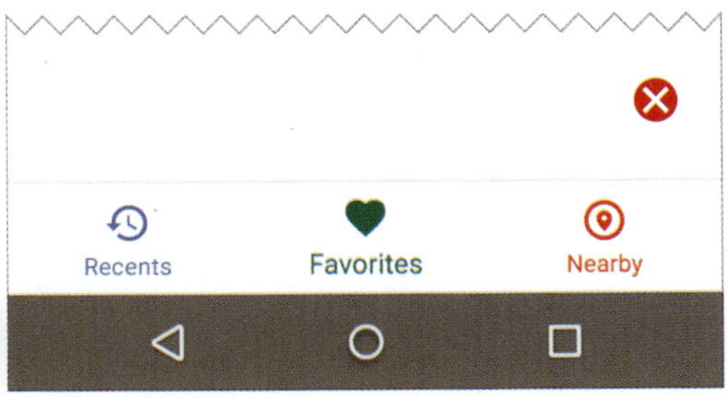

(h) 여러 색상 사용 금지

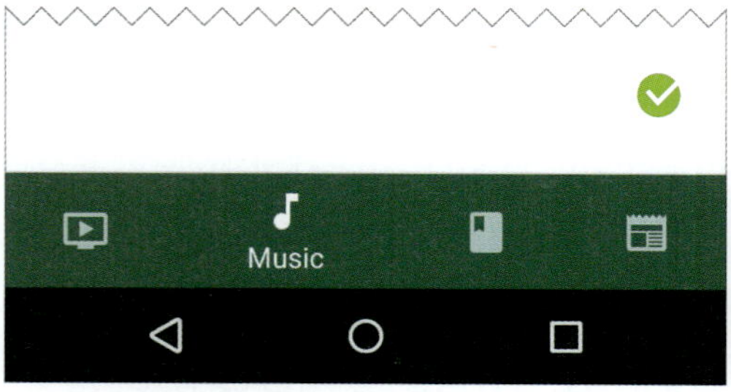

(i) 컬러 배경인 경우 흑백 아이콘과 텍스트 사용

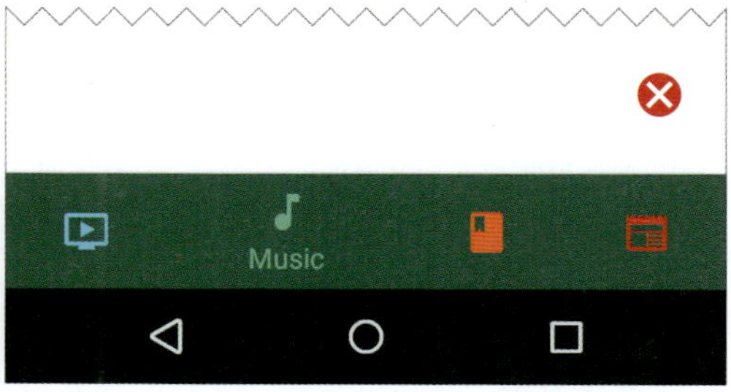

(j) 컬러 배경에 색상 아이콘과 텍스트 사용 금지

(k) 짧은 텍스트 레이블 사용

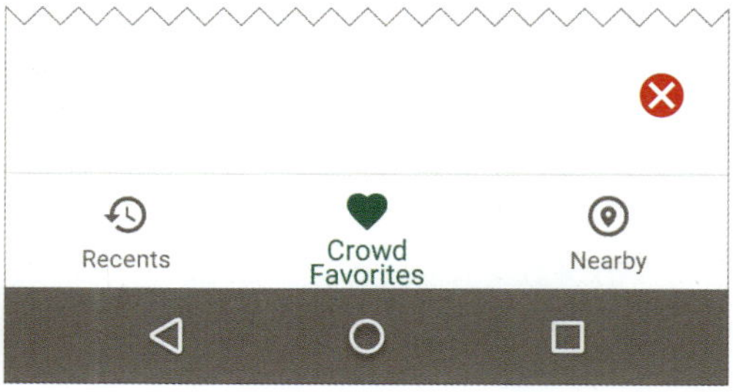

(l) 두 줄 텍스트 레이블 사용 금지

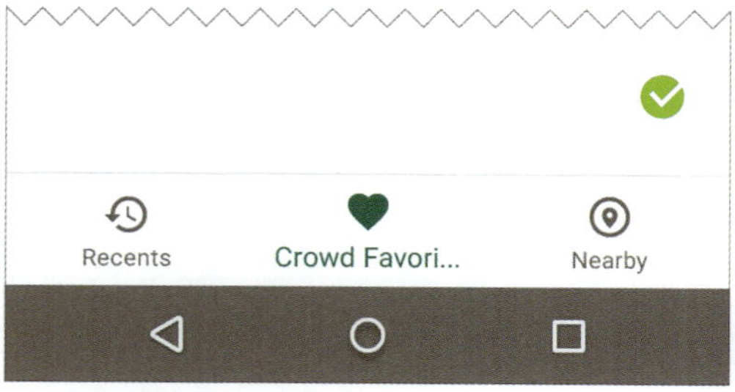

(m) 단어가 잘리는 텍스트 레이블 사용 금지

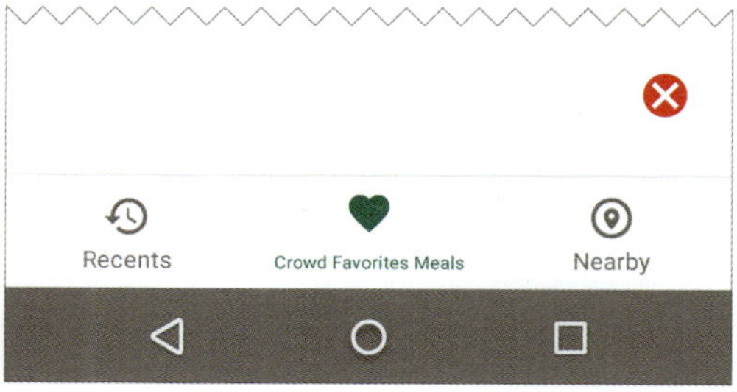

(n) 텍스트 레이블 축소 금지

그림 6-18 하단 내비게이션을 디자인할 때 유의할 사항

안드로이드 하단 내비게이션의 가이드라인은 다음과 같다.

■ **고정된 하단 내비게이션 모듬**

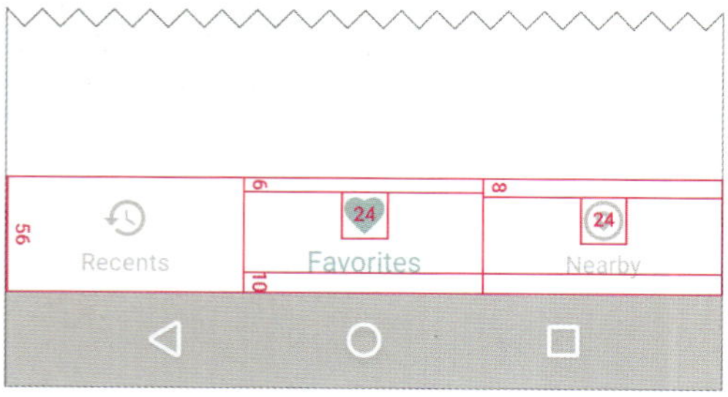

- 높이: 56dp
- 너비: 전체 너비/목록의 개수
- 활성 목록 상단 여백: 6dp
- 비활성 목록 상단 여백: 8dp
- 목록 하단 여백: 10dp
- 아이콘: 24×24dp

■ 너비 최솟값

- 너비: 80dp
- 높이: 56dp
- 아이콘: 24×24dp
- 좌우 여백: 12dp

■ 너비 최댓값

- 너비: 168dp
- 높이: 56dp
- 아이콘: 24×24dp
- 좌우 여백: 12dp

■ 텍스트

- 높이: 56dp
- 아이콘: 24×24dp
- 좌우 여백: 12dp
- 활성 목록 상단 여백: 6dp
- 비활성 목록 상단 여백: 8dp
- 텍스트 정렬: 중앙 정렬
- 활성 텍스트: Roboto Regular 14sp
- 비활성 텍스트: Roboto Regular 12sp

■ 목록 활성화와 이동

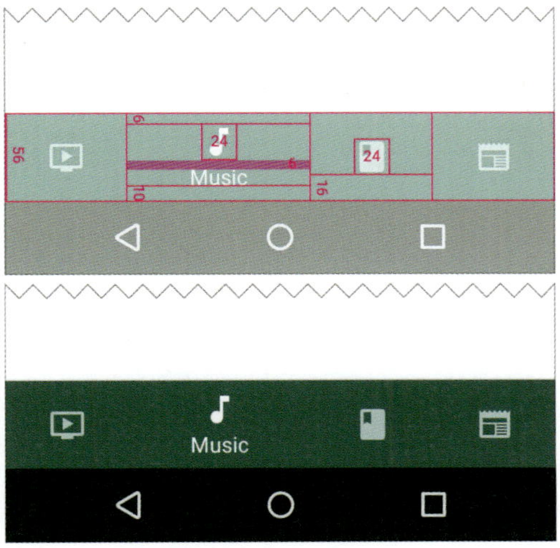

- 높이: 56dp
- 활성 목록 최대 너비: 168dp
- 활성 목록 최소 너비: 96dp
- 비활성 목록 최대 너비: 96dp
- 비활성 목록 최소 너비: 56dp
- 아이콘: 24×24dp
- 텍스트와 아이콘 정렬: 중앙 정렬
- 활성 목록 아이콘 상단/하단 여백: 6dp
- 텍스트 하단 여백: 10dp
- 활성 텍스트: Roboto Regular 14sp
- 비활성 아이콘 하단: 16dp

■ 활성 보기 최솟값

- 높이: 56dp
- 활성 목록 최소 너비: 96dp
- 아이콘: 24×24dp

■ 활성 보기 최댓값

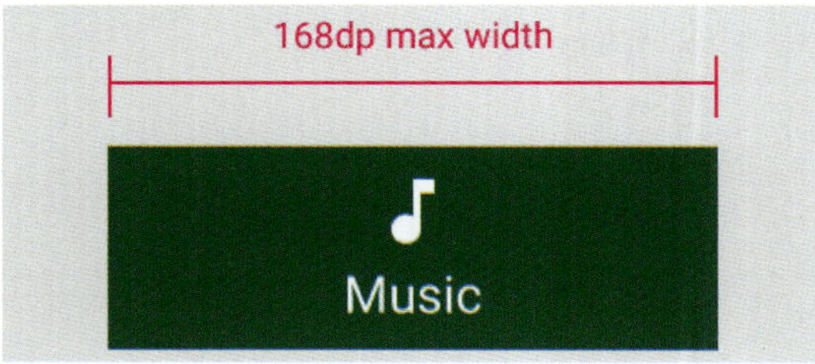

- 높이: 56dp
- 활성 목록 최대 너비: 168dp
- 아이콘: 24×24dp
- 텍스트: Roboto Regular 14sp
- 텍스트 레이블: 최대 너비 사용 가능

■ 비활성 보기 최솟값

- 높이: 56dp
- 비활성 목록 최소 너비: 56dp
- 아이콘: 24×24dp

■ 비활성 보기 최댓값

- 높이: 56dp
- 비활성 목록 최대 너비: 96dp
- 아이콘: 24×24dp

3
탭 메뉴와 툴 바의 인터랙션

탭 메뉴와 툴 바에 메뉴 수가 적으면 고정된 스타일로 탭만 사용하고, 메뉴 수가 많으면 좌우로 스와이프하여 사용하는 경우가 대부분이다. 탭 메뉴와 툴 바에 애니메이션 효과를 주면 다양한 인터랙션을 통해 사용자에게 즐거움을 줄 수 있다. 예제 소스의 [ux]–[tabmenu] 폴더와 [toolbar] 폴더에서 인터랙션 사례를 확인해 보자.

1 탭 메뉴와 툴 바의 인터랙션 사례

[그림 6–19]는 교통수단을 나타내는 아이콘으로 구성된 탭 메뉴이다. 각 아이콘이 물방울처럼 다음 탭을 감싸는 식으로 이동하면서 재미를 준다.

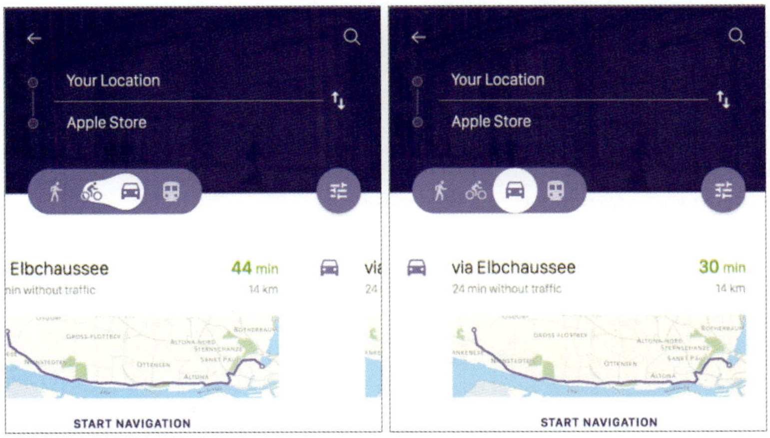

그림 6-19 tabmenu (3).gif

[그림 6–20]은 탭을 이동하면 새로운 콘텐츠가 다시 로딩되는 것이 아니라 하단의 콘텐츠가 같은 방향 좌우로 빠르게 이동하는 탭 메뉴이다. 탭 메뉴 사이에도 두 개의 탭을 감싸듯이 이동하면서 재미를 준다.

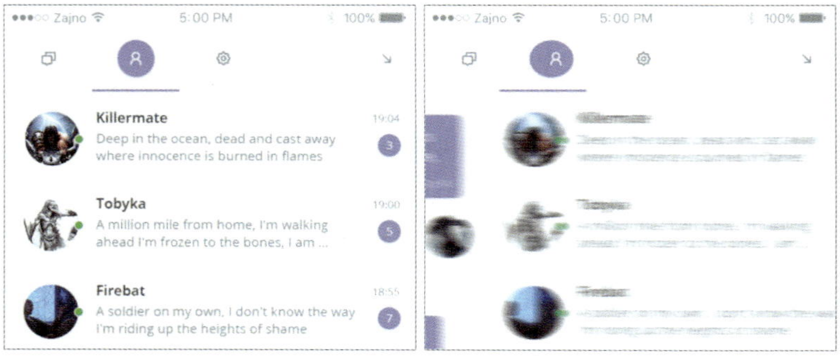

그림 6-20 tabmenu (4).gif

[그림 6-21]은 비교적 많은 수의 아이콘이 좌우로 슬라이드되는 형태의 탭 메뉴이다. 선택된 아이콘은 배경색으로 구분된다. 특정 탭 메뉴를 선택하면 콘텐츠 영역이 원형 슬라이드 방식으로 변경된다. 콘텐츠 영역을 위로 밀어 탭 메뉴를 감춘 후 콘텐츠 영역을 넓게 사용할 수 있다. 다시 콘텐츠 영역을 아래로 내리면 탭 메뉴가 나타난다. 흥미롭지만 사용자들에게 익숙한 UX가 아니기 때문에 별도로 학습해야 한다.

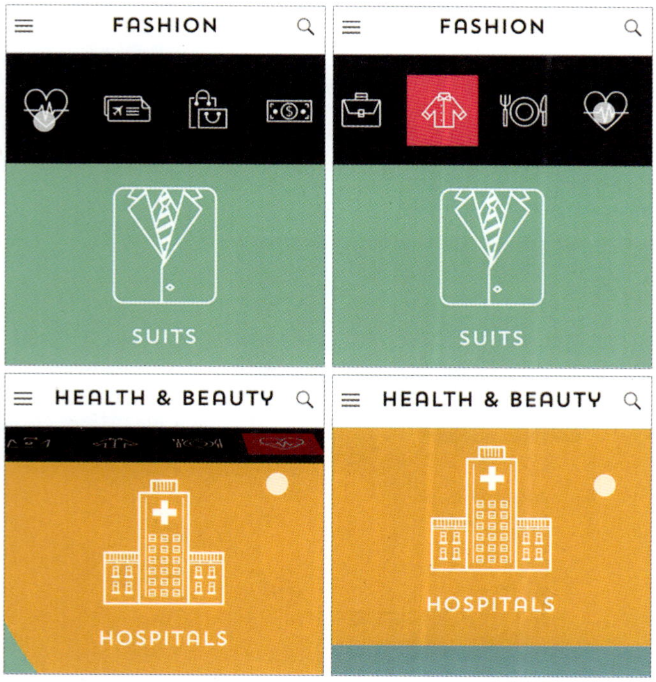

그림 6-21 tabmenu (5).gif

[그림 6-22]는 탭 메뉴의 상단이 프로필 화면처럼 디자인되어 있는데, 탭을 이동하면 상단의 이미지가 애니메이션되면서 변경된다. 콘텐츠 목록을 위로 드래그하면 탭 메뉴가 축소되고 타이틀 영역에 이미지와 타이틀이 배치된다(iOS에서는 타이틀 영역에 이미지를 허용하지 않기 때문에

이러한 방식을 적용할 수 없다). 이 경우 콘텐츠 영역이 늘어나도 탭 메뉴는 그대로 보이기 때문에 재미를 주면서도 사용성을 해치지 않는다.

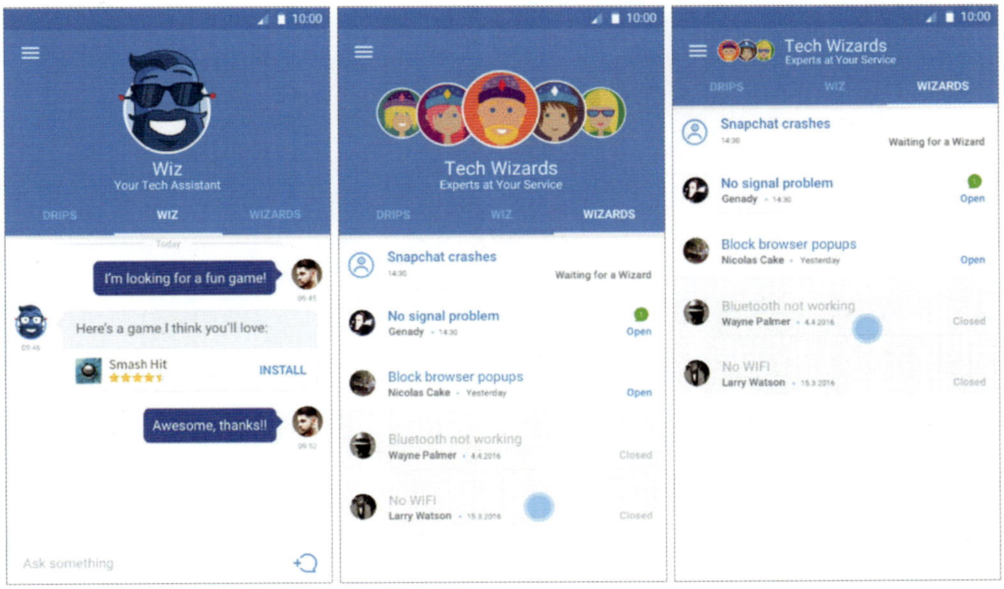

그림 6-22 tabmenu (9).gif

[그림 6-23]은 iOS의 기본 아이콘을 사용하는 탭 메뉴처럼 보이지만 시계를 탭하면 시계가 한 바퀴 회전하고 편지 봉투를 탭하면 편지가 위로 돌출되었다가 다시 접힌다. 종은 양옆으로 흔들리고 사람이 겹치면 뒷사람이 앞사람 뒤로 숨는다. 탭 사이를 이동할 때 별다른 인터랙션은 없지만 아이콘을 탭했을 때 기대감을 갖게 한다.

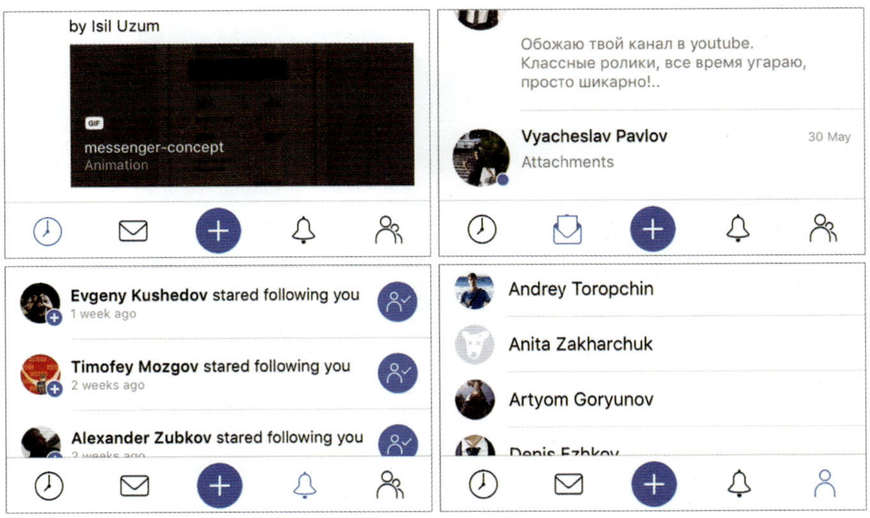

그림 6-23 tabmenu (15).gif

[그림 6-24]는 메뉴를 탭할 때마다 텍스트가 내부 콘텐츠 영역으로 커지면서 번져나가 사라지는 애니메이션이 진행된다. 다른 탭을 선택하면 배경색도 변하지만 최종적으로 선택된 페이지의 레이블링이 사라지기 때문에 다소 산만해 보인다.

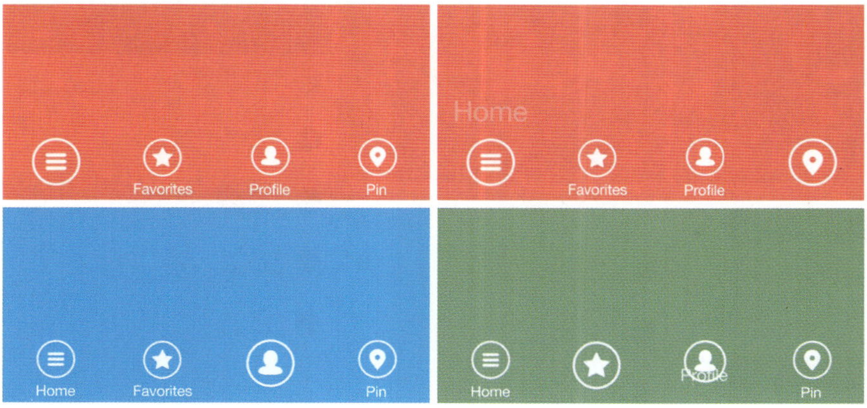

그림 6-24 tabmenu (17).gif

[그림 6-25]는 특정 메뉴를 선택하면 배경색이 깔리면서 아이콘의 위치나 크기가 바뀌는 탭 메뉴이다. 애니메이션되는 속도가 바로 옆 메뉴를 선택할 때와 좌우 양끝의 메뉴를 선택할 때가 다르다. 좌우 메뉴를 선택하면 중간 단계의 메뉴에 배경색이 아주 빠르게 깔리면서 이동한다. 배경색이 이동하는 중에는 아이콘에 애니메이션이 적용되지 않는다.

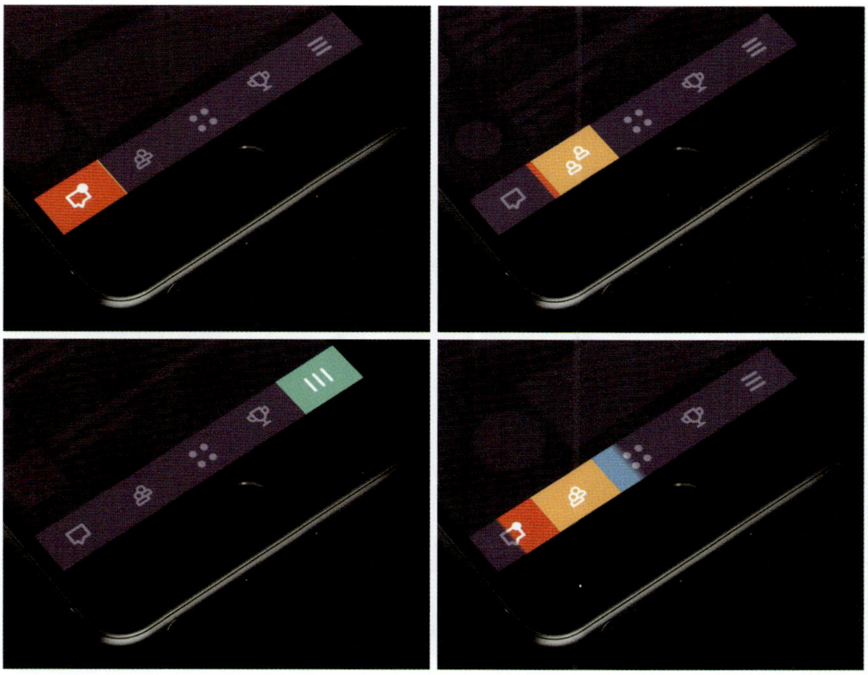

그림 6-25 tabmenu (18).gif

[그림 6-26]은 아주 많은 수의 메뉴가 좌우로 스와이프되는 형태의 탭 메뉴이다. 메뉴 수가 많은 만큼 스와이프되는 속도도 빠르다. 선택된 메뉴는 조금 크게 돌출되어 있는 왼쪽 아이콘에 표시된다. 불가피하게 메뉴 수를 많이 넣어야 하더라도 이러한 탭 메뉴는 권장하지 않는다. iOS라면 카테고리를 만들어 사용하고 안드로이드라면 내비게이션 드로워를 사용하는 것이 바람직하다.

그림 6-26 tabmenu (21).gif

[그림 6-27]은 앨범 목록의 맨 마지막 칸을 위로 드래그하면 숨겨진 컨트롤이 나타나는 탭 메뉴이다. 컨트롤을 선택하면 플레이 타임의 컨트롤이 맨 아랫줄에 얇게 보인다. 컨트롤을 감추려면 앨범을 다시 아래 방향으로 드래그하면 된다.

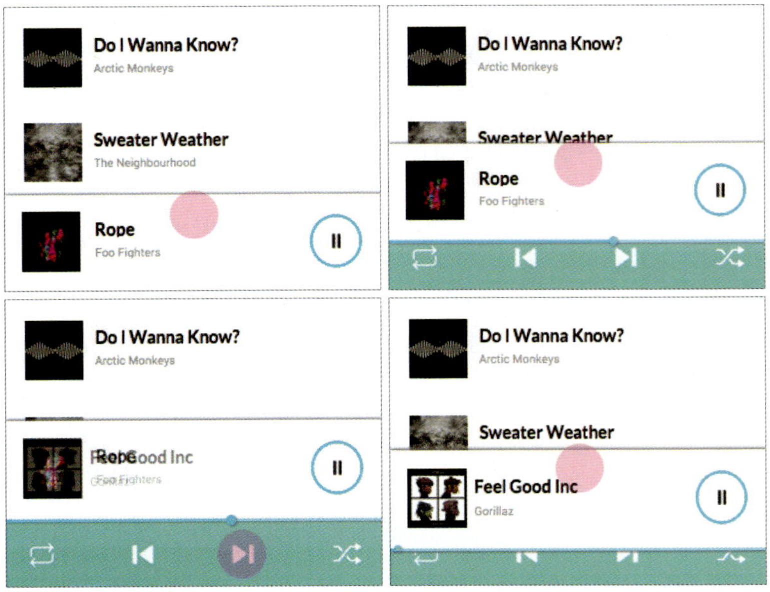

그림 6-27 tabmenu (23).gif

요약

1 탭 메뉴

탭 메뉴는 사용자가 앱의 여러 섹션을 신속하게 전환할 때 사용하는 중요한 내비게이션 수단이다. 잘 디자인된 탭 메뉴는 사용자에게 현재 위치를 알려 주고, 화면 내부에 보이는 콘텐츠와 활성화된 탭을 연결시켜 주기 때문에 사용자가 앱의 내부 콘텐츠로 쉽게 이동할 수 있도록 돕는다.

2 iOS의 탭 바

iOS에서는 탭 메뉴를 탭 바라고 부른다. 탭 바는 아이콘 또는 아이콘과 함께 레이블링된 텍스트의 조합으로 구성한다. 또한 가로와 세로 어느 방향에서 보더라도 동일한 높이를 유지하고, 키보드가 표시되면 숨겨지도록 구성한다. 탭 바의 메뉴는 최소 세 개에서 최대 다섯 개까지가 적당하다.

3 안드로이드의 탭 메뉴

안드로이드의 탭 메뉴는 화면 상단에 배치한다. 현재 화면과 관련된 탭은 선으로 구분하고, 내용 설명을 간결하게 잘 정리한 레이블을 붙여 준다.

4 iOS의 툴 바

iOS의 툴 바는 현재 보기 또는 화면의 콘텐츠 내용과 관련된 작업을 수행하기 위한 버튼을 포함하고 있다. 툴 바는 배경색이 반투명으로 처리되며 키보드가 화면에 있을 때는 나타나지 않는다. 필요하지 않을 때는 숨길 수도 있다. 숨겨진 툴 바는 화면 하단을 살짝 터치하면 다시 나타난다.

5 iOS의 내비게이션 바

iOS의 내비게이션 바는 일련의 계층적 앱 화면을 탐색할 때 사용한다. 새 화면이 표시되면 내비게이션 바의 왼쪽에는 이전 화면의 제목으로 레이블된 뒤로 가기 버튼, 오른쪽에는 현재 페이지 내용을 관리하기 위한 편집 버튼이나 완료 버튼 같은 컨트롤을 배치한다. 내비게이션 바 역시 배경색이 반투명으로 처리되고 키보드가 화면에 나타나거나 제스처가 발생하면 크기를 조정하거나 아예 숨길 수 있다.

6 안드로이드의 툴 바

안드로이드의 툴 바는 디자인적으로는 탭 메뉴와 같은 위치와 가이드라인을 사용한다. 안드로이드의 머티리얼 디자인에 따라 해당 작업의 영향을 받는 뷰 위에 단계적으로 나타나게 할 수 있다. 화면을 이동시켜 화면 밖으로 나가게 할 수도 있다.

7 안드로이드의 하단 내비게이션

안드로이드의 하단 내비게이션은 탭 한 번으로 최상위 보기를 쉽게 탐색하고 전환할 때 사용한다. 내비게이션 아이콘을 누르면 연결된 보기로 전환할 수 있고, 현재 보기의 새로 고침도 할 수 있다.

Chapter 07
테이블 리스트

1
테이블 리스트의 개요

1 리스트 UI

리스트 UI는 스마트폰 화면의 대부분에 해당한다고 할 정도로 비중이 높은 UI 패턴 중 하나이다. 시각적인 면에서는 이미지가 주를 이루는 경우, 텍스트만 있는 경우, 텍스트와 아이콘이 조합된 경우 등 다양한 형태가 있다. 리스트 UI의 종류에는 기본 형태의 테이블 리스트와 최근 핀터레스트를 필두로 주목받고 있는 카드 리스트가 있다.

리스트는 그 형태에 따라 다양한 UX를 제공한다. 대표적인 예로 리스트 항목을 클릭했을 때 세부 페이지를 확장하는 다양한 액션을 들 수 있다. [그림 7-1]의 (a)는 테이블 리스트의 항목을 확장했을 때 모습이고 (b)는 카드 리스트의 항목을 확장했을 때 모습이다.

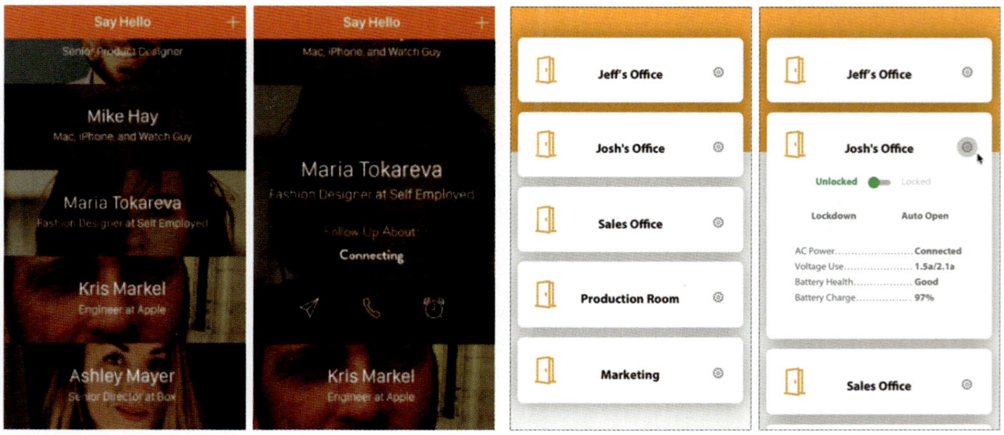

(a) 테이블 리스트의 확장 (b) 카드 리스트의 확장

그림 7-1 리스트의 확장

2 테이블 리스트

기본적으로 많이 사용되는 리스트인 테이블 리스트는 콘텐츠를 나열하는 아주 일반적인 사용자 인터페이스이다. 대부분의 콘텐츠는 테이블 형태로 구성된 경우가 많기 때문에 테이블 리스트를 용도에 맞게 사용하면 편리하다. 테이블 리스트는 여러 개의 항목을 연속된 요소로 구성하여 세로 방향으로 표시한다. 유사한 데이터를 아래로 나열하며 보여 줄 때 적합한데, 이미지 또는 텍스트와 같은 데이터 세트를 일관성 있게 나열하는 것이 중요하다. 이 장에서는 테이블 리스트에 대해 알아보고, 카드 리스트는 9장에서 자세히 살펴본다.

2

iOS의 테이블 뷰

1 iOS의 테이블 뷰

테이블 리스트는 데이터를 섹션 또는 그룹으로 나누어 단일 열의 스크롤 행 목록으로 표시한다. iOS에서는 테이블 리스트를 테이블 뷰라고 하며, 텍스트 기반 콘텐츠를 표시할 때 사용한다. 테이블 뷰의 대표적인 UI 형태에는 기본 테이블 뷰와 그룹 테이블 뷰가 있다.

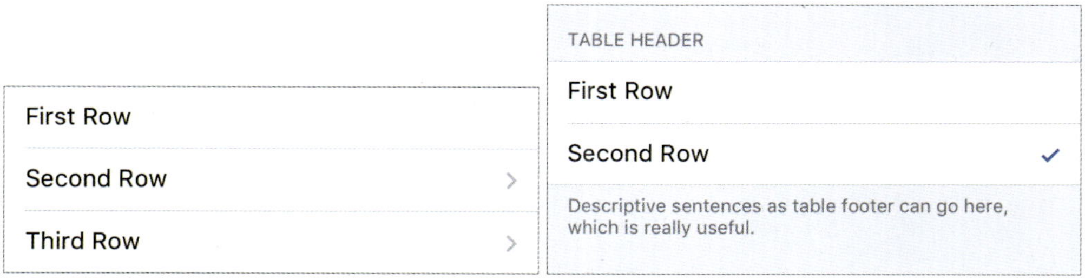

(a) 기본 테이블 뷰 (b) 그룹 테이블 뷰

그림 7-2 iOS의 테이블 뷰

기본 테이블 뷰의 행은 레이블이 있는 섹션으로 분리되며, 각 섹션에 선택 옵션이 있는 경우에는 테이블의 오른쪽 가장자리를 따라 수직으로 표현한다. 그룹 테이블 뷰는 그룹마다 최소 하나 이상의 행으로 구성하고 인덱스는 포함하지 않는다. 각 그룹에는 그룹의 맥락을 설명하는 머리글과 도움말을 표시하는 바닥글을 포함할 수 있다. 기본 테이블 뷰와 그룹 테이블 뷰는 사용자가 쉽게 읽고 수정할 수 있도록 몇 가지 변형 스타일도 제공한다.

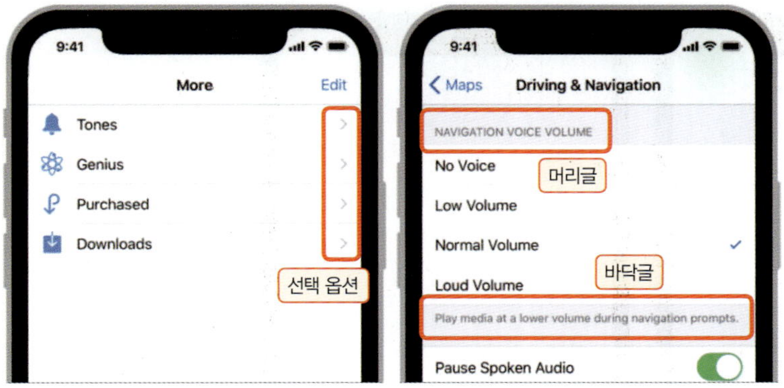

(a) 기본 테이블 뷰의 선택 옵션　　(b) 그룹 테이블 뷰의 머리글과 바닥글

그림 7-3 기본 테이블 뷰와 그룹 테이블 뷰의 구성

테이블 뷰에서 각 항목(콘텐츠)이 로딩하는 데 시간이 걸릴 경우 로딩 진행 상황을 표시해 줘야 한다. 각 항목이 앱이라면 그 앱이 실행 중인지 여부도 보여 줘야 한다. 또한 항목 수가 많으면 스크롤을 표시해 줘야 한다.

[그림 7-4]는 기본 테이블 뷰의 형태를 나타낸다. 기본 테이블 뷰의 왼쪽에는 아이콘과 제목을 왼쪽 정렬로 배치한다. 부제목을 사용할 때는 왼쪽 정렬된 제목 아래에 왼쪽 정렬하여 배치한다. 제목과 부제목은 테이블 뷰의 매 항목마다 일률적으로 붙이고 행을 구분해 준다.

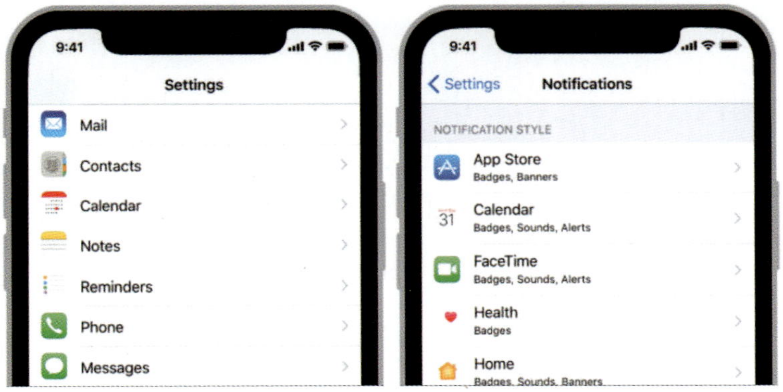

(a) 아이콘과 제목은 왼쪽 정렬　　(b) 부제목은 제목 아래에 왼쪽 정렬하여 배치

그림 7-4 기본 테이블 뷰의 형태

[그림 7-5]의 (a)와 같이 부제목을 오른쪽에 배치할 때는 텍스트 밝기를 조절한다. [그림 7-5]의 (b)와 같이 부제목을 제목 바로 옆에 배치할 때는 밝은 글꼴을 사용하여 왼쪽 정렬로 배치한다. iOS에서는 시스템에서 제공하는 테이블 뷰를 사용하기를 권장하지만 사용자 정의 테이블을 사용해도 무관하다.

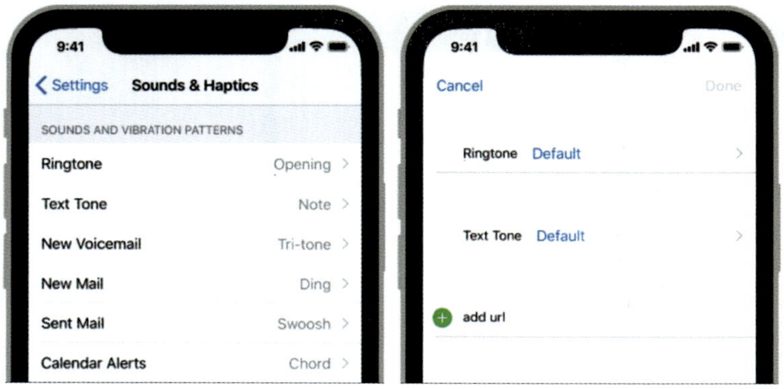

(a) 오른쪽에 배치할 경우 (b) 제목 바로 옆에 배치할 경우

그림 7-5 부제목의 배치

iOS 기본 테이블의 가이드라인은 다음과 같다.

■ **기본 테이블**

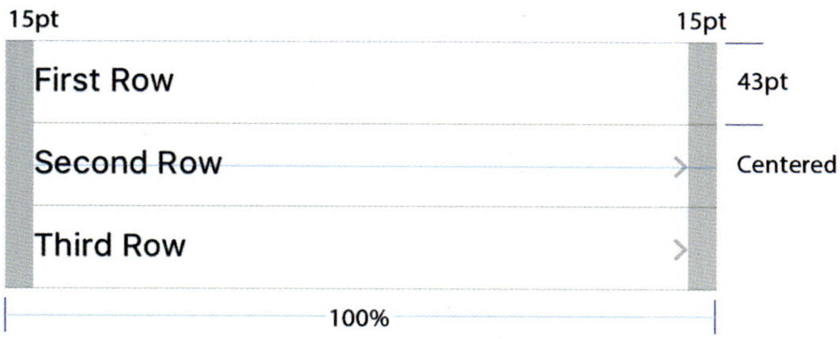

- 너비: 100%
- 텍스트: 상하 중앙 정렬
- 높이: 43pt
- 좌우 여백: 15pt

■ **기본 테이블에 아이콘이 있는 경우**

- 너비: 100%
- 텍스트: 상하 중앙 정렬
- 높이: 43pt
- 좌우 여백: 15pt
- 아이콘: 너비/높이 29pt

■ **기본 테이블에 아이콘과 수치 값이 있는 경우**

- 너비: 100%
- 텍스트: 상하 중앙 정렬
- 높이: 43pt
- 좌우 여백: 15pt
- 아이콘: 너비/높이 29pt

■ 기본 테이블에 아이콘과 부제목이 있는 경우

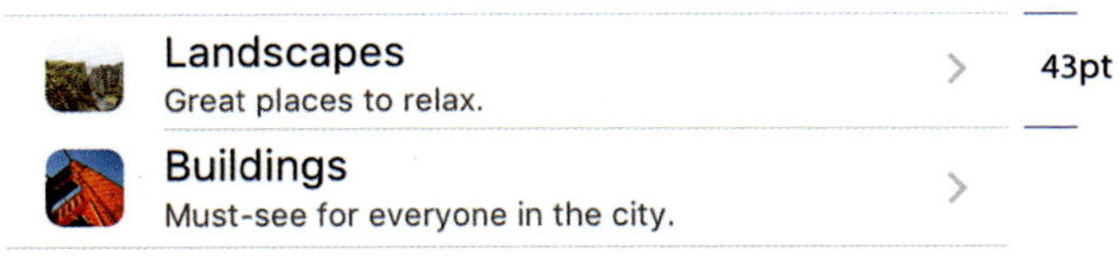

- 너비: 100%
- 높이: 43pt
- 좌우 여백: 15pt
- 아이콘: 너비/높이 29pt
- 제목 높이: 15pt
- 부제목 높이: 11pt

■ 대형 셀의 기본 테이블

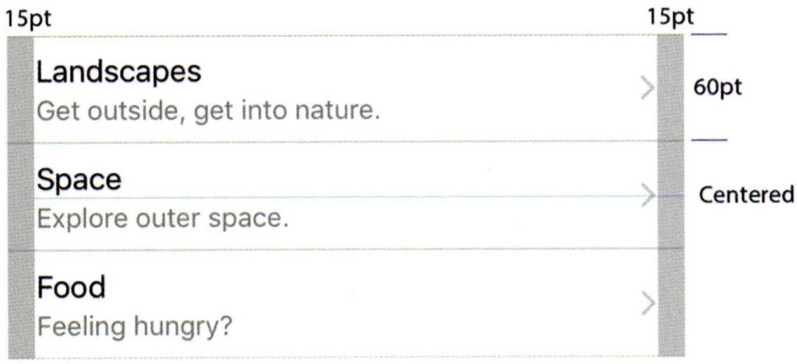

- 너비: 100%
- 높이: 60pt
- 좌우 여백: 15pt
- 제목 높이: 15pt
- 부제목 높이: 15pt

실습

3

iOS의 테이블 뷰 만들기

1 채팅 앱의 테이블 뷰 만들기

완성 이미지

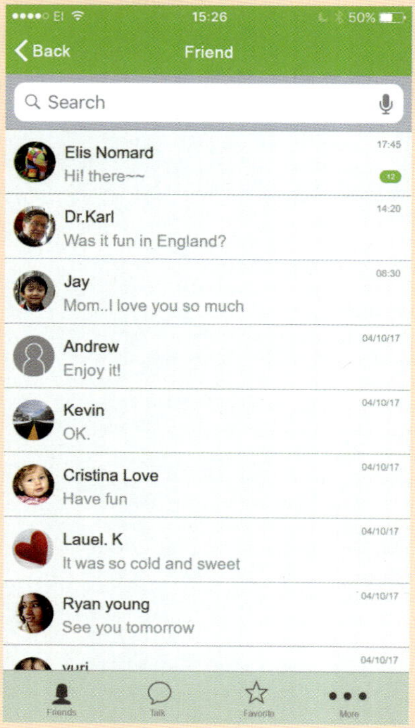

준비 파일 iOS_list_resource.psd, UIElements-Bars.psd, avatar1.png~avatar8.png

완성 파일 iOS_list_result.psd

01 [실습]-[7장] 폴더에서 iOS_list_resource.psd 파일을 불러온다. 준비 파일에 상태 바가 삽입되어 있다.

02 다음과 같이 화면 좌우 여백으로 16픽셀, 상태 바의 높이 40픽셀, 그 아래 타이틀의 높이가 88픽셀이 되도록 40에 88을 더한 128픽셀 지점에 가이드라인을 배치한다.

03 사각형 툴(□)로 너비가 30픽셀이고 높이가 6픽셀인 흰색 사각형을 만든다. Shift를 누른 채로 너비가 6픽셀이고 높이가 30픽셀인 흰색 사각형을 같은 레이어에 추가로 만든 후 직각으로 배치한다. 두 셰이프를 선택하고 Ctrl+T를 눌러 왼쪽 방향으로 45° 회전시킨 후 타이틀 공간의 왼쪽에 배치한다.

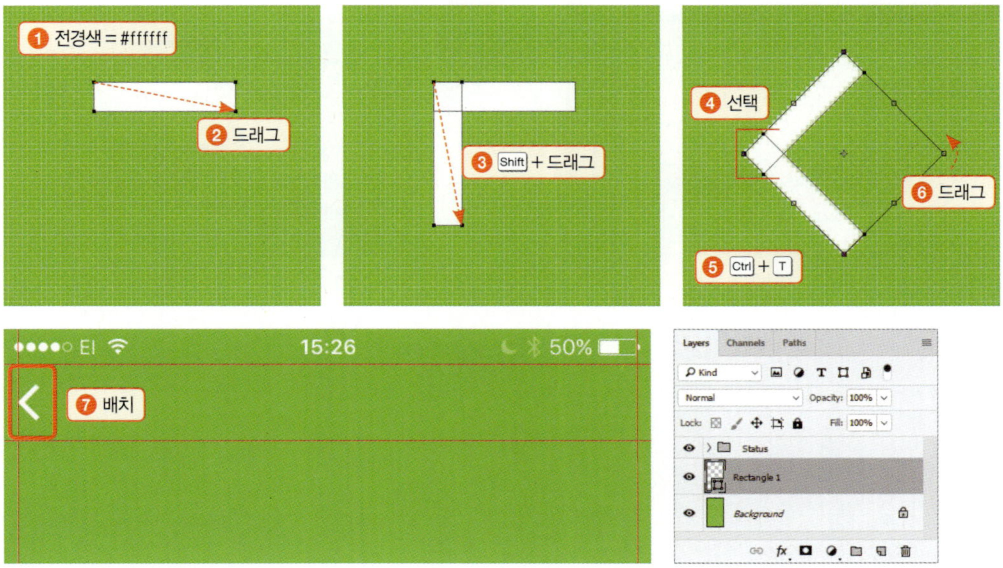

04 타이틀 공간의 왼쪽에서 50픽셀 떨어진 위치에 Back, 타이틀 공간의 중간에 Friend를 입력한다.

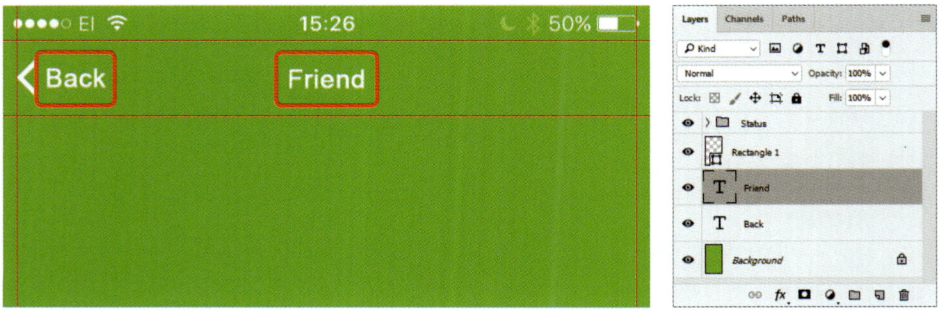

05 UIElements-Bars.psd 파일을 열고 Search Bar 그룹의 템플릿 중 네 번째 레이어의 섬네일을 더블클릭한다. psb 화면으로 넘어가면 레이어 패널의 전체 레이어가 선택된 상태에서 마우스 오른쪽 버튼을 눌러 [Duplicate Layers]를 선택한다. Document를 iOS_list_resource.psd로 선택하고 〈OK〉를 클릭한다.

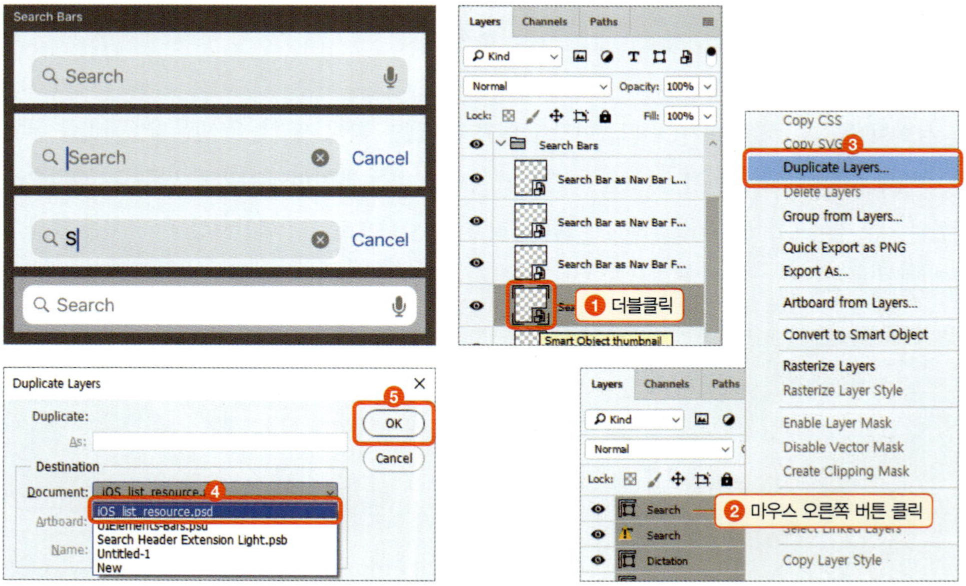

06 검색 창이 작업 화면으로 복제되면 타이틀 공간 아래에 배치한다. 검색 창은 직접 제작해도 상관없지만 iOS에서 제공하는 템플릿을 이용하면 더욱 편리하다. 검색 창을 직접 제작할 때는 높이를 102픽셀, 좌우 여백을 16픽셀과 상하 여백을 15픽셀로 설정해야 한다. Background 레이어를 제외한 나머지 레이어를 그룹으로 묶는다.

Tip 구 버전인 iOS 10의 검색 창 높이는 88픽셀이다.

07 Background 레이어를 선택하고 새 레이어를 추가한다. 사각형 선택 툴(⬚)로 검색 창 아래 영역을 선택하고 색상을 회색(#f4f4ef)으로 채운다.

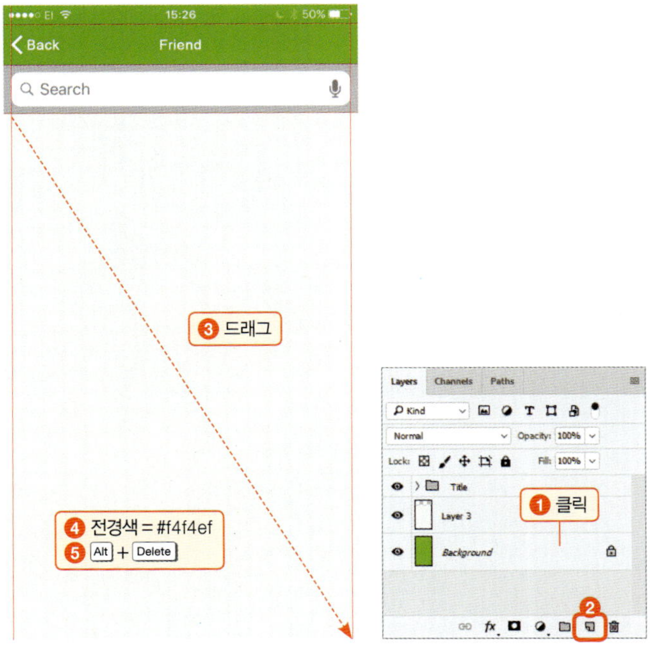

08 새 레이어를 추가하고 iOS의 대형 셀 가이드라인에 맞춰 연필 툴(✎)로 120픽셀 간격으로 1픽셀짜리 구분 선을 그린다.

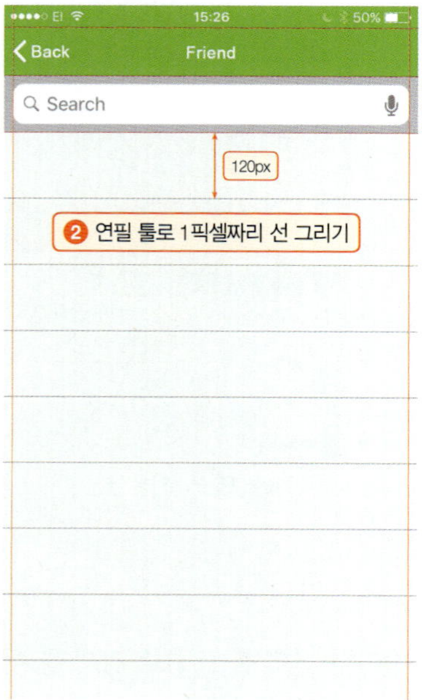

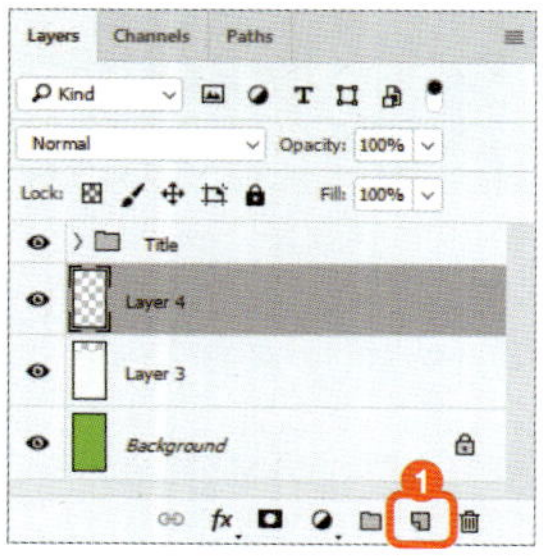

09 [실습]–[7장] 폴더에서 제공하는 너비와 높이가 각각 76픽셀인 정원 형태의 다양한 아바타용 사진(avatar1.png~avatar8.png)을 대형 셀의 수직 중앙에 놓고 왼쪽 가이드라인에 붙여 배치한다. 아바타용 사진이 없는 정원도 하나 그려 회색으로 채운다.

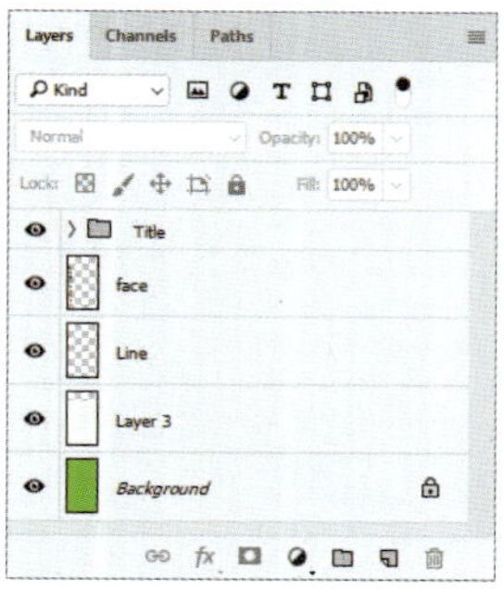

Tip 다른 이미지를 아바타용 사진으로 사용할 경우 너비와 높이가 각각 76픽셀인 정원 형태로 만들어 사용한다.

10 원형 툴(◎)로 너비와 높이가 각각 32픽셀인 원을 그리고 면은 색상 없음, 선은 2픽셀의 흰색으로 설정한다. Shift를 누른 채로 모서리가 둥근 사각형 툴(▢)로 너비가 40픽셀이고 높이가 50픽셀인 사각형을 만들어 다음과 같이 배치한 후 상단의 좌우 Radius를 20픽셀, 하단의 좌우 Radius를 10픽셀로 조절한다. Ellipse 1 레이어를 마우스 오른쪽 버튼으로 누르고 [Create Clipping Mask]를 선택하면 원의 가장자리 밖으로 나간 선이 보이지 않게 된다.

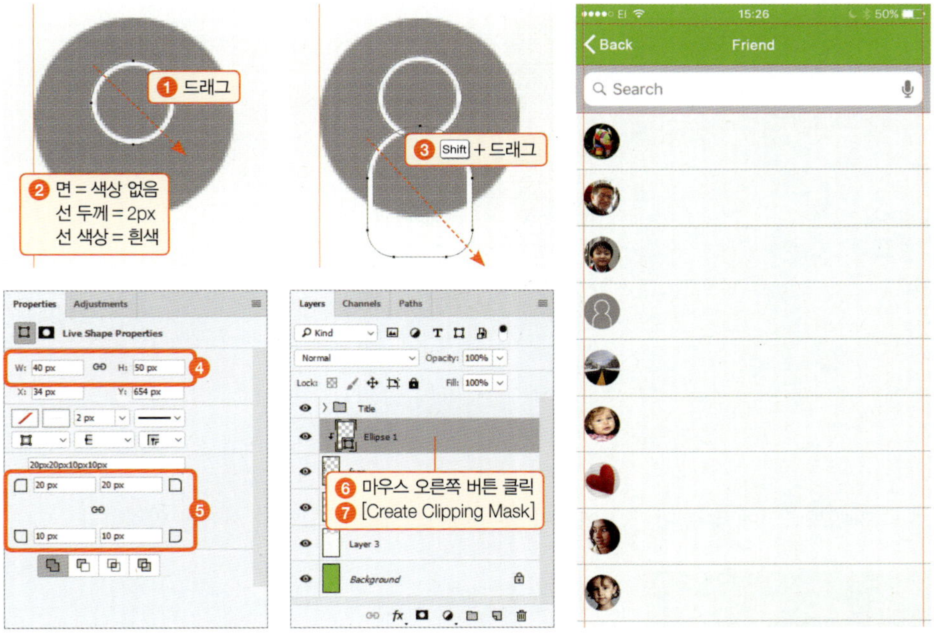

11 아바타 오른쪽으로 16픽셀만큼 간격을 두고 제목인 아바타의 이름을 입력한다. 대형 셀 안에 있는 텍스트의 수직 위치가 가운데에서 약간 위에 오도록 입력한다.

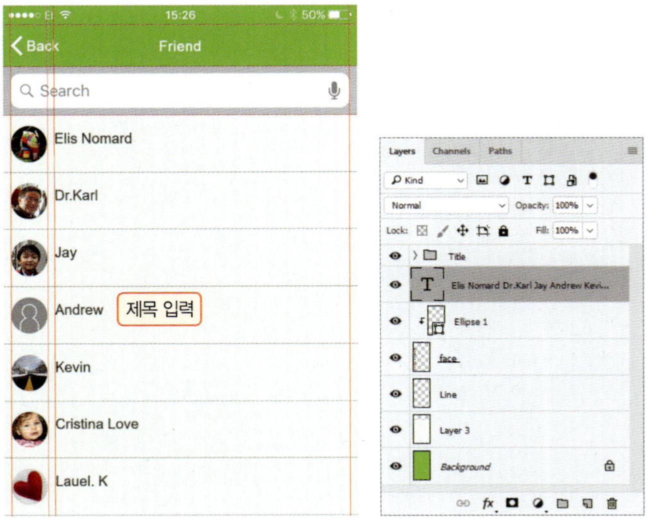

12 아바타의 하단 부분에 맞춰 부제목을 입력한다.

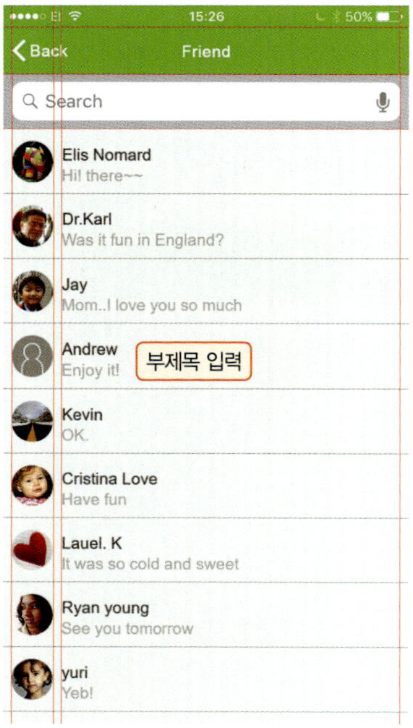

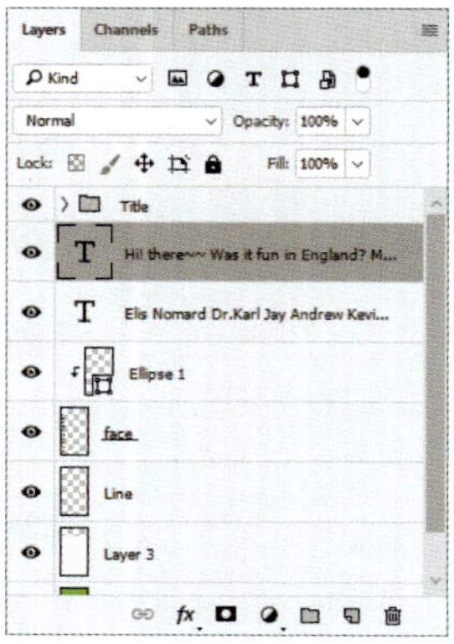

13 오른쪽 가이드라인에 맞춰 아바타 이름이 있는 높이의 위치에 날짜와 시간을 입력한다.

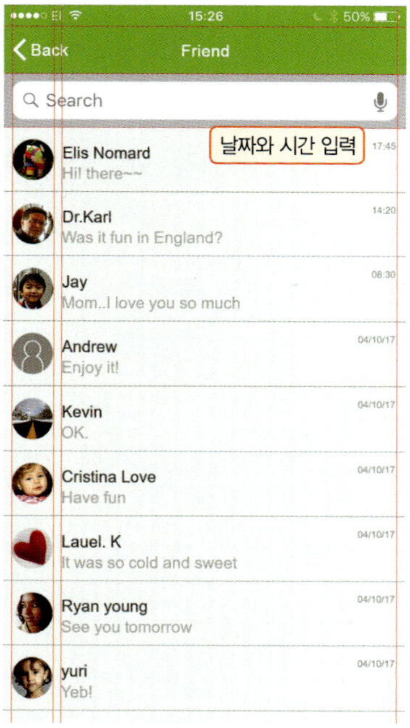

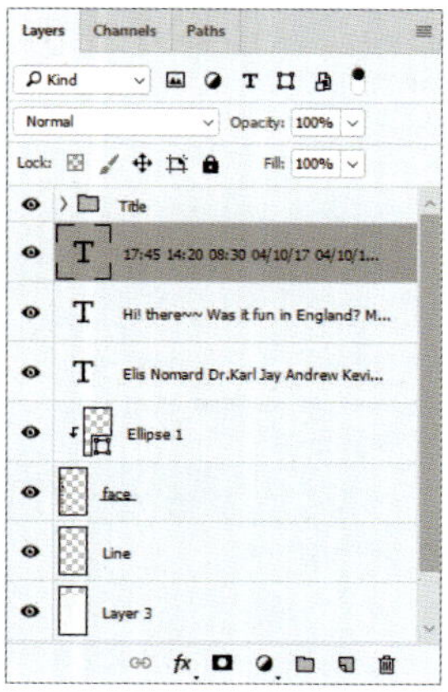

14 모서리가 둥근 사각형 툴(▢)로 너비가 40픽셀이고 높이가 24픽셀이며 상하좌우 Radius가 12픽셀인 사각형을 만든다. 앱의 메인 색상과 같은 색상으로 면을 채우고 부제목과 같은 높이의 오른쪽 끝에 배치한 후 읽지 않은 메시지 수를 뜻하는 숫자를 입력한다.

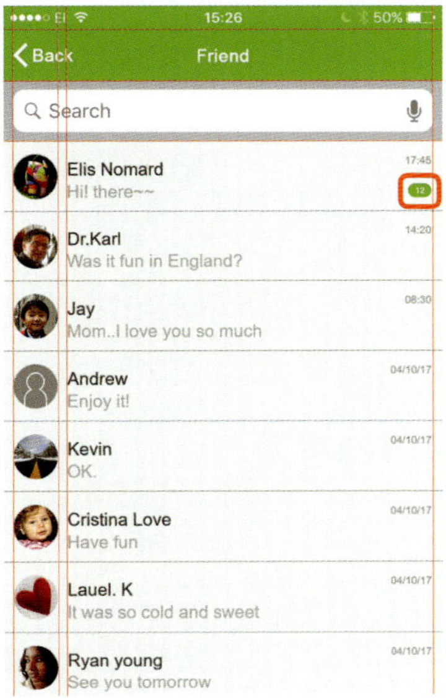

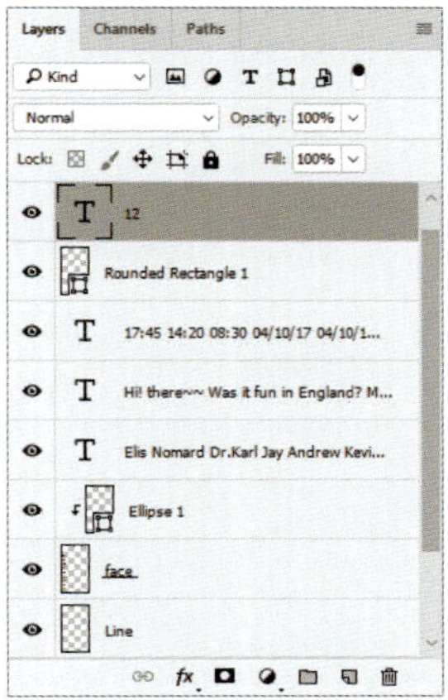

15 사각형 툴(▢)로 너비가 750픽셀이고 높이가 98픽셀인 사각형을 만든 후 면은 연한 풀색(#d5e0c5), 선은 1픽셀의 짙은 회색(#8e8e93)으로 설정한다. 선이 사각형의 위쪽에만 보이고 오른쪽, 왼쪽, 아래쪽에는 보이지 않는다.

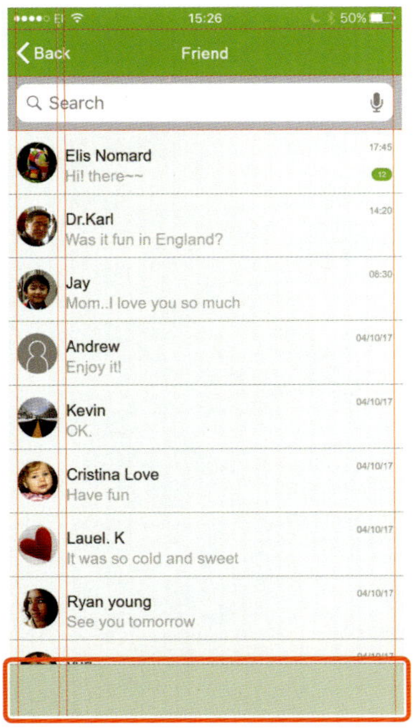

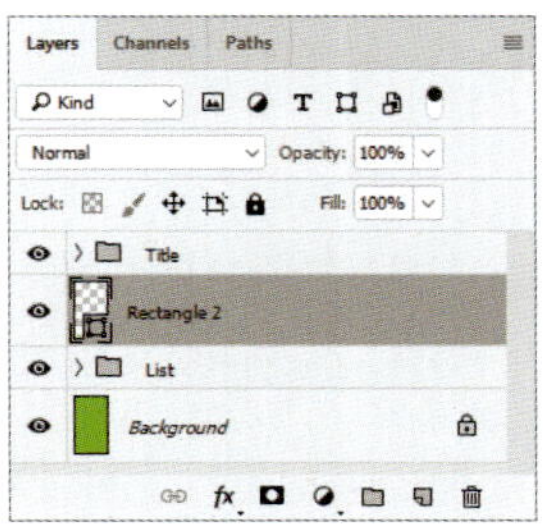

16 탭 바에 아이콘을 직접 만들거나 [icon_resource] 폴더에 있는 파일에서 아이콘을 가져와 다음과 같이 배치하고 레이블을 붙인 후 그룹으로 묶어 테이블 리스트를 완성한다.

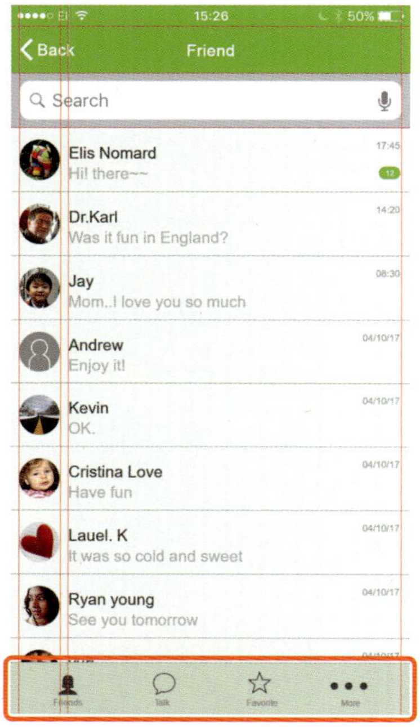

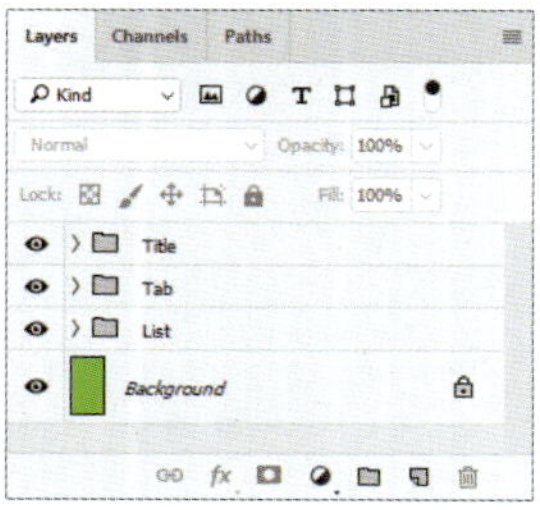

4
안드로이드의 테이블 리스트

1 안드로이드의 테이블 리스트

안드로이드의 테이블 리스트는 iOS의 테이블 뷰와 마찬가지로 각 행에 아이콘과 텍스트를 표시한다. iOS의 테이블 뷰와 달리 다양한 스타일의 테이블 리스트마다 상세한 가이드라인을 제공하기 때문에 편리하다. 테이블 리스트의 각 행은 타일이라고 부르는데, 타일의 높이는 서로 다를 수 있다.

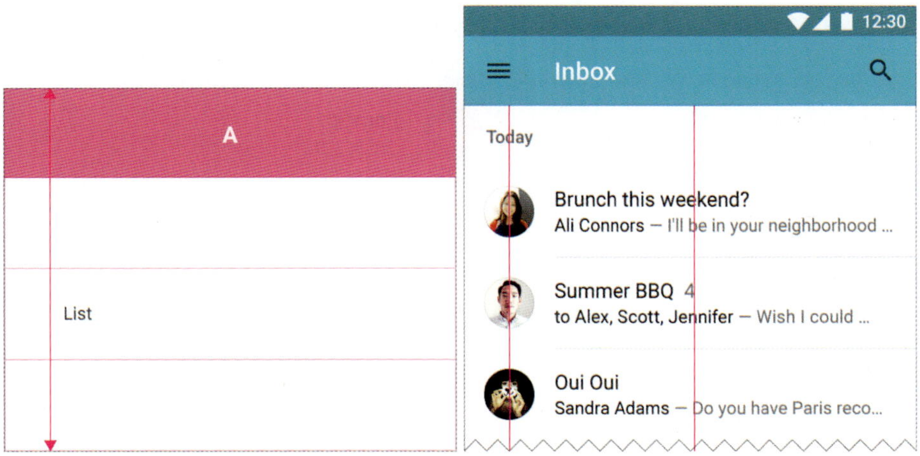

(a) 테이블 리스트 그리드 (b) 일반적인 리스트 패턴

그림 7-6 안드로이드의 테이블 리스트

테이블 리스트는 수직으로만 스크롤할 수 있고, 각 타일 안에서의 스와이프 동작은 리스트 안에서의 스와이프 동작과 일관되게 유지되어야 한다. 타일은 리스트에서 원하는 위치로 마치 파일을 폴더로 이동하는 것처럼 이동할 수 있다. 따라서 리스트 안의 타일을 수동으로 재정렬할 수 있는데, 이때는 가급적 날짜순, 파일 크기순, 알파벳순과 같은 기준을 가지고 정렬해야 한다.

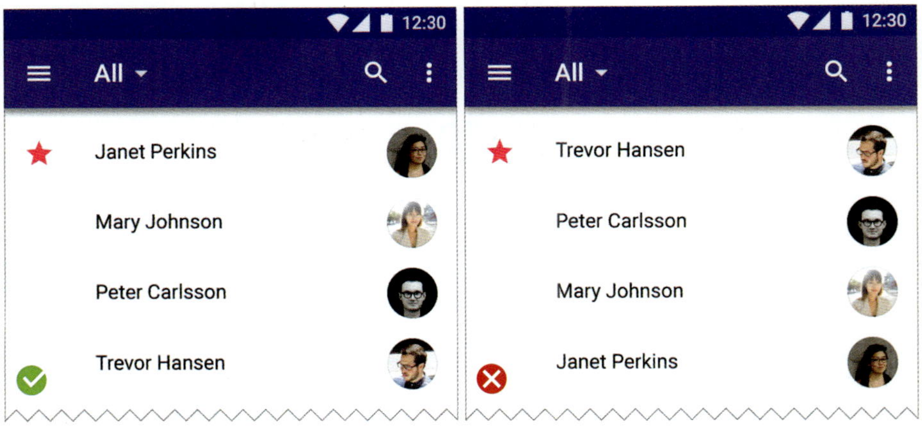

(a) 알파벳순으로 정렬 (b) 임의 정렬

그림 7-7 타일 정렬

테이블 리스트의 타일에는 관련 콘텐츠를 일관된 형식으로 표시해야 하며, 계층 구조를 사용하여 유형 또는 콘텐츠의 우선순위에 따라 사용자가 중요한 정보를 빠르게 찾을 수 있도록 해야 한다. 리스트의 각 타일은 세 줄까지 텍스트를 포함할 수 있으며, 텍스트 길이는 일관성과 무관하게 달라질 수 있다. 텍스트를 세 줄 이상 입력해야 할 때는 테이블 리스트 대신 카드 리스트를 사용해야 한다. [그림 7-8]은 타일 내 콘텐츠 배치 방법을 나타낸다.

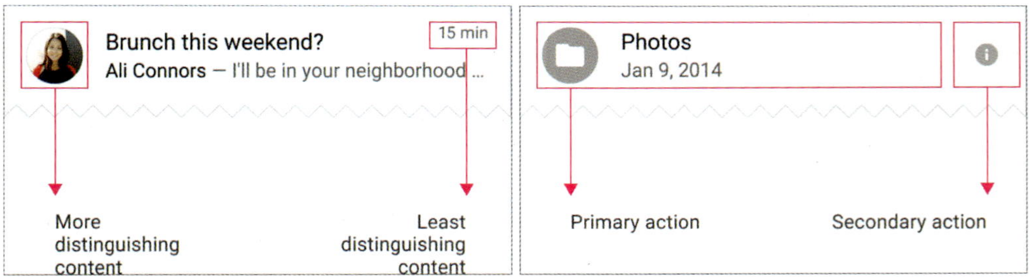

(a) 주요 요소는 타일의 왼쪽에 배치 (b) 기본 동작은 타일 내 대부분의 공간에 배치

그림 7-8 타일 내 콘텐츠 배치

[그림 7-9]는 타일 안의 텍스트가 한 줄, 두 줄, 세 줄일 때를 나타낸다. 한 줄 리스트는 각 타일에 텍스트를 한 줄, 두 줄 리스트는 각 타일마다 텍스트를 최대 두 줄, 세 줄 리스트는 각 타일마다 텍스트를 최대 세 줄까지 포함할 수 있다. 한 줄 리스트든 두 줄 리스트든 세 줄 리스트든 텍스트 길이는 타일마다 다를 수 있다.

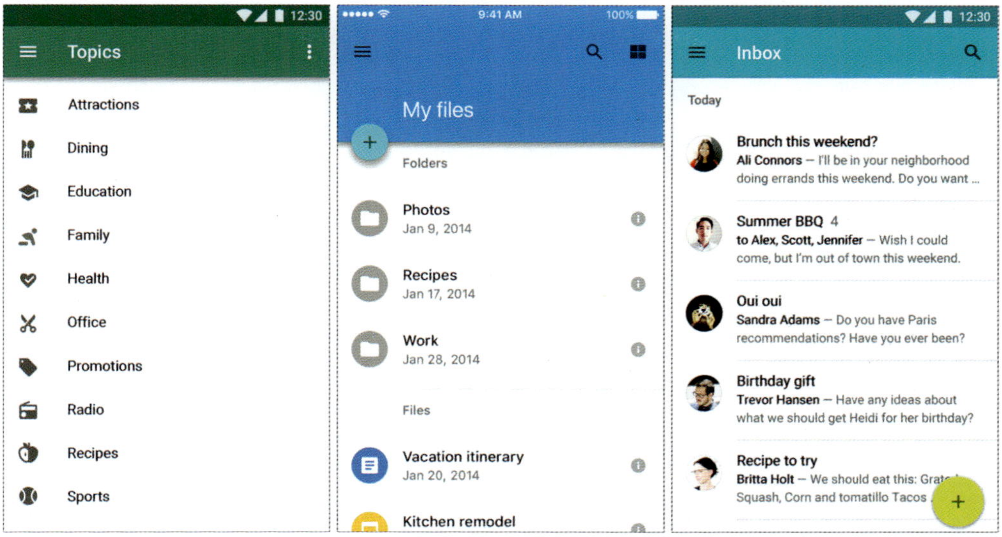

(a) 한 줄 리스트 (b) 두 줄 리스트 (c) 세 줄 리스트

그림 7-9 안드로이드의 테이블 리스트

안드로이드에서 제공하는 각 테이블 리스트의 요소별 가이드라인은 다음과 같다.

■ 한 줄 리스트

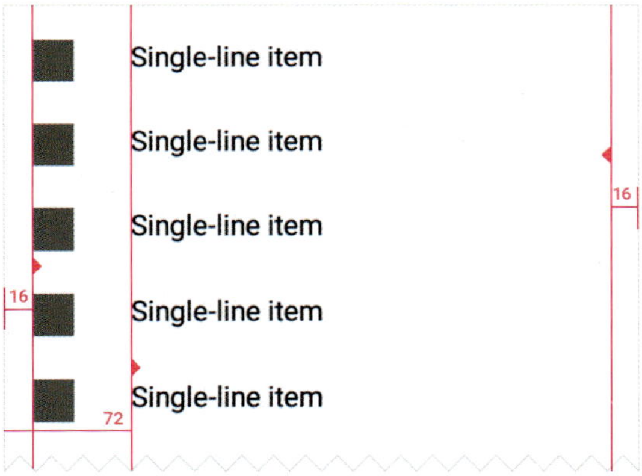

- 아이콘 왼쪽 여백: 16dp
- 리스트 왼쪽 여백: 72dp
- 리스트 오른쪽 여백: 16dp

■ 텍스트만 있는 한 줄 리스트

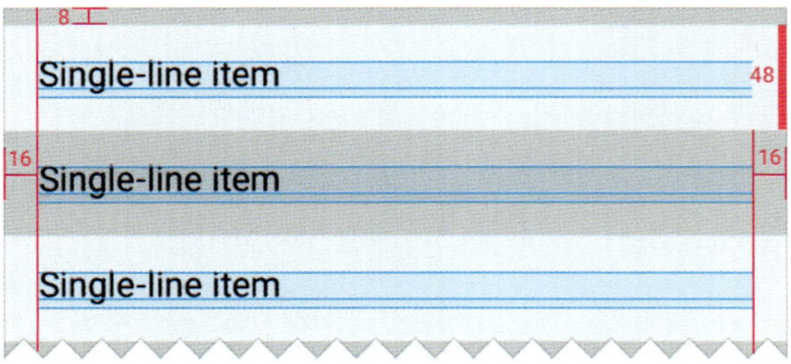

- 글꼴: Roboto Regular 16sp
- 높이: 48dp
- 왼쪽 및 오른쪽 여백: 16dp
- 위쪽 여백: 8dp

■ 텍스트만 있는 조밀한 한 줄 리스트

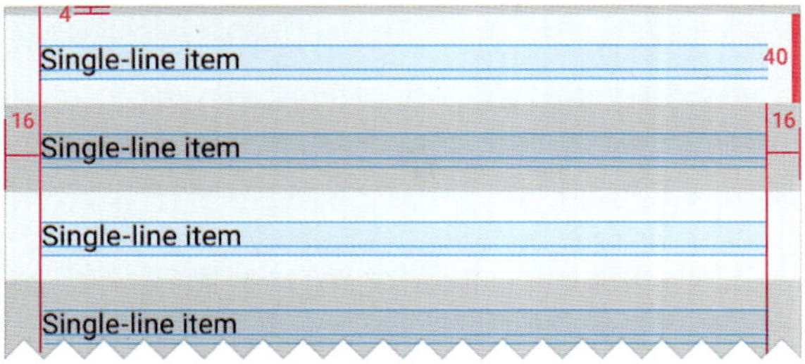

- 글꼴: Roboto Regular 13sp
- 높이: 40dp
- 왼쪽 및 오른쪽 여백: 16dp
- 위쪽 여백: 4dp

■ 아이콘이 있는 한 줄 리스트

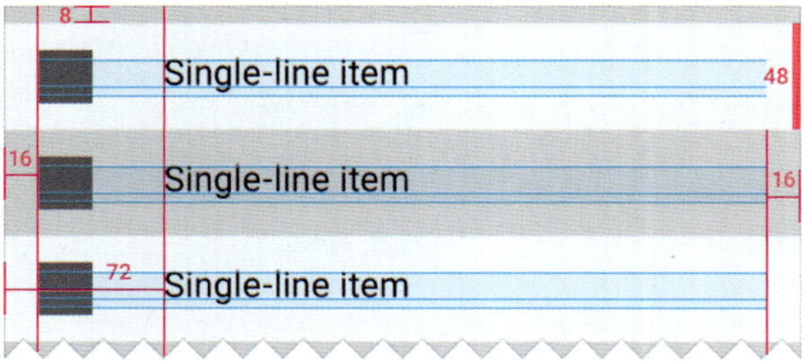

- 글꼴: Roboto Regular 16sp
- 높이: 48dp
- 아이콘 왼쪽 여백: 16dp
- 텍스트 왼쪽 여백: 72dp
- 위쪽 여백: 8dp

■ 아이콘이 있는 조밀한 한 줄 리스트

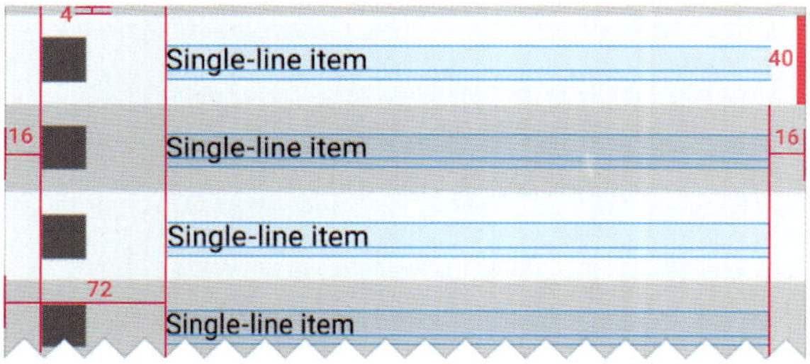

- 글꼴: Roboto Regular 13sp
- 높이: 40dp
- 아이콘 왼쪽 여백: 16dp
- 텍스트 왼쪽 여백: 72dp
- 위쪽 여백: 4dp

■ 아바타가 있는 한 줄 리스트

- 글꼴: Roboto Regular 16sp
- 높이: 56dp
- 아바타 왼쪽 여백: 16dp
- 텍스트 왼쪽 여백: 72dp
- 위쪽 여백: 8dp

■ 아바타가 있는 조밀한 한 줄 리스트

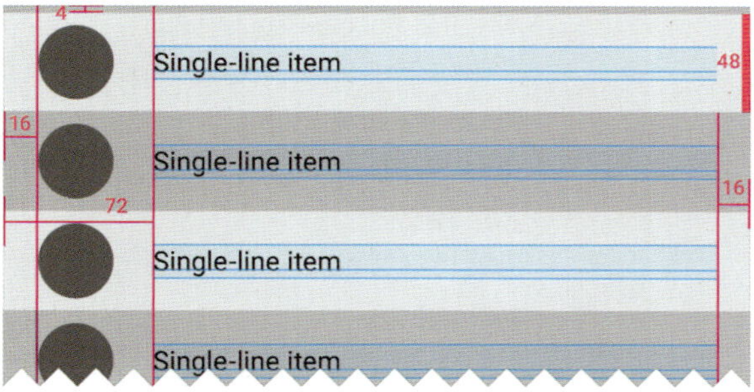

- 글꼴: Roboto Regular 13sp
- 높이: 48dp
- 아바타 왼쪽 여백: 16dp
- 텍스트 왼쪽 여백: 72dp
- 위쪽 여백: 4dp

■ 아바타와 아이콘이 있는 한 줄 리스트

- 글꼴: Roboto Regular 16sp
- 높이: 56dp
- 아바타 왼쪽 여백: 16dp
- 오른쪽 아이콘 여백: 16dp
- 텍스트 왼쪽 여백: 72dp
- 위쪽 여백: 8dp

■ 아바타와 아이콘이 있는 조밀한 한 줄 리스트

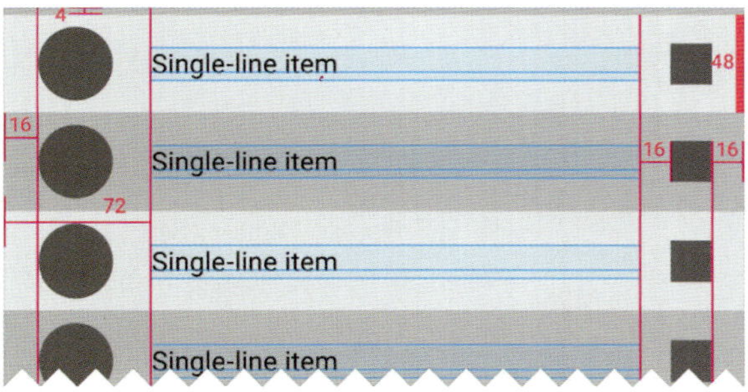

- 글꼴: Roboto Regular 13sp
- 높이: 48dp
- 아바타 왼쪽 여백: 16dp
- 오른쪽 아이콘 여백: 16dp
- 텍스트 왼쪽 여백: 72dp
- 위쪽 여백: 4dp

■ 두 줄 리스트

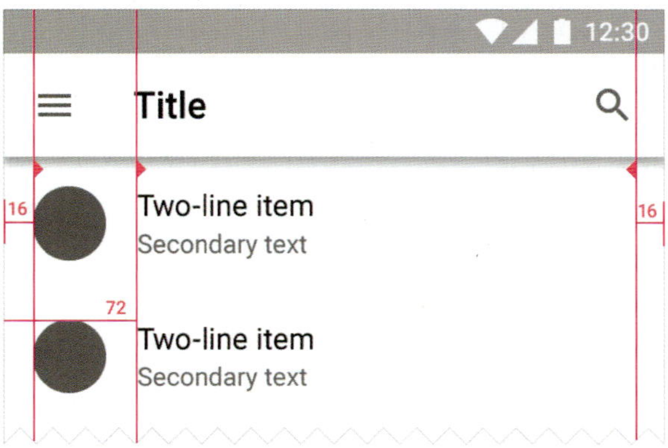

- 아이콘 왼쪽 여백: 16dp
- 텍스트 왼쪽 여백: 72dp
- 오른쪽 여백: 16dp

■ 텍스트만 있는 두 줄 리스트

- 제목 글꼴: Roboto Regular 16sp
- 부제목 글꼴: Roboto Regular 14sp
- 텍스트 왼쪽 여백: 16dp
- 텍스트 위아래 여백: 20dp
- 높이: 72dp
- 왼쪽과 오른쪽 여백: 16dp
- 위쪽 여백: 8dp

■ 텍스트만 있는 조밀한 두 줄 리스트

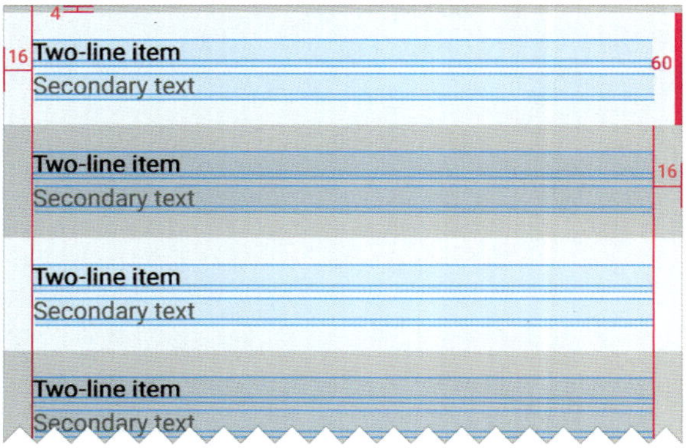

- 제목 글꼴: Roboto Regular 13sp
- 부제목 글꼴: Roboto Regular 12sp
- 텍스트 왼쪽 여백: 16dp
- 텍스트 위아래 여백: 14dp
- 높이: 60dp
- 왼쪽과 오른쪽 여백: 16dp
- 위쪽 여백: 4dp

■ 아이콘이 있는 두 줄 리스트

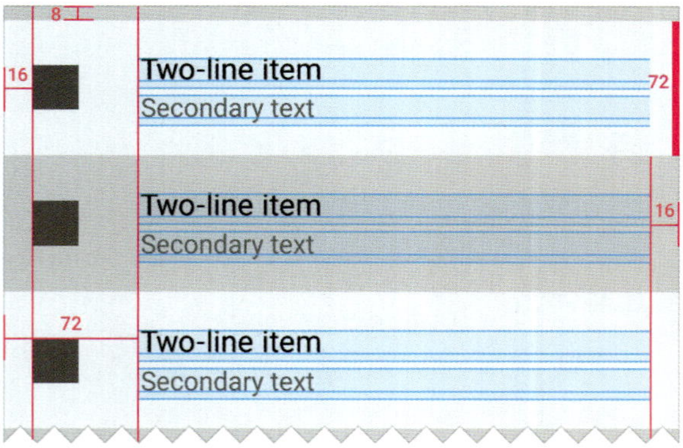

- 제목 글꼴: Roboto Regular 16sp
- 부제목 글꼴: Roboto Regular 14sp
- 텍스트 왼쪽 여백: 72dp
- 텍스트 위아래 여백: 16dp
- 높이: 72dp
- 아이콘 왼쪽 여백: 16dp
- 위쪽 여백: 8dp
- 텍스트 오른쪽 여백: 16dp

■ 아이콘이 있는 조밀한 두 줄 리스트

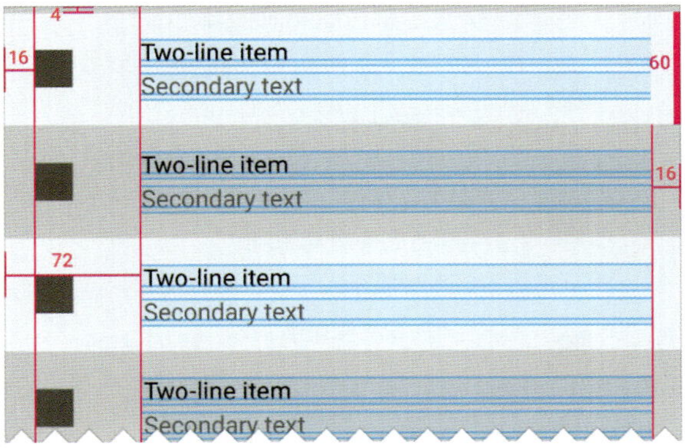

- 제목 글꼴: Roboto Regular 13sp
- 부제목 글꼴: Roboto Regular 12sp
- 텍스트 왼쪽 여백: 72dp
- 텍스트 위아래 여백: 14dp
- 높이: 60dp
- 아이콘 왼쪽 여백: 16dp
- 위쪽 여백: 4dp
- 텍스트 오른쪽 여백: 16dp

■ 아바타가 있는 두 줄 리스트

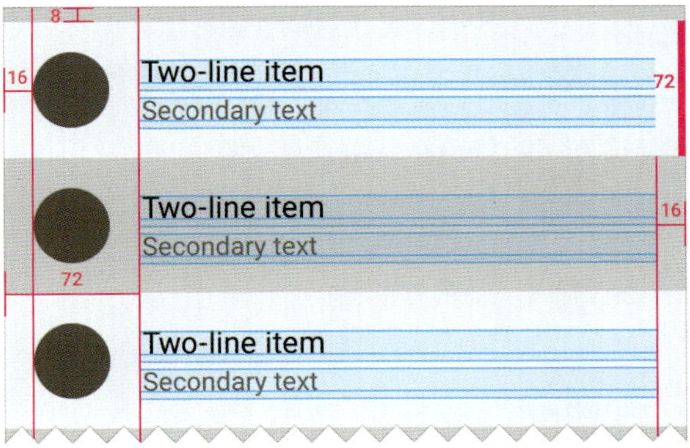

- 제목 글꼴: Roboto Regular 16sp
- 부제목 글꼴: Roboto Regular 14sp
- 텍스트 왼쪽 여백: 72dp
- 텍스트 위아래 여백: 16dp
- 높이: 72dp
- 아바타 왼쪽 여백: 16dp
- 위쪽 여백: 8dp
- 텍스트 오른쪽 여백: 16dp

■ 아바타가 있는 조밀한 두 줄 리스트

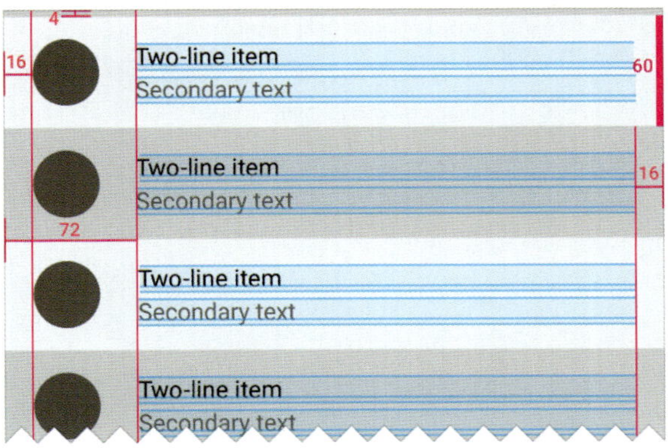

- 제목 글꼴: Roboto Regular 13sp
- 부제목 글꼴: Roboto Regular 12sp
- 텍스트 왼쪽 여백: 72dp
- 텍스트 위아래 여백: 14dp
- 높이: 60dp
- 아바타 왼쪽 여백: 16dp
- 위쪽 여백: 4dp
- 텍스트 오른쪽 여백: 16dp

■ 아바타와 아이콘이 있는 두 줄 리스트

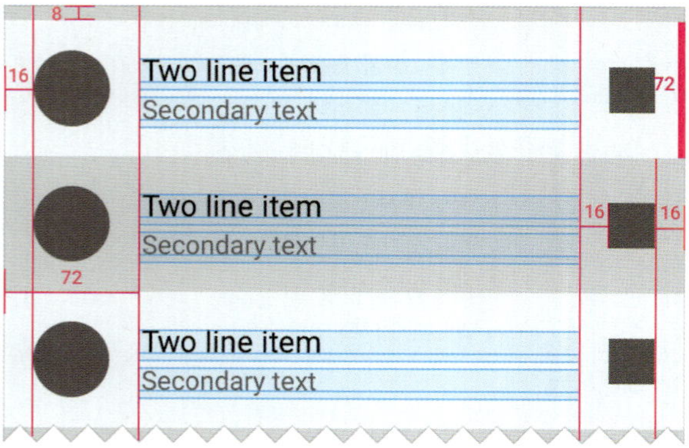

- 제목 글꼴: Roboto Regular 16sp
- 부제목 글꼴: Roboto Regular 14sp
- 텍스트 왼쪽 여백: 72dp
- 텍스트 위아래 여백: 16dp
- 높이: 72dp
- 아이콘 왼쪽 여백: 16dp
- 위쪽 여백: 8dp
- 텍스트 오른쪽 여백: 16dp

■ 아바타와 아이콘이 있는 조밀한 두 줄 리스트

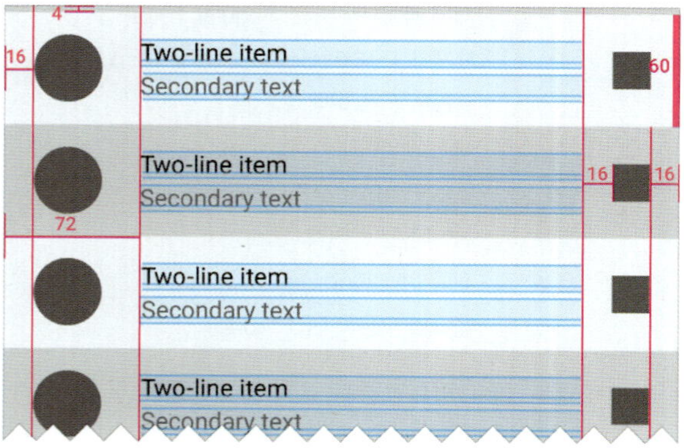

- 제목 글꼴: Roboto Regular 13sp
- 부제목 글꼴: Roboto Regular 12sp
- 텍스트 왼쪽 여백: 72dp
- 텍스트 위아래 여백: 14dp
- 높이: 60dp
- 아이콘 왼쪽 여백: 16dp
- 위쪽 여백: 4dp
- 텍스트 오른쪽 여백: 16dp

■ 세 줄 리스트

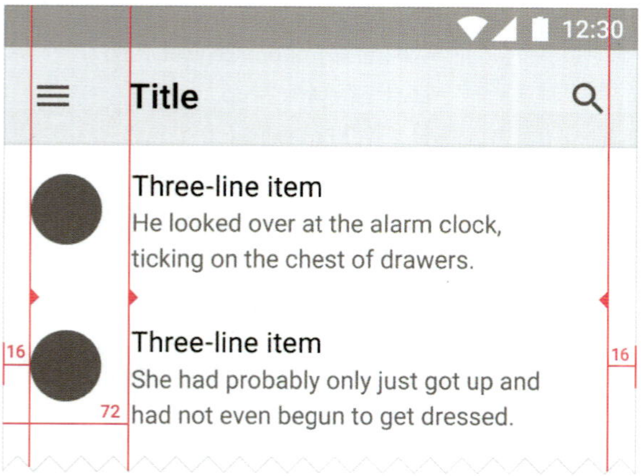

- 아이콘 왼쪽 여백: 16dp
- 리스트 왼쪽 여백: 72dp
- 텍스트 오른쪽 여백: 16dp

■ 텍스트만 있는 세 줄 리스트

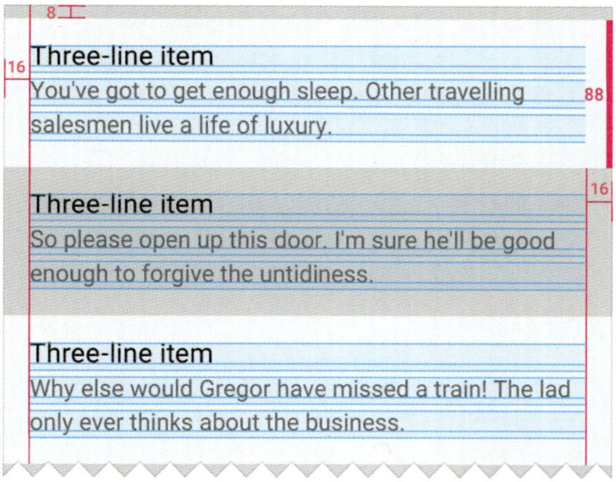

- 제목 글꼴: Roboto Regular 16sp
- 부제목 글꼴: Roboto Regular 14sp
- 텍스트 왼쪽 여백: 16dp
- 텍스트 위아래 여백: 14dp
- 높이: 88dp
- 왼쪽과 오른쪽 여백: 16dp
- 위쪽 여백: 8dp

■ 텍스트만 있는 조밀한 세 줄 리스트

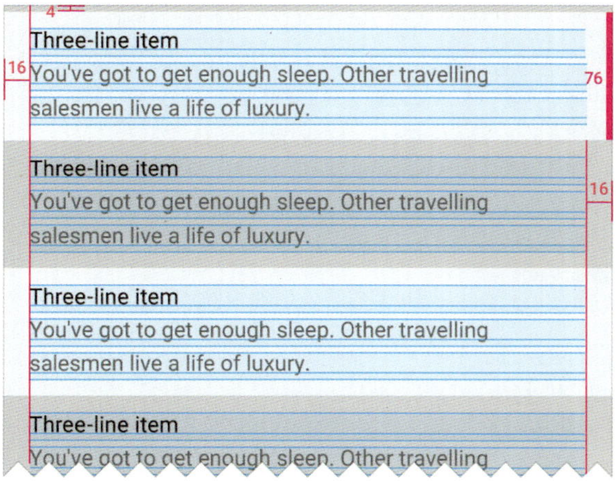

- 제목 글꼴: Roboto Regular 13sp
- 부제목 글꼴: Roboto Regular 12sp
- 텍스트 왼쪽 여백: 16dp
- 텍스트 위아래 여백: 10dp
- 높이: 76dp
- 왼쪽과 오른쪽 여백: 16dp
- 위쪽 여백: 4dp

■ 아이콘이 있는 세 줄 리스트

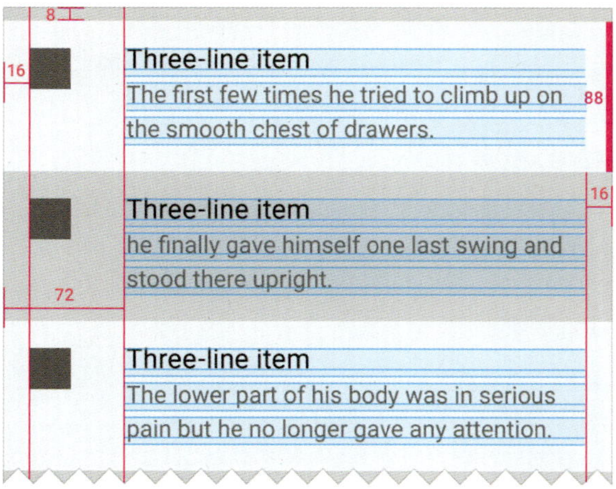

- 제목 글꼴: Roboto Regular 16sp
- 부제목 글꼴: Roboto Regular 14sp
- 텍스트 왼쪽 여백: 72dp
- 텍스트 위아래 여백: 14dp
- 높이: 88dp
- 아이콘 왼쪽 여백: 16dp
- 위쪽 여백: 8dp
- 텍스트 오른쪽 여백: 16dp

■ 아이콘이 있는 조밀한 세 줄 리스트

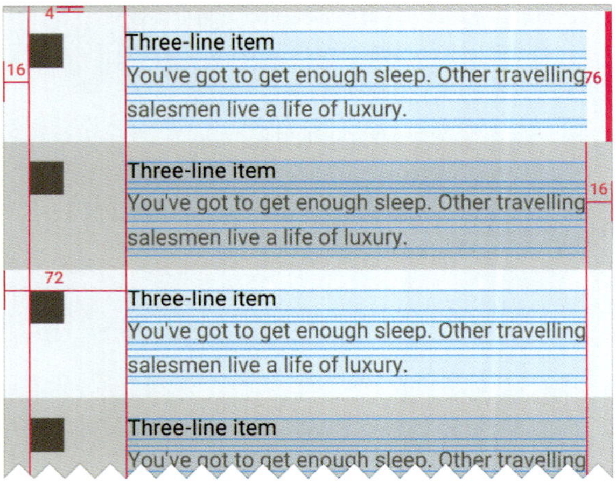

- 제목 글꼴: Roboto Regular 13sp
- 부제목 글꼴: Roboto Regular 12sp
- 텍스트 왼쪽 여백: 72dp
- 텍스트 위아래 여백: 10dp
- 높이: 76dp
- 아이콘 왼쪽 여백: 16dp
- 위쪽 여백: 4dp
- 텍스트 오른쪽 여백: 16dp

■ 아바타가 있는 세 줄 리스트

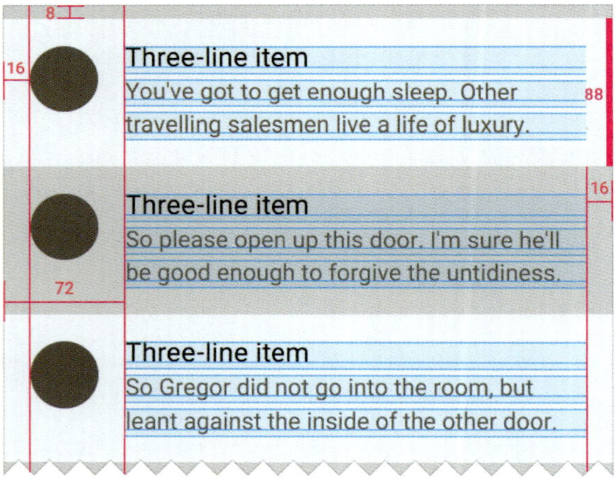

- 제목 글꼴: Roboto Regular 16sp
- 부제목 글꼴: Roboto Regular 14sp
- 텍스트 왼쪽 여백: 72dp
- 텍스트 위아래 여백: 14dp
- 높이: 88dp
- 아바타 왼쪽 여백: 16dp
- 위쪽 여백: 8dp
- 텍스트 오른쪽 여백: 16dp

■ 아바타가 있는 조밀한 세 줄 리스트

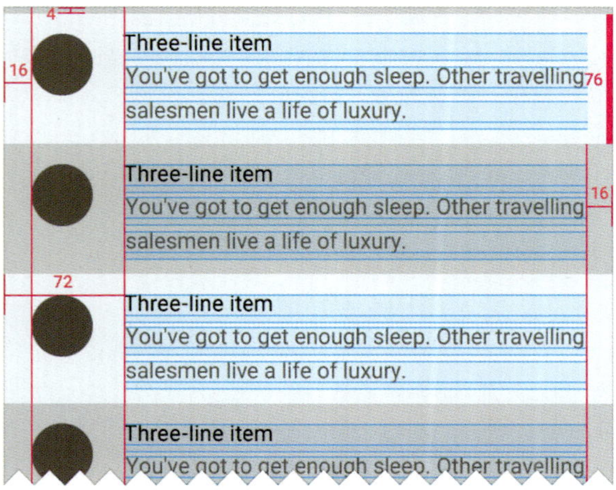

- 제목 글꼴: Roboto Regular 13sp
- 부제목 글꼴: Roboto Regular 12sp
- 텍스트 왼쪽 여백: 72dp
- 텍스트 위아래 여백: 10dp
- 높이: 76dp
- 아바타 왼쪽 여백: 16dp
- 위쪽 여백: 4dp
- 텍스트 오른쪽 여백: 16dp

■ 아바타와 아이콘이 있는 세 줄 리스트

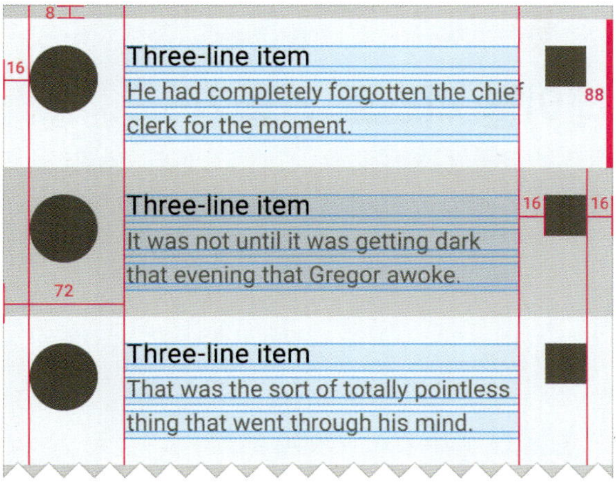

- 제목 글꼴: Roboto Regular 16sp
- 부제목 글꼴: Roboto Regular 14sp
- 텍스트 왼쪽 여백: 72dp
- 텍스트 위아래 여백: 14dp
- 높이: 88dp
- 아이콘 왼쪽 여백: 16dp
- 위쪽 여백: 8dp
- 텍스트 오른쪽 여백: 16dp

■ 아바타와 아이콘이 있는 조밀한 세 줄 리스트

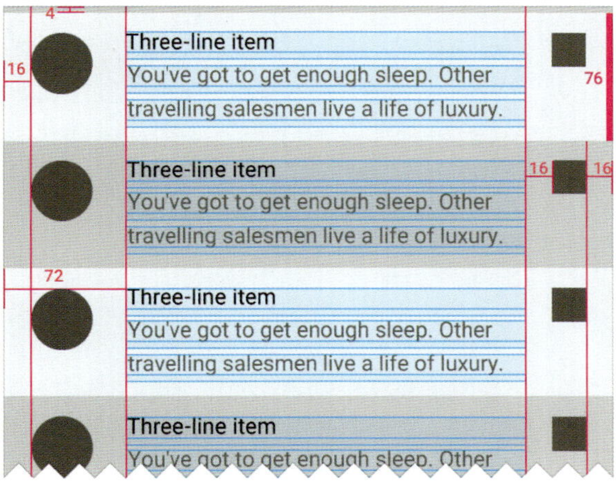

- 제목 글꼴: Roboto Regular 13sp
- 부제목 글꼴: Roboto Regular 12sp
- 텍스트 왼쪽 여백: 72dp
- 텍스트 위아래 여백: 10dp
- 높이: 76dp
- 아이콘 왼쪽 여백: 16dp
- 위쪽 여백: 4dp
- 텍스트 오른쪽 여백: 16dp

실습 5

안드로이드의 테이블 리스트 만들기

1 채팅 앱의 테이블 리스트 만들기

완성 이미지

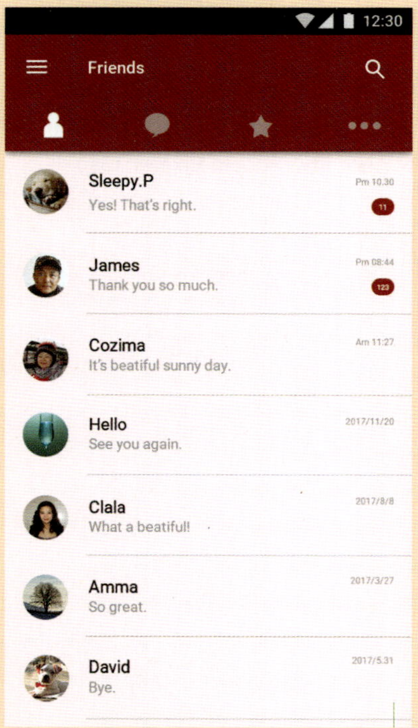

준비 파일 Android_list_resource.psd, avatar9.png~avatar15.png

완성 파일 Android_list_result.psd

01 [실습]–[7장] 폴더에서 Android_list_resource.psd 파일을 불러온다. 준비 파일에 상태 바가 삽입되어 있다.

02 화면 좌우에 여백이 32픽셀, 상태 바의 높이가 48픽셀, 바로 아래 타이틀 높이가 112픽셀이 되도록 48에 112를 더한 160픽셀 지점에 가이드라인을 배치한다.

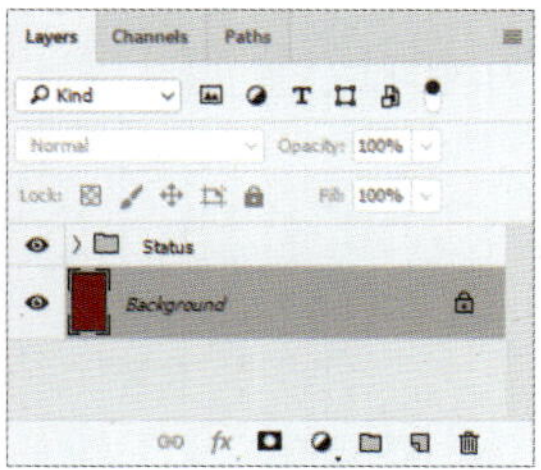

03 사각형 툴(▭)로 너비가 36픽셀이고 높이가 4픽셀인 흰색 사각형을 만든다. Alt+Shift를 누른 채로 사각형 두 개를 복제한다. 사각형 세 개를 타이틀 영역의 왼쪽에 나란히 배치하여 햄버거 메뉴 아이콘을 만든다.

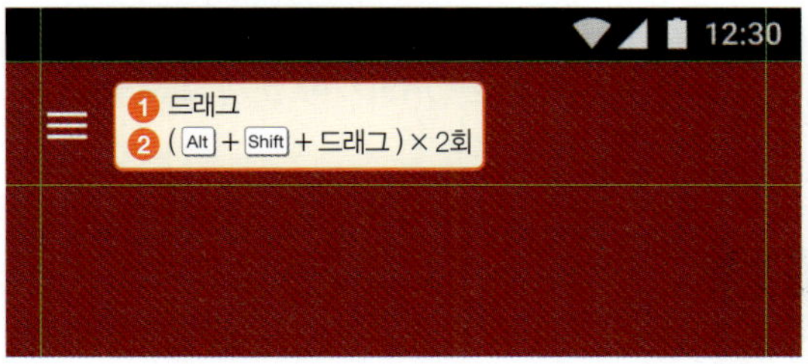

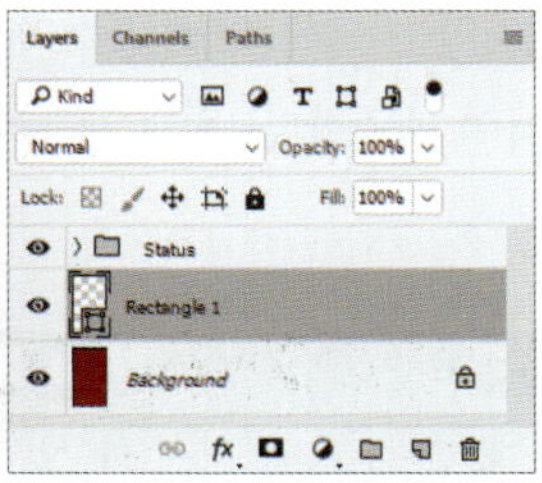

04 화면 왼쪽에서 144픽셀 떨어진 지점에 타이틀인 Friends를 입력한다.

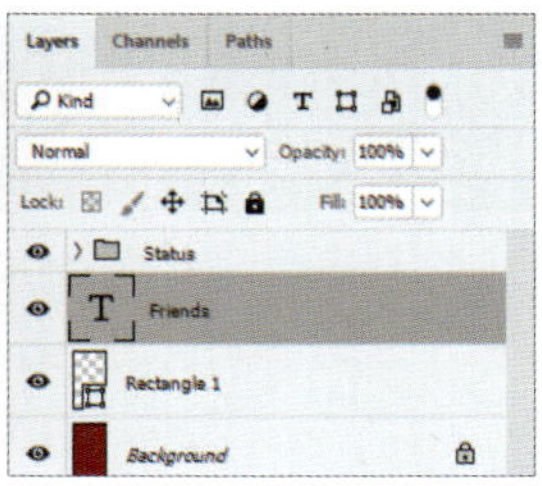

05 원형 툴(◎)로 너비와 높이가 각각 26픽셀인 원을 만들고 면은 색상 없음, 선은 4픽셀의 흰색으로 설정한 후 다음과 같이 배치한다.

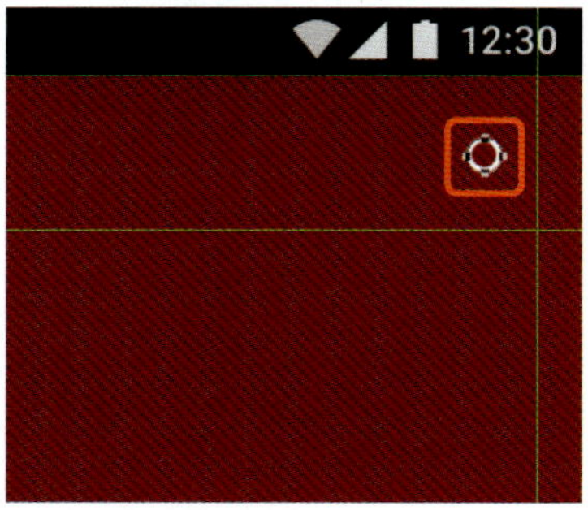

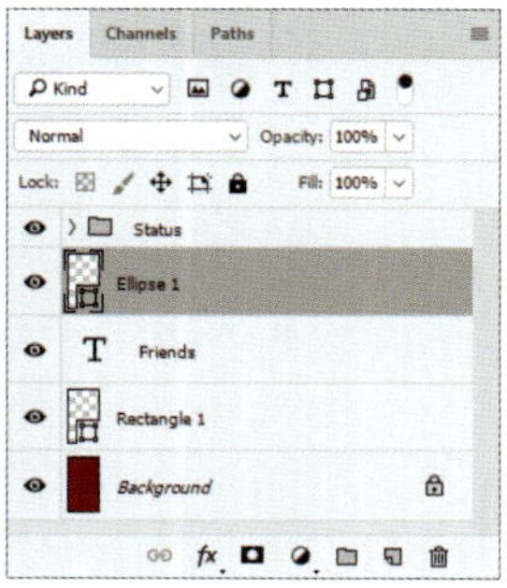

06 Shift를 누른 채로 사각형 툴(▢)로 너비가 18픽셀이고 높이가 5픽셀인 사각형을 만든다. Ctrl+T를 눌러 45° 회전시켜 돋보기 형태로 만든다.

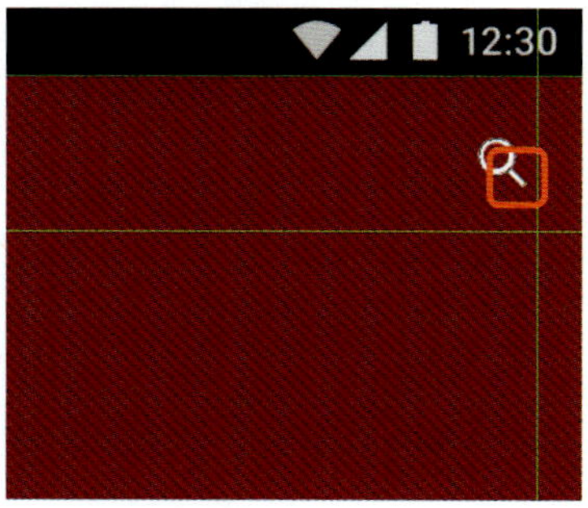

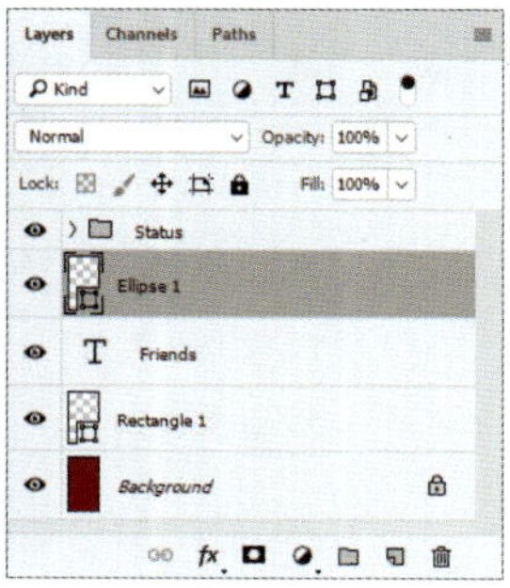

07 아이콘 탭의 높이는 48dp이므로 타이틀 영역의 가이드라인 아래로 높이가 96픽셀인 가이드라인을 하나 추가하여 배치한다. 원형 툴(◎)로 너비와 높이가 각각 20픽셀인 흰색 원을 하나 만든다.

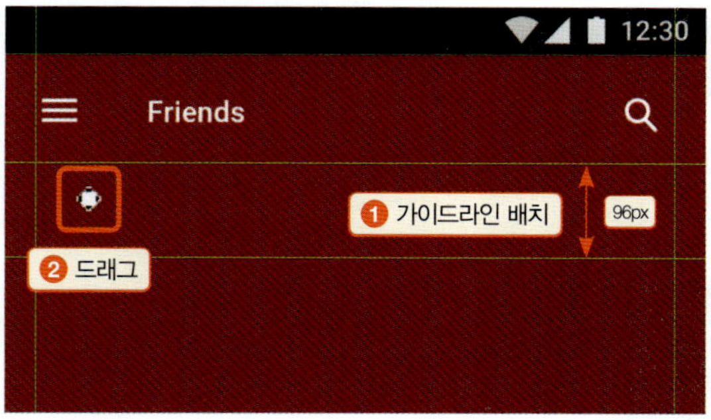

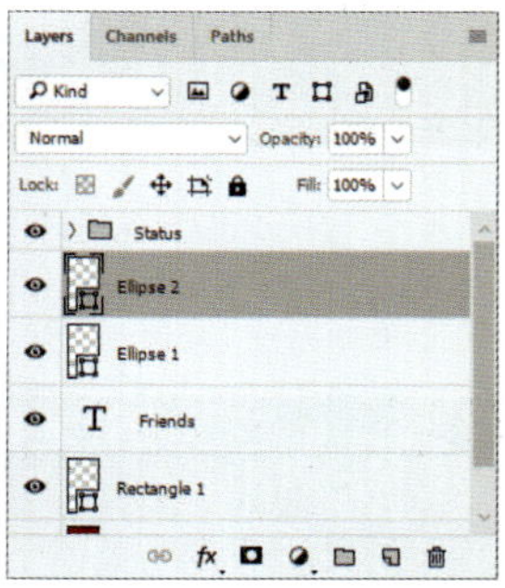

08 모서리가 둥근 사각형 툴(▢)로 Shift를 누른 채로 드래그하여 너비가 34픽셀이고 높이가 26픽셀인 사각형을 만든다. 상단 좌우 Radius를 13픽셀, 하단 좌우 Radius를 0픽셀로 설정하여 다음과 같이 사람 모양 아이콘을 만든다.

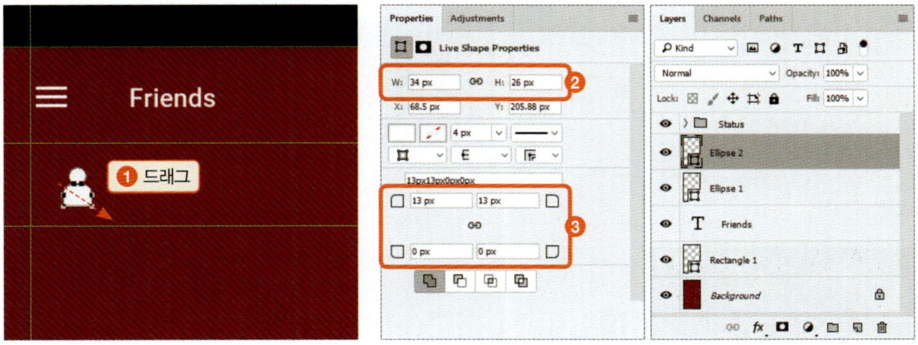

09 탭 메뉴에 필요한 나머지 아이콘을 직접 만들거나 커스텀 셰이프 툴(⚝)의 Shape 옵션에서 적절한 모양을 골라 다음과 같이 그리고 일정한 간격으로 배치한다. 이때 선택되지 않은 아이콘은 채도를 낮추거나 레이어 패널의 Opacity를 조절하여 흐리게 표시한다. 탭 메뉴의 아이콘 크기는 24dp이며 아이콘 아래 여백은 16dp여야 한다.

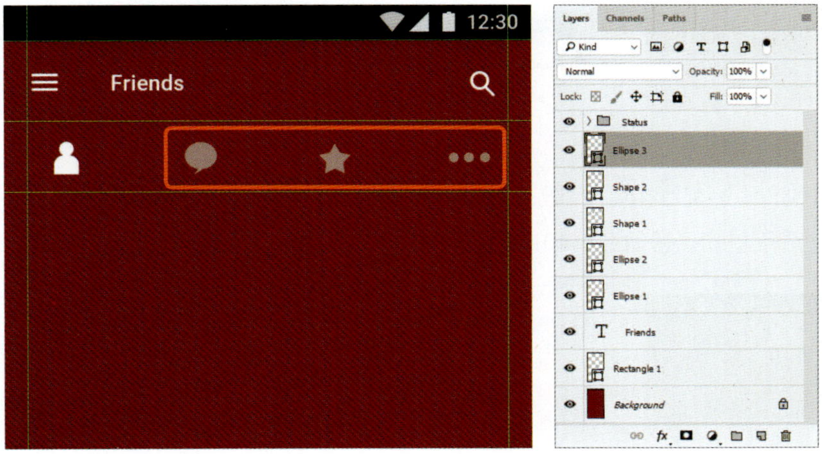

10 Background 레이어를 선택하고 사각형 선택 툴(⬚)로 방금 만든 가이드라인의 세로 256픽셀 영역까지 선택한 후 Ctrl+J를 눌러 선택 영역을 복제한다. 복제한 레이어에서 레이어 스타일 추가 버튼(fx)을 클릭해 [Drop Shadow]를 선택한 후 옵션을 다음과 같이 적용하고 〈OK〉를 클릭한다. 지금까지 작업한 레이어를 그룹으로 묶는다.

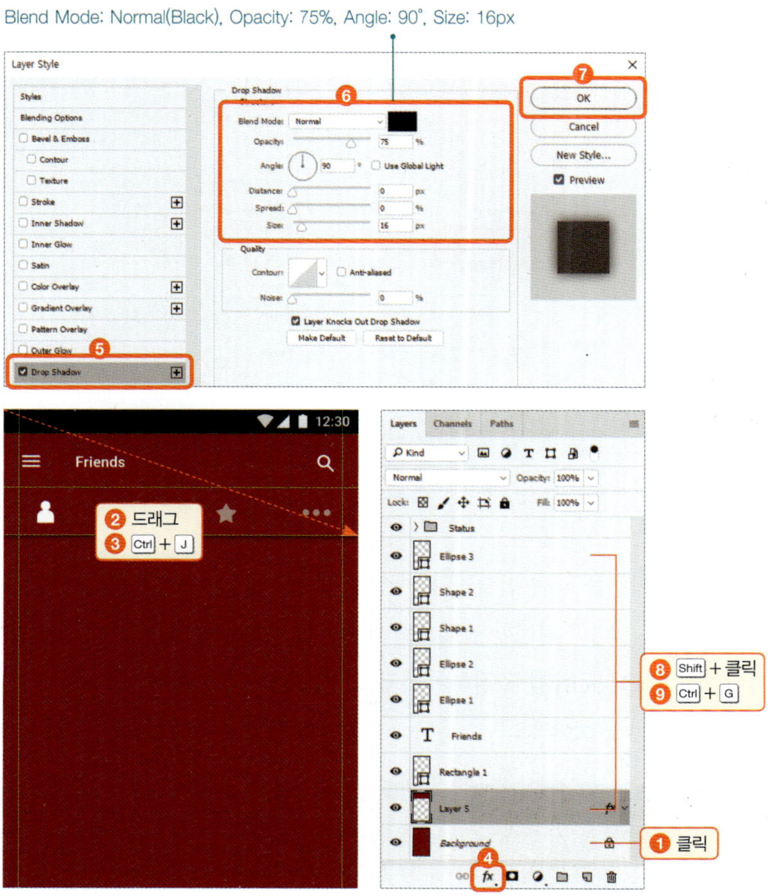

11 Background 레이어를 선택하고 새 레이어를 추가한다. 사각형 선택 툴( )로 탭 메뉴 아래 영역을 선택하고 면색을 연한 붉은색(#fef0f0)으로 채운다.

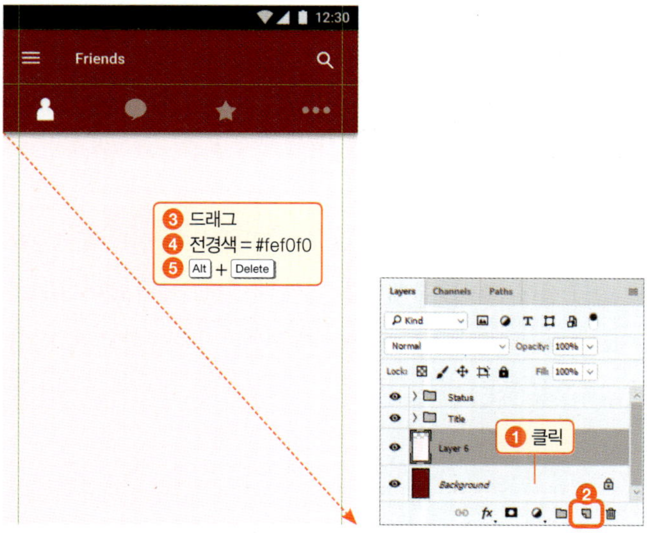

12 새 레이어를 추가하고 두 줄 리스트 가이드라인의 높이인 72dp에 따라 연필 툴(✎)로 144픽셀마다 1픽셀씩 회색(#b7b7b7) 구분 선을 그린다.

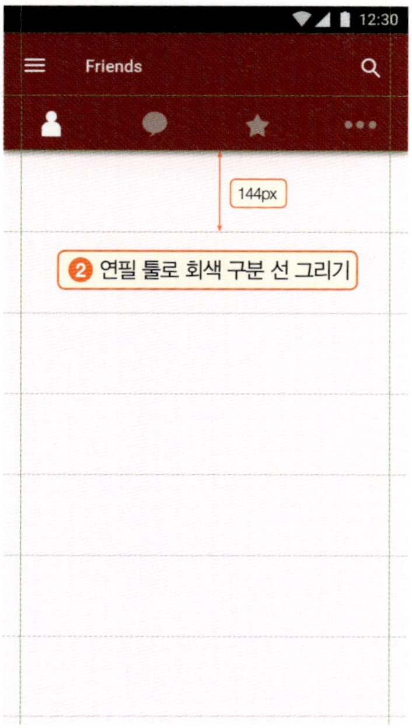

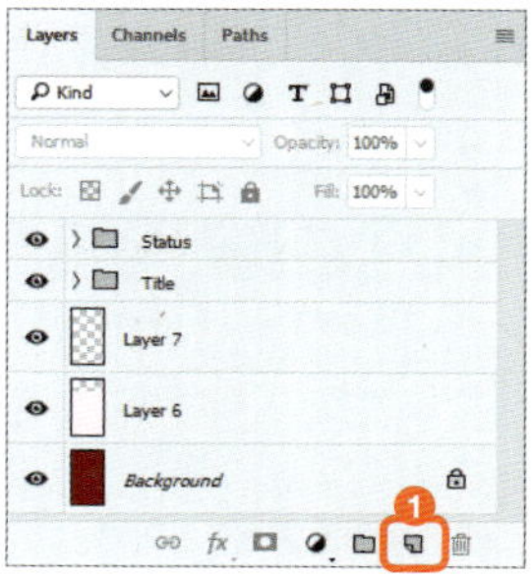

13 [실습]–[7장] 폴더에서 제공하는 너비와 높이가 각각 80픽셀인 정원 형태의 다양한 아바타용 사진(avatar9.png~avatar15.png)을 다음과 같이 각 구분 선의 수직 중앙에 맞추고 왼쪽 가이드라인에 붙여 배치한다.

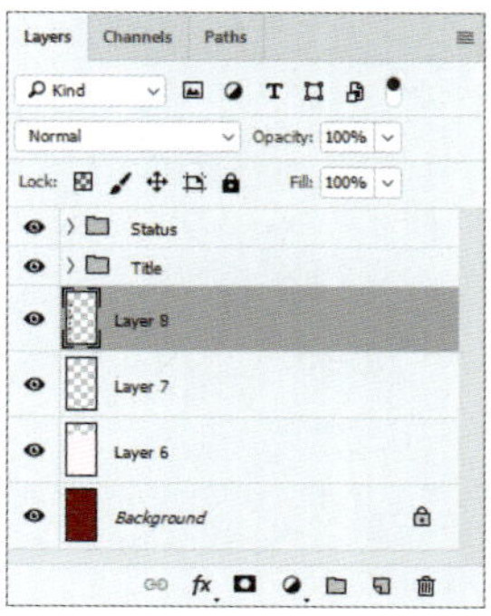

Tip 다른 이미지를 아바타용 사진으로 사용할 때는 너비와 높이가 각각 80픽셀인 정원 형태로 만들어 사용한다.

14 화면 왼쪽에서 144픽셀만큼 떨어진 곳에 이름과 설명을 입력한다. 이름은 16sp, 설명은 14sp로 2sp만큼 차이가 난다. 구분 선 위아래 여백은 16dp이다. 텍스트를 입력한 후에는 다음과 같이 아바타 부분의 구분 선을 삭제한다.

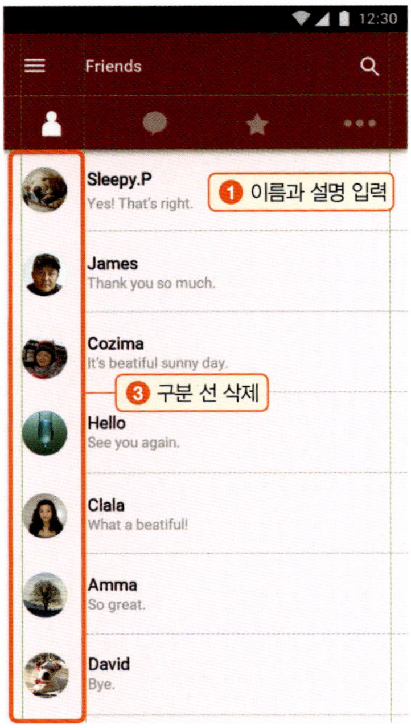

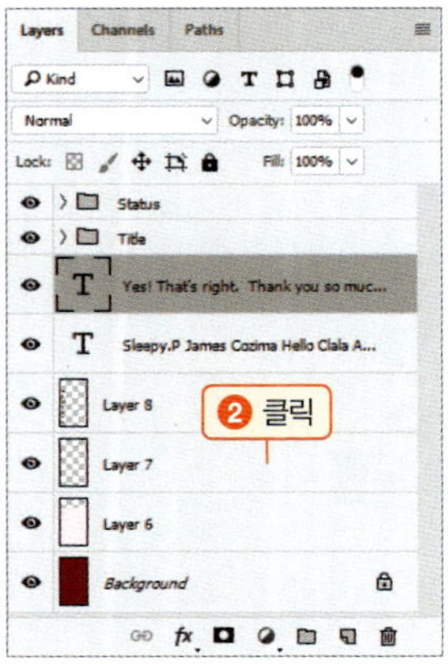

15 오른쪽 가이드라인과 메인 텍스트의 높이에 맞춰 시간과 날짜를 입력한다.

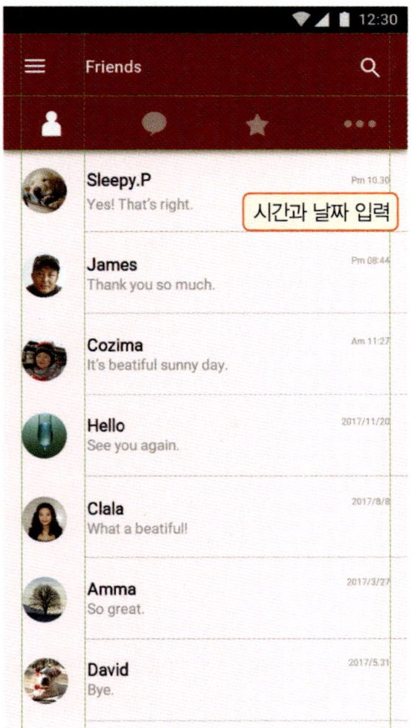

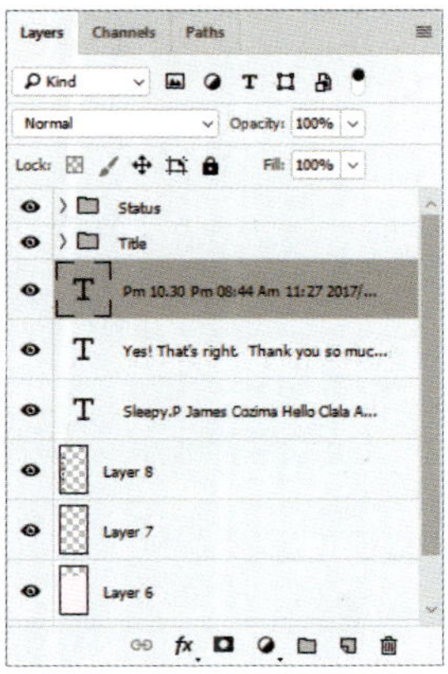

16 모서리가 둥근 사각형 툴(▢)로 너비가 40픽셀이고 높이가 24픽셀, 상하좌우 Radius가 12픽셀인 사각형을 만든다. 면을 앱의 메인 색상과 같은 색상으로 채우고 숫자를 입력해 안드로이드의 친구 목록 테이블 리스트를 완성한다.

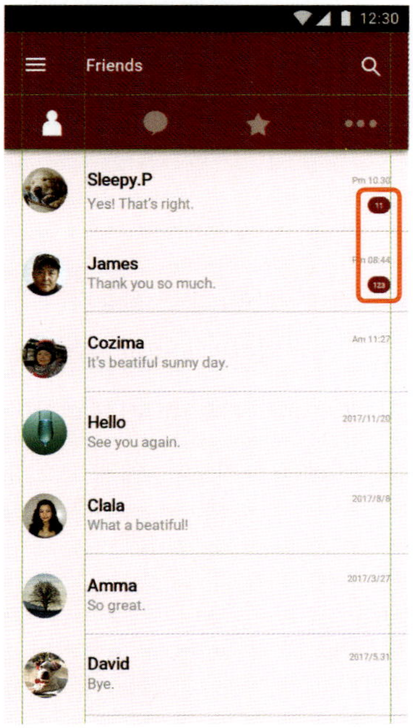

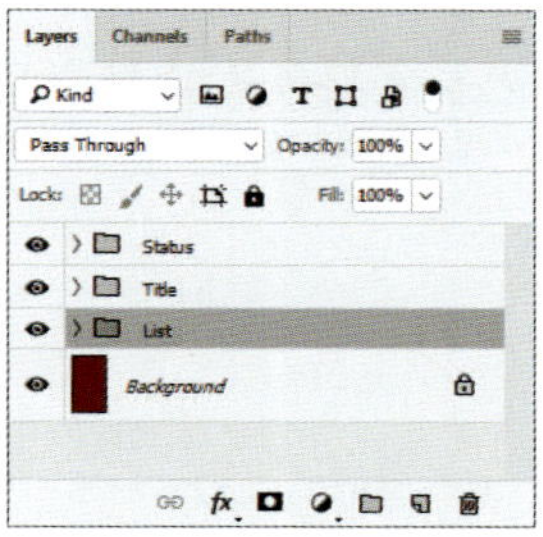

6 테이블 리스트의 인터랙션

테이블 리스트에 다양한 컨트롤을 넣고 그 컨트롤에 맞는 여러 가지 인터랙션을 주면 사용자의 흥미를 끌 수 있다. 이 부분은 디자이너에게 단순 페이지 디자인을 넘어 창의적인 아이디어 능력까지 요구한다. 디자이너는 기존의 다양한 인터랙션을 참고하여 주어진 페이지에 맞는 인터랙션 디자인을 꾸준히 연습해야 한다. 테이블 리스트에 적용된 다양한 인터랙션 사례를 살펴보자. 예제 소스의 [ux]-[list] 폴더를 참고하기 바란다.

1 테이블 리스트의 인터랙션 사례

[그림 7-10]은 리스트를 위로 드래그하면 깊은 곳으로 빨려 들어가듯이 아래 항목이 올라오는 테이블 리스트이다. 사용자는 여러 단계의 깊이감을 느낄 수 있다. 특정 항목을 누르면 오버플로 메뉴가 나타난다. 화면 자체에 깊이감을 불어넣은 데다가 오버플로 메뉴로 다른 컨트롤을 사용할 수 있도록 해서 다소 복잡하다.

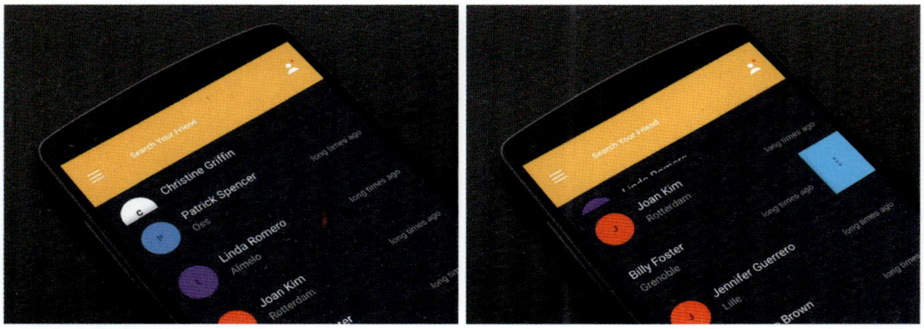

그림 7-10 list (2).gif

[그림 7-11]은 리스트의 각 항목을 탭하여 여는 방법은 같지만 항목 수에 따라 나타나는 형태가 다른 테이블 리스트이다. 즉 항목 수가 적으면 세부 메뉴가 카드 리스트로 나타나므로 좌우로 스와이프하면서 탐색한다. 반면 항목 수가 많으면 세부 메뉴가 테이블 리스트로 나타나므로 수직 방향으로 스크롤링하면서 탐색한다.

그림 7-11 list (5).gif

[그림 7-12]는 큰 카드 속에 작은 카드들이 리스트 형태로 배치되어 있는 테이블 리스트이다. 큰 카드를 좌우로 스와이프하면 다른 큰 카드로 이동할 수 있고, 큰 카드 내 작은 카드를 드래그 앤 드롭하면 작은 카드의 순서를 바꾸거나 아예 다른 공간으로 이동시킬 수 있다. 세부 항목의 순서를 재배치할 경우에 유용한 인터랙션이다.

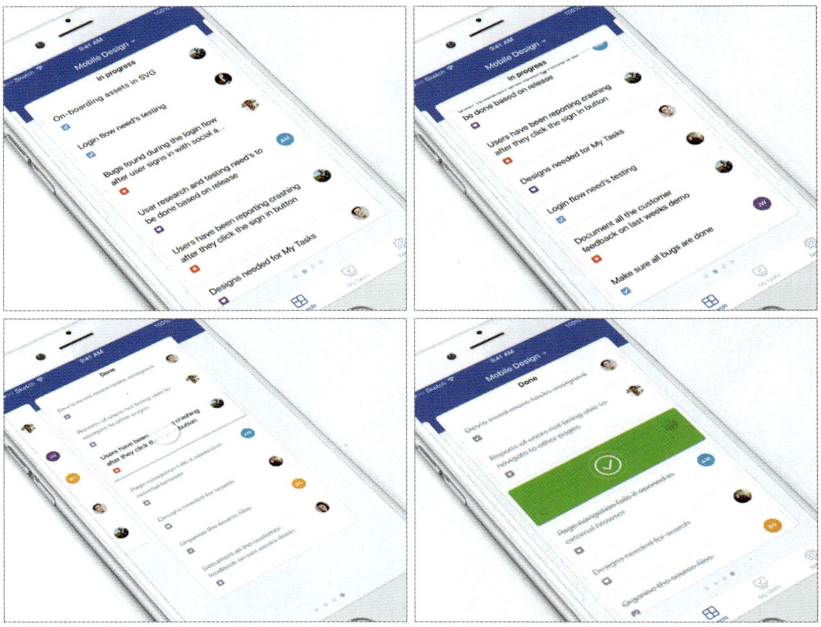

그림 7-12 list (7).gif

[그림 7-13]은 깊이감 있는 색상 메뉴로 구성된 테이블 리스트이다. 특정 항목을 탭하면 카드가 위로 슬라이딩되면서 접히고, 그 색상에 맞는 세부 페이지가 나타난다. 다시 상단의 타이틀 영역을 아래로 당기면 원래 리스트로 돌아간다.

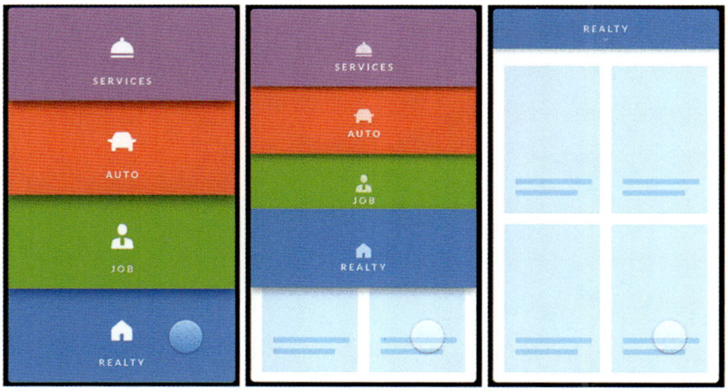

그림 7-13 list (9).gif

[그림 7-14]는 일반적인 테이블 리스트로 보이지만 리스트가 좌우로 입체적으로 회전하면서 움직이는 테이블 리스트이다. 탭 메뉴의 위치도 전체 테이블을 45°로 기울여야만 볼 수 있다. 각 메뉴를 클릭하면 큐브 모양으로 회전한다. 사용자 입장에서는 규칙을 알아낼 때까지 많이 조작해 봐야 익숙해진다.

그림 7-14 list (10).gif

[그림 7-15]는 새로 고침을 하면 재미난 애니메이션이 나타나는 테이블 리스트이다. 테이블 리스트를 새로 고침하기 위해 아래로 드래그하면 낚시하는 것처럼 테이블이 아래로 내려가고, 다시 드래그하면 원위치로 돌아오면서 테이블에 새로운 항목이 추가된다.

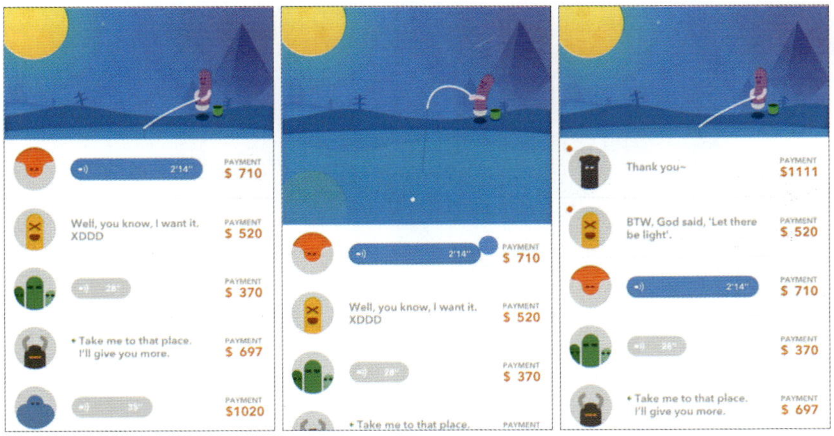

그림 7-15 list (12).gif

[그림 7-16]은 메뉴 자체는 테이블 리스트지만 세부 항목을 선택하면 해당 페이지가 카드 형태로 나타나는 리스트이다. 이 카드를 위로 드래그하면 상단 타이틀 영역이 좁아지면서 카드 내 콘텐츠 리스트가 테이블 형태로 바뀐다. 카드는 좌우로 스와이프하여 탐색할 수 있다.

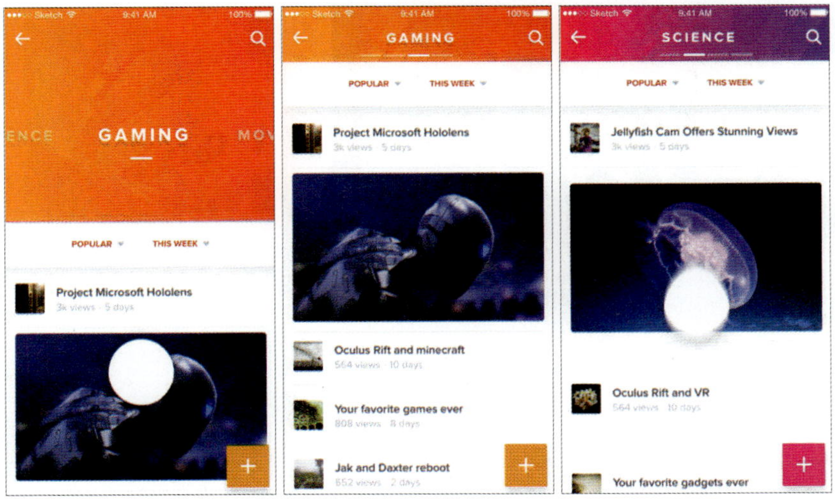

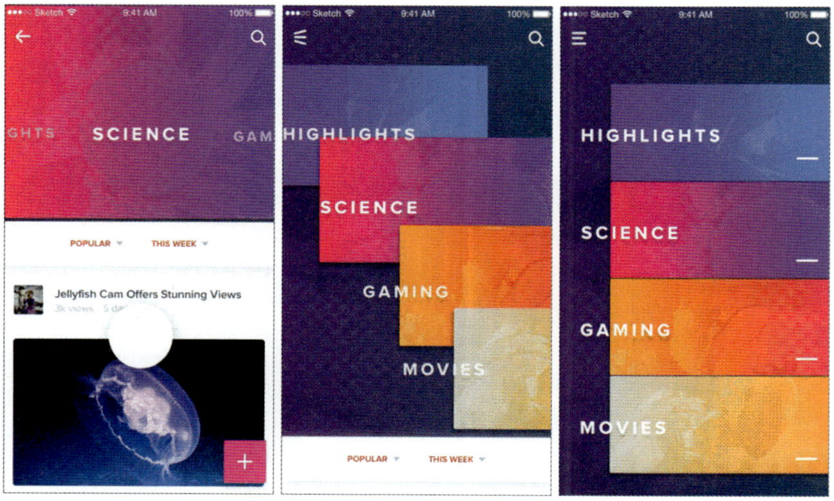

그림 7-16 list (17).gif

[그림 7-17]은 전체적으로 리스트를 좌우로 스와이프할 수 있고, 리스트의 특정 항목을 선택하면 세부 페이지가 팝업 형태로 나타난다. 세부 페이지 하단에 액션 버튼을 선택하면 좀 더 자세한 내용을 확인할 수 있는데 이때는 상위 리스트보다 넓은 면적의 세부 페이지가 나타난다. 세부 정보의 깊이가 깊은 경우 사용해 볼 만한 인터랙션이다.

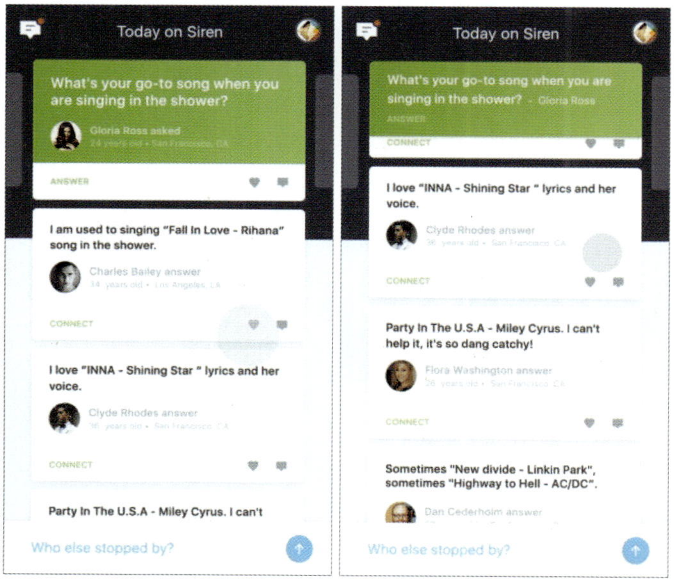

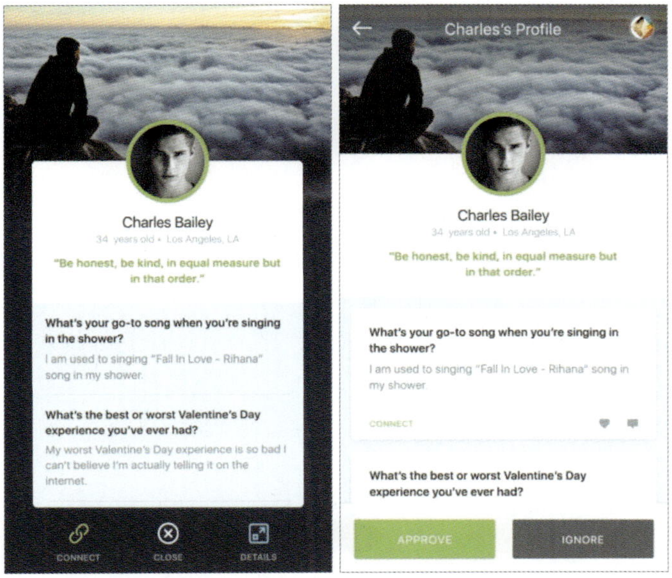

그림 7-17 list (18).gif

[그림 7-18]은 카드 리스트를 좌우로 스와이프하면 컨트롤 액션이 나타난다. 그다지 새롭지는 않지만 카드를 오른쪽으로 밀었을 때 나타나는 형태가 재미있다.

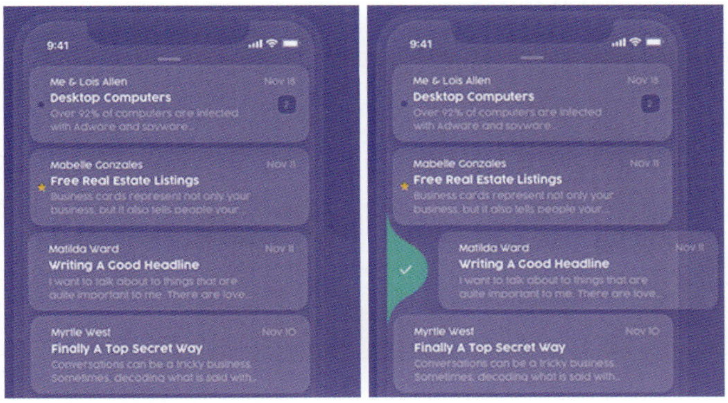

그림 7-18 list (19).gif

[그림 7-19]는 차량 대여 앱으로 게임을 하듯 원하는 차량을 선택하는 인터랙션을 제공한다. 제공하는 옵션 중 하나를 선택하면 입력 폼에 자동으로 입력되고 다음 단계로 넘어간다. 다음 단계의 메뉴가 나타나는 인터랙션 역시 자동차가 달려오는 것처럼 속도감 있게 처리되어 재미를 준다. 차량을 클릭하면 지도 페이지가 나타나고 지도의 차량이 카드 안으로 들어온다. 지루하거나 어려운 단계를 성취해야 할 필요가 있는 콘텐츠에 사용하면 사용자들이 친숙함을 가지고 계속 단계별로 시도할 가능성이 높다.

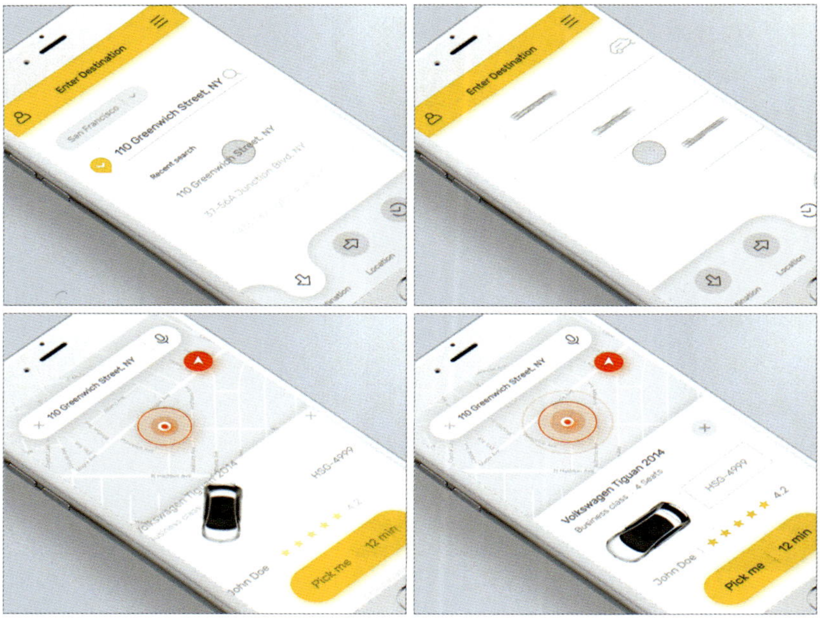

그림 7-19 list (21).gif

[그림 7-20]은 많이 사용되는 인터랙션으로 테이블 영역을 왼쪽 또는 오른쪽으로 드래그하면 컨트롤 액션이 나타난다. 주로 메일 리스트에 사용된다.

그림 7-20 list (24).gif

[그림 7-21]은 리스트의 세부 항목을 선택하면 선택된 항목의 제목 색상이 바뀐 후 삭제 버튼이 생기고 해당 항목의 세부 페이지가 위에서 아래로 열린다. 다시 항목을 탭하면 세부 페이지가 올라가고 제목 부분이 왼쪽으로 슬라이딩되면서 원래의 테이블 리스트로 돌아가고 트롤 액션이 나타난다. 주로 메일 리스트에 사용된다.

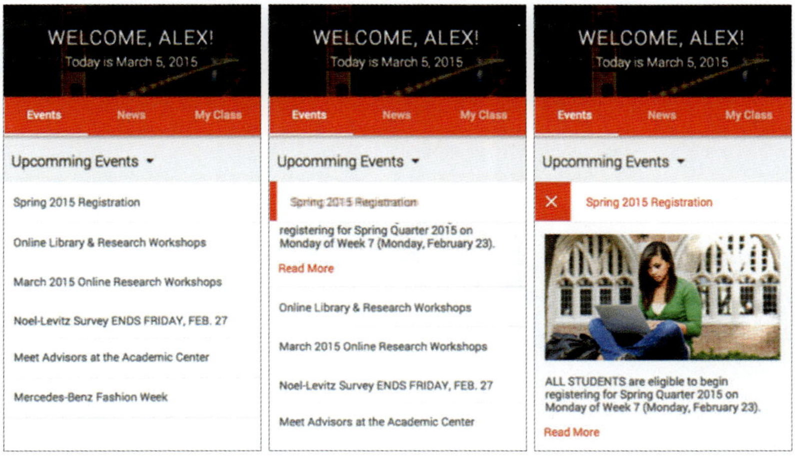

그림 7-21 list (25).gif

요약

1 테이블 리스트

테이블 리스트는 자주 사용하는 리스트 UI로 여러 개의 항목을 세로 방향의 연속된 행으로 표시한다. 유사한 데이터 유형을 묶어 하나의 행으로 구성한 후 아래로 나열하여 보여 줄 때 적합하다. 각 행을 이루는 데이터 세트는 일관성 있게 표시해야 한다.

2 iOS의 테이블 뷰

iOS에서는 테이블 리스트를 테이블 뷰라고 부른다. 테이블 뷰는 섹션 또는 그룹으로 나눈 콘텐츠를 단일 열의 스크롤 행 목록으로 표시하는데, iOS에서는 텍스트 기반의 콘텐츠 항목으로 구성하길 권장한다.

3 iOS의 기본 테이블 뷰와 그룹 테이블 뷰

- **기본 테이블 뷰** 기본 테이블 뷰의 행은 레이블이 있는 섹션으로 분리된다. 각 섹션에 선택 옵션이 있을 때는 테이블의 오른쪽 가장자리를 따라 수직으로 표현한다.
- **그룹 테이블 뷰** 그룹 테이블 뷰는 그룹마다 최소 하나 이상의 행으로 구성되며 인덱스는 포함하지 않는다. 각 그룹에는 그룹의 맥락을 설명하는 머리글과 도움말을 표시하는 바닥글을 포함할 수 있다.

4 안드로이드의 테이블 리스트

안드로이드의 테이블 리스트에서는 세부 항목을 타일이라고 부른다. 각 타일을 구성할 때는 일관된 형식으로 콘텐츠를 표시하여 사용자가 중요한 정보를 빠르게 찾을 수 있도록 해야 한다. 타일에는 텍스트를 세 줄까지 표시할 수 있는데 줄 수를 통일할 필요는 없다. 단 텍스트를 세 줄 이상 표시해야 할 때는 카드 리스트를 사용하길 권장한다. 각 타일 높이는 다르게 구성할 수 있다.

Chapter 08
드로워

1
드로워의 개요

1 드로워의 개념

드로워는 리스트 테이블을 숨기고 있다가 왼쪽에서 오른쪽 방향으로 슬라이딩하여 여는 내비게이션 UI의 일종으로 슬라이딩 메뉴라고도 부른다. 최근 학자들 사이에 논란이 되고 있는 햄버거 아이콘을 탭하면 나타난다. iOS에서는 드로워를 사용하지 말라고 당부하므로 가이드라인을 별도로 제공하지 않는다. 안드로이드에서는 명확한 가이드라인에 따라 오른쪽에서 56dp 지점까지 16dp 높이로 제작하고 오른쪽에 남은 부분은 검은색으로 반투명하게 처리하라고 규정한다. 드로워는 기본 리스트 테이블이나 그룹 리스트 테이블에 둘 다 사용할 수 있고, 리스트 테이블의 각 항목을 구분 선으로 나눈다.

2 드로워와 햄버거 메뉴

초창기의 모바일 UI 패턴을 보면 숨긴 메뉴를 표시하기 위해 점 세 개를 세로 방향으로 찍은 오버플로 버튼overflow button을 화면 오른쪽 상단에 배치했다. 최근에는 점 세 개 대신 줄 세 개를 사용하여 숨긴 메뉴를 표시한다. 햄버거 메뉴hamburger menu는 줄 세 개가 햄버거와 닮아서 붙여진 이름으로 햄버거 아이콘을 탭하면 드로워가 화면 전체 혹은 일부를 덮으면서 나타난다. 햄버거 메뉴와 드로워는 따로 생각하기 어려운 UI이다.

그림 8-1 햄버거 메뉴

최근 외국에서는 햄버거 메뉴에 대한 논란이 뜨겁다. 햄버거 메뉴가 내비게이션을 불명확하게 하고 사용자가 원하는 것을 찾기 어렵게 만들며, 사용자로 하여금 앱 내 섹션 간의 이동과 상호작용에 더 많은 노력을 투자하게 만든다는 비판을 받고 있다. 일각에서는 햄버거 메뉴 자체가 의미가 없다고 말하기도 한다. 하지만 햄버거 메뉴는 화면의 공간을 절약시켜 주고 간단하고 깨끗한 디자인을 제공하기 때문에 안드로이드에서는 여전히 대표적인 내비게이션 UI로 사용되고 있다.

3 햄버거 메뉴의 역사

햄버거 메뉴의 정식 아이콘 이름은 별도로 존재하지 않지만, 주로 목록 아이콘 또는 햄버거 아이콘으로 불린다. 아이콘을 터치하면 추가 옵션이 있는 사이트 메뉴가 햄버거 아이콘이 있는 위치에서 반대 방향으로 슬라이드되면서 열린다. 햄버거 아이콘은 30년 전 초기 GUI를 개발한 제록스 사의 디자이너인 놈 콕스Nom Cox가 개발했다. 초기 시스템에서 여타 다른 아이콘과 함께 메뉴 목록을 상기시키기 위해 개발되었다.

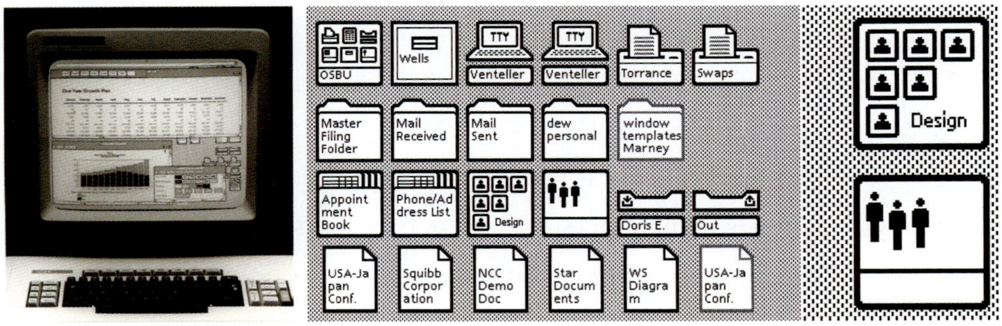

그림 8-2 초창기 제록스 사의 개인용 워크스테이션과 아이콘들

콕스는 제프 알데이Geoff Alday와의 대화에서 햄버거 아이콘은 맥락적 메뉴 선택을 위한 컨테이너로서 상징성을 가지며, 이를 그대로 디자인에 옮겨 나온 결과물이라고 했다. 또한 메뉴를 구성하는 픽셀을 적게 사용하기 위해 기능적으로 기억에 남을 만한 메뉴 목록을 메타포로 삼아 디자인했다고 했다.

햄버거 아이콘은 1981년 이후 더 이상 사용되지 않다가 4인치 전후 크기의 스마트폰 중 하나인 아이폰 3Gs에서 다시 등장했다. 이렇게 햄버거 아이콘은 초창기 아이폰의 녹음 앱에서 모습을 드러냈지만 별다른 주목을 받지 못했다. 그러다가 페이스북이 그리드 형태의 아이콘을 사용하면서 다시 주목받기 시작했다. 페이스북은 2010년에 사용하던 그리드 형태의 아이콘을 지금의 햄버거 아이콘으로 변경하여 사용하고 있다.

(a) 아이폰 3Gs의 녹음 앱

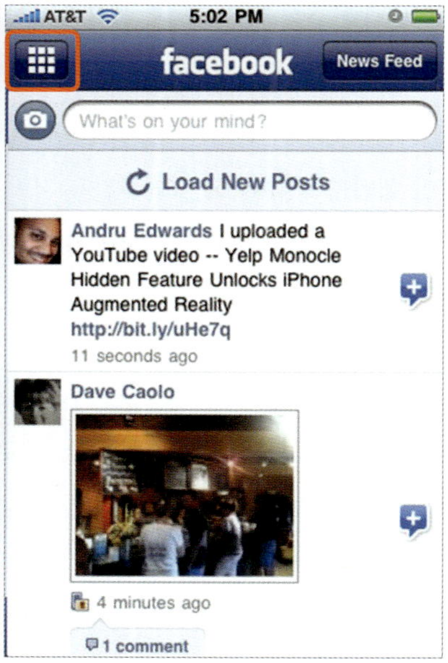

(b) 초창기 페이스북

그림 8-3 2010년에 사용되던 햄버거 아이콘의 모습

2010년은 시기적으로 스마트폰이 대중화되지 않았고 앱의 기능도 단순한 시절이었다. 이 시기에 사용된 햄버거 메뉴는 다른 메뉴로 진입하는 역할 이상은 하지 못했다. 하지만 2011년 하반기부터는 스마트폰 사용자가 급격히 늘어났고 모바일 기술도 발달함에 따라 데스크톱의 웹 화면이 스마트폰에 맞게 축소된 스마트폰만의 패턴이 만들어지기 시작했다. 스마트폰에 사용되는 UI 화면은 UX 패턴이라는 이름으로 사용되었고, 개발사들은 이에 맞는 가이드라인을 제시하였다.

햄버거 메뉴가 정점을 찍은 것은 2014년 HTML5가 웹 표준으로 채택되어 반응형 웹이 돌풍적인 인기를 끌면서부터이다. 이 시기에는 웹에서 탐색할 수 있었던 수많은 콘텐츠가 스마트폰 화면 안으로 들어왔는데, 수많은 콘텐츠를 작은 화면에 보여 주는 게 무리라는 인식이 퍼지면서 햄버거 아이콘이 메뉴 모둠 역할을 하는 슬라이드 방식으로 사용되기 시작했다. 이후 햄버거 메뉴는 거의 모든 반응 형 웹에 규칙처럼 들어가게 되었다. 이로서 햄버거 메뉴는 온라인에서 논란의 중심에 서게 된다.

4 햄버거 메뉴의 사용 논란

햄버거 메뉴에 대한 사용 논란은 스마트폰 개발자, 디자이너, UX를 연구하는 학자들의 불평에서 시작되었다. 그들은 햄버거 메뉴가 iOS의 내비게이션 구조와 충돌이 날 수 있고 아이콘을 클릭했을 때 무엇이 나올지 예측하기 어려운 모호함을 지녔다고 지적했다. 또한 햄버거 아이콘 안에 숨겨진 메뉴들은 특별한 목적이 없는 경우 덜 들여다보기 때문에 사용자들에게 외면받기 쉽다고 했다. 일부 학자들은 햄버거 아이콘이 버튼처럼 보이지 않는다며, 버튼이 눈에 띄지 않고 인식하기 어려우면 사용자가 쉽게 찾을 수 없다고 했다. 따라서 햄버거 메뉴라는 레이블을 추가하거나 버튼같이 박스 형태로 디자인하면 그 사용량이 증가할 것이라고 했다.

햄버거 메뉴에 대한 논란 중에는 햄버거 아이콘의 위치가 터치 영역을 벗어난다는 점도 있다. 사용자의 70%는 한 손, 특히 왼손의 엄지손가락을 사용하여 스마트폰을 조작하는데 스마트폰의 크기에 따라 손가락이 터치할 수 있는 영역의 크기는 달라진다. 애플의 탭 바는 엄지손가락의 터치 영역을 고려하여 주요 메뉴를 배치할 수 있도록 설계되어 있다. 그런데 최신 스마트폰에서 햄버거 아이콘의 위치가 엄지손가락으로 터치할 수 없는 곳에 배치되면서 논란이 되었다. 터치 영역이 햄버거 아이콘의 논란에 영향을 미쳤다는 것은 페이스북의 UI가 변경된 사실로도 확인할 수 있다.

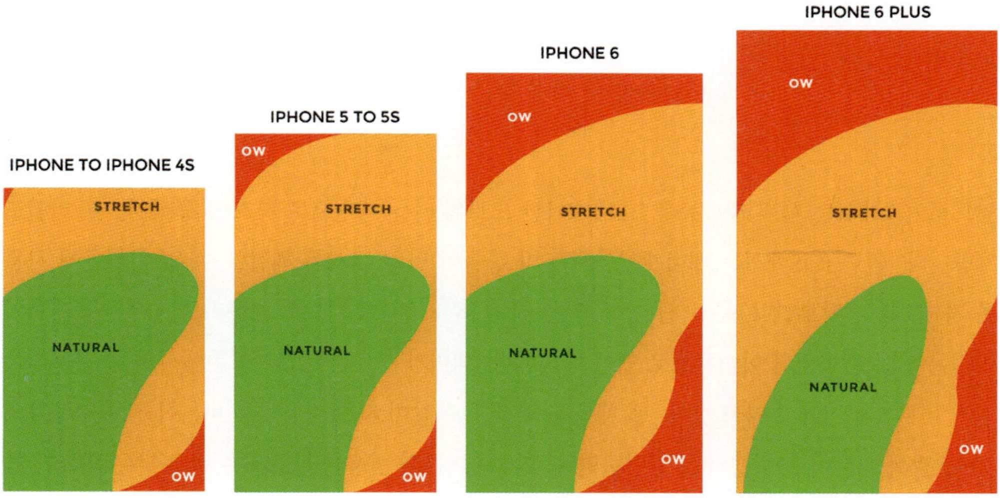

그림 8-4 iOS의 터치 영역

햄버거 아이콘의 모호성은 햄버거 메뉴를 사용하지 말아야 하는 가장 큰 이유로 꼽힐 정도이고 실제 조사 결과에서도 아이콘 클릭 수로 입증되었다. 하지만 이러한 사실만으로 햄버거 메뉴의 유용성을 의심하는 건 비합리적이다. 페이스북은 UI를 변경하면서 햄버거 아이콘을 제거하지 않고 하단에 배치했다. 모호성이 문제였다면 햄버거 아이콘을 제거하는 것이 더 타당했을 것이다. 무엇보다 이러한 논란에도 불구하고 햄버거 메뉴는 여전히 현재까지 널리 사용되고 있다. 햄버거 메뉴는 그 안에 많은 정보를 넣을 수 있고 동시에 추가적인 정보를 찾을 수 있는 일관된 방법을 제공하기 때문이다.

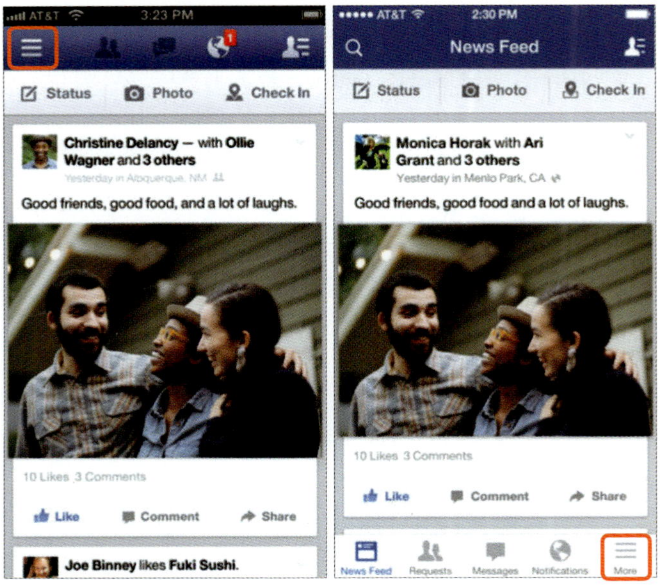

그림 8-5 페이스북 햄버거 아이콘의 위치

5 햄버거 메뉴의 현재

안드로이드에서는 햄버거 메뉴를 '내비게이션 드로워'라는 명칭으로 부르며 공식 가이드라인도 제공한다. 반면 iOS에서는 내비게이션 구조와 충돌이 나는 문제를 해결할 수 없기 때문에 사용을 자제하라고 당부한다. 무브 웹move web이라는 조사 기관에 따르면 사용자의 20%는 직관적인 아이콘이 아닌 햄버거 아이콘으로 앱을 탐색하며, 햄버거 아이콘이 스마트폰에서 자주 사용되는 인기 버튼 5위 안에 든다고 했다. 탭 메뉴나 홈 버튼과 같이 자주 사용하는 버튼이 전체 사용률의 30%, 검색 버튼이 27%인 것을 감안하면 햄버거 아이콘의 사용률인 20%는 결코 낮은 비율이 아니다. 따라서 더 이상 햄버거 아이콘을 스마트폰에서 제거해야 한다는 논의는 맞지 않다. 오히려 햄버거 아이콘은 작은 스마트폰 화면 안으로 들어온 대용량의 콘텐츠를 그루핑하고 분류하여 레이블링 옵션으로 사용하기에 가장 적합한 형태라 할 수 있다. 왼쪽에서 오른쪽으로 또는 반대 방향으로 햄버거 아이콘이 위치한 쪽에서 서랍처럼 열리는 옵션 창은 그룹 구분 선을 줄 수 있고, 스크롤링도 할 수 있으며, 애니메이션도 적용할 수 있어 다양하게 사용할 수 있다.

무브 웹의 또 다른 조사에 따르면 일반 콘텐츠 앱에서는 매우 적은 수의 사용자만 햄버거 아이콘을 사용하지만, 쇼핑몰 같은 앱에서는 거의 열 배가 넘는 사용자가 햄버거 아이콘을 사용한다고 한다. 뉴스 같은 콘텐츠를 제공하는 앱의 경우 사용자는 메뉴를 이용해 탐색하는 것보다 첫 페이지의 헤드라인 뉴스나 그때그때 이슈가 자동으로 올라오는 큐레이션 페이지를 보는 것을 더 선호한다. 특정 주제를 찾아보고 싶으면 검색 버튼을 사용하면 충분하다. 이러한 조사 결과를 반대로 해석하면 햄버거 메뉴는 특정 필터 조건을 걸어야 하거나 카테고리가 명확히 나누어진 메뉴 구조에서 유용하다는 사실을 알 수 있다. 2015년 무브 웹에서는 햄버거 아이콘 아래에 메뉴라는 레이블을 추가하는 것만으로 사용량이 61%나 증가했다고 밝혔다. 하지만 현재는 이미 사용자가 햄버거 아이콘에 익숙해져 있기 때문에 레이블링을 따로 하지 않아도 된다.

햄버거 메뉴는 직선linear 방식의 내비게이션 구조를 가지고 있는 아이폰에는 적합하지 않지만, 사용자가 콘텐츠를 순차적으로 통과하도록 강요하는 대신 올바른 정보 구조information architecture를 만들어 대용량 콘텐츠를 적절하게 보여 준다. 이러한 유용성은 사용자들이 원하는 탐색 페이지에 도착하기 전에 순차적으로 관련 없는 화면을 지나가야 하는 것을 막고 더 빠른 속도로 목적지에 접근할 수 있도록 돕는다. 햄버거 메뉴는 더 이상 사용자에게 낯선 UI가 아니다. 따라서 적절히 사용할 필요가 있다.

6 햄버거 메뉴의 대안

햄버거 메뉴는 iOS의 내비게이션 구조와 충돌하는 문제가 있지만, 꼭 필요한 곳에 적절하게 사용하면 대용량 정보의 홍수 시대에 최적의 내비게이션 패턴으로 유용하게 쓸 수 있다. 아마존이나 옥션과 같은 대형 쇼핑몰은 카테고리가 다섯 개 이상 존재하거나 카테고리 내 계층 구조를 가지는 경우도 많은데 이때 햄버거 메뉴를 사용하면 사용자의 앱 탐색에 큰 도움을 줄 수 있다. 다만 페이스북이나 카카오톡 같이 특정 목적의 메뉴가 주를 이루는 경우에는 굳이 햄버거 메뉴를 사용할 필요가 없다. 오히려 탭 메뉴를 잘 구성하는 것이 더 바람직하다.

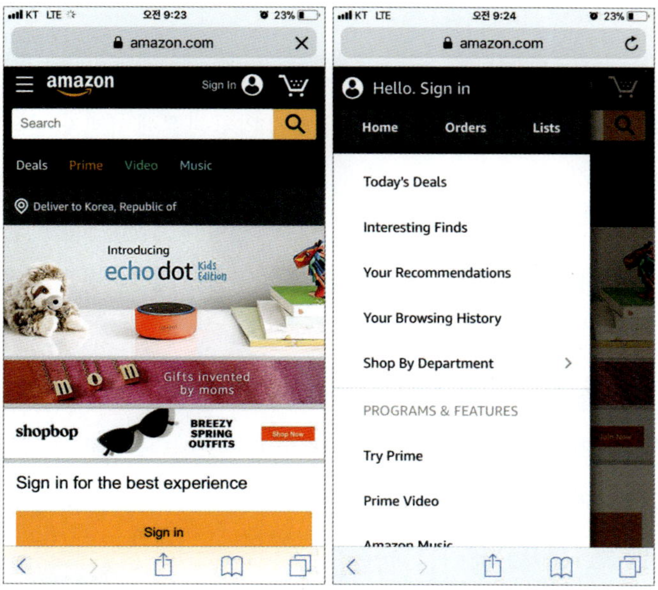

그림 8-6 방대한 양의 콘텐츠를 햄버거 메뉴로 보여 주는 아마존

대부분의 앱은 햄버거 메뉴를 버리지 못하고 설정 등과 같은 부수적인 옵션 카테고리를 보여 주기 위해 햄버거 메뉴를 사용한다. 그러나 이는 오버플로 메뉴로 충분히 대체할 수 있기 때문에 굳이 햄버거 메뉴를 쓸 필요가 없다. 뉴스나 핀터레스트와 같은 큐레이션이 가능한 앱이나 웹은 더욱 햄버거 메뉴를 사용할 필요가 없다. 큐레이션 앱은 검색이나 필터 조건을 더욱 강화하여 앱의 사용량을 늘리면 사용자의 불필요한 페이지 탐색을 줄일 수 있다. 한 페이지에 대량의 콘텐츠를 배치하는 경우에는 햄버거 메뉴 대신 스크롤링을 사용하면 된다. 즉, 제공하고자 하는 콘텐츠의 양에 따라 정보 구조를 설계하고 그에 맞는 UI 구조를 제공하면 무분별한 햄버거 메뉴 사용을 자제할 수 있으며, 모호성이라는 논란과 예측 불가능하다는 오해에서 벗어날 수 있다.

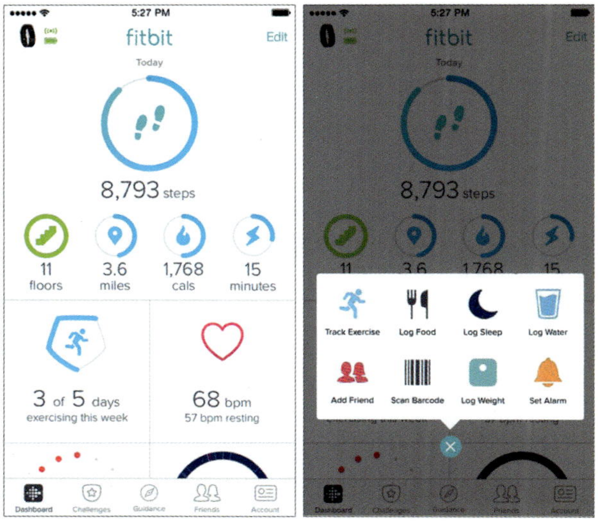

그림 8-7 햄버거 메뉴 대신 추가 메뉴를 사용한 핏빗

다시 종합해 보면 햄버거 메뉴에 대한 논란은 iOS의 구조적인 문제에서 시작되었다. iOS에서는 햄버거 메뉴와 함께 동반되는 슬라이딩 메뉴 방식의 드로워를 지원하지 않기 때문에 개발자 입장에서는 운영체제와의 충돌, 디자이너 입장에서는 선형 구조의 내비게이션을 고려하지 않을 수 없다. 이러한 우려는 안드로이드에서는 별개이다. 내비게이션 구조에서도 햄버거 메뉴를 사용하길 권장하고 있고 명확한 가이드라인도 제시하고 있기 때문에 운영체제와의 충돌은 걱정하지 않아도 된다.

햄버거 메뉴는 콘텐츠 양이 많지 않은 앱에서 사용하기에는 적당하지 않다. 그럴 때는 플로팅 버튼이나 탭 구조를 이용하는 것이 좋다. 모바일 패턴에 따라 디자인할 때에는 트렌드를 따라가기보다 앱의 목표와 사용자의 맥락을 고려하여 다양한 패턴을 활용하는 것이 좋다.

7 iOS와 안드로이드의 드로워

iOS에서는 드로워를 사용할 때 기존 화면을 오른쪽으로 밀어내면서 슬라이딩하는 인레이 방식을 사용한다. 안드로이드에서는 기존 화면을 검은색 반투명으로 바꾸고 그 위로 드로워가 슬라이딩되는 오버레이 방식을 사용한다. 두 운영체제의 드로워 모두 화면을 다시 탭하면 사라지고 원래 화면으로 돌아간다. 하지만 화면을 왼쪽으로 밀거나 탭하는 등 사용자가 다양한 인터랙션을 시도하기 때문에 최근에는 화면 상단에 닫힘 버튼을 별도로 제공하기도 한다.

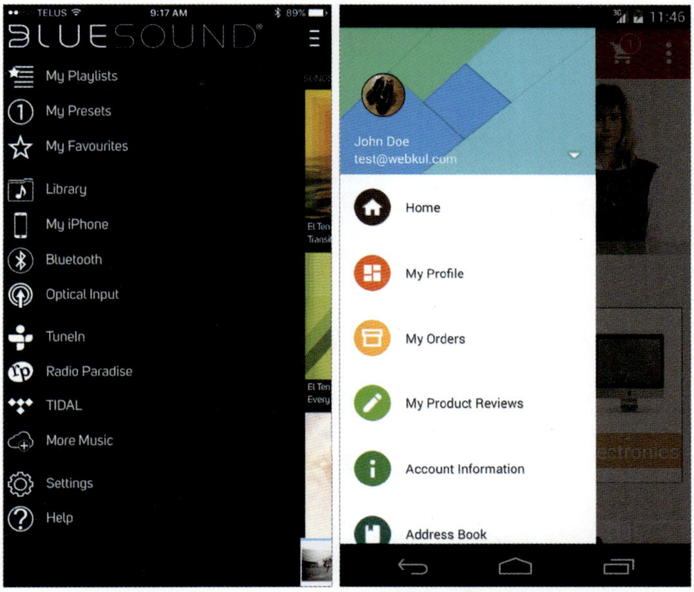

(a) iOS의 인레인 방식　　(b) 안드로이드의 오버레이 방식

그림 8-8 iOS와 안드로이드의 드로워 방식

8 내비게이션 드로워

안드로이드에서는 드로워를 내비게이션 드로워navigation drawer라고 한다. 내비게이션 드로워는 앱의 여러 섹션을 탐색할 수 있는 메뉴를 갖고 있는데 이 메뉴를 오버레이 방식으로 볼 수 있다. 내비게이션 드로워의 높이는 전체 화면의 높이와 같고 드로워 이외의 부분은 검은색 반투명으로 처리된다. 드로워 내 내비게이션 메뉴는 아이콘과 텍스트로 구성되며, 메뉴 항목 사이는 구분 선을 그어 나눈다. 구분 선은 위아래 여백 값을 8dp로 설정한다. 드로워 내 내비게이션 메뉴는 스크롤링할 수 있으며 설정이나 지원과 관련된 메뉴가 있을 때는 맨 하단에 배치한다. 메뉴 항목 중 하나를 선택하면 선택된 항목의 색상이 앱의 기본 색상으로 변경되면서 해당 항목의 전체 행이 강조된다.

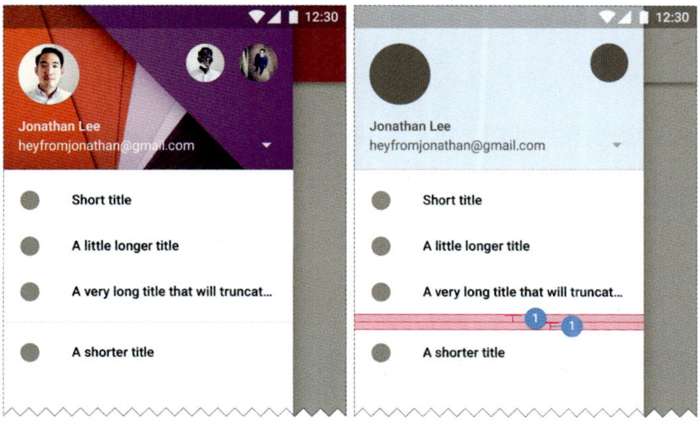

(a) 상하 여백이 8dp인 구분 선

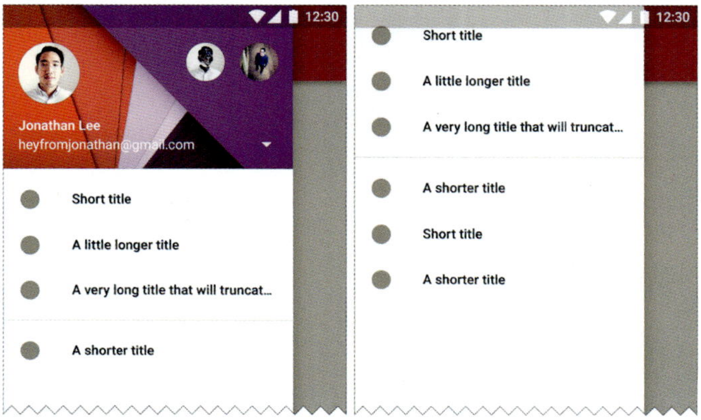

(b) 드로워 내 메뉴 스크롤링 가능

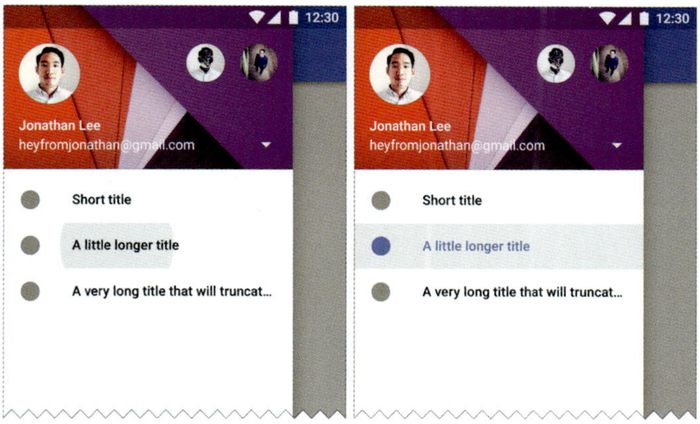

(c) 선택된 메뉴 항목의 표시

그림 8-9 안드로이드의 내비게이션 드로워

안드로이드 내비게이션 드로워의 가이드라인은 다음과 같다.

■ **타이포그래피**

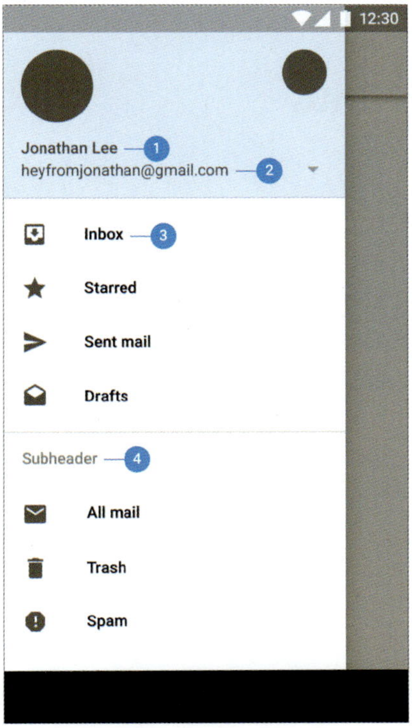

① 이름: Roboto Medium 14sp, #FFFFFF

② 이메일 주소: Roboto Regular 14sp, #FFFFFF

③ 목록 텍스트: Roboto Medium 14sp, 87%, #000000

④ 하위 목록 제목: Roboto Medium 14sp, 54%, #000000

■ **키 라인 및 여백**

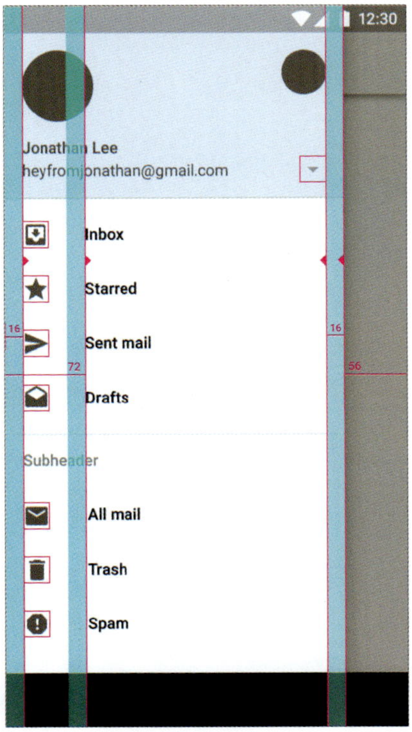

- 아이콘 정렬: 화면 왼쪽
- 아이콘 좌우 여백: 16dp
- 아이콘 값: 54%, #000000
- 목록 텍스트 왼쪽 여백: 72dp
- 드로워 너비: 304dp 혹은 화면 너비에서 액션 바의 높이를 뺀 값

■ 수직 간격

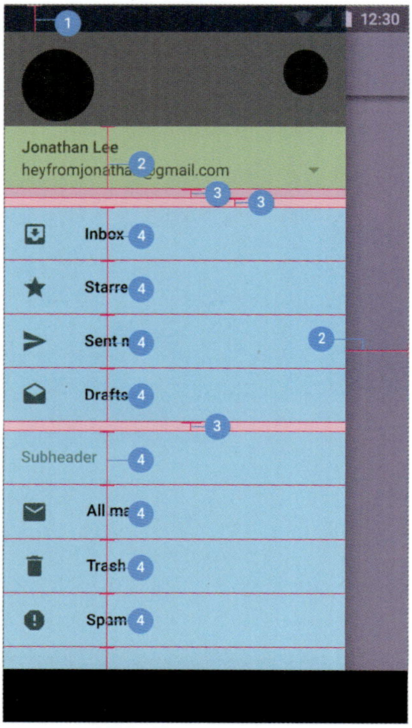

① 상태 바: 24dp

② 부제목: 56dp

③ 콘텐츠 영역 사이 여백: 8dp

④ 목록 리스트 높이: 48dp

실습
2
iOS의 드로워 만들기

1 채팅 앱의 드로워 만들기

완성 이미지

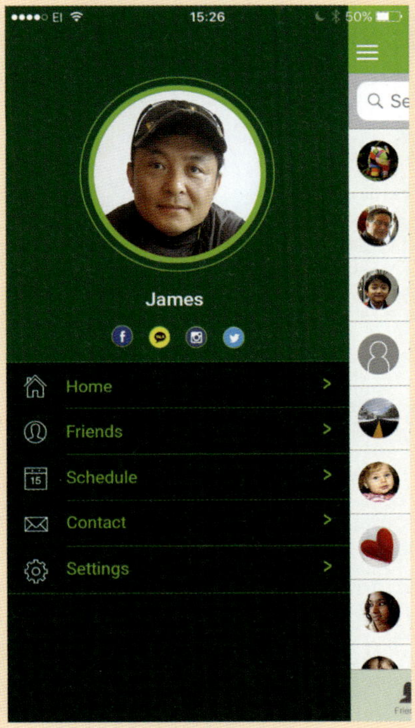

준비 파일 iOS_drawer_resource.psd, profile1.jpg, Social_icons.psd, icons1.psd

완성 파일 iOS_drawer_result.psd

01 [실습]-[8장] 폴더의 iOS_drawer_resource.psd 파일을 불러온다. 테이블 리스트 이미지와 상태 바가 준비되어 있다.

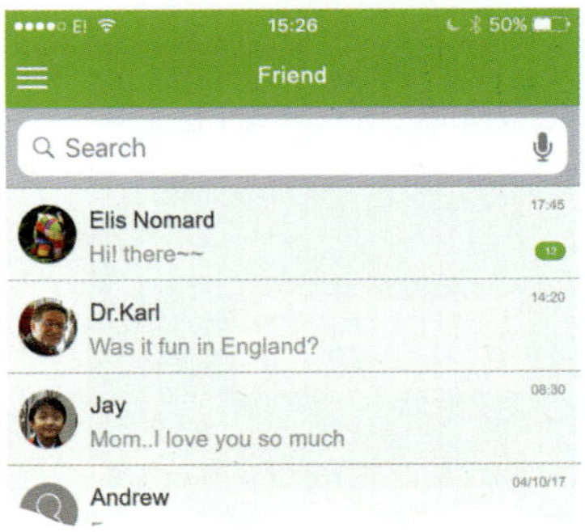

02 iOS의 드로워는 인레이 방식이므로 화면의 85% 지점인 오른쪽에서 112픽셀 떨어진 지점에 가이드라인을 배치한다. 이동 툴(✥)로 Layer 3 레이어의 이미지를 오른쪽으로 옮긴다.

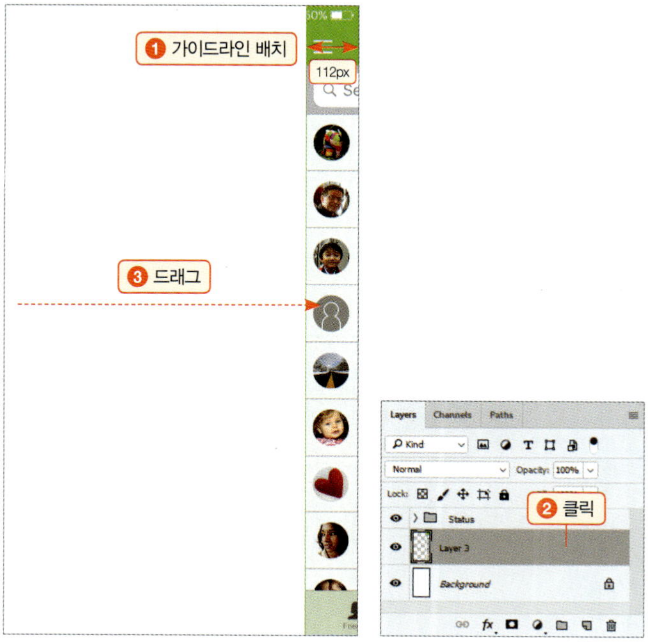

03 새 레이어를 추가하고 사각형 선택 툴(⬚)로 나머지 영역을 선택한 후 진한 녹색(#005e20)으로 채운다.

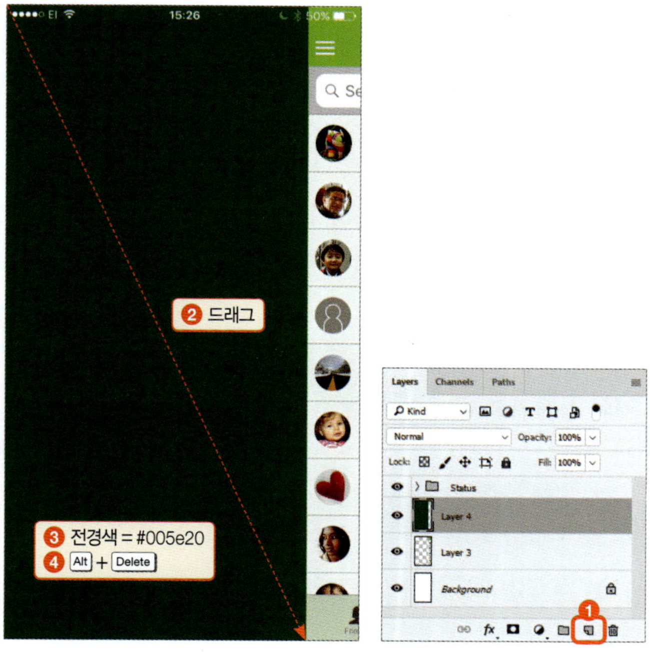

04 [실습]–[8장] 폴더에서 프로필 사진으로 쓸 profile1.jpg 파일을 불러와 너비와 높이가 각각 320픽셀인 원형으로 만든다. 상태 바의 높이(40픽셀)를 제외한 가이드라인부터 아래로 112픽셀 떨어진 곳에 좌우로는 드로워의 가운데에 오도록 배치한다.

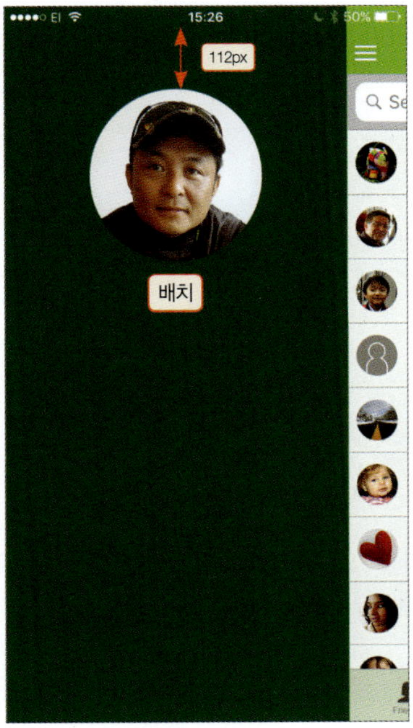

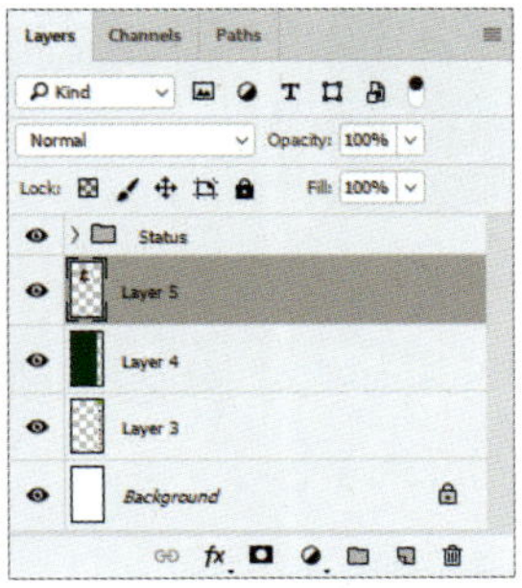

05 [Edit]–[Stroke] 메뉴를 선택하여 프로필 사진에 두께가 10픽셀인 연두색(#8fc320) 선을 적용한다. 원형 선택 툴(◯)로 프로필 사진보다 조금 더 큰 원을 드래그한 후 [Edit]–[Stroke] 메뉴를 선택하여 선 두께를 2픽셀로 설정한 후 다음과 같이 배치한다.

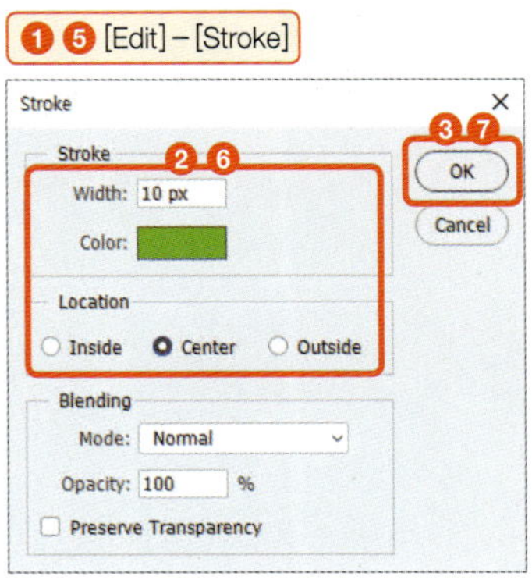

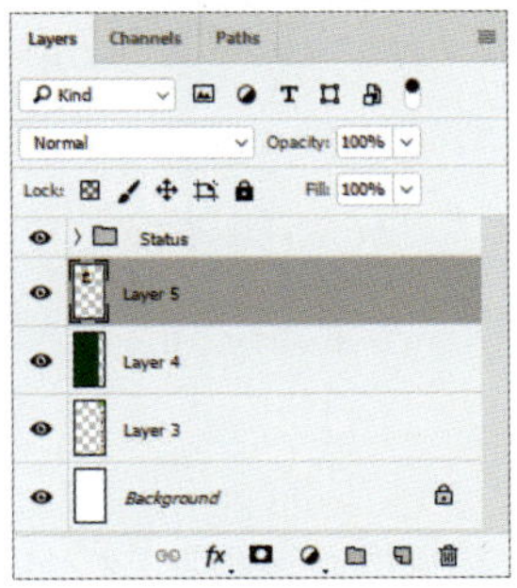

06 사진 하단에 이름을 입력한 후 바로 아래에 Social_icons.psd 파일을 불러와 다음과 같이 SNS 아이콘을 배치한다. 사진과 이름은 36픽셀 정도로 간격을 벌려 준다.

07 SNS 아이콘에서 24픽셀 떨어진 지점에 선 툴(◻)로 두께가 1픽셀인 연두색(#8fc320) 선을 그린 후 앞에서 작업한 레이어를 그룹으로 묶는다.

08 새 레이어를 추가하고 사각형 선택 툴([⬚])로 구분 선 아래 영역을 선택한 후 어두운 진녹색(#003b19)으로 채운다.

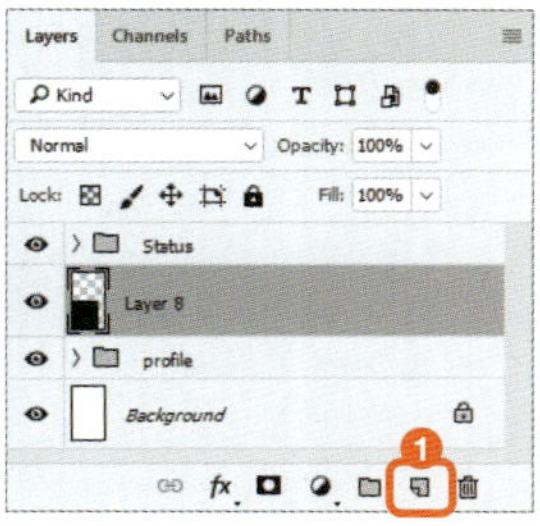

09 새 레이어를 추가하고 최초 구분 선에서 86픽셀 간격으로 두께가 1픽셀인 연두색(#8fc320) 구분 선을 다섯 개 추가한다.

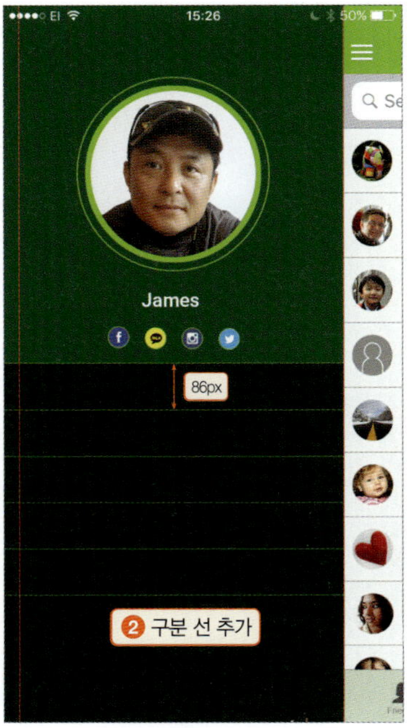

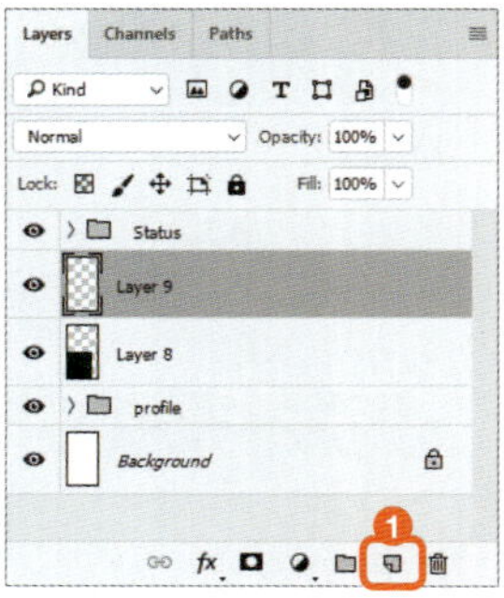

10 icons1.psd 파일을 불러와 원하는 아이콘을 왼쪽에서 30픽셀 떨어진 곳에 배치한다. 화면에 사용되는 아이콘 크기는 58픽셀이므로 크기가 맞지 않으면 Ctrl+T를 눌러 조절하고 패스 선택 툴( )로 적절한 자리에 배치한다.

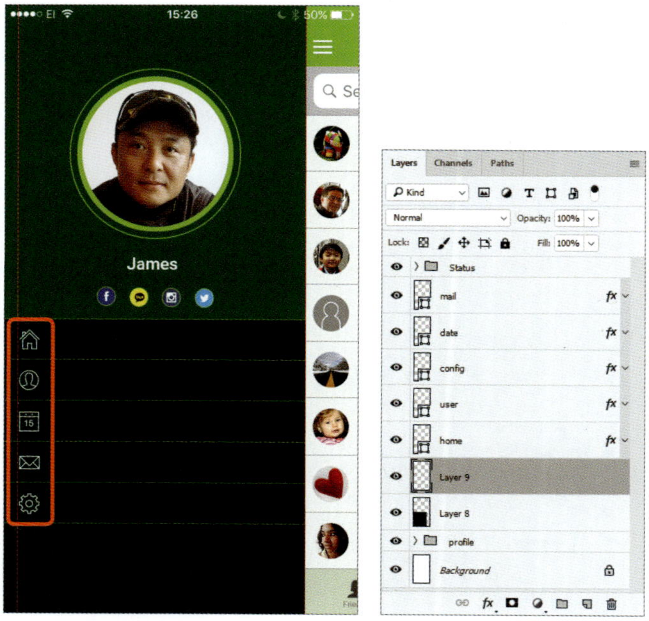

11 구분 선을 기준으로 수직 중앙에 텍스트와 세부 옵션을 선택하는 인디케이션(〉)을 연두색(#8fc320)으로 입력한다. 이때 아이콘의 오른쪽 간격을 30픽셀로 유지하고 드로워의 오른쪽 끝과 인디케이션(〉)의 간격도 30픽셀로 유지한다.

12 아이콘 양쪽 여백에 보이는 구분 선을 삭제하여 드로워 이미지를 완성한다.

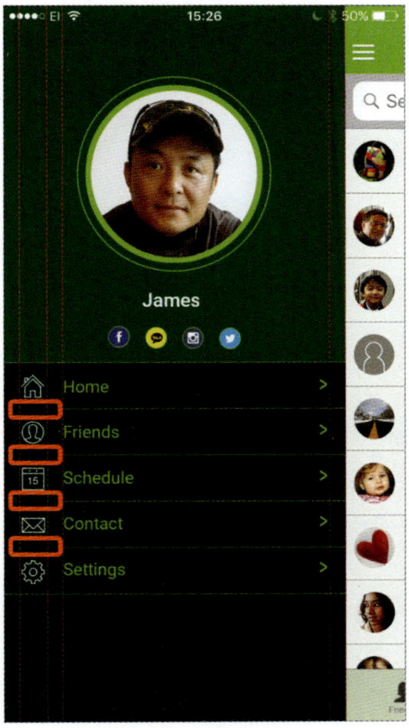

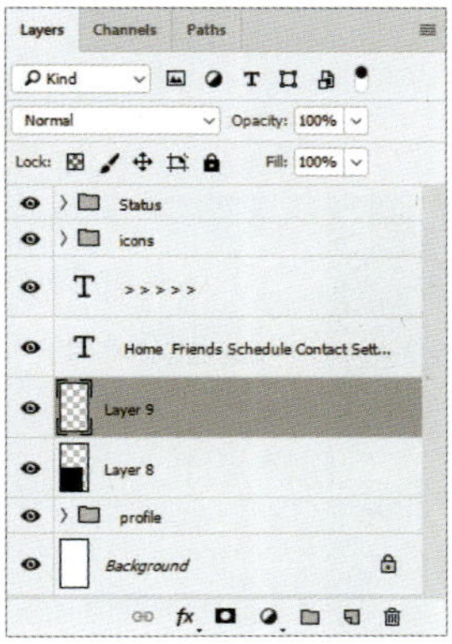

실습

3

안드로이드의 드로워 만들기

1 채팅 앱의 드로워 만들기

완성 이미지

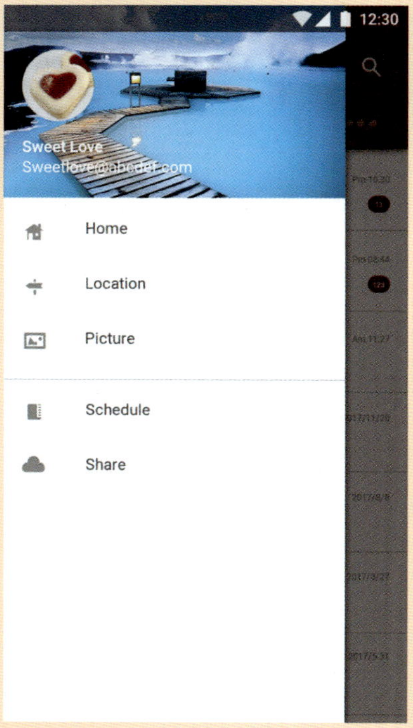

준비 파일 Android_drawer_resource.psd, profile2.jpg, avatar.png, icons2.psd

완성 파일 Android_drawer_result.psd

01 [실습]–[8장] 폴더에서 Android_drawer_resource.psd 파일을 불러온다. 테이블 리스트 이미지와 상태 바가 준비되어 있다. 상단에서 48픽셀 떨어진 지점과 오른쪽에서 112픽셀 떨어진 지점에 가이드라인을 배치한다.

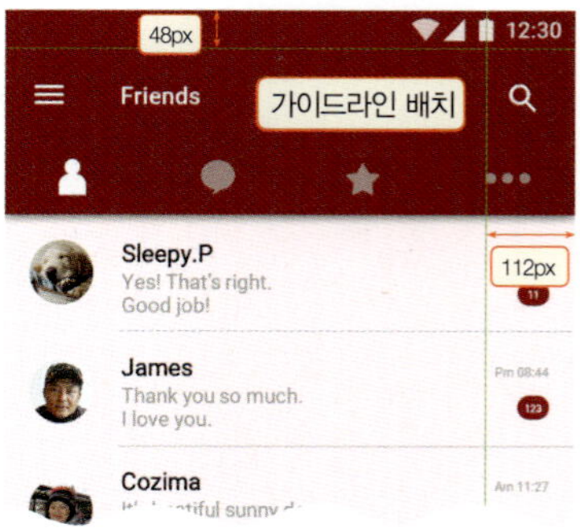

02 새 레이어를 추가하고 사각형 선택 툴(⬚)로 오른쪽 112픽셀 영역을 선택한 후 검은색으로 채우고 레이어의 Opacity를 50%로 줄여 반투명하게 만든다.

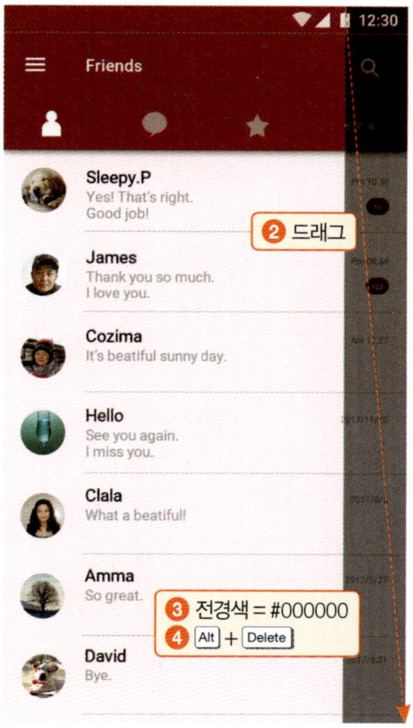

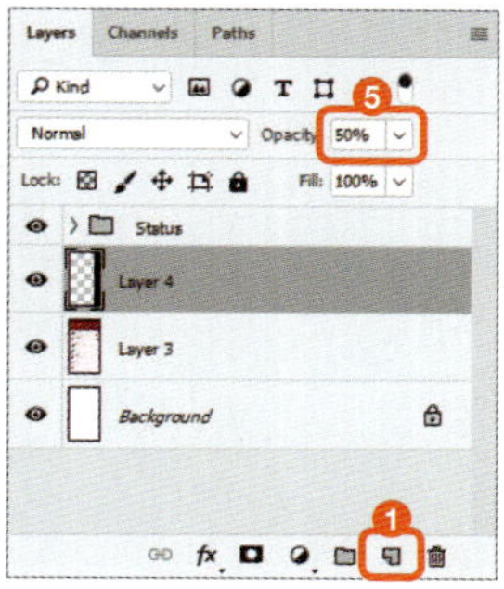

03 새 레이어를 추가하고 사각형 선택 툴(⬚)로 나머지 영역을 선택한 후 흰색으로 채운다.

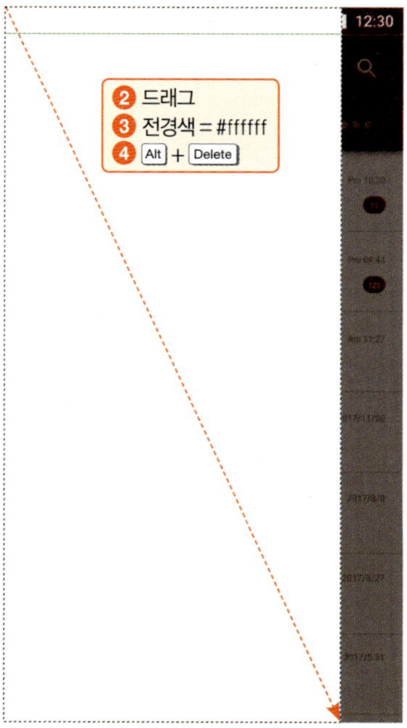

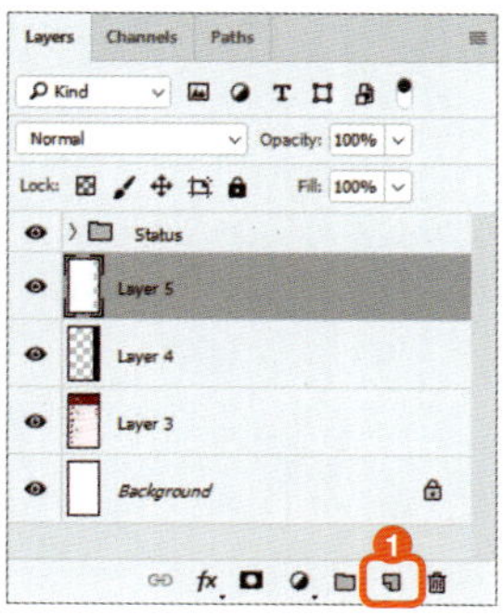

04 레이어 패널의 레이어 스타일 추가 버튼(fx)을 클릭하고 [Drop Shadow]를 선택한 후 다음과 같이 설정하여 흰색 영역 오른쪽에 그림자를 만든다.

Blend Mode: Normal(Black), Opacity: 75%, Angle: 90˚, Size: 16px

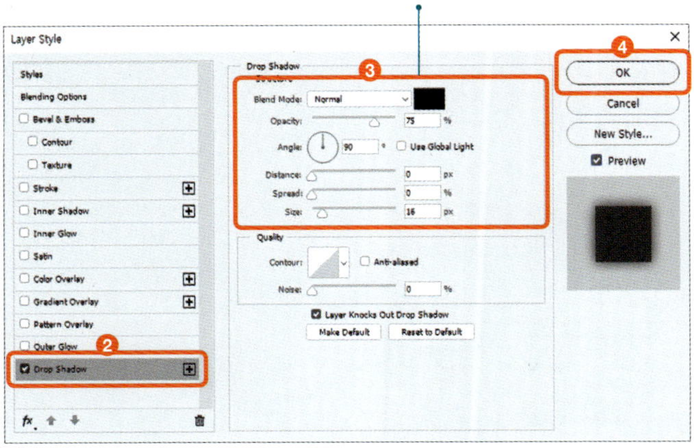

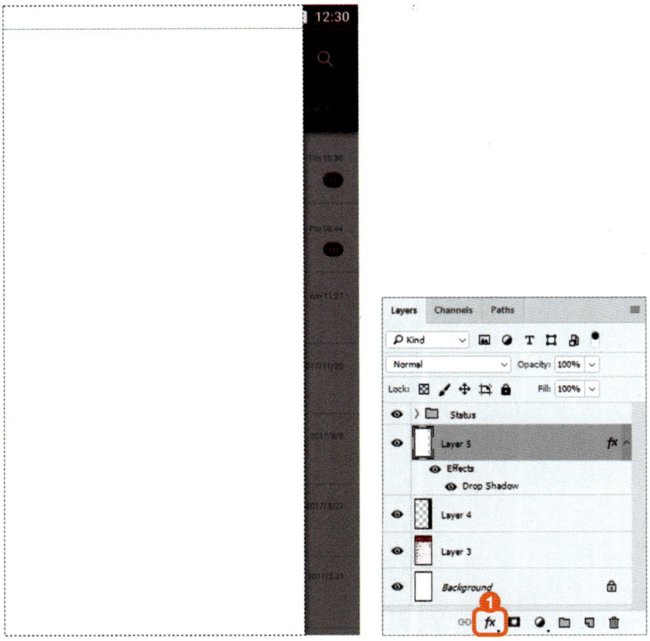

05 [실습]–[8장] 폴더에서 너비가 608픽셀이고 높이가 344픽셀인 profile2.jpg 파일을 불러와 프로필 사진의 배경이 될 위치에 배치한다.

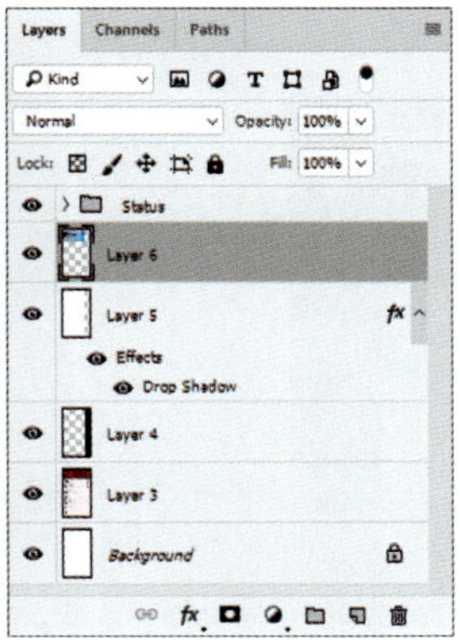

Tip 다른 사진을 배경으로 쓸 때는 너비를 608픽셀, 높이를 344픽셀로 조절하여 사용한다.

06 새 레이어를 추가하고 사각형 선택 툴(⬚)로 배경 이미지 상단의 상태 바 영역을 선택한 후 검은색으로 채우고 레이어의 Opacity를 50%로 조절한다.

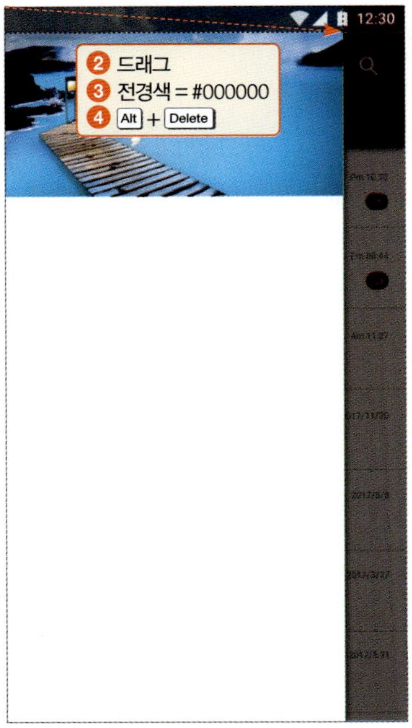

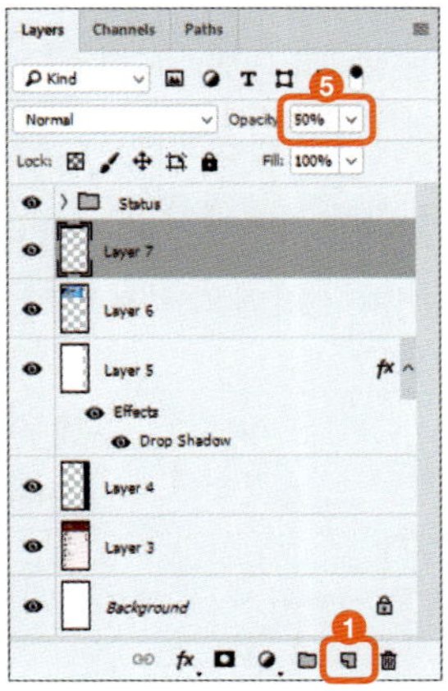

07 [실습]-[8장] 폴더에서 너비와 높이가 각각 128픽셀인 정원 형태의 avatar.png 파일을 불러와 왼쪽에서 32픽셀, 상태 바에서 아래로 32픽셀 떨어진 지점에 배치한다. 배경 이미지 하단에서 위로 102픽셀 떨어진 지점에는 흰색으로 아바타의 이름과 메일 주소를 입력한다.

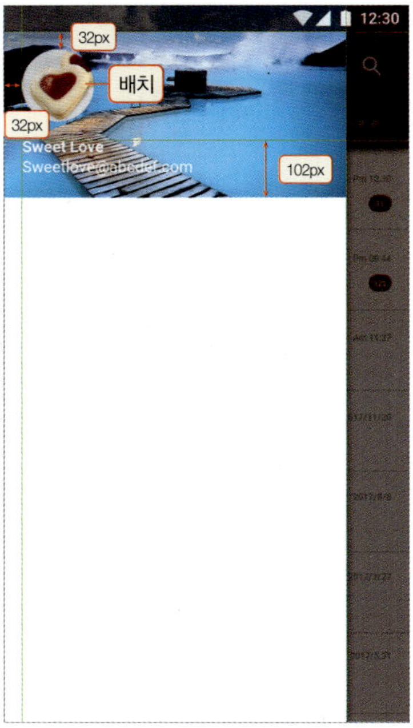

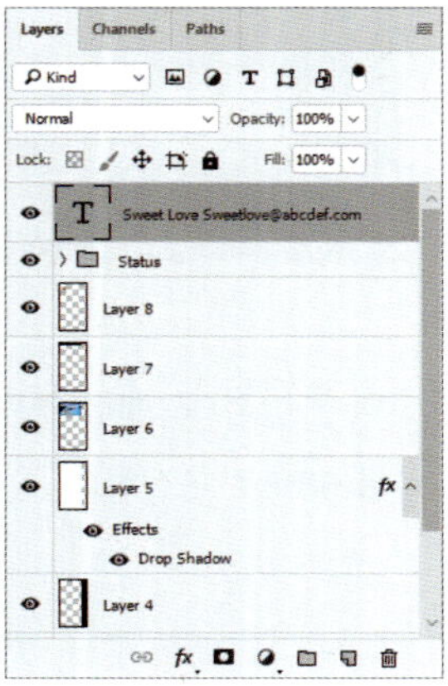

Tip 다른 이미지를 아바타용 사진으로 쓸 때는 너비와 높이를 각각 128픽셀로 조절하여 사용한다.

08 배경 이미지 하단에서 아래로 44픽셀 떨어진 지점에 가이드라인을 배치한다. 목록의 높이가 96픽셀이 되도록 가이드라인을 두 개 더 배치한다. icons2.psd 파일을 불러와 HOME, SIGN 2, PICTURE 아이콘을 배치한다. 각각의 아이콘은 너비와 높이를 각각 44픽셀로 조절하고 레이어 스타일 아이콘(fx)을 더블클릭하여 왼쪽 목록에서 [Gradient Overlay]를 선택한 후 Gradient를 회색(#959595)으로 설정하고 나머지 스타일은 설정을 해제한다.

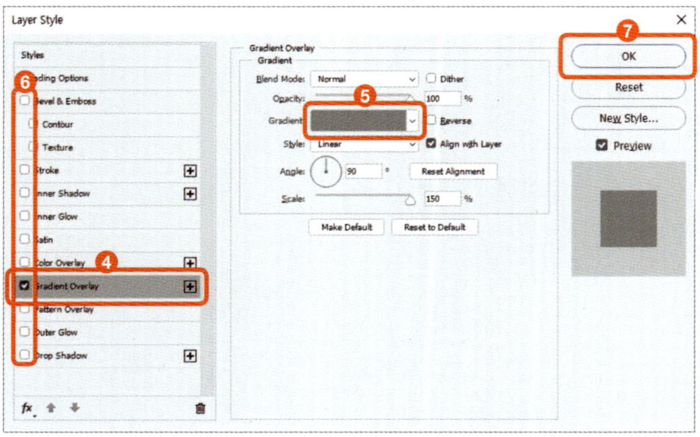

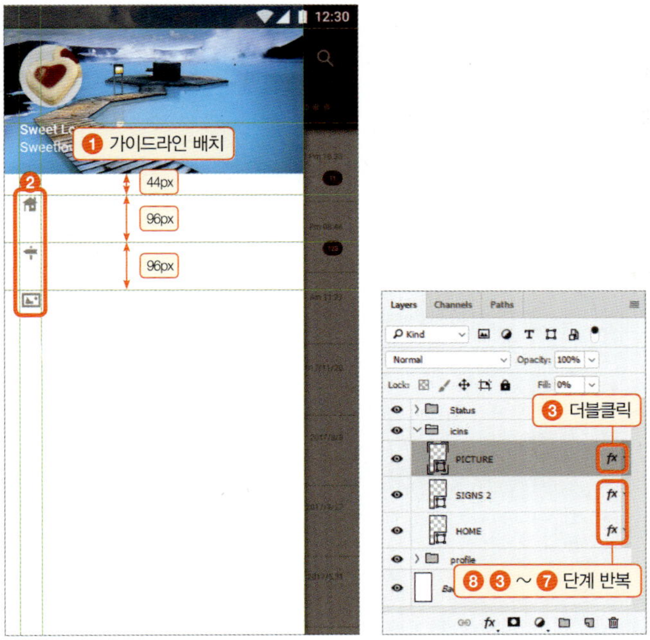

09 아이콘의 오른쪽에서 68픽셀 떨어진 지점에 아이콘과 같은 높이로 다음과 같이 진회색(#464646) 텍스트를 입력한다.

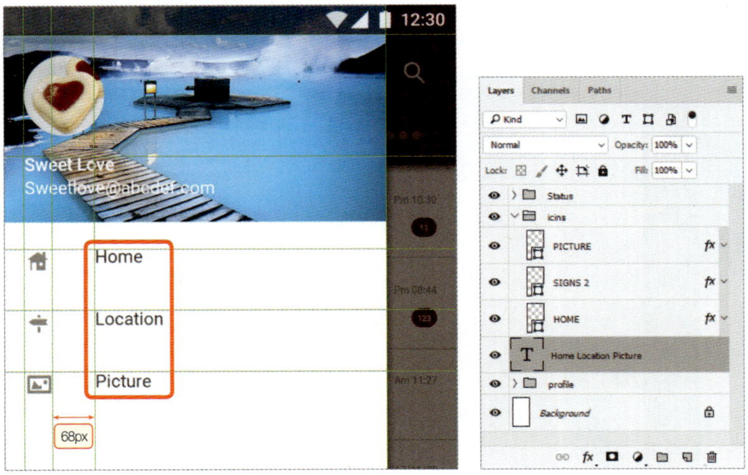

10 새 레이어를 추가하고 선 툴(⟋)로 선 두께가 1픽셀인 진회색(#959595) 구분 선을 그린다. 마지막 목록의 높이가 44dp이므로 구분 선은 마지막 목록의 가이드라인에서 아래로 88픽셀 떨어진 지점에 위치를 잡고 그리면 된다.

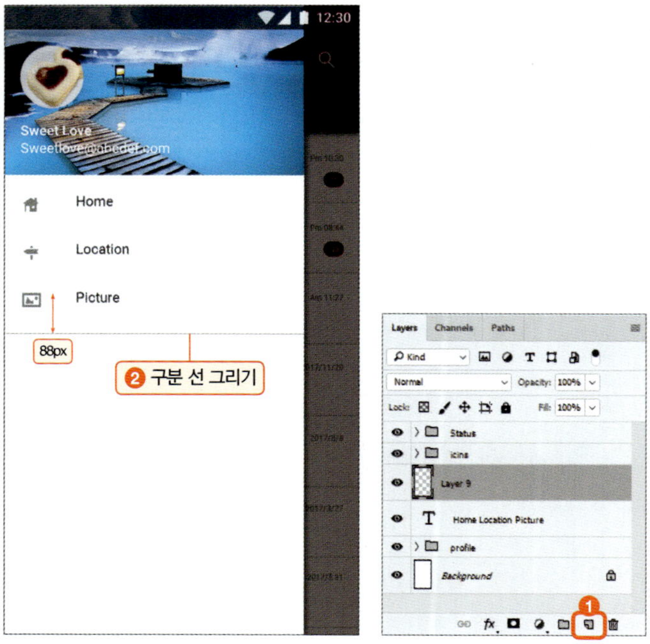

11 구분 선 아래로 44픽셀 떨어진 지점에 가이드라인을 배치하고 새로운 목록의 높이가 96픽셀이 되도록 가이드라인을 두 개 더 배치한다. icons2.psd 파일에서 DIARY, CLOUD 아이콘을 복사하여 배치하고 텍스트도 입력하여 안드로이드의 드로워를 완성한다. 마지막 항목 다음에는 구분 선을 넣지 않는다.

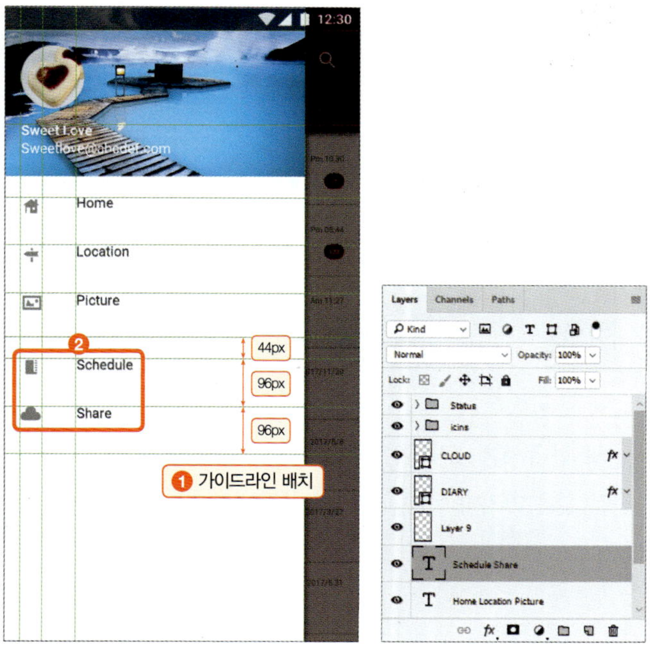

4
드로워의 인터랙션

드로워는 서랍처럼 열린다고 하여 붙여진 이름이지만 실제 적용되는 인터랙션에는 서랍처럼 열리는 동작 외에도 매우 다양한 동작이 연출된다. 안드로이드의 가이드라인에서는 왼쪽에서 오른쪽으로 슬라이드하는 방식을 권장하지만 가이드라인은 지침일 뿐이므로 디자이너는 운영체제와 충돌을 일으키지 않는 범위 내에서 창의적인 시도를 해야 한다. UI/UX 패턴은 늘 새로운 시도로 만들어져 고착화되기 때문이다. 드로워의 다양한 인터랙션은 예제 소스의 [ux]-[drawer] 폴더를 참고하기 바란다.

1 드로워의 인터랙션 사례

[그림 8-10]은 햄버거 메뉴를 탭하면 햄버거 메뉴가 회전하면서 왼쪽에 메뉴가 나타나는 인터랙션이다. 변형된 탭 메뉴 방식으로 기존 화면이 오른쪽으로 밀리면서 왼쪽의 메뉴가 열리는 인레이 방식이다. 드로워 내에서 선택된 메뉴는 피커로 표시되는데 피커는 마우스 포인터를 사용하는 웹 화면에는 적합하지만 손가락 제스처를 사용하는 모바일에는 적합하지 않다.

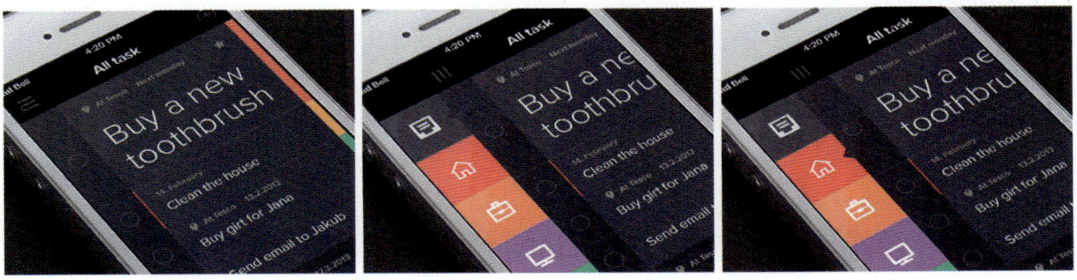

그림 8-10 drawer (2).gif

[그림 8-11]은 얼핏 보면 단순해 보이지만 드로워의 스크롤을 내리면 예쁜 일러스트 애니메이션이 등장한다. 이미지의 길이가 길어 스크롤을 여러 번 내려야 하고, 스크롤을 바닥까지 내렸을 때 별다른 메뉴나 액션이 없어 아쉽지만 개성 있는 콘텐츠를 배치하여 사용자에게 즐거움을 준다.

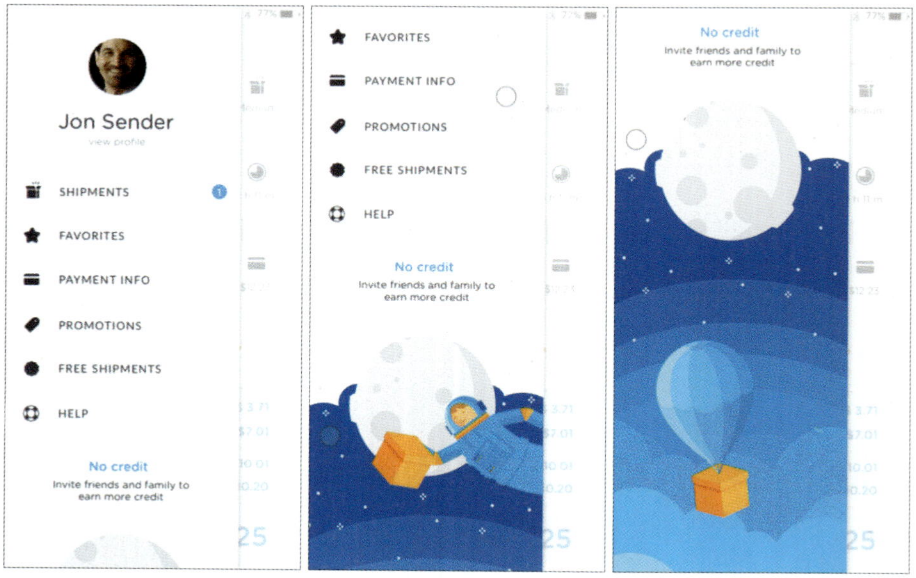

그림 8-11 drawer (3).gif

[그림 8-12]는 왼쪽에서 오른쪽으로 슬라이딩되면서 열리는 오버레이 방식 드로워지만 드로워 자체에 배경 화면이 있어 오버레이라고 인식되지 않는다. 드로워 안에 있는 텍스트 목록은 순차적으로 나타나지만 나타나는 속도가 빨라 목록 내 항목을 선택하는 데 불편함이 없다. iOS에서는 인레이 방식의 드로워를 권장하기 때문에 이 방식을 적용할 때 인레이 방식으로 구현할지 오버레이 방식으로 구현할지 고려해야 한다. 또 배경이 어두워서 사용자가 드로워를 닫을 때 닫혔는지 아닌지 헷갈릴 우려도 있다.

그림 8-12 drawer (4).gif

[그림 8-13]은 인레이 방식의 프로필 드로워지만 인터랙션을 살펴보면 드로워가 닫히는 것이 아니라 리스트가 드로워를 덮으면서 나타나는 중첩된 인터랙션이라는 걸 알 수 있다. 화면 오른쪽의 테이블 리스트의 그림자 방향을 봐도 테이블 리스트가 드로워보다 위쪽에 배치되어 있다는 걸 알 수 있다.

그림 8-13 drawer (5).gif

[그림 8-14]는 드로워라기보다는 탭 메뉴를 왼쪽에 배치했다고 봐도 무방할 정도이다. 메뉴 항목 하나하나가 계단식으로 나타나며 특정 항목을 선택하면 관련 페이지로 이동하면서 메뉴 항목이 다시 계단식으로 화면 밖으로 사라진다.

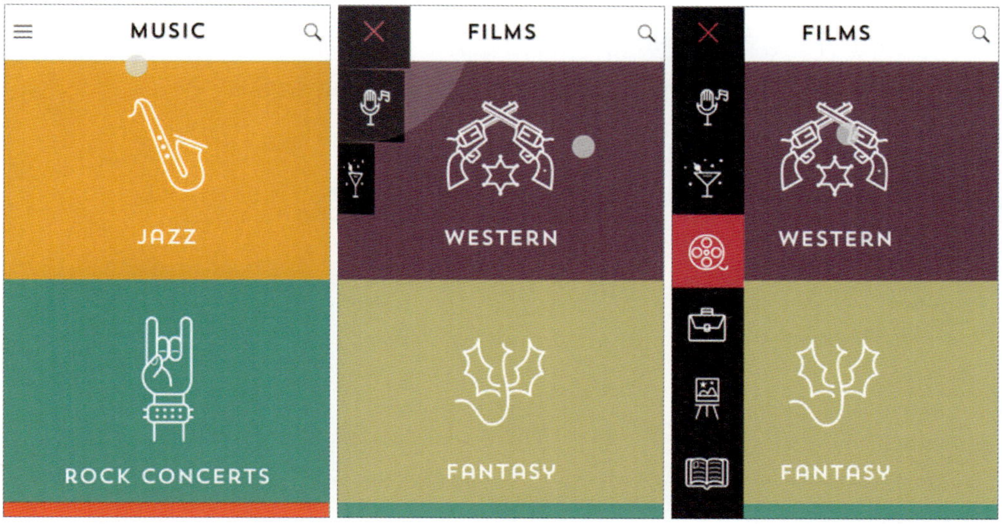

그림 8-14 drawer (6).gif

[그림 8-15]는 콘텐츠를 탐색하다가 햄버거 메뉴를 탭하면 콘텐츠 페이지가 원근감 있게 오른쪽으로 사다리꼴 형태로 밀려나면서 드로워 내 메뉴가 나타난다. 콘텐츠 페이지의 인터랙션과 달리 드로워 내 메뉴는 평범하게 왼쪽에서 오른쪽으로 등장하지만 콘텐츠 페이지의 인터랙션이 몰입감이 높아 완성도가 높아 보인다.

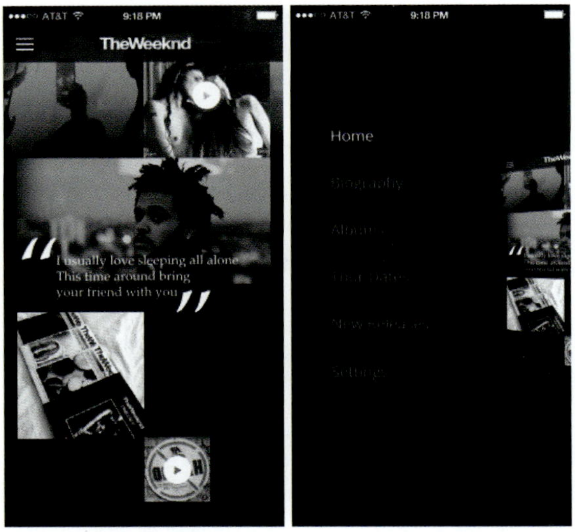

그림 8-15 drawer (8).gif

[그림 8-16]은 화면의 1/5 정도만 덮으면서 나타나는 드로워이다. 이 경우 사용자들은 드로워 안에 중요한 메뉴가 포함되어 있다고 생각하지 않고 팝업 역할을 하는 드로워라고 생각하기 쉽다. 일부 항목에만 해당하는 메뉴라면 액션 윈도우로 대체하는 것이 바람직하다.

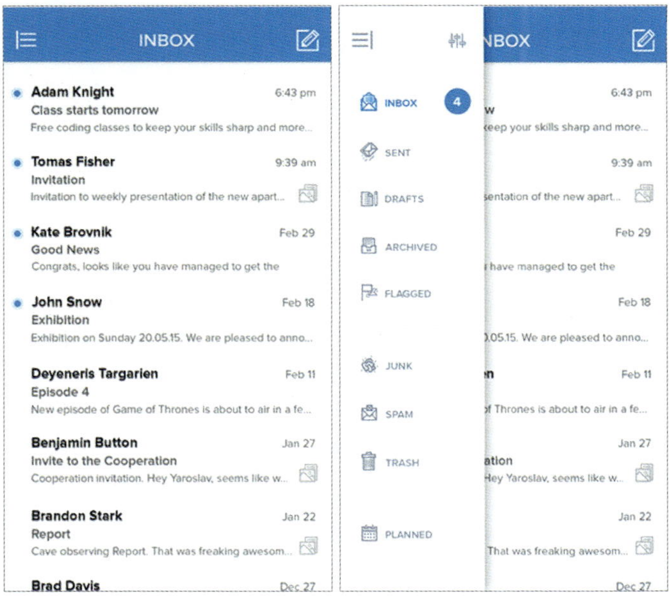

그림 8-16 drawer (9).gif

[그림 8-17]은 인레이 방식이 2중으로 되어 있는 드로워이다. 드로워 내 메뉴는 보통 위아래로 스크롤할 수 있지만 이 경우에는 드로워가 2중으로 배치되어 있어 스크롤 없이 세부 메뉴를 선택할 수 있다. 오른쪽의 콘텐츠 항목을 탭하면 자동으로 2단 드로워가 모두 닫힌다.

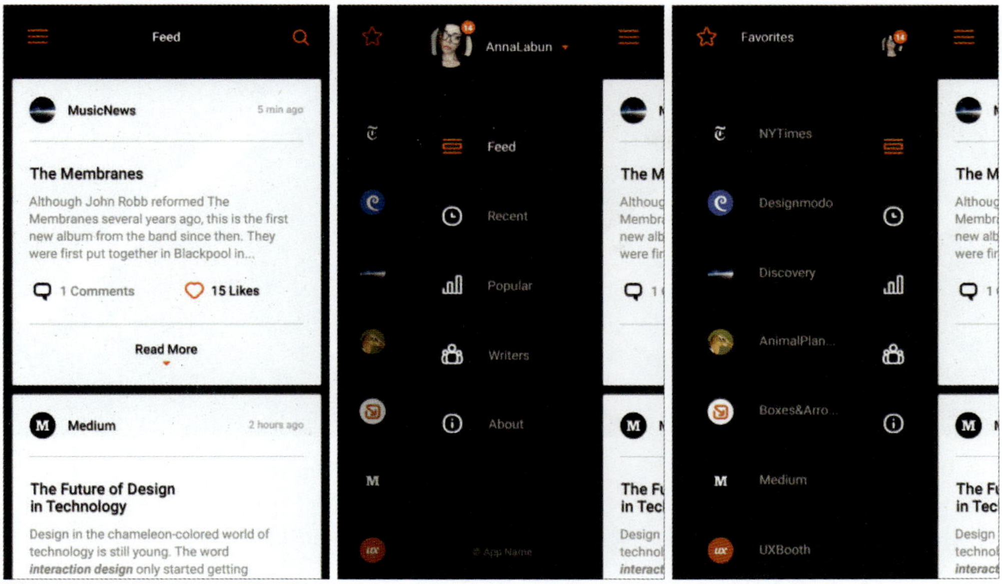

그림 8-17 drawer (10).gif

[그림 8-18]은 햄버거 메뉴가 오른쪽에 배치되어 있는 드로워이다. 드로워는 커튼처럼 물결치며 나타나고 탄성이 있는 고무공처럼 원래 크기보다 크게 포물선을 그리며 늘어났다가 제자리로 돌아온다. 드로워에 포함된 메뉴 항목 역시 탄성을 가지고 좌우로 흔들리며 나타난다.

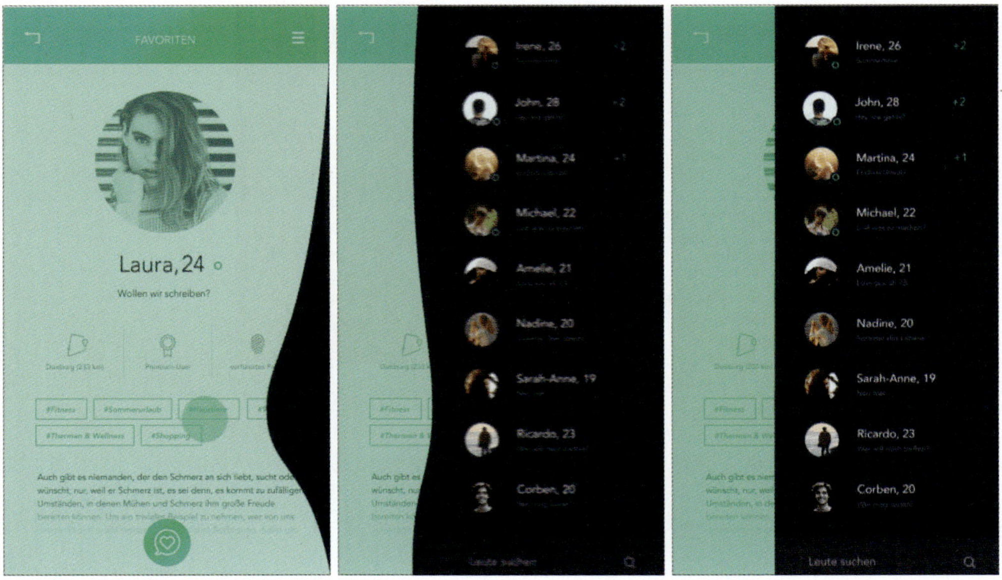

그림 8-18 drawer (11).gif

[그림 8-19]는 왼쪽에서 오른쪽으로 슬라이드하여 드로워 안에 메뉴를 표시한다. 특이하게 메뉴 위에 검색 창이 있다. 바깥 페이지가 수평 이동하는 것이 아니라 검색 창의 높이에 맞게 오른쪽 아

래로 이동하여 입체감이 느껴진다. 드로워의 변형된 방식으로 사용해 볼 만한 인터랙션이다.

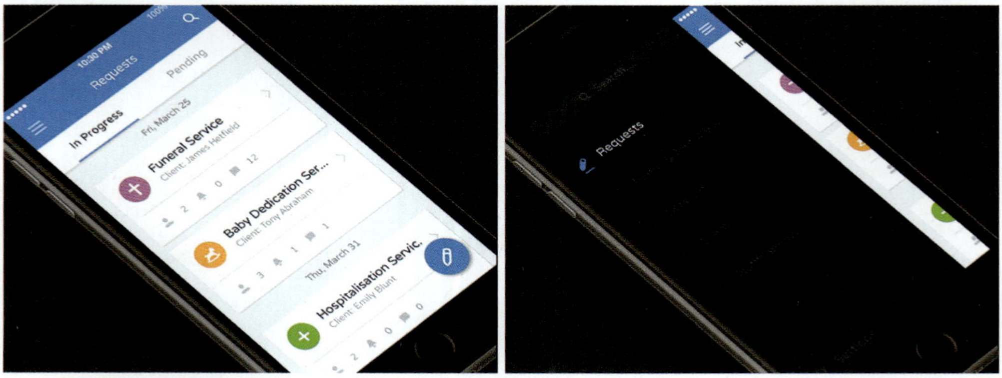

그림 8-19 drawer (12).gif

[그림 8-20]은 오버플로 메뉴를 탭했을 때 나타날 수 있는 드로워이다. 오른쪽에서 왼쪽으로 메뉴가 열리면서 메뉴 항목이 순차적으로 배치된다. 오버플로 메뉴는 팝업 형태의 대화상자를 주로 사용하지만 오버플로 메뉴와 함께 배치된 액션 아이콘이 사라지고 드로워 안에 있는 메뉴가 나타나기 때문에 다른 액션으로 오해할 일은 없다.

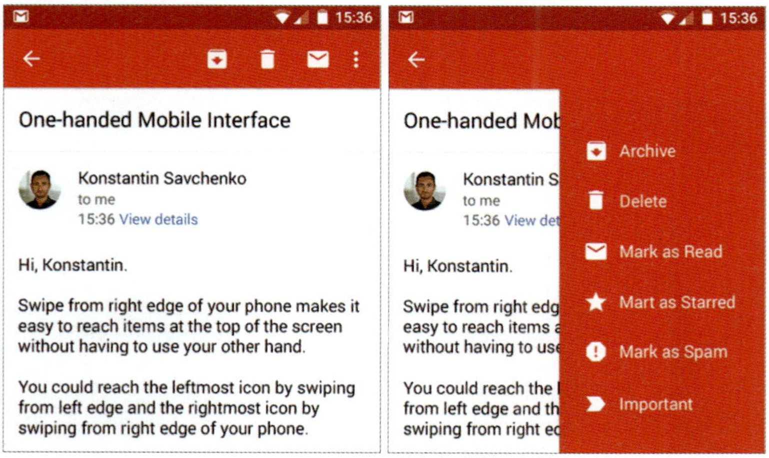

그림 8-20 drawer (13).gif

[그림 8-21]은 왼쪽에서 오른쪽 방향으로 큰 원이 돌출되듯이 나타나는 드로워이다. 다른 인터랙션에 비해 드로워가 거의 다 보일 때까지 메뉴 항목이 보이지 않다가 형태가 완전히 잡혔을 때 메뉴 항목이 따라 나오는 점은 조금 아쉽다. 물론 드로워가 표시되는 속도가 워낙 빨라 단점이 어느 정도는 가려진다.

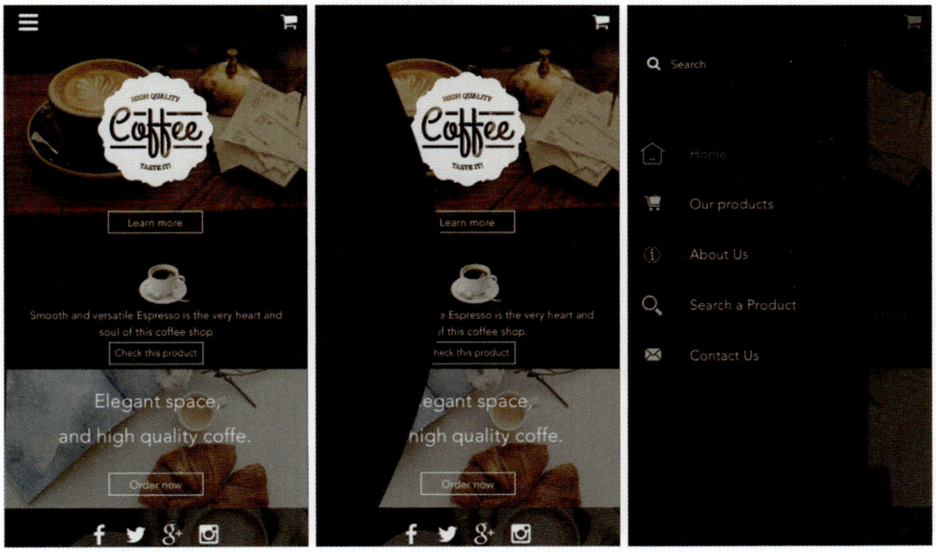

그림 8-21 drawer (14).gif

요약

1 드로워

드로워는 리스트 테이블을 숨기고 있다가 왼쪽에서 오른쪽 방향으로 슬라이딩하여 여는 내비게이션 UI의 일종으로 슬라이딩 메뉴라고도 한다. 최근 학자들 사이에 논란이 되고 있는 햄버거 아이콘을 탭하면 나타난다.

2 햄버거 메뉴

줄 세 개를 사용하여 숨긴 메뉴를 표시하는 UI이다. 줄 세 개가 햄버거와 닮았다고 해서 붙여진 이름이다.

3 햄버거 메뉴의 사용 논란

햄버거 메뉴는 내비게이션을 불명확하게 하고 사용자가 원하는 것을 찾기 어렵게 만들며, 사용자로 하여금 앱 내 섹션 간의 이동과 상호작용에 더 많은 노력을 투자하게 만든다는 비판을 받고 있다. 직선 방식의 내비게이션 구조를 가지고 있는 아이폰에는 적합하지 않기 때문에 iOS에서는 사용을 권장하지 않는다. 그러나 햄버거 메뉴는 화면의 공간을 절약시켜 주고 간단하고 깨끗한 디자인을 할 수 있도록 돕는다. 무엇보다 사용자들이 원하는 탐색 페이지에 도착하기 전에 순차적으로 관련 없는 화면을 지나가야 하는 것을 막아 주고 더 빠른 속도로 목적지에 접근할 수 있게 해 준다. 햄버거 메뉴는 안드로이드에서는 여전히 대표적인 내비게이션 UI로 사용되고 있으며 앞으로도 적절히 사용할 필요가 있다.

4 드로워 방식

- **인레이 방식** 기존 화면을 오른쪽으로 밀어내면서 드로워가 나타나는 방식이다.
- **오버레이 방식** 기존 화면을 검은색 반투명으로 바꾸고 그 위로 드로워가 슬라이딩되면서 나타나는 방식이다.

5 내비게이션 드로워

안드로이드에서는 드로워를 내비게이션 드로워라고 부른다. 내비게이션 드로워는 앱의 여러 섹션을 탐색할 수 있는 메뉴를 갖고 있는데 이 메뉴는 오버레이 방식으로 볼 수 있다.

Chapter 09

카드 리스트

1
카드 리스트의 개요

1 카드 리스트 UI

카드는 예로부터 정보를 널리 퍼트리기 위한 매체로 사용되어 왔다. 9세기 중국에서는 게임을 하는 데 사용했고, 18세기 유럽에서는 손님이 도착했다는 사실을 알리는 데 사용했다. 카드는 현대에 들어와서 돈 대신 지불하는 결제 수단 또는 마케팅 수단으로도 사용된다. 제품 상자 귀퉁이에 카드 형태의 쿠폰을 달기도 하고 대형 마트 전단지에 카드 형태의 할인 쿠폰을 넣기도 한다. 카드는 오랜 기간 동안 정보를 빠르게 전달하기 위한 매체로서의 역할을 훌륭히 수행해 왔다.

그림 9-1 실물 카드

카드 리스트 UI는 카드 한 장에 여러 가지 정보를 담아 나열하는 UI로 실물 카드를 메타포로 사용한다. 다양한 모바일 기기 화면에 사용하기 적합해 모바일의 주요 UI 패턴으로 사용되고 있다. 카드 리스트 UI가 활성화된 데에는 핀터레스트pinteret와 페이스북facebook의 역할이 크다.

2 카드 리스트의 특징

카드 리스트는 불규칙적인 그리드 테이블 또는 규칙적인 그리드 테이블의 또 다른 형태이다. 구체적인 정보를 담고 있는 이미지와 텍스트를 포함한 작은 사각형으로 사진이나 캡션의 길이가 다른 콘텐츠 요소를 표현하는 데 사용한다. 카드 리스트는 미리보기로 전체 내용을 간략하게 보여 주거나 업데이트가 빈번한 콘텐츠를 표현하는 데 적합하다. 각 카드별 너비는 같고 높이는 정보의 양에 따라 달라질 수 있으며, 모든 카드는 왼쪽에서 오른쪽 하단 방향으로 자동 정렬된다. 카드 내 콘텐츠와 콘텐츠는 일정한 간격을 둬서 구분한다.

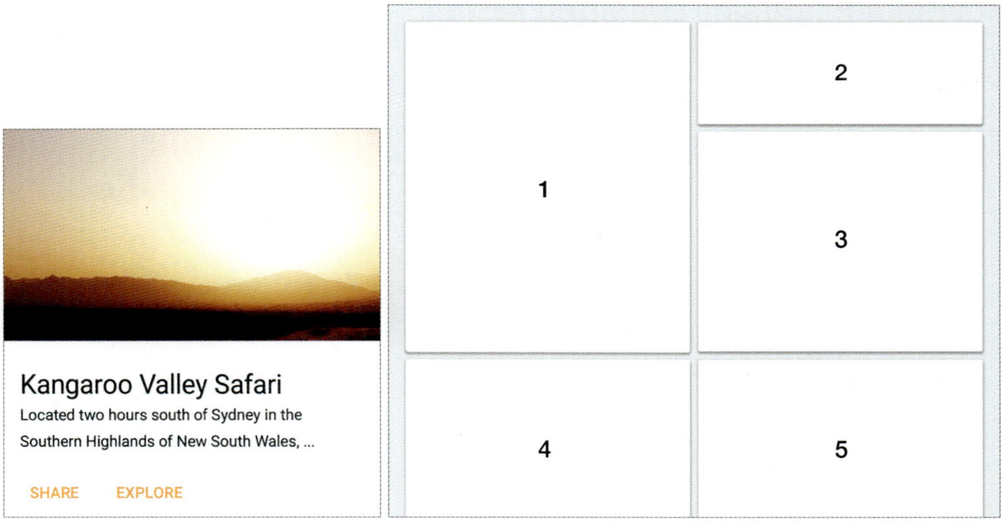

(a) 개별 카드 (b) 카드 자동 정렬

그림 9-2 카드 리스트

카드에는 제목headline, 부제목sub-headline, 요약, 텍스트, 멀티미디어, 이미지, 비디오, 그래프, 설명 및 액션 컨트롤 등의 다양한 구성 요소를 포함시킬 수 있다. 이러한 구성 요소는 별다른 제약 없이 하나의 카드 안에 배치할 수 있다. 또한 카드 자체를 접거나 펼치거나 공간을 절약하기 위해 쌓는 식으로 다양한 인터랙션을 줄 수도 있다.

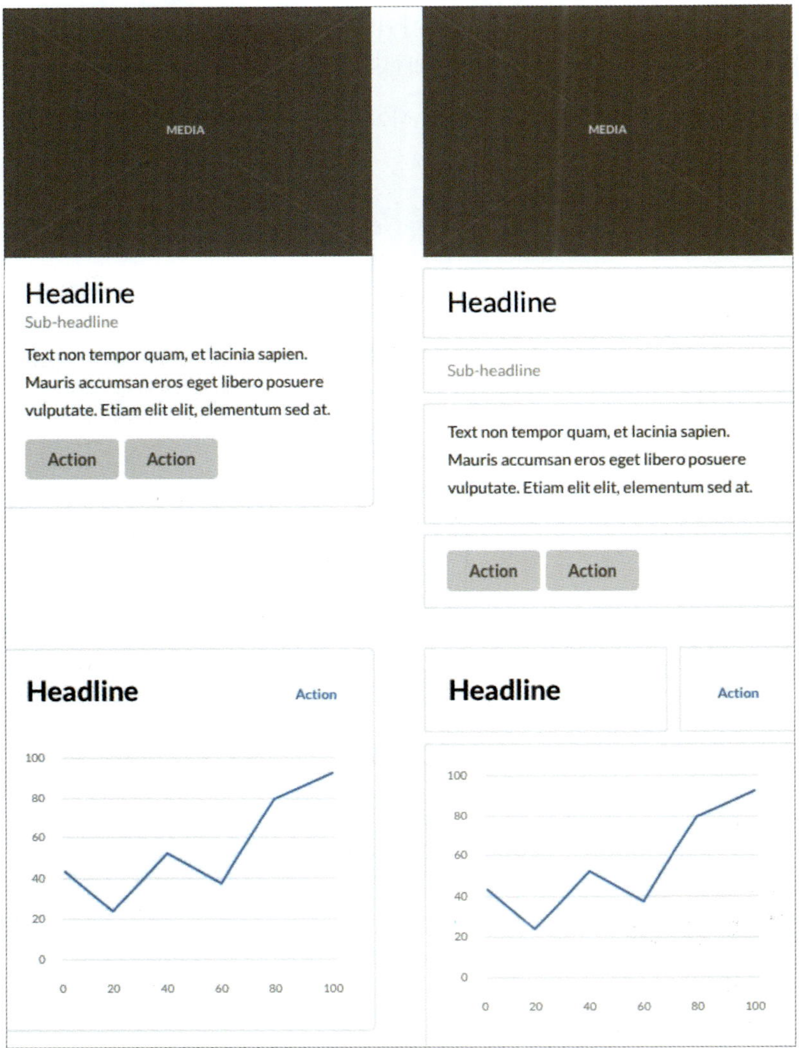

그림 9-3 **카드 리스트의 구성 요소**

카드는 정보를 그룹으로 묶는 역할을 한다. 즉, 카드에 배치되는 요소들은 덩어리 하나로 묶인다. 이렇게 카드에 배치되는 뉴스 기사, 쇼핑몰 상품, 소설 앱의 게시물은 미디어 유형이 영상, 그래프, 텍스트 등으로 다르더라도 내용은 서로 관련이 있어야 한다. 또한 카드 안에 모든 정보를 담을 수는 없으므로 세부 페이지를 볼 수 있도록 링크를 걸어 줘야 한다. 링크는 카드 전체에 걸 수도 있고 카드에 포함된 요소별로 걸 수도 있다. 카드는 외형적으로는 기본 캔버스의 배경색과 다른 배경색을 사용해 개별 카드로 구분하고 그림자를 약간 적용해 깊이감이 느껴지도록 한다. 카드와 카드 사이에는 일정 간격의 그리드를 넣어 그룹이 더욱 또렷하게 구분되어 보이도록 한다.

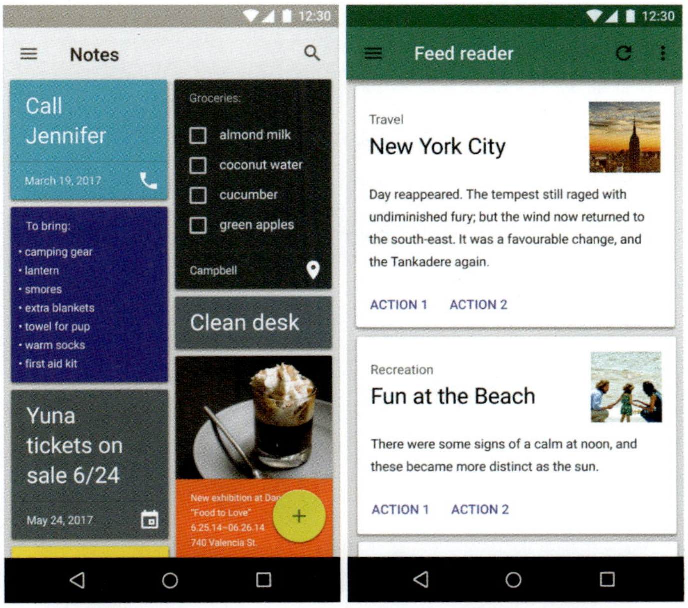

(a) 다양한 미디어 요소 포함 (b) 세부 페이지 링크 제공

그림 9-4 카드의 내부 콘텐츠

카드는 동일한 계층 구조를 가진다. 카드 간의 계층 구조가 같으면 사용자가 각 카드의 세부 페이지를 탐색하기 전에 카드 리스트를 훑어보면서 전체 내용을 살펴보기 좋다. 카드는 타임라인, 갤러리, 대시보드 등 다양한 유형으로 구성할 수 있다.

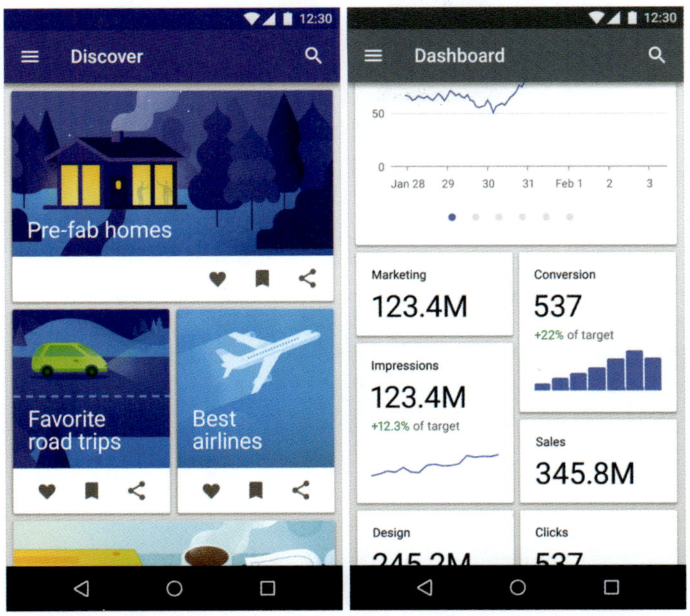

(a) 컬렉션 카드 (b) 대시보드 카드

그림 9-5 카드의 구성

3 카드 리스트의 사용

카드 리스트는 화면을 가득 채운 상태에서 카드를 수직으로 배치하는 리스트와 화면을 가로로 분할하여 왼쪽에서 오른쪽으로 배치하는 두 가지 디자인이 있다. 전자는 뉴스피드newsfeed와 같이 자연스러운 타임라인timeline으로 구현할 수 있다. 후자는 예측 가능한 방식으로 구성되지 않기 때문에 사용자가 여러 옵션을 비교할 때는 적절하지 않고, 표시되는 콘텐츠의 순위도 강조하지 않기 때문에 낮은 가격순이나 인기순처럼 사용자의 욕구에 맞춰 검색하기도 어렵다.

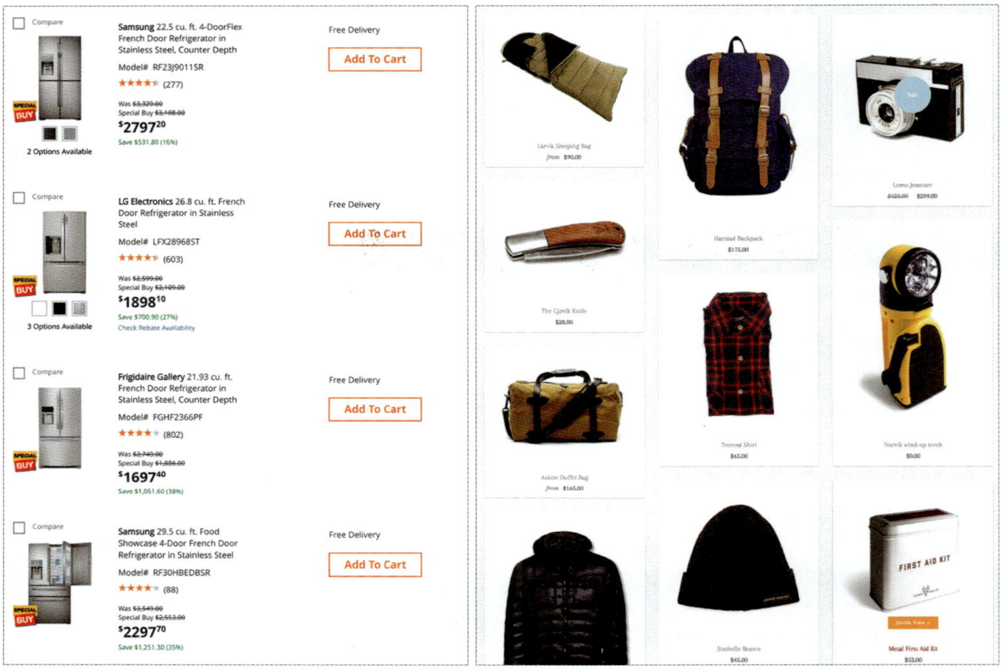

(a) 화면을 가득 채운 카드 리스트 (b) 가로 분할 카드 리스트

그림 9-6 카드 배치 방향에 따른 카드 리스트

카드 리스트는 대시보드 및 집계 사이트에서 한 페이지에 다양한 콘텐츠 형식을 표시할 때 사용하면 좋다. 반면 카드와 카드 사이에는 일정한 간격이 있기 때문에 테이블 리스트보다 더 많은 공간을 차지한다. 따라서 단순하게 반복되는 유사 정보를 나열할 때는 테이블 리스트를 사용하는 것이 좋다.

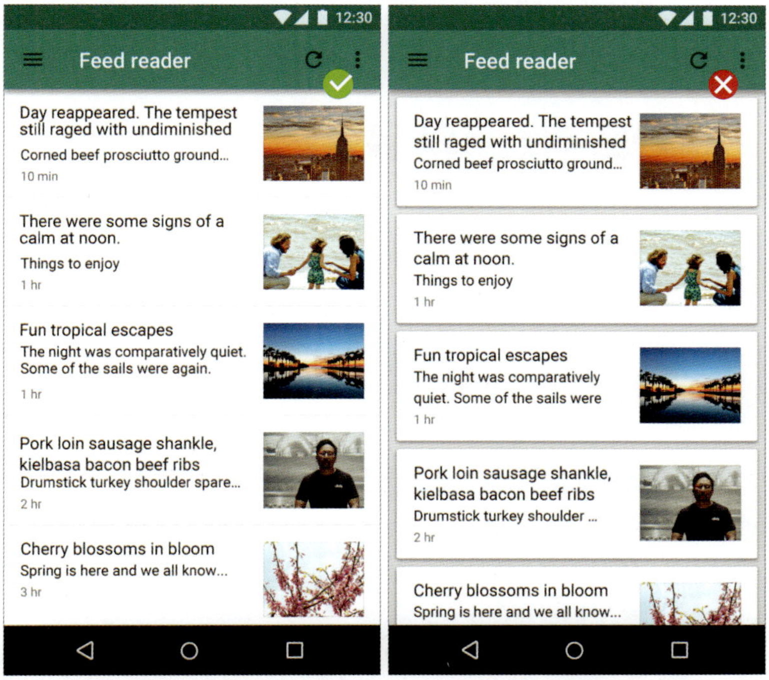

(a) 유사한 정보를 나열할 때는 빠르게 스캔할 수 있는 테이블 리스트 사용

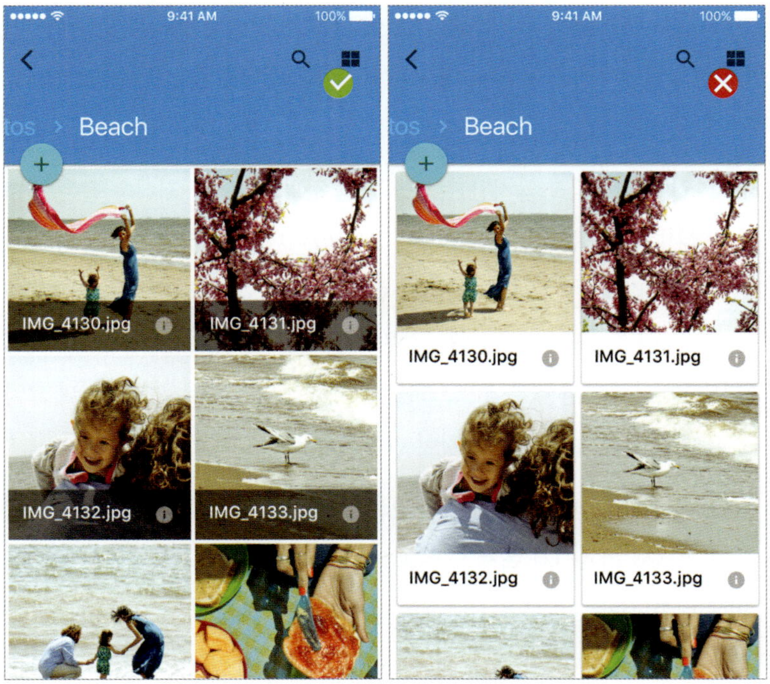

(b) 이미지 갤러리처럼 균질한 콘텐츠를 나열할 때는 그리드 리스트 사용

그림 9-7 카드 리스트 사용이 적절하지 않은 경우

2
카드 리스트의 유형

대표적인 카드 리스트의 유형에는 핀터레스트에서 사용하는 기본형, 페이스북에서 사용하는 타임라인형, 작업 관리를 위한 워크플로형, 다양한 데이터를 포함하는 대시보드형 등이 있다.

1 기본형

기본형 카드 리스트는 핀터레스트와 같이 크기가 균일하지 않은 카드를 정보의 양에 따라 왼쪽에서 오른쪽으로 빈자리를 채워가며 배치된다. 각 카드는 화면이 가로 방향인지 세로 방향인지에 따라 두 개 또는 세 개씩 너비를 동일하게 유지한 채로 일정한 간격으로 배치되고, 카드의 높이는 콘텐츠의 양에 따라 유동적으로 변한다.

기본형 카드 리스트는 타임라인이 표시되지 않지만 검색을 하면 정확도순이나 최신순 같은 필터링 옵션에 따라 자동으로 정렬된다. 카드는 대부분 비디오, 그래픽/이미지, 멀티미디어 등의 시각적 요소를 포함한다. 기본형 카드 리스트는 카드의 너비가 좁기 때문에 이미지 위에 텍스트를 배치하지 않으며 제목 텍스트를 이미지 하단에 배치하는 경우가 많다. 또한 이미지 자체에 그래픽 요소의 일부로 제목을 넣기도 한다. 이미지 내부에 텍스트를 배치하지 않을 경우 부제목이나 요약 텍스트를 삽입하여 콘텐츠에 대한 보충 설명을 하는 것이 바람직하다.

기본형 카드 리스트에는 리프레시 액션 버튼이 이미지의 오른쪽 하단에 배치된다. 카드 리스트에서 원하는 정보를 얻지 못할 경우에 리프레시 액션 버튼을 탭하면 액션 버튼 앞에 배치된 카드는 그대로 있고, 액션 버튼 뒤에 배치된 카드 내용만 업데이트된다. 또한 각 카드에는 전체 내용을 간략하게 보여 주고 세부 페이지는 링크를 누르도록 하기 때문에 업데이트가 빈번한 콘텐츠를 보여 주기에 적합하다. 반면 가격 정보나 순위 정보를 가진 콘텐츠에 사용하기에는 적절하지 않다.

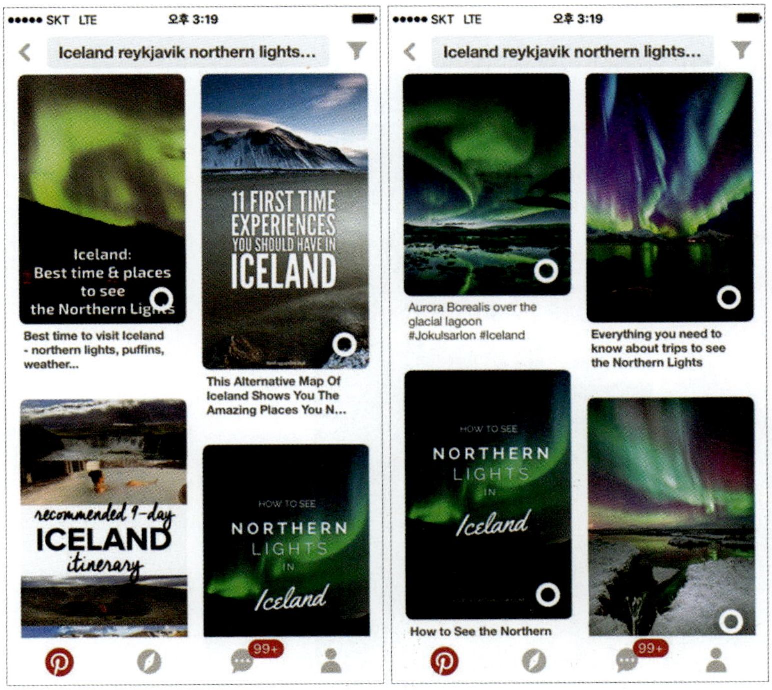

그림 9-8 **기본형 카드 리스트**

최근에는 화면 전체를 카드 하나로 사용하는 기본형 카드 리스트 UI가 트렌드로 각광받고 있다. 리스트에서 하나의 카드만 노출되어 카드 자체에 보이는 콘텐츠 내용이 구체적이기 때문이다. 나머지 카드는 좌우 공간에 숨어 있다 스와이프하면 나타난다. 주로 음악 앨범, 영화, 개별 상품의 세부 페이지로 진입할 때 사용한다. 이러한 카드 리스트는 콘텐츠의 양이 많지 않고 전체 콘텐츠를 로딩하는 데 제약이 없어야 사용할 수 있다. 또 한정된 개수의 카드가 반복적으로 스와이프되므로 하단에 페이지네이션pagenation을 제공하여 사용자가 전체 리스트 중 어디에 있는지 파악할 수 있도록 해야 한다.

2 타임라인형

타임라인형 카드 리스트는 콘텐츠를 시간순으로 배치한다. 콘텐츠 간의 시간 관계를 보여 주기 위해 미리 그려진 선을 따라 사건순으로 배치하는 경우가 많다. 카드는 수직 방향으로 놓이되 최신순으로 정렬되고, 카드의 높이는 유동적이다. 카드의 정렬은 뉴스피드나 일정표 등과 같이 자연스러운 타임라인이 필요한 경우 콘텐츠가 생성된 시간 또는 필터링한 시간에 따라 달라지기도 한다. 카드 내 개별 요소가 동질한 수준의 콘텐츠를 내포하지 않기 때문에 카드 전체가 세부 페이지로의 진입점 역할을 하기도 하고, 버튼이나 액션 컨트롤을 배치하여 세부 페이지로의 진입점 역할을 부여하기도 한다. 타임라인형 카드 리스트의 대표적인 예로 페이스북을 들 수 있다. 페이스북은 접속할 때마다 새로운 콘텐츠가 제일 위에 배치된다.

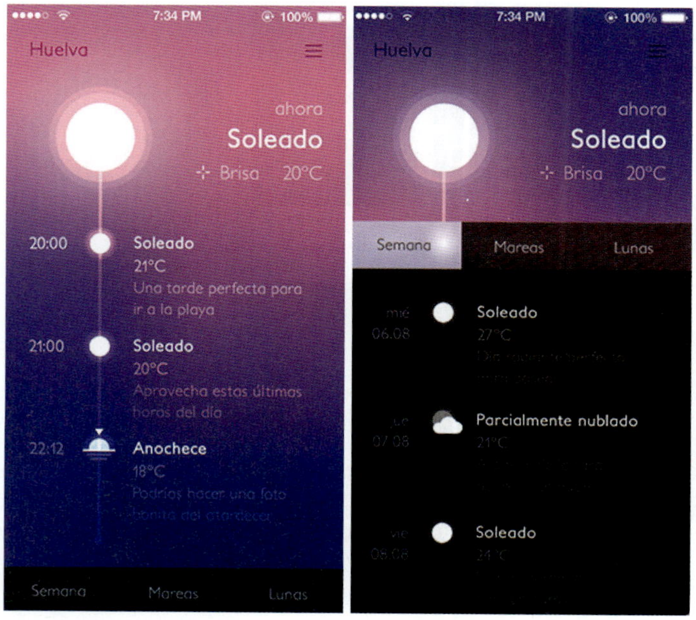

그림 9-9 **타임라인형 카드 리스트**

타임라인형 카드 리스트는 기본형 카드 리스트와 마찬가지로 순위에 따라 찾아보거나 필터링 조건에 맞춰 검색하기가 어렵다. 또 앱을 종료한 후 다시 그 콘텐츠를 검색하기도 쉽지 않다. 그럼에도 불구하고 타임라인형 카드 리스트는 탐색하기 쉽다는 평가를 받고 있다. 사용자는 손가락으로 화면을 위아래로 드래그하면서 최신 콘텐츠를 볼 수 있다. 또한 탭만 하면 선택한 카드의 세부 페이지로 이동할 수 있다. 타임라인형 카드 리스트는 특정 규칙을 가지고 리스트 전체를 정렬하기는 어렵지만 사용자에게 대량의 정보를 손쉽게 전달할 수 있다. 화면을 아래로 짧게 스크롤링했다가 손가락을 떼면 콘텐츠가 업데이트된다.

3 워크플로형

워크플로형 카드 리스트는 공동 작업을 하는 멤버끼리 상세 업무 내역과 일정을 공유할 때 유용하다. 공동 작업의 전체 프로세스를 한눈에 파악할 수 있기 때문이다. 또 스마트폰 화면보다는 반응형 웹이나 데스크톱 화면에 적합하다. 모든 항목을 펼쳤을 때가 그렇지 않을 때보다 전체 프로세스를 파악하기가 쉽기 때문이다. 하지만 스마트폰에서도 개별적인 메뉴 항목으로 워크플로를 확인할 수 있다.

워크플로형 카드 리스트는 정보 시스템에서 유용하게 활용할 수 있는데, 특히 특정 상황에서 반복적으로 나타나는 구체적인 형태를 패턴화하여 관리할 수 있다. 이 과정에서 워크플로의 제목과 단계는 워크플로 관리자가 생성하기 때문에 다른 앱에 비해 능동적으로 앱을 사용할 수 있다.

대표적인 워크플로형 카드 리스트에는 트렐로 보드가 있다. 트렐로 보드에는 업무 범위에 따라 카드를 분류하고 각 카드에 별도의 작업을 기록할 수 있다. 또 업무가 끝난 카드를 다른 일정 목록에 배치하거나 완료 목록으로 옮기거나 아예 화면 밖으로 내보내는 방식으로 작업 환경을 쉽게 변경할 수 있다. 워크플로형 카드 리스트는 콘텐츠를 수집하여 주제별로 분류하고 배치하는 데도 유용하다.

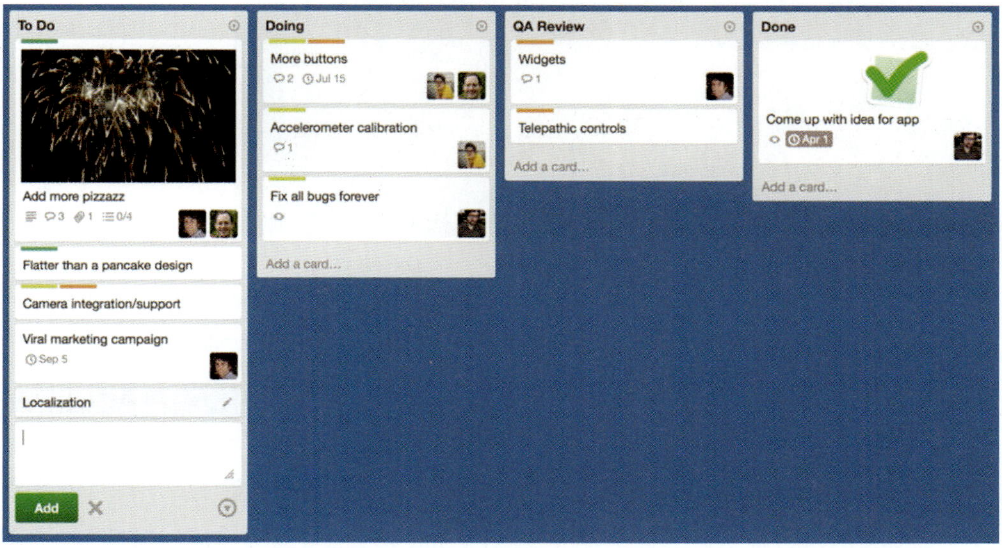

그림 9-10 **워크플로형 카드 리스트(트렐로 보드의 모습)**

4 대시보드형

대시보드형 카드 리스트는 사용자에게 각종 데이터와 정보를 빠르게 전달할 때 사용하는 UI이다. 통계 및 비교 분석 결과와 일정 및 메시지 등의 정보를 그래픽으로 구현하여 보여 준다. 대시보드형 카드 리스트는 중요한 내용을 필터링하여 해석한 후 결과를 보기 좋은 그래픽으로 제공하기 때문에 인포그래픽과도 밀접하게 관련되어 있다.

대시보드형 카드 리스트는 진행 상황을 모니터링하여 변경된 데이터를 빠르게 반영한다. 또 각 카드에서 제공하는 정보들이 서로 어떻게 연관되는지 사용자에게 충실히 설명한다. 사용자의 다양한 요구를 충족시키기 위해 사용자가 원하는 데이터를 제공하지만 그렇다고 해서 모든 데이터를 제공할 필요는 없다. 핵심 포인트만 골라서 제공하면 된다.

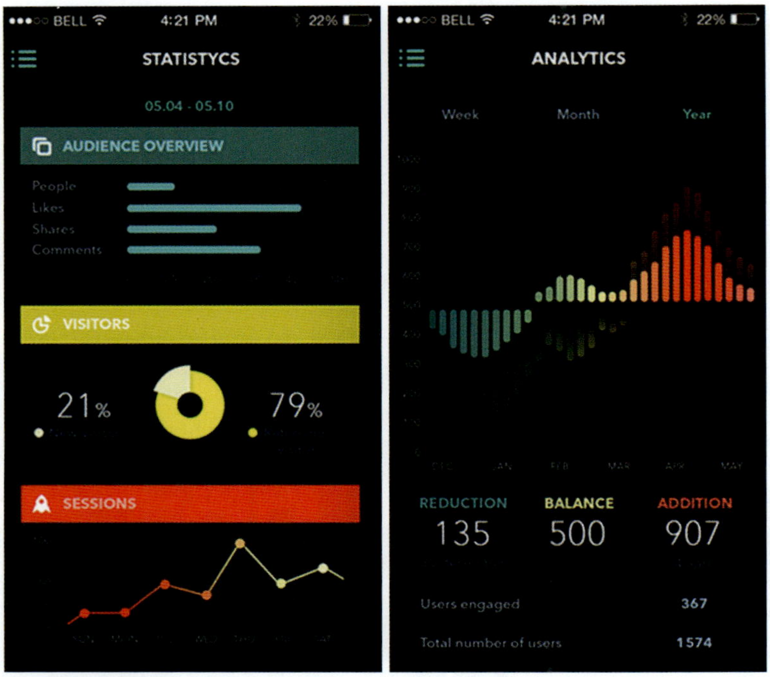

그림 9-11 대시보드형 카드 리스트

대시보드에 넣는 인포그래픽은 지나치게 현란하고 현대적일 필요는 없다. 데이터를 시각화할 때는 사용자가 손쉽게 이해하고 분석할 수 있도록 순서도나 차트를 제공하는 것이 더 편리할 수 있다. 따라서 인포그래픽의 시각적 디자인에 중점을 두기보다는 데이터의 가독성에 중점을 두고 구성해야 한다. 정말 중요한 정보는 정적인 이미지로 표현해도 아무 문제가 없다. 오히려 파이 차트, 꺾은선그래프, 막대그래프 등과 같이 데이터를 가장 유용하게 보여 줄 수 있는 방법을 고민해야 한다. 또한 대시보드에 너무 많은 애니메이션을 사용하면 업로드할 때 시간이 많이 걸리므로 주의해야 한다. 과다한 인터랙션을 사용하면 로딩이 지연될 수 있으므로 유의한다.

3
카드 리스트의 가이드라인

1 카드 UI

카드 리스트의 각 카드는 사진, 동영상, 텍스트, 이미지와 같이 여러 유형의 콘텐츠를 삽입하여 만들되 콘텐츠끼리 직접 비교할 필요가 없도록 구성한다. 카드 안에는 슬라이더나 주석 등을 포함해 내용이 풍부한 리치 미디어로 구성할 수 있고, 각종 인터랙션을 가미하여 UX가 다양한 콘텐츠로도 구성할 수 있다. 카드의 모서리는 둥글게 처리한다.

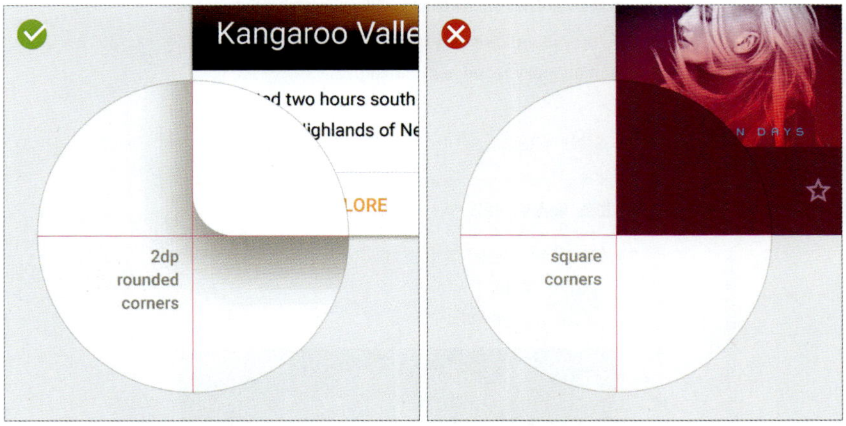

(a) 2dp의 둥근 모서리 (b) 모서리를 각지게 처리하지 않음

그림 9-12 카드의 모서리 처리

카드 내부의 아이콘, 텍스트, UI 컨트롤 등은 하단에 배치한다. 카드에서 기본 액션은 일반적으로 카드 자체지만 콘텐츠의 유형 및 예상 결과에 따라 컬렉션 카드마다 액션을 다르게 적용할 수 있다. 단, 한 화면 안에 있는 컬렉션 카드는 일관된 동작을 하도록 해야 한다. 다음 그림은 카드 UI의 구성을 나타낸 것으로 왼쪽 바는 오른쪽 카드의 블록을 색으로 구분하여 표시한 것이다.

(a) 액션 영역, 리치 미디어, 보조 텍스트가 있는 전체 액션 카드

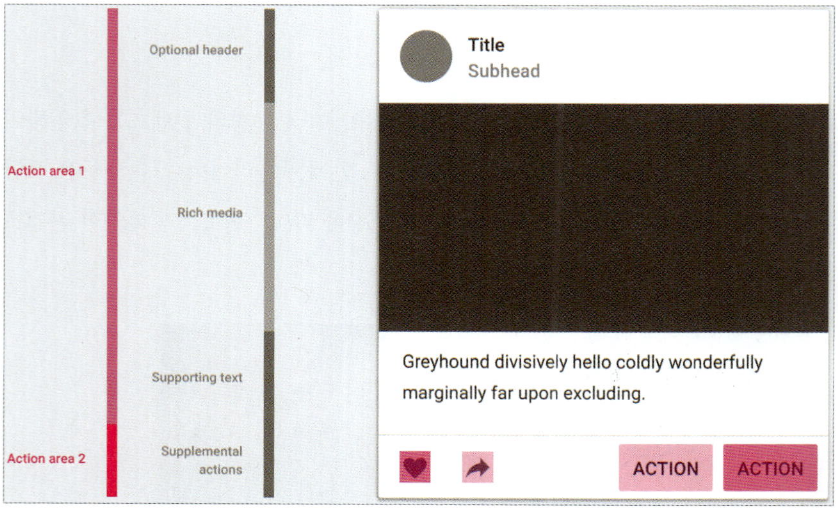

(b) 액션 영역 1/2, 헤더 타이틀, 리치 미디어, 보조 텍스트, 보조 액션이 있는 카드

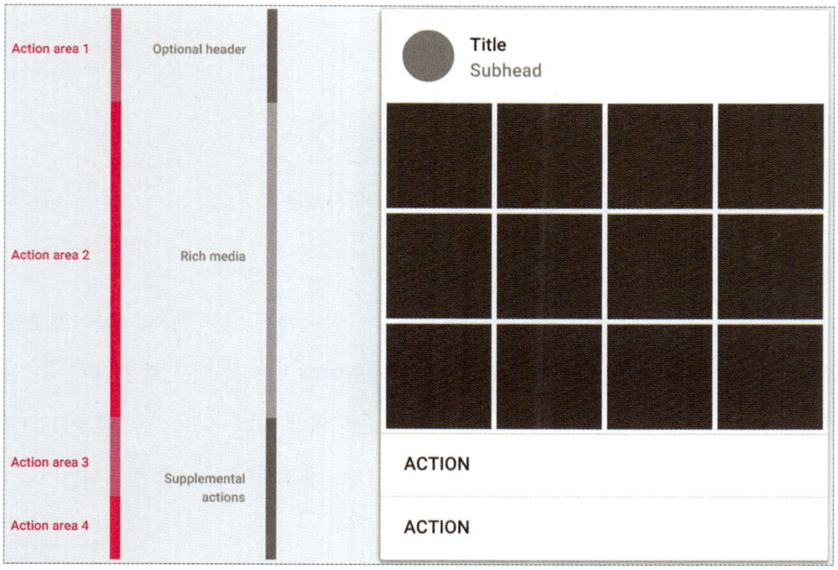

(c) 액션 영역 1/2/3/4, 헤더 타이틀, 리치 미디어, 보조 액션이 있는 카드

(d) 액션 영역 1/2, 헤더 타이틀, 보조 텍스트, 보조 액션이 있는 카드

그림 9-13 카드 UI의 구성

카드 UI 컨트롤에는 시간 변화에 따라 특정 옵션을 선택하는 슬라이더, 등급을 매기는 별표, 날짜 범위를 선택하는 분할된 버튼 또는 탭 등을 삽입할 수 있다. 오버플로 메뉴overflow menu는 기본적으로 오른쪽 상단 모서리에 배치하지만 콘텐츠와 레이아웃의 가독성에 따라 오른쪽 하단 모서리에 배치할 수도 있다. 동작을 너무 많이 사용하지 말고 오버플로 메뉴를 동시에 사용하지 않도록 주의해야 하며 콘텐츠 내부에는 인라인 링크를 사용하지 않는다. 카드에 너무 많은 컨트롤과 오버플로 메뉴를 사용하면 카드가 복잡해진다.

(a) 평점을 줄 수 있는 별표

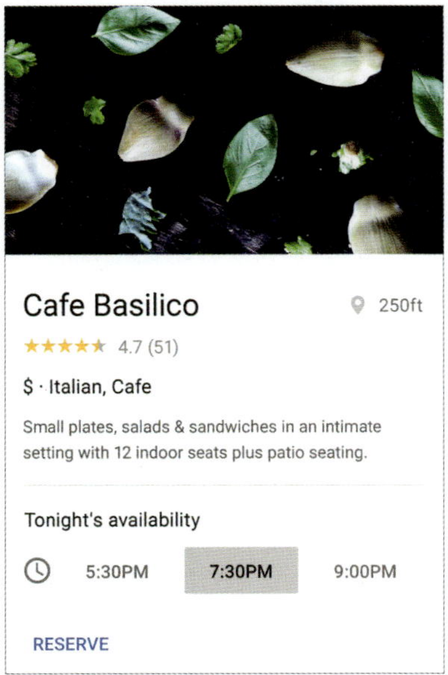

(b) 액션 영역 내 분할된 버튼

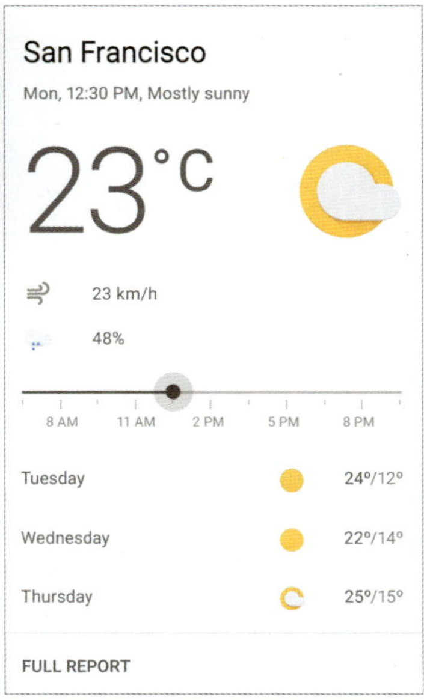

(c) 슬라이더 컨트롤

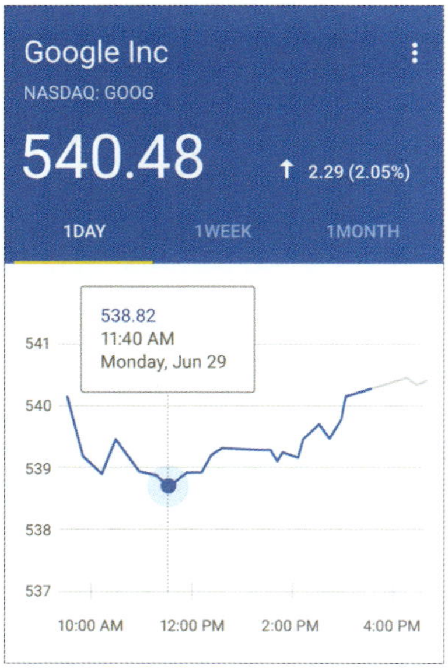

(d) 탭이 포함된 카드

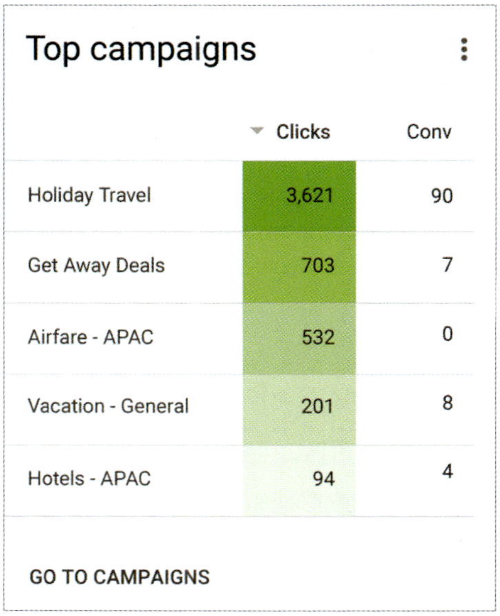

(e) 오른쪽 상단에 배치된 오버플로 메뉴

그림 9-14 카드 UI의 컨트롤

카드 리스트의 가이드라인은 iOS에서는 제공하지 않지만 안드로이드에서는 꽤 자세하게 제공한다. 안드로이드 카드 리스트의 가이드라인은 다음과 같다.

- **카드 내 블록의 구성**

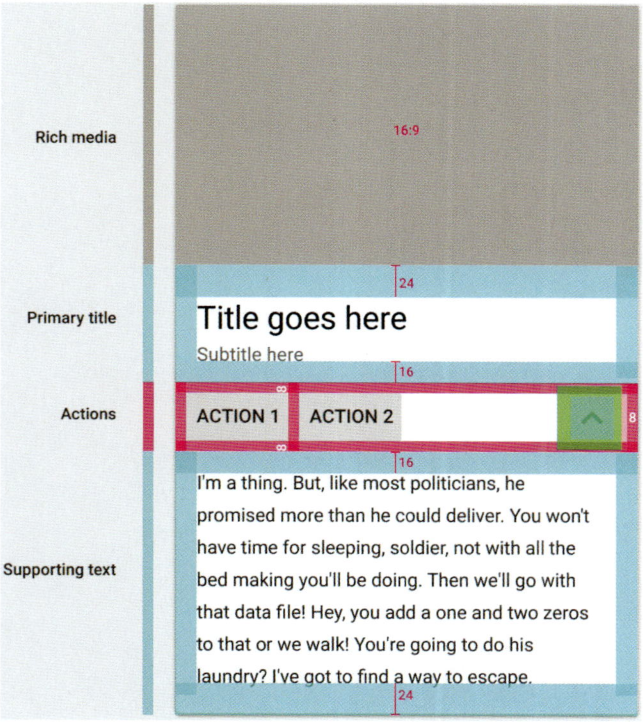

▶ 리치 미디어
- 비율: 16 대 9

▶ 기본 제목
- 상단 여백: 24dp
- 하단 여백: 16dp

▶ 액션
- 안쪽 여백: 8dp

▶ 보조 텍스트
- 상단 여백: 16dp
- 하단 여백: 24dp

■ 카드 내 블록의 유형

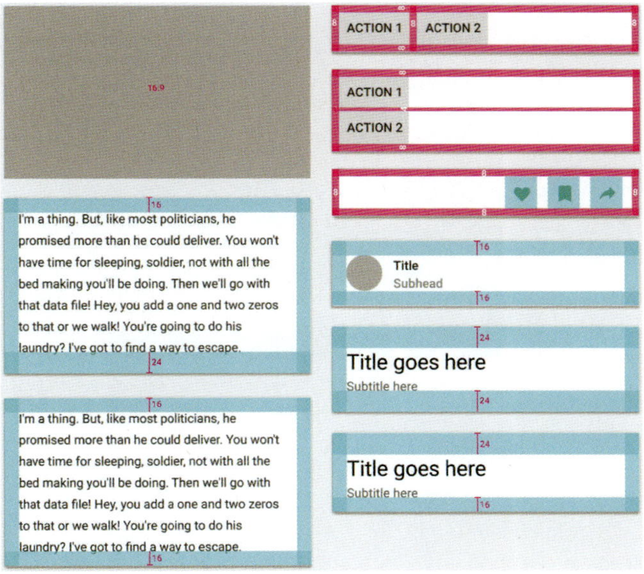

▶ 리치 미디어

- 비율: 16 대 9 또는 1 대 1 종횡비

▶ 액션

- 안쪽 여백: 8dp

▶ 제목

- 제목: 24sp 또는 14sp
- 부제목: 14sp
- 왼쪽과 오른쪽 여백: 16dp
- 상단 여백: 16dp 또는 24dp(큰 기본 제목이 있는 경우)
- 하단 여백: 16dp(액션 또는 보조 텍스트가 있는 경우) 또는 24dp(액션 또는 보조 텍스트가 없는 경우)

▶ 보조 텍스트

- 텍스트: 14sp
- 왼쪽과 오른쪽 여백: 16dp
- 상단 여백: 16dp
- 하단 여백: 16dp 또는 24dp

■ 카드의 깊이와 간격

- 화면 가장자리 여백: 8dp
- 카드 간 공간: 8dp
- 카드 깊이: 2dp
- 카드 부유 시: 8dp

■ 카드 1

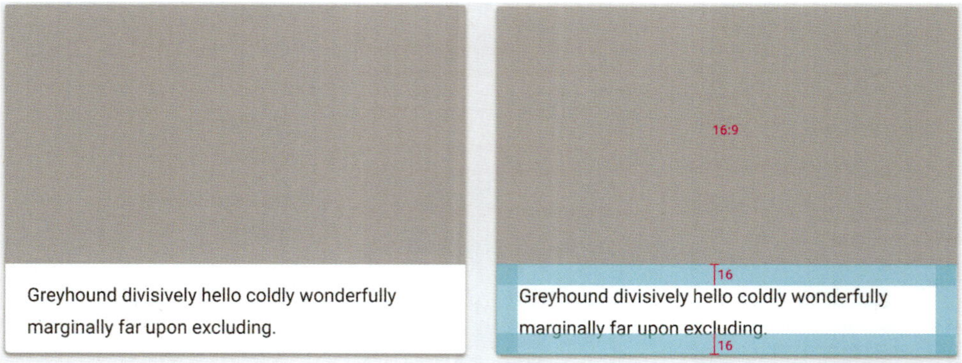

▶ 리치 미디어

- 비율: 16 대 9

▶ 보조 텍스트

- 텍스트: 14sp
- 왼쪽과 오른쪽 여백: 16dp
- 상단 여백: 16dp 또는 24dp(기본 제목이 있는 경우)
- 하단 여백: 16dp(액션 또는 보조 텍스트가 있는 경우) 또는 24dp(액션 또는 보조 텍스트가 없는 경우)

■ 카드 2

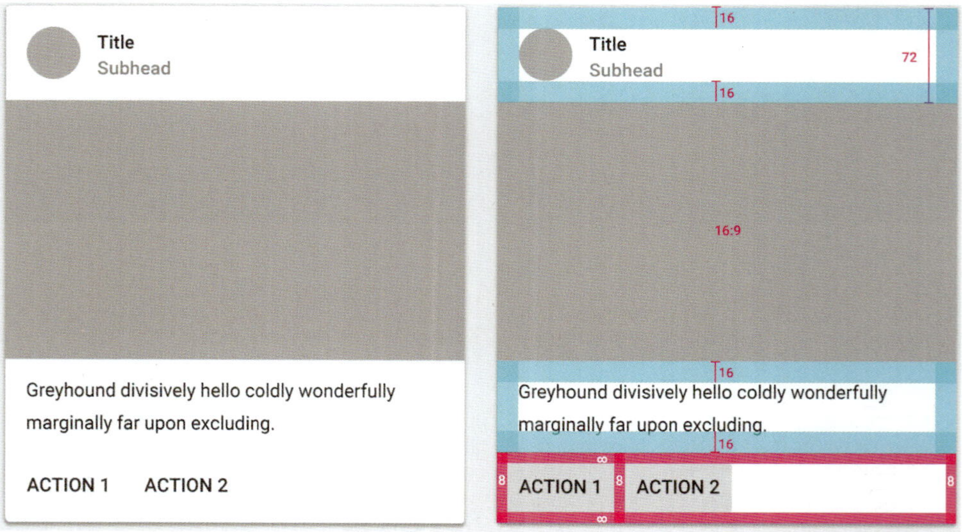

▶ 아바타, 제목, 부제목

- 높이: 72dp
- 왼쪽과 오른쪽 여백: 16dp
- 상단과 하단 여백: 16dp

▶ 리치 미디어

- 비율: 16 대 9

▶ 보조 텍스트

- 텍스트: 14sp
- 왼쪽과 오른쪽 여백: 16dp
- 상단과 하단 여백: 16dp

▶ 액션

- 안쪽 여백: 8dp

■ **카드 3**

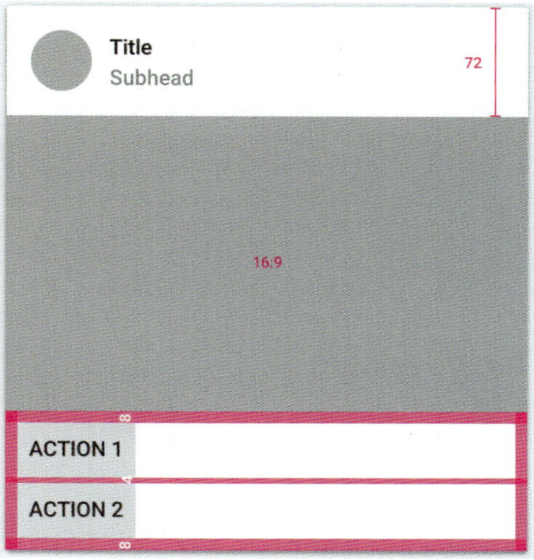

▶ 아바타, 제목, 부제목

- 높이: 72dp
- 왼쪽과 오른쪽 여백: 16dp
- 상단과 하단 여백: 16dp

▶ 리치 미디어

- 비율: 16 대 9

▶ 액션

- 안쪽 여백: 8dp
- 액션 간 여백: 4dp

■ **카드 4**

▶ 리치 미디어

- 비율: 16 대 9

▶ 제목

- 텍스트: 24sp
- 상단 여백: 24dp
- 하단 여백: 16dp
- 왼쪽과 오른쪽 여백: 16dp

▶ 부제목

- 텍스트: 14sp
- 하단 여백: 16dp
- 왼쪽과 오른쪽 여백: 16dp

▶ 액션

- 안쪽 여백: 8dp

■ 카드 5

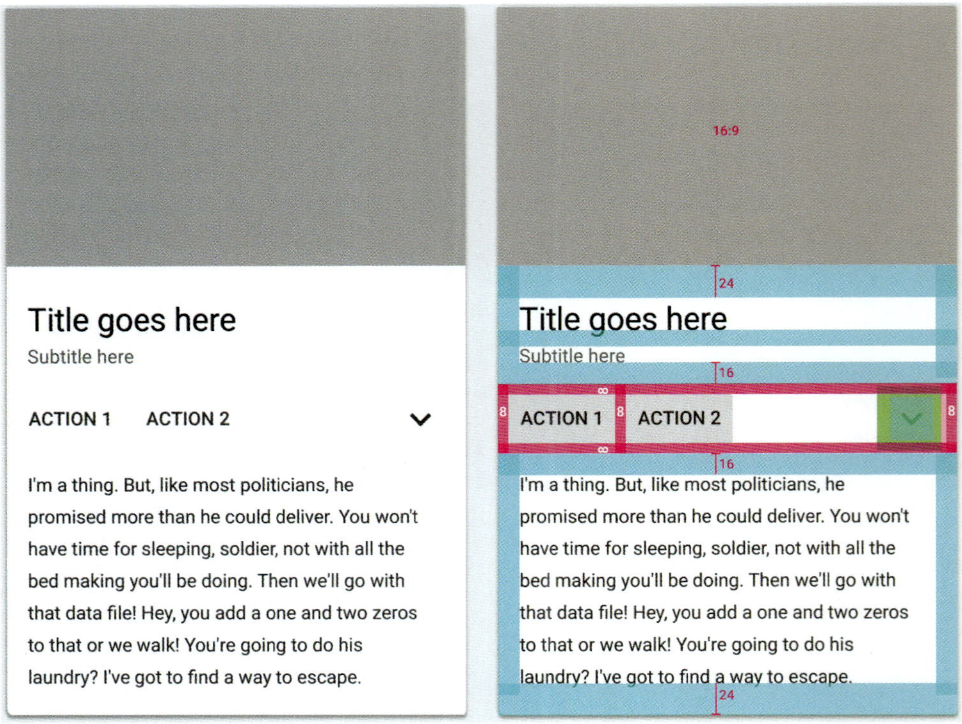

▶ 리치 미디어

- 비율: 16 대 9

▶ 제목

- 텍스트: 24sp
- 상단 여백: 24dp
- 하단 여백: 16dp
- 왼쪽과 오른쪽 여백: 16dp

▶ 부제목

- 텍스트: 14sp
- 하단 여백: 16dp
- 왼쪽과 오른쪽 여백: 16dp

▶ 액션

- 안쪽 여백: 8dp

▶ 확장된 보조 텍스트

- 텍스트: 14sp
- 상단 여백: 16dp
- 하단 여백: 24dp
- 왼쪽과 오른쪽 여백: 16dp

■ **카드 6**

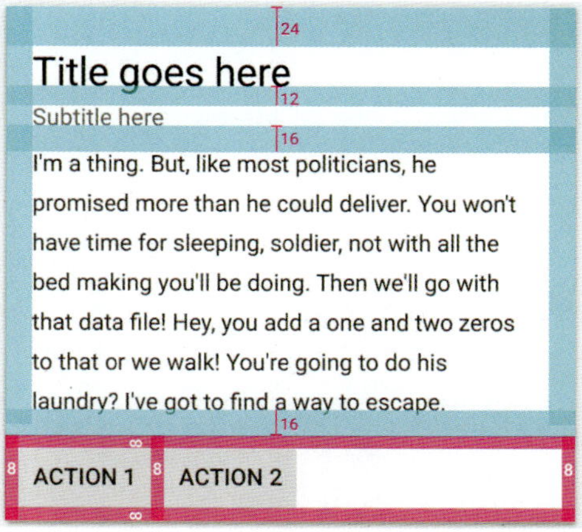

▶ 제목

- 텍스트: 24sp
- 상단 여백: 24dp
- 하단 여백: 16dp
- 왼쪽과 오른쪽 여백: 16dp

▶ 부제목

- 텍스트: 14sp
- 상단 여백: 12dp
- 왼쪽과 오른쪽 여백: 16dp

▶ 보조 텍스트

- 텍스트: 14sp
- 상단 여백: 16dp
- 하단 여백: 16dp
- 왼쪽과 오른쪽 여백: 16dp

▶ 액션

- 안쪽 여백: 8dp

■ **카드 7**

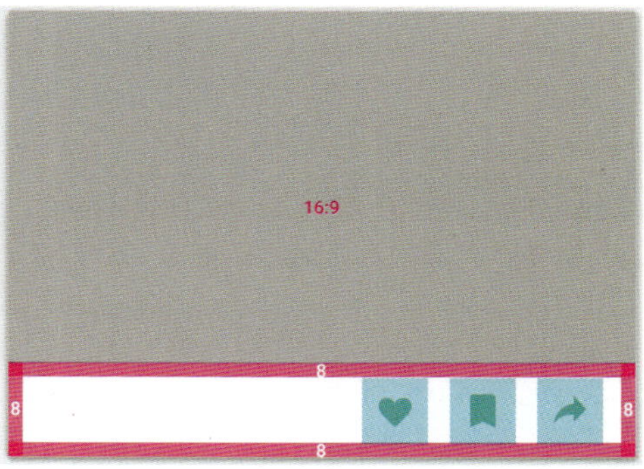

▶ 리치 미디어

- 비율: 16 대 9

▶ 액션

- 안쪽 여백: 8dp

■ **카드 8**

▶ 리치 미디어

- 비율: 1 대 1

▶ 제목

- 텍스트: 24sp
- 상단 여백: 24dp
- 왼쪽과 오른쪽 여백: 16dp

▶ 부제목

- 텍스트: 14sp
- 하단 여백: 16dp
- 왼쪽과 오른쪽 여백: 16dp

▶ 액션

- 안쪽 여백: 8dp

■ **카드 9**

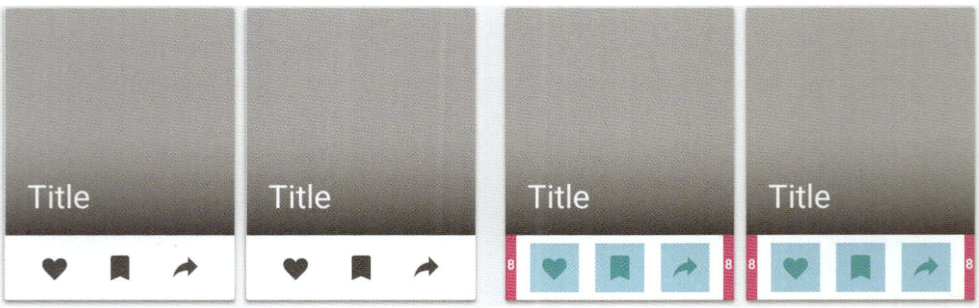

▶ 리치 미디어

- 비율: 1 대 1

▶ 제목

- 텍스트: 24sp

▶ 액션

- 안쪽 여백: 8dp

■ 카드 10

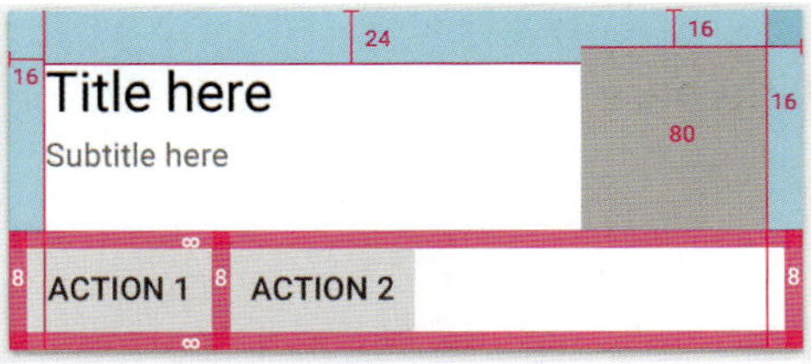

▶ 리치 미디어

- 비율: 1 대 1
- 크기: 80dp
- 상단 여백: 16dp

▶ 제목

- 텍스트: 24sp
- 상단 여백: 24dp
- 왼쪽과 오른쪽 여백: 16dp

▶ 부제목

- 텍스트: 14sp
- 왼쪽과 오른쪽 여백: 16dp

▶ 액션

- 안쪽 여백: 8dp

■ 카드 11

▶ 리치 미디어

- 비율: 1 대 1
- 크기: 1.5배(80dp 미디어 영역을 기준으로 증가 크기)
- 상단 여백: 16dp

▶ 제목

- 텍스트: 24sp
- 상단 여백: 24dp
- 왼쪽과 오른쪽 여백: 16dp

▶ 부제목

- 텍스트: 14sp
- 왼쪽과 오른쪽 여백: 16dp

▶ 액션

- 안쪽 여백: 8dp

■ 카드 12

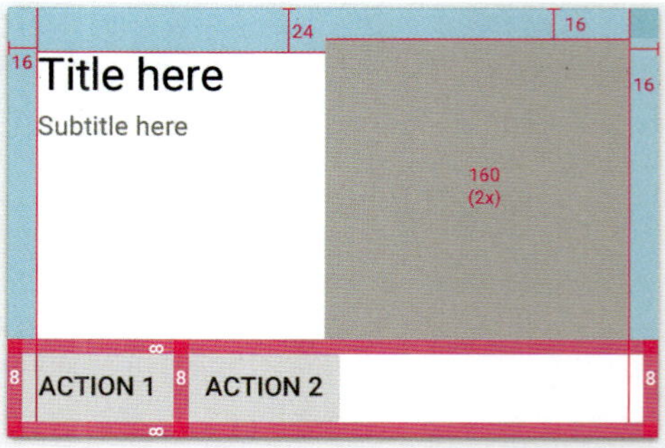

▶ 리치 미디어

- 비율: 1 대 1
- 크기: 2배(80dp 미디어 영역을 기준으로 증가 크기)
- 상단 여백: 16dp

▶ 제목

- 텍스트: 24sp
- 상단 여백: 24dp
- 왼쪽과 오른쪽 여백: 16dp

▶ 부제목

- 텍스트: 14sp
- 왼쪽과 오른쪽 여백: 16dp

▶ 액션

- 안쪽 여백: 8dp

■ 카드 13

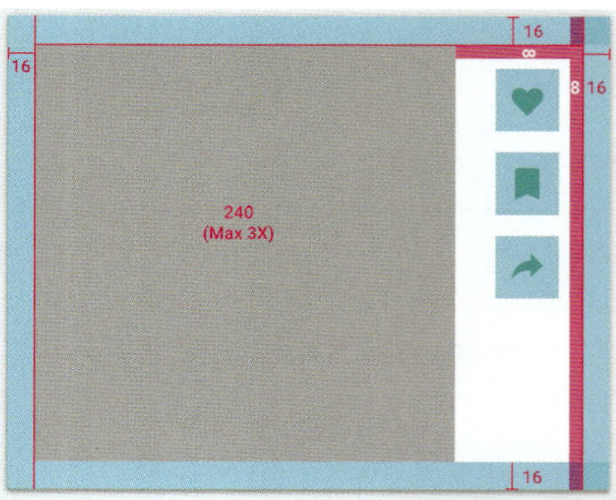

▶ 리치 미디어

- 비율: 1 대 1
- 크기: 3배(80dp 미디어 영역을 기준으로 증가 크기)

▶ 카드 전체

- 안쪽 여백: 16dp

▶ 액션

- 모든 주변 여백: 8dp + 16dp

실습

4

iOS의 카드 리스트 만들기

1 핀터레스트 방식 카드 리스트 만들기

완성 이미지

준비 파일 iOS_card_resource.psd, image1.jpg~image5.jpg

완성 파일 iOS_card_result.psd

01 [실습]-[9장] 폴더에서 iOS_card_resource.psd 파일을 불러온다.

02 상단에서 40픽셀 떨어진 지점과 128픽셀 떨어진 지점에 가이드라인을 배치하여 상태 바와 타이틀 자리를 확보한다. 왼쪽 및 오른쪽에서 16픽셀 떨어진 지점에도 가이드라인을 배치한다.

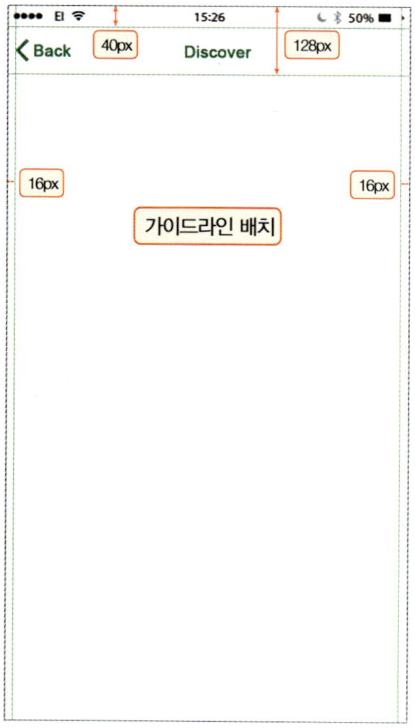

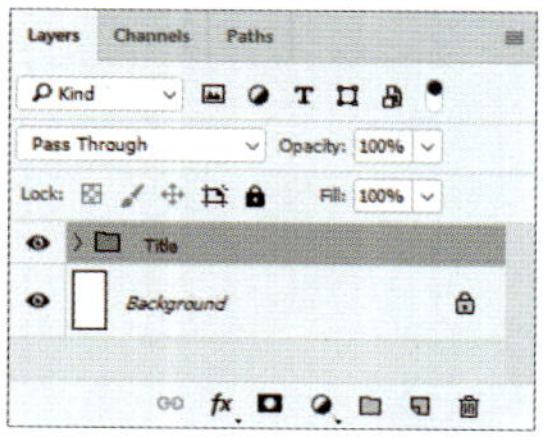

03 사각형 툴(□)로 너비가 750픽셀이고 높이가 128픽셀인 사각형을 만들고 상태 바가 있는 곳에 배치한다.

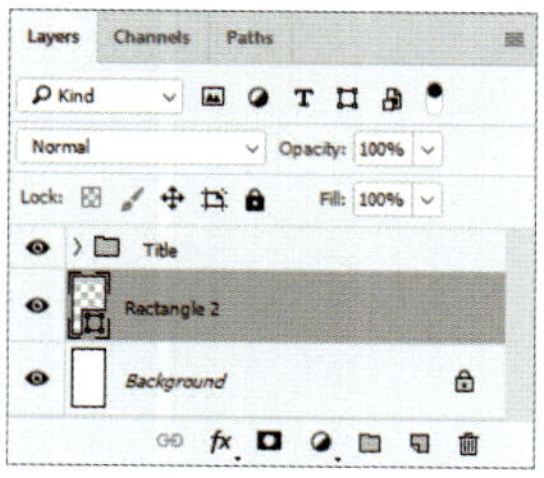

04 레이어 패널의 레이어 스타일 추가 버튼(fx)을 클릭해 [Gradient Overlay]를 선택한 후 다음과 같이 설정한다.

Blend Mode: Normal, Opacity: 100%, Color: #d7d7d7, #ffffff, Angle: 90°

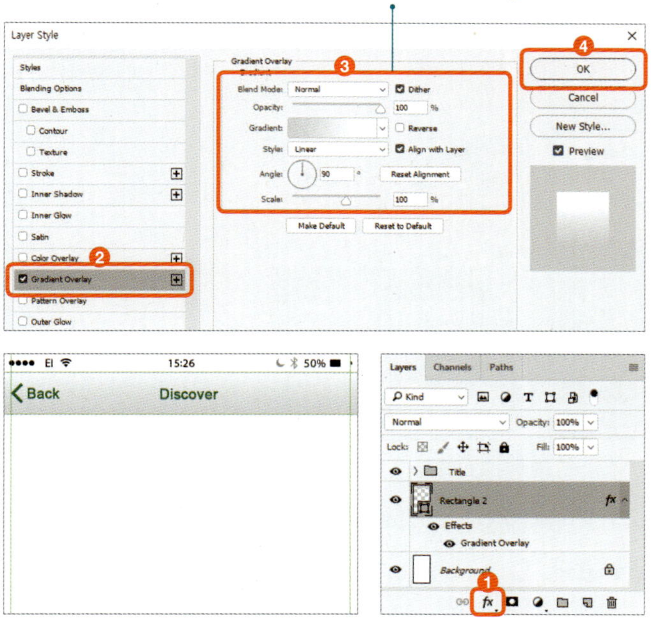

05 Background 레이어의 배경을 진회색(#a0a0a0)으로 채운다.

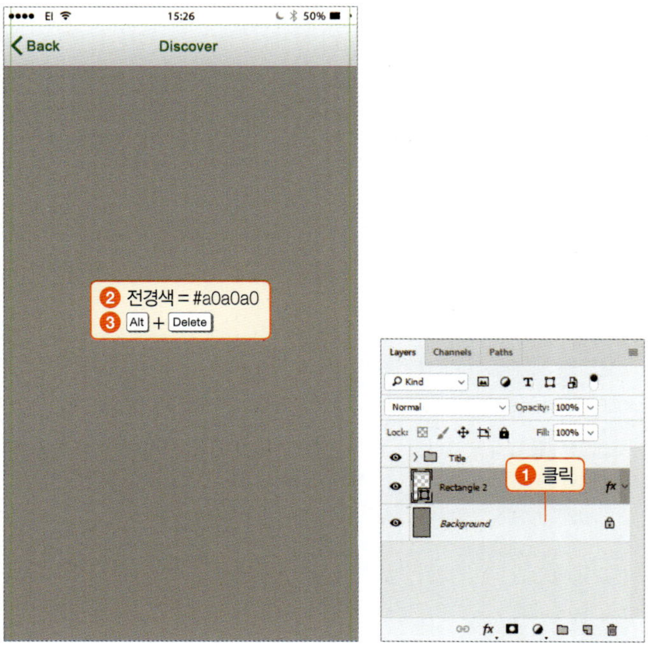

06 모서리가 둥근 사각형 툴( )로 너비가 357픽셀이고 높이가 500픽셀, 상하좌우 Radius가 10픽셀인 밝은 회색(#d7d7d7) 사각형을 만든 후 왼쪽과 위쪽에서 16픽셀 떨어진 지점에 배치한다.

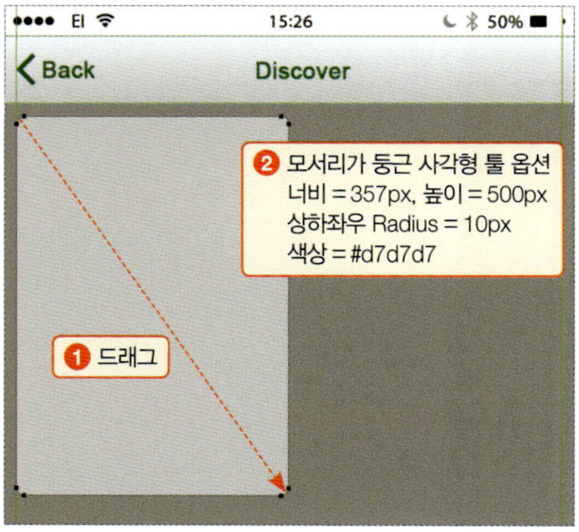

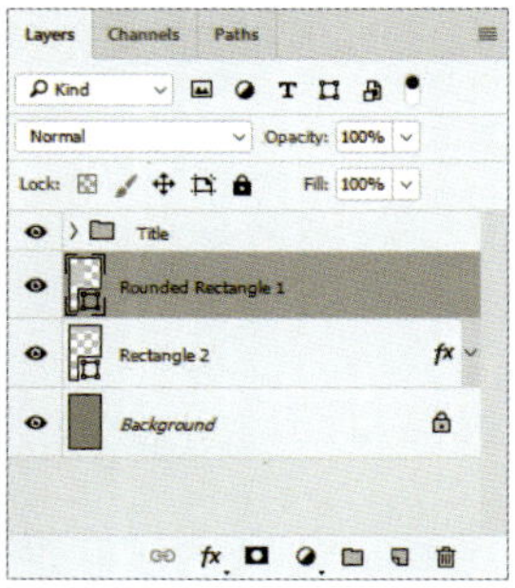

07 레이어 패널의 레이어 스타일 추가 버튼(fx)을 클릭해 [Outer Glow]를 선택한 후 다음과 설정하여 카드 바깥쪽에 그림자 효과를 준다.

Blend Mode: Normal, Opacity: 25%, Color: Black, Size: 8px

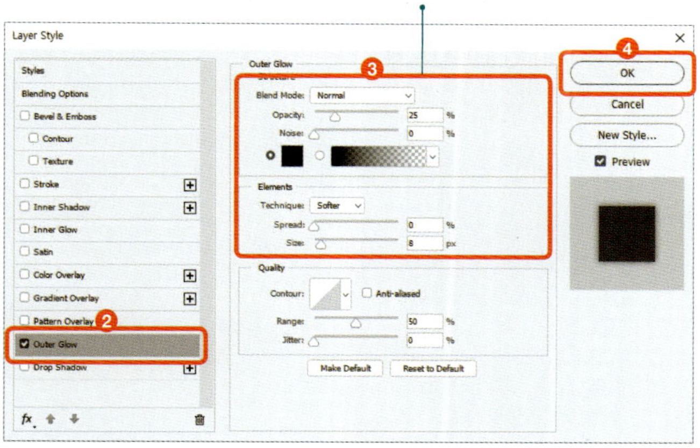

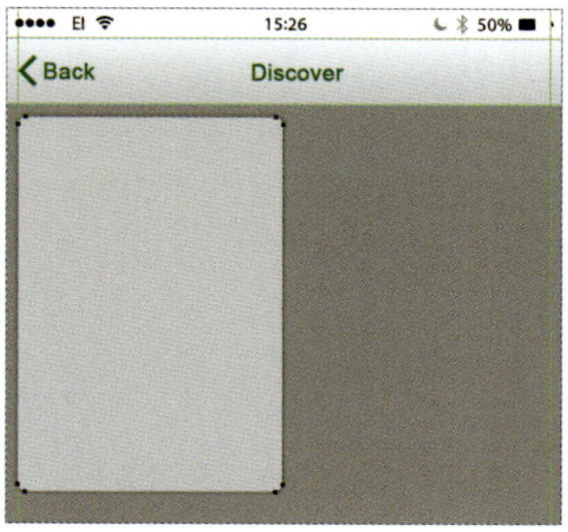

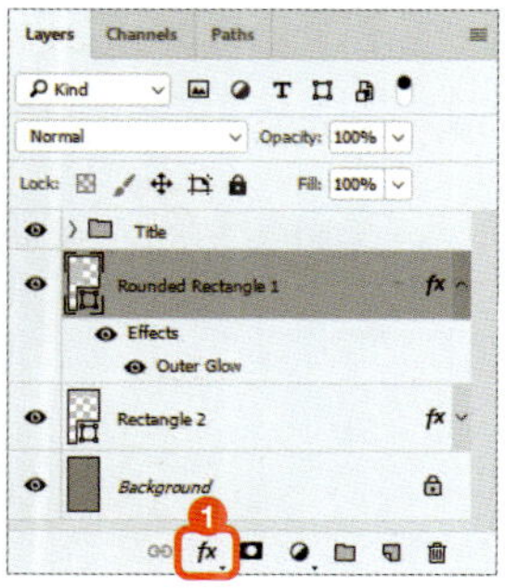

08 image1.jpg 파일을 불러와 Ctrl+A와 Ctrl+C를 눌러 전체를 복사한다. 작업 화면으로 돌아와 Ctrl+V를 눌러 달팽이 이미지를 붙여 넣고 카드 상단에 배치한다. Layer 3 레이어를 마우스 오른쪽 버튼으로 누르고 [Create Clipping Mask]를 선택한다. 선 툴( )로 카드 아래에서 201픽셀 떨어진 지점에 짙은 회색(#d7d7d7) 선을 하나 그린다.

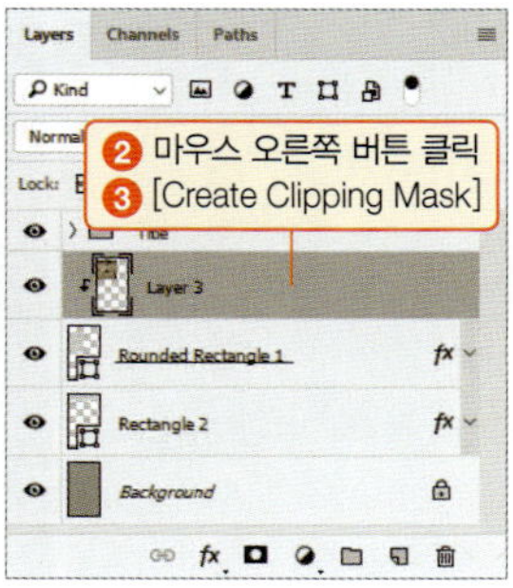

09 모서리가 둥근 사각형 툴( )로 너비가 357픽셀이고 높이가 200픽셀, 위쪽 좌우 Radius가 0픽셀, 아래쪽 좌우 Radius가 10픽셀인 흰색 사각형을 만든 후 카드 하단에 배치한다.

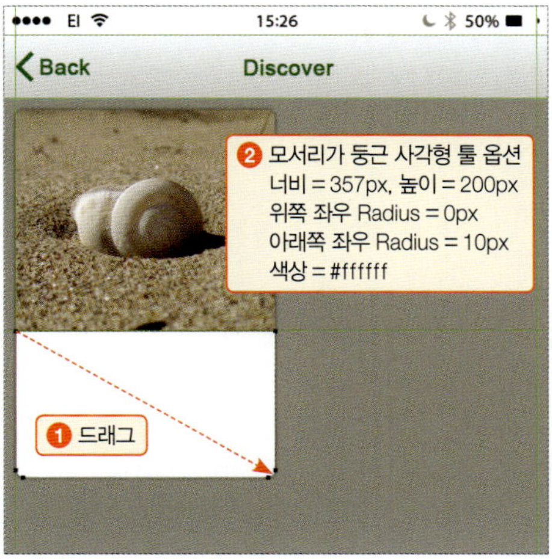

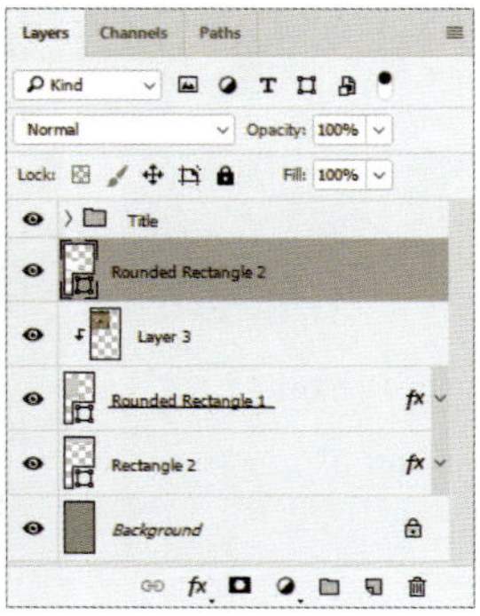

10 카드 하단에서 112픽셀 떨어진 지점에 선 툴( )로 굵기가 1픽셀인 회색(#555555) 구분 선을 만들고, 공간을 보면서 세 줄짜리 텍스트를 다음과 같이 입력한다. 이때 하트는 커스텀 셰이프 툴( )을 이용하여 삽입하고 Repin과 Like 텍스트는 앱의 타이틀 색상과 같은 색상을 적용한다.

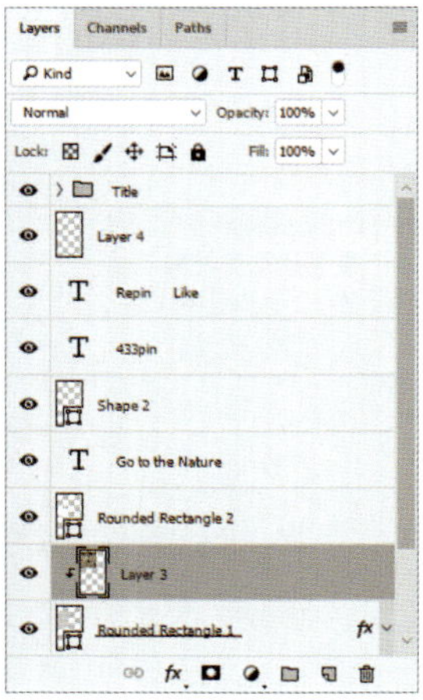

11 모서리가 둥근 사각형 툴( )로 너비와 높이가 각각 58픽셀이고 상하좌우 Radius가 10픽셀인 밝은 회색(#b7b7b7) 사각형을 만든 후 카드 왼쪽 끝에서 15픽셀, 구분 선에서 15픽셀 떨어진 지점에 배치한다.

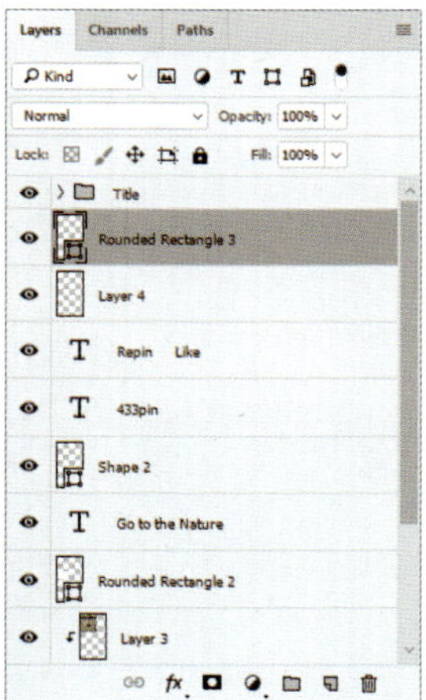

12 image2.jpg 파일을 불러와 작업 파일에 붙이고 위치를 조절한다. Layer 5 레이어를 마우스 오른쪽 버튼으로 누르고 [Create Clipping Mask]를 선택한다. 사진 아이콘 오른쪽 수직 가운데에 텍스트를 입력하고 다음과 같이 콘텐츠와 관련된 레이어를 contents 그룹, contents 그룹과 카드와 관련된 나머지 레이어를 Card1 그룹으로 묶는다.

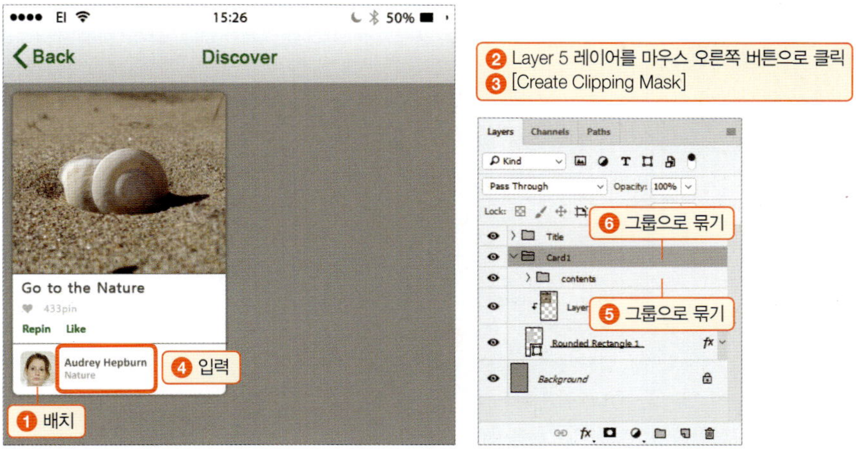

13 Card1 그룹이 선택된 상태에서 Ctrl+J를 눌러 복제하고 그룹 이름을 Card2로 수정한다. Card2 그룹에 담긴 콘텐츠는 오른쪽 가이드라인으로 옮긴다. 패스 선택 툴( )로 Card2 그룹의 Rounded Rectangle 1 레이어를 선택한 후 속성 패널에서 높이를 700픽셀로 조절한다.

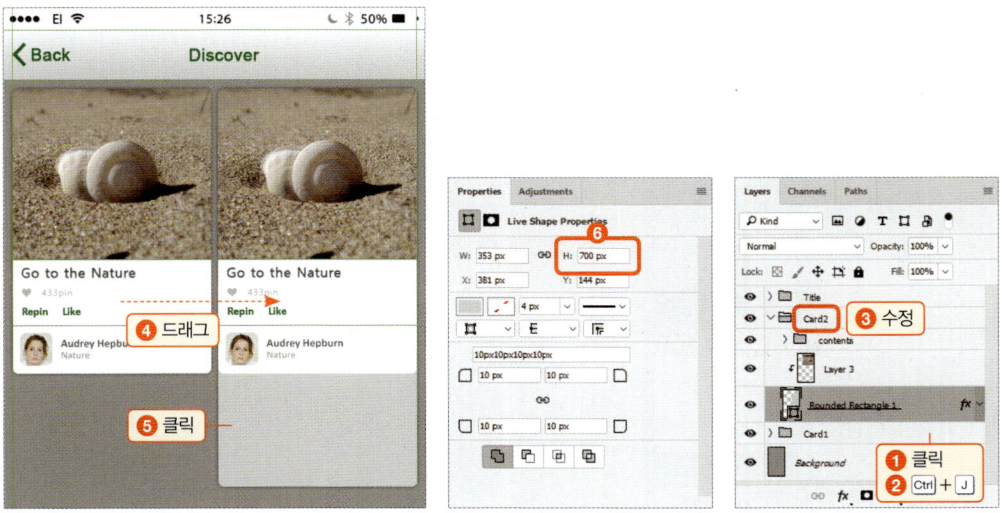

14 Card2 그룹의 contents 그룹을 선택하고 이동 툴([+])로 그룹 이미지를 카드 하단으로 옮긴다.

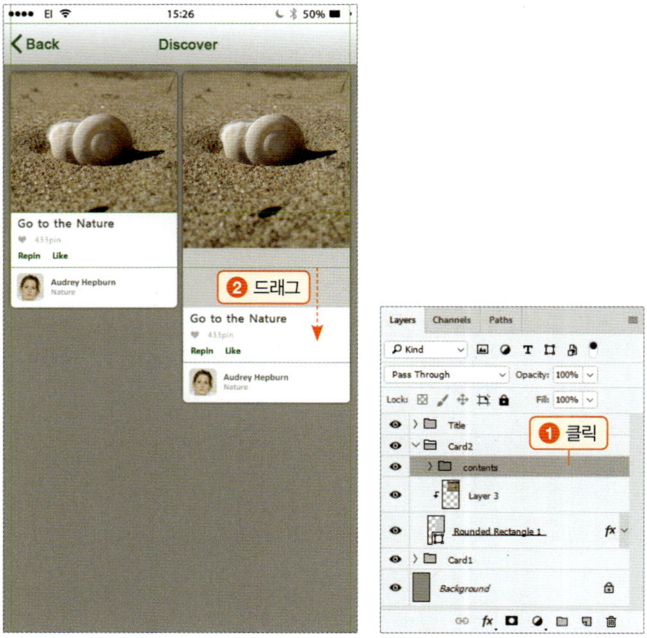

15 Rounded Rectangle 1 레이어에 클리핑 마스크되어 있는 레이어를 삭제하고 두 번째 카드에 넣을 image3.jpg 파일을 불러와 다음과 같이 [Create Clipping Mask]를 적용한다.

16 같은 방법으로 그룹을 복제하고 카드의 위치와 Rounded Rectangle 1 레이어의 크기를 변경하여 다음과 같이 카드 리스트를 완성한다.

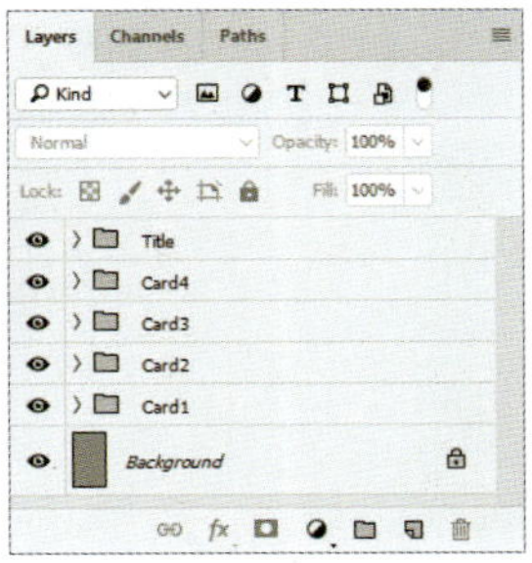

실습

5

안드로이드의 카드 리스트 만들기

1 사진 공유 앱 카드 리스트 만들기

완성 이미지

준비 파일 Android_card_resource.psd, image6.jpg~image8.jpg, icons.psd

완성 파일 Android_card_result.psd

01 [실습]-[9장] 폴더에서 Android_card_resource.psd 파일을 불러온다.

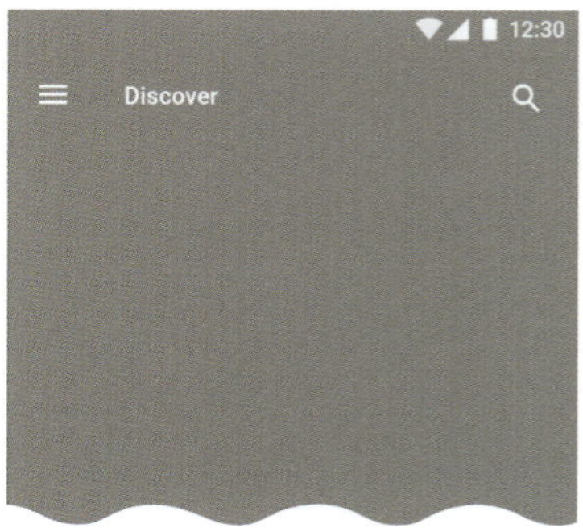

02 상단에서 48픽셀 떨어진 지점과 160픽셀 떨어진 지점에 가이드라인을 배치하여 상태 바와 타이틀 자리를 확보한다. 왼쪽과 오른쪽에서 각각 32픽셀 떨어진 지점에도 가이드라인을 배치한다.

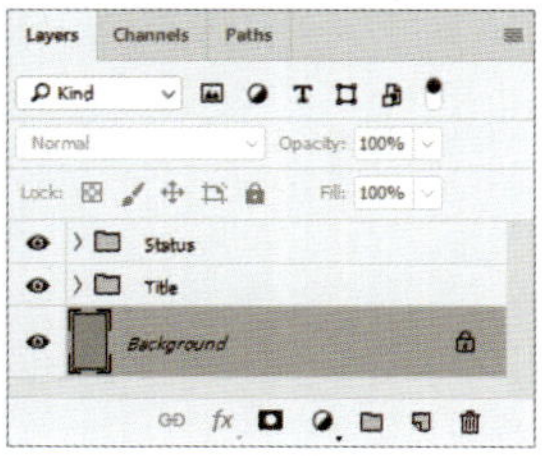

03 사각형 툴(◻)로 너비가 720픽셀이고 높이가 160픽셀인 진하늘색(#448ccb) 사각형을 만들고 상태 바가 있는 곳에 배치한다.

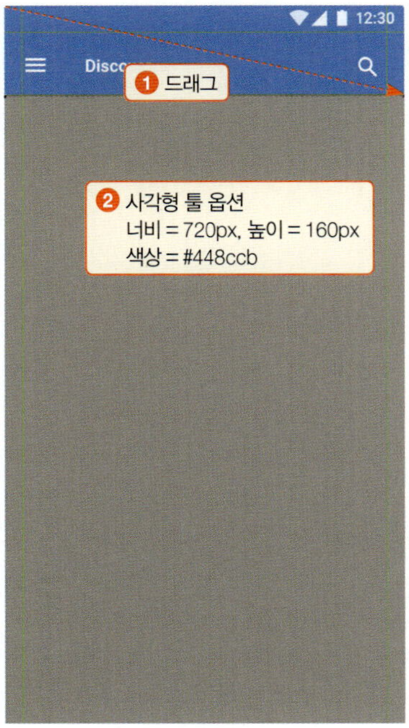

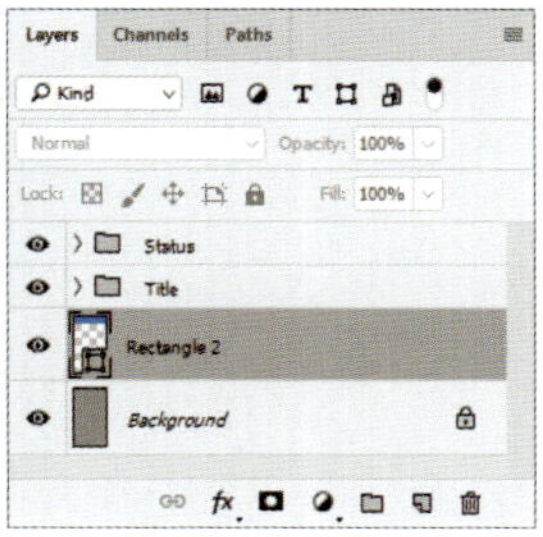

04 레이어 패널의 레이어 스타일 추가 버튼(fx)을 클릭해 [Drop Shadow]를 선택한 후 다음과 같이 설정하고 〈OK〉를 클릭한다.

Blend Mode: Multiply(Black), Opacity: 35%, Angle: 90˚, Distance: 3px, Size: 8px

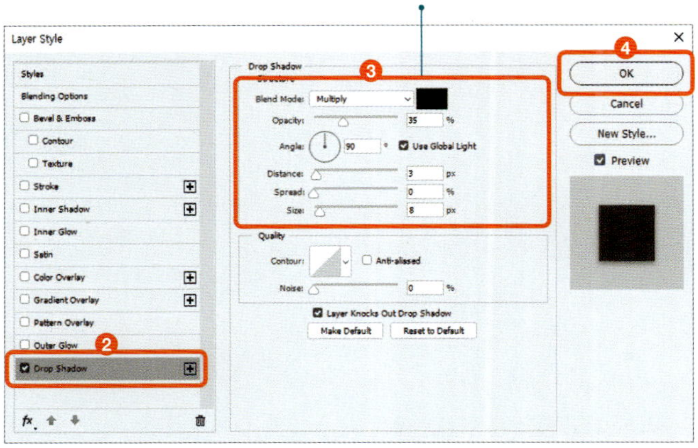

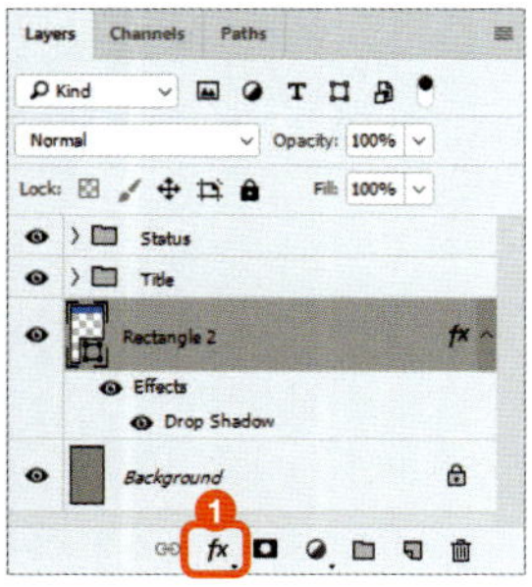

05 Background 레이어의 배경을 연회색(#e6e6e6)으로 채운다.

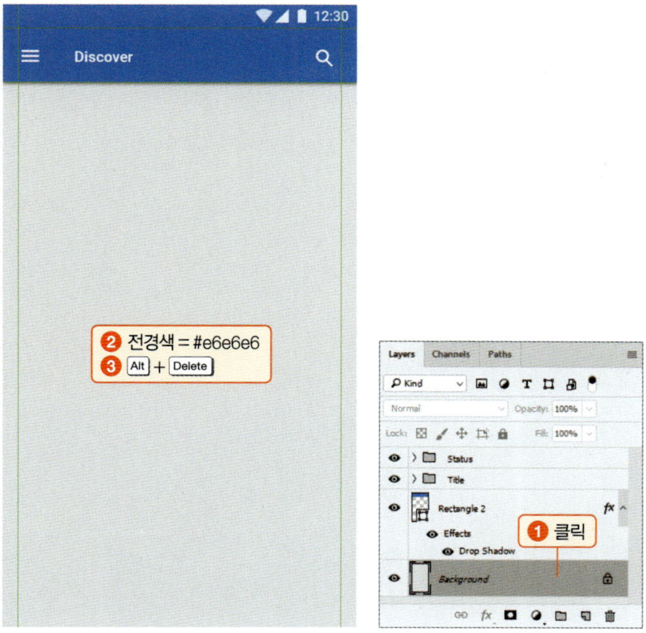

06 모서리가 둥근 사각형 툴(▢)로 너비가 656픽셀이고 높이가 651픽셀, 상하좌우 Radius가 8픽셀인 회색(#b7b7b7) 사각형을 만든다. 타이틀 가이드라인에서 아래로 32픽셀 떨어진 지점에 배치한다.

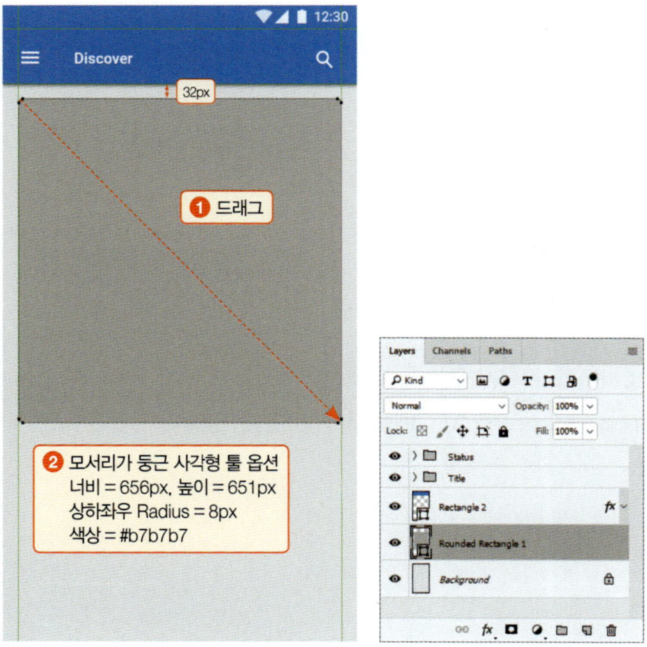

07 레이어 패널의 레이어 스타일 추가 버튼(fx)을 클릭해 [Drop Shadow]를 선택한 후 다음과 같이 설정한다.

Blend Mode: Multiply(Black), Opacity: 75%, Angle: 125˚, Distance: 3px, Size: 8px

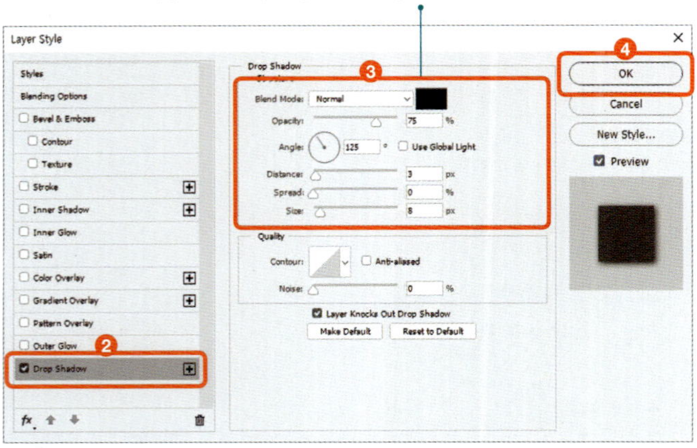

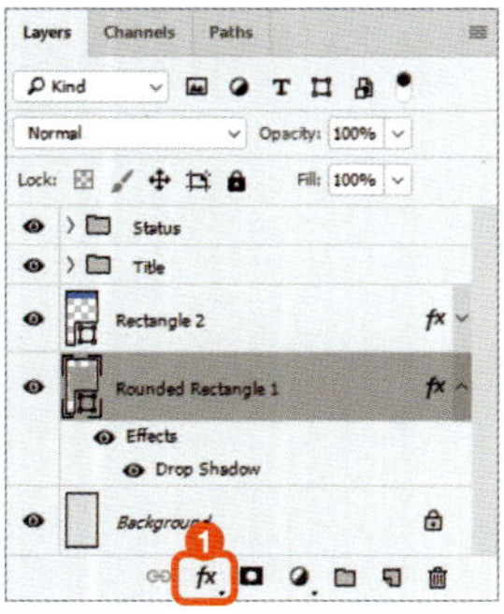

08 카드보다 약간 큰 image6.jpg 파일을 불러와 작업 화면에 붙여 넣는다. 붙여 넣은 레이어를 마우스 오른쪽 버튼으로 누르고 [Create Clipping Mask]를 선택한다. 동영상과 같은 미디어를 만들 때는 이미지의 비율이 16:9이다.

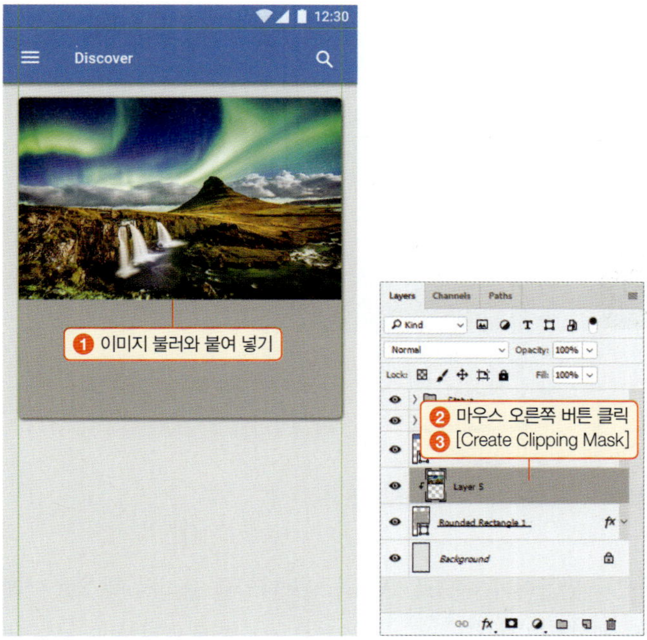

09 모서리가 둥근 사각형 툴(▢)로 너비가 656픽셀이고 높이가 282픽셀, 위쪽 좌우 Radius가 0픽셀, 아래쪽 좌우 Radius가 8픽셀인 흰색 사각형을 만들고 다음과 같이 카드 아래쪽에 배치한다.

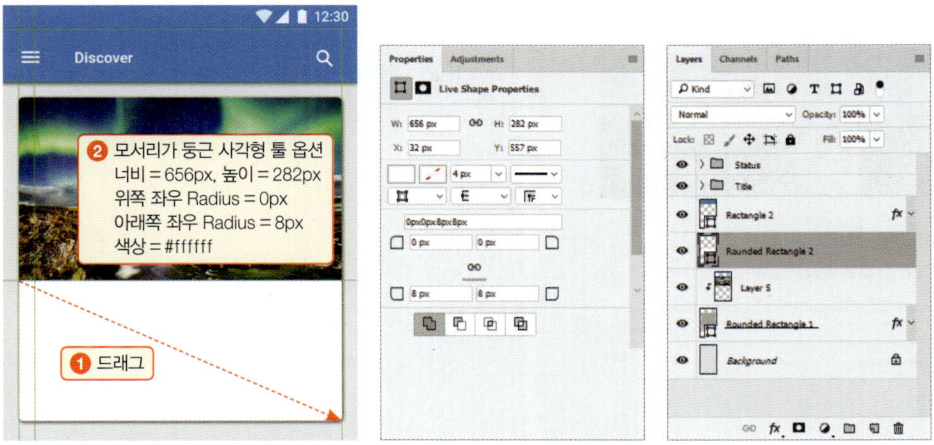

10 이미지와 텍스트 사이 여백은 48픽셀, 카드 왼쪽 여백은 32픽셀, 텍스트가 들어가는 섹션 높이는 130픽셀이 되도록 가이드라인을 배치하고 다음과 같이 텍스트를 입력한다. 이때 텍스트 하단 여백은 32픽셀로 설정한다.

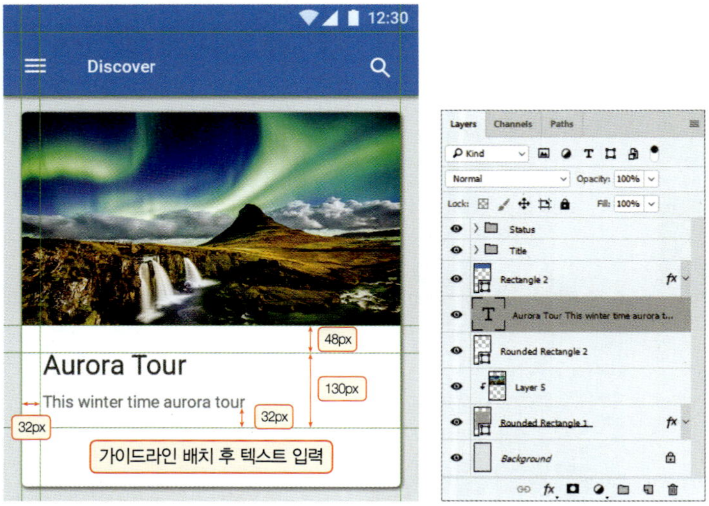

11 액션 아이콘과 세부 페이지 링크를 만들어야 하므로 icons.psd 파일을 불러와 텍스트 아래 왼쪽에 하트 아이콘과 공유 아이콘을 배치하고 Read more 텍스트를 오른쪽에 입력한다. 카드 내부 오른쪽 여백은 32픽셀로 설정한다.

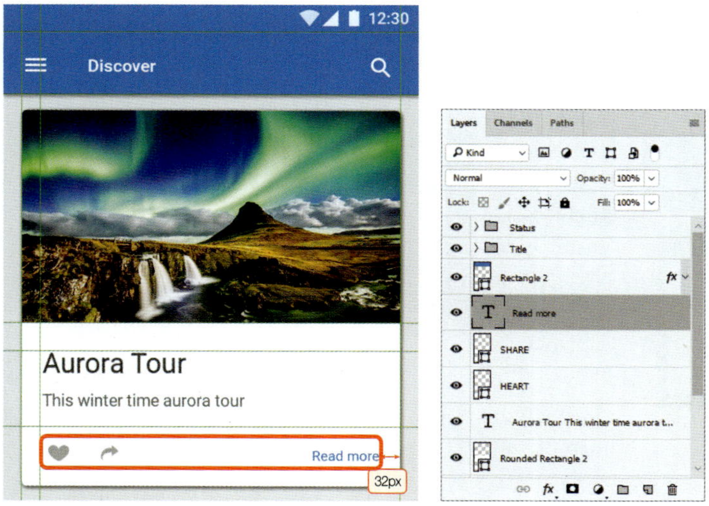

12 카드와 관련된 레이어를 모두 그룹으로 묶고 이름을 Card1로 설정한다. 모서리가 둥근 사각형 툴(▢)로 너비가 312픽셀이고 높이가 408픽셀, 상하좌우 Radius가 8픽셀인 진회색(#7d7d7d) 사각형을 만들고 앞에서 만든 카드 왼쪽 아래에 배치한다. Card1 그룹의 Rounded Rectangle 1 레이어를 마우스 오른쪽 버튼으로 누르고 [Copy Layer Style]을 선택한다. Rounded Rectangle 3 레이어를 마우스 오른쪽 버튼을 누르고 [Paste Layer Style]을 선택하여 레이어 스타일을 복제한다.

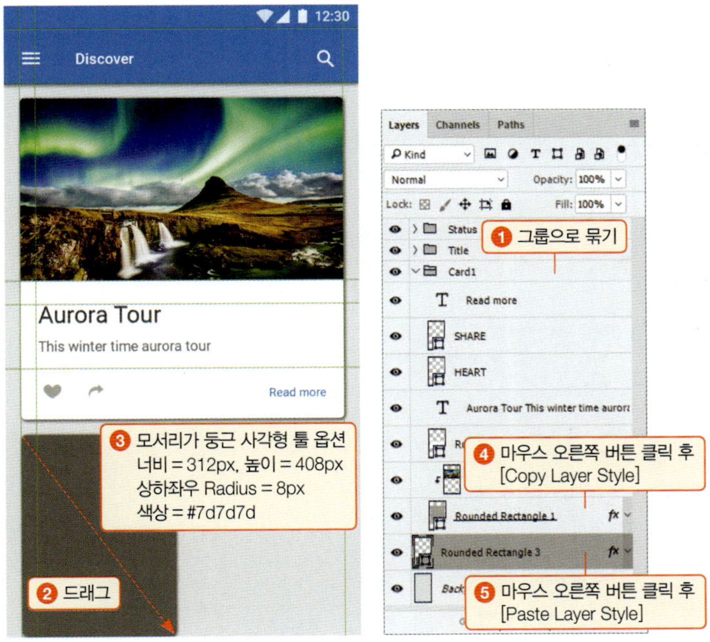

13 image7.jpg 파일을 불러와 작업 화면에 붙여 넣고 [Create Clipping Mask]를 적용한다. 모서리가 둥근 사각형 툴(▢)로 너비가 312픽셀이고 높이가 95픽셀, 위쪽 좌우 Radius가 0픽셀, 아래쪽 좌우 Radius가 8픽셀인 흰색 사각형을 만들어 다음과 같이 기존 카드 왼쪽 아래에 배치한다.

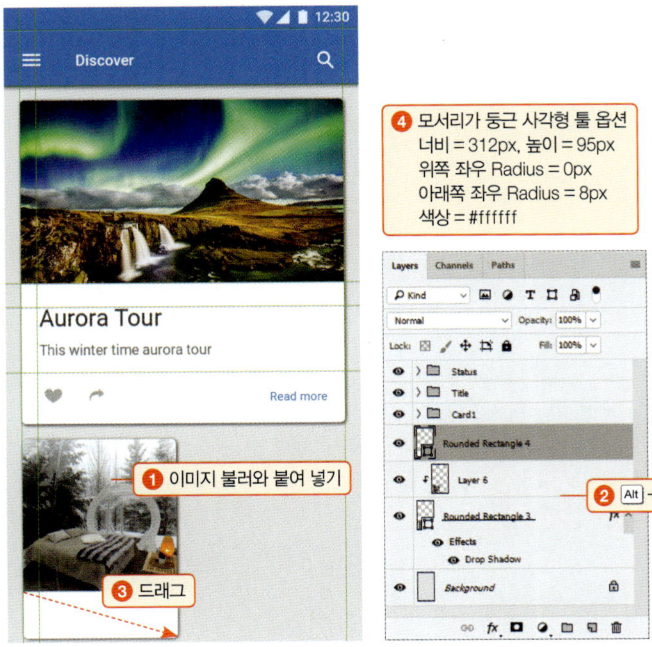

14 icons.psd 파일에서 필요한 아이콘을 가져와 다음과 같이 배치한다.

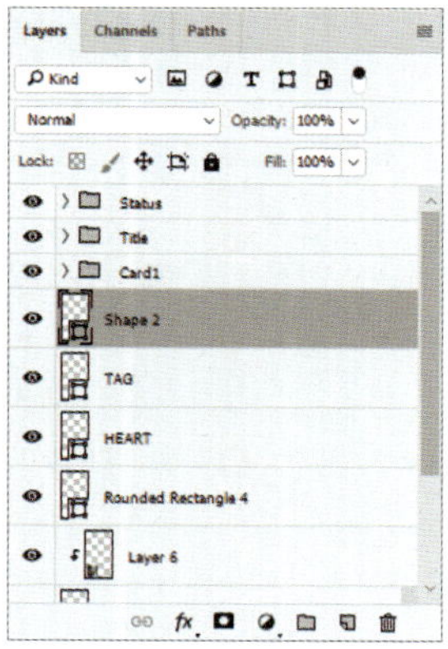

15 두 번째 카드와 관련된 레이어를 그룹으로 묶고 이름을 Card2로 설정한다. Card2 그룹 레이어를 선택하고 Ctrl+J를 눌러 복제한 후 복제한 그룹을 오른쪽 가이드라인까지 이동시킨다. image8.jpg 파일을 불러와 카드의 배경 사진을 교체하여 카드 리스트를 완성한다.

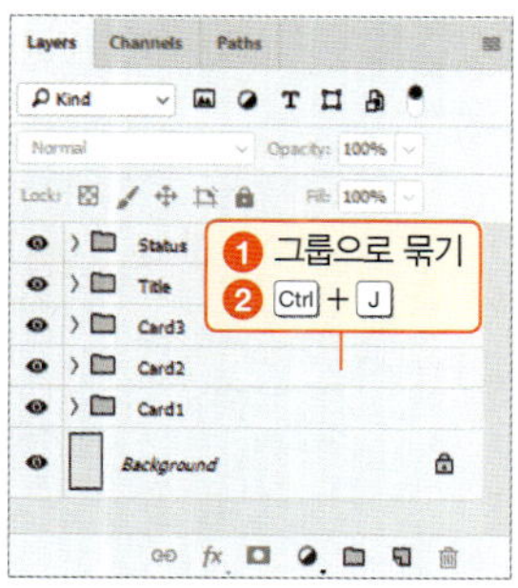

6
카드 리스트의 인터랙션

1 카드 리스트의 인터랙션 사례

최근 리스트 UI의 흐름을 살펴보면 테이블 리스트에서 카드 리스트로 바뀌고 있는 듯하다. 실제로 대부분의 인터페이스에서 카드 리스트 UI를 사용하고 있다. 카드 리스트가 테이블 리스트보다 다양한 미디어를 활용할 수 있고 인터랙션도 다양하기 때문이다. 카드 리스트의 다양한 인터랙션은 예제 소스의 [ux]-[card] 폴더를 참고하기 바란다.

[그림 9-15]는 실제 매장에서 사용하는 쿠폰 카드를 메타포로 사용한 사례이다. 카드 리스트의 메뉴를 탭하면 각 카드 항목의 세부 페이지로 이동할 수 있다. 상세 페이지에서 왼쪽 상단의 닫기 버튼을 누르면 다시 카드 리스트로 돌아간다.

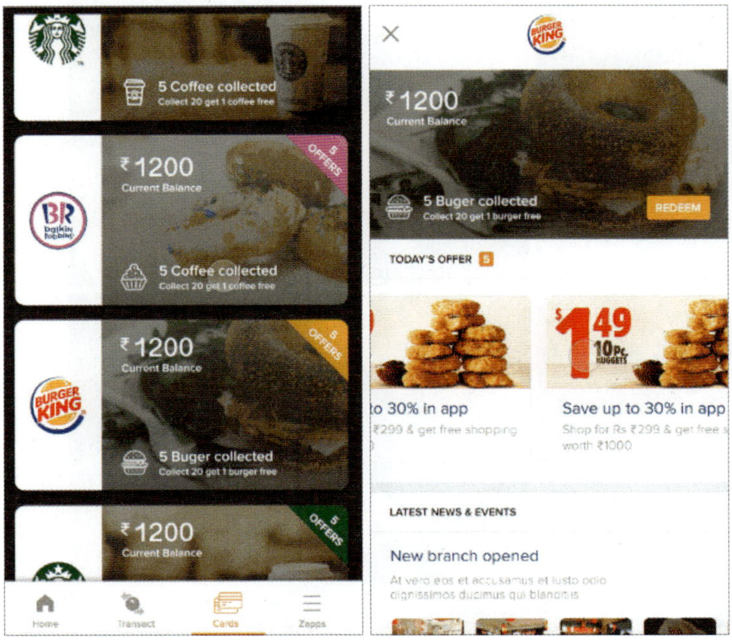

그림 9-15 card (1).gif

[그림 9-16]은 한 화면에 카드를 하나만 배치한 카드 리스트이다. 카드의 인터랙션은 좌우 스와이프로 구현되어 단조로운 편이다. 하지만 화면이 좌우로 이동할 때 사선 배경을 적용해 마치 패럴렉스 화면에서 카드가 이동하는 것과 같은 역동감을 맛볼 수 있다.

그림 9-16 card (2).gif

[그림 9-17]은 텍스트 몇 줄과 액션을 포함한 카드 아래로 흰 바탕의 카드가 겹쳐져 있는 카드 리스트이다. 카드는 좌우로 스와이프하여 탐색할 수 있고 특정 카드를 밀어 올리면 간단한 정보를 볼 수 있으며 한 번 더 밀어 올리면 상세 페이지를 볼 수 있다.

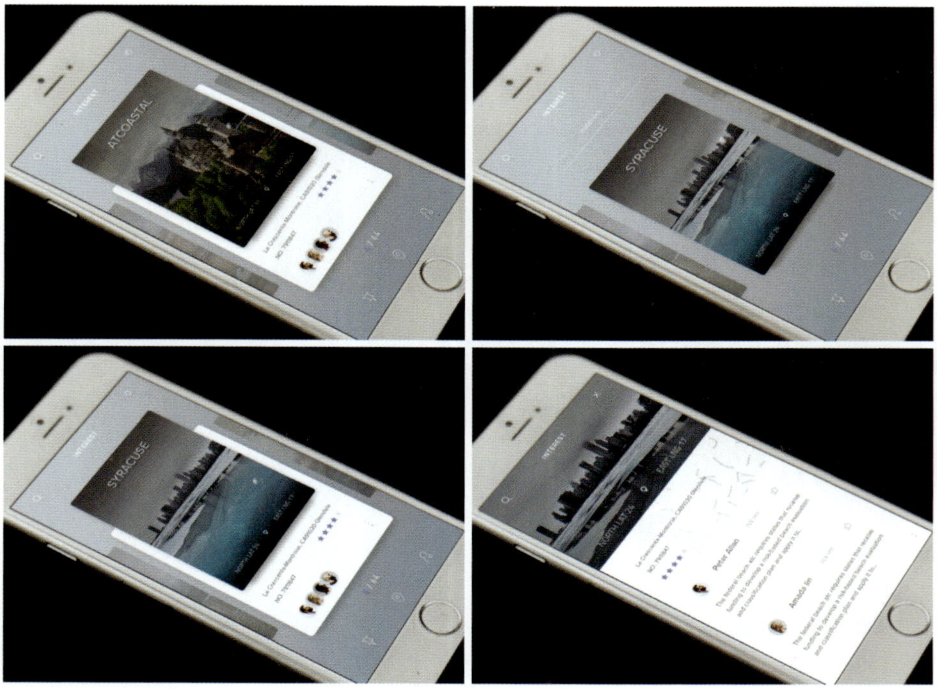

그림 9-17 card (3).gif

[그림 9-18]은 카드가 여러 장 겹쳐진 것처럼 보이는 카드 리스트이다. 맨 위에 놓인 카드를 아래로 내리면 카드가 반투명으로 변하면서 뒤에 놓인 카드 속으로 사라지고, 다시 카드를 터치하면 전체 이미지로 전환되면서 세부 페이지가 나타난다. 세부 페이지에 배치된 카드도 반투명한 상태에서 투명한 상태로 순차적으로 나타나거나 사라진다.

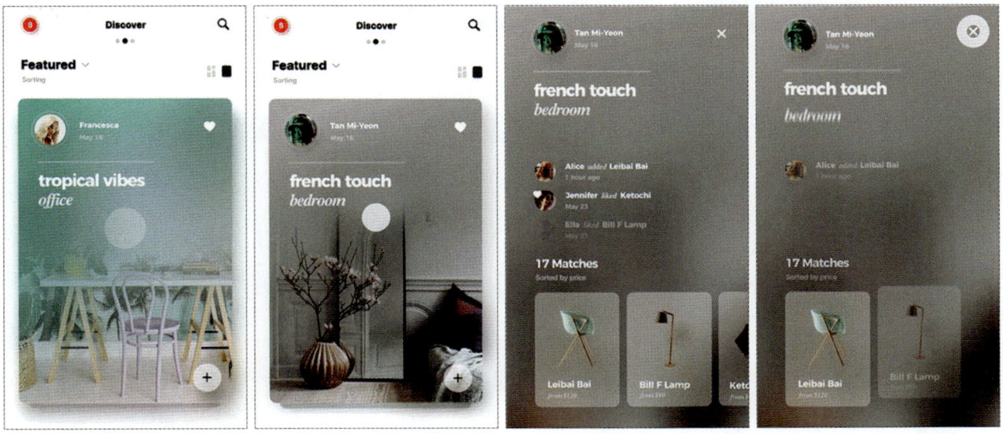

그림 9-18 card (4).gif

[그림 9-19]는 카드를 좌우로 스와이프하여 탐색하는데, 카드를 왼쪽으로 밀면 사라지지 않고 새 카드가 원래 카드 위에 겹쳐지면서 나타나는 카드 리스트이다. 카드를 밀어 올려서 세부 페이지를 탐색할 수 있다.

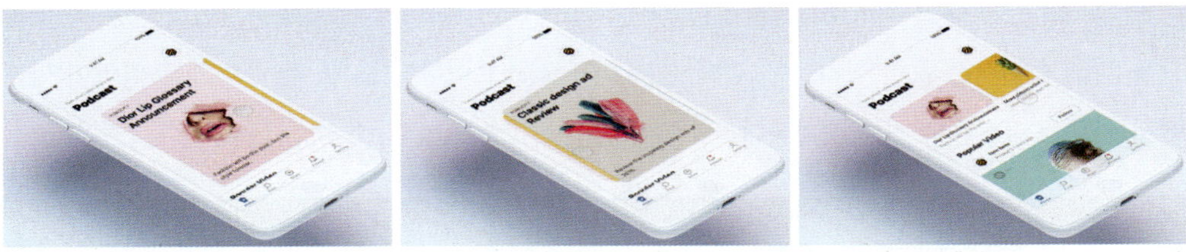

그림 9-19 card (5).gif

[그림 9-20]은 크기가 다른 카드를 왼쪽에서 오른쪽 방향으로 채운 전형적인 카드 리스트 UI이다. 카드가 입체적인 두께를 가진 플라스틱 카드 느낌이 나 흥미롭다. 카드를 탭하면 카드 자체가 커지면서 상세 페이지가 나타나고, 한 번 더 탭하면 카드 영역이 사라지면서 전체 화면에 세부 이미지가 나타난다.

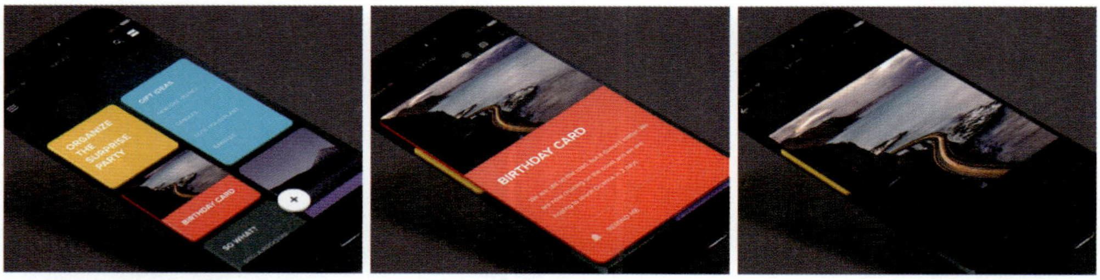

그림 9-20 card (6).gif

[그림 9-21]은 로딩 화면을 페이지네이션 형태로 표시하고 로딩이 완료되면 종이를 접듯이 카드를 접는 카드 리스트이다. 카드를 다시 탭하면 접힌 종이가 펼쳐지면서 세부 항목이 나타난다. 페이지네이션을 바로 사용하면 사용자에게 혼란을 줄 수 있다. 또한 종이가 펼쳐지는 듯한 인터랙션도 다소 산만하게 느껴질 수 있다.

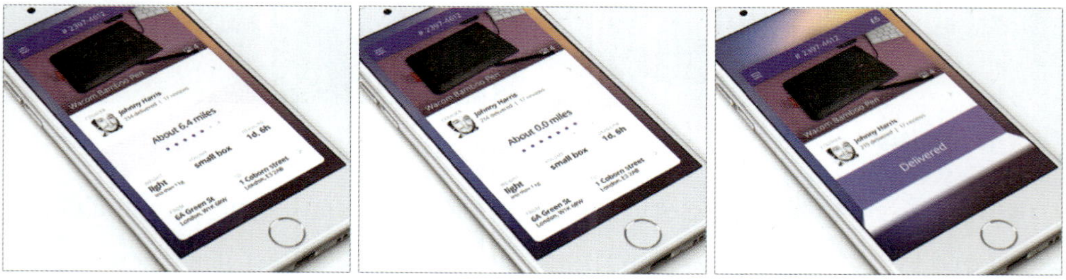

그림 9-21 card (12).gif

[그림 9-22]는 카드를 위아래로 슬라이드하면 카드가 타이틀 영역 뒤로 꺾어지면서 깊은 공간 속으로 빨려 들어가는 듯한 착각을 느끼게 하는 카드 리스트이다. 카드를 탭하면 세부 영역이 아래에서 위로 올라오는 것처럼 배치된다.

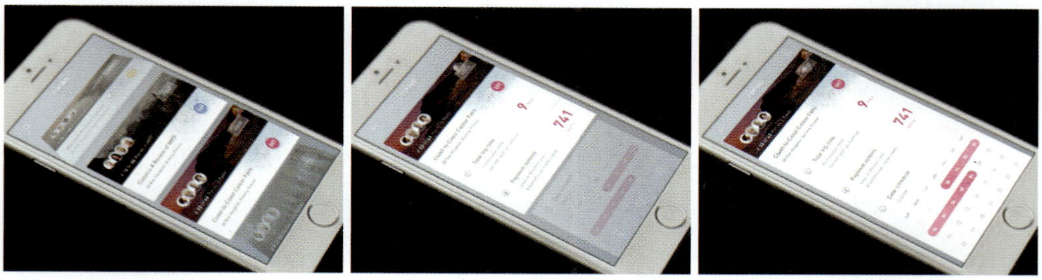

그림 9-22 card (14).gif

[그림 9-23]은 카드가 서랍 방식의 서류함 형태로 움직이는 카드 리스트이다. 카드가 거의 수평으로 세워져 있기 때문에 카드 정보를 확인하기 어렵지만 입체감과 공간감을 동시에 느낄 수 있는 인터랙션이다.

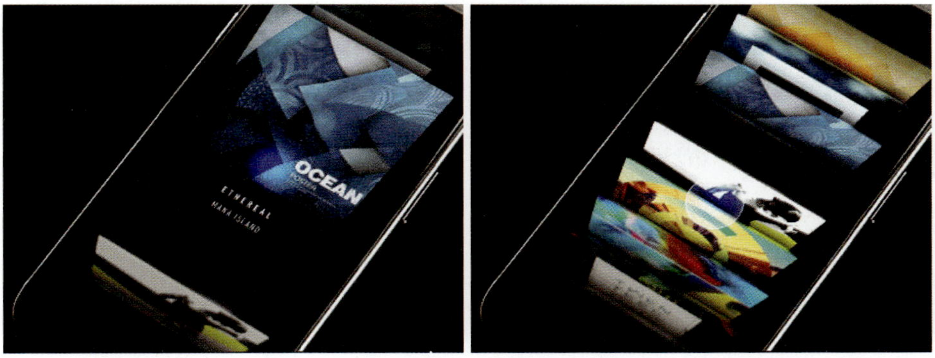

그림 9-23 card (17).gif

[그림 9-24]는 카드가 왼쪽 혹은 오른쪽으로 기울면서 좌우로 슬라이드되는 카드 리스트이다. 카드가 기울어진 방향으로 미끄러지듯이 사라지고 다음 카드가 나타나기 때문에 사진과 타이틀 영역이 분리되어 있는 것처럼 느껴진다. 방향감이 느껴지는 인터랙션이다.

그림 9-24 card (20).gif

[그림 9-25]는 카드를 눌러 카드의 위치를 변경하는 인터랙션으로 카드를 옮길 때 카드가 공중에 붕 뜬다. 카드를 실제로 섞는 것과 같은 어포던스affordance, 행동 유도성를 사용하기 때문에 게임 앱에서 사용해 볼 만한 인터랙션이다.

그림 9-25 card (23).gif

[그림 9–26]은 카드가 겹겹이 쌓여 있는 것처럼 배치되어 있는 카드 리스트이다. 특정 카드를 탭하면 그 카드가 맨 위로 올라올 것 같지만 탭한 카드만 남고 나머지 카드가 화면 밖으로 사라진다. 다시 카드를 탭하면 카드가 화면 하단으로 사라지면서 세부 페이지가 나타난다.

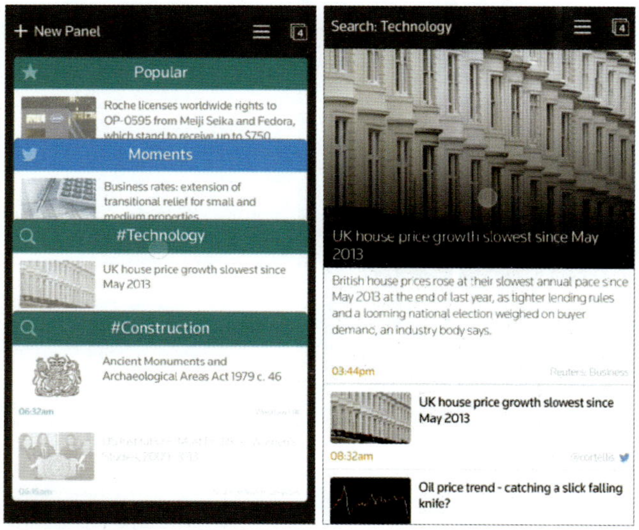

그림 9-26 card (24).gif

[그림 9–27]은 깔끔한 상품 목록 카드 리스트이다. 한 화면에는 카드 한 장만 나타나고 카드 한 장에는 상품이 한 개만 배치된다. 카드를 탭하면 상품이 상단으로 이동하는 듯한 착각을 느끼게 한다. 일관성을 유지하면서 사용자에게 즐거움을 주는 인터랙션이다.

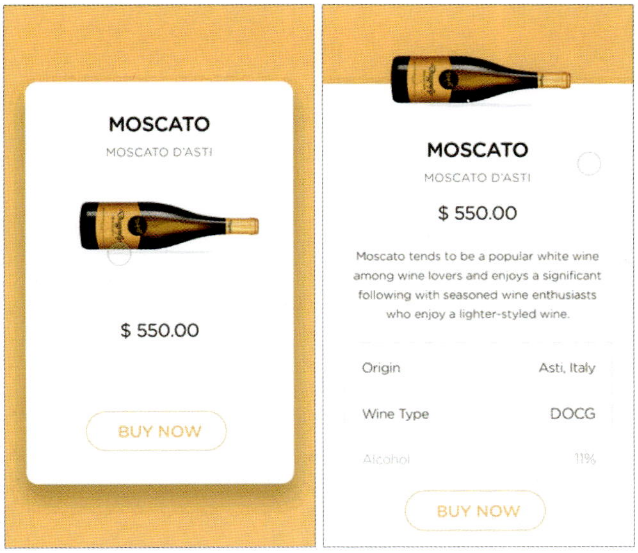

그림 9-27 card (27).gif

[그림 9-28]은 명함 형태로 구성된 카드 리스트이다. 카드 목록은 위아래로 슬라이드하면서 탐색할 수 있는데, 맨 위의 목록이 마치 명함이 던져지는 것처럼 화면 밖으로 사라진다. 카드를 탭하면 세부 페이지로 들어가 제품을 확인할 수 있고, 세부 페이지의 제품을 탭하면 팝업 형태로 제품의 구석구석을 볼 수 있는 화면이 나타난다. 조금 산만하고 어려운 인터랙션이므로 상품 판매가 목적이라면 조금 더 쉽고 익숙한 인터랙션을 사용하는 것이 좋다.

그림 9-28 card (44).gif

요약

1 카드 리스트 UI

카드 리스트 UI는 카드 한 장에 여러 가지 정보를 담아 나열하는 UI로 실물 카드를 메타포로 사용한다. 다양한 모바일 기기 화면에 사용하기 적합해 모바일의 주요 UI 패턴으로 사용되고 있다.

2 카드 리스트의 사용

카드 리스트는 대시보드 및 집계 사이트에서 한 페이지에 다양한 콘텐츠 형식을 표시할 때 사용하면 좋다. 반면 카드와 카드 사이에는 일정한 간격이 있기 때문에 테이블 리스트보다 더 많은 공간을 차지하므로 단순하게 반복되는 유사 정보를 나열할 때는 테이블 리스트를 사용하는 것이 좋다.

3 카드 리스트의 유형

- **기본형** 핀터레스트와 같이 크기가 균일하지 않은 카드를 정보의 양에 따라 왼쪽에서 오른쪽으로 빈자리를 채워가며 배치한다.
- **타임라인형** 콘텐츠를 시간순으로 배치한다. 콘텐츠 간의 시간 관계를 보여 주기 위해 미리 그려진 선을 따라 사건순으로 배치하는 경우가 많다.
- **워크플로형** 공동 작업을 하는 멤버끼리 상세 업무 내역과 일정을 공유할 때 유용한 리스트이다. 공동 작업의 전체 프로세스를 한눈에 파악할 수 있다.
- **대시보드형** 사용자에게 각종 데이터와 정보를 빠르게 전달할 때 사용하는 UI이다. 각종 통계 및 비교 분석 결과와 일정 및 메시지 등의 정보를 그래픽으로 구현하여 보여 준다.

4 카드 UI

카드 리스트의 각 카드는 사진, 동영상, 텍스트, 이미지와 같이 여러 유형의 콘텐츠를 삽입하여 만들되 콘텐츠끼리 직접 비교할 필요가 없도록 구성한다. 카드 안에는 슬라이더나 주석 등을 포함해 내용이 풍부한 리치 미디어로 구성할 수 있고, 각종 인터랙션을 가미하여 UX가 다양한 콘텐츠로 구성할 수 있다. 카드의 모서리는 둥글게 처리한다.

Chapter 10
그리드 리스트

1
그리드 리스트의 개요

1 그리드 리스트 UI

그리드 리스트grid list는 스프링보드springboard나 사진 앨범과 같은 갤러리 화면에서 사용하는 UI로 여러 셀cell이 격자 모양으로 배치된다. 셀 내부에는 주로 이미지를 삽입하지만 아이콘이나 텍스트를 삽입할 수도 있다. 다른 리스트와 마찬가지로 유사한 데이터 유형을 나열할 때 사용한다. 크게 보면 콘텐츠가 세 줄 이상 포함된 카드 리스트도 그리드 리스트에 속한다고 할 수 있다.

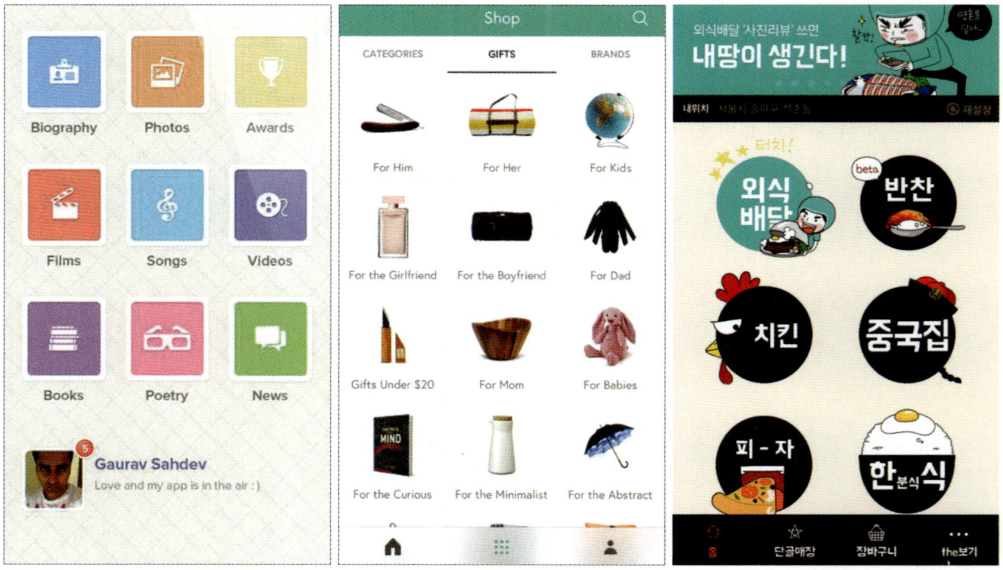

그림 10-1 그리드 리스트의 예

2
iOS의 컬렉션 뷰

1 컬렉션 뷰

iOS에서는 그리드 리스트를 컬렉션 뷰collection view라고 한다. 컬렉션 뷰는 플로 레이아웃으로 사용자에게 정보를 보여 주는 유연한 방법을 제공하기 위해 만들어진 컨트롤이다. 사진과 같이 순서가 지정된 콘텐츠를 관리하기 위한 레이아웃을 제공한다. 그리드 리스트와 마찬가지로 컬렉션 뷰 역시 이미지 기반 콘텐츠를 보여 주는 데 적합하다.

컬렉션 뷰에서는 콘텐츠 항목을 집합으로 구분하여 관리할 수 있고, 사용자와의 상호작용과 애니메이션도 적용할 수 있다. 스크롤하여 위아래로 움직이거나 스와이프하여 좌우로 움직인다. 특정 항목을 탭하거나 길게 누르면 그 항목을 선택 및 수정할 수 있다. 앱에서 요구하는 맞춤 동작이 있다면 동작에 맞는 제스처를 추가하면 된다.

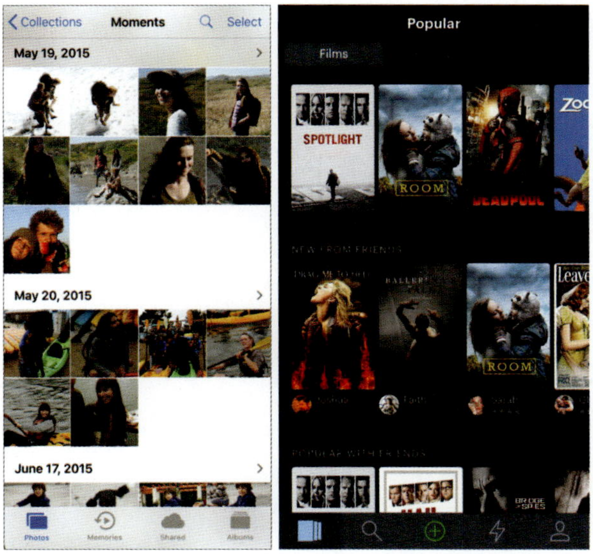

(a) 기본 컬렉션 뷰 (b) 스와이프 가능한 컬렉션 뷰

그림 10-2 컬렉션 뷰

컬렉션 뷰의 항목은 화면에 표시되는 방식이 미리 정의되어 있지 않다. 또 레이아웃과 데이터가 연동되지 않고 독립적이기 때문에 셀을 자유롭게 사용할 수 있다. 특히 셀을 추가, 삭제, 이동할 때 기본적인 애니메이션을 적용해 사용자에게 좀 더 나은 시각적 피드백을 제공할 수 있다. 두 개 이상의 셀을 동시에 추가, 삭제, 이동할 때는 컬렉션 뷰가 가진 그리드가 전체 애니메이션을 통합하여 보여 주므로 편리하다. 이미지의 간격이나 크기에 대한 가이드라인이 없으므로 각 콘텐츠의 주제와 일관성만 유지하면 된다. 그만큼 컬렉션 뷰는 자유롭게 사용할 수 있다.

앱 디자인을 할 때 iOS는 안드로이드처럼 명확한 가이드라인을 제시하고 있지 않으므로 템플릿 파일 등을 참고하여 디자이너가 알아서 만들면 된다. 컬렉션 뷰는 지나치게 급진적이고 새로운 디자인은 지양하고 항목을 쉽게 선택할 수 있도록 디자인한다.

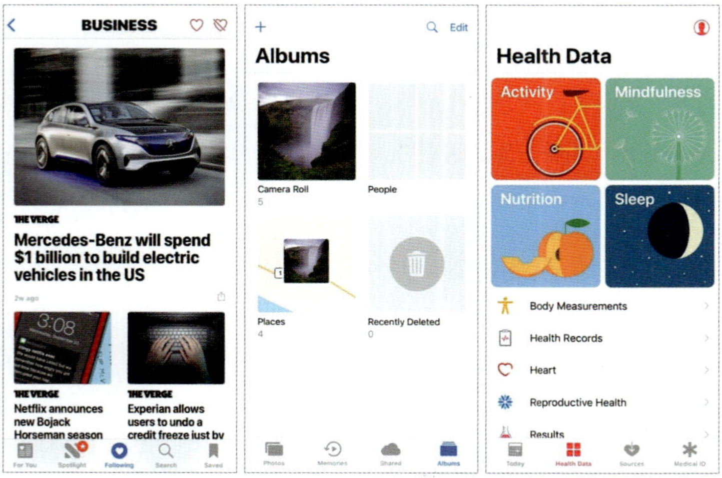

(a) 다양한 형태로 조합 가능

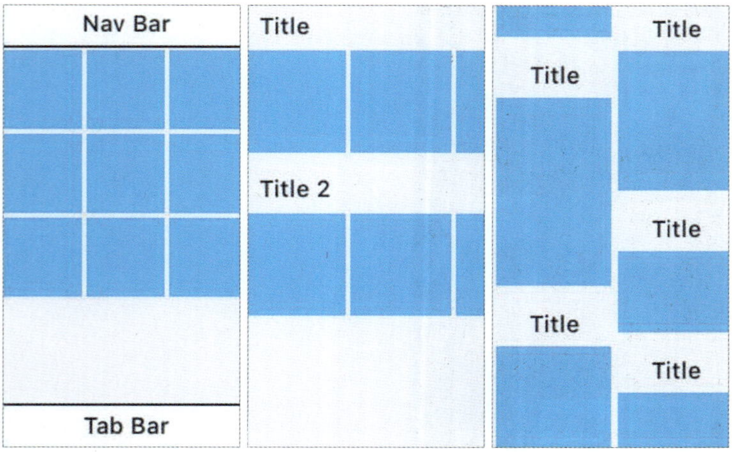

(b) 다양한 레이아웃 예

그림 10-3 컬렉션 뷰의 레이아웃

실습

3

iOS의 컬렉션 뷰 만들기

1 앨범 앱의 컬렉션 뷰 만들기

완성 이미지

준비 파일 iOS_grid_resource.psd,
image1.jpg~image14.jpg, icons.ai

완성 파일 iOS_grid_result.psd

01 [실습]-[10장] 폴더에서 iOS_grid_resource.psd 파일을 불러온다.

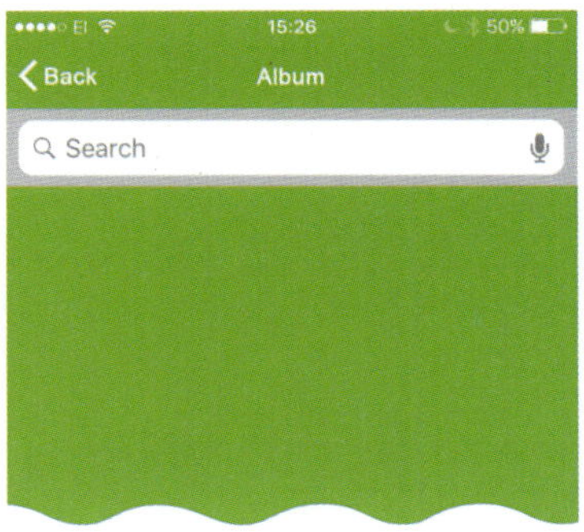

02 화면 상단에서 40픽셀, 128픽셀, 230픽셀 떨어진 지점과 왼쪽 및 오른쪽에서 16픽셀 떨어진 지점에 가이드라인을 배치한다.

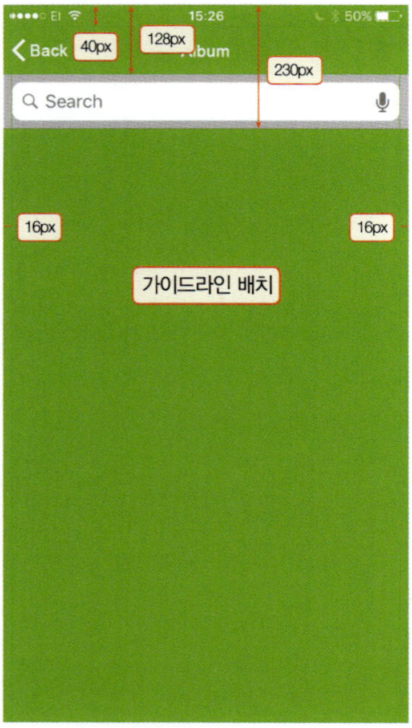

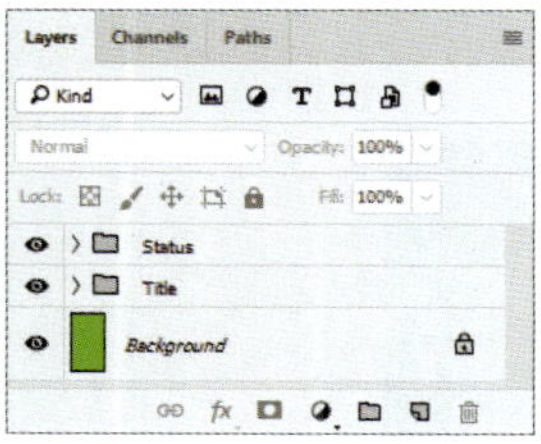

03 새 레이어를 추가한 후 사각형 선택 툴([ ])로 검색 창 아래 영역을 선택하고 흰색으로 채운다.

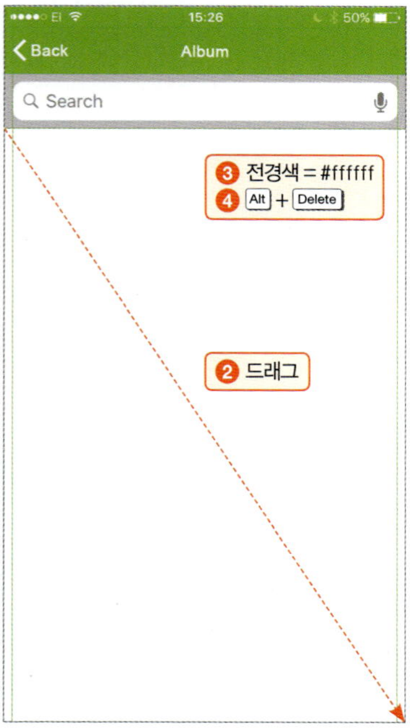

04 검색 창 아래로 86픽셀 떨어진 지점에 가이드라인을 배치하고 사진 제목을 왼쪽 가이드라인에 맞춰 회색(#8e8e93)으로 입력한다. 세부 페이지를 보는 데 사용하는 인디케이션(〉)도 오른쪽 가이드라인 맞춰 입력한다.

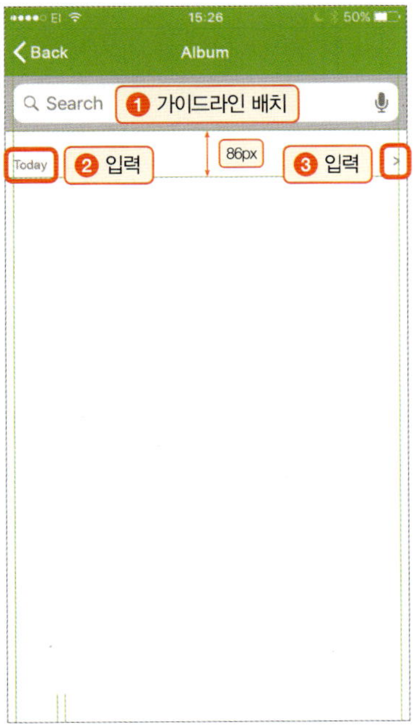

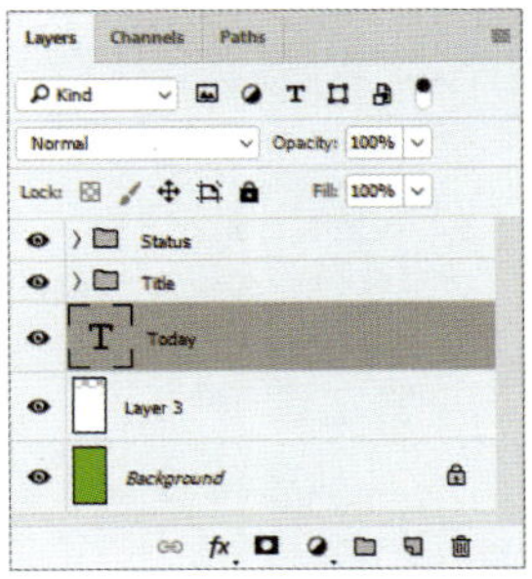

05 새 레이어를 추가하고 image1.jpg~image9.jpg 파일을 불러와 이미지의 너비와 높이를 각각 186픽셀로 조정한 후 다음과 같이 배치한다. 이때 좌우 여백은 주지 않고 사진과 사진 간격은 2픽셀로 설정한다.

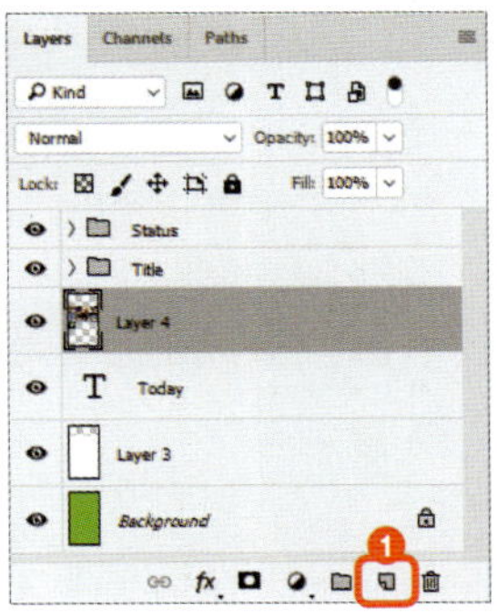

Tip 사진과 사진 간격을 벌리고 싶거나 이미지 크기를 변형하고 싶다면 오른쪽 이미지가 잘리지 않도록 이미지의 너비와 높이를 다시 계산하여 크기를 조절한다.

06 마지막 이미지 아래로 86픽셀 떨어진 지점에 가이드라인을 배치한다. 구분 선은 따로 만들지 않고 날짜와 인디케이션(〉)을 입력한다. 새 레이어를 추가하고 image10.jpg ~ image14.jpg 파일을 불러온다. 불러온 이미지의 너비와 높이를 각각 186픽셀로 조정하고 가이드라인 아래에 배치한 후 지금까지 작업한 레이어를 그룹으로 묶는다.

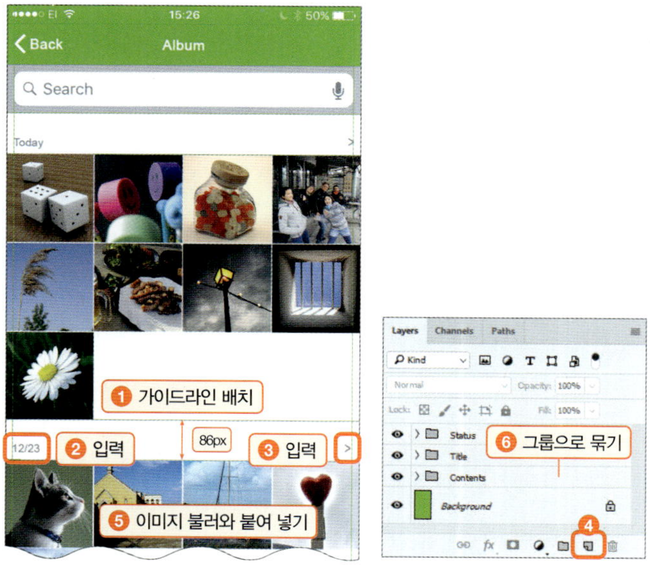

07 사각형 툴(□)로 너비가 750픽셀이고 높이가 88픽셀인 진회색(#acacac) 사각형을 그리고 화면 하단에 배치한다.

08 icons.ai 파일에서 아이콘을 가져와 하단에 균일한 간격으로 배치하여 컬렉션 뷰를 완성한다.

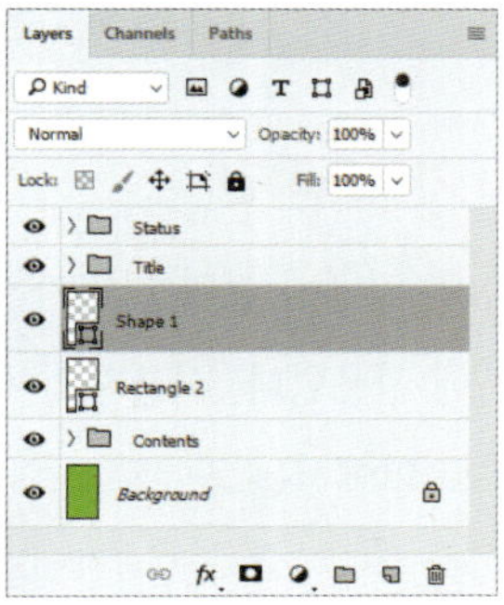

4
안드로이드의 그리드 리스트

1 안드로이드 그리드 리스트의 가이드라인

안드로이드의 그리드 리스트는 iOS의 컬렉션 뷰와 마찬가지로 유사한 데이터 유형을 나열할 때 사용하며, 주로 이미지를 표시하는 데 사용한다. 사용자의 시각적 이해를 돕기 위해 항목과 항목 사이는 일정하게 간격을 둔다. 리스트 안에서는 좌우로 스와이프할 수 없고 위아래로만 스크롤할 수 있다.

그리드 리스트의 셀은 타일이라고 부른다. 타일은 세로 또는 가로로 확장할 수 있지만 가변 길이 캡션이 있는 사진과 같이 일관성이 없는 콘텐츠를 표시할 때는 그리드 리스트보다 카드 리스트를 사용하길 권장한다. 각 타일에는 기본 내용과 보조 내용을 삽입하는데, 기본 내용에는 이미지를 넣고 보조 내용에는 텍스트나 아이콘을 넣는다(타일 전체를 콘텐츠 하나로 채우기 때문에 타일이 아이콘이나 텍스트로 표시되지 않는다). 타일에는 이미지의 세부 페이지를 보기 위한 액션 컨트롤을 추가할 수 있는데, 이때는 컨트롤을 모든 타일에 일관성 있게 추가해야 한다. 그리드 리스트의 초기 화면에 스크롤이 발생하는 오버플로 콘텐츠가 존재한다면 타일을 잘라서 아래에 콘텐츠가 더 있다는 표시를 해 줘야 한다. 각 타일 내부에서는 스와이프 동작을 할 수 없다.

그림 10-4 **오버플로 콘텐츠 표시**

그리드 리스트의 항목은 프로그래밍 방식으로 필터링하거나 날짜순, 파일 크기순, 알파벳순 등으로 정렬해야 한다. 첫 번째 항목은 반드시 왼쪽 상단에 배치하고 나머지 항목은 왼쪽에서 오른쪽 아래로 내려가면서 배치한다.

안드로이드 그리드 리스트의 가이드라인은 다음과 같다.

■ **기본 그리드 리스트**

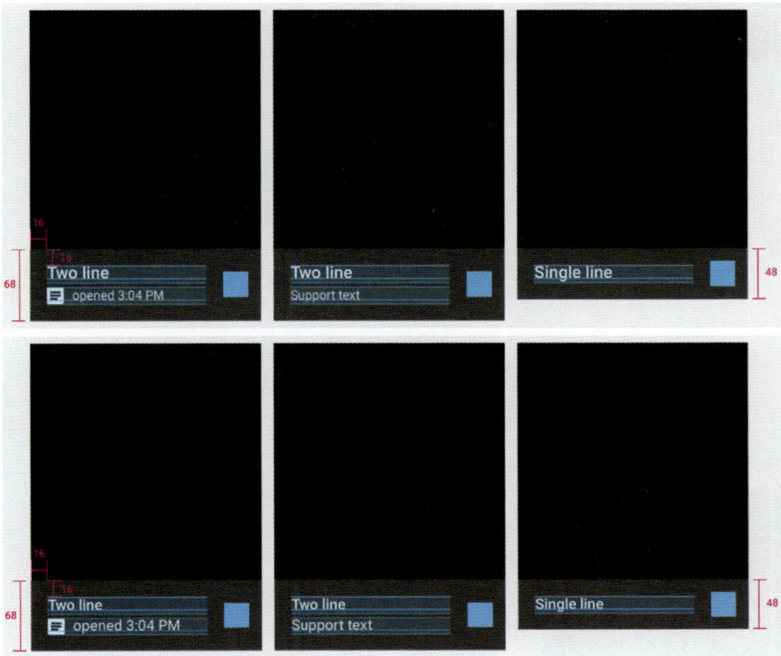

- 각 줄의 기본 글꼴 크기: 16sp/12sp 또는 14sp/14sp
- 한 줄 머리글 또는 바닥글 높이: 48dp
- 두 줄 머리글 또는 바닥글 높이: 68dp
- 텍스트 왼쪽 여백: 16dp
- 텍스트 위쪽 여백: 16dp

■ **기본 그리드 리스트의 머리글과 바닥글 텍스트 잘림 예시**

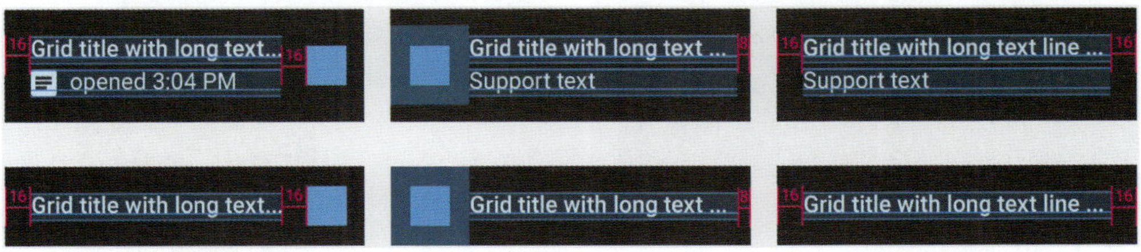

■ 이미지 전용 그리드 리스트

• 그리드 리스트 간격: 4dp or 1dp

▲ 그리드 리스트 간격이 4dp인 경우

▲ 그리드 리스트 간격이 1dp인 경우

■ 텍스트가 한 줄인 그리드 리스트

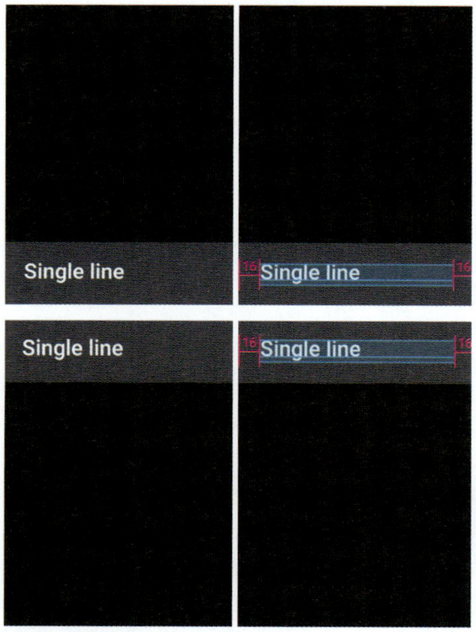

• 높이: 48dp
• 텍스트 좌우 여백: 16dp
• 기본 텍스트 크기: 16sp
• 그리드 리스트 간격: 4dp 또는 1dp

▲ 텍스트가 한 줄인 그리드 리스트 예

■ 아이콘이 있고 텍스트가 한 줄인 그리드 리스트

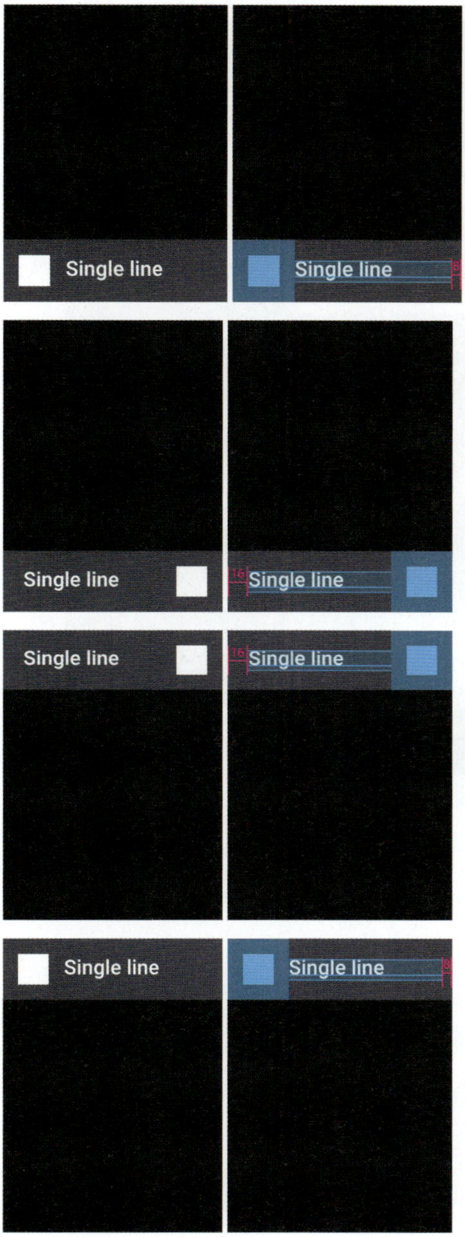

▲ 아이콘이 있고 텍스트가 한 줄인 그리드 리스트 예

- 높이: 48dp
- 텍스트 왼쪽 여백: 16dp
- 텍스트 오른쪽 여백: 8dp
- 아이콘 여백: 12dp
- 기본 텍스트 크기: 16sp
- 그리드 리스트 간격: 4dp 또는 1dp

■ 텍스트가 두 줄인 그리드 리스트

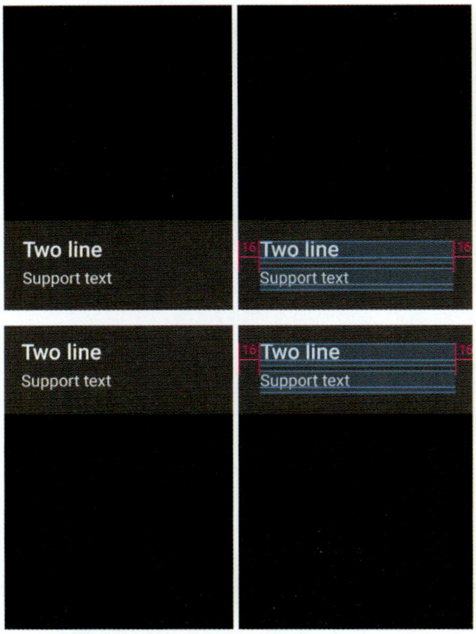

- 높이: 68dp
- 텍스트 여백: 16dp
- 텍스트 크기: 16sp/12sp 또는 14sp/14sp
- 그리드 리스트 간격: 4dp 또는 1dp

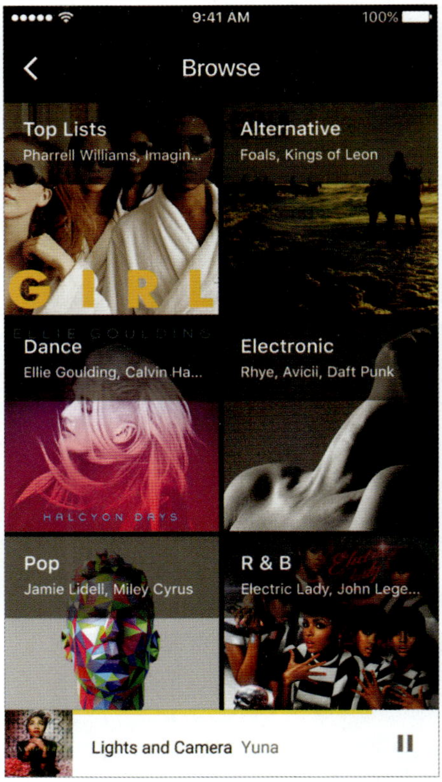

▲ 텍스트가 두 줄인 그리드 리스트 예

- 아이콘이 있고 텍스트가 두 줄인 그리드 리스트

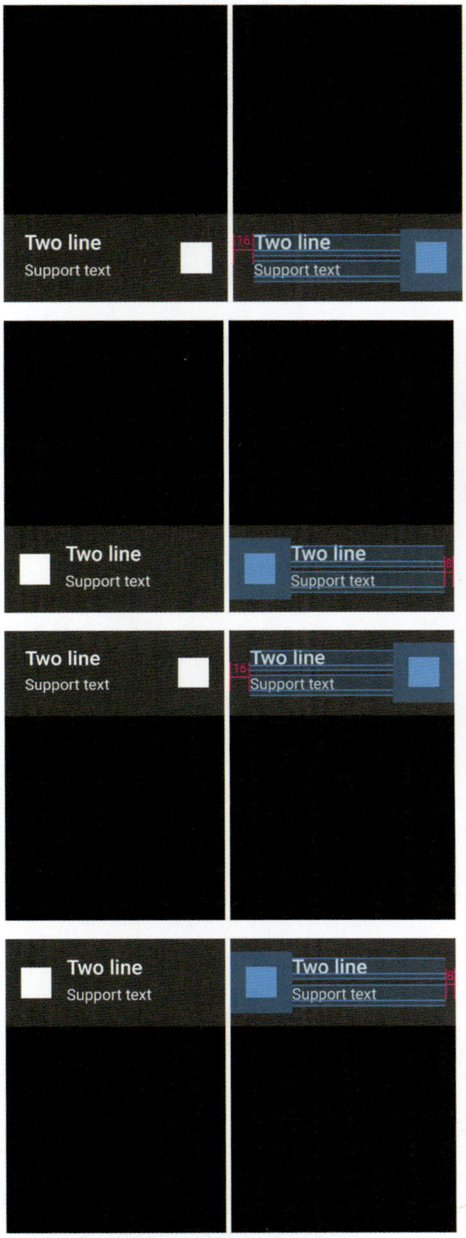

▲ 아이콘이 있고 텍스트가 두 줄인 그리드 리스트 예

- 높이: 68dp
- 텍스트 왼쪽 여백: 16dp
- 텍스트 오른쪽 여백: 8dp
- 아이콘 여백: 12dp
- 텍스트 크기: 16sp/12sp 또는 14sp/14sp
- 그리드 리스트 간격: 4dp 또는 1dp

실습

5

안드로이드의 그리드 리스트 만들기

1 앨범 앱의 그리드 리스트 만들기

완성 이미지

준비 파일 Android_grid_resource.psd, image15.jpg~image18.jpg

완성 파일 Android_grid_result.psd

01 [실습]–[10장] 폴더에서 Android_grid_resource.psd 파일을 불러온다.

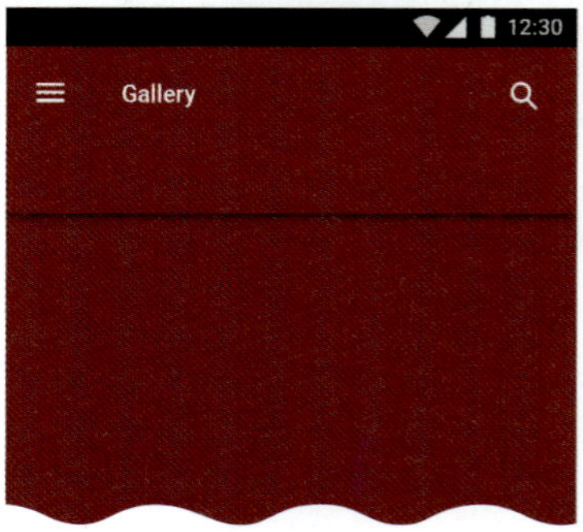

02 화면 상단에서 48픽셀, 160픽셀, 256픽셀 떨어진 지점과 왼쪽 및 오른쪽에서 32픽셀 떨어진 지점에 가이드라인을 배치한다. 화면의 맨 위는 상태 바, 상태 바 아래는 타이틀, 타이틀 아래는 탭 메뉴가 들어갈 영역이다.

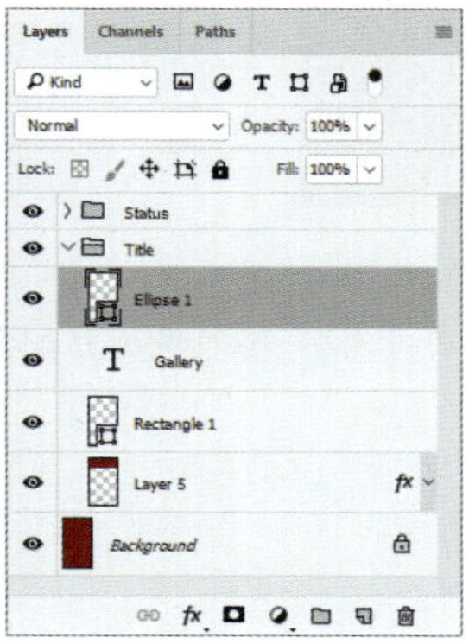

03 Title 그룹을 선택하고 흰색 텍스트로 탭 메뉴를 입력한다. 다음 그림에서는 메뉴를 세 개 입력했다. 참고로 탭 선택 표시 선의 너비는 '작업 화면의 너비/탭 메뉴의 개수'로 최소 160dp(또는 72dp)~최대 264dp이다. 탭 메뉴의 개수를 정할 때는 탭 선택 표시 선의 길이를 고려해야 한다. 또한 탭 메뉴가 한 줄 텍스트일 때는 텍스트 아래 여백을 20dp로 두고, 탭 메뉴가 아이콘일 때는 12dp로 둬야 한다.

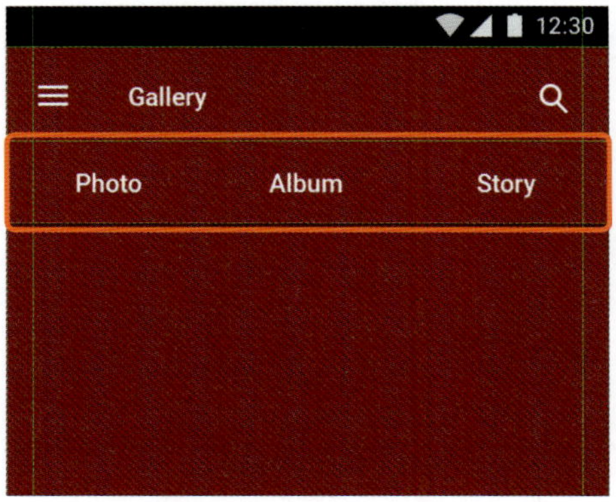

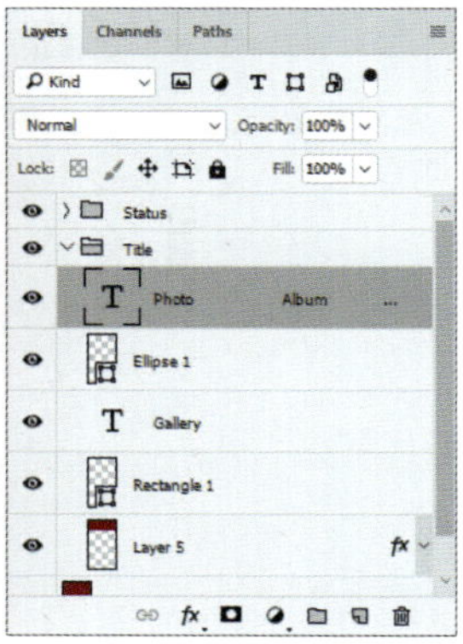

04 앞에서 탭 메뉴를 세 개 입력했으므로 사각형 툴(□)로 너비가 240픽셀이고 높이가 2픽셀인 탭 선택 표시 선을 만들고 노란색으로 채운 후 가이드라인에 맞춰 배치한다.

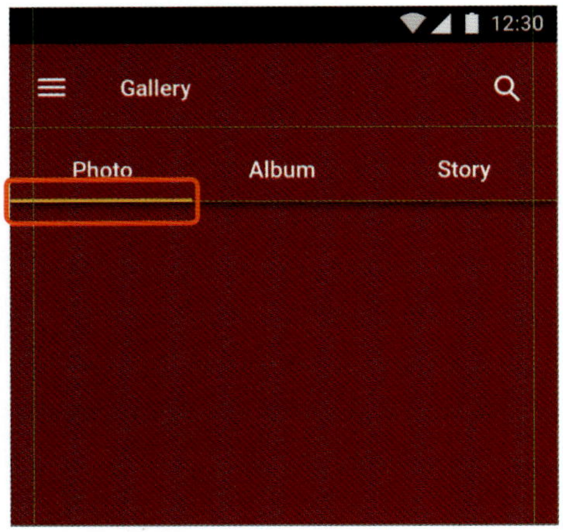

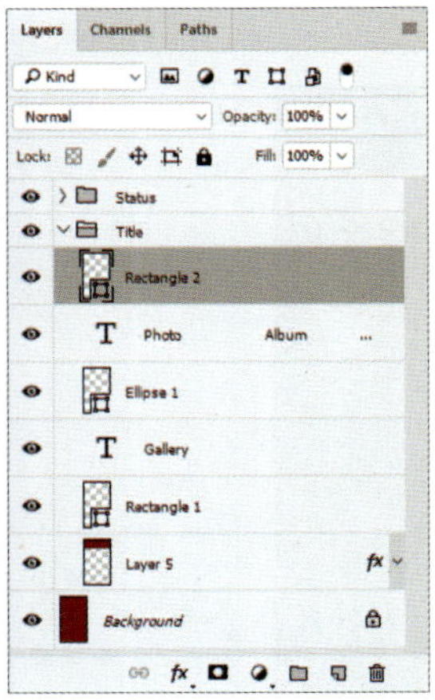

05 새 레이어를 추가하고 사각형 선택 툴(⬚)로 탭 메뉴 아래 부분을 선택한 후 흰색으로 채운다.

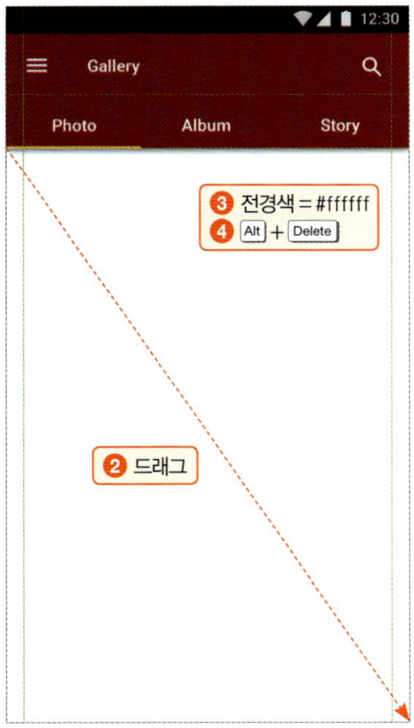

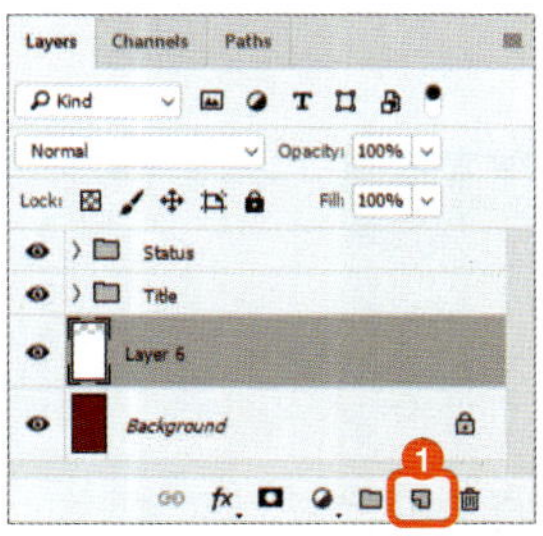

06 탭 메뉴 아래에서 88픽셀 떨어진 지점에 가이드라인을 배치하고 날짜를 입력한다.

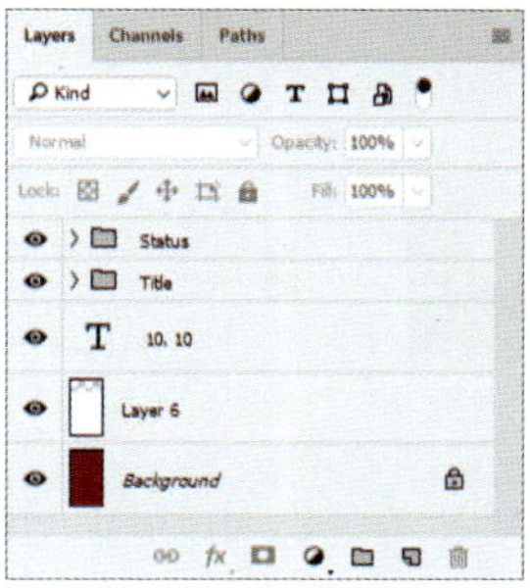

07 새 레이어를 추가하고 image15.jpg~image18.jpg 파일을 불러와 이미지의 너비를 359픽셀, 높이를 478픽셀로 조절한 후 다음과 같이 배치한다. 좌우 여백은 주지 않고 사진과 사진의 간격은 2픽셀로 준다.

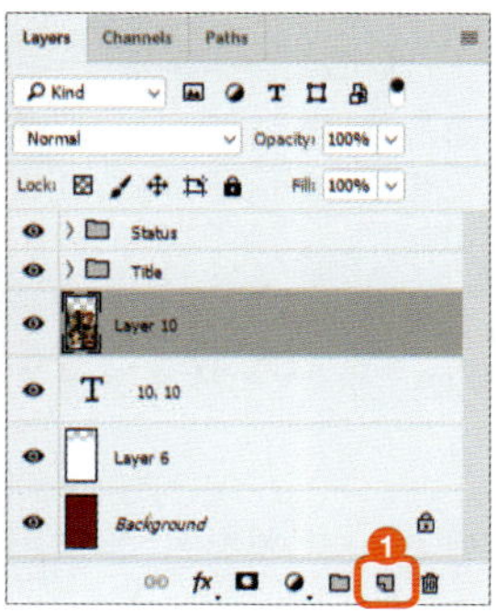

08 사각형 툴(□)로 너비가 359픽셀이고 높이가 96픽셀인 검은색 사각형을 만든다. 레이어의 Opacity를 75%로 조절하고 첫 번째 이미지 아래에 배치한다.

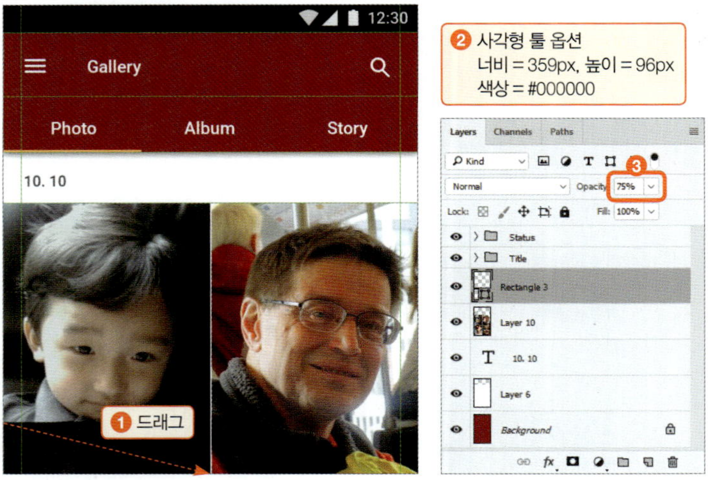

09 패스 선택 툴(▶)로 앞에서 만든 검은색 사각형을 선택하고 Alt를 누른 채로 두 번째 이미지 아래로 드래그하여 복제한다. 같은 방법으로 세 번째, 네 번째 이미지 아래에도 복제하여 배치한다.

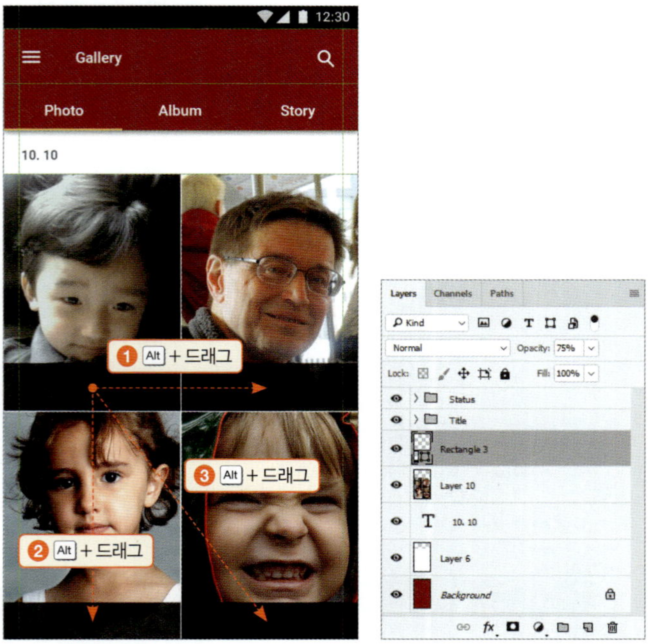

10 검은색 사각형 왼쪽에서 32픽셀 떨어진 지점의 수직 가운데에 흰색으로 이미지 이름을 입력한다.

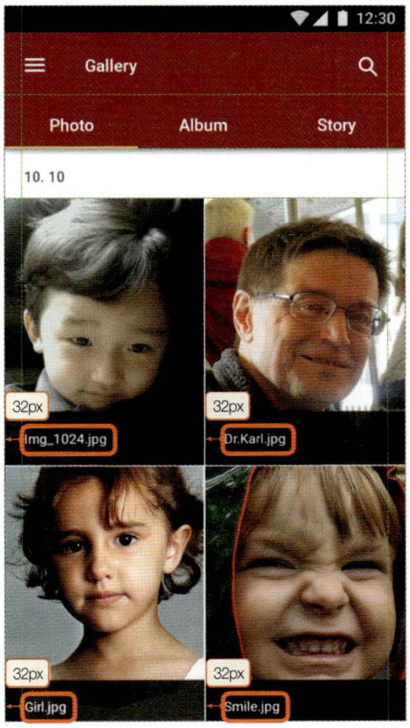

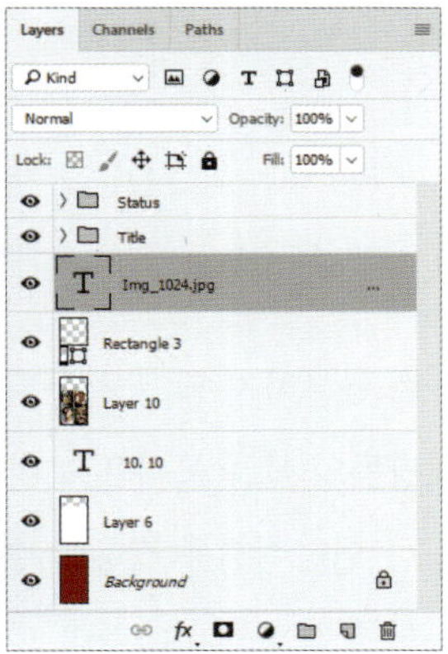

11 커스텀 셰이프 툴( )로 하트 아이콘을 그리고 검은색 사각형의 오른쪽 수직 가운데에 배치한다. 왼쪽 두 이미지의 아이콘 오른쪽 여백은 12dp인 24픽셀이고, 오른쪽 두 이미지의 아이콘 오른쪽 여백은 32픽셀이다. 아이콘의 색상은 체크되지 않았으면 밝은 회색, 체크되었으면 진한 분홍색으로 설정한다. 작업한 레이어를 모두 그룹으로 묶어 그리드 리스트를 완성한다.

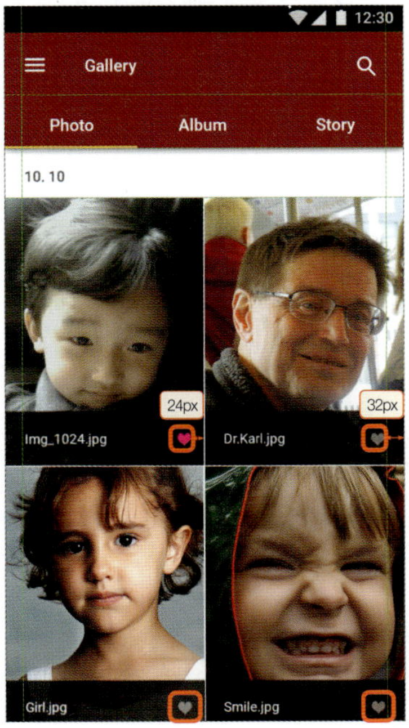

6
그리드 리스트의 인터랙션

그리드 리스트는 카드 리스트와 따로 구분하지 않고 사용된다. 주로 사진 앨범과 같은 규칙적인 이미지를 보여 줄 때 사용하지만 쇼핑몰의 상품 목록을 보여 줄 때도 자주 사용한다. 그리드 리스트에서 이미지를 보여 줄 때는 다양한 인터랙션을 적용할 수 있다. 그리드 리스트의 다양한 인터랙션은 예제 소스의 [ux]−[grid] 폴더를 참고하기 바란다.

1 그리드 리스트의 인터랙션 사례

[그림 10−5]는 좌우로 스와이프하여 보는 그리드 리스트이다. 항목을 탭하면 책장에서 책이 빠져나오는 듯한 느낌으로 상세 페이지가 나타난다. 상세 페이지는 위아래로 스크롤하여 볼 수 있다. 실제로 책을 고르듯 드래그하면 해당 콘텐츠가 내려받아진다. 도서나 음반을 목록으로 보여 줄 때 유용한 인터랙션이다 .

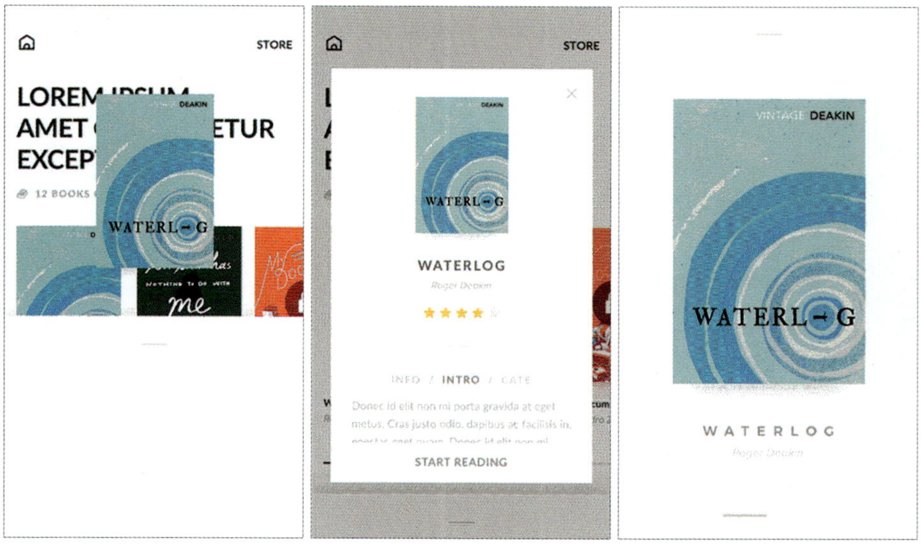

그림 10-5 grid (2).gif

[그림 10-6]은 좌우로 스와이프하여 보는 그리드 리스트이다. 항목을 탭하면 상세 페이지의 배경과 세부 내용이 상하좌우로 이동하면서 나타난다. 상세 페이지는 위아래로 스크롤하여 볼 수 있고 닫기 버튼을 누르면 그리드 리스트의 항목이 상하좌우 방향에서 원래 위치로 배치된다. 흥미로운 인터랙션이지만 여러 항목을 둘러보기에는 산만하다.

그림 10-6 grid (3).gif

[그림 10-7]은 그리드 리스트로 구성된 메뉴 항목을 탭하면 테이블 리스트 형태의 메뉴가 나오고, 테이블 리스트의 메뉴를 탭하면 작은 섬네일이 오른쪽에 추가된다. 특정 옵션 메뉴가 있는 상품을 주문할 때 적합한 인터랙션이다.

그림 10-7 grid (6).gif

[그림 10-8]은 상단 아바타를 스와이프하면 하단 이미지 영역이 변하는 그리드 리스트이다. 아바타가 보유하고 있는 이미지에 따라 그리드도 함께 변한다.

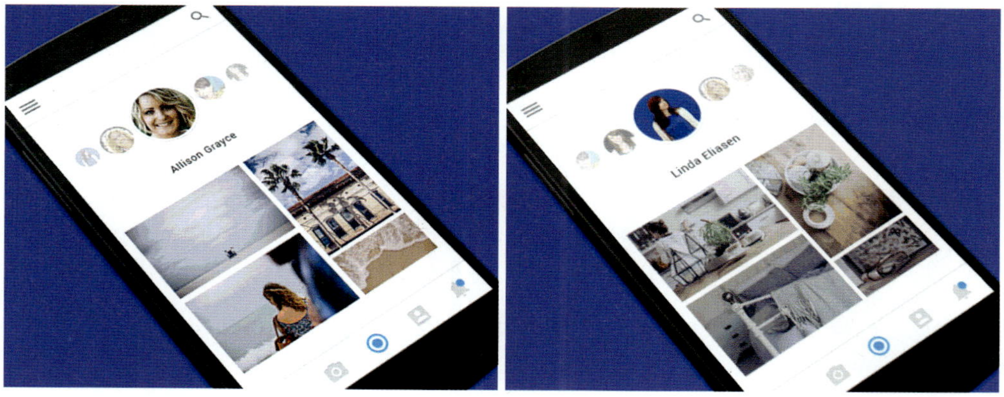

그림 10-8 grid (10).gif

[그림 10-9]의 전체 페이지 영역은 위아래로 스크롤하면서 탐색하고, 작은 이미지와 큰 이미지 영역은 좌우로 스와이프하여 탐색한다. 큰 이미지의 오른쪽에 잘린 이미지를 보면 좌우로 스와이프 가능하다는 것을 알 수 있다.

그림 10-9 grid (11).gif

[그림 10-10]은 종이 책자를 넘기듯이 다음 이미지를 탐색할 수 있는 그리드 리스트이다. 이미지를 드래그하여 하단의 작은 섬네일에 추가할 수도 있는데, 섬네일에 이미지가 추가되면 이미지는 오른쪽으로 한 칸씩 이동한다. 섬네일의 맨 왼쪽 자리를 빈 영역으로 만들어 다음 이미지를 추가할 수 있도록 하기 위해서이다. 특정 앨범을 만들거나 나만의 이미지 폴더를 구성할 때 사용하기 좋은 인터랙션이다.

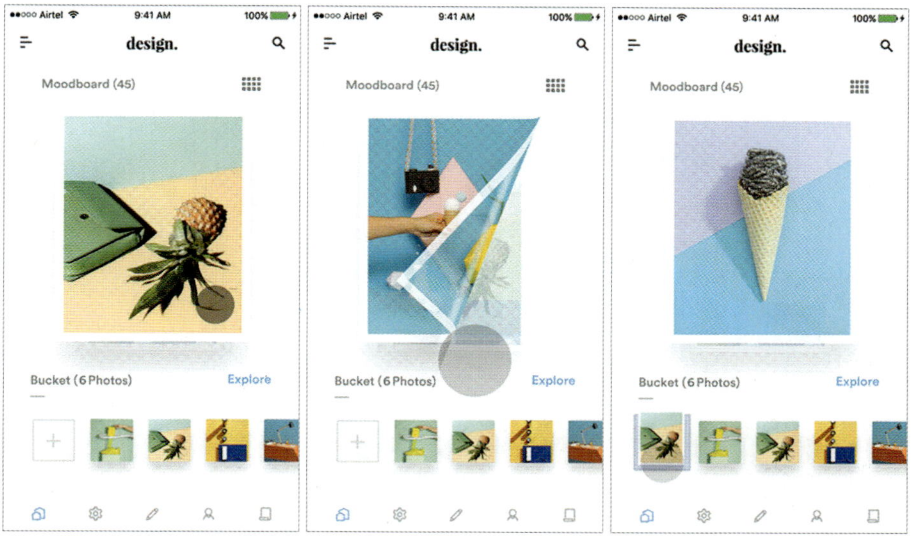

그림 10-10 grid (12).gif

[그림 10-11]은 규칙적인 그리드를 가진 그리드 리스트로 리스트가 스프링보드 메뉴 역할을 한다. 장바구니에 사용하면 좋을 인터랙션이다. 오른쪽 하단의 추가 버튼(+)을 누르면 플로팅된 장바구니의 배지 숫자가 변한다. 장바구니를 클릭하면 카드 페이지로 전환되는 전형적인 쇼핑몰 인터랙션이다. 장바구니의 배지 숫자는 변경되지만 실제 추가 버튼을 누른 항목은 변경되지 않아 아쉽다. 장바구니에 어떤 상품이 담겼는지 알 수 없기 때문이다.

그림 10-11 grid (21).gif

[그림 10-12]는 화면을 아래로 드래그하면 테이블 리스트로 전환되고 다시 화면을 아래로 드래그하면 큰 이미지의 카드 항목이 있는 페이지로 이동하는 그리드 리스트이다. 카드 이미지는 좌우로 스와이프하여 탐색하고, 화면을 위로 드래그하면 처음 화면으로 돌아간다. 깔끔한 디자인에 비해 인터랙션의 일관성이 떨어지고, 세부 페이지를 보려면 화면을 여러 번 탐색해야 해서 번거롭다.

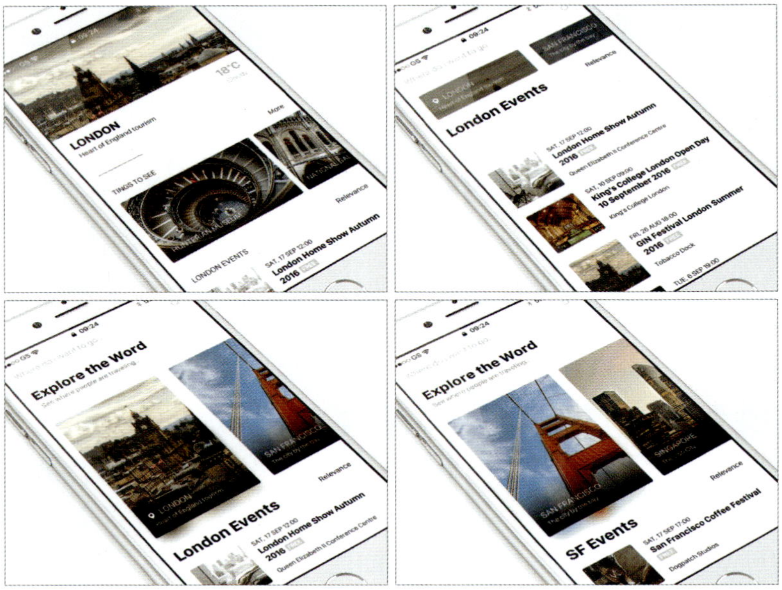

그림 10-12 grid (22).gif

[그림 10-13]은 앨범에서 카드 이미지를 선택하면 카드에 포함되어 있는 사진 페이지로 이동하는 그리드 리스트이다. 앨범에 추가될 수 있는 추천 사진이 팝업으로 뜨고 수락 버튼이나 거절 버튼을 누르면 완료 화면이 나타난다.

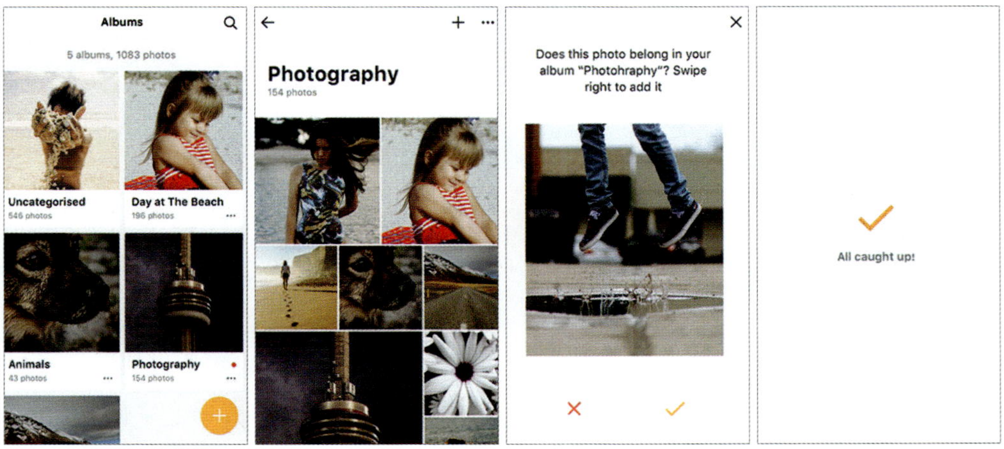

그림 10-13 grid (24).gif

[그림 10-14]는 이미지를 탭하면 이미지와 이미지 사이가 위아래로 늘어나면서 콘텐츠 영역이 나타나는 그리드 리스트이다. 다시 콘텐츠 영역을 탭하면 상세 페이지를 볼 수 있다.

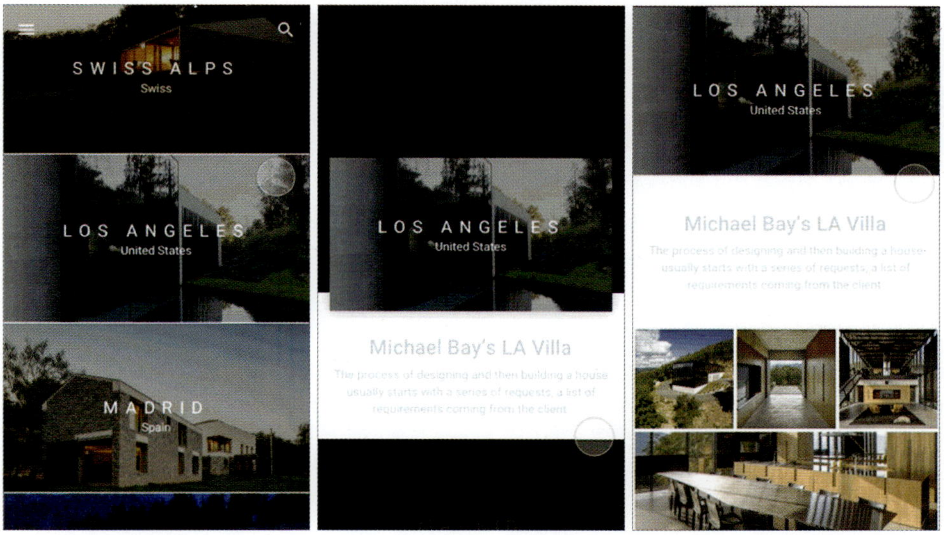

그림 10-14 grid (25).gif

요약

1 그리드 리스트 UI

그리드 리스트는 스프링보드나 사진 앨범과 같은 갤러리 화면에서 사용하는 UI로 여러 셀이 격자 모양으로 배치된다. 셀 내부에는 주로 이미지를 삽입하지만 아이콘이나 텍스트를 삽입할 수도 있다. 다른 리스트와 마찬가지로 유사한 데이터 유형을 나열할 때 사용한다.

2 iOS의 컬렉션 뷰

iOS에서는 그리드 리스트를 컬렉션 뷰라고 한다. 컬렉션 뷰는 플로 레이아웃으로 사용자에게 정보를 보여 주는 유연한 방법을 제공하기 위해 만들어진 컨트롤이다. 사진과 같이 순서가 지정된 콘텐츠를 관리하기 위한 레이아웃을 제공한다. 컬렉션 뷰 안에서는 스크롤하여 위아래로 움직이거나 스와이프하여 좌우로 움직일 수 있다.

3 안드로이드의 그리드 리스트

안드로이드의 그리드 리스트는 iOS의 컬렉션 뷰와 마찬가지로 유사한 데이터 유형을 나열할 때 사용하며, 주로 이미지를 표시하는 데 사용한다. 사용자의 시각적 이해를 돕기 위해 항목과 항목 사이에는 일정하게 간격을 둔다. 리스트 안에서는 좌우로는 스와이프할 수 없고 위아래로만 스크롤할 수 있다.

Chapter 11
컨트롤

1

컨트롤의 개요

1 컨트롤의 개념과 종류

iOS와 안드로이드의 가이드라인을 보면 컨트롤이라는 용어가 자주 등장한다. 컨트롤controls은 사용자 인터페이스를 통해 명령을 실행시켜 기기와 사용자 간의 상호작용을 하는 단위로 UI 구성 요소라고도 부른다. 컨트롤의 종류에는 버튼과 스위치 같이 명령을 실행하는 컨트롤, 텍스트 필드와 검색 필드 같이 정보를 입력하는 컨트롤, 옵션이나 시간 등을 선택하는 컨트롤, 음악이나 영상을 재생하거나 정지하는 컨트롤, 진행 상황을 표시하는 컨트롤 등이 있다.

iOS에서는 컨트롤을 항목별로 분류하여 가이드라인을 제공하고, 안드로이드에서는 컨트롤을 컴포넌트와 패턴으로 분류하여 가이드라인을 제공한다. 다양한 컨트롤이 존재하는 만큼 디자이너는 용도에 따른 올바른 사용 방법을 익혀 이용자가 앱을 더욱 편리하게 쓸 수 있도록 해야 한다.

표 11-1 컨트롤의 종류

구분	종류
버튼	• 푸시 버튼push button • 그레이디언트 버튼gradient button • 헬프 버튼the help button • 베벨 버튼bevel button • 라운드 버튼round button
링크	• 플레인 텍스트 링크plain text links • 커맨드 링크command links • 아이콘 링크가 포함된 텍스트text with icon links
텍스트 컨트롤	• 스태틱 텍스트 필드static text field • 텍스트 인풋 필드text input field • 토큰 필드token field • 서치 필드search field • 스크롤링 리스트scrolling list

셀렉션 컨트롤	• 라디오 버튼radio buttons • 체크 박스checkbox • 세그멘티드 컨트롤segmented control • 팝업 메뉴pop-up menu • 액션 메뉴action menu • 셰어 메뉴share menu • 콤비네이션 박스(콤보 박스)combination box(combo box) • 데이트 피커date picker • 드롭다운 메뉴drop-down menu • 슬라이더slider • 스테퍼 컨트롤stepper control • 플래카드placard
인디케이터	• 프라그러스 인디케이터progress indicators • 디터미네이트 프라그러스 바determinate progress bars • 인디터미네이트 프라그러스 바indeterminate progress bars • 어신크로너스 프라그러스 인디케이터asynchronous progress indicators
메시지	• 오류errors • 워닝warnings • 컨퍼메이션confirmations • 노티피케이션notifications • 툴 팁tool tips
윈도우	• 패널panels • 다이얼로그dialogs • 얼럿alerts

2
컨트롤의 종류

1 버튼

버튼buttons은 사용자가 터치할 때 발생하는 동작을 알려 주는 컨트롤이다. 탭 메뉴를 포함한 다양한 내비게이션 요소에 사용된다. iOS와 안드로이드의 버튼에는 텍스트나 이미지 또는 둘 다 표시할 수 있다.

스마트폰에서 사용자와 기기 간의 모든 상호작용은 손가락 터치로 이루어진다. 사용자는 손가락을 이용해 특정 영역을 터치하고 그에 대한 반응을 기대하는데, 터치 영역에 변화가 없으면 진행이 잘 되고 있는지 아닌지, 터치한 개체에 명령이 제대로 전달되었는지 아닌지 몰라 머뭇거리거나 당황한다. 따라서 인터랙션이 일어나는 곳에는 사용자의 입력에 반응하는 피드백feedback을 반드시 제공해 주어야 한다.

버튼의 피드백은 텍스트 버튼이나 이미지 버튼 모두 동일하게 제공된다. [그림 11-1]은 버튼의 피드백을 나타낸다. NORMAL은 일반적인 버튼 상태를 나타낸다. FOCUSED는 버튼에 터치한 상태를 나타내야 하므로 눈에 잘 띄도록 만든다. PRESSED는 버튼을 누른 상태를 나타내므로 밝은 배경은 약간 어둡게 만들고 어두운 배경은 밝게 만든다. DISABLED는 버튼이 비활성화 상태임을 나타내므로 NORMAL 상태에서 색의 채도를 30% 낮춰서 만든다.

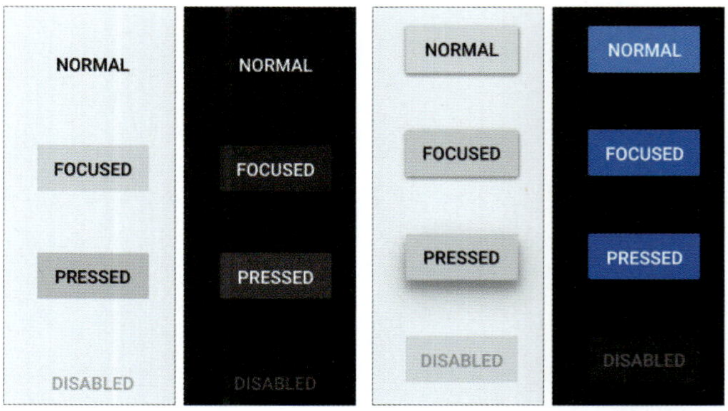

(a) 밝고 어두운 배경에서 텍스트 버튼 (b) 밝고 어두운 배경에서 이미지 버튼

그림 11-1 버튼의 피드백

[그림 11-2]는 iOS의 버튼을 나타낸다. iOS의 버튼은 앱의 메인 색상을 사용하여 텍스트 버튼 또는 이미지 버튼으로 디자인한다. 버튼의 모서리는 Radius 값을 8pt로 적용하고 버튼 크기가 작더라도 터치 영역은 48dp 또는 88pt로 넉넉하게 설정한다. 참고로 안드로이드 이미지 버튼의 모서리는 Radius 값을 2dp로 적용한다.

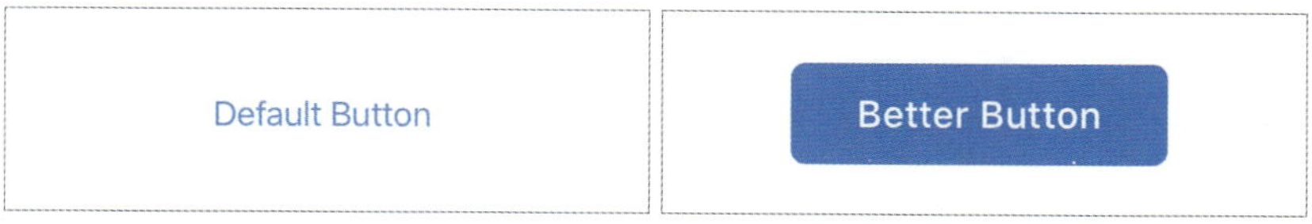

그림 11-2 iOS의 버튼

최근 텍스트로만 이루어진 버튼을 자주 보는데 이런 경우는 이 텍스트가 버튼인지 텍스트에 색상을 적용해 강조한 것인지 모호한 경우가 많다. 이를 보완하고자 고스트 버튼이 개발되었다. 고스트 버튼은 사용자의 행위를 유도하는 버튼으로, 매우 얇은 선을 테두리에 두르고 내부는 평범한 텍스트와 투명한 배경으로 구성한다. 기존 버튼보다는 약간 크고 화면 가운데처럼 눈에 잘 띄는 곳에 배치한다. 고스트 버튼은 플랫한 화면과 어울리고 높은 대비 효과를 주므로 사용자가 터치하기도 편하다는 장점이 있다. 하지만 기존의 버튼 디자인 콘셉트에서 완전히 벗어나기 때문에 적절히 배치하여 사용해야 하는 과제가 있다.

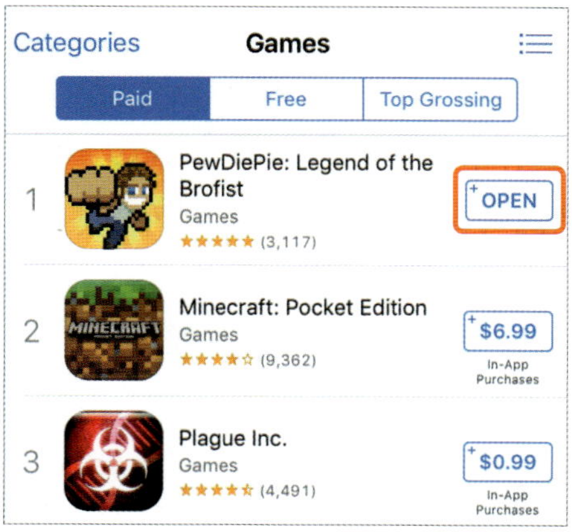

그림 11-3 고스트 버튼

버튼을 디자인하고 배치할 때는 사용자가 어떻게 특정 요소를 보고 버튼이라고 인식하는지 고려해야 한다. 사용자는 모양, 크기, 간격, 레이블, 색상 요소 등을 보고 버튼이라고 인지하는데, 플랫 디자인에서 버튼은 색상이 시각적 기표로서 단서를 제공하는 중요한 역할을 한다. 따라서 디자이너는 버튼이 버튼처럼 보이게 만들어야 하며 사용자와의 상호작용을 고려하여 크기와 간격을 유지해야 한다. 또한 버튼을 터치했을 때 어떤 변화가 일어날지 예측할 수 있도록 레이블을 표기하고, 버튼의 피드백 색상도 직관적으로 인지할 수 있도록 정해야 한다.

2 스위치

스위치switch는 토글toggle 형태의 컨트롤로 두 개의 상호 배타적인 기능을 켜고 끌 때 사용한다. 보통 테이블의 행에서 단일 설정 옵션의 상태를 전환하기 위해 사용한다. 스위치가 제어하는 옵션과 상태는 해당 인라인 레이블에서 명확하게 표시하고 앱의 스타일과 일치하는 색상을 적용한다. 토글의 위치도 시각적으로 명확하게 보이도록 한다.

과거에는 스위치의 내부 또는 외부에 On/Off 레이블을 표시했다. 하지만 지금은 On/Off 레이블이 사용자에게 더 큰 혼란을 준다는 이유로 iOS와 안드로이드에서 모두 사용을 권장하지 않는다. [그림 11-4]는 iOS와 안드로이드의 스위치 모습이다. 스위치 크기는 안드로이드에서는 임의로 조절할 수 있고 iOS에서는 조절할 수 없다. iOS에서는 정해진 가이드라인의 규격에 맞춰 디자인해야 한다.

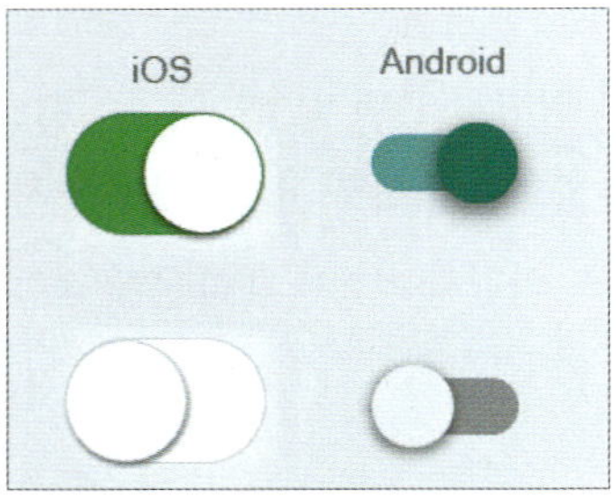

그림 11-4 iOS와 안드로이드의 스위치

사용자는 스위치를 켰을 때 형광등 불이 바로 켜지는 것처럼 시스템이 설정을 즉시 반영할 거라고 기대한다. 스위치를 켰을 때 반응이 늦거나 다른 추가적인 액션을 요구하면 뭔가 잘못되었다고 생각한다. 따라서 스위치에 확인 버튼을 별도로 배치하지 말아야 한다. 설정을 변경한 다음 설정에 따르는 추가 확인이 필요한 경우에는 체크 박스를 사용하는 것이 좋다.

3 체크 박스와 라디오 버튼

체크 박스check box는 스위치처럼 설정을 즉시 반영하지 않고 사용자가 최종적으로 확인 버튼을 터치한 후에야 반영한다. 확인 버튼을 터치해야 최종적으로 설정이 변경되기 때문에 사용자는 다시 한 번 자신이 제대로 선택했는지 점검하여 오류를 줄일 수 있다.

체크 박스와 라디오 버튼radio button은 다중 선택 여부에 따라 사용법이 달라진다. 체크 박스는 항목을 여러 개 선택할 수 있지만 라디오 버튼은 단 한 개만 선택할 수 있다. 라디오 버튼에서는 선택된 항목을 제외한 나머지 항목이 비활성화되는데, 이렇게 하면 사용자가 옵션을 잘못 선택하는 오류를 줄일 수 있다.

그림 11-5 **체크 박스와 라디오 버튼**

라디오 버튼은 세로 리스트를 사용하며 선택 항목 중 꼭 한 가지는 기본값으로 선택되어 있어야 한다. 항목에 순서 규칙을 부여할 수 있다면 규칙을 부여하는 것이 좋고, 항목이 많을 경우 라디오 버튼보다 드롭다운 메뉴를 사용하는 것이 좋다. 예를 들어 생년월일은 각각 하나의 항목에 체크하면 되는데 월수 열두 개와 일수 서른한 개 항목을 모두 라디오 버튼으로 만들면 시각적으로도 보기 좋지 않고 공간도 너무 많이 차지한다. 그럴 때는 드롭다운 메뉴를 사용하는 것이 좋다.

체크 박스와 라디오 버튼은 모두 세로 방향으로 나열하고 가로 방향으로는 나열하지 않는다. 레이블에는 항상 긍정적인 단어를 사용하고 동적인 문구를 사용하여 체크 박스 또는 라디오 버튼을 선택했을 때 무슨 일이 일어나는지 명확하게 명시한다. 체크 박스와 라디오 버튼은 크기가 몹시 작기 때문에 컨트롤 자체 영역 이외에 뒤에 따라오는 문구 또는 문구가 있는 행을 탭해도 옵션이 체크되도록 한다.

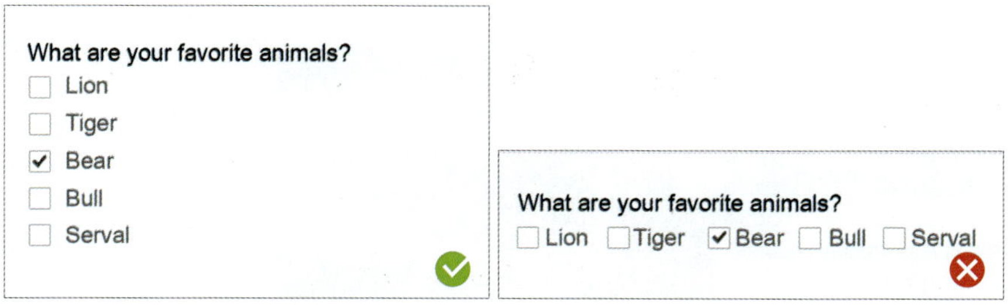

그림 11-6 **체크 박스의 항목 나열**

체크 박스는 간혹 항목을 하나만 선택할 때도 사용하기 때문에 스위치 사용법과 헷갈린다. 체크 박스는 단순한 상태를 나타내는 것이고 스위치는 액션을 나타낸다. 즉 일상생활에서 사용하는 스위치처럼 무엇인가를 끄고 켤 때는 스위치를 사용하고, 선택한 후에 확인이 필요할 때는 체크 박스를 사용하는 것이 좋다.

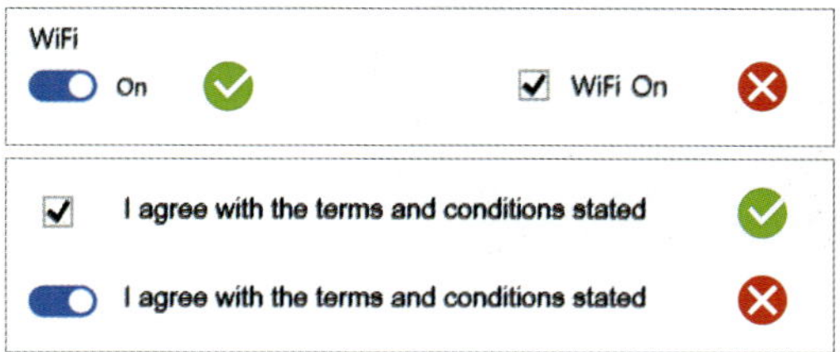

그림 11-7 **스위치와 체크 박스의 바른 사용**

4 진행 바

스마트폰을 사용할 때는 사용자에게 현재 상태를 정확히 알 수 있도록 진행 상황을 피드백해 주는 일이 매우 중요하다. 사용자는 현재의 맥락을 이해하고 다음 행동을 하기까지 오래 기다려 주지 않는다. 따라서 사용자의 액션에 대한 피드백은 다양한 방법으로 제공되어야 하며, 그중에서도 진행 상태에 대한 피드백은 반드시 제공되어야 한다. 진행 상태는 정적인 요소가 아니라 동적인 요소이므로 시작과 완료를 보여 주는 것이 좋고, 시간이 많이 걸릴 경우 인터랙션을 추가하여 사용자의 긴장을 늦춰 주어야 한다.

사용자의 대기 시간은 화면을 터치하는 순간부터 시작된다. 이때 별다른 피드백을 제공하지 않으면 사용자는 앱이 자신의 요청을 받지 못했다고 생각하고 터치를 반복한다. 따라서 사용자가 버튼을 터치하거나 새로 고침을 했다면 사용자의 명령을 받아 다음 프로세스가 시작되었음을 알리는 즉각적인 피드백을 제공해야 한다. 즉각적인 피드백은 진행 상태가 1초 미만인 경우에 사용하는 것이 좋다. 이 경우 피드백이 빠르게 진행되기 때문에 공간이나 위치를 너무 도드라지게 차지하는 것은 좋지 않다. 보통 진행 바progress bar를 사용하여 왼쪽에서 오른쪽으로 채워지는 형태로 디자인하는 것이 좋다.

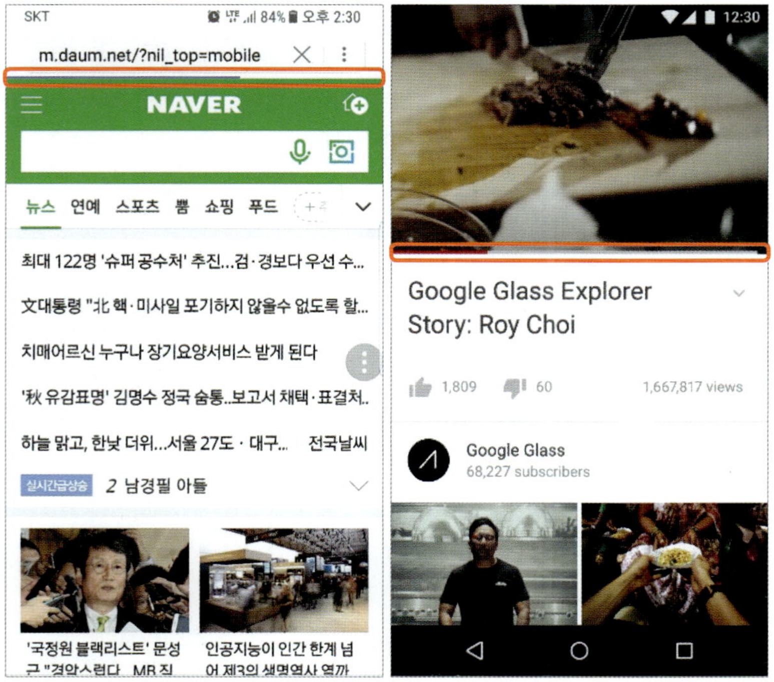

그림 11-8 즉각적인 피드백의 진행 바

사용자의 액션에 응답하는 속도가 1초 이상일 경우는 애니메이션 기능을 사용하는 것이 좋다. 응답에 반응하는 속도가 지나치게 길지도 그렇다고 지나치게 짧지도 않다면 단순한 로딩 애니메이션을 사용하는 것이 좋다. 짧은 시간이라 해도 로딩 애니메이션을 중단시켜서는 안 되고, 사용자의 요구가 충족되면 자동으로 사라지게끔 해야 한다. 로딩 애니메이션이 정지 상태로 있으면 사용자는 해당 액션의 프로세스 자체가 정지된 것으로 착각한다.

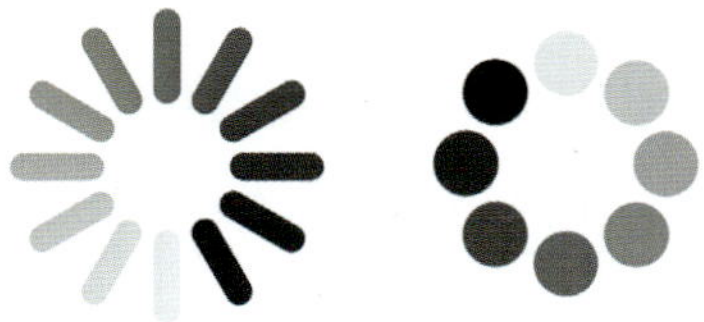

그림 11-9 단순한 형태의 로딩 애니메이션

사용자의 요구에 반응하는 시간이 길어지면 애니메이션 기능을 사용하더라도 좀 더 명확하게 수치로 표현해 주는 것이 좋다. 긴 로딩 시간이 계속되면 사용자는 그마저도 정지 상태 또는 오류로 착각한다. 시간이나 단계 또는 현재의 진행 상황, 이미 수행된 정도, 남은 상태 등을 보여 주면 사용자는 안심하고 기다린다. 수치를 표시할 때 단계가 있다면 백분율을 사용하는 것보다 남은 단계 수를 보여 주는 것이 좋다. 또 대기 시간이 지루하지 않도록 다양한 아이디어로 애니메이션을 만드는 것이 좋다.

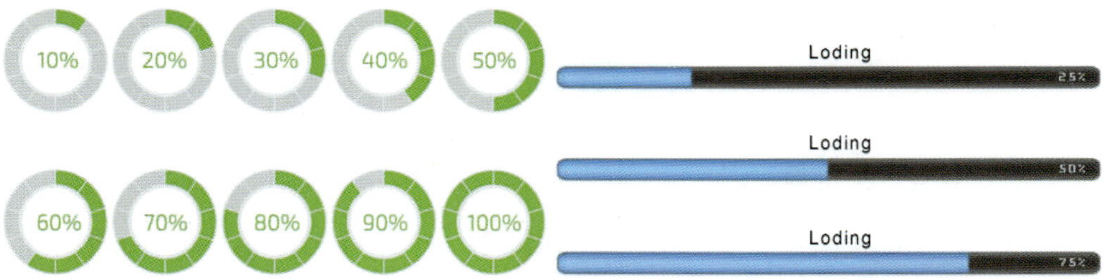

그림 11-10 수치로 표현된 진행 바

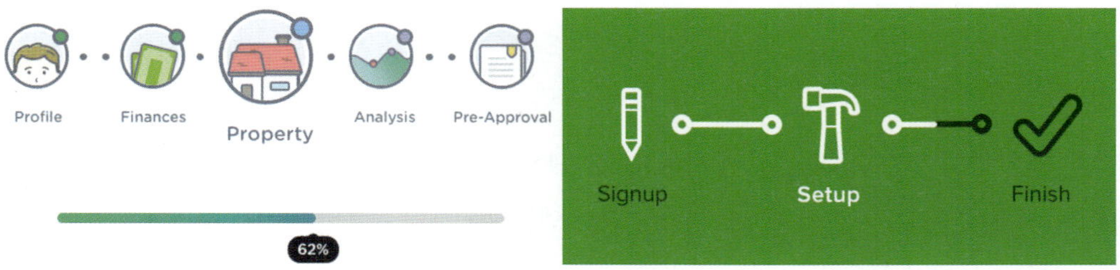

그림 11-11 단계별로 재미를 주는 애니메이션 진행 바

5 입력 필드

사용자가 앱을 사용하다 보면 어떤 목표를 달성하기 위해 다양한 정보를 입력해야 하는 경우가 있다. 입력 필드input field는 정보를 입력하기 위한 공간으로 입력 필드에 어떤 내용을 입력해야 하는지 알려 주는 레이블, 입력한 내용을 제출할 때 사용하는 버튼, 입력 동작의 결과를 알려 주는 피드백 등으로 구성된다. 입력란에는 사용자가 직접 단어나 숫자를 입력하는 텍스트 필드를 넣을 수도 있지만 주어진 항목 중에서 하나를 선택할 수 있는 드롭다운 메뉴나 체크 박스 및 라디오 버튼 같은 여러 유형의 컨트롤을 넣을 수도 있다. 입력 필드의 전체 정렬 및 모양을 구조라고 하는데, 이 구조에는 입력 필드의 내용을 입력하는 동작을 설명하고 도와주는 보조적인 도움말도 포함하는 것이 좋다.

대부분의 사용자는 앱에서 많은 양의 정보를 입력하라고 하면 부담을 느껴 지레 포기한다. 따라서 입력 필드는 필수 영역과 선택 영역으로 나누고, 입력 정보의 양을 최소로 줄이는 게 좋다. 입력 항목이 많을 때는 각 항목을 유형별로 나누어 그룹으로 묶고, 현재 레이블과 다음 레이블의 간격을 조절하여 입력 필드 사이를 구분시켜 준다.

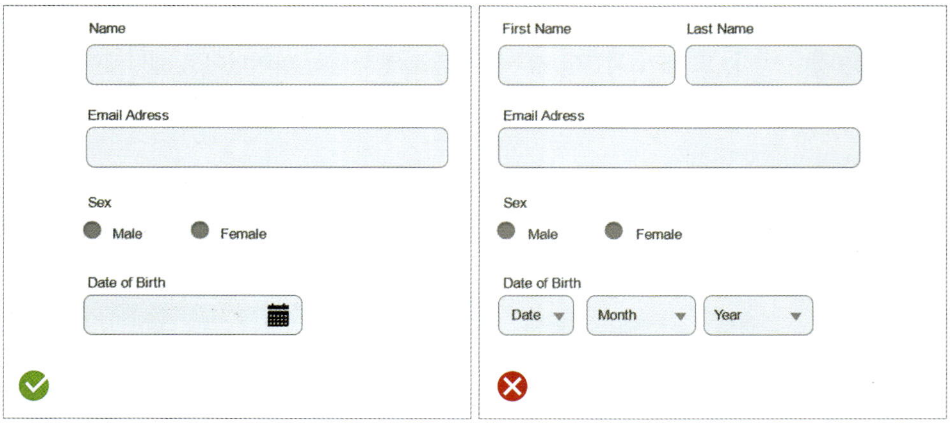

그림 11-12 **입력 항목 줄이기**

6 검색 창

앱이 많은 양의 정보를 제공한다면 사용자가 검색을 통해 필요한 정보를 찾을 수 있도록 도와줘야 한다. 사용자가 검색어를 입력하고 검색 결과를 얻는 과정에서 유용한 경험을 하려면 무엇보다 쉽게 검색할 수 있어야 한다. 그러려면 검색을 의미하는 돋보기 아이콘이나 레이블을 사용하기보다 검색 창을 잘 보이는 곳에 배치하는 것이 좋다.

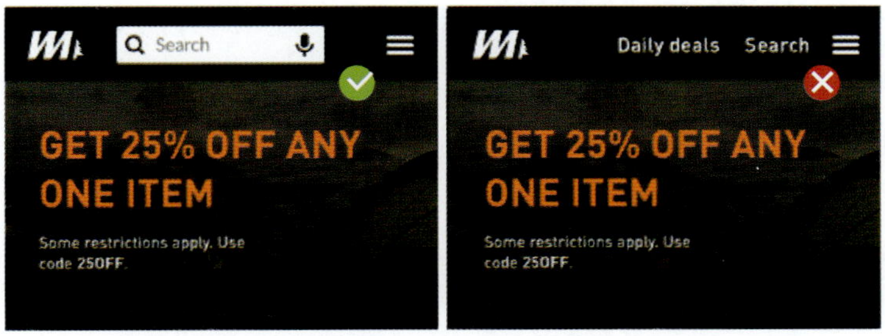

그림 11-13 검색을 의미하는 텍스트 레이블보다 검색 창을 사용

검색 창에는 '검색' 또는 'Search'와 같은 플레이스 홀더를 쓰기보다 사용자가 찾아야 할 정보에 대한 힌트를 주는 것이 좋다. 앱에서 제공하는 내용과 관련된 서술 문구나 해당 페이지에서 검색 가능한 키워드를 제시하면 사용자가 고민하는 시간을 줄일 수 있고 사용자는 원하는 정보를 쉽게 검색할 수 있다.

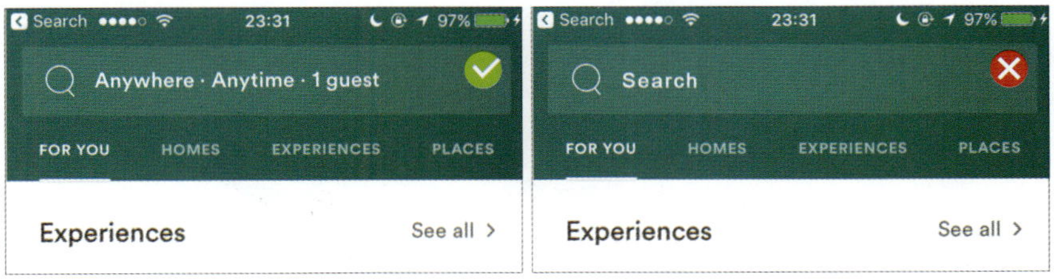

그림 11-14 검색 창에 검색 가능한 내용 제시

사용자가 특정 작업을 할 때 검색하는 빈도수가 높으면 이를 모아 두었다가 검색 색인으로 제공하는 것도 좋다. 자동 검색어를 제시하는 것인데, 사용자는 자동 검색어를 보면서 어떤 검색어가 적절할지 판단하여 검색의 정확도를 높일 수 있다.

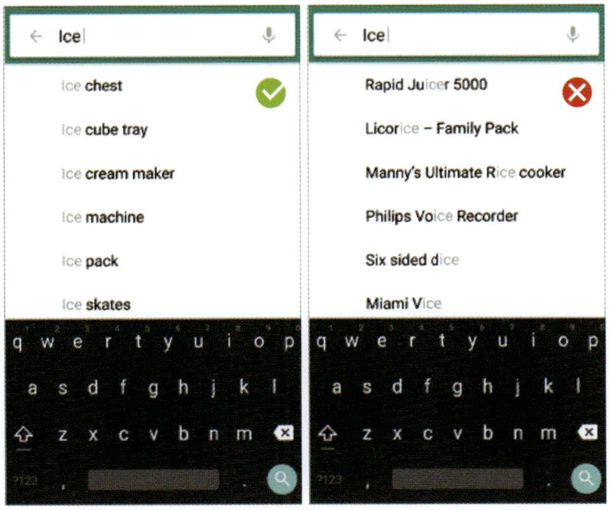

그림 11-15 의미 있는 검색 색인 생성

검색 결과는 당연히 유용해야 하지만 검색 결과가 없는 경우라면 반드시 엠프티 페이지empty page를 제시하여 검색 결과가 없다는 사실을 알려야 한다. 그렇지 않으면 사용자는 자신이 잘못 검색한 것으로 생각해 다시 한 번 같은 오류를 범한다. 엠프티 페이지를 보여 줄 때는 다른 가능성을 제시해 주는 것도 좋다. '이런 키워드는 어떤가요?'라고 표시해 주면 사용자는 앱에 더 오래 머무르면서 원하는 정보를 얻을 수 있다. 오자를 입력하여 오류가 난 경우라면 오자를 바로 잡은 검색 제시어를 표시하여 원하는 결과를 얻을 수 있도록 돕는다.

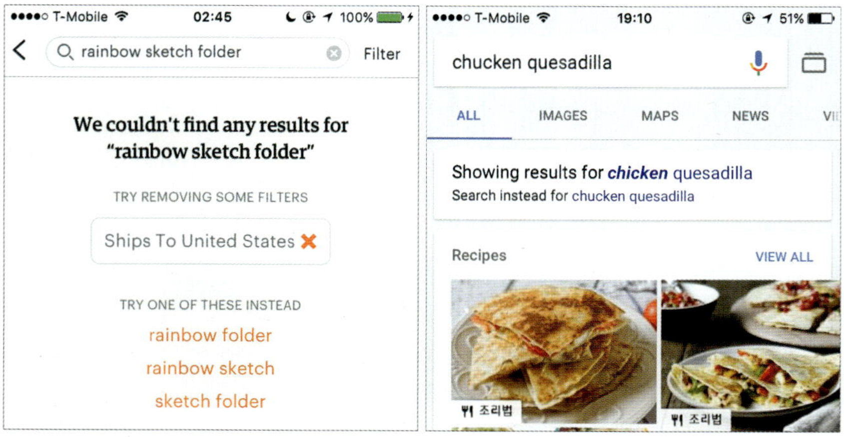

(a) 엠프티 페이지의 검색 제시어　　(b) 오자를 바로 잡은 검색 제시어

그림 11-16 검색 제시어

iOS의 검색 창 가이드라인은 다음과 같다.

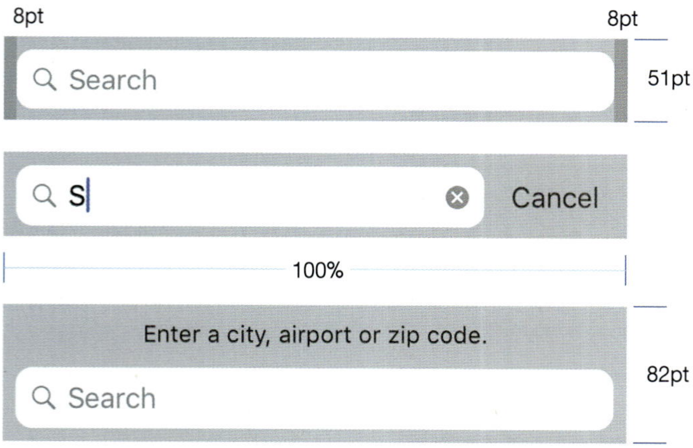

그림 11-17 iOS의 검색 창 가이드라인

7 드롭다운 메뉴와 세그먼트

드롭다운 메뉴drop-down menu는 제시된 항목 중 하나를 선택할 수 있도록 하는 컨트롤로 한정된 스마트폰 화면의 공간을 절약할 수 있다. 주어진 항목 중 하나를 선택해야 하므로 사용자가 잘못된 데이터를 입력하지 않도록 막아 준다. 하지만 무작정 드롭다운 메뉴를 사용한다고 해서 사용자의 만족도가 올라가고 오류가 줄어드는 것은 아니다. 대부분의 사용자가 주어진 양식을 채우는 것을 좋아하지 않는다고 해도 때로는 드롭다운 메뉴보다 세그먼트segment나 스테퍼stepper 같은 다른 양식이 나을 수 있다. 예를 들어 날짜를 지정할 때는 연, 월, 일을 각각 수치로 입력하거나 선택하는 것보다 달력 자체를 제공하여 요일까지 보면서 날짜를 선택할 수 있도록 하는 게 좋다. 선택 항목이 많지 않을 때는 선택 항목을 한눈에 비교하면서 선택할 수 있는 세그먼트 버튼이 좋고, 점진적으로 수치가 증가하고 감소하는 것을 봐야 할 때는 스테퍼를 사용하는 것이 좋다.

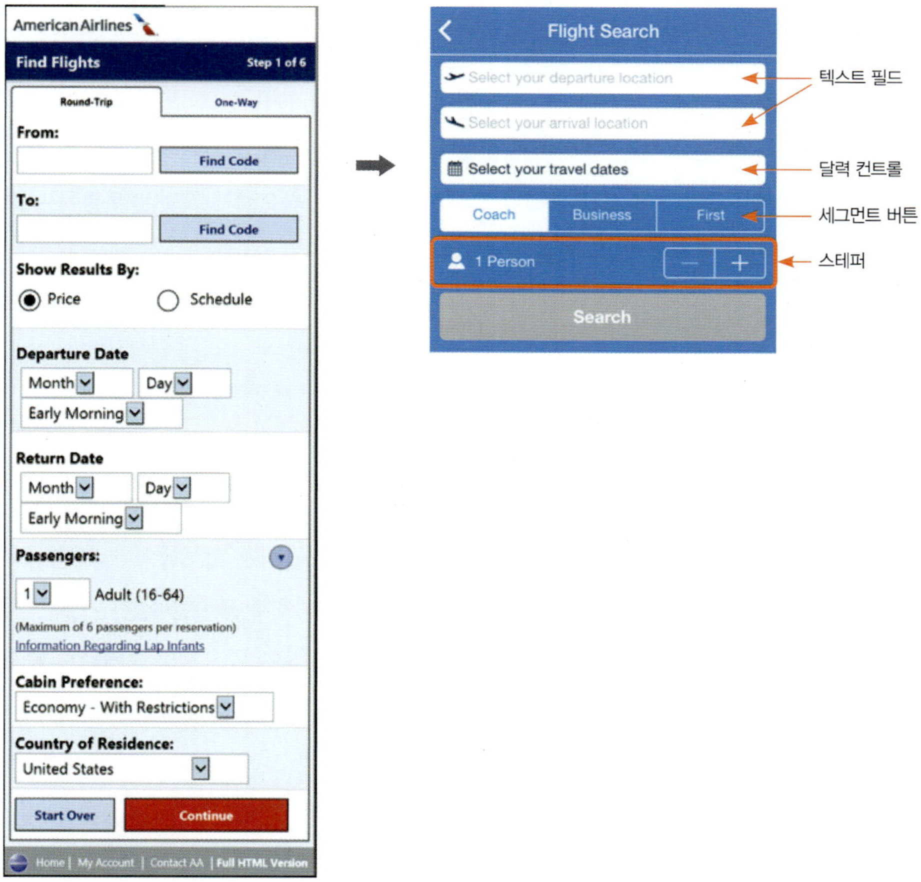

그림 11-18 드롭다운 메뉴 대신 다양한 컨트롤로 변경

드롭다운 메뉴는 항목이 두 개뿐이거나 열다섯 개 이상일 때는 사용하지 않는 것이 좋다. 항목이 두 개뿐이라면 세그먼트 버튼을 사용하는 것이 훨씬 더 직관적이고, 열다섯 개 이상이라면 자동 완성 기능을 넣은 텍스트 필드를 사용하는 것이 바람직하다.

그림 11-19 드롭다운 메뉴 대신 세그먼트 버튼 사용

세그먼트 버튼에는 텍스트나 이미지를 포함할 수 있다. 컨트롤 안에 있는 세그먼트 버튼의 너비는 모두 같아야 한다. 사용자는 세그먼트 버튼에서 현재 선택된 항목이 무엇이고 선택할 수 있는 다른 항목은 무엇이 있는지 보면서 어떤 항목을 선택할지 판단할 수 있는데, 항목이 많을수록 가로 공간을 많이 차지하므로 항목을 다섯 개 이내로 한정하는 것이 좋다.

드롭다운 메뉴의 항목이 두 개라고 해서 꼭 세그먼트 버튼을 사용해야 하는 것은 아니다. 항목의 내용에 따라 슬라이더를 사용하거나 스테퍼를 사용할 수도 있다. 슬라이더는 섬 또는 엄지라고 하는 컨트롤이 있는 가로 트랙으로, 섬을 손가락으로 밀면서 최솟값과 최댓값 사이에서 원하는 값을 설정한다. 최솟값과 섬 사이의 트랙 부분은 색상으로 채워야 하며, 최솟값과 최댓값 부분에는 최소와 최대를 의미하는 아이콘을 선택적으로 둘 수 있다.

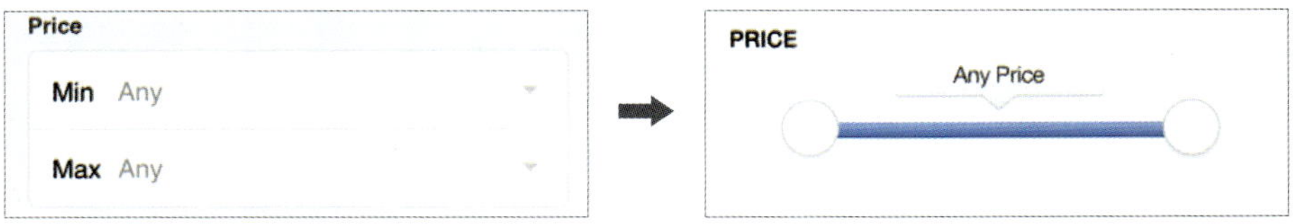

그림 11-20 드롭다운 메뉴 대신 슬라이더 사용

스테퍼는 증분값을 늘리거나 줄이는 데에 세그먼트 버튼을 두 개 사용하는 컨트롤이다. 기본적으로 세그먼트 한 개는 더하기 기호로 표시하고 나머지 한 개는 빼기 기호로 표시한다. 이 기호는 사용자가 지정한 이미지로도 바꿀 수 있다. 스테퍼 자체에는 값이 표시되지 않으므로 스테퍼로 변경되는 값은 스테퍼 근처에 표시해 주어야 한다. 스테퍼는 값이 변경되는 구간이 작을 때 사용하는 게 적합하다. 값이 변경되는 구간이 크면 더하기와 빼기 버튼을 여러 번 터치해야 하므로 적합하지 않다.

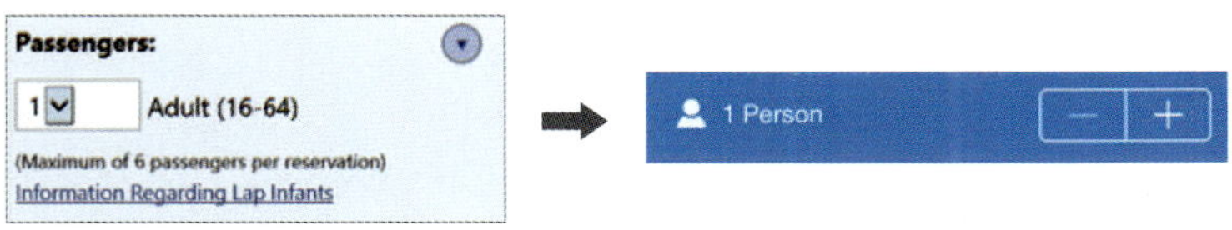

그림 11-21 스테퍼 사용

디자이너는 어떤 컨트롤을 사용해야 공간을 효율적으로 활용하면서 사용자의 UX를 높이고 오류를 줄일 수 있을지 늘 고민해야 한다. 그러나 더 중요한 것은 필요하지 않은 항목을 과감하게 삭제하고 꼭 필요한 항목만 남기는 것이다.

8 페이지네이션과 스크롤링

대부분의 디자이너는 많은 양의 콘텐츠를 보여 줘야 할 때 페이지네이션pagination을 사용하는 게 나을지 스크롤링scrolling을 사용하는 게 나을지 고민한다. 페이지네이션은 콘텐츠를 여러 페이지로 나눈 후 다음 페이지 혹은 특정 페이지로 넘어갈 수 있는 일련의 링크를 페이지 내에 제공하는 컨트롤이다. 쇼핑몰 사이트에서 많은 사용하며, 점이나 좌우 화살표 또는 숫자로 링크를 표시한다.

좋은 페이지네이션을 만들려면 우선 페이지의 개수가 적절해야 한다. 일반적인 검색 결과 페이지 개수로는 최대 열다섯 개 정도가 적절하다. 최근에는 검색 결과를 카드 리스트로 보여 주는 경우도 많아 그 수는 카드 리스트의 크기에 따라 달라진다.

점으로 된 페이지네이션의 경우 점의 크기가 크거나 점과 점의 간격이 넓으면 시각적으로 분산되어 보인다. 따라서 점으로 된 페이지네이션에는 좌우 방향으로 이동할 수 있는 화살표 버튼을 함께 제공하는 것이 좋다. 점은 형태를 정확하게 터치하기 어려우므로 화살표 버튼으로는 페이지를 탐색하고 페이지네이션의 점에서는 현재 페이지를 표시한다.

그림 11-22 점과 좌우 화살표로 이루어진 페이지네이션

숫자로 된 페이지네이션의 경우 숫자를 10 이내로 작성하는 것이 좋다. 이때도 마찬가지로 현재 위치를 알려 주는 시각적 단서를 제공한다(시각적 단서가 없으면 사용자는 같은 페이지를 여러 번 보게 된다). 시각적 단서는 색이나 숫자의 굵기를 달리하여 표현할 수 있다. 콘텐츠의 양이 많을 때는 이전 버튼과 다음 버튼 외에도 처음으로 버튼과 끝으로 버튼을 함께 제공하여 사용자에게 다양한 선택 기회를 제공해야 한다.

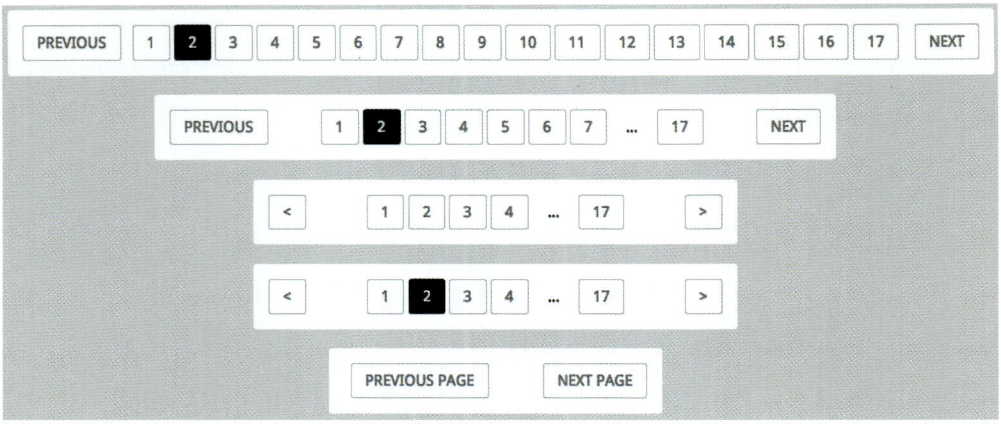

그림 11-23 **다양한 선택 기회를 제공하는 숫자 페이지네이션**

숫자로 된 페이지네이션을 모바일 화면에 표시하는 데는 제약이 있으므로 최근에는 스크롤링을 많이 사용한다. 스크롤링은 항목을 무한대로 늘려가며 보여 줄 수 있는데, 대표적인 예로 핀터레스트와 페이스북을 들 수 있다. 무한 스크롤링은 탐색 인터페이스에서는 거의 필수적인 요소로 자리잡아 가고 있다.

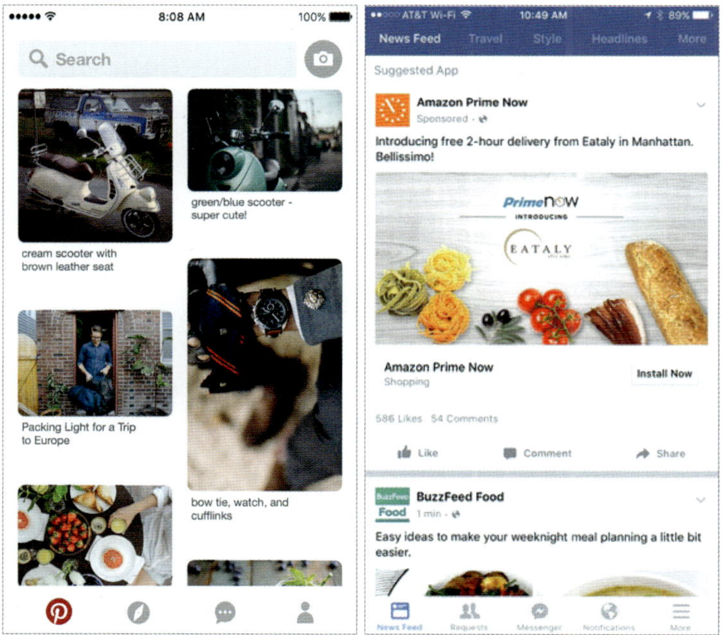

(a) 핀터레스트　　(b) 페이스북

그림 11-24 **스크롤링의 예**

무한 스크롤링은 사용하는 데 몇 가지 문제가 있다. 첫 번째는 스마트폰과 같이 작은 화면에서는 스크롤이 길어질 수밖에 없는데 스크롤이 길어지면 페이지의 로딩 속도가 느려진다는 점이다. 스크롤을 하면 할수록 페이지에서 로드해야 하는 콘텐츠는 많아지고 페이지의 퍼포먼스도 현격하게 떨어진다. 또 페이지 퍼포먼스에 따라 기기의 리소스를 많이 사용하는 문제도 발생한다. 사용자는 로딩 속도가 느리면 사이트를 떠나거나 앱을 삭제한다. 따라서 고품질 이미지나 대용량 영상을 표시할 때는 섬네일이나 스톱 이미지 등을 사용해야 한다. 네이버에서는 스크롤링 페이지에 일정 분량의 콘텐츠만 로드하여 보여 주고, 사용자가 스크롤을 아래로 내려 더 보기 버튼을 터치하면 추가 콘텐츠를 보여 주는 방식을 사용하고 있다.

두 번째는 콘텐츠 검색과 원하는 위치로 이동하기가 어렵다는 점이다. 사용자가 페이지를 떠나면 지금까지 봤던 정보를 잃게 되어 다시 페이지로 돌아왔을 때 원하는 콘텐츠를 찾기 위해 스크롤을 무한정 내려야 한다. 이러한 문제는 타임라인으로 뉴스가 자동 정렬되면 더욱 심하게 나타난다.

세 번째는 스크롤링의 스크롤바가 전체 페이지의 길이를 보여 주지 못한다는 점이다. 페이지네이션의 경우 전체 데이터의 양에 따라 스크롤 길이가 결정되므로 거의 끝까지 봤다고 생각하는 부분으로 내려갈수록 스크롤 길이가 짧아진다. 하지만 스크롤링에서는 페이지의 길이를 알 수 없다. 네이버의 경우 더 보기 버튼을 터치하면 콘텐츠가 추가 로딩되면서 스크롤 위치도 함께 변해 그나마 페이지의 전체 길이를 예측할 수 있다.

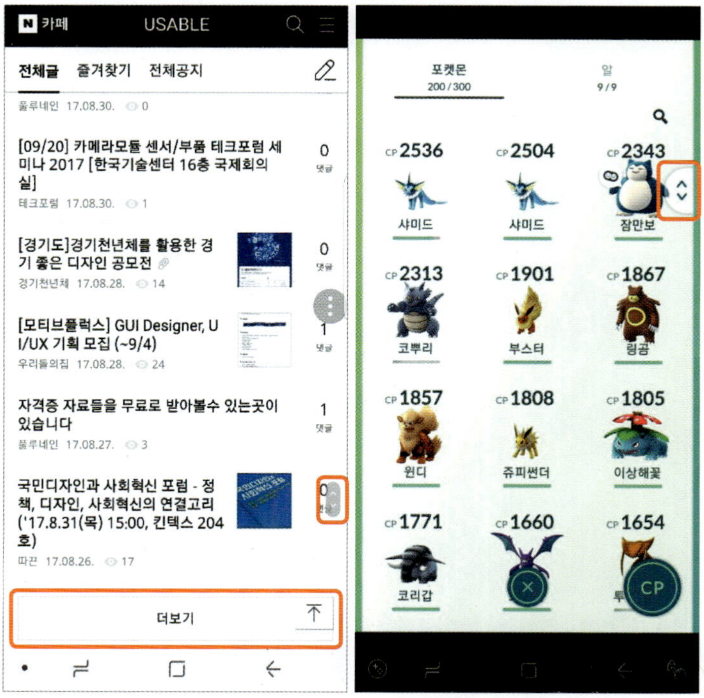

(a) 네이버의 더 보기 버튼과 스크롤 (b) 포켓몬고의 스크롤

그림 11-25 무한 스크롤링의 스크롤바

페이지네이션과 스크롤링은 많은 양의 콘텐츠를 보여 주기에는 적합하지만 각각 장점과 단점이 있기 때문에 디자이너가 페이지네이션을 사용할지 스크롤링을 사용할지 잘 판단해야 한다. 일반적으로 단순히 데이터의 흐름을 보여 주는 콘텐츠에는 스크롤링, 검색을 통해 특정 콘텐츠를 찾거나 콘텐츠의 위치가 중요한 경우에는 페이지네이션을 사용한다.

실습

3

페이지네이션 만들기

1 숫자로 된 페이지네이션 만들기

완성 이미지

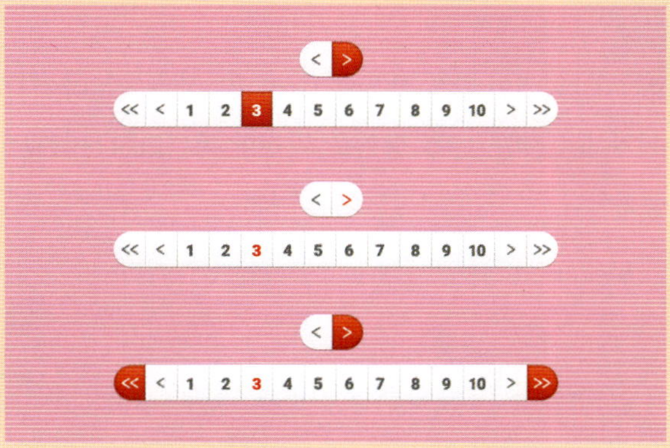

준비 파일 없음

완성 파일 pagenation_result.psd

01 [File]–[New] 메뉴를 선택하여 너비가 750픽셀이고 높이가 500픽셀인 새 화면을 만든다.

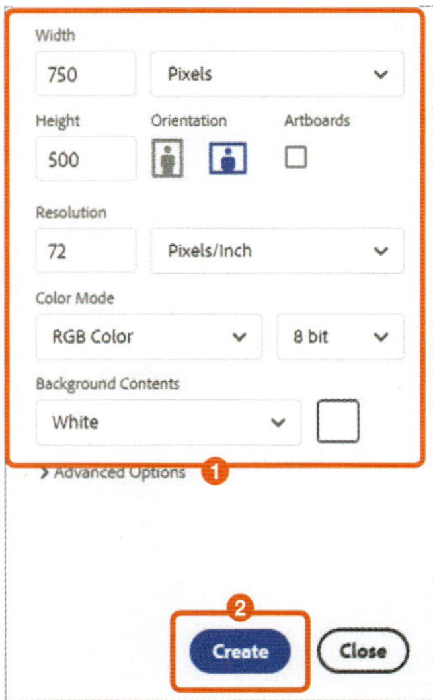

02 작업 화면을 분홍색(#f19ec2)으로 채운다.

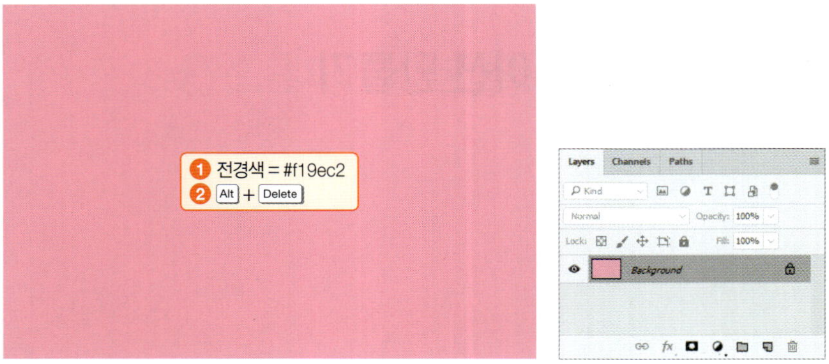

03 화면을 확대하고 연필 툴( )로 굵기가 2픽셀인 밝은 분홍색(#ffc7df) 점을 찍는다. 사각형 선택 툴( )로 너비가 2픽셀이고 높이가 6픽셀인 선택 영역을 지정한 후 [Edit]–[Define Pattern] 메뉴를 선택하여 새 패턴으로 등록한다.

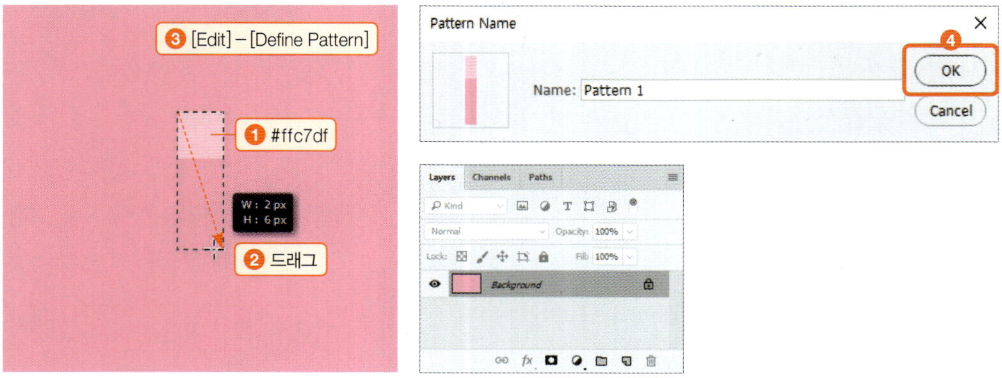

04 Ctrl + A를 눌러 전체 화면을 선택하고 [Edit]–[Fill] 메뉴를 선택하여 방금 만든 패턴을 채운다.

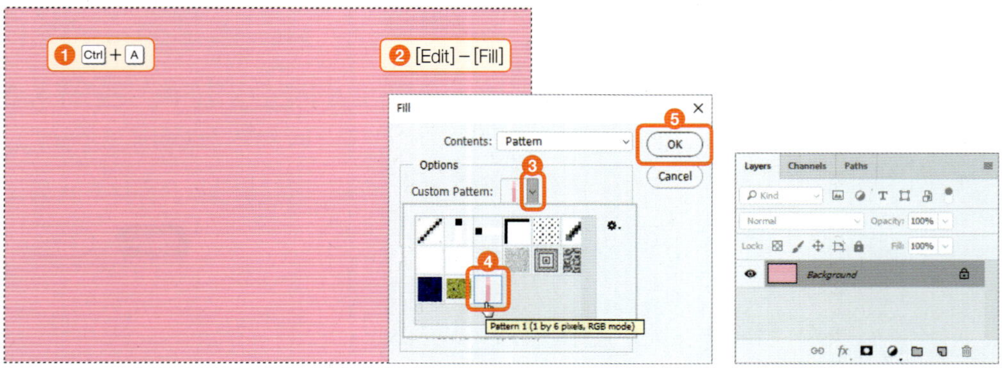

05 모서리가 둥근 사각형 툴(▢)로 너비가 504픽셀이고 높이 40픽셀인 흰색 사각형을 만든다.

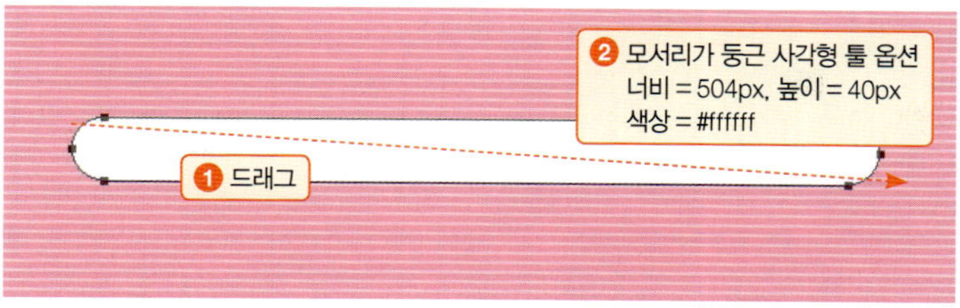

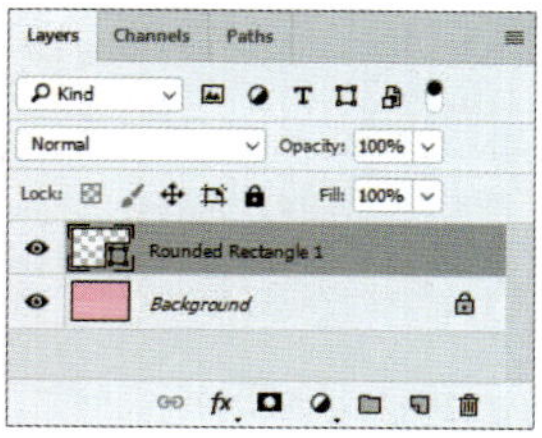

06 레이어 패널의 레이어 스타일 추가 버튼(fx)을 클릭한 후 [Gradient Overlay]를 선택하고 다음과 같이 설정한다. 창은 닫지 말고 유지한다.

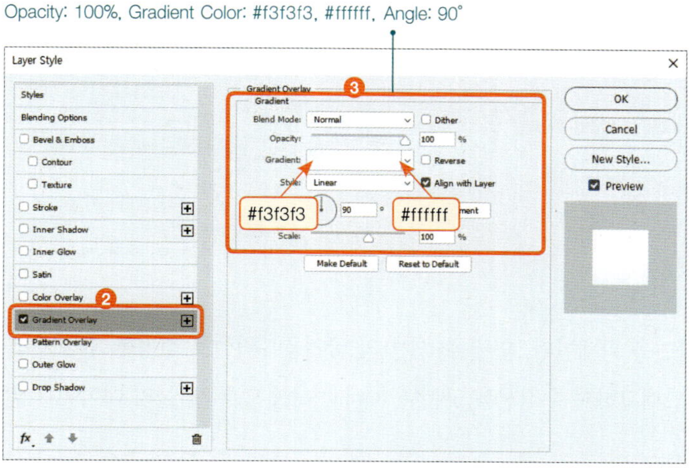

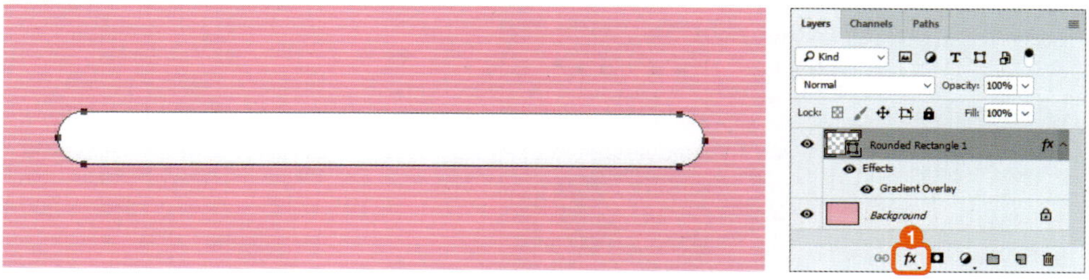

07 왼쪽 목록에서 [Drop Shadow]를 선택하고 다음과 같이 설정하여 그림자를 만든 후 〈OK〉를 클릭한다.

Blend Mode: Multiply(Black), Opacity: 20%, Distance: 1px

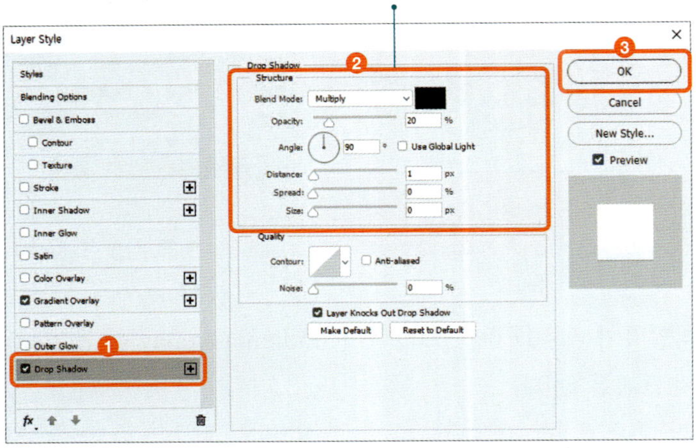

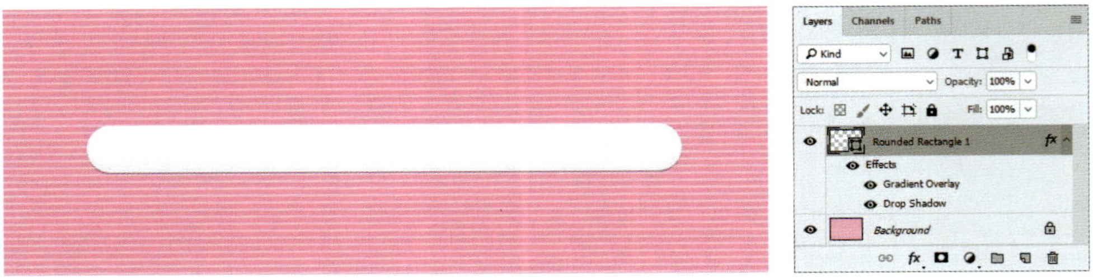

08 새 레이어를 추가한 후 화면을 확대한다. 연필 툴( )의 굵기를 1픽셀로 설정한 후 다음과 같이 Shift를 누른 채로 아래로 드래그하여 수직선을 긋는다. Ctrl+J를 열두 번 눌러 레이어를 열두 개 복제한다.

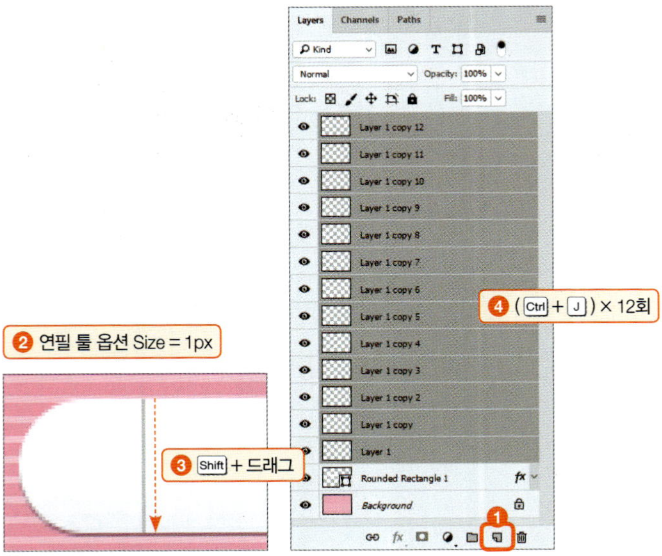

09 이동 툴([✥])로 Layer 1 레이어의 선은 왼쪽에서 36픽셀 떨어진 지점으로 옮기고 마지막 Layer 1 copy 12 레이어의 선은 오른쪽에서 36픽셀 떨어진 지점으로 옮긴다. Layer 1 레이어를 클릭하고 Shift 를 누른 채로 Layer 1 copy 12 레이어를 클릭하여 Layer 1~Layer 1 copy 12 레이어를 선택한 후 이동 툴의 정렬 옵션에서 Distribute Horizontal Centers([⫼])를 클릭한다. Layer 1 레이어와 Layer 1 copy 12 레이어 사이에 있던 레이어의 선들이 일정한 간격으로 배치된다. Ctrl + E 를 눌러 Layer 1~Layer 1 copy 12 레이어를 병합한다.

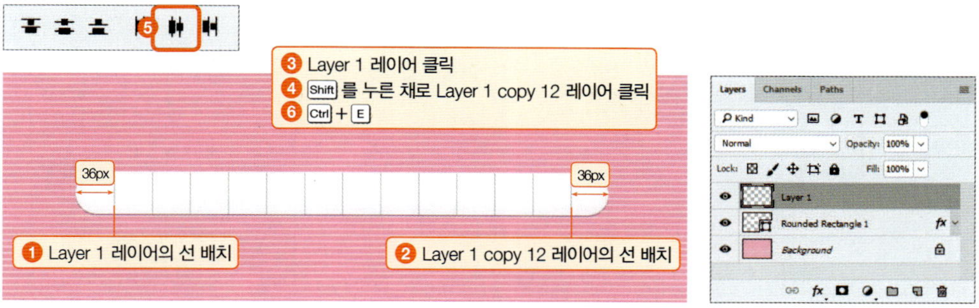

10 레이어 스타일 추가 버튼([fx])을 클릭하여 [Gradient Overlay]를 선택한 후 옵션을 다음과 같이 설정한다. 창은 닫지 말고 유지한다.

Opacity: 100%, Gradient Color: #cccccc, #eaeaea, Angle: 90°

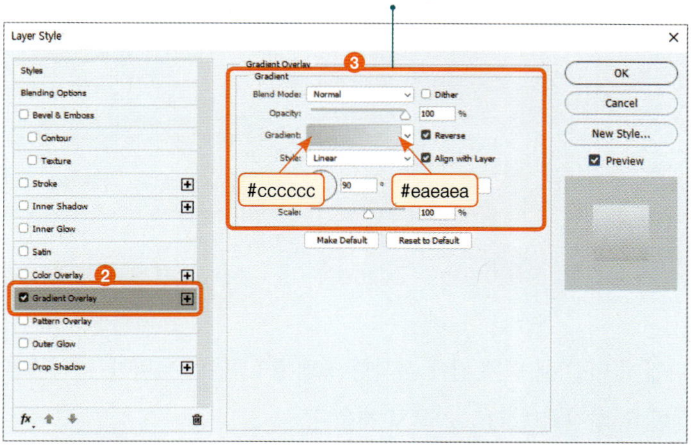

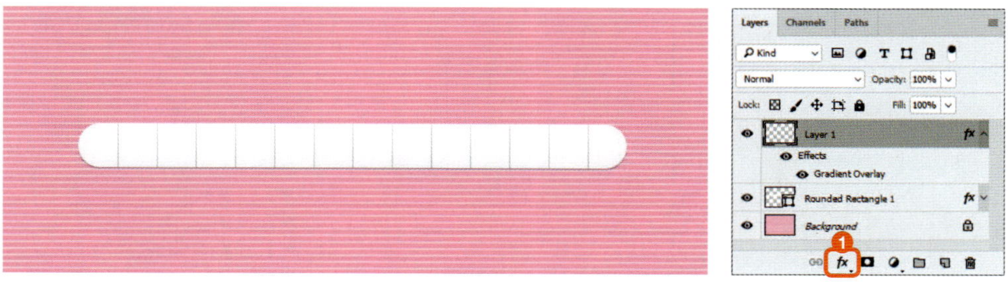

11 왼쪽 목록에서 [Drop Shadow]를 선택하고 다음과 같이 설정한 후 〈OK〉를 클릭한다.

Blend Mode: Normal(White), Opacity: 100%, Angle: 180˚, Distance: 2px, Size: 2px

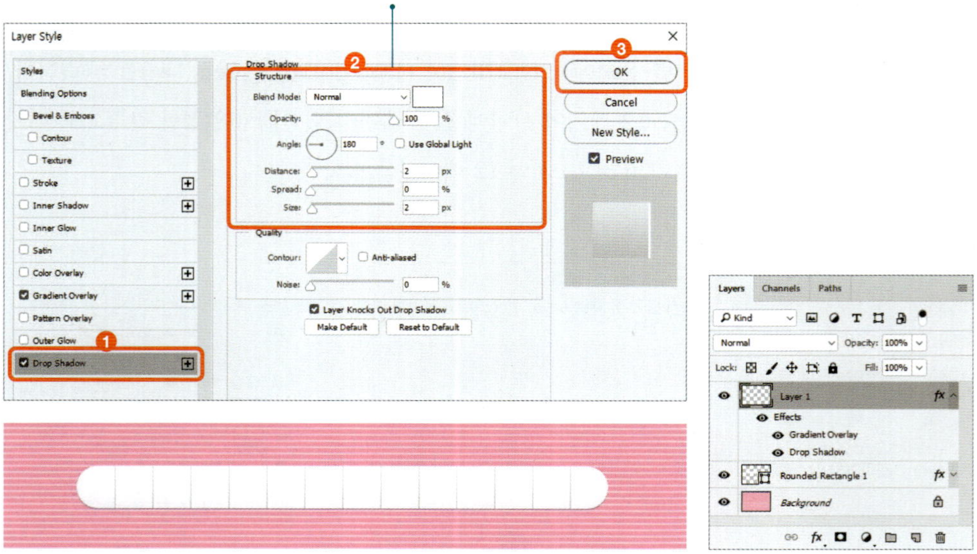

12 양쪽 가장자리 두 칸에 맨 처음 페이지, 이전 페이지, 다음 페이지, 맨 마지막 페이지를 의미하는 기호(〈, 〉)를 각 칸의 중앙에 맞춰 진회색(#707070)으로 입력한다.

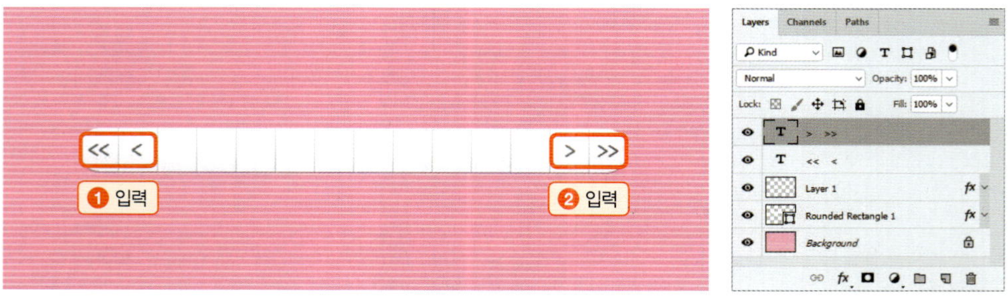

13 새 레이어를 추가한 후 숫자가 들어갈 세 번째 칸에 사각형 선택 툴(⬚)로 너비가 35픽셀이고 높이가 40픽셀인 영역을 지정한 후 빨간색(#cf1502)으로 채운다.

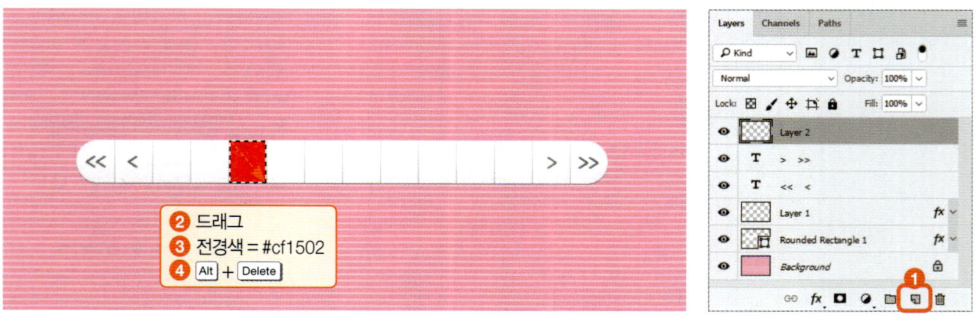

14 레이어 스타일 추가 버튼(fx)을 클릭하여 [Gradient Overlay]를 선택한 후 다음과 같이 설정한다. 창은 닫지 않고 유지한다.

Gradient Color: #cf1502, #ec5343, Opacity: 100%, Angle: 90˚

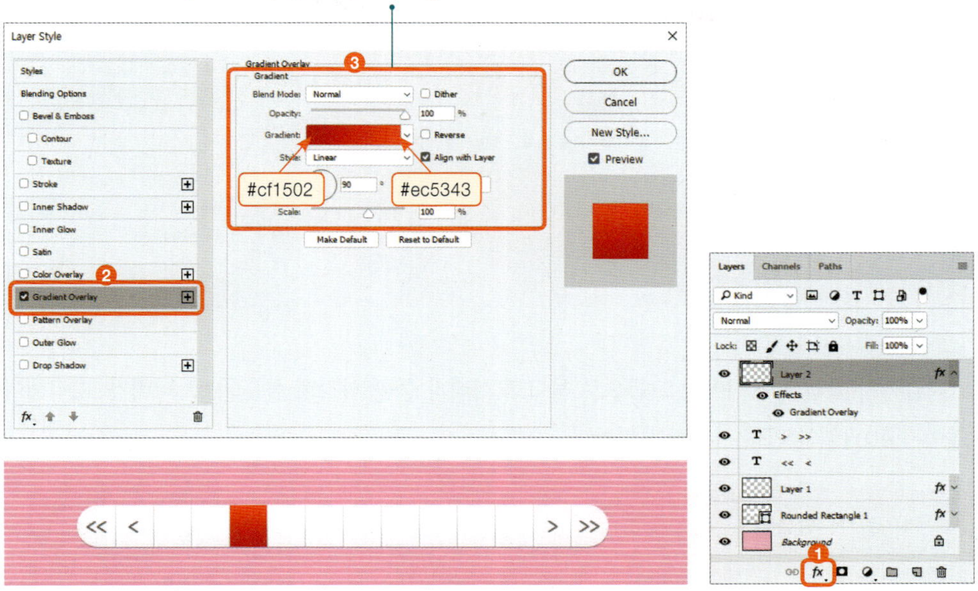

15 왼쪽 목록에서 [Inner Shadow]를 선택하고 다음과 같이 내부에 그림자를 만든 후 〈OK〉를 클릭한다.

Blend Mode: Multiply(Black), Opacity: 35%, Angle: 90˚, Size: 5px

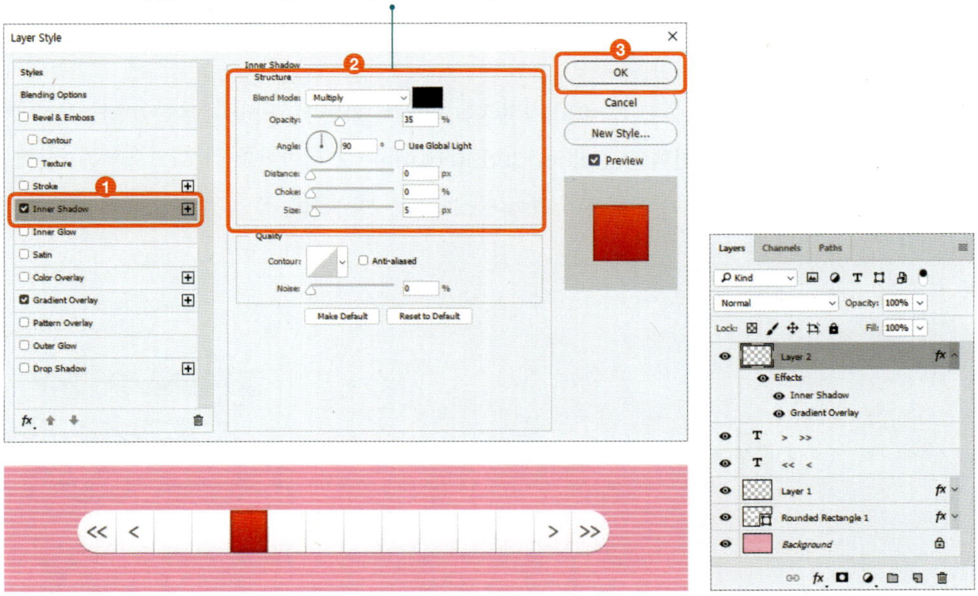

16 각 칸의 중앙에는 수치를 진회색(#707070)으로 입력한다. 인디케이션이 있는 세 번째 칸의 숫자는 흰색으로 입력한다.

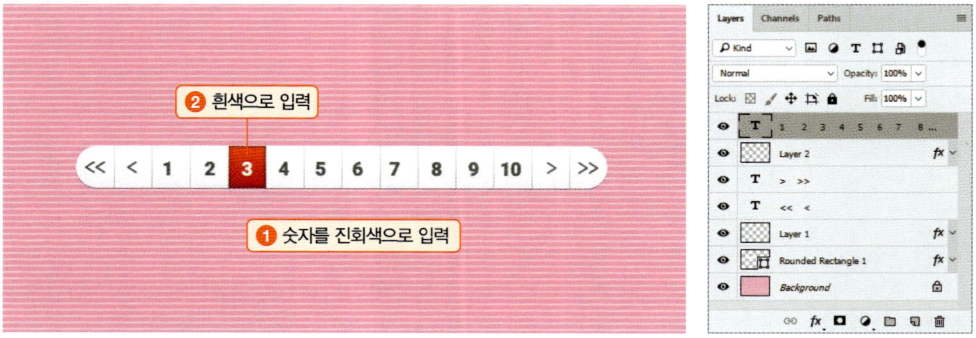

17 지금까지 작업한 레이어를 그룹으로 묶고 모서리가 둥근 사각형 툴(▢)로 너비가 72픽셀이고 높이가 40픽셀인 흰색 사각형을 만든다.

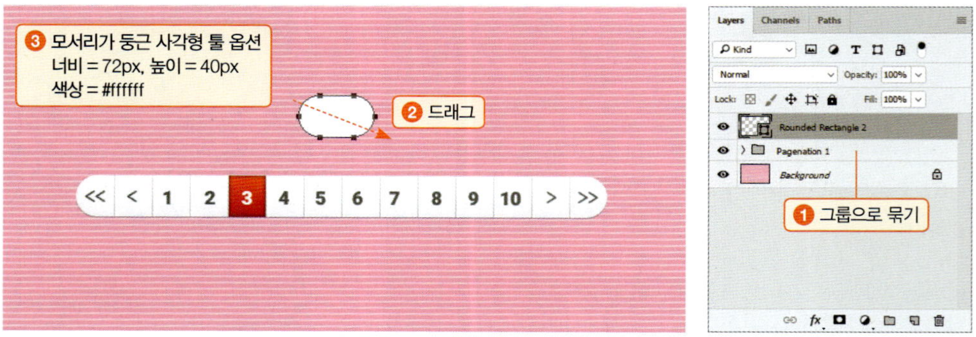

18 Pagenation 1 그룹 안에 있는 Rounded Rectangle 1 레이어를 마우스 오른쪽 버튼으로 누르고 [Copy Layer Style]을 선택한다. Rounded Rectangle 2 레이어를 마우스 오른쪽 버튼으로 누르고 [Paste Layer Style]을 선택하여 레이어 스타일을 복사한다.

19 새 레이어를 추가하고 연필 툴(✎)로 모서리가 둥근 사각형 중앙에 굵기가 1픽셀인 회색 선을 긋는다. **18**번과 같은 방법으로 Pagenation 1 그룹 안에 있는 Layer 1 레이어의 레이어 스타일을 복사하여 Layer 3 레이어에 붙여 넣는다.

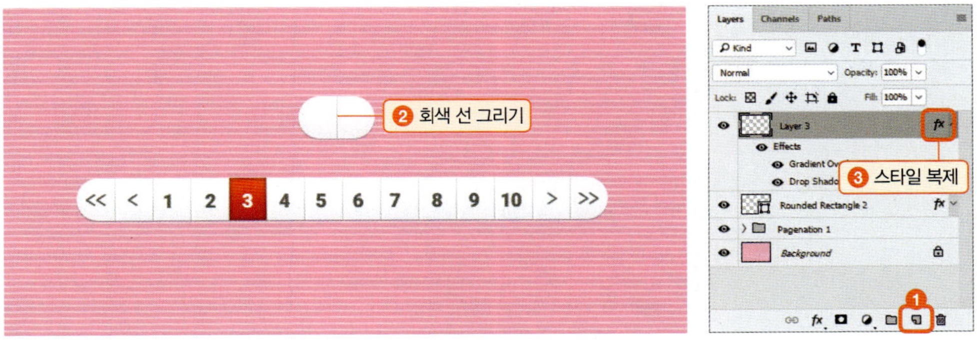

20 새 레이어를 추가하고 Ctrl을 누른 채로 Rounded Rectangle 2 레이어의 섬네일을 클릭하여 선택 영역을 만든다. Alt를 누른 채로 사각형 선택 툴(⬚)로 화면을 드래그하여 선택 영역의 절반을 제거한 후 남은 절반을 빨간색(#cf1502)으로 채운다.

21 Pagenation 1 그룹 안에 있는 Layer 2 레이어의 레이어 스타일을 복제하여 Layer 4 레이어에 붙여 넣은 후 다음과 같이 좌우 방향에 색상이 다른 기호를 입력하여 페이지네이션을 완성한다.

22 완성한 페이지네이션은 숫자의 색상만 강조하거나 가장자리에 포인트를 주어 변형할 수도 있다.

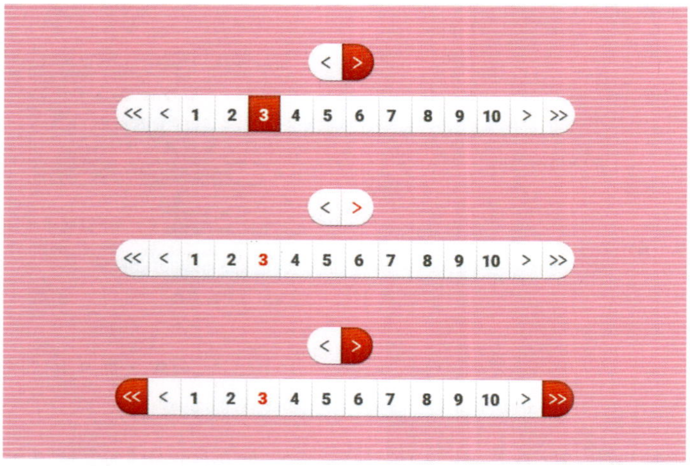

실습 4

스테퍼 만들기

1 어두운 배경과 밝은 배경의 스테퍼 만들기

완성 이미지

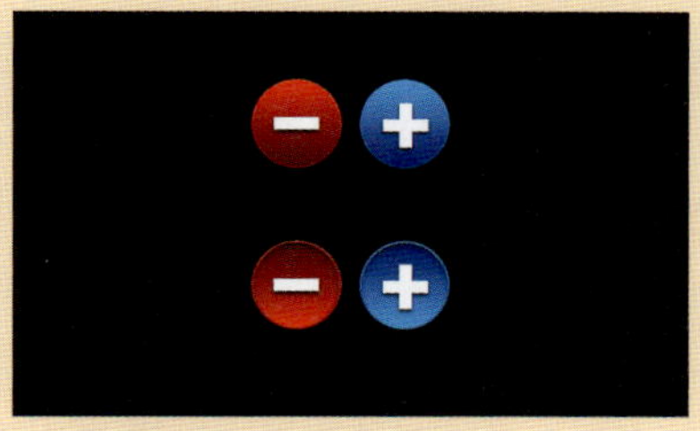

▲ 어두운 배경의 스테퍼

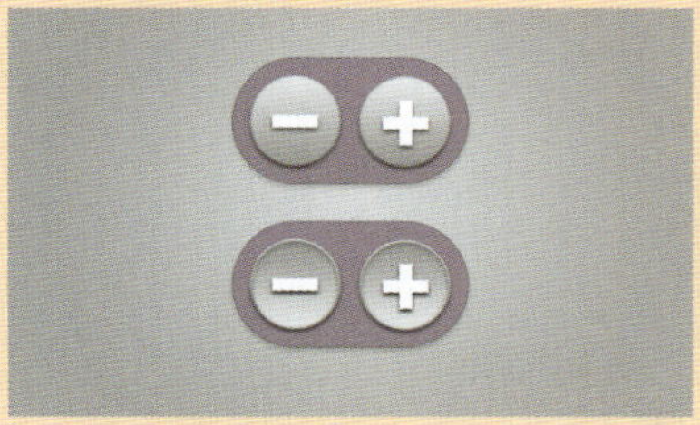

▲ 밝은 배경의 스테퍼

준비 파일 없음

완성 파일 stepper1_result.psd, stepper2_result.psd

01 [File]-[New] 메뉴를 선택하여 너비가 750픽셀이고 높이가 500픽셀인 새 화면을 만든다.

02 작업 화면의 배경을 어두운 회색(#251f27)으로 채운다.

03 모서리가 둥근 사각형 툴(▢)로 너비가 260픽셀이고 높이가 140픽셀, 상하좌우 Radius가 70픽셀인 사각형을 만든다. 사각형의 색상은 레이어 스타일을 활용하여 채울 것이므로 어떤 색상으로 채우든 상관없다.

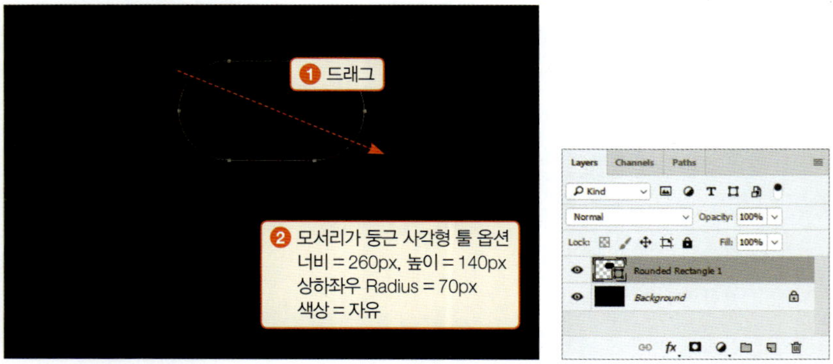

04 레이어 패널의 레이어 스타일 추가 버튼(fx)을 클릭하고 [Gradient Overlay]를 선택한 후 다음과 같이 설정한다. 창은 닫지 않고 유지한다.

Opacity: 100%, Gradient Color: #1b141c, #0d070e, Angle: 90°

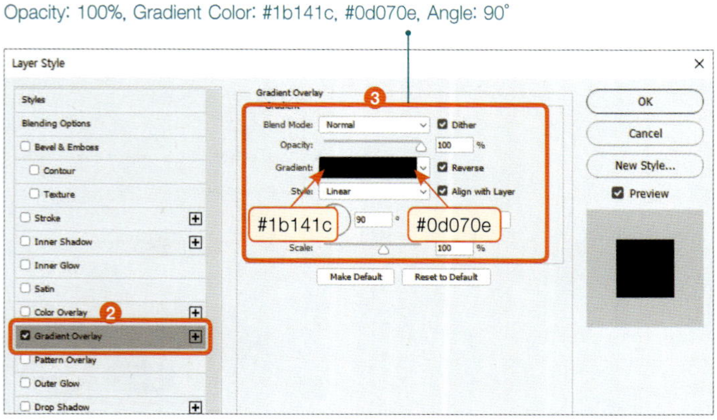

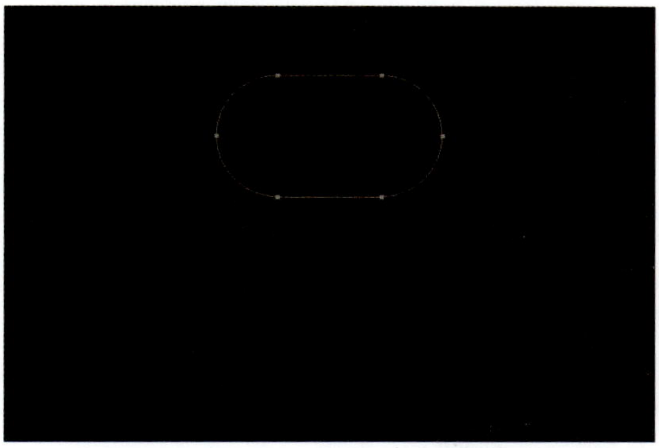

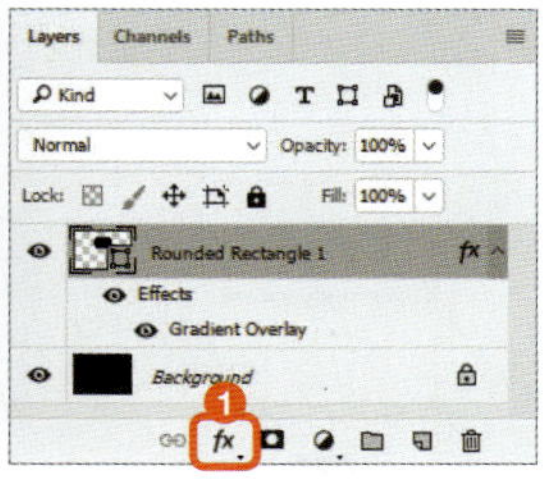

05 왼쪽 목록에서 [Drop Shadow]를 선택하고 다음과 같이 입체적인 느낌이 나도록 그림자 효과를 설정한다. 창은 닫지 않고 유지한다.

Blend Mode: Normal(White), Opacity: 9%, Angle: 90˚, Distance: 1px

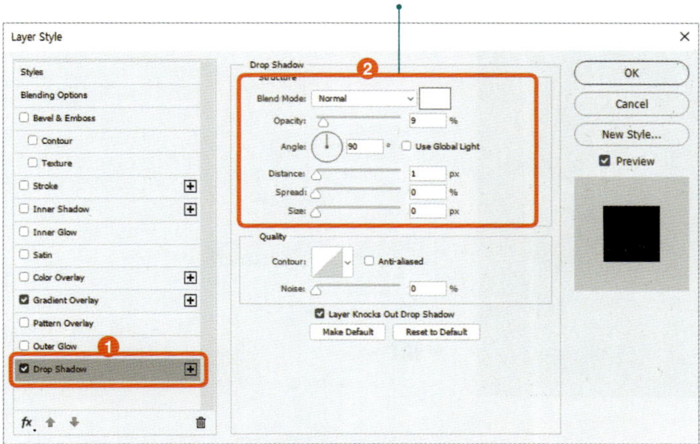

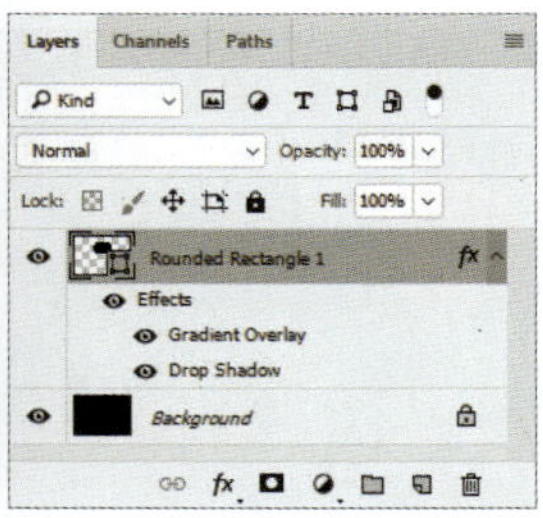

06 왼쪽 목록에서 [Stroke]를 선택하고 다음과 같이 설정하여 가장자리가 조금 더 선명해지도록 한 후 〈OK〉를 클릭한다.

Size: 1px, Position: Inside, Opacity: 64%, Color: Black

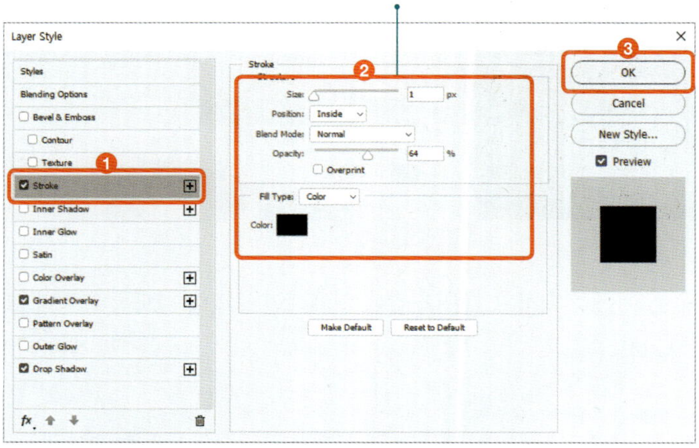

07 원형 툴()로 너비와 높이가 각각 100픽셀인 원을 그린다. 원의 배경색은 레이어 스타일을 활용하여 채울 것이므로 어떤 색상으로 채우든 상관없다.

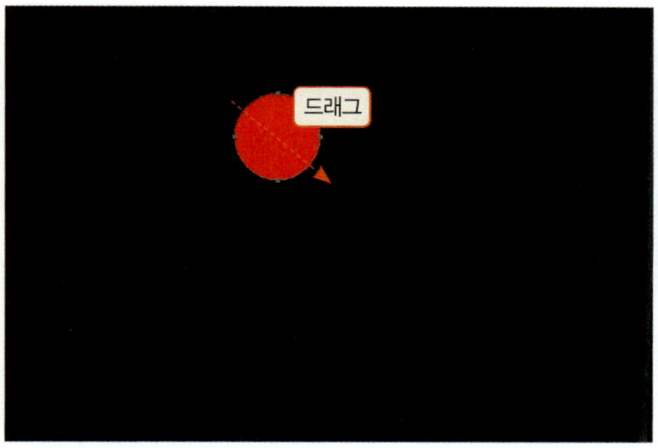

08 레이어 패널의 레이어 스타일 추가 버튼(fx)을 클릭하여 [Gradient Overlay] 메뉴를 선택하고 다음과 같이 설정한다. 창은 닫지 않고 유지한다.

Gradient Color: #810303, #f24242, Opacity: 100%, Angle: 90˚

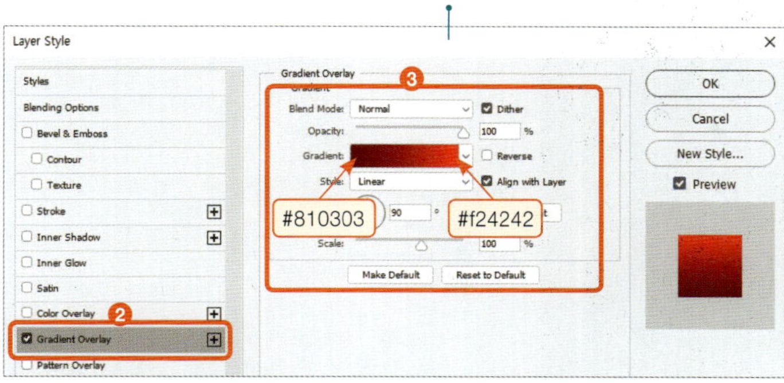

09 왼쪽 목록에서 [Stroke]를 선택하고 다음과 같이 설정한 후 〈OK〉를 클릭한다.

Size: 2px, Opacity: 100%, Gradient Color: #b00c0c, #fe6b6b, Angle: 90˚

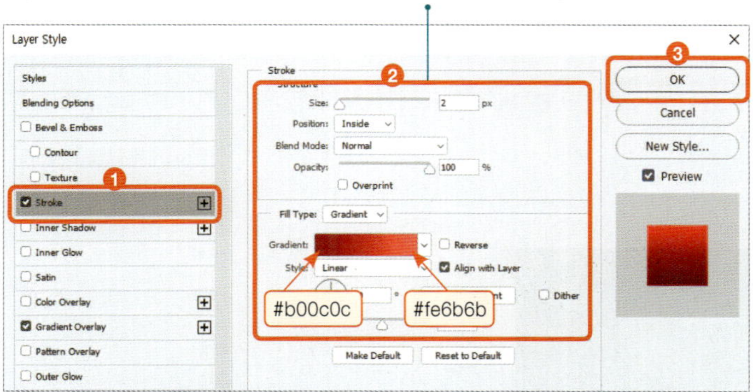

10 사각형 툴(□)로 너비가 50픽셀이고 높이가 14픽셀인 흰색 사각형을 만들고 원의 중앙에 배치한다.

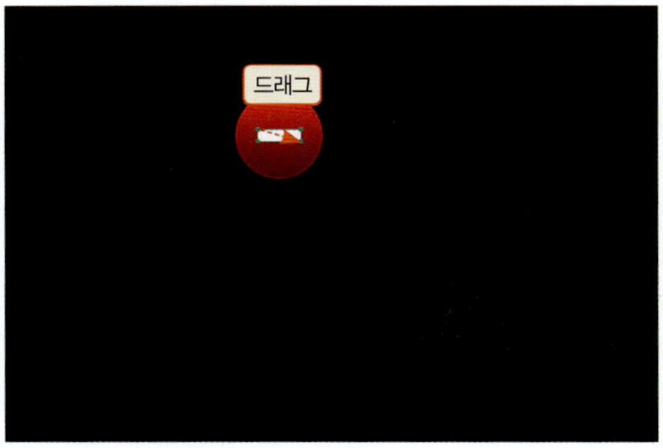

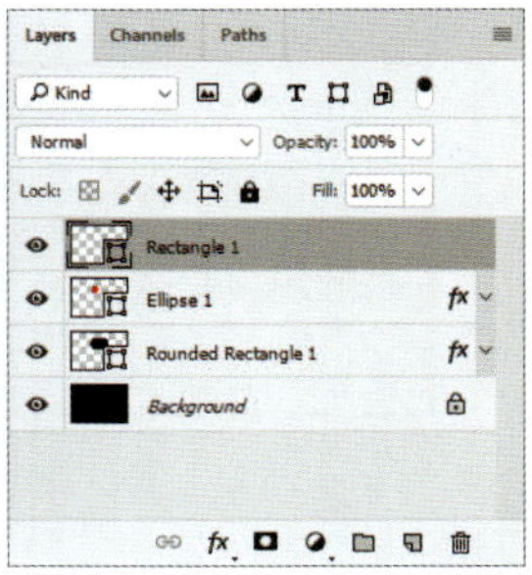

11 레이어 패널의 레이어 스타일 추가 버튼(fx)을 클릭하고 [Drop Shadow]를 선택한 후 다음과 같이 설정하고 〈OK〉를 클릭한다.

Blend Mode: Multiply(Black), Opacity: 70%, Angle: 90˚, Distance: 3px, Size: 5px

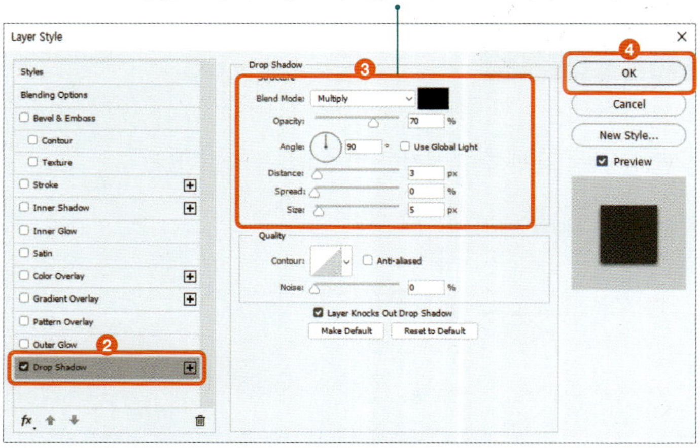

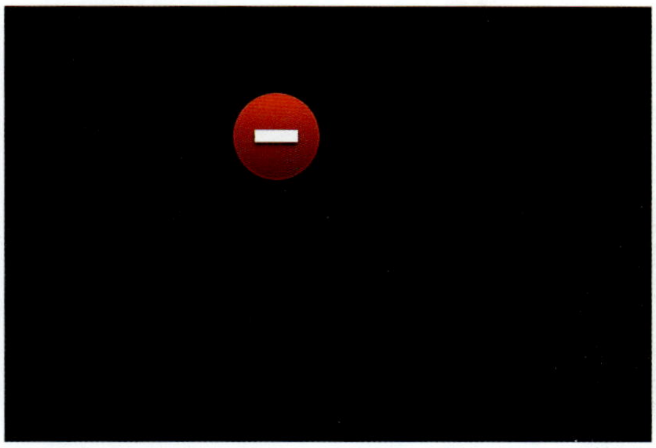

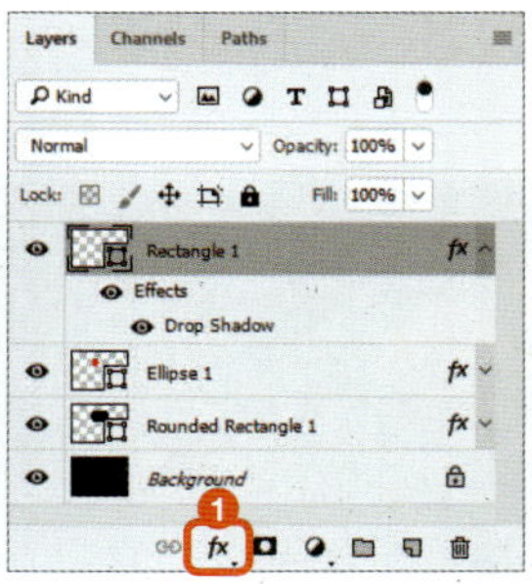

12 원형 툴(◎)로 너비와 높이가 각각 100픽셀인 원을 만들고 방금 만든 버튼 오른쪽에 수평으로 나란히 배치한다.

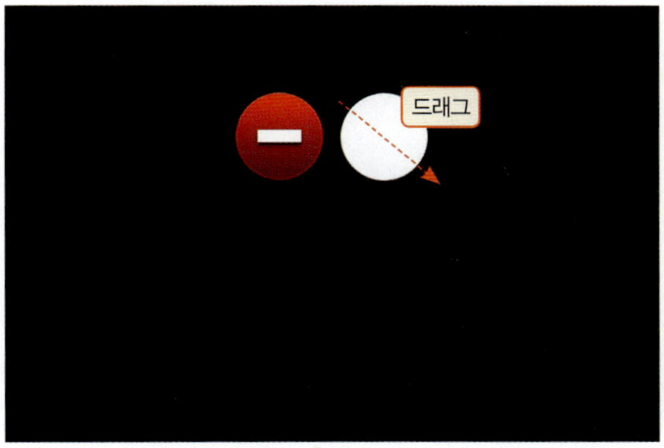

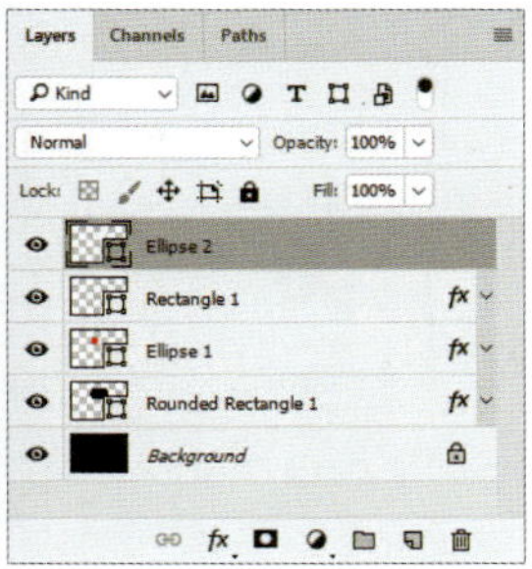

13 레이어 패널의 레이어 스타일 추가 버튼(fx)을 클릭하고 [Gradient Overlay]를 선택한 후 다음과 같이 설정한다. 창은 닫지 않고 유지한다.

Opacity: 100%, Gradient Color: #00479d, #00b6ee, Angle: 90˚

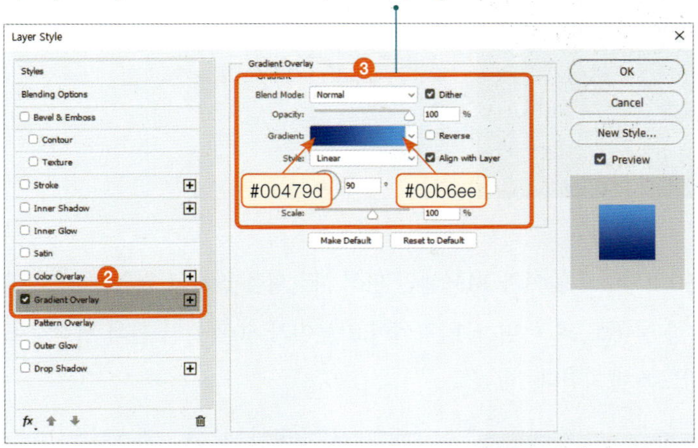

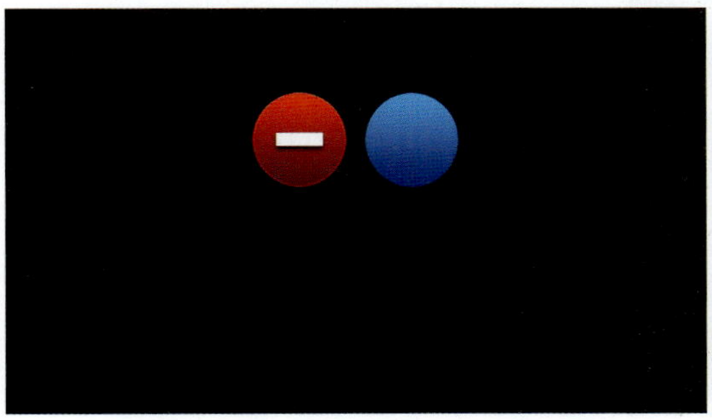

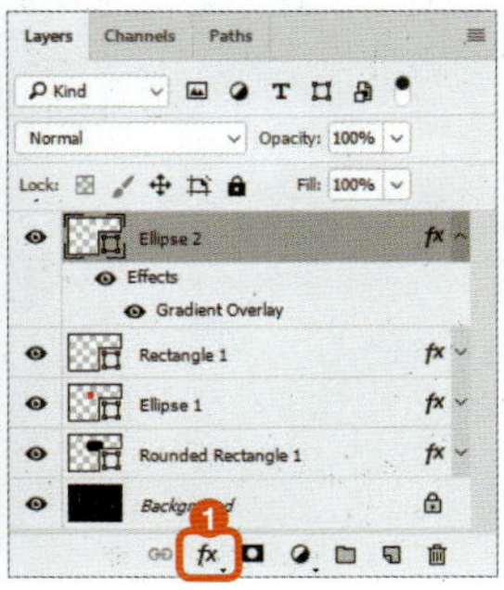

14 왼쪽 목록에서 [Stroke]를 선택하고 다음과 같이 설정한 후 〈OK〉를 클릭한다.

Size: 2px, Opacity: 100%, Gradient Color: #0069b7, #00b6ee, Angle: 90°

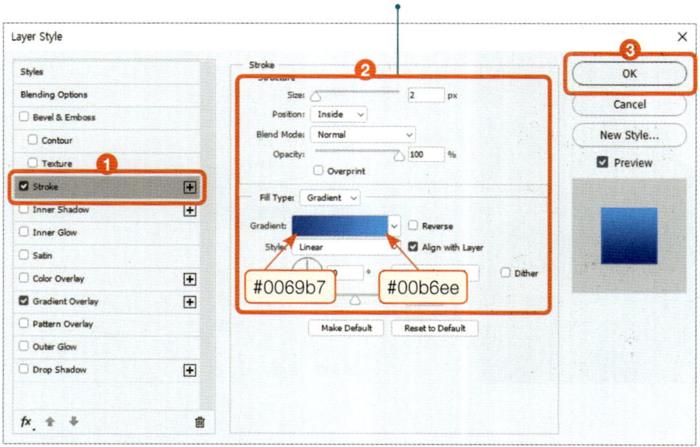

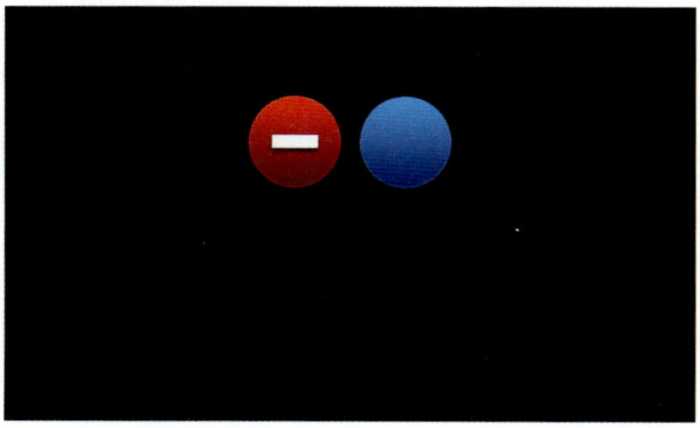

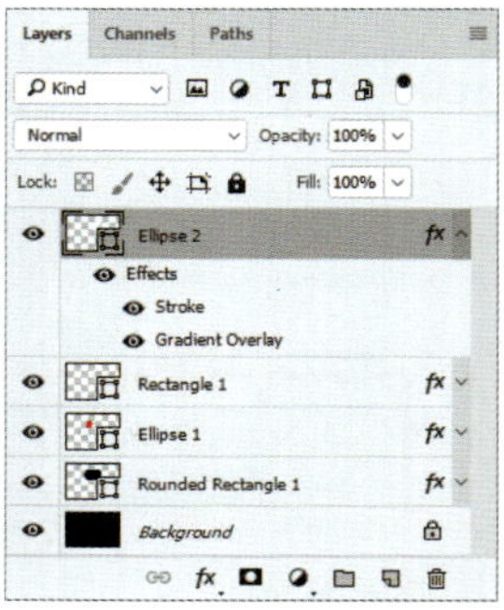

15 사각형 툴(□)로 너비가 50픽셀이고 높이가 14픽셀인 흰색 사각형을 만들고 원의 중앙에 배치한다. Shift를 누른 채로 사각형 툴(□)로 너비가 14픽셀이고 높이가 50픽셀인 흰색 사각형을 추가로 만들어 더하기 형태가 되도록 배치한다.

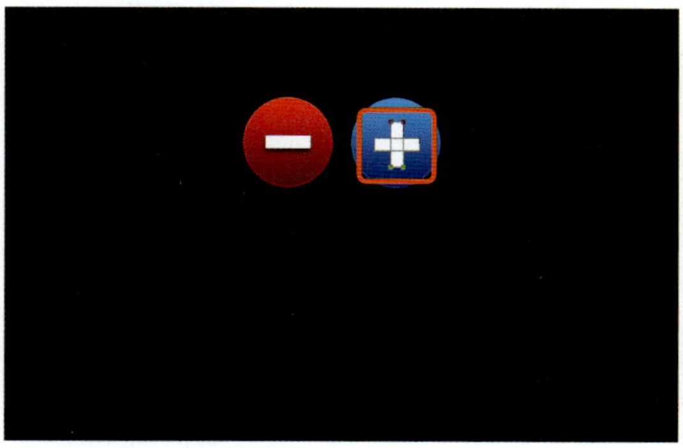

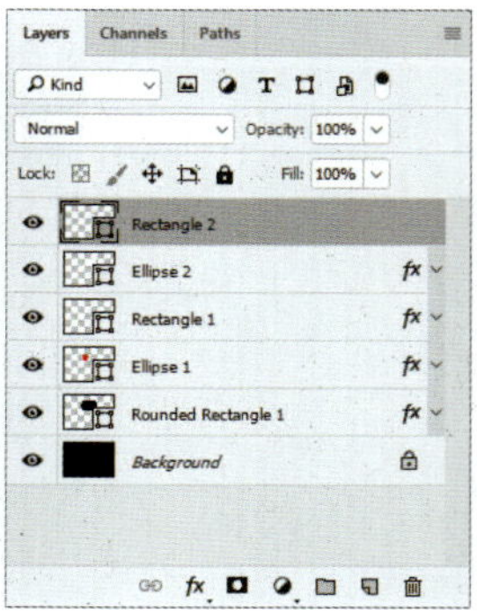

16 Rectangle 1 레이어를 마우스 오른쪽 버튼으로 누르고 [Copy Layer Style]을 선택한다. Rectangle 2 레이어를 마우스 오른쪽 버튼으로 누르고 [Paste Layer Style]을 선택하여 복사한 레이어 스타일을 붙여 넣는다. 레이어 오른쪽에 붙은 레이어 스타일 아이콘(fx)을 Alt를 누른 채로 드래그해도 스타일이 복제된다.

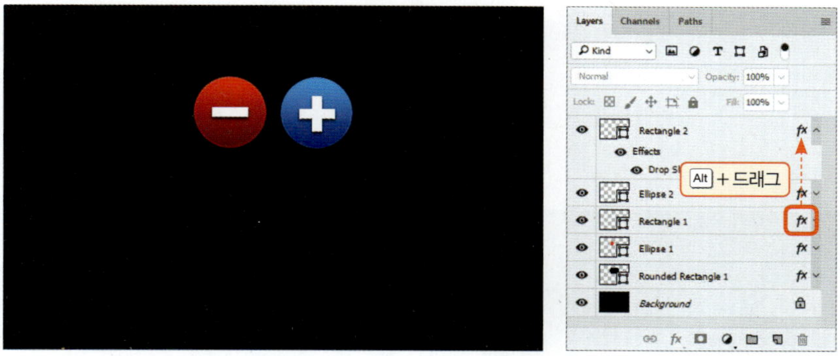

17 지금까지 작업한 레이어를 그룹으로 묶고 Ctrl+J를 눌러 그룹을 복제한 후 다음과 같이 배치한다.

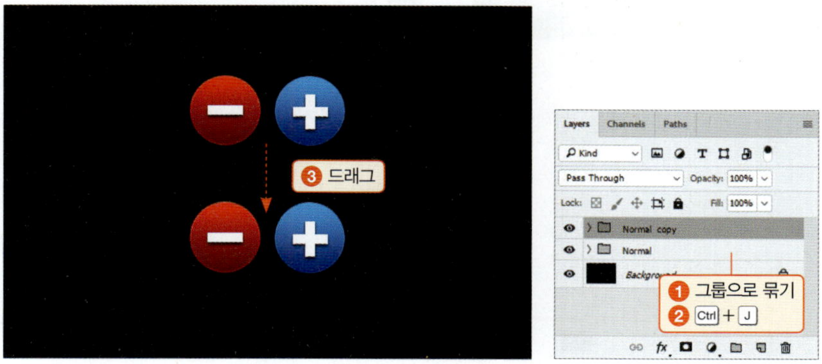

18 복제한 그룹의 Ellipse 1 레이어 아래쪽에 보이는 Gradient Overlay 스타일을 더블클릭한다. 옵션에서 Reverse를 체크해 입체 효과를 반대로 적용한다. 창은 닫지 않고 유지한다.

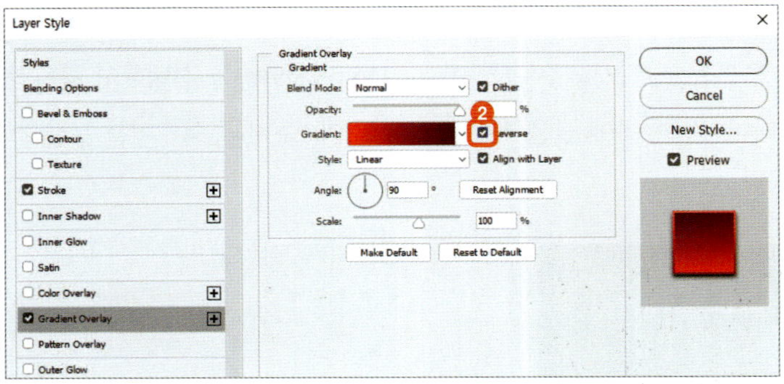

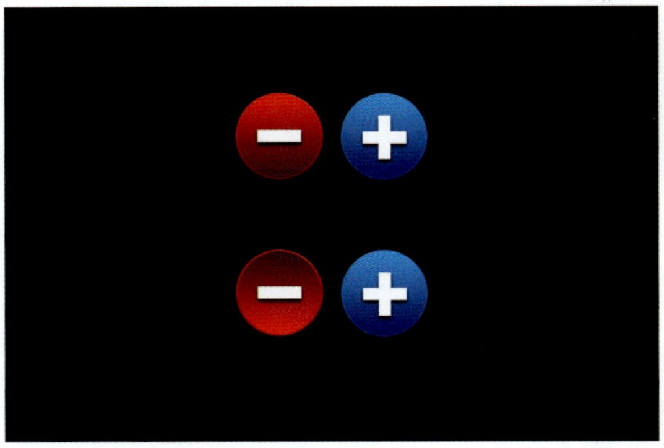

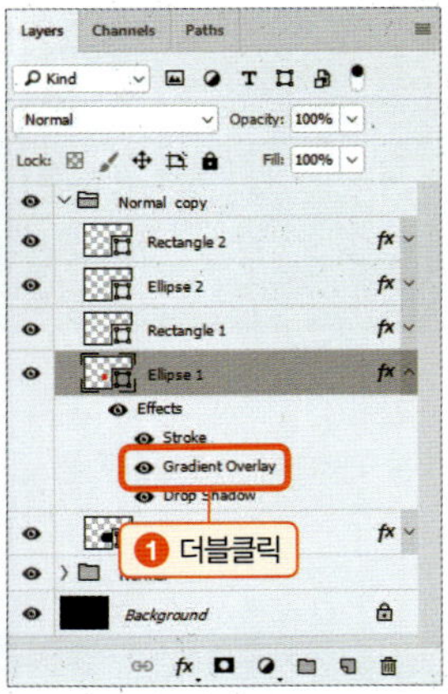

19 왼쪽 목록에서 [Inner Shadow]를 선택하고 다음과 같이 설정하여 입체감을 조금 더 살린 후 〈OK〉를 클릭한다.

Blend Mode: Multiply(Black), Opacity: 40%, Angle: 90˚, Distance: 5px, Size: 10px

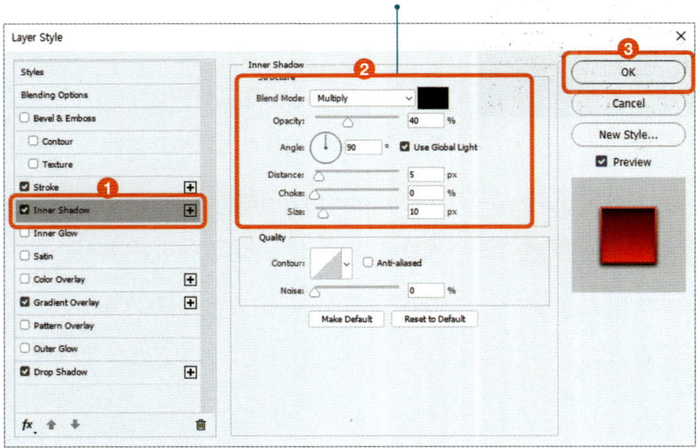

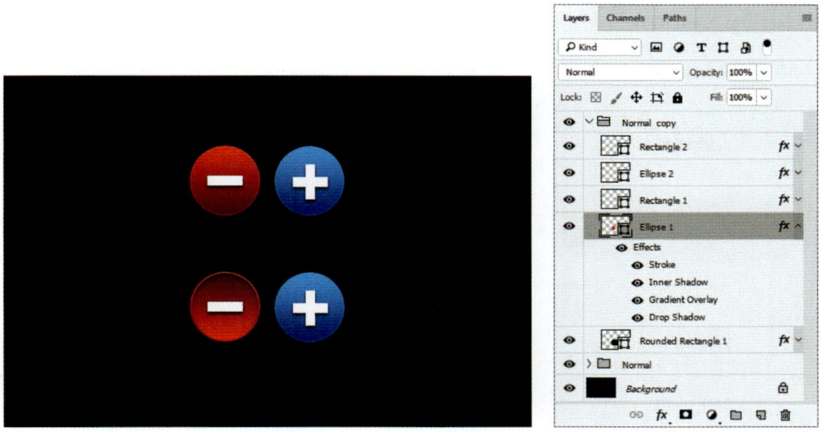

20 복제한 그룹의 Ellipse 2 레이어 아래쪽에 보이는 Gradient Overlay 스타일을 더블클릭한다. 옵션에서 Reverse를 체크해 입체 효과를 반대로 적용한다. 창은 닫지 않고 유지한다.

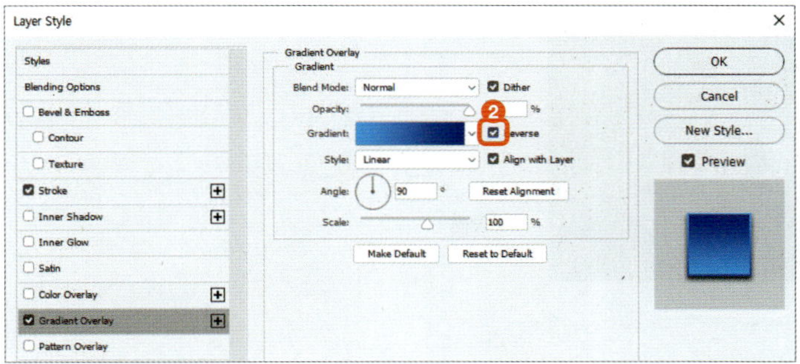

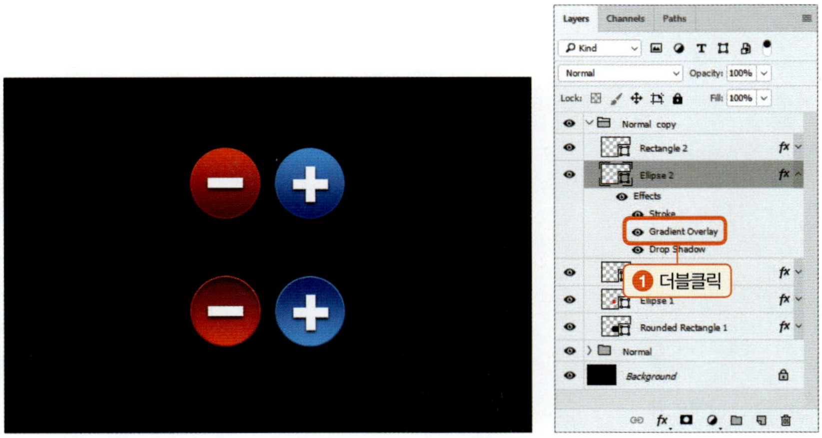

21 왼쪽 목록에서 [Inner Shadow]를 선택하고 다음과 같이 설정하여 입체감을 조금 더 살린 후 〈OK〉를 클릭한다. 그룹 이름을 Pressed로 변경하여 스테퍼를 완성한다.

Blend Mode: Multiply(Black), Opacity: 40%, Angle: 90°, Distance: 5px, Size: 10px

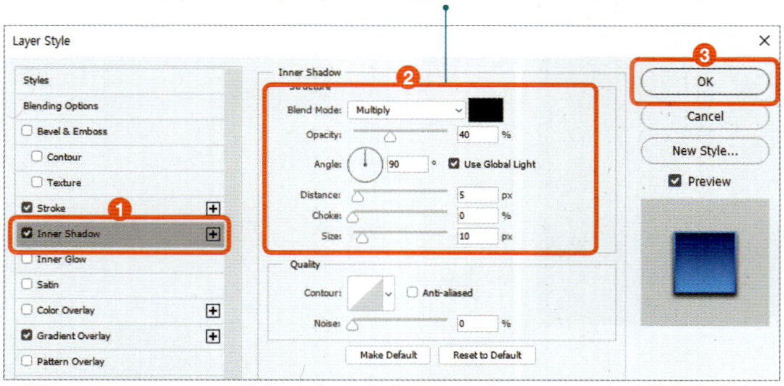

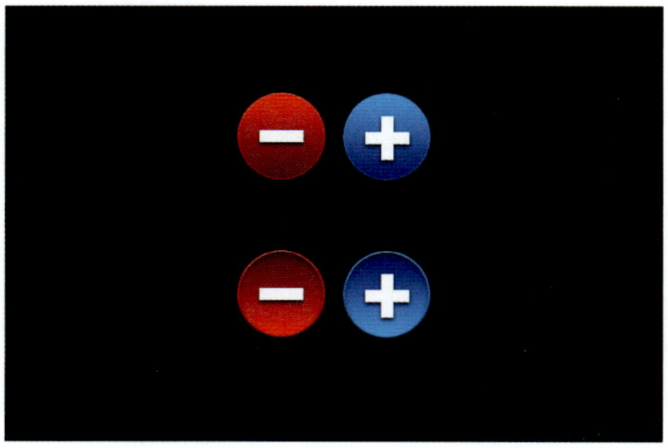

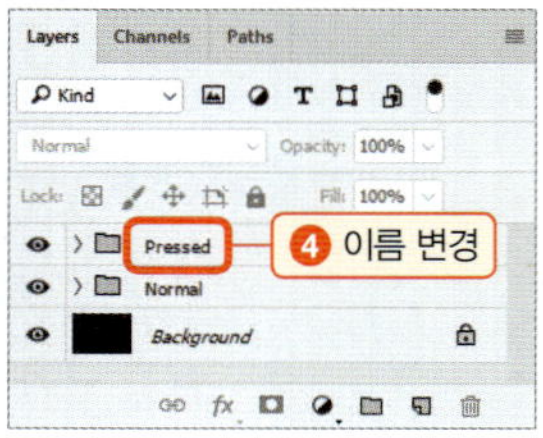

22 레이어 스타일의 Gradient Overlay 옵션을 변경하여 다음과 같이 밝은 배경의 스테퍼로 변형할 수도 있다.

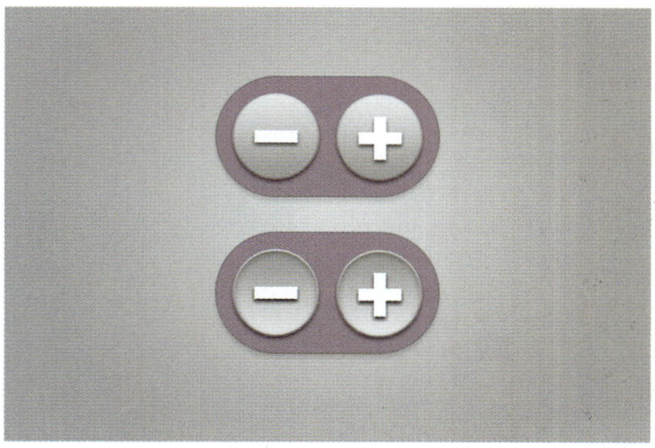

실습

5 상태 진행 바 만들기

1 백분율로 표시된 상태 진행 바 만들기

완성 이미지

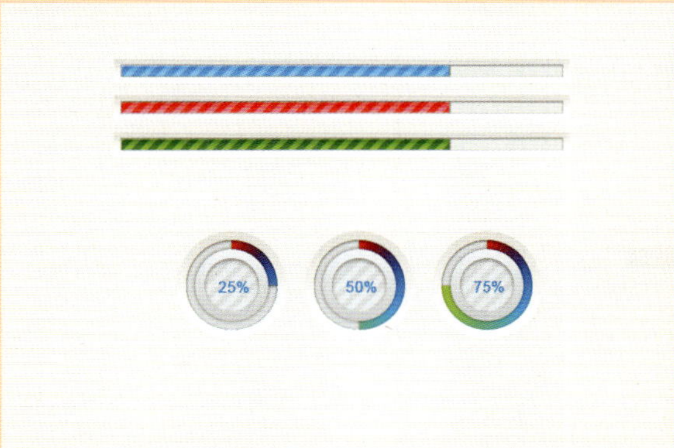

준비 파일 없음

완성 파일 progress_result.psd

01 [File]–[New] 메뉴를 선택하여 너비가 750픽셀이고 높이가 500픽셀인 새 화면을 만든다.

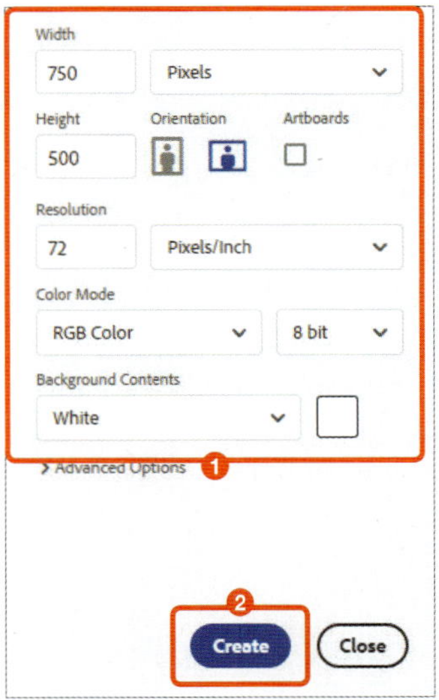

02 화면 배경을 밝은 색(#fefbf4)으로 채운다. 배경 무늬를 만들어 적용해도 좋다.

03 사각형 툴(▭)로 너비가 500픽셀이고 높이가 26픽셀인 사각형을 만들어 화면 상단 중앙에 배치한다.

04 레이어 패널의 레이어 스타일 추가 버튼(fx)을 클릭해 [Gradient Overlay]를 선택한 후 다음과 같이 설정하고 〈OK〉를 클릭한다.

Opacity: 100%, Gradient Color: #ffffff, #eee8e1, Checked Reverse, Angle: 90˚

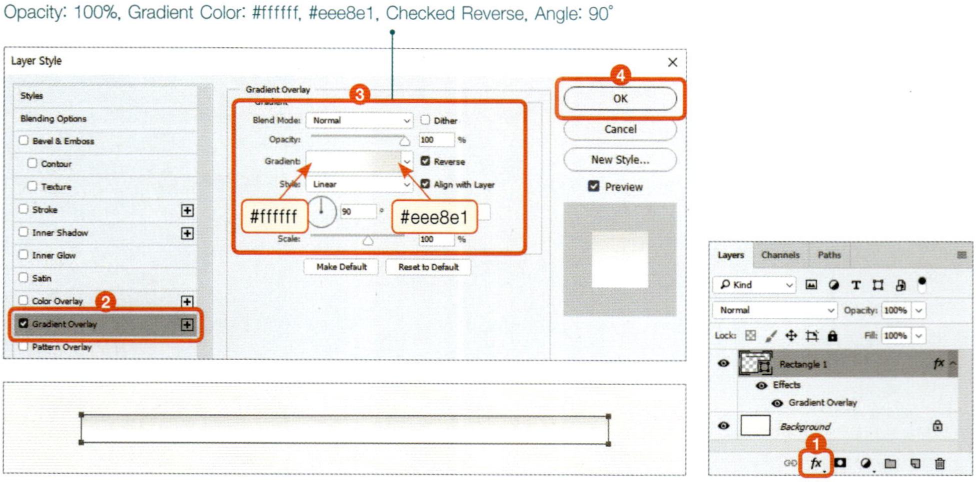

05 사각형 툴(□)로 너비가 486픽셀이고 높이가 14픽셀인 연한 베이지색(#f1efea) 사각형을 만들고 앞에서 만든 사각형 중앙에 배치한다.

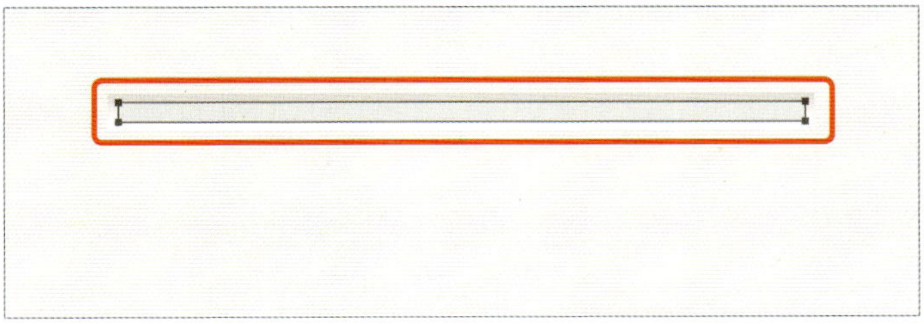
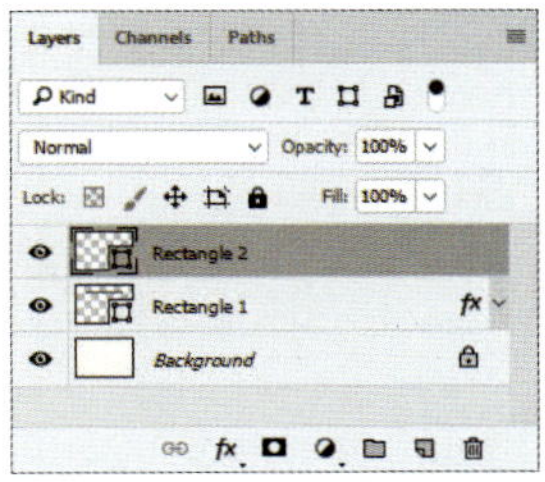

06 레이어 패널의 레이어 스타일 추가 버튼(fx)을 클릭하고 [Inner Shadow]를 선택한 후 다음과 같이 설정하고 〈OK〉를 클릭한다.

Blend Mode: Multiply(Black), Opacity: 50%, Angle: 90°, Distance: 1px, Size: 3px

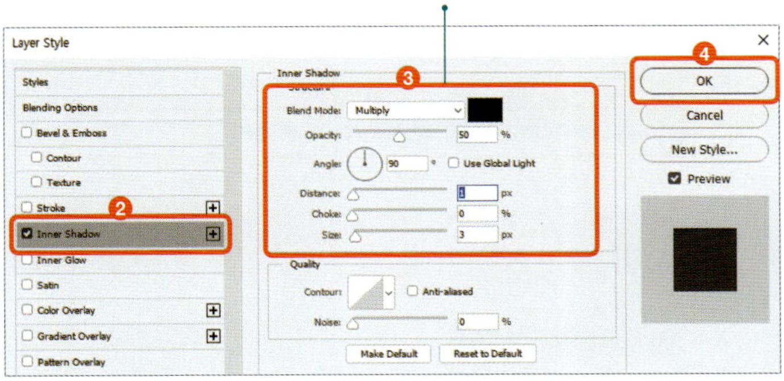
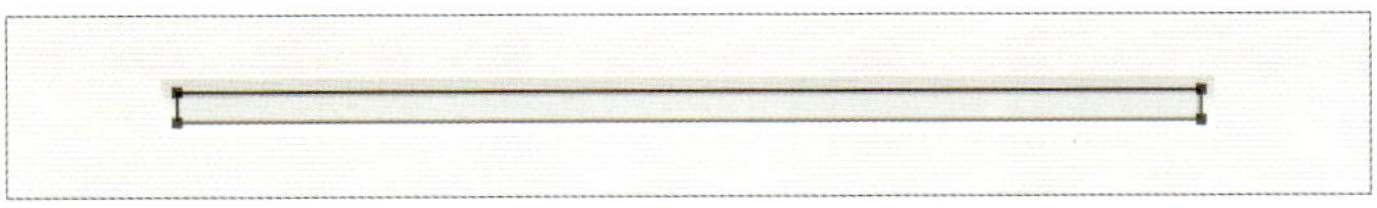
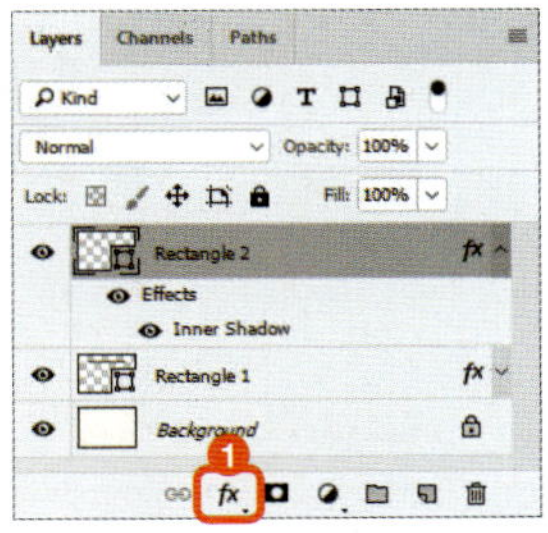

07 사각형 툴(□)로 너비와 높이가 각각 18픽셀인 정사각형을 만들고 파란색(#00a0ea)으로 채운다. 다시 사각형 툴(□)로 너비가 45픽셀이고 높이가 7픽셀인 사각형을 추가하고 하늘색(#85d7fd)으로 채운다. Ctrl+T를 눌러 바운딩 박스가 나타나면 Shift를 누른 채로 드래그하여 45°로 회전시키고 사각형의 왼쪽 모서리에 배치한다.

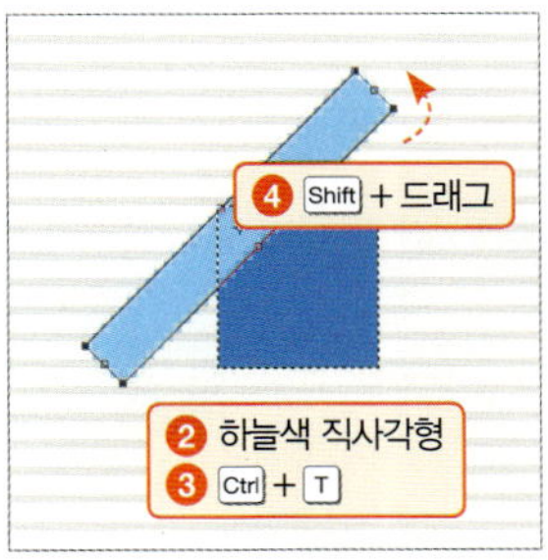

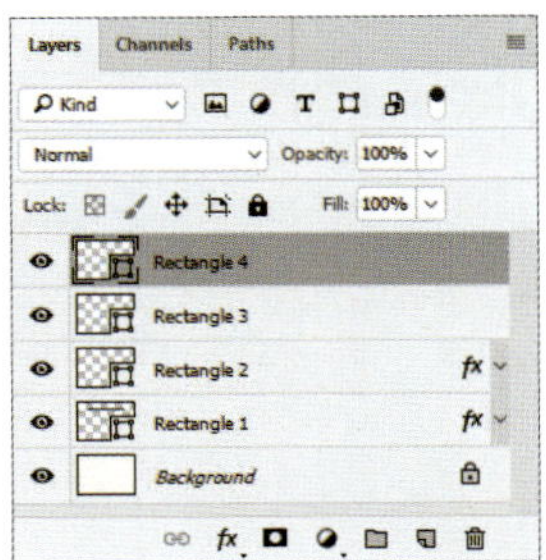

08 [Alt]를 누른 채로 사선 형태의 사각형을 드래그하여 다음과 같이 복제한다. 레이어 패널에서 [Ctrl]을 누른 채로 Rectangle 3 레이어의 섬네일을 클릭한 후 [Edit]–[Define Pattern] 메뉴를 선택하여 선택 영역을 패턴으로 등록한다. Rectangle 3 레이어와 Rectangle 4 레이어는 삭제한다.

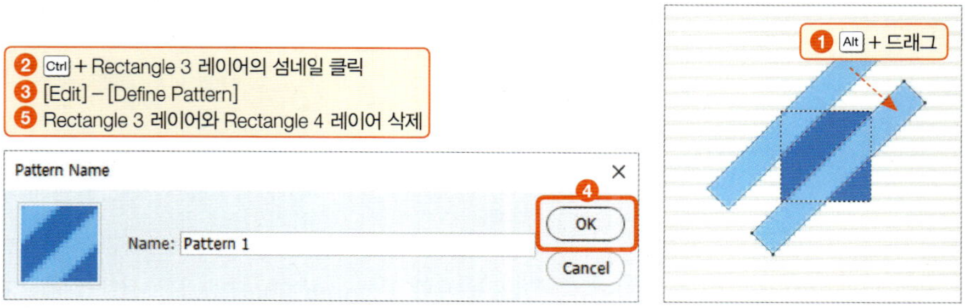

09 사각형 툴(□)로 너비가 360픽셀이고 높이가 12픽셀인 사각형을 만들고 Fill 옵션을 방금 만든 패턴으로 설정한 후 다음과 같이 배치한다.

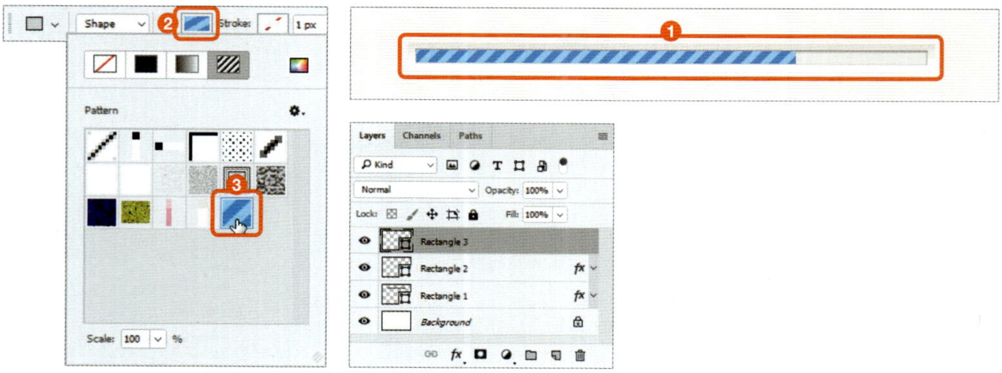

10 레이어 패널의 레이어 스타일 추가 버튼(fx)을 클릭해 [Gradient Overlay]를 선택하고 [Gradient Overlay], [Inner Shadow], [Drop Shadow]를 다음과 같이 설정한 후 〈OK〉를 클릭한다.

Opacity: 50%, Gradient Color: #86d6fd, #01a1e9, Angle: 90°

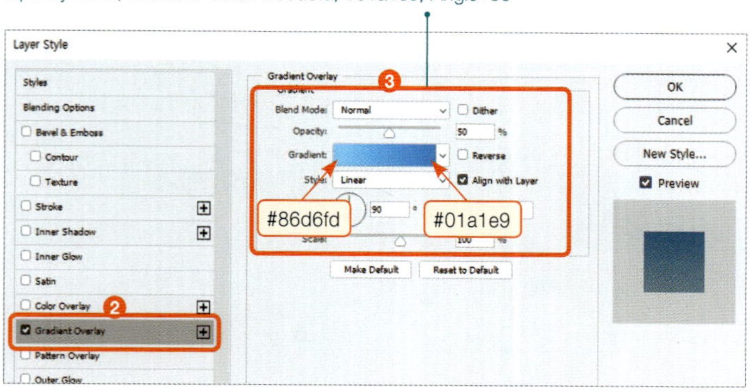

Blend Mode: Normal(White), Opacity: 40%, Angle: 90˚, Distance: 1px

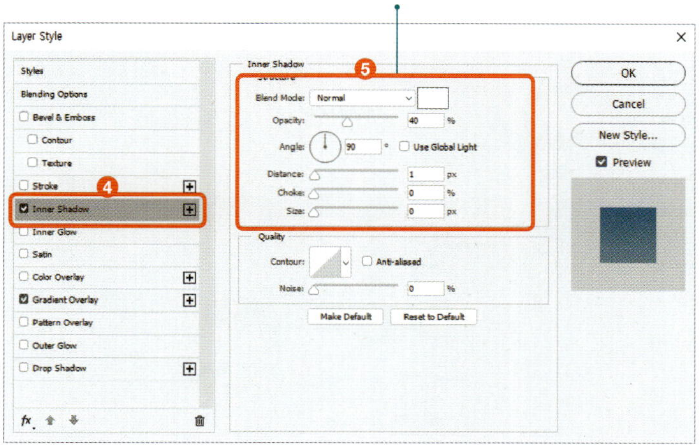

Blend Mode: Normal(Black), Opacity: 40%, Angle: 180˚, Distance: 1px, Size: 1px

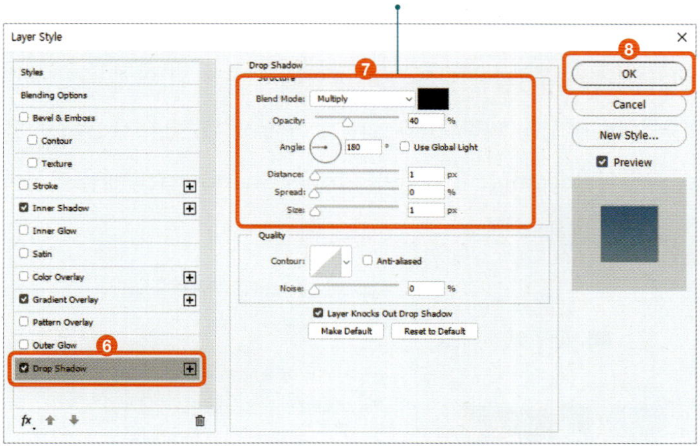

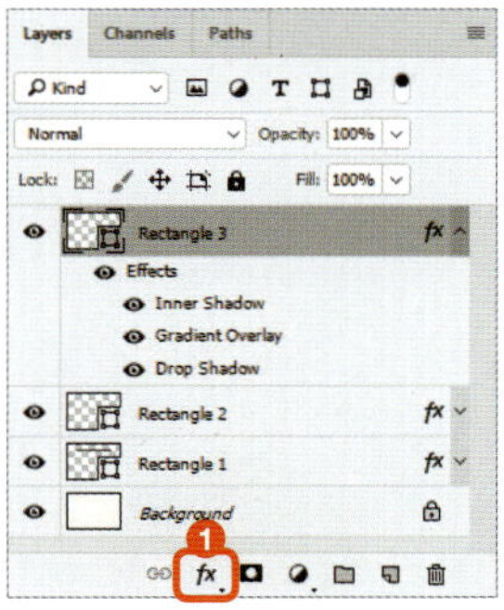

11 지금까지 작업한 레이어를 그룹으로 묶고 **03~10**번 과정을 반복하여 다음과 같이 다양한 색상의 상태 진행 바를 두 개 더 만든다.

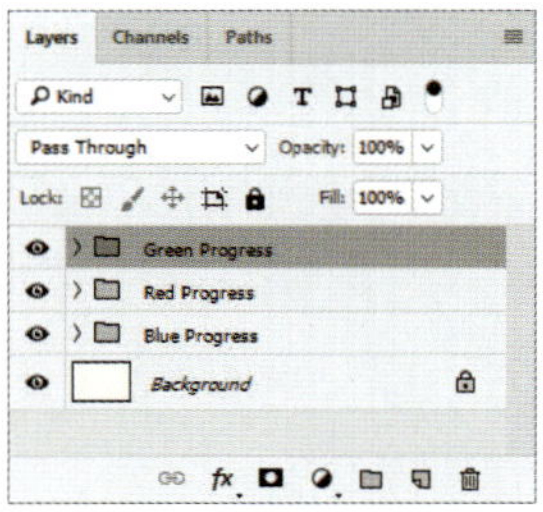

12 원형 툴( )로 너비와 높이가 각각 120픽셀인 원을 그리고 Blue Progress 그룹의 Rectangle 1 레이어의 레이어 스타일을 복제하여 붙여 넣는다.

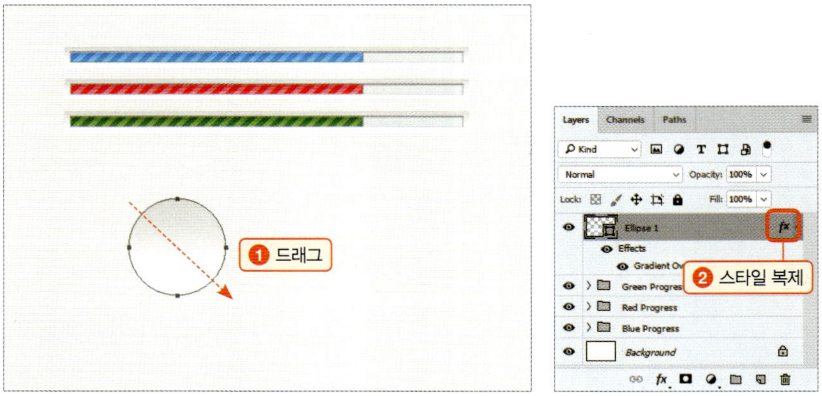

13 원형 툴( )로 너비와 높이가 각각 100픽셀인 원을 그리고 앞에서 만든 원 위에 배치한 후 Fill 옵션의 그레이디언트를 빨간색(#e2001a), 파란색(#00a1e7), 연두색(#b2d463), Angle을 90°로 설정한다. Blue Progress 그룹의 Rectangle 2 레이어의 Inner Shadow 스타일을 복사하여 붙여 넣는다.

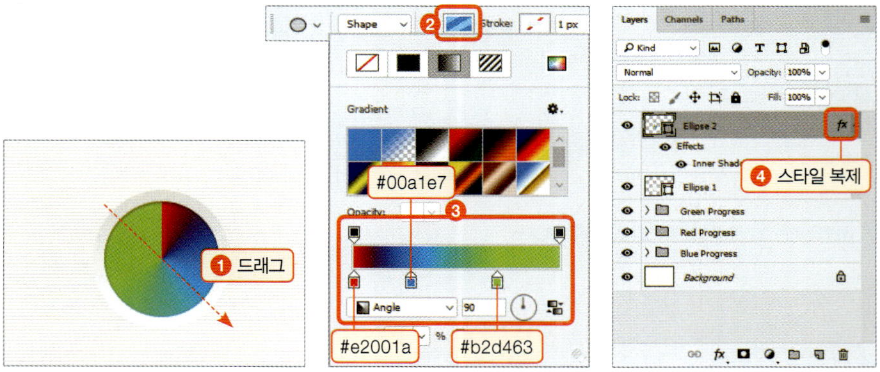

14 원형 툴(◯)로 너비와 높이가 각각 100픽셀인 연회색(#e5e5e5) 원을 그리고 앞에서 만든 원 위에 배치한다. Alt를 누른 채로 사각형 툴(▭)로 원의 절반을 드래그하여 선택한 후 정렬 옵션으로 Merge Shape Components를 선택해 원의 절반만 남게 한다.

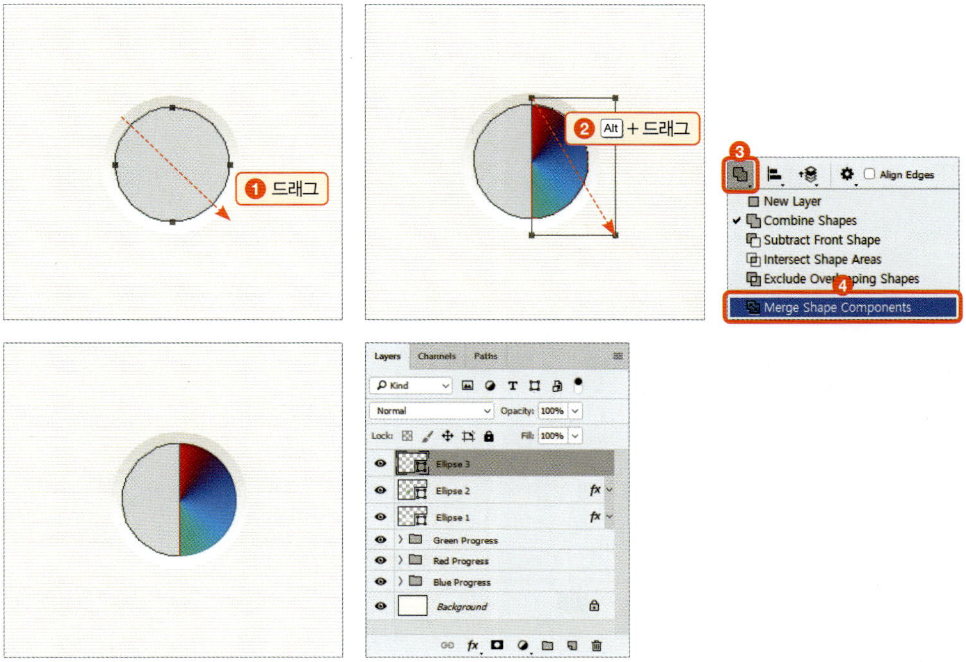

15 절반만 남은 원에 Blue Progress 그룹의 Rectangle 2 레이어의 Inner Shadow 스타일을 복사하여 붙여 넣는다.

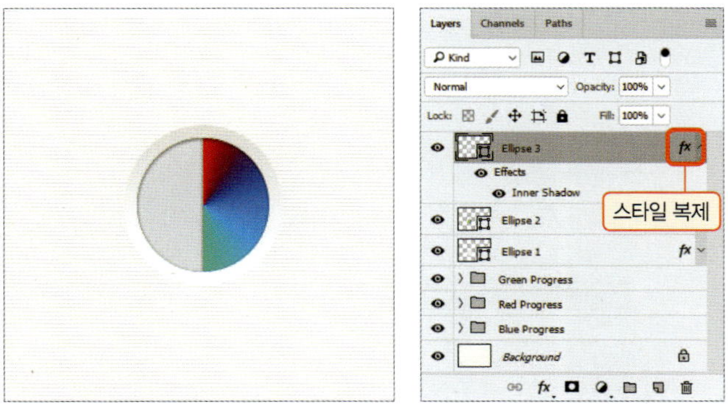

16 원형 툴([◎])로 너비와 높이가 각각 80픽셀인 원을 그린다. 레이어 스타일 추가 버튼([fx])을 클릭해 [Gradient Overlay]를 선택하고 [Gradient Overlay], [Drop Shadow]를 다음과 같이 설정한 후 〈OK〉를 클릭한다.

Opacity: 100%, Gradient Color: #dcdcdc, #f2f2f2, Angle: 90˚

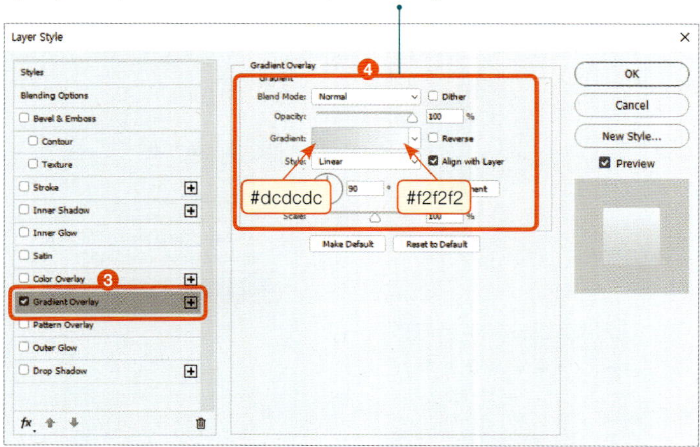

Blend Mode: Multiply(Black), Opacity: 40%, Angle: 90˚, Size: 5px

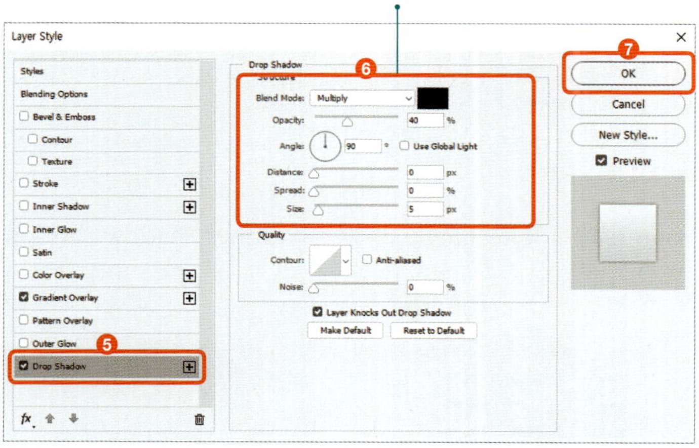

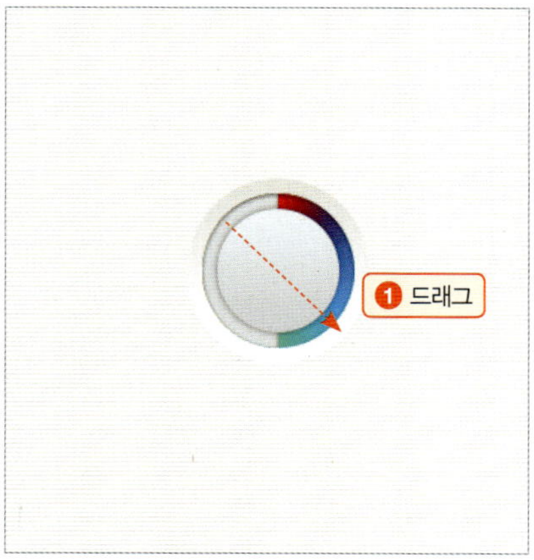

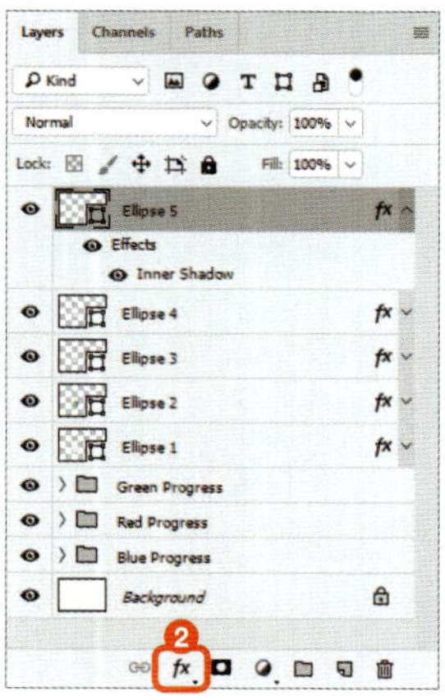

17 **07~08**번 과정을 참고하여 회색 계열의 사선 패턴을 만들어 등록한다. 원형 툴(![ellipse tool])로 너비와 높이가 각각 60픽셀인 원을 만들고 회색 계열의 사선 패턴으로 채운다.

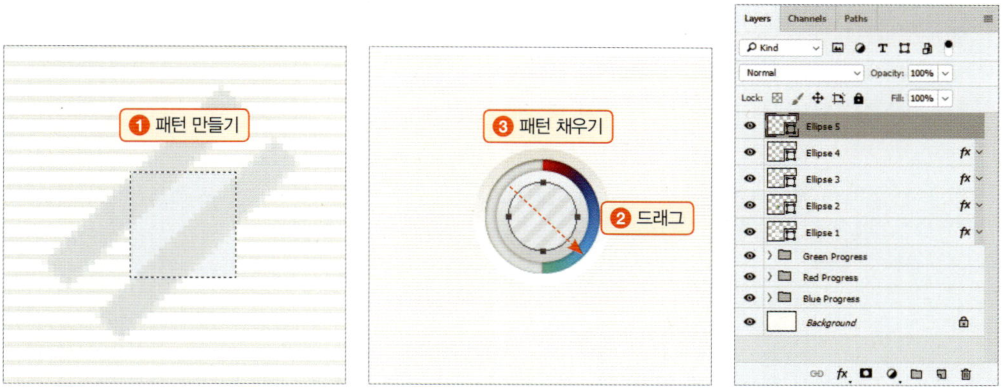

18 레이어 패널의 레이어 스타일 추가 버튼(fx)을 클릭해 [Inner Shadow]를 선택하고 다음과 같이 설정한 후 〈OK〉를 클릭한다.

Blend Mode: Multiply(Black), Opacity: 35%, Angle: 90˚, Distance: 2px, Size: 5px

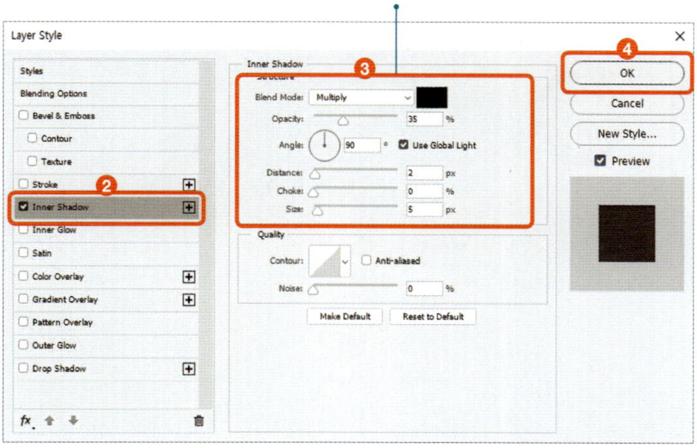

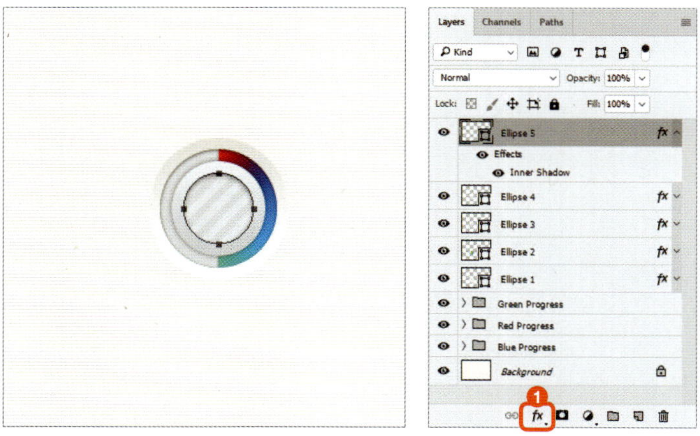

19 원의 내부에 진행 수치를 입력해 진행 상태를 표시한다.

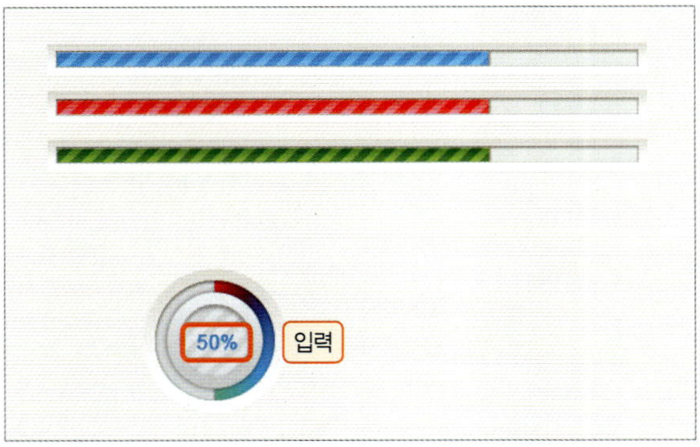

20 **14**번 단계에서 회색 원을 얼마나 남겼느냐에 따라 진행 상태를 달리 표시할 수 있다.

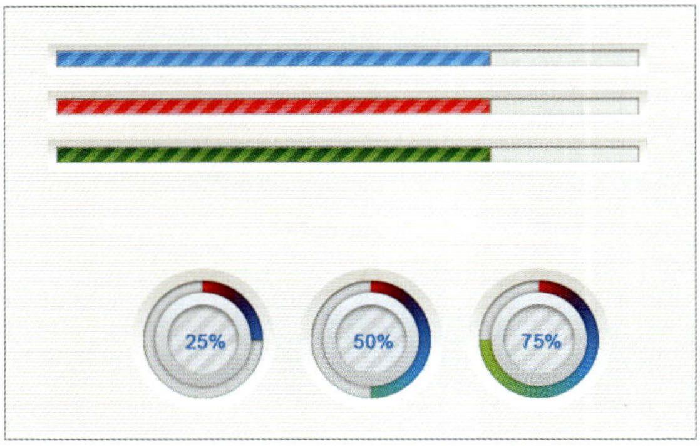

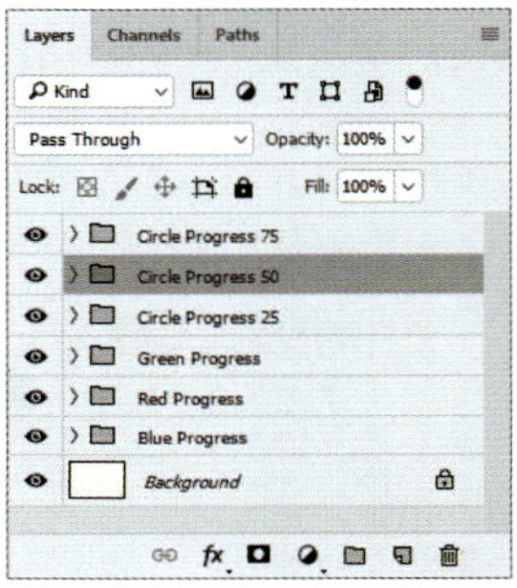

6
컨트롤의 인터랙션

컨트롤은 종류가 많아 다양한 곳에서 사용되지만, 메인 콘텐츠가 아니라는 이유로 디자이너가 실수로 빠트리고 디자인하지 않는 경우가 많다. 이러한 실수는 플로우차트나 와이어 프레임을 꼼꼼히 작성하면 줄일 수 있다. 컨트롤의 다양한 인터랙션은 예제 소스의 [ux]-[controls] 폴더를 참고하기 바란다.

1 컨트롤의 인터랙션 사례

[그림 11-26]은 팝업이 화면 하단에서 돌출하듯 올라오고, 원래 페이지는 작아지면서 뒤로 물러나는 인터랙션이다. 입력 폼에 좀 더 집중할 수 있도록 도와준다.

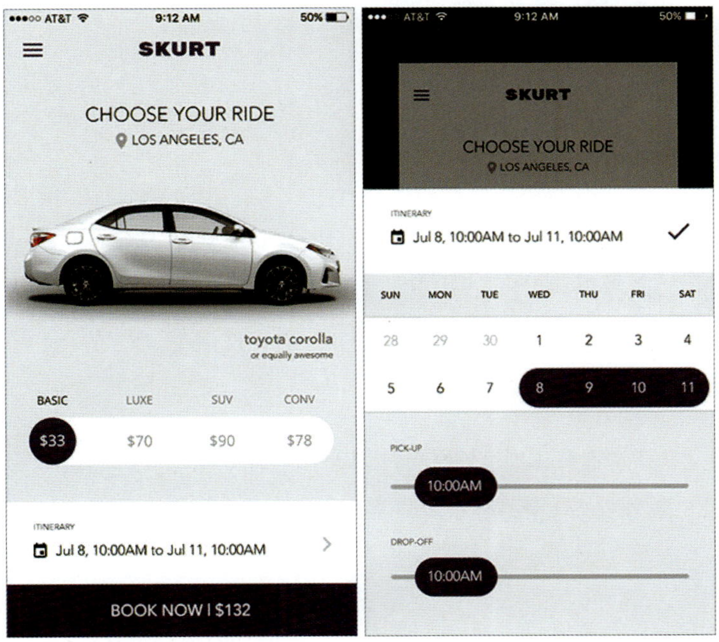

그림 11-26 controls (1).gif

[그림 11-27]은 사운드 출력에 관한 버튼 조합이다. 사운드가 나올 때는 마이크 대신 스피커 아이콘을 사용하는 것이 좋은데 마이크 아이콘을 그대로 사용한 부분이 아쉽다.

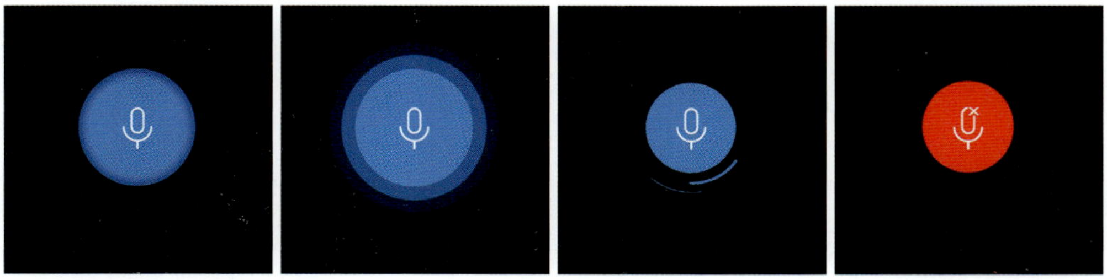

그림 11-27 controls (2).gif

[그림 11-28]은 자전거를 픽업하는 스케줄러 앱으로 BOOK 버튼을 터치해 여러 옵션을 지정할 수 있다. 옵션 창이 한꺼번에 나타나지 않고 순차적으로 나타나기 때문에 사용자의 오류를 줄일 수 있다.

그림 11-28 controls (3).gif

[그림 11-29]에서 메뉴는 원형으로 회전하고 컨트롤은 파이 모양이다. 파이 모양 컨트롤은 모바일 운영체제와 충돌할 수 있으므로 개발자와 충분히 상의한 후 디자인한다.

그림 11-29 controls (4).gif

[그림 11-30]은 파이 모양 메뉴를 제공한다. 음반을 고르거나 음원을 선택할 때 사용하면 좋다.

그림 11-30 controls (5).gif

[그림 11-31]은 장바구니에 물건을 넣거나 제품의 옵션을 선택하는 상황에 사용하면 좋을 컨트롤이다. 오브젝트 안에 항목을 추가하거나 빼면 금액이 자동으로 계산된다.

그림 11-31 controls (7).gif

[그림 11-32]는 검색 아이콘을 클릭하면 대화상자 모양의 창이 열리고 힌트 텍스트가 나오는 컨트롤이다.

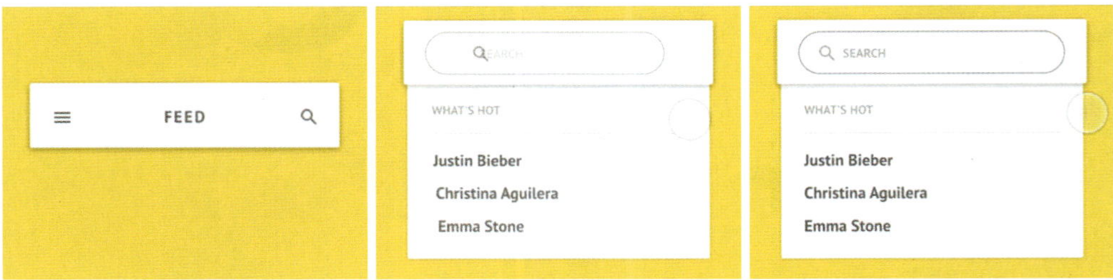

그림 11-32 controls (11).gif

[그림 11-33]은 입력 폼을 여러 개 사용하지 않고 하나만 사용하여 구현한 로그인 화면이다. 입력하는 만큼 창이 늘어나고 전송 버튼(❯)을 누르면 왼쪽 아이콘이 오른쪽으로 움직이면서 자연스럽게 다음 창이 열린다.

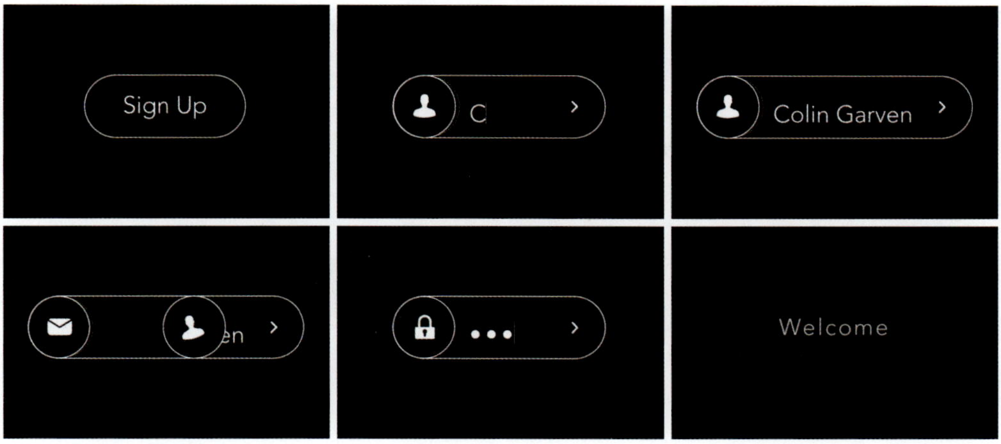

그림 11-33 controls (14).gif

[그림 11-34]는 평범한 진행 바로 파일 업로드 결과가 성공인지 실패인지 알려 준다.

그림 11-34 controls (15).gif

[그림 11-35]는 SUBMIT(제출) 버튼을 누르면 원으로 바뀌고, 바뀐 원 위에 작은 원이 시계 방향으로 회전하면서 전송 진행률을 표시한다. 전송이 끝나면 전송을 마쳤다는 것을 알리는 완료 버튼(✓)이 나타난다. 완료 버튼의 디자인이 다른 버튼의 디자인과 일관성을 유지하지 못해 아쉽다.

그림 11-35 controls (16).gif

[그림 11-36]은 색상환을 회전시켜 다른 색 셔츠는 무엇이 있는지 살펴보는 인터랙션이다. 잉크가 채워지는 효과로 흥미를 끈다.

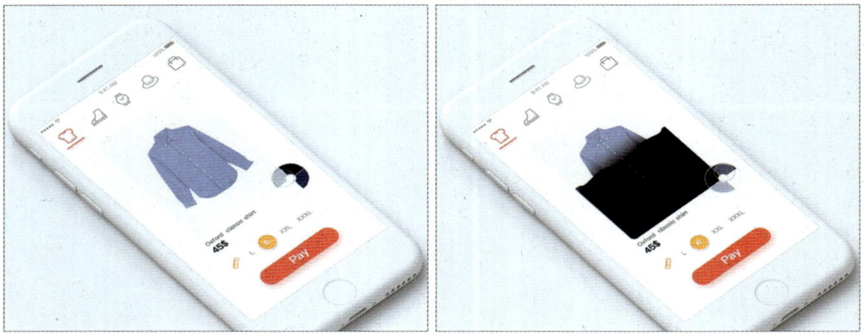

그림 11-36 controls (18).gif

[그림 11-37]은 전송을 실패했을 때 후속 피드백을 제공하는 버튼 세트이다.

그림 11-37 controls (19).gif

[그림 11-38]은 항목을 오른쪽으로 밀면 껍질이 벗겨지는 모양으로 항목이 삭제되는 테이블 리스트이다. 껍질 속에는 톱니바퀴가 돌아가는 애니메이션이 보이는데 이 부분이 마치 열심히 작업을 수행하고 있다는 느낌을 준다. 껍질이 완전히 벗겨지면 아래에 있는 카드들이 분리되어 움직이면서 위로 밀고 올라와 빈칸을 채운다.

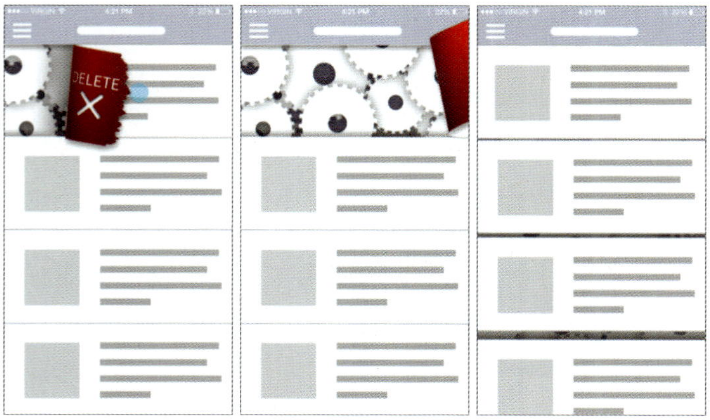

그림 11-38 controls (20).gif

[그림 11-39]는 링크 복사용 팝업이 열린 상태에서 링크 창을 터치하면 링크 주소가 복제되었다는 팝업이 하나 더 생기는 이중 팝업이다.

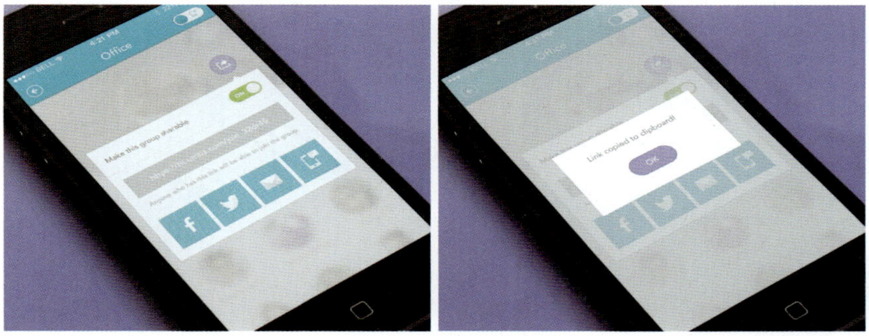

그림 11-39 controls (22).gif

[그림 11-40]은 메시지를 작성하고 보내기 버튼을 누르면 종이비행기에서 구름이 뭉게뭉게 피어난다. 전송을 마치면 구름 내부에 전송을 완료했다는 텍스트가 뜬다.

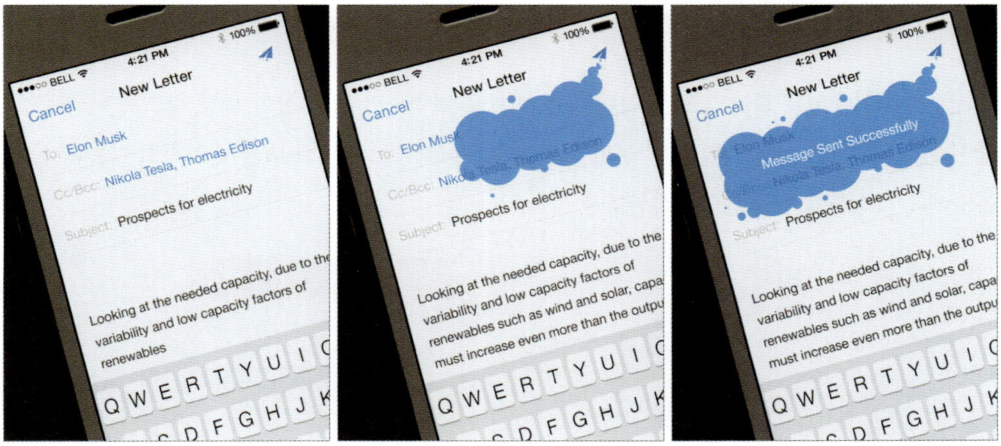

그림 11-40 controls (24).gif

[그림 11-41]에서는 카드 입력란에 힌트 텍스트가 제공되고 텍스트를 입력하면 오른쪽에 전송을 뜻하는 APPLY 버튼이 나타난다. 정보가 전송되는 동안에는 로딩 표시가 뜨고 로딩이 완료되면 완료 표시가 뜬다.

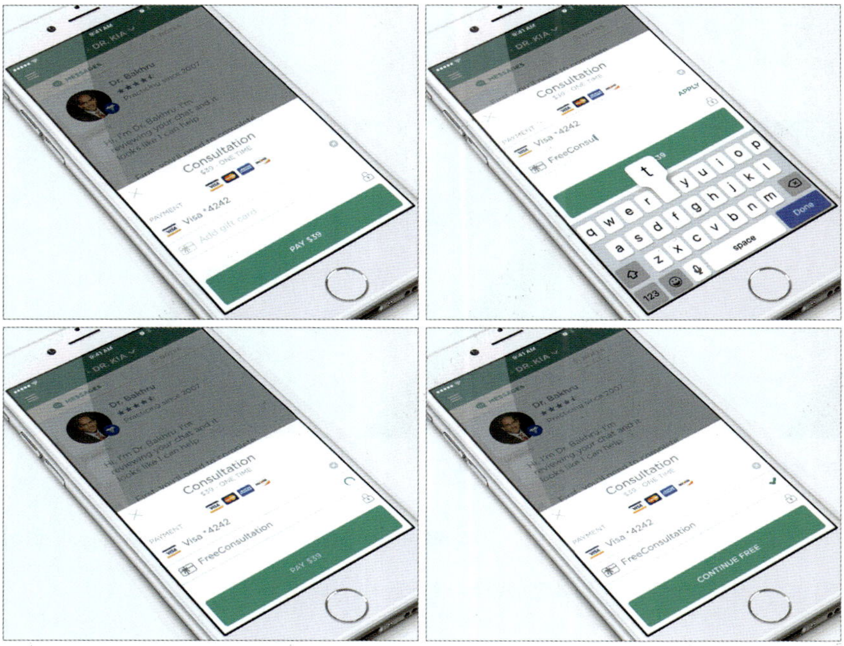

그림 11-41 controls (26).gif

[그림 11-42]에서는 화면의 모든 입력 폼에 정보를 입력하면 입력 창이 로딩 창으로 바뀐다. 로딩이 완료되면 완료 메시지가 화면 하단에 팝업으로 나타나고 곧바로 결과 페이지로 이동한다. 사용자에게 익숙하고 편안한 인터랙션이다.

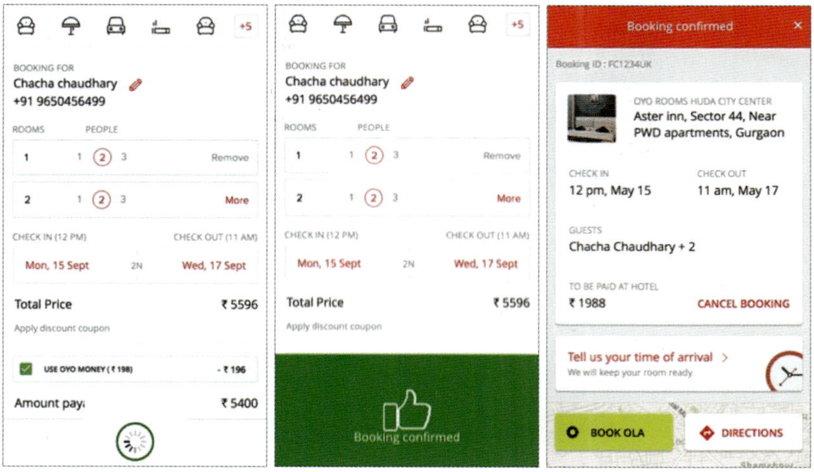

그림 11-42 controls (28).gif

[그림 11-43]은 타이머 앱으로 START 버튼을 누르면 지정된 시간을 기준으로 색상이 물방울처럼 튀어 올라 전체 화면을 채운다. 색상은 잠깐 수평을 유지한 후 다시 내려가면서 타이머 시간에 맞춰 점점 사라진다.

그림 11-43 controls (30).gif

[그림 11-44]는 보름달과 초승달을 모티브로 한 스위치이다.

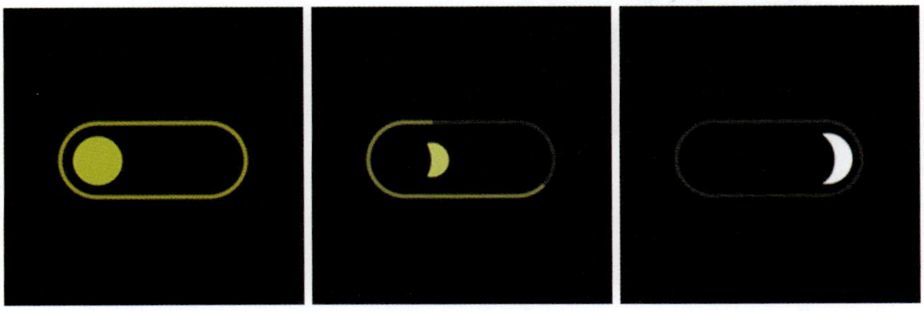

그림 11-44 controls (31).gif

[그림 11-45]는 자그마한 전원에 불이 들어오는 스위치이다.

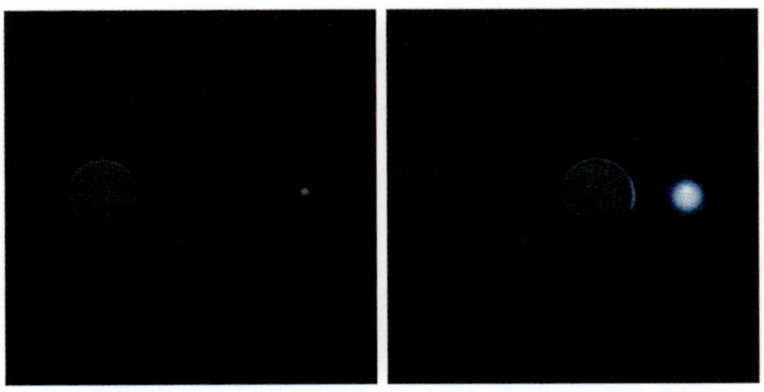

그림 11-45 controls (33).gif

[그림 11-46]은 화면 하단에서는 팝업, 화면 상단에서는 대화상자를 제공하는 인터랙션이다.

그림 11-46 controls (34).gif

[그림 11-47]에서는 탭한 위치에서 창이 열리는 것이 아니라 하단에서 창이 열리면서 옵션을 보여 준다. 창에서 어떤 항목을 선택했는지는 상단에 표시한다.

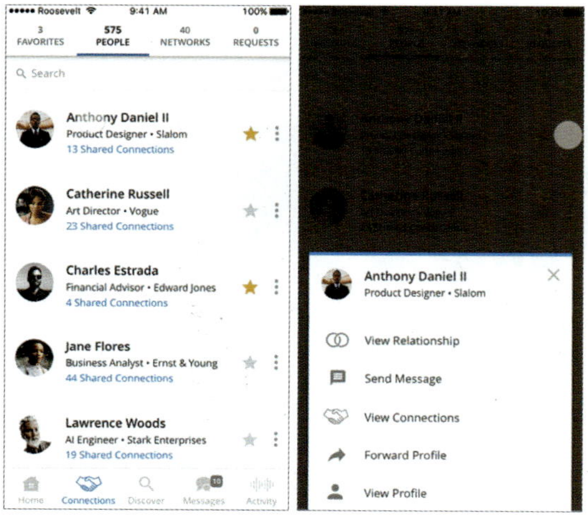

그림 11-47 controls (35).gif

[그림 11-48]은 실제 장바구니에 물건을 담는 것 같은 인터랙션이다. 상품을 탭하면 아래에서 나타난 종이가방 속으로 상품이 쏙 들어간다. 그다음에는 옵션 창이 열리는데, 여기서 옵션을 선택하면 가격과 구매 정보를 알 수 있다. 쇼핑몰에서 사용하기에 유용한 인터랙션이다.

그림 11-48 controls (36).gif

요약

1 버튼

버튼은 사용자가 터치할 때 발생하는 동작을 알려 주는 컨트롤이다. 탭 메뉴를 포함한 다양한 내비게이션 요소에 사용된다.

2 스위치

스위치는 토글 형태의 컨트롤로 두 개의 상호 배타적인 기능을 켜고 끌 때 사용한다. 보통 테이블의 행에서 단일 설정 옵션의 상태를 전환하기 위해 사용한다.

3 체크 박스와 라디오 버튼

체크 박스는 항목 중에서 여러 항목을 선택할 때 사용하고, 라디오 버튼은 단 한 개의 항목만 선택할 때 사용한다.

4 진행 바

진행 바는 사용자에게 현재 상태를 정확히 알 수 있도록 진행 상황을 피드백해 준다.

5 입력 필드

입력 필드는 정보를 입력하기 위한 공간으로 입력 필드에 어떤 내용을 입력하는지 알려 주는 레이블, 입력한 내용을 제출할 때 사용하는 버튼, 입력 동작의 결과를 알려 주는 피드백 등으로 구성된다.

6 검색 창

검색 창은 사용자가 검색을 통해 필요한 정보를 찾을 수 있도록 도와준다.

7 드롭다운 메뉴

드롭다운 메뉴는 사용자에게 제시된 항목 중 하나를 선택할 수 있도록 하는 컨트롤이다. 한정된 스마트폰 화면의 공간을 절약할 수 있다.

8 세그먼트 버튼

세그먼트 버튼은 여러 항목 중 하나를 선택할 때 사용하는 버튼형 메뉴이다. 선택 항목이 많지 않을 때 모든 항목을 한눈에 보면서 고를 수 있다.

9 스테퍼

스테퍼는 증분 값을 늘리거나 줄이는 데에 세그먼트 버튼을 두 개 사용하는 컨트롤이다.

10 페이지네이션

페이지네이션은 콘텐츠를 여러 페이지로 나눈 후 다음 페이지 혹은 특정 페이지로 넘어갈 수 있는 일련의 링크를 제공한다.

11 스크롤링

스크롤링은 선택 항목을 무한대로 늘려가며 보여 준다. 대표적인 예로 핀터레스트와 페이스북을 들 수 있다.

Chapter 12
로그인 페이지

1

로그인 페이지의 개요

1 로그인 UI의 경향

시계나 계산기 같은 간단한 앱은 굳이 로그인을 할 필요가 없지만 회원의 데이터를 입력받아 회원 개개인에게 맞는 서비스를 제공하는 앱은 회원 가입을 유도하는 것이 좋다. 최근 로그인 페이지는 회원 가입 과정을 별도로 거치지 않고 페이스북, 구글, 네이버 같은 기존 SNS의 아이디와 패스워드를 그대로 이용하는 추세이다. 사용자들은 이미 너무 많은 웹 사이트와 앱에 가입되어 있어 새로 회원 가입을 하는 것보다 기존 아이디를 그대로 쓰고 싶어 하기 때문이다. 앱의 내용과 상관없이 너무 많은 개인 정보를 요구하면 사용자는 회원 가입을 거부한다. 또한 새로운 앱일수록 신뢰도가 낮아 사용자들이 회원 가입을 할 때 자신의 개인 정보를 입력하길 꺼린다.

2 로그인 페이지의 구성 요소

로그인 페이지는 아이디와 패스워드를 입력하는 입력 필드, 아이디와 패스워드를 입력한 후 누르는 액션 버튼, 입력 필드와 액션 버튼을 설명하는 필드 레이블로 구성된다. 입력 필드와 액션 버튼은 특정 폼 요소나 버튼 이미지 단독으로 사용하기는 어려우므로 아이콘이나 문자 같은 필드 레이블을 함께 사용한다. 이 밖에도 로그인 페이지에는 로그인 진행 상황을 보여 주는 피드백, 도움말, 자동 확인 등의 요소를 포함시킬 수 있다. 이러한 요소는 로그인 페이지뿐만 아니라 데이터를 입력하고 제출하는 모든 입력 화면의 구성 요소이기도 하다.

로그인 페이지의 부수적인 구성 요소에는 패스워드 찾기, 회원 가입 버튼, SNS 계정으로 로그인하는 옵션 등이 있다. 이 중에서 SNS 계정으로 로그인하는 옵션은 앱의 서비스에 따라 제공하지 않아도 무관하나 패스워드 찾기와 회원 가입 버튼은 제공하는 것이 좋다. 특히 패스워드 찾기는 로그인 실패 화면에만 제공하고, 회원 가입 버튼은 초기 로그인 화면에서부터 제공하는 것이 좋다. 또 사용자가 어떤 앱에 로그인하고 있는지 알 수 있도록 앱의 정체성을 보여 주는 로고나 문자를 로그인 페이지에 포함시키는 것이 좋다.

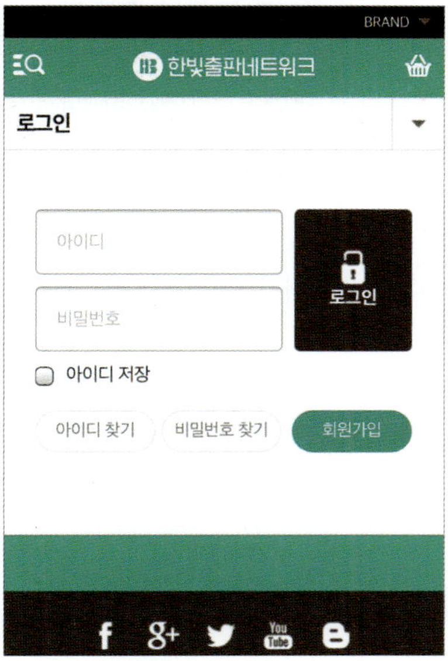

그림 12-1 **로그인 페이지의 예**

3 로그인 페이지의 디자인

로그인 페이지는 입체적인 폼 또는 플랫한 폼으로 디자인할 수 있다. 배경을 블러blur 처리한 색상 위주로 채우거나 사진으로만 채울 수 있다. 또 팝업으로 로그인 창만 도드라지게 디자인할 수도 있다. 크기는 스플래시 페이지와 동일하게 화면에 꽉 차게 만든다.

3.1 텍스트 필드

로그인 페이지는 페이지를 차지하는 대부분의 요소가 입력 필드이므로 운영체제별 텍스트 필드 컨트롤의 가이드라인에 따라 제작한다.

- **iOS의 텍스트 필드**

iOS의 텍스트 필드는 사용자가 필드 영역을 선택했을 때 자동으로 키보드를 가져온다. 문자를 입력하면 문자 키보드를 제공하고, 숫자를 입력하면 숫자 키보드를 제공한다. 텍스트 필드의 힌트는 필드에 무엇을 입력해야 할지 사용자에게 알려 주는 역할을 한다. 힌트는 필드가 충분히 길 때는 텍스트 필드 안에 삽입하고, 짧을 때는 힌트 레이블을 따로 둔다. 텍스트 필드 오른쪽 끝에는 삭제 버튼을 넣어 사용자가 잘못 입력한 내용을 삭제할 수 있도록 한다. 텍스트 필드의 왼쪽이나 오른쪽에는 책갈피 단추 같은 시스템 버튼이나 사용자 정의 이미지를 표시할 수도 있다.

■ **안드로이드의 텍스트 필드**

안드로이드의 텍스트 필드는 다른 요소들 사이에서 쉽게 찾을 수 있도록 디자인하고, 명확한 레이블과 보조 텍스트를 사용하여 사용자에게 편의를 제공한다. 텍스트 필드가 비어 있는 경우에는 레이블을 텍스트 필드 안에 놓고, 텍스트 필드에 포커스가 있거나 내용이 채워진 경우에는 레이블을 위로 띄워 둔다. 텍스트 필드에 입력된 보조 텍스트는 첫 문자를 대문자로 사용한다. 텍스트 필드에 입력된 텍스트는 색상 농도를 100%로 설정한다. 자동 완성 기능으로 나타내는 추천 텍스트는 투명도를 적용하고, 힌트 텍스트는 사용자가 텍스트 입력을 시작할 때까지 입력 필드 안에 보이다가 사용자가 입력을 시작하면 사라지도록 한다. 입력 필드 하단에는 도움말을 두는데, 입력 필드에 어떤 내용도 입력하지 않거나 잘못된 정보를 입력하여 오류가 발생하면 도움말 부분에 오류 메시지를 제공한다. 오류 메시지는 기존의 입력 필드 또는 레이블과 다른 색상을 사용하여 오류가 난 부분을 사용자가 쉽게 인지할 수 있도록 한다. 이때 따뜻한 계열의 색상을 사용하면 시각적 주목도가 높지만 화면의 색상이 난색 계열이라면 보색 계열의 색상을 사용하는 것도 좋다. 텍스트 필드에 사용자의 입력을 돕는 선택 옵션을 제공할 경우에는 드롭다운 화살표나 음성 입력 아이콘을 제공하는 것도 좋은 방법이다. 텍스트 필드 오른쪽에 삭제 버튼을 제공하여 사용자가 전체 지우기를 할 수 있도록 한다.

3.2 글꼴

로그인 페이지를 디자인할 때는 다양한 글꼴을 사용하지 않는 것이 좋다. 앱의 일관성을 유지하는 글꼴을 한두 개만 골라 사용한다. 운영체제에서 기본으로 제공하는 글꼴을 그대로 사용하는 것도 괜찮다. 특별한 글꼴을 사용하고 싶다면 번짐 현상이 발생하는 세리프 글꼴은 피하고 산세리프 글꼴을 사용할 것을 권장한다. 산세리프 글꼴이라 하더라도 여러 글꼴을 함께 사용하는 것은 좋지 않다. 텍스트 간에 중요도나 역할에 따른 구분이 필요할 때는 글꼴 하나로 크기, 굵기, 색상 등을 달리하여 사용하면 된다.

4 로그인 페이지의 피드백

4.1 입력 필드

로그인 페이지에서 사용자에게 제공하는 피드백은 상당히 많고 다양하다. 대표적인 예로 사용자가 아이디를 입력하려고 준비할 때와 아이디를 입력하는 도중에는 입력 필드의 투명도가 다르다. 이를 통해 사용자는 아이디를 입력하고 있음을 인지할 수 있다.

아이디와 패스워드의 폼 요소도 다양한 방법으로 디자인할 수 있다. '아이디'나 '패스워드'라고 명확하게 문자로 레이블링한 후 입력 필드를 배치할 수도 있고, 아이디와 패스워드를 아이콘으로 표현한 후 입력 필드 내부에 반투명한 텍스트를 삽입할 수도 있다. 후자의 경우에는 입력 필드를 클릭하는 순간 배치되어 있던 텍스트는 사라지고 키보드 화면이 나타난다.

로그인 페이지에서는 주로 사용할 수 없는 문자를 입력하거나 입력 필드에 아무런 내용을 입력하지 않았을 때 오류가 발생한다. 이렇게 사용자가 잘못된 정보를 입력하거나 아예 입력하지 않았을 때는 상황에 맞는 피드백을 제공해야 한다. 입력 오류에 대한 피드백은 입력 필드 아래에 공간을 두어 텍스트를 표시하거나 알림 창을 띄워 표시한다. 입력 필드 아래에 오류 텍스트를 표시할 때는 수직 간격을 16dp로 주고 사용자가 쉽게 알아 볼 수 있도록 구분되는 색상을 사용한다.

4.2 액션 버튼

아이디와 패스워드를 입력하고 액션 버튼을 클릭했을 때는 진행 상태를 보여 주지 않는 것이 원칙이다. 진행 상태를 보여 주면 사용자는 로그인하는 데 많은 시간이 소요될 거라고 느낄 뿐만 아니라 잘못된 정보를 입력한 것이 아닐까 하는 불안을 느낄 수 있기 때문이다. 로그인 진행 상태를 꼭 보여 주고 싶다면 액션 버튼을 비활성화시키는 것만으로도 충분하다.

실습

2

iOS의 로그인 페이지 만들기

1 iOS의 로그인 페이지 만들기 1

완성 이미지

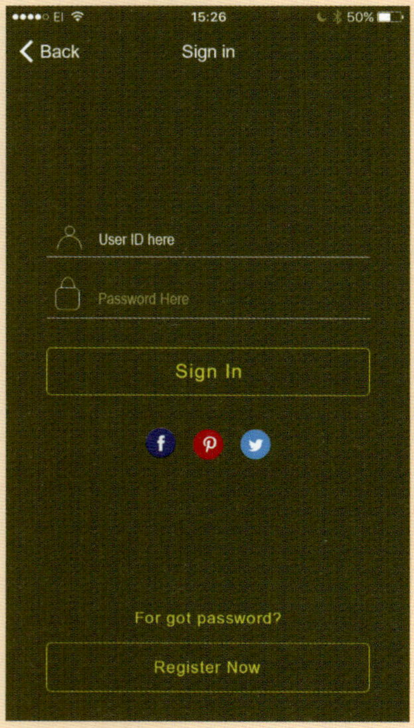

준비 파일 iOS_login1_resource.psd, Social_icons.psd

완성 파일 iOS_login1_result.psd

01 [실습]-[12장] 폴더에서 iOS_login1_resource.psd 파일을 불러온다. 5장 iOS 런치 스크린 실습에서 만들었던 배경에 상태 바가 배치되어 있다.

02 새 레이어를 추가한 후 전체 화면을 검은색으로 채우고 레이어의 Opacity를 60%로 변경한다.

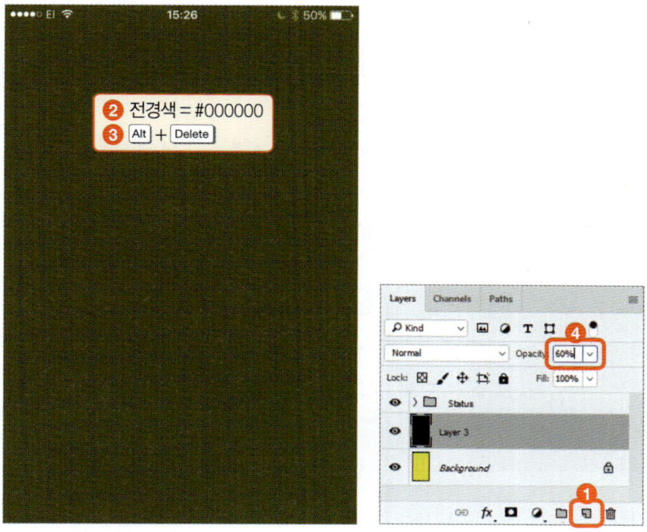

03 사각형 툴(▭)로 너비가 30픽셀이고 높이가 6픽셀인 사각형을 만들고 선 없이 면만 흰색으로 채운다.

04 Shift를 누른 채로 사각형 툴(▭)로 너비가 6픽셀이고 높이가 30픽셀인 사각형을 만든 후 다음과 같이 배치한다. Ctrl+T를 눌러 시계 반대 방향으로 45° 회전한다.

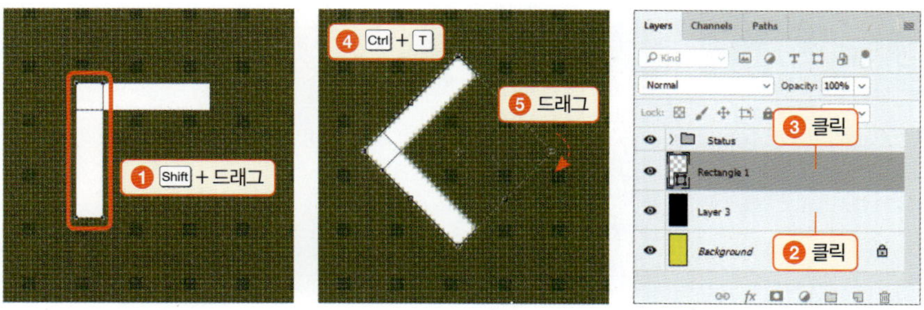

Tip Shift를 누른 채로 드래그하는 도중에 Shift에서 손가락을 떼야 직사각형을 그릴 수 있다. 계속 Shift를 누르면 정사각형이 그려진다.

05 껍쇠를 상태 바 왼쪽 아래로 옮긴 후 텍스트 툴(T)로 껍쇠 옆에 Back과 화면 중앙에 Sign in을 흰색으로 입력한다. 레이어 패널에서 Shift를 누른 채로 문자 레이어 두 개와 Rectangle 1 레이어를 선택한 후 Ctrl+G를 눌러 그룹으로 묶는다. 그룹 이름은 navigation으로 변경한다.

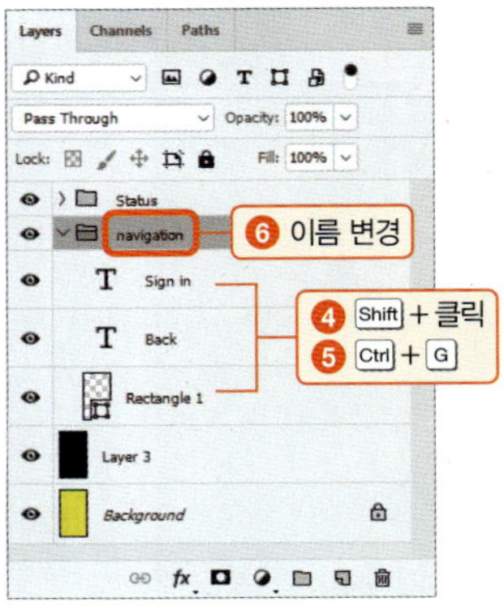

06 선 툴(⁄)로 화면의 1/3 지점에 너비가 600픽셀이고 높이가 1픽셀인 흰색 선을 그린다.

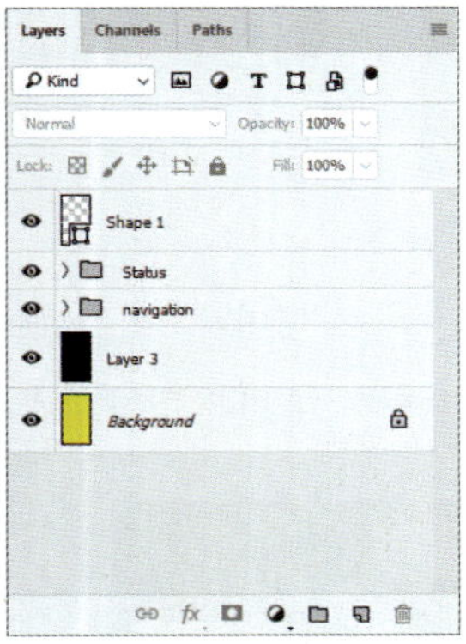

07 원형 툴( )로 너비와 높이가 각각 18픽셀인 원을 만든 후 면은 색상 없음, 선은 1픽셀의 흰색으로 설정한다.

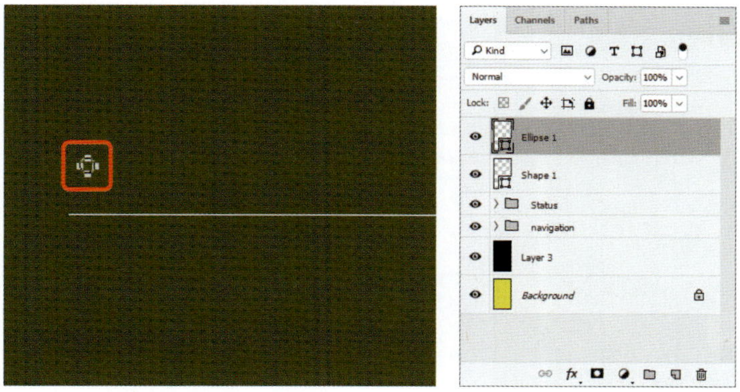

08 원형 툴( )로 너비가 45픽셀이고 높이가 52픽셀인 타원을 만들어 앞에서 만든 원 아래에 배치한다. 직접 선택 툴( )로 원의 하단 앵커를 선택한 후 Delete 를 눌러 패스를 삭제하여 사람 모양 아이콘을 만든다.

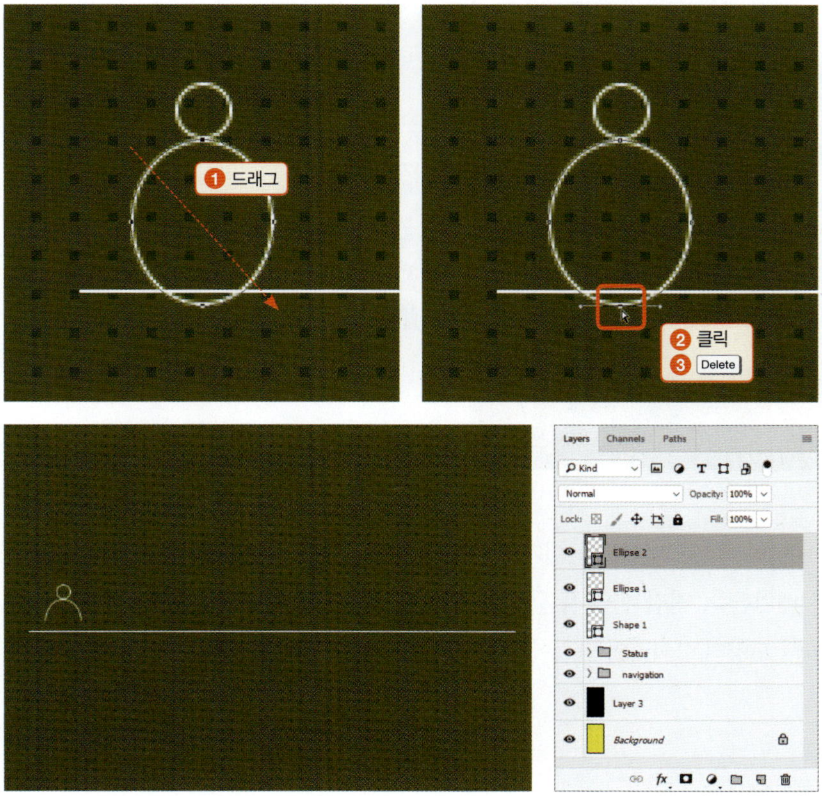

09 사람 모양 아이콘 옆에 텍스트 툴(T)로 User ID here를 흰색으로 입력한다. 레이어 패널에서 ID 입력 폼에 사용한 모든 레이어를 그룹으로 묶고 그룹 이름을 ID로 변경한다.

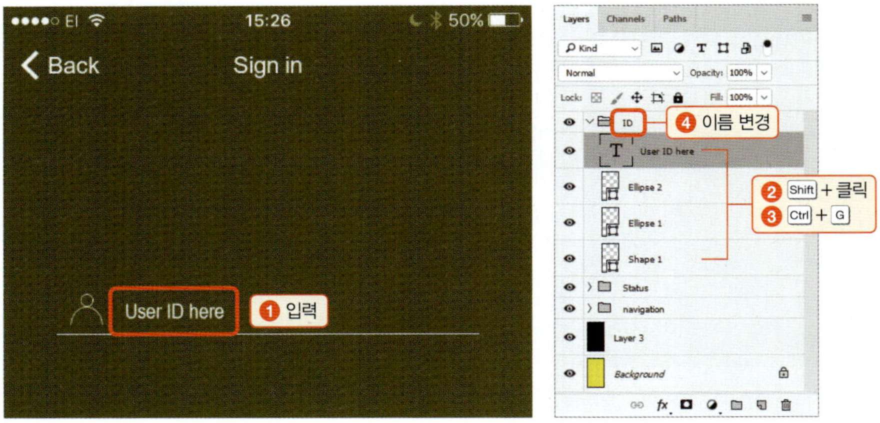

10 선 툴(⁄)로 너비가 600픽셀이고 높이가 1픽셀인 흰색 선을 그리고 ID 입력 폼 아래에 배치한다. 모서리가 둥근 사각형 툴(▢)로 너비가 44픽셀이고 높이 42픽셀인 사각형을 만들고 면은 색상 없음, 선은 1픽셀의 흰색으로 설정한다.

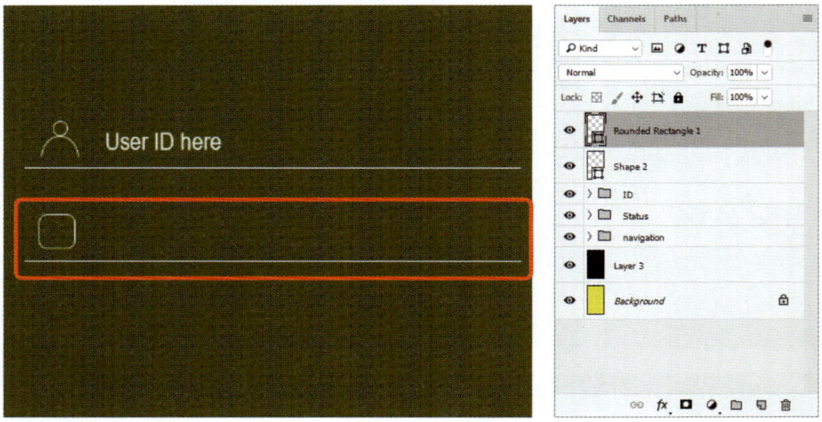

11 원형 툴(◯)로 너비가 25픽셀이고 높이가 38픽셀인 타원을 추가로 만들고 다음과 같이 아래 사각형과 겹치도록 배치한다. 직접 선택 툴(↖)로 원의 하단 앵커를 선택하고 Delete 를 눌러 패스를 삭제하면 자물쇠 모양의 아이콘이 만들어진다.

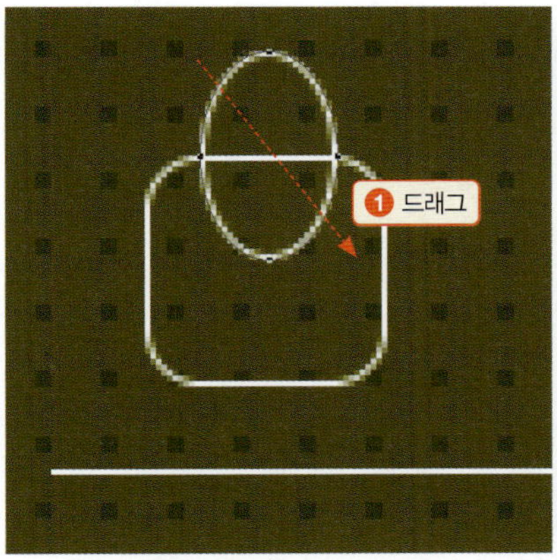

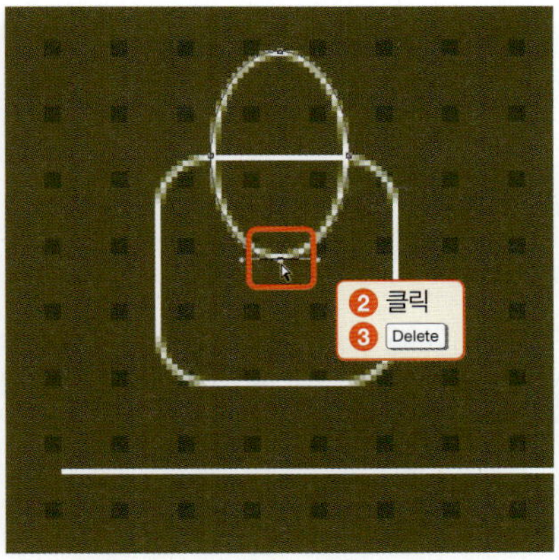

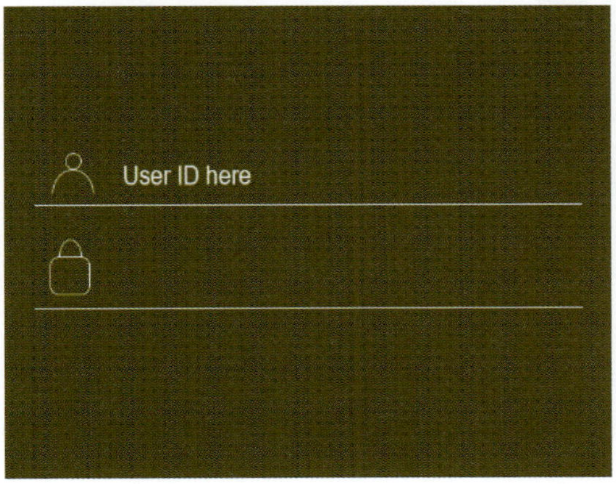

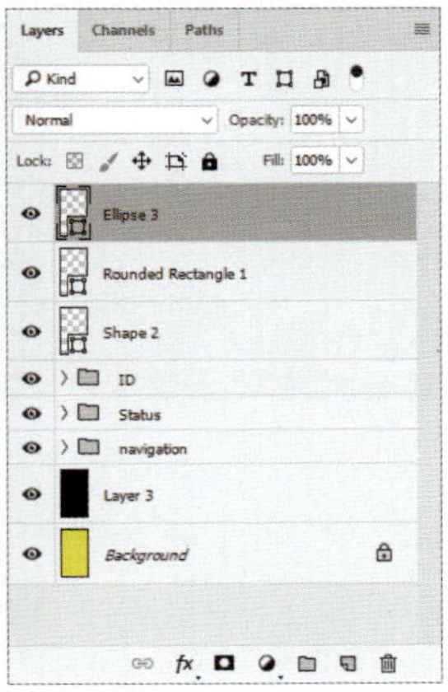

12 텍스트 툴(T)로 Password Here를 흰색으로 입력한 후 레이어의 Opacity를 50%로 조절한다. 레이어 패널에서 패스워드 입력 폼에 사용된 모든 레이어를 그룹으로 묶고 그룹 이름을 PW로 변경한다.

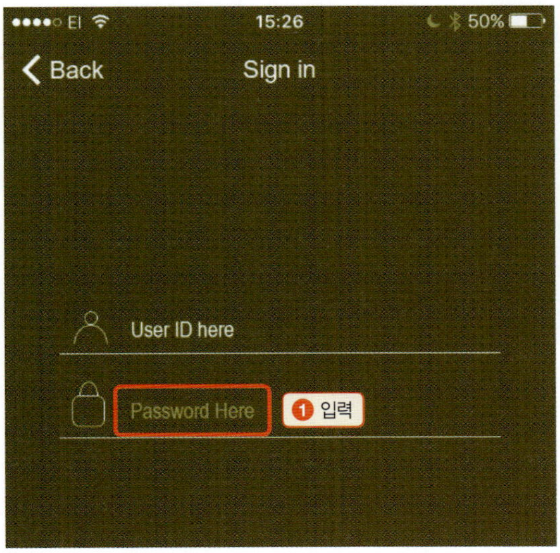

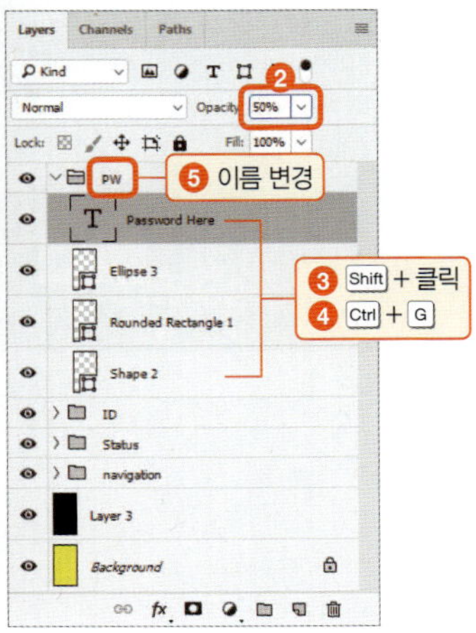

13 모서리가 둥근 사각형 툴(▢)로 너비가 600픽셀이고 높이가 90픽셀인 사각형을 만들고 면은 색상 없음, 선은 1픽셀의 노란색(#ffff00)으로 설정한다.

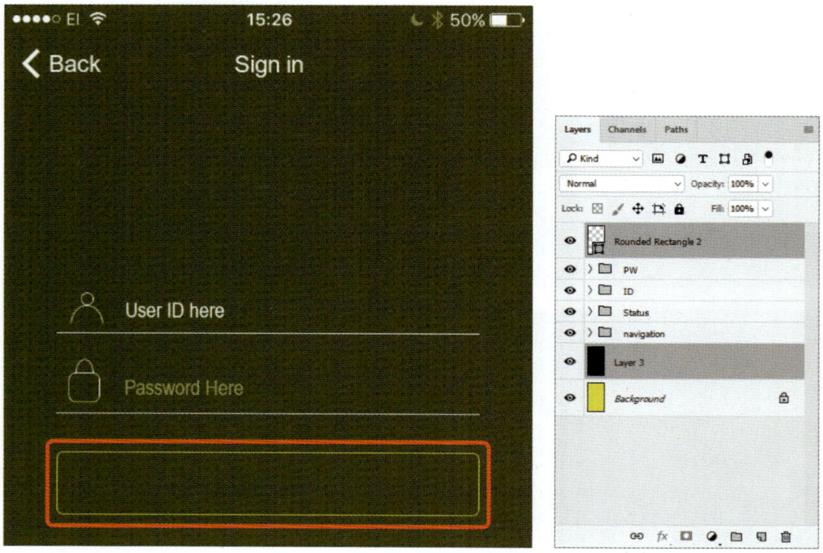

14 사각형 테두리의 색상과 같은 노란색으로 버튼에 Sing In을 입력한다. 레이어 패널에서 버튼과 관련된 모든 레이어를 그룹으로 묶고 그룹 이름을 Signin으로 변경한다.

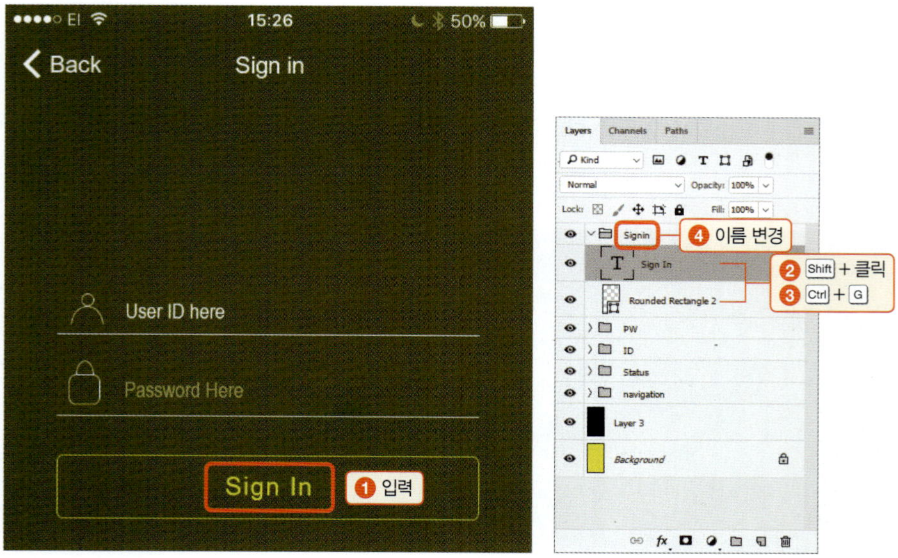

15 Social_icons.psd 파일을 열고 필요한 소셜 아이콘을 복사하여 다음과 같이 버튼 아래 중앙에 배치한다.

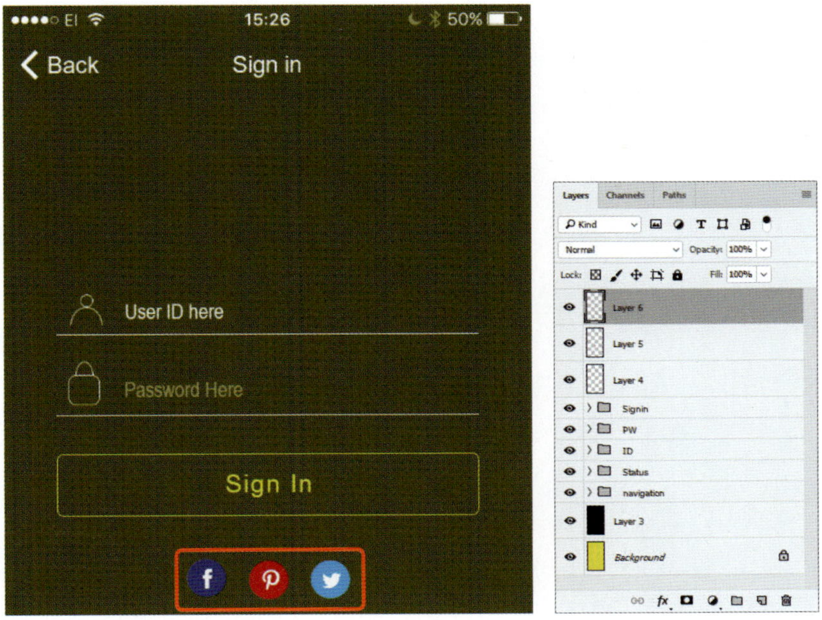

16 Signin 그룹을 클릭하고 Ctrl+J를 눌러 복제한 다음 그룹 이름을 register로 변경한다. 이동 툴(✥)로 화면 하단에 배치한 후 텍스트를 Register Now로 변경한다. 버튼 위에는 패스워드 찾기 문구인 For got password?를 입력하여 플랫한 로그인 페이지를 완성한다.

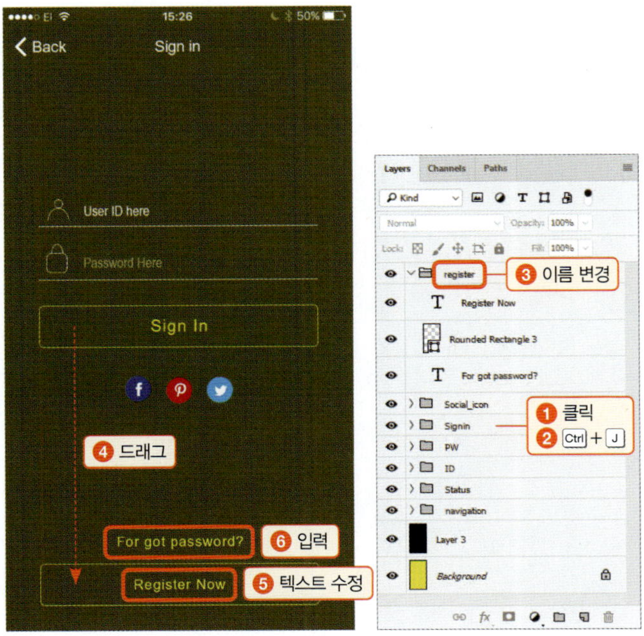

2 iOS의 로그인 페이지 만들기 2

완성 이미지

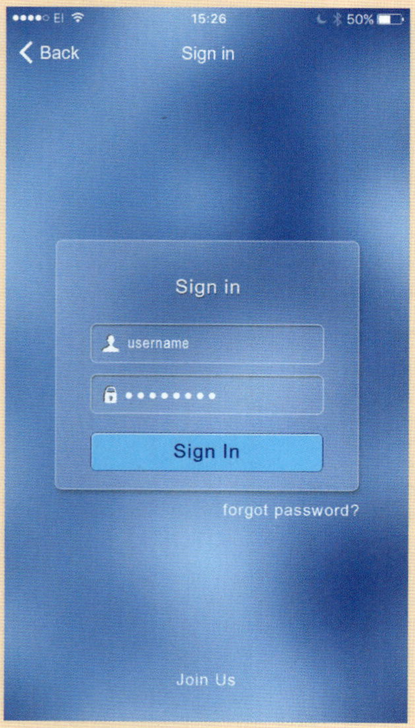

준비 파일 iOS_login2_resource.psd, icons.psd

완성 파일 iOS_login2_result.psd

01 [실습]–[12장] 폴더에서 iOS_login2_resource.psd 파일을 불러온다. 빈 화면 같지만 흰색 상태 바와 내비게이션이 배치되어 있다.

02 전경색과 배경색을 밝은 하늘색(#c0ebfc)과 진청색(#0054a5)으로 설정하고 [Filter]-[Render]-[Clouds] 메뉴를 선택하여 Background 레이어에 구름 모양 배경을 적용한다.

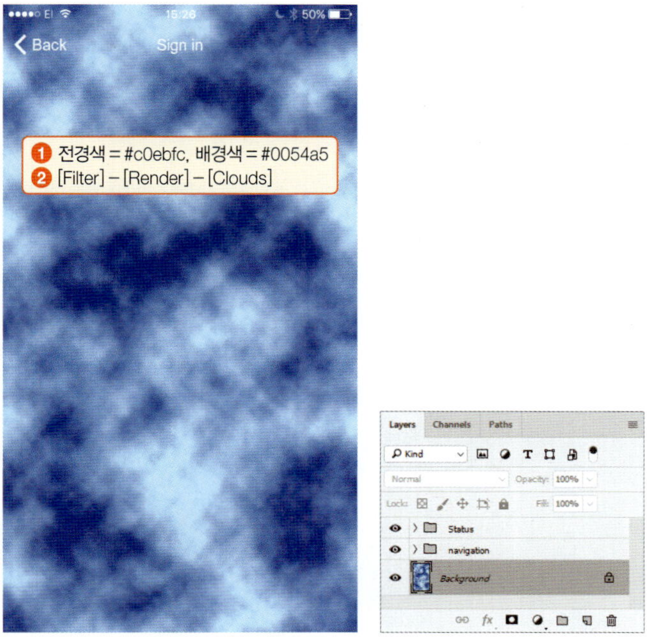

03 Background 레이어가 선택된 상태에서 [Filter]-[Blur]-[Gaussian Blur] 메뉴를 선택하고 Radius를 65픽셀로 설정한 후 〈OK〉를 클릭한다.

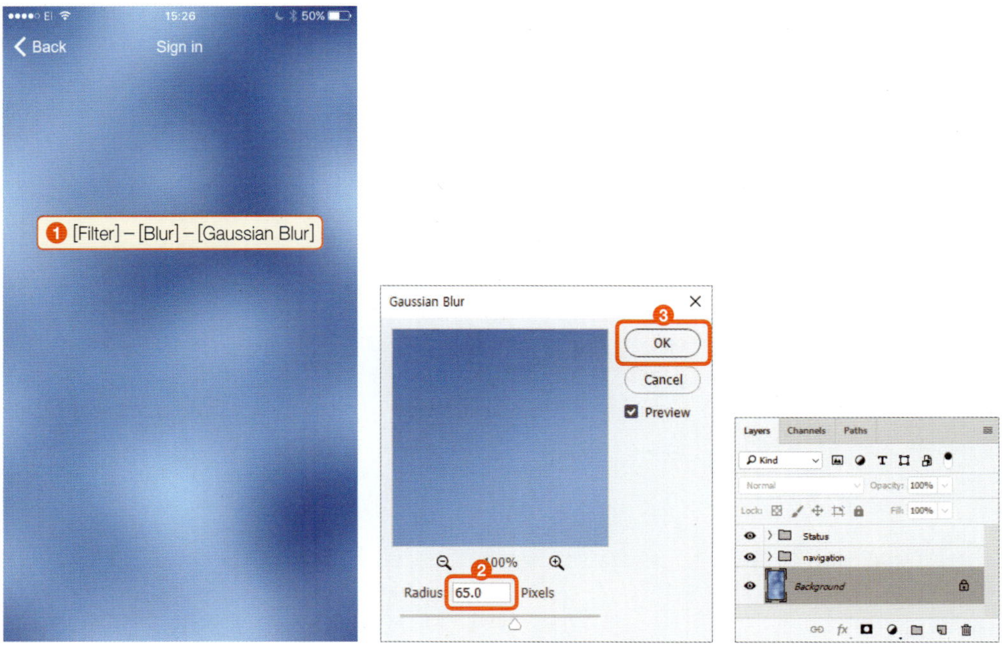

04 모서리가 둥근 사각형 툴(▢)로 너비가 560픽셀이고 높이가 460픽셀, 상하좌우 Radius가 10픽셀인 흰색 사각형을 만들고 화면 중앙에 배치한다. 레이어의 Fill 값을 20%로 조절해 투명하게 만든다.

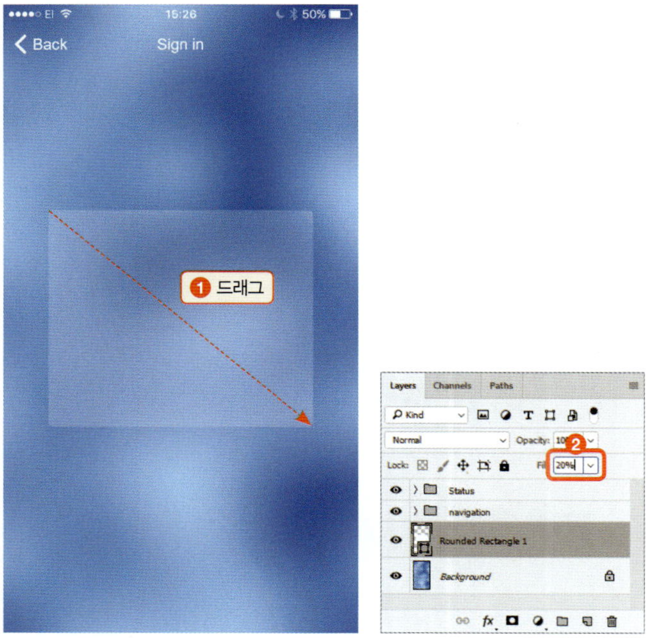

05 레이어 패널의 레이어 스타일 추가 버튼(fx)을 클릭해 [Stroke]와 [Drop Shadow]를 다음과 같이 설정하고 〈OK〉를 클릭한다. 사각형에 두께가 2픽셀인 흰색 선과 바깥쪽 그림자가 적용되어 입체감이 살아난다.

Size: 2px, Position: Outside, Blend Mode: Normal, Opacity: 50%, Fill Type: Color(White)

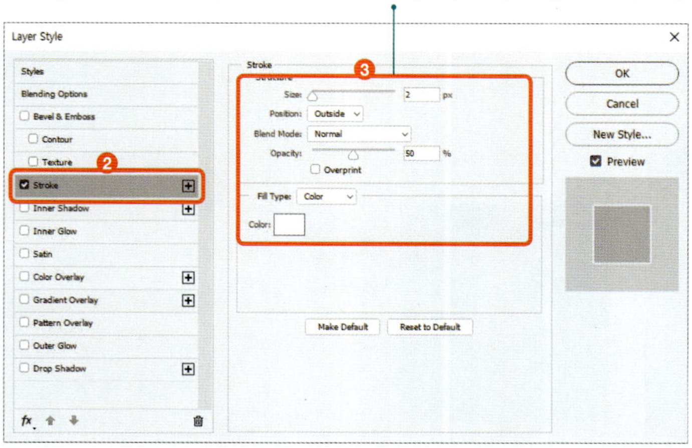

Blend Mode: Multiply(Black), Opacity: 20%, Angle: 115°(Checked Use Global Light),
Distance: 8px, Spread: 0%, Size: 10px

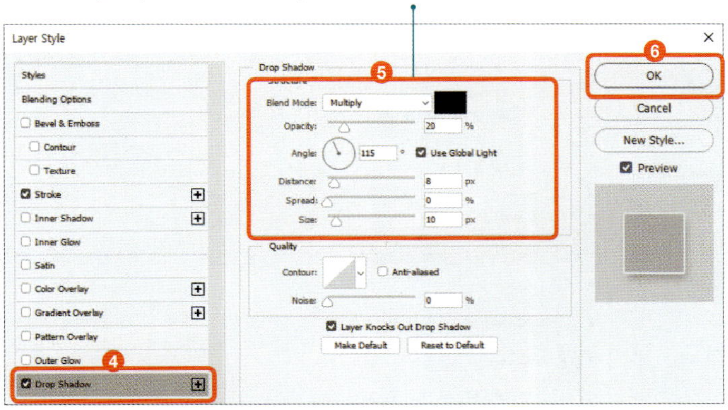

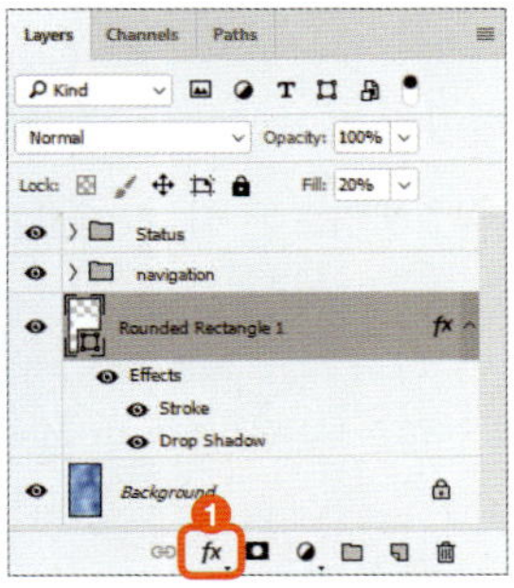

06 텍스트 툴([T])로 박스 상단 중앙에 Sign in을 흰색으로 입력한다. 레이어 패널의 레이어 스타일 추가 버튼([fx])을 클릭해 [Drop Shadow]를 다음과 같이 설정한 후 〈OK〉를 클릭한다.

Blend Mode: Multiply(Black), Opacity: 20%, Angle: 115°(Checked Use Global Light),
Distance: 3px, Spread: 0%, Size: 0px

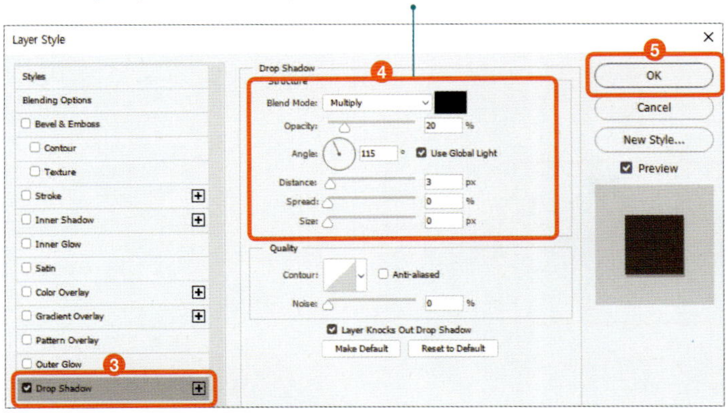

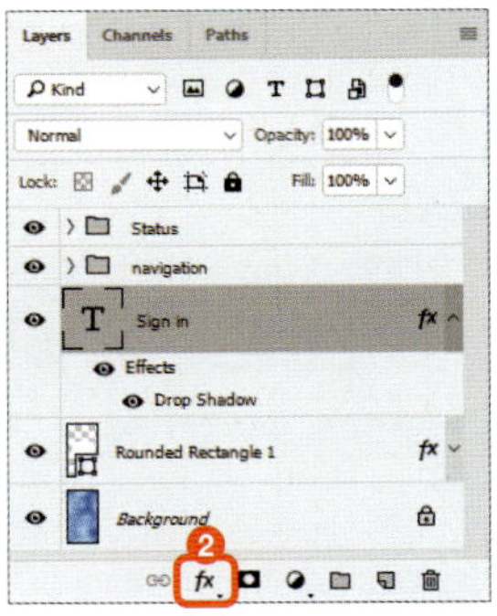

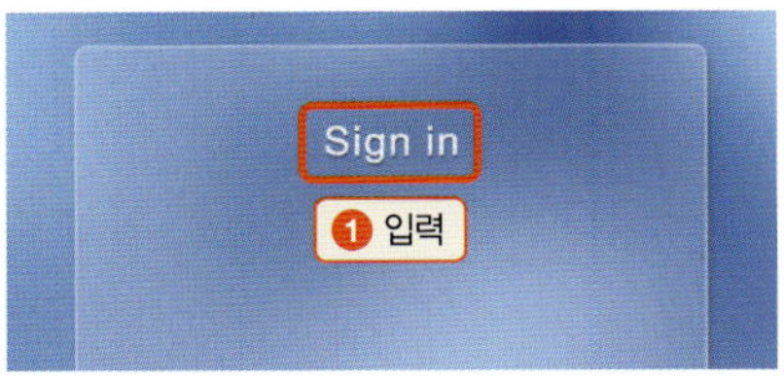

07 모서리가 둥근 사각형 툴(▢)로 너비가 430픽셀이고 높이가 70픽셀, 상하좌우 Radius가 10픽셀인 흰색 사각형을 만들고 다음과 같이 배치한다.

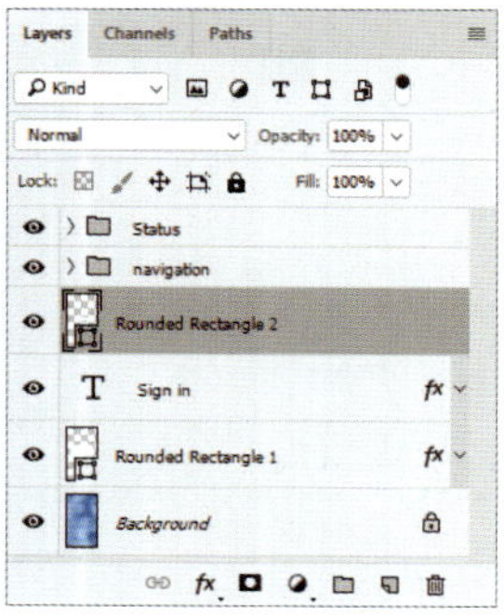

08 레이어 패널의 레이어 스타일 추가 버튼(fx)을 클릭해 [Stroke]와 [Inner Shadow]를 다음과 같이 설정하여 내부에 입체감이 생기도록 한 후 〈OK〉를 클릭한다. 레이어의 Fill 옵션도 5%로 변경한다.

Size: 2px, Position: Outside, Blend Mode: Normal, Opacity: 50%, Fill Type: Color(White)

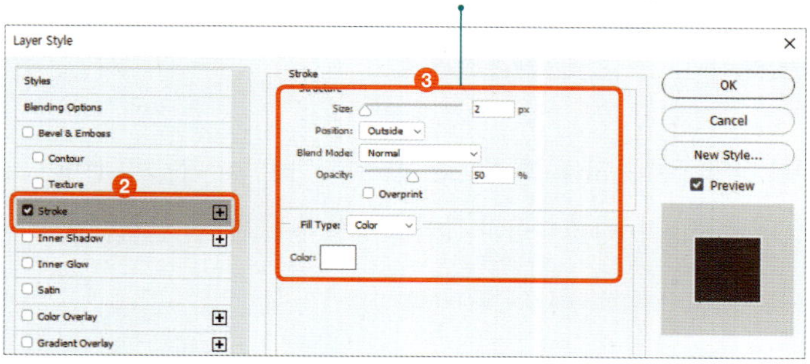

Blend Mode: Multiply(Black), Opacity: 20%, Angle: 115°(Checked Use Global Light), Distance: 3px, Spread: 0%, Size: 3px

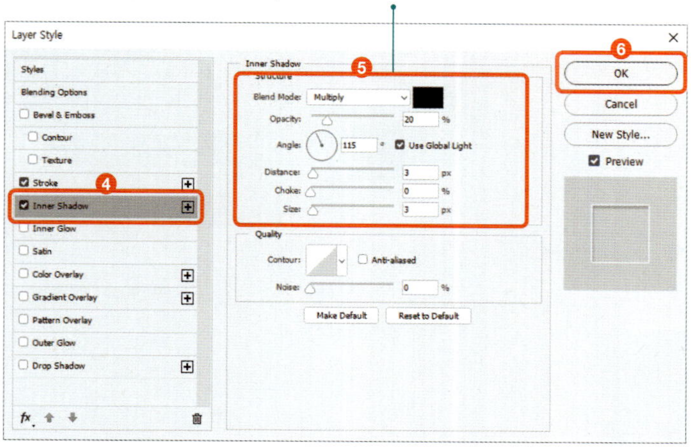

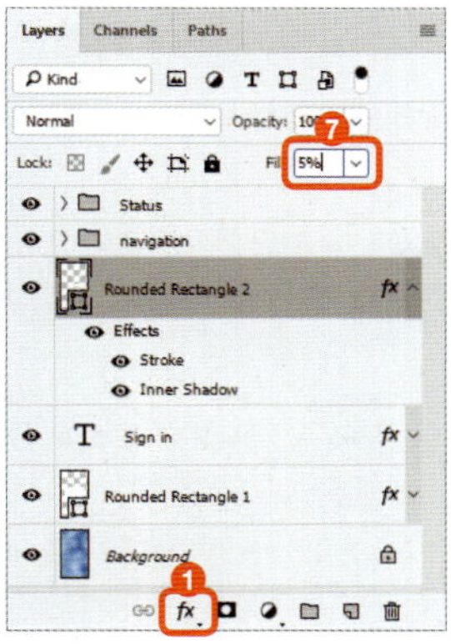

09 icons.psd 파일을 불러와 user 레이어를 복사하여 붙여 넣는다. user 레이어의 사람 아이콘은 짙은 회색이므로 user 레이어에 적용된 Color Overlay 스타일을 더블클릭하고 Blend Mode 색상을 흰색으로 변경한 후 〈OK〉를 클릭한다.

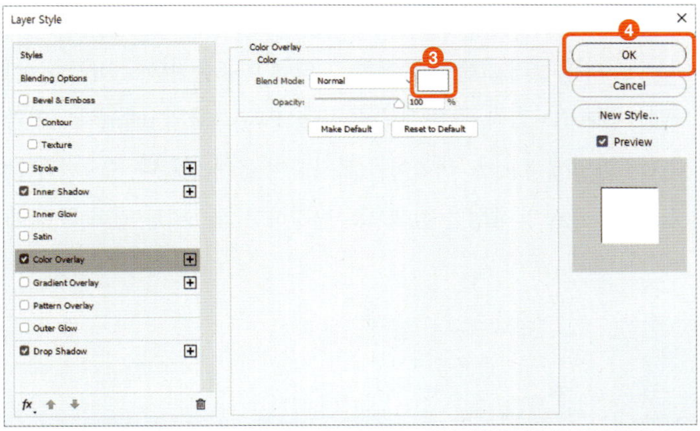

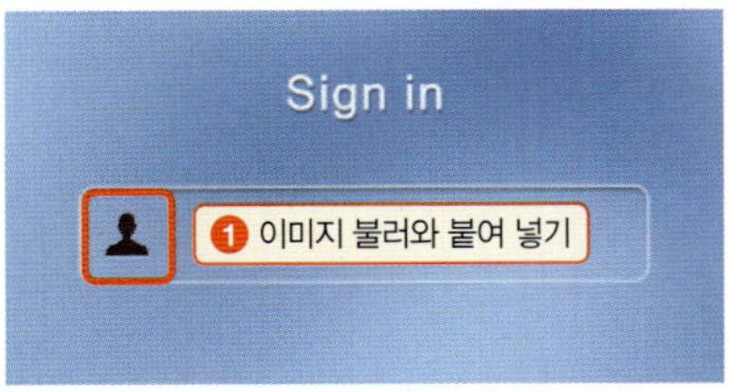

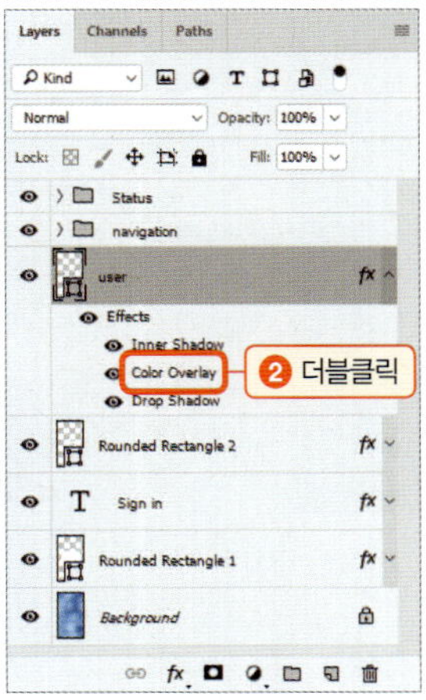

10 텍스트 툴(T)로 사람 아이콘 옆에 username이라는 힌트를 흰색으로 입력한다. 레이어 패널에서 Shift를 누른 채로 ID 입력 폼에 사용된 모든 레이어를 선택한 후 Ctrl+G를 눌러 그룹으로 묶고 그룹 이름을 ID로 변경한다.

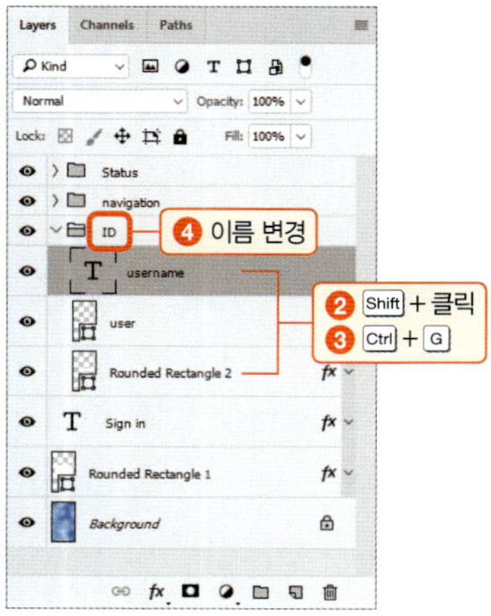

11 ID 그룹이 선택된 상태에서 Ctrl+J를 눌러 그룹을 복제한 후 그룹 이름을 PW로 바꾼다. 이동 툴(✥)로 복제한 이미지를 드래그하여 ID 입력 폼 아래로 옮긴다. PW 그룹의 user 레이어와 텍스트 레이어를 삭제하고 icons.psd 파일에서 lock 레이어를 복사하여 붙여 넣는다. **09**번과 같은 방법으로 레이어 스타일의 Color Overlay의 색상을 흰색으로 변경하고 패스워드 입력 폼 안에 배치한다.

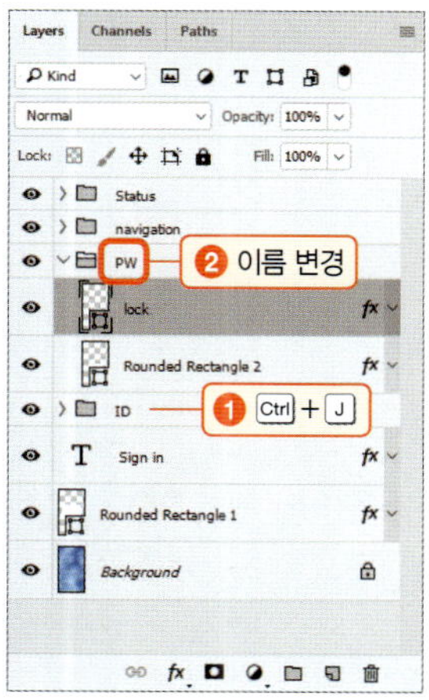

12 원형 툴(⬭)로 너비와 높이가 각각 12픽셀인 흰색 원을 그린다. 패스 선택 툴(▶)로 방금 그린 원을 선택하고 Alt+Shift를 누른 채로 오른쪽으로 드래그하여 여러 개를 복제한다.

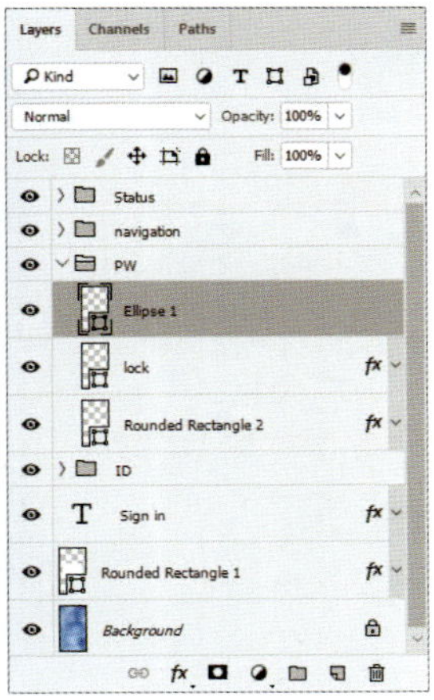

13 모서리가 둥근 사각형 툴(▢)로 너비가 430픽셀이고 높이가 70픽셀, 상하좌우 Radius가 10픽셀인 하늘색(#6dcff6) 사각형을 만들고 패스워드 입력 폼 아래에 배치한다.

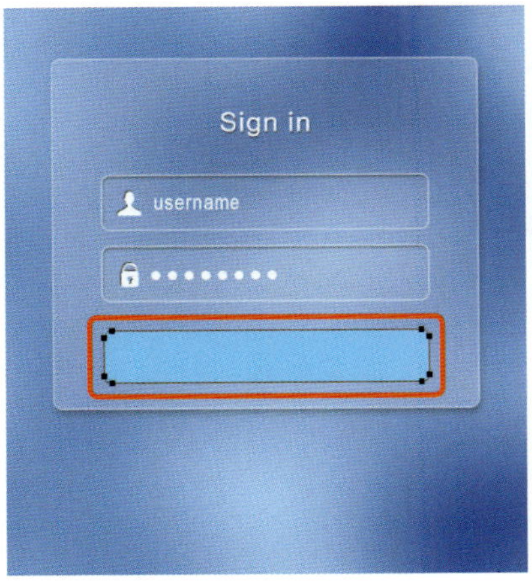

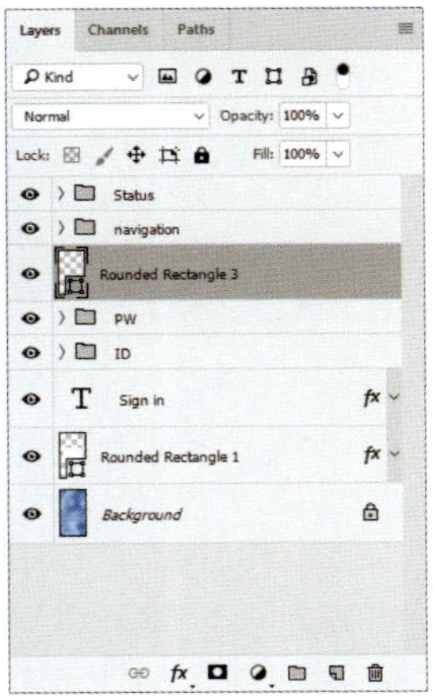

14 레이어 패널의 레이어 스타일 추가 버튼(fx)을 클릭해 [Inner Shadow]와 [Stroke]를 다음과 같이 설정하여 입체감을 준 후 〈OK〉를 클릭한다.

Blend Mode: Normal(#b9f8fe), Opacity: 100%, Angle: 120°(Unchecked Use Global Light), Distance: 3px, Spread: 0%, Size: 0px

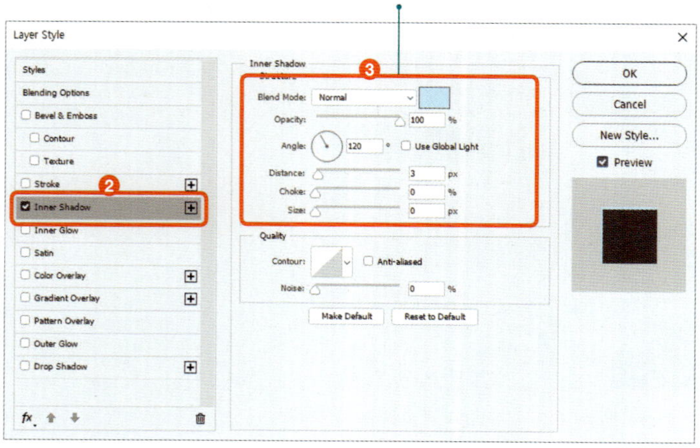

Size: 1px, Position: Outside, Blend Mode: Normal, Opacity: 100%, Color: #0054a6

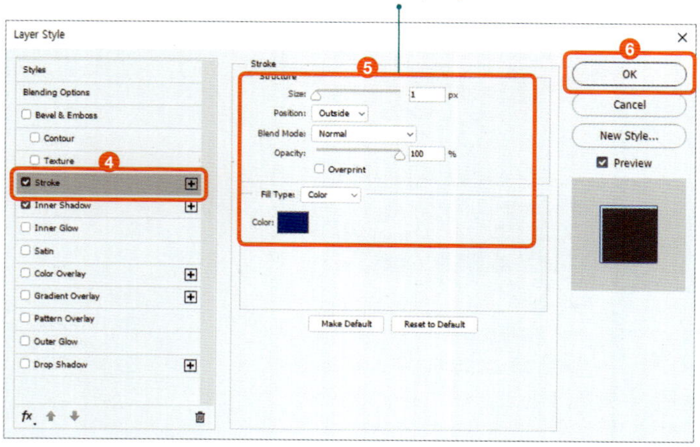

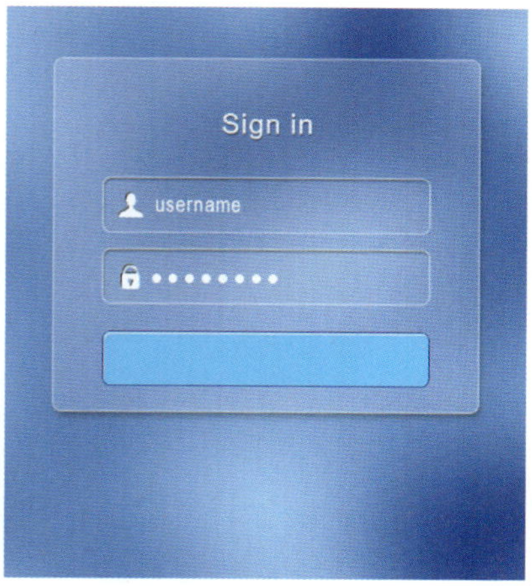

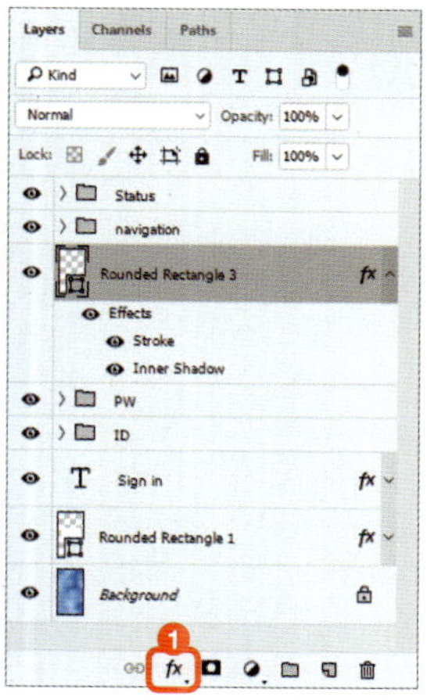

15 텍스트 툴(T)로 버튼의 가장자리 색상과 같은 청색(#0054a6)으로 버튼 중앙에 Sing In을 입력한다. 레이어 패널에서 버튼과 관련된 레이어를 선택하여 그룹으로 묶고 그룹 이름을 singin으로 변경한다.

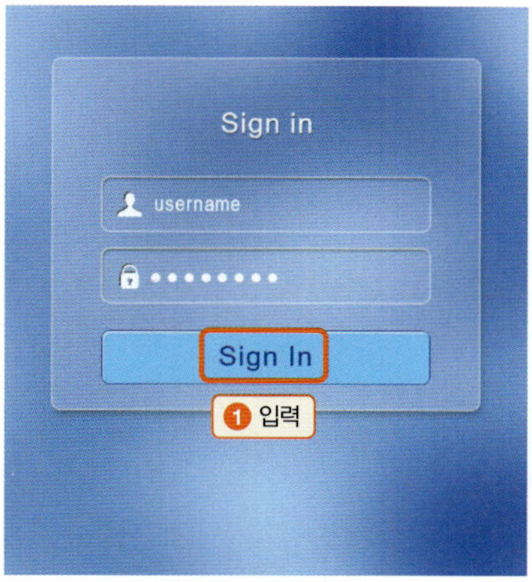

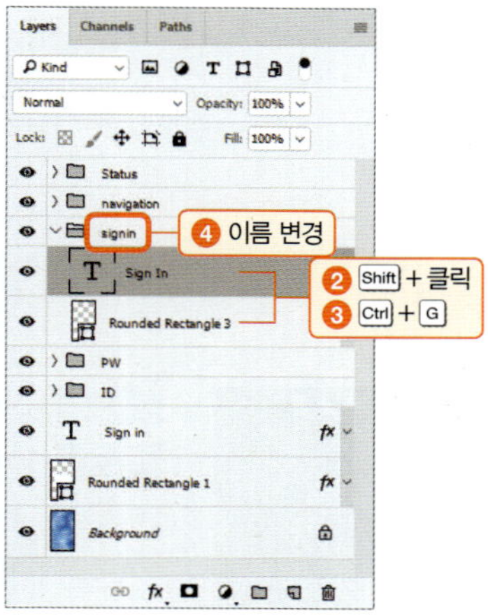

16 텍스트 툴(T)로 로그인 박스의 바깥 오른쪽 하단과 전체 화면 하단의 정중앙에 패스워드 찾기 문구인 forgot password?와 회원 가입 문구인 Join Us를 흰색으로 입력하여 로그인 페이지를 완성한다.

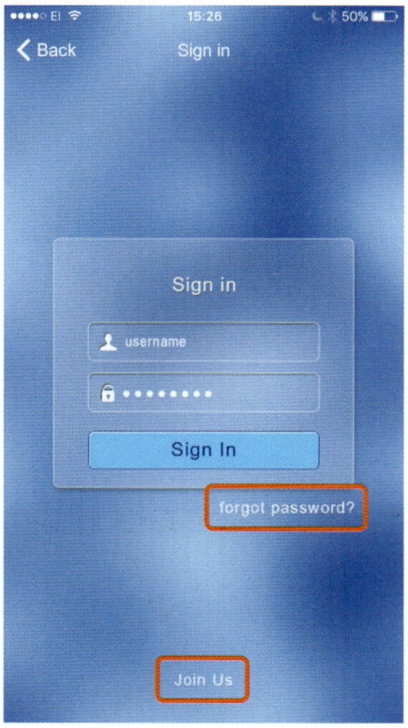

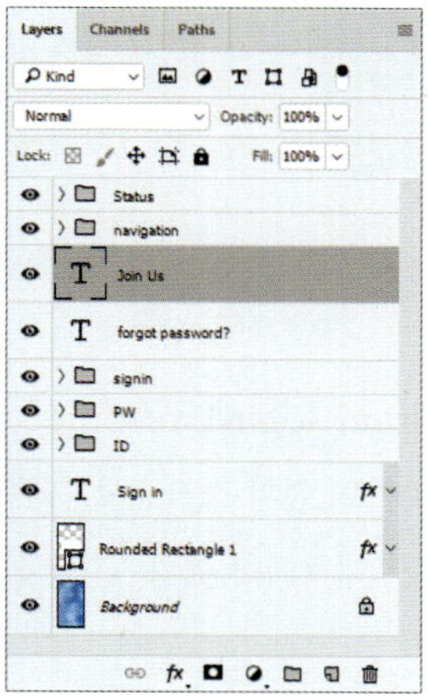

실습 3

안드로이드의 로그인 페이지 만들기

1 안드로이드의 로그인 페이지 만들기 1

완성 이미지

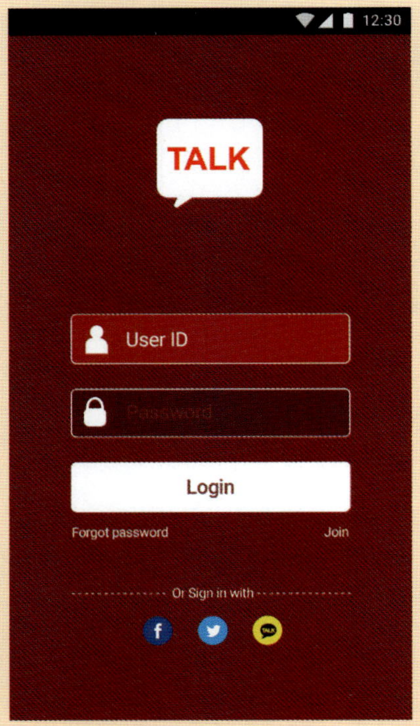

준비 파일 Android_login1_resource.psd, Social_icons.psd

완성 파일 Android_login1_result.psd

01 [실습]-[12장] 폴더에서 Android_login1_resource.psd 파일을 불러온다. 5장의 안드로이드 런치 스크린 실습에서 만들었던 배경에 로고와 상태 바가 배치되어 있다.

02 모서리가 둥근 사각형 툴( )로 너비가 500픽셀이고 높이가 90픽셀, 상하좌우 Radius가 10픽셀인 사각형을 그린 후 면은 붉은색(#b50000), 선은 흰색으로 설정하고 로고 아래에 배치한다.

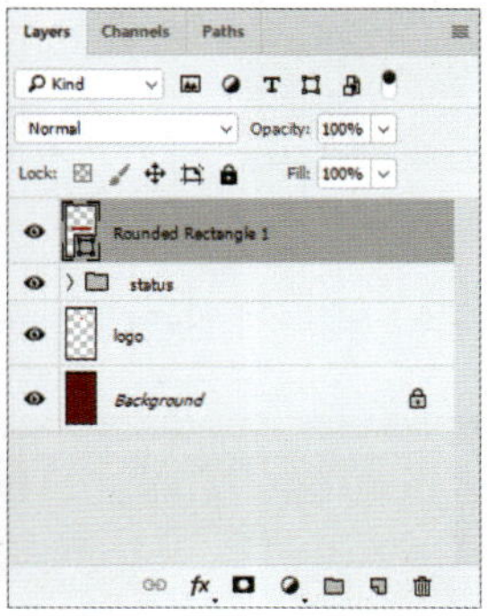

03 원형 툴( )로 너비와 높이가 각각 24픽셀인 흰색 원을 만들고 앞에서 만든 사각형 안에 배치한다.

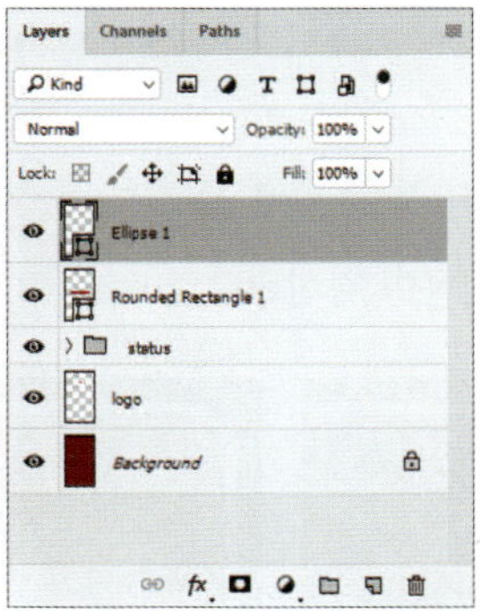

04 Shift를 누른 채로 모서리가 둥근 사각형 툴(▢)로 너비가 40픽셀이고 높이가 40픽셀, 상하좌우 Radius가 12픽셀인 흰색 사각형을 만들고 앞에서 만든 원 아랫부분과 약간 겹치도록 배치한다.

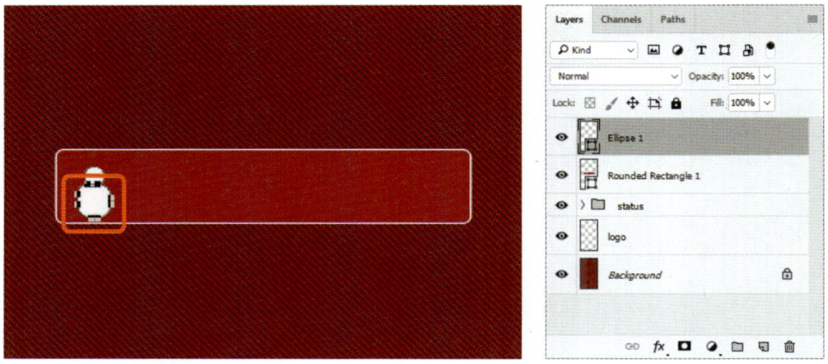

05 앵커 포인트 제거 툴(✎)로 몸통 아래쪽에 있는 앵커 포인트 두 개를 클릭하여 제거한다.

06 앵커 포인트 전환 툴(ㅅ)로 몸통 아래쪽에 있는 양쪽 앵커 포인트를 클릭하여 직선으로 변경하면 사람 모양 아이콘이 완성된다.

07 텍스트 툴([T])로 아이콘 옆에 User ID를 흰색으로 입력한다. [Shift]를 누른 채로 아이디 폼에 사용된 레이어를 모두 선택한 후 [Ctrl]+[G]를 눌러 그룹으로 묶고 그룹 이름을 ID로 변경한다.

08 모서리가 둥근 사각형 툴([▢])로 너비가 500픽셀이고 높이가 90픽셀, 상하좌우 Radius가 10픽셀인 사각형을 만든다. 선은 아이디 폼과 동일하게 흰색으로 설정하고 면은 아이디 폼보다 조금 진한 붉은색(#7a1d20)으로 채운 후 아이디 폼 아래에 배치한다.

09 원형 툴(◯)로 너비가 32픽셀이고 높이가 40픽셀인 타원을 그리고 면은 색상 없음, 선은 5픽셀의 흰색으로 설정한다. 다시 모서리가 둥근 사각형 툴(▢)로 너비가 40픽셀이고 높이가 34픽셀, 상하좌우 Radius가 5픽셀인 사각형을 만들고 면만 흰색으로 채우고 앞에서 만든 타원과 겹치게 배치하여 자물쇠 모양을 만든다.

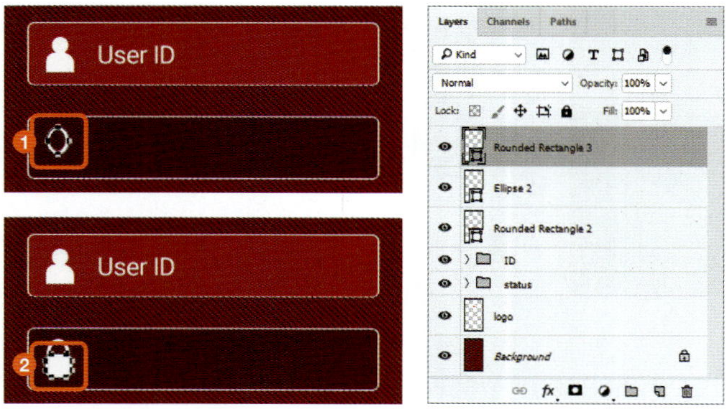

10 텍스트 툴(T)로 패스워드 입력 폼의 배경보다는 조금 밝은 붉은색으로 Password를 입력하여 비활성 상태임을 표현한다. 레이어 패널에서 패스워드 입력 폼에 사용된 레이어를 모두 그룹으로 묶고 그룹 이름을 PW로 변경한다.

11 모서리가 둥근 사각형 툴(▢)로 너비가 500픽셀이고 높이가 90픽셀, 상하좌우 Radius가 10픽셀인 흰색 사각형을 만들고 텍스트 툴(T)로 Login을 진한 붉은색(#964242)으로 입력한다. 레이어 패널에서 버튼과 관련된 레이어를 모두 그룹으로 묶고 그룹 이름을 Login으로 변경한다.

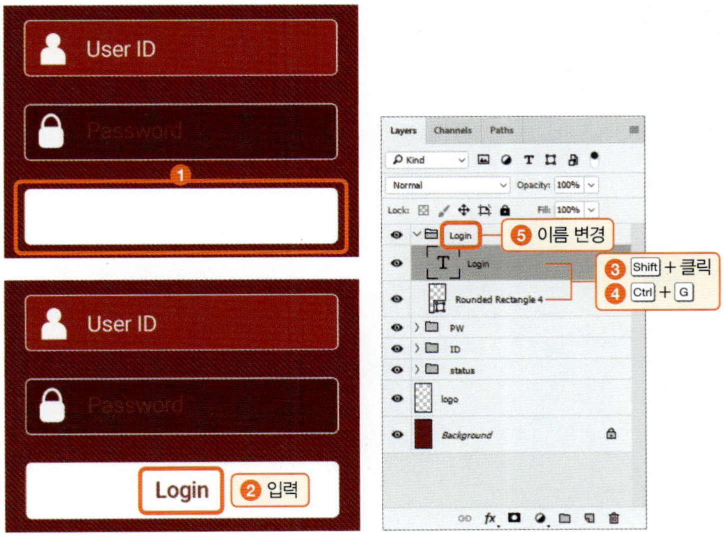

12 로그인 버튼 하단의 양쪽 가장자리에 텍스트 툴(T)로 패스워드 찾기 문구인 Forgot password와 회원 가입 문구인 Join을 흰색으로 입력한다.

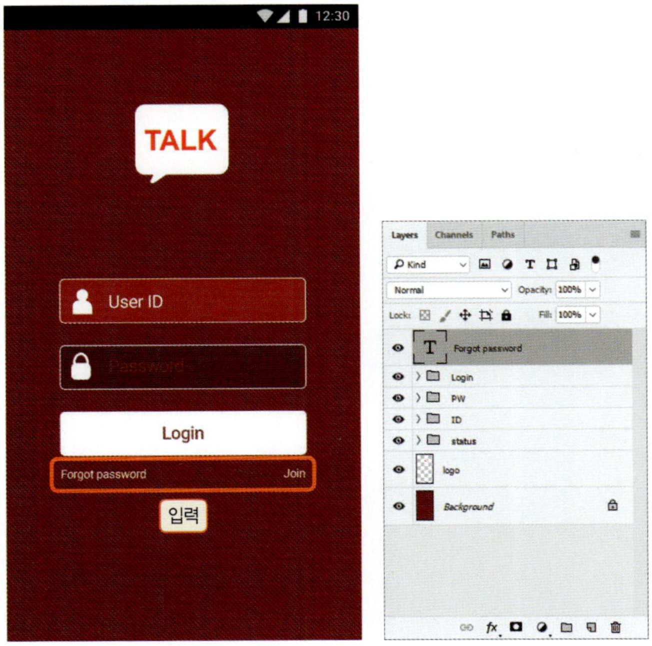

13 패스워드 찾기, 회원 가입 문구와 약간 간격을 두고 텍스트 툴([T])로 구분 선과 Or Sing in with를 흰색으로 입력한다. Social_icons.psd 파일을 열어 필요한 소셜 아이콘을 가져와 붙여 넣고 다음과 같이 배치하여 로그인 페이지를 완성한다.

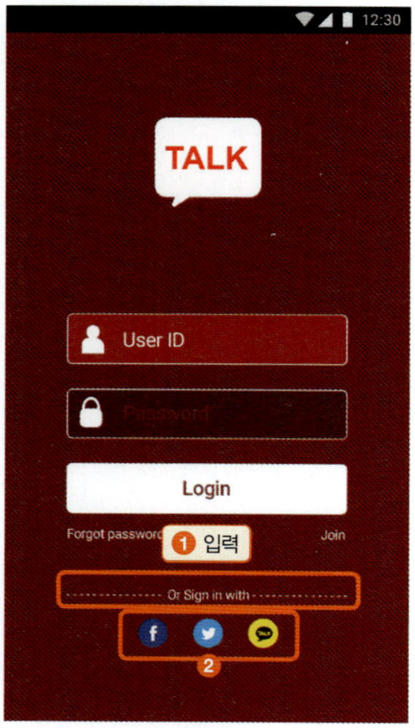

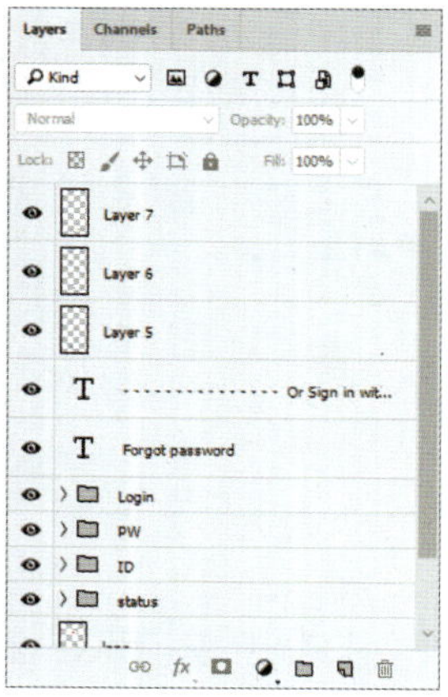

2 안드로이드의 로그인 페이지 만들기 2

완성 이미지

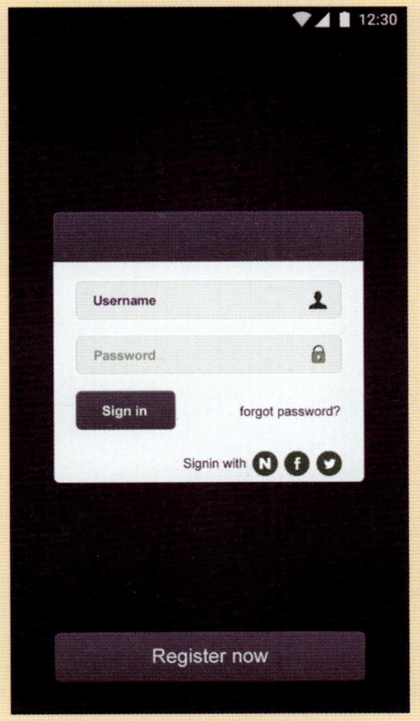

준비 파일 Android_login2_resource.psd, icons.psd, Social_icons.psd

완성 파일 Android_login2_result.psd

01 [실습]–[12장] 폴더에서 Android_login2_resource.psd 파일을 불러온다. 눈에 보이지 않지만 흰색 상태 바가 배치되어 있다.

02 전경색과 배경색을 진한 보라색 계열(#620360, #3d013b)로 설정하고 그레이디언트 툴(■)의 옵션을 Radial로 설정한 후 오른쪽 방향으로 드래그한다.

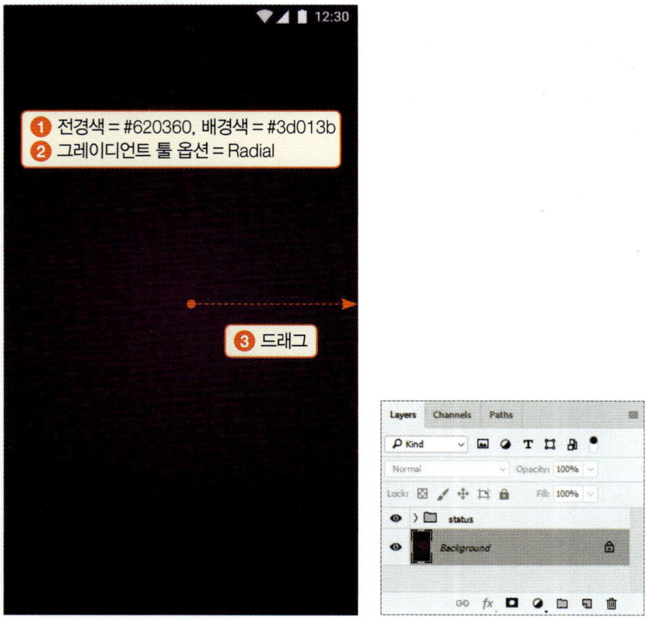

03 모서리가 둥근 사각형 툴(▢)로 너비가 560픽셀이고 높이가 90픽셀, 위쪽 좌우 Radius가 10픽셀, 아래쪽 좌우 Radius가 0픽셀인 사각형을 만들고 면은 밝은 보라색(#7c537f), 선은 색상 없음으로 설정한 후 다음과 같이 배치한다.

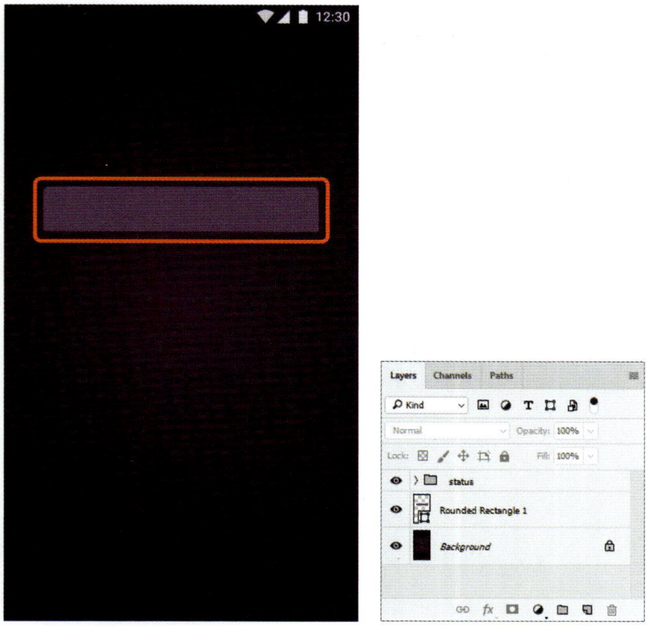

04 레이어 패널의 레이어 스타일 추가 버튼(fx)을 클릭해 [Gradient Overlay]와 [Stroke]를 다음과 같이 설정하여 입체감을 살린 후 〈OK〉를 클릭한다.

Blend Mode: Overlay, Opacity: 30%, Style: Linear, Angle: 90˚ Scale: 150%

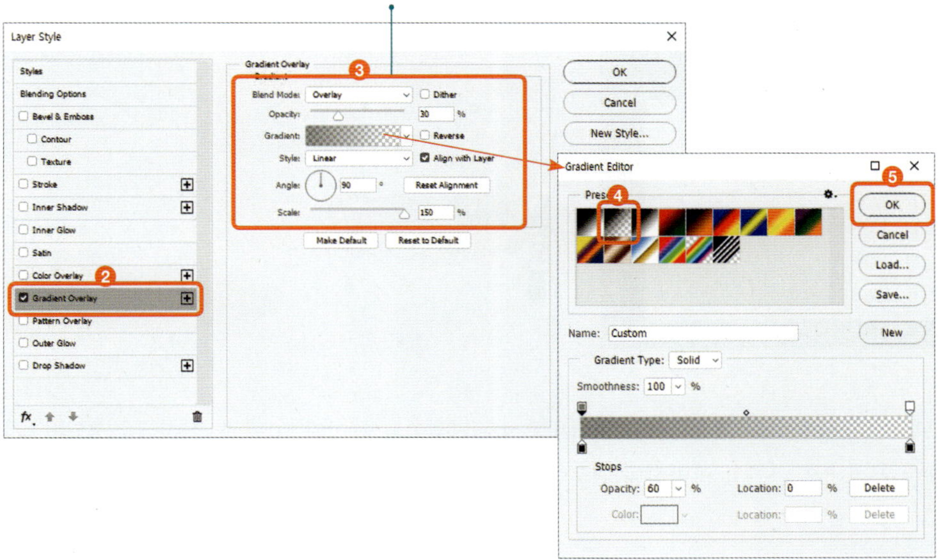

Size: 2px, Position: Inside, Blend Mode: Normal, Opacity: 100%, Fill Type: Gradient(#67466a, #946c97), Style: Linear, Angle: 90˚, Scale: 150%

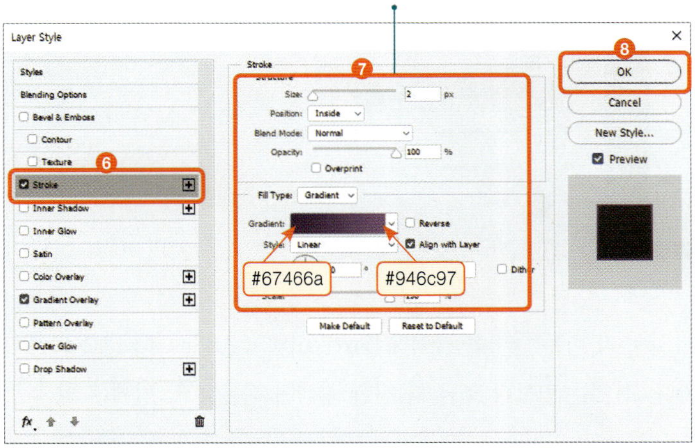

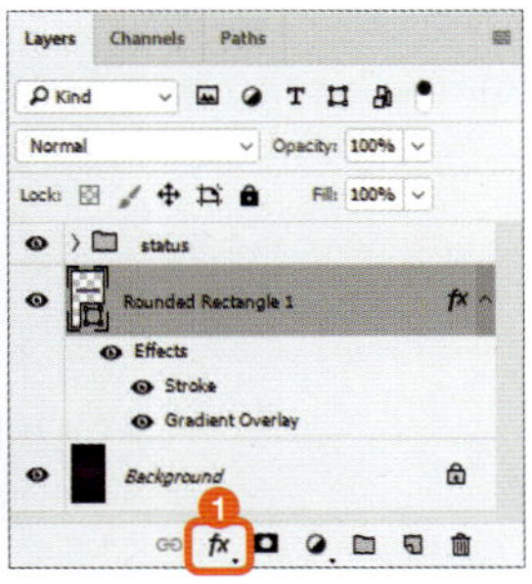

05 모서리가 둥근 사각형 툴(□)로 너비가 560픽셀이고 높이가 400픽셀, 위쪽 좌우 Radius가 0픽셀, 아래쪽 좌우 Radius가 10픽셀인 사각형을 만들고 면은 밝은 회색, 선은 색상 없음으로 설정한 후 다음과 같이 배치한다.

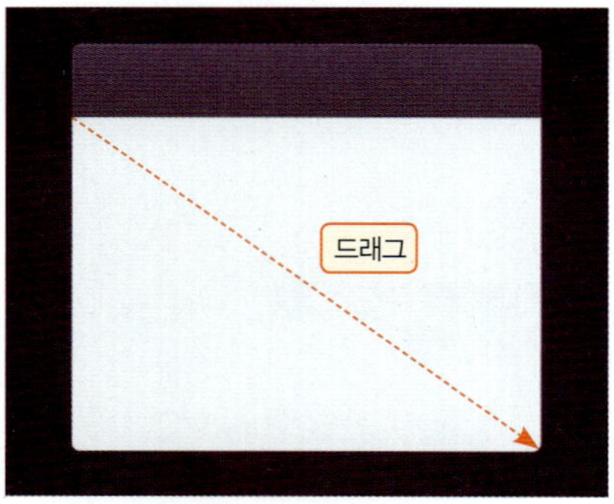

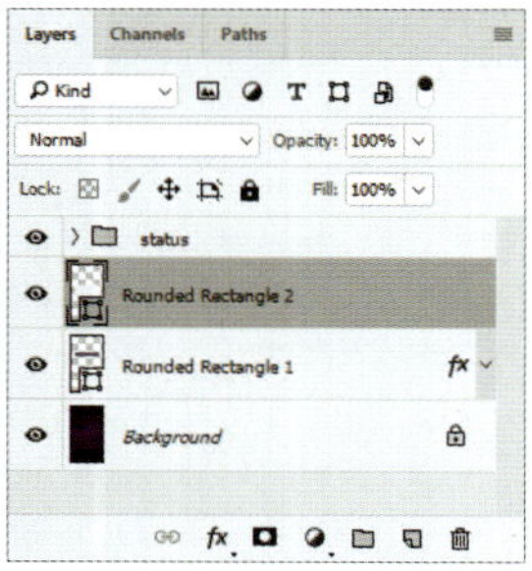

06 모서리가 둥근 사각형 툴(□)로 너비가 480픽셀이고 높이가 70픽셀, 상하좌우 Radius가 10픽셀인 사각형을 만들고 바탕화면보다 약간 짙은 회색(#eaeaea)으로 채운 후 다음과 같이 배치한다.

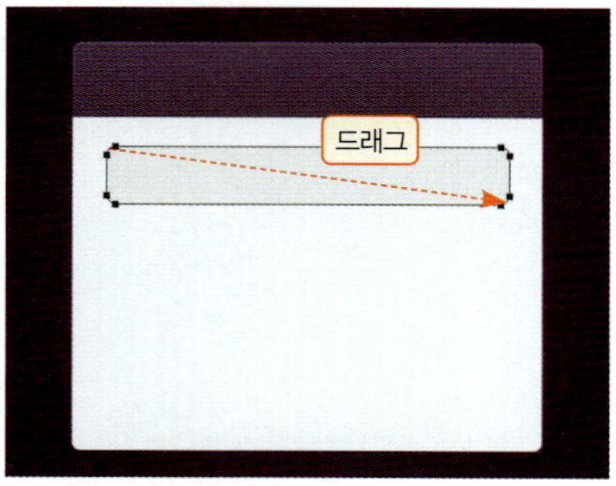

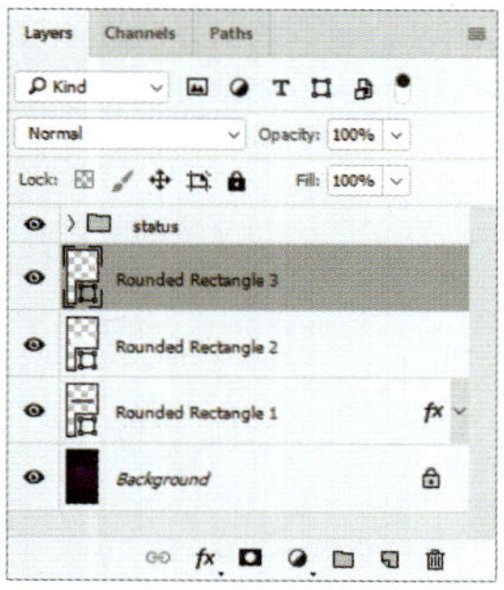

07 레이어 패널의 레이어 스타일 추가 버튼(fx)을 클릭해 [Stroke]와 [Outer Glow]를 다음과 같이 설정한 후 〈OK〉를 클릭한다. 선에는 면보다 조금 더 진한 회색이 적용되고, 면에는 흰색 광택 느낌이 추가된다.

Size: 1px, Position: Inside, Blend Mode: Normal, Opacity: 85%, Fill Type: Color(#cccccc)

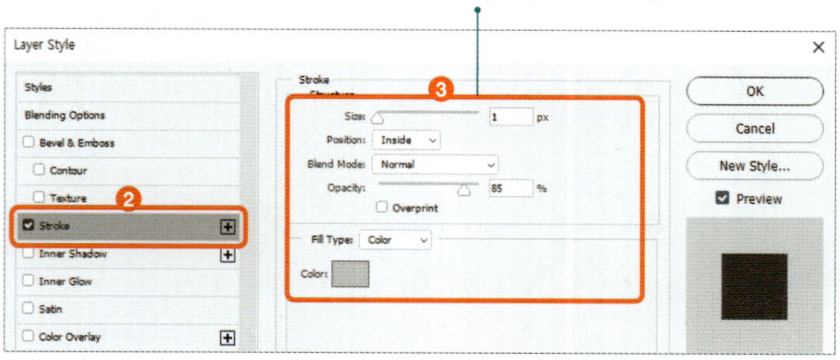

Blend Mode: Normal, Opacity: 100%, Size: 4px

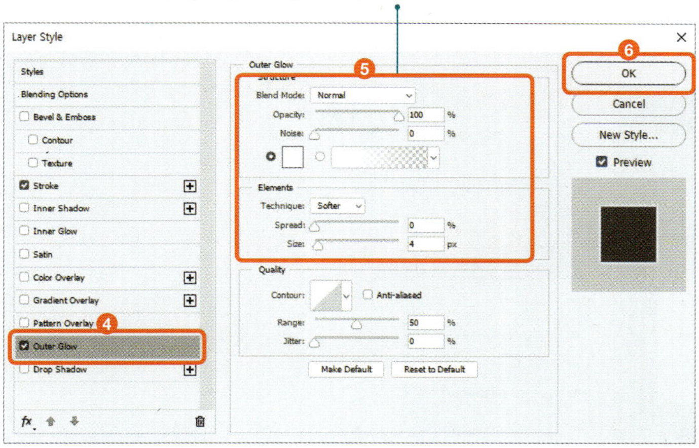

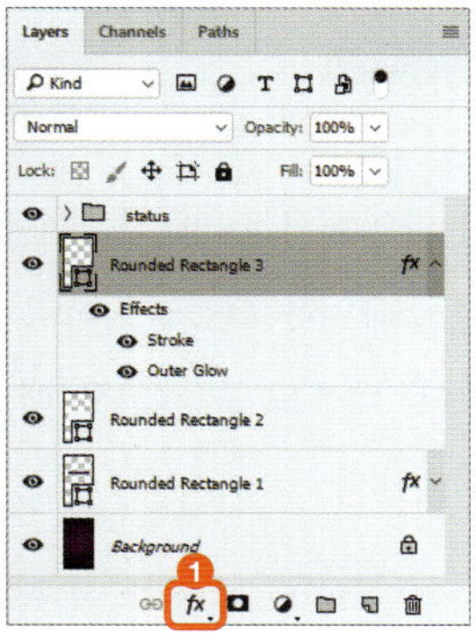

08 icons.psd 파일을 열어 user 레이어를 복사하여 붙여 넣은 다음 사람 모양 아이콘을 입력 폼 오른쪽에 배치하고 텍스트 툴(T)로 왼쪽에 보라색(#70006d)으로 Username을 입력한다. 레이어 패널에서 Shift를 누른 채로 아이디 입력 폼에 사용된 레이어를 모두 선택한 후 Ctrl+G를 눌러 그룹으로 묶고 그룹 이름을 ID로 변경한다.

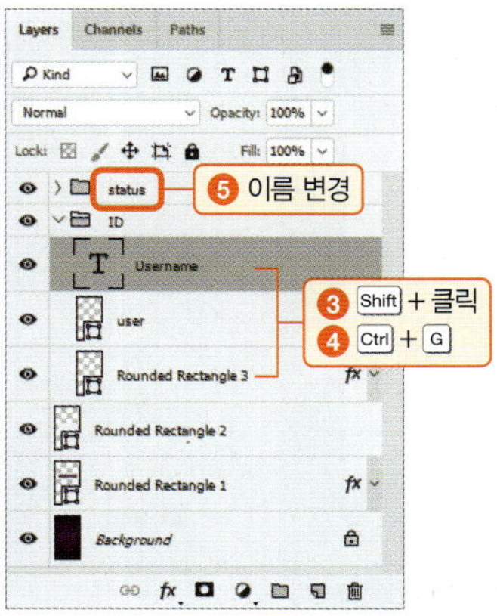

09 ID 그룹이 선택된 상태에서 Ctrl+J를 눌러 복제하고 그룹 이름을 PW로 변경한다. 패스워드 입력 폼이 되도록 이동 툴(✥)로 드래그하여 복제한 이미지를 아이디 입력 폼 아래로 옮긴다.

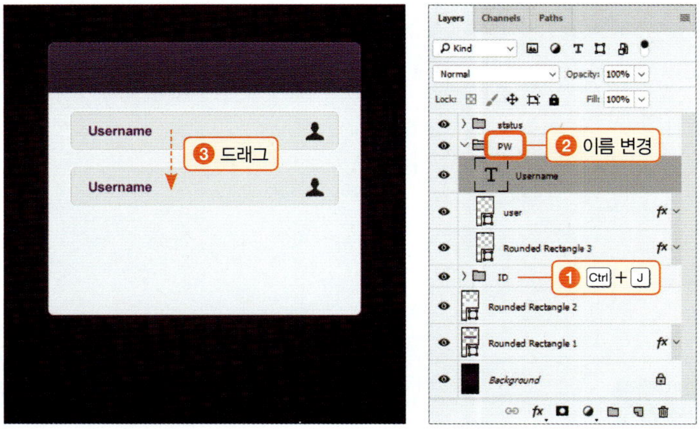

10 앞에서 불러온 icons.psd 파일에서 lock 레이어를 복제해 온다. 복제해 온 lock 레이어에 적용된 Color Overlay 레이어 스타일을 더블클릭하고 Blend Mode의 색상을 회색(#979797)으로 변경한 후 〈OK〉를 클릭한다. 텍스트 툴(T)로 패스워드 입력 폼에 Password를 회색 계열로 입력하여 비활성 상태임을 나타낸다.

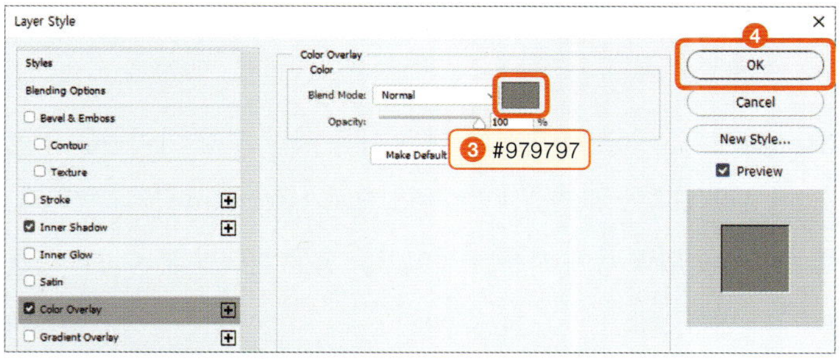

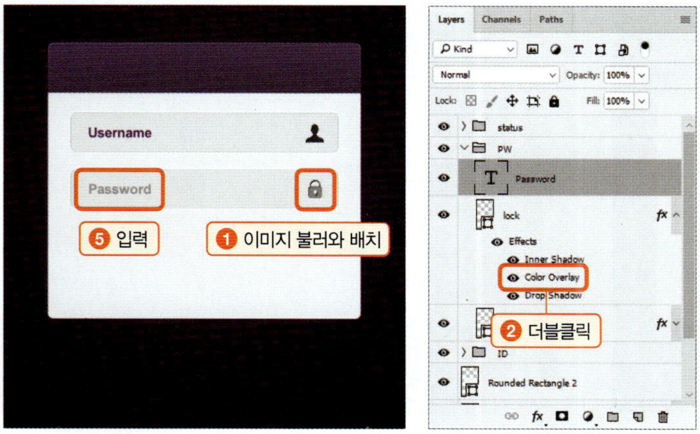

11 모서리가 둥근 사각형 툴([▢])로 너비가 180픽셀이고 높이가 70픽셀, 상하좌우 Radius가 10픽셀인 사각형을 만든다. 면에는 **03**번에서 사용한 밝은 보라색(#7c537f)을 채우고 패스워드 입력 폼 아래에 배치한다. ID 그룹의 Rounded Rectangle 1 레이어를 마우스 오른쪽 버튼으로 누르고 [Copy Layer Style]을 선택한다. Rounded Rectangle 4 레이어를 마우스 오른쪽 버튼으로 누르고 [Paste Layer Style]을 선택하여 복사한 레이어 스타일을 붙여 넣는다. 레이어 오른쪽에 붙은 레이어 스타일 아이콘([fx])을 Alt를 누른 채로 드래그해도 스타일이 복제된다.

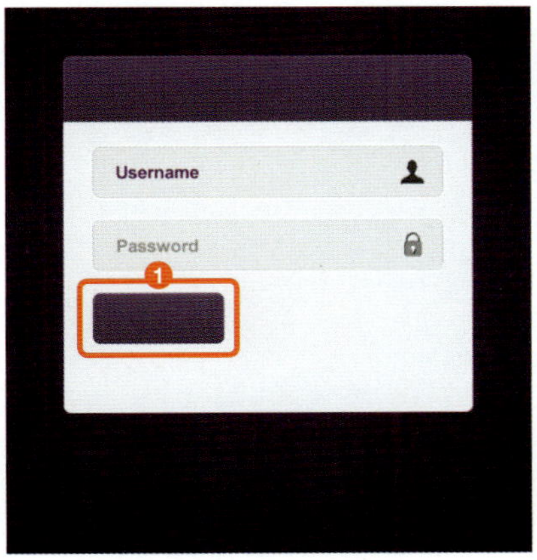

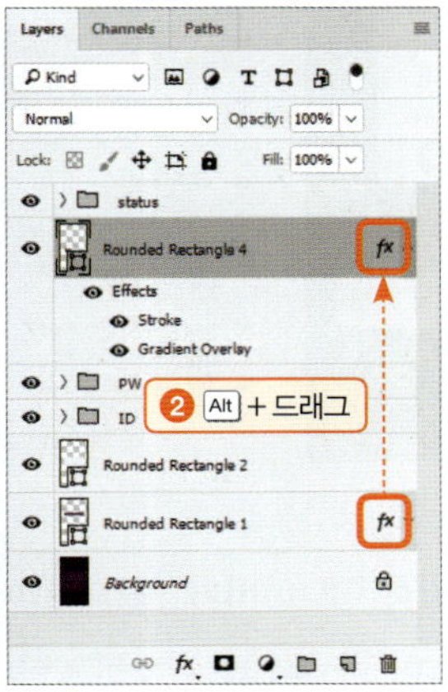

12 텍스트 툴([T])로 버튼에 Sign in을 흰색으로 입력한다. 같은 행 오른쪽 끝에는 forgot password?를 보라색(#70006d)으로 입력한다. 버튼과 관련된 레이어를 모두 그룹으로 묶고 그룹 이름을 Signin으로 변경한다.

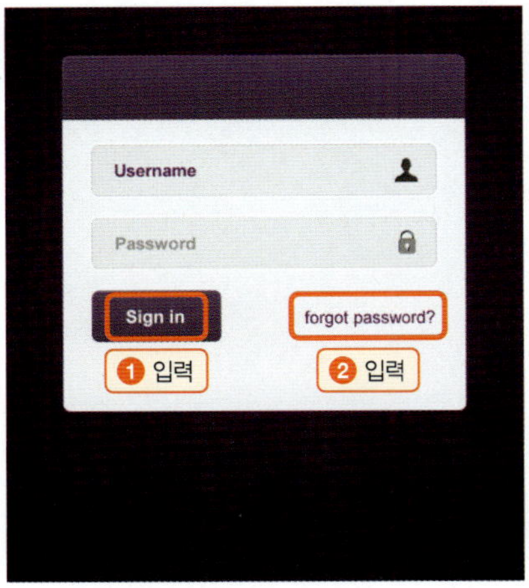

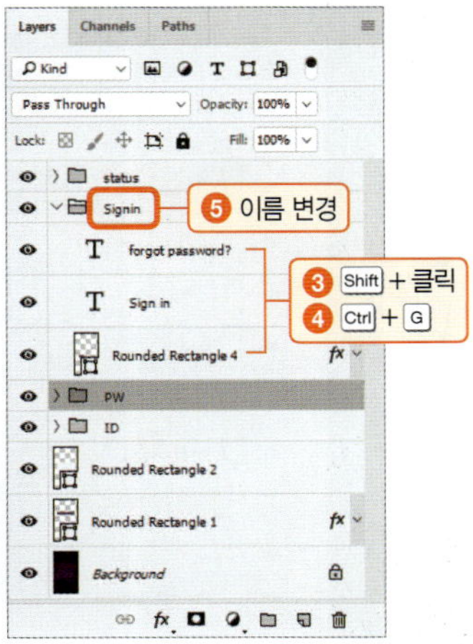

13 Social_icons.psd 파일을 열어 회색 계열 아이콘을 필요한 만큼 복제하여 다음과 같이 오른쪽 하단에 배치한다. 텍스트 툴(T)로 Signin with를 보라색(#70006d)으로 입력한다.

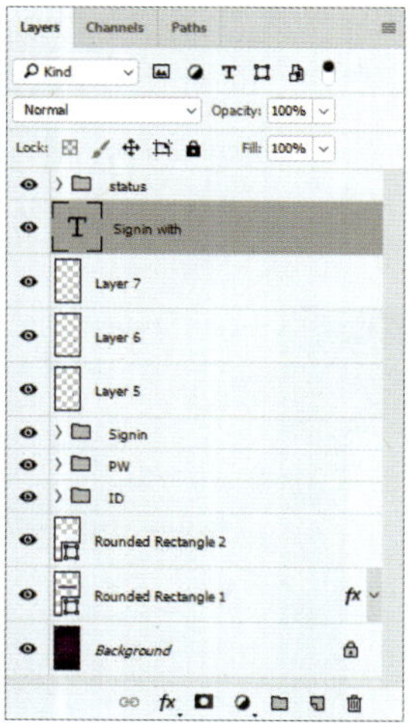

14 모서리가 둥근 사각형 툴(▢)로 너비가 560픽셀이고 높이가 70픽셀, 상하좌우 Radius가 10픽셀인 사각형을 만들고 **03**번 단계에서 사용한 밝은 보라색(#7c357f)으로 면을 채운 후 화면 하단에 배치한다. ID 그룹의 Rounded Rectangle 1 레이어의 스타일을 복제하여 적용한 후 Register Now를 흰색으로 입력해 로그인 페이지를 완성한다.

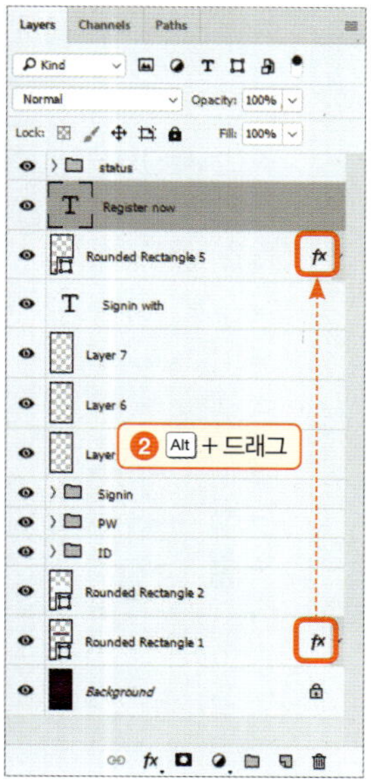

4
로그인 페이지의 인터랙션

지루한 로그인 과정을 즐겁게 만들어 줄 인터랙션을 살펴보자. 로그인 페이지의 다양한 인터랙션은 예제 소스의 [ux]-[log_in] 폴더를 참고하기 바란다.

1 로그인 페이지의 인터랙션 사례

[그림 12-2]는 카드 형태인 로그인 창과 회원 가입 창이 위아래로 놓여 있고, 아래에 놓인 창의 버튼을 탭하면 창이 회전하면서 앞으로 나온다. 창의 입력 폼을 선택하면 키보드가 나타난다.

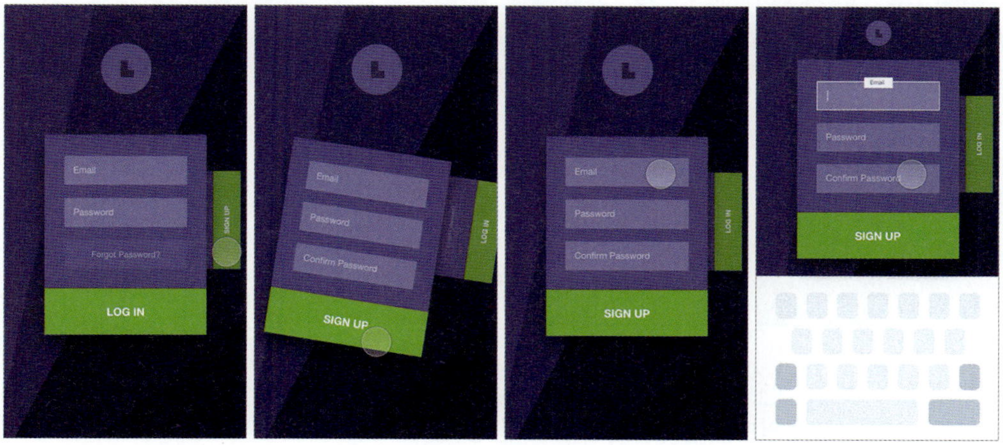

그림 12-2 log_in (1).gif

[그림 12-3]은 가운데 원이 세 개로 분리되면서 버튼 형태로 바뀌는 로그인 페이지이다. 로그인 버튼을 터치하면 입력 창으로 변경된다. 디자인이 예쁘지 않은 데다가 진행 버튼까지 없어 다시 목록으로 돌아가기에도 애매한 인터랙션이다.

그림 12-3 log_in (2).gif

[그림 12-4]는 힌트는 반투명하게 표현하고 입력한 아이디나 패스워드는 불투명한 색상으로 표현한 인터랙션이다. 입력을 마치면 액션 버튼이 진행 상태로 바뀐 후 다음 페이지가 나타난다.

그림 12-4 log_in (3).gif

[그림 12-5]는 입력 필드를 탭하면 입력 폼이 한 줄 선으로 제공되는 인터랙션이다. 입력을 마치면 다음 입력 폼도 한 줄 선으로 나타나는데 이때 선의 움직임이 재미를 더한다. 마치 실이 바람에 날리듯 너울거리지만 사용자가 내용을 입력하는 데는 방해되지 않는다. 액션 버튼을 누른 후 선의 움직임도 일관성을 유지하고 있다. 로그인을 완료한 후 나타나는 화면을 보면 왜 로그인 홈의 인터랙션을 이렇게 표현했는지 알 수 있다.

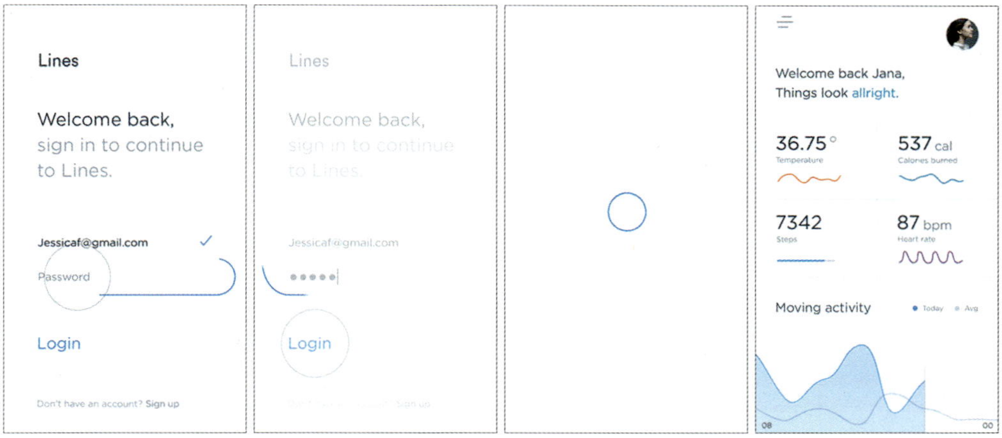

그림 12-5 log_in (6).gif

[그림 12-6]은 로그인 버튼과 회원 가입 버튼을 터치하면 화면이 대각선 방향으로 회전하면서 전환되는 인터랙션이다. 힌트 텍스트가 있는 입력 필드는 좌우가 원에 가깝지만 텍스트가 입력되기 시작하면 모서리가 둥근 사각형으로 바뀐다.

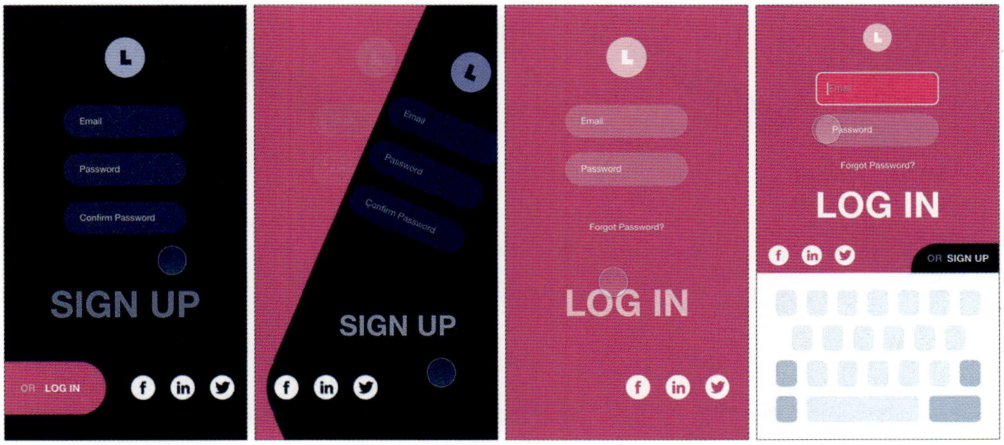

그림 12-6 log_in (7).gif

[그림 12-7]은 게임을 하듯 진행되는 로그인 페이지이다. 입력 필드를 터치하면 힌트 텍스트는 사라지지 않고 레이블로 바뀌어 입력 폼 상단에 배치된다. 입력이 완료되면 로그인 창에 있던 캐릭터가 사라지면서 화면이 전환된다.

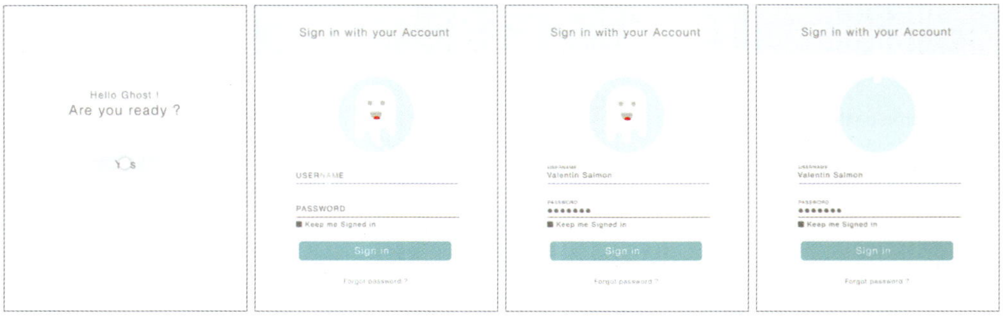

그림 12-7 log_in (11).gif

[그림 12-8]은 입력 필드에 입력한 내용이 맞았는지 틀렸는지 여부를 캐릭터 표정으로 표현한 로그인 페이지이다.

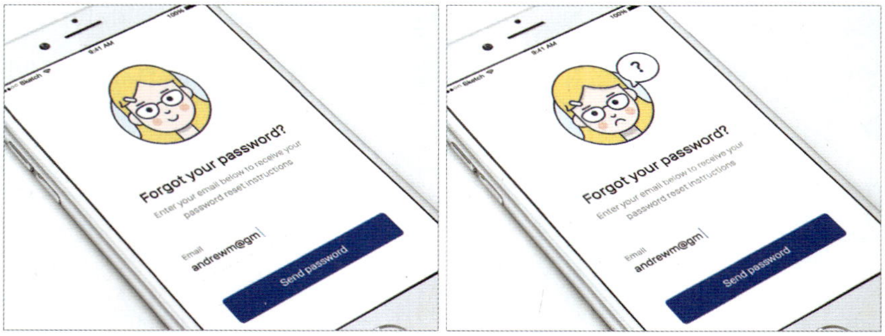

그림 12-8 log_in (13).gif

[그림 12-9]는 로그인 입력 폼을 별도로 제공하지 않고 힌트 텍스트만 제공하는 로그인 페이지이다. 사용자에게 혼란을 줄 수 있어 좋은 인터랙션이 아니다. 게다가 버튼이 너무 투박해 사이트와 어울리지 않는다.

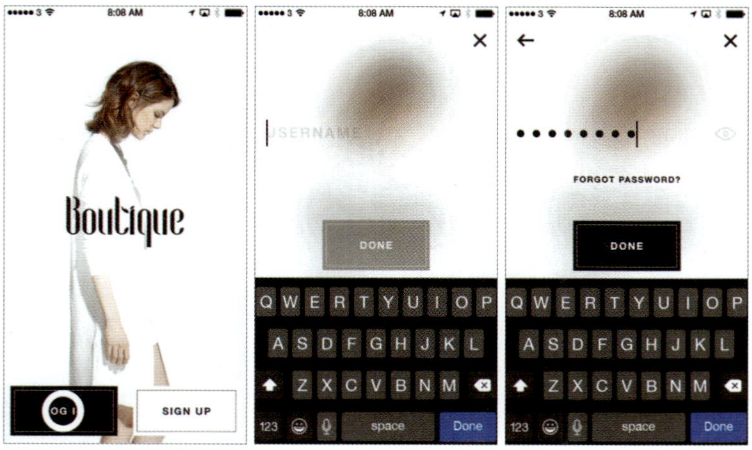

그림 12-9 log_in (14).gif

[그림 12-10]은 텍스트를 입력할 때 힌트 텍스트가 레이블로 전환되어 입력 폼 상단에 배치되고, 입력이 완료되면 Signing In 버튼이 활성화되는 로그인 페이지이다. Signing In 버튼을 누르면 로그인 진행 상황이 표시되고, 로그인에 실패하면 눈에 잘 띄는 붉은색 버튼으로 바뀐다. 창을 닫으면 다시 로그인 페이지로 돌아가는데 이때 오류에 대한 레이블이 붉은색으로 표시된다. 디자이너는 이 인터랙션의 모든 페이지를 놓치지 말고 디자인해 두어야 한다.

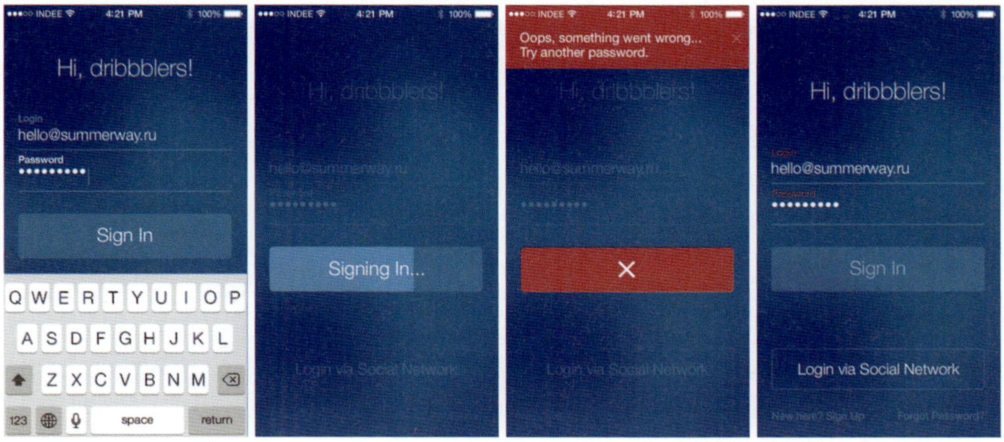

그림 12-10 log_in (16).gif

요약

1 로그인 UI의 경향

최근 로그인 페이지는 회원 가입 과정을 별도로 거치지 않고 페이스북, 구글, 네이버 같은 기존의 SNS 아이디와 패스워드를 그대로 이용하는 추세이다. 사용자들은 이미 너무 많은 웹 사이트와 앱에 가입되어 있어 새로 회원 가입을 하는 것보다 기존 아이디를 그대로 쓰고 싶어 하기 때문이다.

2 로그인 페이지의 구성 요소

로그인 페이지는 아이디와 패스워드를 입력하는 입력 필드, 아이디와 패스워드를 입력한 후 누르는 액션 버튼, 입력 필드와 액션 버튼을 설명하는 필드 레이블로 구성된다. 이 밖에도 로그인 진행 상황을 보여 주는 피드백, 도움말, 자동 확인 등의 요소를 포함시킬 수 있다.

3 로그인 페이지의 디자인

로그인 페이지는 입체적인 폼 또는 플랫한 폼으로 디자인할 수 있다. 글꼴은 여러 가지를 사용하지 말고 앱의 일관성을 유지하는 글꼴을 한두 개만 골라 사용한다.

4 로그인 페이지의 피드백

로그인 입력 필드에는 투명도를 달리하여 텍스트를 입력 중임을 표시하고, 입력 오류가 나면 입력 필드 아래에 오류를 표시하거나 알림 창을 띄워 표시한다. 아이디와 패스워드를 입력하고 액션 버튼을 클릭했을 때는 진행 상태를 보여 주지 않는 것이 원칙이다.

Chapter 13
대화형 UI

1
대화형 UI의 개요

대화형 UI는 메신저 또는 SNS 대화 창에서 볼 수 있는 인터페이스로 대화 당사자들의 아바타와 대화 창으로 구성된다. 최근 들어 기업에서 고객을 응대하거나 고객 서비스를 제공하는 데 많이 사용한다. 기업은 챗봇chat bot을 이용하여 고객에게 다양한 서비스와 선택 사항을 제공한다.

1 챗봇

챗봇은 인공지능을 기반으로 하는 자동화된 메시징 시스템으로 메시징 플랫폼messaging platform을 통해 사용자의 요청을 처리한다. 주로 기업이 개인을 상대로 생활 정보 제공, 은행 업무 및 각종 예약 업무 처리, 영화/퀴즈/게임 등의 엔터테인먼트 서비스를 제공하는 데 사용한다. 챗봇은 독립형 인터페이스로 구현하거나 기존의 페이스북이나 카카오톡 같은 플랫폼을 이용하여 구현한다. 사용자와는 일대일 또는 일대다로 커뮤니케이션한다.

모든 대화형 UI가 그렇듯 챗봇도 사용자가 입력한 문장은 오른쪽에 표시하고 입력 창은 항상 하단에 배치한다. 챗봇은 사용자의 입력에 즉각적으로 반응하기 위해 대화 속도를 조절하고, 미리 준비된 멘트를 자연스럽게 제공한다.

챗봇에는 일정한 규칙 집합을 가지고 특정 기능만 제공하는 챗봇과 인공지능을 기반으로 다양한 요구에 응답하는 챗봇이 있다. 특정 기능만 제공하는 챗봇은 매우 제한적으로 사용되며 특정 명령에만 응답한다. 챗봇은 챗봇이 원하는 액션을 사용자가 취하지 않을 경우 사용자의 행동을 이해하지 못한다. 따라서 대부분은 텍스트를 기반으로 하는 규칙적인 대화만 오고간다. 인공지능으로 구동되는 챗봇은 챗봇이 가지고 있는 규칙 이외에도 완벽하지는 않지만 사용자의 의도를 파악하여 응답한다. 영상, 사진, 이모티콘 같은 텍스트 이외의 요소도 함께 사용할 수 있고, 사용자가 선택해야 하는 버튼이나 메뉴를 제시하기도 한다. 페이스북에서는 다양한 콘텐츠를 가로로 스크롤할 수 있는 캐러셀carousel을 제공하는 등 챗봇이 제공하는 선택적 요소가 다양해지고 있다.

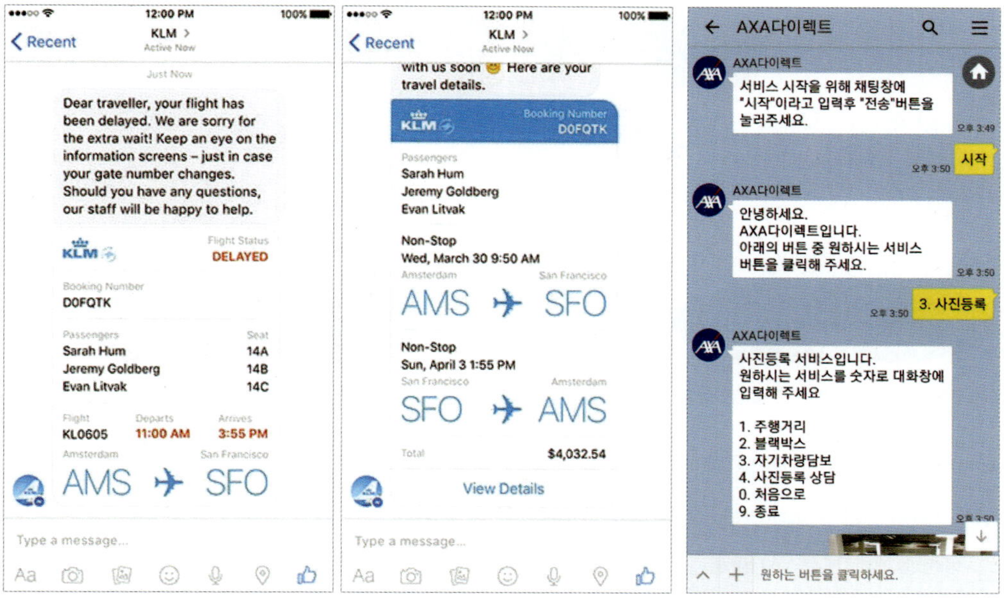

(a) 자체 플랫폼을 이용한 챗봇

(b) 카카오톡 플랫폼을 이용한 챗봇

그림 13-1 챗봇 플랫폼

2 나인패치

대화형 UI에서는 사진, 영상, 링크, 버튼, 아바타, 이모티콘 등 다양한 요소를 사용할 수 있다. 그중에서 가장 많이 사용되는 요소는 대화를 주고받는 대화 창이다. 대화 창은 나인패치를 사용하는 대표적인 요소 중 하나이다(물론 나인패치는 대화 창 말고도 버튼 또는 특정 요소를 추가하거나 제거할 수 있는 모음 그룹에도 많이 사용된다). 나인패치는 디자인된 공간에 담긴 요소의 개수나 크기를 고정하지 않고 유동적으로 활용할 수 있도록 지원하는 기술이다.

나인패치nine-patch는 말 그대로 화면을 9등분하여 채움 영역과 가변 영역의 범위를 지정한다. 이렇게 하면 전체 영역이 커지거나 작아지더라도 채움 영역의 비율을 유지할 수 있다. 제조사마다 기기의 해상도와 크기가 다른 안드로이드에서는 나인패치가 필수이다. 예를 들어 직사각형이나 정사각형이 아닌 형태를 가로 또는 세로로 늘리면 원본과 다른 형태로 바뀌는 경우가 있는데, 이미지에 나인패치를 적용하면 어떤 방향으로 확대 또는 축소해도 원본과 같은 균일한 이미지를 얻을 수 있다. 나인패치를 적용하지 않고 각각의 해상도에 맞는 이미지를 만드는 일은 비효율적일 뿐만 아니라 한정된 공간에 고화질의 이미지를 무한대로 넣을 수도 없다.

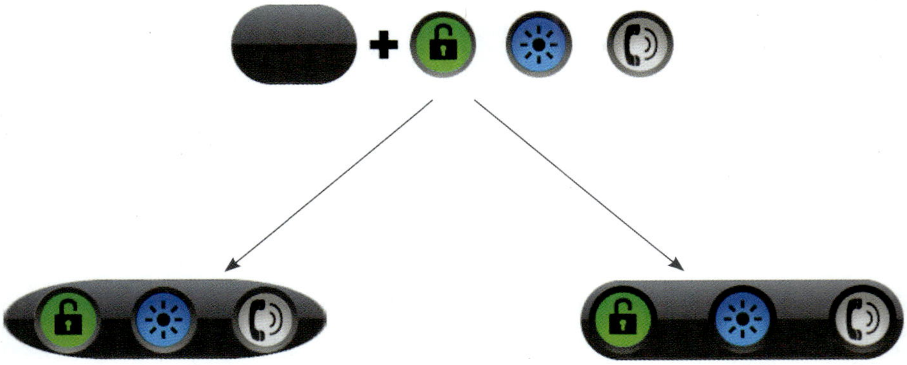

그림 13-2 배경을 가로 방향으로 늘렸을 때 나인패치를 적용하지 않은 경우와 나인패치를 적용한 경우

나인패치를 만들면 이미지의 왼쪽과 상단 부분에 검은색 선이 생기는데 이는 반복되어 늘어날 수 있는 가변 영역을 의미한다. 또 오른쪽과 하단에 생기는 검은색 선은 콘텐츠가 배치될 수 있는 채움 영역을 의미한다. 이미지 외곽에 두께가 1픽셀인 검은색 선 외에 다른 색상을 지정하면 나인패치로 인식하지 못하고 리소스 영역으로 인식하여 오류가 난다. 따라서 꼭 검은색 선으로 지정하고 파일명은 *.9.png로 저장한다.

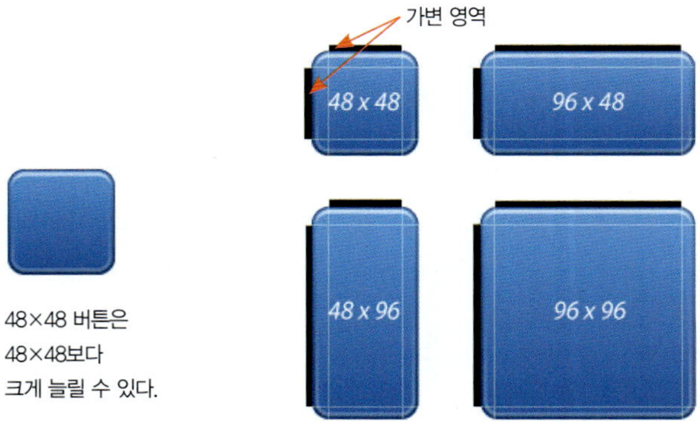

(a) 가변 영역 설정

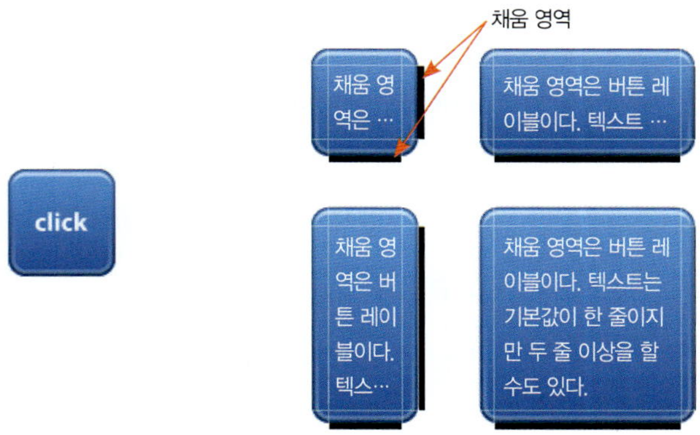

(b) 채움 영역 설정

그림 13-3 나인패치의 영역 설정

실습

2

나인패치 만들기

나인패치는 포토샵을 이용해 직접 만들어도 되지만 안드로이드 SDK나 나인패치 제너레이터를 사용하면 더 쉽게 만들 수 있다. 안드로이드 SDK와 나인패치 제너레이터 페이지는 다음과 같다.

- **안드로이드 SDK_ https://developer.android.com/studio/index.html**
- **나인패치 제너레이터_ http://romannurik.github.io/AndroidAssetStudio/nine-patches.html**

1 나인패치 제너레이터로 나인패치 파일 만들기

01 적당한 크기로 새 파일을 만든 후 커스텀 셰이프 툴( )의 옵션을 말풍선 모양으로 선택하고 화면에 드래그한다.

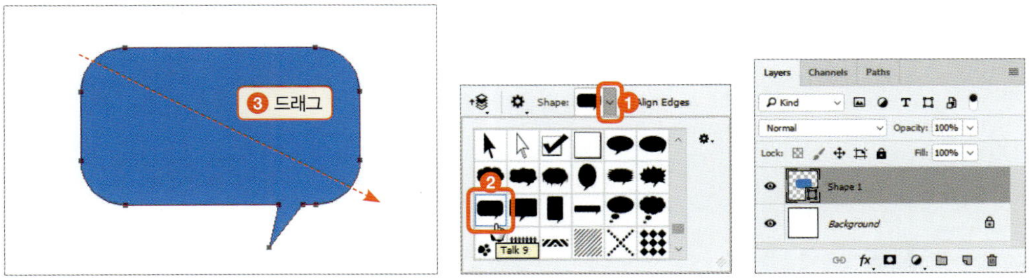

02 Ctrl을 누른 채로 Shape 1 레이어의 섬네일을 클릭하여 선택 영역을 만든다. [Images]-[Crop] 메뉴를 선택하여 선택 영역대로 화면을 자른다. Background 레이어의 눈 아이콘을 꺼서 배경을 투명으로 처리하고 Ctrl+S를 눌러 talk.png 파일로 저장한다.

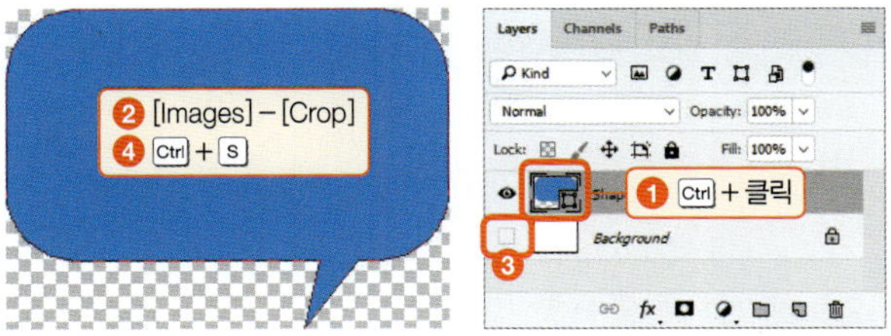

03 http://romannurik.github.io/AndroidAssetStudio/nine-patches.html에 접속하여 Select Image를 선택한 후 방금 저장한 talk.png 파일을 불러온다.

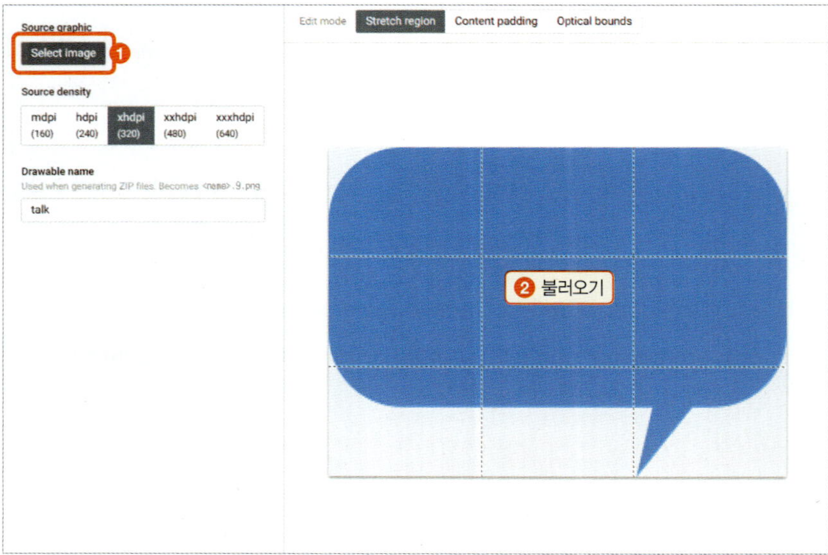

04 다음과 같이 화면 중앙의 가이드라인을 말풍선 꼬리 부분과 겹치지 않도록 옮긴다. 반복 연장되는 부분을 표시하는 구간으로 2픽셀 이상의 구간만 선택하면 넓어지거나 좁아져도 문제 되지 않는다.

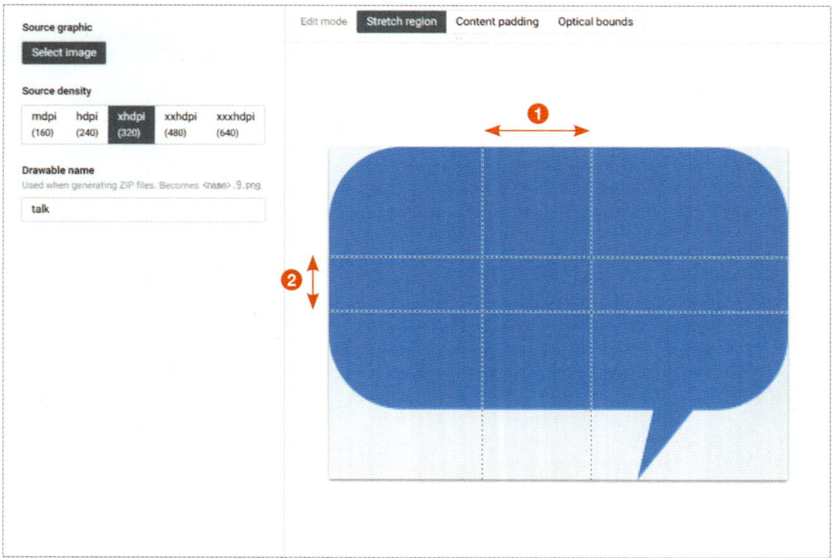

05 상단의 Edit Mode에서 Content padding을 선택하고 점선의 모서리를 드래그하여 콘텐츠를 삽입할 만한 크기로 만든다. 화면 오른쪽에 보이는 With content를 체크하면 문장 마지막 줄의 텍스트가 잘리는지 여부를 확인할 수 있다.

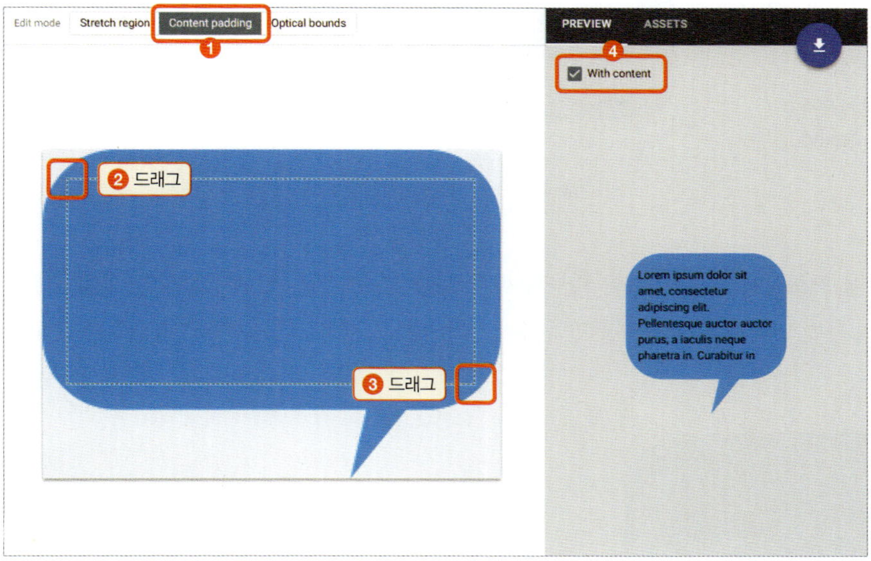

06 화면 오른쪽의 ASSETS를 선택하면 각 해상도별로 나인패치가 만들어진 것을 볼 수 있다. 다운로드 플로팅 버튼을 클릭하여 나인패치를 내려받는다.

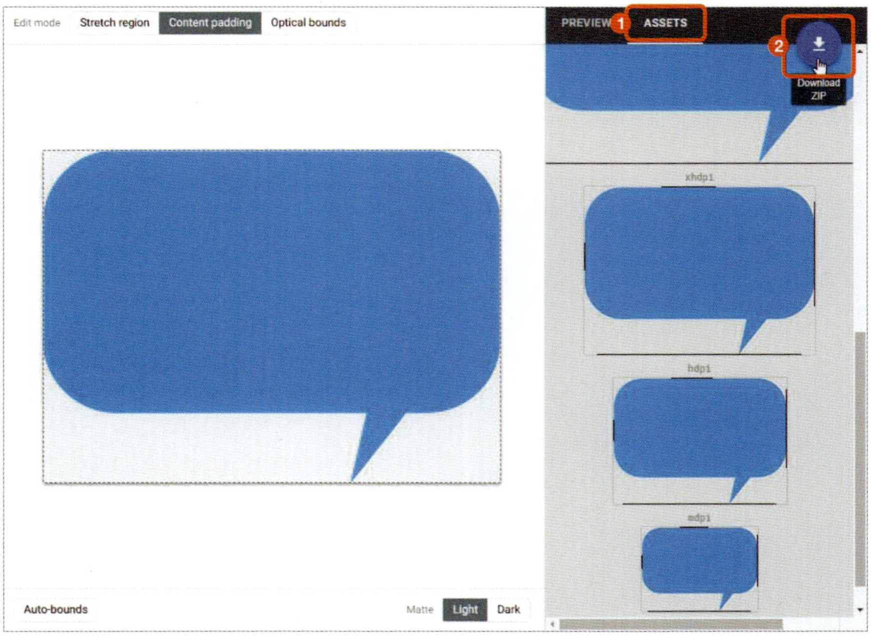

07 내려받은 파일의 압축을 풀면 해상도별로 폴더가 생성되어 있고, 그 안에 talk.9.png 파일이 만들어져 있는 것을 볼 수 있다.

talk.9.png

08 각 파일을 포토샵에서 열어 보자. 다음과 같이 상하좌우에 검은색 선이 보인다. 포토샵에서도 나인패치의 가변 영역과 채움 영역을 만들 수 있지만 해상도별로 파일을 여러 개 만들어야 하므로 번거롭다.

3
대화형 UI의 인터랙션

SNS 플랫폼은 사용자에게 단순히 친목을 도모하는 채팅 이상의 가치를 전달하면서 진화하고 있다. 인공지능의 발전과 함께 등장한 챗봇은 단순한 매뉴얼에 맞춰 사용자와 제한적으로 소통하는 것을 넘어 자유로운 소통이 가능해졌고, 함께 제공하는 서비스의 양과 질도 풍부해졌다. 대화형 UI가 취하고 있는 인터랙션이 사용자에게 어떤 즐거움을 주는지 살펴보자. 대화형 UI의 다양한 인터랙션은 예제 소스의 [ux]-[chat] 폴더를 참고하기 바란다.

1 대화형 UI의 인터랙션 사례

[그림 13-4]는 파일을 전송하기 위한 옵션 컨트롤의 인터랙션이 재미있는 챗봇이다. 직관적인 요소를 사용하여 파일 전송을 손쉽게 할 수 있도록 도와준다.

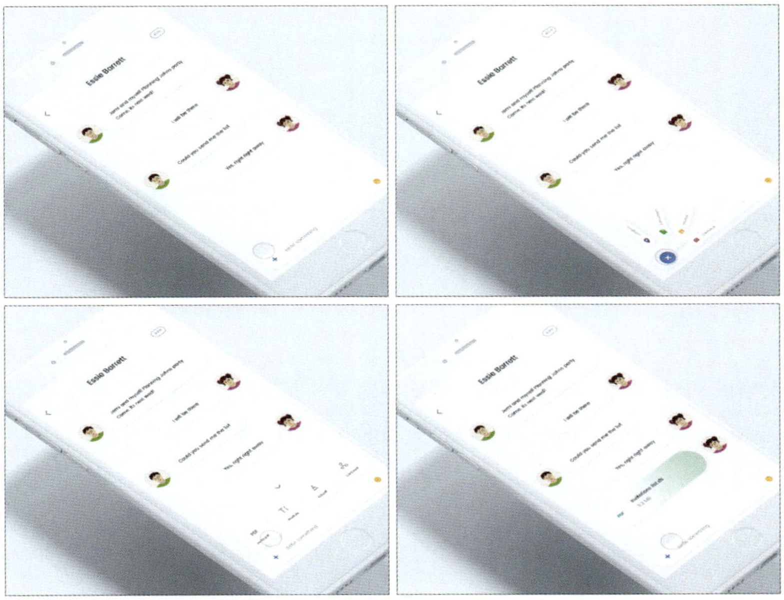

그림 13-4 chat (1).gif

[그림 13-5]는 평범한 대화 창이지만 왼쪽 하단의 작은 점에서 원형의 비디오 미디어를 제공하고, 이를 슬라이드하면 비디오가 대화 창 뒤로 꽉 채워져 비디오를 보면서 대화를 계속할 수 있다. 텍스트가 비디오 색상 때문에 가려지지 않도록 말풍선의 색상이 그때그때 변경된다.

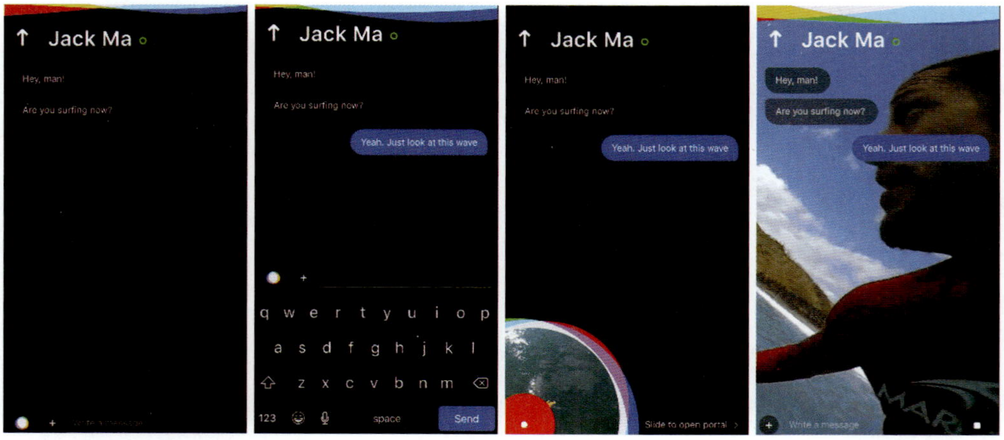

그림 13-5 chat (2).gif

[그림 13-6]은 챗봇 인터랙션의 템플릿으로 미디어 파일을 전송한다. 미디어를 선택하면 미디어를 전체 화면으로 볼 수 있다.

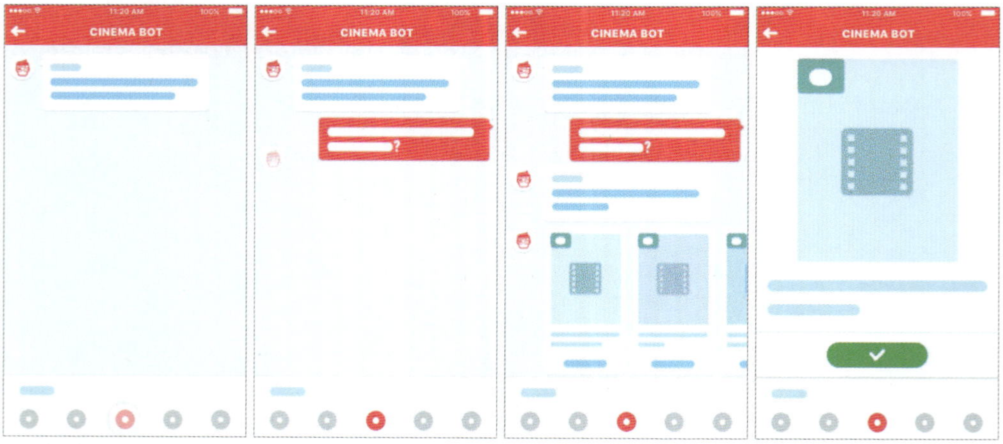

그림 13-6 chat (3).gif

[그림 13-7]은 대화 상대로 아예 로봇 캐릭터를 제공하여 로봇과 대화하는 것처럼 느끼게 한다. 텍스트를 직접 입력할 수도 있고 마이크에 대고 말을 한 후에 텍스트로 전환할 수도 있다.

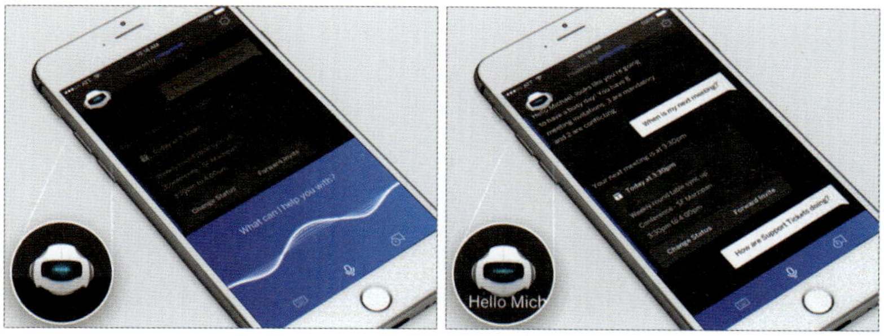

그림 13-7 chat (5).gif

[그림 13-8]은 챗봇이 대화를 주도적으로 이끌면서 사용자가 선택할 수 있는 옵션 버튼을 제공한다. 텍스트로 된 단순한 대화뿐만 아니라 다양한 미디어를 제공하여 사용자의 이목을 끈다.

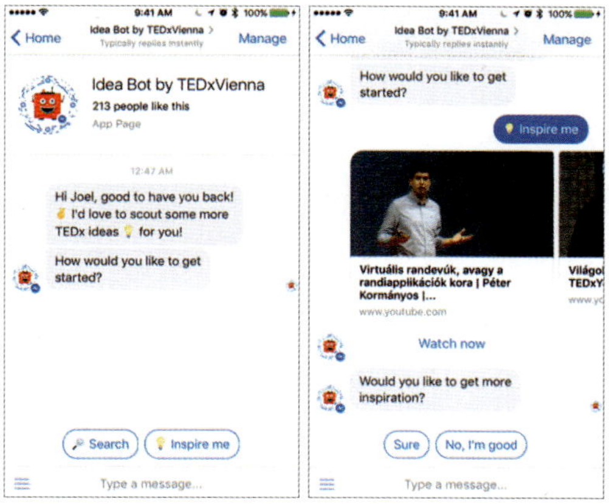

그림 13-8 chat (8).gif

[그림 13-9]는 챗봇이 제공하는 옵션에 따라 버튼 모양을 다르게 제공하여 대화가 지루하게 느껴지지 않도록 한다. 옵션마다 제공하는 버튼 디자인이 다르면 혼란스러울 수 있으므로 버튼을 디자인할 때 일관성을 유지하도록 노력해야 한다.

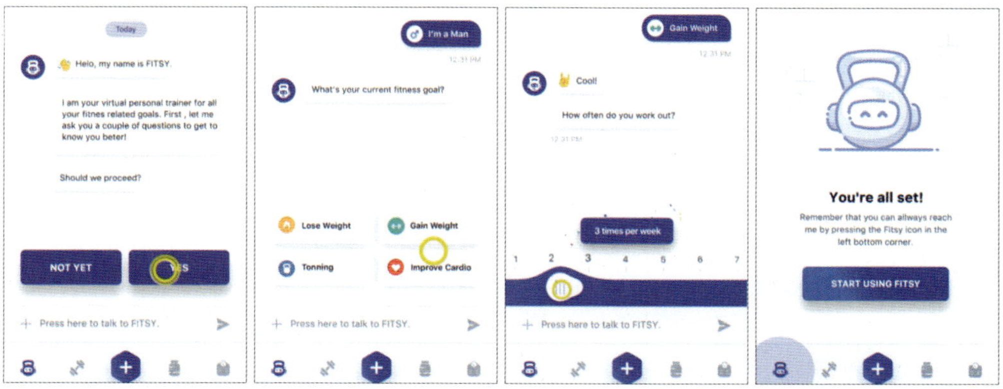

그림 13-9 chat (9).gif

요약

1 챗봇

챗봇은 인공지능을 기반으로 하는 자동화된 메시징 시스템으로 메시징 플랫폼을 통해 사용자의 요청을 처리한다. 주로 기업이 개인을 상대로 생활 정보 제공, 은행 업무 및 각종 예약 업무 처리, 영화/퀴즈/게임 등의 엔터테인먼트 서비스를 제공하는 데 사용한다.

2 나인패치

나인패치는 디자인된 공간에 담긴 요소의 개수나 크기를 고정하지 않고 유동적으로 활용할 수 있도록 지원하는 기술이다. 화면을 9등분하여 채움 영역과 가변 영역의 범위를 지정한다. 이렇게 하면 전체 영역이 커지거나 작아지더라도 채움 영역의 비율을 유지할 수 있다.

Chapter 14
오류와 엠프티 페이지

1
오류와 엠프티 페이지

앱을 사용하다가 발생하는 오류는 주로 사용자가 입력한 데이터와 관련이 있지만 그와 상관없이 발생하기도 한다. 스마트폰의 UX에서는 피드백이 매우 중요한데, 특히 오류 상태에 대한 피드백은 반드시 제공되어야 한다. 가장 좋은 피드백은 오류를 만들지 않는 것으로, 오류가 발생하기 전에 그 가능성을 미리 인라인 상태로 예측하여 사용자에게 제시하는 것이다.

엠프티 페이지는 검색 결과가 없을 때 보여 주는 페이지이다. 빈 페이지로 남기는 것보다는 검색 결과가 없다는 사실을 알려 주는 것이 사용자를 덜 헷갈리게 하는 방법이다.

1 오류

오류error는 사용자가 원하는 결과가 아닌 다른 결과가 발생했을 때의 상태를 말한다. 사용자가 데이터를 잘못 입력한 경우나 앱 자체에서 서버에 연결하지 못했거나 사용자의 요청을 처리할 수 없는 경우 등이 모두 포함된다. 스마트폰의 UX에서는 사용자가 컨트롤을 다룰 때 제시되는 진행 피드백보다 오류에 대한 피드백이 더 중요한 역할을 한다. 사용자는 진행 피드백이 없어도 자체적으로 다양한 시도를 하지만 오류에 대한 피드백이 없으면 앱 자체에 문제가 있다고 판단하여 즉시 페이지를 떠나거나 앱을 삭제한다. 따라서 처음 앱 디자인을 할 때부터 오류 가능성을 줄여 주는 것이 좋다. 예를 들어 날짜를 지정할 때는 이미 지나간 과거 날짜를 선택할 수 없도록 비활성화시키고 다가올 미래 날짜만 선택할 수 있도록 하는 것이다.

그림 14-1 미래 날짜만 선택할 수 있는 달력

사용자는 양식에 입력 옵션이 너무 많은 것도 싫어하지만, 모든 데이터를 입력하고 양식을 제출한 후에 그 결과로 실패가 뜨는 것은 더 싫어한다. 특히 긴 옵션을 입력한 후 제출한 양식이 실패로 감지되어 다시 같은 작업을 반복하도록 하면 매우 번거롭기 때문에 거부감이 커진다. 이럴 때는 실시간 유효성 검사를 통해 입력한 데이터가 정확한지 아닌지 알려 주는 것이 좋다. 이를 인라인 피드백inline feedback이라고 한다.

인라인 피드백은 난색 계열로 표시하여 사용자가 쉽게 인식할 수 있도록 디자인한다. 특히 붉은색은 오류 필드를 지적하는 데 사용되는 범용 색상으로 알려져 있다. 단, 붉은색은 뭔가 큰 잘못을 저지른 것 같은 느낌을 줄 수 있으므로 노란색이나 오렌지색 계열을 사용해도 무방하다. 입력에 대한 오류 메시지는 사용자의 언어로 작성하면 좋고, 입력 필드 바로 아래에 배치하여 사용자가 쉽게 알아볼 수 있도록 한다. 이때 부정적인 단어를 사용하면 형식적으로도 무겁게 느껴지고 사용자에게 죄책감을 심어 줄 수 있으므로 최대한 사용자가 편안하게 느낄 수 있는 문장을 사용한다.

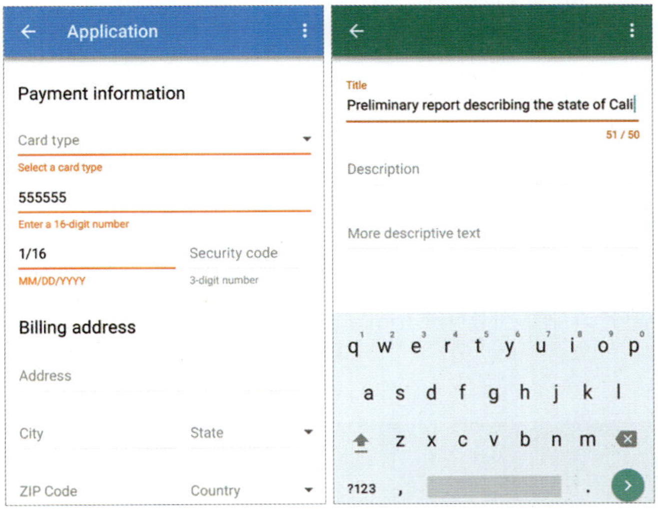

그림 14-2 인라인 피드백

시스템적인 문제든 사용자가 입력한 데이터가 잘못되었든 단순히 '오류가 발생했다' 또는 '결과가 없다' 등의 오류 메시지는 보여 주지 않는 것보다는 낫지만 사용자에게 도움을 주지 못한다. 단순히 오류가 발생했다고 알리는 것보다 오류가 왜 발생했는지 이유를 설명해 주는 것이 좋다. 정보가 유효하지 않다는 메시지를 보여 주면 사용자는 그것이 왜 유효하지 않은지 몰라 당황할 수 있기 때문이다. 이처럼 오류에 대한 명확한 도움 설명을 표시해야 한다.

페이지 상단에 자주 발생하는 오류 목록을 제공하는 방법도 있다. 그러나 사용자가 오류 목록을 무시하고 바로 입력할 수도 있으므로 자주 발생하는 오류가 있다면 한 번에 하나씩 말풍선으로 표시하는 것도 좋은 방법이다. 이때 말풍선 메시지는 계속 보여 주지 않고 입력 필드를 선택할 때마다 보여 주고, 다음 입력 필드를 터치하면 기존의 말풍선 메시지는 사라지고 새로운 말풍선 메시지가 나타나도록 한다.

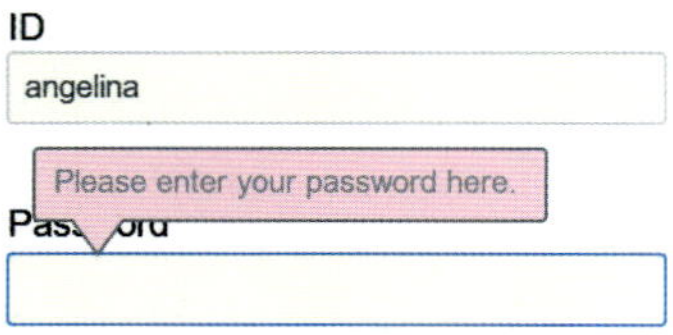

그림 14-3 **말풍선 메시지 사용**

2 엠프티 페이지

사용자가 입력한 데이터가 잘못된 경우를 제외하고 앱 자체나 기기에 오류가 있는 경우라면 엠프티 페이지empty page를 띄워 나중에 다시 시도하라거나 '시스템에 오류가 발생했다'는 메시지를 보여 줘야 한다. 엠프티 페이지는 오류에 대한 피드백의 일종으로 시스템에 오류가 발생했을 때 사용자가 당황하지 않도록 대안을 제시하는 역할을 한다. 예를 들면 검색 결과가 없을 때는 새로운 검색 키워드를 제시하고 검색 키워드에 오자가 있을 때는 검색 키워드를 바로 잡아 표시하는 식이다.

엠프티 페이지에 메시지를 보여 줄 때는 너무 전문적인 단어나 문장은 지양하고 사용자가 쉽게 이해할 수 있는 문장을 사용해야 한다. 또 오류가 났을 때 다음에 어떻게 대응해야 할지 방법을 알려 줘야 하는데, 이때도 경고성 아이콘과 텍스트로 이루어진 메시지를 보여 주기보다는 메시지에 시각적 정보를 담아 전달하는 것이 좋다. 그래야 사용자가 무시당했다는 느낌을 받지 않고 다음 진행을 원활하게 할 수 있다.

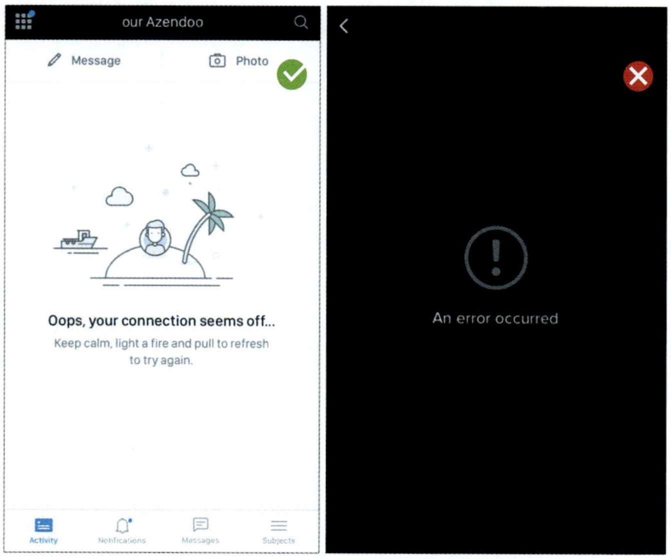

(a) 일러스트로 재미있게 구현 (b) 경고 아이콘과 문구 표시

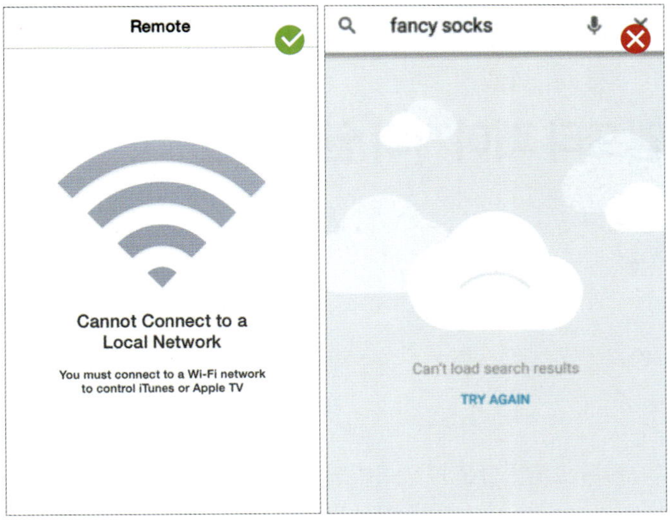

(c) 대안 제시　　　　(d) 단순 오류 알림

그림 14-4 엠프티 페이지의 올바른 구현

엠프티 페이지는 시스템 오류 상황 외에도 제공되곤 한다. 권장 사항은 아니지만 앱을 최초로 실행할 때 빈 페이지를 제공하는 경우가 있는데, 이때는 워크스루나 코치마크로 첫 페이지를 대체하거나 앱을 쉽게 사용하기 위한 트레이닝 페이지로 유도하는 것이 좋다. 사람과 사람이 만날 때도 첫인상이 중요하듯 앱의 첫 화면도 사용자에게 강한 인상을 남기므로 첫 실행 화면부터 엠프티 페이지를 띄우는 것은 권장하지 않는다. 앱의 특성 때문에 엠프티 페이지를 첫 실행 화면에 꼭 넣어야 한다면 대체 이미지와 메시지를 포함하는 것이 좋다.

그림 14-5 앱의 첫 페이지 디자인

2
오류와 엠프티 페이지의 인터랙션

오류는 언제 어디에서나 발생할 수 있다. 오류가 났을 때 사용자의 긴장을 풀어 줄 수 있는 요소를 디자인과 인터랙션에서 찾을 수 있다. 오류임을 알려 주는 결과 페이지나 엠프티 페이지는 자칫하면 디자인 과정에서 빠트리기 쉬운 요소이므로 꼼꼼히 챙겨서 저장해 둬야 한다. 흥미 요소와 정보가 결합된 오류와 엠프티 페이지의 인터랙션은 [ux]-[empty] 폴더를 참고하기 바란다.

1 오류와 엠프티 페이지의 인터랙션 사례

[그림 14-6]은 돌아가기 버튼을 제공하는 엠프티 페이지이다. 실패해도 낙담하지 말라는 듯 상자 안에 든 하트가 빙글빙글 돈다.

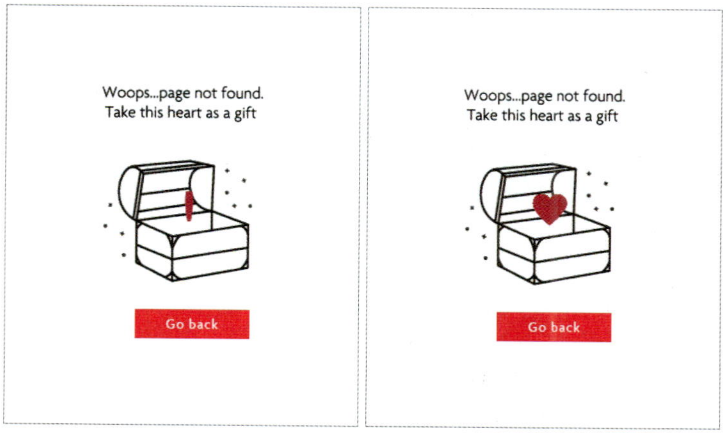

그림 14-6 error_empty (2).gif

[그림 14-7]은 캐릭터의 당황하는 표정이 귀여운 오류 메시지 페이지이다. 사용자가 다음에 어떻게 해야 할지 알려 주는 버튼과 함께 상세한 설명을 제공한다.

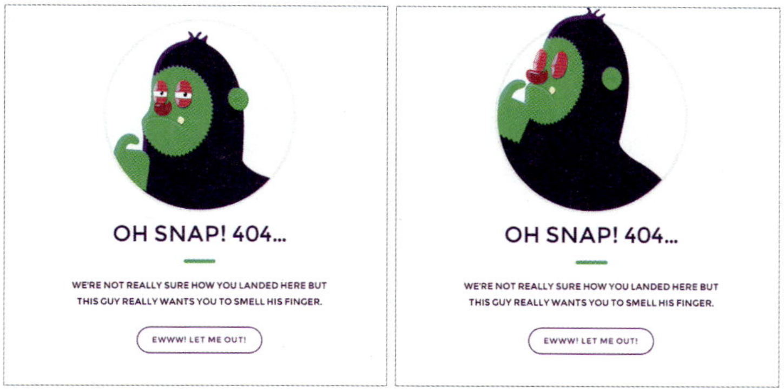

그림 14-7 error_empty (3).gif

[그림 14-8]은 자주 발생하는 404 메시지를 상어의 지느러미처럼 표현한 페이지이다.

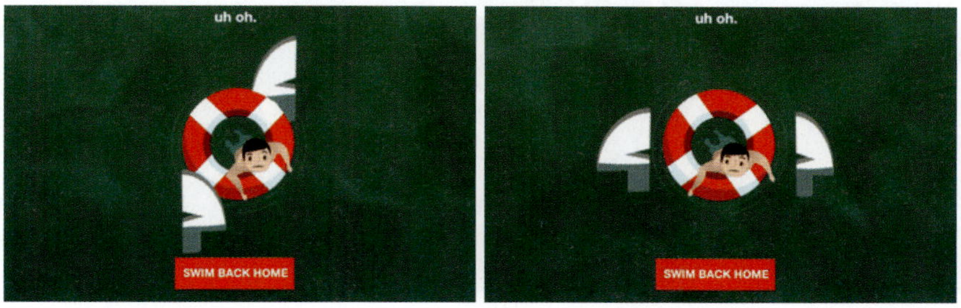

그림 14-8 error_empty (4).gif

[그림 14-9]는 네트워크 오류 메시지를 재미있는 애니메이션으로 보여 주는 페이지이다.

그림 14-9 error_empty (5).gif

[그림 14-10]은 공사 현장 일러스트를 넣어 새로운 사이트를 만들고 있음을 알려 준다.

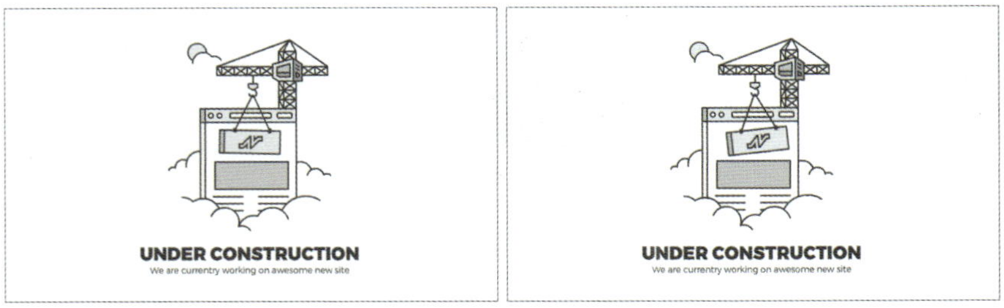

그림 14-10 error_empty (6).gif

[그림 14-11]은 애니메이션과 함께 홈으로 돌아갈 수 있는 버튼을 제공한다.

그림 14-11 error_empty (8).gif

[그림 14-12]는 인터넷이 연결되지 않았다는 오류 메시지를 애니메이션과 함께 보여 준다. 상단에 햄버거 메뉴와 현재 페이지에서는 필요할 것 같지 않은 메시지 아이콘이 제공되어 유효성이 떨어진다. 다시 돌아갈 수 있는 버튼이 제공되지 못한 부분이 아쉽다.

그림 14-12 error_empty (9).gif

[그림 14-13]은 노트가 찢겨져서 날리는 애니메이션이 반복되는 페이지이다. 사용자에게 다른 방법을 제공하지 않고 오류에 대한 내용만 알려 줘서 아쉽다.

그림 14-13 error_empty (11).gif

[그림 14-14]는 오류에 대해 텍스트가 흩날리면서 404 메시지를 보여 주는 페이지이다. 홈으로 돌아갈 수 있는 버튼도 제공한다.

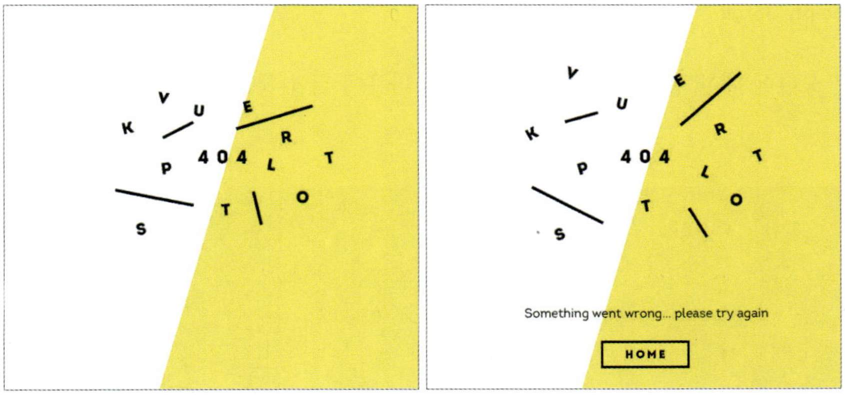

그림 14-14 error_empty (12).gif

[그림 14-15]는 오류를 알리는 이미지만 제공하는 페이지이다. 공룡의 낙담한 표정이 귀여운 애니메이션이다.

그림 14-15 error_empty (15).gif

[그림 14-16]은 오류에 대한 정보만 제공하고 사용자가 다음에 취할 행동에 대한 옵션은 제공하지 않아 아쉽다.

그림 14-16 error_empty (16).gif

[그림 14-17]은 많은 오류 페이지나 엠프티 페이지가 그러하듯 애니메이션만 제공하여 아쉽다.

그림 14-17 error_empty (17).gif

요약

1 오류

오류는 사용자가 원하는 결과가 아닌 다른 결과가 발생했을 때의 상태를 말한다. 사용자가 데이터를 잘못 입력한 경우나 앱 자체에서 서버에 연결하지 못했거나 사용자의 요청을 처리할 수 없는 경우 등이 모두 포함된다. 오류가 발생하면 단순히 오류가 발생했다고 알리는 것보다 오류가 왜 발생했는지 이유를 설명하고 다음에 어떻게 해야 하는지 안내하는 버튼을 둬야 한다.

2 엠프티 페이지

엠프티 페이지는 검색 결과가 없는 경우에 보여 주는 페이지이다. 앱 자체나 기기에 오류가 있는 경우라면 엠프티 페이지를 띄워 나중에 다시 시도하라거나 '시스템에 오류가 발생했다'는 메시지를 보여 줘야 한다.

찾아보기